国家哲学社会科学成果文库
NATIONAL ACHIEVEMENTS LIBRARY
OF PHILOSOPHY AND SOCIAL SCIENCES

会计规则的由来

（第一卷）

周华 著

中国人民大学出版社
·北京·

策划编辑：魏　文　李文重
责任编辑：魏　文　黄　佳　李　玲　陈慧庚　陈　倩
装帧设计：彭莉莉

图书在版编目（CIP）数据

会计规则的由来. 第一卷 / 周华著. -- 北京：中
国人民大学出版社，2023.10
（国家哲学社会科学成果文库）
ISBN 978-7-300-31570-6

Ⅰ. ①会… Ⅱ. ①周… Ⅲ. ①会计制度－研究 Ⅳ.
①F233

中国国家版本馆CIP数据核字（2023）第055645号

会计规则的由来（第一卷）
KUAIJI GUIZE DE YOULAI（DI-YI JUAN）
周华　著
中国人民大学出版社　出版发行
（100080　北京中关村大街31号）
涿州市星河印刷有限公司　新华书店经销
2023年10月第1版　2023年10月第1次印刷
开本：720毫米×1000毫米 1/16　印张：12.75
字数：158千字　印数：0,001-2,000册
ISBN 978-7-300-31570-6　定价：698.00元（全四卷）
邮购地址 100080　北京中关村大街31号
中国人民大学出版社读者服务部　电话（010）62515195　82501766

《国家哲学社会科学成果文库》
出版说明

为充分发挥哲学社会科学优秀成果和优秀人才的示范引领作用，促进我国哲学社会科学繁荣发展，自 2010 年始设立《国家哲学社会科学成果文库》。入选成果经同行专家严格评审，反映新时代中国特色社会主义理论和实践创新，代表当前相关学科领域前沿水平。按照"统一标识、统一风格、统一版式、统一标准"的总体要求组织出版。

全国哲学社会科学工作办公室

2023 年 3 月

前　言

　　《会计规则的由来》是笔者自 1999 年以来历经 20 多年积累形成的"会计学原论"系列著作中的第三部。在阎达五教授、戴德明教授等师长的指导下，系列著作中的第一部——《会计制度与经济发展——中国企业会计制度改革的优化路径研究》于 2006 年出版，该书提出了"会计制度的三因素定理"和"国际会计趋同的不可能性"等观点，主张对国际会计准则进行理论反思，引起了学界的关注。系列著作中的第二部——《法律制度与会计规则——关于会计理论的反思》于 2016 年出版，该书认为，国际财务报告准则（IFRS®）和美国证券市场上的公认会计原则（GAAP）是公共会计师行业牵头设计的、缺乏合理逻辑的金融分析规则。现值、公允价值、资产减值、递延所得税、权益法、合并报表、汇兑损益、租赁会计、资本化等时髦的"会计规则"均缺乏理论依据，不符合会计基本原理，导致"合规"造假现象泛滥。该书提出了"根据法律事实记账"（记账必须具备原始凭证的支持）的理论主张。企业会计应当根据法律事实记账，对财产权利和义务进行分类统计，从而为企业经营管理和国民经济管理提供具有法律证明力的财产权利和业绩信息。承蒙业界同人抬爱，该书于 2017 年荣获"杨纪琬会计学奖"优秀会计学术专著奖，2020 年荣获高等学校科学研究优秀成果奖二等奖。

　　《会计规则的由来》遵循理论逻辑、历史逻辑和实践逻辑"三个逻辑相统一"的马克思主义方法论，采取"编年史＋辩证分析"的撰写体例，结合英美公共会计师行业的兴衰，对 100 多年来的会计审计规则变迁及其理论流变进行了全景式的辩证分析，揭示了英美证券市场上的会计准则以及国际财务报告准则在理论框架和具体规则上存在的双重缺陷，提出了"根据我国法律原则完善国家统一的会计制度""建立政府监管机构和单位内部监督机构自愿委托的注册会计师协助机制"等理论主张，进而形成了完善我国会计法规体系、增强财会监督和审计监督合力、建设具有中国特色的会计审计理论方法体系的可行对策。本书针对国际财务报告准则中的争议性会计规则（如公允价值、资产减值、递延所得税、权益法、现值、企业合并、合并报表、汇兑损益、租赁会计、资本化等），进行了较为扎实的交叉学科历史考证和辩证分析，着力探究英美证券市场上会计理论及会计规则的发展全貌和利弊得失，取其精华去其糟粕，以期与业界同人一起把握英美经验的利害得失，为发展和完善我国会计理论与会计规则、推动和提升会计管理实践提供可资借鉴的理论坐标。本书的初始版本——《会计规则的由来——对美国经验的辩证分析》于2011年定稿（后于2013年入选国家社科基金后期资助项目），之后，笔者根据冯淑萍教授、陈毓圭教授等业界著名专家的中肯建议，对该概要版本进行了11年的补充修改，最终形成了这套四卷本著作。本书有幸入选2022年度国家哲学社会科学成果文库，非常感谢国家社会科学基金、评审专家、业界同人对会计事业和本土原创学术的高度重视和大力支持。

2016年5月17日，习近平总书记在哲学社会科学工作座谈会上的讲话指出，观察当代中国哲学社会科学，需要有一个宽广的视角，需要放到世界和我国发展大历史中去看。2022年4月25日，习近平总书记在中国人民大学考察时指出，"加快构建中国特色哲学社会科学，归根结底是建构中国自主的知识体系"。习近平总书记多次强调，"历史研究是一切社会科学的基础"。我国会计界拥有历史研究的优良传统。郭道扬教授、付磊教授、许家林教授、汪祥耀教授等业界前辈针对会计理论和会计规则所从事的历史研究，形成了颇为丰厚的学术积累。这些学术积累对于本书的创作具有积极的启发意义和参考价值。当然，对于同样的客观事实，历史研究者会有各自的主观倾向。由蜚声国际的会计史学家斯蒂芬·A.泽夫先生（Stephen A. Zeff）来写，就写成了隽永清新的、中性化的、温和的佳作。由公共会计师行业代言人约翰·凯利（John Carey）来写，就是凯歌高奏、流光溢彩的行业发展史。《会计规则的由来》基于"根据法律事实记账"的理论主张，采用了辩证分析的写法。不同的写法各有侧重，相得益彰。本书通过阐释会计审计规则的历史演变及其成败得失，并提出会计理论与会计规则的优化路径，佐证了"学史、治史、用史"对会计审计学科发展的重要指导价值。

一、撰写动机

20世纪90年代初，随着《企业会计准则》的论证出台，我国企业会计规则的制定全面转向借鉴美国证券市场上的公认会计原则（GAAP）和尚处于起草阶段的国际会计准则（IAS®）。一方面，很多新颖的概念和做法得以引进，这对于丰富理论知识可谓不无裨益；另一方面，也有不少概念和方法存在以讹传讹的问题，这些问题令业界同人感到相当困惑。笔者发现，多数会计规则缺乏合理逻辑。与此同时，会计教材的内容自20世纪90年代初以来几乎被全面替换为美国证券市场上的公认会计原则，很多内容缺乏考证，诸多来历不明的会计理论和会计方法常常无法令人信服。于是，笔者决定逐个开展"侦查"。

1999年，笔者有幸考入向往已久的中国人民大学会计系攻读硕士学位，得以在阎达五先生、戴德明先生等师长的指导下开启理论研究之路，并确立了立法导向、教学导向和实务导向的研究理念。硕士研究生期间，笔者的多篇习作先后有幸在《会计研究》《经济研究》等杂志上发表，师长们热情地鼓励笔者以发展"会计管理活动论"、巩固和提升本土学术品牌为主线，厚积薄发，做本土原创的理论研究。笔者向导师戴德明教授申请以《会计制度与经济监管——中国企业会计制度改革的优化路径研究》作为博士论文选题，紧扣会计基础理论开展跨学科的历史溯源分析，得到了戴老师的大力支持。我们讨论确定了一个科研计划，原计划用五六年的时间，对国际会计准则等流行会计规则的由来进行全景式的辩证分析。在大胆假设、小心求证之后，研究发现却令我们感到吃惊：国际会计准则是一套缺乏合理逻辑的金融分析规则，很多"国际会计惯例"是以讹传讹的结果，根本就不符合会计基本原理。这些发现使得研究计划被迫不断调整、一再延长。直到2023年，这份计划执行了23年多，才算初步达到当初计划的目标，学术创新才算踏上新起点。

二、研究历程

自1999年至2002年，笔者一边借鉴流行的新制度经济学、实证会计等研究套路，尝试对会计规则的变化逻辑给出理论解释，一边参照法学理论，结合搜集到的史料进行辩证分析。在这一过程中，笔者有幸旁听了著名统计学家吴喜之先生的统计课程，并拜读了陈希孺先生等统计学家的著作，由此了解到统计分析方法只能用于佐证相关关系，而不能证明因果关系等科学原理，同时也意识到新制度经济学的解释力度弱于法学理论。于是，笔者全面转向运用基于法学和经济学交叉学科视角的历史研究方法，对会计理论和会计规则进行辩证分析。

2002年初春，阎达五先生对我们提出了全面梳理域外会计规则的成败得失的要求，重点就是对国际会计准则和美国证券市场上的公认会计原则进行辩证分析。这方面的翻译资料并不算少，但在关键之处总是语焉不详。比如说，公允价值会计概念横扫国内教材，但鲜见质疑的观点。谨慎性原则一直饱受争议，却仍然在教科书中流传。递延所得税的概念相当玄妙，然而一直缺乏合理的理论解释。越来越多的会计规则成为业界"最熟悉的陌生人"。这一切都促使我们加快进度，努力搜集证据，加紧对域外会计理论和会计规则追本溯源。

　　2004 年秋季，笔者的博士学位论文《会计制度与经济监管——中国企业会计制度改革的优化路径研究》形成了初稿。这篇论文提出了"国际会计趋同的不可能性"等观点。笔者认为，会计制度在性质上是民商法、经济法和会计记账方法（复式记账法）融合生成的企业收益分享规则，因此，只要国家、法律等概念还存在，就不可能形成国际统一的会计规则。所有评阅专家都支持论文的逻辑推理和结论，但对论文的发表前景表示担忧。最终，答辩委员会对博士学位论文给予了充分的肯定和支持。这让我感到任务重大、使命光荣。笔者也意识到，必须要有更加充分的证据、更加有力的逻辑来支持原创的观点，才能真正推动会计立法、会计实践和会计教育朝正确的方向发展。2006 年 4 月，《会计制度与经济发展——中国企业会计制度改革的优化路径研究》一书出版，该书保留了原创的理论分析部分，相关的历史研究成果和珍贵史料则大多沉淀于《会计规则的由来》里。2008 年 7 月，就在次贷危机席卷全球之际，《财贸经济》以封面文章刊发了我们的论文《财产权利的计量规则与企业利润的可分享性》。该文提出，国际会计准则披着会计规则的外衣，但本质上只是缺乏合理逻辑的证券分析规则。

　　2009 年 2 月，我们的学术观点入选中宣部社科规划办编辑的国家社会科学基金《成果要报》，被上报决策层，第一次得到党和国家领导人批示，并被监管部门用作立法参考。

　　2011 年初，《法律制度与会计规则——关于会计理论的反思》和《会计规则的由来——对美国经验的辩证分析》初稿成型。笔者打印了一批书稿，向师长和前辈们征求意见。

　　2012 年 1 月，笔者受中国人民大学和国家留学基金管理委员会高等学校青年骨干教师出国研修项目资助，赴哥伦比亚大学做访问学者。其间搜集了上百部优秀学术著作，这些资料为本书观点提供了很有说服力的佐证。

　　2013 年 7 月，本书的初始版本——《会计规则的由来——对美国经验的辩证分析》幸得业界同人抬爱，入选国家社科基金后期资助项目（该书即将出版，书名拟修改为《会计规则的由来（概要版）》）。

2016 年，笔者撰写的关于金融监管的研究报告先是在 4 月入选中国人民大学国家发展与战略研究院（国家首批高端智库）编辑的《问题与思路》，5月又全文入选中宣部社科规划办编辑的《国家高端智库报告》，学术观点第二次得到党和国家领导人批示，并被监管部门用作立法参考。同年 10 月，《法律制度与会计规则——关于会计理论的反思》顺利出版。在业界前辈和同人的支持下，该书有幸于 2017 年 11 月获评"杨纪琬会计学奖"优秀会计学术专著奖，2020 年 12 月获评教育部第八届高等学校科学研究优秀成果奖（人文社会科学）二等奖。

2019 年 8 月至 2020 年 8 月，笔者受中美富布赖特（Fulbright）项目资助，赴哥伦比亚大学做访问研究学者，在此期间对《会计规则的由来》进行了全面的修订。回国后，笔者在建设"会计学"MOOC 课程的同时，对全书内容进行了多轮补充和校对。

在业界前辈和同人的鼓励下，《会计规则的由来》的篇幅比 2011 年初的第一稿扩充了五六倍。这是会计界、法学界、金融界等业界师长和同人多年鼓励支持的结果。

三、全书的篇章结构和脉络

《会计规则的由来》分为三编，以企业会计规则的演变为主线，分别阐释了英国公共会计师行业设计的公认会计惯例（第一卷，即第一编）、美国证券市场上的公认会计原则（第二、三卷，即第二编的上、下两部分）以及我国企业会计法规体系（第四卷，即第三编）的建立和发展，紧扣完善国家统一的会计制度，增强审计监督合力，实现财会监督、审计监督的有机贯通、相互协调的主题，提出了具有一定可行性的参考方案。

本书创造了一种"何人、何时、为何提出某一会计规则"的分析框架，秉持"古今、中外、正面反面"的思维模式，采取"编年史＋辩证分析"的撰写体例，着力对争议性会计规则的时代背景、设计机理、实施困境及其解决方案进行理论分析。实践证明，"坚持历史唯物主义立场、观点、方法，立足中国、放眼世界，立时代之潮头，通古今之变化，发思想之先声"[1]，是发展会计学学科体系、学术体系、话语体系的科学方法。

第一编"公共会计师行业的形成与英国会计规则的演化"提出，英国会计审计历史悠久，但值得借鉴的经验并不是很多。英国公司法原本有设计良好的"强制性股东自主审计制度"，后来却"弃明投暗"，引入了美国《1933 年证券法》设计的失当的"强制性公共会计师审计制度"。英国公司法没有着手制定统一的会计规则，而是任由公共会计师行业比照美国证券市场上的公认会计原则（generally accepted accounting principles，GAAP），设计形成了同样具有弹性化特征的公认会计惯例（generally accepted accounting practice，GAAP）。

第二编"美国证券市场上的公认会计原则"着重围绕公共会计师行业的发展及其在证券市场信息披露规则中扮演的角色，阐释会计规则日趋弹性化的历史进程。我国一些论著之所以会对美国经验表现出过度依赖，主要是因为对公认会计原则的来龙去脉缺乏了解。坊间所见多为色彩斑斓的知识碎片，缺少整体性的分析。有鉴于此，该编旨在勾勒美国证券市场上会计理论及会计规则的发展全貌，取其精华，去其糟粕，以期与业界同人一起把握公认会计原则的利害得失，为发展和完善我国会计理论与会计规则提供可资借鉴的理论坐标。该编提出，《1933 年证券法》创设的"强制性公共会计师审计制度"是失当的机制设计，这一失当机制设计必然导致会计规则的弹性化。

第三编"我国企业会计法规体系的建立和发展"着重阐释我国会计法规

---

1 《习近平致信祝贺中国社会科学院中国历史研究院成立强调　总结历史经验揭示历史规律把握历史趋势　加快构建中国特色历史学学科体系学术体系话语体系》，《人民日报》2019 年 1 月 4 日。

中的会计规则是如何一步一步演变成今天的状况的。我国自 1992 年以来以制定会计准则为标志的会计改革，是在借鉴国外先进经验的理念指导下进行的。经过十余年的艰苦探索，最终于 2006 年建设形成了与国际会计准则"实质性趋同"的企业会计准则体系。企业会计准则体系的建设是会计改革的一个重要阶段，但并不是最终结果。我国需要增强会计立法的自主性，继续深化会计改革，最终建立起稳定合理的会计法规体系。我国自 1980 年以来恢复重建的注册会计师审计制度是比照英美国家的做法而设计成型的，在取得辉煌成就的同时，也引入了一些弊端。我国会计改革究竟是怎样一步一步取得今天这样的成就的？后续改革如何继往开来？该编将在阐释事实的基础上提出一孔之见。

四、学术立场

20 世纪 80 年代初，杨纪琬先生和阎达五先生共同提出"会计管理活动论"，指出企业会计是一种管理活动，是管理职能的内在组成部分。在此基础上，本书进一步提出了"根据法律事实记账"的理论主张，主张企业会计要为企业经营管理和国民经济管理提供具有法律证明力的财产权利和业绩信息。简单地说，记账必须具备原始凭证的支持，禁止缺乏法律证据的记账行为。作为对比，国际会计准则和美国证券市场上的公认会计原则是公共会计师行业为了谋求证券市场审计业务而推行的一套弹性化的会计规则，其显著特征就是允许上市公司高级管理人员按照其意图记账，不要求必须具备原始凭证。从北美引入的主流会计理论认为，会计的目标是为证券投资者提供对其决策有用的信息，这就是"决策有用观"。针对这一立场，我们提出，"世界上没有哪一门科学能够精确地刻画股价的形成机制，决策有用观实际上给会计规定了不可能完成的任务"[1]。国际会计准则以谨慎性原则为名推行资产减值会计，以相关性原则为名推行公允价值会计规则。相应地，企业管理层可

---

[1] 周华：《法律制度与会计规则——关于会计理论的反思》，中国人民大学出版社，2016，第 50 页。

以在存货市价下跌时减记资产，同时减记利润，在存货市价上升时增记资产，同时增记利润，而这种记账行为并不具备原始凭证的支持。这意味着企业管理层可以按照其意图调节资产和利润数据。这种弹性化的会计规则导致会计造假常规化，证券市场会计监管形同虚设。而这样的会计规则却被境外公共会计师行业和我国部分论著当作最先进的国际会计惯例，从而进入我国并成为主流理论学说。次贷危机爆发以来，国际会计准则一直面临国际社会的严厉谴责，其主张的公允价值会计、资产减值会计等规则由于存在助涨助跌的顺周期效应（procyclicality）而受到财经界的广泛批评。

上述颠覆性创新观点，与学术界流行的"与国际会计惯例接轨""国际会计趋同"等主流理念显著不同，我们提出："就其性质而论，国际会计准则和公认会计原则本身并非会计规则，而是适应资本市场交易的高流动性需要的，缺乏合理依据的金融分析规则"；"会计规则的弹性化，在事实上瓦解了对资本市场的会计监管，使得资本市场上的集体性欺诈合规化"；因此，"以发展的眼光来看，我国可以在区分法律事实与金融预期的基础上，平衡公益与私利之得失，重新设计以加强有效管理、执行上位法为核心的财务报表体系和会计制度，更好地发挥会计在建设中国特色社会主义法治体系和维护社会主义市场经济秩序中的作用"。[1]《会计规则的由来》阐释了会计规则（如衍生工具会计、套期保值会计、研发支出资本化、商誉减值、递延所得税、企业合并、合并报表、外币折算、资产减值会计和公允价值会计等）的出台背景和设计理念，探讨了会计审计制度安排的形成过程及其局限。其间穿插了大量的理论评介和案例分析，着重考察会计审计相关规则的设计理念和历史演变，运用会计原理鉴别会计规则的成败与得失，相应地提出改进方案。

"大学之道，在明明德，在亲民，在止于至善。"社会科学研究者有责任

1　周华、戴德明、刘俊海、叶建明：《国际会计准则的困境与财务报表的改进——马克思虚拟资本理论的视角》，《中国社会科学》2017 年第 3 期。

告诉人们真实的局面。迷信域外社会科学，尤其是域外的经济和金融理论，是缺乏学术自信的表现。在中国这样一个拥有灿烂文化和悠久历史的泱泱大国，会计研究者应当有志气打造出具有中国气派的会计理论体系。笔者深信，简洁有效、体现中国特色的会计理论不但不会降低会计的职业地位，反而更有助于广大会计人员赢得社会的认可和尊重。有鉴于此，我们希望能够呈现给读者朋友一套实事求是地阐释会计规则的来龙去脉的会计理论著作，希望本土原创的学术成果能够进入大学教材并且受到老师和同学们的喜爱，希望我们的理论主张能够对实务工作者和立法机关有所启迪。

笔者将本书观点写入笔者主编的多部普通高等教育本科国家级规划教材和北京高等教育精品教材，多次在师资研讨会上与全国兄弟院校同人分享，并将其用于本科、学术硕士博士研究生、MBA、MPAcc、EMBA 和高管教育课堂，受到了广泛欢迎。笔者也因此先后于 2014 年荣获高等教育国家级教学成果奖（二等奖）、2016 年荣获中国人民大学"十大教学标兵"、2018 年荣获高等教育国家级教学成果奖（一等奖）、2019 年荣获北京市高等学校青年教学名师奖。

谨以此书献给中国数以千万计的会计界同人，献给致力于制造优质商品和提供优质服务的管理者，献给所有对会计管理感兴趣的读者朋友，献给所有为社会经济发展辛勤奉献的劳动者。限于笔者的识见和能力，舛谬疏漏恐在所难免，深望读者朋友给予批评和指正。笔者的电子邮箱是 zhouhua@ruc.edu.cn，真诚地期待与理论界和实务界同人一起，投身建构中国自主的知识体系的伟大事业。

周 华

2023 年元月于中国人民大学明德楼

总 目 录

第二编　美国证券市场上的公认会计原则
——揭开"国际先进经验"的面纱（下）

第三编　我国企业会计法规体系的建立和发展

MAIN CONTENTS

PART II GENERALLY ACCEPTED ACCOUNTING PRINCIPLES FOR SECURITIES MARKETS IN THE UNITED STATES: UNVEILING THE SO-CALLED "ADVANCED INTERNATIONAL EXPERIENCE" (2)

目　录

第四章 关于英国会计审计机制设计的反思

CONTENTS

第一编　公共会计师行业的形成与英国会计规则的演化

英国会计审计历史悠久，但值得借鉴的经验并不是很多。从《1844年股份公司法》提出审计要求算起，10年后（1854年）英国出现第一个官方认可的会计师组织（爱丁堡会计师协会），98年后（1942年）公共会计师行业开始着手梳理会计规则，146年后（1990年）政府介入并试图主导会计规则的制定。也就是说，英国的公共会计师行业长期是在既无行业组织又无会计规则的背景下提供专业服务的。英国公司法开了一个很不好的头，那就是长期任由大公司及其会计师来决定会计规则，公认会计惯例（generally accepted accounting practice，GAAP）[1] 其实是大公司及其会计师所偏爱的会计规则的汇编版。大公司即使不遵守公认会计原则也一样能够拿到干净的审计师报告（auditors' report）。自1990年起英国政府部门所接手的会计规则，早已是公共会计师行业与客户联合推出的一套弹性化的会计规则。英国公司法先后甩下"完整和公允"（full and fair，1844年）、"真实和正确的视角"（true and correct view，1856年）、"真实和公允的视角"（true and fair view，1948年至今）等云山雾罩、令人不知所云的所谓最高原则，任由公共会计师协会予以解读。政府机关长期未对会计规则进行审查。这种任由私立机构进行司法解释的现象，竟然被业界奉若神明。一些文献所主张借鉴或引进的，就是如此质量的他国先进经验。

对历史的解读不可避免地带有讲述者的偏好。以往学界往往是在仰慕的心态下观察英美证券市场会计监管。本书尝试尽量以中立的态度拆解若干历史细节，将法学、会计学、金融学诸学科的观察视角聚焦于证券市场会计监管的制度安排的历史流变，以期解开长期困扰人们的历史谜团。

---

1 在美国证券市场上，与这一概念对应的是公认会计原则（generally accepted accounting principles，GAAP）。在英美公共会计师行业的语境中，会计惯例与会计原则是同义词。

公共会计师[1]行业在英国的发展以及英国公司法的历史沿革，构成了美国会计史的宏观背景。下图勾勒了英国和美国公共会计师行业及其相关会计规则的时空关系。美国的公共会计师行业虽然起步晚于英国[2]，但在设计会计规则的积极主动性方面远远超出它的英国同行。

---

1 公共会计师行业在不同国家有不同的职业称号，在英国最初被称作特许会计师（Chartered Accountant，CA），发展到美国后被称作注册会计师（Certified Public Accountant，CPA）。加拿大的公共会计师行业曾长期并存有特许会计师和注册通用会计师（Certified General Accounting，CGA）两种职业头衔。如今，二者与注册管理会计师（Certified Management Accountant，CMA）共同启用了新头衔——特许专业会计师（Chartered Professional Accountant，CPA），原有头衔可自愿保留并与 CPA 并列。在澳大利亚并存有特许会计师和特许执业会计师（Certified Practising Accountants，简称 CPA Australia）。在我国，该行业的名称乃是从美国借鉴而来的。

2 事实上，是英国的公共会计师行业奔赴美国，刺激了美国公共会计师行业的发展。

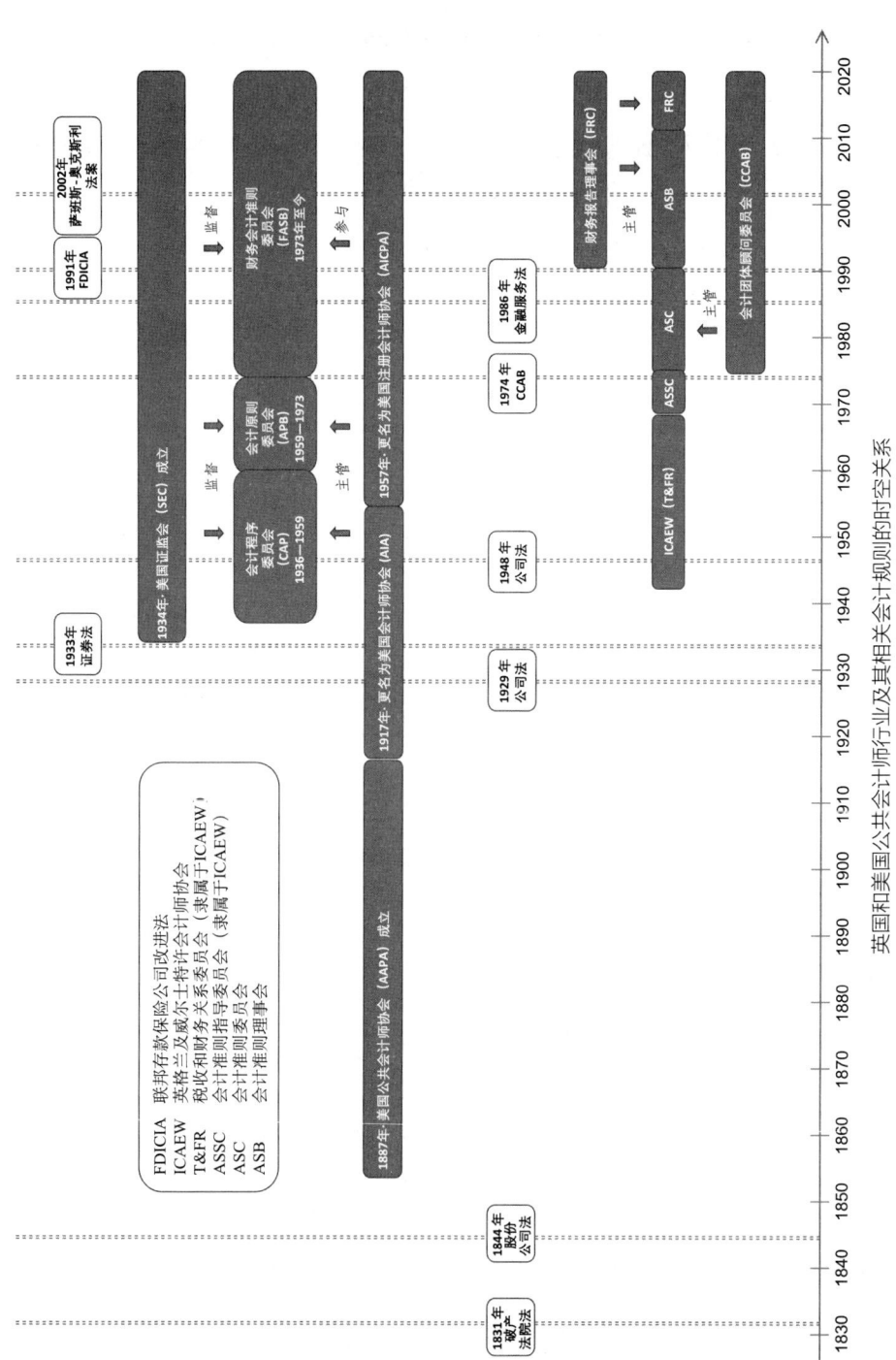

英国和美国公共会计师行业及其相关会计规则的时空关系

第一章
英国公共会计师行业的兴起

公共会计师行业起源于英国。众所周知，英国全称大不列颠及北爱尔兰联合王国（The United Kingdom of Great Britain and Northern Ireland），是实行君主立宪制的邦联制岛国，由大不列颠岛（包括英格兰、威尔士、苏格兰）、爱尔兰岛东北部和一些小岛组成。由于历史原因，英国和爱尔兰的各个公共会计师行业协会可以跨境执业，均受当地公司法认可。

公共会计师行业是以协助客户执行破产法、公司法的身份走上历史舞台的，其性质相当于精通会计的特种律师（商事律师）。在早期，遵守法律、恪守事实底线，是公共会计师行业的职业信条。

第一节　南海泡沫与审计理论中的斯奈尔神话

一、南海公司与《泡沫法案》

在《1844 年股份公司法》颁布之前，英国的公司必须通过皇家特许状（royal charter）设立为特许公司（chartered company），或者根据议会颁发的特许状（charter）或专营许可证（letters patent）设立为法定公司（statutory company）。也就是说，设立公司在那个时候属于只有通过皇家和议会才能获取的垄断经营的特权。东印度公司和南海公司就是历史上声名显赫的两家特许公司。作为对比，

1694 年成立的英格兰银行就是根据议会的法令成立的法定公司。

1600 年，伊丽莎白一世给东印度公司颁发特许状，东印度公司此后成为特许公司，拥有在好望角以东和麦哲伦海峡以西的广阔海洋中的贸易垄断权。它虽然不是第一家特许公司，却是第一家体现现代股份制公司主要特征的公司。1600 年也因此被视为英国公司诞生的年份。

100 多年后成立的南海公司（South Sea Company）也是一家特许公司，该公司更是在法律、会计和商业领域产生了深远影响。1720 年，围绕南海公司股票开展的一系列金融骗局或投机活动致使许多投资者破产，史称"南海泡沫"（South Sea Bubble）。南海泡沫是世界历史上最早的、规模最大的、被研究最多的股市泡沫和经济崩盘事件之一。

（一）南海公司的组建与南海泡沫的形成

南海公司由托利党（Tory）的罗伯特·哈雷（Robert Harley）于 1711 年 9 月 8 日依照议会颁发的特许状创立，用于替代辉格党（Whig）的金融建制。该公司全名为"大不列颠联合王国的总督和商人与南太平洋和美洲其他地区进行贸易并鼓励捕鱼业发展的公司"（The Governor and Company of Merchants of Great Britain Trading to the South Seas and Other Parts of America, and for Encouraging the Fishery）。

南海公司寄希望于在西班牙王位继承战争（1701—1714）结束之后，迅速占领太平洋地区的奴隶贸易市场。然而，1713 年欧洲多国缔结了旨在结束西班牙王位继承战争的一系列《乌得勒支和约》（Treaty of Utrecht），留下的贸易机会非常有限，和约规定每年对奴隶贸易征税，并且规定每年的贸易量仅限于一艘船。

转机始于 1718 年，英国国王乔治一世亲自出任南海公司的总督（governor）。1719 年，南海公司提议接管五分之三（约合 3 000 万英镑）的国家债务

（national debt），该建议在 1720 年被英国议会接受。南海公司当即支付 700 万英镑给皇室，从而换得贸易特权，并在 1727 年前享有 5% 的利息，自 1727 年后享有 4% 的利息。这一独家垄断的重大利好消息引发公众疯狂抢购南海公司的股票。一大批政客和法官收受了南海公司董事贿赂的股票，深度参与并主导了这一波载入史册的大行情。英国议会更是通过制定一部法律，来进一步巩固南海公司垄断的南美贸易权，为南海公司干掉一切竞争对手。这部法律就是史上威名显赫的《泡沫法案》（The Bubble Act）。

（二）《泡沫法案》的出台及其影响

《泡沫法案》是在南海泡沫破裂前两个月的时候出台的。其实在南海泡沫破裂甚至在该法颁布之前，还有一个金融史上也很有名的泡沫事件，即法国的密西西比泡沫（Mississippi Bubble）。从时间上看，密西西比泡沫是世界上第一个股市大泡沫。[1] 但南海泡沫的波及面更大，对法律、金融制度的影响也更为久远。

1720 年 6 月 9 日（南海泡沫到达顶峰前两个月），英国议会通过了俗称《泡沫法案》[2] 的法律。与多数出版物 [3] 所宣传的该法的立法目的相反，该法并

1　密西西比公司是法国政府接受金融天才约翰·劳（John Law，1671—1729）的策划，设立的一家负责开发北美洲的公司。该公司的股票在 1719 年暴涨超过 19 倍，但从 1720 年 1 月起开始暴跌。5 月，密西西比泡沫破裂。约翰·劳当即被解雇并软禁，后于年底仓皇逃离法国，落得个身败名裂的下场。

2　该法全称为 "AN ACT for better securing certain Powers and Privileges intended to be granted by His Majesty by two Charters, for Assurance of Ships and Merchandizes at Sea; and for lending Money upon Bottomry; and for restraining several extravagant and unwarrantable Practices therein mentioned"。

3　典型的如查特菲尔德所著的《会计思想史》和爱德华兹所著的《财务会计史》这两部经典著作。前者误以为，"这次疯狂的股票大投机所带来的最后结果，是 1720 年议会颁布了著名的《泡沫公司取缔法》"。后者误以为，"惊慌失措的政府反而通过了《泡沫法案》来应对股市泡沫的破裂。这两部著作的相应观点存在时序紊乱、因果倒置的问题。爱德华兹在其著作的前言中承认，该书过多依赖二手素材，一手素材较少。爱德华兹在《英国财务报告史》中修正了他在《财务会计史》一书中对《泡沫法案》的评价。参见：Michael Chatfield, *A History of Accounting Thought*, Revised Edition (New York: Robert E. Krieger Publishing Co., 1977), p. 81; John Richard Edwards, *A History of Financial Accounting* (New York: Routledge, 1989), pp. 96-97, published in 2014 by Routledge; John Richard Edwards, *A History of Corporate Financial Reporting in Britain* (New York: Routledge, 2019), p. 23。

不是为了抑制股市泡沫，而是为了限制其他投资机会，也就是将资金进一步注入南海公司，吹更大的泡泡。南海公司是该法律的主要推动者，统治精英中的许多成员都是南海公司股东。其实，《泡沫法案》这个具有一定误导性的简称是 19 世纪初才形成的。《泡沫法案》的长期影响是什么？对于这一问题，普遍的认识是，《泡沫法案》阻碍了英国公司制企业的发展，并使金融资本主义在英国推迟了一个世纪。但实际上，这种认识过高评估了《泡沫法案》的实施效果，该法在法律实践中可以说是微不足道的。首先，在该法通过之前，普通法不承认未注册为公司法人的公司。因此，该法通过后什么都没有改变。其次，该法是一纸空文，英国法院在 18 世纪仅进行了一次涉及该法律的诉讼。最后，该法未能阻挡法律创新，18 世纪英国照样成立了许多非法人公司（unincorporated companies）。[1]

《泡沫法案》共有 29 条，有的条款长达两三页。其中，前 17 条紧紧围绕两个特许状展开，宣布国王颁发两份皇家特许状，特许成立两家垄断经营海上保险业务的公司（corporation），即皇家交易所保险公司（Royal Exchange Assurance Corporation）和伦敦保险公司（London Assurance Corporation），每一家公司融资额不超过 150 万英镑。该法因此又称《1719 年皇家交易所和伦敦保险公司法》（Royal Exchange and London Assurance Corporation Act 1719）。当然，若想获得特许资格，那是需要向王室进贡的。该法第 2 条明码标价，每一家保险公司要支付王室经费（civil list）30 万英镑。这一条清楚地表明，法律是统治阶级意志的集中体现。

《泡沫法案》第 18 条规定，自 1718 年 6 月 24 日起，缺乏生效的议会法律或者皇家特许状作为法律依据的公司一律为非法、无效。

---

1 John D. Turner, "The Development of English Company Law before 1900," in *Research Handbook on the History of Corporate and Company Law*, edited by Harwell Wells (Northampton, Massachusetts: Edward Elgar Publishing, Inc., 2018), pp. 121-141.

该法第 19 条至第 21 条规定了罚则。其中，第 19 条规定，被依法认定为非法、无效的公司的相关当事人，将依法被追究公众滋扰（public nuisance）或蔑视王权罪（praemunire）。第 21 条禁止针对该法设立的公司开展证券的经纪或交易行为，这一条无异于宣告了股票市场的终结。

《泡沫法案》第 22 条至第 28 条是一系列豁免条款。其中，第 26 条针对南海公司、第 28 条针对东印度公司给出了豁免，这些公司不受该法拘束。

南海公司原本就拥有在南美洲垄断经营（奴隶贸易等）的特权，《泡沫法案》又进一步为其干掉了所有潜在的竞争对手。《泡沫法案》的立法目的究竟是什么？这是一部正义的法律吗？这是一部想要纠正股市泡沫的法律吗？恐怕很难再这么说。这启示人们，千万不要一看到国外出台了一部法律，就火急火燎地扑上去叫好——还是矜持一点好，否则可能被打脸。

（三）南海泡沫的破灭

股市狂热使得南海公司的股票从 1719 年 1 月每股 100 英镑，飙升至夏季（8 月）每股超过 1 000 英镑，其中，在 1719 年 10 月至 1720 年 7 月之间股价上涨了 820%。然而，天下没有不破的泡沫。即便有皇权和法律的恩宠，南海公司的泡沫还是在 1720 年 9 月破灭了。到年底的时候，南海公司的股价跌回每股 124 英镑。6 个月后，南海公司的股票跌到几乎一文不值。绝大多数投资者损失惨重，有的自杀，有的逃亡他国躲债。

1721 年的调查发现，英国国王乔治一世及其三位部长牵涉腐败案。三位部长收受贿赂并参与南海公司股票巨额投机，其中，财政大臣被判入狱，另外两位财产充公。辉格党政治家罗伯特·沃波尔爵士（Sir Robert Walpole，1676—1745）取代托利党，长期执掌英国政局。他决定将南海公司的部分股权转让给英格兰银行和东印度公司，从而成功化解了经济危机。

1750 年，南海公司的奴隶贸易权被出售给西班牙，该公司主业改为在格陵兰岛从事捕鲸业，公司一直存续至 1853 年。

二、牛顿对股市预期的评价及其启示

世界上最伟大的科学家之一艾萨克·牛顿（Isaac Newton，1643—1727），也因南海泡沫而不幸"跻身"众多损失惨重的散户之列。在当时的英格兰，可供投资的股票仅有英格兰银行、东印度公司和南海公司等少数公司，可投资的其他证券无非就是政府证券和银行债券。牛顿热衷于跟风购买南海公司的股票，甚至还出售英格兰银行的股票和债券来购买南海公司的股票，岂料却被深刻地教育了一番。

有数学家核实了牛顿的长期投资账簿资料，计算出牛顿在南海公司股票上的损失至少 1 万英镑，约相当于 2019 年的 1 000 万英镑、美元或欧元。[1]

其实牛顿原本在南海公司的股票上大赚了一笔。牛顿是南海公司的早期投资者，最迟在 1713 年就已经投资南海公司。[2] 他在 1720 年初卖出了大部分南海公司股票，净赚约 2 万英镑（而不仅仅是史料经常提及的 7 000 英镑）。但糟糕的是，几个星期后，牛顿眼看股价节节攀升，于是又重返股市，以更高的价位（大约是卖出价两倍的价格）购回了相同数量的股票（见图 1-1）——伟大的牛顿仍然是输在了散户心态上。

牛顿曾被问起如何看待人们对南海公司股票的狂热，他的答复是，他无法计算人们的疯狂（he could not calculate the madness of the people）。这就是一位世界上最伟大的科学家对股票估值问题的看法。[3] 作为对比，如今宣扬证券应当按照公允价值会计记账的人们，难道真的比牛顿更明了证券市场的估值规则吗？谁要是向牛顿推广那个曾被授予"瑞典国家银行纪念阿尔弗雷

---

1 Andrew Odlyzko, "Newton's Financial Misadventures in the South Sea Bubble," *Notes and Records: the Royal Society Journal of the History of Science*, 2019, 73(1): 29-59.

2 Richard S. Westfall, *Never at Rest: A Biography of Isaac Newton* (New York: Cambridge University Press, 1980), pp. 861-862.

3 后人添油加醋地把牛顿的回答改成这么一句话："我能够计算天体的运行，但却计算不了人们的疯狂。"英文表述有多个版本，绘声绘色且不失原意，令人忍俊不禁。

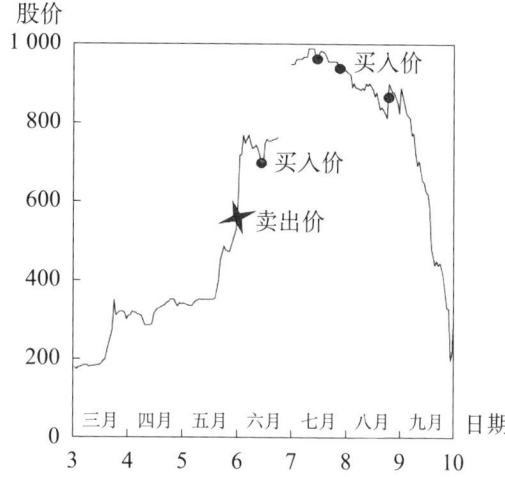

图 1-1 牛顿及其 1720 年在南海公司股票上的投资概要

资料来源：Andrew Odlyzko (2019).

德·诺贝尔经济学奖"[1]的效率市场假说（efficient market hypothesis，EMH），牛顿会相信吗？

三、斯奈尔的会计服务

（一）查尔斯·斯奈尔受托对南海公司的子公司进行调查

南海公司股票暴跌以后，为其融资并参与坐庄的剑刃银行（Sword Blade Company）于 1720 年 9 月陷入资不抵债的境地。1721 年 1 月，英国议会下议院（House of Commons）指派保密委员会（Committee of Secrecy）对南海公司的账目开展调查，果然发现该公司账目存在"错误和伪造的会计记录"（false and fictitious entries）。为了确保议会能够批准该公司提出的接管国家债务的计

---

1 该奖项不属于诺贝尔奖，"诺贝尔经济学奖"是某些人推广的对该奖项不正确的简称。约翰·兰彻斯特（John Lanchester）在 *How to Speak Money*（中译本《金融的秘密》）中直率地指出，有些人认为该奖项给经济带来更多的是麻烦而不是益处，而且基本上是在为资本主义经济模式做辩护。2013 年，该奖项同时授予两位学者。一位是提出效率市场假说的尤金·法玛，另一位是持续批判效率市场假说的罗伯特·席勒。这就像是主张地心说的教皇保罗五世和反对地心说的伽利略同时获奖一样。

划，南海公司向议员行贿的金额高达 100 多万英镑，这在当时是一个天文数字。

　　鉴于社会传闻，南海公司将一笔股票记在财政大臣查尔斯·斯坦诺普（Charles Stanhope）名下，随后将之售出，使其不用亲自持有股票就能净赚 2.5 万英镑。剑刃银行聘请书法教员兼会计师查尔斯·斯奈尔（Charles Snell，1667—1733），对南海公司的子公司索布里奇公司（Sawbridge and Company）的账目进行核查。其中，要特别就与斯坦诺普有关的账簿记录提交报告。斯奈尔就此被域外会计界认为是第一位对公众公司的账目实施审计的公共会计师。[1]

（二）斯奈尔提交的专家意见书

　　斯奈尔1721年提交的报告《基于对索布里奇公司账目的检查的观察结果》（Observations Made upon Examining the Books of Sawbridge and Company）（见图 1-2）称，与斯坦诺普有关的账簿记录在抵销往来款项以后，"我认为根据该公司的账簿资料来看，上述股票投资账户不存在任何价差，2.5 万英镑的价差是不存在的"。斯坦诺普的受贿罪最终被判不成立。民众对该案判决的不满情绪弥漫全国。

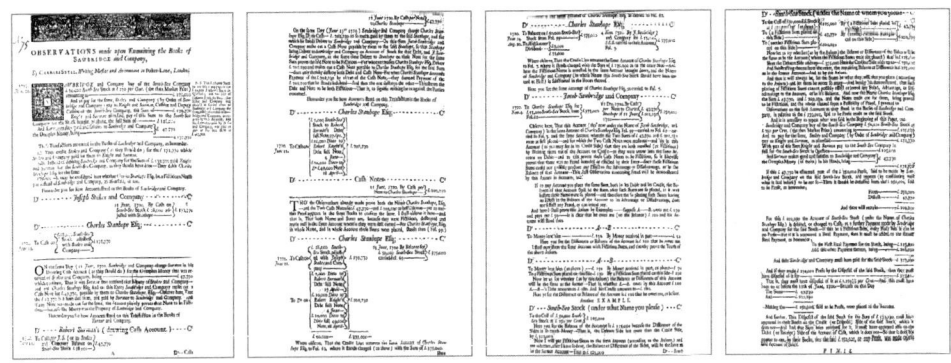

图 1-2　斯奈尔提交的核查报告

　　资料来源：Thomson Gale (2005)。

---

　　1 Michael Chatfield, Richard Vangermeersch, *The History of Accounting: An International Encyclopedia* (New York & London: Garland Publishing, Inc., 1996), p. 537.

四、解读斯奈尔独立审计神话的相关事实

斯奈尔的这份报告长期被境外会计行业过度美化，以至于审计教科书常常称，斯奈尔是第一位审计师，他的报告也就是第一份审计师报告，他从事的是独立审计，如此等等。

但是，事实并非如此。

第一，从斯奈尔的身份来看，他就是社会服务行业的从业人员，而不是审计师，他提供的是收费服务。能写会算的斯奈尔擅长写漂亮的圆体英文字母，出版过多部篇幅通常几十页的书法教材，同时还善于传授记账方法。18世纪上半叶，这种书法教员兼会计师的从业人员为数不少。斯奈尔出版有多部书法和会计教材，如 1694 年的《书法家的宝藏》(*The Pen-man's Treasury Open'd*)、1697 年的《商人简易记账法》(*The Tradesman's Directory; Or, a Short and Easy Method of Keeping His Books of Accompts*) 等。根据《商人简易记账法》的介绍，斯奈尔当时正在自由书法学校任教。在 1721 年提交给剑刃银行的业务报告书中，斯奈尔明确将自己的业务头衔界定为伦敦福斯特里街的"书法教员兼会计师"。斯奈尔能够跨行业提供专业服务，堪称众多服务行业人员中的佼佼者。

第二，从斯奈尔接受委托所从事业务的性质来看，他从事的不是独立审计业务，而是增信服务。其接受剑刃银行委托，任务是提供南海公司及其子公司索布里奇公司是否行贿、财政大臣斯坦诺普是否受贿的证据。而剑刃银行是南海公司股票的庄家之一。南海泡沫是由南海公司、剑刃银行、英王乔治一世以及一干议会议员、内阁大臣等联手操作出来的。[1]斯奈尔接受这项委托之后应该提供什么样的"成果"，是不言自明的。因此，其行为乃是出于金

---

1 Richard Dale, *The First Crash: Lessons from the South Sea Bubble* (Princeton: Princeton University Press, 2004), pp. 73-139.

融阶层的私利而非出于社会公平正义，乃是出于为客户"洗白"的目的，而不是验证会计信息的真实性、合法性。从委托人的身份、委托的内容以及斯奈尔在业务报告中恳切的辩护倾向来看，这份报告离审计师报告的定位相去甚远。因此，斯奈尔出具的报告虽然确实是现存的第一份公共会计师的服务报告，但在本质上不是审计师报告，而是"洗白报告"，类似于犯罪嫌疑人邀请法律专家撰写的法律意见书，属于自辩性质的文书。如果真的是审计，应该是由下议院保密委员会或者南海公司受害股东来委托公共会计师。[1]斯奈尔充其量也就是在刑事案件中为犯罪嫌疑人担任了一次专家证人。

第三，从斯奈尔的工作对象来看，既无可信的账目，也无合适的评价标准。下议院保密委员会在1721年2月16日提交的首份报告中指出，其调查活动遇到了重重困难。他们面对的账簿存在大量的伪造、虚构、缺失、涂抹、更改、隐匿、撕毁、灭失等严重问题，"整个调查过程都充斥着邪恶和腐败的气息"。[2]斯奈尔收人钱财替人消灾，他所面对的就是客户提供的这样的账簿。

总之，斯奈尔的工作状态、服务目的、工作对象和工作内容等各方面的信息表明，他的职业角色并不是审计师，而是服务于刑事辩护的专家证人。公道地说，斯奈尔在一桩举国关注的公案中，曾经应邀做过专家证人，仅此而已。这也正是为什么会计史学家爱德华兹在《财务会计史》一书中对斯奈尔的报告给出了如此评价：斯奈尔提交的核查报告"并不是特别令人印象深刻的文件，它更像是一份特殊的辩解（a piece of special pleading），而不是一项独立的调查（an independent enquiry）"。[3]

---

1 Beresford Worthington, *Professional Accountants: An Historical Sketch* (London: Gee & Co., 1895), p. 22. Reprinted in 1978 by Arno Press Inc.

2 同1.

3 John Richard Edwards, *A History of Financial Accounting* (New York: Routledge, 1989), pp. 143-144, published in 2014 by Routledge.

五、《泡沫法案》的废除

《泡沫法案》不是为了抑制泡沫，而是国王、议会和冒险家联手通过国家机器、谣言来制造泡沫的工具。它深刻反映了英国法律和司法制度的本质。它的出台并非法制史和经济史上闪光的一页。

随着资产阶级的发展壮大，《泡沫法案》于 1825 年被废除。[1] 当时给议会施加压力、主张废除该法案的，主要是一批成立于 19 世纪初的火灾保险公司和人寿保险公司。

第二节　世界上第一个公共会计师行业组织成立于英国

一、工业革命对会计发展的推动作用

从代理记账业务中成长起来的公共会计师（public accountant）行业，在工业革命中得到了迅猛发展。

（一）公共会计师行业的形成

工业革命（Industrial Revolution）是现代历史中人类从农业和手工业向工业和机械制造业转变的过程。自英国经济史学家阿诺德·汤因比（Arnold Toynbee，1852—1883，历史学家阿诺德·J. 汤因比是他的侄子）使用"工业革命"一词描述英国 1760 年至 1840 年的经济发展以来，该术语成为人们耳熟能详的词汇。工业革命在不同国家的发展时期不大一样，在英国，一般称工业革命发生于 1760—1830 年。

---

1 参见：An Act to repeal so much of an Act passed in the Sixth Year of His late Majesty King George the First, as relates to the restraining several extravagant and unwarrantable Practices in the said Act mentioned; and for conferring additional Powers upon His Majesty, with respect to the granting of Charters of Incorporation to trading and other Companies (6 Geo. IV, c. 91)。

专栏 1-1

工业革命：公共会计师行业兴起的社会背景

1. 第一次工业革命

第一次工业革命起步于 18 世纪 60 年代的英国，可以用"机械化"来概括。以蒸汽机的发明和应用为代表，历史从此进入"煤和铁的时代"。

棉纺织业是英国工业化过程中的发动机和核心产业，是近代第一个向资本主义生产方式转变的大工业。1733 年"飞梭"的发明开辟了棉纺织业技术创新之先河。18 世纪 60 年代被大部分历史学者认为是英国工业连续变化和发展的年代。1764 年，纺织工、木匠詹姆斯·哈格里夫斯（James Hargreaves）发明珍妮纺纱机（Spinning Jenny）。1768 年，理发师出身的理查德·阿克赖特（Richard Arkwright）发明了水力纺纱机。英国棉纺织业大步迈向机械化大生产。工业革命最直接的结果是工业生产的集中和工厂制度的诞生。理查德·阿克赖特，被誉为近代工厂之父，是第一个真正对新生产要素执行整合职能的工厂主、企业家。现代意义上第一个真正的工厂，就是在阿克赖特的创新整合之下从棉纺织业中孕育而生的。1776 年，格拉斯哥大学教学仪器技师詹姆斯·瓦特（James Watt）终于完成了他自 1763 年就开始进行的改良蒸汽机的工作，成功制造出第一批新型的冷凝器与气缸分离的蒸汽机，并应用于工业实践。1782 年，英国陶瓷巨人乔舒亚·韦奇伍德（Josiah Wedgwood）开始大规模采用蒸汽机和动力机床进行机械化陶瓷生产。棉纺织业的进步刺激着机械制造、煤炭、矿业、冶炼、交通运输等行业的发展，极大地改变了社会面貌，历史由此进入"煤和铁的时代"。

1846 年，曾被用来阻挠谷物进口，以便保持高昂的粮价进而保证高额地租的谷物法被废除，资本成为英国的最高权力。工业资产阶级的这一胜利是英国近代化过程完成的标志，从此，英国走上了完全经济自由的道路。

2. 第二次工业革命

第二次工业革命发生于19世纪六七十年代到20世纪初，可以用"电气化"来概括，以电力技术革命为代表。

与第一次工业革命主要由技术工人主导不同，第二次工业革命是由科学技术主导的，以发电机、电灯、电话、内燃机、化工、冶金等物理、化学领域的重大革新为代表。钢铁、石油、铁路等行业开始出现垄断组织乃至跨国垄断组织。各主要资本主义国家相继进入帝国主义阶段。

3. 第三次工业革命

第三次工业革命发生于20世纪（第二次世界大战后），可以用"信息化"来概括，以原子能技术、航天技术、计算机技术、互联网技术、自动化管理等新科技为代表。

资料来源：马瑞映、杨松：《工业革命时期英国棉纺织产业的体系化创新》，《中国社会科学》2018年第8期；潘润涵、张执中：《工业革命与英国社会的近代化》，《历史研究》1983年第6期。

工业革命对人类社会经济生活产生了全方位的影响，会计的工作程序和工作内容也概莫能外。

第一，工业革命推动了会计程序的变革，主要是成本核算方法、利润计算方法的普及。1800年以后，计提折旧在企业管理中越来越受重视，变得更加普遍。

第二，由工厂制度下生产的连续性所决定的，工业会计越来越倾向于采用成本而不是价值，作为固定资产和存货的计量基础。作为对比，在以前的小规模生产中，企业主往往会为每一批货物设置一个单独的账户，直到货物卖出去为止。在那种情况下，按照价值记账是可行的，也是很容易理解的，因为同一批货物的成本和市价的对比关系在同一个账户中能够清晰地呈现，不大容易出现理解上的混乱。[1]

第三，会计管理对企业管理的支持作用得到充分认可，公共会计师的服务价值受到充分认可。这也是后续一系列公司法比较重视会计审计规则的原因所在。当然，公共会计师行业积极在立法进程中发挥影响，也功不可没。

1830年，英国完成工业革命。1831年，英国颁布《破产法院法》(The Court of Bankruptcy Act)，该法授权会计师可以像律师那样担任官方清算人(official assignees)。[2]英国公共会计师行业得以以执行《破产法院法》为切入点，从而获得法律的庇佑，取得了接近律师的职业地位。[3]

此外，工业革命完成后，证券市场得到快速发展，这对公共会计师行业发展起到了刺激作用。

 专栏1-2

伦敦证券交易所

1694年，苏格兰企业家威廉·佩特森（William Paterson）创办英格兰银行，它最初是一家私营公司。

1698年，经纪人约翰·卡斯坦（John Castaing）在英国伦敦的乔纳森咖啡馆（Jonathan's Coffee House）制作了第一份印刷版证券清单。

1711年，南海公司成立。它是一家主营英国与南美贸易的特许公司，其股票引发市场狂热，史称"南海泡沫"。

1720年，英国颁布《泡沫法案》，该法规定只有皇家特许公司才能发

---

1 John Richard Edwards, *A History of Financial Accounting* (New York: Routledge, 1989), pp. 89-90, published in 2014 by Routledge.

2 该法第二十二条规定，大法官（the Lord Chancellor）可以选择商人、经纪人、会计师或者其他在伦敦或威斯敏斯特以及邻近地区从事贸易活动的人士，在破产法院所处理的破产案件中担任官方清算人，官方清算人总人数不超过三十人。

3 德勤会计公司的创始人威廉·W.德劳伊特（William W. Deloitte）在1833年涉足公共会计师行业时就是从参与破产清算入手的，直至1845年在伦敦的破产法院对门开设自己的会计公司。

行公开股票。其立法目的原本是扶持南海公司，但该法颁布后南海泡沫仍然破裂了。

1801 年，伦敦证券交易所作为英国首家受监管的交易所开始营业，主要提供政府证券的交易。1825 年，英国政府允许公司在伦敦证券交易所发行股票。

19 世纪 30 年代，伦敦证券交易所逐步将重心转移到公司证券上来。1844 年，伦敦证券交易所开始公布重要公司的每日报价清单。1935 年，伦敦证券交易所推出 FT 30 指数。1946 年，英格兰银行国有化。

1973—1974 年，股市崩盘，FT 30 指数暴跌近四分之三，道琼斯工业平均指数下跌了近一半。1979 年欧洲汇率机制的前身诞生，英镑未参与。1982 年伦敦国际金融期货期权交易所（LIFFE）成立。1984 年，伦敦证券交易所推出 FTSE 100 指数。

1986 年 10 月，英国推出放松金融管制政策，史称金融"大爆炸"（Big Bang）。1987 年 10 月 19 日，黑色星期一，全球股市崩盘。

1990 年英国政府将英镑纳入欧洲汇率机制。1992 年 9 月 16 日，黑色星期三，英国退出了欧洲汇率机制。

2016 年，德国交易所股份公司（Deutsche Boerse AG）和伦敦证券交易所集团宣布了有争议的合并计划，2017 年被欧盟委员会叫停。

随着资产阶级的兴起和工业革命的完成，1832 年的英国议会改革吹响了法律制度崇尚创新、追求进步的号角。正是在这样的背景下，划时代的《1844 年股份公司法》（The Joint Stock Company Act of 1844）出台了。[1] 据估计，在《1844 年股份公司法》出台时，英国有近 1 000 家依照皇家特许状或者专

1　在英国英语中，惯用 "company" 而不是 "corporation" 来指称公司。对此的解释是，在英国，非社团法人的公司的历史超过了一个世纪。

营许可证设立的公司。该法出台后，大量涌现的公司设立、审计、清算等业务，为公共会计师行业提供了源源不断的业务订单。

1846 年，《谷物法》（The Corn Laws）被废除。该法出台于 1815 年，代表土地贵族的利益。该法规定，当英国粮食价格低于每夸脱 80 先令时，禁止进口粮食。其目的是维持英国粮食的较高价格。《谷物法》的废除表明，资本成为英国的最高权力。此后的一系列公司法为资本开辟了道路，并逐渐成为英国公共会计师行业最大的靠山。

（二）公共会计师行业的属性

最近几十年，市面上有不少关于注册会计师属于自由职业、独立职业的失当说法。其实，这些说法没有触及会计行业的本质。会计师可分为有固定雇主的会计师和无固定雇主的会计师，前者可称为公司会计师（corporate accountant），后者即为公共会计师（public accountant）。

公司会计师是服务于特定雇主的会计专业人士，即日常所称的会计人员。企业会计人员所从事的会计工作，是对财产权利和义务进行分类统计，从而为企业经营管理和国民经济管理提供财产权利和业绩信息的管理活动。会计人员是企业管理层招聘的，当然要为企业管理层服务。企业管理要在法律法规的框架内运行，所以，会计人员也在为国民经济管理服务。在大陆法系下，民商法、经济法规定了会计管理的总体原则。这些总体原则需要通过会计的基本原则和具体规则（即国家统一的会计制度）来贯彻。可以说，公司会计师是特种律师。

公共会计师的职业属性更是特种律师，即商事律师。其所服务的客户是不特定的，其提供服务的总体原则与公司会计师相同。在正当的情形下，公共会计师应当搜集并向委托人提供证据，供其作出特定的是非判断。无论从历史还是从现实来看，公共会计师都是以法律为立业之本，是精通会计和法律的专业人士。如果偏离了法律这个根本，会计师就很容易被引向金融分析的道路。公共会计师行业出现于英国，是因为破产法和公司法提供了发展会计和法律交叉业务的土壤，律师和公司会计师都能填补这个市场空白。于是便涌现出一批精通会计的律师和一批精通法律的公司会计师，他们独立出来，自称"accountant"或"accomptants"，这就是我们现在所称的公共会计师。[1]公共会计师行业的属性见图1-3。

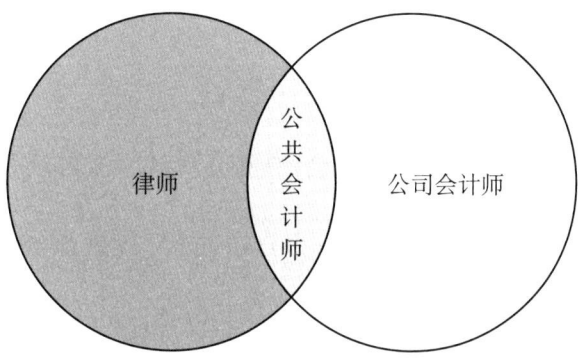

图1-3 公共会计师行业的属性

究竟律师和公司会计师谁能更方便地抢占这一业务领域，这取决于二者的职业门槛哪个更高。在当时的英国，律师的职业门槛更高，他们能很方便地抢占这一职业领地，前提是他们能看得上会计业务。实际上，有很多律师确实做到了精通会计，特别是在苏格兰，许多律师协会的领军律师同时以会计师的身份执业。[2]但在英格兰和威尔士，会计师的地位与拍卖人、租金收款人等其他"行业"区别不大，律师行业的精英认为承接会计业务有损身份，破产案件属于外围工作，不是特别值得尊重的工作。律师行业对会计行业的不屑一顾，使公共会计师行业得以成为一个独特的群体，而不是律师行业的

---

1 Richard Brown, *A History of Accounting and Accountants* (Edinburgh, T.C.&E.C. Jack, 1905)(New York: Augustus M. Kelley Publishers, 1968), published in 2013 by Routledge (New York).

2 在美国，注册会计师行业也与律师行业就业务领地问题产生过很大的争议，后来两个行业协会达成妥协。在我国，第一位注册会计师谢霖先生也面临着与律师争抢业务的情况。随着会计规则日趋复杂化，公共会计师行业逐渐偏离法律轨道，律师与注册会计师之间的争议也随之减少。

一个分支。此后，公共会计师行业顺从资本的意志而发展。早期会计师与金融家建立了密切的联系，他们为金融家提供细致周到的服务。会计惯例[1]的管辖权根植并寄生于资本主义的增长和不稳定，与金融资本的分配和管理紧密相关。[2]

公共会计师本质上就是法律和会计交叉领域的专业服务行业。境外之所以曾有"注册会计师是独立职业"的说法，主要是因为在特定历史阶段，该行业的工资薪金待遇（时薪）较高。[3]其实，没有必要将其神话为独立职业，服务行业怎么可能是独立的呢？

二、大型会计公司的形成：对后世会计规则具有较大影响的部分会计公司

一些先知先觉之士看到了公司法为公共会计师行业描绘的广阔市场前景，遂纷纷投身创办会计公司。

在此背景下成立于 1854 年的爱丁堡会计师协会（Society of Accountants in Edinburgh）是英国第一个、也是世界上第一个被官方认可的会计师组织。[4]普华永道的创始人之一威廉·库珀（William Cooper）就是在这一年独立创业的。图 1-4 列出了英美公共会计师行业的部分先驱。

在会计理论研究中不可避免地需要提及诸多会计公司的名称，尤其是几家大型会计公司。然而相关的历史资料相对匮乏，一些文章和网络信息往往查无实据，这种现象对于人们理解会计理论和会计规则的全貌不大有利，往往会导致人们对会计和审计知识的理解偏差。有鉴于此，笔者借助受中国人

1　在英美会计文献中，原则（principle）、惯例（practices 或 conventions）常常互换使用，最终，"原则"一词的用法变得更为普遍。

2　Prem Sikka, "The Power of 'Independence': Defending and Extending the Jurisdiction of Accounting in the United Kingdom," *Accounting, Organizations and Society*, 1995, 20(6): 547-581.

3　英美法系下，复杂的判例法滋养着律师行业，但从劳动人民的角度来看，丰厚的律师费则是社会的沉重负担。

4　该协会被正式授予的皇家特许状表明了英国官方对该行业组织的认可。

威廉·W. 德劳伊特
（William W. Deloitte,
1833 年在伦敦创业）

塞缪尔·L. 普莱斯
（Samuel L. Price,
1849 年在伦敦创立
后来的普华）

威廉·库珀
（William Cooper,
1854 年在伦敦创业）

埃德温·华特豪斯
（Edwin Waterhouse,
1865 年与普莱斯合
伙）

威廉·B. 皮特爵士
（Sir William B. Peat,
苏格兰人，1870 年
在伦敦从业）

阿瑟·扬
（Arthur Young, 苏格
兰人，1894 年在芝
加哥合伙创业）

查尔斯·W. 哈斯金斯
（Charles W. Haskins,
生于美国，1895 年在
纽约创立 Haskins &
Sells）

以利亚·W. 赛尔斯
（Elijah W. Sells, 生于
美国，1895 年在纽约
创立 Haskins & Sells）

詹姆斯·马威克
（James Marwick, 生
于苏格兰，1897 年
在纽约创立 Marwick,
Mitchell & Co.）

罗伯特·H. 蒙哥马利
（Robert H. Montgo-
mery, 生于美国，
1898 年在费城创立
Lybrand, Ross Bros. &
Montgomery）

阿尔文·C. 厄恩斯特
（Alwin C. Ernst, 生
于美国，1903 年在克
利夫兰创立 Ernst &
Ernst）

阿瑟·E. 安达信
（Arthur E. Andersen,
生于美国，1913 年
在芝加哥创业）

图 1-4　英美公共会计师行业的部分先驱（按照创业或从业时间排序）

民大学和国家留学基金管理委员会高等学校青年骨干教师出国研修项目资助，在美国哥伦比亚大学访问的机会，搜集了十余部会计史著作，试图在此基础上勾勒出比较清晰的总体框架，以供业界同人参考。需要说明的是，由于在早期合并过程中，会计公司的名称变动比较频繁，参与合并的公司数量比较多，要想描绘一幅细致入微的全图，既没有必要也几乎是不可能的，因此，为了突出主线，本文略去了诸多小公司的细节信息，感兴趣的读者可以查阅本节脚注所列的参考文献。如图 1-5 所示，鉴于安达信等会计公司在会计规则变迁过程中的重要作用，以下史料囊括了历史上曾被列入"八大"（the Big Eight）、"五大"（the Big Five）的会计公司的概要信息。

图 1-5 展示了英美主要会计公司的演化历程。欧美财经界一度热议的"八大"会计公司（the Big Eight）形成于 20 世纪 50 年代中期，60—80 年代在证券市场声名显赫，包括：阿瑟·扬（Arthur Young & Co.）；"图什，罗斯，贝利和斯玛特"（Touche, Ross, Bailey & Smart）；安达信（Arthur Andersen & Co.）；库珀-莱布兰德（Coopers & Lybrand）；"皮特，马威克和米切尔"（Peat, Marwick, Mitchell & Co.，即毕马威）；普华（Price Waterhouse）；哈斯金斯-赛尔斯（Haskins & Sells）；厄恩斯特-厄恩斯特（Ernst & Ernst）。1989 年，"八大"变成"六大"，因为阿瑟·扬与厄恩斯特-威尼（Ernst & Whinney）合并组建为安永公司，"德劳伊特，哈斯金斯和赛尔斯"（Deloitte, Haskins & Sells）与图什-罗斯（Touche Ross & Co.）合并组建为德劳伊特-图什公司（Deloitte & Touche）。1998 年，"六大"变成"五大"，因为普华（Price Waterhouse）和永道（Coopers & Lybrand）组建了普华永道。2002 年，"五大"变成"四大"，因为安达信在安然事件爆发后未经审判便已自行解体。

以下在宽泛的意义上使用"公司"（company，缩写为 Co.）一词，泛指普通合伙、特殊的普通合伙、有限合伙或者有限责任公司。

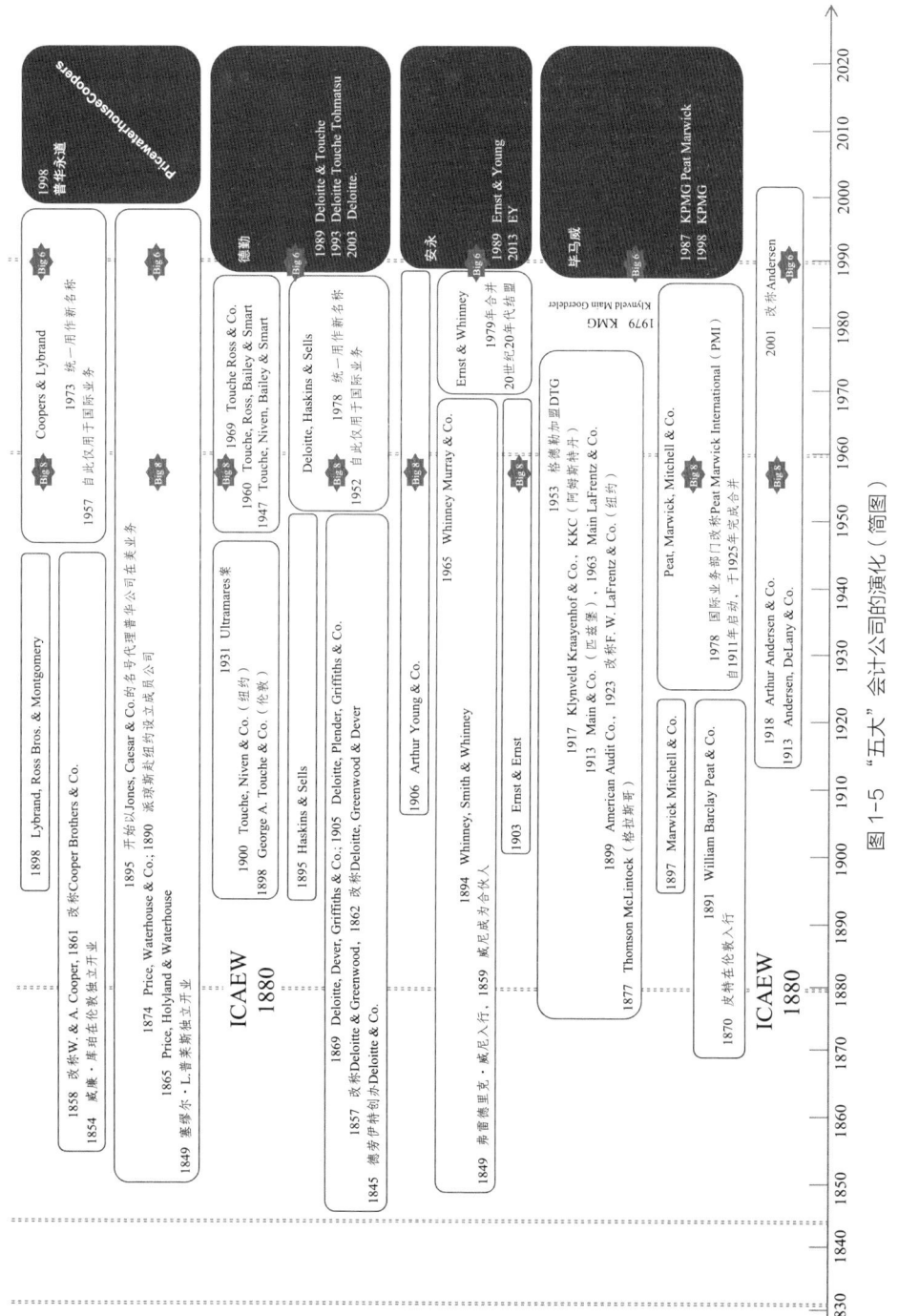

图1-5　"五大"会计公司的演化（简图）

（一）普华永道简史

1998 年，普华会计公司（Price Waterhouse）和永道会计公司（Coopers & Lybrand）合并，组建了如今的普华永道（PricewaterhouseCoopers）。

1. 普华会计公司（Price Waterhouse）[1]

1849 年，塞缪尔·L. 普莱斯（Samuel L. Price，1821—1887）在伦敦结束了与另外一位合伙人威廉·爱德华兹（William Edwards）共同创办的合伙企业，开始独立创业。在长达 15 年的时间里，普莱斯只身一人从事公共会计师事业。[2] 1865 年，普莱斯决定与好友威廉·H. 霍利兰德（William H. Holyland，1807—?）合伙开公司，霍利兰德推荐年轻人埃德温·华特豪斯（Edwin Waterhouse，1841—1917）加盟，于是，三人合伙组建了"普莱斯，霍利兰德和华特豪斯"公司（Price, Holyland & Waterhouse）。1871 年，霍利兰德退休。1874 年，公司改名为普华会计公司（Price, Waterhouse & Co.）。

普莱斯积极领导 1870 年成立的伦敦会计师协会（The Institute of Accountants in London），并带领华特豪斯组建 1880 年在该协会基础上改组成立的英格兰及威尔士特许会计师协会（The Institute of Chartered Accountants in England & Wales，ICAEW）（见图 1-6）。华特豪斯长期代理普莱斯的席位，并于 1892—1894 年担任该协会会长。华特豪斯担任一些银行和大型铁路公司的会计师，出任政府顾问并参与起草《1900 年公司法》等法律。普华会计公司逐渐建立了卓越声誉。

---

1 参见：David G. Allen, Kathleen McDermott, *Accounting for Success: A History of Price Waterhouse in America, 1890-1990* (Boston: Harvard Business School Press, 1993); Edgar Jones, *True And Fair: A History of Price Waterhouse* (London: Hamish Hamilton Ltd., 1995), published by the Penguin Group. Copyright © 1995 by Price Waterhouse。

2 普华会计公司通常将《伦敦宪报》刊登前述的合伙企业的结业启事这一天（1849 年 12 月 24 日），视作后来的普华会计公司的诞生之日。

普华会计公司于 1890 年在纽约设立成员公司，1904 年在利物浦设立成员公司，随后在全球各地设立成员公司。普华会计公司派往美国的阿瑟·L. 迪金森（Arthur L. Dickinson）、乔治·O. 梅（George O. May）、爱德华·斯坦利（Edward Stanley）、乔治·R. 韦伯斯特（George R. Webster）、亨利·W. 威尔莫特（Henry W. Wilmot）等人后来均成为业界领袖。

威廉·特宽德
（William Turquand，
1880—1882 年任会长）

阿瑟·库珀
（Arthur Cooper，
1883—1884 年任会长）

弗雷德里克·威尼
（Frederick Whinney，
1884—1888 年任会长）

威廉·W. 德劳伊特
（William W. Deloitte，
1888—1889 年任会长）

埃德温·华特豪斯
（Edwin Waterhouse，
1892—1894 年任会长）

欧内斯特·库珀
（Ernest Cooper，
1899—1901 年任会长）

威廉·B. 皮特爵士
（Sir William B. Peat，
1906—1908 年任会长）

威廉·普兰德勋爵
（Lord William Plender，
1910—1912 年、
1929—1930 年任会长）

图 1-6　英格兰及威尔士特许会计师协会部分会长

资料来源：The Institute of Chartered Accountants in England and Wales, *The History of The Institute of Chartered Accountants in England and Wales 1880-1965 and of Its Founder Accountancy Bodies 1870-1880* (London: William Heinemann Ltd., 1966).

2. 永道会计公司（Coopers & Lybrand）[1]

（1）库珀兄弟公司（Cooper Brothers & Co.）。贵格会教徒伊曼纽尔·库珀（Emanuel Cooper）于 1836 年参与建立伦敦城乡银行（London and County Bank）并担任副董事长，他共有 13 个孩子，在其 1851 年去世时，有 11 个孩子得以存活。长子威廉（William）和他的弟弟阿瑟（Arthur）最初都是伦敦一家会计公司的员工，1854 年威廉在伦敦租了两间房创办了威廉·库珀会计公司（William Cooper），这一年恰好也是世界上第一个官方认可的会计师行业组织——爱丁堡会计师协会成立的年份。后来，威廉·库珀的三个弟弟陆续加盟，依次是阿瑟（Arthur，1854 年加盟，1857 年成为合伙人）、弗朗西斯（Francis，1861 年加盟，成为合伙人的年份可能是 1871 年）、欧内斯特（Ernest，1864 年加盟，1872 年成为合伙人）。有三位弟弟鼎力支持公司发展，其他三位兄弟和几位妹妹也是威廉·库珀的好帮手，库珀家族得以成为名副其实的会计师之家。1858 年公司改称 W. & A. Cooper，1861 年改称库珀兄弟公司（Cooper Brothers & Co.）。

 专栏 1-3

库珀家族：从创办家族公司到创立国际会计准则委员会

库珀家族对英国会计乃至世界会计的发展具有深远影响，成为会计史上的一段佳话。库珀兄弟公司由伊曼纽尔·库珀（Emanuel Cooper，1794/5—1851）的四个儿子创立。

长子威廉·库珀（William Cooper，1826—1871），1854 年创办威

---

1 参见：Coopers & Lybrand, *The Early History of Coopers & Lybrand* (New York & London: Garland Publishing, Inc., 1984); B.T. Batsford, *History of Cooper Brothers & Co., 1854 to 1954* (London: Privately). Copyright © 1954 by Cooper Brothers & Co. Reprinted in 1986 by Garland Publishing, Inc.; *Building Values and Traditions: One Hundred Years of Coopers & Lybrand*. Copyright © 1998 by Coopers & Lybrand LLP. Researched and written by Patricia A. Watson of the Business History Group, Inc., with the assistance of William H. Becker, Louis Galambos and Paul J. Miranti, Jr.。

廉·库珀会计公司（William Cooper）。

次子阿瑟·库珀（Arthur Cooper，1833—1892），1854 年加盟威廉·库珀会计公司。他是英格兰及威尔士特许会计师协会的首届理事会成员，1882—1883 年任副会长，1883—1884 年任会长。阿瑟精通法律，曾受贸易委员会委托，参与起草英国《1883 年破产法》。

三子弗朗西斯·库珀（Francis Cooper，1845/6—1893），1861 年加盟家族会计公司 W. & A. Cooper。弗朗西斯的儿子弗朗西斯·达西·库珀（Francis D'Arcy Cooper，1882—1941）也是特许会计师，曾任利华兄弟有限责任公司董事长。弗朗西斯的外孙亨利·A. 本森（Henry A. Benson，1909—1995），曾任英格兰及威尔士特许会计师协会的副会长（1965—1966）、会长（1966—1967），组建国际会计准则委员会并担任首届主席（1973—1976）、英格兰银行行长顾问（1975—1983）。

七子也是最小的孩子欧内斯特·库珀（Ernest Cooper，1847—1926），1864 年加盟家族会计公司库珀兄弟公司（Cooper Brothers & Co.），1891 年当选英格兰及威尔士特许会计师协会理事会成员，1899—1901 年担任会长。欧内斯特·库珀的儿子斯图尔特·R. 库珀（Stuart R. Cooper）也是特许会计师。

（2）"莱布兰德，罗斯兄弟和蒙哥马利"公司（Lybrand, Ross Bros. & Montgomery）。1898 年 1 月 1 日，罗伯特·H. 蒙哥马利（Robert H. Montgomery）、威廉·M. 莱布兰德（William M. Lybrand）、小亚当·A. 罗斯（Adam A. Ross Jr.）和他的哥哥 T. 爱德华·罗斯（T. Edward Ross），在费城创办"莱布兰德，罗斯兄弟和蒙哥马利"公司（Lybrand, Ross Bros. & Montgomery）。

（3）库珀－莱布兰德公司（Coopers & Lybrand）。1957 年 1 月 2 日，"莱布兰德，罗斯兄弟和蒙哥马利"公司、库珀兄弟公司与加拿大的一家会计公司（McDonald, Currie & Co.）宣布，将在开展国际业务时统一采用库珀－莱布兰德（Coopers & Lybrand）为共同的名称，各成员公司保留各自的名称。1973 年，这三位成员统一采用库珀－莱布兰德作为新名称。[1]

（二）德勤简史

今日的 Deloitte（德勤）是注册于英国的德勤有限公司（Deloitte Touche Tohmatsu Limited，DTTL）的各个成员单位共享的品牌，各成员单位依照其所在国家或地区的法律法规独立从事经营活动，DTTL 本身不对客户提供服务。

1."德劳伊特，哈斯金斯和赛尔斯"公司（Deloitte, Haskins & Sells）

（1）"德劳伊特，普兰德和格里菲思"公司（Deloitte, Plender, Griffiths & Co.）[2]。1845 年，德劳伊特创办了德劳伊特公司（Deloitte & Co.）。此后，该公司的名称因合伙人变更而数度更换。

1849 年，早期最著名的股份公司之一、英国的大西部铁路（Great Western Railway，GWR）针对该公司股价暴跌事宜，邀请威廉·W. 德劳伊特（William W. Deloitte）进行审计，此后该公司董事建议采用强制性的独立监督。这种由上市公司聘请公共会计师从事审计业务的做法渐渐在英国得以推广。

1857 年，德劳伊特公司引入第一个合伙人托马斯·格林伍德（Thomas Greenwood），他投资了 800 英镑，公司遂更名为德劳伊特－格林伍德（Deloitte & Greenwood）。

---

1 由于库珀-莱布兰德公司在 20 世纪 60 年代授权著名会计师容永道先生的容永道会计师行为香港代理人，因此库珀-莱布兰德公司后来在我国被称作永道公司。

2 Sir Russell Kettle, *Deloitte & Co., 1845-1956* (New York: Garland Publishing, Inc.,1982).

1862 年，亨利·德弗（Henry Dever）被吸收为第三位合伙人，公司更名为"德劳伊特，格林伍德和德弗"（Deloitte, Greenwood & Dever）。

《1867 年铁路公司法案》（Railway Companies Act 1867）明确了审计师的职责。德劳伊特参与起草了这部法律。

1869 年，约翰·G. 格里菲思（John G. Griffith）被提拔为合伙人，公司更名为"德劳伊特，德弗和格里菲思"公司（Deloitte, Dever, Griffiths & Co.）。格里菲思对公司的发展发挥了重要影响，直至 1902 年退休。

1880 年，"德劳伊特，德弗和格里菲思"公司在纽约开办了第一家海外成员公司，承接了宝洁公司的审计业务。同年 5 月，英格兰及威尔士特许会计师协会在获得皇家特许状后宣告成立，德劳伊特、德弗、格里菲思都是创始成员。

1897 年，德劳伊特以 79 岁的高龄荣休（次年去世），威廉·普兰德（William Plender）成为公司合伙人。

1905 年，该公司更名为"德劳伊特，普兰德和格里菲思"公司（Deloitte, Plender, Griffiths & Co.）。同年，纽约成员公司首次与哈斯金斯－赛尔斯公司（Haskins & Sells）有了业务合作。1925 年，双方的会计师得以在加拿大、古巴、墨西哥等国以"Deloitte, Plender, Haskins & Sells"的名义营业。

（2）哈斯金斯－赛尔斯公司（Haskins & Sells）[1]。1893 年，在美国联邦众议院议员亚历山大·M. 多克里（Alexander M. Dockery）的建议下，第 53 届国会参众两院任命两位会计师加入多克里委员会（Dockery Commission），针对经济衰退背景下美国政府机构效率低下问题进行调查。这两位会计师是查尔斯·W. 哈斯金斯（Charles W. Haskins）和以利亚·W. 赛尔斯（Elijah W. Sells）。二人提出了改进政府会计的方案，这极大地提升了政府管理的效率。

---

1 *Haskins and Sells: Our First Seventy-Five Years* (New York: Garland Publishing, Inc., 1984).

1895 年 3 月，该项目顺利结束，二人合伙在纽约创建了哈斯金斯 - 赛尔斯公司（Haskins & Sells，德勤会计公司的前身之一），这是美国人自己创办的第一家大型会计公司，也是 20 世纪初美国本土最大的会计公司。该公司 1900 年在芝加哥开设了成员公司，1901 年在伦敦开设了成员公司。[1]

1903 年 1 月，哈斯金斯不幸辞世，同月，该公司改称为哈斯金斯 - 赛尔斯注册公共会计师（Haskins & Sells, Certified Public Accountants）。

1933 年 4 月 1 日，哈斯金斯 - 赛尔斯公司高级合伙人、纽约州注册会计师协会会长阿瑟·H. 卡特（Arthur H. Carter）在参议院作证。作为唯一的公共会计师行业代表，卡特主张对公众公司推行强制性的注册会计师审计制度。

约翰·W. 奎南（John W. Queenan）1936 年加入哈斯金斯 - 赛尔斯公司，1956—1970 年任管理合伙人。在其任期内，该公司合并了 26 家会计公司，在加拿大、中美洲、南美洲、欧洲和日本等地设立了分支机构。

（3）"德劳伊特，哈斯金斯和赛尔斯"公司（Deloitte, Haskins & Sells）。1952 年，在美国，"德劳伊特，普兰德和格里菲思"公司与哈斯金斯 - 赛尔斯公司合并，组建"德劳伊特，哈斯金斯和赛尔斯"公司（Deloitte, Haskins & Sells）。

1978 年，公司统一采用新名称"德劳伊特，哈斯金斯和赛尔斯"公司（Deloitte, Haskins & Sells）。

2. 图什 - 罗斯公司（Touche Ross & Co.）[2]

1844 年，亚历山大·T. 尼文（Alexander T. Niven）来到爱丁堡当学徒，期满后担任公共会计师（直至 1918 年辞世）。他参与创建了 1854 年依照皇

---

1 Charles Waldo Haskins, *Business Education and Accountancy* (New York: Harper & Brothers Publishers, 1904), pp. 1-21.

2 Theodor Swanson, *Touche Ross: A Biography* (New York: Touche Ross & Co., 1972).

家特许状成立的世界上第一个会计师协会——爱丁堡会计师协会，该协会正式定义了特许会计师（chartered accountant，CA）这一头衔。爱丁堡一位银行家的儿子乔治·A.图什（George A. Touche），在亚历山大·T.尼文门下做学徒，并在 1883 年获得特许会计师头衔。这一年，亚历山大·T.尼文的儿子约翰·B.尼文（John B. Niven）也结束了学徒期。约翰·B.尼文在父亲的公司锻炼了四年，然后赴美加入了普华的芝加哥成员公司，自 1898 年至 1900 年在芝加哥工作。1898 年，乔治·A.图什在伦敦创办了自己的会计公司（George A. Touche & Co.），两年后，他追随客户的资本也奔赴美国。就这样，图什和尼文又在纽约会师了。

1900 年，图什和恩师的爱子、比他年轻足足 10 岁的尼文合伙，在纽约创建了图什－尼文公司（Touche, Niven & Co.）。尼文挑选的办公地点紧挨着哈斯金斯－赛尔斯公司。

1913 年，尼文紧紧围绕美国宪法第十六修正案所带来的税收服务商机开展工作，并在《会计杂志》（*Journal of Accountancy*）上开设专栏推广其业务，取得了不俗的业绩。

1917 年，图什被英王乔治五世加封为骑士。1920 年被加封为从男爵。

1931 年，该公司遭遇厄特马斯公司诉图什－尼文公司案（Ultramares Corporation v. Touche, Niven & Co.）。

1947 年，美国注册会计师协会会长乔治·贝利（George Bailey）离开厄恩斯特－厄恩斯特公司（Ernst & Ernst），创办了乔治·贝利公司（George Bailey & Co.）。同年，该公司与图什-尼文公司、艾伦·R.斯玛特公司（Allen R. Smart & Co.）合并，组建"图什，尼文，贝利和斯玛特"公司（Touche, Niven, Bailey & Smart）。在贝利的领导下，该公司获得了快速的增长，其管理咨询业务的发展尤其迅猛。该公司 1960 年改称"图什，罗斯，贝利和斯玛特"公司（Touche, Ross, Bailey & Smart），1969 年改称图什－罗斯公司（Touche

Ross & Co.）。

1972年，图什－罗斯公司董事长罗伯特·M.特鲁布拉德（Robert M. Trueblood）领衔组成美国注册会计师协会的"会计目标研究组"（Accounting Objectives Study Group），为即将成立的财务会计准则委员会提供理论指导。

1968年，等松农夫藏（Nobuzo Tohmatsu）创办等松会计公司（Tohmatsu Awoki & Co.）。1975年，等松会计公司并入图什－罗斯公司。

3. 德劳伊特－图什公司（Deloitte & Touche）

1984年，杰伊·M.库克（Jay M. Cook）出任"德劳伊特，哈斯金斯和赛尔斯"公司管理合伙人。1985年，爱德华·A.坎加斯（Edward A. Kangas）出任图什－罗斯公司管理合伙人。1989年，二人将两公司在大多数国家的分支机构合并，组建德劳伊特－图什公司（Deloitte & Touche），个别国家的部分分支机构没有参加合并，而是并入了永道等会计公司。

 专栏 1-4

主持德劳伊特和图什公司合并的杰伊·M.库克

杰伊·M.库克（Jay M. Cook），1942年生于纽约市。他在佛罗里达大学求学期间的导师是会计与税收教授 J. T. 鲍尔（J. T. Ball）。在俱乐部当球童时，他结识了时任哈斯金斯－赛尔斯公司（Haskins & Sells）管理合伙人、美国注册会计师协会会长约翰·奎南（John Queenan），奎南关于会计行业的重要性和美国注册会计师协会的社会角色的观点给他留下了深刻的印象。

1964年，库克以优等生身份毕业于佛罗里达大学，加入了哈斯金斯－

赛尔斯公司的劳德代尔堡成员公司，1974年（时年32岁）成为合伙人。

20世纪70年代，库克就职于该公司的美国总部，与奥斯卡·捷林（Oscar Gellein）、肯尼思·斯特林格（Kenneth Stringer）等是同事。1984年出任"德劳伊特，哈斯金斯和赛尔斯"公司（Deloitte, Haskins & Sells）全美业务的管理合伙人，1986年成为董事长和CEO。1989年主持了与图什-罗斯公司（Touche Ross & Co.）的合并，成为德劳伊特-图什公司（Deloitte & Touche）的董事长和CEO。他还是德劳伊特-图什基金会（Deloitte & Touche Foundation）主席，德勤有限公司（Deloitte Touche Tohmatsu, DTT）的董事。

1993年，德劳伊特-图什公司更名为德勤有限公司（Deloitte Touche Tohmatsu）。2003年，德勤启用新的全球统一品牌名称"Deloitte."。

（三）安永简史[1]

1989年，厄恩斯特-威尼（Ernst & Whinney）与阿瑟·扬（Arthur Young）合并，组成安永（Ernst & Young，2013年启用EY作为商标）。E是指阿尔文·C.厄恩斯特（Alwin C. Ernst），Y是指阿瑟·扬（Arthur Young），这两位先生从未谋面，都是在1948年辞世。

1. 厄恩斯特-威尼公司（Ernst & Whinney）

（1）厄恩斯特-厄恩斯特公司（Ernst & Ernst）。阿尔文·C.厄恩斯特（Alwin C. Ernst）生于美国克利夫兰，高中毕业后就当了簿记员。1903年，他和哥哥西奥多（Theodore）在克利夫兰创办了小型的厄恩斯特-厄恩斯特公司（Ernst & Ernst）。

---

1 Edgar Jones, *Accountancy and the British Economy, 1840-1980: The Evolution of Ernst & Whinney* (London: B.T. Batsford Ltd.). Copyright © 1981 by Ernst & Whinney.

（2）威尼－默里公司（Whinney Murray & Co.）。1849 年，弗雷德里克·威尼（Frederick Whinney，1829—1916）加入前一年成立于英格兰的哈丁·普莱恩（Harding & Pullein）会计公司。1859 年，威尼成为合伙人，他的姓也被写到公司名称中。此后，公司名称历经变更，1894 年改为"威尼，史密斯和威尼"（Whinney, Smith & Whinney），1965 年改称威尼－默里公司（Whinney Murray & Co.）。

（3）厄恩斯特－威尼公司（Ernst & Whinney）。20 世纪 20 年代，厄恩斯特－厄恩斯特公司与"威尼，史密斯和威尼"公司结盟。

1979 年，厄恩斯特－厄恩斯特公司与威尼－默里公司合并，组建厄恩斯特－威尼公司（Ernst & Whinney）。

2. 阿瑟·扬公司（Arthur Young & Co.）

阿瑟·扬（Arthur Young）生于苏格兰的格拉斯哥。在格拉斯哥大学就读期间，他主修的是法学，但他对银行和投资更感兴趣。1890 年，他前往美国从事会计行业。1894 年，阿瑟·扬与查尔斯·斯图尔特（Charles Stuart）创立了斯图尔特－扬公司（Stuart & Young）。1906 年，斯图尔特退休，阿瑟和哥哥斯坦利·扬（Stanley Young）在芝加哥创建了阿瑟·扬公司（Arthur Young & Co.）。

（四）毕马威简史[1]

1987 年，皮特－马威克国际（Peat Marwick International，PMI）与 KMG（Klynveld Main Goerdeler）合并，组建了毕马威公司（KPMG Peat Marwick）。这是当时会计界最大的一次合并。KPMG 的四个字母分别代表主要创办人的姓名缩写。1998 年，公司更名为毕马威（KPMG）。

---

1 T. A. Wise, *Peat, Marwick, Mitchell & Co. 85 Years* (New York: Peat, Marwick, Mitchell & Co., 1982).

1. 皮特－马威克国际（Peat Marwick International，PMI）

KPMG 中的 P 代表 Peat，M 代表 Marwick。

1852 年，苏格兰人威廉·B. 皮特（William B. Peat）出生于一个富裕家庭，他母亲的家族曾创建巴克莱银行。1870 年，17 岁的皮特进入伦敦一家叫做 Robert Fletcher & Co. 的会计公司工作。1891 年，皮特取得该公司的领导权，并将公司名称改为威廉·巴克莱·皮特公司（William Barclay Peat & Co.）。皮特和华特豪斯是至交，双方在银行业等业务领域常常开展合作，甚至在美国、荷兰、埃及、拉丁美洲等国家和地区联合开展业务。

1897 年，苏格兰移民詹姆斯·马威克（James Marwick）和 S. 罗杰·米切尔（S. Roger Mitchell）在纽约市创办了马威克－米切尔公司（Marwick Mitchell & Co.）。

1911 年，马威克到欧洲旅行，在游轮上结识了皮特。两人尝试将两家公司合并，遂组建了"马威克，米切尔和皮特"公司（Marwick, Mitchell, Peat & Co.）。经过多年磨合，于 1925 年组建了"皮特，马威克和米切尔"公司（Peat, Marwick, Mitchell & Co.）。

第一次和第二次世界大战期间，皮特的大儿子哈里·皮特（Harry Peat）曾经担任公职，立下大功。

1978 年，在多伦多的一次会议上，"皮特，马威克和米切尔"公司的国际业务部门被改组命名为皮特－马威克国际（Peat Marwick International，PMI）。

2. "克里恩菲德，梅因和格德勒"公司（Klynveld Main Goerdeler，KMG）

KPMG 中的 K 代表 Klynveld，G 代表 Goerdeler。

1877 年，汤姆森·麦克林托克（Thomson McLintock）在格拉斯哥创办了汤姆森·麦克林托克公司。

1899 年，费迪南德·W. 拉弗伦茨（Ferdinand W. LaFrentz）在纽约创办美国审计公司（American Audit Co.），该公司 1923 年改称 F. W. LaFrentz & Co.。

约在 1913 年，弗兰克·W. 梅因（Frank W. Main）在匹兹堡创建了梅因公司（Main & Co.）。

1917 年，皮特·克里恩菲德（Piet Klynveld）和亚普·克雷恩霍夫（Jaap Kraayenhof）在阿姆斯特丹创办了小型会计公司克里恩菲德－克雷恩霍夫公司（Klynveld Kraayenhof & Co.，KKC）。待到 1946 年克里恩菲德去世时，该公司已经成为荷兰最大的会计公司。

1953 年，莱因哈德·格德勒（Reinhard Goerdeler）加盟德国信托公司（Deutsche Treuhand-Gesellschaft，DTG），后来担任该公司董事长。

1963 年，梅因公司和 F. W. LaFrentz & Co. 合并，组成梅因－拉弗伦茨公司（Main LaFrentz & Co.）。该公司又于 1969 年与汤姆森·麦克林托克公司合并，组成了"麦克林托克，梅因和拉弗伦茨国际"（McLintock Main LaFrentz International）。

1979 年，KKC、DTG 与"麦克林托克，梅因和拉弗伦茨国际"合并，组建"克里恩菲德，梅因和格德勒"公司（Klynveld Main Goerdeler，KMG），各合作方分别在荷兰、英国、美国、德国等地拥有市场竞争力。

1987 年，皮特－马威克国际与 KMG 合并，合并后的名称曾使用 KPMG，KPMG Peat Marwick McLintock，KPMG Peat Marwick，1998 年改用 KPMG 至今。

（五）安达信简史 [1]

阿瑟·安达信（Arthur Andersen）1885 年生于伊利诺伊州，16 岁成为孤儿。安达信白天当邮递员，晚上去上夜校，后来成为一家工厂的主计长的助手。1908 年，安达信通过夜校学习，获得西北大学凯洛格管理学院的学士学

---

1 *The First Fifty Years, 1913-1963.* Copyright © 1963 by Arthur Andersen & Co.; *The First Sixty Years, 1913-1973.* Copyright © 1974 by Arthur Andersen & Co.

位，同年，23 岁的安达信成为伊利诺伊州最年轻的注册会计师。

1913 年，安达信与原普华员工克拉伦斯·M. 德拉尼（Clarence M. DeLany）创办了安达信 - 德拉尼公司（Andersen, DeLany & Co.）。1918 年，德拉尼退出，公司改称阿瑟·安达信公司（Arthur Andersen & Co.）。该公司第一个客户是密尔沃基的约瑟夫 - 施利茨啤酒公司，安达信在从事公共会计师行业之前，曾供职于该公司。阿瑟·安达信公司创建了公共会计师行业第一个集中培训项目。

1947 年，安达信去世。由于对安达信家族的所有权有争议，阿瑟·安达信公司几乎解体。伦纳德·P. 斯派塞克（Leonard P. Spacek）继承了他的衣钵，继续将阿瑟·安达信公司团结在一起，使其成为世界上最大、最受尊敬的专业服务机构之一。阿瑟·安达信公司 1954 年在美国成立安达信咨询（Arthur Andersen Consulting），正式进入咨询领域。斯派塞克于 2000 年去世。此后不久，安达信公司便因安然事件而土崩瓦解。

安达信咨询和阿瑟·安达信公司在 20 世纪 90 年代存有纷争，甚至曾为此请求国际商会（International Chamber of Commerce，ICC）予以仲裁。根据 2000 年 8 月的裁决书，安达信咨询得以独立，但需要向阿瑟·安达信公司支付补偿金，并不得继续使用安达信的品牌名称。2001 年，安达信咨询改称埃森哲（Accenture）。阿瑟·安达信公司独享安达信品牌，并更名为安达信（Andersen）。

2001 年 12 月，安然公司宣布破产。2002 年 1 月，安达信承认其休斯敦分部销毁了与安然公司有关的部分会计文件。3 月，美国司法部以妨碍司法公正提起刑事诉讼。8 月，美国的安达信（Arthur Andersen LLP）宣布停止承接审计业务。一个由安达信和斯派塞克苦心孤诣打造出来的知名会计服务品牌就此宣告退场。10 月，美国休斯敦联邦地区法院判决安达信妨碍司法，使得安达信成为美国历史上首家被判"有罪"的大型会计公司。2005 年 5 月，美国联邦最高法院认定先前判决证据不足，从而推翻了先前的有罪判决。奈何这一美国本土会计品牌早已随风而去。

第三节　公共会计师行业协会的组建

公共会计师行业是英国在世界上第一个完成（第一次）工业革命之后，随着公司制企业的逐步兴起而发展起来的服务行业。该行业起步于破产法，兴盛于公司法。英国公共会计师行业一度出现数十个协会，经过多年的合并，形成了如今六个具有一定规模的行业协会。即便如此，英国的公共会计师行业仍然呈现出碎片化的显著特征。英国法律、公共会计师行业组织与会计规则制定机构的时空关系见图 1-7。

英国公共会计师行业协会的大多数会员并没有在公共会计师行业执业，而是分布于企业、行政机关、非营利组织等部门。

1874 年 10 月，阿尔弗雷德·吉（Alfred Gee）创办独立刊物《会计师》（*The Accountant*），这是延续至今日的历史悠久、享有盛誉的会计出版物。该刊物长期由 Gee & Co. 公司出版，直到 20 世纪 80 年代被收购。该刊物现在由 Timetric 公司出版。

一、苏格兰特许会计师协会（ICAS）

1853 年，爱丁堡会计师协会（Institute of Accountants in Edinburgh）成立。

1854 年 10 月 23 日，爱丁堡会计师协会获得皇家特许状，更名为"Society of Accountants in Edinburgh"。这是英国第一个，也是世界上第一个被官方认可的公共会计师的行业组织。

1951 年，爱丁堡会计师协会与格拉斯哥会计师和精算师协会（1853 年

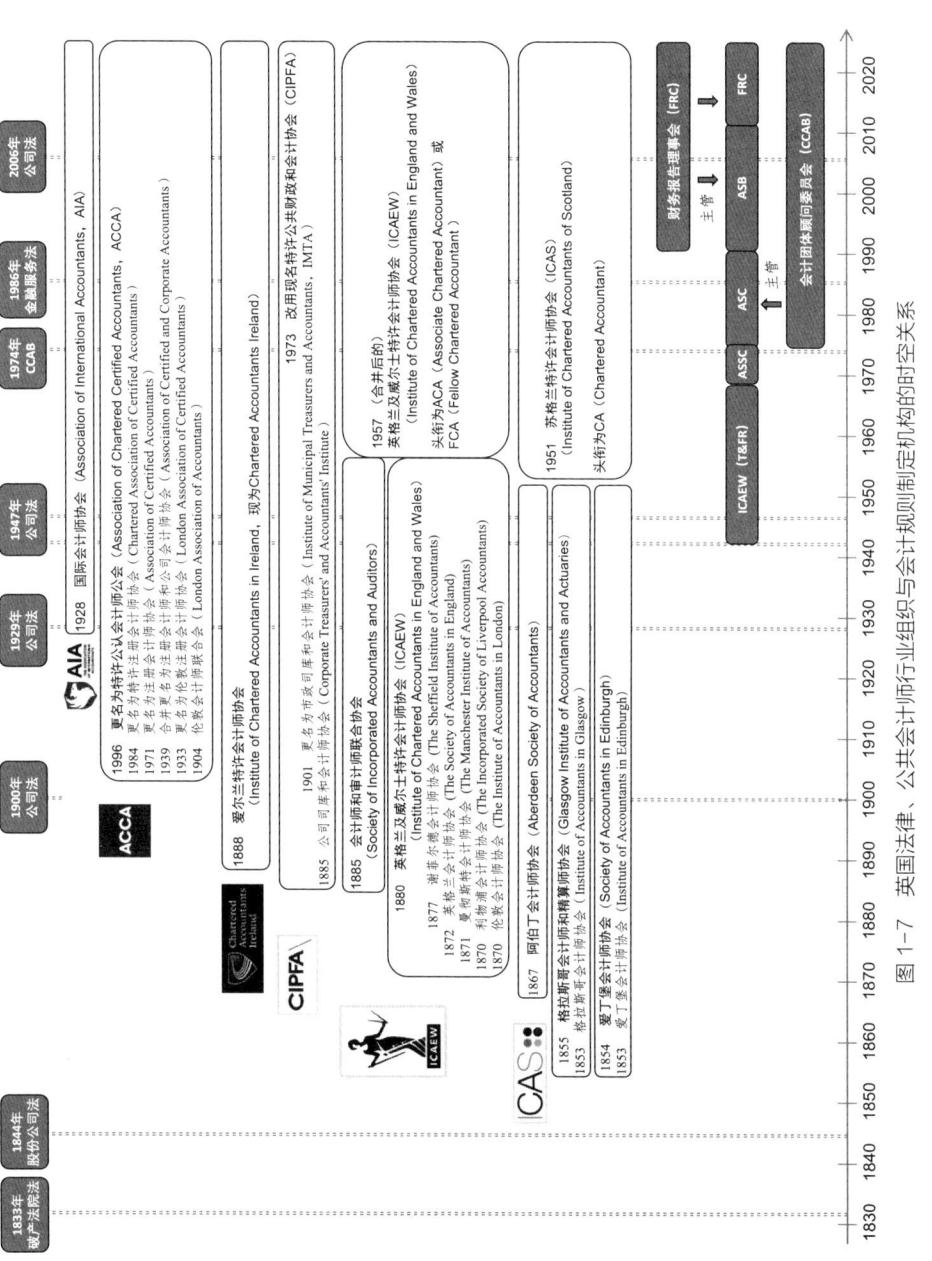

图 1-7　英国法律、公共会计师行业组织与会计规则制定机构的时空关系

成立时原名为 Institute of Accountants in Glasgow，1855 年更名为 Glasgow Institute of Accountants and Actuaries）、阿伯丁会计师协会（Aberdeen Society of Accountants, 1867 年成立）合并组建苏格兰特许会计师协会（Institute of Chartered Accountants of Scotland，ICAS）。该协会首个获准使用"特许会计师"（Chartered Accountant，CA）头衔，至今仍是该头衔的唯一使用者。

苏格兰特许会计师协会现有会员约 23 000 人。

二、英格兰及威尔士特许会计师协会（ICAEW）

1880 年 5 月 11 日，英格兰及威尔士特许会计师协会（Institute of Chartered Accountants in England and Wales，ICAEW）获得皇家特许状宣告成立，该协会是由五家会计师协会联合组建的，它们分别是 1870 年成立的伦敦会计师协会（The Institute of Accountants in London）和利物浦会计师协会（The Incorporated Society of Liverpool Accountants），1871 年成立的曼彻斯特会计师协会（The Manchester Institute of Accountants），1872 年成立的英格兰会计师协会（The Society of Accountants in England）和 1877 年成立的谢菲尔德会计师协会（The Sheffield Institute of Accountants）。

该协会 1880 年成立时成员有 587 人，1890 年增加到 1 678 人。

1930 年，该协会成立 50 周年，其会长威廉·普兰德（William Plender）成为首位获得贵族资格的特许会计师。

1957 年，该协会吸收了 1885 年成立的会计师和审计师联合协会（Society of Incorporated Accountants and Auditors）。

英格兰及威尔士特许会计师协会现有会员 154 000 人。其会员的头衔为 ACA（Associate Chartered Accountant）或 FCA（Fellow Chartered Accountant），后者为资深会员。

该协会自20世纪40年代起，积极主导制定英国的会计准则，得到了其他协会的积极响应。

三、特许公共财政和会计协会（CIPFA）

特许公共财政和会计协会（Chartered Institute of Public Finance and Accountancy，CIPFA），是世界上唯一的公共财政会计机构，现有会员14 000人。

其前身是1885年成立的公司司库和会计师协会（Corporate Treasurers' and Accountants' Institute），1901年更名为市政司库和会计师协会（Institute of Municipal Treasurers and Accountants，IMTA），1973年获得皇家特许状，改用现名。

该协会成员的职业头衔为特许公共财政会计师（Chartered Public Finance Accountant，CPFA）或高级特许公共财政会计师（FCPFA，即Fellow CPFA）。

四、爱尔兰特许会计师协会（CAI）

1888年5月14日，爱尔兰特许会计师协会（Institute of Chartered Accountants in Ireland，现为Chartered Accountants Ireland）获得皇家特许状宣告成立。

虽然爱尔兰南部26郡于1921年独立（北部6郡仍属英国），但该协会的会计师资格仍被英国承认。

爱尔兰特许会计师协会现有会员28 500人，会员的职业头衔分为ACA（Associate Chartered Accountant）和FCA（Fellow Chartered Accountant），后者为资深会员。

五、特许公认会计师公会（ACCA）

特许公认会计师公会起源于1904年由八位会计师组成的伦敦会计师联

合会（London Association of Accountants）。该联合会创立的时代背景是，会计师行业是按照行会的模式运作的，新入行的员工需要支付不菲的费用，从学徒干起。伦敦会计师联合会试图改变现状，让人们更方便地追求会计师职业。1933 年，该联合会更名为伦敦注册会计师协会（London Association of Certified Accountants）。1939 年合并了成立于 1891 年的（苏格兰）会计师公会（Corporation of Accountants），更名为注册会计师和公司会计师协会（Association of Certified and Corporate Accountants），1971 年更名为注册会计师协会（Association of Certified Accountants）。1974 年，该协会获得皇家特许状。1984 年，更名为特许注册会计师协会（Chartered Association of Certified Accountants）。1996 年，更名为现名特许公认会计师公会（Association of Chartered Certified Accountants，ACCA）。其会员启用特许公认会计师（Chartered Certified Accountants，CCA）头衔，包括 ACCA（Associate CCA）和 FCCA（Fellow CCA），后者为资深会员。自 1996 年起，授权公共会计师协会（Association of Authorised Public Accountants，AAPA）成为特许公认会计师公会的附属机构。

特许公认会计师公会在国际市场开拓方面处于领先地位。1996 年因出口创汇的突出成就荣获女王奖。1998 年，该公会的课程大纲被写入联合国贸易和发展会议于 1999 年出版的《职业会计师专业教育国际大纲》（*Guideline on National Requirements for the Qualification of Professional Accountants*）。2001 年，该公会再次因国际服务贸易方面的成就荣获女王奖。

特许公认会计师公会与牛津布鲁克斯大学合作，1999 年推出应用会计学士学位（荣誉），这意味着学生可以同时获得学士学位和专业资格，2001 年推出 MBA 课程。

特许公认会计师公会现有会员 219 000 人。

六、特许管理会计师协会（CIMA）

特许管理会计师协会（Chartered Institute of Management Accountants，CIMA）的前身是 1919 年 3 月成立的由一群专注于成本管理的人士组成的成本与工程会计师协会（The Institute of Cost and Works Accountants，ICWA），1972 年更名为成本和管理会计师协会（Institute of Cost and Management Accountants，ICMA），1975 年获得皇家特许状，1986 年改用现名，目前是世界上规模最大的管理会计师专业团体。1995 年启用特许管理会计师（Chartered Management Accountant）头衔。

特许管理会计师协会是 1974 年成立的会计团体顾问委员会（The Consultative Committee of Accounting Bodies, CCAB）的六个创始团体成员之一，后于 2011 年退出。

2011 年，该协会与美国注册会计师协会（AICPA）达成合作协议。同年，后者首次在美国境外举行注册会计师考试。

该协会与美国注册会计师协会联手，于 2012 年推出特许全球管理会计师（Chartered Global Management Accountant，CGMA）职业称号，2014 年推出全球管理会计原则（Global Management Accounting Principles），并于 2017 年组建国际注册专业会计师协会（Association of International Certified Professional Accountants），号称是世界上最具影响力的专业会计师团体，共有会员和学员 657 000 名。

七、国际会计师协会（AIA）

国际会计师协会（Association of International Accountants，AIA）成立于 1928 年，其会员的职业头衔为国际会计师（International Accountants），包括 AAIA（Associate AIA）和 FAIA（Fellow AIA）。

公共会计师行业的早期发展给后人留下了很多值得借鉴的经验，这些经验与当前流行的会计审计理论存在较大差异。

第一，公共会计师行业安身立命之本，是协助客户更好地遵守破产法、公司法。这种立场与如今流行的"实质重于形式"原则形成了鲜明对比。事实上，公共会计师行业是以特种律师（即精通会计的商事律师）的身份登上历史舞台的。这也是会计中介行业应当坚持的正确定位。遵守法律、恪守事实底线，是公共会计师行业早期的职业信条。

第二，公共会计师行业早期从事的是会计咨询和会计服务业务，而不是审计业务。公共会计师行业作为乙方，其业务内容是为委托人（甲方）提供会计服务，而不是开展审计监督。从合同关系来看，乙方没有监督甲方的可能。那么，注册会计师审计制度应当如何进行优化这一问题就值得业界进行深入探讨。

第二章
英国公司法中的会计审计机制设计

自《1844 年股份公司法》以来，公司法逐渐成为英国公共会计师行业最大的靠山。《1844 年股份公司法》首次提出强制性的股东自主审计制度，《1845 年公司条款合并法》允许公司审计师雇用公共会计师，1855 年《有限责任法》引入了有限责任制，《1856 年股份公司法》取消了强制性的股东自主审计制度。《1862 年股份公司法》允许公共会计师担任官方清算人，为公共会计师提供了新的服务机会。《1879 年公司法》恢复银行业的强制性股东自主审计制度，《1900 年公司法》全面恢复强制性的股东自主审计制度，巩固了公共会计师行业的地位。在此期间，公共会计师们建立起会计公司和行业协会，逐步建立起行业管辖权。最重要的是，他们成功地辩称，只有受其协会培训和监管的个人才适合担任"独立"审计师。皇家特许状使其行业管辖权制度化。《1948 年公司法》引入强制性的公共会计师审计制度，最终给公共会计师行业提供了公司审计业务的法定垄断权。这个严重的立法错误导致英国会计的监管架构持续动荡，至今仍然蹒跚在纠错的路上。英国公司法中会计审计规则的演变如表 2-1 所示。

表 2-1　　　　　　　　　　　英国公司法中部分会计审计规则的演变

年份	审计机制	会计总体原则
1844	1. 在股东大会召开前 10 天给股东发送资产负债表和审计师报告。 2. 在股东大会上展示资产负债表。 3. 在股东大会上宣读审计师报告与董事报告。 4. 股东大会召开后 14 天内向公司注册官提交资产负债表和审计师报告的副本。	完整和公允的资产负债表（full and fair balance sheet）。

续表

年份	审计机制	会计总体原则
1845	1. 在股东大会召开前 10 天给股东发送资产负债表和审计师报告。 2. 在股东大会上展示资产负债表。 3. 在股东大会上宣读审计师报告与董事报告。 审计师必须为股东，且不得担任管理职务。 审计师（股东）可以雇用公共会计师参与审计。	完整和公允的资产负债表（full and fair balance sheet）。
1855	1. 在股东大会召开前 10 天给股东发送资产负债表和审计师报告。 2. 在股东大会上展示资产负债表。 3. 在股东大会上宣读审计师报告与董事报告。 审计师必须由股东兼任。 审计师可以为一人或多人，其中，一人由贸易委员会批准。	完整和公允的资产负债表（full and fair balance sheet）。
1856	取消强制性审计，改为指引性规则。 指引性规则中称"审计师不必是公司的股东"。	以真实和正确的视角（true and correct view）展示公司事务的状况。
1900	恢复强制性审计 **1. 审计师应在资产负债表的下方签署证书，并就其在任期内所审核的账目以及公司置备于股东大会现场的资产负债表，制作致股东的报告。** **2. 在股东大会上宣读审计师报告。** 公司董事或高级管理人员不得担任审计师。 不需要向公司注册官提交资产负债表和审计师报告。	以真实和正确的视角（true and correct view）展示公司事务的状况。
1907	**强制性审计（仅仅针对公众公司）** 1. 向股东、优先股股东、债券持有人发送资产负债表。 2. 向公司注册官提交经审计的资产负债表，不需要带有利润余额数据，但要求说明固定资产金额的计算方法。 **3. 企业应当将审计师报告附在资产负债表上，或在资产负债表的下方提及审计师报告。** 4. 审计师的职权得以细化、充实。	以真实和正确的视角（true and correct view）展示公司事务的状况。
1929	**强制性审计（仅仅针对公众公司）** 1. 向股东和公司注册官提交相同的经审计的资产负债表。 2. 向出席股东大会的股东提交利润表。	以真实和正确的视角（true and correct view）展示公司事务的状况。 要求编制和提交利润表。

续表

年份	审计机制	会计总体原则
1948	**强制性审计（仅仅针对公众公司）** 审计师原则上应当是英国几家公共会计师协会的会员。	以真实和公允的视角（true and fair view）编制资产负债表和利润表。 要求编制集团报表。

自 1844 年以来，英国公司法中的主要会计审计规则发生了变化和反复，其变化过程概括如表 2-2 所示。

表 2-2　　　1844—1981 年英国公司法会计审计规则的主要变化

会计审计规则的内容		1844	1856—1899	1900	1907	1929	1948	1981
	强制性审计	●		●	●	●	●	●
审计师报告	在股东大会前寄送股东	●				●	●	●
	在股东大会上宣读	●	○		●	●	●	●
	向公司注册官备案	●			●	●	●	●
资产负债表	在股东大会前寄送股东	●	○		£	●	●	●
	在股东大会上提供	●	○	⦸	●	●	●	●
	向公司注册官备案	●			●	●	●	●
	示范格式		○	○	○			●
利润表	在股东大会前寄送股东						●	●
	在股东大会上提供		○			●	●	●
	向公司注册官备案						●	●
	示范格式							●
合并报表	在股东大会前寄送股东						●	●
	在股东大会上提供						●	●
	向公司注册官备案						●	●

注：1. ●表示强制性规定，⦸表示法律规则存在瑕疵，○表示指引性规则（不具有强制力）。

2. 1856—1899 年（表中灰色栏所示），公司法取消了强制性审计制度和会计规则。

3. £表示股东需要购买资产负债表。

4. 1907—1966 年，以上会计审计规则仅适用于公众公司，不适用于私人公司。1967 年，私人公司不再被豁免。

第一节　引入强制性股东自主审计制度：1844—1855

一、《1844 年股份公司法》要求公司指定审计师对账目进行审计

如前所述，英国议会在 1825 年废除了《泡沫法案》。

之后，英格兰很快就发生了 19 世纪三四十年代的"铁路狂潮"（railroad mania）。铁路公司的股票喧器一时，但许多铁路公司归于失败，这表明最初的证券营销是欺诈性的，或者不诚实的经理人已经将大部分发行款项收入囊中。这种轻度泡沫（mini-bubble）的丑闻使英国议会深信，必须对发起人发起和兼并私人公司的能力予以限制。其结果就是出台了一系列法规，其中最突出的是《1844 年股份公司法》和《1845 年公司条款合并法》。[1]

《1844 年股份公司法》和《1845 年公司条款合并法》是 1832 年英国议会改革以后，资产阶级逐步掌握政治权利的产物，具有鲜明的时代特色。这些法律反映了摆脱王权政治、贵族统治的诉求，总体上是赋权的法律。彼时，英国在世界上第一个完成工业革命。

1841 年，罗伯特·皮尔（Robert Pecl）领导的英国政府委托时任贸易委员会主席威廉·E. 格拉德斯通（William E. Gladstone）牵头研究公司事务的立法问题。格拉德斯通本人崇尚自由主义，主张机会均等，反对贸易保护主义。格拉德斯通委员会（Gladstone Committee）提交的方案大多数被《1844 年股份公司法》吸纳。

 专栏 2-1

从英国简史看《1844 年股份公司法》的历史坐标

公元前，地中海伊比利亚人、比克人、凯尔特人先后来到大不列颠

---

1 John C. Coffee Jr., *Gatekeepers: The Professions and Corporate Governance* (New York: Oxford University Press, 2006), pp. 111-112.

岛。公元1世纪至5世纪，大不列颠岛东南部属于罗马帝国的统治范围。罗马军队撤出大不列颠岛之后，欧洲北部的盎格鲁人、撒克逊人、朱特人相继入侵并定居，英国进入"盎格鲁－撒克逊时代"。7世纪，英国开始形成封建制度。许多小国合并成七个王国，争雄200多年。829年，英格兰统一。

1066年，法国诺曼底公爵威廉渡海征服英格兰，加冕为英王威廉一世，建立诺曼王朝，史称"征服者威廉"（William the Conqueror）、"诺曼征服"（Norman Conquest）。盎格鲁－撒克逊时代终结。

1215年，英王约翰被迫签署大宪章（the Magna Carta），王权受到抑制。1337—1453年，英国与法国进行"百年战争"，英国先胜后败。

1485年，亨利七世即位，建立都铎王朝（the House of Tudor），结束此前数十年争夺王权的玫瑰战争。

1536年英格兰与威尔士合并。1588年战胜西班牙"无敌舰队"，确立海上霸权。

1640年，英国成为世界上第一个爆发资产阶级革命的国家。1649年5月19日，宣布成为共和国。1660年，王朝复辟。1688年，发生"光荣革命"（the Glorious Revolution of 1688），这一政变确立了议会权力大于王权的君主立宪制，但议会仍受王权、土地贵族操纵。1689年，议会正式通过《权利法案》（Bill of Rights 1689）。

1707年，英格兰与苏格兰合并，形成大不列颠联合王国（the Kingdom of Great Britain）。

18世纪60年代，英国开始工业革命（Industrial Revolution）。

1801年，大不列颠联合王国与爱尔兰合并，建立大不列颠和爱尔兰联合王国（United Kingdom of Great Britain and Ireland）。1832年，英国通过议会改革法。这反映了新兴资产阶级的要求，打破了贵族对政治权利的垄断，为英国近代一系列改革提供了便利。之后英国成为近代意义上的资本主义国家，但其选举附有最低财产要求，选民经扩大后仅占全国成年人口的 8%。

19 世纪 30 年代，英国成为世界上第一个完成工业革命的国家。英国在整个 19 世纪人口增长了三倍，但人均收入增长了四倍。19 世纪末，英国基本实现了成年男子的普选权。到 20 世纪初，妇女也获得了选举权。

1914 年，英国占有的殖民地面积为英国本土的 137 倍，英国号称"日不落帝国"。第一次世界大战后，英国日渐衰落，其世界霸权地位逐渐被美国取代。1921 年，英国被迫承认爱尔兰南部 26 郡成立"自由邦"，北部 6 郡仍属英国。1931 年颁布威斯敏斯特法案，殖民体系逐渐动摇。第二次世界大战后，英国的殖民体系开始瓦解。1947 年，印度、巴基斯坦相继独立。

1973 年 1 月，英国加入欧共体。43 年后，英国于 2016 年 6 月举行英欧关系公投，脱欧选项获 51.9% 的支持率。2020 年 1 月 31 日，英国正式退出欧盟。

公司通常是欺诈之工具。《1844 年股份公司法》（The Joint Stock Companies Act 1844）[1] 之目的是鼓励诚实的合股贸易，保护大众不被欺骗。[2] 这部法律于 1844 年 9 月 5 日通过，标志着公司法历史上一个新阶段的开始。

（一）《1844 年股份公司法》的法律创新

1. 设立公司成为私人权利

《1844 年股份公司法》和之前法案最重要的区别就是废除了皇家特许状和议会许可证对于设立股份公司的必要性。该法规定，股份公司经股份公司注

---

1 该法全称为 "An Act for the Registration, Incorporation, and Regulation of Joint Stock Companies"。
2 [英] 罗纳德·拉尔夫·费尔摩里：《现代公司法之历史渊源》，虞政平译，法律出版社，2007，第 64 页。

册官（Registrar of Joint Stock Companies）正式注册即告成立。[1] 股东人数要求在 25 人以上。也就是说，公司一经注册就能成立，不必持有皇家特许状或议会的许可证。设立公司从此成为民事上的私人权利，而不再限于皇权和垄断。

2.“临时注册”机制的引入

“该法案最显著之特征是它引入了一种‘临时注册’（provisional registration）机制。这是‘完全注册’之前奏，并可能持续 12 个月之时间。临时委员会（provisional committee）报告建议临时注册时，公司之名字、经营目的、经营地、发起人之姓名和住址、招股说明书以及任何变化和改变都应该登记。完全注册（complete registration）时，以下几点应该登记：每份招股说明书之副本、公司契约之副本、公司之经营目的、公司之名义资本和实付资本、股份之数量和数额、成员之姓名和住址以及每人持有之股份、董事之姓名和住址以及每位董事之就职书。”[2] 这种公司制度大大简化了公司的设立程序，降低了成本，克服了行会制度的弊端。

《1844 年股份公司法》明确地将股份公司与合伙企业区分开来，允许股份在股东之间自由转让，就此设立了股份公司制度。但该法所称股份公司仍然是无限责任的股份公司。[3]

（二）《1844 年股份公司法》的会计审计机制设计

《1844 年股份公司法》共 80 节，其中制定的会计审计规则开风气之先，颇具新意。

1　首任股份公司注册官是弗雷德里克·罗杰斯（Frederic Rogers）。依照《1844 年股份公司法》所设立的股份公司仍然是无限责任的，因此，该法没有对最低实收资本提出要求。1855 年《有限责任法》才允许依据该法设立有限责任公司（银行业和保险业除外），该法规定了实收资本的最低限额。银行业和保险业分别在 1858 年和 1862 年获得了设立有限责任公司的权利。参见：John Richard Edwards, *A History of Financial Accounting* (New York: Routledge, 1989), p.101, published in 2014 by Routledge。

2　[英] 罗纳德·拉尔夫·费尔摩里：《现代公司法之历史渊源》，虞政平译，法律出版社，2007，第 70—86 页。

3　如前所述，有限责任的股份公司直到 1855 年《有限责任法》出台后才允许设立。

第一，规定了公司高管对公司账目的法律责任（第31节）。

第二，规定了股东检查公司账目的权利（第37节）。

第三，规定股份公司每年都应由"一位或多位公司账目审计师"（one or more auditors of the accounts of the company）检查公司账目和资产负债表（第38节）。这时还没有要求审计师不得由董事兼任。实践中往往是由股东兼任审计师。这时候还没有官方认可的会计师协会，10年后（1854年）成立的爱丁堡会计师协会是世界上第一个官方认可的会计师协会。

注意，这里引入的是强制性的股东自主审计制度（而不是时下流行的强制性的注册会计师审计制度）。其立法理念是保护公司的新股东免受故意欺诈或控制不力的公司发起人的侵害。账目被视为防止欺诈（如用股本支付股利）的手段，而审计则被视为核实这些账目的手段。

第四，资产负债表和审计师报告应当发送给每一位股东，在股东大会上宣读，并向公司注册官备案（第42～43节）。但该法没有提及利润表，没有规定资产负债表的具体内容，也没有赋予公司注册官强制执行资产负债表备案制度的权利。

这里值得注意的是，《1844年股份公司法》要求公司向公司注册官提交或备案资产负债表和审计师报告，这样，感兴趣的社会公众就可以在公司注册官办公室查阅公司的资产负债表和审计师报告。这一规定一方面宣示了政府对公司会计的行政监督权，以及审计制度的强制性；另一方面为公司股东以外的社会公众了解公司状况提供了机会。[1]

第五，公司要编制完整和公允的（full and fair）资产负债表（第35节）。

上述规定以今天的标准来看似乎显得老套，其实不然。以下两个要点值得关注。第一，该法所称审计师，并未限定于如今所称的独立会计师、注册

---

[1] John Richard Edwards, *A History of Financial Accounting* (New York: Routledge, 1989), p.190, published in 2014 by Routledge.

会计师。审计师既可以是公司内部人士，也可以是外部人士；如果公司未予指定，则由监管机关（联邦贸易委员会）指定。第二，资产负债表和审计师报告是发送给现有的在册股东的，而不是向不特定的社会公众公开。综合这两点来看，该法关于会计审计的规定，是为了帮助现有的股东掌握公司的资产负债等账目基本情况，而不是像现在的会计审计理论所说的那样，为不特定的潜在投资者提供对他们的证券投资决策有用的信息。

 专栏 2-2

英国《1844 年股份公司法》关于会计审计的规定

第 31 节——董事或高级职员的欺诈行为或故意遗漏轻罪

依照本法注册的股份公司的董事或其他管理人员因故意欺骗公司或其股东而错误地采取某个行动或者遗漏某个行动，伪造或欺骗性地损坏或抹除公司的账簿、注册簿或其他文件，则该董事或其他管理人员的行为属于轻罪（misdemeanor）。

第 32 节——记录簿的鉴定及其法律效力

依照本法注册的股份公司的股东或董事的任何会议议程的记录，均应由主持会议的主席签字，并加盖公章。所有法院、大法官等应当接受这些记录簿并将其记录视为初步证据，这些证据不限于会议的议程、会议的过程、参加会议或作出决定的股东或董事名单，以及会议主席的签名等。

第 33 节——注册簿的检查

公司应当将其记载公司会议议程的记录簿置备于公司首要的或唯一的营业场所。此类记录簿应当依照公司规章或章程细则的规定，在所有合理的时间内向公司股东开放，以备检查。

第 34 节——账簿

依照本法设立的股份公司的董事应当确保将公司账目恰当地记载于专

设的账簿中。

第 35 节——结清账簿——资产负债表的检查

在会计账目按要求送交给审计师之前，公司董事应当提前十四天结平账簿余额，并编制**完整和公允的资产负债表（full and fair balance sheet）**；在依照下文的规定将上述资产负债表送交给审计师之前，应当由至少三位公司董事对该资产负债表进行检查并签字。检查完成以后，公司董事长以及其他董事均应当对检查后的资产负债表签字。

第 36 节——资产负债表的制作

公司董事会应当在每次股东大会上向出席大会的股东展示公司的资产负债表。

第 37 节——股东对账目的检查——不定期检查

在上述常例会议召开前十四天之内以及召开后一个月内，公司的每一位股东均可依据和解契据或任何公司章程细则的规定，对公司的账目和资产负债表进行检查，并制作副本和摘要。在上述期限外的其他时间，经三位董事书面授权的股东，也可以进行上述检查。

第 38 节——审计师：由公司任命的审计师——由贸易委员会任命的审计师——审计师的薪金

依据本法完成注册的股份公司每年都应在股东大会上任命一位或多位公司账目审计师（其中至少应当有一名审计师出席或委托代理人出席该股东大会），并应将审计师的姓名报送给公司注册官。如果审计师未以股东的名义任命，或者该审计师死亡、失去民事行为能力、拒不在规定的期限内执行业务，或者公司未向公司注册官报备审计师名单，则枢密院贸易委员会有权利和义务应公司股东的申请，代表公司股东来任命审计师。该审计师应当执业至下次股东大会召开为止。按照上述方式任命的审计师的名单，应当报备给公司注册官。公司注册官应据此予以登记。财政专员依法责令公司向审计师支付适当的报酬。审计师有权在约定的付款日期要求公司给付到期的薪金。

第 39 节——向审计师交付账目——审计师接收和检查账目

在拟向股东公布资产负债表的常例会议召开之前，公司董事应至少提前二十八天，将其应向股东公布的半年度或其他定期账目和资产负债表交付给审计师。审计师应当接收董事移交的账目和资产负债表，并进行审查。

第 40 节——审计师的权利——给审计师提供的支持

审计师在全年的所有合理时间内，均有权检查公司的账簿和注册簿。审计师有权要求公司高级管理人员和职员提供协助，以获取其为全面执行账目审计工作所需的文件。

第 41 节——审计师的报告

审计师在接收上述资产负债表和账目后十四天内，如果拟确认上述账目，则应出具相应的报告，若不拟确认上述账目，则应另行出具报告，并将上述账目和资产负债表归还给公司的董事。

第 42 节——报告的公布

在公司的常例会议召开前十天，公司董事应按照清偿契约或公司章程细则的规定，按照每一位股东的登记地址，向其**发送资产负债表和审计师报告的印刷本**。在公司的常例会议上，公司董事应当安排专人**向股东宣读审计师报告与董事报告**。

第 43 节——资产负债表和审计师报告的备案

在公司常例会议召开后十四天内，公司董事**应向股份公司注册官办公室提交上述资产负债表和审计师报告的副本**。公司注册官应当将相关文件予以注册或备案。

二、《1845 年公司条款合并法》允许公司审计师雇用公共会计师

《1845 年公司条款合并法》（Companies Clauses Consolidation Act 1845）常常被会计文献有意无意地忽视，但恰恰这部法律最能体现公司法的会计审计条款的立法本意。[1] 该法对《1835 年大西部铁路法案》（Great Western Railway Act 1835）等法律中的会计规则进行了汇总。

1. 审计师必须为股东

该法第 102 节规定，"公司指定的审计师应当至少持有一股该公司的股票。该审计师不应当在公司担任管理职务，除了其股东身份外，该审计师不得与公司的任何事项存在利害关系"[2]。

由此可知，英国公司法在引入审计制度时，其出发点是让股东自己监督本公司的账目。这种审计制度本质上是内部审计制度，即股东对董事的账目实施监督，而不是目前流行的会计审计理论所宣称的聘请外人来实施"监督"的"独立审计制度"。

2. 审计师轮换制度

该法第 103 节规定了审计师轮换制度。审计师中的某一位必须在每个年度第一次股东大会后离任，首次确定离任人选时可以采取由审计师们抽签或者协商的办法，此后可以按照资历轮流离任。离任审计师有资格在以后重新获任为新任审计师。

3. 担任审计师的股东可以雇用公共会计师

该法第 108 节规定，"公司指定的审计师可以依法雇用会计师或其认为合

---

1 该法全称为 "An Act for consolidating in One Act certain Provisions usually inserted in Acts with respect to the Constitution of Companies incorporated for carrying on Undertakings of a public Nature"。

2 法律原文为 "every Auditor shall have at least One Share in the Undertaking; and he shall not hold any Office in the Company, nor be in any other Manner interested in its Concerns, except as a Shareholder"。

适的其他人士，一同参与审计工作，费用由公司承担"[1]。这是公司法首次明确许可公司审计师雇用公共会计师参与审计工作，从而为公共会计师行业打开了广阔的市场空间（见图 2-1）。

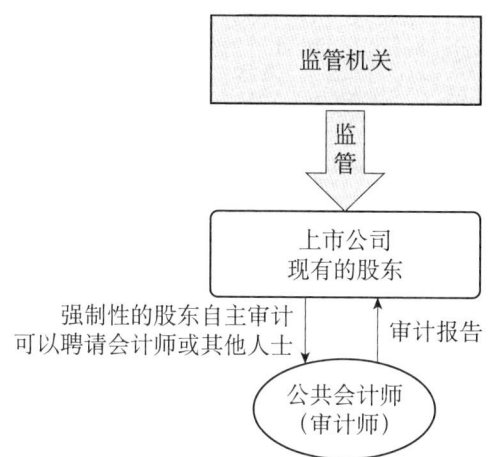

图 2-1 强制性的股东自主审计：英国《1845 年公司条款合并法》的方案

英国企业界的实践情况表明，由公司股东出任审计师的情形相当普遍，而由公共会计师来担任审计师的情况比较少。以至于有学者抱怨，1844—1856 年间依法提交给公司注册官的公司账目，通常是公司事实的堆积，而缺乏专业的梳理。[2]

 专栏 2-3

英国《1845 年公司条款合并法》关于会计审计的指引性规则

第 115 节 公司董事应当设置完整和真实的账目（full and true accounts），记录公司董事及所有职员收取或支付的钱款数额，以及交易对

---

1 法律原文为："It shall be lawful for the Auditors to employ such Accountants and other Persons as they may think proper, at the Expense of the Company, and they shall either make a special Report on the said Accounts, or simply confirm the same; and such Report or Confirmation shall be read, together with the Report of the Directors, at the Ordinary Meeting."

2 John Richard Edwards, *A History of Financial Accounting* (New York: Routledge, 1989), pp. 190-191, published in 2014 by Routledge.

方的信息等事项。

　　第 116 节　公司账目应当在规定日期结清。公司未规定结账日期的，则应在股东大会召开前十四日结清。公司在结清账目的同时，应制作准确的资产负债表（exact balance sheet），该表应当是展示公司在报表编制日的股本（capital stock）、各种债权（credits）、各种财产（property）和债务情况的真实报表（true statement），该报表还应以清晰的视角（distinct view）展示公司过去半年的业务所形成的利润或损失。在股东大会召开前，该资产负债表还应由至少三位董事进行检查，并由董事长或副董事长签字。

　　第 117 节　上述结清的账目和资产负债表应当展示于公司的办公场所或主要经营地，由股东进行检查。展示日期自规定的日期起至股东大会召开后一个月止。没有规定日期的，自股东大会召开前十四日起，至股东大会召开后一个月止。在上述期限外，股东无权要求检查公司账目，但获得三位董事书面同意的情形除外。

　　第 118 节　董事应当在股东大会召开时，向出席股东大会的股东提供上述资产负债表以及审计师报告。

　　第 119 节　董事应当指定一位簿记员（a book-keeper）将前述账目记载于账簿，该簿记员应当允许股东在公司规定的合理时段内检查账簿、复制或摘录。公司未规定时段的，则以股东大会召开前两个星期至召开后一个月为准。簿记员未遵循上述规定的，则应向其冒犯的股东就每一次过错缴纳不超过五英镑的罚款。

三、1855 年《有限责任法》将有限责任制度引入公司法

　　1855 年 8 月 14 日获准通过的《有限责任法》（The Limited Liability Act）

共有 19 节，是套用在《1844 年股份公司法》上面的。该法规定，每股面值不低于十英镑的股份公司（保险公司除外）在依照《1844 年股份公司法》注册时，可以依照该法获得载明为"有限责任"的完整注册证书，公司名称最后一个词统一为"Limited"。[1]

《有限责任法》在英国确立了股份公司的有限责任制度，在世界法制史和人类文明史上具有重要意义。[2] 但有限责任制度容易被公司董事滥用，从而侵害公司债权人的利益，其局限性也需要人们（特别是当事人）给予高度重视。正是在这个意义上，一度有人批评《有限责任法》是"流氓特许状"（rogues charter）。

《有限责任法》试图在《1844 年股份公司法》的基础上进一步强化审计师的作用。

 专栏 2-4

英国 1855 年《有限责任法》增加的会计审计规定

第 14 节　获得有限责任注册证书的公司，依照《1844 年股份公司法》第 38 节任命一位审计师的，该审计师应当上报贸易委员会批准。依照该法任命两位或两位以上审计师的，其中的一位审计师应当上报贸易委员会批准。贸易委员会认为公司上报的审计师不合适或者有异议的，有权指定替代人选。

---

1 银行业在 1858 年获得注册为有限责任公司的权利，保险业通过《1862 年股份公司法》获得注册为有限责任公司的权利。

2 有限责任制度不是英国 1855 年《有限责任法》的首创。此前，1807 年的《拿破仑民法典》（又称《法国民法典》《拿破仑法典》）就已引入有限合伙制度（limited liability partnerships），这是世界法制史上的重大创新。另外，美国纽约州的《1811 年制造业公司法》（Act Relative to Incorporations for Manufacturing Purposes of 1811）也更早提出有限责任制度。但英国《1856 年股份公司法》仍然不失为第一部现代公司法。

第二节　取消强制性股东自主审计制度：1856—1899

一、《1856 年股份公司法》取消强制性的审计规定

《1856 年股份公司法》（Joint Stock Companies Act，1856）取代了《1844 年股份公司法》和 1855 年《有限责任法》。该法兼具《1844 年股份公司法》的注册即设立的便利性和 1855 年《有限责任法》的有限责任之优点，被认为具有现代化色彩，被公认为第一部现代英国公司法。该法是一部崇尚自由化的公司法，是在罗伯特·洛（Robert Lowe，1811—1892）的领导下起草出台的。罗伯特·洛当时担任贸易委员会副主席，他秉持自由放任的哲学，主张简化公司的设立和治理规则，被誉为"现代公司法之父"。

《1856 年股份公司法》提供了一个简单的设立程序，第一次引入了以公司章程和备忘录之现代方式而成立的公司，允许有限责任公司的股东人数为七人或七人以上。该法的起草者有意"将公司从阻碍其发展的桎梏中解放出来，并赋予资本家无限制结社的权利"，而把公司的内部管理留给公司本身去做决定。[1]

1. 强制性审计制度的取消

《1856 年股份公司法》用组织章程大纲（memorandum of association）和组织章程细则（articles of association）这两份文件，取代了此前公司法所规定的和解契据（deed of settlement）。该法第 9 节规定，公司发起人既可以提交自己专门制作的注册文件，也可以选用该法附录 B（Table B：Regulations for Management of the Company）中的示范性公司管理规程。值得强调的是，公司不必逐字逐句地使用附录 B 中的示范规程，而是可以根据公司的具体情形

---

1 Henry Thring, *The Joint Stock Companies Act, 1856 with an Introduction, Practical Notes and an Appendix of Forms* (London: Stevens & Norton; H. Sweet; and W. Maxwell, 1856), p. 9.

进行删减、选择使用。正是在这种自由放任的立法理念指导下，《1844 年股份公司法》关于公司账目的规定，以及强制性的审计制度事实上都被取消了。

《1856 年股份公司法》这种把会计审计规则一律放在附录中供公司选用的做法一直被沿用，直到《1900 年公司法》出台，英国公司法才在正文中重新恢复强制性的会计审计规则。

《1856 年股份公司法》的附录 B 不但取消了 1855 年《有限责任法》关于要求公司账目的审计师至少有一名需要上报贸易委员会批准的规定，还大幅弱化、简化了《1844 年股份公司法》关于审计的规定，也不再要求公司向公司注册官办公室提交资产负债表和审计师报告的副本。这就相当于老师布置了作业但不检查，或者说刑法给出了量刑标准但没有罚则一样。附录 B 中引入了不少比较详细的会计规则，如日记账、复式记账原则等，任由注册公司选用，详见下文。

2. 取消强制性审计制度的可能原因

对于《1856 年股份公司法》为何取消强制性审计制度，现有文献无据可考。一个可能的原因是，贸易委员会对强制性审计制度的效果并不满意，因此，以政府监管取代了股东审计。另一个可能的原因是，贸易委员会认为自身实施的监管足以替代强制性审计。[1] 笔者更倾向于前一种观点。

原因可概括如下。第一，能否用股东主持的审计或者股东委托审计来替代政府会计监管？答案是，不能。由于会计信息的利害关系人涉及大股东、小股东、董事、外部债权人、职工、财税机关等诸方面，而股东出面组织的审计（无论是股东亲自主持的审计还是委托别人做审计）只能解决私法上的争议，对于劳动法、财税法等方面的争议，它无能为力，因此，政府会计监

---

1 Harold C. Edey and Prot Panitpakdi, "British Company Accounting and the Law: 1844-1900," in A. C. Littleton and B. S. Yamey, *Studies in the History of Accounting* (Homewood: Richard D. Irwin, Inc., 1956), pp. 356-379.

管是不可替代的。第二，在保持政府会计监管的前提下，股东出面组织的审计可以作为必要的补充。也就是说，强制性的政府会计监管与自愿性质的股东委托审计相结合，才是最佳的公司审计制度。因此，本书认为，《1856 年股份公司法》所给出的机制设计，其实是英国公司法应当坚持的方向。

《1856 年股份公司法》第 48 节规定，贸易委员会根据占股东人数或者股份五分之一的股东的申请，可以任命一名或多名有才干的检查员，按照贸易委员会的指示对公司事务进行审查。该法第 58 节还授权贸易委员会对附录中的表格进行修订，在《伦敦宪报》（the London Gazette）刊登后生效。贸易委员会据此在 1906 年对资产负债表的报表项目进行了微调，格式不变，仍然是资产在右边，负债和资本在左边。由此可知，《1856 年股份公司法》第 48 节其实推行的是由政府（以检查员的名义）实施会计监管、任由股东实施自愿性的委托审计的会计监管方案。

作为对比，对于由议会批准设立的法定公司（statutory companies），如铁路公司，法律从未放弃过强制性的会计审计规定。[1]法律最初允许银行和保险公司实行有限责任制时（分别在 1858 年和 1862 年）的附加条件之一，就是要求其每半年公布一次关于资产、负债、认缴资本和实收资本的报表。[2]

3. 附录 B 中的会计审计规则

该法附录 B 关于会计审计规则的理念变化主要有以下几个方面。

第一，附录 B 第 76 节提出，审计师可以由公司股东出任；也可以由股东以外的其他人士担任，但该人士不得与公司的任意一项业务存在利益关系；特别地，公司的现任董事或高级管理人员不得担任公司的审计师。该节的规

---

1 当时英国的公司设立途径主要有三种：一是通过皇家特许状设立的特许公司（chartered companies）；二是通过议会法令设立的法定公司（statutory companies），有个别书上称作议会公司（parliamentary companies）；三是依照公司法注册设立的注册公司（registered companies）。

2 Harold C. Edey, "Company Accounting in the Nineteenth and Twentieth Centuries," in Thomas A. Lee and Robert H. Parker, *The Evolution of Corporate Financial Reporting* (Middlesex: Thomas Nelson and Sons Ltd., 1979), pp. 222-230. Reprinted in 1984 by Garland Publishing, Inc.

定理解起来存在一定的难度，可以将其原文[1]与之后的《1862 年股份公司法》第 87 节[2]进行对此，这样有助于理解该节的立法本意。可以看出，英国公司法当时并没有推行强制性的独立审计制度：股东以及与公司业务不存在利害关系的内外部人士都可以出任公司的审计师，现任的公司董事和高级管理人员除外。

这里需要注意，公司法如果强制性地要求公司指定个别股东来主导对公司账目的审计，这在法理上是成立的。因为该强制性规定的受益人和执行人均为股东，股东本身就有监督公司董事的动机即内在需求。而一旦法律强制性地要求公司聘请外部人士从事审计工作，在法理上就不成立了。因为，聘请外部人士属于市场交易行为，在民法上属于委托合同，法律没有理由强制要求公司缔结这种并非出于其自身意愿的委托合同。所以，《1856 年股份公司法》允许股东以外的人担任审计师这一规定开了一个很不好的口子，对后续的公司法具有潜在误导作用。实际上，后续的公司法（特别是《1948 年公司法》）果然栽在这个坑里了。

第二，附录 B 第 63 节规定，公司的股利只能从利润中支付。该规定是为了遏制猖獗的庞氏分红现象（即把新股东缴入的股本用于支付老股东股利）。这一规定体现了资本保全的基本要求，是公司法的一大进步。从此以后，为企业利润分配的合法性和正当性服务，便成为会计的法定职能。

第三，附录 B 第 65 节给出了从公司利润中拨出准备金的授权性规定。

第四，附录 B 第 69 ～ 73 节给出了关于会计的细节规定。第 69 节甚至提及了现金账、日记账和分类账等概念，还引入了复式记账原则，这是此前

1　第 76 节原文如下："The auditors need not be shareholders in the company: No person is eligible as an auditor who is interested otherwise than as a shareholder in any transaction of the company; and no director or other officer of the company is eligible during his continuance in office."

2　第 87 节原文如下："The Auditors may be Members of the Company; but no Person is eligible as an Auditor who is interested otherwise than as a Member in any Transaction of the Company; and no Director or other Officer of the Company is eligible during his Continuance in Office."

的公司法所不具备的。如此详细的规定在《1862 年股份公司法》的附件一（First Schedule）下附录 A 中被悉数删除。

第五，附录 B 第 70～71 节给出了收入和支出表的报表项目，但没有给出示范格式。收入和支出表其实就是现在所称的利润表。

1844 年、1856 年和 1900 年的公司法起草者的理念的起伏变化过大，很难说究竟哪一种理念才是对的。也许他们迷失了方向。

 专栏 2-5

英国《1856 年股份公司法》附录 B 关于会计审计的指引性规则

股利

（63）公司董事经股东大会批准，可以宣布按照股份比例向股东支付股利。

（64）公司的股利只能以其开展业务所产生的利润支付。（No Dividend shall be payable except out of the Profits arising from the Business of the Company.）

（65）公司董事可以在支付股利之前，从公司利润中拨出其认为适当的款项作为**准备金（a reserved fund）**，用于应付不时之需、均衡股利水平、支付维修保养费用或者其他与公司业务有关的开支。经公司批准，董事会也可以使用该准备金进行证券投资。

账目

（69）董事应当设置真实的账目（true accounts），以记载下列信息：公司的存货（stock in trade）；公司收取和支出的钱款金额、业务内容等情况；公司的债权和债务。

上述账目应当在**现金账（cash-book）**、**日记账（journal）**和分类账（**ledger**）中，采用**复式记账原则**进行记录。账簿应当置备于公司的主要经营地，在公司营业时间段内供股东检查，可供检查的时间和方式等方面的限制与股东大会相同。

（70）公司董事每年至少应当向股东大会提交一次上一年度的**收入和支出表（statement of the income and expenditure）**，该表的编制日期距股东大会召开之日不应超过三个月。

（71）该**收入和支出表**应当以适当的标题列示以下信息：收入总额（按照收入来源分类）；支出总额（区分开办费、薪金以及其他类似项目）；每一项应当冲抵当年收入的支出都应计入账目，以期在股东大会召开前能够得到公正的利润或亏损的金额；如果本年度支出的金额惠及以后多个年度，则应说明支出总额，并解释本年度只将该支出的部分金额用于抵减年度收入的原因。

（72）公司每年都应制作资产负债表，并在公司股东大会之前**展示给股东**。该资产负债表应当按照本法附录中给出的示范格式，提供关于公司财产（property）和负债（liabilities）的摘要信息。

（73）该资产负债表的印刷本应于股东会议召开前七日，**送达或者投寄至每个股东**的注册地址。

审计

（74）公司应当在股东大会上选举一位或多位审计师，由其检查公司的账目，并查明资产负债表的正确性。

（75）如果公司仅仅任命了一位审计师，则其应遵循本法关于审计师的所有规定。

（76）**审计师不必是公司的股东；除股东外，与公司任意一项业务存在利害关系的人士不得担任该公司的审计师；公司的现任董事或其他高级管理人员均不得担任该公司的审计师。**

（77）公司应当在每年的常例股东大会上选举审计师。如果每年召开股东大会多于一次，则应该在首次股东大会上选举。

（78）审计师的劳务报酬应由公司在选举时决定。

（79）审计师可以连任。

（80）审计师的职位如有临时空缺，董事会应立即召集临时股东大会予以补选。

（81）**公司如果未按以上规定方式选举审计师，则贸易委员会可以应公司五分之一股东的申请任命当年的审计师，并确定公司应向其支付的服务费用。**

（82）公司应向每一位审计师提供一份资产负债表的副本，该**审计师应当审查该资产负债表以及相关的账目和凭证。**

（83）公司应当为每一位审计师提供公司所有账簿的清单，并且允许其在任何合理的时间查阅公司的账簿和账目。该审计师可以雇用会计师或者其他人士协助其审查这些账目，雇用费用由公司承担；该审计师可以就相关账目对公司的董事或其他高级管理人员展开调查。

（84）该审计师应当就上述资产负债表和账目向股东递交报告，报告中应阐明他是否认为该公司的资产负债表是完整和公允的资产负债表（full and fair balance sheet），包含有本法规定的细节信息，并经过适当的编制，从而以**真实和正确的视角（true and correct view）展示公司事务的状况。**报告中还应阐明，当审计师要求公司董事提供解释或相关资料时，公司董事是否按要求提供了解释或相关资料，审计师是否满意。股东大会上应当一并**宣读审计师报告和董事报告。**

第六，附录 B 的公司章程细则范本还给出了资产负债表的示范格式。罗伯特·洛最早在英国提出了会计标准化的建议。如表 2-3 所示，比较奇特的是，财产和资产列在右侧，资本和负债列在左侧。该表创造性地把利润和亏损列示在左下角的负债项目后。公司财产按照变现能力逐渐增强的顺序列示。

从这张示范性的资产负债表可以看出，大多数报表项目与法律用语是基本一致的。这样的报表便于股东理解和使用。[1] 这种通过公司法来规定会计报表格式的做法是一项法律创新，值得赞赏。

那么，为什么在美国的证券市场上，公认会计原则下的会计报表的项目却常常令人费解呢？这是由一系列机制设计上的失误造成的。

二、《1862 年股份公司法》

《1862 年股份公司法》（Joint Stock Companies Act，1862）把《1856 年股份公司法》等法律及其修正案合并在一起，这部公司法标志着英国的公司制度经过数百年的发展迈出了最后一步，是将来英国所有公司法的源头。

该法沿用了此前的会计审计条款。

该法正文第 92 节规定，法院可以在公众公司清算时指定一名或多名官方清算人（official liquidator），缺少官方清算人的，公司财产一律由法院托管。这一规定为公共会计师提供了新的服务机会。

这部公司法把此前的公司法关于审计的规定，以及破产法关于清算人的规定整合起来，首次在公司法中为公共会计师提供了自公司设立至注销的全套业务机会。因此，被会计史学者誉为"会计师之友"（accountant's friend）。[2]

《1862 年股份公司法》几乎没有为股东提供保护。[3] 该法附录 A 中的公司

---

1 当然，人们也不难看出，报表中的或有负债（Contingent Liabilities）和准备金（Reserve Fund）是缺乏法律证据的信息。这反映了英国公司立法理念的局限性。

2 Richard Brown, *A History of Accounting and Accountants* (Edinburgh, T.C.&E.C. Jack, 1905) (New York: Augustus M. Kelley Publishers, 1968), published in 2013 by Routledge (New York).

3 Gareth Campbell, John D. Turner, "Substitutes for Legal Protection: Corporate Governance and Dividends in Victorian Britain," *Economic History Review*, 2011, 64(2): 571–597.

表2-3

《1856年股份公司法》规定的资产负债表格式

_____公司 _____年___月___日的资产负债表

借方（Dr.）			贷方（Cr.）		
资本和负债（CAPITAL AND LIABILITIES）	金额（£ s.d.）	金额（£ s.d.）	财产和资产（PROPERTY AND ASSETS）	金额（£ s.d.）	金额（£ s.d.）
I. 资本（CAPITAL）			III. 公司的财产（PROPERTY held by the company）		
1. 收到股东认缴的全部款项（The total amount received from the shareholders）			4. 不可移动的财产（Immovable property）		
(a) 股数（The number of shares）			(a) 私有土地（Freehold land）		
(b) 每股金额（The amount paid per share）			(b) 私有建筑（Freehold building）		
(c) 如果有欠缴，欠缴的性质以及违约者的姓名（If any arrears of calls, the nature of the arrear, and the name of the defaulters）			(c) 租赁土地（Leasehold land）		
公司董事或其他高级管理人员欠缴的款项应当单独列明。			5. 可移动的财产（Movable property）		
(d) 被没收股份的详情（The particulars of any forfeited shares）			(d) 存货（Stock in trade）		
II. 公司的负债（DEBTS AND LIABILITIES of the Company）			(e) 厂区车间资产（Plant）		
2. 抵押贷款或债券的数额（The amount of loans on mortgage or debenture bonds）			分别列示其成本、损耗。		
3. 公司所欠债务的数额（The amount of debts owing by the company）：			IV. 公司的债权（DEBTS owing to the company）		
(a) 已经兑承的负债（Debts for which acceptances have been given）			6. 正常债权：有票据或其他担保（Debts considered good for which the company hold bills or other securities）		
			7. 正常债权：无担保（Debts considered good for which the company hold no securities）		
			8. 可疑的债权和坏账（Debts considered doubtful and bad）		

续表

资本和负债 （CAPITAL AND LIABILITIES）	金额 （£ s.d.）	金额 （£ s.d.）	财产和资产 （PROPERTY AND ASSETS）	金额 （£ s.d.）	金额 （£ s.d.）
（b）对存货或其他物品的供应商应的负债（Debts to tradesmen for supplies of stock in trade or other articles） （c）应付法律费用（Debts for law expenses） （d）应付债券利息或贷款利息（Debts for interest on debentures or other loans） （e）应付待认领的股利（Unclaimed dividends） （f）其他债务（Debts not enumerated above） VI. 准备金（RESERVE FUND） 反映企业为应对之需而从利润中拨出的金额（The amount set aside from profits to meet contingencies） VII. 利润和亏损（PROFIT AND LOSS） 可用于支付股利的可支配余额（The disposable balance for payment of dividend） 或有负债（CONTINGENT LIABILITIES） 这些是他人对公司提出的求偿权，公司未列入负债。按照企业或许会承担的偿付责任列报。（Claims against the company not acknowledged as debts. Monies for which the company is contingently liable.）			公司借给公司董事或其他高级管理人员的款项应当单独列明。 V. 现金和投资（CASH AND INVESTMENTS） 9. 投资的性质及其利率（The nature of investment and rate of interest） 10. 现金的金额、存放地点以及是否生息（The amount of cash, where lodged, and if bearing interest）		

章程示范条款如果能够得以推行的话，则有助于提供高水平的保护。但因为附录 A 仅是示范性规则，99% 的公司选择了忽略它们。[1]

该法附件一下的附录 A 中沿用了《1856 年股份公司法》附件一下的附录 B 中的会计审计规则，供公司选用，部分条款的表述略有变化。

附录 A 第 78 节提出，公司应设置"真实的账目"（true accounts），在营业时间内置备于公司注册地供股东检查；第 79 ～ 80 节提出，公司每年至少向股东出示一次收入和支出表，这是从《1856 年股份公司法》沿用过来的，其实就是现在所称的利润表。

 专栏 2-6

《1862 年股份公司法》附录 A 中的部分指引性会计审计规则

（第 73 节）股利只能从经营所得的利润中支付。（No dividend shall be payable except out of the profits arising from the business of the company.）

（第 79 节）公司董事会每年至少应当在股东大会上展示一次上一年度的收入和支出表，该表的编制日期距股东大会召开之日不得超过三个月。

（第 80 节）公司在编制收入和支出表时，应当以适当的标题列示以下信息：收入总额（按照收入来源分类）；支出总额（区分开办费、薪金以及其他类似项目）；每一项应当冲抵当年收入的支出都应记入账目，以期在股东大会召开前能够得到公正的利润或亏损的金额；如果本年度支出的金额惠及以后多个年度，则应说明支出总额，并解释本年度只将该支出的部分金额用于抵减年度收入的原因。

（第 86 节）审计师可以由公司股东担任。与公司任意一项交易存在利害关系的股东除外。公司董事或其他高级管理人员不得担任审计师。

---

1 John R. Edwards, K. M. Webb, "Use of Table A by Companies Registering under the Companies Act 1862," *Accounting and Business Research*, 1985, 15(59): 177–195.

（第 91 节）如果没有按照上述规定方式选举审计师，则贸易委员会可应不少于五名股东的申请任命当年的审计师，并确定公司应当向其支付的报酬。

三、《1879 年公司法》恢复银行业的强制性审计规定

1878 年，格拉斯哥银行的倒闭在英国引起了极大震动。虽然自 1858 年起银行业就可以注册为有限责任公司了，但无限责任仍然是常态。格拉斯哥银行是无限责任公司，这导致其众多股东不但赔得血本无归，还要变卖家产去替银行还债。那种境况是现在的人们难以想象的。

格拉斯哥银行倒闭案促使英国议会重新加强针对银行业的公司立法。《1879 年公司法》（Companies Act, 1879）[1] 为此授权商业银行设立储备资本（reserve capital），并恢复了银行业的强制性审计制度。在此之前，出于对客户信息保密的考虑，通常不对银行账目进行审计，只有苏格兰银行等是例外（其账目由两名股东进行检查）。作为对比，《1879 年公司法》要求依照该法注册的银行业有限公司必须进行审计，也就是说，银行业有限公司恢复了 1855 年及之前的公司法的规定。公司应当在年度股东大会上选举其审计师。但该法没有规定审计师的工作内容（如核对凭证等），没有要求必须聘请专业会计师来从事审计工作，也没有规定相关的罚则。

第三节　恢复强制性股东自主审计制度：1900—1947

一、《1900 年公司法》全面恢复强制性的审计制度

1894 年，贸易委员会委托霍勒斯·戴维（Horace Davey）牵头研究公司

---

1 该法全称为 "An Act to amend the Law with respect to the Liability of Members of Banking and other Joint Stock Companies; and for other purposes"。

法改革事宜。次年，戴维委员会（Davey Committee）提交报告。普华会计公司的创始人、英格兰及威尔士特许会计师协会前会长埃德温·华特豪斯被任命为该委员会委员。

《1900 年公司法》（Companies Act, 1900）全文共有 36 节，其实是对《1862 年股份公司法》的修订。该法改变了 1856 年以来任由公司选择使用指引性会计审计规则的做法，把《1856 年股份公司法》和《1862 年股份公司法》放在附录 A 中供注册公司选用的会计审计规则移到法律正文中予以推行，从而恢复了强制性的审计制度，并将之全面推及所有依照该法设立的公司。对于英国公共会计师行业来说，这无疑是有史以来最重要的一部公司法。

该法关于会计审计规则的变动主要有以下几个方面。

第一，强调公司董事或高级管理人员不得兼任审计师，即审计师必须独立于董事或高级管理人员。这一规定表明了公司法对审计师的职业定位，即审计师这一职业角色是为股东服务的。但该法仍然没有就审计师的任职资格做出明确规定。

第二，该法给审计师授予法定的权利，包括有权随时查阅公司的账簿、账目和凭证，并有权要求公司的董事和高级管理人员提供其履行职责所必需的资料和说明。审计师的权限得以大幅扩展。

第三，该法规定了审计师的责任，要求审计师在资产负债表的下方签署证书，说明公司是否满足了审计师的所有要求，并就其在任期内审核的账目以及公司置备于股东大会现场的资产负债表，制作致股东的报告。[1] 审计师报告需要在股东大会上宣读。但不要求向公司注册官提交资产负债表和审计师报告的副本。[2]

---

1 值得注意的是，直到 1900 年，公司法才恢复强制要求审计师在资产负债表的下方签署证书，并制作致股东的报告，即审计师报告。如前所述，1856—1899 年间，公司法未对审计师报告作强制性要求。

2 1907—1929 年间的公司法要求公众公司向公司注册官提交资产负债表的副本。1929—1947 年间的公司法要求公众公司向公司注册官提交资产负债表和审计师报告的副本。

第四，该法要求公司在年度股东大会上委任审计师，如果公司在年度股东大会上没有任命审计师，贸易委员会可以根据公司任何成员（不再限于五分之一的股东）的申请，任命该公司当年的审计师。

 专栏 2-7

《1900 年公司法》关于公司审计的部分规定

审计师的任命

第 21 节 ——

（1）公司须在年度股东大会上委任一位或数位审计师，任期至下一次股东大会为止。

（2）**如果公司在年度股东大会上没有任命审计师，贸易委员会可以根据公司任何成员的申请，任命该公司当年的审计师**，决定该公司为该审计师的服务应当给付的报酬。

（3）**公司董事或高级管理人员不得兼任审计师。**

（4）在召开法定会议（statutory meeting）之前，公司董事可以任命公司的首位审计师。该审计师应当履职至公司召开年度股东大会之日。经股东大会罢免的情形除外。

（5）审计师办公室如有人员空缺，则可以由公司董事填补。如果这种空缺继续存在，则可由既往的审计师（如有）出任此职位。

审计师的报酬

第 22 节　审计师的报酬应由公司股东大会确定。在法定会议前任命的审计师，或者填补临时空缺的审计师，其报酬可由公司董事确定。

审计师的权利和职责

第 23 节　**公司的每位审计师均有权随时查阅公司的账簿、账目和凭证，并有权要求公司的董事和高级管理人员提供其履行职责所必需的资料**

和说明。**审计师应在资产负债表的下方签署证书**，说明公司是否满足了审计师的所有要求，**并就其在任期内审核的账目以及公司置备于股东大会现场的资产负债表，制作致股东的报告**。在致股东的报告中，审计师应就该公司的资产负债表是否恰当地编制，从而以**真实和正确的视角（true and correct view）**反映该公司账簿所记载的公司事务的状况，来发表他们的意见。公司应当**在股东大会上宣读审计师报告**。

令人啼笑皆非的是，由于《1900 年公司法》第 23 节仅要求审计师就置备于股东大会现场的资产负债表制作审计师报告，很多公司就利用这一立法漏洞，干脆不在股东大会上提供资产负债表，这样自然也就不用附上审计师报告了。公司注册官面对这一法律漏洞居然无计可施。此后的公司法立法委员会只好继续打补丁。

二、《1907 年公司法》将强制性审计制度限定于公众公司

1. 强制性审计仅适用于公众公司

《1907 年公司法》（The Companies Act, 1907）对 1862—1900 年的公司法进行了修订。该法对私人公司（private company）和公众公司（public company）进行了正式的区分，前者相当于我国公司法所称的有限责任公司，后者相当于我国的股份有限公司。该法所称私人公司，是指限制股权转让（现有股东优先受让等规则）、股东人数不超过 50 人、不公开发行股票或债券的公司。这也正是我国公司法所沿用的标准。

该法第 21 节规定，非私人公司（即公众公司）应当向公司注册官提交经审计的资产负债表。强制性的审计不适用于私人公司（即非公众公司）。该法还进一步允许优先股股东和债券持有人以付费的形式获取公司的审计师报告。

上述关于私人公司不需要审计，公众公司才需要审计的规定存在立法失误。这是因为，按照自《1844 年股份公司法》以来的逻辑，如果在公司法中界定审计规则的目的，是出于保护股东知情权、为股东提供具有公益性和公信力的会计信息的需要，那么，无论是私人公司还是公众公司，其股东的需要之间并没有实质性差异，没有理由对二者分别规定不同的审计要求。一旦法律不恰当地对二者规定差别待遇，就必然会催生大量的监管套利行为。

实践表明，《1907 年公司法》的上述重大变化引发了监管套利行为，催生了大量控股公司。很多公司把它不希望被审计的公司改成了自己的非上市的子公司，通过子公司来做控股公司原本在做的生意。[1] 这样，母子公司就可以很容易地操纵利润。

自《1907 年公司法》作出上述规定，控股公司是否应当编制以及如何编制合并报表，便成为英国会计界的热门话题。针对这个问题，《1948 年公司法》给出的解决方案是要求控股公司编制合并报表。

2. 审计规定进一步加强

《1907 年公司法》授权审计师要求公司董事和高级管理人员提供资料和解释，向公司注册官提交资产负债表和审计师报告。

3. 反对披露利润数据

《1907 年公司法》特别提及，向公司注册官备案的资产负债表不必包含利润表。这主要是因为公司法起草委员们担心利润数据会给竞争对手留下先机。

4. 引入一些新的会计规则

《1907 年公司法》要求公司在资产负债表中列明股票或债券的佣金、债券折价，公司账目应当列明付息资本及其利息率。

1　到 1918 年，英国共有注册公司 66 000 家，其中 50 000 家为私人公司。

专栏 2-8

《1907 年公司法》关于公司审计的部分规定

第 19 节 本节取代《1900 年公司法》第 23 节：

（1）公司的每位审计师均有权随时查阅公司的账簿、账目和凭证，并有权要求公司的董事和高级管理人员提供其履行职责所必需的资料和说明。

（2）审计师应当就其审核的账目以及公司置备于股东大会现场的资产负债表，**制作致股东的报告**。该报告应当阐明——

（a）审计师是否获取了其要求公司提供的资料和相关解释；

（b）基于审计师掌握的信息、公司提供的相关解释以及公司账簿所显示的信息，审计师是否认为，其报告中所包含的资产负债表是恰当地编制的，从而以真实和正确的视角反映该公司账簿所记载的公司事务的状况。

（3）公司的资产负债表应由公司的两名董事代表董事会签署。公司仅有一名董事的，由该董事签署。**企业应当将审计师报告附在资产负债表上，或在资产负债表的下方提及审计师报告**。审计师报告应在公司股东大会上宣读，并提供给股东查阅。**任何股东都有权获得资产负债表和审计师报告的副本，收费价格不超过每百字六便士。**

（4）公布、传播或出版未按要求签字的资产负债表的任何副本，或者公布、传播或出版资产负债表时未附有审计师报告，或者未按照规定在资产负债表末尾载明审计师报告页码的，公司、每一位董事、经理人、秘书或其他高级管理人员等相关责任人员，一经定罪，将处以不超过五十英镑的罚款。

第 21 节 每个公司都应当依照《1862 年股份公司法》第 26 节向公

司注册官提交一份概要总结，该总结中应当以资产负债表的形式（in the form of a balance sheet）提交一份经公司审计师审计的报表，另外还要包含关于公司资本、负债和资产的概要总结，其中应阐释资产和负债的总体性质、固定资产价值的计算方法，但**不需要包含利润表**。上述规定不适用于私人公司。

三、《1908 年公司法》

《1908 年公司法》（ Companies (Consolidation) Act, 1908 ）是对《1862 年股份公司法》以及此后 16 项修正案的整合。至此，英国现代公司法的基本理念与基本制度基本形成。

该法取消了示范性的资产负债表，代之以一些原则性的最低披露要求。该法规定，公司应当将审计师报告附在资产负债表上，或在资产负债表的末尾提及审计师报告的页码。

 专栏 2-9

《1908 年公司法》关于会计审计的部分规定

第 112 节　审计师的任命和报酬

（1）公司须在年度股东大会上委任一位或数位审计师，任期至下一次股东大会为止。

（2）如果公司在年度股东大会上没有任命审计师，贸易委员会可以根据公司任何成员的申请，任命该公司当年的审计师，决定该公司为该审计师的服务应当给付的报酬。

（3）公司董事或高级管理人员不得兼任审计师。

（4）在年度股东大会召开十四天前，股东应当将审计师提名通知递交给公司。公司应当在年度股东大会召开七天前，将提名通知副本送达拟卸任的审计师，并通过广告或公司章程允许的其他方式告知其股东。非经以上程序，除现任审计师外，任何人不得当选审计师。如果在公布审计师的提名通知之后，公司通知召开年度股东大会日期距审计师提名通知日期短于十四天，那么，该提名通知虽然未在本条规定的期限内发出，但仍应当被认为是恰当的。在此情形下，可将审计师提名通知视为与年度股东大会的通知在同一日期发出。

（5）在召开法定会议之前，公司董事可以任命公司的首位审计师。该审计师应当履职至公司召开年度股东大会之日。经股东大会罢免的情形除外。

（6）审计师办公室如有人员空缺，则可以由公司董事填补。如果这种空缺继续存在，则可由既往的审计师（如有）出任此职位。

（7）审计师的报酬应由公司股东大会确定。在法定会议前任命的审计师，或者填补临时空缺的审计师，其报酬可由公司董事确定。

第113节　审计师的权利和职责

（1）公司的每位审计师均有权随时查阅公司的账簿、账目和凭证，并有权要求公司的董事和高级管理人员提供其履行职责所必需的资料和说明。

（2）审计师应当就其审核的账目以及公司置备于股东大会现场的资产负债表，制作致股东的报告。该报告应当阐明——

（a）审计师是否获取了其要求公司提供的资料和相关解释。

（b）基于审计师掌握的信息、公司提供的相关解释以及公司账簿所显示的信息，审计师是否认为，其报告中所包含的资产负债表是恰当地编制的，从而以真实和正确的视角反映该公司账簿所记载的公司事务的状况。

（3）公司的资产负债表应由公司的两名董事代表董事会签署。公司仅有一名董事的，由该董事签署。**企业应当将审计师报告附在资产负债表上，或在资产负债表末尾提及审计师报告的页码。审计师报告应在公司股东大会上宣读**，并提供给股东查阅。任何股东都有权获得资产负债表和审计师报告的副本，收费价格不超过每百字六便士。

（4）公布、传播或出版未按要求签字的资产负债表的任何副本，或者公布、传播或出版资产负债表时未附有审计师报告，或者未按照规定在资产负债表末尾载明审计师报告页码的，公司、每一位董事、经理人、秘书或其他高级管理人员等相关责任人员，一经定罪，将处以不超过五十英镑的罚款。

（5）对于 1879 年 8 月 15 日之后注册的银行业金融公司——

（a）如果该公司的支行数量超出了欧洲的上限，该公司需将其各支行的账簿和账目的副本或摘要传递到其英国总部。

（b）该公司的资产负债表应当由秘书或经理签署。公司董事人数超过三人的，至少应当由三位董事签署。公司董事人数不超过三人的，由全体董事签署。

第 114 节　优先股股东的权利——关于报告的接收和检查

（1）**公司的优先股股东或债券投资者拥有与普通股股东相同的接收和检查公司的资产负债表以及审计师报告等各种报告的权利。**

（2）本节不适用于非公众公司，也不适用于 1908 年 7 月 1 日之前注册的公司。

四、《1929 年公司法》

《1929 年公司法》（Companies Act, 1929）是对《1908 年公司法》《1928

年公司法》以及相关法律文件的汇编。

1925年1月，贸易委员会委托以法律专家威尔弗里德·格林勋爵（Wilfrid Greene, 1st Baron Greene, 1883—1952）为首的一个委员会，提供对《1908年公司法》以及1917年修正案的修改意见。14位委员中，有3位公共会计师，他们是：英格兰及威尔士特许会计师协会前会长威廉·卡什（William Cash）；会计师和审计师联合协会前会长詹姆斯·马丁爵士（Sir James Martin）；苏格兰特许会计师协会的威廉·麦克林托克爵士（Sir William McLintock）。格林委员会1926年提交的报告构成了《1928年公司法》的修订基础，进一步被合并到《1929年公司法》中，从而使得《1929年公司法》成为一部对公共会计师行业最具深远影响的公司法。[1] 格林委员会基本沿用了此前公司法关于会计审计的规定。

1. 格林委员会的立法理念

在《1929年公司法》出台以前，利用秘密准备调节利润的现象较为普遍，控股公司的账务处理五花八门，商誉信息也往往是神出鬼没，这类问题引起了业界的激烈争议。

英格兰及威尔士特许会计师协会反对关于强制披露利润表的提议，也反对美国同行提出的编制合并报表的要求。他们认为，法律不应当针对控股公司制定任何会计规则，既然子公司都是单独存在的实体，那么，合并资产负债表就无法反映控股公司的真实状况。耐人寻味的是，律师协会（The Law Society）倒是特别热衷于推广合并报表（要知道，合并报表在法学原理上是不成立的），也支持秘密准备。律师协会的观点是，要给那些负责任的人留下足够的自由度。但二者对于严守公司秘密、拒绝增加披露要求的立场是高度

1 The Institute of Chartered Accountants in England and Wales, *The History of The Institute of Chartered Accountants in England and Wales 1880-1965 and of Its Founder Accountancy Bodies 1870-1880* (London: William Heinemann Ltd., 1966), p. 74.

一致的。

格林委员会面对这种纷争的局面所持的态度是，公司应当享有会计方面的自由裁量权。[1] 该委员会的立法理念是，如果因为极少数人的作奸犯科而施加严厉的法律管制，就会严重妨碍诚实企业家们的作为。格林委员会在他们提交的立法研究报告中提出，"在账目问题上，我们对摆在我们面前的证据感到满意，即在合理的限度内，公司应该不受约束。……我们认为，公司法不必就公司账目的格式等作出规定，而应当留给股东来决定什么样的账目才是合适的"。（原文如下："the matter of accounts is one in which we are satisfied upon the evidence before us that within reasonable limits companies should be left a free hand. ……we consider that the matter should be left to the shareholders to make such requirements as to the form of their company's accounts as they may think proper."）[2] 这种自由放任的态度，也正是自《1844 年股份公司法》问世以来，英国公司法的一贯立场。[3]

如今看来，格林委员会的立法理念真是相当独特。法律本身就具有教育和引导的功能，同时它也是道德的底线。一方面，法律必须遏制作奸犯科的人；另一方面，法律能够保护诚实的人，怎么会对他们造成妨碍呢？

2.《1929 年公司法》给出的会计审计规则

《1929 年公司法》是由 1908—1928 年的公司法整合而成的。该法引入了可赎回优先股。关于会计审计规则的主要变动有以下几点。

第一，进一步巩固审计师的地位，授权其出席股东大会、发表声明或作出解释。

---

1 Paul Bircher, *From the Companies Act of 1929 to the Companies Act of 1948: A Study of Change in the Law and Practice of Accounting* (New York: Routledge, 2014), pp. 36-61.

2 同 1, 67.

3 Michael Chatfield, *A History of Accounting Thought*, Revised Edition (New York: Robert E. Krieger Publishing Co., 1977), p.115.

第二，明确要求公司董事保存恰当的账目。公司应当将资产负债表、董事报告和审计师报告发送给股东。

第三，该法（沿用其前身《1928 年公司法》的规定）要求公司编制并在股东大会上提供利润表。在此前的公司法立法论证过程中，很多与会者主张利润表容易令竞争对手获取信息，从而损害公司的竞争地位，导致公司法迟迟未对利润表提出明确要求。该法改变了上述立场。

第四，明确要求资产负债表应区分固定资产（fixed assets）和流动资产（floating assets），并应阐明固定资产的计价方法。这是为了解决 20 世纪 20 年代过度简化的资产负债表所引发的诸多争议。

第五，虽然并未要求编制合并报表，但该法第 126 节和第 127 节增加了关于控股公司和子公司的内容，要求控股公司在资产负债表中阐明其如何列示子公司的利润或亏损。当时，公共会计师行业围绕公司法是否应强制要求控股公司编制合并报表存在激烈争论。格林委员会最终只好给出象征性的要求。

该法将子公司定义为被控股公司持有半数以上股份或者由控股公司任命半数以上董事的公司。这个定义其实缺乏合理依据，难以合理界定子公司的范围。例如，如果 A 公司持有 C 公司半数以上股份，而 B 公司任命 C 公司半数以上董事，那么，C 公司究竟是谁的子公司？这一看似荒诞的搞笑问题，其实是我国证券市场上被称为"中国并购第一战"的真实案情。[1] 人们可以说 A 公司和 B 公司都是 C 公司的股东，但究竟 A 公司和 B 公司谁才是 C 公司的母公司，却缺乏法律证据予以证明。

第六，《1929 年公司法》沿用了《1900 年公司法》第 10 节第 1 小节第（g）款所提出的商誉定义、《1907 年公司法》所给出的商誉算法，在附

---

1 周华、吴晶晶、戴德明、莫彩华：《合并报表的利弊对经济监管规则的潜在影响研究——以江山制药并表权纠纷为例》，《中国软科学》2018 年第 2 期。

录 5 中列出算式，将公司付出的代价（total purchase price）超出收到的对价（consideration）的差额称为商誉（goodwill）。这一系列规定应该不算是"创新""进展"，而是立法上的倒退。据笔者所见，1900 年以前的公司法没有提及"商誉"这一概念。商誉（不是商业信誉）无法用民商法、经济法来解释，它不是现实世界真实存在的财产权利，而纯粹是一个金融分析术语。这一缺乏法理依据的失当术语被写入法律，充分说明英国公司法的立法质量值得怀疑。

 专栏 2-10

《1929 年公司法》关于会计审计的部分规定（摘要）

【第 113 节】公司应定期召开法定会议。会议间隔不少于一个月，不多于三个月。公司董事应在法定会议召开七日前，向每位股东提交法定报告（the statutory report）。法定报告应当由两位董事签署，董事人数少于两人的，由执行董事或经理人签署。法定报告应阐明总股份数，股东缴入股本情况，公司收款和开办费开支情况，公司董事、审计师、公司秘书等的姓名、住址、简介等，合同的细节，等等。公司如有审计师，则应由审计师验证正确。

【第 122 节】公司应设置合适的账簿，记录公司收取和支付钱款的金额和发生地点、商品销售和采购情况、资产和负债情况。账簿应保存在公司注册的办公地点或公司董事认为合适的地点，随时供董事检查。故意违反规定的，处以六个月以下有期徒刑或两百英镑以下罚款。

【第 123 节】公司应当依法编制**利润表**和资产负债表。故意违反规定的，处以六个月以下有期徒刑或两百英镑以下罚款。

【第 124 节】资产负债表应**区分固定资产和流动资产**。应阐明固定资产的计价方法。

> 【第 127 节】如果一家公司持有另一家公司百分之五十以上的股份，或者有权力（power）直接或间接任命后者的大多数董事，则称前者为控股公司（holding company），后者为子公司（subsidiary company）。
>
> 【第 130 节】股东和债券持有人有权无偿获得资产负债表和审计师报告。

该法注重会计对于利润分配的正当性的意义，这是值得肯定的，但赋予了股东过大的自由裁量权。

第四节　引入强制性公共会计师审计制度：1947 年至今

一、《1947 年公司法》

1943 年，贸易委员会委托莱昂内尔·L. 科恩男爵（Lionel L. Cohen, Baron Cohen，1888—1973）牵头研究公司法修订事宜。1945 年，科恩委员会（Cohen Committee）提交了修法报告。[1] 德勤会计公司的罗素·凯特尔（Russell Kettle）被任命为科恩委员会委员，他是公共会计师行业的唯一代表，后来担任英格兰及威尔士特许会计师协会会长。科恩委员会在很大程度上借鉴了英格兰及威尔士特许会计师协会旗下的税收和财务关系委员会自 1942 年以来所公布的会计原则建议书的观点。

---

1 英国会计史和美国会计史中共有三位举足轻重的科恩。为避免读者混淆三者，这里按照出场顺序概括如下。一是 1933 年 4 月跟随费利克斯·法兰克福特（Felix Frankfurter）参与起草美国《1933 年证券法》的执业律师本杰明·V. 科恩（Benjamin V. Cohen，1894—1983）。这位科恩此后步入政坛，参与起草多部重要法律，参与设计联合国的架构并担任美国驻联合国代表。二是 1943 年接受英国贸易委员会委托，牵头研究公司法修订事宜的莱昂内尔·L. 科恩（Lionel L. Cohen，1888—1973）。科恩委员会（Cohen Committee）1945 年提交了修法报告，其意见大多被英国《1947 年公司法》吸纳。三是 1964—1969 年担任美国证监会主席的曼纽尔·F. 科恩（Manuel F. Cohen，1912—1977）。这位科恩 1974 年 10 月受美国注册会计师协会委托，牵头组建"审计师责任委员会"（Commission on Auditors' Responsibilities）展开专题研究。该委员会简称科恩委员会（Cohen Commission），于 1978 年 5 月提交报告《审计师责任委员会：报告、结论和建议》。

科恩委员会的意见大多被《1947年公司法》吸纳，主要包括：（1）集团账目通常以合并资产负债表和合并利润表的形式公布（第14～16节）；（2）公司应当在年度股东大会前将资产负债表、利润表和有关的集团账目分发给股东并提交给公司注册官；（3）审计范围扩大到利润表和集团账目；（4）审计师必须由贸易委员会认可的专业团体的成员担任；（5）准备金的变动和余额应当予以充分披露（附录1第8节第1小节第（e）款）。[1]

该法附录1规定了资产负债表和利润表的项目内容，其中，第9节第1小节还要求解释异常项目、非经常项目以及会计基础变更对公司利润的影响。

《1947年公司法》的审计规则不适用于符合该法第54节第4小节规定的"获豁免的私人公司"（exempt private company）。

 专栏2-11

《1947年公司法》的部分会计审计规则

【第23节】

（1）不满足下列条件之一的人士，不得被任命为审计师：

（a）该人士是得到贸易委员会认可的设立于英国的会计师团体的成员（a member of a body of accountants established in the United Kingdom）；

（b）该人士在英国境外获得了相似的任职资格，或者被前款所述的会计师团体雇用从而获得了足够的知识和经验，或者在1947年8月6日前已经以会计师的身份执业，且经贸易委员会核准具备审计师任职资格。

此外，《1947年公司法》的附录1给出了关于公司账目的细节规定。例

---

1 John Richard Edwards, *A History of Corporate Financial Reporting in Britain* (New York: Routledge, 2019), p.140.

如，要求分别列报固定资产的原值、累计折旧和净值。此前，英格兰及威尔士特许会计师协会于 1945 年 1 月公布了《会计原则建议书第 9 号：固定资产的折旧》。

　　该法进一步对资产负债表的内容作出细致规定，规定了利润表的具体内容，并要求控股公司（holding company）编制集团账目（group accounts）。所有这些规定都被《1948 年公司法》完整接纳。[1]

二、《1948 年公司法》

　　《1948 年公司法》（Companies Act 1948）把《1929 年公司法》《1947 年公司法》以及零星法案整合起来，将一些会计规则写入公司法，进一步强调只有私人公司才被豁免会计信息公开义务，其股份被公众公司持有的情形除外。该法允许股东大会以简单多数原则解雇公司董事。

 专栏 2-12

《1948 年公司法》的部分会计审计规则

【第 147 节】

（1）公司应妥善地设置账簿，以记载以下信息——

（a）公司收取和支付钱款的金额和发生地点、发生原因等信息。

（b）公司的销售和采购情况。

（c）公司的资产和负债情况。

　　如果某一家公司没有设置那种以真实和公允的视角（true and fair view）展示公司事务的状况，且解释其交易所必需的账簿，那么，该公司不应被视为妥善地设置了账簿。

---

1 Leonard W. Hein, *The British Companies Acts and the Practice of Accountancy 1844-1962* (New York: Arno Press Inc., 1978), p.138.

【第 151 节】

（1）除下款另有规定外，控股公司的集团账目应当包括如下合并账目：（a）该控股公司及其所有子公司的合并资产负债表；（b）该控股公司及其所有子公司的合并利润表。

（2）公司董事会出于（a）提供相同或等价的信息、（b）更便于股东理解的目的，也可以采用替代方案，如：可以将其子公司分成多个组，然后分别编制多套合并账目；可以同时提供所有子公司的个别账目；可以扩展控股公司的账目，从而容纳所有子公司的账目；也可以采用以上各种方式的组合方案。

（3）集团账目可以在控股公司的资产负债表和利润表的基础上全部合并，也可以部分合并。

【第 159 节】

（1）公司应当在年度股东大会上任命一位或多位审计师，该审计师应当在本年度股东大会结束之日至下一年度股东大会召开之日的期限内坚守职责。

（2）在年度股东大会上，现任审计师应当自动续任，无须经过任何决议。下列情形除外：

（a）该现任审计师没有资格获得连任。

（b）股东大会已经通过了任命其他人选为审计师或者拟不续聘现任审计师的决议。

（c）该现任审计师以书面方式向公司表达了不拟续任的意思。

若公司已经发出拟聘其他人选担任审计师的公告，但该其他人选死亡、无民事行为能力或者不再符合胜任资格，则该决议不得继续实行，现任审计师也不自动续任。

（3）公司年度股东大会没有任命或者续聘审计师的，贸易委员会可以指定人选填补空缺。

（4）公司应在上一小节授权贸易委员会行使权利的一个星期内，将上述事实告知贸易委员会。未履行告知义务的，公司及其每一位高级管理人员都将被处以罚款。

（5）下列情况下，公司的首位审计师可以由公司董事会在首次年度股东大会前任命，并履职至首次年度股东大会结束之日——

（a）公司在距股东大会召开十四天前决定辞聘现任审计师并提名其他人士出任审计师。

（b）如果公司董事耽于行使其权利，公司股东大会可以任命首位审计师。董事的相应任命权即告终止。

（6）公司董事可以填充审计师职位的临时空缺，如果该职位持续空缺，则前任审计师（如有）可以续任。审计师的报酬按照以下规则确定——

（a）由公司董事或者贸易委员会任命的审计师，其报酬由公司董事或者贸易委员会决定。

（b）依照前述规则由股东大会任命的审计师，其报酬由股东大会决定。

按照本小节的规定支付给审计师的任何审计费，一律应当计入其"报酬"。

【第 161 节】

（1）不满足下列条件之一的人士，不得被任命为审计师：

（a）该人士是得到贸易委员会认可的设立于英国的会计师团体的成员（a member of a body of accountants established in the United Kingdom）。

（b）该人士在英国境外获得了相似的任职资格，或者被前款所述的会计师团体雇用从而获得了足够的知识和经验，或者在 1947 年 8 月 6

日前已经以会计师的身份执业，且经贸易委员会核准具备审计师任职资格。

（一）《1948 年公司法》会计审计规则的主要变化

《1948 年公司法》关于会计审计的规则延续了《1929 年公司法》的基本框架。有三处变动值得关注。

1. 该法首次提出"真实和公允的视角"

该法提出以"真实和公允的视角"（true and fair view）作为会计工作的总体原则、最高准则。

2. 该法首次将审计师任职资格限定于公共会计师行业协会会员

该法首次规定，审计师原则上应当是英国几家公共会计师协会的会员。作为对比，《1845 公司条款合并法》要求审计师必须由股东担任。《1856 年股份公司法》允许股东以外的人士担任审计师。到了《1948 年公司法》，只有公共会计师行业协会会员才能担任审计师。这事实上宣告了公共会计师行业对公司审计实务的垄断权，是英国公司法立法进程中的一大倒退。[1]

公司法之所以将审计师的任职资格限定于公共会计师行业协会会员，并不是英国公共会计师行业的共识，而只是部分公共会计师行业协会会员 40 年如一日孜孜追求的结果。此前，公司法起草者曾写出规定，要求审计师必须是公开执业的会计师，但该条款在审议过程中直接被英国议会下议院删除。[2]

---

1 这种强制性的公共会计师审计制度其实最早出现于美国《1933 年证券法》，该法草案起草人员是三位法学家，他们在借鉴英国《1929 年公司法》时，出现了理解上的严重偏差，结果，国会在仓促之中率先推出了强制性的公共会计师审计制度。这些被学术界奉为圭臬的境外立法，其真实面目惨不忍睹。1933—1948 年是英美公共会计师行业的高光时刻，同时也为该行业的没落埋下了伏笔。

2 Leonard W. Hein, *The British Companies Acts and the Practice of Accountancy 1844-1962* (New York: Arno Press Inc., 1978), pp. 153-160.

《1948 年公司法》这个巨大的转变彻底改变了审计的性质，从自查自纠性质的、服务于股东的审计，转变成了形式主义的、受制于管理层的商业服务。一念之差，天上地下。要知道，如果是股东亲自审计，则股东（审计师）的审计是自利行为。如果是强制要求聘请公共会计师，而公共会计师是由公司董事选择并付钱的，这就是一门生意。公共会计师与公司董事是一伙的，这就使得审计纯属走过场。正如《独立报》（The Independent）1991 年 10 月 6 日第 11 版所称："对于公司而言，聘请审计师或提供经审计的账目绝对是毫无意义的。有必要改变那种愚蠢、陈旧的法律规定，以减轻英国企业财务和组织上的沉重负担。"[1]

与强制性公共会计师审计制度相伴的，是铺天盖地的讨论期望差距（the expectations gap）问题的审计文章。但问题是，在 1948 年以来的公司法架构下，公共会计师本来做的就不是审计，而是以审计为幌子提供收费服务。非要说他们是在做审计，还追问如何解决期望差距，岂不是自寻烦恼？

在《1948 年公司法》上述规定的基础上，《1989 年公司法》和《2006 年公司法》进一步规定了认可的监管机构（recognised supervisory bodies，RSBs）和认可的资格授予机构（recognised qualifying bodies，RQBs）。就这样，英国公司法制定了强制性的公共会计师审计制度，为公共会计师行业提供了垄断权，并规定了所谓的自律监管架构。这是"既当运动员又当裁判"现象的典型案例。

认可的监管机构是指依照公司法的规定，被政府授权，负责对会计公司和审计师的审计工作实施监督的会计职业团体。审计师报告的签字会计师必须是经认可的"责任个人"（responsible individual，RI）。认可的资格授予机构是指依照公司法的规定，被政府授权，可授予审计师任职资格的会计职业团体。目前认可的监管机构和认可的资格授予机构如表 2-4 所示。

---

1 Prem Sikka, "The Power of 'Independence': Defending and Extending the Jurisdiction of Accounting in the United Kingdom," *Accounting, Organizations and Society*, 1995, 20(6): 547-581.

表 2-4 认可的监管机构和认可的资格授予机构

团体名称	RSB 资格	RQB 资格	CCAB 成员
英格兰及威尔士特许会计师协会 （Institute of Chartered Accountants in England and Wales, ICAEW）	√	√	√
苏格兰特许会计师协会 （Institute of Chartered Accountants of Scotland, ICAS）	√	√	√
爱尔兰特许会计师协会 （Chartered Accountants Ireland, CAI）	√	√	√
特许公认会计师公会 （Association of Chartered Certified Accountants，ACCA）	√	√	√
国际会计师协会 （Association of International Accountants，AIA）		√	
特许公共财政和会计协会 （Chartered Institute of Public Finance and Accountancy，CIPFA）			√

注：CCAB 为会计团体顾问委员会的简称，详见后文。

这一系列动作一方面说明立法机关对会计审计事务的经验缺失和轻慢态度，另一方面说明国际资本已经主导了会计机构。长期以来，这种错误的监管架构和会计惯例所造成的不平等和剥削问题几乎没有得到关注。正是在这样的会计审计架构的帮助下，人们的养老金、投资、工作和社区被洗劫了。此类策略是由世界上历史最悠久、经验最丰富的国际资本（这是大型会计公司和大型企业的真实身份）所开发的。它们拥有进行政治计算和妥协、动员国家以立法形式捍卫其特权的悠久历史。它们能够与国家公务员建立紧密联系（例如，为前任和潜在的部长提供丰厚的咨询服务），通过政治议程和立法程序来达到目的。[1]

---

1 Prem Sikka, "Regulation of Accountancy and The Power of Capital: Some Observations," *Critical Perspectives on Accounting*, 2001, 12(2): 199-211.

3. 该法要求控股公司编制集团账目

《1948年公司法》要求控股公司编制集团账目（group accounts），也就是合并报表。该法第151节规定，控股公司的集团账目是指合并账目（consolidated accounts），包括合并资产负债表和合并利润表。这个规定清楚地表明，英国公司法在论证过程中存在显著的漏洞，缺乏合理的法理论证。账目和报表只能针对单一民事主体而言，不能推广应用于企业法人联合体，否则就会衍生出无穷无尽的多重法人。通过公司法来强行推动合并报表的做法实不足取。要知道，直到1939年，合并报表还没有被英国企业界普遍接受。该法第154节给出了模棱两可的控股公司和子公司的定义。如果一家公司是另一家公司的股东，并且控制了后者的董事会人员构成或者持有后者半数以上股份，则称前者为控股公司，后者为子公司。其实，这一定义只不过又认定了一遍投资方的大股东身份，而无法合理界定合并报表的合并范围。

此前，英国公共会计师行业对美国同行与客户联合推广的合并报表持鄙视态度。格林委员会甚至将合并报表视为"在英国最不受欢迎的舶来品"（a most unwelcome importation into Great Britain）。因为那个时候金字塔架构在英国还没有发展到可以兴风作浪的程度，合并报表没有被普遍推行。在美国，1892年全美铅业公司（National Lead Company）公布合并报表，1894年通用电气，1902年美国钢铁、美国橡胶、伊斯曼·柯达公布合并报表。而在英国，直到1934年邓禄普橡胶公司公布合并报表，英国企业界和会计界才开始重视合并报表，但仍然视之为仙物。

英国企业界和会计界反对合并报表的主要原因，是他们正确地认识到，合并报表根本无法呈现法律或者财务上的事实（legal and financial facts）。因为在法理上，法律禁止双重法人，因此，民事主体就是会计主体，会计主体就是民事主体。在英国会计界，秉持这一理念的代表人物，是利华兄弟有限公司董事长F.达西·库珀。他指出："会计上通行的正确做法是根据事实来列示报表数字。在我看来，严格要求以独立的法律主体来界定会计记账主体，是非常必要的。任何偏离这一原则的做法都必然会为混乱的思维和松散的方法大开方便之门。"[1]库珀认为，合并报表本质上是控股公司拿着别人的报表数据编织数字帝国，对于想要了解企业真实情况的人来说，具有误导性，因此，法律不应当赋予控股公司便利，从而让它们得以利用子公司的数据捏造合并报表来愚弄世人。

这位担任董事长的库珀同时也是一位著名的特许会计师，其父就是创立库珀兄弟公司（永道会计公司的前身）的库珀四兄弟中的弗朗西斯·库珀（Francis Cooper）。库珀家族是著名的会计师世家。弗朗西斯·库珀的外孙本森1973年牵头组建了国际会计准则委员会。利华兄弟有限公司是英国当时最大的企业集团，其立场具有相当的分量，在一定程度上代表企业界的意见。根据会计史学家斯蒂芬·A.泽夫（Stephen A. Zeff）等人的研究，像联合利华这样的异常多元化和复杂的企业集团有充分的理由相信，合并资产负债表对股东的作用要小于分部报告对销售和利润的分类（按公司的主要业务分类）的作用。[2]实际上，虽然F.达西·库珀认为合并资产负债表不会传达任何有意义的信息，并拒绝公布子公司的个别账户，甚至宣称股东没有权利知道子公司的经营方式以及盈亏，但正是在他的指导下，利华兄弟公司和随后合并组成的联合利华公司尝试了新颖的控股公司报告形式，特别是按产品线和地理区域提供销售和利润信息。[3]

1　原文为："The prevailing sound practice in accountancy is to base statements of figures upon facts. The observance of the legal independence of separate entitles as the basis for published accounts is, in my view, fundamentally necessary, and any departure from this would, in my opinion, open the door to the introduction of confused thinking and loose method."

2　Stephen A. Zeff, *Insights from Accounting History: Selected Writings of Stephen Zeff* (New York: Routledge, 2010), Introduction.

3　Kees Camfferman, Stephen A. Zeff, "The Apotheosis of Holding Company Accounting: Unilever's Financial Reporting Innovations from the 1920s to the 1940s," *Accounting, Business & Financial History*, 2003, 13(2): 171-206.

库珀同时也是秘密准备的强力支持者。这一方面体现出这位公共会计师行业领袖的会计思想的一致性，因为他拒绝公布子公司个别账户的理由也是出于保密，不希望透露商业秘密；另一方面体现出其会计思想的矛盾性。如果能利用秘密准备平滑会计数据，对企业家自然是很方便的；但如果凭空捏造不存在的会计主体，那就实在太过分了——这大抵就是库珀的思维逻辑。

同为知名特许会计师的英国普华会计公司合伙人吉尔伯特·F.加恩西爵士（Sir Gilbert F. Garnsey）的观点却与库珀相反（见图2-2）。加恩西竭力主张推广合并报表，他认为，合并报表有助于解决《1907年公司法》颁布之后控股公司利用私人公司隐瞒财务真相的问题。1922年12月，加恩西向英格兰及威尔士特许会计师协会的伦敦成员做题为《控股公司及其公开的账目》（Holding Companies and Their Published Accounts）的讲座（该讲座以论文和著作的形式得到广泛传播），他力主改变控股公司的法定报表，以使其反映整个企业集团的财务状况。加恩西提出了三个改革方案。一是同时公布控股公司及其每个子公司的资产负债表和利润表。二是在公布控股公司的资产负债表和利润表的同时，另行公布所有子公司资产和负债的汇总概要。三是单独或者随控

F. 达西·库珀 　　　　　　　　吉尔伯特·F. 加恩西
（F. D'Arcy Cooper，1882—1941） 　　（Gilbert F. Garnsey，1883—1932）

图 2-2　特许会计师库珀和加恩西

资料来源：库珀的肖像来自 Geni.com（https://www.geni.com/）；加恩西的肖像经 National Portrait Gallery（https://www.npg.org.uk/）授权使用。

股公司的资产负债表一起，公布整个企业集团的合并资产负债表和合并利润表，就像是把整个企业集团重新注册成一个民事主体一样。第三个方案其实就是在推广合并报表。聪明的加恩西本人更倾向于第二个方案。

加恩西何许人也？他其实是英国会计史上一个举足轻重的人物。加恩西 1883 年出生于一个拥有众多兄弟姐妹的大家庭。幼年就读于惠灵顿公学，1900 年成为会计学徒。加恩西天资聪颖，在 1903 年和 1905 年英格兰及威尔士特许会计师协会的中级考试和终考中均名列第一。1905 年加入普华会计公司，1913 年晋升为合伙人。第一次世界大战爆发后，加恩西报名参军上前线，但多次因体检被拒。1916 年，终于得以在军队后勤财务部门效力。1918 年被加封爵士头衔，时年 35 岁。此后加恩西连续兼任多项政府委托的职务。总之，加恩西是一位杰出的特许会计师。作为普华会计公司的合伙人，他的影响力是毋庸置疑的。但是，加恩西的反传统言论还是毫无悬念地引起了财经界的极大争议，其观点未被会计界普遍接受。

其实，加恩西之所以在英国敢为天下先，很大程度上是因为年轻的他有高人指点。早在加恩西发表演讲的 20 年前，美国普华会计公司的阿瑟·L.迪金森（Arthur L. Dickinson）就已经帮助美国钢铁公司编制 1902 年的合并报表，引起举世关注，并在美国进行巡回演讲。编制合并报表是美国普华会计公司的业务强项。迪金森代表普华会计公司奔赴美国开发市场，取得赫赫功名。1913 年，他功成身退，把担子交给后生乔治·O.梅（George O. May），之后回到了英国普华会计公司伦敦总部。同年，年轻的加恩西成为英国普华会计公司合伙人。迪金森自 1914 年起兼任英格兰及威尔士特许会计师协会理事，他 1928 年辞任该协会理事时把这一理事席位传给了加恩西。迪金森培养的乔治·梅和加恩西，分别是普华会计公司美国纽约分部和英国伦敦总部的领袖人物。显然，在英国推广合并报表业务的先锋人物，非加恩西莫属。迪金森身体力行支持他的衣钵传人传播合并报表，他在 1924 年对英国皇家统计学会发表演讲，主张英国会计界借鉴美国已经流行十多年的合并资产负债表和合并利润表。他指出，在美国，法律根本没有对会计报表的编制予以规范；在英国，公司法直接规定了会计审计规则，但不要求编制合并报表，这就是推行合并报表的一大障碍。[1]

如今看来，合并报表本质上是违背"禁止双重法人"这一民法原理的，应予彻底否定。加恩西提出的上述三个方案中，只有第一个方案（也就是同时公布控股公司及其每个子公司的资产负债表和利润表）能够提供具有法律证明力的会计报表，这个方案不包括合并报表。

想想看，两位顶级高手过招是多么引人入胜的场面。两位都是受人尊敬的特许会计师，日后都被册封贵族。一位是英国最大的企业集团董事长，另一位是号称世界上最大的会计公司普华会计公司的领袖人物。这种理念交锋对公共会计师来说，堪称一场提升行业理论水准的教育活动。

无论天资聪颖并且得到迪金森真传的加恩西多么善于雄辩，也比不过库珀的意见更直击要害，令人难以反驳。实际上，在格林委员会的修法调研中，没有一个机构建议英国公司法强制要求编制合并报表。[2] 是的，合并报表把不同民事主体的资产和负债有选择地堆积在一起，这种信息的作用其实是引人入坑，而不是引人入胜。这种报表是没有资格称为会计报表的。与库珀的直率意见相比，如今会计界围绕合并报表的许多辩解，实在是过于强词夺理了。鉴于库珀等人的意见，《1928 年公司法》最终没有引入合并报表，而是要求公司披露其对子公司投资的核算方法。

在加恩西所提的方案之外，有的英国公司以合并报表取代了母公司报表，

---

1 J. Kitchen, "The Accounts of British Holding Company Groups: Development and Attitudes to Disclosure in the Early Years," in Thomas A. Lee and Robert H. Parker, *The Evolution of Corporate Financial Reporting* (Middlesex: Thomas Nelson and Sons Ltd., 1979), pp. 86-123. Reprinted in 1984 by Garland Publishing Inc.

2 Leonard W. Hein, *The British Companies Acts and the Practice of Accountancy 1844-1962* (New York: Arno Press Inc., 1978), pp. 273-277.

另外还流行起更加简便易行的权益法。利华兄弟公司对子公司的投资，就是采用权益法核算的。该公司 1923 年的资产负债表显示，其总资产的 80% 都是对联营企业投资。[1]

合并报表之所以在英国一度受到冷遇，主要原因是缺乏资本的加持。[2] 金融资本才是各种会计"创新"的最终推动力量。在加恩西竭力呼吁编制合并报表时的英国，金融资本还没有尝到合并报表的甜头，合并报表尚未被用作并购做市的主要抓手。一旦金融资本尝到这个甜头，英国法律就必然会贯彻它的意志——这就是《1948 年公司法》引入合并报表的真实背景。

证券行业是合并报表的主要推动力量。1939 年，伦敦证券交易所要求谋求上市的控股公司提交合并资产负债表和合并利润表。1944 年后，英格兰及威尔士特许会计师协会公布《会计原则建议书第 7 号：控股公司账目中的子公司财务状况和经营成果的披露》，鼓励控股公司编制和提交合并报表。

待到科恩委员会在 1943—1945 年间就公司法改革事宜进行调研时，以英格兰及威尔士特许会计师协会为代表的大多数人，都支持公司法强制要求控股公司编制合并报表，这与格林委员会开展调查时的情形完全相反。科恩委员会采纳了会计原则建议书第 7 号的立场。但关于如何编制集团报表，各个公共会计师行业协会莫衷一是，最终公司法只好同时提供五种方案，任由公司选择使用。

40 年过去了，一个在民法原理上完全站不住脚的合并报表的概念，就这样堂而皇之地进入了被法学界视为最具现代化色彩的英国公司法。的确，将非法的东西写到法律里，确实具有"现代化"的魔幻色彩。堂堂一国法律居然是这么制定的。事实上，时至今日，英国公司法仍然拿不出控股公司的合

1　John Richard Edwards, *A History of Corporate Financial Reporting in Britain* (New York: Routledge, 2019), p. 211.

2　直到 1922 年，诺贝尔工业公司（Nobel Industries Ltd.）才公布英国第一份合并报表，该公司 1927 年合并为帝国化学工业公司（Imperial Chemical Industries，ICI）。

理定义——这个定义仍将是不可能完成的任务。至于合并报表怎么编制，更是难以设计出合理的规则。事实上，《1948 年公司法》第 151 节只好同时提供了编制集团账目的五个方案，任由公司选择使用。这五个方案是：（1）编制控股公司及其所有子公司的合并资产负债表和合并利润表；（2）控股公司将其子公司分成多个组，然后分别编制多套合并账目；（3）同时提供控股公司和所有子公司的个别账目；（4）扩展控股公司的账目，从而容纳所有子公司的账目；（5）采用以上四个方案的组合。

（二）科恩委员会关于公司审计机制的讨论

在《1948 年公司法》的立法论证过程中，有代表指出，实践中几乎都是由董事会遴选审计师，审计师需要跟董事会搞好关系才能保住这笔审计业务，这就与法律规定的审计师职责产生了冲突。

伦敦证券交易所指出，在实践中审计师往往是替董事会说话而不是为股东代言，法律应当关注如何让审计师肩负起对股东的责任，保证审计师独立于董事会。

《经济学人》杂志（The Economist）甚至直率地指出，审计师实际上就是董事会的佣人（the auditor was sometimes rather the servant of the directors）。

总之，《1948 年公司法》的立法论证正确地指出，公共会计师行业提出的独立性这一概念言过其实，应当重新给予全面的考量。[1] 如今，这一问题已经成为制约注册会计师行业发展的陈年痼疾。

三、1948 年以后的公司法

《1948 年公司法》基本确立了英国会计审计的法律架构，其后的会计审计机制设计属于修修补补，再无大的变化。公司法依然依赖公共会计师行业来

---

1 Paul Bircher, *From the Companies Act of 1929 to the Companies Act of 1948: A Study of Change in the Law and Practice of Accounting* (New York: Routledge, 2014), p. 265.

编写会计审计规则，对审计行业的监管也大多依靠行业自律，政府并没有发挥应有的行政监督职能。这种大撒把的机制必然伴随着连绵不绝的舞弊案件和接连而至的无效的纠偏措施。

《1967 年公司法》撤销了《1948 年公司法》对某些私人公司的豁免规定，要求所有有限责任公司都按照同样的标准向股东提交财务报表并向公司注册官备案。

《1976 年公司法》在《1948 年公司法》和《1967 年公司法》的基础上，进一步规定了公司董事虚假陈述的法律责任，允许法院解除多次故意违反公司法的公司董事的职务。

《1980 年公司法》引入了欧共体第 2 号公司法指令，扩展了有关董事利益冲突的法规，引入了禁止内幕交易的规定，要求董事考虑员工利益，并为少数股东提供了诉诸法院的便利。该法第 39 节定义了"可供分配的利润"（profits available for distribution）。公司进行利润分配时，只能使用可供分配的利润。可供分配的利润，是指其先前未用于利润分配或转增资本的累计已实现利润，减去以前未用于冲减资本或重组的累计已实现亏损后的余额。

根据《1980 年公司法》第 39 节，英国有相当多的会计规则文件是违法的。

《1981 年公司法》引入了欧共体第 4 号公司法指令，并区分小公司、中等规模公司以及其他公司，分别规定了信息披露要求。奇怪的是，英国公共会计师行业这次并没有像以往抵制法律管制一样，反对欧共体第 4 号公司法指令。该法与英国公司法的传统有所差异，一改以往过于宽松的要求，统一规定了两种资产负债表格式（横式或竖式）和四种损益表格式（费用按功能列示为销售成本、销售费用或管理费用，或者按费用的投入项目列示为原材料、职工薪酬、折旧等；格式上可以选用横式或竖式）。这一转变的根本原因是，欧共体第 4 号公司法指令是由德国起草的，该指令体现了大陆法系国家的立法经验。德国的会计要遵循公司法和税法。但在英国的强烈要求下，英国公司法"真实和公允超越一切"（the "true and fair override"）的理念也被写入欧共体第 4 号公司法指令，使得该指令的立法理念变成了一个大杂烩。[1]

《1989 年公司法》第 21 节规定以"支配性影响"（dominant influence）作为界定控股公司和子公司的标准，使得该法关于合并集团账目（consolidated group accounts）的规定进一步神秘化。针对公共会计师行业对审计师责任的担忧，《1989 年公司法》允许会计公司注册为有限责任公司，以免承担传统的合伙企业下的连带责任。

2002 年，欧盟委员会通过的第 1606/2002 号条例要求欧盟境内交易所上市的公司自 2005 年起按照国际会计准则编制合并财务报表。英国《2006 年公司法》吸纳了这一条例，同时规定，英国所有公司的个别报表，以及非上市公司的合并报表，依然按照英国境内会计规则编制。

---

1 英国 1973 年加入欧共体时，欧共体第 4 号公司法指令正在起草过程中。英国会计师设法在草案中添加了"真实和公允的视角"，但没有形成操作性的规则。

第三章
英国会计规则的变迁

第一节　英国司法实践对英国会计发展的影响

一、英国长期缺乏统一的会计规则

虽然自《1844 年股份公司法》引入公司审计的规定以来，时而严格时而宽松的法律规定的确使得审计成为公司治理的常识，但是，审计师（无论是由股东担任还是由股东聘请的公共会计师担任）究竟应该按照什么样的会计规则来评判公司的账目，却是长期任由公司自主决定的事情。例如，公司及其会计师长期支持建立秘密准备的做法，以便利于维持利润的长期稳定。经典的做法是隐藏债权，高估负债，或者通过多计提折旧来做低固定资产，减记存货等。[1]

从 1844 年到 1942 年将近 100 年的时间里，法律没有作出细节规定，公共会计师行业也没有提炼出公认的会计规则。20 世纪初，大多数负有有限责任的公司的账目几乎完全没有受到监管。英国公共会计师行业在英国公司法的放任自由政策下，慵懒度日已久，过度关注客户利益而缺乏对公共利益的

---

1 John Richard Edwards, *A History of Financial Accounting* (New York: Routledge, 1989), p.137, published in 2014 by Routledge.

必要关注。这是英国公共会计师行业招致批评的一个重要原因。

作为对比，美国公共会计师行业在法学家、经济学家乃至全国舆论的抨击下，迅速做出反应，率先提炼会计原则的概念、归纳会计原则并推出了公认会计原则的概念，这些都是令人称道的努力。会计规则的规范化、法制化，是文明进步的大势所趋。要确保会计信息的公益性和公信力，就必须在公司法或者税法中统一对会计规则作出规定，国家统一的会计制度的本质，是民商法和经济法的实施细则，它对于法律的实施、对于国家治理是不可或缺的。

二、1906 年的一个混乱判决为秘密准备推波助澜

英国是一个判例法国家，又称海洋法系（英美法系）国家。除成文法外，法官造法是其司法审判制度的一大特色。正是这种判例法传统下的一个混乱判决，为会计领域的秘密准备提供了司法审判上的强力支持。该判例就是1906 年的牛顿诉伯明翰轻型武器公司案（Newton v. Birmingham Small Arms Co. Ltd.）。

伯明翰轻型武器公司的董事们在 1906 年初的股东特别会议上通过了一项特别决议，授权董事在公司支付优先股股利并至少支付 10% 的普通股股利之后，从利润中提取内部储备基金，该基金由公司董事决定如何使用；董事告知审计师该基金的变动情况，但该基金不列入资产负债表，审计师也不应告诉股东。这其实就是内部人试图进行利润平滑、避免股东过多干预业绩的典型案例。

6 月，公司股东阿尔弗雷德·牛顿爵士（Sir Alfred Newton）愤而向法院申请该决议无效，得到了法庭的支持。该案的判决具有两面性。一方面，法庭正确地指出，审计师依然有义务遵照《1900 年公司法》，向股东报告真实的情况。另一方面，主审法官亨利·B.巴克利（Henry B. Buckley）却同时支持

公司设置秘密准备的做法。他认为，只要公司的实际情况不比资产负债表更差，那么，设置秘密准备的做法就不违反《1900 年公司法》。反正资产负债表只要不让股东惊讶就行。[1] 也就是说，公司董事计提秘密准备是合法的，但审计师有责任告诉股东有关的事实。

牛顿诉伯明翰轻型武器公司案体现出英国公司法缺乏会计基本原则所导致的严重后果。巴克利是英国最博学、最有才华的著名法官之一，即便如此，他对资产负债表功能的认识仍然过于偏颇。该案的判决与英国公司会计报表接下来 20 多年普遍存在的机密化、晦涩化和扭曲化倾向大有关系。刻意大幅度调低资产和利润，成为 20 世纪前 20 年英国会计的流行思潮。

该案表明，在判例法下，英国司法审判实践在会计规则领域缺乏基本原则，基本处于毫无章法的自由放任状态。会计制度本身不应是一维的价值维度，而应当是多维的价值维度，会计制度应当注重平衡公益与私利之得失，而不是从单一的价值维度去考虑问题。作为对比，该案的法官巴克利显然过于偏袒董事的自由裁量权，没有为缺席股东提供必要的保护。

当时的主流观点是，保密是商业成功的必要辅助，秘密准备能够赋予公司以力量，它是公司管理层平滑业绩的利器。例如，前文所述的那位反对合并报表的著名特许会计师、利华兄弟有限公司董事长库珀认为，从经验上来讲，秘密准备是很有价值的；如果没有秘密准备，恐怕很多公司都要倒闭了。[2]

总体来看，英国公司法关于会计规则的理论和实践存在显著的缺陷。有鉴于此，我国会计立法应当在《会计法》总则中确立会计基本原则，避免受英国公司法闪烁不定的"真实公允"理念的误导。我国学术界引用该案的论点主要是用来阐释审计师的职业责任，结论大多是主张审计师要对股东负责，

---

1 原文如下："The purpose of the balance sheet is primarily to show that the financial position of the company is at least as good as there stated, not to show that it may not be better."

2 John Richard Edwards, *A History of Corporate Financial Reporting in Britain* (New York: Routledge, 2019), pp.148-169.

赞扬英国公司法下的审计制度的合理性，这种倾向不大可取。

三、1931 年的皇家邮政案

《1929 年公司法》看起来很美。然而，此后不久（1931 年）爆发的皇家邮政案（Rex v. Kylsant）却平地起惊雷，剥去了公司法光鲜的外衣。该案件对会计和法律的影响是巨大的。

1931 年，皇家邮政蒸汽包裹公司（Royal Mail Steam Packet Company）出现巨额亏损，该公司董事长欧文·C. 菲利普斯（Owen C. Philipps, 1923 年被授予基尔桑特勋爵（Lord Kylsant）头衔）及其审计师、特许会计师 H. J. 莫兰（H. J. Morland）被指控长期隐瞒秘密准备，用于操纵利润。莫兰是当时号称"世界上最大、最受尊敬的会计公司"——英国普华会计公司的高级合伙人。

皇家邮政蒸汽包裹公司将第一次世界大战期间赚得的 200 万英镑作为税收储备基金，20 世纪 20 年代通过将储备基金转入利润的手法，长期掩盖经营亏损。该公司在年报中仅仅披露了一句"包括税收储备调整"（including adjustment of taxation reserves）。审计师被控协助并教唆犯罪。最终，董事长被判故意公布欺诈性的文件而入狱一年，审计师被判欺诈罪不成立，但法院明确宣布，不支持秘密准备的做法。

英格兰及威尔士特许会计师协会在 1932 年年会上，热烈地探讨了皇家邮政案对该行业的后续影响。该协会反对法律对会计行业实施管制，主张应当由公共会计师行业掌握主动性。一旦会计由法律来规范，那么审计师将陷入被动执行的境地。该协会也认识到利润表的业绩评价功能，其关注重点开始从资产负债表转向利润表。[1]

---

1 John Richard Edwards, *A History of Corporate Financial Reporting in Britain* (New York: Routledge, 2019), pp. 153-163.

第二节　会计规则制定机构的演变

如前所述，英国公共会计师行业随着工业革命的进程而兴起。1831 年首次获得法律认可，得以依照英国《破产法院法》，像律师那样担任官方清算人。自《1844 年股份公司法》出台，又得以承揽公司年度财务报告的审计业务。1854 年，英国成立世界上第一个官方认可的公共会计师行业协会——爱丁堡会计师协会。《1948 年公司法》更是将公司审计业务交给公共会计师行业独家垄断。破产清算服务和审计服务是英国公共会计师行业的主要业务。

但英国公共会计师行业并未积极寻求法律制度的完善，特别是会计规则的完善。直到 1942 年，**英格兰及威尔士特许会计师协会**（ICAEW）才着手研究改进会计规则，开始公布**会计原则建议书**（Recommendations on Accounting Principles），推荐给会员作参考。这些文件体现了公司客户的诉求，但内容笼统而宽泛，饱受争议。1970 年，英格兰及威尔士特许会计师协会设立**会计准则指导委员会**（Accounting Standards Steering Committee, ASSC），得到英国其他会计师协会的积极响应。1974 年，五个会计师协会联合成立了**会计团体顾问委员会**（The Consultative Committee of Accounting Bodies, CCAB）。会计准则指导委员会 1975 年公布《公司报告：讨论稿》，决定比照美国证券市场上的公认会计原则来设计会计准则，并在 1976 年改称**会计准则委员会**（Accounting Standard Committee, ASC）。自 1971 年至 1990 年，这两个机构共公布了 25 份标准会计惯例公告（Statements of Standard Accounting Practices, SSAP），如果加上修订版，共有 34 份标准会计惯例公告。

会计团体顾问委员会 1988 年 9 月公布迪林委员会（Dearing Committee）提交的研究报告《会计准则的制定》，继续比照美国证券市场上的做法进行改组。于 1990 年设立了名义上独立于会计职业群体的**财务报告理事会**（Financial Reporting Council, FRC），下设**会计准则理事会**（Accounting Standards Board, ASB），负责制定**财务报告准则**（Financial Reporting Standards, FRS）。未被废止的标准会计惯例公告（SSAP）继续有效。自 1990 年至 2012 年，会计准则理事会共公布了 19 份财务报告准则，1 份小型企业财务报告准则，1 份原则公告和一系列准则草案及讨论文章。

2002 年，欧盟委员会通过第 1606/2002 号条例，要求欧盟境内交易所上市的公司按照国际会计准则编制合并报表。2005 年，该条例生效，这标志着"英国会计"在欧盟境内交易所上市公司的合并报表范围内的影响的终结。

2012 年，英国政府决定采取措施强化监管体系。财务报告理事会的职能得到大幅拓展，成为单一的会计审计行业监管机构，负责公布和实施会计准则。其经费来自会计行业、财经界的赞助以及政府拨款。其下设的**公司报告理事会**（Corporate Reporting Council）接管了会计准则理事会的准则制定职能。财务报告理事会一举修改了英国公认会计惯例（UK GAAP）的框架，将散乱的会计规则进行了制度化的重新编排。先后推出了六份准则，包括《财务报告准则第 100 号：财务报告要求的应用》《财务报告准则第 101 号：简化的披露框架》《财务报告准则第 102 号：英国和爱尔兰财务报告准则》《财务报告准则第 103 号：保险合同》《财务报告准则第 104 号：中期财务报告》《财务报告准则第 105 号：微型企业财务报告准则》。所有公司的个别报表以及非上市公司的合并报表，要分别依照上述六份准则来编制。

但英国会计审计问题仍然层出不穷。2018 年，英国政府酝酿对会计审计机制的进一步变革，并于 2019 年开始逐步落实，至今仍在摸索中。

表 3-1 展示了英国会计规则制定机构的演变。

表 3-1   英国会计规则制定机构的演变

主管机构	会计规则制定机构		文件名
	起止年份	制定机构	
英格兰及威尔士特许会计师协会（ICAEW）	1942—1969	税收和财务关系委员会	会计原则建议书（Recommendations on Accounting Principles）
	1970—1976	会计准则指导委员会（ASSC）	标准会计惯例公告（Statements of Standard Accounting Practices，SSAP）
会计团体顾问委员会（CCAB）	1976—1990	会计准则委员会（ASC）	
财务报告理事会（FRC）	1990—2012	会计准则理事会（ASB）	财务报告准则（Financial Reporting Standards，FRS）
	2012—2019	财务报告理事会（FRC）	

第三节　会计原则建议书：1942—1969

一、公共会计师行业开始着手梳理会计规则

英国公共会计师行业长期抵制法律干预，其基本理念是，不要对会计施加限制，应当给企业管理及其财务顾问最大限度的自由选择空间，让他们去探索可行的会计方法。该行业的领先群体——英格兰及威尔士特许会计师协会主要专注于行政事务，长期未能着手完善会计规则。[1]

1942 年，英格兰及威尔士特许会计师协会终于迈出第一步，开始着手规范会计规则。该协会设立了税收和财务关系委员会[2]（Taxation and Financial Relations Committee），委托其向协会理事会提交关于公司账目的建议，经协会理事会批准后作为会计原则建议书发给会员作参考。如前所述，会计原则

---

1 John Richard Edwards, *A History of Financial Accounting* (New York: Routledge, 1989), p.126, published in 2014 by Routledge.

2 该委员会 1949 年更名为税收与研究委员会（Taxation and Research Committee），1964 年更名为技术咨询委员会（Technical Advisory Committee）。

建议书是英国公共会计师行业首次着手对会计规则进行规范。"会计原则"这个词是从美国证券市场借鉴过来的。

当年12月，该协会公布第一批会计原则建议书，主题涉及储税券（第1号，后来编号为N1）与战争损害赔偿金、额外补偿和索偿（第2号，后来编号为N2）。会计原则建议书是英国最早关于会计问题的权威指南，仅供会员参考，不强制要求使用。自1958年起，会计原则建议书在该协会会员手册中以N打头予以收录，遂得名"N系列"。

自1942年至1969年，英格兰及威尔士特许会计师协会一共公布了29份会计原则建议书（见表3-2），其中最富争议的是涉及通货膨胀问题的N12《与账目相关的价格上涨》和N15《货币购买力变化的会计问题》。[1]有些会计原则建议书的内容还被英国《1947年公司法》吸纳，特别是关于编制合并财务报表的N7《控股公司账目中的子公司财务状况和经营成果的披露》。N6《资本公积和准备金》建议公司在资产负债表日披露准备金的变动和余额。N10《存货的估价》要求公司原则上采用成本与市价孰低法，该文件所给出的成本的计算基础无比宽泛，包括单位成本、先进先出、平均成本、标准成本、经调整的销售价格，公司选定以后，应当长期一致地采用选定的计算基础。

表 3-2   会计原则建议书一览表

编号	文件名	公布时间	撤销时间
N1	储税券 Tax Reserve Certificates	1942 年 12 月 12 日	1958 年 10 月
N2	战争损害赔偿金、额外补偿和索偿 War Damage Contributions, Premiums and Claims	1942 年 12 月 12 日	1958 年
N3	账目中税收的处理 The Treatment of Taxation in Accounts	1943 年 3 月 13 日	1958 年 10 月

1 Institute of Chartered Accountants in England and Wales, Financial Reporting Faculty, Principles before Standards: the ICAEW's 'N series' of Recommendations on Accounting Principles 1942-1969, edited by Stephen Zeff, 2014.

续表

编号	文件名	公布时间	撤销时间
N4	应付股利和年度开支的所得税扣除的会计处理 The Treatment in Accounts of Income Tax Deductible from Dividends Payable and Annual Charges	1943 年 3 月 13 日	1958 年 10 月
N5	在账目中记录拟议的利润分配方案 The Inclusion in Accounts of Proposed Profit Appropriations	1943 年 3 月 13 日	1958 年 10 月
N6	资本公积和准备金 Reserves and Provisions	1943 年 10 月 23 日	1958 年 10 月
N7	控股公司账目中的子公司财务状况和经营成果的披露 Disclosure of the Financial Position and Results of Subsidiary Companies in the Accounts of Holding Companies	1944 年 2 月 12 日	1958 年
N8	资产负债表和利润表的格式 Form of Balance Sheet and Profit and Loss Account	1944 年 7 月 15 日	1958 年 10 月
N9	固定资产的折旧 Depreciation of Fixed Assets	1945 年 1 月 12 日	1980 年 1 月
N10	存货的估价 The Valuation of Stock-in-trade	1945 年 6 月 15 日	1960 年 11 月 16 日
N11	超额利润税战后返还 Excess Profits Tax Post-war Refunds	1946 年 7 月 19 日	1953 年 8 月 15 日
N12	与账目相关的价格上涨 Rising Price Levels in Relation to Accounts	1949 年 1 月 14 日	1974 年 5 月
N13	会计师为招股说明书提交的报告：固定资产和折旧 Accountants' Reports for Prospectuses: Fixed Assets and Depreciation	1949 年 3 月 11 日	1987 年 1 月
N14	遗嘱信托及类似信托的账目的格式与内容 The Form and Contents of Accounts of Estates of Deceased Persons and Similar Trusts	1949 年 8 月 12 日	1969 年 11 月 5 日

续表

编号	文件名	公布时间	撤销时间
N15	货币购买力变化的会计问题 Accounting in Relation to Changes in the Purchasing Power of Money	1952 年 5 月 30 日	1974 年 5 月
N16	会计师为招股说明书提交的报告：调整和其他 事项 Accountants' Reports for Prospectuses: Adjustments and Other Matters	1953 年 11 月 13 日	1987 年 1 月
N17	资产负债表日后事项 Events Occurring after the Balance Sheet Date	1957 年 10 月 13 日	1980 年 1 月
N18	资产负债表和利润表的列报 Presentation of Balance Sheet and Profit and Loss Account	1958 年 10 月	1980 年 1 月
N19	公司账目中所得税的处理 Treatment of Income Tax in Accounts of Companies	1958 年 10 月	1968 年 7 月
N20	贸易性公司资产负债表中投资的处理 Treatment of Investments in the Balance Sheets of Trading Companies	1958 年 11 月 13 日	1980 年 1 月
N21	退休福利 Retirement Benefits	1960 年 2 月 29 日	1989 年 2 月
N22	财务账户中存货和在产品的处理 Treatment of Stock-in-trade and Work in Progress in Financial Accounts	1960 年 11 月 16 日	1975 年 5 月
N23	分期付款购买、赊销和租赁业务 Hire Purchase, Credit Sales and Rental Transactions	1964 年 12 月 9 日	1980 年 1 月
N24	投资补贴的会计处理 The Accounting Treatment of Investment Grants	1967 年 4 月 14 日	1974 年 7 月
N25	英镑的海外购买力的重大变化的会计处理 The Accounting Treatment of Major Changes in the Sterling Parity of Overseas Currencies	1968 年 2 月 17 日	1980 年 1 月

续表

编号	文件名	公布时间	撤销时间
N26	1967 年土地委员会法案：对会计的影响 Land Commission Act 1967: Accounting Implications	1968 年 5 月 11 日	1980 年 1 月
N27	公司账目中税收的处理 Treatment of Taxation in Accounts of Companies	1968 年 7 月	1980 年 1 月
N28	投资信托公司的账目 The Accounts of Investment Trust Companies	1968 年 8 月 7 日	1980 年 1 月
N29	信托账户 Trust Accounts	1969 年 11 月 5 日	1986 年 10 月

会计原则建议书的推出，是英国会计审计发展乃至公司制度变革进程中的重要成就。一些会计原则建议书中所探讨的不少问题至今仍有借鉴价值。著名会计史学家泽夫对部分理论问题进行了概括。英格兰及威尔士特许会计师协会不受业界、学术界抨击的影响，坚持不改变传统的会计方法，拒绝考虑对物价变动进行会计处理。

 专栏 3-1 ——————————————————

会计原则建议书的部分专业立场

N9《固定资产的折旧》审视了各种折旧方法，其结论是推崇直线法，因为实践中这种方法的应用最普遍。至于要不要多计算一些折旧，从而满足重置成本的要求，则是财务稳健性（financial prudence）的考虑，但这不应影响利润的计算。N10《存货的估价》简单探讨了成本（cost）与市价（market value）的含义，然后直接得出结论，存货应当按照成本与市价孰低法计量，没有给出理由。1949 年 1 月的 N12《与账目相关的价格上涨》在一通长篇大论之后提出，固定资产不应调增至重置成本，特别是在物价水平计量缺乏稳定性的情况下。该会计原则建议书提出，那种为了重置存货或者固定资产而计提的拨备应当记入准备金账户，而不应当影响利润的计算。然而，会计实践中围绕物价变动产生的激烈的争议，却迫使英格兰及威尔士特许会计师协会在三年后重新审议这一问题。1952 年 5 月的 N15《货币购买力变化的会计问题》重申，任何试图用于取代历史成本的计量方法目前看来都具有严重的缺陷，其推行会相应地带来一系列远远超出会计范畴的社会和经济问题。该协会理事会重申了此前的立场。

当时的会计规则的显著特点就是针对同一种交易行为，往往并存有多种会计处理方法。这情有可原，因为公共会计师作为乙方，是难以限制客户（甲方）的会计选择行为的。

二、通用电气案引发轰动

20 世纪 60 年代，耸人听闻的会计争议案件接连出现，引发社会舆论强烈关注。1964 年，罗尔斯剃刀有限公司（Rolls Razor Ltd.）在公布"干净的"账目后突然倒闭。金融媒体和社会舆论纷纷对会计报表的功能表示质疑。7 月，贸易委员会任命了检查员，其中的会计师就是后来牵头组建国际会计准则委员会的亨利·本森。检查结论是，该公司账目遵循了会计惯例，比大多数公司提供的信息更多。最轰动的案件发生于 1967 年 10 月，英国通用电气公司（General Electric Company，GEC，不同于美国的 GE）向联合电气工业公司（Associated Electrical Industries，AEI）发出收购要约。AEI 的管理层心有不甘，其防御策略之一是向股东公布了当年的盈利预测，预计盈利将高达 1 000 万英镑。GEC 不得不两次提高报价，共提高 40% 以上，并购终于取得成功。但并购之后，AEI 于 1968 年 4 月披露的财务业绩是亏损 450 万英镑。GEC 董事长委托德勤会计公司和普华会计公司联合进行了审计。审计结果表明，对存货或合同结果的评估存在主观判断，很难精确。AEI 的财务业绩之所以从预计的盈利 1 000 万英镑变成亏损 450 万英镑，是因为新的管理团队在评估 AEI 的资产时的会计估计和会计假设更为保守，差额 1 450 万英镑（约为 2020 年的 2 亿英镑）中，有 950 万英镑可归因于判断的因素，另外 500 万英镑可归因于事实的因素。在新闻媒体的渲染下，社会公众惊讶地得知会计并非精密科学，利润数字居然取决于企业管理层对资产和负债的估值倾向。[1]

三、斯坦普的批评

1969 年春季，时任爱丁堡大学教授的爱德华·斯坦普（Edward Stamp）频频批评英国的会计审计规则，对沉闷的英国会计界起到了刺激作用。斯坦普之所以能够扮演牛虻和鲶鱼的角色，与他的丰富阅历有关。[2]

 专栏 3-2

英国会计界的牛虻：爱德华·斯坦普

爱德华·斯坦普（Edward Stamp，1928—1986）1928 年生于英国利物浦，1945 年进入剑桥大学学习，1950 年入选富布赖特学者，获得赴美交流的机会。1951 年到达加拿大，加入了加拿大最大的会计公司——克拉克森·戈登会计公司（Clarkson Gordon & Co.），获得特许会计师资格，1961 年成为合伙人。1962 年，斯坦普辞职加入新西兰惠灵顿维多利亚大学，全职担任会计学教授。1968 年，他就任爱丁堡大学全职教授兼会计和商业方法系主任。他深知英国会计界有多么安于现状，为改变英国会计准则重新由大

1　John Richard Edwards, *A History of Corporate Financial Reporting in Britain* (New York: Routledge, 2019), pp. 302-303; Brian A. Rutherford, *Financial Reporting in the UK: A History of the Accounting Standards Committee, 1969-1990* (New York: Routledge, 2007), pp. 1-6.

2　Michael J. Mumford, "Edward Stamp (1928-1986): A Crusader for Standards," in John R. Edwards, *Twentieth-Century Accounting Thinkers* (New York: Routledge, 1994), pp. 274-292.

会计公司和大客户寡头垄断的局面，他力图唤醒英国会计界，使其超越既得利益，提升领导力。1971 年 5 月，斯坦普跳槽到兰卡斯特大学，就任该校国际会计研究中心（International Centre for Research in Accounting）主任。

斯坦普对英国会计审计规则以及学术风气提出了批评意见。部分观点可概括如下。

第一，关于会计原则。斯坦普提出，英国会计界所谓的"会计原则"（accounting principles）是一个具有欺骗性的提法。"会计原则"这个词给原本混乱的局面笼罩上了权威和准确的氤氲之气。那些所谓的"会计原则"其实根本称不上是原则，只不过就是当前或者更糟糕的过去的做法，缺乏逻辑和一致性。面对彼此冲突的所谓原则和惯例（practices），会计师们提出用其"判断"来做出选择。但无论什么"判断"都无济于事，要知道，即便是那些领先的会计公司之间的判断也存在明显的冲突。这些会计原则其实并不是缜密的理论研究的结果，而是特许会计师从企业的现有会计做法中遴选出来的，类似于"样板间"。这种遴选样板间的做法适用于木工、水暖工和壁纸装修工，而不适用于更具知识性的会计行业。基于这种所谓的会计原则，可以说，任何事情对会计师来说都是真实和公允的。只要公共会计师行业笃定会计原则就是最大企业的最佳实践，就别指望会计乱象有任何好转的可能。[1]总之，英国会计界在理论、原则、培训和实践标准诸方面都不甚严格，有待改进，尤其应当围绕会计基本理论展开全面的研究。

第二，斯坦普提出，审计师收取劳务报酬的方式损害了其客观性。审计师收取了客户给付的报酬，再加上法律没有禁止审计师持有被审计单位的股份，因此，从表面看，审计师并不具备独立性。这本是常识。但公共会计师行

---

[1] Edward Stamp, "The Public Accountant and the Public Interest," *Journal of Business Finance*, 1969,1(1): 32.

业对此表示愤慨。斯坦普只好说，从表面上看审计师不具备独立性，但不否认审计师可能在心态（state of mind）上保持独立性。由此可见，在整个学术界和实务界都被行业协会垄断的情况下，做个讲真话的学者有多么难。[1]

第三，鉴于英国会计学术界在理论上原本就无甚积累，却又在 20 世纪 70 年代像墙头草一样跟随北美流行的以"使用统计软件编文章"为特征的实证会计之风，斯坦普遂对英国会计学术之不良风气展开了批评。他主张，无论是统计方法还是其他方法，都必须用于解决有意义的问题；数学、统计只是工具，而不是目的。

斯坦普特别擅长借助大众传媒和财经媒体发声，其观点很快传遍英伦三岛，这对公共会计师行业形成了很大的压力。

1969 年 12 月，英格兰及威尔士特许会计师协会公布《20 世纪七十年代会计准则意向声明》（Statement of Intent on Accounting Standards in 1970s），提出了统一会计规则、制定会计准则的口号。该声明提出的改进要点有五个：一是缩减多样化的会计规则；二是加强对会计方法的披露；三是强化对偏离既定的最佳会计方法的披露；四是更广泛地吸收利害关系人对会计准则的建议；五是通过积极参与立法来推动完善会计规则。

第四节　标准会计惯例公告：1970—1990

一、会计准则指导委员会的成立

1970 年 1 月，英格兰及威尔士特许会计师协会成立会计准则指导委员会（Accounting Standards Steering Committee，ASSC），该机构的目标是为

---

1 Stephen A. Zeff, *Forging Accounting Principles in Five Countries: A History and an Analysis of Trends* (Champaign, Illinois: Stipes, 1972), p. 37.

财务报告制定最具权威性的准则。同年，苏格兰特许会计师协会（Institute of Chartered Accountants of Scotland，ICAS）、爱尔兰特许会计师协会（Chartered Accountants Ireland，CAI）加入。

1970 年 6 月，一个旨在合并六个会计师协会的方案在五个协会的理事会中均得到批准，但英格兰及威尔士特许会计师协会的理事会却否决了合并方案。10 月，各会计师协会酝酿建立常设的交流机制，最终于 1974 年成立了会计团体顾问委员会。

1971 年，注册会计师协会（Association of Certified Accountants，现为 ACCA）及成本和管理会计师协会（Institute of Cost and Management Accountants，现为 CIMA）加入会计准则指导委员会。

会计准则指导委员会的工作方式是，先列出拟议的问题，然后分包给规模较大的会计公司去分头起草公告。

二、标准会计惯例公告概览

自 1971 年至 1990 年，会计准则指导委员会（1976 年改称会计准则委员会）共公布了 25 份标准会计惯例公告（Statements of Standard Accounting Practices，SSAP）（见表 3-3），如果包含修订版，则共公布 34 份标准会计惯例公告。

其中，《标准会计惯例公告第 1 号：对联营企业的会计处理》率先规定以 20% 的股权比例作为权益法的参考性的起始适用标准，这一规定被引入美国证券市场上的公认会计原则，进而写入国际会计准则，最后通过欧共体公司法指令进入英国公司法。这个出口转内销的过程堪称"国际会计惯例"以讹传讹的典型。1970 年 6 月 26 日，英格兰及威尔士特许会计师协会麾下的会计准则指导委员会公布标准会计惯例公告第 1 号的征求意见稿——《对联营企业的会计处理》，率先提出以 20% 的股权比例作为权益法的起始适用标准，要求企业采用权益法核算持股比例达到 20% 的股权投资。7 月，这一规则被美国注册会计师协会旗下的会计原则委员会获悉。该委员会遂沿用这一标准来拟定美国证券市场上的公认会计原则，从而平息了美国证监会与美国注册会计师协会的紧张争执——这两个机构曾围绕 33%、25%、20% 等持股比例争吵不休，谁也没有说服对方。1971 年 3 月，《会计原则委员会意见书第 18 号：普通股投资的权益法》公布。随后，英美公共会计师行业所认可的 20% 的起始适用标准被原样写入国际会计准则委员会 1976 年公布的《国际会计准则第3 号：合并财务报表》。1978 年 7 月，欧共体理事会发布的第 4 号公司法指令（即 78/660/EEC 指令）照搬了英国公共会计师行业抛出的 20% 的起始适用标准，使这一标准得以进入成员国的公司法。

表 3-3　　　　　　　　　　　标准会计惯例公告一览表

编号	公布时间	文件名称
	1971 年 1 月	会计准则解释性前言 Explanatory Foreword to Accounting Standards
SSAP 1	1971 年 1 月	对联营企业的会计处理 Accounting for Associated Companies
SSAP 2	1971 年 11 月	会计政策的披露 Disclosure of Accounting Policies
SSAP 3	1972 年 2 月	每股收益 Earnings per Share
SSAP 4	1974 年 4 月	政府补助的会计处理 Accounting Treatment of Government Grants/Accounting for Government Grants
SSAP 5	1974 年 4 月	增值税的会计处理 Accounting for Value Added Tax
SSAP 6	1974 年 4 月	非常规项目和以前年度调整 Extraordinary Items and Prior Year Adjustments
SSAP 7	1974 年 5 月	货币购买力变化的会计处理（暂行） Accounting for Changes in the Purchasing Power of Money (Provisional)

续表

编号	公布时间	文件名称
SSAP 8	1974 年 8 月	公司账目对归责制度下的税收的会计处理 The Treatment of Taxation under the Imputation System in the Accounts of Companies
SSAP 9	1975 年 5 月	存货和在产品 / 存货和长期合同 Stocks and Work in Progress/Stocks and Long-term Contracts
SSAP 10	1975 年 7 月	资金来源与用途表 Statements of Source and Application of Funds
SSAP 11	1975 年 8 月	递延税的会计处理 Accounting for Deferred Tax
SSAP 12	1977 年 12 月	折旧的会计处理 Accounting for Depreciation
SSAP 13	1977 年 12 月	研究和开发的会计处理（1989 年 1 月修订） Accounting for Research and Development
SSAP 14	1978 年 9 月	集团账目 Group Accounts
SSAP 15	1978 年 10 月	递延税的会计处理 Accounting for Deferred Tax
SSAP 16	1980 年 3 月	现行成本会计 Current Cost Accounting
SSAP 17	1980 年 8 月	资产负债表日后事项的会计处理 Accounting for Post Balance Sheet Events
SSAP 18	1980 年 8 月	或有事项的会计处理 Accounting for Contingencies
SSAP 19	1981 年 11 月	投资性房地产的会计处理 Accounting for Investment Properties
SSAP 20	1983 年 4 月	外币折算 Foreign Currency Translation
SSAP 21	1984 年 8 月	租赁和租购合同的会计处理 Accounting for Leases and Hire Purchase Contracts

续表

编号	公布时间	文件名称
SSAP 22	1984 年 12 月	商誉的会计处理 Accounting for Goodwill
SSAP 23	1985 年 4 月	兼并收购的会计处理 Accounting for Acquisitions and Mergers
SSAP 24	1988 年 5 月	养老金成本的会计处理 Accounting for Pension Costs
SSAP 25	1990 年 6 月	分部报告 Segmental Reporting

三、标准会计惯例公告评介

1. 对联营企业的会计处理（SSAP 1）

会计准则指导委员会决定先啃硬骨头，第一份标准会计惯例公告就锁定了对联营企业投资的会计处理。

此前，1958 年 11 月公布的《会计原则建议书第 20 号：贸易性公司资产负债表中投资的处理》针对联营公司的会计处理建议是，如果在联营企业中的投资总额较大，则应在资产负债表中单独列示。1969 年，一些英国公司开始采用从美国金融市场学过来的权益会计（equity accounting）。投资方按持股比例将被投资方的净利润直接记到自己账上，而无论被投资方是否分红。这种从美国学过来的方法具有一定的魔术色彩，引起了很大争议。

在美国证券市场上，1959 年 8 月会计程序委员会（Committee on Accounting Procedure，CAP）公布的《会计研究公报第 51 号：合并财务报表》支持采用权益法核算未列入合并报表的对子公司投资，或者以成本法列示并辅以附注披露。1966 年 12 月，会计原则委员会（Accounting Principles Board，APB）公布的《会计原则委员会意见书第 10 号：汇总意见——1966》要求企业采用权益法核算未列入合并报表的对子公司投资（指持股比例不低于 50% 的投资），不再允许采用成本法核算未列入合并报表的对子公司投资。
但美国证监会认为权益法缺乏合理性，其与会计原则委员会对于"满足什么
条件才算具有重大影响"这一问题产生了分歧。两者分别主张以 25%、10%
的持股比例作为起始适用标准，谁也无法说服对方。会计原则委员会原本在
1970 年 3 月已经决定放弃己见，转为接受美国证监会官员们的意见，但当它
在 7 月得知英国同行——会计准则指导委员会在 6 月的征求意见稿中提出的
20% 标准之后，却于 10 月做出决定，改为向英国同行"看齐"。[1] 英美公共会
计师行业就这样"达成共识"，随后陆续公布了各自的规则文本。

1971 年 1 月，会计准则指导委员会公布《标准会计惯例公告第 1 号：对
联营企业的会计处理》。同年 3 月，《会计原则委员会意见书第 18 号：普通股
投资的权益法》公布，要求采用权益法核算未列入合并报表的对子公司投资，
并将权益法的适用范围拓展到对合资企业（corporate joint venture）的普通股
投资。

英美公共会计师行业所认可的 20% 起始适用标准被原样写入国际会计准
则委员会 1976 年公布的《国际会计准则第 3 号：合并财务报表》。1978 年 7
月，欧共体第 4 号公司法指令（即 78/660/EEC 指令）做出了关于使用权益法
的授权性规定而不是强制性规定（见该指令第 59 条），其中照搬了英国公共
会计师行业抛出的 20% 的起始适用标准，使这一标准得以进入成员国的公司
法。1983 年 6 月的欧共体第 7 号公司法指令（即 83/349/EEC 指令）延续了第
4 号公司法指令的立场。

实践证明，会计准则指导委员会这个头炮打得很响：权益法不但威震英
美两国证券市场，还被写入欧共体公司法指令，在欧洲得到推广。欧共体公
司法指令的制定和英国公司法的修订如同儿戏。

---

1 次年，会计原则委员会主席菲利普·L. 德夫利斯（Philip L. Defliese）还奔赴伦敦学习英国同行的经
验。

但这个头炮之所以响，是因为它实在缺乏逻辑，这面超大号的"哈哈镜"令市场猝不及防。会计准则指导委员会与它的前任一样，继续陷入猛烈的攻击之中。

2. 通货膨胀问题（SSAP 7 和 SSAP 16）

1974 年 5 月，会计准则指导委员会针对通货膨胀问题推出了《标准会计惯例公告第 7 号：货币购买力变化的会计处理（暂行）》，要求企业按照现行购买力会计（current purchasing power accounting，CPP accounting）补充披露按照消费者物价指数调整的会计报表。

1975 年英国贸易委员会委托弗朗西斯·桑迪兰兹爵士（Sir Francis Sandilands）牵头研究如何在英国公司的账目中反映通货膨胀的影响。桑迪兰兹委员会（Sandilands Committee）11 月提交题为《通货膨胀会计》（Inflation Accounting）的报告（Sandilands Report），提议采用现行成本会计（current cost accounting），反对会计行业团体偏爱的现行购买力会计。桑迪兰兹得到了贸易委员会的支持。于是，会计职业界只好同意另行起草会计规则。标准会计惯例公告第 7 号被冷落，1978 年被撤销。

1980 年 3 月，会计准则委员会推出《标准会计惯例公告第 16 号：现行成本会计》。现行成本会计的基础理念是"对于企业的价值"（value to the business），主张按照剥夺价值（deprival value）把资产和负债列报于资产负债表，根据扣除各期所消耗的资产的剥夺价值后的金额计算利润。剥夺价值，是指重置成本与可收回金额两者之中的较低者。

该准则起初还有一些企业遵照办理，但后来逐渐失去支持，1985 年不再具有约束力，1988 年被废止。原因主要在于：通货膨胀率持续下降，问题不太突出；现行成本会计对企业缺乏吸引力，不被税法认可，即使不采用也不会导致严厉的处罚；企业界对准则制定机构缺乏信任；现行成本会计难以实施、难以理解。此番通货膨胀会计的反复表明，标准会计惯例公告的作者的理论储备远远低于会计原则建议书，会计准则委员会的专业可信度存疑。[1]随着通货膨胀率的下降，现行成本会计成为明日黄花。

3. 递延税的会计处理（SSAP 11 和 SSAP 15）

英国关于递延税的会计规则基本上是原样"借鉴"了美国证券市场上的公认会计原则，原本没有探讨的价值。但鉴于其出台过程中有更挑战人们思维底线的情节，所以还是简要介绍为宜。

递延所得税的本质就是对预期利润计算预期所得税，对预期亏损计算负的预期所得税。这套算法与实际的所得税汇算清缴没有半点关系，纯属数字游戏。递延税会计规则的说法也完全不成立，因为递延税本身就是子虚乌有的东西，何来"递延税会计"之说？但这丝毫不影响英国会计界给这套思路起了一个清新脱俗的名字，叫做"税收均衡"（tax equalization）。

1968 年 7 月，英格兰及威尔士特许会计师协会旗下的税收和财务关系委员会公布《会计原则建议书第 27 号：公司账目中税收的处理》，该文件首次使用了递延税收（deferred taxation）的概念。之后，会计准则指导委员会于1975 年 8 月和 1978 年 10 月公布标准会计惯例公告第 11 号和第 15 号，文件名同为"递延税的会计处理"。这些文件悉数引进了美国证券市场上的公认会计原则。值得注意的是，在美国，公认会计原则主要适用于美国证监会负责监管的公众公司，它可不是各州的法律。而在英国，标准会计惯例公告是在公司法架构内实施的，普遍适用于英国的公司。英国实业界称递延税为魔术咒语（hocus-pocus）。如果英国的公司普遍采用这种算法来进行会计处理，英国的财政管理能承受这样的冲击吗？耐人寻味的是，英国财政部秘书长乔尔·巴尼特（Joel Barnett）支持推广递延税会计规则。递延税会计规则居然就是在英国财政部门代表的参与下推出的，这恐怕出乎很多人的意料。

---

1 Christopher K. M. Pong, Geoffrey Whittington, "The Withdrawal of Current Cost Accounting in the United Kingdom: A Study of the Accounting Standard Committee," *Abacus*, 1996, 32(1): 30-53.

4. 研究和开发的会计处理（SSAP 13）

20 世纪 70 年代初，业界围绕劳斯莱斯（Rolls-Royce）的研究开发支出的会计处理问题存在激烈争议。该公司通过资本化处理，保持了更漂亮的财务形象。

1975 年和 1976 年，会计准则指导委员会先后公布了两份征求意见稿，试图要求企业将所有的研究开发支出做费用化处理，并披露费用化的金额。但以航空工业界为首的实业部门表示反对。1977 年 12 月，会计准则委员会公布《标准会计惯例公告第 13 号：研究和开发的会计处理》，允许企业将符合条件（即企业能够合理确信该支出能收回）的开发阶段支出做递延处理。该公告只要求披露做递延处理的金额。

《1985 年公司法》第 4 节第 3 小节规定，基础研究（pure research；basic research）和应用研究（applied research）所发生的支出不应当列作资产。这种立法导向的后果是出现了企业研发支出过少的问题。英国贸易与工业部（Department of Trade and Industry）的调研报告认为，研发支出过少是投资者过度关注短期业绩的结果。有鉴于此，英格兰及威尔士特许会计师协会 1989 年 1 月修订的《标准会计惯例公告第 13 号：研究和开发的会计处理》在公司法允许的范围内采用了"附条件的资本化"。该公告把研发活动区分为基础研究、应用研究和开发（development）三个阶段。其中，基础研究和应用研究的支出一律做费用化处理，开发阶段的支出若满足规定的条件[1]可做资本化处理（见该公告第 25 段）。此举实际上是对公司法的规定的变通处理。

5. 商誉的会计处理（SSAP 22）

1984 年 12 月，会计准则委员会公布《标准会计惯例公告第 22 号：商誉

---

1 这些条件是：（1）该项目是正式立项的研发项目；（2）相关的专属支出是可确指的；（3）从技术可行性和市场前景来看，该项目的结果是可以合理确信的；（4）未来的收入能够弥补全部代价；（5）拥有充足的资源支持该项目的完成。

的会计处理》。该公告指出，商誉是企业整体价值超出其单个资产公允价值之和的部分。该公告针对商誉规定了两种会计处理方法，任由企业选择使用。一是直接冲减所有者权益项目下的资本公积金，这是首选的方法。二是在资产的预计经济使用寿命内逐期摊销，冲减日常经营活动的利润。

该公告何其大胆，居然在缺乏任何合理论证的情况下，抛出了商誉的概念，并丢下两套迥异的规则任人选用。无怪乎该公告的做派被斥为"神经失调所导致的臭名昭著的自由选择准则"。这种毫无章法的会计规则制定方式，必然导致会计准则委员会的覆灭。[1]

6. 兼并收购的会计处理（SSAP 23）

英国公司关于公司合并的会计规则长期流行使用美国资本市场上所称的购买法（purchase method），也就是英国所称的收购会计（acquisition accounting），而鲜见采用美国资本市场自 20 世纪 50 年代起比较流行的权益结合法（pooling of interests method；uniting of interests method），英国称之为兼并会计（merger accounting）。

《1981 年公司法》允许符合规定条件的公司使用兼并会计规则，并对已经采用兼并会计规则的企业进行了追溯认可。这些规定的条件试图确保参与兼并的企业地位大体对等，的确是进行了权益的结合，例如，进行了交叉持股，很少有资源离开企业集团，等等。

1985 年 4 月，会计准则委员会公布《标准会计惯例公告第 23 号：兼并收购的会计处理》。这份公告在出台前经历了长达 15 年的争论。

其实，在美国，围绕企业合并的会计处理也存在极为激烈的争论。亚伯拉罕·布里洛夫（Abraham Briloff）的文章《卑鄙的权益法》（Dirty Pooling）早就传遍大西洋两岸。对于同一种交易行为，并存有两种会计处理方法，美

---

1 Brian A. Rutherford, *Financial Reporting in the UK: A History of the Accounting Standards Committee, 1969-1990* (New York: Routledge, 2007), pp. 296-297.

国证券市场上的公认会计原则的这种状况并不具备合理性。因此，无论如何也不可能为收购会计和兼并会计制定出科学合理的适用条件。

《1989 年公司法》进一步收紧了兼并会计的适用条件。1994 年 9 月公布的《财务报告准则第 6 号：兼并与收购》规定了五个条件（即：参与者的角色；管理的主导权；参与者的相对规模；非权益对价；少数股东权益），试图确保兼并会计仅仅适用于真正的权益结合，例如，不存在占据主导地位的情况，兼并的当事人地位平等，等等。这些都是从美国证券市场移植过来的。不难想象，一旦美国证券市场强制要求一律采用购买法，英国会计规则必然只落得步其后尘的下场。美国证券市场上的信息披露规则事实上已经执英国公司法之牛耳，这堪称世界法制史上的一大奇观。

四、会计团体顾问委员会的成立（1974 年）

1974 年，五大会计师协会联合成立了会计团体顾问委员会（The Consultative Committee of Accounting Bodies，CCAB），旨在由该委员会代表所有公共会计师发声。

会计团体顾问委员会现有五个团体，包括英格兰及威尔士特许会计师协会（ICAEW）、特许公认会计师公会（ACCA）、苏格兰特许会计师协会（ICAS）、特许公共财政和会计协会（CIPFA）和爱尔兰特许会计师协会（CAI）。

据 CCAB 统计，2017 年 12 月，英国公共会计师行业协会共有会员 326 200 人，爱尔兰有 38 000 人。英国和爱尔兰的公共会计师行业协会在全球共有会员 536 400 人。

如图 3-1 所示，英格兰及威尔士特许会计师协会在英国有 126 100 名会员，是英国最大的会计师协会。特许公认会计师公会在全球共有 204 300 名会员，是英国全球会员最多的会计师协会。

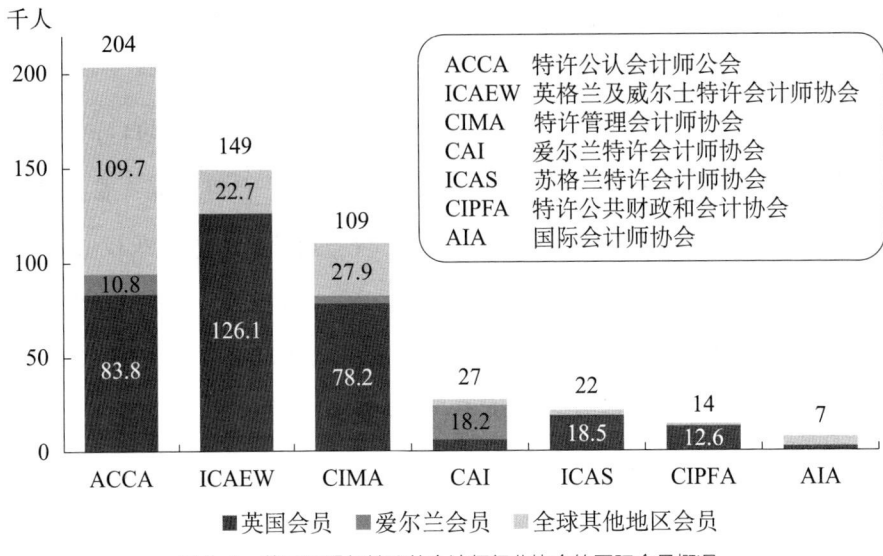

图 3-1 英国和爱尔兰公共会计师行业协会的国际会员概况

资料来源：CCAB, The Accountancy Profession in the UK and Ireland: A Report for The Consultative Committee of Accountancy Bodies, Oxford Economics, 2018.

五、1975 年的《公司报告：讨论稿》

20 世纪六七十年代，无论在英国还是在美国，会计规则的弹性化持续引起社会舆论的普遍谴责。政府部门除了频频公开批评之外，并没有提出实质性的改进方案。在此背景下，美国公共会计师行业应对舆论压力的办法，是推出声势浩大的形式变革，而问题的实质丝毫没有改变。

1974 年 10 月，会计准则指导委员会成立工作组，委托斯坦普和他的国际会计研究中心针对公司报告的改进问题展开研究，要求其为财务报告开发一套可行的概念基础，最迟于次年 6 月底提交研究结论。斯坦普等人虽然擅长批判，却未提出原创的理论主张。在这几个月的时间里，他们没有着力进行原创性研究，进而提出建设性的方案，而是把有限的时间用于搜集美国公共会计师行业的材料，然后去征求英国学者、公共会计师行业协会和企业家的看法。

1975 年 7 月，会计准则指导委员会公布《公司报告：讨论稿》（The Corporate Report: A Discussion Paper Published for Comment）。该报告共售出十万五千份。这份报告的内容与美国注册会计师协会的特鲁布拉德报告观点相近，在其所主张的公司报告的理想格式中，关于估计和预测的比重偏大。

该报告第一部分讨论了会计信息使用者，共有七组用户：（1）股东（权益投资者，the equity investor group），包括现有的和潜在的股东，以及可转债、期权、权证持有人；（2）现有的和潜在的债权人（the loan creditor group）；（3）员工（the employee group）；（4）分析师（the analyst-adviser group），包括金融分析师、记者、统计师、研究人员、商会、股票经纪人、信用评级机构等；（5）商业往来组（the business contact group），包括消费者、贸易债权人（trade creditors）、供应商、竞争对手、潜在竞购对象等；（6）政府部门（the government），如税务局、工商局等；（7）社会公众（the public），如消费者、纳税人、消费者权益保护机构、环保组织等。显然，斯坦普比特鲁布拉德有过之而无不及，这个研究思路也实在过于开阔。其实，会计立法应当首先区分会计管理的合同责任和社会责任，其他似是而非、牵强附会的朦胧关系都宜略去不表。

该报告第二部分讨论了信息使用者的信息需求。第三部分讨论了公司报告的目标。第四部分评估了公司报告的现状，该部分提出，可供分配的利润（distributable profit）不再适合作为单一的或者主导性的业绩指标，有必要提出新的业绩指标。第五部分强烈建议推出能够满足特定需求的简报。第六部分探讨了公司报告的范围和内容，建议增加一些报告（如增值表、就业状况报告、未来展望报告、公司目标报告等），以满足第二部分所讨论的需求。第七部分讨论了财务报表中的概念及其计量，该部分提出，没有哪一种计量基础能够满足所有的信息需求，所以比较可行的办法是采用多栏列报的方法。

当前的财务报表大多仍以历史成本计量，但应逐步引入现行价值会计（current value accounting）。在可行的现行价值会计制度确立之前，应当按照标准会计惯例公告第 7 号（暂行）的要求，采用现行购买力会计对历史成本会计信息进行调整，调整后的报表与历史成本报表应当同时列报，没有主次之分，都是主要报表。

《公司报告：讨论稿》提出的多栏列报的思路是正确的，且具有一定的可行性。会计信息的公益性和公信力要求记账必须具备法律证据，因此，会计信息不可能同时满足各种各样不同的价值导向。对于那些不要求法律证明力的信息诉求，可以通过补充披露的方式来予以满足，而没有必要把缺乏法律证据的信息塞到会计报表里。

《公司报告：讨论稿》的公布，标志着英国公共会计师行业已经彻底放弃在会计领域有所建树的努力。从此以后，无论是会计规则还是会计理论，英国公共会计师行业开始全面步美国同行之后尘。

1976 年 4 月，世界上最大的推土机制造商布莱克伍德·霍奇公司（Blackwood Hodge），成为英国第一家依照《公司报告：讨论稿》披露全套公司报告的企业。但该公司董事长表示，这么做的成本很可观，益处却并不明朗。同月，会计准则委员会开始讨论《公司报告：讨论稿》。7 月，会计准则委员会发表公告，宣布支持该文件所提的建议。

1979 年春，加拿大特许会计师协会（Canadian Institute of Chartered Accountants，CICA）邀请斯坦普为其撰写《公司报告：未来的演变》（Corporate Reporting: Its Future Evolution）。斯坦普 1980 年在加拿大待了几个月，全身心地投入写作，但当他将打印稿交给该协会之后，却发现作者的姓名被删除了。这份文件与 1975 年的《公司报告：讨论稿》相比，基本内容相同，但公司报告的用户群体被进一步扩大到 15 个群体，包括：股东，长期债权人，短期债权人，金融分析师和财务顾问，员工，非执行董事，客户，供应商，行业团体，工会，政府部门，公众，监管机构，其他公司以及标准制定者和学术研究人员等。这是一个大号的俄罗斯套娃。但遗憾的是，斯坦普未能抓住公益性和公信力这两个关键概念，这就限制了他提出满足诸多用户需求的一揽子方案的可能性。其实，只有瞄准公益性和公信力，才能抓住所有用户的痛点。斯坦普在这份新文件中还探讨了效率市场假说等新名词对会计的潜在含义。他本想做出一台激光发射机，但还是做成了一把手电筒，甚至是一把连聚光功能都没有的手电筒。

六、会计准则指导委员会改组为会计准则委员会（1976 年）

1976 年 2 月，特许公共财政和会计协会（CIPFA）也加入了会计准则指导委员会。会计准则指导委员会的名称简化为"会计准则委员会"（Accounting Standard Committee，ASC）。该委员会成为六个会计行业协会的联合委员会，其修订后的章程规定，准则须经 23 位委员无记名投票表决，其所提交的准则草案须经会计团体顾问委员会（CCAB）批准才能正式实施。[1]

诸如现行成本会计等具有争议性的准则的公布、修订乃至最终取消，严重削弱了会计准则委员会的权威性及公众对它的信任。舆论批评该委员会清一色的会计师协会成员未必能照顾到公共利益。于是，1982 年会计准则委员会增加了 5 位代表报表使用者利益的成员。但仍有批评指责会计准则委员会制定的准则权威性不高，准则之间彼此不协调、不一致。

七、1988 年的《会计准则的制定》

1987 年 11 月，会计团体顾问委员会委托罗恩·迪林爵士（Sir Ron Dearing）展开研究。1988 年 9 月，迪林委员会提交研究报告《会计准则的制定》（The Making of Accounting Standards）。该报告通常被简称为迪林报告（Dearing

---

1　2011 年 3 月，特许管理会计师协会（CIMA）退出 CCAB。

Report）。

迪林报告基本上是美国注册会计师协会委托维特委员会（Wheat Committee）所起草的报告的翻版。迪林委员会的建议得到全面采纳：为增强人们对财务报告的信心，应建立独立于会计职业群体的财务报告理事会（Financial Reporting Council，FRC），由其为新设立的会计准则制定机构会计准则理事会（Accounting Standards Board，ASB）提供资金。

第五节　财务报告准则：1990—2020

一、财务报告理事会的成立（1990 年）

1990 年，财务报告理事会成立，注册类型是担保有限责任公司（company limited by guarantee），旗下设立会计准则理事会和财务报告审查组（Financial Reporting Review Panel，FRRP）。财务报告理事会的主席、副主席由英国国务大臣任命，其余成员来自会计公司、证券公司、银行、交易所、上市公司。这种由私人公司来承担立法和执法功能的架构非常离奇。

8 月 1 日，新成立的会计准则理事会取代了会计准则委员会。会计准则理事会共有 11 位委员，理事会成员由财务报告理事会任命。其中只有主席和技术主任二人为全职，其余均为兼职。准则经 6 ～ 7 名理事同意即可通过，委员人数少于 10 人时 6 名理事同意即可通过。与会计准则委员会不同，会计准则理事会在财务报告理事会的监督下具有独立公布准则的权力，无须经过会计职业界批准。其所颁布的文件被称作财务报告准则（Financial Reporting Standard，FRS）（见表 3-4）。未被废止的标准会计惯例公告（SSAP）继续有效。每份财务报告准则都单独说明其与国际准则的联系。

自 1990 年至 2012 年，会计准则理事会共公布了 19 份财务报告准则

（Financial Reporting Standard，FRS），1 份小型企业财务报告准则（Financial Reporting Standard for Smaller Entities，FRSSE），1 份原则公告（Statement of Principle，SOP）和一系列准则草案及讨论文章。会计准则理事会采纳了一部分此前由会计准则委员会制定的标准会计惯例公告，因此，这些被采纳的公告也为《1985 年公司法》所认可。会计准则理事会下设立有紧急问题工作组（Urgent Issues Task Force，UITF），自 1991 年起协助会计准则理事会针对公司法和会计准则中的滞后问题、相互矛盾的解释问题以及新兴问题及时作出反应并寻求解决方案。

值得注意的是，财务报告理事会把金融工具、股份支付、每股收益等国际财务报告准则（国际会计准则）原样搬进了英国的财务报告准则。特别是金融工具准则，遭到了机构投资者的猛烈攻击。

表 3-4　　　　　　　　　　　　　财务报告准则一览表

编号	公布年月	文件名
FRS 1	1991 年 9 月 （1996 年 10 月）	现金流量表 Cash Flow Statements
FRS 2	1992 年 7 月	对附属企业的会计处理 Accounting for Subsidiary Undertakings
FRS 3	1992 年 10 月	报告财务业绩 Reporting Financial Performance
FRS 4	1993 年 12 月	资本工具 Capital Instruments
FRS 5	1994 年 4 月	报告交易实质 Reporting the Substance of Transactions
FRS 6	1994 年 9 月	兼并与收购 Acquisitions and Mergers
FRS 7	1994 年 9 月	并购会计中的公允价值 Fair Values in Acquisition Accounting

续表

编号	公布年月	文件名
FRS 8	1995 年 10 月	关联方披露 Related Party Disclosures
FRS 9	1997 年 11 月	联营企业和合营企业 Associates and Joint Ventures
FRS 10	1997 年 12 月	商誉和无形资产 Goodwill and Intangible Assets
FRS 11	1998 年 7 月	固定资产和商誉的减值 Impairment of Fixed Assets and Goodwill
FRS 12	1998 年 9 月	预计负债、或有资产和或有负债 Provisions, Contingent Assets and Contingent Liabilities
FRS 13	1998 年 9 月	衍生工具和其他金融工具：披露 Derivatives and Other Financial Instruments: Disclosures
FRS 14	1998 年 10 月	每股收益 Earnings per Share
FRS 15	1999 年 2 月	有形固定资产 Tangible Fixed Assets
FRS 16	1999 年 12 月	当期税收 Current Tax
FRS 17	2000 年 11 月	退休福利 Retirement Benefits
FRS 18	2000 年 12 月	会计政策 Accounting Policies
FRS 19	2000 年 12 月	递延税 Deferred Tax
FRS 20	2004 年 4 月	股份支付 (IFRS 2) Share-based Payment
FRS 21	2004 年 5 月	资产负债表日后事项 (IAS 10) Events after the Balance Sheet Date
FRS 22	2004 年 12 月	每股收益 (IAS 33) Earnings per Share

续表

编号	公布年月	文件名
FRS 23	2004 年 12 月	汇率变动的影响 (IAS 21) The Effects of Changes in Foreign Exchange Rates
FRS 24	2004 年 12 月	恶性通货膨胀经济中的财务报告 (IAS 29) Financial Reporting in Hyperinflationary Economies
FRS 25	2004 年 12 月	金融工具：披露和列报 (IAS 32) Financial Instruments: Disclosure and Presentation
FRS 26	2004 年 12 月	金融工具：确认和计量 (IAS 39) Financial Instruments: Recognition and Measurement
FRS 27	2004 年 12 月	人寿保险 Life Assurance
FRS 28	2005 年 10 月	对应账户 Corresponding Accounts
FRS 29	2005 年 12 月	金融工具：披露 (IFRS 7) Financial Instruments: Disclosures
FRS 30	2009 年 6 月	继承资产 Heritage Assets
FRSSE	2013 年 7 月	小型企业财务报告准则 Financial Reporting Standard for Smaller Entities (FRSSE)

财务报告审查组根据公司法负责对企业遵循会计准则的情况进行监督，该机构有权对企业的财务报告是否客观公正进行裁决。

二、《英国公司治理守则》的出台（1992—2009）

1991 年，波莉派克国际（Polly Peck International）在多年伪造财务报告后破产。

5 月，财务报告理事会、伦敦证券交易所和会计职业界委托阿德里安·卡德伯里爵士（Sir Adrian Cadbury）就英国公司财务欺诈问题展开研究。其间，国际商业信贷银行（BCCI）爆出洗钱等金融犯罪，罗伯特·麦克斯韦（Robert Maxwell）的公司帝国爆发丑闻，引发社会舆论的强烈不满。于是，该项研究的主题扩展至审计、公司治理等问题。

1992 年 12 月，卡德伯里委员会提交报告《公司治理的财务方面》（The Financial Aspects of Corporate Governance），其中包含有《最佳实践守则》（Code of Best Practice，又称 The Cadbury Code），提出了三个基本建议。一是公司首席执行官和董事长应分开。二是董事会应至少聘请三位非执行董事，其中两名与公司高管没有财务或私人关系。三是董事会必须设立由非执行董事组成的审计委员会。伦敦证券交易所上市规则要求上市公司遵守或解释（comply or explain）这些准则，即，要么遵守，要么解释不遵守的原因。

1994 年，英国工业联合会委托理查德·格林伯里爵士（Sir Richard Greenbury）牵头就公司高管薪酬过高问题展开研究。1995 年 7 月，格林伯里委员会提交《格林伯里报告》（Greenbury Report），对卡德伯里委员会的建议作出补充，《最佳实践守则》中建议董事会设立由非执行董事组成的薪酬委员会，董事薪酬应与公司的长期绩效挂钩并在年报中披露。

1998 年，罗纳德·汉佩尔爵士（Sir Ronald Hampel）主持的委员会就卡德伯里报告和格林伯里报告的实施效果展开研究，建议将公司治理准则进行汇编，推出单一的准则。6 月，财务报告理事会根据《汉佩尔报告》（Hampel Report）的建议，公布了《综合守则：良好治理原则和最佳实践守则》（The Combined Code：Principles of Good Governance and Code of Best Practice）（以下简称《综合守则》），适用于所有上市公司。

1999 年，英格兰及威尔士特许会计师协会委托奈杰尔·特恩布尔（Nigel Turnbull）牵头研究如何贯彻《综合守则》中的内部控制要求，并向上市公司提供帮助。该委员会提交了一份指南，建议上市公司维持健全的内部控制系统，至少每年一次对该系统的有效性进行审查，并向股东大会报告。这份指南就是《内部控制：董事会综合守则指南》(Internal Control: Guidance for Directors on the Combined Code)，简称特恩布尔指南（ The Turnbull Guidance)。

2002 年，英国政府委托德里克·希格斯爵士（ Sir Derek Higgs ）领导一个委员会对独立董事和审计委员会的角色问题展开研究。2003 年 1 月，该委员会提交《非执行董事的角色及其有效性评估》(Review of the Role and Effectiveness of Non-Executive Directors)，提出以下建议：董事会至少半数董事（主席除外）应由非执行董事担任；非执行董事应至少每年举行一次会议专门讨论公司绩效；提名一位高级独立董事，接收股东提出的要求。6 月,《综合守则》进行了相应的修订。

2003 年，财务报告理事会开始负责《综合守则》的修订和实施。此后，历经多次修订，平均每年修订一次。2009 年,《综合守则》改称为《英国公司治理守则》(UK Corporate Governance Code)，所有英国上市公司都必须根据上市规则遵循"遵守或解释"的规定。

次贷危机期间，北岩银行（ Northern Rock ）破产。2009 年 2 月，戴维·沃克爵士（ Sir David Walker ）受托对英国银行和其他金融行业实体的公司治理问题进行审查。7 月和 11 月，沃克分别提交中期报告和最终报告（《沃克报告》），建议将财务报告理事会的职权范围扩大到养老基金、保险公司、投资信托等资产管理机构、机构投资者。2010 年，财务报告理事会推出了《管理守则》(The Stewardship Code)。

三、"英国会计"的终结与财务报告理事会的改组

（一）"英国会计"的终结

2002 年，欧盟委员会通过第 1606/2002 号条例，要求欧盟境内交易所

的上市公司自 2005 年起根据国际会计准则编制合并报表。2005 年，该条例生效，英国上市公司需采用国际会计准则编制合并报表。《英国公司财务报告史》一书认为，这标志着"英国会计"的终结（the end of "British accounting"）。[1]

《英国公司财务报告史》之所以说 2005 年标志着英国会计的终结，原因不仅仅在于英国上市公司的合并报表采用了国际会计准则，更在于财务报告理事会不恰当地直接将国际财务报告准则（国际会计准则）嵌入财务报告准则之中，从而导致英国的公司法人也不得不执行国际准则。这是惊险的一步，其失当性与澳大利亚直接采用国际会计准则没有多大区别。

（二）《莫里斯评论》与财务报告理事会的改组

2000 年 12 月，英国公平人寿保险公司（Equitable Life）因其销售的带有保证金收益的保险合同招致巨额资金缺口，而被禁售新保单，这一态势引起了国际社会的高度关注。2001 年 8 月，英国财政部委托乔治·彭罗斯男爵（Lord George W. Penrose）对公平人寿开展调查。

2004 年 3 月，彭罗斯递交了长达 818 页的调查报告。当月，德里克·莫里斯爵士（Sir Derek Morris）被政府指派对英国精算师行业进行检查。12 月，莫里斯发表了中期评估意见，提出了改革建议。

2005 年 3 月，莫里斯提交最终报告《莫里斯评论》（Morris Review），指出精算师行业存在精算规则含糊不清、精算方法缺乏透明度等较多问题，建议财务报告理事会切实加强独立监管。4 月，公平人寿起诉该公司前任董事以及安永会计公司，向安永索赔数十亿英镑。2010 年，安永以支付 50 万英镑的罚金和 240 万英镑的诉讼费结案。

《莫里斯评论》出的是个馊主意。精算大多依赖于估计，而会计本身应当

---

1 John Richard Edwards, *A History of Corporate Financial Reporting in Britain* (New York: Routledge, 2019), pp. xix-xxv.

基于事实，二者怎能放在同一个框架内设计呢？但监管部门居然批准了《莫里斯评论》。

原本就无甚大用的行业自我监管模式被推广到了保险精算领域。于是，自2005年起，财务报告理事会便身兼数职，统一承担起审计、精算的规则制定及监管职责。风光无两的财务报告理事会下设七个附属机构，它们是：会计准则理事会（Accounting Standards Board，ASB）、审计规则委员会（Auditing Practices Board，APB）、精算准则委员会（Board of Actuarial Standards，BAS）、职业监督委员会（Professional Oversight Board，POB）、财务报告审查组（Financial Reporting Review Panel，FRRP）、会计与精算纪律委员会（Accountancy & Actuarial Discipline Board，AADB）、公司治理委员会（Committee on Corporate Governance）（见图3-2）。这是中介行业自我监管模式的巅峰状态。

2005年的这次改组其实是在开历史的倒车。《莫里斯评论》混淆了会计报告与监管报告，从而错误地把基于事实的会计信息与基于预期的金融分析数据混为一谈。

2010年，作为对2009年《沃克报告》的回应，财务报告理事会又承担起制定《管理守则》的职责。此外，其核心会计和审计职责也逐渐扩大，包括与地方公共部门审计和总审计长的独立监督有关的各种职能。

2012年，财务报告理事会将七个附属机构改组为两个委员会。一个是守则与准则委员会（Codes & Standards Committee），下设审计与鉴证理事会（Audit & Assurance Council）、公司报告理事会（Corporate Reporting Council）、精算理事会（Actuarial Council）。另一个是实施委员会（Conduct Committee），下设公司报告审查小组（Corporate Reporting Review Panel）、审计质量审查委员会（Audit Quality Review Committee）、案件管理委员会（Case Management Committee）（见图3-2）。

```
财务报告          ┌─ 会计准则理事会 ──────── 紧急问题工作组
理事会            │  （Accounting Standards Board, ASB）   （Urgent Issues Task Force, UITF）
（FRC）           │
                 ├─ 审计规则委员会
                 │  （Auditing Practices Board, APB）
                 │
                 ├─ 精算准则委员会
                 │  （Board of Actuarial Standards, BAS）
                 │
                 ├─ 职业监督委员会
                 │  （Professional Oversight Board, POB）
                 │
                 ├─ 财务报告审查组
                 │  （Financial Reporting Review Panel, FRRP）
                 │
                 ├─ 会计与精算纪律委员会
                 │  （Accountancy & Actuarial Discipline
                 │  Board, AADB）
                 │
                 └─ 公司治理委员会
                    （Committee on Corporate Governance）
```

2005年至2012年

```
财务报告       ┌─ 守则与准则委员会 ┬─ 审计与鉴证理事会        财务报告准则
理事会         │  （Codes & Standards │ （Audit & Assurance      （Financial Reporting
（FRC）        │  Committee）        │  Council）              Standard）
              │                    │
              │                    ├─ 公司报告理事会          英国公司治理守则
              │                    │ （Corporate Reporting   （UK Corporate Governance
              │                    │  Council）               Code）
              │                    │
              │                    └─ 精算理事会              财务报告准则
              │                      （Actuarial Council）   （Financial Reporting
              │                                              Standard）
              │
              └─ 实施委员会        ┌─ 公司报告审查小组
                （Conduct Committee）│ （Corporate Reporting
                                   │  Review Panel）
                                   │
                                   ├─ 审计质量审查委员会
                                   │ （Audit Quality Review
                                   │  Committee）
                                   │
                                   └─ 案件管理委员会
                                     （Case Management
                                      Committee）
```

2012年至2019年

图 3-2　财务报告理事会的规则制定架构

显然，这种改组只是做做样子。任由中介机构自我监管的架构没有丝毫的改变。

四、2012 年会计准则框架的变化

鉴于美国资本市场上接连出现了安然（Enron，2001 年）、凯玛特（Kmart，2002 年）、泰科国际（Tyco International，2002 年）、世通（WorldCom，2002 年）、皇家阿霍尔德（Royal Ahold，2003 年）、美国国际集团（AIG，2005 年）等财务操纵案，英国政府决定采取措施强化监管体系。

财务报告理事会的职能得到大幅拓展，成为单一的会计审计行业监管机构，负责公布和实施会计准则。

2012 年 7 月 2 日，财务报告理事会附属的守则与准则委员会（Codes & Standards Committee）接管了会计准则理事会的准则制定职能，财务报告理事会亲自履行制定会计准则的职责。财务报告理事会附属的咨询机构公司报告理事会（Corporate Reporting Council）负责针对特定行业、部门或领域，认可其他相关机构制定的推荐惯例公告（Statements of Recommended Practice，SORP），作为对财务报告准则的补充，该理事会由主席和其他最多 14 位委员构成，其中执业公共会计师占比不超过半数。

财务报告理事会修改了英国公认会计惯例（UK GAAP[1]）的框架，将散乱的会计规则进行体系化的重新编排，针对小型公司、上市公司、非公众公司、保险公司、特殊类型的报告等分别制定会计制度，形式上类似于我国的会计制度（见图 3-3）。但这一切都是形式上的变化，没有改变会计规则的内容。

---

1 英国所称 GAAP，是公认会计惯例（generally accepted accounting practice）的简称，其含义近似于美国证券市场上的公认会计原则（generally accepted accounting principles）。两者的显著区别是，英国的 GAAP 区分大型、中小公司，适用于所有公司；美国证券市场上的 GAAP 主要适用于美国证监会负责监管的跨州发行证券的公众公司以及联邦存款保险公司负责监管的银行业金融机构。

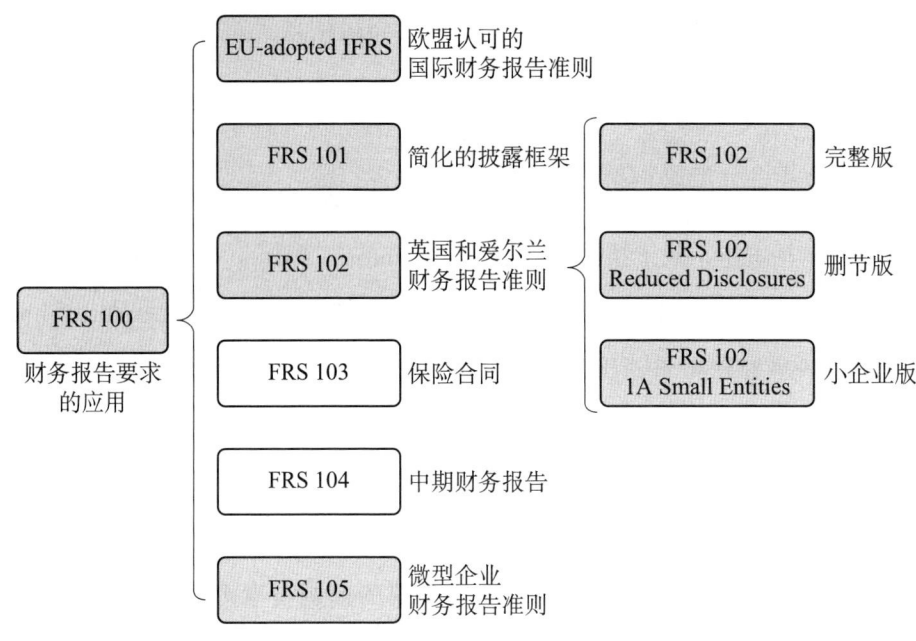

图 3-3　财务报告理事会修改后的英国公认会计惯例框架

同年 11 月，财务报告理事会公布了《财务报告准则第 100 号：财务报告要求的应用》（FRS 100: Application of Financial Reporting Requirements）和《财务报告准则第 101 号：简化的披露框架》（FRS 101: Reduced Disclosure Framework）。FRS 100 开宗明义地指出，该准则适用于以真实和公允的视角（true and fair view）展示企业的资产、负债等财务状况以及一段时间内的利润或损失情况的财务报表。FRS 101 为执行欧盟认可的国际财务报告准则的母公司和子公司，提供了编制个别财务报表（individual financial statements）的简化框架。

2013 年 3 月，财务报告理事会公布《财务报告准则第 102 号：英国和爱尔兰财务报告准则》（FRS 102: The Financial Reporting Standard Applicable in the UK and Republic of Ireland），作为非上市实体的会计和报告规则。该准则是基于国际会计准则理事会（IASB）2009 年公布的《中小型企业国际财务报告准则》（International Financial Reporting Standard for Small and Medium-sized Entities，IFRS for SMEs）设计出台的。企业在执行 FRS 102 时，还应执行所在行业相关的推荐惯例公告（SORP）。

2014 年 3 月，财务报告理事会公布《财务报告准则第 103 号：保险合同》（FRS 103：Insurance Contracts）。

自 2015 年 1 月 1 日起，财务报告准则第 100 号、第 101 号、第 102 号、第 103 号生效，这些准则取代了此前会计准则理事会公布的财务报告准则。

2015 年 3 月，财务报告理事会公布了《财务报告准则第 104 号：中期财务报告》（FRS 104: Interim Financial Reporting）。7 月，公布了《财务报告准则第 105 号：微型企业财务报告准则》（FRS 105: The Financial Reporting Standard Applicable to the Micro-entities Regime），该准则适用于符合法定标准的微型企业，但微型企业也可以放弃使用该准则。

五、2019 年会计审计规则制定机制的改革

（一）地方政府养老基金论坛三评国际会计准则：2011—2015

地方政府养老基金论坛（Local Authority Pension Fund Forum，LAPFF）[1]是财务报告理事会和国际财务报告准则的坚定反对者。它认为根据国际财务报告准则（IFRS）编制的账目不能真实、公正地反映公司的财务状况。与它的立场相对应的是财务报告理事会日渐式微并即将被取代。

2011 年 9 月，LAPFF 公布第一篇檄文《英国与爱尔兰银行业的资本损失：事后检验》，剑指国际会计准则。这是"事后检验"三部曲的第一篇。

---

1 LAPFF 成立于 1991 年，是一个由 77 个地方政府养老基金和四个地方政府养老金计划（LGPS）基金组成的协会，总部位于英国，管理的总资产约为 2 300 亿英镑。

专栏 3-3 ————————————————————

LAPFF：事后检验之一

☐ IFRS 没有什么用。欧盟对 IFRS 的认可与英国公司法关于真实和公允的视角的观点是冲突的。

☐ IFRS 基金会是注册于美国特拉华州的一个公司，IFRS 本身不属于任何法律范畴。欧盟委员会却把经其认可的 IFRS 转变成欧盟法律。

☐ 欧盟委员会从未通过任何程序，对 IFRS 在单个公司法人账目（而不是合并报表）层面上的实用性进行适当评估。

☐ IFRS 主张会计准则要"对预测未来现金流量有用"。实际上，这种说法不成立。公司现有的股本才是公司财务的主要驱动力。IFRS 存在舍本逐末的错误。

☐ 流动性并不是金融危机的主要原因。2009 年 7 月的《沃克报告》存在理念偏差。

2013 年 12 月，LAPFF 公布第二篇檄文《银行业事后检验：续篇》，剑指巴塞尔协议的资本充足率监管规则。该文件回顾了《1879 年公司法》要求加强银行业监管的呼声。

 专栏 3-4 ————————————————————

LAPFF：事后检验之二

☐ 由于会计准则制度的系统性失败，巴塞尔协议的资本充足率监管规则也归于失败，它本来应该是银行业偿付能力监管的基础。作为对比，法国的银行业采用的则是法国公认会计原则，该原则并未掩盖破产。

☐ 在 1878 年格拉斯哥银行因长期欺诈、高估储备金而倒闭后，

《1879 年公司法》率先恢复了对银行的强制性审计要求。但很明显，会计准则体系和审计实践都偏离了公司法规定的法定账目框架要求。

□自英国《1947 年公司法》和 1978 年欧共体第 4 号公司法指令颁布以来，"真实和公允的视角"是公司法对会计审计的根本要求。在国际会计准则的语境下，遵循会计准则便被视为满足"真实和公允的视角"的要求。但这种逻辑是错误的。遵循会计准则并不意味着满足了"真实和公允的视角"的要求。偿付能力监管应当基于真实的会计信息，即基于正确设定的资本和准备金，基于真实的利润，基于合法的可分配利润。

□审计师不应在与基础记录（underlying records）不一致的账目上签字，否则将构成刑事犯罪。

资料来源：LAPFF, Banks Post Mortem: Follow Up, 2013.

2015 年 9 月，LAPFF 告知欧盟专员乔纳森·希尔勋爵（Jonathan Hill; Lord Hill）和欧洲议会议员，由于英国对英国法律和欧盟法律的失当描述，导致欧盟对欧洲法律的陈述也存在类似的错误，进而导致欧盟对国际财务报告准则的认可存在缺陷。

同年 12 月，LAPFF 公布第三篇檄文《对不起，您的数字有误》，直指亨利·本森及其所在的公共会计师行业一直试图摆脱法律的约束。

 专栏 3-5

LAPFF：事后检验之三

□FRC 在转引《2006 年公司法》第 393 节的时候，甚至从来就没有抄对过。它居然依赖于英格兰及威尔士特许会计师协会的文件来界定什么是可分配利润。

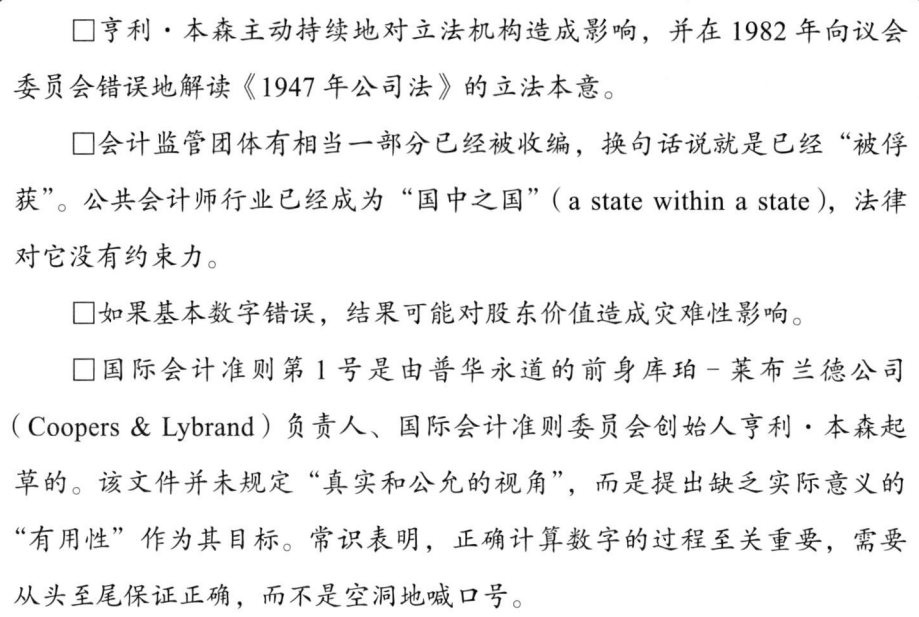

□亨利·本森主动持续地对立法机构造成影响，并在 1982 年向议会委员会错误地解读《1947 年公司法》的立法本意。

□会计监管团体有相当一部分已经被收编，换句话说就是已经"被俘获"。公共会计师行业已经成为"国中之国"（a state within a state），法律对它没有约束力。

□如果基本数字错误，结果可能对股东价值造成灾难性影响。

□国际会计准则第 1 号是由普华永道的前身库珀－莱布兰德公司（Coopers & Lybrand）负责人、国际会计准则委员会创始人亨利·本森起草的。该文件并未规定"真实和公允的视角"，而是提出缺乏实际意义的"有用性"作为其目标。常识表明，正确计算数字的过程至关重要，需要从头至尾保证正确，而不是空洞地喊口号。

至此，财务报告理事会已经被打回原形，它是一只披着羊皮的狼，而且还堂而皇之地混到了羊群里。一个口口声声为投资者服务的中介机构代言人，到头来却被一个机构投资者代言人在网络上高调地戳破了西洋镜。

（二）法律专家邦帕斯认为国际会计准则违反了公司法：2012—2015

LAPFF 先后于 2013 年 4 月和 2015 年 8 月，两次公布顶级公司法专家、御用律师、高等法院副法官乔治·邦帕斯（George Bompas QC）关于国际财务报告准则的批评意见。邦帕斯认为，财务报告理事会引入的国际财务报告准则未能保护资本提供者的利益，并且违反了英国公司法。

 专栏 3-6

邦帕斯对国际会计准则的评价

□自《1947 年公司法》以来，公司法一直要求公司账目满足"真实和公允的视角"的要求。但按照国际会计准则编制的会计报表无法满足这一要求。

□国际会计准则第 39 号允许记录未实现的盯市"利润"（mark to market "profits"），甚至允许记录按模型估计的"利润"（mark to model "profits"）。这不符合欧共体第 4 号（1978 年）和第 7 号（1983 年）公司法指令关于只能记录资产负债表日已经获得的利润的规定。

□公司法要求提供可分配利润的信息。但会计界流行的说法是，会计利润不必与可分配利润相同，会计利润可以包括未实现（因此也就无法分配）的利润。

邦帕斯正确地认识到，英国公司法其实缺乏下位法来提供可分配利润数据。总体来看，会计利润（即利润总额）与企业所得税法所称的应纳税所得额（taxable income）相去甚远，净利润（income）也往往不是可分配利润。[1] 也就是说，国际会计准则下的会计，既不能支持税法，也不能支持公司法。那么，它的用途究竟是什么？

2015 年底，LAPFF 采取了非同寻常的方式来提醒上市公司关注会计规则的错误。该机构致函富时 350 指数的入选公司，建议它们严格按照法律规定行事，不要搭理财务报告理事会关于可分配利润的会计准则，因为国际会计准则使得会计报表记载了很多虚假利润项目。财务报告理事会辩称，其已经和政府部门确认，"《2006 年公司法》不需要单独披露可分配利润（distributable

---

1 我国在 2007 年实施企业会计准则体系时也遇到类似的法律不兼容问题，相关监管部门高度重视并及时出台规范性文件，妥善解决了这些问题。2007 年 7 月 7 日，财政部、国家税务总局发布《关于执行〈企业会计准则〉有关企业所得税政策问题的通知》（财税〔2007〕80 号），规定"企业以公允价值计量的金融资产、金融负债以及投资性房地产等，持有期间公允价值的变动不计入应纳税所得额，在实际处置或结算时，处置取得的价款扣除其历史成本后的差额应计入处置或结算期间的应纳税所得额"。同年 12 月 18 日，中国证监会发布《关于证券公司 2007 年年度报告工作的通知》（证监机构字〔2007〕320 号），规定"证券公司可供分配利润中公允价值变动收益部分，不得用于向股东进行现金分配"。这些规范性文件其实是在弥补国际会计准则中的错误。

profit）的数据"。这时的财务报告理事会简直到了胡搅蛮缠的程度。

（三）2018 年：地方政府养老基金论坛主张解散财务报告理事会

一个私立机构如果口口声声说要为投资者的投资决策服务，它就真的能够做到吗？投资者就能普遍表示满意了吗？英国会计史给出了否定的回答。没有哪个行业能发明出来公平地让所有人都不劳而获的游戏规则。指望私立机构去履行政府公职的设想过于荒诞不经。围绕拥有百年历史、主营政府建筑项目的英国第二大跨国建筑集团 Carillion 破产案件的一系列事实宣告了英国会计审计监管模式的终结。

Carillion 在 2015 年出现债务问题。2016 年 12 月，财务报告理事会财务报告实验室在报告中称赞 Carillion 2015 年年度报告的信息披露属于"良好做法"。2017 年，Carillion 陷入财务困境，股票在几个月间跌到一文不值。2018年 1 月，该公司破产清算，负债高达 70 亿英镑，是英国有史以来最大的破产清算案件之一。四大会计公司悉数卷入。

HBOS、BHS、Tesco、保险软件集团 Quindell、Carillion 等知名公司的频频暴雷，使得英国会计审计机制问题一再成为举国热议的话题。政界人士指责监管机构无牙、无用、无效（toothless, useless and ineffective）。

2017 年 12 月，财务报告理事会就修订《英国公司治理守则》征求意见。2018 年 2 月，地方政府养老基金论坛（LAPFF）公布其反馈文件，该文件代表投资者的声音，其中提出的很多观点与英美公共会计师行业和会计学术界所传播的观点截然相反，为人们提供了观察事物的新视角。这份由投资者公布的事实清单报告表明，英国会计学术界原本有责任告诉人们真实的局面，但事实上，很难说他们究竟有没有这种能力和动机。

该文件直指财务报告理事会自身的合规性问题。文件指出，财务报告理事会早已成为其监管对象的"俘虏"，应当予以撤销。

 **专栏 3-7**

LAPFF 对财务报告理事会（FRC）的评价之一

□议会自 2004 年以来指定 FRC 为公共机构（public body），但国家统计局（Office of National Statistics，ONS）的信息显示，FRC 坚持将自己视为英国工业联合会（Confederation of British Industry，CBI）与会计团体顾问委员会（CCAB）联合组建的合作机构，CBI 与 CCAB 提供资金并派驻董事。FRC 一面向议会要更多权力，一面在私下寻求避免成为一个公共机构。它实际上受监管对象控制，这就是典型的监管捕获（regulatory capture）现象。

□会计是适当的公司治理的基础。但是，在 FRC 的主持下，英国的会计惯例出现了明显的方向错误，并偏离了公司法。国际会计准则受到四大会计公司的青睐，因为它符合它们的全球利益。

2018 年 4 月，国务大臣格雷格·克拉克（Greg Clark）邀请约翰·金曼爵士（Sir John Kingman）率领研究组，对财务报告理事会的运作机制问题进行全面审查。

7 月，LAPFF 公布反馈报告，谴责财务报告理事会误解了英国公司法，损害了投资者利益。

 专栏 3-8

LAPFF 对财务报告理事会（FRC）的评价之二

□现有的 FRC 已经无法修复。FRC 一身兼任了不兼容的三种职能：一是制定标准（会计、审计和精算）；二是实施监管（上市公司的年度账目、审计师和会计行业协会成员、精算规则）；三是解释和实施《英国公司治理守则》。从根本上讲，2004 年至 2005 年对 FRC 的改革存在方向错误，应当退回到 2004 年以前的状态。**在 2005 年以前，英国的会计丑闻要少于美国。然而，自 2005 年以来，英国的状况不仅比过去更糟，而且比美国还糟。**

□ 2005 年引入的国际财务报告准则（IFRS）也存在很大的问题。**欧盟委员会第 1606/2002 号条例原本只适用于上市公司的合并报表。但 FRC 却将其推广适用于每一个法律主体，导致会计准则与法律产生错位。**其会计模型规避了对公共利益至关重要的资本维持和偿付能力监管。FRC 纯属蓄意为之。今后 Carillion 这类案件再次出现的风险大为增加。

□法律设计审计制度的目的是通过敦促公司管理层履行信托责任（stewardship，又译作受托责任）来保护股东和债权人的利益。然而，**FRC 的会计准则所称的用户（users）却把企业本身排除在外，这违反了公司法。**

□**不仅会计规则与法律脱节，任由公共会计师行业自我管理的审计实施机制同样存在严重问题。**FRC 标榜在为公共利益服务，但其显然并没有为公共利益服务，**它已成为充斥各种游说的名利场。**

□ FRC 为所有英国公司设计公认会计惯例（GAAP），并将 IFRS 模型复制到 UK-GAAP 中。**然而，最有可能对全球会计准则产生影响的当事人是审计师和跨国公司。**

□**英国资本市场是 IFRS 最大的单一用户。**美国资本市场不强制使用 IFRS，日本也一样。然而，**英国既把它用到了企业集团的合并报表中，又把它推广到了公司法人的账目中。IFRS 号称是全球会计准则，但这只是一个神话。英国资本市场就是 IFRS 最大的试验场。**

□ 2004 年，国际财务报告准则基金会（IFRS Foundation）曾提起一场翻译版权法律诉讼，该基金会的成员居然在庭审中使用了"虚假证据"（false evidence）。英国高等法院判决，1997 年、1998 年和 1999 年的国际财务报告准则俄语翻译版的版权由支付版权费的小型翻译公司获得，诉讼费用由国际财务报告准则基金会支付，且不允许上诉。

□国际财务报告准则基金会还存在治理问题。其向英国公司注册处提交的资料显示，该基金会有一位成员于2013年2月辞职，但其实该成员早已在两年前去世。一些董事根本没有登记任命资料。几年来，该基金会的法律文书送达地址居然是伦敦东部的一个私人公寓。负责监督会计规则的人员，包括国际会计准则理事会的成员，几乎全部来自四大会计公司。

□英格兰及威尔士特许会计师协会于2004年成立了"审计质量论坛"（AQF），以探讨令投资者担忧的审计质量问题。但**近年来，关于审计质量的担忧一直没有得到缓解**，论坛主题转向了诸如"企业如何减少不平等"之类的与审计无关的话题。这是一个组织迷失方向的"症状"。

□**把精算准则放在财务报告理事会治理框架内的做法有点反常。**

□**财务报告理事会的名称就是错误的，因为"财务报告"一词是抽象的，没有聚焦于"会计"（即数字）这一核心主题。**它还会对审计造成误导，因为审计应当聚焦于管理所用的内部账簿以及数字。作为对比，美国资本市场上的"财务会计准则委员会"（FASB）和"公众公司会计监察委员会"（PCAOB）命名比较得当、具体。

□**建议英国议会成立专门机构，制定既符合公司法又符合资本市场法的会计准则。**审计监督机构应遵循美国证券市场的PCAOB模式，还应该直接向议会负责。

□**《管理守则》中看不中用。**备受吹捧的《管理守则》实际上是无效的。

从地方政府养老基金论坛的上述报告中可知，英国金融界真是病急乱投医，居然已经默认自己的徒弟（美国证券行业的中介机构）青出于蓝而胜于蓝。真是何其荒唐。要知道，美国证券市场上的会计规则和审计机制大多是从英国照搬而来，二者不过半斤八两。

英国是幸运的，地方政府养老基金论坛这样的大型金融行业协会洞察相关事实并厘清利害，使得这一系列错误能被及时发现。[1] 鉴于英国已经"反水"，美国证券市场也已经识破国际会计准则的把戏，国际会计准则的趋同计划行将破产，未来恐怕只能在不明真相或者曲意逢迎的证券交易所中作为游戏规则而存在。

同年（2018 年）8 月，英国议会上议院议员、前欧洲议会经济事务委员会主席莎伦·鲍尔斯男爵夫人（Baroness Sharon Bowles）对约翰·金曼的调查做出回应，建议监管机构对议会负责，并放弃规则制定权。

 专栏 3-9

鲍尔斯评论财务报告理事会（FRC）

□自 2004 年以来，FRC 一直坚持认为它是一个私人机构。这令内阁感到相当困惑。其三分之二的经费来自行业捐款。令人惊讶的是，财政部和商业、能源与工业战略部这两个部门都支持其立场，并竭尽全力说服国家统计局将其从 1990 年成立之初的公共机构重新分类为私人机构（但国家统计局坚持将其列为公共机构）。

□FRC 故意做出与公司法（关于可分配利润）相抵触的变更，它甚至希望公司法遵循会计准则，而不是相反。FRC 竭力游说公司法采用"遵循准则从而真实和公允地列报"的说法。

□**FRC 积极推动英国公司采用国际财务报告准则（IFRS）编制个别财务报表，使得会计和审计工作变得更加复杂。这超出了欧盟第 1606/2002 号条例的法律规定，后者仅适用于合并报表。英国这是作茧自缚。**其他欧

---

1 作为对比，上当更早的澳大利亚至今仍然迷信国际财务报告准则。

盟国家未在个别财务报表层面进行类似的更改。

□ FRC擅长演讲，尤其擅长为自己辩护，但它是一个无效的监管机构。

□ FRC现任首席执行官在2004年FRC的改组中发挥了作用，并投入了大量资金。他接受其供职于商业、能源与工业战略部的妻子的监管，还负责实施《英国公司治理守则》。

□ **监管者与其所监管的专业和公司如此紧密地纠缠在一起是不合适的**。根据我在欧洲议会中的亲身经历，**FRC似乎只是它的监管对象的传声筒**。FRC受执业者和公司观点的影响太大，缺乏足够的能力或知识来保护公共利益。

□ **FRC及其所效仿的国际会计准则理事会（IASB）太过依赖公共会计师行业来制定会计或审计标准**。准则的制定应更多地借助公共会计师行业以外的资源，应当包括适当的独立学者。

□ **公司法具有鲜明的国别特征，美国证券市场拒绝采用IFRS就有这方面的考虑**。

□ 应当把制定规则和实施监管这两种功能严格区分开。可借鉴澳大利亚和美国证券市场的做法。

总体来看，英国会计审计法律制度及其实施机制存在四重错误。第一，自《1947年公司法》开始普遍推行的强制性公共会计师审计制度是错误的制度安排，是后续一系列错误的根源。作为对比，1856年以前的股东自主审计制度是正确的制度安排。也就是说，强制性的审计制度应当是强制性的**股东自主**审计制度，而不是强制性的**公共会计师**审计制度。第二，公司法一直未能界定会计的基本原则。自1947年以来的"真实和公允的视角"最高原则缺乏可操作性。第三，忽视会计信息的公益性，错误地推行了中介立法机制以及公共会计师行业自律机制。财务报告理事会既负责制定会计、审计、精算规则，又负责行业监管，但它其实是中介行业的利益代言人。第四，引狼入室，误把国际会计准则引入英国的财务报告准则。

（四）2018年：《金曼报告》力主彻底改造财务报告理事会

2018年10月，财务报告理事会报告称，审计质量呈持续下降态势，其中27%的审计未达到质量标准，未达标比例高于前一年的19%。

12月，金曼率领的研究组提交研究报告《对财务报告理事会的独立审查》（以下简称《金曼报告》）。[1] 报告指出，财务报告理事会是一栋摇摇欲坠的危房，它建立在薄弱的基础之上，是经年累月拼凑而成的产物。这份冗长的报告提出了83项建议，核心建议是由新的审计、报告和治理管理局（Audit, Reporting and Governance Authority，ARGA）取代财务报告理事会，废除行业自律管理机制。

 专栏 3-10

《金曼报告》提出的建议

现状：政府只任命FRC的主席和副主席（并且仅基于非正式协议），董事会任期没有限制。FRC没有对主要审计公司进行直接监管。这意味着英国一些最大和最重要的经济参与者仍然不是由独立机构监管，而是由其行业协会监管。

对策：**新监管机构应当向议会负责，废除自我监管模式，董事会任期应当是有限制的**。建议借鉴美国证券市场上依照2002年《萨班斯-奥克斯利法案》设计的公众公司会计监察委员会（PCAOB）的权力配置。新的监管机构将首次有权直接更改账户，而无须经法院批准。

---

1 Independent Review of the Financial Reporting Council, December 2018. Printed in the UK by the APS Group on behalf of the Controller of Her Majesty's Stationery Office.

2019 年 3 月，英国政府宣布采纳该建议。7 月，葛兰素史克公司（GlaxoSmith Kline）前首席财务官西蒙·丁厄曼斯（Simon Dingemans）被任命为 FRC 新主席，由其负责该机构向新监管机构的转变。

（五）2019 年：《布莱登报告》建议改革审计机制

2019 年 12 月，唐纳德·布莱登爵士（Sir Donald Brydon）向商业、能源与工业战略部大臣提交关于审计质量和有效性的独立审查报告（以下简称《布莱登报告》），该报告建议尽快实施《金曼报告》的建议，提出一些关于审计机制的细节建议。

 专栏 3-11

《布莱登报告》观点摘要

□重新定义审计及其目的。审计的目的是帮助建立和维持对公司、董事以及他们有责任报告的信息（包括财务报表）的应有信心。

□审计太重要了，不能任由另一个专业兼职：它本身就是一个独立的专业，具有自己的管理原则、资格和标准。应当建立公司审计职业（corporate auditing profession），即公司审计师（corporate auditors）。

□应建立公司审计原则（the Principles of Corporate Auditing），主要是一系列职业道德上的原则性要求。

□会计已经从提供以事实为中心的账目，转变为提供对决策有用的信息。一个核心的变化是，公允价值会计已经引入假设性的估值（hypothetical valuations）。

□**自从采用国际财务报告准则（IFRS）以来，财务报表中包含了许多估计和假设，这些估计和假设取决于对未来的判断。然而，即使是哲学家也很难弄明白那些与未来有关的判断是不是"真实的"。**

□就字面意义而言，**"真实和公允"（true and fair）的提法损害了审**

计的信誉，这是个哲学概念，很难在实际工作中得到贯彻。建议把英国公司法对会计规定的"真实和公允"的要求，更改为"在所有实质性方面，公允地列报"（present fairly, in all material respects）。

□ 建议政府审查公司法，以界定何谓"充分的会计记录"（adequate accounting records）。

□ 公司法未明确提及审计师对欺诈的任何责任。法律应当规定审计师有义务发现欺诈。审计师需要掌握**法务会计师（forensic accountants）的思维方式**。应要求公司审计师接受有关法务会计（forensic accounting）和欺诈意识的定期培训。

显然，《布莱登报告》的立场属于调和派，它仍然对国际会计准则和美国经验抱有迷信，该报告尤其对《萨班斯-奥克斯利法案》推崇备至，这就表明，该报告仍然未能识别出审计机制的根本问题。该报告虽然认识到了审计的公共利益属性，但仍然没有触及审计费用的支付方式这个根本问题。如果审计仍然是一门法定的生意，那就甭指望它能有实质性变化。

一个耐人寻味的细节是，这份关于审计机制改革的报告，得到了英格兰及威尔士特许会计师协会提供的 50 万英镑的赞助。布莱登征求了美国注册会计师协会、国际会计师联合会等公共会计师行业组织，以及伦敦证券交易所集团、汇丰控股有限公司等金融机构的意见。

2020 年春夏之交，受全球新冠疫情影响，商业、能源与工业战略部的审计机制改革事宜不得不一再推迟。

7 月 6 日，财务报告理事会公布运营分离（operational separation）原则，要求四大会计公司在 2024 年 6 月 30 日之前将其审计部门与非审计部门区分开来。其目的是确保审计业务能够以高质量的审计维护公共利益，而不必依赖会计公司其他业务的持续交叉补贴（cross subsidy）来维持。理事会提出，在审计实践中分配给合伙人的利润总额不应持续超过审计实践对利润的贡献。但这属于扬汤止沸、隔靴搔痒性质的改革策略。会计审计改革其实应当按照一体化的思路，同时在两个方面推开：一个是彻底解决收费审计问题，让公共会计师行业彻底回归服务行业，由政府审计和内部审计承担审计职能；另一个是解决会计规则弹性化的问题，确立根据法律事实记账的基本会计原则。可见，财务报告理事会依然没有触及问题的实质。

自 2021 年起，所有英国公司应当采用英国采纳的国际会计准则（UK-adopted IAS），而不是欧盟认可的国际会计准则（EU-adopted IAS）。

第四章
关于英国会计审计机制设计的反思

第一节　英国会计审计立法的缺陷

如果你有两个选择：一个是由政府来制定简单明了的会计规则，企业自行遵照执行；另一个是由中介制定莫名复杂的弹性化会计规则，然后政府立法要求企业必须聘请中介来协助执行，你会选择哪一个？不同的职业角色（政府监管部门、企业家、会计人员、中介）、出于不同的动机（投机或不投机），会给出不同的回答。英国给出的答案是不是更能维护社会公共利益呢？了解了前面各章的史实，相信大家会形成自己的看法。

英国贸易委员会等法律起草单位缺乏会计审计立法的基本原则，在公司法的起草过程中过度依赖特许会计师行业组织，律师协会也未能提供相关的理论支持，这是导致英国公司法长期未能确立会计基本原则的主要原因。

一、英国公司法缺乏科学合理的会计审计立法理念

一个值得注意的事实是，英国公司法从来都是追随公共会计师行业的步伐，从来没有形成能够指导会计审计机制设计的根本原则，也一直未能摸索出一个明确具体的会计总体原则。[1]《1844 年股份公司法》的术语是"完整和

---

1 John Richard Edwards, *A History of Corporate Financial Reporting in Britain* (New York: Routledge, 2019), pp. 211-212.

公允的资产负债表"(full and fair balance sheet)；《1856 年股份公司法》《1900 年公司法》《1908 年公司法》《1929 年公司法》的术语是"真实和正确的视角"(true and correct view)。历经 100 多年的漫长探索，公司法咨询委员会换了一茬又一茬，《1948 年公司法》终于提炼出"真实和公允"作为会计工作的根本原则。该原则凌驾于一切法律规则之上，号称"真实和公允超越一切"：公司为了追求真实和公允，可以抛却一切法律约束。

"真实和公允"是英格兰及威尔士特许会计师协会的会员、德勤会计公司的罗素·凯特尔（Russell Kettle），与当时负责起草会计原则建议书的德保拉（De Paula）一起探讨出来的词汇，他们以为"公允"(fair) 比"正确"(correct) 更能够敦促审计师负起责任，并能引导其关注账目是否具有误导性。[1]

但是，究竟何谓"真实和公允"？这一直是英国财经界乃至国际财经界猜不透的哑谜。学术界有数以千计的论文和著作参与"猜测"这一法律术语的具体含义。悉尼大学会计学教授雷蒙德·J. 钱伯斯（Raymond J. Chambers）夸张地评论道，对于同一个事实，可能同时存在上百万个"真实和公允的视角"。[2] 还有一些律师参与了探讨，最后的结论是，公司账目有没有体现"真实和公允的视角"，这个问题最终还是取决于法官的判决。法庭通常以公共会计师的常规操作为参照，以遵循公认会计原则（generally accepted accounting principles，GAAP）或公认会计惯例（generally accepted accounting practices，GAAP）作为证明公司账目具备"真实和公允的视角"的初步证据。[3]——这番大道理听起来好像也没错，但其实什么都没说。既然遵循会计准则算是符合"真实和公允的视角"，那干脆直说不就行了。显然，"真实和公允的视角"

---

1 John Richard Edwards, *A History of Corporate Financial Reporting in Britain* (New York: Routledge, 2019), p. 229.

2 R. J. Chambers, "Financial Information and the Securities Market," *Abacus*, 1965, 1(1): 3-30.

3 Brian A. Rutherford, *Financial Reporting in the UK: A History of the Accounting Standards Committee, 1969-1990* (New York: Routledge, 2007), p. 115.

这个超越一切的所谓最高原则，生动地体现了《1948 年公司法》"以其昏昏，使人昭昭"的立法理念。

其实，完整、公允、真实、正确，这些概念对于实在、具体的会计管理工作来说，无疑过于抽象了。对这一问题，需要从何谓"真实"入手来求解。[1]

二、英国公司法推出的审计制度缺乏合理的会计规则的支持

英国公司法虽然出于保护股东权益的目的，规定了审计要求，但资产负债表和利润表的法定格式长期未能确定下来，直到 1981 年才统一推行，这大大削弱了审计规则的实践价值。在 20 世纪的前 20 年，公共会计师行业、律师行业附和委托人（公司）管理层的意见，奉行保密理念，更是导致会计报表项目极度萎缩，会计报表的披露情况甚为混乱。会计规则长期任由公司及其审计师来自由处理，直到 1942 年才开始由英格兰及威尔士特许会计师协会牵头进行统一完善，但这一进程受美国证券市场上的公认会计原则影响较大，以至于英国会计界本身的贡献乏善可陈。

英国公司法关于会计审计机制设计的立法实践，留给人们更多的，不是值得借鉴的经验，而是值得反思的教训。立法机关总想依赖公共会计师行业来拿方案，而该行业恰恰不希望法律干预会计行业，他们总担心会计的法制化会降低他们工作的技术含量，从而使得他们更易于被取代。[2]他们钟爱职业判断（professional judgment）带给他们的神秘虚幻的感觉。[3]不唯英国的公共会计师行业如此，美国的公共会计师行业同样热衷此道。公共会计师行业之所以强调"职业判断"，是因为他们认为，职业判断是其借以确立职业地位的

1　笔者和合作者提出"根据法律事实记账"的理论主张，可以解决这一问题。我们提出，真实就是指具备法律事实支持。法律事实是指能够证明民事主体法律关系的产生、变更或消灭的事实，包括法律行为和法律事件。参见：周华：《法律制度与会计规则——关于会计理论的反思》，中国人民大学出版社，2016。

2　公共会计师行业其实应该向律师行业看齐，积极拥抱法制化进程，把专业服务的根基打实。

3　会计职业判断的大致含义如下：法律不要干预会计，会计也不必拘泥于法律的形式。至于究竟应该怎么做会计处理，就交给公共会计师和公司会计师根据具体情形来判断。

基础。而如果推行简单明了的统一的会计规则，那么公共会计师行业的市场价值就相对有限了。[1] 如此一来，只要有公共会计师行业参与，公司监管这个问题便没有可行解。由此可见，那种让中介行业和商业组织主持起草法律法规及监管规则，纵由它们脱离法律原则去构建空中楼阁的立法理念，是相当危险的。

正确的立法理念，应该是由立法机关聘请法学家来起草法律，避免部门立法、中介立法等常见的维持部门利益、过度追逐私利的倾向，以期避免部门立法受部门利益影响以及中介机构趁机开展业务营销等弊端。

三、英国律师协会过度偏袒客户利益

英国律师协会没有在公司法立法过程中贡献专业智慧。该行业受服务行业定位的影响，长期支持其客户群体关于使用秘密准备、进行选择性披露、隐藏利润信息等诉求。在证券市场的发展过程中，该行业又竭力主张为证券行业服务。以合并报表为例，律师协会长期主张编制合并报表，置"禁止双重法人"的民法原理于不顾。律师协会把提供法律证明力和提供估值服务这两个不同的目的混为一谈，一味地迎合证券投资者的诉求。他们忘了，会计只能提供法律证明力，难以提供估值服务。

四、英国公共会计师行业长期消极对待会计立法

英国会计学术界之所以长期未能为政府机关的立法工作以及公共会计师行业的发展提供理论指导，除了学术界自身的原因外，恐怕还有一个重要原因出自公共会计师行业自身。例如，英国公共会计师行业的执牛耳者——英格兰及威尔士特许会计师协会长期认为学术界的研究没有任何实际意义，它

---

1 Gary J. Previts and Barbara D. Merino, *A History of Accountancy in the United States: The Cultural Significance of Accounting* (Columbus: Ohio State University Press, 1998), p. 337.

对学术界不感兴趣。当它于 1957 年吸收成立于 1885 年的会计师和审计师联合协会（Society of Incorporated Accountants and Auditors）后，第二年就把后者建立的会计研究学会撤销了。这种情况直到 20 世纪 60 年代末和 70 年代初才得到扭转，但为时已晚，英国会计已经到了步步紧跟美国证券市场上的公认会计原则的地步。如今，英国的会计规则正在复杂化、神秘化、弹性化的道路上狂奔。

作为对比，特许会计师到达美国之后就与美国企业紧密结盟，在缺乏法律管制的背景下竭力开发满足企业诉求的会计工具。美国钢铁公司自 1901 年组建成立起，直到 20 世纪五六十年代，一直引领大西洋两岸公共会计师业务的新潮流。该公司自 1902 年起，其年度报告就包括合并报表、资金报表、就业报告和审计师报告。且不说合并报表等做法是否科学合理，仅就美国企业界和公共会计师行业敢为天下先的探索精神而言，就是英国公共会计师行业所不具备的。[1]

五、英国会计学术界长期缺乏学术积累

英国学者指出，早期的英国会计思想家惯于采用"经验主义的归纳法"，通过观察和分析财务报告实践情况，从中识别最佳实践，进而推广使用。[2] 本质上，他们的目标是证明现有做法的正当性，对之进行合理化，从而改善既有的财务报告做法。这些思想家同时也是执业会计师，他们的大量实践经验会带给他们启发，但同时也会制约他们的思想。[3] 自爱丁堡会计师协会成立以

1 R. S. Claire, "Evolution of Corporate Reports: Observations on the Annual Report of United States Steel Corporation," R. Vangermeersch, "A Historical Overview of Depreciation: U.S. Steel 1902-1970," in Thomas A. Lee and Robert H. Parker, *The Evolution of Corporate Financial Reporting* (Middlesex: Thomas Nelson and Sons Ltd., 1979), pp. 47-79. Reprinted in 1984 by Garland Publishing, Inc.

2 Geoffrey Whittington, "Financial Accounting Theory: An Overview," *The British Accounting Review*, 1986, 18(2): 4-41.

3 John Richard Edwards, *A History of Corporate Financial Reporting in Britain* (New York: Routledge, 2019), p.170.

来的 100 多年里，英国会计学术界始终未能形成本国的会计理论著作，学术影响力远远逊色于美国同行。[1]在缺乏理论建树的情况下，又过于积极地在 20 世纪 70 年代追随芝加哥学派，引入了花拳绣腿式的"实证会计"研究范式，导致其会计理论空心化的问题长期未能得到解决。

　　劳伦斯·R.迪克西（Lawrence R. Dicksee）较早呼吁完善会计规则，他是英国第一位会计学教授。[2]1892 年，迪克西出版第一部著作《审计：审计师实用手册》，这也是他的代表作。该书指出，编制记账凭证的过程，同时也是搜集证据的过程。这些证据通常是书面证据，用以证明账簿中所记载的交易均为事实。这一观点道出了会计管理的真谛。但颇为矛盾的是，迪克西还有一句名言："资产负债表与其说是陈述事实的报表，不如说是表达观点的报表"（A balance sheet is not a statement of facts, but rather an expression of opinion）。[3]这句话后来被美国公共会计师行业的精神领袖、普华会计公司的乔治·梅奉为金科玉律，甚至成为其毕生的职业信条之一。1920 年，迪克西对秘密准备以及公司董事竭力隐藏信息等现象进行了公开批评，他指出，如果人们不对操纵行为予以规制，那么会计报表将会失去可信度甚至毫无价值。

---

　　1 Thomas A. Lee and Robert H. Parker, *The Evolution of Corporate Financial Reporting* (Middlesex: Thomas Nelson and Sons Ltd., 1979), p.194. Reprinted in 1984 by Garland Publishing, Inc.

　　2 1947 年 5 月 1 日，伦敦政治经济学院任命威廉·T.巴克斯特（William T. Baxter）为该校、也是英国第一位全职会计学教授。与美国的大学相比，英国的大学对会计学科的重视程度明显不足。巴克斯特指出，当时的会计教育的显著特点是，"会计本身尚未构成一个学科，而是其他学科的综合"，会计课程和会计教材均尚未成型。同年 12 月，英国大学会计教师协会在伦敦政治经济学院成立。彼时任教于伦敦政治经济学院的戴维·所罗门斯（David Solomons）指出，"当时英国的大学实际上尚未进行任何会计研究"。1959 年 7 月，所罗门斯离开英国，前往宾夕法尼亚大学沃顿商学院任教。导致所罗门斯辞职的一个很重要的原因是，英格兰及威尔士特许会计师协会的部分领导长期对英国的大学教育持反感态度。参见：Stephen A. Zeff, "The Early Years of the Association of University Teachers of Accounting: 1947-1959," *The British Accounting Review*, 1997, 29(1): 3。

　　3 Leo Greendlinger, *Accounting Theory and Practice: A Comprehensive Statement of Accounting Principles and Methods, Illustrated by Modern Forms and Problems* (New York: Alexander Hamilton Institute, 1910), p.171.

专栏 4-1

劳伦斯·R. 迪克西

劳伦斯·R. 迪克西（Lawrence R. Dicksee，1864—1932），早期英国会计领域最多产的作家之一，英国第一位会计学教授，英格兰及威尔士特许会计师协会（ICAEW）资深会员（FCA）。

迪克西 1964 年生于伦敦的一个富裕的艺术世家。1881 年（17 岁）进入会计行业做签约学徒，1886 年 11 月通过考试，被吸收为英格兰及威尔士特许会计师协会会员。彼时该协会共有会员 1 400 人，其中很多未经过考试，而是经过认定就成为协会会员。后来，他在卡迪夫建立了自己的会计公司，并在当地的技术学校讲授会计课程。1891 年 11 月成为英格兰及威尔士特许会计师协会资深会员。1892 年 7 月（28 岁），他将其兼职讲授的课程的讲义出版，成为其第一部著作《审计：审计师实用手册》（*Auditing: A Practical Manual for Auditors*）。该书运用英国法院的判例，探讨了英国企业界的会计惯例。该书在迪克西生前出版到第 14 版，是他十几部著作中影响最大的一部。罗伯特·H. 蒙哥马利（Robert H. Montgomery）经授权，于 1905 年编辑出版了迪克西的《审计：审计师实用手册》美国版第 1 版，1909 年出版了美国版第 2 版，在此基础上，蒙哥马利于 1912 年出版了自己的《审计理论与实践》（*Auditing Theory and Practice*）。

1902 年 10 月，迪克西被任命为兼职的伯明翰大学会计学讲席教授（Chair of Accounting），这是英国大学中首次设立会计学教授席位（1906 年辞任该校教职）。几个月后，迪克西兼任伦敦政治经济学院会计学系第一位老师，他从讲师（lecturer）做起，兼职任教 25 年直至退休。1912 年他担任准教授（reader），1914 年任会计与商业组织教授，1919 年任伦敦大学会计与商业方法讲席教授，1925 年任伦敦大学经济学院院长，1926 年被授予荣誉退休教授。

迪克西较早提出以持续经营的理念来从事会计工作，他是首位就折旧、商誉等问题著书立说的会计师。他提出，既然企业在持续经营，固定资产的市价波动就不应当计入利润，固定资产应当按照成本减去折旧的净值来列报。持续经营的逻辑要求流动资产按照可变现净值来记账，因为流动资产是为了出售而购买或者生产的，因此，可变现净值下跌时，应当计入损失。而可变现净值上升时，由于货物尚未售出，很难确定未来的利润，因此，还是应该等到实际出售时再记录进销差价为宜。

资料来源：Michael Chatfield, Richard Vangermeersch, *The History of Accounting: An International Encyclopedia* (New York & London: Garland Publishing, Inc., 1996), pp. 204-205; John R. Edwards, *Twentieth-Century Accounting Thinkers* (New York: Routledge, 1994), pp. 206-224.

英国学术界有少数宣扬创新求变的学者，但其价值导向不是倡导会计信息的公益性和公信力，而是迎合企业管理层的保密诉求以及证券投资者的估值诉求。英国学术界对美国公共会计师行业的"创意"羡慕有加。例如，托马斯·李和罗伯特·帕克在其主编的《公司财务报告的演变》一书中做如此评论："财务报告中最重要的发展领域之一，是引入了用于反映集团公司活动的合并财务报表，这与用于反映控股公司活动的报表存在显著的不同。"在美国，合并报表在 20 世纪 20 年代就已经很普遍了。但在英国，合并报表却在很长时间里不受欢迎。[1] 约翰·R. 爱德华兹更是在其《财务会计史》一书中抱怨，英国引进合并报表的进展实在太缓慢了，要知道，美国早在 20 世纪初就

---

1 Thomas A. Lee and Robert H. Parker, *The Evolution of Corporate Financial Reporting* (Middlesex: Thomas Nelson and Sons Ltd., 1979), p. 83. Reprinted in 1984 by Garland Publishing, Inc.

开始推广合并报表了。[1]他由此认为，英国公共会计师行业不应沉默，而应积极引进美国同行的经验。殊不知，在缺乏自主学术传统的情况下，大力进行变革的结果，就是大规模引进美国公共会计师行业设计的会计规则。

英国学术界也不大积极参与会计准则的制定。会计准则委员会抱怨，学术界对近年来公布的征求意见稿的反应令人失望，反馈意见的平均数实际上低于两份。英国会计学术研究对会计准则的制定几乎没有什么用。借助于计量经济学所做的会计学术研究更是离会计准则制定者的需要十万八千里。[2]

第二节　英国引进财务会计概念框架的过程及其批评

英国会计行业不但逐个引进美国证券市场上的公认会计原则，还试图全盘照搬其长期未能完工的财务会计概念框架。戴维·所罗门斯更是在英国发表演讲，敦促英国会计界着手建立自己的概念框架。这时，伦敦政治经济学院的理查德·麦克非（Richard Macve）的一声断喝，把英国会计界从迷梦中拽了回来。麦克非接受英格兰及威尔士特许会计师协会的委托，对美国证券市场上由财务会计准则委员会开发的财务会计概念框架进行研究和评论。其成果于1981年刊发。麦克非指出，不大可能形成能够用于指导制定会计准则的"一致认可的概念框架"（agreed conceptual framework）。实际上，美国、英国、加拿大、澳大利亚等英语国家搞的概念框架，以及国际会计准则委员会的框架，本质上就像是一组俄罗斯套娃。与其花那么多时间和金钱（其中有两个年度共花费上千万美元）去搞概念框架，不如老老实实把公司法原理

1　John Richard Edwards, *A History of Financial Accounting* (New York: Routledge, 1989), pp. 230-236, published in 2014 by Routledge.

2　Brian A. Rutherford, *Financial Reporting in the UK: A History of the Accounting Standards Committee, 1969-1990* (New York: Routledge, 2007), p. 2.

给弄明白。所有这些概念框架除了阐释"会计必须是有用的""用户们的需求各不相同""会计规则必须切实可行"等常识，罗列一些得不到回答的问题之外，很难说有什么实质性贡献。如果概念框架的研究从会计信息的"有用性"（usefulness）下手，那就必然掉进一个无底洞，会遭遇无穷无尽的问题，而且都没有简明的答案。基于麦克非的研究，会计准则委员会（ASC）决定不跟随财务会计准则委员会（FASB）的概念框架项目。会计准则委员会主席如此评价麦克非的研究：会计师探寻概念框架就像炼金术士寻找魔法石（philosopher's stone）。"美国人探寻概念框架付出的时间和精力，未见取得全面的、结论性的进展，这表明我们拒绝为这种搜索提供大量资源的决定是正确的。麦克非教授的研究验证了我们决策的正确性"。[1]

 专栏 4-2 ——————

理查德·麦克非

理查德·麦克非（Richard Macve，1946—　　），现为伦敦政治经济学院名誉会计教授，对外经济贸易大学名誉研究员，中南财经政法大学名誉教授，英格兰及威尔士特许会计师协会（ICAEW）资深会员（FCA）。

麦克非 1946 年出生于英国肯特郡福克斯通。1968 年在牛津大学新学院（New College, University of Oxford）获文学硕士学位。1968 年至 1974 年供职于"皮特，马威克和米切尔"公司（毕马威的前身）伦敦成员公司，其间获得特许会计师资格。1974 年起任教于伦敦政治经济学院，参与创建该校会计系。1979 年至 1996 年任阿伯里斯特威斯大学会计学讲席教授，其间曾访问莱斯大学，

---

1 Brian A. Rutherford, *Financial Reporting in the UK: A History of the Accounting Standards Committee, 1969-1990* (New York: Routledge, 2007), p. 112.

与泽夫共事。1996 年起任伦敦政治经济学院会计学教授。

　　麦克非长期兼任英格兰及威尔士特许会计师协会理事会理事，研究咨询组学术顾问，会计团体顾问委员会（CCAB）会计教育课程认证委员会委员，会计准则理事会（ASB）金融部门和其他特殊行业委员会委员，财务报告理事会（FRC）会计委员会学术委员会委员，美国会计学会（AAA）财务会计准则委员会委员等职务。2000 年成为精算师协会的荣誉会员。曾获英国会计学会（BAA）2010 年度杰出学术奖。著有《财务会计和报告的概念框架：商定结构的可能性》（1981）、《财务会计和报告的概念框架：愿景、工具还是威胁？》（1997）、《公允价值会计：人寿保险会计的试验》（2007）等专著和系列论文。

《财务会计和报告的概念框架：愿景、工具还是威胁？》

　　但财经界对会计规则缺乏合理逻辑的抨击之声日盛，公共会计师行业疲于应对。在此背景下，会计团体顾问委员会委托罗恩·迪林进行研究。迪林委员会提交了研究报告《会计准则的制定》（The Making of Accounting Standards，简称迪林报告（Dearing Report）），呼吁改组会计规则制定机构，制定更加合理的会计准则。于是，会计准则委员会被新设立的财务报告理事会（FRC）旗下的会计准则理事会（ASB）取代。会计准则理事会 1995 年 11 月推出了《财务报告原则公告》（Statement of Principles for Financial Reporting）的征求意见稿。它还是回到了跟随财务会计准则委员会的老路。

　　1999 年 12 月，《财务报告原则公告》正式发售。与财务会计准则委员会的概念框架相比，会计准则理事会值得称道之处是，它没有抛弃受托责任观。

该公告称，通用财务报告关注使用者的共同利益，其目标是提供特定实体的财务状况和财务绩效的信息，该信息对广泛的用户有用，可用于评估企业管理层履行受托责任的情况，并可用于做出经济决策（包括基于对受托责任的评价所做的决策）。

《财务报告原则公告》与美国证券市场上的财务会计概念框架存在很大比例的重复。例如，资产是预期的，负债不限于法律上的义务，这都给企业利用缺乏法律证据的信息记账提供了便利。二者对利润表会计要素的定义存在提法上的差异。

 专栏 4-3

《财务报告原则公告》观点摘录

□纳税申报表、银行业监管报表等属于特殊目的财务报告，由特定实体依照有权获得所需信息的人的要求编制。

□"真实和公允的视角"是一个动态的概念，因为其内容会随着会计和商业惯例的变化而变化。"真实和公允"的含义需要根据详细的法律规定、会计准则以及公认会计惯例来确定。

□控制权是指某一实体同时具有调配经济资源的能力，以及从调配中受益的能力。如果一个实体能够决定另一个实体的经营和财务决策并能够从中获取经济利益，则称前者拥有后者的控制权。某些控制形式不涉及任何形式的投资。

□谨慎性（prudence）是指在不确定情况下，进行必要的判断时要谨慎行事，以使利得和资产不被夸大，损失和负债不被低估。与负债和损失相比，资产和收益的确认需要有更高的可靠性。

□然而，在没有不确定性的情况下，不必按照谨慎性行事。那种以谨慎性的名义建立秘密准备（hidden reserves）或超额准备（excessive provision），故意低估资产（或利得）、故意高估负债（或损失）的做法也是不适当的，因为这意味着财务报表不是中立的，因而也就是不可靠的。

　　□财务报表的要素是：（1）资产，即特定实体由于过去的交易或事项而控制的权利（rights）或未来经济利益。（2）负债，即特定实体由于过去的交易或事项而转移经济利益的义务。法律义务并不是必要条件：在没有法律义务的情况下，企业可以依照推定义务（constructive obligation）记录负债。（3）所有者权益（ownership interest），常见的表述有权益（equity）、所有者权益（owners' equity）、股东权益（shareholders' equity）、权益资本（equity capital）、资本和公积金（capital and reserves）、合伙人资本（partners' capital）、股东基金（shareholders' funds）、业主所有权（proprietorship and ownership）等。（4）收益（gains），是指除所有者出资以外的所有者权益的增加，包括营业收入（revenue）和其他收益。注意，英国会计规则中的gains是广义的收入概念，不同于美国证券市场上的公认会计原则所称的利得。（5）损失（losses），是指除向所有者分配以外的所有者权益的减少，包括营业费用（expense）和其他损失。（6）所有者的出资（contributions from owners）。（7）对所有者的分配（distributions to owners）。

　　□确认包括以下几个阶段：（1）初始确认（initial recognition），即初次入账；（2）随后的重新计量（subsequent remeasurement），即入账之后调整资产或负债的金额；（3）终止确认（derecognition），即从账上注销某项目。

　　□关键事件（critical event）是指在运营周期中有足够证据表明存在收益的点，企业从而可以以足够的可靠性来测量该收益。换句话说，关键事件也就是满足资产和负债的确认条件的点。

　　□在财务报表中，资产和负债可以选择使用几种不同的货币属性（monetary attributes），又称计量基础。

　　□在编制财务报表时，要为资产或负债选择计量基础（measurement basis）。如果选择历史成本基础（historical cost basis），资产或负债则以交易成本（transaction cost）入账，这就是历史成本系统（historical cost system）。如果选择现行价值基础（current value basis），则以取得资产或承担负债时的现行价值入账，这就是现行价值系统（current value system）。如果部分资产或负债使用历史成本基础，其余部分使用现行价值系统，则称为混合计量系统（mixed measurement system），其组合形式有很多种。

　　□在确定资产的现行价值时，有三种方法可选。一是入手价值（entry value），即重置成本。二是脱手价值（exit value），即可变现净值（net realisable value）。三是在用价值（value in use），即选择通过持续使用而预期产生的现金流量的折现值与最终出售金额之中的较高者。对于有价证券来说，这三种方法下的金额非常相似，因为交易成本的影响很小。但是，对于其他资产，这三种方法下的金额可能会存在很大的差异。因此，有必要从中选取最具相关性的计量方法。

　　□假设特定实体被剥夺了某一资产，那么，其所遭受的损失就是最相关的现行价值，如此计算的金额通常被称为"剥夺价值"（deprival value）或"对于企业的价值"（value to the business）。

　　□资产对于企业的价值，是指其重置成本与可收回金额（recoverable amount）之间的较低者。其中，可收回金额是指资产在最有利可图的用途下的价值，它是资产的可变现净值与在用价值之中的较高者（见

图 4-1 ）。

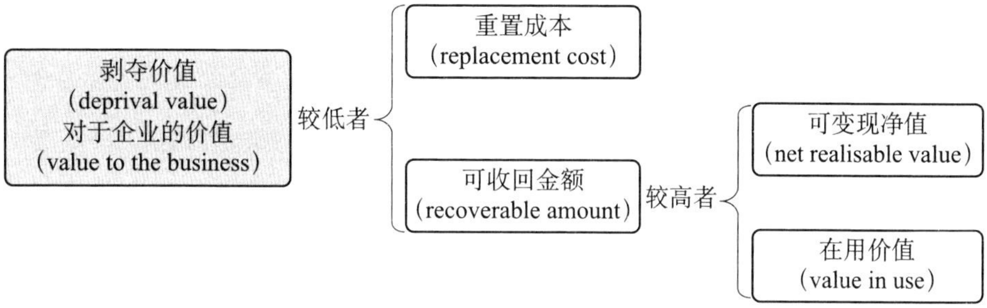

图 4-1　资产的剥夺价值（对于企业的价值）的计算逻辑

□可以比照资产，基于"解除价值"（relief value）概念计量负债的现行价值，即企业剥离某项负债所需的最小代价。

□财务报表的功能不是直接列报报告主体在交换交易中将获取的总价值。

□在估计适当的账载金额（carrying amount，或称账面价值）时，通常采用以下方法之一：（1）如果该项目或与之非常相似的项目（very similar items）存在相当有效率的市场（reasonably efficient market），则可以采用基于市场的计量（例如市场价格）作为账载金额，因为市场价格是市场的共识，可能意味着该计量是可靠的。（2）如果该项目有一组同类但不相同的项目（homogeneous but not identical items），则可以使用整个组的期望值（expected value）。（3）如果上述两种方法都不可行，则需要使用最佳估计（a best estimate）。

□如果确认一项资产或负债的货币金额存在较大的不确定性，通常需要披露估计值的不确定性程度，以免产生"估计结果是肯定的"的印象。

□财务报表的附带信息（accompanying information）如附注等，可能包含非会计或非财务信息。

□合并财务报表反映了母公司对子公司的全部投资，包括购买的商誉。

专栏 4-4

"俄罗斯套娃"：多个版本的财务会计概念框架之形成

自 20 世纪 70 年代以来，美国、英国、加拿大、澳大利亚的公共会计师行业先后推出了多个版本的财务会计概念框架，这些文件的关系颇似俄罗斯套娃。它们是：

——1973 年 10 月，美国注册会计师协会公布的会计目标研究组的报告《财务报表的目标》（Objectives of Financial Statements），又称特鲁布拉德报告。

——1975 年 7 月，斯坦普为会计准则指导委员会撰写的《公司报告：讨论稿》（The Corporate Report: A Discussion Paper Published for Comment）。

——1978 年至 2010 年，财务会计准则委员会陆续公布的财务会计概念公告第 1 ～ 8 号。至今仍未完工。

——1980 年，斯坦普为加拿大特许会计师协会（Canadian Institute of Chartered Accountants，CICA）撰写的《公司报告：未来的演变》（Corporate Reporting: Its Future Evolution）。

——1982 年，艾伦·巴顿（Allan Barton）为澳大利亚会计研究基金会（Australian Accounting Research Foundation，AARF）撰写的《会计的目标和基本概念》（Objectives and Basic Concepts of Accounting）。

——1989 年 7 月，国际会计准则委员会公布的《编制和列报财务报表的框架》（Framework for the Preparation and Presentation of Financial Statements）。该文件可看作财务会计准则委员会的概念公告的合集。国际会计准则理事会于 2001 年 4 月继受了该框架。

——1989 年，戴维·所罗门斯为（英国）会计准则理事会撰写的《财务报告准则指南》（Guidelines for Financial Reporting Standards）。该文件

> 与财务会计准则委员会和国际会计准则委员会的框架相似。所罗门斯是财务会计准则委员会的《财务会计概念公告第 2 号：会计信息的质量特征》的主要作者。
>
> ——1995 年 11 月，英国的会计准则理事会推出的《财务报告原则公告》(Statement of Principles for Financial Reporting) 的征求意见稿。1999 年 3 月，公布第二次征求意见稿。1999 年 12 月正式发售。
>
> ——2010 年 9 月，国际会计准则理事会公布的《财务报告概念框架 2010》。
>
> ——2018 年 3 月，国际会计准则理事会公布的《财务报告概念框架 2018》。

麦克非的观点经受了近 40 年的时间考验和实践检验。2020 年，麦克非对包括笔者在内的一批中国学者表示，他仍然保持他 1981 年对财务概念框架的看法。

第三节 英国会计审计规则发展历程的教训和经验

一、英国会计审计规则发展历程的教训

值得注意的是，英国在会计规则方面基本上全是引进而极少有输出，其发挥引领作用的唯一案例，就是率先提议以 20% 的股权比例作为权益法的起始适用标准，即联营企业的认定标准 (the 20 percent cut-off for associated companies)。[1] 除此以外，英国一直在借鉴美国和加拿大公共会计师行业设计

---

[1] 即便是这唯一可称道的联营企业的 20% 持股比例认定标准，也是缺乏合理依据的。

的会计规则。[1]

英国会计界之所以在会计规则和会计理论研究等方面沦落到步美国同行后尘的地步，其原因是多方面的。著名会计史学家泽夫将原因归结为美国证券市场更为发达、美国金融媒体更具进步色彩、美国证监会拥有先进的监管理念等因素。[2]

其实，决定性的因素就是，政府是否愿意公开主张社会公平正义。罗斯福政府正确地认识到了信息真实性对证券市场乃至整个国家社会经济发展的重要意义，确立了先进的证券监管理念，这是推动会计学术、会计规则发展和完善的根本动力。英国普华会计公司的乔治·梅被派遣到美国发展普华会计公司的业务之后，曾长期试图将英国公共会计师那种自由放任的状态带到美国的证券市场，以期避免美国政府监管部门直接干预证券市场会计审计事务。但这种理念被美国联邦证券法以及美国证监会1938年的会计系列公告第4号断然否定。美国证监会在会计审计领域的威慑力是英国政府机构所不具备的。

此外，还有一个特别重要的原因就是，英国的会计教育和会计学术都相对滞后。正如麦克非所指出的，英国的公共会计师行业长期缺乏智力传统（intellectual tradition），接受高等教育的比例不高，该行业对理论价值的认识程度也就相对有限。作为对比，20世纪上半叶的美国会计学术界可以说是群星璀璨，涌现出利特尔顿（A. C. Littleton）等自成一派的杰出学者，多个流派的作品交相辉映。而在英国，一直没有出现能够与《公司会计准则导论》相提并论的作品。[3] 1940年，美国会计学会出版威廉·A. 佩顿（William A.

1 Brian A. Rutherford, *Financial Reporting in the UK: A History of the Accounting Standards Committee, 1969-1990* (New York: Routledge, 2007), pp. 89-90, 215-216.

2 Stephen A. Zeff, *Forging Accounting Principles in Five Countries: A History and an Analysis of Trends* (Champaign, Illinois: Stipes, 1972), p. 311.

3 Richard Macve, *A Conceptual Framework for Financial Accounting and Reporting: Vision, Tool, or Threat?* (New York: Routledge, 1997), pp. 176-177.

Paton）和利特尔顿的《公司会计准则导论》，该书关于历史成本会计和配比原则的理论阐释力透纸背，完美地诠释了美国证券法、美国证监会所主张的信息真实性原则，从而成为会计史上难以逾越的高峰。今天来看，历史成本会计的本质，就是基于法律事实的会计，其学理、逻辑是能够经受时间考验和实践检验的。这是该书能够穿越时空而历久弥新的根本原因。作为对比，20世纪 70 年代以前，英格兰和威尔士的会计学者为数寥寥，而且通常仅为边缘化的存在。至于这些学者对会计规则的制定有没有做出贡献，则受到极大怀疑。[1] 自斯坦普等人参加撰写会计准则指导委员会主持的《公司报告：讨论稿》之后，英国会计学术界批判性意见偏多，建设性意见极少。

二、英国会计审计规则发展历程的经验

当然，英国毕竟是公共会计师行业的发源地，其会计审计规则还是有很多值得借鉴之处。

英国在公司法中直接规定会计审计监管框架的做法值得提倡。会计规则是民商法、经济法的实施细则。自企业所得税法实施以来，企业会计制度在本质上是民商法、经济法共同决定的企业收益分享规则。会计行为经由企业所得税法调整，然后才能得到公司法所称的税后利润。[2] 在此逻辑下，德国商法典直接规定了基本的会计监管框架。第二次世界大战期间，德国占领法国，遂把这种国家统一的会计监管架构带到了法国。法国随后发展出在财税法下建设会计制度的做法。德国和法国都没有过度倚重公共会计师行业，而是主要依赖法学家的力量。英国公司法 1844 年率先大规模推广注册公司，出于保护股东权益的目的而设计了强制性的审计制度，这是值得提倡的。如果英国

---

1 Brian A. Rutherford, *Financial Reporting in the UK: A History of the Accounting Standards Committee, 1969-1990* (New York: Routledge, 2007), p. 107.

2 周华、戴德明：《会计制度与经济发展——中国企业会计制度改革的优化路径研究》，中国人民大学出版社，2006，第 65—101 页。

公司法能够在法理上解决两个关键问题，一是梳理清楚审计机制设计的逻辑，二是合理界定会计的基本原则，那么，英国公司法将更具参考价值。[1]

但是，也应当看到，英国会计规则的演变历程对我国会计立法的参考价值不大。原因主要有两个方面。一方面，英国公司法关于会计审计规则的机制设计存在显著的局限性。英国公司法试图对会计进行法律管制，这个思路导向是对的。但公司法的起草者没有提炼出指导原则，而是抛出了莫名其妙的"真实和公允"作为总体原则，甚至引入了合并资产负债表、合并利润表等明显不符合民法原理"禁止双重法人"等基本原则的失当概念。英国的会计规则实际上是大公司（及其会计师）和证券交易所共同主导的。财政部门也没有发挥主导作用，以至于会计界连哪些资产应当计提折旧这样的问题都要争论很久。另一方面，英国的公共会计师行业缺乏提炼规则的热忱和能力。该行业自1844年起获得公司法赋予的公司财务报表的审计机会之后，在长达近100年的时间里，没有在会计规则的完善方面做出实质性的贡献。这两方面结合导致英国会计规则整体上落在美国证券市场上的公认会计原则的后面。而后者，仅仅是联邦证券监管（主要针对跨州发行证券的公众公司）和银行业监管（主要针对联邦存款保险公司监管的银行业金融机构）的失当工具，它并不是美国联邦统一的会计制度。两相对比可知，英国公司法存在立法失误。这是英国公司会计审计机制设计频频变革但难以奏效的根源所在。

1973年是英国会计规则发展史上的分水岭。在1973年以前，英国公共会计师行业躺在公司法提供的保护网上享受了100多年，直到1942年才勉强开始梳理会计规则。1973年，大洋对岸的财务会计准则委员会以及注册在英国伦敦的国际会计准则委员会几乎在同一时间宣告成立，自此以后，英国会计规则的制定更加缺乏自主精神，全面转向引进这两者设计的规则。

1　然而，这两个问题恰恰是英国公司法的软肋：做得早，不见得就做得好。

英国公司法语境下的会计准则与美国证券法下的会计准则的含义和功能定位虽然并不相同，但二者在内容上却几乎完全相同。这个诡异的现象本身就值得深思。二者的共同点是从不强调会计信息的公益性、公信力，而是捕风捉影地反复宣传会计信息对使用者的决策有用性，大力鼓吹会计"职业判断"。一项明明应当在法律框架下付诸实践操作的会计管理工作，活生生被引向了脱离法律框架、依照管理层意图捏造数据的道路。会计准则制定者还把这一切都归结为，会计准则的制定过程本身就是一个"政治过程"。其实，会计准则的制定过程本可以不沦落为政治过程。如果根据法律原则来界定会计准则，那么，会计准则的制定过程可大幅简化，如此，也就没有多少游说的空间。

基于英国会计审计监管架构的前车之鉴，我国可以通过在法理上加强充实论证，发挥后发优势，在公司法或税法架构下设计更加科学合理的国家统一的会计制度。信息真实性是证券监管、公司治理的基石。如果连会计信息的真实性都无法保证，那么，任何公司治理准则都不会起到多大作用。因此，如何保证信息真实性，应当是公司法、证券法立法论证的重中之重。

会计规则的由来

（第二卷）

周华 著

中国人民大学出版社
·北京·

策划编辑：魏　文　李文重
责任编辑：魏　文　黄　佳　李　玲　陈慧庚　陈　倩
装帧设计：彭莉莉

图书在版编目（CIP）数据

会计规则的由来. 第二卷 / 周华著. -- 北京：中
国人民大学出版社，2023.10
（国家哲学社会科学成果文库）
ISBN 978-7-300-31570-6

Ⅰ. ①会… Ⅱ. ①周… Ⅲ. ①会计制度—研究 Ⅳ.
①F233

中国国家版本馆CIP数据核字（2023）第056830号

会计规则的由来（第二卷）
KUAIJI GUIZE DE YOULAI（DI-ER JUAN）
周华　著
中国人民大学出版社　出版发行
（100080　北京中关村大街31号）
涿州市星河印刷有限公司　新华书店经销
2023年10月第1版　2023年10月第1次印刷
开本：720毫米×1000毫米 1/16　印张：28.25
字数：358千字　印数：0,001-2,000册
ISBN 978-7-300-31570-6　定价：698.00元（全四卷）
邮购地址 100080　北京中关村大街31号
中国人民大学出版社读者服务部　电话（010）62515195　82501766

目　录

CONTENTS

第二编 美国证券市场上的公认会计原则——揭开"国际先进经验"的面纱（上）

我国一些会计论著之所以过度依赖美国经验，主要是因为对美国证券市场上的公认会计原则的来龙去脉缺乏了解，以至于存在迷信的倾向。坊间所见多为色彩斑斓的知识碎片，缺少整体性的分析。本编旨在勾勒美国证券市场上会计理论及会计规则的发展全貌，取其精华，去其糟粕，以期与业界同人一起把握公认会计原则的利害得失，为发展和完善我国会计理论与会计规则、推动和提升会计管理实践提供可资借鉴的理论坐标。

一项失当的证券立法，一个追随金融资本的中介行业，这二重因素的结合就形成了貌似会计而非会计的公认会计原则。从 1831 年到 1973 年，公共会计师行业的价值导向从执行法律转变为向证券市场提供金融分析数据，相应地，公认会计原则也逐渐从会计规则演变成为金融资本的工具。如今，会计准则是公共会计师行业为公众公司提供的一个合规造假的工具箱。

公认会计原则的演变和公共会计师行业的表现生动地说明，以民间机构的独立审计取代政府监管的构想在理论上不成立，在实践中行不通。国内学术界对美国证券法和域外公共会计师行业的过分推崇可以休矣。

学者的天职是提出一家之言供社会公众（包括政策制定者）作参考。要重视对社会现象的历史和背景的研究，把研究结论建立在符合事实的"思想史"的基础之上。历史研究可以为善于思考的读者提供证据——很多争论只不过是在不断重复历史上的故事。一旦我们对大量的事实有所了解，真理自然就呈现在我们面前了。

公认会计原则和国际财务报告准则是当前国际证券市场上广泛采用的两套证券信息披露规则。公认会计原则泛指美国证监会所认可的公众公司信息披露规则，主要适用于接受美国证监会监管的 1 万余家公众公司（包括境外公司）以及接受美国联邦存款保险公司监督的银行业金融机构。

本编系统性地阐释公认会计原则形成和演化的动因，以事实为依据，以根据法律事实记账的会计基本原则为准绳，基于重要史实阐释美国证券市场上的会计及审计制度安排的失当性，旨在扭转我国学术界过度依赖域外规则及其学说的倾向。[1]

1 感谢美国俄亥俄州立大学会计名人堂委员会主席丹尼尔·L. 詹森教授（Daniel L. Jensen）慷慨授权笔者使用"会计名人堂"入选者的图片及文字资料。

第一章
美国公共会计师行业的起步

美国的公共会计师行业起源可以追溯到 1880 年。当时，英格兰和苏格兰的一些投资者将他们的钱财用于购买美国公司的股票，主要是啤酒公司的股票，这些股票在英国被视为蓝筹股。大量购买美国啤酒厂股票的投资者派出了自己的审计公司，以检查这些投资的健康状况。[1]一些富有远见的英国特许会计师追随资本的脚步，率先在美国设立了会计公司，把公共会计师业务带到了美国。[2]这些来自英国的先驱包括埃德温·格思里（Edwin Guthrie）、阿瑟·扬（Arthur Young）、詹姆斯·T. 安扬（James T. Anyon）、约翰·B. 尼文（John B. Niven）、欧内斯特·雷基特（Ernest Reckitt）、乔治·威尔金森（George Wilkinson）、阿瑟·L. 迪金森（Arthur L. Dickinson）和乔治·O. 梅（George O. May）等人。[3]

普华会计公司和毕马威会计公司就是因此而在美国起步的。塞缪尔·普莱斯（Samuel Price）先是于 1849 年在英国伦敦创业，创建后来的普华会计公司，后又于 1890 年在美国纽约设立了普华会计公司的美国成员公司——

1　T. A. Wise, "The Auditors Have Arrived (Part I)," *Fortune*, 1960, 62(5): 151.

2　Thomas A. Lee, *The Development of the American Public Accountancy Profession: Scottish Chartered Accountants and the Early American Public Accountancy Profession* (New York: Routledge, 2006), p. 15.

3　Stephen A. Zeff, "How the U.S. Accounting Profession Got Where It Is Today: Part 1," *Accounting Horizons*, 2003, 17(3): 189-205.

琼斯－西泽（Jones, Caesar & Co.）会计公司；詹姆斯·马威克（James Marwick）1887 年在英国格拉斯哥创业，1897 年在美国纽约设立了会计公司；律师出身的苏格兰人阿瑟·扬于 1894 年在美国芝加哥设立了会计公司，向英国的投资者提供服务。[1]

第一节　第一部州注册会计师法的出台

一、纽约会计协会于 1882 年成立

1882 年 7 月 28 日成立的纽约市会计师和簿记员协会（Institute of Accountants and Book-keepers of the City of New York），是美国第一个职业会计师组织。1886 年，该协会更名为会计师协会（Institute of Accountants），该协会率先提出了纽约州注册会计师法的立法动议，在 19 世纪末和 20 世纪前 20 年具有较大影响。[2]

纽约会计协会的领军人物，是 1895 年成立的哈斯金斯－赛尔斯公司（Haskins & Sells）的合伙人查尔斯·W. 哈斯金斯（Charles W. Haskins）。哈斯金斯－赛尔斯公司由哈斯金斯和以利亚·W. 赛尔斯（Elijah W. Sells）二人创立（见图 1-1）。哈斯金斯－赛尔斯公司是美国会计师（而不是英国会计师）创办的第一家大型会计公司，也是 20 世纪初美国本土最大的会计公司。

---

1 Charles W. Wootton, Carel M. Wolk, "The Development of 'The Big Eight' Accounting Firms in the United States: 1900 to 1990," *The Accounting Historians Journal*, 1992, 19(1): 1-28; Stephen A. Zeff, "How the U.S. Accounting Profession Got Where It Is Today: Part 1," *Accounting Horizons*, 2003, 17(3): 189-205.

2 James Don Edwards, *History of Public Accounting in the United States*, The Board of Trustees of Michigan State University, 1960, pp. 32-67; Stephen E. Loeb and Paul J. Miranti, Jr., *The Institute of Accounts: Nineteenth-Century Origins of Accounting Professionalism in the United States* (New York: Routledge, 2004), pp. 1-59.

图 1-1　哈斯金斯 - 赛尔斯公司的两位创始人

专栏 1-1

查尔斯·W. 哈斯金斯

查尔斯·W. 哈斯金斯（Charles W. Haskins，1852—1903），被公认为美国注册会计师（CPA）行业的首位代言人（first statesman），美国第一部注册会计师法的倡导者，纽约大学商学院创始人。

哈斯金斯 1852 年生于纽约布鲁克林，由于家境殷实，他自幼在私立学校学习。1867 年毕业于布鲁克林理工学院。他听从父母的建议，立志成为土木工程师。1869 年他转往纽约一家贸易公司的会计部工作了 5 年。之后两年游历欧洲，在巴黎学习。回国后，哈斯金斯加入父亲的经纪公司工作了很短一段时间，然后在承担纽约市政、西部海岸、布法罗铁路建造任务的北河建筑公司（North River Construction Company）的会计部工作。

当西部海岸项目完工时，他成为会计总管和付款审计师。1885 年，哈斯金斯迎娶了纽约名门之秀亨丽埃塔·哈夫迈耶（Henrietta Havemeyer）。1886 年，西部海岸被纳入范德比尔特纽约中央系统（Vanderbilt New York Central System），哈斯金斯开立了自己的公司，为美国最重要的银行、铁路和轮船公司提供建议、制定会计制度。1893 年他和以利亚·W. 赛尔斯（Elijah W. Sells）被任命为美国国会众议院和参议院设立的一个联合委员会（Dockery Commission，多克里委员会）的委员，负责调查政府的行政部门并提供改进建议。他们的报告促使政府的公共业务大为简化并得到显著改进。1895 年该项目结束时，他俩以自己的名字合伙组建了哈斯金斯 - 赛尔斯会计公司（Haskins & Sells，德勤的前身之一）。

哈斯金斯发挥影响力，使得纽约州于 1896 年通过了全美各州第一部关于注册会计师行业的法律（An Act to Regulate the Profession of Public Accountants），被后来许多州的立法所效仿。纽约州也是全美第一个举办注册会计师考试的州。哈斯金斯担任纽约州注册会计师考试委员会首位主任和纽约州注册会计师协会（New York State Society of CPAs）首位主席。哈斯金斯和赛尔斯是纽约大学商业、会计与金融学院的创始人，哈斯金斯亲自任教并担任首任院长。他采用的是与今天不同的宽基础的教学。

哈斯金斯 - 赛尔斯会计公司的早期客户包括葵花牛乳品公司（Borden Company）、桂格麦片（Quaker Oats）、芝加哥市政府、巴纳姆和贝利马戏团（Barnum & Bailey）。该公司是 20 世纪初美国本土最负盛名的会计公司。

资料来源：Gary J. Previts, Dale L. Flesher, Tonya K. Flesher, "Charles Waldo Haskins: The CPA Profession's First Statesman," *The CPA Journal*, 1997, 67(5): 46-50.

哈斯金斯和赛尔斯商定，两人合伙开设的公司以姓氏字母排序。1903 年，哈斯金斯 - 赛尔斯公司的纽约总部有 140 名会计师，该公司在伦敦、匹兹堡、芝加哥、圣路易斯设有分支机构。1904年，赛尔斯参与组织了首届世界会计师大会。

专栏1-2

以利亚·W. 赛尔斯

以利亚·W. 赛尔斯（Elijah W. Sells，1858—1924），1895年与哈斯金斯联合创办美国本土第一家会计公司哈斯金斯－赛尔斯公司。

赛尔斯1858年出生在艾奥瓦州马斯喀汀的一个公务员家庭。曾就读于贝克大学，但未完成学位要求。早年在铁路行业供职近20年。自1874年起，在堪萨斯州的一家铁路公司工作，任助理站长。自1879年起，在多个州的铁路公司任出纳、会计师、主计长、审计师等。1893年，他成为某铁路公司的首席审计师，美国铁路会计主管协会的名誉会员。

1893年6月，他离开铁路系统，与哈斯金斯一起按照多克里委员会的指示，研究改进和提升行政部门工作效率的方案。这是美国联邦历史上最广泛、最重要的工作，也是联邦政府首次雇用专业会计师从事如此重大的项目。他们关于重组美国政府会计系统的很多建议都被美国国会采纳，很多建议立即进入行政命令付诸实施。

1895年，成功完成这项任务后，二人开设了哈斯金斯－赛尔斯公司。这是美国第一家由美国会计师而不是英国会计师成立的大型会计公司。1896年，赛尔斯获得纽约州注册会计师执业资格。1900年，他协助创建了纽约大学商业、会计与金融学院，这是世界上第一所商业、会计与金融学院。

1903 年，哈斯金斯去世。赛尔斯成为公司的主管，直至其 1924 年去世。1906 年和 1907 年，赛尔斯连续两届兼任美国公共会计师协会（American Association of Public Accountants）会长。他被授予贝克大学的荣誉文学硕士学位（1909）和纽约大学的荣誉商业科学博士学位（1916）。1916 年至 1922 年，他还在美国会计师协会理事会和行政委员会中兼任职务。他拥有纽约州、密苏里州、俄亥俄州、科罗拉多州、宾夕法尼亚州、马里兰州、伊利诺伊州、俄克拉何马州和路易斯安那州的注册会计师执业资格。

赛尔斯发表有《会计职业：需求与未来》（The Accounting Profession— Its Demands and Its Future）等多篇富有卓见的论文。1923 年，赛尔斯的朋友们建立了以利亚·W. 赛尔斯奖学金基金，该基金向参加 CPA 考试并获得最高分的候选人提供美国会计师协会颁发的奖项。

1924 年，赛尔斯辞世。其女婿阿瑟·卡特接任该公司主管。1933 年 4 月 1 日，卡特作为纽约州注册会计师协会会长，参与了参议院银行和货币委员会召开的关于美国联邦证券法（即《1933 年证券法》）的立法听证会。

资料来源：*Haskins & Sells Bulletin*, 1920, 3(3): 20-22.

二、美国公共会计师协会于 1887 年成立

来自英国的特许会计师提升了公共会计师行业在美国的威望，但也引起了强烈的敌视。因为美国本土公共会计师迅速意识到，银行家和最赚钱的客户更喜欢他们的"堂兄"英国特许会计师。两方都认识到，公共会计师行业必须与纯粹的簿记员区分开来，才能真正获得职业地位。英国移民于是以英国皇家特许的公共会计师行业协会为榜样，推动在美国成立全国性的公共会

计师行业协会。[1]

1887年8月20日，美国公共会计师协会（American Association of Public Accountants，AAPA）正式成立（见图1-2），主要是受英国公共会计师的鼓动。其创始成员以英格兰和苏格兰的特许会计师（Chartered Accountant，CA）为主。1886年12月22日召开筹备会议时，该协会只有10位会员。

图1-2 美国公共会计师协会会徽

美国公共会计师协会并不是美国唯一的公共会计师协会，因为还有很多州一级的协会。该协会在成立之后的五年里基本上没有做多少工作[2]，实际上，当时在纽约州以外的地方人们还很少听说有专业会计师（professional accountant）这么一个职业。该协会名义上覆盖整个美国联邦，但当时实际上只是覆盖了纽约州。1889年5月，美国公共会计师协会举行首次年度集会，此时仅有正式会员（fellows）25人，准会员（associates）7人。[3] 该协会会员

---

1 John C. Coffee Jr., *Gatekeepers: The Professions and Corporate Governance* (New York: Oxford University Press, 2006), p. 114.

2 1892年，该协会试图在纽约大学创办一个会计学院，但未能成功。

3 Richard Brown, *A History of Accounting and Accountants* (Edinburgh, T.C.&E.C. Jack, 1905)(New York: Augustus M. Kelley Publishers, 1968), published in 2013 by Routledge (New York).

人数 1899 年为 70 人，1905 年缓慢增长至 214 人。[1] 1905 年，该协会创办了会刊《会计杂志》（*Journal of Accountancy*），至今该刊仍然具有较大的影响力。

 专栏 1-3

从美国公共会计师协会到美国注册会计师协会

美国公共会计师协会于 1899 年合并了 1897 年成立的全美注册会计师协会（National Society of Certified Public Accountants，NSCPA），1905 年合并了 1902 年成立的美国公共会计师协会联合会（Federation of Societies of Public Accountants in the United States of America）。1916 年改称美利坚合众国会计师协会（Institute of Accountants in the United States of America），当时有会员 1 150 人。1917 年又将名称简化为美国会计师协会（American Institute of Accountants，AIA），此时不再要求会员持有注册会计师证书。

1936 年，美国会计师协会合并了 1921 年成立的美国注册公共会计师协会（American Society of Certified Public Accountants，ASCPA），后者的显著特点是要求会员必须具备注册会计师资格，合并后的美国会计师协会也采用了这一标准。

1940 年，美国会计师协会合并了 1882 年成立的纽约市会计师和簿记员协会（Institute of Accountants and Book-keepers of the City of New York，1886 年更名为 Institute of Accounts）。

1957 年，美国会计师协会改用现名"美国注册会计师协会"（American Institute of Certified Public Accountants，AICPA）。

图 1-3 展示了美国注册会计师协会的发展历程。

---

1 Thomas A. Lee, *The Development of the American Public Accountancy Profession: Scottish Chartered Accountants and the Early American Public Accountancy Profession* (New York: Routledge, 2006), p. 16.

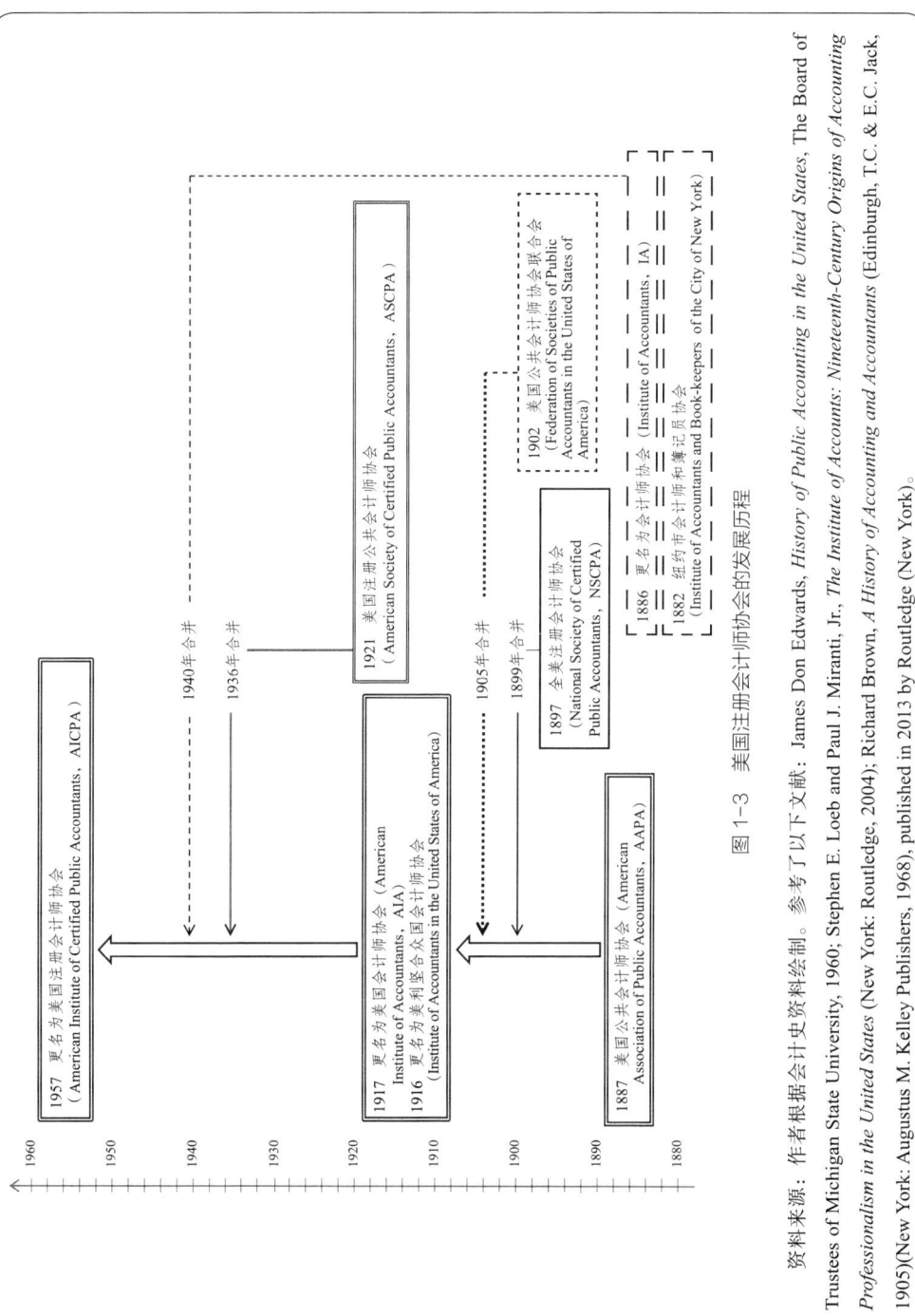

图 1-3 美国注册会计师协会的发展历程

资料来源：作者根据会计史资料绘制。参考了以下文献：James Don Edwards, *History of Public Accounting in the United States*, The Board of Trustees of Michigan State University, 1960; Stephen E. Loeb and Paul J. Miranti, Jr., *The Institute of Accounts: Nineteenth-Century Origins of Accounting Professionalism in the United States* (New York: Routledge, 2004); Richard Brown, *A History of Accounting and Accountants* (Edinburgh, T.C. & E.C. Jack, 1905)(New York: Augustus M. Kelley Publishers, 1968), published in 2013 by Routledge (New York)。

> 在不引起歧义的情况下，上述美国公共会计师协会、美国会计师协会、美利坚合众国会计师协会可统称为美国注册会计师协会。

值得注意的是，美国注册会计师协会是一个自发性的行业团体，它不是联邦法律规定的机构，对各州依据该州注册会计师法注册的公共会计师没有强制力。各州或司法管辖区域独立管理各自的注册会计师事务。[1] 注册会计师可以选择加入执业资格所在州的注册会计师协会，或者加入美国注册会计师协会，也可以选择既加入州注册会计师协会，又加入美国注册会计师协会。换言之，注册会计师可以自愿（且没有义务）加入行业协会。

截至 2020 年初，美国注册会计师协会在 42 个国家和地区拥有 429 000 多位会员，遍布工商业、公共会计师行业、政府部门、教育和咨询机构等。

三、纽约州 1896 年通过注册会计师法：美国第一部注册会计师法

纽约会计协会（Institute of Accounts）促成了美国第一部注册会计师法的出台。在哈斯金斯、查尔斯·E. 斯普拉格（Charles E. Sprague）、亨利·哈尼（Henry Harney）等纽约会计协会成员的努力下，纽约州于 1896 年通过美国第一部关于注册会计师资格认定的法律——纽约州《公共会计师职业规范法》。美国公共会计师行业的发展从此拥有了组织上和法律上的保障。

1894 年至 1895 年的冬季，纽约会计协会会长亨利·哈尼起草了一个规范会计师的专业教育标准及其资格认定的法律草案，并派银行家斯普拉格去申请立法程序。[2] 斯普拉格富有实践经验且具有较高理论水平，其 1880 年所著的

---

1 目前，美国的 50 个州、1 个特区（哥伦比亚特区），联邦领地波多黎各和北马里亚纳群岛，海外领地关岛、美属维尔京群岛等，均设有各自独立的注册会计师协会。某一司法管辖区域内的注册会计师可以通过认可，获得另一司法管辖区域的注册会计师证书。

2 美国公共会计师协会也起草了类似的法律草案。这两份草案都在 1895 年初被纳入立法程序，但未获通过。

《账户代数》（*The Algebra of Accounts*）一书成功地运用简单的数学知识对会计知识进行了理论梳理，对于帮助会计知识融入主流大学课程起到了推动作用。[1]

专栏 1-4 ——————————————————————

查尔斯·E. 斯普拉格

查尔斯·E. 斯普拉格（Charles E. Sprague，1842—1912），纽约州注册会计师法的奠基人之一，著有代表作《账户代数》（1888 年）、《账户的哲学》（1907 年第 1 版）。

斯普拉格 1842 年生于纽约，1860 年在联合学院（Union College）获学士学位，1862 年获得硕士学位，1893 年获得名誉博士学位。美国南北战争期间，曾参加葛底斯堡战役，获上校军衔。1870 年加入纽约市联合小额储蓄银行（Union Dime Savings Bank），1877 年任秘书长、司库，1892 年任董事会主席直至其 1912 年逝世。1904—1905 年任美国银行家协会（American Bankers Association，ABA）储蓄银行部主管。

斯普拉格在 1896 年纽约州注册会计师法的起草中担任主要角色，并且是纽约州三位注册会计师考试委员会委员之一，当年即成为该州的注册会计师。他担任纽约州注册会计师协会理事，同时是美国公共会计师协会（美国注册会计师协会的前身）会员和美国银行家协会会员。1900 年，他参与创建了纽约大学的商业、会计与金融学院，并从当年开始担任其会计教师，直至去世。

斯普拉格接到会长亨利·哈尼交代的任务后，转而请求好友、著名图书

---

1 Stephen E. Loeb and Paul J. Miranti, Jr., *The Institute of Accounts: Nineteenth-Century Origins of Accounting Professionalism in the United States* (New York: Routledge, 2004), pp. 1-59.

馆学家梅尔维尔·杜威（Melvil Dewey）提供帮助。这位大名鼎鼎的杜威是杜威图书分类法的发明人，时任纽约州教育部教育督导理事会（Regents Board）秘书长，他建议由纽约州教育部教育督导理事会来执行日后通过的该项法律并组织考试事宜。杜威的支持保证了注册会计师法的通过。

1895 年 2 月，该法律草案提交纽约州参议院，经过修改完善，先后于次年 4 月 3 日和 7 日得到纽约州众议院和参议院的批准。1896 年 4 月 17 日，纽约州州长签发了这部法律。该法律的通过标志着美国公共会计师行业的起步。

 专栏 1-5

纽约州《公共会计师职业规范法》（全文）

纽约州众议院 1896 年 4 月 3 日通过，纽约州参议院 1896 年 4 月 7 日通过

州长签发于 1896 年 4 月 17 日

公共会计师职业规范法

（An Act to Regulate the Profession of Public Accountants）

纽约州参议院和众议院制定如下规定：

第 1 条 任何在纽约州居住或者拥有经营场所的美国公民或者公开宣布有意放弃本国国籍并加入美国国籍的外国人，若年满 21 岁、道德品质良好且拥有由大学校董会出具的能够证明其具备公共会计师职业能力的证书，则可使用"注册会计师"（Certified Public Accountant）的称号，该称号可简称为"CPA"。不符合上述条件者不得使用上述头衔（或"CPA"字样）。

第 2 条 大学校董会应当为依照本法申请职业资格者制定考试规则，指定由三位考官组成的考试委员会。自 1897 年起，该考试委员会成员均应为注册会计师。大学校董会可以根据实际开支情况向申请人收取考试

费、注册费等必要的费用，并依照本法向纽约州审计长报告年度收支情况，收支相抵如有结余，则应上交至纽约州财政部。在以书面通知告知证书持有者并且经过相应的听证程序之后，大学校董会有权撤销持证人的职业资格证书。

第3条　大学校董会可以酌情允许在本法通过以前已经以公共会计师身份独立在纽约州执业满一年的专业人士免予考试。申请免试者应在本法通过后一年内递交书面免试申请。

第4条　违反本法的行为将被交付轻罪审判庭追究法律责任。

第5条　本法自发布之日起施行。

（完）

值得注意的是，纽约州《公共会计师职业规范法》为美国的公共会计师行业选择的头衔是"注册会计师"（Certified Public Accountant，CPA），有别于英国的特许会计师（Chartered Accountant，CA）。[1] 而且，公共会计师行业协会无权控制行业的准入资格和退出机制，这与英国的公共会计师行业存在较大差异。[2]

1897年，伊利诺伊州公共会计师协会、宾夕法尼亚州公共会计师协会和纽约州注册会计师协会相继成立。纽约州注册会计师协会是第一个明确仅限注册会计师加入的协会。

1899年3月，宾夕法尼亚州颁布了美国第二部注册会计师法，该州的公共会计师协会随之更名为注册会计师协会，这种更名的做法被其他州争相

1　1894年，来自纽约会计协会、美国公共会计师协会的代表以及未参加任何协会的公共会计师共计14人，组成了一个联合委员会，该委员会选择以CPA作为职业头衔，以期区别于CA。参见：Michael Chatfield, Richard Vangermeersch, *The History of Accounting: An International Encyclopedia* (New York & London: Garland Publishing, Inc., 1996), p.106。

2　直到20世纪中叶，美国的公共会计师行业才形成受到各州认可的全国性的资格考试，大体实现了对准入资格的控制。

效仿。随后，马里兰州（1900 年）、加利福尼亚州（1901 年）、伊利诺伊州（1903 年）、华盛顿州（1903 年）、新泽西州（1904 年）、佛罗里达州（1905 年）和密歇根州（1905 年）陆续颁布注册会计师法。

到了 1905 年底，纽约州已签发 332 份注册会计师证书，其中 155 份是通过考试后颁发的，其余的则是免试签发的。[1]

纽约会计协会之所以能够成功推动这项立法，部分原因是该协会所提议的法律草案更接近纽约州比较成熟的若干行业监管模式。另外，还得益于该协会的领袖之一——哈斯金斯较大的政治影响。哈斯金斯的妻子亨丽埃塔·哈夫迈耶的家族具有强大的政治影响，她的叔叔威廉·F. 哈夫迈耶（William F. Havemeyer）曾任纽约市市长，并在 19 世纪 70 年代领导了驱逐特威德同党（Tweed Ring）的政治行动。哈斯金斯通过这种关系，结识了纽约州教育部教育督导理事会理事及其秘书长梅尔维尔·杜威。[2]

这部号称美国第一部注册会计师法的纽约州《公共会计师职业规范法》，其单薄程度简直超乎想象。但它毕竟还是为公共会计师行业制定了起码的从业标准，建立了注册会计师考试制度。这部法律实际上也表明美国本土的公共会计师不甘臣服于英国的特许会计师，属于分庭抗礼之举。[3]该法发布以后，不愿放弃英国国籍的特许会计师不得不离开纽约州，奔赴其他各州继续开展公共会计师业务。[4]

斯普拉格还在会计教育领域立下汗马功劳。亨利·哈尼带领纽约会计协会积极与大学开展合作，但并不受欢迎——纽约大学担心商业、会计与金融

---

1 John L. Carey, *The Rise of the Accounting Profession: From Technician to Professional 1896-1936*, Vol. 1 (New York: AICPA, 1969), p. 45.

2 Michael Chatfield, Richard Vangermeersch, *The History of Accounting: An International Encyclopedia* (New York & London: Garland Publishing, Inc., 1996), p. 36.

3 该法没有沿用英国特许会计师（Chartered Accountant，CA）的名号，而是自称注册会计师（CPA）。这种立场后来被其他各州的立法纷纷效仿。

4 特许会计师迄今在许多原英联邦国家仍然依照当地法律享有审计执业资格。

学院很难得到捐助，由此会给学校带来亏损。这时斯普拉格出了个妙招。他趁着大学暑假在华盛顿广场附近离纽约大学校长亨利·M. 麦克拉肯（Henry M. MacCracken）家不远的地方，租了纽约大学一位教师的房子。他设法时常"偶遇"麦克拉肯并陪他一起散步，让他相信会计学院不会产生赤字。其结果是，1900 年 10 月，纽约大学同意在纽约州注册会计师协会的担保下建立一所商业、会计与金融学院。[1] 纽约大学任命了美国第一批会计专业教授，均为兼职。这种由公共会计师行业出资开办大学的做法后来变得更为普遍。宾夕法尼亚大学的沃顿商学院是在约瑟夫·沃顿（Joseph Wharton）的资助下于 1881 年设立的，该学院于 1883 年开设"会计理论与实务"课程，是第一个开设会计系列课程的商学院。1904 年，沃顿商学院接受了宾夕法尼亚州注册会计师协会提供的会计教育项目。

20 世纪初，纽约州注册会计师协会会员不足 100 人，且以侨居纽约的英国人为主。1900 年，还没有一所大学授予会计学专业的学士学位。到 1930 年，有超过 300 所大学授予会计学学士和硕士学位。会计教师通常来自公共会计师行业。[2] 如此，通过资助大学的会计教育项目，公共会计师行业既成功地把一些高校教师延揽为行业利益的卫道士，又把大批青年才俊培植为该行业的生力军，可谓一箭双雕。一个社会中介行业的做大做强之路，留给人们的是无尽的思索。

四、蒙哥马利和安达信启动会计事业

19 世纪末，美国涌现了一批公共会计师行业的本土先驱。罗伯特·H. 蒙哥马利（Robert H. Montgomery）1898 年与他人合伙成立了会计公司，即后来

1　Charles E. Sprague, *The Philosophy of Accounts* (New York: The Ronald Press Company, 1922), Introductory Notes Ⅰ.

2　加里·约翰·普雷维茨、巴巴拉·达比斯·莫里诺：《美国会计史——会计的文化意义》，杜兴强等译，中国人民大学出版社，2006，第 143—153、201—202、281—287 页。

的永道会计公司。在迪金森的鼓励和支持下，蒙哥马利1905年编辑出版了迪克西的《审计：审计师实用手册》美国版第1版，书中展示了迪克西为该书撰写的授权书。蒙哥马利长期执教于哥伦比亚大学，著有《审计理论与实践》等颇具影响的专业教材。

蒙哥马利堪称美国公共会计师行业的先哲。他提出了恪守事实底线等重要观点。1937年10月，蒙哥马利作为会长，在合并后的美国会计师协会年会上发表演讲。他提出，公共会计师必须找到事实（public accountants must find facts），并运用他们的智慧，以清晰、简洁的方式帮助忙碌的人们高效率地了解真相。蒙哥马利指出，公共会计师的职业角色与律师比较接近。他希望，公共会计师能够以单纯的心灵和不屈不挠的勇气（simple minds and indomitable courage）去寻求并告诉人们真相（to seek and tell the truth）。

1947年，蒙哥马利呼吁，"不要强求会计师们预测未来"。他指出："今天的会计师们必须尽力避免遭到一种四五十年前我们从未遭遇过的伤害。以前，我们这个行业从未自负到承揽像今天这么多的社会责任。有些人要求我们去解决一些不可能解决的问题，好像我们就是全能的上帝一样。我们这个行业的职业热情、职业目标和工作内容与四五十年前并无区别。这个行当还是老样子。我们之所以需要会计，是因为我们需要事实，过去交易的事实。我们从来没有、也未曾试图去了解未来的价格水平、美元走势、货物需求量，更无法了解这些因素对未来的销售情况、资产使用情况的影响。""当我们要求美国会计师协会（AIA）附属的会计程序委员会（CAP）的21位委员制定那些涉及对未来的估计的规则时，请记住这一点。需要预测未来的，是客户自己，而不是我们公共会计师。因此，当他们处理存货或者资产减值问题时，我们的测试应当是：客户是在为业主或债权人的利益而行事吗？我们不能推广那些只有上帝才能理解的规则给客户们。我们没有能力处理关于未来的信息。我愿意在此重申 10 年前曾说过的话，'如果公共会计师行业之外的任何一个人（政府官员或私人部门，客户或朋友）有权胁迫我们从而影响我们的立场，那么从那一刻起，公共会计师行业就行将就木了。今天还没有出现那种情况。'除了陈述已经发生的事实，我们并不能做得更多。今天的我们，还应当是四五十年前的我们。"[1]

专栏 1-6

罗伯特·H. 蒙哥马利

罗伯特·H. 蒙哥马利（Robert H. Montgomery，1872—1953）精通律师和注册会计师业务，是美国本土公共会计师行业的杰出代表。多年担任美国会计师协会会长。在他任内，美国会计师协会与美国注册公共会计师协会完成了合并。

蒙哥马利 1872 年出生于宾夕法尼亚州。由于父亲病重，他 14 岁就参加工作，没有读完中学。1889 年成为一家会计公司的职员，1896 年成为合伙人。1898 年在费城创立含有自己名字的会计公司——"莱布兰德，罗斯兄弟和蒙哥马利"公司（永道会计公司的前身），1899 年获得宾夕法尼亚州注册会计师证书。1902 年在纽约开办成员公司，担任主管。

蒙哥马利还曾在律师行业从业多年。1900 年加入宾夕法尼亚州律师协会，1904 年加入纽约州律师协会。他多年从事律师和会计行业，但最终选择以会计为业。1897 年参与创建宾夕法尼亚州公共会计师协会，之后担任协会会长。1904 年参与筹办在圣路易斯召开的首届世界会计师大会。

---

1 Robert H. Montgomery, "Accountants should not be Expected to Forecast Future," *Journal of Accountancy*, 1947, 84(6): 460.

1905 年参与创办《会计杂志》。1912 年任哥伦比亚大学工商管理系讲师，1915 年任助理教授，1919 年任教授。第一次世界大战期间曾被任命为上校（1918），供职于陆军部。他在哥伦比亚大学供职至 1931 年。编辑出版了迪克西的《审计：审计师实用手册》美国版（1905），著有《审计理论与实践》（1912）等许多权威书籍。1922—1923 年任纽约州注册会计师协会会长。1912—1914 年、1935—1937 年任美国会计师协会会长。1949 年获美国会计师协会颁发的金质奖章。

但是，对于如何才能帮助投资者，蒙哥马利却出了个昏着。他提出，会计师要想对投资者有所帮助，就需要推广使用每股收益这个指标。蒙哥马利也不主张对会计实务或程序进行标准化，因为他认为那就意味着会计师们的意见和自由裁量权将会被固定的规则所取代，而表达专业意见以及拥有自由裁量权恰恰是会计师们值得珍惜的财富。[1]

阿瑟·E. 安达信（Arthur E. Andersen）在供职于普华会计公司多年之后，于 1913 年开设了自己的会计公司——安达信会计公司。安达信会计公司曾长期是美国本土公共会计师行业的标杆，安达信本人及其后继者伦纳德·P. 斯派塞克（Leonard P. Spacek）等人在会计审计行业发展史上都具有重要影响。[2]

 专栏 1-7 ————————————

阿瑟·E. 安达信

阿瑟·E. 安达信（Arthur E. Andersen，1885—1947），精通税务与会计业务，诚实与正直的代言人，美国本土公共会计师的杰出代表。

---

1 Robert H. Montgomery, "What Have We Done, and How?" The Fiftieth Anniversary Celebration of the American Institute of Accountants, 1937.

2 安达信为我国会计界约定俗成的译名，Andersen 作人名时一般译作"安德森"。安达信会计公司曾经以注重诚信而著称。遗憾的是，安然事件爆发后，安达信会计公司成为千夫所指的对象，于 2002 年未经审判即宣告倒闭。

安达信 1885 年生于伊利诺伊州的一个挪威移民家庭，十几岁时成了孤儿，1903 年高中毕业，1901—1907 年供职于一家公司（Fraser & Chalmers，后来合并进入 Allis-Chalmers 公司）。1907—1911 年任普华会计公司高级审计师。1908 年获得伊利诺伊州注册会计师执业资格（时年 23 岁），是该州最年轻的注册会计师。安达信通过夜校学习，于 1917 年获西北大学商学专业学士学位。历任西北大学讲师（1909—1912）、助理教授（1912—1915）、教授（1915—1922），1912—1922 年担任会计系主任。自 1922 年起专心从事注册会计师业务。

安达信 1911 年任喜力兹啤酒公司（Jos. Schlitz）主计长。1913 年与原普华会计公司同事克拉伦斯·德拉尼（Clarence Delany）购买了一家小会计公司，创建了安达信－德拉尼公司（Andersen, Delany & Co.）。1914 年，一家芝加哥铁路公司要求安达信认可其一笔有争议的交易，年轻的安达信拒绝让步，导致其失去了该客户，然而数月后该客户的破产却为安达信赢得了声望。1915 年，安达信要求一家轮船公司在公布其资产负债表时，披露资产负债表日后一艘货轮沉没的事实。这是历史上首次有会计公司要求用这样的标准进行披露，此举为安达信公司赢得了公众的信赖。因德拉尼退出，该公司于 1918 年更名为阿瑟·安达信公司（Arthur Andersen & Co.）并迅速在美国扩张，其中包括自 1921 年开始在哥伦比亚特区开展业务。安达信提出了一个全新的业务概念——管理信息咨询，但这并不是其后来的咨询业务内容。在以后的 20 年中，安达信用"一家公司"的理念把所有办公室联系在一起。这家公司为其员工和合伙人开设了有创新意识的培训课程并树立了从业标准。

> 安达信曾任伊利诺伊州注册会计师协会主席（1918—1919），是美国会计学会和美国经济学会会员，曾在美国会计师协会的多个委员会任职。
>
> 安达信曾撰写许多论文和著作，并身兼数职，如曾任美国商会税收与金融委员会（Taxation and Finance Committees, U.S. Chamber of Commerce）委员。

五、进步主义时代：工业委员会与商务和劳工部企业局的主张 [1]

19世纪末20世纪初，美国政治经济生活中出现了追求公平、正义、效率、秩序等的社会思潮，史学界称之为"进步主义"（progressivism）。西奥多·罗斯福、伍德罗·威尔逊等所采取的开明政策属于"进步运动"（progressive movement）的一部分。

（一）工业委员会的努力

1898年6月19日，美国国会设立了工业委员会（Industrial Commission），以期处理托拉斯所带来的垄断和竞争等问题。

1900年，工业委员会的初步报告提出，应当防止公司通过隐瞒重要事实或作出误导性陈述来欺骗投资者和公众，可以由独立的公共会计师职业来抑制公司滥用掺水股票（watered stock）等手段掠夺投资者的行为。参与其听证会的企业大多支持推行信息公开的制度。

1902年，工业委员会在最终报告中提出，应当要求大型公司（即所谓的托拉斯）公布经过审计的年度报告，合理详细地说明其资产负债以及损益。年度报告和审计应当经过宣誓，并应接受政府监管。

该最终报告中收录的一份少数派报告提出，应当在财政部设立一个局，

---

1 Gary J. Previts and Barbara D. Merino, *A History of Accountancy in the United States: The Cultural Significance of Accounting* (Columbus: Ohio State University Press, 1998), pp. 184-186.

负责对所有从事州际贸易的公司进行登记，并对公司账目进行检验和审查。[1]

（二）商务和劳工部企业局的动议

1903 年 2 月 14 日，西奥多·罗斯福政府时期的美国国会立法设立了商务和劳工部（Department of Commerce and Labor）[2]。该部下设企业局（Bureau of Corporations），负责搜集和公布企业信息，并进行调查和监管。企业局推行高效率披露政策，并开展了大量的调查活动。《纽约时报》评论道，"企业局既能迎合社会公众的口味，又不至于对托拉斯造成伤害"。这真是一个两面讨好的做法。

企业局请求国会立法授权其直接审查公司账目，以期更好地保护公众利益。这类立法动议在 1903—1914 年间每年都会提出，在 1919—1930 年间也偶尔出现，但从未最终形成联邦法律。

六、1900 年前后美国工商企业的信息披露[3]

直到 1900 年末，大多数美国制造业公众公司向股东提供的财务信息还很少，这与公用事业、保险公司、银行和铁路等企业的做法形成了鲜明对比。例如，1897 年至 1905 年，西屋电气制造公司既没有向股东公布年度财务报告，也没有召开年度会议。1901 年 2 月 20 日，西屋电气制造公司董事会向股东特别会议提交了一份两页的报告。该报告不包含财务报表，但提供了公司 1898—1900 年的销售额、总股利、利息等信息。1890 年以后，一些新成立的企业偶尔会公布较为详细的财务报表。

---

1 应当说，这是一个正确的思路，即由政府机关主导进行财会监督和审计监督。但在美国联邦层面上，这套方案很难获得联邦法律的支持。

2 1913 年 3 月 4 日，塔夫脱（W. H. Taft）政府时期的联邦法律将该部分拆，分别组建了商务部和劳工部。

3 David F. Hawkins, "The Development of Modern Financial Reporting Practices among American Manufacturing Corporations," *The Business History Review*, 1963, 37(3): 135-168.

早在 1869 年，纽约证券交易所股票上市委员会就要求上市公司公布年度财务报告。然而，很少有公司遵守这一规定。事实上，直到 1897 年密苏里州堪萨斯城天然气公司上市，纽约证券交易所才开始获得上市公司关于遵守最低报告要求的实质性承诺。

美国缺乏成熟的公共会计师行业和会计理论体系。很多企业披露的信息是可疑的，折旧概念鲜为人知，许多公司从未对折旧作出规定。会计之所以五花八门，主要是因为美国很少关注会计的逻辑。在 1900 年之前，教科书主要关注簿记规则。自殖民时代以来，会计教育一直是那些教授商业算术、书法和商业信函写作等基础科目的人的专利。会计通常不被列入大学课程。

美国的股东人数从 1900 年约 50 万增加到 1920 年约 200 万，到 1930 年估计增加到 1 000 万。在这种背景下，呼吁扩大信息披露、加强会计监管的舆论环境逐渐形成。

第二节　美国公共会计师行业对自身定位的求索

美国的公共会计师行业最初以协助客户执行法律为业。后来曾试图谋求联邦贸易委员会、联邦储备委员会等联邦机构的支持，但未能成功。在普华会计公司的阿瑟·迪金森和乔治·梅的领导下，美国公共会计师行业的领先机构最终走向了与金融资本结盟、在证券市场谋生存的道路。

一、以法律为业：公共会计师行业发达之路的起点

公共会计师行业是在政府加强会计管制的过程中逐渐形成的，在自 1831 年起的 100 年间，其职业角色类似于执行破产法、公司法和税法的律师。公

共会计师行业的不少领袖人物出身于法律行业，如蒙哥马利先后于 1900 年、1904 年加入了宾夕法尼亚州律师协会和纽约州律师协会，一度同时从事法律和会计服务，后来放弃法律职业而专门从事会计事业；阿瑟·扬在英国时就是高等律师（barrister），后来（因为听力下降）放弃法律职业赴美从事会计事业；阿瑟·安达信还被授予了法学博士名誉学位。

协助企业执行民商法、经济法，正是公共会计师行业安身立命之本。在英国，公共会计师行业早期影响最大、持续时间最长的审计教材是 1892 年迪克西所著的《审计：审计师实用手册》。该书侧重于讲解公司法及相关判例，与现代美国公共会计师行业流行的审计著作内容完全不同。[1]

（一）联邦所得税法出台：美国公共会计师行业的鼎盛时代

联邦政府于 1909 年开始以消费税（excise tax）之名征收企业所得税。[2]这是一个仓促的政治动作，并以关税法案的修正案的形式出现在参议院。该法案由资深律师起草，通过符合法律思维惯性的收入收支表来贯彻落实。公共会计师行业提出不应以收入支出的收付实现制来征收所得税，但司法部长（Attorney General）嗤之以鼻。财政部在执法过程中很快就意识到，公共会计师行业的观点是对的。财政部咨询了美国钢铁公司主计长 W. J. 菲尔伯特（W. J. Filbert）和著名会计师迪金森之后，发布了一项规定，称税法中使用的"实际支付的"（actually paid）一词并不限于现金或现金等价物的实际支付，还包括应付而未付的情形。这实际上是采用了权责发生制的理念。会计人员的权威和威望随着税法的公布而迅速提升。[3]

---

1 ［美］查特菲尔德：《会计思想史》，文硕等译，中国商业出版社，1989，第 168—184 页。

2 当时，由于美国宪法不允许开征所得税，所以最初的公司所得税虽然是对公司的净所得征税，但仍然被称为消费税。参见：财政部《税收制度国际比较》课题组：《美国税制》，中国财政经济出版社，2000，第 120 页。

3 George O. May, *Financial Accounting: A Distillation of Experience* (New York: The Macmillan Company, 1946), p. 68.

1913 年，应怀俄明州成为美国的第 36 个州而出台的美国宪法第十六修正案规定，"国会有权对任何来源的所得征税，而不需在各州之间按比例课税，也不必考虑人口普查或调查的数据"。这就意味着，美国国会从此有权对各类所得设置税种和征税，企业所得税从此获得宪法上的合法地位。[1] 国会颁布的个人所得税法，针对宽泛定义的所得（income）征收普通税率为 1% 的个人所得税。当时大约有 1% 的美国人能够达到起征点。"莱布兰德，罗斯兄弟和蒙哥马利"公司参与了《1913 年税法》（Revenue Act of 1913）这部划时代的法律的制定工作。[2] 该法要求采用收付实现制来计算企业所得税应纳税额。

第二部联邦所得税法（即《1917 年税法》）也出现同样的问题，该法不得不在补充法规的支持下运行。公共会计师行业在这些补充法规以及《1918 年税法》（Revenue Act of 1918）的制定过程中发挥了很大的影响，在法律法规中添加了"所得额应根据纳税人采用的会计方法确定"等规定，这与美国联邦税务局（Internal Revenue Service, IRS）以往的做法有所不同。

《1918 年税法》设定了所得税的征收标准，首次承认了会计程序对计算企业所得税应纳税所得额的积极作用。[3] 该法第 212 节规定，净利润（net income）应根据纳税人的年度会计期间（会计年度或日历年度，视情况而定），采用该纳税人账簿中经常采用的会计方法计算；纳税人如果没有如此计算，或者如果其采用的计算方法不能清楚地反映其所得（income），则应按照税务机关认为可以反映纳税人所得的方法进行计算。易言之，除非纳税人的账簿不能清楚地反映收入，否则应以纳税人的账簿为基础进行纳税申报。第 45 号监管条例（Regulation 45）相应地增加第 24 条："纳税人应当采用其认

1　美国国会曾于 1862 年通过一部所得税法并付诸实施。该法于 1872 年被废止。

2　Mike Brewster, *Unaccountable: How the Accounting Profession Forfeited A Public Trust* (Hoboken: John Wiley & Sons, 2003), p. 55.

3　Ahmed Riahi-Belkaoui, *Accounting Theory*, Fifth Edition (London: Thomson Learning, 2004), p. 7.

为最适合其目的的会计形式和制度。"[1]

联邦税法的实施不仅让公司管理层认识到了折旧的重要性，使企业成倍地聘用外部审计人员开展审计业务，还促使政府关心企业的财务报告信息。

美国公共会计师行业的精神领袖、普华会计公司合伙人乔治·梅指出，《1918年税法》的颁布标志着美国公共会计师行业的鼎盛时代，联邦所得税法堪称"法制的高大纪念碑"，它是一个杰出范例，证明了汇集不同的思维方式来协调法律规则的意义。[2]

1920年，美国联邦税务局颁布了《折旧与资产核销》（Depreciation and Obsolescence）等重视会计工作的法规，这进一步加强了会计师的社会地位。会计人员的重要作用得以凸显，会计服务的社会需求随之高涨。在美国公共会计师行业的发展过程中，一度出现公共会计师与律师共同提供税收服务的制度安排。

《1924年税法》（Revenue Act of 1924）第九章设立了独立于财政部的税收上诉委员会（Board of Tax Appeals），该法案只允许律师和公共会计师依法开展税收上诉业务，这是美国联邦政府机构给予公共会计师行业的官方认可，极大地提升了该行业的职业声望。会计审计业务和税收业务是会计公司早期的核心业务，管理咨询服务通常只是附属业务。[3]

至于业界常常提及的会计要为证券投资者服务的观点，其实明智的证券投资者并不见得就希望会计偏离法律。

---

1 George O. May, *Financial Accounting: A Distillation of Experience* (New York: The Macmillan Company, 1946), p. 41.

2 同1, 69.

3 Stephen A. Zeff, "How the U.S. Accounting Profession Got Where It Is Today: Part 1," *Accounting Horizons*, 2003, 17(3): 189-205.

专栏 1-8

税法与会计规则的关系

在工业革命以前，没有哪一个国家的财政收入是靠征收所得税形成的。所得税的征收比产品税和财产税更为困难，它要求建立比较完善的管理机构，依赖于企业诚实的会计记录。1793 年，法国采用了战时综合所得税。直到 1842 年，长期有效的所得税法才在英国付诸实施。

1892 年，格罗弗·克利夫兰（Grover Cleveland）凭借以关税作为收入的竞选纲领当选美国总统，他倡导征收所得税。1894 年，国会比照南北战争时期的战时所得税制定了所得税法，适用于公司和个人，但这种做法被最高法院判为违宪。在等待宪法第十六修正案认可期间，国会于 1909 年通过了"特别交易税"（公司所得税）法案，对 5 000 美元以上的利润征收 1% 的税。当年 7 月，12 家知名会计公司公开谴责法案中存在"错误"，"绝对不宜采用"，"违背了所有正确的会计原则"。12 月，财政部发文宣布允许采用权责发生制确定收益，允许企业估算期末库存。会计人员成功地动摇了所得税法。从此，税法用语和会计词汇之间的差异所导致的混乱延续至今。

1913 年 10 月 3 日，宪法第十六修正案通过。其基本思想大部分沿用至今。该项修正案规定，应纳税所得额的确定必须以会计记录为基础，这大大提高了会计工作的重要性。1916 年，联邦税法允许采用权责发生制记账的纳税人采用同样的办法编制纳税申报表，这改善了收益的计量。经过会计师、律师和经济学家的共同努力，1918 年的联邦税法首次以企业会计实践为基础，确立了纳税准则，一直保持至今。法院的判决也开始倾向于支持确定收入的会计方法。

会计技术对于税法的完善具有积极作用。在1913年以前，会计技术领先于早期的税法，税法不断吸收会计实践中的方法和概念。1921年，联邦税法允许采用坏账准备，允许合并收益，推广了收益实现原则。人们萌发了收益实现必须发生在收益获得之前的思想。以销售时点作为衡量利润实现和收入确认的时点的做法取代了以往通过年末盘存确定收入的做法。其结果是，会计的重点由资产负债表转向利润表。

税法对会计规则的发展也具有推动作用。20年代，税法与商业会计是并行发展的。30年代，税法在加速折旧和存货计价的后进先出法方面推动了会计变革。这与30年代的通货膨胀有关。税法是推动会计重心由资产盘存转向计算收入的主要动因。

税法坚持历史成本原则，不考虑货币价值的变动，不允许按物价水平调整会计数据，它和会计原则之间最大的差别在于收益实现的时间和费用的可扣减性。

资料来源：［美］查特菲尔德：《会计思想史》，文硕等译，中国商业出版社，1989，第306—319页。

（二）亚历山大·史密斯："会计应该是一门科学"

1912年10月，芝加哥皮博迪公司（摩根财团前身之一）的亚历山大·史密斯（Alexander Smith）在美国公共会计师协会会刊《会计杂志》中发表文章《证券发行中的审计滥用》，倡导会计要依照法律成为一门科学。[1]这也是史密斯在美国公共会计师协会1912年年会上的演讲主题。文章提出，会计是一门科学，或者说，会计应该是一门科学。会计并非宽泛

---

1 Alexander Smith, "The Abuse of the Audit in Selling Securities," *Journal of Accountancy*, 1912, 14(4): 243-253.

的道德体系，而是一门精确的科学（an exact science）。会计要遵循确定的法律，以确定的公理（definite axioms）为基础，并且在适当的实践中能够产生确定且准确的结果（definite and exact results）。这是一种颇具代表性的言论。

史密斯并非会计专业人士，他是从会计信息使用者的角度，结合财务报表和审计报告在实践中的乱象展开评论的。他之所以强调"会计是一门科学"，是因为他注意到，审计的滥用（尤其是与证券销售有关的滥用），对社会构成了严重威胁。他认为，公共会计师正在以冷漠的态度，对证券市场上的欺诈行为保持缄默，甚至积极参与欺诈。净收益（net earnings）、速动现金资产（quick cash assets）、营运资本（working capital）等含义不明的词汇，就是这一事态的真实写照。史密斯认为，导致这种乱象的原因主要有三个方面。一是，缺乏科学的会计方法，也缺乏统一的会计原理和表达方式。二是，公共会计师不诚实或无能，尤其是公共会计师对其他方滥用审计师证书的做法持漠不关心的态度。三是，投资银行家效率低下，且不诚实地故意曲解审计的作用。不诚实的银行家和不诚实的证券发行人往往借助公共会计师来掩盖其欺诈行为。

正是出于上述考虑，史密斯提出了一系列补救措施。首先，要建立精确统一的会计原则，以便找到会计的通用基础。然后，要不惜一切代价纠正滥用审计师证书的行为，对欺诈行为提起刑事诉讼。最后，必须小心地以最不会引起误解的形式提供审计师证书。

史密斯提出，会计应该是与化学一样精确的科学。为使会计成为一门精确的科学，应当在实践中建立起清晰、明确的基本原则体系，以期避免会计师在解释时出现重大偏离，将其过于乐观或过于悲观的个人偏见带到会计工作中。这样，会计师只需关注事实的确定，而不必关注事实的解释。如此，便不会再有掺入预期的利润（anticipated profits）和可疑的利润（doubtful profits），净利润（net profit）就是最终的利润（final profit）。会计师要知道，他的客户之间存在很大的理念分歧。面对这种情况，会计师公平对待所有客户的办法，就是严格按照一套合理的规则行事，不要试图取悦某一类客户。

史密斯所指出的，其实就是公共会计师行业发展的一条正道。公共会计师行业要想真正对社会有益（而不是迎合部分用户的私利），就必须在法律框架内确立自己的基本原则，公平地对待所有的利害关系人，确保会计信息的公益性和公信力。会计师的本职工作就是提高法律遵从效率，也就是提高合规效率、管理效率。对企业会计师来说，就是协助管理层加强管控能力，敦促企业更好地生产优质商品、提供优质服务。美国和英国的公共会计师行业长期未能认识到会计基本原则的重要地位，这是其职业声誉一再面临极大争议的根源。在美国，直到1957年，安达信会计公司掌门人斯派塞克还在痛陈注册会计师行业缺乏基本原则。在英国，直到1969年，时任爱丁堡大学教授斯坦普还在抨击英国所谓的"会计原则"其实根本称不上原则，只不过就是业界默许的糟糕做法。总体来看，公共会计师行业仍然是一个缺乏理论体系、缺乏令社会敬重的价值观的行业。正因如此，直至今日，注册会计师审计制度的合法性仍然面临严峻挑战。

对于史密斯在美国公共会计师协会1912年年会上发表的上述演讲，迪金森持不同看法。迪金森认为："我们都很清楚，会计师根本就没有可用作标准范本的教科书……你必须具体问题具体分析。即便你能够制定出统一的规则，你也会遇到规则不适用的情况。你必须利用自己的经验……这也正是我们要成为专业会计师的原因——因为我们必须积累处理账务和选取最佳方案的经验、判断力和技巧……你无法给出明确无疑的原则，但你可以提炼出适用于大多数情形的总体原则（broad principles）。在你解释这些总体原则的时候，你需要在保守的基础上将其适用于具体个案。"[1]

迪金森的上述言论代表了公共会计师行业在自由放任的资本主义阶段的职业理念。他的爱徒乔治·梅在此基础上形成了颇具代表性的理论主张——会计艺术论。

（三）公共会计师行业执行法律业务的困难

美国公共会计师行业面临着律师行业的排挤。这与英国的情况存在很大差异。美国公共会计师行业的精神领袖、普华会计公司合伙人乔治·梅对此进行了对比分析。[2]

20世纪40年代初，英国执业律师仅有不足4 000人。这一事实足以说明美国和英国企业实践方面的区别。毫无疑问，这种差异源于两国的历史。英国的律师行业形成于由地主阶层（landholders）主导的社会绝对分层的经济制度，它从未成为商业性的行业。英国的公共会计师行业很快介入税务服务，在这一过程中，他们很少（甚至没有）遇到来自律师协会的阻力。此外，他们还担任商业顾问（business advisers）。这种职业的发展具有社会价值。它的存在，加上英国公务员制度的较高威望和权威，使得英国解决商业问题的方法便利得多，与美国相比，英国企业较少用到法律服务。

在美国，法律职业界的影响深度和影响程度通常会给外国访客留下深刻的印象。律师行业很早就在商业界占据了主导地位，且其地位趋于永久化。律师行业吸引了很多青年才俊。而公共会计师行业只是在20世纪30年代才开始吸引到相当数量的会计专业的大学毕业生。自1924年以来，税收业务越来越多地转移到法律从业者手中。此外，律师协会一直在努力限制会计师在

---

1 John L. Carey, *The Rise of the Accounting Profession: From Technician to Professional 1896-1936*, Vol. 1 (New York: AICPA, 1969), p. 79.

2 George O. May, *Financial Accounting: A Distillation of Experience* (New York: The Macmillan Company, 1946), pp. 69-70.

税务领域的活动。

二、另一条道路：普华会计公司与金融行业结盟[1]

除了遵照法律开展业务之外，另一个行业发展方向是与金融行业结盟。普华会计公司的美国公司是这条道路的领路人。其领军人物是阿瑟·迪金森和乔治·梅，这两位都是英国普华会计公司派往美国的高级合伙人。

（一）英国普华会计公司的成立及其领先地位的确立

普华会计公司发源于英国，从破产清算业务起家，后来逐步发展到商事仲裁、财务审计、管理咨询（如会计制度设计等）等领域。1849 年，塞缪尔·普莱斯结束其与威廉·爱德华兹合伙创办的会计公司，开始独立创业。二人的合伙企业的结业公告刊载于 12 月 24 日的《伦敦公报》（*London Gazette*），这一天后来被视为普华会计公司的创立日。1865 年 5 月 1 日，普莱斯与好友威廉·霍利兰德以及埃德温·华特豪斯签订合伙协议，组建了"普莱斯，霍利兰德和华特豪斯"公司。1874 年，该公司更名为普华会计公司。在普莱斯的栽培下，华特豪斯和他一起成为英格兰及威尔士特许会计师协会的创始成员，华特豪斯于 1892 年至 1894 年担任该协会主席一职。华特豪斯积极参与立法，1887 年，他与弗雷德里克·威尼（Frederick Whinney）一道，就政府部门会计改革问题担任政府顾问，后来他还作为英格兰及威尔士特许会计师协会的代表，参与起草英国《1900 年公司法》和《1907 年公司法》。

普华会计公司在英国逐渐建立起良好的信誉。随着客户在美投资的增

---

1 除专栏及另有注明外，本部分资料来源：David G. Allen, Kathleen McDermott, *Accounting for Success: A History of Price Waterhouse in America, 1890-1990* (Boston: Harvard Business School Press, 1993); George O. May, *Memoirs and Accounting Thought of George O. May*, edited by Paul Grady (New York: The Ronald Press Company, 1962)。

长，出于成本和效率的考虑，该公司渐渐感到有必要在美国设立代表处。刘易斯·D. 琼斯（Lewis D. Jones）自 1877 年起就在普华公司的伦敦总部供职，并数次赴美执行业务，遂被选中作为普华公司的美国代理人。1890 年 9 月 11 日，刘易斯·琼斯与普华公司签约。代表处设在纽约的百老汇大街 45 号，创业的艰辛由琼斯一人尝尽。普华公司伦敦总部甚至没有批准关于他招聘美国本土会计师的请示，而是在 1891 年将威廉·J. 西泽（William J. Caesar）派驻美国代表处，由于二人秉性不合，普华公司伦敦总部遂于 1893 年派遣西泽到芝加哥创办新的代表处。

1895 年，普华公司伦敦总部同意其两位在美代言人改用琼斯－西泽会计公司（Jones, Caesar & Co.）的名号继续代理普华的业务，但应同时注明"英国伦敦普华会计公司代理人"（Agents for Price, Waterhouse & Co. London）字样。[1]

1897 年，J. P. 摩根（老摩根）给琼斯－西泽会计公司介绍了近 30 家钢铁企业的审计业务（这些企业后来都被合并进美国钢铁公司），仅这一单业务的审计收费就超过了此前普华在美创业的五六年收入的总和。普华的美国业务蒸蒸日上。7 月 28 日上午，乔治·梅赶到琼斯－西泽公司报到。西泽告诉乔治·梅，短期内按照年薪 400 英镑计薪，后面很快就会翻几番。

1899 年，新增加的来自铁路、电车、石油、乳制品等行业的业务订单使得人手紧缺的问题更为突出，伦敦总部遂接连派遣业务骨干赴美支援。爱德华·斯坦利（Edward Stanley）、乔治·R. 韦伯斯特（George R. Webster）和亨利·W. 威尔莫特（Henry W. Wilmot）就是这样先后被派驻美国的，他们后来也是普华在美发展的领军人物。

---

1 1898 年末，琼斯和西泽与普华公司伦敦总部达成协议，决定同时使用"琼斯－西泽会计公司"和"普华会计公司"这两个名号延揽业务。从此，这两个名称长期并用。直至 20 世纪 20 年代末，"琼斯－西泽会计公司"的名号淡出，"普华会计公司"的名号开始在美国独立应用。

1899 年 2 月，琼斯因糖尿病综合征去世，终年 40 岁。忙碌的西泽在同年底拟定了新的合伙协议，其中包含优厚的退休待遇。西泽有权随时退休，只需提前一年向合伙人发出通知。

1900 年 6 月，西泽通知普华公司伦敦总部，其将于一年内退休。西泽虽然只有 41 岁，但他决定退休并在法国度过余生。

普华公司伦敦总部派遣获得剑桥大学硕士学位并在特许会计师高阶考试中获得最高荣誉的阿瑟·迪金森出任美国普华公司的高级合伙人。迪金森于 1901 年 4 月启程前往纽约，7 月 1 日出任美国普华公司高级合伙人，10 月底与西泽完成交接。之后，西泽前往法国安度余生。

（二）迪金森带领美国普华会计公司与商业银行联姻

迪金森接替西泽担任美国普华公司的高级合伙人之后不久，就从该公司所擅长的合并报表业务入手，为普华公司赢得了美国金融巨头的青睐。[1]

1901 年 3 月，老摩根并购钢铁大王安德鲁·卡内基的众多钢铁企业，组建美国钢铁公司（United States Steel Corporation），一举占据美国钢铁行业市场份额的四分之三，其中涉及的很多公司都是美国普华公司（即琼斯－西泽会计公司）的客户。从会计的角度看，美国钢铁公司的估值显然过高了。该公司的净资产总额为 7 亿美元，而发行额是 14 亿美元（占美国国内生产总值（GDP）的 8%），基本翻了一番。这 7 亿美元的溢价被认为是纯粹的水分，意味着该证券在发行之际就已经被稀释了。但从另一个角度即估值角度来看，其发行价约为第一年合并利润的 14 倍，说明 14 亿美元的估值并不高。也许这就是为什么老摩根在多年以后告诉卡内基说，即使卡内基多要 1 亿美元老摩根也会痛快答应的缘故。听了这番话以后，卡内基这个足智多谋的苏格兰

---

1 George O. May, *Financial Accounting: A Distillation of Experience* (New York: The Macmillan Company, 1946), p. 54.

人一连几个星期都闷闷不乐。[1] 实际上，此后 100 年里人们的想象力已经远远赶不上以金融估值手法来造梦的速度了，美国钢铁公司发行掺水股票的技术简直就是小巫见大巫。

1902 年 2 月，美国钢铁公司的股东直接聘请纽约的普华公司（而不是普华的代理机构琼斯－西泽会计公司）担任公司的审计师。此举不仅大幅提升了普华公司的市场美誉度，更重要的是，还巩固了它与摩根银行（J. P. Morgan）的关系。

美国钢铁公司是世界上第一个超过 10 亿（billion）美元级别的公司，该公司第一份经审计的年报（即 1903 年公布的 1902 年年度报告）成为财务史上的一座丰碑。这次无与伦比的大并购使得先前数量众多的并购相形见绌。作为对比，1899 年美国资本市场共进行了 1 200 次并购，交易总额仅为 22.63 亿美元，平均每次并购不到 200 万美元。美国钢铁公司的长期资产达 13.25 亿美元，流动资产为 2.148 亿美元，股本为 10.18 亿美元，优先股和普通股几乎各占一半。优先股股东达 25 000 人，普通股股东达 17 000 人。第一年的营运净收益为 1.08 亿美元，其中 5 600 万美元用于派发红利。整个公司共有雇员 168 000 人，拥有 170 家子公司，不仅有炼钢厂、铁矿，而且有 100 余艘轮船。1905 年，美国司法部开始对美国钢铁公司进行反垄断调查。经过近 15 年的审判、再审，最高法院在路易斯·D. 布兰代斯（Louis D. Brandeis）和詹姆斯·C. 麦克雷诺兹（James C. McReynolds）回避的情况下，最后以 4∶3 的票数表决通过了该公司未曾滥用其市场地位且不应解体的判决。如果这两位法官参与投票，其结果会对该公司不利。该判决为下一个十年更大规模的并购铺平了道路。[2]

---

1 [美]查尔斯·盖斯特：《百年并购》，黄一义、成卓、谭晓青译，人民邮电出版社，2006，第 8—11 页。

2 同上书，第 13、31—32 页。

摩根银行的赫赫声名给普华公司带来的商业价值是难以估量的。在迪金森的率领下，普华基于其自19世纪90年代以来积累的合并报表的编报经验，按照美国钢铁公司的要求，给这样一个巨型公司编制了合并报表。[1]美国钢铁公司自1901年成立以来，其律师和证券公司一直主张仅向其股东提供母公司的账目。迪金森成为其审计师之后则主张编制合并报表。就这样，美国钢铁公司率先于1903年公开披露了第一份经审计的完整报告（该报告截止于1902年12月31日），这是会计发展史上的里程碑。虽然美国钢铁并不是美国第一个公布合并报表的公司（此前两年就有其他公司公布合并资产负债表），但它是当时世界上规模最大的公司，这使得其合并报表具有非同寻常的意义。该公司主计长给出了这样的评价："迪金森的宝贵经验的确价值连城，我们从中获利颇丰。"[2]

摩根银行带领普华公司迎来大好形势，该财团仅在1902年一年就给普华带来了五家农业机械制造公司的业务委托。普华公司声名大噪，颇有赶超哈斯金斯－赛尔斯会计公司的势头。迪金森积极主张普华在报刊上做广告，并就有关合并报表以及公共会计师的角色等问题频频发表演讲。[3]

普华公司乘胜前进，积极拓展业务：1903年，开始开发市政会计业务，为政府机关提供改进公共财政核算体系的专业服务；1905年，与哈斯金斯－赛尔斯会计公司一起接受委托，核查美国公平人寿保险协会（Equitable Life Assurance Society of the United States）的财务状况，为纽约州的保险监管提供支持；1907年，接受国会参众两院联合组成的邮政委员会的委托，参与美国邮政的重组。普华公司由此积累了为客户设计会计制度的经验。迪金森关

---

1 Edgar Jones, *True And Fair: A History of Price Waterhouse* (London: Hamish Hamilton Ltd., 1995), p. 93, published by the Penguin Group. Copyright © 1995 by Price Waterhouse.

2 David G. Allen, Kathleen McDermott, *Accounting for Success: A History of Price Waterhouse in America, 1890-1990* (Boston: Harvard Business School Press, 1993), pp. 32-33.

3 Arthur L. Dickinson, "Some Special Points in Accountancy Practice," *The Accountant*, April 22, 1905; Arthur L. Dickinson, "Duties and Responsibilities of the Public Accountant with Regard to New Issues of Stocks and Bonds," *Journal of Accountancy*, 1905, 1(1): 16-27.

于合并报表的演说和文章在 1904—1905 年间频频刊发于英美行业刊物中，普华公司的知名度大增。

1907 年，迪金森说服其他合伙人，邀请费城约翰·弗朗西斯会计公司的约瑟夫·E. 斯特雷特（Joseph E. Sterrett）与普华公司合并。就这样，斯特雷特在继承老前辈约翰·弗朗西斯的名号执业多年后，变成普华公司第一位来自美国本土的合伙人。斯特雷特在很多行业机构中担任重要职务，为普华公司增添了诸多荣耀。他曾于 1902 年在宾夕法尼亚州创办提供注册会计师考试培训的夜校（后并入宾夕法尼亚大学沃顿商学院），还在 1905 年与迪金森一起创办了《会计杂志》。

 专栏 1-9 ———————————————————

阿瑟·L. 迪金森

阿瑟·L. 迪金森（Arthur L. Dickinson，1859—1935），普华会计公司在美业务的奠基人之一，推广合并报表业务的先锋人物。

迪金森 1859 年生于伦敦，1882 年获剑桥大学学士学位（数学专业），1883 年进入一家会计公司工作，1887 年取得英国特许会计师执业资格，1888 年获剑桥大学硕士学位，1893 年成为英格兰及威尔士特许会计师协会会员。

1901 年，迪金森奔赴美国，担任普华会计公司美国代理机构琼斯-西泽公司高级合伙人。1902 年，迪金森带领普华公司为美国钢铁公司编制合并报表，引起举世关注。这是他为美国公共会计师行业所做的首份贡献。

1903 年，迪金森获得伊利诺伊州注册会计师执业资格。迪金森

1904—1906 年任美国公共会计师协会联合会（Federation of Societies of Public Accountants in the United States of America）会长，1905—1906 年任美国公共会计师协会（American Association of Public Accountants，AAPA）会长。1904 年，他牵头组织了首届世界会计师大会，提交了论文《公司的利润》(Profits of a Corporation)。1906 年，迪金森加入美国国籍。1911 年，他决意从琼斯－西泽公司高级合伙人的职位上退下来。1913 年，迪金森回到英国普华会计公司，直至 1923 年退休，其中，1914—1928 年兼任英格兰及威尔士特许会计师协会理事。

图片来源：Edgar Jones, *True And Fair: A History of Price Waterhouse* (London: Hamish Hamilton Ltd., 1995), published by the Penguin Group. Copyright © 1995 by Price Waterhouse.

1910 年 6 月，迪金森基于对家庭和健康状况的考虑，宣布其即将于一年后退休。回顾其任期，迪金森成功地把美国普华会计公司打造成为美国商业社会的新贵。在其卸任时，普华公司的客户名单已经囊括了各个行业的标杆企业，其中包括石油行业的标准石油、德士古，橡胶行业的美国橡胶、固特异，冶金行业的美国钢铁、伯利恒，电气行业的通用电气和西屋电气，食品行业的美国糖业、纳贝斯克、联合果品，以及美国烟草、杜邦、国际收割机公司（IHC）和柯达等众多知名企业。

（三）乔治·梅的志向与美国公共会计行业的转向

迪金森退休后，乔治·梅掌舵美国普华会计公司，直至 1926 年辞去管理职务。他辞去管理职务的目的，是腾出时间思考公共会计师行业的发展大计。其结果是，乔治·梅通过与证券行业结盟，成功地把美国公共会计师行业带进独家垄断的证券市场审计领域。

专栏 1-10

乔治·O. 梅

乔治·O. 梅（George O. May, 1875—1961），迪金森培养出来的美国普华会计公司的早期掌门人，美国公共会计师行业的精神领袖，自1926年起带领美国公共会计师行业与纽约证券交易所建立合作关系，深刻地影响了美国证券市场上的会计审计制度安排。其广为人知的会计理念是：会计不是一门科学，而是一门艺术。

乔治·梅1875年生于英格兰的一个盛产律师和会计师的家族。在父亲的指导下，乔治·梅于1892年涉足会计师行业，从学徒干起。1897年获得特许会计师证书（他在中级考试和终考中名列第一）。同年，5年学徒期满，正式加入普华会计公司。数月之后（同年，22岁），作为业务骨干被派往美国，加入普华会计公司设在纽约的代理机构——琼斯-西泽会计公司。

1902年乔治·梅被迪金森提拔为合伙人，1909年加入美国国籍，1911年成为高级合伙人，直至1940年退休。1917—1918年兼任美国会计师协会副会长，1916—1919年兼任该协会审核委员会（board of examiners）委员，1923—1924年任美国会计师协会基金会副会长。

1926年，乔治·梅将美国普华会计公司的行政管理职责转交给他培养的接班人，专心从事更广泛的经济研究，思考事关美国公共会计师行业前途的发展战略问题。

1930—1935年，乔治·梅担任美国会计师协会"与证券交易所合作特别委员会"（Special Committee on Cooperation with Stock Exchanges）主

席，一举促成该行业与证券行业的合作，揽得纽约证券交易所上市公司的审计业务。乔治·梅提出了公司审计报告和会计原则建议稿，从而为纽约证券交易所要求上市公司年度报告接受独立审计提供了决策基础。1934年出版的《公司账目的审计》（*Audits of Corporate Accounts*）一书，记载了特别委员会与纽约证券交易所达成合作的沟通文件。该文件对于说服刚刚成立的美国证监会让会计职业界担纲制定会计原则而不是由政府机构负责，起到了积极作用。

1933—1936年，乔治·梅担任"制定会计原则特别委员会"（Special Committee on the Development of Accounting Principles）主席，率先提出"会计原则"的概念，并提炼出五条会计原则作为会计的总体原则。乔治·梅于1937—1945年担任会计程序委员会（Committee on Accounting Procedure，CAP）副主席、1939—1945年担任术语委员会（Committee on Terminology）主席。

1947年，乔治·梅成为美国会计师协会与洛克菲勒基金会（Rockefeller Foundation）联合设立的"企业收益研究组"的成员，参与撰写了《与时俱进的企业收益概念》（*Changing Concepts of Business Income*）一书（1952）。

第一次世界大战期间，乔治·梅曾是美国财政部和战争贸易委员会的官员。此后，他经常担任美国财政部和其他政府机构的顾问（1917—1932）。他还多次担任美国参议院听证会的专家证人。

乔治·梅还曾担任1920年成立的私立机构"国家经济研究局"（National Bureau of Economic Research，NBER）的局长（1926—1927）和董事长（1928—1929），美国经济学会（American Economic Association，AEA，1885年成立）的副会长（1930），美国统计学会（American

Statistical Association, ASA, 1839 年成立）的理事（1937—1940）。此外，他还曾担任 1921 年成立的智库"外交关系协会"（Council on Foreign Relations, CFR）的理事，1923 年成立的社会科学研究委员会（Social Science Research Council, SSRC）的一个顾问委员会的主席。

乔治·梅为专业期刊撰写了 106 篇文章，代表性著作有《二十五年的会计职责 1911—1936：文章和讨论》（*Twenty-Five Years of Accounting Responsibility 1911-1936: Essays and Discussions*）《财务会计：经验的精粹》（*Financial Accounting: A Distillation of Experience*）等。哥伦比亚大学商学院设有 George O. May 会计学讲席教授职位，现任讲席教授为斯蒂芬·彭曼（Stephen Penman）教授。

图片来源: Edgar Jones, *True And Fair: A History of Price Waterhouse* (London: Hamish Hamilton Ltd., 1995), published by the Penguin Group. Copyright © 1995 by Price Waterhouse.

资料来源: "George O. May: 1875-1961," *Journal of Accountancy*, 1961, 112(1): 12-13.

乔治·梅 1897 年作为业务骨干被派驻纽约琼斯－西泽会计公司，很快就开始负责重要业务，1900 年即被萌生退意的西泽擢升为公司负责人。柯达公司曾以高出五倍的薪水邀请乔治·梅出任主计长，但他不为所动，决意从事他认定即将兴起的会计行业。迪金森 1901 年主政琼斯－西泽会计公司后，乔治·梅更是笃志从事公共会计师行业。1902 年，乔治·梅把自己的新娘从英国带到美国，这时他已经是美国普华会计公司的合伙人。迪金森认为乔治·梅年轻气盛，需要锻炼得更加成熟稳重，因此，特地把他派往圣路易斯成员公司。感到被"放逐"的乔治·梅在这里锻炼了文笔，增长了专业才干，他还参与组织了首届世界会计师大会（1904 年在圣路易斯召开）。两年后，待到乔治·梅回到纽约时，已经是发表过两篇论文的专业人士了。

1917 年 4 月，美国向德国宣战，就此卷入第一次世界大战。乔治·梅应邀加入财政部，参与处理外国政府的战争贷款事宜。不久，他又与其他志愿者一道，担任财政部的顾问。在华盛顿的工作经历给乔治·梅开辟了一个新纪元，他与国会、政界的联系从此建立起来。他还顺应联邦所得税法的立法进展，积累了丰富的税收服务经验。普华公司的其他管理人员也都积极参与了政府机关的公共管理活动。

20 世纪 20 年代中叶，乔治·梅萌生退居二线的念头，同事斯特雷特也极力劝说乔治·梅抽身去做更重要的事。1926 年 11 月，威廉·B. 坎贝尔（William B. Campbell）被推举为美国普华会计公司高级合伙人。乔治·梅保留普华公司主席的职位，得以从繁忙的行政工作中解脱出来。此后，乔治·梅作为整个行业的精神领袖，果然对美国的公共会计师行业做出了突出的贡献。

三、美国公共会计师协会联合会的成立与首届世界会计师大会的召开

1902 年 7 月，伊利诺伊州会计师协会通过会议决议，决定发起组建一个全国性的行业联合会。该协会委托哈斯金斯、迪金森等人牵头起草制定计划。10 月 28 日，各发起单位的代表汇聚华盛顿，成立了美国公共会计师协会联合会[1]（Federation of Societies of Public Accountants in the United States of America）。

1903 年，该联合会在举办于华盛顿的首次大会上，提出了下一年在圣路易斯举办大会的想法，因为那里恰好即将承办世界博览会（World's Fair）。该联合会向英国、加拿大等国家的同行发出了邀请。

英国的《会计师》（The Accountant）杂志多次提及圣路易斯首届世界会计

---

1 该协会 1905 年并入美国公共会计师协会。

师大会。1904 年 2 月 6 日，该杂志刊登了会议公告，并作如下评论："这次雄心勃勃的会议如果成功举办，将有助于美国公共会计师行业获得社会公众和企业界更广泛的认可。"

9 月 26—28 日，在美国公共会计师协会联合会的赞助和组织下，首届世界会计师大会在美国圣路易斯召开。大会有 91 名注册参与者，其中 7 名来自加拿大，2 名来自英国，1 名来自荷兰，其余的 81 名为美国代表，其中两名与英国有密切的联系。这次会议的参加者虽然为数不多，但仍不失为一个良好的开端。[1]这是美国第一次真正的全国性公共会计师行业大会。有理由相信，这次大会的主要目标是借助主办国际会议的名义提高美国公共会计师协会联合会以及公共会计师行业在美国的地位。[2]

弗朗西斯·W. 皮克斯利（Francis W. Pixley）、蒙哥马利、迪金森等在大会上宣读论文。迪金森在会议上发表意见，建议美国公共会计师协会和美国公共会计师协会联合会合并。被迪金森派驻圣路易斯开发业务的乔治·梅参与组织了这次大会。在美国执业的约翰·B. 尼文（John B. Niven）以爱丁堡会计师协会代表的身份参加大会。赛尔斯主持会议论文环节，论题多与市政会计有关。哈斯金斯不幸于此前一年（1903 年）去世。

刚刚卸任英格兰及威尔士特许会计师协会会长职务的皮克斯利应邀在会上做报告《专业会计师在投资前和投资后与投资资本有关的职责》（The Duties of Professional Accountants in Connection with Invested Capital Both Prior to and Subsequent to the Investment）。他本人还是大律师（barrister-at-law）。他表示，英国公共会计师行业曾试图合并组建统一的行业协会，但尚未成功。

---

1 待到第二届世界会计师大会召开，则是 22 年以后的事情了。

2 J. M. Samuels, "The 1904 Congress of Accountants: National or International?" *Accounting Historians Journal*, 1985, 12(1): 99-105.

专栏 1-11

皮克斯利在首届世界会计师大会上的报告摘录

□英格兰及威尔士特许会计师协会尚未制定其会员从事专业工作的规则。

□**最初根据公司法的规定，由股东审计师**（shareholder auditor）**实施审计，后来专业会计师**（professional accountant）**开始参与和主导审计业务**。大约在 1866 年，伦敦一些大型金融机构倒闭导致严重的商业萧条，给投资者造成了广泛的苦难，于是开始实行由专业会计师替代股东审计师的做法。非专业审计师退出的过程相当缓慢，在 1880 年英格兰及威尔士特许会计师协会成立时，很大一部分股份制银行和其他金融机构都拥有了由专业会计师出任的审计师。尽管如此，目前仍有一些股份制银行、保险公司年复一年地选举股东担任审计师，而没有聘请专业会计师担任审计师。

□我认为所谓的"**秘密准备**"（secret reserves）**是正确和妥当的**。事实上，考虑到金融和贸易运营的波动，**如果没有这些秘密准备，企业就很难撑到较长的年份**。公司必须诚实地预拨这些储备金，并确保其符合公司的长远利益。

□关于商誉如何在账目中列报，存在很大分歧。有人主张应当减记商誉，但英国公司法并无这种要求。1895 年，英国有法院裁定一家贸易公司的商誉为固定资本（fixed capital）。

迪金森报告论文《公司的利润》（The Profits of A Corporation），将英国与美国的立场进行了对比。此时，迪金森是"琼斯，西泽，迪金森和威尔莫特"会计公司（Jones，Caesar，Dickinson，Wilmot & Co.）和普华会计公司合伙人。

专栏 1-12

迪金森的论文《公司的利润》观点摘要

【关于商誉】专利和特许经营权与商誉非常相似。商誉代表公司业务的商标、业务联系和组织的价值。只要业务收入不低于购买之日的水平，就不必记录任何价值贬值或为此提供任何准备。反之，如果商誉发生了严重的价值减损，那么，企业的利润可能会减少很多，以至于无法计提此笔准备金。**商誉实际上是一种固定资产（fixed asset），其价值在一定程度上取决于所赚取的利润。**

【关于秘密准备】人们普遍意识到，故意高估利润是不恰当的。很少有人注意到与之相反的主张，即关于低估利润的主张，但它具有相当重要的意义。合理的政策是积累足够的准备金，以便能够在不明显干扰正常条件的情况下弥补损失；就大多数公司和企业而言，毫无疑问，在此类事务上进行宣传是很有必要的。秘密准备可以采取多种形式，例如将有价值的资产减记至一个相对较小的数字，超额计提折旧，为坏账或突发事件预留储备等。

【合并利润表中的权益法】近年来，通过控制股票而不是吸收合并来进行企业合并的做法很受欢迎。控股公司拥有子公司的全部或大部分股份，任命其董事，决定其政策。在这种情况下，就有必要在一张报表中反映整个企业集团（the whole group of companies）的损益，而无论子公司是否宣告分派股利。原因在于，如果不这么编制合并利润表，控股公司的董事便可以依照自己的意愿（而不是根据事实）来调节其利润。他们如果想要做大利润，就安排子公司多发股利；反之亦然。他们还可以通过控制对亏损子公司计提的准备金，来进行操纵。因此，母公司应当编制合并报表，按照持股比例分享子公司的利润。

从皮克斯利和迪金森的发言可见，英美公共会计师行业在20世纪初基本上都算是可以率性而为的新兴行业。二人都来自英国，都是英格兰及威尔士特许会计师协会高级会员，他们不约而同地宣传了英国会计界奉为天经地义的秘密准备。迪金森1893年成为英格兰及威尔士特许会计师协会会员，1903年获得伊利诺伊州注册会计师执业资格，这样的双重身份使得其布道行为表现得那么自然。[1]

会议代表在发言中引用了迪金森对公共会计师行业的期许，"公共会计师不应仅仅是簿记员、统计师，也不应仅仅是好的生意人。成功的公共会计师必须把这些资格结合起来，还要对实业经营及其适用的会计形式，及其需遵循的法律和经济原则等方面有总体把握"。

四、合并报表：美国公共会计师行业为金融资本提供的创新服务

合并报表是金融资本家在证券市场上发行掺水股票的工具，公共会计师行业恰好参与这一过程并开发了一整套账务处理技术。这套技术应该算是美国公共会计师行业的"功劳"。19世纪末，美国兴起了企业并购的浪潮。新泽西州1889年的公司法允许控股公司持有其他公司的股票，这为公司并购提供了便利。1890年通过的《谢尔曼反托拉斯法》（Sherman Antitrust Act）仅仅具有政治安抚的效果，并未对公司并购产生多大约束力。根据历史学家托马斯·K.麦克劳（Thomas K. McCraw）的研究，"1897—1904年，4 227家美国公司合并成257家。到1904年，大约318家托拉斯控制了全国制造业资产的2/5。"[2]公共会计师行业配合客户的要求，开发出创新业务——编制合并报表。"在此之前，美国会计职业界采用英国的模式——类似于今天的权益法。在美

---

1 Official Record of The Proceedings of The Congress of Accountants Held at The World's Fair, Saint Louis, September 26-28, 1904, pp. 122-141.

2 ［美］西蒙·约翰逊、郭庚信：《13个银行家：下一次金融危机的真实图景》，丁莹译，中信出版社，2010，第13页。

国，像美国棉油信托（American Cotton Oil Trust）等公司早在 1886 年便开始利用混合账户将联营公司作为被合并的企业进行报告。"[1] 这一动态表明，美国公共会计师行业在从英国同行那里习得专业知识的同时，还根据客户的需要动了不少脑筋。

1908 年，美国著名金融家亨利·克卢斯（Henry Clews，1834—1923）在其著作《华尔街 50 年》（*Fifty Years in Wall Street*）中揭露了金融资本家赤裸裸地发行掺水股票掠夺散户的手法。克卢斯在金融界具有广泛影响，曾担任美国总统乌里塞斯·格兰特（Ulysses Grant，1869—1877 年在任）的经济顾问。克卢斯指出，证券市场中有太多的欺诈、误导性信息和掺水股票，招股说明书和会计账簿往往是这种骗局的组成部分。[2]

 专栏 1-13

美国证券市场上的掺水股票

在美国金融史中，1901 年是非常重要的一年，华尔街像一个战区，它的表现不仅震惊了整个美国，而且震惊了整个世界。它的表现前无古人，甚至在南北战争期间亦未曾见。那一段时间，股票交易市场不断成为狂热振奋、鲁莽操纵和史无前例的通货膨胀交融的场合，要试图详尽地描述和反省那段特殊时期的重要事件，需要花费大量篇幅。

新的一年来临，它以资本数量的极度膨胀著称，其资本总量远远超过了前一年，甚至超过了 1899 年（当时组建了很多大型的信托联合公司）。最大、最严重的掺水合并是在美国钢铁公司发生的，它有 508 478 000 美元普通股，510 277 300 美元优先股，304 000 000 美元债券。重组新公司和在资本膨胀的基础上合并旧公司的热潮在美国各州流行，尤其是工业企

---

1 ［美］加里·J.普雷维茨、［法］皮特·沃顿、［澳］皮特·沃尼泽编《世界会计史：财务报告与公共政策（美洲卷）》，陈秧秧译，立信会计出版社，2015，第 108 页。

2 Henry Clews, *Fifty Years in Wall Street* (Hoboken: John Wiley & Sons, 2006), p. 168.

业，它们似乎想象在奥萨山上再堆一座培里翁峰一样，竞相在资本上一决高下。大多数情况下，它们的目标显然是想把它们的证券销售给股民，让可怜的股民上当受骗，从而遭受损失，因为无论是抵押品市场还是股票市场，很多新发行的股票几乎完全是一文不值的，其他原有的股票也遭受了非常惨重的贬值，形象地说，就像这些股票所代表的摇摇欲坠的公司一样，它步履蹒跚，一副粗陋褴褛的样子，让人想起世道艰难。

在每一个州都涌现了很多新公司。仅在新泽西州，1901 年就新设了 2 346 家公司，股本 4 773 702 000 美元，与之相对照的是 1900 年新设 2 181 家公司，股本 1 350 208 400 美元。在纽约州、俄亥俄州和得克萨斯州，公司制造厂同样热衷于用虚拟的大股本机械地制造出很多新公司。

资料来源：［美］亨利·克卢斯：《华尔街 50 年》，机械工业出版社，2010，第 103—105 页；Henry Clews, *Fifty Years in Wall Street* (Hoboken: John Wiley & Sons, 2006), pp. 158-163.

20 世纪初，美国联邦政府对待企业合并的态度有过反复。1896 年，威廉·麦金莱（William McKinley）当选美国总统（任期为 1897—1901 年），他对大型企业的合并持支持态度。这时正值美国垄断资本形成并快速扩张，他实行了提高关税从而扶持国内产业、建立金本位从而稳定货币等政策，使得美国经济走向繁荣。但麦金莱 1901 年 9 月被无政府主义者刺杀。随后，副总统西奥多·罗斯福（Theodore Roosevelt）继任美国总统并于 1904 年获得连任。西奥多·罗斯福推行了反垄断政策，其政策被后来的总统威廉·塔夫脱（William Taft，1909—1913 年在任）和伍德罗·威尔逊（Woodrow Wilson，1913—1921 年在任）效仿。麦金莱曾开展对托拉斯的调查，但西奥多·罗斯福是第一个与托拉斯正面较量的总统。1902 年，罗斯福政府的司法部宣布起诉 J. P. 摩根家族控制的北方证券公司（the Northern Securities Company），该公司控制着两家大型铁路公司。这是美国联邦政府首次运用 1890 年出台的

《谢尔曼反托拉斯法》拆解巨型公司。1904 年，联邦最高法院和罗斯福政府达成一致意见，判决北方证券公司应予解散。1911 年，联邦最高法院判决约翰·D. 洛克菲勒（John D. Rockefeller）的标准石油公司（Standard Oil）构成垄断，应当分拆。

五、布兰代斯关于披露事实的思想

1912 年，民主党掌权的众议院成立普若委员会（Pujo Committee），对金融垄断、"金钱托拉斯"（money trust）[1] 及其影响展开调查。该调查主要围绕票据清算所、纽约证券交易所乃至美国经济的过度集中等问题展开，其结果推动了多部联邦立法。纽约证券交易所对证券投机、股价操纵和企业集团串通牟利等行为监督不力，被列为其调查结论之一。

1913 年，波士顿著名平民大律师路易斯·D. 布兰代斯向国会提交报告，认为投资银行是美国的金融寡头，在事实上掌控着工商业的前途命运，因此，应当遏制投资银行的贪婪。

布兰代斯是进步主义思潮的代表人物。1913—1914 年间，他在报刊上发表了一批针对资本市场和金融寡头的评论文章，旗帜鲜明地主张上市公司提供"真实的披露"（real disclosure）。这些文章于 1914 年结集出版，书名为《别人的钱》（*Other People's Money and How the Bankers Use It*）。

大律师布兰代斯在这部著作中提出了一个看似很简单、却很有启发价值的理念。他说，我们的确有权利要求企业管理人员稳健经营、保持良好的财务状况并且坚持实事求是的会计理念（straightforward accounting）。

该书指出，一只工业股票一旦上市，就很容易成为活跃的投机活动的对象。投机通过其他很多方式间接地培育着"金钱托拉斯"。而对小投资者来

---

1 "money trust" 常被不大恰当地译作"金钱信托"，其实其含义更接近政治经济学上所称的"金融资本"以及"金融控股公司"。

说，在这么多公司证券中做一个明智的选择——事实上，是对某一证券进行明智的判断——基本上是不可能的。他们缺乏进行适当调查研究所需的基本能力、设施、训练和时间。

针对这种困境，布兰代斯在《别人的钱》第五章开篇第一段指出，"公开，是消除社会和工业弊病的补救方法。阳光是最好的消毒剂，灯光是最好的警察"[1]。必须使投资者真正地完全知道事实情况，这应当是强制性的、不可豁免的事项。布兰代斯的这种思想一再被富兰克林·罗斯福在演讲中引用，也正是《1933年证券法》的立法理念。《别人的钱》关于金融寡头垄断和信息公开的分析，至今仍对经济金融立法和会计监管具有重要参考价值。本书认为，实事求是的会计，也就是简单、明确的会计，才是符合法律精神的会计。

布兰代斯还是威尔逊总统的顾问。1913年，威尔逊总统敦促美国国会通过了折中的《联邦储备法》（Federal Reserve Act of 1913）。[2] 1914年，《克莱顿反托拉斯法》（Clayton Antitrust Act）和《联邦贸易委员会法》（Federal Trade Commission Act，FTCA）出台。1916年，布兰代斯经威尔逊总统提名、参议院确认，成为联邦最高法院大法官。

专栏1-14

布兰代斯及其著作《别人的钱》

路易斯·D.布兰代斯（Louis D. Brandeis，1856—1941），著名律师，美国联邦最高法院历史上最伟大的大法官之一，以其社会学法理学思想

1　英文原文为："Publicity is justly commended as a remedy for social and industrial diseases. Sunlight is said to be the best of disinfectants; electric light the most efficient policeman." 参见：Louis D. Brandeis, "What Publicity Can Do," *Harper's Weekly*, December 20, 1913, pp.10-13; Louis D. Brandeis, *Other People's Money and How the Bankers Use It* (New York: F. A. Stokes, 1914), p. 92。

2　[美]西蒙·约翰逊、郭庾信：《13个银行家：下一次金融危机的真实图景》，丁莹译，中信出版社，2010，第13页。

和隐私权等思想而著称。美国名校布兰代斯大学（1948 年创立）就是以他的名字命名的。

布兰代斯 1856 年出生于肯塔基州路易斯维尔的一个德裔犹太移民家庭。1875 年 9 月（19 岁）进入哈佛大学法学院。1876 年（20 岁）毕业，被哈佛大学法学院破例授予法律学士学位（当时的适格年龄为 21 岁）。随后在波士顿从事律师职业。他积极组建哈佛法学院协会（Harvard Law School Association），1891 年被授予哈佛大学硕士学位，彼时其年收入达到可观的 5 万美元。1907 年布兰代斯成为百万富翁，十年后其个人财富超过 200 万美元。

布兰代斯长袖善舞，既是律师行业的领袖人物，又是"进步主义运动"的主要推动者，在商事律师和公益律师之间游刃有余。他曾在火车票价、最长工作时间、最低工资、妇女就业、保险收费等许多社会公益案件中发表具有广泛影响的专家意见，深受民众拥戴，被誉为"人民的律师"（people's attorney）。他还积极参加犹太复国主义运动，并于 1914—1921 年间担任策动于美国的一个犹太复国主义组织的主席。他积极地向哈佛大学、哥伦比亚大学等高校的青年学子传播犹太复国主义理念，后来的美国联邦最高法院大法官费利克斯·法兰克福特（Felix Frankfurter）就是其追随者之一。

1916 年（60 岁），这样一位拥有 30 年丰富从业经验的著名律师经威尔逊总统提名四个多月后，终于通过参议院的确认，成功就任美国联邦最高法院大法官。他是第一位担任美国联邦最高法院大法官的犹太人。1939 年，布兰代斯退休，接替他的是威廉·道格拉斯（William Douglas）。

《别人的钱》一书大量引用并呼应了美国国会普若委员会的调查结论，

开篇直指投资银行家（investment banker）所主导的金融寡头（financial oligarchy）对社会经济的潜在危害（见表1-1）。该书所涉及的问题如今仍然值得重视，如金融控股公司、企业集团、关联方关系、高管薪酬、证券行业的高额佣金等。

表1-1　　　　　　　　　　　　《别人的钱》目录

CHAPTER	章
1. Our Financial Oligarchy	1. 我们国家的金融寡头
2. How the Combiners Combine	2. 合并者如何合并
3. Interlocking Directorates	3. 连锁董事会
4. Serve One Master Only!	4. 只服务一位主人!
5. What Publicity Can Do	5. 公开有什么作用
6. Where the Banker Is Superfluous	6. 银行家是多余的
7. Big Men and Little Business	7. 大人物和小生意
8. A Curse of Bigness	8. 对巨大的诅咒
9. The Failure of Banker-Management	9. 银行家管理的失败
10. The Inefficiency of The Oligarchs	10. 寡头的无效率

　　《别人的钱》对金融寡头统治及其无效率性进行了透彻的分析，揭示了金融垄断资本对工商业发展的负面影响。该书指出，"这个国家几乎所有铁路和工业的发展，最初都是通过大银行的协助产生的"这一言论毫无事实根据。与此相反，几乎每个使我们获得舒适和繁荣的贡献，都是在没有大银行帮助的情况下"开始"的。这些"大银行"开始与那些企业建立关系，要么是在已经获得成功之后，要么是在成功的可能性已经显现、需要"重组"时，那时候，那些已经将所有身家都押上、吃苦耐劳的开拓者的资金已经耗尽了。

　　该书提供的大量史实极大地增加了其立论的可信度。该书指出，对于早期的铁路、有轨电车、汽车；电报、电话和无线电；天然气和石油；收割机械，钢铁工业，纺织、造纸和制鞋产业；以及几乎每一个重要的制造行业，事实都是如此。……不管是大投资银行家还是小投资银行家来充当这些企业初始融资的金融中介事例，都是极为罕见的。最初的融资通常都是由习惯于承担风险的普通商人完成的；或者由发明人或开拓者的有钱的朋友完成。这些朋友加入主要是基于赚钱以外的因素。时不时地，你也会看到银行提供援助；但是，通常情况下都是当地小银行，而不是"大银行"，来帮助"开始"这个企业。

该书对公司合并持警惕态度。作者指出，毫无疑问，在过去的 15 年中，主要银行家在发行或大或小规模的证券时，已经进行了合作。但是，几乎没有一笔大规模发行是基于推动巨大进步或工业发展的需要。那些银行家合作进行的"大规模"证券发行，除了较少的几个例外，要么是以实现合并为目标，要么是合并的结果。在大多数情况下，合并使得大规模证券发行或承销，要么有悖于现行成文法，要么有悖于州际商务委员会建议的法律，要么有悖于商业效率法则。所以，银行家所帮助的金融集中和合并根本上是违背公共利益的。

资料来源: Milton R. Konvitz, *Nine American Jewish Thinkers* (New York: Routledge, 2000), pp. 63-84;［美］路易斯·D. 布兰代斯：《别人的钱》，胡凌斌译，法律出版社，2009，第 77—91 页。

但是，抑制大型银行权力的运动还是失败了，《联邦储备法》并没有约束银行，而是任由其从事高风险借贷，从而引发了政治手段难以控制的经济规模的扩大。该金融体系的缺陷暴露无遗，导致了灾难性的后果。

20 世纪 20 年代，金融投机十分猖獗。紧随其后的是 1929 年开始的"大萧条"（the Great Depression）。

六、20 世纪 20 年代美国经济的自由放任政策

与进步主义思潮不同，20 世纪 20 年代自由放任资本主义再次风行，政府大幅减少对经济的干预。进步主义思潮悄然退却。"做生意"成为美国政坛上的新风气。

1921 年出任美国总统的共和党人沃伦·G. 哈丁（Warren G. Harding）提出了"美国的正经事就是做生意"（The business of America is business）的口号。他的内阁成员屡屡出现严重贪腐案件，舆论纷纷给予强烈谴责。1923 年，哈丁在巡回演讲途中突然因病去世，副总统卡尔文·柯立芝（Calvin Coolidge）继任美国总统。柯立芝也说过一句很有名的话："美国人民的首要任务就是做生意"（After all, the chief business of the American people is business）。

1929 年，哈丁政府和柯立芝政府的商务部长赫伯特·胡佛（Herbert Hoover）在"柯立芝繁荣"的余温中顺利出任美国总统。10 月 24 日，纽约证券交易所股市崩盘，由此开始了著名的"大萧条"，"柯立芝繁荣"成为明日黄花，胡佛束手无策，其声望一泻千里。

美国著名金融家、超级大富豪安德鲁·W. 梅隆（Andrew W. Mellon）自 1921 年至 1932 年在哈丁、柯立芝和胡佛三任总统的内阁中担任财政部长。梅隆推出了有利于大企业家的减税政策，对美国经济产生了较大的刺激作用。其声望在"柯立芝繁荣"期间如日中天，"大萧条"开始后却一落千丈。有一首经典的美国民谣是这么刻画"大萧条"期间的大人物的："梅隆拉响警笛，胡佛敲起警钟，华尔街发出信号，美国往地狱里冲。"[1]

---

1 该歌谣原文为："Mellon pulled the whistle, Hoover rang the bell, Wall Street gave the signal and the country went to hell."

第二章
投奔证券市场：公共会计师行业的转型

乔治·梅对于美国公共会计师行业的意义在于，他彻底地改变了美国公共会计师行业的职业角色和社会地位，使得公共会计师行业转变成为证券行业的同盟军，美国公共会计师行业从此绑定在银行业和证券业的战车上。[1] 这要先从美国公共会计师行业对于自身定位的艰苦探索和证券信息披露规则的演变历程说起。

第一节　美国公共会计师行业寻求靠山未果

哈佛大学经济学教授威廉·Z. 里普利（William Z. Ripley）对公众公司投机行为及其欺骗性的财务报告的抨击，迫使证券交易所考虑规范会计秩序。里普利所抨击的许多会计乱象均涉及普华会计公司的客户。在此背景下，乔治·梅建议美国会计师协会与各大证券交易所、投资银行和商业银行合作。乔治·梅丰富的阅历、渊博的学识和广泛的社会关系开始发挥作用。纽约证券交易所聘请以乔治·梅为首的普华会计公司担任其会计顾问，美国会计师协会成立"与证券交易所合作特别委员会"，公共会计师行业与证券行业从此结盟。

---

1 Stephen A. Zeff, "How the U.S. Accounting Profession Got Where It Is Today: Part 1," *Accounting Horizons*, 2003, 17(3): 189-205.

一、美国公共会计师行业投靠联邦政府机构的早期尝试

美国公共会计师行业一直在苦苦寻觅自身的定位。但是，受美国法律结构的限制，美国的公共会计师行业找不到能够作为保护伞的联邦法规：联邦的破产法不像英国的破产法那样"关照"公共会计师行业；美国根本就没有联邦的公司法[1]，各州有独立的公司法且其差异甚大，因此，根本就找不到联邦统一的会计法规可资利用。[2]

这个时候，美国的公共会计师行业还没有确定与证券交易所合作的战略定位。一个现实的原因是，证券交易所、证券行业在金融体系中的地位还不算突出，如表 2-1 所示。证券行业的起步发展是 20 世纪 20 年代以来的事情。

表 2-1 　　　　　　　　　　　20 世纪初证券交易所的规模

（均为各年 12 月份的数据）

年份	纽约证券交易所（NYSE）				伦敦证券交易所（LSE）			
	铁路股票		非铁路股票		铁路股票		非铁路股票	
	公司数目	发行股票只数	公司数目	发行股票只数	公司数目	发行股票只数	公司数目	发行股票只数
1870	30	45	13	16	5	6	2	2
1880	63	81	30	31	14	19	20	25
1890	91	129	38	44	33	48	59	90
1900	80	133	65	96	31	53	61	92
1910	67	105	84	128	31	48	62	99

资料来源：斯坦利·L. 恩格尔曼、罗伯特·E. 高尔曼主编《剑桥美国经济史（第二卷）》，王珏等译，中国人民大学出版社，2008，第 539 页。

---

1 美国宪法第十修正案规定："举凡宪法未授予合众国政府行使，而又不禁止各州行使的各种权利，均保留给州政府或人民行使之。"这项美国立法与司法的基本原则是我们理解美国法律制度的基础。联邦有宪法明文列举的立法、司法和行政权，主要是立法权、军事权、外交权、币制权、课税权、统一度量衡权、国际及州际贸易管理权等。未经列举的权力均保留给各州（及其人民）。

2 从法学的角度来看，会计法规乃是民商法、经济法的实施细则。由于美国联邦层面上缺乏体系化的民商法和经济法，故而，美国根本就不可能存在联邦会计法规。

历史上，先后出现过两次允许美国公共会计师行业协助联邦政府机构制定联邦会计规则的宝贵机遇。

第一次机遇，是与州际商务委员会（Interstate Commerce Commission，ICC）合作。该机构是根据《1887 年州际商务委员会法案》（Interstate Commerce Act of 1887）成立的，是美国第一个负责对私有部门实施监管的联邦政府独立监管机构（independent regulatory agency）[1]，代表联邦政府对铁路行业、汽车运输、电话公司实施管理，以平抑价格、消除种族歧视。[2] 1906 年 6 月，《赫伯恩法案》（Hepburn Act）对《1887 年州际商务委员会法案》做出修正，授权州际商务委员会制定公平且合理的价格上限，对铁路公司的账目进行审查，制定标准化的统一会计制度。

为了抓住这个机会，1909 年 4 月美国公共会计师协会（AAPA，美国会计师协会、美国注册会计师协会的前身）任命了一个会计术语委员会（Special Committee on Accounting Terminology），力图为州际商务委员会设计一套统一的会计规则，但最终未能达成有效合作。会计术语委员会的成立，是美国公共会计师行业就会计审计事务发声迈出的第一步。该委员会在西摩·沃尔顿（Seymour Walton）的主持下立即投入工作，并在美国公共会计师协会 1909 年、1911 年和 1913 年的年度会议上报告了阶段进展。1915 年，会计术语委员会提交术语和定义清单，供协会审议。协会通过了该清单，但没有再次任命该委员会。[3]

---

1 如 1914 年设立的联邦贸易委员会（Federal Trade Commission, FTC），1934 年的联邦通信委员会（Federal Communications Commission）、1934 年的美国证监会（Securities and Exchange Commission，SEC），1935 年的国家劳工关系委员会（National Labor Relations Board），1940 年的民用航空委员会（Civil Aeronautics Board），1970 年的邮政监管委员会（Postal Regulatory Commission）和 1975 年的消费者产品安全委员会（Consumer Product Safety Commission）等。1995 年，州际商务委员会撤销，其职能并入地表交通委员会（Surface Transportation Board）。

2 铁路是当时最大的产业，也是主导资本市场发展的行业，美国的主要投资银行正是依傍该行业而发迹的。

3 Stephen A. Zeff, *Forging Accounting Principles in Five Countries: A History and an Analysis of Trends* (Champaign, Illinois: Stipes, 1972), pp. 112-113.

第二次机遇，是与联邦储备委员会（Federal Reserve Board）和联邦贸易委员会（Federal Trade Commission）合作，这次倒是取得了一点成果。这两家联邦机构分别是依照 1913 年《联邦储备法》和 1914 年《克莱顿反托拉斯法》《联邦贸易委员会法》宣告成立的新机构。两个机构均重视财务报告和审计：联邦储备委员会为规范信贷秩序提出了财务报表标准化的主张，联邦贸易委员会也酝酿制定统一的会计制度。

在伍德罗·威尔逊（Woodrow Wilson，1856—1924；美国第 28 任总统，1913—1921 年在任）执政期间，就任美国第一任商务部长（Secretary of Commerce）的威廉·C. 雷德菲尔德（William C. Redfield）在供职商务部长之前，曾试图吞并一些公司。但当他意识到有些公司的估值严重偏高时，他放弃了收购计划。1913 年 3 月就职商务部长之后，雷德菲尔德遂与联邦储备委员会官员们就财务报告的混乱状态进行探讨。他劝说联邦储备委员会率先行动，为商人们制定一些起码的会计规矩。这一行动的结果就是 1917 年联邦储备委员会推出的《统一的账目》。[1]

1915 年，联邦贸易委员会副主席爱德华·N. 赫尔利（Edward N. Hurley）提出了制定统一的会计制度的设想。得知这一消息，美国公共会计师协会会长波特·乔普林（J. Porter Joplin）立即任命以罗伯特·蒙哥马利为首的八人"联邦法律委员会"（Committee on Federal Legislation），与联邦贸易委员会就会计问题展开探讨，就出于信用目的的财务报表及其独立审计等问题展开研究。乔治·梅为该委员会委员。

1916 年秋，美国公共会计师协会投票决定改组为"美利坚合众国会计师协会"（1917 年将名称简化为"美国会计师协会"）。在重组的当口，该协会收到了爱德华·赫尔利（此时他已经升任联邦贸易委员会主席）的来信。赫尔

---

1 T. A. Wise, "The Auditors Have Arrived (Part I)," *Fortune*, 1960, 62(5): 151.

利表示联邦贸易委员会和联邦储备委员会对经过注册会计师认证的会计报表不满意，他设想要求公共会计师在联邦机构注册，联邦贸易委员会和联邦储备委员会只接受在联邦机构注册的注册会计师出具的业务报告。这封信对美国公共会计师行业来说无疑是一颗重磅炸弹。美利坚合众国会计师协会立即开展行动，委托协会旗下的联邦法律委员会立即与这两个联邦机构联系，陈述其合作的决心，劝说它们不要实施对注册会计师的联邦注册。[1]

经过沟通，三方决定由该会计师协会拟订资产负债表的标准格式和关于资产负债表的审计程序，然后提交联邦贸易委员会审议。美利坚合众国会计师协会旗下的联邦法律委员会原本打算起草一份原创的文件，但尝试未果。此时，乔治·梅提交了由约翰·C.斯科比（John C. Scobie）起草的、在普华会计公司内部使用多年的审计操作手册，供该委员会评议。[2]委员们喜出望外，纷纷表示认同。于是，这份文件得到美国会计师协会理事会的一致同意，并得到联邦贸易委员会以及联邦储备委员会的批准，被联邦储备委员会以《统一的账目》为名，公布于1917年4月号的《联邦储备公报》（Federal Reserve Bulletin），篇幅有15页（见图2-1）。[3]

为广泛传播，联邦储备委员会先后于1917年和1918年两次发布单行本，题目分别扩充为《统一的会计——联邦储备委员会的初步构想》（Uniform Accounting—A Tentative Proposal Submitted by the Federal Reserve Board）和《编制资产负债表的已核准方案——联邦储备委员会提供的暂行建议》（Approved Methods for the Preparation of Balance Sheet Statements—A Tentative Proposal Submitted by the Federal Reserve Board）。

---

1 Stephen A. Zeff, *Forging Accounting Principles in Five Countries: A History and an Analysis of Trends* (Champaign, Illinois: Stipes, 1972), pp. 114-115.

2 John L. Carey, *The Rise of the Accounting Profession: From Technician to Professional 1896-1936*, Vol. 1 (New York: AICPA, 1969), p. 133.

3 *Federal Reserve Bulletin*, April 1,1917, pp. 270-284. 该文件可另见于："Uniform Accounting," *Journal of Accountancy*, 1917, 23(6): 401-433。

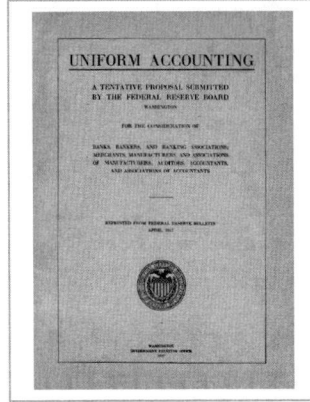		
《统一的账目》单行本（1917年）	《编制资产负债表的已核准方案》（1918年重印本）	《财务报表的验证》单行本（1929年）

图2-1 《统一的账目》的三个单行本

1929年，美国会计师协会对该文件进行修订，联邦储备委员会以《财务报表的验证（修订版）——联邦储备委员会提交的程序方法》（Verification of Financial Statements (Revised)—A Method of Procedure Submitted by the Federal Reserve Board）为名另行发布，以下简称《财务报表的验证》（见表2-2）。[1]

以上四份文件内容相近且发布主体均为联邦储备委员会。

表2-2 《统一的账目》各个版本的传播和发展

时间	公布主体	文件名称
1917年4月1日	联邦储备委员会	统一的账目 Uniform Accounts
1917年4月	联邦储备委员会	统一的会计——联邦储备委员会的初步构想 Uniform Accounting—A Tentative Proposal Submitted by the Federal Reserve Board

---

1 1929年的这份文件是美国会计师协会最后一次为政府机构担任专家顾问的成果，该文件可见于：American Institute of Accountants, Executive Committee, "Verification of Financial Statements," *Journal of Accountancy*, 1929, 47(5): 321-354。1936年，美国会计师协会对1929年的文件进行修订，并自行发布，题为《独立公共会计师对财务报表的检查》。

续表

时间	公布主体	文件名称
1918 年	联邦储备委员会	编制资产负债表的已核准方案——联邦储备委员会提供的暂行建议 Approved Methods for the Preparation of Balance Sheet Statements—A Tentative Proposal Submitted by the Federal Reserve Board
1929 年	联邦储备委员会	财务报表的验证（修订版）——联邦储备委员会提交的程序方法 **Verification** of Financial Statements (Revised)—A Method of Procedure Submitted by the Federal Reserve Board
1936 年 1 月	美国会计师协会	独立公共会计师对财务报表的检查 **Examination** of Financial Statements by Independent Public Accountants

美国注册会计师协会 1972 年 11 月公布的《审计准则公告第 1 号：审计准则与程序汇编》，在"历史背景"部分对上述文件的名称变迁给予了生动的解读。从文件名称的变化中可看出，最早的"统一的会计"的雄心很快就被认为是无法实现的目标。1918 年的文件标题就回到了资产负债表审计上来。随着利润表日益受到重视，1929 年的文件标题就采用了笼统的"财务报表"概念。当 1936 年对该文件进行修订时，美国会计师协会逐渐认识到，由于现代工商业的复杂性日渐增高，独立审计师需要依赖一系列精心设计的测试（testing）才能让自己确信被审计单位的财务报表陈述是恰当的，"验证"（verification）这一词汇便不能准确描述独立审计师的职能了，因此，该文件的名称便采用了"检查"（examination）一词。[1]

---

1 Statement on Auditing Standards No.1: Codification of Auditing Standards and Procedures, issued by the Committee on Auditing Procedure, American Institute of Certified Public Accountants, 1973, p. 202.

二、1917 年的《统一的账目》

《统一的账目》是美国公共会计师行业（以美国会计师协会为代表）制定的第一份专业指南，因而具有标志性的意义。但该文件名不副实，在"统一"或"账目"方面所述甚少，通篇基本上是在探讨审计事宜。这也是该文件被联邦政府机构全盘接受的原因所在。实际上，其文件名是顺从联邦贸易委员会主席爱德华·赫尔利的意思而取的。[1]联邦贸易委员会想要的，其实就是一份"资产负债表审计的备忘录"（a memorandum on balance sheet audits）。而这个备忘录的起草者，如前文所述，正是普华会计公司。

（一）《统一的账目》内容概要

《统一的账目》旨在规范企业为申请贷款而提交给商业银行的报表格式，并且规范对企业资产负债表的审计程序。商业银行对流动性很感兴趣，它们更关心资产负债表，而不是利润表。所以，《统一的账目》侧重于阐释资产负债表审计的操作规程，尽管它也提到了利润表项目。

该文件主要解决两个问题：一是如何进一步对会计报表的格式进行标准化，即统一会计报表的格式；二是采纳哪些有助于确保会计人员小心地编制会计报表、审计人员恰当地审核会计报表的方法。该文件指出，经过可信赖的公共会计师签署的报表，相对于未经审查的报表的优势是显而易见的。但是，目前对于经过验证的报表来说，其验证范围和验证程度尚缺乏统一性。例如，有的公共会计师仅仅验证账簿上的记录，而不盘点存货，不对资产进行评估；而有的公共会计师既验证账簿上的记录，又盘点存货，并对资产进行评估。当然，对于大公司客户来说，后一种做法既不可能，又耗费巨大，因此，前一种是更安全的做法。该文件提及，目前经由公共会计师提供证明

---

1 E. S. Hendriksen, M. F. van Breda, *Accounting Theory*, 5th Edition (New York: McGraw-Hill Higher Education, 1991), p. 63.

文件的会计报表 90% 以上属于业界所称的资产负债表审计。

 专栏 2-1

《统一的账目》提纲

制造商或销售商的资产负债表审核总论

有关报表项目的具体说明和建议：

现金

应收票据（Notes Receivable）

应收账款（Accounts Receivable）

证券（Securities）

存货

固定资产的成本（Cost of Fixed Property）

待摊费用（Deferred Charges to Operations）

应付票据（Notes and Bills Payable）

应付账款（Accounts Payable）

或有负债（Contingent Liabilities），包括背书（Indorsements）或担保（Guaranties）、尚未完成的合同（Unfulfilled Contracts）

累积债务（Accrued Liabilities），包括应付利息、应交税费、应付工资、应交水费天然气费、应付差旅费用和佣金、法律费用、保险费等

抵押债务（Bonded and Mortgage Debt）

股本（Capital Stock）

盈余公积（Surplus）

损益（Profit and Loss）

销售收入（Sales）

销售成本（Cost of Sales）

销售毛利（Gross Profit on Sales）

销售费用、一般管理费用（Selling, General and Administrative Expenses）

销售净利（Net Profit on Sales）

其他所得（Other Income）

从所得中的扣除项（Deductions from Income）

净利润（Net Income—Profit and Loss）

盈余公积的增加和减少（Surplus Additions and Deductions）

《统一的账目》中的一些观点值得关注，可概括如下。

 专栏 2-2

《统一的账目》观点摘要

【票据贴现的负债】当银行对应收票据贴现时，公司对此负有负债，应在资产负债表上列报该负债。

【应收票据函证·非强制】可选的（optional）——对应收票据的最佳验证方法是取得债务人的确认。如果时间允许，且客户不反对，最好能够采用函证程序，取得每张应收票据的书面确认。审计师应亲自邮寄信件，并附上已盖章的信封，以便函证对象直接回复给自己。

【应收账款函证·非强制】可选的——对应收账款的最佳验证方法是取得债务人的确认。如果时间允许，且客户不反对，最好能够采用函证程序，取得每项应收账款的书面确认。审计师应亲自邮寄信件，并附上已盖章的信封，以便函证对象直接回复给自己。

【证券的成本与市价孰低法】资产负债表日，证券的市场价值低于账面价值的，除变动幅度小到微不足道外，应当计提价值损失准备。当无法获得投资的市场报价时，审计师必须检查发行人的资产负债表，以便了解其价值。

【利息禁止资本化】利息、销售费用和管理费用不属于存货的生产成本，因此不应以任何形式计入存货。

【存货的成本与市价孰低法】资产负债表日，存货应当按照成本与市场价格的较低者列报。如果市场价格高于成本，则可以在资产负债表的附注中予以说明。

如果企业保存有库存记录但审计时未进行实物盘点，则应将上次实物盘点的信息与账面记录进行比较。如果无法进行这种近期比较，请选择一些重要的报表项目进行实际勘察。

【存货盘点·非强制】如果企业未保存有库存记录，审计师最好能指导企业进行实物盘点。（原文为："Where no stock records are kept, a physical inventory should be taken preferably under the general direction of the auditor."）

【可能的负债】审计师有责任发现和报告各种负债，不仅是已清偿的债务（liquidated debts），还包括可能的债务（possible debts）。

说明：【】中的注释为引者所加。

　　这时，英国公司法实践中所倡导的谨慎性原则（稳健性原则）等失当规则已经浸入《统一的账目》，主要适用于应收款项和存货项目，以及"可能的债务"。由于应收账款函证和存货盘点都被列为非强制性程序，《美国会计史——会计的文化意义》一书称，《统一的账目》拉低而不是提高了注册会计师签署的验证证书的可信度。[1]

---

1 Gary J. Previts and Barbara D. Merino, *A History of Accountancy in the United States: The Cultural Significance of Accounting* (Columbus: Ohio State University Press, 1998), p. 233.

（二）《统一的账目》给出的利润表格式

《统一的账目》给出了资产负债表和利润表的统一格式，并规定了若干关于存货计价、制造费用、商业折扣、资本公积的会计处理原则。尤其引人瞩目的是，该文件要求审计师确保客户采用成本与市价孰低法对存货进行计价，如果市价高于成本，则不应记载浮动盈亏，但允许在资产负债的附注中予以说明。这很明显是从短期债权人的利益出发来考虑问题的。这清楚地表明，现今流行的某些会计规则在当初设计出台时，实是出于维护短期债权人的特殊利益的需要。这些会计原则、规则和程序的实际倡导者不是会计师及其行业协会，而是银行家。[1]

值得注意的是，《统一的账目》所推荐的利润表格式，把投资活动（或金融活动）的收支金额一律列在其他所得（或扣除数）项目下，其隐含的价值导向是优先满足实体经济发展的企业管理需要。这种立场值得当代的会计立法机关借鉴。

专栏 2-3

《统一的账目》给出的利润表格式

利润表（Profit and Loss Account）

三年的比较利润表（截止于╳╳年╳╳月╳╳日）

报表项目	今年	去年	前年
销售收入（Gross sales） 减：销售运费、销售折让、销售退回 （outward freight, allowances, and returns） **净销售额（Net sales）** 年初存货（Inventory beginning of year） 本年采购净额（Purchases, net）			

---

1 Maurice Moonitz, "Three Contributions to the Development of Accounting Principles Prior to 1930," *Journal of Accounting Research*, 1970, 8(1): 145-155.

续表

报表项目	今年	去年	前年
减：年末存货（Inventory end of year）			
销售成本（Cost of sales）			
销售毛利（Gross profit on sales）			
销售费用（Selling expenses）[与分类账账户逐项对应]			
销售费用合计（Total selling expenses）			
一般费用（General expenses）[与分类账账户逐项对应]			
一般费用合计（Total general expenses）			
管理费用（Administrative expenses）[与分类账账户逐项对应]			
管理费用合计（Total administrative expenses）			
费用总计（Total expenses）			
销售净利润（Net profit on sales）			
其他所得（Other income）：			
投资所得（Income from investments）			
应收票据利息收入等（Interest on notes receivable, etc）			
所得总额（Gross income）			
所得额扣除数（Deductions from income）：			
债券利息（Interest on bonded debt）			
应付票据的利息（Interest on notes payable）			
扣除数合计（Total deductions）			
净收益——损益（Net income—profit and loss）			
加：特殊贷项（Special credits to profit and loss）			
减：特殊借项（Special charges to profit and loss）			
当期损益（Profit and loss for period）			
期初盈余公积（Surplus beginning of period）			
已付股利（Dividends paid）			
期末盈余公积（Surplus ending of period）			

（三）《统一的账目》给出的资产负债表格式

可以看出，《统一的账目》所推荐的资产负债表格式基本上是对企业的财产权利和负债的忠实描述。这体现了法律制度与会计规则比较一致的关系。

耐人寻味的是，商誉的账面价值直接列为净值的抵减项。这种立场，与后来先是商誉强制性摊销、后是商誉酌量性减值的闹剧，形成了鲜明的对比。

 专栏 2-4

《统一的账目》给出的资产负债表格式

资产负债表（Balance Sheet）

资产（ASSETS）	负债（LIABILITIES）
现金（Cash）：	应付票据和应付账款（Bills, notes, and accounts payable）：
1a. 库存现金——现钞和硬币	**无担保票据（Unsecured bills and notes）**
1a. Cash on hand—currency and coin	2. 购买商品或原材料的承兑汇票
1b. 银行存款	2. Acceptances made for merchandise or raw material purchased
1b. Cash in bank	
小计	4. 购买商品或原材料的票据
应收票据和应收账款（Notes and accounts receivable）：	4. Notes given for merchandise or raw material purchased
3. 现有客户应收票据（未逾期）	6. 银行借款
3. Notes receivable of customers on hand (not past due)	6. Notes given to banks for money borrowed
5. 已贴现或附担保背书转让的票据	8. 通过经纪人出售的票据
5. Notes receivable discounted or sold with indorsement or guaranty	8. Notes sold through brokers
7. 应收账款（未逾期）	10. 用于机器、厂区扩建的票据
7. Accounts receivable, customers (not past due)	10. Notes given for machinery, additions to plant, etc.
9. 应收票据（已逾期）（以现金计）	12. 应付股东、管理人员或雇员的票据
9. Notes receivable, customers, past due (cash value, $)	12. Notes due to stockholders, officers, or employees
11. 应收票据（已逾期）（以现金计）	**无担保账项（Unsecured accounts）**
11. Accounts receivable, customers, past due (cash value, $)	14. 应付账款（未逾期）
减：	14. Accounts payable for purchases (not yet due)
13. 坏账准备	16. 应付账款（已逾期）
	16. Accounts payable for purchases (past due)

13. Provisions for bad debts

15. 销售折扣、运费、折让准备

15. Provisions for discounts, freights, allowances, etc.

　　　　　　　　　　　　小计＿＿＿＿

存货（Inventories）：

17. 在库原材料

17. Raw material on hand

19. 在产品

19. Goods in process

21. 未完成的合同

21. Uncompleted contracts

　　减：预收款

　　Payments on account thereof

23. 产成品

23. Finished goods on hand

　　　　　　　　　　　　小计＿＿＿＿

其他速动资产（详细列明）：

Other quick assets (describe fully):

……

……

　　　　　　　　　　　　小计＿＿＿＿

速动资产合计（不包括投资）

Total quick assets (excluding all investments)

证券（Securities）：

25. 不影响主业可随时出售的证券

25. Securities readily marketable and salable without impairing the business

27. 由管理人员、股东或雇员提供的票据

27. Notes given by officers, stock-holders, or employees

18. 应付股东、管理人员或雇员的款项

18. Accounts payable to stockholders, officers, or employees

担保负债（Secured liabilities）

20a. 已贴现或附担保背书转让的票据

20a. Notes receivable discounted or sold with indorsement or guaranty (contra)

20b. 对客户账户的折扣或分享

20b. Customers' accounts discounted or assigned (contra)

20c. 以存货质押担保的债务

20c. Obligations secured by liens on inventories

20d. 以证券质押担保的债务

20d. Obligations secured by securities deposited as collateral

22. 应计负债（应付利息、税款、工资等）

22. Accrued liabilities (interest, taxes, wages, etc.)

　　　　　　　　　　　　小计＿＿＿＿

其他流动负债（详细列明）：

Other current liabilities (describe fully):

……

……

　　　　　　　　　　　　小计＿＿＿＿

流动负债合计（Total current liabilities）

固定负债（Fixed liabilities）：

24. 厂区按揭贷款（到期日）

24. Mortgage on plant (due date)

26. 其他不动产的按揭贷款（到期日）

26. Mortgage on other real estate (due date)

28. 机器或设备的动产抵押

28. Chattel mortgage on machinery or equipment (due date)

29. 应收管理人员、股东或雇员的款项

29. Accounts due from officers, stockholders, or employees

小计 _____

流动资产合计（Total current assets）

固定资产（Fixed assets）：

31. 厂区用地

31. Land used for plant

33. 厂区用房

33. Buildings used for plant

35. 机器

35. Machinery

37. 工具和厂区设备

37. Tools and plant equipment

39. 模型和图纸

39. Patterns and drawings

41. 办公家具和固定装置

41. Office furniture and fixtures

43. 其他固定资产（如果有则详细列明）

43. Other fixed assets, if any (describe fully)

减：

45. 折旧

45. Reserves for depreciation

小计 _____

固定资产合计（Total fixed assets）

待摊费用（Deferred charges）：

47. 预付费用、预付利息、预付保费、预交税金等

47. Prepaid expenses, interest, insurance, taxes, etc.

其他资产（Other assets）

资产总计（Total assets）

30. 应付债券

30. Bonded debt (due date)

32. 其他固定负债（详细列明）：

32. Other fixed liabilities (describe fully):

……

小计 _____

负债合计（Total liabilities）

净值（Net worth）：

34. 若为公司制企业，则列示：

34. If a corporation—

（a）优先股（减去库存股）

（a）Preferred stock (less stock in treasury)

（b）普通股（减去库存股）

（b）Common stock (less stock in treasury)

（c）盈余公积和未分配利润

（c）Surplus and undivided profits

减：

（d）商誉的账面价值

（d）Book value of goodwill

（e）亏损

（e）Deficit

36. 若为独资企业或合伙企业，则列示：

36. If an individual or partnership—

（a）资本

（a）Capital

（b）未分配利润或亏损

（b）Undistributed profits or deficit

小计 _____

净值合计（Total net worth）

负债和净值总计（Total）

（四）《统一的账目》给出的审计报告格式

《统一的账目》要求公共会计师给客户出具的证书（certificate）尽量简明扼要（short and concise），正确地陈述事实。其所推荐的表述格式如下。值得注意的是，审计报告的示范格式采用了"我证明……"（I certify that...）的字样。该字样在厄特马斯诉公司图什－尼文公司案宣判后不久便被删除。

专栏 2-5

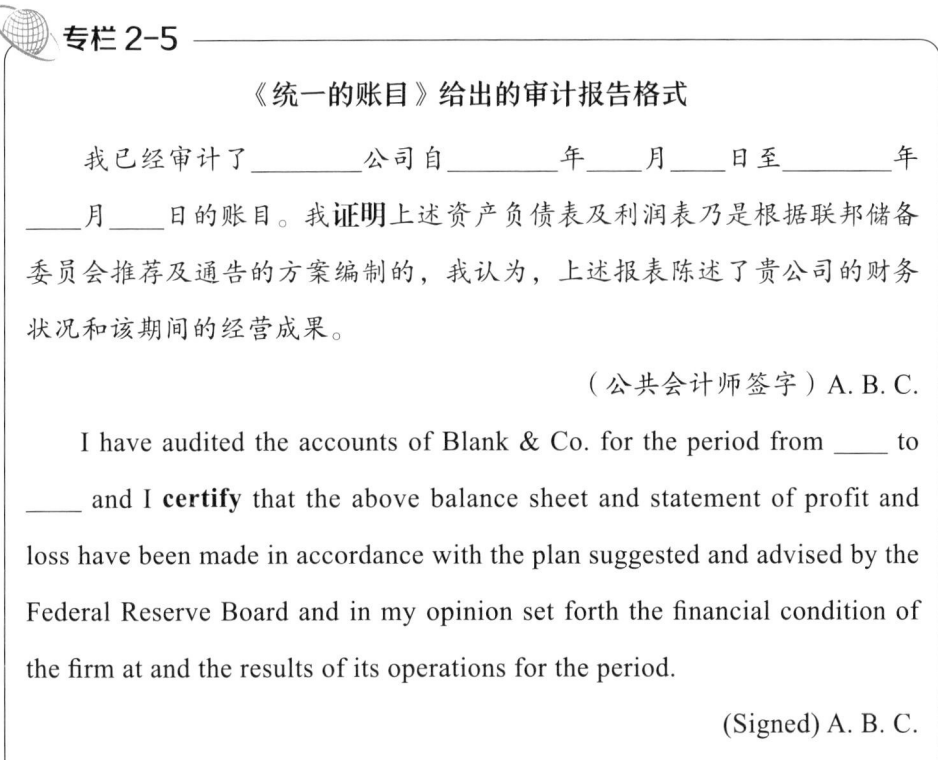

《统一的账目》给出的审计报告格式

我已经审计了_____公司自_____年____月____日至_____年____月____日的账目。我**证明**上述资产负债表及利润表乃是根据联邦储备委员会推荐及通告的方案编制的，我认为，上述报表陈述了贵公司的财务状况和该期间的经营成果。

（公共会计师签字）A. B. C.

I have audited the accounts of Blank & Co. for the period from ____ to ____ and I **certify** that the above balance sheet and statement of profit and loss have been made in accordance with the plan suggested and advised by the Federal Reserve Board and in my opinion set forth the financial condition of the firm at and the results of its operations for the period.

(Signed) A. B. C.

注：黑体为引者所加。

上述审计报告，是公共会计师行业试图追随商业银行谋生存，所开发出来的专业服务的业务报告书。

这个时候美国公共会计师行业之所以依赖商业银行而不是投资银行来谋生存，是因为 19 世纪末美国还没有形成具有一定规模的全国性资本市场，证券市场（证券交易所）主要是地方性、区域性的。企业的资金周转主要依赖银行贷款。商业银行往往要求贷款申请人提供可靠的财务数据。1900—1914年间，对商业银行所使用的资产负债表提供验证服务，遂成为公共会计师业务的主要内容。相应地，2∶1的流动比率成为约定俗成的财务分析标准。[1] 这种业务模式的一个后果是谨慎性原则的泛滥。商业银行更倾向于让贷款申请人提前反映可能的损失（而不是可能的好处），它们鼓励贷款申请人采用成本与市价孰低法对存货进行计量，鼓励企业计提坏账准备。正如美国公共会计师行业的精神领袖、普华会计公司合伙人乔治·梅在1943年出版的著作《财务会计：经验的精粹》中所说，"45年前，对账目影响最大的是信贷授予人（credit grantor），稳健性应运而生。随着证券交易所的兴起，人们开始质疑稳健性。本期利润表中的稳健主义（conservatism）可能导致夸大其后期间的利润。"[2] 所谓谨慎性（prudence）原则、稳健性原则，不过是公共会计师行业为其客户（金主）们设计的理论工具，哪里有什么原则可言。

（五）"与银行家合作特别委员会"的成立

1922年，以独立战争的主要资助人、《独立宣言》的签署人之一罗伯特·莫里斯的名字命名的全美银行业协会——罗伯特·莫里斯协会（Robert Morris Associates）[3]，给美国会计师协会提供了合作机会。美国会计师协会遂抓紧成立了"与银行家合作特别委员会"（Special Committee on Cooperation with Bankers），该委员会先后由普华会计公司的威廉·B.坎贝尔[4]（William B. Campbell）和另一家会计公司的弗雷德里克·H.赫德曼（Frederick H. Hurdman）主持，在20世纪二三十年代与银行业保持着密切的联系。

---

1 ［美］查特菲尔德：《会计思想史》，文硕等译，中国商业出版社，1989，第191—192页。

2 George O. May, *Financial Accounting: A Distillation of Experience* (New York: The Macmillan Company, 1946), pp. 9, 24.

3 该协会成立于1914年，现名为风险管理协会（Risk Management Association，RMA），拥有1 700家机构会员，包括大中小银行和非银行金融机构。

4 坎贝尔是乔治·梅选定的接班人。1926年，乔治·梅将普华会计公司的行政管理职责移交给坎贝尔，他专心谋划美国公共会计师行业的发展大计。

由于银行家担心注册会计师审计会加重贷款申请人的负担，从而对银行业务造成负面影响，故而他们并不要求借款人提交经过审计的会计报表，这就导致《统一的账目》等文件的实际作用并不算大[1]。

在屡屡寻求政府机构、联邦法律的支持而未果的情况下，公共会计师行业领袖乔治·梅"穷则生变"，生生开辟出会计服务的一番新天地。

第二节　美国公共会计师行业决定依傍证券行业谋发展

一、里普利呼吁加强证券市场会计监管

第一次世界大战促进了美国经济的繁荣，美国经济在 20 世纪 20 年代进入繁荣的新时代（见图 2-2）。1921 年至 1929 年，美国证券市场出现了长达八年的大牛市，投机行为和股价操纵日益猖獗。《统一的账目》所体现的自由化的会计规则受到抨击，审计师的功能受到质疑。

1922 年，纽约证券交易所对股市中甚嚣尘上的财务做法表示不安。该交易所总裁西摩·L. 克伦威尔（Seymour L. Cromwell）在演讲中呼吁，应当借鉴英国的做法，充分披露证券发行人的信息。他提议，证券发行人在发行前以及发行后每半年，要提交关于其财务状况和经营业绩的经过宣誓的报表（sworn statements）。[2]但克伦威尔没有主张实行公共会计师审计。

1926 年，哈佛大学经济学教授威廉·Z. 里普利（William Z. Ripley）在《大西洋月刊》发表以《停，看，听！》（Stop, Look, Listen!）为题的系列长篇文章，撰文揭露公众公司欺骗性的财务报告，谴责华尔街的投机行为，呼

---

1 加里·约翰·普雷维茨、巴巴拉·达比斯·莫里诺：《美国会计史——会计的文化意义》，杜兴强等译，中国人民大学出版社，2006，第 241—247 页。

2 John L. Carey, "The Origins of Modern Financial Reporting," in Thomas A. Lee and Robert H. Parker, *The Evolution of Corporate Financial Reporting* (Middlesex: Thomas Nelson and Sons Ltd., 1979), pp. 241-264. Reprinted in 1984 by Garland Publishing, Inc.

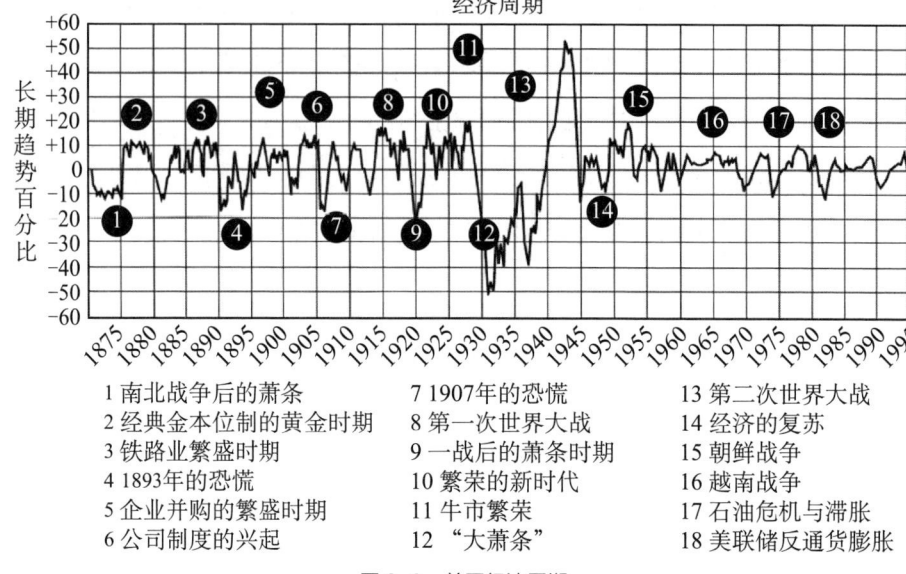

经济周期

1 南北战争后的萧条　　　　7 1907年的恐慌　　　　13 第二次世界大战
2 经典金本位制的黄金时期　8 第一次世界大战　　　　14 经济的复苏
3 铁路业繁盛时期　　　　　9 一战后的萧条时期　　　15 朝鲜战争
4 1893年的恐慌　　　　　　10 繁荣的新时代　　　　　16 越南战争
5 企业并购的繁盛时期　　　11 牛市繁荣　　　　　　　17 石油危机与滞胀
6 公司制度的兴起　　　　　12 "大萧条"　　　　　　　18 美联储反通货膨胀

图2-2　美国经济周期

资料来源：Thomas Carson, *Gale Encyclopedia of U.S. Economic History* (Farmington Hills: The Gale Group, 1999), p. 130.

吁联邦贸易委员会等联邦政府机构对会计行业实施管制，要求上市公司统一及时披露信息。[1] 当时的股份公司普遍存在低估折旧、记录资产升值等会计计量及信息披露问题，且大多数公司并未披露其所采用的资产估价规则。

里普利的文章迅即引起社会舆论的强烈反响，甚至连柯立芝总统都出来就证券市场监管问题发表讲话。柯立芝的观点是，公众公司会计监管是州政府的任务，而不是联邦政府应该管的事情。

8月27日，乔治·梅撰文给《纽约时报》提出，"里普利教授的文章对目前情况所做的描述，无论是从细节上还是从总体上来说都是不公正的。我相

---

[1] William Z. Ripley, "Stop, Look, Listen! The Shareholder's Right to Adequate Information," *The Atlantic Monthly*, September 1926: 380-399; William Z. Ripley, "More Light!—and Power Too," *The Atlantic Monthly*, November 1926: 667-687；［美］查特菲尔德：《会计思想史》，文硕等译，中国商业出版社，1989，第195页。

信他的观点是错误的。尽管还有很多工作要做，但今天美国的股东通常能获得相当准确的信息，当然比英国的股东所获得的信息要多得多"。

9月26日，《纽约时报》刊发整版文章，标题是《里普利开讲，华尔街倾听》（When Ripley Speaks, Wall Street Heeds），里普利先生的大幅照片出现在版面的正中央（见图 2-3）。

图 2-3 《纽约时报》刊登的里普利的大幅照片

资料来源：*New York Times*, September 26, 1926, p. 7.

同年，纽约证券交易所决定任命霍克西（J. M. B. Hoxsey）为上市委员会（Committee on Stock List）行政助理，着手整顿公众公司财务乱象。霍克西从此成为纽约证券交易所里"与反动势力和险恶势力做斗争的孤独人物"[1]。

1927 年 2 月，里普利的上述评论文章结集出版，书名为《主街与华尔街》（*Main Street and Wall Street*）。该书呼应了布兰代斯 1914 年的著作《别人

---

[1] George O. May, *Financial Accounting: A Distillation of Experience* (New York: The Macmillan Company, 1946), p. 55.

的钱》和索尔斯坦·凡勃仑（Thorstein Veblen）1923 年的著作《缺席的所有权与近代企业：以美国为例》（*Absentee Ownership and Business Enterprise in Recent Times: The Case of America*）中的观点。里普利直截了当地指出，"会计师们肆意玩弄数字，到了令人惊骇的程度"[1]。

 专栏 2-6

里普利——美国证券市场会计舞弊的早期批评者

威廉·Z.里普利（William Z. Ripley，1867—1941），美国经济学家和种族理论家，"欧洲三种族"理论的提出者，20 世纪二三十年代因参与铁路监管立法活动及批判公司会计和证券市场而知名。

里普利 1890 年在麻省理工学院获学士学位，分别于 1892 年和 1893 年在哥伦比亚大学获硕士和博士学位。1893—1901 年，在哥伦比亚大学讲授社会学。1895—1901 年任麻省理工学院经济学教授。1901—1933 年任哈佛大学政治经济学教授。

1899 年著有《欧洲种族：一项社会学研究》一书，该书是里普利的代表作。1900 年，在西奥多·罗斯福政府的工业委员会供职，处理铁路公司与煤炭公司的关系问题。1925—1926 年连续撰文批评股份公司欺骗性的财务报告行为，谴责华尔街的投机行为。1926 年，《纽约时报》对其进行整版报道。1927 年，里普利将其对证券市场会计操纵现象的评论文章结集出版，名为《主街与华尔街》。同年，里普利先是遭遇车祸，后又精神崩溃，被送往安定医院治疗，直至 1929 年底才重返教职。1931 年，里普利在参

---

1 原文为："The accountants are enabled to play ball with figures to an astounding degree." 参见：William Z. Ripley, *Main Street and Wall Street* (Boston: Little, Brown, and Company, 1927), p. 50。

议院作证，建议遏制投资型托拉斯。1932 年，里普利在参议院作证，建议公开调查大型股份公司的财务问题。1933 年任美国经济学会会长。

资料来源："William Zebina Ripley: Thirty-fifth President of the American Economic Association, 1933," *The American Economic Review*, 1952, 42(4).

该书经授权，在第一章引用了时任普林斯顿大学校长伍德罗·威尔逊在 1910 年美国律师协会年会上的演讲。威尔逊称，在公司帝国面前，大多数人都是游戏中的棋子；法律应当有根本性的改变，以防有人利用公司制度对社会公众造成伤害。

针对普遍存在的大股东侵害小股东权益等问题，里普利认为，英国实施多年的独立审计（independent audit）制度值得借鉴，英国的注册会计师（certified public accounting）[1]行业的规范化程度很高，法律规定了该行业的任职资格和职业规则。审计师大多能够自食其力，并保持较高的职业水准。但在美国，几十个州依据相互冲突的法律争相颁发注册会计师资格证书，这样一来，纯粹的独立审计不见得就比当前的管理审计（management audit，即内部审计）效果好。除非能够建立起独立于管理层的授权机构来指导审计工作，否则就不要指望独立审计能起到什么作用。因此，美国如果要借鉴英国的做法，就需要设立由股东代表组成的常设性监督机构，由其任命审计师，审计师应向其负责。

应该说，里普利提出的这一方案是比较切合实际的。企业的审计如果由专设机构委托注册会计师来实施，那么，注册会计师就需要（而且只需要）向委托机构负责。这是内部审计的正常逻辑。如果将审计委员会设在股东大会下，并且要求审计师只向其提交报告，公司不向潜在投资者提供审计师报告，那么，这种制度就是里普利所建议的方案。显然，这个方案跟现行的审

---

1 英国的公共会计师行业采用"特许会计师"等头衔，而不是"注册会计师"头衔。里普利此处可能存在笔误。

计制度（审计委员会设在董事会下，审计师报告要公告给潜在投资者）存在显著差异。里普利提出的另一方案，是由政府监管部门来主导实施审计。[1]这其实就是政府审计的思路，也是正确的机制设计。

里普利对高深莫测的会计（enigmatic accounting）持批判态度，他甚至点名批评了一大批知名公司随意调节资产估值、变更折旧方法、利用控股公司架构等操纵手法。如果连一位外行都能看出会计行业所存在的问题，就可以知道问题有多么突出了。里普利对商誉的本质给予了辛辣的讽刺。他说："商誉在理论上被认为是对盈利能力的资本化……换句话说，商誉就是内在虚无的外在表现（the outward expression of inward unsubstantiality）。在过去托拉斯的好日子里，几乎所有托拉斯都在用商誉项目（给股票）大肆注水，有的注水额度甚至超过其净资产的一倍或数倍。"股票分拆、股票合并、无面值股票等金融伎俩常常跟会计操纵同时发挥作用。他还指出，资产负债表里面但凡涉及估值的，都是管理层聘请的人做的，这些估值必然取决于管理层的想法。估值只不过是你情我愿的生意，十有八九会夸大其词。

总体上，里普利主张会计报表和审计师的工作必须围绕披露事实这个核心问题展开，主张比照英国公司法，引入股东的独立审计（shareholders' independent audit），即独立于公司董事会的股东审计，或者引入全面检查委员会。公司出资，股东可以雇用审计师实施审计。审计师（注册会计师）只对委托人（即现有的股东）负责，每年向股东大会或全面检查委员会汇报工作。

略有遗憾的是，里普利对英国会计审计机制设计的理解存在些许偏差，这多少会影响其立论的说服力。[2]

1　结合前文所述的英国会计发展的情况可知，里普利的上述言论中存在两处细节偏差。一是，英国当时并未推行独立审计，其所推行的是股东主导的审计。二是，英国公共会计师行业以特许会计师（CA）为主体，注册会计师（CPA）是美国公共会计师行业为区别于 CA 而推出的职业头衔。

2　William Z. Ripley, *Main Street and Wall Street* (Boston: Little, Brown, and Company, 1927), pp. 134-141.

里普利提议，英国公司法当时尚未要求审计利润表，美国可以先行一步，要求企业对利润表也实施审计。其实，要求企业披露会计报表和审计师报告给潜在投资者，以便其做出投资决策的立法理念本身就是错误的。原因主要有以下五点：第一，对不特定的人公布内部信息，本身就将公司置于危险的境地。现有股东想要了解公司的资产状况、发展历程，这没有问题。但潜在股东有理由需要这些资料吗？法律有什么道理要求公司向其包括竞争对手在内的潜在投资者公开内部信息呢？第二，公司现有的大股东、董事即便掌握了企业业绩细节等敏感信息，也一样无法预测股价走势。那么，潜在投资者就能凭着详尽的利润表按图索骥了吗？第三，合理状态下的审计应当是股东或政府监管部门独立开展或者委托审计师开展审计，审计师只能向委托人汇报，不得向第三人汇报。法律有什么理由要求公司向潜在投资者提供审计师报告呢？第四，如果说利润表就应当给社会公众看的话，那么，无论从法律证明力还是从详细程度来看，纳税申报表都比利润表要强得多，既然如此，为何不突破税法，直接要求公司公开其纳税申报表呢？第五，没有任何一门科学能够精确地刻画股价的形成机制。这就意味着，是披露还是不披露利润表，都与股价走势没有直接因果联系。总之，法律没有合适的理由要求上市公司公开披露利润表和审计师报告。

里普利将资产负债表视为"即时照相"（instantaneous photograph）的看法属于对会计的误读。"即时照相"也就是列报资产和负债的现行价值，这其实是金融分析的思路。乔治·梅对里普利的这一误读进行了持续的猛烈抨击。

里普利的文章和著作客观上对美国公共会计师行业起到了刺激和推动作用，因为它们引发了公共会计师行业的恐慌——如果政府机关通过行政手段来规范会计秩序，那么公共会计师行业将难以找到立锥之地。乔治·梅率领的美国公共会计师行业后续采取的一系列动作，都与里普利的言论有关。

1926 年，纽约证券交易所从根本上改变了对上市公司的态度。乔治·梅认为，这无疑是里普利一系列抨击的结果。

二、乔治·梅率众转型

里普利所抨击的许多会计乱象均涉及普华会计公司的客户。乔治·梅闻此顿感紧张，他担心政府部门会干预会计行业，遂立即出面反驳。

（一）乔治·梅主张公共会计师行业与证券业和银行业合作

1926 年 9 月 22 日，乔治·梅在美国会计师协会于大西洋城召开的年会上发表演说，针对里普利在《大西洋月刊》9 月号中的言论做出回应。

乔治·梅的演说建议美国会计师协会与各大证券交易所、投资银行和商业银行合作，谋求与证券交易所建立共生共荣的关系。乔治·梅之所以建议发力证券市场，是因为他深知证券市场能够给注册会计师行业提供更大的发展空间。正如他在回忆录中所说，"可以说从 1922 年到 1929 年这段时期，信贷授予人（即商业银行等银行业金融机构）对会计的影响显著下降，而投资者和证券交易所的影响则有所增加"[1]。

 专栏 2-7

向证券市场进军：乔治·梅的演说

《股份公司的公开募股与审计师的角色》

□我完全不赞同里普利［倡导由联邦贸易委员会出面实施会计监管］的立场。

□公司的董事有责任向股东提供充分的信息，审计师应当尽力帮助他们遵照最广为接受的标准去提供信息。目前，已经有超过 90% 的已上市的工商企业（不包括政府监管的铁路行业的公用事业类股份公司）提供经过

---

1 George O. May, *Memoirs and Accounting Thought of George O. May*, edited by Paul Grady (New York: The Ronald Press Company, 1962), p. 46.

审计的年度报告。

□我认为美国会计师协会应当郑重抉择，积极与其他机构开展合作，明确审计师在当今时代应当承担什么样的职责，如何获取并胜任这样的职责。

□就里普利教授所提及的英国的情形而言，法律已经对上述问题给出了清晰的规定。我们知道，**在美国，由于公司的成立必须依照各州的公司法，因此，我们目前还不具备通过法律来规定审计标准的条件。**但英国的立法动态对我们确定行动目标是有参考价值的。

□**在英国，法律强制要求实施独立审计（independent audit）已经有很多年了**[引者注：这是对英国公司法的误读，当时英国公司法采用的是"强制性股东自主审计制度"，而不是"独立审计制度"，详见后文]，**审计师与公司董事共同对其所公开的账簿承担责任。**在股东大会召开之前，审计师应当就每一份资产负债表向股东提交一份报告，阐明其是否获取了其在审计过程中要求管理层提供的信息和必要的解释，资产负债表是否真实和准确地描述了公司的业务状态。

□**虽然美国不大可能像英国那样通过公司法来促进公共会计师行业的发展，但我们可以通过与主要的证券交易所、投资银行和商业银行合作，在更大程度上发展公共会计师行业。**大家知道，我们过去与商业银行就信贷报告（credit statement）展开的合作是相当成功的。**我认为，美国会计师协会应当把这种合作推广到里普利教授所提及的[证券]领域。**例如，**组约证券交易所可以要求所有在该交易所上市的股份公司提交经过审计的会计报表，这就跟英国的情况差不多了。**该交易所近年来一再示意，其认可会计师的重要性，我想他们会接受我的上述提议。

□社会公众可能会欢迎我们清晰地界定独立审计的意义和审计师的责任。

□利润表的功能有两个：其一是反映已赚利润、可分配利润；其二是反映企业未来的盈利能力。后者在很多情况下更为重要，因为财产的价值取决于对未来收益的合理预期。

资料来源：George O. May, "Corporate Publicity and the Auditor," *Journal of Accountancy*, 1926, 42(5): 321-326.

乔治·梅在演讲中提出，在缺乏联邦统一的公司法的美国，公共会计师行业必须尽早找到行业的保护伞。他选择的突破口是纽约证券交易所。

 专栏 2-8

纽约证券交易所简史

1792 年 5 月 17 日，24 位股票交易经纪人在纽约华尔街 68 号的梧桐树下签署相互交易的协议。这是纽约证券交易所的雏形。

1817 年 3 月 8 日，这些发起人通过了章程，创建了纽约证券交易委员会（New York Stock & Exchange Board, NYS & EB）董事会，在华尔街 40 号租了一些办公用房。1863 年，纽约证券交易委员会更名为纽约证券交易所。

到美国内战结束（1865 年）时，纽约证券交易所提供 300 多个股票和债券交易品种。1867 年，交易所推出股票报价器。1878 年，交易所安装了电话。1886 年 12 月 15 日，交易量首次突破 100 万股。

"大萧条"时期，《1934 年证券交易法》剥夺了纽约证券交易所的监管权，监管权划归新成立的美国证监会。

20 世纪 60 年代，计算机数据处理技术首次应用于纽约证券交易所的市场运作。

2006 年 3 月，纽约证券交易所与群岛控股（Archipelago Holdings）合并，成立纽约证券交易所集团（NYSE Group）。

2007 年 4 月，纽约证券交易所集团与泛欧交易所合并，组建纽约泛欧交易所集团（NYSE Euronext），这是全球最大的交易所集团。

2008 年 10 月，纽约泛欧交易所集团收购美国证券交易所（American Stock Exchange，AMEX），并将其更名为 NYSE AMEX Equities。

2013 年 11 月，纽约泛欧交易所集团被洲际交易所（Intercontinental Exchange，ICE）收购。按照计划，ICE 将在收购完成后完成泛欧交易所的分拆上市。

2014 年 6 月，洲际交易所安排泛欧交易所首次公开发行、分拆上市。

乔治·梅在演讲中提及，"在英国，法律强制要求实施独立审计已经有很多年了，审计师与公司董事共同对其所公开的账簿承担责任"。但这种说法与事实不符。英国公司法自 1844 年首次提出审计要求，直到乔治·梅发表演讲的 1926 年 9 月，并没有提出"独立审计"的概念。实际上，英国公司法长期采取的是股东兼任审计师、审计师可以雇用公共会计师的立场。乔治·梅发表演讲时，生效的英国公司法版本是《1908 年公司法》，该法也没有要求实施"独立审计"。直到《1947 年公司法》出台，英国公司法才首次要求审计师应当是英国贸易委员会认可的公共会计师行业协会的会员。但美国公共会计师行业长期宣传"独立审计"的概念，使得该理念在美国甚为流行，甚至连里普利这样的著名经济学家都在论著中不自觉地采用了这一概念。

乔治·梅事先将其 9 月 22 日大西洋城演讲的文稿寄给了里普利，里普利回信说："祝贺您采用了新的政策。它还有很长的一段路要走。如果可能的话，我很乐意取消任何有关联邦立法的提案。"[1]

---

[1] George O. May, *Memoirs and Accounting Thought of George O. May*, edited by Paul Grady (New York: The Ronald Press Company, 1962), p. 57.

（二）乔治·梅促成美国会计师协会与纽约证券交易所的合作

在 1926 年 9 月 30 日，乔治·梅致信美国会计师协会会长，希望协会能按照其在大西洋城演讲中所提的建议做一些事情，信中引用了里普利的话。

10 月 19 日，美国会计师协会会长、来自纽约韦斯特－弗林特会计公司（West, Flint & Co.）的威廉·H. 韦斯特（William H. West）代表该协会，致信纽约证券交易所主席，发出了合作邀请，建议双方召开会议。但乔治·梅显然对与纽约证券交易所的合作前景过于乐观了。纽约证券交易所的答复虽然没有完全打消合作的可能，但不是很令人满意。

11 月，乔治·梅辞去了普华会计公司高级管理合伙人的职务，专门研究更广泛的经济问题以及事关美国公共会计师行业前途的重大问题。退居二线的他享有免于行政责任的自由，也享受着在新领域所做的工作，包括外交关系委员会、社会科学研究委员会、国家经济研究局、美国经济学会、美国统计学会等。

此时的乔治·梅已经是经济学家、税务专家和会计专家，被公认为美国"公共会计师行业的主持牧师"（the dean of the accounting profession）。他还是哥伦比亚大学社会科学研究理事会的一个特别委员会的主席，这使得他有机会近距离接触同样在该理事会任职的里普利，也使他有机会接触哥伦比亚大学法学院教授阿道夫·A. 伯利（Adolf A. Berle, Jr.）。伯利和哈佛大学经济学博士加德纳·C. 米恩斯（Gardiner C. Means）1932 年的著作《现代公司与私有财产》（*The Modern Corporation and Private Property*）将会深刻地影响美国第一部联邦证券法的起草进程。乔治·梅成功地劝说那些原本主张政府对会计行业实施管制的人，改为接受他关于会计行业和私有机构自我管理的思路。

美国会计师协会在纽约证券交易所碰了软钉子之后，乔治·梅丰富的阅历、渊博的学识和广泛的社会关系开始发挥作用。性格坚韧的乔治·梅另辟蹊径，终于敲开了纽约证券交易所的大门。

1927 年 1 月，私立机构国家经济研究局（National Bureau of Economic

Research，NBER）局长乔治·梅，和同样参与组建该机构的马尔科姆·C.罗蒂（Malcolm C. Rorty）谈到了美国会计师协会面临的会计问题。罗蒂说他刚好有一位故交也对这些会计问题很感兴趣，而且那位朋友恰好去年（1926年）在纽约证券交易所担任一个重要职务。他就是担任纽约证券交易所新设的上市委员会行政助理一职的霍克西（J. M. B. Hoxsey）（见图2-4）。该职位是全职的，负责审查上市申请人的财务报表。虽然职权不算特别高，但能够直通大权在握的上市委员会。

图2-4　霍克西（J. M. B. Hoxsey）

资料来源：美国国会图书馆（http://www.loc.gov/pictures/item/hec2009008711/）。

2月上旬的一天，乔治·梅、罗蒂和霍克西共进午餐，乔治·梅向霍克西提出了非正式合作的邀请，霍克西愉快地接受了邀请。[1]

霍克西此前担任南方贝尔电话电报公司副总裁兼主计长多年，他虽然不是注册会计师，但拥有一定的会计审计知识，他认同乔治·梅关于提高上市公司

---

1 George O. May, *Memoirs and Accounting Thought of George O. May*, edited by Paul Grady (New York: The Ronald Press Company, 1962), p. 58; David G. Allen, Kathleen McDermott, *Accounting for Success: A History of Price Waterhouse in America, 1890-1990* (Boston: Harvard Business School Press, 1993), pp. 68-69.

会计报表质量的主张。随着关系的增进，霍克西便开始向乔治·梅咨询会计审计专业问题。二人志同道合，决意共同促进上市公司的财务报表更加翔实可靠。

霍克西询问乔治·梅普华会计公司是否同意担任纽约证券交易所的会计顾问，就像纽约证券交易所的法律顾问那样。乔治·梅提出了一个替代方案，即由美国会计师协会出面成立"与证券交易所合作特别委员会"，来加强两个组织之间的合作。但纽约证券交易所上市委员会坚持只聘请普华会计公司做自己的顾问。乔治·梅见状就坚持只按照公共服务的标准（比如每年收费1 000美元）开展合作。于是，普华会计公司从1928年5月开始，担任纽约证券交易所上市委员会的会计顾问。这使乔治·梅得以直接与上市委员会建立联系。乔治·梅持续敦促纽约证券交易所改进财务报告，他认为，如果不加控制的话，投机热潮必将崩溃。事实证明了他的预见性。[1]

曾有人建议纽约证券交易所拟订一些准则，并列出一个经批准的会计师名单。乔治·梅劝霍克西放弃这个念头。

三、1929 年的《财务报表的验证》

自1917年联邦储备委员会公布《统一的账目》起，该文件已经使用了10多年，业界陆续提出了一些意见和建议。

1929年5月，美国会计师协会的"与银行家合作特别委员会"对该文件进行了修订，公布于该协会的会刊中。当月，联邦储备委员会以单行本的形式公布了该文件修订版——《财务报表的验证（修订版）——联邦储备委员会提交的程序方法》，文件中去掉了1918年版本中的"暂行"(tentative)字样，供银行家、企业家、审计师和会计师参考。以下在不引起歧义的情况下将该

---

1 John L. Carey, "The Origins of Modern Financial Reporting," in Thomas A. Lee and Robert H. Parker, *The Evolution of Corporate Financial Reporting* (Middlesex: Thomas Nelson and Sons Ltd., 1979), pp. 241-264. Reprinted in 1984 by Garland Publishing, Inc.

文件简称为《财务报表的验证》。这份文件当即就得到了罗伯特·莫里斯协会的响应和支持。

鉴于 1929 年股市崩盘后，美国公共会计师行业和美国国会、联邦贸易委员会围绕政府是否应当干预会计审计事务展开了激烈争论，该文件频频被引用，在会计审计规则演化进程中扮演了重要角色，以下对该文件的内容作简要概括。

《财务报表的验证》所提及的审计师的工作内容，包括对资产负债表的验证、对利润表的验证，以及与此同时对内部核查（internal check）程序的检查。该文件提及，审计师的测试和抽样并不一定会披露资产的贬值或被刻意隐瞒的资产低估现象。

该文件保留了此前版本重点关注资产负债表审计的立场，沿用了此前版本关于现金、应收票据、应收账款、证券、存货（期末存货采用成本与市价孰低法计量）、固定资产、递延经营费用、应付票据、应付账款、或有负债、抵押债务、股本、盈余公积等报表项目的审计要求。审计程序更为具体、细致。

该文件认识到利润表至关重要，因此，着重增加了利润表审计的内容。对销售收入、销售成本、销售毛利、销售费用、管理费用、销售净利润、其他收入、总所得、扣除项、净利润等项目给出了审计要求。文件中还增加了 1917 年的《统一的账目》中尚未探讨的所得税项目。

该文件提出，如果企业的内部核查系统保持完好，那么，审计师仅进行测试就足够了，而不必详细检查账簿中的每一笔交易。

该文件随附的资产负债表和利润表格式与此前相同。

四、美国会计师协会成立"与证券交易所合作特别委员会"

（一）"大萧条"与股市崩盘使得会计规则成为紧迫问题

20 世纪 20 年代，金融投机十分猖獗。投资银行向投资者提供保证金贷款，高杠杆率不断推动行情上涨。道琼斯工业指数走出过山车行情：1921 年 8 月为 63 点；1929 年 9 月 3 日为 381.17 点；1932 年 7 月 8 日收于 41.22 点（这是 20 世纪的最低点，比峰值低 89%）。

就在纽约证券交易所股票行情于 1929 年 9 月 3 日达到历史最高点两天后（9 月 5 日），擅长统计分析的罗杰·巴布森（Roger Babson）在年度全国商业会议（National Business Conference）上预测，"迟早会崩盘，而且可能会非常可怕"（sooner or later a crash is coming, and it may be terrific）。巴布森提出了把商业周期分为改善、繁荣、衰退和萧条四个时期的观点。他的警告遭到了经济学家和华尔街领袖的嘲讽和指责。著名经济学家欧文·费雪（Irving Fisher）10 月 15 日在纽约市采购代理协会发表演讲放言，"股票价格似乎已经达到了永久的高原"，这是对巴布森所作预测的直接回应。

里普利和巴布森成了"大萧条"的预言者。1929 年 10 月 24 日（星期四），纽约证券交易所出现股票抛售的风潮，股市崩盘开始。[1] 10 月 28 日（星期一）和 29 日（星期二），接连发生股价暴跌（见图 2-5、图 2-6），道琼斯工业指数分别下跌近 13% 和近 12%，成为黑色星期一和黑色星期二。随后是由于美国政府一连串政策失误所导致的史上有名的"大萧条"（the Great Depression）。[2] "大萧条"的表现不仅仅是股价暴跌，更严重的是生产下降、企业倒闭、失业率上升。"大萧条"持续十多年，直到第二次世界大战期间的 1941 年才宣告结束，是现代工业经济史上最长、最严重的衰退。道琼斯工业指数直到 1954 年 11 月才恢复到 1929 年的高点。

斯塔夫里阿诺斯的《全球通史：从史前史到 21 世纪》，对 1929 年纽约证券交易所股市崩盘有如下概括："在 1929 年初，美国看起来似乎日趋繁荣。美国的工业生产指数在 1921 年时平均仅为 67（1923 年到 1925 年为 100），但

---

1 财经媒体常常将"大萧条"之前的股市崩盘刻画在 1929 年 9 月 29 日，但这仅仅是一种粗略的简化，其实股市崩盘自 1929 年 10 月 24 日开始是持续进行的，直至 1932 年 7 月 8 日跌至谷底。

2 对于 1929 年的股市崩盘是否直接导致了"大萧条"，历史学家、经济学家存有争议。比较客观的描述是，1929 年的股市崩盘先于"大萧条"。

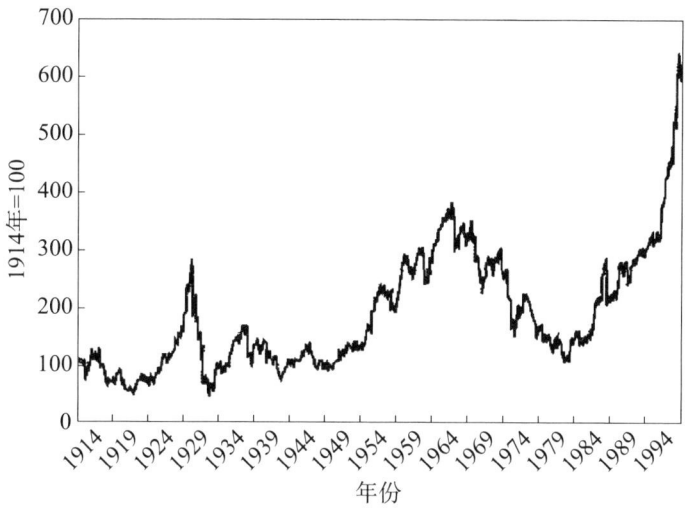

图 2-5　道琼斯工业实际平均指数（1914—1997）

说明：道琼斯指数是经消费者价格指数调整以后的数字。

资料来源：Phyllia Pierce, ed. , The Dow Jones Averages 1885-1985 (Homewood, 1986) and Dow Jones & Company, www.dowjones.com. 转引自：斯坦利·L. 恩格尔曼、罗伯特·E. 高尔曼主编《剑桥美国经济史（第三卷）》，蔡挺等译，中国人民大学出版社，2008，第 546 页。

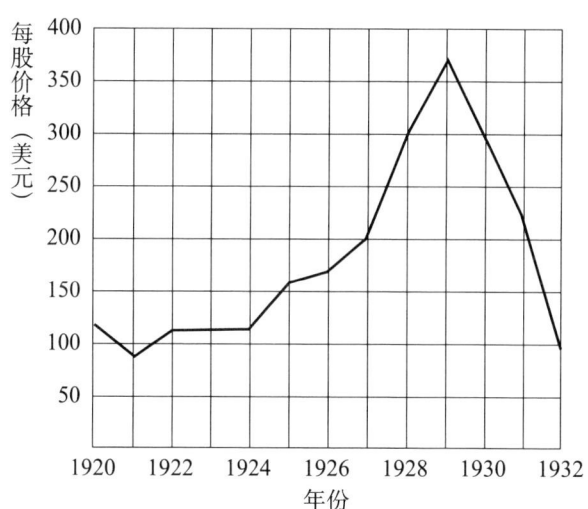

图 2-6　股票市场价格（1920—1932）

说明：其中的股票价格为 50 只股票的综合平均价。

资料来源：Standard & Poor's Security Price Index Record. 转引自：Thomas Carson, *Gale Encyclopedia of U.S. Economic History* (Farmington Hills: The Gale Group, 1999), p. 397。

到 1928 年 7 月时就已上升到 110，而到 1929 年 6 月时已上升到 126。不过给人印象更为深刻的还是美国股票市场的行情：在 1929 年夏季的三个月中，西屋公司的股票从 151 美元上升到 286 美元，通用电气公司的股票从 268 美元上升到 391 美元，美国钢铁公司的股票从 165 美元上升到 258 美元。实业家、学院派经济学家和政府领导人都表示对未来充满信心。财政部长安德鲁·W. 梅隆也于 1929 年 9 月向公众保证，'现在没有担心的理由。这一繁荣的高潮将继续下去'。"美国股票市场的崩溃始于 1929 年 9 月。一个月内股票的价值就下降了 40%，而且除了少数几次股价短暂的回升外，这种下降一直持续了三年。在此期间，美国钢铁公司的股票从 262 美元下降到 22 美元，通用汽车公司的股票从 73 美元下降到 8 美元。到 1933 年时，此工业总产量和国民收入暴跌了将近一半，商品批发价格下跌了近三分之一，而商品贸易则下降了三分之二以上。"[1]

在股价暴跌之后的 10 个星期内，就有 6 名国会议员提出议案，要求对公众公司财务报表、保证金贷款和证券卖空行为进行监管。[2] 股市崩盘后，起诉会计公司的案件频发。纽约证券交易所也面临社会公众的强烈谴责。在这一时代背景下，证券交易所面临严峻危机，公共会计师行业也到了生死存亡的关头。美国会计师协会和纽约证券交易所惺惺相惜，大有共渡难关之必要。

股市的崩盘凸显了会计标准的必要性及各州公司法、蓝天法（blue-sky laws）[3] 和纽约证券交易所上市规则的内在缺陷。由于没有统一的会计标准，上市公司的会计政策五花八门，夸大公司价值、制造盈利假象的现象相当普遍。

由于股市崩盘危及纽约证券交易所的利益，因此纽约证券交易所也有动

---

1 ［美］斯塔夫里阿诺斯：《全球通史：从史前史到 21 世纪》（第 7 版·下册），北京大学出版社，2006，第 691—692 页。

2 1929 年 12 月和 1930 年，股市曾出现温和持续的反弹。参见［美］乔尔·塞里格曼：《华尔街的变迁：证券交易委员会及现代公司融资制度演进》（第 3 版），徐雅萍等译，中国财政经济出版社，2009，第 38 页。

3 蓝天法是美国法学界对各州证券法的指称，因法官讽刺某些证券发行人胆大包天、试图出售蓝天而得名。

力改进管理规则。此前，纽约证券交易所的上市条件过于松弛。该交易所自
1792 年建成以来，一直没有要求挂牌公司提交财务报表。直到 1866 年才开
始提出这方面的要求，但上市公司的配合情况并不理想。自 1900 年起，该交
易所开始要求申请上市的新公司公布年度资产负债表和利润表。1926 年，该
交易所要求所有上市公司在股东大会召开前公布并向股东提交年度财务报告，
但不要求聘请注册会计师进行审计。[1]

（二）霍克西呼吁公共会计师为投资者服务

弗兰克·阿特休尔（Frank Altschul）出任上市委员会主席之后，纽约证
券交易所在年度报告领域取得了更快的进展。

在股灾的阴影下，纽约证券交易所突然显示出对改善财务报表的热切
兴趣，也逐渐收紧了会计监管的标准。自 1929 年 12 月起，该交易所一直
试图说服其最大的上市公司之一联合化学染料公司（Allied Chemical & Dye
Corporation）消除其财务报表方面的缺陷，并于 1933 年 5 月以警告退市的方
式回应该公司的抗拒行为，该公司于 7 月宣布遵照交易所的要求改进其财务
报表，才得以避免被退市。

1930 年 5 月，乔治·梅参加了纽约证券交易所上市委员会的晚宴，他在
宴会上宣布，如果交易所发出邀请的话，美国会计师协会将会任命一个专门
委员会与交易所开展合作。这次，纽约证券交易所的回应相当积极，它稍后
就决定派霍克西参加美国会计师协会拟于科罗拉多州的斯普林斯召开的 1930
年年会，并发表正式讲话。在此期间，霍克西将发出合作邀请。[2]

霍克西注意到公众公司对同一种交易行为居然采用了很多种不同的会计
处理方法。他在 5 月的一场演讲中指出，关于股票股利的会计处理方法，居

---

1 E. S. Hendriksen, M. F. van Breda, *Accounting Theory*, 5th Edition (New York: McGraw-Hill
Higher Education, 1991), p. 67.

2 Stephen A. Zeff, *Forging Accounting Principles in Five Countries: A History and an Analysis of
Trends* (Champaign, Illinois: Stipes, 1972), p. 121.

然有八种之多。所有这些处理方法都得到了注册会计师的支持。

9 月，纽约证券交易所派霍克西前往科罗拉多州的斯普林斯，出席美国会计师协会年会。霍克西发表了演讲《服务于投资者的会计》（Accounting for Investors）。[1]霍克西提出，当前的会计仍然固守为企业管理者提供成功经营所需的准确的信息、为债权人提供信贷决策所需的富有前瞻性的信息这两个目标。但数以百万计的证券投资者更需要会计信息，这是他们仅有的信息来源。[2]因此，霍克西主张，会计应当致力于为股东提供有关财务状况的事实，帮助他们确定其投资的真实价值（the true value）。霍克西指出，纽约证券交易所认为，会计如果只做到遵循法律或者仅仅采取保守主义的态度是远远不够的，会计所应当做的，是为投资者提供充分的、具有相当的启发价值的信息。纽约证券交易所希望能够与公共会计师行业一道，为了这一目标而努力。霍克西重点谈了合并报表、列报销售量和销售收入总额、公积金、股票股利和谨慎性原则等问题。他盛赞合并报表是公共会计师行业为投资者服务所做出的最值得称道的成就，他认为在合并范围方面缺乏统一的规范，以至于合并会计报表所隐藏的东西与它所揭示的东西一样多。因此，他提出了合并所有子公司的主张。

在演讲中，霍克西宣布，他发现了公众公司对股票股利的第九种会计处理方法。这一插曲令人印象深刻，极大地增强了其演讲的说服力。

 专栏 2-9

霍克西的《服务于投资者的会计》：批判谨慎性原则

　　□在我看来，企业账目是否应当采取谨慎性的态度，根本就不是公共会计师应该操心的事。会计师的本业很简单，那就是准确地向普罗大众传递真实的图画。

---

1 J. M. B. Hoxsey, "Accounting for Investors," *Journal of Accountancy*, 1930, 50(4): 251-284.

2 当然，这是夸张的说法，除了会计报表以外，投资者还有新闻报道等信息渠道。

□如果企业账目主要是为债权人服务，为亲自参与管理、了解企业经营的所有细节的资本所有者服务，那么，那种额外记录高额折旧费用、额外记录高额营业费用、为或有事项设置超高额准备金、低估存货金额等各种试图"做小"资产和净资产数字的做法，也许危害不大。但人们何苦如此自己愚弄自己，却是令人费解的。

□现如今，如果考虑到投资者的需要，谨慎性原则就更不可取了。**投资者有权利知道关于企业财务状况的"事实"**。会计师凭什么人为地"做小"资产和利润数字呢？这么做对投资者太不公平了！

□谨慎性原则会导致投资者误以为当前的股价过高，缺乏合理解释，从而抛售本该持有的股票。谨慎性原则还会导致投资者误以为被投资单位拥有一些他还无法拆解的领先优势，从而继续持有本该卖出的股票。从这两种情况来看，**谨慎性原则的作用都是加剧市场波动和恐慌**。

在演讲的最后，霍克西如约发出了美国会计师协会期待已久的邀请，"如果您认为合适的话，纽约证券交易所欢迎美国会计师协会任命一个与交易所合作的委员会，以考虑所有这些问题"。

（三）美国会计师协会"与证券交易所合作特别委员会"的成立

霍克西的演讲给美国的公共会计师行业描绘了新的蓝图。关于成立"与证券交易所合作特别委员会"的动议立即付诸表决，并获得一致通过。

乔治·梅亲自出任该特别委员会负责人，其他五位成员分别是前文提及的哈斯金斯-赛尔斯公司的阿瑟·卡特，以及"皮特，马威克和米切尔"公司的阿奇博尔德·鲍曼（Archibald Bowman），"巴罗，韦德和格思里"公司（Barrow，Wade，Guthrie & Co.）的查尔斯·B.库奇曼（Charles B. Couchman），S. D.莱德斯多夫公司的塞缪尔·D.莱德斯多夫（Samuel D. Leidesdorf），"莱布兰德，罗斯兄弟和蒙哥马利"公司的沃尔特·A.斯托布（Walter A. Staub）。

1930 年 9 月，美国司法部启动针对企业破产问题的调查，美国会计师协会表示积极协助，力求从中寻找执业机会。

1931 年初，乔治·梅设家宴款待纽约证券交易所上市委员会和美国会计师协会"与证券交易所合作特别委员会"成员，双方表达了强烈的合作意愿。

9 月，时代风云人物塞缪尔·英萨尔（Samuel Insull）在长达十年的时间里精心构造的金字塔骗局败露，英萨尔仓皇出逃。他利用控股公司架构，控制了上百家天然气和电力公司。[1]

五、公共会计师法律责任的早期判例：厄特马斯公司诉图什－尼文会计公司案

1931 年，一个著名的判例——厄特马斯公司诉图什－尼文会计公司案根据合同法原理上的合同相对性理论，判定注册会计师因其与客户之间的合同委托关系而对客户负有谨慎义务，对合同之外的任何人不承担任何义务。易言之，合同（如审计业务约定书）之外的第三人不得向合同当事人提出赔偿要求，注册会计师不向合同之外的第三人承担责任。

 专栏 2-10

厄特马斯公司诉图什－尼文会计公司案（概览）

1. 相关事实

经法院认定的案情可概括如下：图什－尼文会计公司（Touche, Niven & Co., 德勤会计公司的前身之一）1924 年 1 月接受坐落在纽约市的、专门从事橡胶进口销售业务的弗雷德·斯特恩公司（Fred Stern & Company）委托，审计其 1923 年 12 月 31 日的资产负债表。此前三年，图什－尼文公司一直为该客户提供此类服务。此次审计，图什－尼文公司为该客户提供了 32 份连续编号的审计报告，双方未约定这些文件何时向何人出示。

---

1 被引渡回美国后，英萨尔在一位著名律师的辩护下得以脱罪。

弗雷德·斯特恩公司据此向从事保理业务的厄特马斯公司（Ultramares Corporation）申请融资并获批准，融得资金16.5万美元。次年，弗雷德·斯特恩公司破产，厄特马斯公司遂以德勤会计公司存在疏忽，未能探查出其客户已经资不抵债的实情为由，将图什-尼文公司告上法庭。

此案的一个引人注目之处在于，该案涉及图什-尼文公司的创始人乔治·A.图什爵士（Sir George A. Touche）。图什爵士在第一次世界大战期间曾担任两年的伦敦行政长官。他于20世纪初将其创办的会计公司与当时已移居纽约的年轻的苏格兰会计师约翰·B.尼文（John B. Niven）的会计公司合并，组建了图什-尼文公司。新的会计公司业务蒸蒸日上，在1917年被英国国王乔治五世授予爵位的图什成为当时公共会计师行业最受尊敬的领袖人物之一。尼文在会计职业界也很有影响。但就在尼文出任美国会计师协会会长的当口，由图什-尼文公司审计的弗雷德·斯特恩公司宣布破产了。图什-尼文公司的每一位合伙人都成了被告。该案在业界引起的震动可想而知。

2.审理情况

此案在纽约州地方法院开庭审理。一位年轻的审计师没有对弗雷德·斯特恩公司伪造的单据进行审查，轻信了其虚构的应收账款，从而使得弗雷德·斯特恩公司的资产虚高了70.6万美元，这在当时可是一个不小的数字。被告方的律师辩称，注册会计师审计是抽样审计而不是全面审计。陪审团认为，图什-尼文公司不存在有意欺骗的情节，不构成欺诈，但存在重大过失，因此，应赔偿厄特马斯公司18.6万美元。但主审法官推翻了陪审团关于图什-尼文公司存在重大过失、应当赔偿的意见。该主审法官认为，图什-尼文公司虽然在审计中存在过失，但陪审团忽视了长久以来的一条法律原则：只有有共同利益的一方才可因被告的过失提起诉讼并获得补偿，也就是说，只有当被告违背其对原告的义务时，过失才可诉讼。最终，纽约州地方法院驳回了厄特马斯公司的所有诉求。

厄特马斯公司的律师不服法官的判决，很快提起二审程序，纽约州高级法院复审此案。纽约州高级法院的 5 位法官之间出现了重大分歧，最终以 3 : 2 的投票结果推翻了纽约州地方法院主审法官的判决。这次轮到图什 – 尼文公司聘请的律师出面提起上诉了。

案件上诉到纽约州上诉法院（即纽约州最高法院，New York Court of Appeals），在这里得到终审判决。上诉法院首席大法官本杰明·N.卡多佐（Benjamin N. Cardozo）是知名法律权威，他的观点往往对其他法院有着很大的影响。卡多佐大法官及其他 6 名大法官以匿名表决的方式，判决初审法院法官推翻陪审团指控的做法有效，维持初审法院的判决。卡多佐大法官指出，法官不得判定诉讼当事人承担无期限的、面向不特定的人的、没有限度的责任："如果会计师存在过失责任，或者有疏忽或过错，未能查明在容易使人误解的账目下的偷盗或伪造行为，那么，他就要在不确定的时间、对不确定的一方承担赔偿不确定金额的责任。将这些条款应用到一个行业中去是极端危险的，这样会使人不禁怀疑，是否在产生这些后果的责任中就不存在缺陷了。"

3. 对后世的影响

卡多佐大法官认为，注册会计师只对合同当事人（即审计业务委托人）承担责任，不对第三人（即该案原告）承担责任。但另一方面，这位后来担任美国联邦最高法院大法官的法律权威也很清楚，这种判决对原告是不利的。他在判决书中进一步指出，如果原告（厄特马斯公司）被明确指定为审计业务合同的受益人，那么他的判决将完全不同。他暗示，如果在重大过失的基础上起诉图什 – 尼文公司，厄特马斯公司应该能获得成功：

"过失和失察即使不等同于欺诈，也依然是涉嫌欺诈的表现……至少在过失重大时是这样……（在厄特马斯案中）……（审计人员）对明显虚构了记录的资产视而不见。"

厄特马斯案为原告律师代表非直接利益方起诉审计师提供了新的策略思路。厄特马斯案之后，代理这类案件的律师开始将诉讼建立在起诉审计师重大过失的基础上。而在此判决之前，无直接利益关系的第三方如果想从由审计师造成的错误行为中获得补偿，将面临必须就该错误行为构成欺诈举证的沉重负担。鉴于证实重大过失比证实欺诈容易得多，因此，厄特马斯案的判决在很大程度上增加了审计师对不特定第三人的法律责任。

资料来源：[美] 小威廉·F. 梅西尔：《审计与保证服务：一种系统的方法》（第 3 版），刘明辉译，经济科学出版社，2008，第 601—602 页；[美] 迈克尔·C. 克纳普：《当代审计学：真实的问题与案例》（第 5 版），孟焰等译，经济科学出版社，2006，第 379—385 页。

卡多佐大法官（以及初审法院法官）的逻辑是，该案原告与被告并非合同当事人，依合同相对性（privity of contract）原则，合同仅仅对意思表示达成一致的缔约当事人具有拘束力，合同之外的第三人不得向合同当事人主张权利，该第三人也不承担合同责任。易言之，在合同相对性原则下，只有合同一方当事人有权基于合同向其他当事人主张合同之债。因此，第三人起诉审计师的理由只能是按照侵权责任法主张侵权之债。一旦审计师被认定存在重大过失（gross negligence）或欺诈（fraud），便要承担侵权责任。

该判例是民商法领域的经典判例，也是美国公共会计师行业的庇护神，为公共会计师行业提供了非常宽松的法律环境。依照该判例的思路，只要委托人不起诉，注册会计师就没什么好担心的。由此案开始，一直到 60 年代中期，公共会计师行业并没有承担严格的法律责任，很多纠纷都在美国证监会的行政权力干预下得以以和解等形式了结，很少有案件进入诉讼程序。

厄特马斯案暴露出注册会计师审计制度的一个深刻的矛盾。一方面，审计业务约定书在性质上是委托合同，只对缔约双方产生拘束力，受托人需依约向委托人报告审计情况。另一方面，委托人拿到审计报告后，往往会向第三人（不特定的社会公众，如上市公司的潜在投资者）证明自己的资信水平和能力，而不是把审计报告装裱起来仅供自己欣赏。在美国《1933 年证券法》和《1934 年证券交易法》出台之后，审计报告被委托人出示给社会公众，这就很容易导致审计师被提起侵权之诉。于是，英美法系下关于民间审计业务的司法审判，出现了很多突破合同相对性原则的判例，但至今仍然缺乏共识。[1] 究其原因，是因为注册会计师审计的立法本身存在法律关系模糊等重大缺陷。

1965 年，英格兰及威尔士特许会计师协会就 Hedley Byrne 案起草的专业意见书正确地指出，企业年度报告的正当用途是给企业现有的股东使用，而不是供那些投资客做投资决策使用。该协会的意见书援引了 1931 年主审厄特马斯案的卡多佐大法官的观点。[2]

厄特马斯案所提及的侵权责任令公共会计师行业惶恐不安。为尽力避免陷入侵权之诉，美国注册会计师协会很快修改了审计报告的建议格式，取消了"我证明……"（I certify that...）的表述。他们竭力表明审计师签署的不是证书（certificate）而是报告（report），审计报告不是保证而是意见（opinion）。

---

1 金勇军：《美国会计师第三人责任研究》，《中国法学》2006 年第 1 期。
2 "Accountants' Liability to Third Parties—the Hedley Byrne Decision," *Journal of Accountancy*, 1965, 120(4): 66-67.

第三章
《1933 年证券法》的出台与独立审计制度的形成

资本市场的舞弊案件引发了社会舆论对会计问题的强烈关注，法学家和经济学家撰写的《现代公司与私有财产》一书呼吁上市公司披露事实，美国会计师协会与纽约证券交易所尝试提出会计的总体原则，公共会计师行业积极游说证券法的起草人员，这些都是罗斯福新政期间出台的《1933 年证券法》得以确立注册会计师审计制度的社会背景。注册会计师审计本质上是中介机构以审计为幌子所提供的收费服务，至今仍是证券市场会计监管面临的一大顽疾。

第一节　美国联邦证券法出台前的社会经济环境

1932 年是大选之年，媒体对克鲁格案和参议院调查情况的报道让社会公众普遍认识到了金融运行机制中所存在的诸多缺陷。罗斯福顺应民意，提出了对金融架构实行根本变革的施政纲领。学术界提出的关于加强信息披露的主张为后续立法提供了理论依据，这是对乔治·梅多年努力的成果的肯定和支持。

一、克鲁格案引起举世轰动

1932 年 3 月，"火柴大王"（Match King）伊瓦尔·克鲁格（Ivar Kreuger）

自杀于法国巴黎寓邸，其国际化的公司帝国（名为 Kreuger and Toll）立即土崩瓦解。

克鲁格是 20 世纪 20 年代的风云人物，一度被誉为"世界上最伟大的金融天才"，被许多国家的政要封为顾问，还是许多外国政府的债主。他于 1913 年（时年 33 岁）投身火柴事业，把瑞典火柴销往全球（还在中国发展有瑞中洋行、美光火柴等火柴事业），成为国际火柴垄断巨头，旗下有 400 多家关联公司。但股市崩盘令其金字塔骗局败露，这个弥天骗局遂成为重磅新闻。舞弊案发生在瑞典。受瑞典政府委托对克鲁格案进行全面的国际调查的普华会计公司（由普华会计公司的巴黎成员公司执行调查），算是顺便享用了一次免费广告。普华会计公司的巴黎成员公司的调查总共历时 5 年，提交调查报告 57 份。调查表明，克鲁格捏造了数以亿计的资产，胡编滥造资产负债表和利润表，上当者不计其数。作为克鲁格的忠实追捧者，美国投资者也饱受其害，损失惨重。

美国参议院 1933 年 1 月 11 日就克鲁格案举行听证会，乔治·梅从病榻上起来露面，阐释了普华会计公司的调查发现以及他对会计审计问题的看法。乔治·梅认为，对于证券问题来说，审计并不属于合适的保护机制之一。

克鲁格案令美国公众大开眼界。通过立法来遏制猖獗的金融骗局，再次成为美国国会的当务之急。[1]

二、乔治·梅对会计立法的态度

1932 年 6 月 13 日，乔治·梅在写给美国统计学会会长马尔科姆·C. 罗蒂（Malcolm C. Rorty）的信中提出，法律规定很难有效地规范企业的会计行为，立法所能做的就是建立一个最低的标准，使之可以在不失公正的情况下得到普遍遵循。对工商企业的活动（industrial activity）推行统一的会计

---

1 美国国会参众两院在 1919—1932 年间至少有五次立法尝试，但所形成的草案都未能转变成法律。

规则（uniform accounting）存在很大的难度。即便对于公用事业类公司而言，推行统一的会计规则也是非常困难的。若在工商企业中推行，难度则会成倍增加。其实不妨借鉴桥牌中的规则，只要不是绝对不公平的，就可以允许使用任何惯例（conventions），前提是在会计期间开始之前予以宣布，并且中途不做更改。乔治·梅的建议在伦敦受到欢迎。霍克西对他的想法也很感兴趣。

三、《现代公司与私有财产》一书呼吁上市公司披露事实

1927 年 8 月，社会科学研究委员会（Social Science Research Council，SSRC）举行理事会会议，作为顾问委员会主席的乔治·梅提交了一个研究项目，该项目拟由哈佛大学商学院首任院长埃德温·盖伊（Edwin Gay）、哥伦比亚大学法学教授阿道夫·伯利和乔治·梅本人承担。该项目获得了批准，之前表示愿意参加该项研究的伯利被任命为负责人，后来哈佛大学经济学教授加德纳·C.米恩斯（Gardiner C. Means）被哥伦比亚大学选中，负责该项目的统计研究。在研究过程中，伯利与乔治·梅一直保持着密切联系。

 专栏 3-1

阿道夫·伯利：罗斯福新政的智囊团首领

阿道夫·A.伯利（Adolf A. Berle, Jr., 1895—1971），富兰克林·罗斯福总统的智囊团主要成员，参与起草了"新政"的银行法和证券法。

伯利是一个神童。1895 年出生于波士顿的一个基督教犹太复国主义者的牧师家庭，9 岁上高中，13 岁被哈佛大学录取，但父亲让他等到 14 岁才入学就读。1913 年（18 岁）获得学士学位（历史学），次年获得硕士

学位（历史学）。1916 年（21 岁）以优异的成绩在哈佛大学法学院获得法学硕士学位并通过律师资格考试。之后，在波士顿的路易斯·布兰代斯（Louis Brandeis）律师事务所工作一年。该律师事务所的创始人布兰代斯（后来出任美国联邦最高法院大法官）是他父亲的朋友。随后，伯利参加美国陆军。伯利作为犹太复国主义运动组织代表，参加了 1919 年的巴黎和会，时年 24 岁。之后移居纽约，与其兄弟创立了一家律师事务所。

1927 年，伯利出任哥伦比亚大学法学院公司法教授，直至 1964 年退休。

1932 年，伯利和加德纳·米恩斯联袂出版日后成为经典的著作《现代公司与私有财产》。

罗斯福新政期间，伯利出任智囊团首领。1934 年至 1938 年，伯利协助纽约市市长主管纽约市政规划工作。1938 年至 1944 年，担任拉美事务助理国务卿。1945 年至 1946 年，伯利出任美国驻巴西大使。之后，伯利回到哥伦比亚大学继续全职任教。

1932 年 7 月，伯利和米恩斯联袂出版著作《现代公司与私有财产》（*The Modern Corporation and Private Property*），引发学术界乃至社会舆论的强烈关注（见图 3-1）。[1] 该书融合法学和经济学的研究视角，运用大量事实，刻画了在股权分散的背景下，少量资本利用控股公司架构控制整个行业和产业，以及财富过度集中于少数公司和个人的社会经济现实。总体上，该书侧重于刻画社会经济现实并提出改进的药方。

---

1 Adolf Berle and Gardiner Means, *The Modern Corporation and Private Property*, Commerce Clearing House Inc. and the Loose Leaf Services Division of The Corporation Trust Company, 1932. 中文版：［美］阿道夫·A. 伯利、加德纳·C. 米恩斯：《现代公司与私有财产》，甘华鸣、罗锐韧、蔡如海译，商务印书馆，2005。

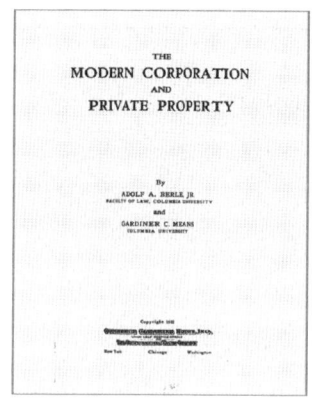  

著作封面（初版）　　阿 道 夫·A. 伯 利（ Adolf A.　加德纳·C. 米恩斯（ Gardiner
　　　　　　　　　Berle, Jr.，1895—1971 ）　C. Means，1896—1988 ）

图 3-1 伯利、米恩斯及其《现代公司与私有财产》（1932 年版）

　　该书堪称交叉学科研究的典范，其中的法学思辨、统计数据和伦理立场
都具有较强的说服力。伯利在该书的前言中提出，"通过公司这种方式，美国
的产业财产正被抛进一个集体漏斗，个人所有者由于许多巨大的产业寡头集
团的产生而逐渐消失在这个漏斗中"。

　　《现代公司与私有财产》与 1899 年出版的索尔斯坦·凡勃仑（Thorstein
Veblen，1857—1929 ）的《有闲阶级论》（ *The Theory of the Leisure Class* ）、
1927 年出版的威廉·里普利的《主街与华尔街》等著作一样，都是直
面现实的作品，产生了深远的社会影响。正如该书 1991 年版的出版社
Transaction Publishers 在该版本的导言中所说，《现代公司与私有财产》是
一部历久弥新的经典著作，很多人引用过，但很少有人真正读过。有鉴于
此，这里特此将该书中文版的篇章标题陈列如下（见表 3-1）。透过该书的
篇章标题，读者朋友可以大略地知道其写作倾向。书中多数章节都包含有
支持性的统计数据。伯利对资本公积（paid-in-surplus）、股东权、利润分
配等公司法热点问题展开了较为深入的探讨。

表 3-1 《现代公司与私有财产》中文版篇章标题

序言

第一篇　不稳定的财产：公司制度下所有权属性的分离

第一章　变迁中的财产

第二章　公司制度的出现

第三章　经济力量的集中

第四章　股权的分散

第五章　控制权的演变

第六章　所有权与控制权之间的利益分歧

第二篇　权利的重组：所有权与"控制权"的相对法律地位

第一章　现代公司结构的演化

第二章　股份参与权的增加

第三章　安排股份间收益分配的权力

第四章　变更证券持有者初始契约权利的权力

第五章　经营者的法律地位

第六章　"控制者"的法律地位

第七章　作为信托权的公司权力

第八章　股东的终极地位

第三篇　证券市场中的财产：作为评价者和清算者的证券交易所

第一章　公开市场的功能

第二章　证券发行与银行家的披露

第三章　公司对市场的信息披露

第四章　市场中的公司经营者

第四篇　企业的重新定位：公司制度对基本经济观念的影响

第一章　财产的传统逻辑

第二章　利润的传统逻辑

第三章　传统理论的不足

第四章　公司的新概念

附录

会计和审计问题幸运地被列入伯利和米恩斯的药方。该书所提的许多建议在 1933 年春的证券立法中均得以实现。

《现代公司与私有财产》第二篇指出了公司董事操纵会计账户的问题。"由于会计准则尚未得到加强，法律也没有硬性的约束，公司董事及其会计师们便可以在法律和会计准则允许的限度内，根据自己的意愿去构造数据。……董事们能够将各年度的利润数据做得忽大忽小。相应的会计做账手法多种多样。最简单的几种方法大略如下：计提折旧或者不计提折旧；把本应计入资本性支出的开支计入当期费用；将本应计入保留盈余的非经常性利润计入当期收入；创设秘密准备；等等。公司董事们之所以能够如此法力无边，原因是，会计师们迄今尚未能设计出一系列标准的会计规则。也可能根本就无法设计出严格的会计规则。"[1]

《现代公司与私有财产》第三篇针对公司管理层与分散的投资者之间所存在的利益分歧，提出了一系列涉及会计和审计行业发展的重大建议。该篇第一章概括了证券市场的三大功能，即：为买方卖方提供自由交易的机会；充任价值衡量的平台；提供流动性。第二章指出，会计信息对证券市场运行具有重要意义，会计标准还没有完全被法律原则认可，原因部分在于会计师之间缺乏共识；会计规则有望在法律体系中找到它们自己的位置。该章还列举了八类操纵利润的会计手法。第三章探讨股份公司信息披露的方式等问题，赞扬了纽约证券交易所要求上市公司提交定期报告的做法。该书第三篇反复讨论何谓"事实"、上市公司应当披露哪些事实，作者承认，这些问题都是悬而未决的重要理论问题。

---

1 Adolf Berle and Gardiner Means, *The Modern Corporation and Private Property*, 2nd Edition (New York: Routledge, 1991), pp. 182-183.

专栏 3-2

《现代公司与私有财产》关于会计标准的探讨

我们一直在处理有关对欺诈行为进行起诉的问题。不幸的是，要求原告去证明银行家有意披露虚假的事实，使这种诉讼变得非常困难。法院在处理解除权利的案件中不断增加的自由度，构成了在银行家披露方面准确性要求的主要法律刺激。

就像在其他地方一样，会计工作在证券市场中扮演着重要的角色。投资银行习惯于根据会计师出具的审计报告来制作招股说明书等文件。会计师的诚实正直及其所选择的会计方法的合理性，对于公众投资者乃至整个证券市场来说都是最大的保障。但是，会计规则尚未成为证券领域公认的法律规则，尽管公司金融法律制度的发展已经使得良好的会计做法几乎具备了法律强制力。实际上，法律之所以未能认可会计标准，可能是由于会计师之间缺乏共识；但会计师们经年累月的实践会凝练出一些基本原则，这些原则会被写入标准的会计做法，最终被吸纳进法律制度。总体来看，问题的核心是如何找到一种能够大致精确地反映实际情况的会计方法。

举例来说，我们可以从下列可能使用的方法中，发现为显示非正常利润而进行会计操纵的可能性：（1）对存货价值的操纵。一直到证券发行日之前，存货价值可能会经历慢性的通货膨胀（这暗示着长期的欺骗计划），或者刚好是在证券发行那天，存货价值可能会发生通货膨胀。后者更为常见，但其隐秘性不够，因为利润率的骤然增加容易引起监督者的注意。以上所描述的情形是众所周知的。（2）在公司重组时，应折旧的那部分设施和建筑物的价值在进行财产重新估值时表现为大幅增加。（3）公司在发行债券的同时发行股票或认股权证。（4）对其他资产的估值过高。（5）将应记入利润账户的款项直接记入盈余项目。（6）除去所谓的"临时费用"（non-recurring expenses）。（7）将销售金额集中记入前期账目中。
（8）各种纯粹虚假的会计记录。

在确定一个财务事实是真实还是虚假时，金融界坚持认为银行家要遵守恰当的会计标准。这些标准还未具体体现在法律上，虽然我们有理由相信，它们最终将在法律体系中找到它们自己的位置。

资料来源：［美］阿道夫·A.伯利、加德纳·C.米恩斯：《现代公司与私有财产》，甘华鸣、罗锐韧、蔡如海译，商务印书馆，2005，第 313—319 页；Adolf Berle and Gardiner Means, *The Modern Corporation and Private Property*, 2nd Edition (New York: Routledge, 1991), pp. 271-272.

在该书的序言中，两位作者提到了路易斯·布兰代斯、费利克斯·法兰克福特对现代公司的态度，还特别向里普利致敬："所有研究这些问题以及类似问题的学者，也包括我们在内，都将感激哈佛大学的威廉·里普利教授，我们必须承认，他是这个领域的先驱。"的确，里普利在其 1927 年结集出版的著作《主街与华尔街》中，针对华尔街的积弊谈到了很多富有启发性的观点，其中就包括利用独立审计（independent audit）来保护中小投资者等建议。[1]

乔治·梅作为伯利的老相识，对《现代公司与私有财产》一书做出了贡献。伯利在该书序言中说，"感谢普华会计公司负责人、美国经济学会副会长乔治·梅先生，其精辟的评论、丰富的经验、令人愉悦的才智，在很多地方都使我们茅塞顿开"。

《现代公司与私有财产》一书盛赞纽约证券交易所上市委员会制定的关于披露证券发行人的相关事实材料的要求，并不吝笔墨地多次赞扬纽约证券交易所的多项管理措施。而乔治·梅正是纽约证券交易所上市委员会的顾问。

伯利作为一名法学教授在 1938 年发表于美国会计学会会刊《会计评论》（*The Accounting Review*）的一篇论文中，为会计规则的制定提供了富有前瞻性

1 William Z. Ripley, *Main Street and Wall Street* (Boston: Little, Brown, and Company, 1927), p. 215.

的指导意见。他指出：会计规则如今在很大程度上已经构成法律规则的一部分，然而当前所采用的将会计理论转化为会计规则（accounting rules）或者说会计惯例、会计做法（accounting practices），进而使之进入法律制度的具体做法，却并不令人满意。伯利认为，纽约证券交易所上市委员会聘请乔治·梅做顾问这个正确的决定已经初见成效。要知道，美国公共会计师行业才刚刚开始梳理会计术语（accounting terminology）。[1] 伯利提醒道，包括美国证监会在内的每个监管机构都有一个它自己想要追求的监管目标，这就意味着它未必真的关心整个会计行业如何健康发展。目前有好几打管理机构还在就会计问题制定法律。有可能需要设立一个权威的会计上诉委员会（Board of Accounting Appeals）来快速处理会计问题，这个委员会可以是正式的，也可以是非正式的。它可以不受判例法下的先前判例的约束。相反，我们应当借鉴欧洲的罗马法（即大陆法）的经验，使会计规则成为一个体系。[2] 善哉斯言！如果将蒙哥马利和伯利的学术理念结合起来，那就真的有望开辟出一条会计立法的正确道路。

《现代公司与私有财产》还提出了一个很有意思的观点，有助于厘清会计界长期争论的棘手问题。该书提出，"控制权"是公司制度的特殊产物，既有别于所有权，又有别于经营权。该书承认，这是一个难以捉摸的概念，恰似政治学领域中的"主权"（sovereignty）概念一样，人们很难严格地界定何谓权力（power）。出于实践操作的考虑，伯利和米恩斯把控制者界定为有权挑选董事的人，进而将控制权分为五种难以划分明显界线的形态：（1）通过近乎全部所有权实施的控制；（2）多数所有权控制（majority control）；（3）不具备多数所有权，但通过合法手段实施的控制；（4）少数所有权控制（minority control）；（5）经营者控制（management control）。其中前三种控制

1　1931年，美国会计师协会组织了一个术语委员会，委员会在该协会此前文件的基础上提交了一份名为《会计术语》（Accounting Terminology）的初步报告。

2　Adolf A. Berle, Jr., "Accounting and the Law," *The Accounting Review*, 1938, 13(1): 9-15.

权形态以法律为基础，并且围绕着多数有投票权股票的投票权。后两种形态，即少数所有权控制和经营者控制，并不具有合法性，它们以既存事实为基础，不是建立在法律基础之上的。[1] 这些观点对于会计界反思对"控制"概念的飘忽不定的解释，具有一定的现实意义。

《现代公司与私有财产》的出版，使得伯利被富兰克林·罗斯福总统的高级智囊雷蒙德·莫利（Raymond Moley）相中。莫利把伯利吸收为时任纽约州州长富兰克林·罗斯福的总统竞选智囊团成员，伯利因此得以参与设计"新政"。伯利是罗斯福 1932 年 9 月 23 日在旧金山英联邦俱乐部发表的载入史册的经典竞选演讲（Commonwealth Club Address）的撰稿人。

四、佩科拉听证会引起社会舆论对会计问题的强烈关注

1932 年 3 月 2 日，参议院通过第 84 号决议（Senate Resolution 84），授权参议院银行和货币委员会设立证券交易所实践情况（Stock Exchange Practices）分委员会，针对证券的买空卖空行为（short selling）以及华尔街的运作问题开展调查，试图弄清楚 1929 年股市崩盘的原因并从中寻找预防措施。然而，该分委员会调查了 11 个月也没有取得实质性进展。各大银行的高管拒不配合提供银行账目和管理文件。

1933 年 1 月，参议院银行和货币委员会主席彼得·诺贝克（Peter Norbeck）聘请颇负盛名的执业律师、前纽约首席助理地区检察官费迪南德·佩科拉（Ferdinand Pecora）出任该委员会的特别顾问（special counsel），月薪 250 美元。4 月，参议院银行和货币委员会新任主席邓肯·弗莱彻（Duncan Fletcher，1859—1936）提出了参议院第 56 号决议，授权该分委员会进一步就银行业务和证券交易等问题开展调查。

---

1 ［美］阿道夫·A. 伯利、加德纳·C. 米恩斯：《现代公司与私有财产》，甘华鸣、罗锐韧、蔡如海译，商务印书馆，2005，第 70—80 页。

佩科拉富有检察技巧，并且善于借助媒体的力量来推动调查。他给一批金融巨头发去传票，调查了纽约证券交易所、摩根银行、大通国民银行和花旗银行的一干人马。他的团队给媒体提供了许多引人入胜的话题，其调查进展长期占据各大报刊的头条。金融界的败德行为一再刷新人们的认知底线。商业银行甚至直接承认其明明知道贷款申请人是为了在证券交易所做投机交易，但仍然以高利率向其放款。

 专栏 3-3

费迪南德·佩科拉

费迪南德·佩科拉（Ferdinand Pecora，1882—1971），律师、法官。

佩科拉幼年因家境不好而辍学，后来进入华尔街的一家律师事务所工作，在纽约法学院（New York Law School，NYLS）学习，并于 1911 年获得纽约州律师资格。1918 年被任命为纽约助理地区检察官，1922 年被任命为纽约首席助理地区检察官。佩科拉因诚实而著称，他也因此被排挤，于 1929 年放弃检察官职务，改为从事律师业务。1933 年出任美国参议院银行和货币委员会对华尔街银行业和股票经纪业务的首席调查律师。佩科拉听证会所揭示的金融乱象为罗斯福政府出台法律予以管制铺平了道路，他的照片刊登于 1933 年 6 月 12 日的《时代》杂志封面。佩科拉 1934 年被任命为美国证监会首届委员。1935 年初辞职，出任纽约州最高法院法官。1950 年重返律师行业。著有《华尔街誓言：现代货币兑换商的故事》（*Wall Street Under Oath: The Story of Our Modern Money Changers*）。

由于佩科拉卓有成效的调查，参议院的听证会又被称作"佩科拉听证会"（Pecora Hearings）。佩科拉调查为罗斯福新政的一系列立法铺平了道路。[1] 美国证监会宣告成立时，佩科拉被委任为美国证监会首届委员（但他六个月后即辞职，担任纽约州最高法院法官）。[2]

五、美国会计师协会与纽约证券交易所的合作进展

1928—1933 年间，纽约证券交易所会员收取的佣金占证券经纪人佣金总收入的 90% 以上。全国最大的公众公司几乎全部在纽约证券交易所上市交易。1932 年，全美至少还有 33 家成规模的证券交易所，此外还有柜台交易市场。但纽约证券交易所的上市交易证券占全美的 3/4，此时，普华会计公司的客户囊括了纽约证券交易所 700 家上市公司中的 146 家。[3]

（一）纽约证券交易所采纳乔治·梅的建议

1932 年，美国各证券交易所内交易的股份数共约 5 亿份，约有 75% 的股份在纽约证券交易所挂牌交易。但纽约证券交易所仅有约 25% 的上市公司公布年度报告，证券交易所也没有强制要求上市公司聘请注册会计师对年度报告实施审计。

美国会计师协会"与证券交易所合作特别委员会"的工作成效斐然。

1　如 1933 年 5 月 27 日生效的《1933 年证券法》、1933 年 6 月 16 日美国国会通过的《1933 年银行法》（Banking Act of 1933；Glass-Steagall Act）、1934 年 6 月 6 日美国国会通过的《1934 年证券交易法》等。

2　1934 年 6 月 16 日，参议院银行和货币委员会公布了其长达 400 页的调查报告。这份报告的结论部分共有两页，其中特别提出了限制投资信托的金字塔架构（pyramiding of investment trusts）等主张。报告指出，有些控股公司本身不具备生产性的职能，仅仅是为了滥用受控公司、逃避法律约束而组织起来的。这种控股公司对公共福利是一种危害。控股公司是一个值得立即考虑和采取行动的重大问题。这些观点对于当今时代的金融控股公司监管仍然具有一定的参考价值。该报告原文如下："Holding companies serving no productive function, but organized merely to pervert the use of controlled companies and to evade their legal limitations, are detrimental to the public welfare. Holding companies are a major problem meriting immediate consideration and action."

3　[美]乔尔·塞里格曼：《华尔街的变迁：证券交易委员会及现代公司融资制度演进》（第 3 版），徐雅萍等译，中国财政经济出版社，2009，第 99 页。

1932年9月22日（此时距美国会计师协会"与证券交易所合作特别委员会"成立已有两年之久），乔治·梅率领的特别委员会致信纽约证券交易所的上市委员会，提交了他们的一系列建议。

值得注意的是，该文件提及了"会计原则"（accounting principle）、"公认原则"（generally accepted principle）、"认可的方法"（accepted method）等概念。"会计原则"从此成为公共会计师行业的工作语言和标志性词汇。[1]但该文件还没有提出"公认会计原则"的概念。[2]

该文件没有忘记回敬里普利。文件中提及，人们对资产负债表和利润表常常存在误解，即便如里普利这样的经济学家也是如此。里普利形容资产负债表是企业在某一天的"快照"（instantaneous photograph），但这种观点对于证券投资者具有双重误导性。一是，里普利误以为资产负债表完全是照相性质的文件，但实际上，资产负债表是历史性的文件，它不是用于反映现状（即反映最新价值）的文件。二是，里普利的说法意味着资产负债表可以精确到接近摄影的程度，但实际上，资产负债表必然是主观意见的反映，因而可能有较大的误差。

 专栏 3-4

美国会计师协会写给纽约证券交易所的建议

□**现在要做的有两件事情**。其一是，**教育社会公众认识账目的意义、价值及其不可避免的局限性**。其二是，**确保股份公司公布的账目更有信息**

1　1934年1月21日，美国会计师协会将其与纽约证券交易所的来往函件整理成单行本《公司账目的审计》并印发给其会员，参见：American Institute of Accountants, Audits of Corporate Accounts: Correspondence between The Special Committee on Cooperation with Stock Exchanges of The American Institute of Accountants and The Committee on Stock List of The New York Stock Exchange, 1934。

2　"公认会计原则"（generally accepted accounting principles, GAAP）一词，首次出现于1936年1月美国会计师协会公布的《独立公共会计师对财务报表的检查》单行本中。该书是1929年发行的《财务报表的验证》的修订版，是1917年联邦储备委员会发布的《统一的账目》的延续。

量，**更有权威性**（即更加可信）。

□从会计学的角度来看，一个突出的问题是，企业发生的很多支出，不仅是为了在本期获益，更是为了在未来很长的时间内获益。对这种支出如何进行会计处理，是财务会计学的中心问题。如何确定计入资产的开支，在实践中往往难以评估和判断。

□那种主张对大型企业的资产进行年度评估的设想，既不可行，也不值得提倡。

□大多数投资者如今都已认识到，**资产负债表和利润表在很大程度上是个人主观判断的产物**。因此，这些报表究竟价值几何，在很大程度上取决于做出判断的那些人的才干和诚信程度。

□**改进现状的方案有两个。一个方案是，由权威机构从时下流行的多种会计做法中做出选择，然后要求所有的股份公司遵循选定的会计规则**，就像州际商务委员会对铁路行业实施监管那样。公共会计师行业普遍反对这一方案。比较可行的是另一个方案，即**允许各个股份公司从前述的"时下流行的多种会计做法"中自行确定会计处理方法，但要求其披露所采用的会计处理方法并保持会计处理方法的一贯性**。如果投资者知道股份公司所采用的会计方法，并且知道该公司一贯地采用了该方法，那么，这个会计规则的具体细节是什么，相对来说就不那么重要了。[引者注：这种立场代表了乔治·梅所坚持的重视披露、不注重建设统一规则的主张，也是"会计是一种艺术"这种理念的体现。]

□明智的投资者可能已经认识到，企业的盈利能力对于评估该企业的价值至关重要，因此，**利润表通常来说远比资产负债表更重要**。事实上，历年间资产负债表的变动情况，比资产负债表本身更重要。会计惯例的形成自觉或不自觉地建立于上述理念之上。会计规则的首要目标，是在利润表中正确地做增减记载。如果能做到这一点，那么各种开支的余数自然在资产负债表中各就其位，资产负债表自然也就是正确的了。因此，纽约证券交易所应当努力确保股份公司公布的利润表成为衡量其盈利能力的指示器。[引者注：此观点是对当代流行的"资产负债观"的反证。]

□**没有必要对股份公司的现行会计做法进行革命或者实行重大变革。**我们的目标应当是**尽可能地满足投资者的信息诉求，而不是固守法律形式和行业传统**。[引者注：此观点后来发展为"实质重于形式"的原则。]

□**会计在实质上是一种连续的历史记录（continuous historical record）。账目覆盖的期限越短，其局限性就越明显**。历史经验表明，为了得到正确的解释和合理的预测，就必须了解长期的历史律动，区分长久趋势和短期波动。仅仅对现状略知皮毛是远远不够的。[引者注：此观点正确地指出了会计的性质，但其着眼点却是为了帮助投资者"以历史预测未来"。]

□纽约证券交易所应当牢记并竭力实现以下主要目标：

1. 要告知投资者这一事实：**大型现代股份公司的资产负债表并不列报公司的资产或负债的现行价值，人们也不应当期盼资产负债表具有那种功能**。对于小型公司来说，或许可以对其资产进行准确的估值。但对大型公司来说，这是不切实际、也不可取的。

2. 要强调这一事实：现行的资产负债表实质上是历史的、因循守旧的产物。应当鼓励公司采用新格式的资产负债表，以便清晰地阐明各种资产是采用何种基础列报的（如：成本；再造成本减去折旧；估计的持续经营价值；成本与市价孰低法；清算价值；等等）。

3. 要强调利润表的根本重要性，企业的价值主要取决于其盈利能力。年度利润表只有在它能够最佳地反映企业在当前市场状况下的盈利能力时，才算得上是合格的。

4. 要让上市公司知晓已经获得广泛认可（general acceptance）的主要会计原则（见附件 1），允许其结合自身情况，从中选择具体的会计处理规则，同时应做如下要求。

（1）应要求各个股份公司制定"会计方法声明书"（statement of the method of accounting），为其会计部门明确规定该公司选用的会计规则（见附件 2）；应要求各个股份公司的董事会审核批准该公司的会计方法声明书，从而使之对公司管理人员产生拘束力；应要求各个股份公司的会计方法声明书在纽约证券交易所备案并允许股东付费索取该会计制度。

（2）应要求各个股份公司保证其一贯地遵循上述会计制度，如果其会计原则有所变更或者其执行方式有所变更，则应要求其在变更后的财务报告中，向股东及证券交易所阐述该项变更的影响。

（3）应设法改变审计证书（audit certificate）的格式，以便审计师专门向股东报告该公司的账目是否遵循了公司惯常采用的会计方法。

（二）乔治·梅提出最早的会计原则

在上述信函的附件 1 中，乔治·梅率领的特别委员会提出了五项会计"总体原则"（broad principles）。[1] 鉴于这五项总体原则在会计理论和会计规则演变历程中的重要性，特辑录如下。

 专栏 3-5

乔治·梅提出的五项会计"总体原则"

1. 未实现利润不得直接或间接地（如通过调整该项未实现利润的方

---

1 这些"总体原则"是美国会计师协会的职业信条的真实写照。后被收录于会计程序委员会 1939 年 9 月出台的《会计研究公报第 1 号：总序与以前采纳的规则》和《会计研究公报第 43 号：会计研究公报重述与修订》第 1 章。

式）记入公司的利润表账户。在日常经营中，当企业的销售得以成立时，可认定其利润已经实现，但是，无法合理确信能够收到销售价款的情形除外。这种例外情形可见于某些行业（如屠宰加工行业）的存货项目，由于无法合理确定其存货成本，因此，该行业的惯例是按照销售净价来记账，这种情形下所记载的金额可能会大于其成本。

1. Unrealized profit should not be credited to income account of the corporation either directly or indirectly, through the medium of charging against such unrealized profits amounts which would ordinarily fall to be charged against income account. Profit is deemed to be realized when a sale in the ordinary course of business is effected, unless the circumstances are such that the collection of the sale price is not reasonably assured. An exception to the general rule may be made in respect of inventories in industries (such as the packing-house industry) in which owing to the impossibility of determining costs it is a trade custom to take inventories at net selling prices, which may exceed cost.

2. 资本公积一律不得用于抵减当期或未来年度的费用，其产生原因在所不问。此条所允许的例外情形是，在企业重组时，重组后的公司可能被豁免债务，这种情况下的会计处理往往是调整企业的费用。这是因为，如果将相关的事实充分地披露给股东，让他们采取正式行动，那么，即便不进行重组也能达到相同的结果。

2. Capital surplus, however created, should not be used to relieve the income account of the current or future years of charges which would otherwise fall to be made thereagainst. This rule might be subject to the exception that where, upon reorganization, a reorganized company would be

relieved of charges which would require to be made against income if the existing corporation were continued, it might be regarded as permissible to accomplish the same result without reorganization provided the facts were as fully revealed to and the action as formally approved by the shareholders as in reorganization.

3. 子公司在被兼并进入企业集团之前所形成的盈余公积，不应当记入母子公司合并报表中的合并盈余公积；母公司也不应当将子公司从该项盈余公积中分派的利润记入自己的利润账户。

3. Earned surplus of a subsidiary company created prior to acquisition does not form a part of the consolidated earned surplus of the parent company and subsidiaries; nor can any dividend declared out of such surplus properly be credited to the income account of the parent company.

4. 允许股份公司在某些情况下（如在充分披露的前提下）将其持有的库存股列为自己的资产。但该库存股收到的股利不应当记入该公司的利润账户。

4. While it is perhaps in some circumstances permissible to show stock of a corporation held in its own treasury as an asset, if adequately disclosed, the dividends on stock so held should not be treated as a credit to the income account of the company.

5. 股份公司对于与该公司的管理人员、职工或关联公司有关的应收票据或应收账款，应当在报表中单独予以列示，而不应当笼统地列入报表中的"应收票据"或"应收账款"项目。

5. Notes or accounts receivable due from officers, employees, or affiliated companies must be shown separately and not included under a general heading such as Notes Receivable or Accounts Receivable.

从上述五项"简陋"的会计"总体原则"可以看出，当时证券市场上的会计原则何其少，会计手法是多么花样繁多，会计规则的弹性是多么大。

在上述信函的附件2中，乔治·梅率领的特别委员会把它提交给纽约证券交易所的第4条建议中所提及的"会计方法声明书"，解释为统领资产负债表、利润和盈余公积表（surplus account）的报表项目的会计处理"原则"（principles）的总结。会计方法声明书共分为三个部分。第一部分探讨的是"账目的一般基础"，要声明"所公布的账目是否为合并报表，如果是合并报表，决定合并范围的规则是什么；对于未纳入合并范围的子公司和其他受控公司，母公司是如何对这些公司的利润和亏损进行会计处理的"。第二部分探讨的是"资产负债表"，列举了资本资产（capital asset，相当于如今所称的固定资产）、存货、证券、现金及应收款项、递延费用、负债和准备金等各个报表项目的会计"原则"。值得注意的是，这一部分着重分析了存货项目中所包含的企业集团成员之间内部交易的未实现利润的会计处理、上市证券（marketable securities，又译"有价证券"）的分类、坏账准备和因承诺所形成的或有负债等的会计处理等问题。第三部分探讨的是"利润表"，提到了利润表的报表项目的具体划分。

1933年1月6日，纽约证券交易所主席理查德·惠特尼（Richard Whitney，1888—1974，1930年至1935年在任）签发公告，宣布自7月1日起，所有申请上市的公司都必须聘请依照各州注册会计师法获得执业资格的独立公共会计师（independent public accountants qualified under the laws of some state or country），对其年度资产负债表、利润和盈余公积表进行审计，审计师的证书（certificate）与年度报告应当一并提交给纽约证券交易所。[1] 独立公共会计师必须审计所有的子公司，审计范围不应小于联邦储备委员会

---

1 An announcement by Richard Whitney, President of the New York Stock Exchange, January 6, 1933.

1929 年 5 月公布的《财务报表的验证》所规定的范围。该公告同时声明，由州际商务委员会实施监管的铁路公司可以（但不要求）比照上述规定执行。独立公共会计师应当就财务报表的公允性、一致性以及其是否遵循了"认可的会计惯例"（accepted accounting practices）发表意见。这是纽约证券交易所首次提出"认可的会计惯例"这一概念。[1] 为了给申请上市的公司留出必要的准备时间，纽约证券交易所在 1933 年 7 月 1 日前没有把审计师的证书列为上市的必要条件。值得注意的是，"会计惯例"（accounting practice）这个词，是指在法律法规没有就会计规则做出规定的情况下，由大公司与它的审计师共同商量出来的会计做法。该词汇是立法失败的产物，主要用于英国公司法、美国证券法等存在立法缺陷的情境中。它并不是什么先进的理念。英国公司法和美国证券法居然置会计信息的公益性和公信力于不顾，任由行政相对人自由决定这种涉及社会公益的重要规则，还美其名曰"会计惯例"，其无为态度值得质疑。

1 月 12 日，纽约证券交易所上市委员会把美国会计师协会的建议信呈交给了参议院的银行和货币委员会。此时，参议院主导的佩科拉听证会正在进行中。

（三）审计师对职业风险与职业回报的衡量

1 月 31 日，惠特尼致信纽约证券交易所各上市公司的董事会主席，督促各公司配合做好年报审计工作，要求各公司向纽约证券交易所上市委员会出具审计师的信函（letter），其中须对惠特尼信中所提及的六个提议作出回应。该文件提及"认可的会计惯例"等概念。

2 月 24 日，九家会计公司联名致信惠特尼，一方面表达了竭力配合纽约证券交易所推广独立审计的决心，另一方面小心地对自己的职业责任进行了

---

1 E. S. Hendriksen, M. F. van Breda, *Accounting Theory*, 5th Edition (New York: McGraw-Hill Higher Education, 1991), p. 67.

界定。这封信中提及，"我们充分认识到界定审计师的责任和帮助投资者正确理解财务审计这些问题的重要性。既不能低估审计的意义，也不能夸大其对保护投资者利益的积极作用"。

 专栏 3-6

惠特尼的提议与公共会计师行业的反馈

提议 1： 审计师应当说明其审计范围的广泛程度是否与《财务报表的验证》中的规定一致。

【反馈 1】《财务报表的验证》是针对中小型企业申请贷款的情形而制定的财务审计规则，**如果被审计单位的内部审核（internal check）制度比较有效，那么，该文件中所规定的很多审计程序就可以省略**。对于大型股份公司来说更是如此：**其内部会计及内部审核制度越是详尽和有效，充分验证资产负债表所必需的详尽审核就越少**。由于在纽约证券交易所上市的基本上都是大型公司，因此，**我们常常不进行全面详细的审计**。对于利润表的审计而言，关键在于遏制显著高估企业收入的现象。

提议 2： 审计师应当说明其是否对受被审计单位控制的所有的子公司实施了审计。如否，审计时应当说明被审计的子公司的重要程度（可根据资产额和利润或亏损额所占的比重来衡量）以及审计师作出判断的依据。

【反馈 2】无不同意见。

提议 3： 审计师应当说明其是否获取了为确保审计的有效性所必需的信息。

【反馈 3】人们显然可以想象这样一种情形，企业经理层可能掌握一些足以显著影响审计师的意见的信息，但如若其不主动告知审计师，审计师无从知晓。

提议 4： 审计师应当说明资产负债表和利润表是否公允地列报了公司

的财务状况和经营成果。

【反馈 4】至于究竟应该给投资者提供多少信息，这一问题至今缺乏一致意见。

提议 5：审计师应当说明被审计单位的账目是不是在一贯地执行该公司的会计制度的基础上生成的。

【反馈 5】我们认同上述观点，即上市公司应当保持会计方法的一贯性。我们认为，还有必要强调这样一个事实，**账目在很大程度上是企业管理者的判断（judgment）的产物**。

提议 6：审计师应当说明被审计单位的会计制度遵循了认可的会计惯例（accepted accounting practices），特别地，如果被审计单位存在任何偏离美国会计师协会推荐的五项会计原则的情形，则应予以说明。

【反馈 6】我们认同上述观点，即公司的会计方法应当具备足够的权威性。

值得强调的是，从纽约证券交易所与美国会计师协会的通信措辞可以看出，公共会计师行业所称的**"原则"（principle）与"惯例"（practice）是同义词**，可以互换使用。会计原则也就是会计惯例的意思，它是公共会计师行业中的大型会计公司公认的会计规则的统称。这与人们通常所理解的"原则"存在很大差异。

纽约证券交易所的做法很快就有同行效仿。同年 3 月 21 日，芝加哥证券交易所（Chicago Stock Exchange）提出了同样的要求：申请在芝加哥证券交易所上市的公司提交财务报表时，须由具有适当资格的独立公共会计师（duly qualified independent public accountants）出具证明。

审计后的定期财务报表迅速变成了司空见惯的资料，其速度之快掩盖了财务报表始终存在的不可信的问题。联邦贸易委员会的律师同年在国会作证时指出，他们所调查的公用事业行业，通过用评估价值或重置价格替换公司资产负债表中以原始成本为基准的记账方法，将账面价值调高了超过 10 亿美元；公司的利润表也同样具有迷惑性。[1]

第二节　《1933 年证券法》的仓促出台及其会计审计机制设计

美国公共会计师行业与证券交易所联合推出的注册会计师审计制度（独立审计制度）被写入美国联邦第一部证券法——《1933 年证券法》。该法遂成为美国公共会计师行业的最大靠山。该法的出台过程非常仓促，是一连串偶然因素叠加、一系列理念偏差累积的结果。

一、罗斯福新政及其影响

1932 年，民主党人富兰克林·D. 罗斯福（Franklin D. Roosevelt，1882—1945）竞选美国总统，他提出实行"新政"（the New Deal）的竞选纲领，并以压倒性多数票获胜。

罗斯福 1903 年在哈佛大学取得历史学学士学位，1904 年进入哥伦比亚大学法学院学习（通过纽约州律师考试后，于 1907 年辍学）。1908 年起在律师事务所工作。1910 年和 1912 年两次当选纽约州参议员。1913 年被美国总统伍德罗·威尔逊任命为助理海军部长，1920 年 7 月辞职。1920 年竞选副总统失败，回到律师行业工作。1928 年当选纽约州州长，1930 年再次当选。1932 年作为民主党候选人竞选总统获胜，成为第 32 任美国总统。

---

1 Jerry W. Markham, *A Financial History of the United States, Vol. 2, From J. P. Morgan to the Institutional Investor (1900-1970)* (New York: M. E. Sharpe, Inc., 2002), p. 174；[美] 乔尔·塞里格曼：《华尔街的变迁：证券交易委员会及现代公司融资制度演进》（第 3 版），徐雅萍等译，中国财政经济出版社，2009，第 76 页。

1933 年 3 月 4 日，罗斯福宣誓就任美国总统。[1] 罗斯福在就职演说中提出，促进就业是本届政府的首要任务。为此，有两个保障，以防止旧秩序的弊端卷土重来：一是，必须对所有银行、信贷和投资进行严格监管，禁止利用"别人的钱"（other people's money）进行投机；二是，必须提供充足且稳健的流通货币。

在 3 月到 6 月的"百日新政"期间，罗斯福提请国会制定了 15 部重要法律，其中：第一部法律《银行休业法》（Emergency Banking Act）是美国国会 3 月 9 日通过的[2]；宣布联邦政府对证券市场实施监管的《1933 年证券法》是 5 月 27 日通过的；规定金融分业经营政策和创建联邦存款保险公司的法律——《格拉斯－斯蒂格尔法案》（Glass-Steagall Act，Banking Act of 1933 的俗称）[3]，是 6 月 16 日通过的。

罗斯福新政是一个颠覆利益集团的重大政治现象，是人类文明史上光辉的一页。在这一过程中，金融集团的利益很快就被金融管制和税收政策抑制了。决定性的角色回归政府人员，也就回归到国家的中央职能部门手中。罗斯福政府毫不犹豫地寻求与工会组织建立联盟，以对抗雇主；对大资产阶级所有者与大企业抱着对立态度。倾向于承认劳工权利的新立法建立了，且有社会保障措施与之相呼应，如公共养老金系统（时称"社会保险"）。时至今日，这个系统仍然是很大一部分老龄人口的重要收入来源。通过对资本家利益施加限制而在管理层与大众之间达成的新社会妥协的平衡，在其温和的意义上，使社会状况得到了实质性的改变。[4]

---

1 罗斯福 1933 年至 1945 年连任美国四届总统，成为美国历史上唯一一位任期超过两届的总统，1945 年于任内病逝。

2 这部法律是胡佛政府的财政部起草的，罗斯福上任后的第 6 天（1933 年 3 月 9 日），该法案被提交给国会，当天晚上就在一片混乱中获得通过。事实上，许多国会议员在投票前甚至没有机会阅读法律草案。

3 该法发布以后不久（1935 年 8 月），摩根银行把投行业务分拆出去，另行组建了摩根士丹利。

4 周思成：《关于新自由主义的危机——热拉尔·杜梅尼尔访谈》，《国外理论动态》2010 年第 7 期。

值得留意的是，罗斯福的智囊团"头脑托拉斯"（Brains Trust）大多是法学家。第一个"新政"的头脑托拉斯，主要由哥伦比亚大学法学教授组成；第二个"新政"的头脑托拉斯，主要由哈佛大学法学教授组成。

 专栏 3-7

罗斯福的智囊团——以法学家为首的"头脑托拉斯"

哥伦比亚大学法学院的雷蒙德·莫利和哈佛大学法学院的费利克斯·法兰克福特都是富兰克林·罗斯福的智囊团（时称"Brains Trust"）和竞选班子的成员。

莫利一度是罗斯福总统的头号智囊，是他说服了罗斯福总统任命约瑟夫·肯尼迪为美国证监会首任主席。莫利挑选了哥伦比亚大学的两位同事，即经济学家雷克斯福德·G.特格韦尔（Rexford G. Tugwell）和法学家阿道夫·伯利，与他一起担任罗斯福总统第一个"新政"（First New Deal，1933—1934）的智囊团创始成员和核心智囊。

法兰克福特挑选了哈佛大学法学院校友托马斯·G.科科伦（Thomas G. Corcoran）和本杰明·V.科恩（Benjamin V. Cohen）等人与他一起担任罗斯福总统第二个"新政"（Second New Deal，1935—1936）的核心智囊。

二、汤普森起草《1933年证券法》草案

1933年3月4日，罗斯福总统发表就职演说。他的施政纲领包括严格监督银行业、信贷及投资的机制，杜绝投机。罗斯福兑现了他在竞选时的诺言，他上任伊始就立即着手制定联邦法律整顿证券市场。5月27日，国会通过《1933年证券法》（Securities Act of 1933，又称 Truth-in-Securities Act of

1933），这是美国联邦第一部证券法。单从 3 月 4 日到 5 月 27 日来看，《1933 年证券法》的制定效率已经令人叹为观止。但实际上，还有更惊人的记录：这部法律的主要内容的起草是在几天内完成的。

1939 年，莫利出版的著作《七年之后》对"新政"进行回顾和反思，其中特地回顾了《1933 年证券法》的出台过程。[1] 詹姆斯·M.兰迪斯（James M. Landis, 1899—1964）作为该法起草者之一，在 1959 年的一篇论文中回顾了该法的起草过程。[2]

（一）莫利按照罗斯福的指示委托昂特迈耶起草《1933 年证券法》草案

莫利在《七年之后》中称，罗斯福不知是由于健忘还是别的什么原因，经常安排多人同时做同一件事情，最多的时候同时安排六个人分别写同一个主题的文件。

 专栏 3-8

雷蒙德·C.莫利

雷蒙德·C.莫利（Raymond C. Moley，1886—1975），哥伦比亚大学法学教授，曾任美国罗斯福总统的智囊团负责人。著有《七年之后》（*After Seven Years*，1939）、《如何保持我们的自由》（*How to Keep Our Liberty*，1952）、《第一次新政》（*The First New Deal*，1966）等。

莫利 1886 年 9 月 27 日出生于俄亥俄州伯里亚。1906 年毕业于鲍德温华莱士学院（Baldwin Wallace College），在克利夫兰的一所高中担任督

---

1 Raymond Moley, *After Seven Years* (New York: Harper & Brothers Publishers, 1939), pp. 176-183.

2 James M. Landis, "Legislative History of the Securities Act of 1933," *The George Washington Law Review*, 1959, 28(1): 29-49.

导。1913 年在欧伯林学院（Oberlin College）获得硕士学位。1916 年—1919 年在西储大学（Western Reserve University）任教。莫利在欧伯林学院攻读硕士学位时，著名政治学家、历史学家、进步改革家、哥伦比亚大学教授查尔斯·A. 比尔德（Charles A. Beard，1874—1948）到该校做讲座，二人就此结识。莫利师从比尔德，在哥伦比亚大学攻读博士学位，并于 1918 年获得博士学位。

之后，莫利担任锐意改革的克利夫兰基金会（Cleveland Foundation）的负责人。他和哈佛大学法学院院长罗斯科·庞德（Roscoe Pond，1916—1936 年任院长）、哈佛大学法学院教授费利克斯·法兰克福特（后来成为罗斯福总统的智囊团成员之一）一起，撰写了《克利夫兰罪案调查》（the Cleveland Crime Study），在该市刑事司法制度改革方面发挥了积极作用。

莫利带着这类政绩光环，于 1923 年被哥伦比亚大学伯纳德学院（Barnard College）延揽为政府管理学副教授，并获得罗斯福的知己和高参路易斯·麦克亨利·豪（Louis McHenry Howe，1871—1936）的赏识。豪早期是《纽约先驱报》记者，从政多年后担任罗斯福的政治顾问，陪同罗斯福一路从助理海军部长、纽约州州长直到出任美国总统。罗斯福当选总统后，豪作为秘书，协助总统拟定了平民保护团（Civilian Conservation Corps）等"新政"的早期计划。豪邀请莫利开展了其他一些城市的刑事司法研究。

1926—1927 年，莫利被纽约州州长阿尔弗雷德·E. 史密斯（Alfred E. Smith，1873—1944）任命为纽约州刑事委员会的研究主任。莫利上任后迅即与豪联系。豪此前在罗斯福的帮助下谋得了全美刑事委员会（National Crime Commission）主席的职位，但其本人对刑法所知甚少，正要寻求帮助，于是二人一拍即合。

1928 年，莫利获聘为哥伦比亚大学公法教授。同年，豪邀请莫利一道为罗斯福竞选纽约州州长助力。罗斯福上任州长后，安排莫利供职于纽约州司法行政委员会。

1932 年，罗斯福的法律顾问（后来成为第一位白宫法律顾问）塞缪尔·I. 罗森曼（Samuel I. Rosenman，1896—1973）建议他授权豪牵头成立一个由大学教授等专家组成的智囊团，罗斯福欣然同意，委托豪负责操办此事。莫利应豪的邀请，着手为罗斯福的总统竞选遴选智囊团成员。莫利挑选了哥伦比亚大学的两位同事，共同组成了第一个智囊团。一位是经济学教授雷克斯福德·G. 特格韦尔（Rexford G. Tugwell），擅长农业经济，笃信政府计划能够提高农业效率；另一位是法学教授阿道夫·伯利。《纽约时报》记者给这个智囊团起了个响亮的名字——"头脑托拉斯"。

莫利为罗斯福起草了很多篇总统竞选演讲稿，并在罗斯福当选总统后担任首席政策顾问，牵头组织"新政"相关法律的起草，他的官方头衔一度是助理国务卿（1933 年 3—9 月）。他还建议罗斯福任命老肯尼迪（Joseph P. Kennedy）为美国证监会首任主席，这是罗斯福政府最成功的人事任命之一。

1936 年，莫利因政见分歧（涉及货币稳定、第二次"新政"的左倾政策等）与罗斯福和民主党决裂，转为支持共和党。莫利 1939 年出版的《七年之后》对"新政"的一些政策提出了批评意见。1954 年，莫利从哥伦比亚大学退休。后来，他曾担任尼克松等人的顾问。1970 年，莫利被尼克松总统（共和党）授予总统自由勋章。

资料来源：Adam Cohen, *Nothing to Fear: FDR's Inner Circle and the Hundred Days That Created Modern America* (New York: Penguin Press, 2009), pp. 46-83；Neil A. Wynn, *The A to Z of the Roosevelt-Truman Era* (Lanham: Scarecrow Press, 2009), pp. 280-281.

1932 年 12 月，经罗斯福批准，莫利开始着手物色人选起草美国联邦证券法。莫利委托哥伦比亚大学毕业生、著名律师、犹太人塞缪尔·昂特迈耶（Samuel Untermyer，1858—1940），着手起草证券交易所及证券监管法律草案。

昂特迈耶早在其 1912 年主持美国国会普若委员会针对"金钱托拉斯"（money trust）的调查时，就已经声誉鹊起。1913 年 2 月，普若委员会递交的报告指出，少数人控制了金融行业和金融机构（包括银行、信托、纽约证券交易所等），进而通过货币和信贷的集中，控制了美国的工商业。布兰代斯在其 1914 年出版的著作《别人的钱》中以赞赏的语气写道："普若委员会及其得力顾问塞缪尔·昂特迈耶呈现给美国人民的大量事实，清楚地展示了少数人操控美国工商企业的手法。"[1] 昂特迈耶参与起草了《联邦储备法》（1913）、《联邦贸易委员会法》（1914）和《克莱顿反托拉斯法》（1914）等联邦法律。他在将近 20 年的时间里持续呼吁对证券市场实施监管，是起草美国联邦证券法草案的得力人选。

1933 年 1 月，昂特迈耶向莫利提交了关于对证券发行、证券交易所、期货交易所实施监管的法律草案。他建议由美国邮政部来实施监管，但莫利和罗斯福都认为邮政部是一个服务组织，难以打造和容纳这么一个全面的证券监管体系。整个 2 月份和 3 月初，莫利一直在劝说昂特迈耶修改其草案，但昂特迈耶固执己见。

待到 3 月中旬，莫利吃惊地听说罗斯福早已另行安排司法部长霍默·S. 卡明斯（Homer S. Cummings，1870—1956）和商务部长丹尼尔·C. 罗珀（Daniel C. Roper，1867—1943）配合联邦贸易委员会前主席休斯顿·汤普森（Huston Thompson）起草美国联邦证券法草案。汤普森此时作为在华盛顿特

---

1 Louis D. Brandeis, *Other People's Money and How the Bankers Use It* (New York: F. A. Stokes, 1914), p. 3.

区执业的律师，兼任美国会计师协会的法律顾问。

（二）汤普森受托起草《1933 年证券法》草案

多年以后，莫利和兰迪斯在后续的回忆论著中都对汤普森的法律草案给出了严苛的不公道的评价，他俩都认为汤普森的草案与罗斯福的证券监管思想背道而驰，未能跳出州证券法的窠臼。当然，这只是他们的一面之词。

前已述及，罗斯福本人的证券监管思想与布兰代斯的思想如出一辙，他们希望政府不要对证券市场提供任何担保，也就是不保留实质性审查权，而是通过基于事实的信息披露来维护证券市场秩序。

汤普森的思想也深受布兰代斯的《别人的钱》一书的影响。早在 1932 年 11 月 9 日，汤普森就给罗斯福发电报，建议罗斯福召开会议讨论证券法立法事宜。汤普森亲自起草了 1932 年民主党宣言的政策要点，呼吁对证券发行实施监管。罗斯福约见了汤普森。之后，汤普森很快就提交了一份备忘录，概述了他关于证券、控股公司和反垄断法的立法思路。

 专栏 3-9

休斯顿·汤普森

休斯顿·汤普森（Huston Thompson，1875—1966），橄榄球教练、律师，曾任联邦贸易委员会主席。《1933 年证券法》的起草人之一。

汤普森 1897 年毕业于普林斯顿大学。在校期间擅长美式足球（橄榄球），毕业后先后担任欧伯林学院、理海大学（Lehigh University，1898—1899）和得克萨斯大学奥斯汀分校（1900—1901）橄榄球总教练。之后，在科罗拉多州从事律师行业。他支持时任普林斯顿大学校长伍德罗·威尔逊教授的改革方案，二人成为朋友。威尔逊后来成为美国第一位拥有博士学位的总统（1913—1921 年在任），他安排汤普森出任美国司法部助理总检察长（Assistant Attorney General）。后又推举汤普森于 1919 年 1 月至 1926 年 9 月任联邦贸易委员会委员。其中，1920 年 12 月 2 日至 1921 年 11 月 30 日、1923 年 12 月 1 日至 1924 年 11 月 30 日任联邦贸易委员会主席，分别由威尔逊总统、柯立芝总统任命。汤普森本人对州证券法（证券欺诈）、商行贿赂以及国际事务（欧洲的合作社）等问题比较感兴趣。从联邦贸易委员会卸任后，汤普森重返律师行业，并多次受政府委托参与政府事务。

资料来源: William E. Kovacic, "The Quality of Appointments and The Capability of The Federal Trade Commission," *Administrative Law Review*, 1997, 49(4): 915-961; Marc Winerman, William E. Kovacic, "Outpost Years for A Start-Up Agency: The FTC from 1921-1925," *Antitrust Law Journal*, 2010, 77(1): 145-203.

罗珀指派了两位专业律师来协助汤普森起草这份证券法草案，他们是商务部外事服务司司长沃尔特·米勒（Walter Miller）和工作人员奥利·巴特勒（Ollie Butler）。汤普森、米勒和巴特勒都很清楚罗斯福的心情有多么迫切，他们借鉴英国 1908 年制定、1929 年修订的公司法，比照美国一些州的证券法以及此前国会议员起草的未能成功过会的法律草案，将多个版本的规则汇编起来，形成了篇幅比较精干的法律草案。汤普森还征求了美国联邦最高法院大法官布兰代斯以及联邦储备委员会和州际商务委员会官员们的意见。[1]

1933 年 3 月 19 日（星期日），汤普森将其草案交给了罗斯福、莫利和罗珀。该草案建议在联邦贸易委员会下面设置证券监管机构，给联邦贸易委员会赋予实质性审查权。虽说是借鉴了《1929 年公司法》，但汤普森给监管机构设计了太大的权力。《1929 年公司法》要求证券发行人最迟在公布招股说明书

---

[1] Joel Seligman, *The Transformation of Wall Street: A History of the Securities and Exchange Commission and Modern Corporate Finance*, 3rd Edition (New York: Aspen Publishers, 2003), pp. 52-53.

之日将其招股说明书上报给公司注册官（the registrar of companies）备案。公司注册官的职责是要求证券发行人在招股说明书上备注日期并签章，但无权因证券发行人未充分披露法律要求披露的信息而拒绝接收该招股说明书。

汤普森在其草案第六节（Section 6）中规定，联邦贸易委员会**有权撤销**（revoke）证券发行人的注册登记。如果发现申请人存在违法、实施欺诈性交易、在招股说明书等材料中存在欺骗性陈述（fraudulent representations）、业务状况不佳或无力偿还债务、缺乏正当经营原则的，联邦贸易委员会有权撤销其发行申请。汤普森所持这种由政府监管机构对证券发行情况进行实质性审查的思路，就是业界所称的"价值监管"（merit regulation）理念，这种理念与罗斯福的理念相左。一个月后参与起草证券法的兰迪斯，后来在回忆文章中称，汤普森的这种机制无异于"亡羊补牢"，而且给证券发行人带来了难以预料的威胁，很难想象有哪些投资银行愿意承受这样的风险。[1]

莫利在《七年之后》一书中说，他收到汤普森和昂特迈耶分别递交过来的法律草案，只好硬着头皮安排这两位起草者在3月的一个星期天下午，到总统的书房会面商谈。结果两派互不相让，会议不欢而散。莫利见调和不成，遂建议改由第三方重新起草。但时间紧迫，罗斯福指示卡明斯、罗珀、汤普森继续完善法律草案。汤普森的草案很快提交国会参众两院。

（三）罗斯福的证券监管思想

罗斯福是布兰代斯的公开披露理念的忠实信徒。他在谈及证券市场的时候，经常引用布兰代斯的名著《别人的钱》。他倾向于从进步政治家的角度，而不是以经济学家的眼光来看待金融等问题。他认为，阳光能够抑制银行家们的败德行为甚至是违法行为。

---

1 James M. Landis, "Legislative History of the Securities Act of 1933," *The George Washington Law Review*, 1959, 28(1): 29-49.

1933 年 3 月 29 日，罗斯福给美国国会发送手信，谈及他关于证券立法的立场。

 专栏 3-10

罗斯福就制定联邦证券法事宜致国会的手信

白宫，1933 年 3 月 29 日

致国会：

我建议国会制定联邦法律，以监督联邦对州际投资证券交易的监管。

尽管一些州已经推出相关法律，但仍然有许多销售证券的人和公司通过既不道德又不诚实的手法，让社会公众遭受了严重的损失。

当然，**联邦政府既不能够也不应该，对拟发行证券能否保持其投资价值或者是否具备盈利能力进行批准或保证。**

然而，联邦政府有责任要求所有跨州新发行证券的证券发行人提供全面宣传和信息（full publicity and information），即公开披露相关信息，不得对投资者隐瞒重要信息。

这一提议在**购者自慎（caveat emptor）**[1]的古老信条之外，增加了"**卖家也要小心**"（**let the seller also beware**）的要求，以期敦促卖方说出全部真相，推动诚实的证券交易，从而恢复社会公众对证券市场诚信交易的信心。

我所建议的这部法律的目的，是在尽量减少干预诚信经营的前提下，保护社会公众的利益。这只是我们保护投资者和储户利益的广泛目标的第一步。以后的立法会对证券交易所中所有财产购买和出售交易进行更好的监督，并纠正银行及其他公司的管理人员和董事的不道德和不安全的做法。

---

1 又称"买者自保"。

> 我们所寻求的目标是使人们更清晰地理解这么一个古老的事实，即那些管理或者使用"别人的钱"（other people's money）的人，要切实履行他们的信托责任。
>
> 富兰克林·D. 罗斯福

从上述手信可见，罗斯福对联邦证券法的起草工作提出了两条基本理念。一是不能给政府机关过多的授权，政府机关也不能给证券品质提供任何官方担保——"联邦政府既不能够也不应该，对拟发行证券能否保持其投资价值或者是否具备盈利能力进行批准或保证"。二是在信息公开的基础上让买卖双方风险自担。他的理念符合自牛顿以来人们对证券市场的科学认知：没有谁能够决定股票的具体交易价格，影响股价的因素实在太多。

美国联邦政府出台证券法的制度背景是，美国 50 个州分别有各自的公司法，联邦宪法允许公司在任意一个州注册，由此，很多州之间竞相放松管制，营造"宽松的"营商环境。新泽西、特拉华和内华达等州被戏称为"执照贩子"，特拉华州靠征收"特许经营税"（franchise tax）获得了令其他州艳羡的收入，一度占其财政收入的三成。其实，证券市场乱象的深层原因是公司法过于松弛，公司高管对信托责任缺乏敬畏之心。证券法是公司法的特别法，它其实只能规定表面上的监管措施。事实上，自从美国联邦最高法院于 1917 年承认堪萨斯州证券法（证券法俗称蓝天法）之后，到 1933 年底，除内华达州外的每个州都通过了证券法，但各州证券法并没有得到很好的实施，只有 8 个州拨付了足够的资金来支持证券委员会的运作。因此，在缺乏联邦公司法的情况下来设计联邦证券法，其结局早已注定。

罗斯福发出上述手信的同一天（3 月 29 日），众议院州际和外国商务委员会主席塞缪尔·T. 雷本（Samuel T. Rayburn, 1882—1961）将汤普森的法律草案递交给众议院，法案编号为 H.R.4314，法律草案全称为《州际投资证券交易的信息供给和监管法》，简称《联邦证券法》（Federal Securities Act）。[1]
同日，参议院多数党领袖约瑟夫·T.鲁滨逊（Joseph T. Robinson, 1872—
1937）将汤普森的法律草案递交给参议院，法案编号为 S.875，法律草案全称
和简称同 H.R.4314。

次日（3 月 30 日），参议院司法委员会将该法案分配给参议院银行和货币
委员会处理。

（四）美国国会围绕汤普森的草案召开听证会

1933 年 3 月 31 日至 4 月 5 日，众议院州际和外国商务委员会针对法案
H.R.4314 召开听证会。3 月 31 日至 4 月 8 日，参议院银行和货币委员会针对
法案 S.875 召开听证会。汤普森走马灯式地先后参加了众议院和参议院的听证
会。

3 月 31 日，汤普森、米勒和巴特勒率先在众议院州际和外国商务委员会
的听证会上发言，详尽地解释他们起草的法律草案。汤普森表示，就州际证
券销售而言，美国比世界上任何一个文明国家都落后得多。美国只有几十部
州证券法[2]，联邦法律里没有证券法，这就导致跨州的证券交易缺乏监管。他
在起草过程中参考了英国、法国、德国、比利时的法律条款，美国国会此前
几次未能进入决议环节的立法动议的草案，以及美国律师协会推荐的具有学
术探讨性质的立法建议稿。他还屡屡提及布兰代斯在《别人的钱》一书中所
提出的观点。4 月 1 日，汤普森继续在众议院的听证会上发言。

众议院州际和外国商务委员会对汤普森的草案提出了严厉的批评。主要
意见集中在两个条款。一是，草案第 6 节赋予联邦贸易委员会无限的权力来
调查证券发行申请。例如，该节第（f）款授权联邦贸易委员会撤销其所认为

---

1 原标题为："A BILL To provide for the furnishing of information and the supervision of traffic in
investment securities in Interstate commerce."

2 除了内华达州外，其他的州都有证券法。

的缺乏"合理原则"（sound principles）的证券发行申请。二是，草案第 17 节为公司董事规定了无限期的无过错责任（严格责任），显得过于严苛了。显然，该草案的立法理念与罗斯福相左。雷本公开质疑，起草如此严格的草案是否明智。这可能是该草案被众议院州际和外国商务委员会"嫌弃"的主要原因。

4 月 3 日和 6 日，汤普森在参议院银行和货币委员会针对法案 S.875 举行的听证会上发言。他说，英国《1929 年公司法》300 多页的篇幅实在太长了，他在起草美国联邦证券法时希望把篇幅控制在 30 页左右。但事实上，汤普森撰写的草案太简略了，总共 20 条，约 6 000 字。除了定义以外，几乎没有多少实质性的新内容。

（五）汤普森设计的酌量性政府机关委托审计机制

值得注意的是，虽然汤普森的草案被后来的证券法草案修订者兰迪斯贬得一无是处，但真正能够经受时间考验和实践检验的恰恰是汤普森的草案，而不是兰迪斯等人的草案。

 专栏 3-11

汤普森的证券法草案（H.R.4314）所给出的会计相关规则

□未经联邦贸易委员会登记注册的证券发行行为，构成违法行为。

□发行人申请登记应当提交登记表（registration statement），该登记表应由高级管理人员**签署并以宣誓的方式予以复核验证**。

□登记表应当包含资产负债表（详细列明自报表提交之日起 90 日内的资产、负债清单）以及（前一年度或者短于一年的实际经营期间的）收入、费用和固定开支情况。

□发行人应当按照证券面值万分之一的比例向联邦贸易委员会支付注册费用。

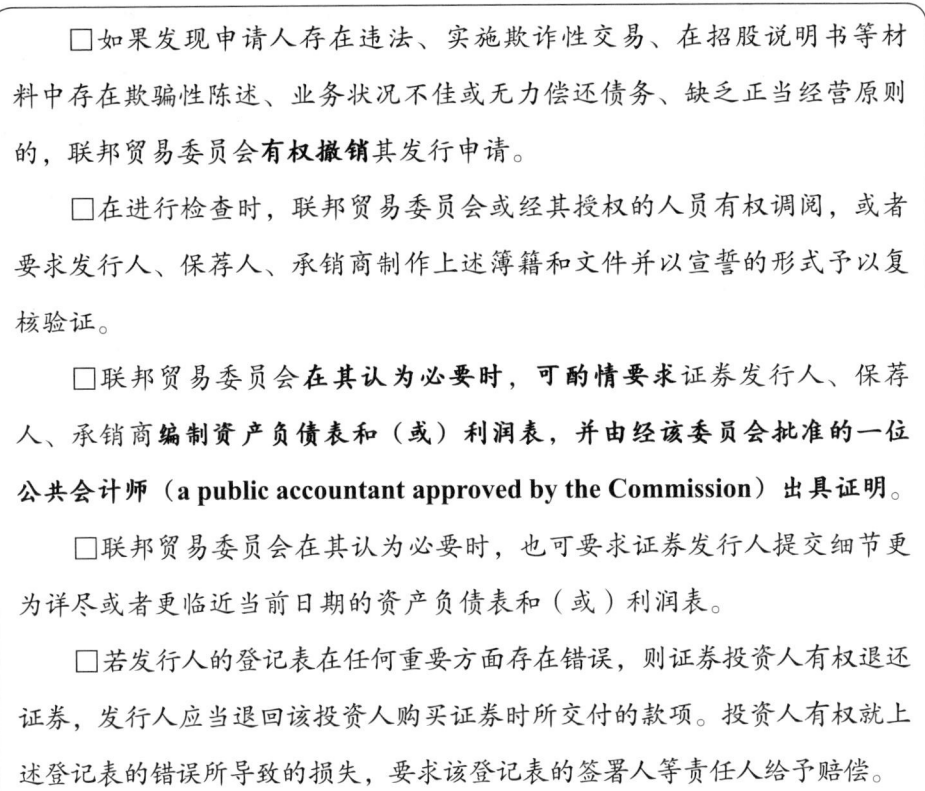

　　□如果发现申请人存在违法、实施欺诈性交易、在招股说明书等材料中存在欺骗性陈述、业务状况不佳或无力偿还债务、缺乏正当经营原则的，联邦贸易委员会**有权撤销**其发行申请。

　　□在进行检查时，联邦贸易委员会或经其授权的人员有权调阅，或者要求发行人、保荐人、承销商制作上述簿籍和文件并以宣誓的形式予以复核验证。

　　□联邦贸易委员会**在其认为必要时，可酌情要求**证券发行人、保荐人、承销商**编制资产负债表和（或）利润表，并由经该委员会批准的一位公共会计师（a public accountant approved by the Commission）出具证明。**

　　□联邦贸易委员会在其认为必要时，也可要求证券发行人提交细节更为详尽或者更临近当前日期的资产负债表和（或）利润表。

　　□若发行人的登记表在任何重要方面存在错误，则证券投资人有权退还证券，发行人应当退回该投资人购买证券时所交付的款项。投资人有权就上述登记表的错误所导致的损失，要求该登记表的签署人等责任人给予赔偿。

　　值得注意的是，汤普森的草案没有提及强制性注册会计师审计。

　　汤普森在草案第 6 节中设计的审计机制，是由政府机关（当时由联邦贸易委员会主管证券监管事务）酌情实施审计，而且是由政府机关亲自委托中介实施审计，这就是政府委托审计，属于政府审计的范畴（见图 3-2）。这种机制设计保留了政府机关的经济监管职能，并未将经济监管职能转授给中介组织。汤普森所提议的监管架构至今仍然屡屡被立法机关和监管部门提起。[1]

---

　　1 2007 年 2 月，里根政府时期的美国证监会委员贝维斯·朗斯特雷斯（Bevis Longstreth）表示，美国证监会应当承担起审核美国上市公司的责任。美国证监会前首席会计师林恩·特纳（Lynn Turner）也表示，如果大型会计公司不能有效承担该行业的社会责任，政府就应当承担起审计上市公司的责任。

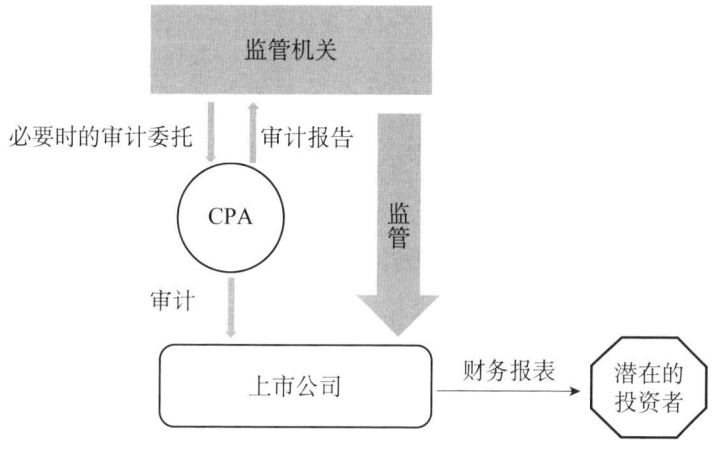

图 3-2　酌量性政府机关委托审计机制：汤普森的方案（1933 年）

但遗憾的是，美国国会最终采用的证券法不是汤普森的版本。其后果就是中介与公众公司勾结起来瓦解证券监管，会计规则日趋弹性化，审计则愈加流于形式。2007 年 2 月 14 日，曾在克林顿政府时期担任美国证监会首席会计师的林恩·特纳（Lynn Turner）说，100 多年前会计报表提供的信息都比现在披露给投资者的要多。普华会计公司在 100 年前提交给美国钢铁公司的审计报告比现在的审计报告更加详细。[1]

有英国学者提出，应当由美国证监会和英国金融服务管理局（UK Financial Services Authority）等监管机构直接任命审计师并为其提供酬劳。监管机构还可以拥有一支专门的审计师队伍，重点关注银行业金融机构、证券公司、保险公司等敏感行业。审计不应限于年报审计，而应实行连续审计。当然，一定会有人以官僚化、效率低下等意识形态惯性反对由监管机构实施委托审计，但其理由很牵强。[2] 政府本身承担着法律规定的监管职责，是监管的终极负责人，责无旁贷。

---

1 Corporate Crime Reporter 8, February 14, 2007, https://www.corporatecrimereporter.com/turner021407.htm.

2 P. Sikka, S. Filling and P. Liew, "The Audit Crunch: Reforming Auditing," *Managerial Auditing Journal,* 2009, 24(2): 135-155.

三、纽约州注册会计师协会会长卡特在参议院听证会上的表现及其评价

在《1933 年证券法》的出台过程中，美国会计师协会成立了一个专门委员会来应对立法动态。协会负责人研究了该法案的各版本草案，在其会员之间交换了信件，并举行了几次会议。该专门委员会谨慎地报告说，它已经"通过各种渠道……向在行政机关和国会中有影响力的人传达了某些建议"[1]。

据长期在美国会计师协会从事行政工作（曾先后担任秘书、执行董事和行政副总裁）的约翰·L. 凯利（John L. Carey）猜测，由于社会舆论曾将公共会计师行业视为导致"大萧条"的诱因之一，美国会计师协会或许是因为担心引火烧身，而没有出席百日"新政"期间参众两院组织的任何一场关于美国联邦第一部证券法的听证会。协会可能是听取了来自华盛顿的法律顾问J. 哈里·科温顿（J. Harry Covington）所提供的意见。毕竟，美国公共会计师行业在制定财务报告标准方面乏善可陈，其与证券交易所的通信和合作还在路上。如果美国会计师协会在听证会上露面，迎接它的恐怕只能是充满敌意的质询，那就可能导致更加不利的媒体报道，甚至可能导致法律规则更具惩罚性。[2]

但凯利的猜测也只是猜测。至于公共会计师行业的精神领袖、行业"牧师"乔治·梅为什么没有出现在参众两院的听证会上，或许另有他因，留待后文探讨。

1933 年 4 月 1 日，纽约州注册会计师协会会长、哈斯金斯－赛尔斯公司高级合伙人阿瑟·卡特在参议院银行和货币委员会的听证会上发言并参加了讨论，这是美国公共会计师行业在立法过程中发言的唯一代表。

---

1 John L. Carey, *The Rise of the Accounting Profession: From Technician to Professional 1896-1936*, Vol. 1 (New York: AICPA, 1969), pp. 183-184.

2 John L. Carey, "The Origins of Modern Financial Reporting," in Thomas A. Lee and Robert H. Parker, *The Evolution of Corporate Financial Reporting* (Middlesex: Thomas Nelson and Sons Ltd., 1979), pp. 241-264. Reprinted in 1984 by Garland Publishing, Inc.

（一）卡特在参议院听证会上的发言情况

卡特建议在证券法中建立独立会计师审计制度而不是政府审计，他认为，这样更有利于证券法的顺利实施。[1]

卡特在 1933 年还不是美国会计师协会的核心圈子成员。参议院听证会记录表明，他出席参议院听证会时的身份是纽约州注册会计师协会会长，没有提及他是美国会计师协会会员。实际上，他去作证之前并未会商美国会计师协会，虽然他也是美国会计师协会会员。前已述及，当时全美的会计师协会共有两个，除了美国会计师协会外，还有一个旗鼓相当的竞争对手，叫做美国注册公共会计师协会。易言之，当时美国的公共会计师根本就没有统一的行业协会。纽约州注册会计师协会成立于 1897 年，是美国各州中最早成立的注册会计师协会。[2] 1933 年，纽约州注册会计师协会会员约有 2 000 位，其中大多既没有加入美国会计师协会，也没有加入美国注册公共会计师协会。

卡特是西点军校毕业生，在加入公共会计师行业之前曾任陆军上校，因此人们常常尊称他为卡特上校。1930 年，卡特上校成为哈斯金斯－赛尔斯会计公司的管理合伙人，同年，该公司西海岸业务负责人约翰·F. 福布斯（John F. Forbes）辞职。1932 年，约翰·福布斯任美国会计师协会会长。

1933 年 3 月 31 日，在参议院银行和货币委员会的听证会上，由该委员会秘书宣读了卡特此前一天拍来的电报。卡特在电报中说，纽约州注册会计师协会有的会员也在其他州执业，因此，该协会就是美国会计师行业的代表。卡特称，应当继续要求申请上市的公司在招股说明书中附送经审计的财务报表，提供审计的会计师应当依照州法律注册。他认为，招股说明书仅仅提供

---

1 E. S. Hendriksen, M. F. van Breda, *Accounting Theory*, 5th Edition (New York: McGraw-Hill Higher Education, 1991), p. 68; 加里·约翰·普雷维茨、巴巴拉·达比斯·莫里诺：《美国会计史——会计的文化意义》，杜兴强等译，中国人民大学出版社，2006，第 297—298 页。

2 该协会的规模现在依然很大，2020 年初的会员有 24 000 多名。

一年的利润表，这么短的时间根本不足以评价证券的价值，作为对比，英国的公司法要求提供三年的利润表。就此，卡特建议美国联邦证券法也应要求提供三年的利润表。

参议院银行和货币委员会主席邓肯·弗莱彻介绍说，卡特当时就在华盛顿，其所领导的会计公司是世界上最大的会计公司之一。如果有必要，第二天就可以邀请卡特来参加听证会。于是，卡特就被邀请参加了第二天（4月1日）的听证会。

 专栏 3-12

阿瑟·H. 卡特

　　阿瑟·H. 卡特（Arthur H. Carter，1884—1965）被一些论著称作美国公共会计师行业的功臣。1933年他作为哈斯金斯－赛尔斯会计公司（德勤的前身之一）的管理合伙人兼纽约州注册会计师协会会长，出面参加参议院银行和货币委员会的立法听证会，建议由独立的注册会计师进行证券市场上的财务报表审计工作。

　　卡特1884年出生于堪萨斯州，1901年进入西点军校，1905年作为野战军少尉毕业，在美国和菲律宾担任军职直至1915年退伍。其间，1908年他在菲律宾服役时遇到了马乔里·赛尔斯（Marjorie Sells），她是哈斯金斯－赛尔斯会计公司的创始合伙人以利亚·赛尔斯的女儿。两人于1910年成婚。

　　第一次世界大战期间，卡特重返军职，在军械局和军校供职。1919年作为少校光荣退伍，旋即加入哈斯金斯－赛尔斯会计公司。1922年获得纽约州和康涅狄格州的注册会计师资格并成为哈斯金斯－赛尔斯会计公司的

合伙人。1927 年起任高级合伙人。1930 年任管理合伙人。1930—1933 年
兼任纽约州注册会计师协会会长,任期三年。他作为公共会计师行业的唯
一代表,参加了 1933 年 4 月 1 日参议院银行和货币委员会的立法听证会。
有参议员问他,如果让注册会计师审计公众公司,那么该由谁来审计注册
会计师呢?卡特的回答是:"我们的良心"(Our conscience)。他还曾担任
美国会计师协会的副会长。

从 1941 年起到第二次世界大战结束,他在罗斯福总统的行政班子
里担任主管会计师(executive accountant),负责审查和改进国防部的
审计组织及程序,特别是处理战争期间的成本加成合同(cost-plus-fixed-
fee contracts)。1943 年晋升少将军衔,担任国防部战事服务组的财政主
管(fiscal director of the Army Service Forces)。一战期间获杰出服务勋章
(Distinguished Service Medal),二战期间再次获得杰出服务勋章。1946 年
2 月,卡特将军重回哈斯金斯 – 赛尔斯会计公司供职,1947 年退休。1946
年获得美国会计师协会颁发的荣誉奖状。2004 年入选纽约州注册会计师协
会的名人堂。

资料来源:Thomas G. Higgins, "General Arthur H. Carter (1884-1965)," *New York Certified Public Accountant*, 1967, 37(5): 373-374;News report: Professional. Arthur H. Carter, *Journal of Accountancy*, 1965, 119(2): 20.

约翰·凯利在其 1969 年出版的著作《会计职业的兴起(第一卷)——
从技工到专家:1896—1936》[1] 中,引用了卡特在参议院听证会上的发言材

---

[1] John L. Carey, *The Rise of the Accounting Profession: From Technician to Professional 1896-1936*, Vol. 1 (New York: AICPA, 1969), pp. 185-190. 值得注意的是,该书作者约翰·凯利——如前所述,曾长期在美国注册会计师协会从事行政工作(先后担任秘书、执行董事和行政副总裁)——对英国公共会计师行业的发展历程的认识存在偏差。该书第 5 页提出,19 世纪中叶的英国法律创立了独立审计师(independent auditor)职业。而事实上,引入独立审计制度(即强制性公共会计师审计制度)的英国法律是《1947 年公司法》。该书所存在的偏见由此可见一斑。

料。凯利妙笔生花，把卡特塑造成了公共会计师行业游说国会的领袖人物，以至于流传的说法认为，正是因为卡特成功地游说了美国国会，证券法里才写入了注册会计师审计的内容。如今，会计学术界和实务界已经成功地将卡特的故事塑造成了神话。就连美国证监会这样的官方监管机构，以及公众公司会计监察委员会（PCAOB）这样的半官方机构，也往往利用"卡特神话"来为注册会计师审计制度提供合法性辩护。[1] 其实，很多说法真是天花乱坠迷人眼。要厘清是非得失，不妨梳理一下档案资料，基于事实来做判断。以下根据参议院听证会资料来还原当时的论证过程，以期读者获得些许启发。[2]

如前所述，汤普森的草案中设计了联邦贸易委员会的委托审计制度，但没有提及卡特想要推广的强制性注册会计师审计制度。卡特的游说活动正是针对这一动态展开的，他试图在联邦证券法草案中添加一个关于强制性注册会计师审计的条款。但多位参议员很不客气地驳回了卡特的提议。

 专栏 3-13

卡特在参议院作证

雷诺兹参议员：换句话说，你的建议旨在避免对那些诚实且盈利的可靠的公司造成伤害？

卡特：是的。我之所以提出（三年的）利润表的建议，是因为一家企业在今天或任意一天的价值，主要取决于其盈利能力。而仅仅根据一年的盈利，是难以评估一家企业的盈利能力的。

戈尔参议员：你的意思是应该进行测试。

1　Michael E. Doron, "The Colonel Carter Myth and the Securities Act: Using Accounting History to Establish Institutional Legitimacy," *Accounting History*, 2015, 20(1): 5-19.

2　Hearings before the Committee on Banking and Currency, United States Senate Seventy-Third Congress, First Session on S.875: A Bill to Provide for the Furnishing of Information and the Supervision of Traffic in Investment Securities in Inter-State Commerce, March 31 to April 8, 1933.

卡特：在第 8 页第 5 节第 4-A 小节结尾处，**我建议在"实际业务"之后添加以下内容：**

"与该资产负债表、利润和盈余公积表有关的账目，应由独立会计师审查。独立会计师应当在其报告中给出证明，阐明他对资产负债表日的资产、负债、准备金、资本和盈余，以及指定期间的利润表的正确性的意见。"

指定期间的利润表，是指三年的利润表。

巴克利参议员：那会给注册会计师行业增加多少就业机会？

卡特：今天在纽约证券交易所上市的公司中有 85% 接受了独立会计师的检查。

雷诺兹参议员：你认为这里应当插入独立的公共会计师有权对证券的价值或公司状况发表意见的规定吗？

卡特：我们无法对证券的价值发表意见。流行的观点认为，阅读资产负债表和利润表的人往往会将报表中的数字视为可信赖的确定无疑的事实。但实际上，**会计数据只不过是会计人员基于某些会计假设所形成的意见之一。**如果有人要利用会计数据来评估证券的价值，就必须借助他自己关于价值的意见。

雷诺兹参议员：你认为应该允许独立会计师表达他们的意见吗？

卡特：是的。

雷诺兹参议员：那些报表数据不是很容易看懂吗？

卡特：**这些数据的含义并不是不言自明的。会计数据是大是小，取决于会计师是如何进行账务处理的。**例如，你可能会对一项本应计入利润表用于冲减收入的开支，故意进行资本化处理。

巴克利参议员：你认为联邦贸易委员会的记录或这些报告应该受到会

计师据以对股票价值发表意见的簿记程序的约束吗？

卡特：我看不出联邦贸易委员会仅接受未经会计师独立审查和证明的报表，如何才能恰当地履行职责。

巴克利参议员：换句话说，在公司管理层将财务报表提交给联邦贸易委员会备案以后，**你想让一个独立的组织去复核它，然后向联邦贸易委员会报告这些财务报表是否正确？**

卡特：我是说，**那些财务报表本身就需要由独立会计师进行检查和审计。**

戈尔参议员：在（向联邦贸易委员会）备案之前吗？

卡特：在备案之前。

戈尔参议员：这是仿照英国的制度设计的吗？

卡特：是的。

雷诺兹参议员：同时提交一份意见。

卡特：他们所能提供的也就是一份意见。对于资产负债表，不管是谁，所能提供的就是这一份意见。

瓦格纳参议员：好吧，从根本上说，**这些事实难道不是应该被宣称为事实，而不仅仅是一种观点吗？**

卡特：根据草案的条款，它必须经过宣誓。我看不出有谁能够在宣誓后证明，资产负债表上数以百万美元计的资产的的确确是正确的。但是，他可以在彻底调查的基础上陈述他的意见。

巴克利参议员：换句话说，**在发行股票的公司的管理人员向联邦贸易委员会提交本法案所规定的报表之前，该公司必须召集外部的独立会计师，让他们进行复核并就企业管理层是否说了实话来发表意见。好吧，我现在就可以告诉你，我不赞成你的修改建议。**

卡特：这个法案后面有规定，联邦贸易委员会可以要求（发行人）提交这样的报表。我刚才想要说明的唯一一点是，我认为应该在申请备案之前对报表进行复核，而不是在申请备案之后。

亚当斯参议员：**我读这份法案的时候发现，法律** [引者注：指汤普森草案] **并没有要求对财务报表进行复核。**

卡特：不是的。

亚当斯参议员：也就是说，法律 [引者注：指汤普森草案] 仅仅要求发行人将财务报表备案。

卡特：是这样的。

亚当斯参议员：那么，实际上发行申请人将其财务报表备案后，就已经拥有跨州经营和销售证券的权利了。而在申请环节，法案并没有要求复核其财务报表。

卡特：申请环节确实没有复核的要求。但是**法案里有一条规定授权联邦贸易委员会在认为必要时可以要求进行此类调查并根据此类调查提交报告。**我刚才的意思是在一开始就将其植入申请程序之中。

巴克利参议员：你难道不认为，**如果需要对财务报表进行任何检查或担保的话，由政府机构来实施比由私营的会计师协会来实施，更有利于保护那些拟购买这些证券的公众投资者的权益**？

卡特：我认为政府机构很难有效地做到这一点。

雷诺兹参议员：为什么呢？

卡特：因为涉及大量的人手和大量的时间投入。

雷诺兹参议员：嗯，与私人相比，政府官员进行检查和审计所花费的时间不会更多，对吧？

卡特：我认为，相比一般的政府机构，公共会计师更胜任这个任务。

戈尔参议员：你认为有多少位公共会计师能够提供这项服务？

卡特：依照各州不同的法律规定，能够提供这项服务的注册会计师，全美国大约有 15 000 位。

巴克利参议员：你的协会中有多少位注册会计师？

卡特：2 000 位。

巴克利参议员：你的协会有 2 000 名成员，与昨天在这里发言的主计长协会的 2 000 名成员之间有什么关系吗？

卡特：没有关系。我们负责审计主计长。

巴克利参议员：你们审计主计长？

卡特：是的，公共会计师审核主计长的账目。

巴克利参议员：谁审计你们呢？

卡特：我们的良心。

巴克利参议员：我想知道，在实际操作中，**主计长与审计师难道是完全不一样的吗？他难道就不懂审计的东西吗？**

卡特：但他是被公司雇用的呀。他必须服从公司高层领导的指挥。

巴克利参议员：**我明白（主计长是被雇用的）。但他总还是懂点儿审计的东西吧。**

卡特：是的。

巴克利参议员：他毕竟还是会记账的吧？

卡特：但他不是独立的。

雷诺兹参议员：我来问你这个问题，上校。这些公司将通过他们的特别审计师来得出这些数字。好吧，现在，你愿意让你们协会的会员去核查他们的数字吗？

卡特：我们每年都会帮企业这么做。

雷诺兹参议员：好吧。然后再把这些报表交给联邦贸易委员会，是不是?

卡特:是的。

雷诺兹参议员:他们必须核查自己的账目和你的账目吗?

卡特:我不这么认为。我认为他们不必这么做。

雷诺兹参议员:你们协会的会员凭什么要求法律授权你们去检查这些账目呢?

卡特:因为人们普遍认为,对企业进行独立审计是一件好事。

雷诺兹参议员:好吧。经过审计的报表交给联邦贸易委员会以后,联邦贸易委员会就得去核实(上市公司和会计公司)究竟谁是对的;他们就必须仔细检查、重新审计。这其实就是巴克利参议员所指出的,就是政府审计。如果允许(私立的)审计组织参与审计各式各样的公司并从中牟利的话,那岂不是给政府造成了更多的困难,耗费了更多的开支和时间吗?

卡特:我不这么认为。我认为,如果一家公司希望发行一些证券,而且已经雇用了独立公共会计师 20 年,那么这些会计师在进行此项检查时应该会比政府更经济、更快捷。

雷诺兹参议员:他们做起来会比政府部门更经济吗?

卡特:我想是的。

戈尔参议员:这是毫无疑问的。

雷诺兹参议员:为什么?

卡特:因为我们知道账目的情况;我们知道业务的细节;我们知道公司会计结构的缺陷。你有各种各样的业务要处理。

雷诺兹参议员:假设我们在最后通过的法案里,决定从你们协会雇用五六百名独立会计师,那就没问题了,是吗?

卡特:我认为政府不可能雇用五六百名独立会计师。

雷诺兹参议员：为什么不可能呢？

卡特：我不认为从事公共会计工作的人会离开现在的工作岗位去政府部门工作。

雷诺兹参议员：如果有足够高的报酬，他们会吗？

卡特：是的；如果政府让他们的时间更有价值。

雷诺兹参议员：本法案这里正要就注册的费用问题作出规定。

卡特：那么，你就要在华盛顿多盖些大楼去安置他们，如果你真要雇用公共会计师的话。

雷诺兹参议员：那我们最好不要通过这项法案。

亚当斯参议员：这将给相对较小的公司带来多大的负担？你刚才说的那些接受独立审计的公司是上市公司。**现在，会有成千上万的小公司依照本法案通过首次公开发行证券融资，这会给它们带来多大的负担和成本？**

卡特：对投资者及中小企业而言，负担很少。

戈尔参议员：花费范围是多少？

卡特：根据我的经验，一般公司的审计费用约为 500 美元、600 美元或 700 美元，这是把大公司和小公司通盘考虑在内的花费范围。

戈尔参议员：他们多久请一次注册会计师？

卡特：每年都会聘请。我们国家最大的企业过去 15 年一直都是这么做的。

戈尔参议员：都做独立审计了吗？

卡特：是的。

戈尔参议员：但是，这些审计报告还没有经过任何政府当局检查并且没有任何保障措施吧？

卡特：审计报告公布在企业年度报告里，分发给全体股东，刊登在报纸上，分发给任何需要的人。

戈尔参议员：然而并没有发挥什么好作用吧！

卡特：不，先生；我想它们发挥了好的作用。

戈尔参议员：虽然发挥了好的作用，我们在这里还是遭遇了所有这些灾难。

卡特：这个国家仍然有一些非常健全的公司和产业。

主席：大多数申请注册的发行人早已经过独立审计了。没有必要把这种做法写入法律。那是他们的行规；也就是说，他们已经这样做了。

卡特：在过去的五年中，尤其是在过去的三年中，这一趋势已经很明确了。我认为这个趋势是值得鼓励的。

戈尔参议员：你能估计一下已经这么做的公司的数量吗？

卡特：在纽约证券交易所上市的所有公司中，有85%进行了独立审计。

戈尔参议员：也就是说，不会发生新的开支了？

卡特：这85%的公司不会增加开支。

主席：本法案涵盖所有公司，上市的和非上市的。

卡特：那些是需要经过独立审计的公司。

雷诺兹参议员：哪些？

卡特：那些非上市公司。

雷诺兹参议员：好吧。未上市的那些公司是小家伙，不是吗？

卡特：是的，先生。

雷诺兹参议员：它们付得起每天75美元让你来审核它们的账簿吗？

卡特：它们付得没那么多。

雷诺兹参议员：那谁付给你钱呢？

卡特：每天付款不到75美元。

雷诺兹参议员：那你们每天收费多少呢？

卡特：这么说吧，它们每天平均只需要付 25 美元。

基恩参议员：对多大的公司每天收费 25 美元？

卡特：这是一个平均值。

基恩参议员：马威克－米切尔公司的收费不止这个价。

卡特：嗯，我给你的是平均值。

基恩参议员：华特豪斯收费更高。对什么样的公司每天才收费 25 美元呢？

卡特：我说的是总体上的平均值。收费标准从合伙人每天 100 美元，到初级员工每天 15 美元到 20 美元不等。根据员工的等级不同，平均的收费标准为 35 美元、30 美元、25 美元、20 美元和 15 美元。

基恩参议员：做审计需要多少人手呢？

卡特：只需要派一位合伙人就行了。

基恩参议员：只派一位合伙人？

卡特：是的，先生。

基恩参议员：那就是每天 100 美元。

卡特：是的，按照他所投入的时间比例来计算，他值这个价。

雷诺兹参议员：审核一家小公司平均需要多少天？

卡特：这取决于公司的具体情况。

雷诺兹参议员：当然，我知道，但上校，大概告诉我一个数吧。

卡特：以一家小型汽车销售公司为例，它的审计大概需要两天半。

雷诺兹参议员：那就是 250 美元？

卡特：是的；合伙人去做业务的话就是那么多；**细节工作往往由下属完成。**

戈尔参议员：你不认为我们必须先为不同行业制定某种记账准则，然后才能进行比较吗？

卡特：我认为制定一个记账准则是非常困难的。你可以依靠会计原理来做比较。

戈尔参议员：州际商务委员会就针对铁路行业制定了记账准则。

卡特：州际商务委员会有一个标准的账目分类，但是他们不审计铁路公司的账目。

戈尔参议员：你不认为这种记账准则的做法可以类推应用于汽车行业吗？你刚才提到的那个。

卡特：噢，对；可以推广到汽车行业。

戈尔参议员：我的意思是如果制定了记账准则，你就可以做企业间的比较，如果没有记账准则，联邦贸易委员会就没有办法规范企业的做法，是吧！

卡特：还是以汽车行业为例。你可以看到不同的公司的记账存在极大的相似性。

戈尔参议员：我知道，但除非有实质性的相似之处，否则我看不出有什么可比性。以纺织公司为例：我想它们现在可能遵循了共同的标准，但如果没有，你觉得有必要吗？

卡特：我想你可以每个行业为例并且——

戈尔参议员：（插话）我指的是每个行业，一家棉花公司或者一家汽车公司。

卡特：然后制定一套制度，该行业的所有企业都根据该行业特有的制度来设置账目。

戈尔参议员：这就是我的意思，制定某种准则或一组原则，以便每个

> 行业和每个行业中的各个企业之间可以相互比较。
>
> **卡特**：没错。
>
> **戈尔参议员**：在英格兰，这是强制性的吗？要求企业账目必须经过独立会计师检查吗？
>
> **卡特**：**英格兰的所有公司都应当经过独立会计师审计** [引者注：此证词与事实不符，详见下文]，**该独立会计师还要在股东大会上回答股东提出的问题**。
>
> 资料来源："Statement of Col. A. H. Carter," in J. S. Ellenberger and Ellen P. Mahar, *Legislative History of the Securities Act of 1933 and Securities Exchange Act of 1934*, Volume 2, Item 21 (Littleton：Fred. B. Rothman & Co., 2001).

值得一提的是，巴克利参议员后来在杜鲁门总统任期内出任美国副总统。

（二）对卡特证词的简要评价

尽管有诸多会计审计论著执着于将卡特塑造成神话般的人物，但从参议院的上述史料来看，很多传说查无实据，卡特的言论存在不少难以掩饰的错误。

1. 关于公共会计师的独立性

卡特的证词明显是自相矛盾的。他居然认为，由于公司的会计主管是被公司高层雇用的，该会计主管必须服从公司高层领导的指挥，因此，公司的会计主管就不是独立的。他以为（甚至现在的主流审计学说仍然认为），公共会计师就是独立的。但他不可能不知道，公共会计师本身也是公司高层雇用的，同样必须服从公司高层领导的指挥。[1]因此，独立审计所强调的"独立"，正是此地无银三百两。恰如来自俄克拉何马州的参议员托马斯·P. 戈尔

---

1 公司会计主管（corporate accountant）与公共会计师（public accountant）都是企业管理层雇用的，两者之间的区别是，公司会计主管是公司内部职工，通常被公司长期雇用。而公共会计师则是无固定雇主的专业人士，收谁的钱财就为谁提供短期服务。

（Thomas P. Gore）针对卡特的证词所指出的，公共会计师审计没有发挥什么好作用。

2. 关于独立审计的逻辑

卡特在理屈词穷之际抛出的"良心"说，把严肃的立法论证搞成了唯心论。这个并不光彩的小插曲却被一些论著塑造成了神话。其中因由值得斟酌。

3. 关于英国公司的真实情况

卡特的证词中错误地宣称英格兰的所有公司都应当经过独立会计师的审计。事实上，从《1844 年股份公司法》到《1929 年公司法》，英国公司法一直没有制定关于必须聘请独立会计师从事财务报表审计的强制性规定。在英国，类似于公司必须聘请独立会计师的规定十几年后才出现在《1947 年公司法》中。卡特在参议院听证会上的发言不符合实际情况。

证券交易所、证券公司、注册会计师行业、上市公司高级管理层等形形色色的证券市场参与者试图让政府远离他们的生活，它们试图把证券交易所、信用评级机构等自己圈子里的机构塑造成为"私有权威"（private authority）。但证券交易所的合合分分让人们看到，证券交易所也只不过是在做生意，做一门比较大的生意。信用评级机构在次贷危机期间的表现，是政治和生意的混合物。21 世纪初欧美各大商业银行群体上演的 Libor（伦敦同业拆借利率）操纵案表明，商业银行业的情况也好不了多少。无论在美国还是在全球，金融监管的情况都没有太令人信服的样板。金融机构把自己打造成了法外之地，这是金融监管陷入困局的根源。早在 1919 年，美国国会试图对证券市场实施监管，但投资银行业群起而攻之，该法案最终搁浅。后来的多次立法动议也都无疾而终。监管与反监管的斗争远远比影视剧的剧情更精彩。制定监管方案、进行立法论证时如果过度依赖金融中介，则无异于与虎谋皮。卡特的立场正是上述逻辑的体现。

那么，是卡特的"进谏"催生了强制性注册会计师审计制度吗？恐怕不能这么说。事实上，卡特一番操作的结果可能适得其反：参议院审议汤普森草案的时候，不仅没有添加卡特所建议的强制性注册会计师审计条款，还删除了原有的赋予联邦贸易委员会的委托审计条款。[1]

四、海利在听证会上的主张

在 1933 年 4 月 6 日的参议院听证会上，汤普森邀请联邦贸易委员会首席（法律）顾问罗伯特·E. 海利（Robert E. Healy）一同出席作证。

海利此前在律师行业工作十余年，自 1928 年起在联邦贸易委员会作为法律顾问，负责对公用事业等公司的调查。他目睹了"大萧条"前后企业管理、经济监管和法律管制等领域的种种乱象，对会计操纵持批判态度。海利一直力挺汤普森的草案，在作证时当然也不例外。

 专栏 3-14

罗伯特·E. 海利

罗伯特·E. 海利（Robert E. Healy，1883—1946），1901 年从本宁顿高中毕业，1904 年考取佛蒙特州律师资格，从事律师行业。1914—1915 年短暂担任佛蒙特州最高法院大法官。之后，重返律师行业。1928—1934 年连续六年担任联邦贸易委员会首席顾问，因主持国会授权的对公用事业控股公司等公众公司的调查、提醒人们注意股价操纵行为等事迹而获得广泛认可。1934—1946 年任美国证监会委员，在任内去世。

---

1 Sean M. O'Connor, "Be Careful What You Wish for: How Accountants and Congress Created the Problem of Auditor Independence," *Boston College Law Review*, 2004, 45: 741- 827; J. S. Ellenberger and Ellen P. Mahar, *Legislative History of the Securities Act of 1933 and Securities Exchange Act of 1934*, Volume 3, Item 29 (Littleton: Fred. B. Rothman & Co., 2001).

海利是历史成本会计的坚定支持者，他在听证会上阐述的很多观点也贯彻到了他担任美国证监会委员的整个任期。扼要介绍如下。

 专栏 3-15

海利在参议院听证会上提出的会计理念

□我现在不是会计师，也不想假装是会计师，但我真的认为，**会计的目的是对已经发生的事情做历史记录**（I do believe the purpose of accounting is to make a historical record of what has happened）。

□**美国如果能够建成一套所有企业都遵循的会计制度的话，那将是非常出色的成就**。但很遗憾，这个议题从来没有被提起过。

□我认为**证券法现在就应该直接作出会计方面的规定**，不要留给联邦贸易委员会的委员们去做决定，他们未必能够意识到其意义。

□这么多年我一直跟利润表打交道。有很多企业（我认为约有 75% 的企业）把资产的增值额记到账上去了，有的计入收入，有的计入公积金，有的则用于调节累计折旧。现在我要告诉你，**这些记录什么都不是**，不是收入，不是公积金，也不是真的折旧。

□**控股公司并不是经营性的公司。控股公司需要不停地从下面的公司要钱来维持它的运转，它浪费了巨额的社会财富**，这些财富原本可以用于生产性的企业，从而造福人类。**法律就不应当允许控股公司这种架构存在。交叉持股的金字塔架构是处心积虑构造出来的**，我记得最早的案例于 1889 年发生在新泽西。母公司拥有子公司，子公司又拥有其他子公司，**就像一个巨大的迷宫**，连它的创始人都未必能够走出这个迷宫。

□我不想说州一级的证券法没有一部是好的，也不想说它们都没得到执行。但我的确想要说，**尽管有了这些州一级的证券法，市场上还是有那么多毫无价值的证券**。

□会计方面的问题在于，很多账簿没有按照成本记账。我的立场是，会计只能记录成本，账簿不是用来记录市价波动的，对于证券发行来说，尤其要强调这一点。

□我建议在证券法中作出规定，证券发行人应当列报其资产的成本及其支付方式。

资料来源："Statement of Hon. Robert E. Healy," in J. S. Ellenberger and Ellen P. Mahar, *Legislative History of the Securities Act of 1933 and Securities Exchange Act of 1934*, Volume 2, Item 21 (Littleton: Fred. B. Rothman & Co., 2001).

1934 年，海利被罗斯福总统任命为美国证监会首届五位委员之一。在多位法律专家出任证监会委员的背景下，美国证监会得以在罗斯福时代长期坚守历史成本会计的底线。

五、法兰克福特接手修改证券法草案

前已述及，众议院州际和外国商务委员会针对法律草案 H.R.4314 的听证会是在 1933 年 3 月 31 日至 4 月 5 日举行的。众议院州际和外国商务委员会认为汤普森主笔的草案没有达到联邦法律应有的水准（主要是与罗斯福 3 月 29 日手信所提出的信息披露理念和政府不为证券质量背书的理念相悖），不堪大用，遂决定终止审议该草案。这时，参议院银行和货币委员会针对法律草案 S.875 召开的听证会仍在进行中，直到 4 月 8 日。

众议院州际和外国商务委员会主席雷本找到莫利，要求莫利另行推荐更懂行的起草人员。鉴于昂特迈耶当时另有公干，莫利推荐的是罗斯福家族的故交、布兰代斯的信徒、哈佛大学法学院教授、行政法专家费利克斯·法兰克福特。

（一）法兰克福特版本的证券法框架在一个周末里设计成型

4 月 6 日（星期四），法兰克福特通知他昔日的学生、如今的哈佛大学法学院同事、哈佛大学法学院第一位立法学专业教授兰迪斯，准备动身去华盛顿起草美国联邦证券法。而兰迪斯下个星期一（4 月 10 日）有校内的课程要讲。法兰克福特告诉他，这项工作可以在周末完成，不会耽误校内的课。当天晚上，他们师徒二人就乘坐火车赶往华盛顿。

 专栏 3-16

费利克斯·法兰克福特

费利克斯·法兰克福特（Felix Frankfurter，1882—1965），曾任美国联邦最高法院大法官、哈佛大学法学院教授，司法克制主义（Judicial Restraint）的代表人物。

法兰克福特是奥地利裔犹太人，1894 年（12 岁）举家迁往美国纽约曼哈顿。1902 年本科毕业于纽约城市学院，1906 年硕士毕业于哈佛大学法学院。之后，由于犹太人难以在私人律师事务所找到合适的发展机会，法兰克福特遂跟随哈佛大学法学院校友亨利·L. 斯廷森（Henry L. Stimson）并做其助手，后者后来被西奥多·罗斯福总统任命为纽约南区检察官（1906—1909）、被塔夫脱总统任命为战争部长（1911—1913）。

法兰克福特 1914 年回到哈佛大学法学院任教授，1924 年任行政法教授。法兰克福特长期受美国联邦最高法院布兰代斯等大法官委托，为其挑选法律文员。法兰克福特曾在青年时代追随布兰代斯，一起组织犹太复国主义运动。他还曾作为威尔逊总统的法律顾问以及布兰代斯大法官所委派的犹太复国主义运动代表团的代表，参加 1919 年的巴黎和会。布兰代斯比法兰克福特年长 26 岁，他对法兰克福特寄予厚望并倾力扶持。1916 年（布兰代斯就职美国联邦最高法院大法官的年份）至 1939 年（法兰克福特就职美国联邦最高法院大法官的年份），布兰代斯每年都提供资金给法兰克福特，用于立法研究和社会政治活动。

20 世纪 30 年代，法兰克福特是罗斯福州长（后来担任总统）的亲密顾问。他为罗斯福总统推荐了大批哈佛大学法学院师生去充实政府的立法和行政机构。

1939 年，罗斯福总统任命法兰克福特接替卡多佐大法官，担任美国联邦最高法院大法官，并继续担任哈佛大学法学院教授。在联邦最高法院工作的 23 年里，法兰克福特为哈佛大学法学院培养了数以百计的优秀毕业生。1962 年，法兰克福特因严重的中风而辞职。1963 年，法兰克福特被肯尼迪总统授予总统自由勋章。

4 月 7 日（星期五），法兰克福特，兰迪斯和法兰克福特另外召唤的、他教过的两位哈佛大学法学院校友——执业律师本杰明·V. 科恩（Benjamin V. Cohen，1894—1983）和刚从证券法实务界加入政府机关的律师托马斯·G. 科科伦（Thomas G. Corcoran，1900—1981），在华盛顿会师。[1] 法兰克福特带着兰迪斯和科恩与莫利会晤，从此开启了这四位哈佛法律人的高光时刻：兰迪斯 1935 年成为美国证监会主席；法兰克福特 1939 年成为美国联邦最高法院大法官；科恩、科科伦从此踏入政界，从事执行"新政"政策的立法和行政工作。[2]

雷本和莫利邀请富有工商业和银行业实践经验的 W. 埃夫里尔·哈里曼（W. Averell Harriman，1891—1986）协助法兰克福特的起草小组，以确保起草小组按照雷本的意见开展工作。哈里曼与法兰克福特经过友好协商，决定

---

1 这三位哈佛大学法学院校友，被媒体亲切地称作法兰克福特的快乐热狗（happy hotdogs）。
2 科科伦和科恩均为犹太人，他们在立法过程中珠联璧合，被誉为"金尘双胞胎"（Gold Dust Twins）。《时代》杂志 1938 年 9 月 12 日的封面就是他们二人的合照。金尘双胞胎是指颇受欢迎的 Gold Dust 牌洗涤剂所推出的两个男孩的形象。

以英国公司法为蓝本来设计美国联邦证券法。哈里曼还带了两位纽约的律师作为他的助手。

兰迪斯是法兰克福特在哈佛大学法学院指导的得意门生，在导师的提携下成为哈佛大学法学院最年轻的教授、第一位立法学专业教授，曾与法兰克福特合著有《最高法院的业务：对联邦司法制度的研究》[1]以及大批论文。但二人此前合作的论著从未涉及证券法这一领域。兰迪斯精通行政法、公用事业法，在研究和教学中对各州的蓝天法（即证券法）进行了详细的调查。

 专栏 3-17 ————————————

詹姆斯·M. 兰迪斯

詹姆斯·M. 兰迪斯（James M. Landis，1899—1964），曾任哈佛大学教授、美国证监会主席，罗斯福、杜鲁门、肯尼迪三位总统的顾问。

兰迪斯 1899 年 9 月 25 日出生于东京的一个美国长老会传教士家庭。1921 年在普林斯顿大学获文学学士学位。1924 年和 1925 年在哈佛大学法学院分别获法学学士学位和法学硕士学位，师从法兰克福特。1925 年硕士毕业后，经法兰克福特介绍，给美国联邦最高法院大法官布兰代斯做过一年的助手。1926 年回到哈佛大学任法学助理教授。1929 年成为哈佛大学立法学专业教授。1933—1934 年任联邦贸易委员会委员，1934—1937 年任美国证监会委员（其中，1935—1937 年担任美国证监会第二任主席），1938—1946 年任哈佛大学法学院院长。1942 年，被罗斯福总统任命为民防办公室主任。1946 年，被杜鲁门总统任命为民航委员会主席，但干得很艰苦，一年后辞去了

---

1 Felix Frankfurter, James M. Landis, *The Business of the Supreme Court: A Study in the Federal Judicial System* (New York: The Macmillan Company, 1927).

这一职务。由于此前辞去了终身教职，这位哈佛大学法学院前院长顿时陷入失业状态。

1949 年，兰迪斯通过了纽约州的律师考试，随后在纽约和华盛顿各开办了一家律师事务所。他还是纽约商品交易所（New York Mercantile Exchange）和国家证券交易所（National Stock Exchange）的总法律顾问。

1960 年下半年，兰迪斯应当选总统肯尼迪之邀，负责起草联邦监管机构改革方案。12 月，兰迪斯关于对监管机构进行重大重组的报告被美国国会采纳。

1963 年，兰迪斯因未提交 1956—1960 年的个人所得税纳税申报表，被纽约南区联邦法院判处监禁 30 天。据称，兰迪斯在那五年里的总收入为 357 927 美元，相应的应交税金总额为 92 492 美元（其中约有 25% 为罚金和利息）。兰迪斯在认罪前补缴了全部税金和罚金。7 月 10 日，纽约州最高法院上诉庭判决暂停兰迪斯在该州的律师资格，为期一年，该判决书还称，兰迪斯没有欺骗或欺诈的意图。

1964 年，兰迪斯被发现溺亡于家中的游泳池内，时年 64 岁。

法兰克福特叮嘱三位助手，要比照英国《1929 年公司法》去起草美国联邦证券法。科恩对该法非常熟悉。他和科科伦双双在 1929 年的股灾中损失惨重，这对他们起草证券法草案会有所帮助。兰迪斯收入不高，没有参与股票投资，1929 年的股灾对他倒是没什么影响。[1]

兰迪斯、科恩和科科伦删除了汤普森草案中关于授权联邦贸易委员会对证券发行进行实质性审查从而提供政府背书的规定。

---

1 兰迪斯年近 50 才意识到考取律师资格的重要意义，不得不说是一大憾事。

到了星期六（4 月 8 日）晚上，美国联邦证券法草案就基本成型了。这三位法律专家匆匆起草的那些内容构成了《1933 年证券法》的核心。

 专栏 3-18

这个游戏是由三位旷世奇才在一个周末设计出来的

在就职典礼后的几周内，罗斯福便着手改革。曾担任联邦贸易委员会委员的汤普森被赋予起草证券法的使命。1933 年 3 月，他将法案提交给了国会，之后传来的消息说总统希望推进这一立法。但是显然汤普森提出的法案与总统的愿望并不一致。总统同意布兰代斯关于"阳光是最好的消毒剂，灯光是最好的警察"这一说法，并且，他想利用有关披露的规定来进行管制。虽然这一观点在 1932 年竞选纲领中得到了体现，但汤普森的草案却走向了另一面，它提出了以后著名的"价值监管"（merit regulation）的要求。价值监管这一主题更多地体现在各州的证券法中，它授予政府机构权力，用以评价证券发行的价值，以及防止无价值证券的发行。

1933 年 4 月初，由法兰克福特召集的新的起草小组成立了。起草小组于一个星期五开始了工作。由于政治上的原因，他们没有抛弃汤普森的草案，而是将它作为修订的基础，同时大量地借鉴了英国的《1929 年公司法》。到星期六的晚些时候，他们完成了一份草稿，该草稿在 50 年后仍是证券法的主体部分。现在我们知道，使用证券法的时候，其实是在玩一个复杂的智力游戏，而这个游戏是由三位旷世奇才在一个周末设计出来的。

资料来源：James M. Landis, "Legislative History of the Securities Act of 1933," *The George Washington Law Review*, 1959, 28(1): 29-49；[美]莱瑞·D. 索德奎斯特：《美国证券法解读》，胡轩之、张云辉译，法律出版社，2005，第 1—3 页。

（二）证券法草案在附录中推出了强制性注册会计师审计制度

星期一（4月10日），法律草案被交给雷本。法兰克福特携兰迪斯和科恩参加了雷本组织的众议院听证会。会议召开前，兰迪斯、科恩二人与汤普森共进早餐，二人向汤普森解释说，新草案只是对他的版本进行了修改完善（"perfecting" amendments）。[1] 会议进行了一整天。之后，该草案又经历了反复修改。雷本要求兰迪斯、科恩与众议院首席立法起草人米德尔顿·比曼（Middleton Beaman）及其助手艾伦·珀利（Allan Perley，后来接替比曼成为众议院首席立法起草人）一道，对草案进行完善。

在历时十天（4月11—20日）的修改完善过程中，兰迪斯与科恩发生了激烈的争执。兰迪斯反对科恩关于直接在法律中规定详细的信息披露清单的主张，他认为，法律不应规定信息披露清单，而应授权给联邦贸易委员会，由其另行规定信息披露清单，这样有助于联邦贸易委员会逐步积累制定监管条例的经验。但科恩认为，兰迪斯的意见会导致较高的无效监管的风险。

就在二人争论得不可开交之时，比曼加入了兰迪斯的阵营，因为比曼急切地希望从法案中删除所有不必要的东西。

沮丧的科恩给法兰克福特打电话抱怨几乎"不可能"再跟兰迪斯合作，他甚至想要退出。

法兰克福特及时以强有力的手段出面调停。4月14日，法兰克福特打电话给罗斯福说，如果不在证券法中给出详细的信息披露清单，则会导致反对者质疑授权监管机关立法的合宪性，甚至导致法律的执行因监管机关解释权过大而陷入困顿。罗斯福被说服了。17日，法兰克福特致信罗斯福，感谢其亲自"在至关重要的时刻"干预雷本的证券法起草工作，"这具有决定性的意

---

1 William Lasser, *Benjamin V. Cohen: Architect of the New Deal* (New Haven: Yale University Press, 2002), p. 77.

义"。[1]在此期间，法兰克福特打电话安慰科恩，还给莫利写信请求其做科恩和兰迪斯的调和工作。

4 月 21 日，兰迪斯和科恩完成并提交草案修改稿。在科恩的坚持下所形成的详细的信息披露清单得以保留在附录 A 中。正是这份清单确立了强制性注册会计师审计制度。

六、法兰克福特的草案取代了汤普森的草案

（一）众议院的审议情况：法兰克福特的草案

5 月 3 日，雷本将法兰克福特的起草班子提交的美国联邦证券法草案引入众议院州际和外国商务委员会。该法案全称为《要求州际、跨国境销售以及采用邮件形式销售的证券提供完整和公允的披露并防范欺诈的法律》[2]，暂定简称为《联邦证券法》（Federal Securities Act，法案编号 H.R.5480）。

5 月 4 日，雷本将该法案提交给众议院全体委员会（Committee of the Whole）审议。

次日（5 月 5 日）下午大约 5 点，经过五个小时的辩论，众议院全体委员会一致通过了这部法案，几乎没有对法案本身的条款展开讨论，仅对法案做了少许文字修改。即使是雷本也对超乎寻常的顺利进展感到有些吃惊。在最后的辩论中，他愉快地对坐在旁边的科恩说，"这部法律如此轻易就获得通过，真不知道究竟是因为它真的太好了，还是因为它实在令人费解"[3]。

---

1 Joel Seligman, *The Transformation of Wall Street: A History of the Securities and Exchange Commission and Modern Corporate Finance*, 3rd Edition (New York: Aspen Publishers, 2003), pp. 64-65.

1 该法案标题原文为："A BILL To provide full and fair disclosure of the character of securities sold in interstate and foreign commerce and through the mails, and to prevent frauds in the sale thereof, and for other purposes."

3 同 1，66-67.

（二）参议院的审议情况：汤普森的草案

参议院审议的一直是汤普森版本的证券法草案，因为此前参议院忙着起草《格拉斯 - 斯蒂格尔法案》以及调查摩根财团。在 3 月 31 日至 4 月 8 日参议院银行和货币委员会针对法案 S.875（汤普森的草案）召开的听证会期间，汤普森一直持积极的合作态度，愿意按参议院的要求进行任何修改，如删除有争议的撤销证券发行申请的条款、取消授权联邦政府机关执行州证券法的规定等。

4 月 27 日，参议院审读通过了汤普森版本的法案（即 S.875），改动不大。

（三）移花接木：会议委员会的审议情况

这时，如何体面地把参议院审议过的汤普森版本撤下来，就变成了棘手的难题。莫利只得求助参议院多数党领袖约瑟夫·鲁滨逊。经罗斯福同意，莫利将法兰克福特对参议院草案的批评意见转给了鲁滨逊，让他明白罗斯福更倾向于法兰克福特的草案。[1]鲁滨逊和参议员詹姆斯·F.伯恩斯（James F. Byrnes）决定继续审读汤普森版本，但在会议进程中逐步以法兰克福特的版本取而代之。这真是一个高超的手法。

5 月 8 日，参议院对 S.875 进行修改，以法兰克福特版本的法案取代汤普森版本的法案。同时建议召开参众两院联合的会议委员会（Conference Committee）会议以解决分歧，并提出了与会者名单。9 日，众议院不同意参议院的修改意见，但同意召开联合会议，并列出了与会者名单。12 日，参议院更新了与会者名单。

15 日，决定性的会议委员会会议开始。作为众议院法律专家的兰迪斯、科恩和比曼，以及作为参议员顾问的巴特勒、米勒（他俩参与撰写了汤普森的草案）也参加了会议。参众两院为了确保快速通过这部证券法，彼此都同

---

1 Joel Seligman, *The Transformation of Wall Street: A History of the Securities and Exchange Commission and Modern Corporate Finance*, 3rd Edition (New York: Aspen Publishers, 2003), pp. 67-68.

意作出让步，以使这部法律不那么严厉。参议院放弃了过于严格的民事责任条款。众议院答应将等待期从 30 天缩减为 20 天，同时删除关于授权联邦政府机关执行州证券法的规定。[1]

20 日，雷本从联合会议发回了联合会议报告（Conference Report）。22 日，联合会议报告被递交给参众两院。众议院当日就通过了联合会议报告。23 日，参议院也通过了这份报告。

5 月 27 日，罗斯福签署《1933 年证券法》（Securities Act of 1933，又称 Truth-in-Securities Act of 1933），美国联邦第一部证券法就此问世（见图 3-3）。

《1933 年证券法》由 26 节（sections）正文和两个附录（附录 A 和附录 B）组成。篇幅相当精干。

该法的立法宗旨是"要求跨州销售或者境外销售的证券发行人，对证券的特征进行完整和公允的披露，避免证券销售中的欺诈等现象"。该法完整地贯彻了布兰代斯关于证券信息公开披露的理念，确立了美国联邦证券法的"基于信息披露的监管"（disclosure-based regulation）理念，这一立场与当时的州公司法所流行的"价值监管"（merit regulation；merit-based regulation）存在明显的区别。价值监管的含义是，证券监管机构需要判断证券发行人的证券是否具有发行的价值，是否风险过大，相应地，监管机构有权拒绝不具有投资价值或者风险过大的证券的注册申请。布兰代斯本人不赞成将权力过分地向政府部门集中，他的证券监管思想正如《别人的钱》一书所述，是采用公开披露的办法，即证券监管机构不对拟发行的证券进行价值判断，而是要求证券发行人基于事实披露所有重要的信息，并不得披露误导性的信息。法兰克福特带着三位哈佛大学法学院门生，不折不扣地贯彻了布兰代斯的思想（见图 3-4）。

---

1 Joel Seligman, *The Transformation of Wall Street: A History of the Securities and Exchange Commission and Modern Corporate Finance*, 3rd Edition (New York: Aspen Publishers, 2003), pp. 69-70.

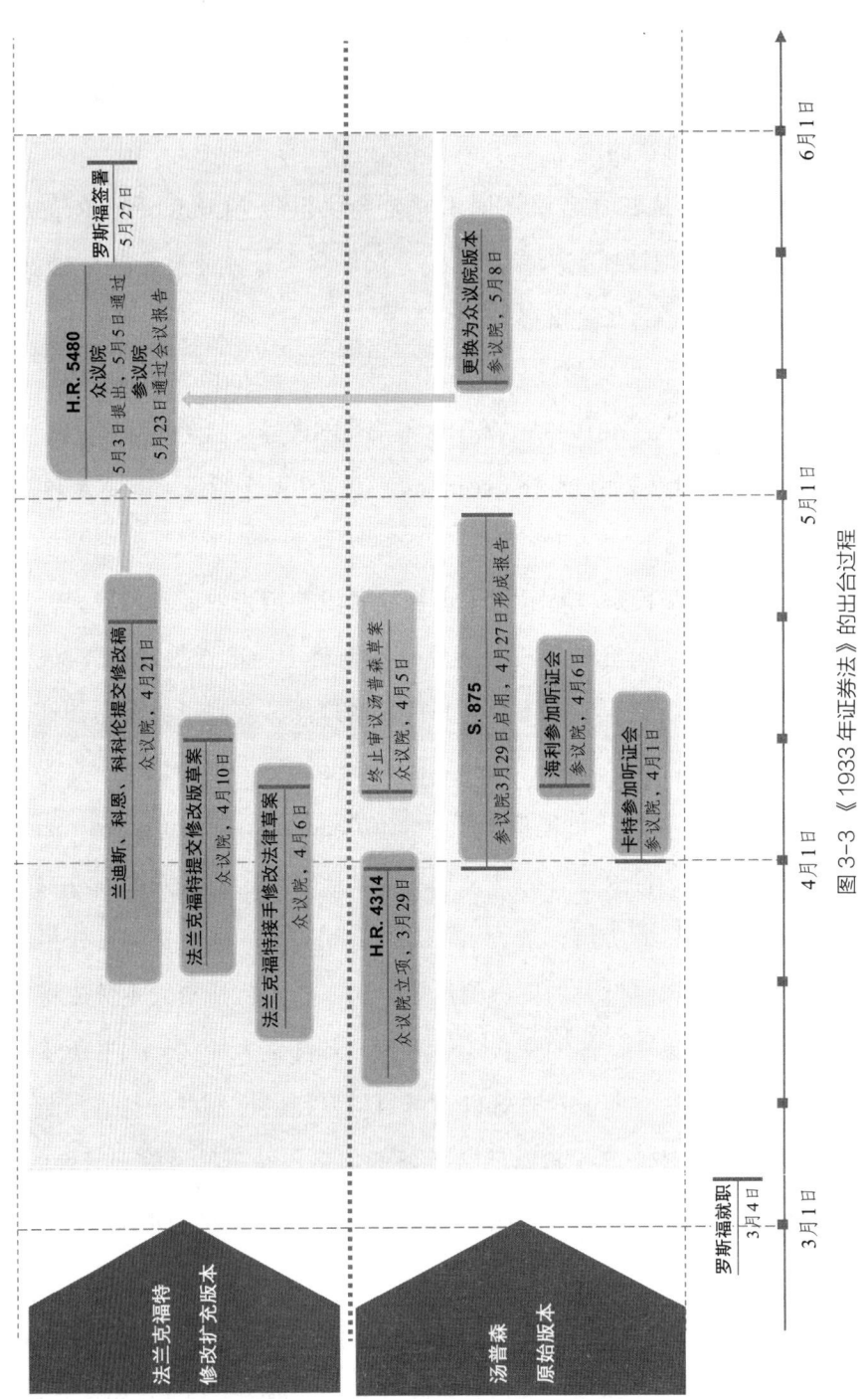

图 3-3 《1933 年证券法》的出台过程

图 3-4 乔治·梅和法学专家的小圈子

《1933 年证券法》公布后，法兰克福特作为罗斯福的智囊挑选了负责在第一年执行《1933 年证券法》的联邦贸易委员会官员，以及第一届美国证监会的大部分委员和很多高级职员。

10 月，兰迪斯和乔治·C. 马修斯（George C. Mathews）一道，被罗斯福任命为联邦贸易委员会新组建的证券部门的负责人。[1]

1939 年 1 月，法兰克福特被罗斯福提名为联邦最高法院大法官（他在联邦最高法院一直服务到 1962 年 8 月）。

七、《1933 年证券法》关于证券市场会计与审计的制度安排

《1933 年证券法》要求证券发行人必须向联邦贸易委员会提交注册申请表（registration statement）并向投资者公布招股说明书，由该委员会进行审查。

---

1 1934 年美国证监会成立后，二人双双离开联邦贸易委员会，出任了美国证监会首届委员。

兰迪斯认为，他们修改后的草案忠实地贯彻了罗斯福总统 3 月 29 日致国会的手信中所表达的立法理念，着眼于完整公平地披露拟发行证券的事实信息，同时还在注册申请表生效前引入了等待期，证券监管机关可在此期间对虚假陈述或隐瞒重要事实的证券发行人发布终止令（stop order）。[1]

（一）《1933 年证券法》正文部分延续了酌量性政府机关委托审计机制

法兰克福特的草案（即兰迪斯、科恩和科科伦设计的草案）延续了汤普森草案中的一些提法，保留了授权联邦贸易委员会在其认为必要时要求进行会计报表审计的酌量性政府机关委托审计机制（见图 3-5）。

值得注意的是，该草案把汤普森草案所称的公共会计师（public accountant），改写成了公共会计师或注册会计师（a public or certified accountant），这样就同时提及了公共会计师（public accountant）和注册会计师（certified accountant），更加明确了来自英国的特许会计师（chartered accountant）也能参与美国证券市场的审计业务。正式出台的《1933 年证券法》对法兰克福特草案中的上述用词未作修改。

In making such examination the Commission or ~~other~~any officer or officers designated by it shall have access to and may ~~compel~~demand the production of ~~all the~~any books and papers of such issuers, representatives,_ or underwriters, and may administer oaths to and examine the officers of such issuers, representatives, underwriters, or other ~~entities other~~ person connected therewith as to its business and affairs and may, in its discretion, require the production of a balance sheet exhibiting the assets and liabilities of any issuer, ~~representative, or underwriter,~~ or his income statement, or both, to be certified to by a public or certified accountant approved by the Commission.

图 3-5 法兰克福特的草案延续了汤普森的政府机关委托审计机制

资料来源：本书作者根据档案资料整理。

其实，在起草附录 A 第 27 节时，法兰克福特的起草班子还使用了公共会

---

1 James M. Landis, "Legislative History of the Securities Act of 1933," *The George Washington Law Review*, 1959, 28(1): 29-49.

计师或特许会计师（public or chartered accountants）这种并列的概念。[1] 这样就兼容了美国各州公司法所称的注册公共会计师（certified public accountant），以及远道而来的英国的特许会计师（chartered accountant）。

如前所述，汤普森的草案规定，"联邦贸易委员会在其认为必要时，可酌情要求证券发行人、保荐人、承销商编制资产负债表和（或）利润表，并由经该委员会批准的一位公共会计师出具证明"。

 专栏 3-19

法兰克福特的草案所设计的证券市场会计审计制度安排

【第 8 节第（e）款】联邦贸易委员会或其指定负责审查的官员有权查阅并要求证券发行人、保荐人、承销商等制作交易和事项的账簿和文件，进行宣誓，有权**在其认为必要时要求其编制载明证券发行人的资产和负债的资产负债表和（或）利润表，并由经该委员会批准的一位公共会计师或注册会计师（a public or certified accountant approved by the Commission）验证**。若其拒不配合，阻挠或拒绝进行检查，联邦贸易委员会可据此对证券发行人签发终止令（a stop order）。

如果法兰克福特等人拿出的修改稿止步于此，那将是美国公共会计师行业之大幸。然而，在法兰克福特和科恩的坚持下，该草案却引入了强制性的注册会计师审计制度。

（二）《1933 年证券法》附录 A 中悄悄规定了强制性注册会计师审计制度

附录 A 所规定的信息披露清单是《1933 年证券法》的核心。法兰克福特、科恩等人设计的强制性注册会计师审计制度，恰恰隐藏在附录 A 中。这一方

---

1 我们已经知道，公共会计师最初在英国称作特许会计师（chartered accountant），在美国为表示区分，特意改称注册会计师（certified public accountant）。

面是科恩与兰迪斯在修订法律草案时在争论过程中彼此妥协的结果（显然科恩的意见占了上风），另一方面是比曼立法智慧的体现。比曼认为，把详细的信息披露规定放在法律的附录中，不会引起国会议员们的警觉，这有利于法案快速通过。事实果然如此，法律论争过程中从未对附录提出疑问。[1]

1.《1933 年证券法》第 7 节悄然引入附录 A 和附录 B 中的大量规则

《1933 年证券法》第 7 节（section 7）规定，证券发行人提交注册申请表时应当按照附录 A（Schedule A）所列清单提交文件；政府部门或外国政府为发行人的，在提交注册申请表时应当按照附录 B（Schedule B）所列清单提交文件。

《1933 年证券法》的附录 A 是该法的核心，这是一个信息披露清单，共有 32 节。[2] 其中，第 25 ～ 27 节必须交由"独立的公共会计师或注册会计师"（independent public or certified accountant）进行审计。这就是强制性注册会计师审计制度。从此以后，聘请独立审计师便成为资本市场准入的条件。[3]

专栏 3-20

《1933 年证券法》附录 A 关于会计审计的规定

（25）距注册申请表提交之日不超过九十天的资产负债表，应列示证券发行人的全部资产的性质及其成本（以可测定为限），包括证券发行人向管理人员、董事、股东，或者直接或间接控制证券发行人或被证券发行人控制的人士发放的超过两万美元的贷款，其具体细节和格式由联邦贸易

---

1 William Lasser, *Benjamin V. Cohen: Architect of the New Deal* (New Haven: Yale University Press, 2002), pp. 78-79.

2 在形式上，美国《1933 年证券法》的附录 A（Schedule A）与英国《1929 年公司法》的附录四（Fourth Schedule）相似。后者仅有两条：一是公司审计师（the auditors of the company，并不要求是独立会计师）出具的关于最近三年的利润表的报告；二是如果证券发行的目的是公司并购，则需要由会计师在招股说明书中就最近三年的利润数据签署意见。

3 John C. Coffee Jr., *Gatekeepers: The Professions and Corporate Governance* (New York: Oxford University Press, 2006), p. 113.

委员会规定。该资产负债表应列示距注册申请表提交之日不超过九十天的负债，并阐明公积金是如何以及通过何种渠道形成的，其具体细节和格式由联邦贸易委员会规定。如果上述距注册申请表提交之日不超过九十天的资产负债表未能**由独立的公共会计师或注册会计师验证**，则可以改为提交距注册申请表提交之日不超过一年的、**由独立的公共会计师或注册会计师验证**的资产负债表。

（26）发行人连续三年的利润表，其中应列示收入和所得的性质和来源，以及费用和固定开支等，其具体细节和格式由联邦贸易委员会规定。发行人的实际经营年份少于三年的，则应按照实际经营年份逐年列示利润表。如果发行人提交注册申请表之日距上一会计年度结束之日超过六个月，则应列示自上一年度结账日至最近日期的利润表。利润表应当列示发行人在过去三年（或更短的时间）内的业务发展情况，例如：各种开支的性质；从公积金账户分配股利情况或其他分配情况；折旧、损耗、保养费用等，其具体细节和格式由联邦贸易委员会规定。如果股票股利或出售权利的纯利润已计入收益，则应单独列示，并阐释其计算的基础。上述利润表应当区分经常性收入（recurring income）和非经常性收入（non-recurring income），并区分投资所得（investment income）和经营所得（operating income）。上述利润表应当**由独立的公共会计师或注册会计师验证**。

（27）如果证券发行人拟发行证券的全部或部分实收款项拟用于直接或间接地收购其他企业，则证券发行人还应提交该被收购企业按照第 25 节和第 26 节的规定，**由独立的公共会计师或注册会计师验证**的距注册申请表提交之日不超过九十天的资产负债表和连续三年的利润表。证券发行人收购该企业之日距提交注册申请表之日超过九十天的，还应提交被购买企业在购买日的资产负债表。

《1933 年证券法》强制要求上市公司聘请公共会计师实施审计，这种制度安排固化了该行业与证券行业的同盟关系。美国的公共会计师行业历尽艰辛，终于找到联邦证券法作为它最大的靠山。

2. 独立公共会计师的含义

法兰克福特提交的草案引入并三次使用"独立的公共会计师或注册会计师"（independent public or certified accountant）这一概念。

需要注意的是，"独立的"（independent）这个词，汤普森提交的草案中从未提及。美国联邦证券法的立法蓝本——英国《1929 年公司法》——也没有这样的失当提法。《1933 年证券法》首次将"独立性"（independence）这一概念引入法律。

"独立的"公共会计师、"独立的"注册会计师这种欲盖弥彰的失当说法，是法兰克福特的写作班子在起草《1933 年证券法》的过程中匆忙犯下的一个错误。这个错误，就是中国证监会原首席会计师、中国注册会计师协会前秘书长陈毓圭教授所称的"基因上的错误"。法兰克福特提交的美国联邦证券法草案特地使用"独立的"这一词汇来排斥所有与公司建立委托关系的会计师，也就是排除了内部审计人员、公司会计人员从事审计工作的可能性。这种强制推广中介服务的法律规定缺乏合理依据，导致证券市场会计监管的制度安排出现根本上的错误。既然是雇用，怎么可能是独立的？法律中岂能出现这种此地无银三百两的离奇规定？

遗憾的是，美国国会参众两院在立法论证程序中未能识别出一干法律专家起草的这一失当的制度安排，使得强制性的独立审计制度被原样写入最终通过的《1933 年证券法》。后来，公共会计师行业等既得利益者以及会计学术界将错就错，大力营造和推广了独立审计等失当概念，这又进一步掩盖了上述"基因上的错误"，使得会计审计理论出现严重的倒退。

（三）《1933 年证券法》第 11 节规定的中介的民事责任：最令中介震惊的条款

《1933 年证券法》第 11 节规定了证券发行相关人员的民事责任（civil liability），采用的是严格责任（strict liability），即无过错责任（liability without fault）。该节规定，注册申请表的任一部分如果存在对重要事实的不真实陈述，或者遗漏了该法要求陈述的或者为确保该注册申请表不被误解所必需的重要事实，则该证券的持有人可以起诉相关责任人。

该法所规定的民事责任引起了美国注册会计师行业的强烈关注。主要有三个方面的原因。第一，该法把举证责任归于被告（证券发行人，卖方）而不是原告（投资者，买方）。第二，原告无须证明其依赖了被指控为虚假和误导性的报表。第三，赔偿金额没有上限，最高可能达到证券发行额之多。也就是说，注册会计师可能会因重大不实陈述或者遗漏（material misstatement or omission）而承担民事责任，这是最令美国公共会计师行业震惊的条款。一旦存在重大不实陈述或者遗漏，注册会计师可能会赔上全部身家。[1]

 专栏 3-21

《1933 年证券法》第 11 节"虚假注册文件的民事责任"

（a）如果注册申请表（registration statement）在生效时存在对重要事实的不真实陈述（an untrue statement of a material fact），或者遗漏了应当陈述的或者为保证该注册申请表不存在误导性所必需的重要事实，则该证券的投资人（在购买证券时已了解该不实信息或遗漏的情形除外）可以根据法律或者衡平法，在有管辖权的法院起诉以下相关人士：

---

1 John L. Carey, "The Origins of Modern Financial Reporting," in Thomas A. Lee and Robert H. Parker, *The Evolution of Corporate Financial Reporting* (Middlesex: Thomas Nelson and Sons Ltd., 1979), pp. 241-264. Reprinted in 1984 by Garland Publishing, Inc.

（1）在注册申请表上签字的所有人士；

（2）以董事（或类似职能）或者合伙人的身份，在注册申请表中声称对某一部分内容负责的人士；

（3）同意在注册申请表上署名的现任或拟任董事（或承担类似职能的人士）或者合伙人；

（4）会计师、工程师、评估师或者其他依照职业规范，为证券发行人编制注册申请表中的报告、评估等文件或者对其进行验证的专业人士；

（5）该证券的所有承销商。

自我监管（self-regulation）是联邦证券法的主要动力，承销商、注册会计师、律师等证券服务机构在其中扮演着重要角色。这时，律师的职业角色与注册会计师相似。[1]

《1933 年证券法》的附录 A 所设计的这些制度，事实上就是后来学界所称的证券市场看门人（gatekeepers）制度。例如，附录 A 第 29 节要求证券发行人聘请律师出具法律意见书。这样，注册会计师和律师便都被界定为看门人。证券市场看门人制度针对证券服务机构的机制设计其实存在共同的问题，那就是，它们都是缺乏法理依据的强制缔约。证券服务机构如果不能证明自己具备足够的勤奋（reasonable diligence），就需要承担相应的法律责任。因此，律师行业的尽职调查（due diligence）就成为证券事务的支柱。其实，一般而言，律师的尽职调查只是装装样子，在泡沫经济中（如 20 世纪 60 年代末）尤其如此。[2]

---

1 Marshall L. Small, "An Attorney's Responsibilities under Federal and State Securities Laws: Private Counselor or Public Servant?" *California Law Review*, 1973, 61(5): 1189-1235.

2 John C. Coffee Jr., *Gatekeepers: The Professions and Corporate Governance* (New York: Oxford University Press, 2006), p. 203.

(四)《1933 年证券法》第 19 节:监管机关的特别权力

该法第 19 节授权联邦贸易委员会推进统一的会计标准、规定适用的会计概念。[1]

20 世纪 70 年代,在美国集体诉讼程序得以完善之后,《1933 年证券法》和《1934 年证券交易法》所规定的法律责任的威力得到了充分的展示。

 专栏 3-22

《1933 年证券法》第 19 节:委员会的特别权力

(a)[联邦贸易]委员会有权随时制定、修订和废除那些为实施本法规定所必要的条例和规则,包括那些管理不同种类的证券及发行人的注册申请表和招股书的条例和规则,以及定义本法中使用的会计方法、技术和贸易术语。此外,为了本法的目的,委员会有权规定所需信息的格式、资产负债表和利润表中的项目或细节,有权规定在编制账目、评价或评估资产和负债、确定折旧和损耗、区分经常性收入和非经常性收入、区分投资收入和营业收入时,以及在委员会认为必要或适宜的情况下,针对发行人直接(或间接)控制(或被控制)的任何人士,或针对与发行人一起共同控制或被共同控制的任何人士,编制合并资产负债表时,应当遵循的方法。委员会的条例和规则一经以委员会规定的方式公布于众,便开始生效。本法任何责任条款均不得用于为遵守委员会的条例和规则而善意地作为或不作为,尽管在这种作为或不作为之后,由于某种原因,这种条例和规则会被修订或者取消,或者根据司法当局或者任何权力机构的决定被宣布无效。

资料来源:卞耀武主编《美国证券交易法律》,王宏译,法律出版社,1999,第 4 页。

---

1 [美]乔尔·塞里格曼:《华尔街的变迁:证券交易委员会及现代公司融资制度演进》(第 3 版),徐雅萍等译,中国财政经济出版社,2009,第 91—97 页。

这部只用了两个多月就设计出台的美国联邦第一部证券法，从颁布之日起就存在争议。最具扫荡性的力量来自罗斯福总统的竞选班底成员莫利和伯利。莫利私下说，"法案是在不充分的辩论中匆匆通过的"，伯利公开谴责这项法律"把主要的问题保留下来，没有解决"。[1]

自 1936 年起担任美国证监会委员并于 1937—1939 年间担任美国证监会主席的著名法学家威廉·O. 道格拉斯（William O. Douglas）1933 年撰文指出，"1933 年联邦证券法没有任何条款能够控制美国公众的投机狂热，也没有哪个条款能够彻底排除不合理的资本结构。该法没有任何条款用于阻止专横的企业管理层恣意地玩弄散户，也没有任何条款能够限制新组建的金字塔式的控股公司继续侵犯公共利益和亵渎健全的金融准则。该法所假装要做的，是要求证券发行人在发行证券时告知与证券有关的事实，一旦发行人告知了相关事实，剩下来的就是投资人自己的事情了"。[2]

1967 年，伯利在《现代公司与私有财产》英文修订版的序言中，对《1933 年证券法》以及之后的《1934 年证券交易法》的成就和局限给出了中肯的评价。[3] 需要说明的是，伯利本人对证券市场的融资功能、投资行为的社会效益持全面的怀疑态度。

 专栏 3-23

伯利对《1933 年证券法》和《1934 年证券交易法》的评价

保罗·哈布雷赫特（Paul Harbrecht）博士曾仔细构造了这样一个理论：我们已经发展了一种新的财富持有和财富流通体系，该体系的流动性

---

1 ［美］乔尔·塞里格曼：《华尔街的变迁：证券交易委员会及现代公司融资制度演进》（第 3 版），徐雅萍等译，中国财政经济出版社，2009，第 97—99 页。

2 William O. Douglas, George E. Bates, "The Federal Securities Act of 1933," *The Yale Law Journal*, 1933, 43(2): 171-217.

3 ［美］阿道夫·A. 伯利、加德纳·C. 米恩斯：《现代公司与私有财产》，甘华鸣、罗锐韧、蔡如海译，商务印书馆，2005，第 70—80 页。

主要通过证券交易所加以维持，但它只是在心理上与生产性工业及企业所实际依赖的资本聚集和资本运用体系相联系。如果这是事实的话，则公司制度的作用之一就是建立一个平行的、流通的"财产－财富"体系，在该体系中，**财富在被动的财富持有者之间流动，并没有明显地促进资本形成、资本运用、资本使用以及风险承担等功能**。而上述这些功能是 19 世纪"资本主义"制度的核心。

由于流动性并不取决于作为基础的财产，而取决于股份的转售，所以法律保护主要涉及市场交易的过程。因此，事先拥有信息使买者和卖者能够决定他们愿意买入和出售的价格。**除了要求公司按期依照会计准则公布信息并禁止公司经营者的投机行为以外，证券交易法所制定的一整套立法对于引导公司事务而言，几乎没有什么作用。**

证券交易法的先入之见，是承认了这样一个新的经济事实：**股票市场已经不再是古典经济学家所定义的那种"投资"场所。除了在边际的程度上，它们已不再配置资本。它们是实现流动性的机制。**除了极少数情形外，证券购买者并不是买入新发行的股票。他们所支付的价格并不增加他们所购买股票的这家公司的资本或资产。股票市场的存在，并不是为了发行新的股票，通常也不用于（实际上并不允许用于）实现这一任务。

证券交易所是这样的机构：那些由于多年前投资而产生的股票在希望获得现金的卖者与希望获得股票的买者之间进行转移的场所。在纽约证券交易所及其他证券交易所中进行的证券买卖活动，并不会严重影响到那些股票成为交易对象的公司的业务经营。

每天、每月以及每年都有巨额美元价值的股票被买入和卖出。**这些美元——确实是上千亿美元——并没有明显进入直接的商业或生产用途。也就是说，它们并没有成为用于生产的"资本"。**

> 对于企业而言，股票购买者并没有向其贡献储蓄继而扩大其规模和经营。他无须承担新的或增加的经济业务的"风险"，他只需对公司股票价值增加的可能性进行估计。对于除他自己之外的任何人而言，其购买行为的贡献在于为那些希望将股票兑换成现金的股东保持流动性。显然，**他不能也没有打算对公司的管理、企业家的成就或服务做出贡献。**

《1933 年证券法》出台后，由联邦贸易委员会负责实施。由于市场担心该法处罚过重，再加上当时行情低迷，所以很少有企业申请发行证券。因此，该法案实施的第一年，联邦贸易委员会除了让其证券部招募和组织一小部分工作人员熟悉法律规定外，几乎没有做任何事情。[1]

第三节　乔治·梅的会计理念及其意义

兰迪斯在 1959 年发表的回忆文章中，提到了令他感到困惑的一件事情。他自以为，《1933 年证券法》关于会计审计的规定"为注册会计师行业引入了足以与其他行业旗鼓相当的道德标准和专业标准"，按理说，公共会计师行业应该对此表示欢迎才对。但令兰迪斯大感意外的是，公共会计师行业的精神领袖[2]、普华会计公司的乔治·梅却很奇怪地反对兰迪斯、科恩等人为公共会计师所制定的法律条款。[3]

这说明兰迪斯不大了解美国公共会计师行业这位精神领袖的会计思想。乔治·梅认为，《1933 年证券法》存在一些重大理念偏差。他给雷本和兰迪斯

---

1 Carman G. Blough, "Development of Accounting Principles in the United States," Berkeley Symposium on the Foundations of Financial Accounting, January 13th and 14th, 1967.

2 兰迪斯采用的称呼是"公共会计师行业的主持牧师"（the then dean of the accounting profession）。

3 James M. Landis, "Legislative History of the Securities Act of 1933," *The George Washington Law Review*, 1959, 28(1): 29-49.

提供过如下建议：第一，不要试图制定美国统一的会计法规。美国不可能形成统一的会计法规。第二，不要指望会计信息能让所有投资者都赚钱。第三，不要在联邦法律中推行强制性的注册会计师审计制度。奈何雷本、兰迪斯都未能理解乔治·梅的用意，特别是他们未能理解乔治·梅为何反对推行强制性的注册会计师审计制度。

乔治·梅的会计思想根本上是对美国联邦和州的法律制度特点的反映，这也是设计美国证券监管的信息披露规则的基本出发点。这些思想在其三部代表作中得到了充分的体现（见图 3-6）。

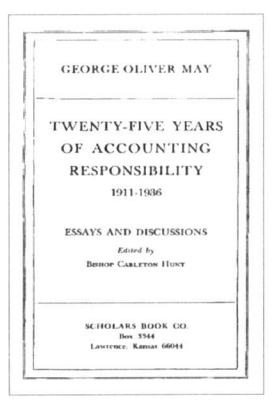 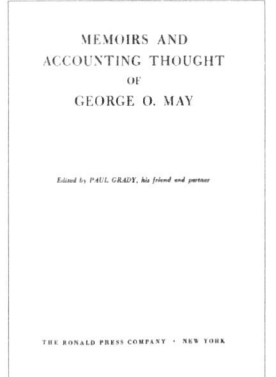 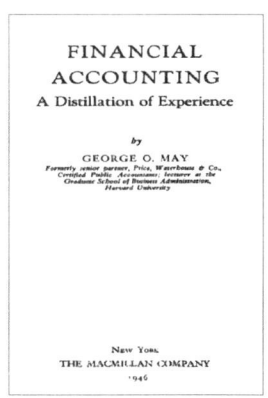

1936 年的《二十五年的会计职责 1911—1936：文章和讨论》 　1943 年的《财务会计：经验的精粹》 　1962 年的《乔治·O. 梅回忆录与会计思想》

图 3-6　乔治·梅的三部代表作

第一部是 1936 年出版的《二十五年的会计职责 1911—1936：文章和讨论》。该书是美国普华会计公司为纪念乔治·梅自 1911 年担任该公司高级合伙人并领导美国普华会计公司 25 周年而出版的论文集。乔治·梅事先并不知情，以至于这部著作缺少乔治·梅认为必要的理论概括。该书分为上下两卷，厚达 800 多页。[1]

---

1 George O. May, *Twenty-Five Years of Accounting Responsibility 1911-1936: Essays and Discussions* (Kansas: Scholars Book Co., 1936). Reprinted in 1971 by Scholars Book Co.

第二部是 1943 年出版的《财务会计：经验的精粹》。该书弥补了上一部著作缺少理论概括的缺陷，吸收了乔治·梅自 1937 年起在哈佛大学商学院开讲迪金森讲座（Dickinson Lectures）的系列讲稿。1940 年，乔治·梅退出公共会计师执业活动。[1]

第三部是 1962 年出版的《乔治·O. 梅回忆录与会计思想》。该书收录了乔治·梅的回忆录，并对其会计思想进行了总结和提炼。[2]

一、会计是一门艺术

乔治·梅最为人所知的会计思想是"会计是一门艺术"[3]。

乔治·梅作为美国会计师协会术语委员会主席，于 1940 年 5 月和 10 月两次向协会理事会提交报告，报告正文被收录在《会计研究公报第 7 号：术语委员会报告》中。术语委员会提出，"会计是以有意义的方式，通过货币计算，来记录、分类和汇总至少在一定程度上具有财务性质的交易和事项及其结果的艺术"[4]。1943 年出版的著作《财务会计：经验的精粹》第一章开门见山地指出，"会计是一门艺术。它不是一门科学，而是一门具有广泛而多样的用途的艺术"。1962 年出版的《乔治·O. 梅回忆录与会计思想》一书概括得更为精练："会计是对交易和事项的财务方面进行记录、分类和汇总的艺术。"[5]

---

1 George O. May, *Financial Accounting: A Distillation of Experience* (New York: The Macmillan Company, 1946), pp. 1-6.

2 George O. May, *Memoirs and Accounting Thought of George O. May,* edited by Paul Grady (New York: The Ronald Press Company, 1962), p. 66.

3 与之相对应的是前文所述的会计思想——"会计是一门科学"，以亚历山大·史密斯的言论为代表。政府官员、企业家、会计专业的教师和学生往往倾向于将会计视为一门科学。他们倾向于主张制定统一的会计规则。而统一的会计规则有利于提高企业经营管理和国民经济管理的效率。

4 原文如下："Accounting is the art of recording, classifying and summarizing in a significant manner and in terms of money, transactions and events which are, in part at least, of a financial character, and the results thereof."

5 George O. May, *Memoirs and Accounting Thought of George O. May*, edited by Paul Grady (New York: The Ronald Press Company, 1962), p. 293.

（一）"会计是以惯例为基础的"

乔治·梅提出，会计讲究实用主义，是以惯例（convention）为基础的。[1] 一个简单的事实是，会计作为一种业务工具，其发展就像商法一样，是由商人的实践所决定的。[2]会计与商法（business law）一样，二者都没有可以建立的原则。会计规则仅仅是从经验（experience）和理性（reason）中得出的、被证明是有用和可以接受的假设（postulates），它们在许多方面类似普通法的规则——随着经验的不断积累而不断变化。[3] 会计程序主要是会计师之间的共识的产物，只不过近些年在一定程度上受到了法律法规的影响。

乔治·梅认为，会计惯例的形成取决于三个因素。一是账目的用途。二是特定时间和地点的社会经济状况，如自由放任，还是政府管制。三是社会思潮的变化。[4]会计既是事实性的（factual），又是惯例性的（conventional），因为它是基于惯例（conventions）或者原则（principles）的，其权威仅仅来自规定（prescription）或认可（acceptance）。[5]

（二）"账目归根结底是一种意见"

乔治·梅提出，账目不是事实的报表（statements of fact），它归根结底是一种意见（a matter of opinion）。他认为，这种认识对于制定会计法规至关重要。账目不只是事实陈述，而是将判断和会计原则应用于事实的结果。

基于上述理念，乔治·梅认为，真正的问题不是资产负债表是否真实，而

---

1 George O. May, *Financial Accounting: A Distillation of Experience* (New York: The Macmillan Company, 1946), p. 2.

2 George O. May, *Twenty-Five Years of Accounting Responsibility 1911-1936: Essays and Discussions*, Volume 2 (Kansas: Scholars Book Co., 1936), p. 788. Reprinted in 1971 by Scholars Book Co.

3 George O. May, *Memoirs and Accounting Thought of George O. May*, edited by Paul Grady (New York: The Ronald Press Company, 1962), p. 200.

4 同 1, 3.

5 同 3, 295.

是其是否公允（fair）：所依据的会计原则是否公允；将这些原则应用于事实的方式是否公允；结果的呈现方式是否公允。这些全都关乎意见（opinion），而不仅仅关乎事实。会计信息使用者必须记住，财务报表不是事实的报告，而是将一系列惯例（conventions）应用于事项（events）和交易（transactions）得出的结论。因此，会计师无法根据一套完整的规则来成功地编制报表。之所以如此，主要是因为账目在某种程度上"反映了报表编制者的气质（temperament）和思维方式（modes of thought），没有什么规则能够改变这一事实"[1]。

这些理念体现出乔治·梅专业观点的矛盾性。一方面，他强调会计要基于事实；另一方面，他又特别强调公共会计师的主观性。

兰迪斯和乔治·梅就会计究竟反映事实还是意见这一问题产生了分歧。1933年下半年兰迪斯曾在一场演讲中对那些批评证券法的观点给予了回应。他说，《1933年证券法》的条款是从英国公司法和美国各州的证券法中整合而来的，换句话说，该法基本上没有提出什么新的概念。他重申，"虽然有一种观点正确地认为会计归根到底是一种意见而不是别的，但实际上，会计在很大程度上被标榜、被描绘成了一门精确的科学（an exact science），它给那些不了解会计的人们提供的是事实而不是意见。既然它提供的是事实，那么它就应该承担相应的责任"[2]。乔治·梅对此观点的评价是，"法律草案起草组里面最有才干的法学家（指兰迪斯）把那样的规定写入法律，很显然他并没有充分理解会计的性质"[3]。

（三）"会计原则"这个概念最初是用来唬人的

"会计原则"（accounting principles）一词往往被会计教材和论著吹得神乎

1 George O. May, *Financial Accounting: A Distillation of Experience* (New York: The Macmillan Company, 1946), p. 246.

2 James M. Landis, "The Securities Act of 1933," *Bankers' Magazine*, 1933, 127(6): 653.

3 同1, 63.

其神、高深莫测。但乔治·梅坦率地指出，"会计原则"这个术语并不适当，因为该术语最初是公共会计师行业用于吓唬客户，劝其采用所推荐的会计处理方法的最后手段，属于一种"咒语"。其实，公共会计师自己也很难说得清会计原则如何形成、何以形成、何时形成。但这种唬人手法相当奏效，对于那些深感会计神秘莫测并习惯于屈从权威的人来说特别有效。显然，"原则"（principle）一词是这套话术的关键，它比"惯例"（convention）一词的催眠力度更大。乔治·梅认为，如今公用事业委员会采用的是同样的话术。它为了规避联邦法院对其所做决定的司法审查，不断呼吁采用"会计原则"，并用形容词"基本的"（fundamental）予以修饰，以增强永久性和权威性的印象。美国会计师协会主张采用"原则"一词的通用含义，即"被采纳或据以作为行动指南的总体法律或规则"，因此，该协会不使用"基本的"一词，而是更为克制地使用"公认会计原则"（generally accepted accounting principles，GAAP）这一概念。[1] 美国会计师协会认为，会计规则起初仅仅是从经验和理性中提炼出来的主张（postulates），只有在被证明有用并被普遍接受之后，它们才成为会计原则。与美国会计师协会的立场类似，美国会计学会在使用"原则"一词时，也未能指出该词的确切含义。

如前文所述，"原则"一词是美国会计师协会"与证券交易所合作特别委员会"1932 年 9 月 22 日在其与纽约证券交易所的通信中提出来的。乔治·梅彼时担任该特别委员会的主席。两个机构的通信中使用了"规则"（rules）、"方法"（methods）、"惯例"（conventions）和"原则"（principles）等字样。[2]

乔治·梅提出，财务会计不是一个完全以固定原则为指导的领域，而是

---

1 George O. May, *Financial Accounting: A Distillation of Experience* (New York: The Macmillan Company, 1946), pp. 37-38.

2 同 1，42.

一片轮廓朦胧的领域，其中，正确路线的发现取决于是否拥有识别基本事实及其意义的能力（在必要时区分形式和实质），取决于有根据的、明智的判断，取决于追求客观和诚实。可以看出，这些品质不是简单地通过监管就能保证的。当美国会计师协会的特别委员会着手编写现代会计的基本原则时，它发现自己无法提出建议，只是遴选了一些被普遍接受的原则，即便是这些所谓的原则，也只是规则，而且允许存在例外。[1]足见，"会计原则"仅仅是大型会计公司及其客户所认可的会计惯例，并非关乎会计的基本原则。

二、反对制定统一的会计法规

乔治·梅提出，不要试图制定美国统一的会计法规。作为来自英国的特许会计师，乔治·梅所知晓的英国会计的基本状态是自由放任的。他的根本理念是反对政府实施任何限制。

（一）立法只能规定最低标准

乔治·梅认为，统一性必然意味着低标准。立法只能规定最低标准，而无法将最佳实践（the best practice）作为强制性标准。[2] 更高的标准只能是道德层面上的约束。他说，他所熟悉的大多数工业公司的会计标准明显比受管制的公司更为保守（conservative）。

（二）不应当授权监管机构拟订会计规则

在乔治·梅看来，《1933 年证券法》的核心是创建一个政府机构[3]，负责

---

1 George O. May, *Memoirs and Accounting Thought of George O. May*, edited by Paul Grady (New York: The Ronald Press Company, 1962), p. 91.

2 George O. May, *Twenty-Five Years of Accounting Responsibility 1911-1936: Essays and Discussions*, Volume 1 (Kansas: Scholars Book Co., 1936), pp. 104-105. Reprinted in 1971 by Scholars Book Co.

3《1933 年证券法》通过后，由联邦贸易委员会负责实施。这一职能后被美国证监会取代。

在证券发行前对证券发行人提交的注册申请表进行审查。而在法兰克福特所赞扬的英国先辈、时任英国贸易部长、负责起草英国《1844 年股份公司法》的威廉·E. 格拉德斯通（William E. Gladstone，1809—1898）看来，行政机关的审查将会无端地增加社会公众对公司的偿付能力和效率的信任度，因此，不应当赋予行政机关实质性的审查权。《1933 年证券法》还授权联邦贸易委员会制定会计规则，这更是英国公司法从未企及的。作为对比，英国《1929 年公司法》所秉持的是前文所述的格林委员会报告所阐释的理念："在账目问题上，我们对摆在我们面前的证据感到满意，即在合理的限度内，公司应该不受约束。"[1]

《1934 年证券交易法》草案第 18 节第（b）款赋予监管机构拟订会计规则、制定利润计算规则的权力。但乔治·梅认为，账目是将会计原则和判断应用于事实的结果，账目的价值取决于选择和应用指导原则时所作判断的合理性。合理的判断只能基于熟悉的知识和丰富的经验，判断的主体应当真正负起责任来。他认为该规定是不明智的，因为该规定赋予监管机构作出这一判断的权力，而该监管机构并不对可能发生的后果承担任何法律上或者道德上的责任。[2]

乔治·梅提出，美国会计师协会与纽约证券交易所自愿达成的一致意见是最佳的会计方案。1933 年 1 月 12 日，纽约证券交易所上市委员会向参议院提交了美国会计师协会与纽约证券交易所的通信资料。如前文所述，该资料建议纽约证券交易所允许公众公司选择使用公认的总体性的会计原则，只需要求公众公司在年度报告中就其采用的会计和报告方法作出详细说明，并确保其每年都始终如一地贯彻执行。审计师应在审计报告中向股东报告公司

---

1 George O. May, *Financial Accounting: A Distillation of Experience* (New York: The Macmillan Company, 1946), pp. 61-62.

2 George O. May, *Twenty-Five Years of Accounting Responsibility 1911-1936: Essays and Discussions*, Volume 2 (Kansas: Scholars Book Co., 1936), p. 110. Reprinted in 1971 by Scholars Book Co.

账目是否已按照惯常采用的会计方法正确地编制。美国会计师协会和纽约证券交易所在通信中所提及的方案，既没有借助强制性程序规定，也没有放任企业管理层的职责。其改良方案是通过说理来实施的，没有任何强制性。[1] 乔治·梅认为，这种解决问题的方法比建立统一的会计制度更为有效。他说，据了解，商务部目前正在研究统一会计和统一统计的问题，如此看来，《1934年证券交易法》草案的立法目的应当聚焦于监管证券交易所，而统一的会计制度并非这份法律草案的主要部分，因此，他建议删除第18节第（b）款。[2] 乔治·梅指出，"展望未来，我深信授权联邦贸易委员会（以及后来的美国证监会）来控制公众公司的会计，不符合公共利益"[3]。

（三）拟订统一的会计制度存在现实的困难

乔治·梅以业界熟知的成本与市价孰低法为例，阐释了拟订统一的会计制度的困难性。他说，存货的成本与市价孰低法名义上看是公共会计师行业公认的做法，貌似能够取得统一，但实际上并不尽然。市价有多种算法，实践中存在很大差异。只需稍稍考虑这类问题，人们就会认识到会计问题的难度，以及制定固定规则的不可能性。任何强制执行的统一的制度，似乎都有终止进步、以牺牲实质为代价去提升形式的倾向。[4]

乔治·梅的观点是对的。在美国的法律架构下，美国证监会只有两个方向可以做对。一是允许来自各州的公司按照所在州的法律列报会计信息。如此形成的会计信息具有法律证明力。这是因为，会计法规只在州一级法律中存在，联邦没有公司法，也就没有统一的会计法规。二是完全脱离法

---

1 George O. May, *Financial Accounting: A Distillation of Experience* (New York: The Macmillan Company, 1946), p. 56.

2 George O. May, *Twenty-Five Years of Accounting Responsibility 1911-1936: Essays and Discussions*, Volume 2 (Kansas: Scholars Book Co.,1936), p.112. Reprinted in 1971 by Scholars Book Co.

3 同 1, 64.

4 George O. May, *Memoirs and Accounting Thought of George O. May*, edited by Paul Grady (New York: The Ronald Press Company, 1962), pp. 108-110.

律，要求企业披露金融分析数据。如此形成的金融分析数据没有法律证明力。这两类信息各有各的价值，而且不可替代。而现在的情况是，美国证监会麾下的财务会计准则委员会把这两者混为一谈，使公认会计原则变得不伦不类。

三、反对推行强制性的注册会计师审计制度

（一）审计对于证券监管并不必要

乔治·梅提出，"我不认为审计是证券领域的保护机制的正常补充"。证券立法需要在风险与成本之间取得平衡。法律不能把防范超级骗子（super crook）作为立法目标。如果法律创建了一种过分昂贵的保护机制，则会扼杀行业发展，并给新融资造成沉重负担。[1]

乔治·梅认为，公共会计师行业夸大了它可以为企业和投资者做的事情。公共会计师用确定性和完全保证的口吻跟企业和投资者进行交流，但实际上他们只能提供一个见多识广的判断（informed judgment）和实质性的附加保护（substantial additional safeguard）。财务账目在很大程度上必须始终是惯例、判断和见解的体现，而不是无须判断的确定性问题。如果要求公共会计师做更多，只会损害投资人、企业家以及公共会计师行业本身。[2]

乔治·梅强调，公共会计师的职能是根据某些可接受的会计惯例，对发行人的财务状况和经营成果发表诚实、明智的判断。其职能并不仅仅是发现事实。很显然，即便对于中型企业来说，公共会计师也无法检查其所有的交易。因此，审计师（指公共会计师）通常通过抽样进行测试（test），然后推

---

[1] George O. May, *Twenty-Five Years of Accounting Responsibility 1911-1936: Essays and Discussions*, Volume 1(Kansas: Scholars Book Co., 1936), p. 106. Reprinted in 1971 by Scholars Book Co.

[2] George O. May, *Memoirs and Accounting Thought of George O. May*, edited by Paul Grady (New York: The Ronald Press Company, 1962), p. 100.

测总体的情况。"test"在公共会计师审计业务中就是指通过抽样进行检查。立法机关在规定公共会计师的法律责任时，需要从以下三个前提出发。一是，审计师的工作一部分属于事实确认（confirmation of facts），一部分属于发表判断（expression of judgment）。二是，审计师的工作程序在很大程度上属于测试（test），即抽样检查。三是，审计工作主要由签字审计师的下属来完成。[1]

（二）推行强制性注册会计师审计制度的理论依据不足

乔治·梅指出，《1933年证券法》强制性地要求由独立的公共会计师对依照该法提交的报表进行审计，其作此强制性规定的立法时机是否已经成熟，是值得怀疑的。如果注册会计师审计变成了强制性的审计，而且履行职责的注册会计师被强加以很重的法律责任，那就更没有理由把会计规则和原则的制定权从该行业剥离，转交给一个非会计专业团体。那是对会计师行业的专业品质的侵害。更何况这种机制，在设计的时候没有提供听证，在出台的时候也没有提供救济性质的上诉权。这些规定显然是由对会计的性质缺乏足够了解的人写进法律的。[2]

（三）《1933年证券法》对于公共会计师行业弊大于利

乔治·梅提出，从会计的角度来看，《1933年证券法》的讽刺之处在于，它虽然对独立的公共会计师的功能给予了法律认可，但同时又授权非专业机构凌驾于该职业之上，这大大破坏了公共会计师的独立性。从金钱利益的角度来看，该法对会计师行业可能具有有利影响，但这一利益不足以弥补其对公共会计师行业的职业地位所造成的损害。该法的机制设计对于充分发挥公共会计师

---

1 George O. May, *Twenty-Five Years of Accounting Responsibility 1911-1936: Essays and Discussions*, Volume 2 (Kansas: Scholars Book Co., 1936), p. 72. Reprinted in 1971 by Scholars Book Co.

2 George O. May, *Financial Accounting: A Distillation of Experience* (New York: The Macmillan Company, 1946), p. 62.

的审计职能，同时使其承担合适的责任来说，既不必要，也不可取。该法所引入的惩罚性条款也是英国公司法所不敢设想的。法兰克福特等人宣称《1933 年证券法》的条款已经被英国的实践所证实[1]，但乔治·梅指出，那些说法不符合实际。[2]

乔治·梅认为，《1933 年证券法》的某些规定（尤其是第 11 节关于承销商、董事、高级管理人员和专家的责任的规定）存在很大争议，与当年的禁酒令一样缺乏智慧，过犹不及。过于严厉的证券法将使证券的分发配售处于最糟糕的状态。《1933 年证券法》不仅背离了举证责任由原告承担（the burden of proof is on the plaintiff）的既有规则，而且还背离了共同过失（contributory negligence）、侵权行为与损害赔偿存在因果关系等学说。总之，《1933 年证券法》所规定的责任是任何谨慎的商人都无法承担的责任，该法为敲诈者提供了便利。该法第 17 节所规定的财务负担落在公司（即投资者）身上，受益的却是投机者。因此，该法第 17 节规定的责任应仅限于虚假或误导性陈述属于故意的情况。乔治·梅建议，联邦监管机构可以使用《1933 年证券法》第 19 节赋予的权力，来澄清和修改第 11 节的规定。[3]

（四）雇佣关系是强制性注册会计师审计制度的最大缺陷之一

多年来，英国一直采用由股东选举审计师的制度。然而，除非采取进一步措施，否则由股东选举审计师是没有用的。甲方（企业管理层）很容易更换乙方。事实证明，这是英国公司审计制度的最大缺陷之一。为了解决这一问题，英国公司法增加了两项规定：一是，公司不得提名现任审计

---

1 Felix Frankfurter, "Securities Act—Social Consequences," *Fortune*, August 1933, p. 55.

2 George O. May, *Financial Accounting: A Distillation of Experience* (New York: The Macmillan Company, 1946), p. 59.

3 George O. May, *Twenty-Five Years of Accounting Responsibility 1911-1936: Essays and Discussions*, Volume 2 (Kansas: Scholars Book Co., 1936), pp. 68-69. Reprinted in 1971 by Scholars Book Co.

师以外的其他审计师，除非提前通知了股东；二是，如果公司提名新任审计师，则前任审计师有权出席股东大会并发表讲话。这些规定有助于实现审计师和公司董事会的力量平衡。乔治·梅认为这提供了非常有效的保护。乔治·梅不建议法律要求每家公司都聘请审计师，他认为目前作此要求还为时过早。但是他认为，应当要求公众公司聘请审计师。如果立法机关想要为保护投资者做点事情的话，就应该让作为股东的投资者选出那些保护自己利益的人。[1]

四、关于会计目标：会计信息还有更重要的用途

乔治·梅提出，美国会计师协会采用的有用性（usefulness）是一个不确定的概念。财务会计中最关键的问题是两种目标的冲突，一个是把财务报表视为管理层的进度报告（reports of progress or of stewardship），另一个是视其为招股说明书（prospectuses）。如果要求企业管理层每年都向股东做预测，那将是无法忍受的负担。在英国，年度报告的纯粹历史特征不受质疑。英国公司的管理层常常是在股东大会上（而不是在年度报告中）探讨公司的前景。在美国，也应当将财务报表视为历史记录而不是招股说明书。[2]

（一）会计标准对于投资者的意义很有限

乔治·梅认为，实际上很少有投资者依赖招股说明书中的报表来做投资决策。然而，《1933 年证券法》的基本假设是，每位投资者都依赖招股说明书中的报表。乔治·梅认为，这种故意基于与事实相反的假设所作的立法，正

---

1 George O. May, *Twenty-Five Years of Accounting Responsibility 1911-1936: Essays and Discussions*, Volume 1 (Kansas: Scholars Book Co.,1936), pp. 101-103. Reprinted in 1971 by Scholars Book Co.

2 George O. May, *Financial Accounting: A Distillation of Experience* (New York: The Macmillan Company, 1946), pp. 12, 21-22.

在走上极其危险的道路。这部法律迟早要进行修订。需要注意的第一个要点是，尽管证券发行人的报表应当基于事实编制，但大型企业的事实既复杂又不完整，因此，其任何报告均是判断力（judgment）和意见（opinion）的体现。[1]

基于这种理念，乔治·梅提出，改进会计标准对于投资者而言仅仅具有很小的价值。《1933 年证券法》以及《1934 年证券交易法》的立法者都没有重视这个真理。对于那种倡导会计信息应当为证券投资者服务的观点，我们首先要认识到，会计信息无论多么充实，相对于股票的投机（或投资）风险来说，其价值都是较小的。[2] 鉴于不同股东是在不同时间获得其股票权益的，这意味着很难找到令新旧投资者都满意的会计处理方法。[3]

据此而论，决策有用观并不适合用作会计目标。此外，受托责任观也不是一个合适的概念，因为这个概念主要是从股份公司（或者公众公司）的角度来讨论的。实际上，所有企业都有加强会计管理的诉求，而且其中绝大多数企业都是不存在委托代理问题的有限责任公司。

（二）公司价值取决于会计信息以外的许多因素

乔治·梅赞同约翰·梅纳德·凯恩斯（John Maynard Keynes）关于股票投机的论述。乔治·梅在致凯恩斯的信中提出，"在我看来，您对决定证券价格的影响因素的讨论思想敏锐、令人钦佩。它是对法兰克福特等人的看法的有益修正，他们认为价格主要（如果不是唯一的话）是通过对提供给潜在交

---

1 George O. May, *Twenty-Five Years of Accounting Responsibility 1911-1936: Essays and Discussions*, Volume 2 (Kansas: Scholars Book Co., 1936),pp. 8, 60, 71-72. Reprinted in 1971 by Scholars Book Co.

2 George O. May, *Financial Accounting: A Distillation of Experience* (New York: The Macmillan Company, 1946), p. 58.

3 George O. May, *Memoirs and Accounting Thought of George O. May*, edited by Paul Grady (New York: The Ronald Press Company, 1962), p. 113.

易者的统计信息进行智能分析来确定的"[1]。乔治·梅认为，企业价值这类信息很少构成重大事实（material fact），即使这算是一个事实的话，"它也只能通过向前看来衡量"（第 8 页）。[2] 然而，那些以为财务报表意在"展望未来"的人们必然会受到误导。[3]

乔治·梅强调，企业的价值取决于其收益，而对收益的预测必须考虑到影响创收能力的众多可变因素，这些因素因企业而异。所需的证据不仅必须包括管理人员、工程师和会计师的证据，还必须包括政治和经济专家的证据。不能简单地仅仅按照实物资产去计算公司价值。那样在科学上是不正确的，其实是贬低了人类的贡献。人的因素、管理质量对于公司价值的意义往往被大幅低估了。

乔治·梅提出，在理论上和实践上，公司股本的自由转移要求股份公司的财务账目（financial accounts of corporations）具有双重目的：其传统目的，是管理层向企业所有者（proprietors）提供纯粹历史性的报告（purely historical report）；其新增目的，是向潜在的买方和卖方提供有助于估计股票价格的信息。股票的永久投资者（permanent investor）和投机操作者（speculative operator）的观点和利益绝不是相同的，之所以难以决定公司报告的形式，很大程度上是由于这种利益的多样性。[4]

（三）会计首先是为管理层服务的

乔治·梅指出，"会计的纯粹记录功能虽然不可或缺，但那只是技术人

---

1 George O. May, *Twenty-Five Years of Accounting Responsibility 1911-1936: Essays and Discussions*, Volume 2 (Kansas: Scholars Book Co., 1936), p. 409. Reprinted in 1971 by Scholars Book Co.

2 George O. May, *Financial Accounting: A Distillation of Experience* (New York: The Macmillan Company, 1946), p. 8.

3 George O. May, *Memoirs and Accounting Thought of George O. May*, edited by Paul Grady (New York: The Ronald Press Company, 1962), p. 200.

4 同 3, 96.

员层面的东西"。更重要的是分析和解释功能。"会计的分析和解释功能有两种：一种是为企业经营管理提供支持，这对经营管理人员很有用；另一种是编制有关公司财务状况和经营成果的报表，供公司董事、股东、债权人等作参考。"乔治·梅提出，账目至少有 10 种用途：（1）用作管理层的履职报告；（2）作为财政政策的基础；（3）用于确定股利的合法性；（4）用于指导明智的股利决策；（5）用作授信决策的基础；（6）为潜在投资者提供信息；（7）用于评估已经进行投资的企业的价值；（8）为政府监管提供支持；（9）作为价格或费率管制的基础；（10）作为税收管理的基础。乔治·梅认为，不能期望任何通用账目服务于上述所有目的，在某些情况下，需要专用账目。[1]

乔治·梅的这一理念有别于时下流行的决策有用观的目标导向。会计首先是为企业加强管理服务的，这一理念应当是制定会计规则的出发点。

（四）会计还有更重要的用途

乔治·梅提出，会计并非专注于满足某一类用户的全部诉求，其实，会计还有更重要的用途，如确定应纳税所得额、确定税后利润等。[2]正如会计研究公报第 1 号所提出的，对企业会计必须从整个社会的角度来评价，而不能仅仅从某一个利益群体的角度来评价。会计的实用性需要兼顾财税管理、价格监管、授信评估、投资评估以及股利分配的合法性和合理性等各种目的，以使其发挥最大的用途。[3]

---

1 George O. May, *Financial Accounting: A Distillation of Experience* (New York: The Macmillan Company, 1946), pp. 1, 3.

2 George O. May, *Twenty-Five Years of Accounting Responsibility 1911-1936: Essays and Discussions*, Volume 2 (Kansas: Scholars Book Co., 1936), p. 315. Reprinted in 1971 by Scholars Book Co.

3 George O. May, *Memoirs and Accounting Thought of George O. May*, edited by Paul Grady (New York: The Ronald Press Company, 1962), p. 199.

五、关于会计核算理念和具体会计规则

（一）以成本为基础还是以价值为基础

乔治·梅认为，目前存在很多争议，尚未形成共识。例如，财务会计应该坚持以成本为基础还是以价值为基础？是否应当坚持以法律主体来界定会计主体？利润的确定应否坚持实现原则？

美国会计文献常常将会计描述为一种估值过程。但乔治·梅指出，对于大型企业来说，估值（the valuation approach）是不切实际的。账目中应当记载成本而不是价值，因为价值只能通过向前看来衡量。账目作为公司管理层的管理报告，在许多方面类似于受托人（trustees）向受益人（beneficiaries）的报告。公司管理层很自然应该根据成本来核算所使用的资产。只有在极少数情况下（如果有），才可以考虑反映尚未实现的价值变化。乔治·梅认为，近年来，监管机构（公用事业委员会）在公用事业企业中强调了"原始成本"（original cost）的概念，这是一种正确的态度。[1]

基于上述理念，乔治·梅反对随着重置成本的变动而频繁地调增调减财产账户的想法。他强调，应当将资本利得和损失（capital gains and losses）从利润表中排除，不应当记录资产的升值和贬值。

（二）资产负债表的含义及正当用途

乔治·梅从资产负债表名称的起源，谈及资产负债表的正当用途。他指出，资产负债表（balance sheet）最初是余额表（statement of balances），后来由于表头采用了较为浅显的名称"资产"和"负债"，所以又称为资产负债表（statement of assets and liabilities）或财务状况表（statement of financial

---

position)。[1] 会计报表一度常用 "资产和其他借项"(assets and other debits)、"负债和其他贷项"(liabilities and other credits) 等表述作为表头。资产负债表中的资产反映的是资产的成本，这些成本在资产的使用寿命内会转化为利润表中的费用，用于与收入匹配（即抵减收入），从而计算利润。[2]

乔治·梅强调，资产负债表中的资本资产（指固定资产等长期资产）部分的主要意义是，它构成了将来从收入中扣除的费用的基础。资产负债表并不是净值表或者所有者权益表。[3]

（三）反对过度关注季度报告和短期业绩

乔治·梅希望能做更多的工作来阻止投机活动[4]，他反对关于对季度报表进行审计的立法动议。证券的价值取决于未来。过去的经营成果表（如利润表）之所以很有价值，主要是因为它们可以佐证对未来的合理期望。然而，季度利润则完全不适合作为估计未来的依据。如果要求季度报表应由公共会计师进行审计，则是赋予它们不可能具有的重要性。[5]

乔治·梅认为，年度报告用于投资决策以后，会计发生了近年来最重大的变化。其重点从资产负债表转移到了利润表。[6] 虽然会计师尽了最大的努力来确保准确性，投资者仍然必须认识到，即使是最好的账目也存在局限性。账目所涵盖的时间越短，其局限性通常就越明显。账目本质上是历史记录，正如通常的历史记录一样。匆忙地调查临时情况难以得出正确的结论，只有通

---

1 George O. May, *Memoirs and Accounting Thought of George O. May*, edited by Paul Grady (New York: The Ronald Press Company, 1962), p. 240.

2 同 1, 242.

3 同 1, 294.

4 George O. May, *Twenty-Five Years of Accounting Responsibility 1911-1936: Essays and Discussions*, Volume 2 (Kansas: Scholars Book Co., 1936), p. 120. Reprinted in 1971 by Scholars Book Co.

5 同 4, Volume 2, pp. 107-108.

6 George O. May, *Financial Accounting: A Distillation of Experience* (New York: The Macmillan Company, 1946), p. 24.

过较长时间的追溯以及对永久趋势和暂时影响的仔细区分才能得出正确的结论。显然，如今对年度报告（甚至季度报告）中的利润表实在是过分重视了。[1]

（四）合并报表

乔治·梅对于合并资产负债表对公用事业会计的适用性存有疑问。[2] 他引用了美国联邦税法禁止合并纳税的案例来佐证他的立场。

随着 1896 年大选后公司的大规模合并，合并账目（consolidated accounts）得到了快速传播。到 1917 年第一次世界大战爆发时，这种做法已经非常成熟，以至于财政部在没有具体的立法授权的情况下，要求企业根据《1917 年税法》（Revenue Act of 1917）提交合并纳税申报表（consolidated tax returns）。《1918 年税法》包含有明确的合并要求。《1921 年税法》追溯适用了《1917 年税法》的规定。1918 年参议院财政委员会（the Senate Finance Committee）的报告论证了合并纳税的合理性，这在事实上把企业集团视为一个企业单位（a single business unit）、一个纳税单位（a taxable unit）。近年来，人们渐渐认识到了合并账目的局限性。在《1934 年税法》中，美国国会拒绝了财政部的意见，取消了合并纳税，铁路行业是个例外。[3]

（五）成本与市价孰低法

乔治·梅认为，成本与市价孰低法体现了价值信息和成本信息的结合。同时他也指出，关于成本与市价孰低法，最令人困扰的问题是，为什么允许企业调整当前期间的数字，从而确保下一时期的利润？ [4]

---

1 George O. May, *Twenty-Five Years of Accounting Responsibility 1911-1936: Essays and Discussions*, Volume 1 (Kansas: Scholars Book Co., 1936), p. 71. Reprinted in 1971 by Scholars Book Co.

2 同 1, Volume 2, p. 381.

3 George O. May, *Financial Accounting: A Distillation of Experience* (New York: The Macmillan Company, 1946), p. 33.

4 George O. May, *Memoirs and Accounting Thought of George O. May*, edited by Paul Grady (New York: The Ronald Press Company, 1962), p. 202.

可见，乔治·梅对成本与市价孰低法这样一个相当流行的会计规则秉持质疑的态度。成本与市价孰低法违背基于事实记账的基本理念，且在逻辑上不能自洽，应予否定。

六、乔治·梅在《1933 年证券法》起草过程中提出的建议

乔治·梅反对任何试图强制推行审计或者管制会计职业的立法动议。他试图减轻注册会计师在证券法中的角色分量。

几乎与卡特出席参议院听证会以及美国会计师协会开展游说活动同时，乔治·梅致信雷本，建议沿用美国会计师协会与纽约证券交易所在通信中确立的做法。他通篇没有提及强制性的注册会计师审计制度。

 专栏 3-24

乔治·梅写给雷本的备忘录

关于证券法草案 H.R.4314 的备忘录

（MEMORANDUM REGARDING SECURITIES BILL H.R.4314）

我赞成通过制定联邦法律来大幅提升对证券投资者的保护力度。**但我也认识到存在很大的难度，在短时期内要想取得立竿见影的效果不大容易。**

设立新企业是符合社会公益的。相应地，对新设企业规定严苛融资条款的做法不符合社会公益。

竞争和发明进步必然导致许多或新或旧的企业归于失败。事实上，如果人们在新企业的新产品已经取代旧产品并取得合理回报的同时，还尝试保留那些产品已经过时了的企业的价值的话，必然导致那些依赖过去的储蓄和投资生活的人所需求的产业收益，会远远超出社会所愿意承担的程

度。因为，要么消费者的总负担会变得过于沉重，要么留给那些当前以劳动等形式对生产作出贡献的人的收益会变得不足。

国会必须面对这样一个事实：无论如何，相当大比例的产业投资将会付诸东流。在我看来，（1）这使得国会更有责任确保投资者有机会基于合理的信息去进行投资，但同时（2）也会使得国会更不愿意承担责任，去要求政府机构决定证券的真实价值，或者决定哪些信息才是投资者作出明智决策所必需的。

实际上，证券的价值依赖于企业在市场上赚取的利润，虽然在理想的情况下政府应当对证券投资者提供切实可行的上述保护措施，但**在我看来，更重要的是推动和鼓励中小投资者投资政府债券，以及其他风险较小、不要求掌握太多金融知识、也不需要像比较成功的商业投资那样必须给予持续关注的品种。**

前面我已经说过，我认为这部新制定的法律不会取得立竿见影的实际效果。**产业股票的很大一部分买家并不是投资者，尽管他们可能会误以为他们是投资者（A large proportion of the buyers of industrial securities are not investors, though they may think they are）。他们不会被提供给他们的信息所左右，但我认为，他们普遍更容易受到销售技巧或者证券发行人或承销商的声誉的影响。**当然，我倒是希望随着更好的信息的逐渐传播，投资实践会有所改善。

在我看来，法律草案还需要解决以下问题。

第一，需要确定法律的调节范围。

第二，要明确董事和其他高级管理人员的责任，既要对欺诈或重大过失施以惩罚，又不至于因惩罚过重而使得负责任的人不愿意担任管理职务，导致企业被不负责任的人掌控。

第三，要求证券承销商披露其在证券发行中收取的报酬和获得的利益。

第四，**针对证券发行人设计充分但不过度繁重的信息披露要求**。

关于本法的调节范围，我强烈建议先将其限定在初始发行的证券上，以后可以将这些要求推广适用于证券发行后的定期报告。**对于非公开发行的证券，可以予以豁免**。至于哪些证券可以予以豁免，需要非常慎重的研究，我没有能力就此提出建议。

如何明确董事和其他高级管理人员应承担的恰当责任而不至于让负责任的人吓得不愿意担任董事，是个很微妙的问题。我认为众议院草案中的**条款不应当要求董事对他们不了解也没有办法通过合理方式予以了解的报表中的错误负责**，否则有违本法的立法宗旨。

如何要求证券承销商披露报酬和利益，这个问题似乎不难解决，但需要非常慎重的研究，我没有能力就此提出建议。

证券发行人的信息披露是一个存在很大现实困难的问题。其中最重要的信息就是会计信息，我在这一领域有一定的经验，所以我可以就什么是必要的和可行的会计信息等问题，来发表一些观点。

在制定关于信息披露的要求时所面临的第一个难点是，很难针对不同的情形统一规定什么样的事实才是最重要的。第二个难点是，很多被宽泛地认为是事实的东西，实际上只是观点而不是事实。第三个难点是，基于事实所得到的推论和观点通常比事实本身更重要。

就会计信息而言，**最重要的是认识到现代企业的账目并不完全是对事实的陈述，而是在很大程度上部分地基于会计惯例（conventions）、部分地基于（显性的或隐性的）假设（assumptions）、部分地基于判断所表述**

的意见（opinion）。[1] 在很多年前，商业远没有如今这么复杂的时候，一位英国法官就曾这么说，"**利润的确定在任何情况下都必然取决于人们的估计和意见**"。

在对一家企业进行估值的时候，企业未来的盈利能力通常是最重要的一个考虑因素。人们在估计这种盈利能力时，通常会借助过去的经验。**哪些收入应当归属于某个会计期间，部分地取决于会计方法，部分地取决于估计。这就很难完全避免使用惯例**。因为归属于某一期间的收益，不仅仅是该期间内的行动和交易的结果，而且还受到前一期间的行动和交易，以及其后期间的交易的可能性的影响。显而易见，既然是必须做出估计，那么，即使由最有才干的人以最大的诚意做出的估计，事后也有可能被证明是不正确的。例如，为了计算得到某一年的利润，就需要估计机器的可使用年限，并估计尚未售出的商品的价值。原以为够用多年的机器事后可能因为新发明的出现而变得过时，商品的售价也可能突然受到时尚的变化、关税税则的修订、更便宜的生产方法的进展以及过量生产、其他企业清仓销售等因素的重大影响。

所以，**我要强调一下这个极端重要的要点。法律要避免出现常见的误解，即资产负债表和利润表是关于事实的报表。法律要尽力让投资者认识到，在这些账目的形成过程中，惯例和意见发挥着重要作用。这些惯例和意见的价值，取决于做出必要判断的那些人的专业胜任能力和诚实正直程度。**

为此，我认为在法案正文或者法案附属的审议报告中，应当在立法目的中添加关于账目的内容，以确保：（1）资产负债表中的资产和负债

1　这是乔治·梅对会计本质的经典表述之一，原文为"accounts of a modern business are not entirely statements of fact, but are, to a large extent, expressions of opinion based partly on accounting conventions, partly on assumptions, explicit or implicit, and partly on judgment"。

应当公允地进行分类；资产账面价值的**计价基础**（bases，即确定依据）[1]应当予以公允披露；**应由一名或多名责任人出具意见，声明资产负债表是采用上述计价基础根据认可的会计惯例列报的**。（2）利润表应当由有才干且负责任的人来编制，能够合理反映企业在特定期间的实际条件下的盈利能力。

鉴于过去的盈余常常被投资者作为揣度未来的重要参考，因此，**需要采取一切可能的措施去保护投资者，避免用过去的盈余去预测未来的股价，除非那些预测的人能够披露任何可能导致过去的盈余缺乏预测价值的变动因素**。要提供完全的保护或许是不可能的，但有些事情还是值得去做。

我建议，这部法律应当要求发行人提供以下会计信息：

（1）简要描述证券发行人在记账、确定利润及财务状况时惯常采用的一般原则或者会计方法。

（2）证券发行人的资产负债表或资产负债资本表。

（3）证券发行人最近三年的利润表（如果营业满三年的话）。

（4）由证券发行人的**首席会计官或者独立公共会计师**签署的声明，该签署人应宣称资产负债表和利润表的编制公允且一贯地采用了上述（1）所述的公司惯常采用的会计方法。

（5）关于控股公司的特别规定。

相关要求可比照美国会计师协会向纽约证券交易所提供的建议书来设计，该建议书在 1933 年 1 月 12 日由纽约证券交易所上市委员会主席提交给参议院银行和货币委员会作为证词。该文件有助于大幅改进现行的实务

---

1 乔治·梅列举的计价基础，包括：成本；再造成本减去折旧（reproduction cost less depreciation）；估计的持续经营价值（estimated going concern value）；成本与市价孰低法；特定日期的清算价值。

做法。

为满足这些要求，我准备了一些具体建议，这些建议引起了美国投资银行家协会的注意，据了解，这些建议还被提交给了国会委员会。建议如下（注释是我加上的）：

关于在证券法草案第5节增设关于会计规则的小节的建议

（5）简要描述证券发行人在记账、确定利润及财务状况时惯常采用的一般原则或者会计方法。

注释

这项规定不拟要求证券发行人详细解释其会计方法的技术细节，如通常所说的"账户分类"或"账目卡片"等，而是简要阐释其所遵循的总体会计原则（broad accounting principles）。

如果没有这种对会计原则的描述，以上我在第（4）小节中所建议的关于所提交账目的正确性的声明也就无从谈起。

自1918年以来的税法已经统一规定，在计算确定应纳税所得额时，纳税人应当采用其惯常采用的会计方法。

本小节所要求提供的信息的一般性质可参见前面所提及的美国会计师协会给纽约证券交易所提交的建议书的附表2。其中的部分要点如下：

（a）折旧的资产类别、计价基础以及计算方法；

（b）期末存货的计价基础—成本与市价孰低法，或者其他计价基础；

（c）哪些类别的支出应作递延处理而不应直接记入收入账户，以及逐期摊销的程序等。

（6）资产负债表，应分类载明发行人在提交注册申请表前的最近可行日期的资产、负债和资本，**并载明表中列报的各类资产的计价基础（basis of valuation）**。如果资产负债表与证券发行人的总账或此前公布的同一日期的资产负债表不一致，则应就不同之处给出说明。

注释

虽然资产的计价基础可以在关于会计方法的说明中另行提供，但似乎更有利于投资者感知的办法是在资产负债表中直接列明资产的计价基础。本小节未提及或有的负债和义务，但这些项目实际上可能会对财务状况造成严重影响。我认为不可能存在适用于所有情境的具体规则，比较可行的办法是要求企业声明其资产负债表公允地列报了其财务状况，同时给予充分的披露。

（7）证券发行人最近一个年度的利润表以及此前两个年度的比较利润表，经营期限短于上述年限的，按照实际经营期限列报；如果注册申请表的提交日期距上一财年结账日期六个月以上，则应提供该期间的利润表。

利润表中应当载明相应财年的利润。下列项目应当单独列示：营业收入（operating income）；营业外收入（non-operating income）；利息费用（interest charges）；所得税和其他固定开支（income taxes, and other fixed charges）。性质特殊且不太可能重复出现的收入或费用项目，如果对报告期的净利润有重大影响，则应单独列示。如果利润表与总账数据或者与以前已经公布的相同期间的利润表存在差异，则应阐释产生差异的原因。

注释

证券发行人最近三年有改组等情形的，本小节和下一小节的规定应推广适用于证券发行人在三年内的前身组织。在这种情况下，应要求前身组织提供利润表和盈余变动表。

（8）证券发行人在第（7）小节的利润表所属期间的盈余变动表。

（9）**由证券发行人的主计长或会计主管，或者由一位或多位独立公共会计师签署的声明，声明他们认为资产负债表和利润表是在公允且一贯地采用公司惯常采用的会计方法的基础上编制的，公允地反映了证券发行人在资产负债表日的财务状况和各期间的利润。**上述签署人还应在距注册申请日十日内签署声明，宣布其了解自资产负债表以来，企业的财务状况或资产性质没有发生有可能对拟发行证券造成不利影响的任何变化，企业常规经营活动的细微变化除外。

（10）证券发行人的证券价值受其通过股权等方式所控制的一个或多个公司的财务状况或利润的影响较大时，**注册申请表应当包含受控制的那些公司的资产、负债、资本和利润等信息。可以分别列报，也可以集中列报。可行的话，可以提交合并报表。**

注释

这一规定比较灵活，既适用于全资子公司，也适用于存在少数股权的子公司。我认为，该法案的条款可能会推广适用于证券发行后的定期报告。我建议如下：

1．如果证券发行人拟改变其所采用的总体会计原则，则应在做出改变之日起六十天内向联邦贸易委员会提交报告，充分阐释其做出的改变。

2．证券发行人应当在会计年度终了后九十日内，向联邦贸易委员会提交反映其财务状况和年度利润的报表。该委员会可酌情延长提交报表的时限。

我相信上述建议有助于在法律中引入当前的最佳做法。

乔治·梅对《1933 年证券法》和《1934 年证券交易法》这两部法律意见极大，主要集中于三点。一是推行了分别适用于招股说明书和年度报告的强制性注册会计师审计制度（即所谓独立审计），这种立法"削弱了公共会计师的职业地位"。二是把严格责任原则强加给包括公共会计师行业在内的所有金融中介，与"一些英国惯例所牢牢确立的原则背道而驰"，刑罚规定比英国法律更严厉。三是授权监管机构（先后为联邦贸易委员会和美国证监会）负责拟订证券市场上的会计规则，这种立法是"不充分的考虑，是不明智和不必要的"。[1] 他哀叹道："如果说 1918 年是美国公共会计师行业协会的鼎盛时代，那么 1933 年和 1934 年则是它的低谷。《1933 年证券法》剥夺了它的专业基础。"[2] 乔治·梅指出，《1933 年证券法》开辟了会计史和公司金融史的新纪元，这部法律不是明智调查和缜密论证的产物，而是屈从于公众愤慨的压力、立法调查程序质量不高的结果。这部法律明明背离了英国公司法中的一些最坚实的原则，但却宣称其继承了英国的实践已经证明行之有效的规则。[3]

乔治·梅针对 1933 年证券法草案给雷本的信，以及针对 1934 年证券交易法草案在参议院听证会上的发言，都秉持了上述基本理念。这是乔治·梅的执念。正是基于上述执念，乔治·梅对《1933 年证券法》给出了毫不客气的评价。他认为，该法虽然试图模仿英国公司法，但从立法听证程序到具体规则都相去甚远。乔治·梅坚决反对监管部门的官员和职员将会计推向错误的或尚未得到认可或未经检验的规则或路径，反对他们以僵化的态度排斥更

---

1 George O. May, *Memoirs and Accounting Thought of George O. May*, edited by Paul Grady (New York: The Ronald Press Company, 1962), p. 198.

2 George O. May, *Financial Accounting: A Distillation of Experience* (New York: The Macmillan Company, 1946), p. 71.

3 原文如下："A law which ran counter to some of the most firmly established principles of English practice was portrayed as one the merits of which had been proved by English experience." 参见：George O. May, *Financial Accounting: A Distillation of Experience* (New York: The Macmillan Company, 1946), pp. 58-59。

开明的新思想，反对他们以会计原则（accounting principles）为幌子推行有争议的政策，反对他们破坏公共会计师作为专业人士的真正的独立性。

七、乔治·梅对美国公共会计师行业发展的深远影响

如前文所述，兰迪斯在其论文中提及，乔治·梅是美国"公共会计师行业的现任主持牧师"。这是一个中肯的评价。乔治·梅的会计思想对美国公共会计师行业，对美国证券市场会计监管，甚至对国际会计准则的演变都产生了广泛而深刻的影响。

（一）乔治·梅帮助美国会计师协会确立了审计程序和审计报告的雏形

前已述及，乔治·梅所主张的审计业务是附属于强制性股东自主审计制度的，在这种机制设计下，注册会计师只需向现有的股东审计师提供受托业务报告书即可。

在美国会计师协会谋求联邦贸易委员会和联邦储备委员会支持的当口，乔治·梅提交了普华会计公司内部使用多年的审计操作手册。这套审计程序公布于联邦储备委员会 1917 年 4 月号的《联邦储备公报》，即《统一的账目》。这是美国公共会计师行业制定的第一份关于审计程序和审计报告的专业指南。

（二）乔治·梅影响了美国公共会计师行业的发展走向

1926 年 9 月 22 日，乔治·梅发表演说，号召美国会计师协会与纽约证券交易所合作，就此拉开了美国公共会计师行业在证券市场谋生存的大幕。1930 年 9 月，美国会计师协会成立"与证券交易所合作特别委员会"。1932年，纽约证券交易所要求自 7 月 1 日起，上市公司应当聘请独立公共会计师审计其财务报表。美国公共会计师行业从此被绑定在证券市场的战车上。兰迪斯等人仓促起草的《1933 年证券法》对英国《1929 年公司法》的审计制度作了错误的解读，推出了失当的强制性注册会计师审计制度。

（三）乔治·梅影响了公认会计原则的拟订理念

乔治·梅基于"会计是一门艺术"的思想，反对制定统一的会计制度。其立场并不足取。但从美国联邦和州的法律结构来看，由于美国没有联邦公司法，美国证券市场上的确不可能形成联邦统一的会计制度。美国证券市场监管的合理的机制设计应当是，美国证监会要求各州的公众公司依照所在州法律进行会计处理，然后如实予以披露。可见，乔治·梅关于"会计艺术论""会计应当基于事实"等的会计思想暗合了美国的法律结构，具有可取之处。

从后续实践情况来看，美国会计师协会（及其后继者美国注册会计师协会）旗下的会计程序委员会和会计原则委员会，果然只是罗列公众公司及其客户所认可的多样化会计规则，没有在理论层面上进行梳理论证。后来，财务会计准则委员会试图通过理论框架来扭转公认会计原则难以服众的被动局面，然而木已成舟，覆水难收，公认会计原则仍然是一套缺乏合理逻辑的弹性化规则。

总之，乔治·梅对会计规则和注册会计师审计程序乃至美国公共会计师行业的发展产生了深远影响，其会计思想值得认真进行分析研究和借鉴参考。[1]

八、乔治·梅会计思想的历史局限性

（一）乔治·梅的会计思想根源于普通法下律师行业的谋生策略

乔治·梅所秉持的理念受普通法影响至深。在普通法下，法律规则是从

---

[1] 蒙哥马利等人不赞成乔治·梅所秉持的与证券交易所合作拟订公认会计原则的思路，他在 1939 年公开主张由企业管理层和公共会计师一起来设计公认会计原则。在乔治·梅看来，美国会计师协会采用了蒙哥马利的立场，这是不和谐的开始。1948 年，美国会计学会的公告宣扬基于事实的会计信息披露，使得这种分歧更为显著。1952 年，企业收益研究组公布的研究报告出现 36 人赞成、8 人反对的分歧，这八位反对者中，有三位是政府官员，五位是美国会计师协会的研究部主任、会计程序委员会主席等资深成员。参见：George O. May, *Memoirs and Accounting Thought of George O. May*, edited by Paul Grady (New York: The Ronald Press Company, 1962), p. 287。

一个接一个的判例中产生的，并随着新条件和新思想而缓慢地发生变化。律师行业受益于浩如烟海的判例，受成文法规制的影响较小。[1]

乔治·梅对律师行业颇为艳羡。他说，工程师在计算建筑标准时处理的是物质世界的事情，然而在财务账户中，会计师处理的是形而上学的（metaphysical）事情。或许将会计与商法进行比较是比较公道的。值得重视的是，律师行业具有不可估量的优点，他们拥有不仅对自己而且对所有其他人都具有约束力的法律体系。基于这种比较，也就可以接受美国的公共会计师行业进展缓慢的事实了。[2]

（二）乔治·梅会计思想的矛盾性

乔治·梅一方面艳羡律师行业能够得到法律规则的庇佑，另一方面又试图让会计成为法外之地，这一对矛盾贯穿乔治·梅的一生，体现出这位思想家的局限性。

乔治·梅关于"会计是一门艺术"的会计思想，根源于英国自《1844年股份公司法》出台起长期对会计规则所持的放任态度，以及乔治·梅自取得特许会计师执业资格以来在美国开辟公共会计师服务领域的人生阅历。乔治·梅一贯主张，企业只要能够让投资者了解其一贯采用的会计方法即可，至于为什么采用某种会计方法或者理应采用何种会计方法，并不是特别重要的问题，没必要告诉外人。这其实是一种典型的仆人心态，是一种私利导向，而一个受人尊敬的行业恰恰应当自觉承担社会责任，应当摒弃这种仆人心态和私利导向。

乔治·梅对法律管制所持的态度，颇似卓别林对待有声电影的态度。时代变了，即便是伟大的人物也很难适应。乔治·梅及其所代表的美国公共会

1 George O. May, *Memoirs and Accounting Thought of George O. May*, edited by Paul Grady (New York: The Ronald Press Company, 1962), pp. 216-217.

2 同1, 121.

计师行业对政府管制持抵制态度。而兰迪斯则对注册会计师行业特别是乔治·梅的理念持质疑态度，1939 年他甚至认为，"只要会计师行业还是由乔治·梅这样的人领导，就甭指望他们能够取得什么进展"[1]。

乔治·梅固守英国普通法下会计行业自治的历史轨迹，未能及时适应会计法治化的历史潮流。乔治·梅认为，"对我而言，稳健性（conservatism）仍然是会计的第一要义（the first virtue of accounting），我完全不同意那种用附注披露来取代在账簿和报表中的列报的主张"。一致性是会计的第二大优点。但是，与普通法一样，会计应当具备灵活性（flexibility）、适应性（adaptability）以及稳定性（stability）。因此，不可能有绝对的一致性，这里有一个总体上的忠告，即企业通常应该保持会计处理的一致性，并且应该有一个规则，即应当适当披露任何明显的偏离及其影响。[2] 从会计法治的角度来看，他的这一思想其实就是继续纵容客户（公众公司）的合规操纵行为。稳健性其实就是合规造假的体面表达，一致性就是让客户自行决断采用何种会计原则，只要能够保持一致即可。稳健性与一致性结合起来，其结果就是任由客户全权决定会计规则。

乔治·梅其实已经意识到，自 1906 年以来州际商务委员会针对铁路企业实施的会计管制表明，会计规则正在从普通法向成文法的做法靠近。40 年来的趋势已经从会计的普通法思维模式转向注重规定细节（prescriptions）和监管（regulations）的民法典模式，越来越强调方法的统一性（uniformity of methods）和管理上的便利性（administrative convenience）。也许最大的变化是，利润表变得比资产负债表更受重视，特别是利润表往往被用来评价盈利能力，而不是用来确定可供分配的利润。乔治·梅反对过分强调投资者（他

---

1 Michael E. Parrish, *Securities Regulation and the New Deal* (New Haven: Yale University Press, 1970), pp. 200-206.

2 George O. May, *Financial Accounting: A Distillation of Experience* (New York: The Macmillan Company, 1946), pp. 44-45.

认为是投机者）的信息诉求。他认为，如果这种 [立法] 趋势抛却了账目的普遍有用性（general usefulness）转而使用某种程度上的特定有用性（specific usefulness），如果这种趋势阻止了财务报表清晰地反映企业及其管理层的个性化，那可能会被证明是对会计真正的损害。[1]

基于他从英国到美国的 50 年的丰富阅历，从服务企业家的角度出发，乔治·梅自然会有"会计艺术论"那样的立场。可是，如果把会计信息的受益面扩大到所有利害关系人，就自然需要强调会计信息的公益性和公信力。这样就会得出适合作为会计法律制度的基本原则的不同理念。[2]

第四节　注册会计师审计制度进入美国联邦证券法的前因后果

《1933 年证券法》所设计的注册会计师审计制度后来成为我国公司法、证券法效仿的样板，但这种机制设计存在明显的缺陷。中国证监会原首席会计师、中国注册会计师协会前秘书长陈毓圭教授对此曾有精辟的论断：美国证券法设计的强制性注册会计师审计制度存在"基因上的错误"。遗憾的是，理论界、实务界和立法机关尚未充分理解陈毓圭教授的这一科学论断的理论意义和实践价值。

一、美国联邦证券法设立强制性注册会计师审计制度的原因

《1933 年证券法》的出台是对美国公共会计师行业的职业化进程影响最大的事件。公共会计师作为公众公司的外部人士，获得了独家垄断的公众公司

---

1 George O. May, *Memoirs and Accounting Thought of George O. May*, edited by Paul Grady (New York: The Ronald Press Company, 1962), p. 200.

2 George O. May, *Financial Accounting: A Distillation of Experience* (New York: The Macmillan Company, 1946), pp. 1-6.

财务报告审计权。

《1933 年证券法》之所以决定由公共会计师行业对公众公司的财务报表实施审计，主要是两个方面的原因造成的。一方面，由于时间过于仓促，美国国会未能对立法草案进行缜密的论证，从而导致了立法失误。另一方面，注册会计师行业积极谋求与证券交易所合作，纽约证券交易所持支持态度。

（一）法律草案起草者和美国国会对证券法草案缺乏缜密论证[1]

《1933 年证券法》是罗斯福"百日新政"期间签署的 15 部重要法律之一。美国国会参众两院平均每个星期通过一部法律，很少有参议员或众议员能够完全理解他们所制定的法律。国会在立法时严重依赖参议院或众议院的相关分委员会，相关分委员会的主席在立法过程中起着主导作用。《1933 年证券法》就是在民主党议员、时任众议院州际和外国商务委员会主席雷本强有力的领导下顺利通过国会立法程序的。[2]

从 3 月 4 日罗斯福发表就职演说，到 5 月 27 日国会通过《1933 年证券法》，中间只用了两个多月的时间。参众两院的听证会主要在 3 月底 4 月初完成，然后，众议院的雷本要求莫利邀请法兰克福特组织写作班子，对汤普森的草案进行大幅修改。关键性的修改，是依照布兰代斯、罗斯福等人的理念，把实质性审查改成了基于真实信息的信息披露。

1. 有参议员赞同注册会计师审计制度

在参议院银行和货币委员会的听证会上，来自科罗拉多州的参议员阿尔瓦·B. 亚当斯（Alva B. Adams）表达了对公司管理层的不信任，以及对注册会计师的支持态度："很多时候我宁愿接受厄恩斯特和普华这样的会计公司提

1　J. S. Ellenberger and Ellen P. Mahar, *Legislative History of the Securities Act of 1933 and Securities Exchange Act of 1934*, Volume 2, Item 21 (Littleton：Fred. B. Rothman & Co., 2001).

2　Paul M. Clikeman, *Called to Account: Financial Frauds that Shaped the Accounting Profession*, Third Edition (New York: Routledge, 2020), p. 33.

交的财务报表，也不希望接收那些公司高管提交的财务报表。那些公司高管只会问'在哪里签字啊'？除此之外他们对财务报表一无所知。"

但也有几位参议员从根本上否定了注册会计师审计制度的合理性。

2. 多位参议员质疑注册会计师审计制度

虽然有卡特等多位证人对注册会计师审计大唱赞歌，但有更多参议员质疑独立审计的基本逻辑，他们提出了一些基本理论问题，至今仍然没有得到科学的回答。来自新泽西的参议员汉密尔顿·F. 基恩（Hamilton F. Kean）指出，"普华会计公司给克鲁格的财务报表签署了证明，他们签署了这个，签署了那个，这一切都是符合证券法草案、符合英国《1929 年公司法》的精神的，然而，那又有什么意义呢？照我说，由公司董事对财务报表负责，这就够了"。来自密歇根州的参议员詹姆斯·J. 卡曾斯（James J. Couzens）提出，"公众不应当给予注册会计师审计报告过多的重视，因为注册会计师与上市公司是利益相关方（interested parties）"。

让我们重温一下与卡特对话的几位参议员的见解：如果真的有必要对财务报表实施审核的话，那么，由政府机关来实施，会更有利于保护投资者的权益；与私人相比，政府官员进行检查和审计所花费的时间不会更多；公司完全可以通过内部审计来复核其财务报表；中介复核后的财务报表的公信力并不必然得到增强，由于政府监管不可替代、政府仍然要履行监督职能，因此，强制推行注册会计师审计其实是耗费了更高的社会成本、造成了更大的社会不公。

卡曾斯参议员提出，"一个可行的方案是，由联邦贸易委员会在必要时遴选注册会计师，来对公司财务报表实施审计。费用由证券发行人缴纳"。这恰恰就是汤普森所设计的正确的审计机制。

证券监管权还是应当由公共权力机关行使。监管机构可以通过委托审计的方式来雇用中介机构参与，但该中介机构只是代替委托方（即证券监管机构）履行个别操作程序，其自身并无监管地位和监管权力。

基于信息真实性的强制性信息披露，加上卡曾斯参议员所提出的监管机构的委托审计制度，才是科学的证券市场会计监管理念。

（二）美国会计师协会获得了纽约证券交易所的支持

强制性注册会计师审计制度得以写入《1933 年证券法》，与美国会计师协会积极谋求与纽约证券交易所合作等事态密切相关。

1926 年以前，美国会计师协会在缺乏联邦法律庇佑的情况下，积极寻求行政机关的支持，先后请求与州际商务委员会、联邦贸易委员会、联邦储备委员会等联邦政府机构合作，一直未能取得突破。直到乔治·梅 1926 年率众转型，才终于确定了与证券行业结盟的行业发展新路。美国会计师协会在1930 年与纽约证券交易所建立合作关系，美国公共会计师行业终于被绑定在证券市场的战车上。

里普利 1927 年的著作《主街与华尔街》、伯利和米恩斯 1932 年的著作《现代公司与私有财产》在揭露证券市场上的公众公司操纵手法的同时，都对注册会计师行业寄予了些许期待。里普利在 1925—1926 年间的猛烈谴责引起了社会舆论的强烈反响，恶劣的会计操纵是里普利所抨击的主要问题之一。公众认识到，华尔街一直是一个缺乏监管的场所。《现代公司与私有财产》一书也使得社会公众认识到了证券信息披露对于维护社会公平的重要性。这些轰动全国的佳作所带动的密集新闻报道，为公共会计师行业发展创造了良好的舆论环境。伯利和米恩斯二人关于确保信息披露的真实性的主张在证券法中得到了体现。

自从乔治·梅在 1926 年倡导公共会计师行业与纽约证券交易所合作以来，美国会计师协会积极作为，促使纽约证券交易所在 1933 年 1 月宣布逐步要求公众公司提交经审计的会计报表。乔治·梅所供职的普华会计公司担任了纽约证券交易所上市委员会的顾问。在第一部联邦证券法起草期间，纽约证券交易所已经要求公众公司聘请注册会计师审计其财务报表。纽约证券交易所向参议院提交了它与美国会计师协会开展合作的来往信函。公共会计师行业努力塑造积极的社会形象，积极游说立法机构，积极参与公共事务，努力提高社会地位。1932 年 6 月，《财富》杂志关于注册会计师行业的正面宣传具有较大影响。1933 年，1 157 家上市公司提供年度财务报表，超过 60% 的公司还提供季度报告。当年底，纽约证券交易所至少有 85% 的公司定期接受注册会计师的审计。

当时，纽约证券交易所的上市规则事实上比任何一个州的证券法都要准确，比英国《1929 年公司法》的信息披露规则更接近《1933 年证券法》附录 A 中的信息披露清单。里普利在《主街与华尔街》一书中也承认，"毫无疑问，纽约证券交易所是促进充分的公司披露的主要推动力量"[1]。

二、《1933 年证券法》的三重偏差

法兰克福特的立法班底对英国公司法存在迷信，对英国公司法做了不恰当的扩大化解读。在立法听证中，国会议员们对英国《1929 年公司法》及其会计审计行业动态所知甚少，只有几位议员了解个皮毛，有的议员甚至还在问英国公司法都写了什么、主管会计（controller，主计长）和审计师有何区别。[2] 法律起草和论证中的一连串失误，导致《1933 年证券法》关于会计审计的机制设计出现了三重偏差。

（一）《1933 年证券法》不恰当地推出了强制性的注册会计师审计制度

《1933 年证券法》的第一重偏差是，曲解了英国公司法中的审计制度，把

---

1 ［美］乔尔·塞里格曼：《华尔街的变迁：证券交易委员会及现代公司融资制度演进》（第 3 版），徐雅萍等译，中国财政经济出版社，2009，第 75 页。

2 J. S. Ellenberger and Ellen P. Mahar, *Legislative History of the Securities Act of 1933 and Securities Exchange Act of 1934*, Volume 2, Item 21 (Littleton：Fred. B. Rothman & Co., 2001).

公众公司审计权移交给公共会计师，构建了强制性的注册会计师审计制度。

1. 英国《1929 年公司法》下的"竞优"机制

科恩等人在借鉴英国《1929 年公司法》的时候，误以为英国公司法已经规定了强制性的注册会计师审计制度。

但实际上，从《1844 年股份公司法》到《1929 年公司法》，英国公司法从来没有狭隘地将公司财务报表审计权交给公共会计师行业去垄断。在英国，《1844 年股份公司法》引入的是强制性的股东自主审计制度，其立法目的是保护公司股东免受故意欺诈或控制不力的公司发起人的侵害。账目被视为防止欺诈（如用股本支付股利等情形）的手段，而审计则被视为核实这些账户的手段。《1845 年公司条款合并法》规定，审计师必须由股东担任，担任审计师的股东可以雇用公共会计师参与审计工作（见图 3-7）。《1845 年公司条款合并法》常常被会计文献有意无意地忽视，但恰恰是这部法律最能体现公司法的会计审计条款的立法本意。《1856 年股份公司法》取消了强制性的审计规定。《1900 年公司法》全面恢复强制性的股东自主审计制度。《1929 年公司法》沿用了这一制度。

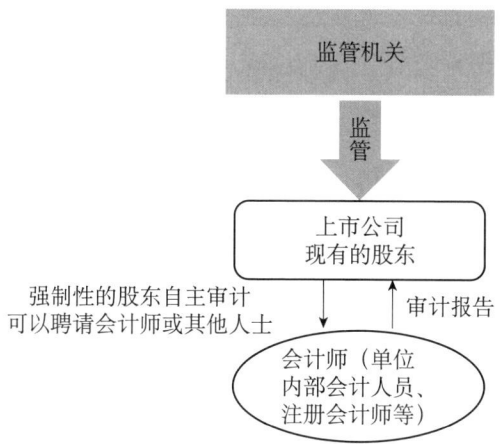

图 3-7　强制性的股东自主审计：英国《1845 年公司条款合并法》的审计机制设计

乔治·梅指出，"新政"的支持者坚持认为《1933年证券法》实质上脱胎于英国公司法，但这种说法是经不起检验的，英国律师协会和英国立法机关会很快否认这种嫡传关系。[1]乔治·梅强调，那种认为《1933年证券法》在总体特征和范围上类似英国公司法的观点是错误的。乔治·梅说，他非常高兴地听到了出任美国证监会委员的兰迪斯在1935年美国管理协会（American Management Association）的会议上明确否认二者有任何类似之处。[2]乔治·梅认为，《1929年公司法》所规定的公司审计制度是合适的，一是由股东自愿委托公共会计师实施审计，二是会计规则由公共会计师行业来决定，政府机关不拟染指会计规则的制定。[3]

在当时英国公司法的制度安排下，公司财务报表的审计存在两种可能。一是公司内部指定会计专业人士从事审计工作，也就是内部审计。二是公司管理层自愿聘请外部人士从事审计工作，也就是内部审计机构委托中介机构实施审计，中介机构向内部审计机构做汇报。

委托人基于真实的需求而自发、自愿聘请公共会计师时，会更乐意出更高的价格，挑选更有才干的公共会计师，购买更优质的服务。这样，公共会计师行业就有希望朝着优质优价的良性循环发展。在这样的机制下，公共会计师的职业地位有望与律师、医师比肩。公共会计师之间的竞争将是朝着更优秀的方向努力，笔者称之为"竞优机制"。

2. 美国《1933年证券法》下的"比烂"机制

在《1933年证券法》下，公共会计师是法律强制要求而非委托人自愿聘

---

1 George O. May, *Twenty-Five Years of Accounting Responsibility 1911-1936: Essays and Discussions*, Volume 2 (Kansas: Scholars Book Co., 1936), pp. 62-63. Reprinted in 1971 by Scholars Book Co.

2 George O. May, *Memoirs and Accounting Thought of George O. May*, edited by Paul Grady (New York: The Ronald Press Company, 1962), p. 99.

3 乔治·梅的前一主张是有道理的，但后一主张反映了企业主和公共会计师行业的立场，未能考虑到会计信息的公益性和公信力，因而存在历史局限性。

请的，审计业务就变成了低廉的合规程序之一。由于并非出于自愿聘请，委托人往往并不重视和尊重公共会计师及其审计工作。这就是现实中低价竞标（lowballing）问题的根源。

由于公共会计师所从事的是收费的审计服务，因此，会计公司的审计意见常常取决于客户（被审计单位）的意思。在被审计单位故意造假的情况下，公共会计师要么辞职（即"用脚投票"），要么按被审计单位的意思办。也就是说，公共会计师至多只能通过"用脚投票"的形式发挥监督作用。

对于法兰克福特等人在起草证券法时所仓促抛出的强制性注册会计师审计制度，法学家伯利很早就从根源上提出了质疑。《1933 年证券法》通过四个月后，美国会计师协会 1933 年年会在新奥尔良召开。伯利原本答应参会，但因临时另有公务而未能赴会，其发言稿（Public Interest in Accountancy）改由来自纽约的"莱布兰德，罗斯兄弟和蒙哥马利"公司主管合伙人沃尔特·斯托布（Walter A. Staub）代为宣读。伯利指出，会计正在迅速获得公共利益属性。他探讨了会计实践中的一些问题（如存货的成本与市价孰低法、将非重复性项目包括在利润表中、会计方法的变更等问题）。伯利指出，公共会计师既然是按照客户的指示从事，又如何能够保持完全公正的理念？伯利预测，美国国会将会创设一个机构来制定各行业的会计操作标准，该机构或许会设在商务部。对于慕名而来的听众而言，伯利的观点无疑是当头一棒。斯托布在宣读完伯利的文稿后慷慨激昂地发表了反驳意见。这场伯利缺席的辩论使得美国会计师协会的会员们统一了意见，他们纷纷敦促美国会计师协会采取行动，阻止政府部门亲自干预会计行业。

伯利的质疑是很有道理的。从民事法律关系的性质来看，公众公司与会计公司签订的审计业务约定书，就是甲方（委托人）和乙方（受托人）之间的委托合同。从法理上来看，公众公司是委托人，公共会计师是受托人，二者之间是买卖关系，自然也就没有独立、公正之说。果不其然，《1933 年证券法》实施之后，公共会计师行业发现，独立性纯属无稽之谈。[1]

公共会计师接受委托后，从事的是一门生意。既然是一门生意，就要具备生意的正当性。审计生意的正当性，就体现为勤勉尽责地为委托人服务，并按照委托人的要求，报告委托事务的处理情况。根据合同的相对性（privity of contract），审计业务约定书仅对委托人和受托人产生约束力。因此，审计报告对第三人没有证明效力。[2] 易言之，不特定的第三人不得基于该合同提出请求或提起诉讼。以此而论，现行审计理论关于审计的三方关系[3]的理解违背民法原理，应予以否定。

汤普森（拥有丰富的律师行业经验）和乔治·梅（会计服务行业的精神领袖）深知这一点，他们二人所提议的审计机制均未涉及强制性的注册会计师审计制度。很难说卡特的证词就是参众两院的议员们推出强制性的注册会计师审计制度的依据，他的意见也不代表美国会计师协会的意见。[4] 人们只能说，《1933年证券法》给出的会计审计规则，比英国《1929年公司法》的弹性大得多。

但是，从英国《1929年公司法》的"强制性的股东自主审计制度"，到美国《1933年证券法》的"强制性的注册会计师审计制度"，其间的变化并不是进步，而是倒退。这个倒退主要体现在两个方面：一是，不应当推行强制性注册会计师审计制度，而应比照律师行业，采用股东自主审计制度；二是，不应当将审计报告展示给委托人以外的第三人（如潜在投资者等），而应坚持

---

1 Carman G. Blough, "The Relationship of the Securities and Exchange Commission to the Accountant," *Journal of Accountancy*, 1937, 63(1): 23-34.

2 作为对比，我国《注册会计师法》第十四条所规定的"注册会计师依法执行审计业务出具的报告，具有证明效力"，缺乏理论依据。

3 例如《中国注册会计师鉴证业务基本准则》第十四条规定，"鉴证业务涉及的三方关系人包括注册会计师、责任方和预期使用者"，"责任方与预期使用者可能是同一方，也可能不是同一方"。该行业规则是从境外私立机构国际会计师联合会（International Federation of Accountants，IFAC）的文件翻译而来。

4 卡特毕竟是注册会计师行业的新兵，他不受乔治·梅等前辈重视在所难免。

合同的相对性原则，严格讲，委托审计的法律关系应当限定在委托人和受托人之间（见图 3-8）。

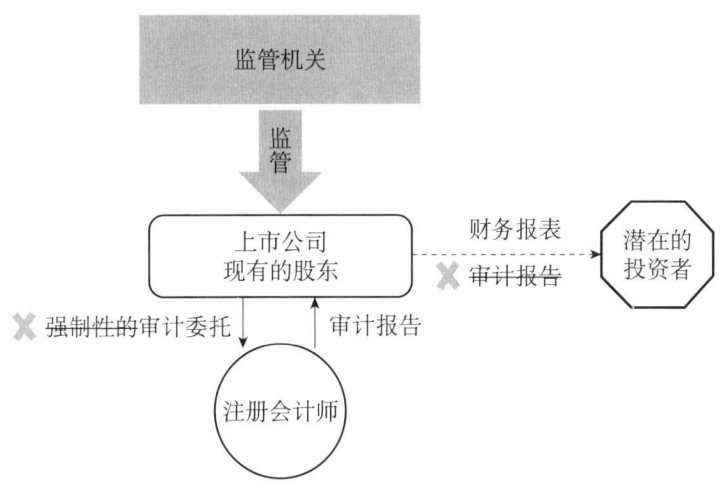

图 3-8 强制性的法定审计：现行的失当制度安排

卡特、法兰克福特以及美国国会议员们"好心办坏事"，硬生生给公共会计师行业送上具有专业垄断性质的强制性的注册会计师审计制度，导致公共会计师行业这样一个原本可以像律师行业那样不断追求卓越的行业，从此被引入"比烂"的轨道。这是乔治·梅反对《1933 年证券法》的重要原因之一。1845—1929 年各个版本的英国公司法推行的是强制性的股东自主审计制度，在这种机制设计下，公共会计师行业有希望获得律师那样的职业威望。在客户自愿聘请最能帮助自己维护合法权益的注册会计师的情形下，注册会计师行业会走上"高水平—高回报"的良性循环。反之，既然是法律强制要求公司聘请注册会计师实施审计，那么，注册会计师行业必然会走上"比烂"的道路。低价竞标、意见购买（opinion shopping）是其必然结局。乔治·梅很早就看穿了这一切。由此也就不难理解，乔治·梅为何对法兰克福特、兰迪斯等人充满怨恨了。汝之蜜糖，彼之砒霜。卡特所孜孜以求的，恰恰是乔治·梅唯恐避之不及的。在乔治·梅看来，过度的赋权无疑是毒药。这就是行业领袖与行业领导之间的区别。

乔治·梅深谋远虑，对公共会计师行业的未来寄予很大的期望。然而，一切都因为强制性注册会计师审计制度的推出戛然而止。被尊为立法学专家的兰迪斯终究还是缺乏法律实践经验[1]，他甚至在多年以后还不能理解乔治·梅为何对其心怀怨念，对美国联邦证券法无比愤懑。

前述史实表明，强制性注册会计师审计制度的始作俑者，不是英国公司法，而是美国《1933年证券法》。[2]后者是不成功的移花接木之作，这种仓促出台的失当立法的后果是显而易见的。实际上，法兰克福特和兰迪斯二人对服务资本家的律师和会计师均持怀疑态度，法兰克福特在1934年的一封写给兰迪斯的信中称，"长期以来我一直强烈怀疑，那些花里胡哨的会计公司在金融和企业败德行为中所扮演的角色，与那些知名律师事务所的角色几乎是相同的"[3]。

乔治·梅所担忧的问题，在数十年后的今天，仍然是监管机构的重大关切。公众公司会计监察委员会（PCAOB）主席詹姆斯·R.多蒂（James R. Doty）就这一根本问题曾发表过一系列重要演讲。2012年5月17日，多蒂在美国注册会计师协会125周年纪念大会上指出，21世纪以来人们逐渐认识到，过往的一系列审计制度的改革都是不充分的，新一波的公司欺诈浪潮的规模比以往任何时候更大、欺诈程度更惊人。安然事件之后的许多会计错误表明，上市公司治理、报告和审计框架中的缺陷是显而易见的。同年10月1日，多蒂在召开于伦敦的国际独立审计监管者论坛（International Forum of Independent Audit Regulators，IFIAR）上，发表《资本与冒险：审计师在现

---

1 1949年，兰迪斯在50岁那年通过了纽约州的律师考试，开始从事律师业务。

2 如本书第一编所述，《1845年公司条款合并法》要求审计师必须由股东担任，股东可以聘请公共会计师参与审计。《1856年股份公司法》允许股东以外的人士担任审计师。作为对比，英国《1947年公司法》首次将审计师任职资格限定于公共会计师行业协会会员，这事实上引入了强制性注册会计师审计制度，宣告了公共会计行业对公司审计实务的垄断权，是英国公司法立法进程中的一大倒退。

3 Adam C. Pritchard, Robert B. Thompson, "Securities Law and the New Deal Justices," *Virginia Law Review*, 2009, 95(4): 841-926.

代公司中的作用》（Capital and Adventure: The Auditor's Role in the Modern Corporation）的演讲，坦率地指出了证券市场审计制度的缺陷。他说，一个令人不安的事实是，审计职业的角色存在错配。由于注册会计师审计是美国联邦证券法强制要求跨州发行的公众公司实施的，而不是由公众公司基于自愿而实施的，因此，就造成了一种比较刻板的印象，即注册会计师审计是低价值的合规活动，是法律所强加的一种负担。实践中，注册会计师审计并不那么受待见。这一切都会使得注册会计师行业不大容易受到有智慧的人士的青睐，从而导致公共会计师行业陷入人才枯竭和持续沉沦的恶性循环。[1]多蒂是一位资深证券律师，他敢于在以"独立审计"冠名的大会上发表"打脸"言论，这种实事求是的态度值得肯定。然而，证券市场已经"享受"这种失当的监管制度数十年，正所谓"尾大不掉"，要扭转这一局面绝非易事。

（二）《1933 年证券法》不恰当地扩大了会计报表和审计报告的使用范围

《1933 年证券法》的第二重偏差是，不恰当地把会计报表以及审计报告的使用者，从现有的股东扩大到了潜在投资者。

要求公共会计师行业为潜在投资者服务，是一个错误的执念。这个执念不仅盘旋在美国联邦证券法起草者的脑海里，还盘踞在证券监管机构领导层的脑袋里。一个经典的口号来自美国证监会主席杰尔姆·N. 弗兰克（Jerome N. Frank）在麦克森·罗宾斯公司案（Mckesson & Robbins）爆发后的呼吁，"注册会计师不仅要为现有的股东和债券投资人（existing stockholders and bondholders）服务，还要为所有的未来的投资者（all future investors）服务"[2]。这种观点听起来似乎富有使命感和责任感，但其实是一种博眼球的空泛口号，而且喊错了对象。要知道，为所有投资人服务，严格加强证券监管，

---

1 该演讲可见于公众公司会计监察委员会官网（https://pcaobus.org/News/Speech/Pages/10012012_DotyIFIAR.aspx）。

2 Michael E. Doron, "I Ask the Profession to Stand Still: The Evolution of American Public Accountancy, 1927-1962," *The Accounting Historians Journal*, 2011, 38(1): 111-139.

都是证券监管机构的职责，怎么能强推给中介去做呢？在法治国家，中介的主要职责是为其委托人服务。立法机关和行政机关没有理由要求中介为委托人以外的第三人服务。

在强制性注册会计师审计制度下，公共会计师行业不仅无法发挥监督职能，还要背负《1933年证券法》强加给它的侵权责任。这种制度安排对于公共会计师行业来说实属无妄之灾。这是因为，依法理而论，被审计单位（即委托人、公众公司）委托会计公司（代理人）审查其会计报表，会计公司的收费服务本应只向委托人负责。但《1933年证券法》却要求会计公司为公众利益服务，这样，不特定的第三人得以向会计公司主张侵权责任。在传统上，大陆法系一般规定，投资者在起诉注册会计师时承担举证责任，应证明注册会计师存在过失。但《1933年证券法》对此作出重大改变，投资者只需说明其由于购买某公司的证券遭受了损失，而该公司的会计报表存在误导性，就可以把举证责任转嫁给注册会计师。注册会计师为了摆脱责任，就需要证明投资者的损失与会计报表无关，或者注册会计师没有过失。

（三）《1933年证券法》不恰当地将严格责任施加于公共会计师行业

在英国，《1890年董事责任法》（Directors Liability Act, 1890）规定，董事（无论是在招股说明书公布前还是公布后担任董事）、发起人以及授权公布招股说明书的任何人，应当就该招股说明书中的不实信息（untrue statement）承担赔偿责任。[1] 该法是对1862—1890年间各版本公司法的补充，这就确定无疑地表示，强制性的信息披露其实是指强制股东披露真实信息。

公司高管应当对公司的会计报表承担民事责任，这是英国公司法的基本原则之一，是"公司高管对股东承担信托责任"的自然延伸。这一正确立场值得坚持。在机制设计上，不能因为中介机构接受委托提供了专业服务，就

1　"Directors Liability Act, 1890," *Cape Law Journal*, 1890, 7(4): 253-255.

把公司管理层（委托人）的民事责任分解给中介机构。中介机构从事的是委托业务，其法律后果一律应当由委托人承担。无论是否有中介为公司提供服务，公司管理层（委托人）都应当对会计报表的合法性、真实性承担全部的、完全的责任。

在法律中规定公司高管对公司的会计报表承担全部责任，其积极意义在于，这有助于发挥法律的引导和教育功能，有利于引导公司高管慎重选择并委托守法意识强、守法效率高的优秀注册会计师协助公司提高合规效率，有利于推动公共会计师行业的健康持续发展。

然而，《1933 年证券法》却不恰当地给公共会计师规定了严格责任（无过错责任）。这在事实上把公司管理层对会计报表的完全责任分拆出来一部分（甚至有可能是大部分），强加给了注册会计师。正如乔治·梅 1933 年 12 月在伊利诺伊州注册会计师协会发表演讲时所评论的，显而易见，注册会计师即使没有过错也会因为这部证券法而承担法律责任。[1] 究其根源，就是因为《1933 年证券法》不恰当地规定了强制性的注册会计师审计制度，并且把审计报告的使用范围推及潜在的投资者。

三、强制性注册会计师审计制度的后果

强制性注册会计师审计制度这一《1933 年证券法》的重大缺陷，果然使得公共会计师行业一直在争议中磕磕绊绊地前行。自从美国《1933 年证券法》推出强制性的注册会计师审计制度以来，审计的质量和有效性就一直是饱受争议的问题。美国证监会原首席会计师安德鲁·巴尔（Andrew Barr）在法学杂志撰文指出，早在 20 世纪 50 年代，电力监管委员会等监管机构就严厉批评了注册会计师的工作，它们发现，证券发行人提交的会计报表主要是为了

---

1 L. James, "The Securities Act of 1933," *Michigan Law Review*, 1934, 32(5): 624-663.

掩盖、混淆、误导和隐瞒，注册会计师的审计报告没有起到监督作用，审计范围不足、审计意见观点不明是普遍的问题。[1] 该行业经过短暂的辉煌之后，自 20 世纪六七十年代陷入沉沦。[2]

（一）证券市场会计监管名存实亡

《1933 年证券法》所推行的强制性注册会计师审计制度，客观上给美国证监会推卸证券市场会计监管职责提供了借口，监管机构事实上把会计监管职责转交给了中介行业。公众公司花钱消灾，得以用付费服务摆脱证券市场会计监管。二者事实上联手架空了证券市场会计监管。

（二）会计规则的弹性化

比《1933 年证券法》推行强制性注册会计师审计制度更糟糕的是，美国证监会干脆在 1938 年把《1934 年证券交易法》赋予它的证券市场会计规则制定权转授给了美国会计师协会。公共会计师行业按照其金主（即公众公司）的诉求，把美国证监会辖下的证券市场会计规则（即公认会计原则，GAAP）设计成了一套弹性化的会计规则。如此，会计规则弹性化的大幕就是从《1933 年证券法》出台时拉开的。

四、公共会计师行业的未来之路

在强制性注册会计师审计制度下，公共会计师一边做商业服务（commodity business），一边标榜自己是在做独立审计（independent auditing），这本身就属于虚假陈述，属于失当的机制设计。诸多治标不治本的

---

1 Andrew Barr, Elmer C. Koch, "Accounting and the S.E.C.," *The George Washington Law Review*, 1959, 28(1): 176-193.

2 Stephen A. Zeff, "How the U.S. Accounting Profession Got Where It Is Today: Part 1," *Accounting Horizons*, 2003, 17(3): 189-205; Stephen A. Zeff, "How the U.S. Accounting Profession Got Where It Is Today: Part 2," *Accounting Horizons*, 2003, 17(4): 267-286.

所谓改革措施（如轮换审计师、缩短聘期等）都是扬汤止沸，无法解决审计师的独立性问题。这是因为，审计师独立性是个伪命题，纯粹是美国《1933 年证券法》《1934 年证券交易法》以及英国《1948 年公司法》等法律人为构造出来的。

（一）公共会计师只能在政府审计和内部审计的委托下从事审计业务

真正具有监督能力的审计只有政府审计和内部审计。现行注册会计师审计制度并不成立，应当改为委托审计。

如果将审计视为公共服务，那就要由政府机关来委托审计，即实施政府审计制度。政府监管部门、审计机关可以在认为必要时委托注册会计师实施政府审计。

如果要按照市场化的方式来解决审计问题，那就要秉持"谁受益、谁付费"的原则来操作，符合这一原则的审计就是内部审计。公司股东大会或管理层可以委托注册会计师实施内部审计。

当客户雇用公共会计师的时候，公共会计师就应当向律师那样为客户提供专业服务，千万不要再以审计师自居了。在这种雇佣关系下，法律制度的设计应当"监管甲方、放开乙方"，让甲方负起责任来，让乙方用真本领赢得市场。

当政府审计机关、公司内部审计委员会雇用公共会计师的时候，公共会计师可以代行部分审计职能，但最终还是应当由委托人负全责，公共会计师仍然是在为委托人提供专业服务，且仅对委托人承担责任，不对第三人承担责任。

（二）公共会计师应当回归到提供合规服务的正轨上来

公共会计师应当向律师行业看齐，用自己的专长为客户提供合规服务。公共会计师本质上是精通商法、经济法的商事律师，公共会计师行业是律师行业的分支。公共会计师之所以受到企业家的欢迎和尊重，是因为他们能够为企业管理层提供有助于加强企业管理的专业服务（主要是会计服务、税务服务），能够为政府审计机关和内部审计机构提供审计服务。

会计规则应当要求记账主体根据法律事实记账。公共会计师的角色是帮助客户更好地完成根据法律事实记账等合规性的任务。[1]

立法机关应当允许社会中介组织优胜劣汰、自然增长。如果真的关心爱护一个专业服务行业，那就千万不要把它变成一个专业服务的垄断者，而是要让它通过竞争来保持生命力。强迫交易是工商业的大忌，特别是在专业服务领域，没有必要、也没有理由去通过立法来强制推广社会中介行业。否则必然导致权力寻租、腐败盛行、加大社会运行成本、恶化营商环境。[2]

21世纪以来，越来越多有识之士认识到，强制性注册会计师审计制度缺乏合理依据，迫切需要进行全面改革。2020年6月，德国金融科技公司Wirecard的倒闭再度引发欧美舆论关注。该公司账户上虚构的金额近20亿欧元。《财富》杂志6月25日刊文对现行上市公司审计制度安排进行了系统评价。文章指出，所有四大会计公司在欧美均有案底。尽管2002年制定了《萨班斯－奥克斯利法案》，建立了旨在确保审计质量的非营利性公司——公众公司会计监察委员会（PCAOB），但美国证券市场的情况并没有好转。2019年9月的一份报告指出，德勤会计公司（Deloitte）的审计错误约占其审计业务的五分之一，普华永道会计公司（PwC）为23.6%，安永会计公司（EY）为27.3%，毕马威会计公

---

1 James Don Edwards, "Public Accounting in the United States from 1928 to 1951," *The Business History Review*, 1956, 30(4): 444-471.

2 我国自1992年以来"大力发展社会中介组织"的后果，已经直观地验证了上述逻辑。正是在这个意义上，国务院自2014年以来取消了一大批职业资格许可和认定事项（主要是中介行业职业资格许可，如中国注册税务师、中国注册资产评估师等），这一系列正确决定获得了社会舆论特别是企业界、财经界的广泛赞誉。2015年4月21日，李克强总理在国务院常务会上痛斥中介评估乱象："我到一些地方考察，有些企业反映，现在表面看起来审批项目是简化了，但真要办事，还需要经过层层的中介服务。有些中介机构戴着政府的帽子，拿着市场的鞭子，收着企业的票子！"（中国政府网（www.gov.cn/xinwen/2015-04/21/content_2850473.htm）；王子约：《经济"双引擎"再获支持 总理斥责中介评估乱象》，《第一财经日报》2015年4月22日。）

司（KPMG）为 50%。没有一家会计公司表现出好转的迹象。实际上，四大
会计公司的最新抽查记录都比 PCAOB 在 2004 年首次检查时的记录差。《财
富》杂志指出，审计是经济学家所说的市场失灵的一个例子——只要审计师
继续由被审计单位付酬，这种情况就会持续下去。美国和欧洲已经尝试过定
期轮换审计公司、禁止同时提供审计和非审计业务等办法，但那些办法都没
有触及根本问题。如果审计属于公益的范畴，那么，它就不应当由私人付费，
否则就跟购买劳务没什么不同。《财富》杂志这篇报道提供的解决方案是：实
行政府审计，费用由税收来支付；或者，由证券交易所、PCAOB 聘请审计公
司并随机分配给公司，费用由交易所向上市公司、证券公司征收监管费来支
付。[1] 不难看出，该杂志所提议的正是 1933 年汤普森所起草的方案。

　　总之，财经界、法律界长期未能审视注册会计师审计制度在机制设计方
面所存在的根本偏差，这种现象亟待纠正。如今的审计体系是从美国证券市
场上的失当的会计监管制度沿袭下来的。而该制度本身缺乏合理的理论依据，
仅仅是美国《1933 年证券法》在不经意间匆忙做出的基本上未经考虑的决
定。[2] 这个草草拼凑而成的制度流传到今天，已经困扰财经界数十年，诚有必
要给予慎重的分析和妥善的解决。外国的会计做法不见得都是"经验"，实际
上更多的是教训。美国《1933 年证券法》不见得就比英国《1929 年公司法》
更合理，它是"独立审计制度"这一失当的机制设计的源头。推行独立审计
的后果是做大中介，削弱监管，给社会经济发展带来沉重的经济负担。公共
会计师行业已经形成一个庞大的产业，英国的特许会计师协会在全球遍地开
花，至今在数十个国家和地区建立起了当地的特许会计师协会。澳大利亚的
公共会计师行业把英国的做法完全照搬过来，草率决定照搬（"采用"）国际

1 《财富》杂志网站（https://fortune.com/2020/06/25/wirecard-auditing-is-broken-fintech-ey-ernst-and-young/）。

2 Michael E. Doron, "The Securities Acts and Public Accounting: Financial Statement Audits as Symbolic Reform," *Accounting History*, 2016, 21(2-3): 329-343.

会计准则，此举连国际会计准则理事会都感到吃惊。美国的公共会计师行业已经做大做强到令人匪夷所思的地步，五大会计公司位列小布什总统竞选经费赞助人前 20 名，其结果是《萨班斯－奥克斯利法案》形同虚设。从储贷危机到次贷危机，最大、最明显的事实一再证明，美国的证券立法从来没有真正致力于规范证券市场和公共会计师行业。罗斯福在任内颁布《1933 年证券法》，试图限制证券市场上的操纵行为，但他卸任之后没有谁再敢对华尔街指手画脚。美国的公共会计师行业已经成为证券行业的一部分，这是它有底气招摇过市的根本原因。这一切都值得人们反思。

第五节　《1934 年证券交易法》与美国证监会的成立

一、公共会计师行业对职业责任的精准拿捏

1933 年 10 月 24 日，纽约证券交易所上市委员会致信纽约证券交易所管理委员会（该文件由霍克西签发，前述九家会计公司联名致惠特尼的信被列作该文件的附件），建议纽约证券交易所将美国会计师协会建议的五项会计总体原则推广应用到所有的上市公司，并尽早设计出台审计报告（audit report）或审计证书（audit certificate）的格式。该文件还系统阐释了纽约证券交易所上市委员会对公共会计师行业的作用及责任的认识。该文件提出，联邦储备委员会所发布的《财务报表的验证》清楚地表明，该文件所规范的审计程序，其目的既不是探查员工舞弊，也不是探查那种通过把应当列作资产的开支列为费用而低估资产和利润的现象。指望通过公共会计师的审计来发现所有重大错报是不大现实的。值得注意的是，该文件还特别提及，如何反映控股公司架构的运营情况，是相当棘手的重要问题。编制合并报表并不是令人满意的解决方案——很难设计出台适用于各种复杂情形的合并报表编报规则。那

种主张单独披露母公司和各个子公司的报表的方案是成本最高、效果最差的方案。总之，这一问题亟待解决。

12 月 21 日，乔治·梅率领的"与证券交易所合作特别委员会"致信纽约证券交易所上市委员会行政助理霍克西，提交了审计报告的推荐格式。乔治·梅等人响应纽约证券交易所上市委员会的立场，在信中重申，"我们认同贵委员会的观点，审计师无法保证利润表中的分类的正确性，因为审计师所处的地位决定了其不能承担全部的责任；对于如何反映控股公司架构的运营，迄今的确没有一套行之有效的解决方案"。转入正题后，乔治·梅等人指出，企业账目（accounts）以及由之延伸出的任何声明书（statements）或报告（reports）在很大程度上只是"意见"（opinion）的表达。因此，审计师所签署的文件应当被界定为"报告"（英国就是如此）而不是"证书"（certificate），该文件应当使用"我们认为"（in our opinion）字样，而不是"我证明……"（I certify...）字样；不建议在审计报告中详细地罗列所使用的审计程序。

霍克西回信对乔治·梅等人的建议表示赞同。他还把乔治·梅的信转发给美国主计长协会（Controllers' Institute of America），征求其对审计报告建议格式的意见。美国主计长协会批准了该建议格式，仅对个别文字进行了修改。

1934 年 1 月 18 日，霍克西致函乔治·梅领导的"与证券交易所合作特别委员会"，表示希望美国会计师协会要求其会员推广已经得到美国主计长协会批准的审计报告格式。

值得注意的是，审计报告用语引入了"公允地反映了"（...fairly present...）这样的统一格式。审计报告用语"我们认为"（in our opinion）也大有来头。早在 1913 年，迪金森就在其《会计实务与程序》（Accounting Practice and Procedure）中指出，审计师报告中的"我们认为"（in our opinion）一词表明，审计师认识到没有谁能保证资产负债表绝对正确，但他会尽力保证资产负债表是正确的。"资产负债表在很大程度上必然是一个意见（opinion）"。因此，迪金森主张，"我们认为"一词非但没有削弱，反而是在增强审计师报告的价值。[1]

专栏 3-25

审计师报告的建议格式
对审计师报告的修正建议

XYZ 公司：

我们审核了贵公司 1933 年 12 月 31 日的资产负债表和 1933 年度的利润和盈余公积表（statement of income and surplus）。我们审核和测试了贵公司的会计记录及其他相关证据，获得了贵公司管理层和职工提供的信息和相关说明，还对贵公司的会计方法以及贵公司的经营及收入账目进行了广泛的审核，但我们没有对贵公司的交易进行详尽的审计（detailed audit）。

我们认为，基于上述审核，贵公司一贯地遵循了认可的会计原则，资产负债表、利润和盈余公积表公允地反映了贵公司 1933 年 12 月 31 日的财务状况和 1933 年度的经营成果。

REVISED SUGGESTION OF A FORM OF ACCOUNTANTS' REPORT

TO THE XYZ COMPANY:

We have made an examination of the balance-sheet of the XYZ Company as at December 31, 1933, and of the statement of income and surplus for the year 1933. In connection therewith, we examined or tested accounting records of the Company and other supporting evidence and obtained information and explanations from officers and employees of the Company; we also made a general review of the accounting methods and of the operating and income accounts for the year, but we did not make a detailed audit of the transactions.

In our opinion, based upon such examination, the accompanying balance-sheet and related statement of income and surplus fairly present, in accordance with accepted principles of accounting consistently maintained by the Company during the year under review, its position at December 31, 1933, and the results of its operations for the year.

---

1 George O. May, *Twenty-Five Years of Accounting Responsibility 1911-1936: Essays and Discussions*, Volume 2 (Kansas: Scholars Book Co., 1936), p. 80. Reprinted in 1971 by Scholars Book Co.

对审计师报告格式的说明

1. 注册会计师在签发上述报告之前，至少应当遵照《财务报表的验证》完成相应的审核工作（参见纽约证券交易所上市委员会 1933 年 10 月 24 日致纽约证券交易所管理委员会的信）。

2. 审计师报告送达委托人（即聘请注册会计师进行审计的公司董事或股东）。

3. 审计师报告中关于审核内容的说明应当与所审计的报表或账户的名称保持一致。

4. 可以在第二句中提及所采用的具体的验证方法，例如，"我们采用实地查验和索取存款机构证明等措施对贵公司的现金及证券的金额进行了审核"。

5. 被审计单位采用的会计方法应当与前一年度保持一致，否则，应在审计师报告中予以说明。

6. 必要时，注册会计师可以根据需要对上述格式进行调整，从而进行某种限定、陈述保留意见或者进行补充说明。

Notes

1. It is contemplated that before signing a report of the type suggested, the accountant should have at least made an examination of the character outlined in the bulletin, "Verification of Financial Statements", as interpreted in the communication of the Committee on Stock List to the Governing Committee dated October 24, 1933.
2. The report should be addressed to the directors of the company or to the stockholders, if the appointment is made by them.
3. The statement of what has been examined would, of course, conform to the titles of the accounts or statements reported upon.
4. In the second sentence, any special forms of confirmation could be mentioned: *e. g.*, "including confirmation of cash and securities by inspection or certificates from depositaries."
5. This certificate is appropriate only if the accounting for the year is consistent in basis with that for the preceding year. If there has been any material change either in accounting principles or in the manner of their application, the nature of the change should be indicated.
6. It is contemplated that the form of report would be modified when and as necessary to embody any qualifications, reservations or supplementary explanations.

注：下划线为引者所加。

细细读来，这份用词考究的审计师报告令人哑然失笑。它只是写给雇主的报告而不是用作证据——公共会计师行业拒绝使用"证书"一词；它只是提及被审计单位是否遵循了"认可的会计原则"（accepted principles of accounting），而究竟"认可的会计原则"在哪里，还没有普遍认可的说法。

值得注意的是，在此之前，审计报告（或证书）的标准格式是英国式的。英国公司法要求审计师评价被审计单位的资产负债表是否以真实和公允的视角反映了账簿中所记载的公司事务的状况（the state of the company's affairs）。美国的公共会计师行业用"公司财务状况"（the financial position of the company）之类的短语取代了"公司事务的状况"。[1]

1934 年 1 月 21 日，美国会计师协会将其旗下"与证券交易所合作特别委员会"在 1932—1934 年与纽约证券交易所上市委员会的往来通信整理成册，以《公司账目的审计》（Audits of Corporate Accounts）为题刊印，并分发给协会会员（见图 3-9）。这份会计审计经典文献中的诸多文件，是由乔治·梅和霍克西牵头完成的。

《公司账目的审计》由美国会计师协会"与证券交易所合作特别委员会"的六名成员共同签署，他们是：特别委员会主席、普华会计公司的乔治·梅；"皮

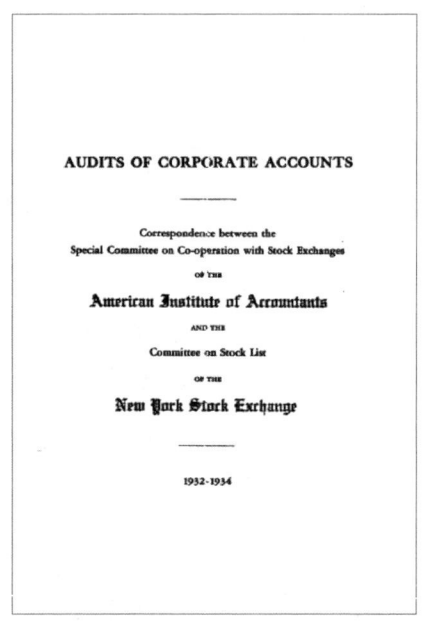

AUDITS OF CORPORATE ACCOUNTS

Correspondence between the
Special Committee on Co-operation with Stock Exchanges
OF THE
American Institute of Accountants
AND THE
Committee on Stock List
OF THE
New York Stock Exchange

1932-1934

图 3-9 美国会计师协会刊印的
《公司账目的审计》

---

1 George O. May, *Financial Accounting: A Distillation of Experience* (New York: The Macmillan Company, 1946), p. 40.

特，马威克和米切尔"公司的阿奇博尔德·鲍曼；哈斯金斯－赛尔斯公司的
阿瑟·卡特上校；"巴罗，韦德和格思里"公司的查尔斯·库奇曼；S. D. 莱德
斯多夫公司的塞缪尔·莱德斯多夫；"莱布兰德，罗斯兄弟和蒙哥马利"公司
的沃尔特·斯托布。

二、《1934 年证券交易法》授权美国证监会制定信息披露规则

《1933 年证券法》通过后不久，华尔街就开始积极宣扬全面修改甚至废除
这部法律。主要的证券公司（投资银行）居然搞起了罢工，拒绝承销新发行
的股票。但是，由于佩科拉听证会所揭露出的系列丑闻令全美人民震惊，社
会舆论拥护罗斯福新政，因此，罗斯福对华尔街的动静不予理睬。纽约证券
交易所在 1934 年已成千夫所指的对象，它所遭受的谴责在纽约金融界仅次于
摩根银行。

纽约证券交易所妄图保留自己的国中之国。其主席惠特尼拒不接受佩科
拉委托他向其会员单位发放的调查问卷，他甚至对佩科拉派来的调查人员说：
"先生们，你们正在犯一个巨大的错误，交易所是一个完美的机构。"

1933 年 12 月，佩科拉和哈佛大学法学院毕业生、时任国会顾问马克
斯·洛温塔尔（Max Lowenthal，1888—1971）预测美国国会即将着手制
定针对证券交易所的监管法律，于是就邀请科恩主笔起草法律草案。当时，
科恩正忙于铁路业的贷款问题，遂安排两位年轻助手先行起草了初稿。在
圣诞节假期里，科恩在科科伦和兰迪斯的帮助下完成了法律草案的起草工
作。实际上，莫利的确接到了罗斯福关于起草证券交易所监管法律的指示，
但出于担心几位起草人过于兴奋，就没有明确跟科恩和科科伦说。这样，
科恩和科科伦最初其实是在暗自摸索。他俩深入地和佩科拉及其助手交换
意见。已经在联邦贸易委员会就职的兰迪斯此前指示其下属起草的相关法
律草案也派上了用场。美联储也提供了一些法律条文上的建议。如此，到

了2月的第一个星期，当参议院银行和货币委员会主席邓肯·弗莱彻要求制定这部法律时，这部法律的草案其实已经基本成型了。2月9日，罗斯福给国会带来手信，敦促国会制定法律，对证券交易所实施监管。于是，科恩和科科伦主笔起草的法律草案很快就交给了参议院的弗莱彻和众议院的雷本。[1]

1934年3月10日，乔治·梅出席参议院银行和货币委员会举办的关于证券交易所业务惯例的听证会，阐释了他的部分会计审计的观点。[2]

 专栏 3-26

乔治·梅在参议院听证会上阐释的会计审计观点

我的全部观点建立在这样的事实之上，即"会计实际上是将会计惯例和判断运用于事实的结果，而不仅仅是对纯粹事实的陈述"（accounts are necessarily the result of the application of accounting conventions and judgments to facts and are not pure statements of fact）。

一、会计信息对证券投资的用处相当有限

在这里我想要对各位参议员强调的是，较短期间的账目虽然对那些买卖证券的人有益处，但却很容易被人们赋予言过其实的重要性，这对于参议员所关心的那些中小投资者（the small man）来说，只会弊大于利。**会计账目是重要的，但也不要给它赋予过度的重要性。**毫无疑问，投资者基于企业的短期收益去推算股价，这是导致1929年的股市狂热的一个重要推动因素。**当然，你可以给投资者提供海量的丰富信息。但你不能寄希望于这些信息具备它们本不具备的功能。**

---

1 Arthur M. Schlesinger, *The Coming of the New Deal, 1933-1935* (Boston: Houghton Mifflin, 2003), pp. 456-457.

2 J. S. Ellenberger and Ellen P. Mahar, *Legislative History of the Securities Act of 1933 and Securities Exchange Act of 1934,* Volume 2, Item 22 (Littleton: Fred. B. Rothman & Co., 2001).

二、反对公布季度报告

我认为，**只需要对年度报表进行审计就够了**。我从来都不支持交易所那种统一要求公众公司提交季度报表的做法。季度报表在很多时候是有用的，但有些时候却具有误导性。对于那些利润计量依赖存货计价的公司而言，尤其如此。**利润在较短期间内的记载存在较强的主观性。季度报告实际上是用于投机的工具，只有投机者才需要更频繁的报表。** 因此，我强烈反对那种要求对季度报表实施审计的主张，虽然我的立场不太像一位公共会计师通常应有的立场。在欧洲，投资者比较多而投机者比较少，不存在比年度报表更频繁的报表。我发电报问英国和欧洲大陆的同事有没有听说过季度报表、半年度报表，他们说从来没听说哪一家公司公布过短于年度的报表。我认为季度报表对于试图挑起投机行情的那些投资者是有用的。

三、可以考虑解决审计工作的扎堆现象

英国的所得税法允许企业自行选择年度起止日期，这与美国的情况不一样。美国的公司审计存在扎堆现象，会计公司可能难以应对扎堆的审计需求。因此，我建议允许公众公司自行选择会计年度起止日期。为避免审计工作过于集中，可以允许企业自行确定会计年度的起止日期。这样，审计工作就可以分配到全年各个月份，而不是集中在年末。这将极大地增加审计对投资者的价值，降低成本、提高效率。

[引者注：乔治·梅这一建议的前提是：公共会计师审计制度是科学、合理的。但这一前提并不成立。统一的会计年度有利于提高财税管理、统计、金融监管的效率。因此，乔治·梅所建议的方案弊大于利。]

四、反对制定统一的会计制度

我不支持那种关于制定统一的会计制度的建议。 第一，会计特别是工业会计，主要取决于判断。第二，统一性是一种幻觉，它本身并不存

在。以铁路行业来说，你会看到它们有一英寸厚的详尽的会计制度，恨不得从牙签到火车头都管个遍。然而它们的维修保养以及利润账目都是按照预算估计数填列的，而不是按照实际开支列报。折旧更是众所周知的争议性话题。唯一可靠的解决方案就是让一个需要承担相应后果的、负责任的人去判断，而不是在会计制度中给出统一的规定。因为设计规则的人往往没有考虑到在特定情形下，特定规则可能产生的法律或道德后果。第三，**统一性意味着统一实施的较低的标准**。法律只能规定最低的标准，而不能要求人人是稳健的（conservative）。铁路行业和公用事业企业推行统一会计制度的结果就是降低了会计稳健性。统一的会计（uniform accounting）会形成每个单位都遵循的标准，该标准在逻辑上只能是最低标准，因为担心这一点，所以我反对建立统一的会计制度。第四，**统一的会计制度确实会使会计师的工作简单很多，但公共会计师行业的真正价值恰恰在于有见地的、独立的客观判断（informed and independent objective judgment）**。如果只是遵循机械性的规则，则可能会遇到灾难性的情况。

乔治·梅认为，不能把《1933 年证券法》所提及的招股说明书（prospectus）与《1934 年证券交易法》所提及的年度报告（annual report）当成一回事。招股说明书是预测性质的文件，而年度报告本质上应当主要视为向股东提供的历史报告（historical report）。[1]乔治·梅提出，"在我看来，二者之间的区别在《1933 年证券法》中似乎已被模糊，而在《1934 年证券交易法》中却几乎被忽略了"。根据《1934 年证券交易法》第 18 节的规定，公司

---

1 George O. May, *Twenty-Five Years of Accounting Responsibility 1911-1936: Essays and Discussions*, Volume 2 (Kansas: Scholars Book Co., 1936), p. 121. Reprinted in 1971 by Scholars Book Co.

高管如果公布了误导性信息，则应承担相应的责任。这一规定将年度报告混同为招股说明书。[1]

3 月 11 日，美国会计师协会发表声明，反对制定统一的会计方法。其理由是：向投资者传播可靠的财务信息，既不依赖于统一的会计方法的应用，也不依赖于统一的报表格式。统一的财务报表根本解决不了问题。财务报表可能看起来很像，但本质上却相去甚远。投资者会因此受到欺骗，而不是受到保护。

6 月 5 日，美国国会通过了《1934 年证券交易法》（Securities Exchange Act of 1934；Fletcher-Rayburn bill）。

6 月 6 日，罗斯福签署这部法律。彼时，佩科拉、科恩、科科伦和兰迪斯环立左右。

《1934 年证券交易法》把信息披露义务从《1933 年证券法》所规定的首次发行，推广到现有的所有证券，力求遏制股市投机行为。该法的目标之一是剥夺纽约证券交易所的管理权，其核心是第 4 节，该节创建了美国证监会并授权它执行《1933 年证券法》，联邦贸易委员会不再负责执行《1933 年证券法》。

《1934 年证券交易法》规定，证券交易所必须向美国证监会登记注册，美国证监会有权制定证券交易所的管理规则，有权禁止操纵性的交易行为。该法要求上市公司向美国证监会提交经过审计的定期报告，从而将强制性注册会计师审计制度从上市申请阶段扩展到了上市之后的各个年度。

 专栏 3-27

《1934 年证券交易法》关于会计及审计的部分规定

第 12 节 证券的登记注册要求

（b）登记注册的程序；信息

---

1 George O. May, *Memoirs and Accounting Thought of George O. May,* edited by Paul Grady (New York: The Ronald Press Company, 1962), p. 119.

证券可由发行者向交易所提交申请书（并且在委员会要求时向委员会报送申请书的复印件），在全国性的证券交易所登记注册，申请书内容包括：

（1）委员会为了维护公共利益和保护投资者利益而必须适当以规则和规章要求的，关于发行人和有关直接或间接控制发行人的，或者受发行人直接或间接共同控制的任何人以及有关委托人，或者两者的任何证券保证人的以下详细信息：

A. 组织结构，财务架构和营业性质。

B. 已发行并且售出的各种证券的条件、状况、权利和特权。

C. 向公众要约发行的证券和3年内已向公众出售的证券的情况。

D. 董事、官员、承销商和持有发行人任何种类权益证券（豁免的证券除外）超过10%的持有人，他们的报酬，他们在发行人证券中的利益，他们与发行人签订的重要合同，以及与直接或间接控制发行人或被发行人控制或者受发行人直接或间接共同控制的任何个人签订的重要合同。

E. 除董事和官员外，给予其他人每年超过20 000美元的报酬。

F. 红利和利润分享安排。

G. 管理和服务合同。

H. 现有的和待创设的期权。

I. 最近3个年度的资产负债表，按照委员会的规则和规章要求，**由独立的会计师加以验证**。

J. 最近3个年度的损益表，按照委员会的规则和规章要求，**由独立的会计师加以验证**。

K. 委员会认为对保护投资者利益是必要和适当的任何其他财务报表。

（2）委员会所要求的对于保护投资者的正当利益和保证证券的公平交易是必要和适当的公司规章，细则，信托契约，任何名称的相应文件、包销安排，发行人和直接或间接控制发行人或被发行人控制或者受发行人直接或间接共同控制的任何个人的类似文件，关于他们的委托表决权协议等的复印件。

资料来源：卞耀武主编《美国证券交易法律》，王宏译，法律出版社，1999，第 162—178 页。

罗斯福接受其顾问莫利的建议，提名约瑟夫·P. 肯尼迪（Joseph P. Kennedy）担任首届美国证监会主席。6 月 30 日，肯尼迪、兰迪斯、佩科拉、马修斯（共和党）、海利（共和党）被任命为首届美国证监会委员（见图 3-10）。7 月 2 日，美国证监会宣告成立。

图 3-10 首届美国证监会委员

资料来源：美国证监会历史学会（http://www.sechistorical.org）。

罗斯福决心严格整顿证券交易所。他在同年（1934 年）8 月 15 日给伯利的信中说，绝对有必要加强美国证监会的力量，"实际上，整个证券交易所的乌合之众的根本问题是，他们完全缺乏初等教育"（the fundamental trouble with this whole Stock Exchange crowd is their complete lack of elementary education）。"我不是说他们缺乏大学文凭之类的，他们完全没有理解他们对国家、对公众的责任。也许你可以帮助他们获得这方面的幼儿园层次的知识。"在罗斯福任期内共有七位证监会主席，其中，第二任至第六任都是法学专业出身。在首届证监会全部五位委员中，佩科拉、海利和兰迪斯三人对证券市场会计操纵持坚定的批判态度，由此可以知道，首届证监会将会对证券市场会计监管采取怎样的立场。

佩科拉主张采取激进的措施进行证券监管，这和肯尼迪主张与资本共谋发展、放松管制的思路不一致。兰迪斯、海利、马修斯也都站在肯尼迪一边。佩科拉在扮演少数派六个月后就辞职了（虽然他的任职期限是一年），在肯尼迪剩余的任期内，美国证监会总共只有四位委员。

美国证监会共有五位委员（commissioners），任期五年，由总统提名、参议院任命，每个政党的委员数不超过三名。

1935年的公用事业法更是明确授权美国证监会制定企业应设置的账目并规定企业应采用的记账方法。至此，制定信息披露规则便成为美国证监会的法定职责。但美国证监会的人员构成中缺乏会计专业人士，这就导致它没有能力履行法律赋予它的职责。

据统计，1934—1995年间，美国证监会共有75位委员，其中三分之二以上是律师，其余多为经济学家、投资银行家和财务经理，只有三位是注册会计师。其一是唐纳德·C. 库克（Donald C. Cook），1949—1953年任美国证监会委员，其中1952—1953年任美国证监会主席。其二是爱德华·T. 麦考密克（Edward T. McCormick），1949—1951年任美国证监会委员。其三是詹姆斯·J. 尼达姆（James J. Needham），1969—1972年任美国证监会委员。三人中只有尼达姆一人是从会计公司加入美国证监会的。[1] 美国证监会一直保持着一朝天子一朝臣的传统（见表 3-2）。证监会主席都是总统任命的"自己人"。总统对证监会委员的任命往往是一种政治奖励，参议院的确认听证会也往往流于形式。约瑟夫·肯尼迪对罗斯福总统竞选经费贡献很大，1934—1935 年任证监会主席。威廉·J. 凯西（William J. Casey）1968 年就已经是尼克松总统竞选经费的主要出资人，1971—1973 年担任证监会主席。G. 布拉德福德·库克（G. Bradford Cook）的父亲对尼克松总统竞选经费贡献不少，他本人也在 1973 年短暂担任过证监会主席。在 1980 年的总统竞选中，约翰·S. R. 沙德（John S. R. Shad）对共和党里根总统的经费筹措发挥了重要作用，1981—1987 年任证监会主席。[2]

表 3-2　　　　　　　　　　　　　　　美国证监会历任主席

美国总统党派（任期）	美国证监会主席	证监会委员任期	证监会主席任期
富兰克林·D. 罗斯福（Franklin D. Roosevelt）民主党（1933—1945）	约瑟夫·P. 肯尼迪（Joseph P. Kennedy）	1934—1935	1934—1935
	詹姆斯·M. 兰迪斯（James M. Landis）	1934—1937	1935—1937
	威廉·O. 道格拉斯（William O. Douglas）	1936—1939	1937—1939
	杰尔姆·N. 弗兰克（Jerome N. Frank）	1937—1941	1939—1941
	爱德华·C. 艾彻（Edward C. Eicher）	1938—1942	1941—1942
	冈松·珀塞尔（Ganson Purcell）	1941—1946	1942—1946
	詹姆斯·J. 卡弗里（James J. Caffrey）	1945—1947	1946—1947
哈里·S. 杜鲁门（Harry S. Truman）民主党（1945—1953）	埃德蒙·M. 汉拉恩（Edmond M. Hanrahan）	1946—1949	1948—1949
	哈里·A. 麦克唐纳（Harry A. McDonald）	1947—1952	1949—1952
	唐纳德·C. 库克（Donald C. Cook）	1949—1953	1952—1953

1　Stephen A. Zeff, "A Perspective on the U.S. Public/Private-Sector Approach to the Regulation of Financial Reporting," *Accounting Horizons*, 1995, 9(1): 52-70.

2　[美] 乔尔·塞里格曼：《华尔街的变迁：证券交易委员会及现代公司融资制度演进》（第 3 版），徐雅萍等译，中国财政经济出版社，2009，第 680 页。

续表

美国总统 党派（任期）	美国证监会主席	证监会 委员任期	证监会 主席任期
德怀特·D. 艾森豪威尔 （Dwight D. Eisenhower） 共和党（1953—1961）	拉尔夫·H. 德姆勒（Ralph H. Demmler）	1953—1955	1953—1955
	J. 辛克莱·阿姆斯特朗（J. Sinclair Armstrong）	1953—1957	1955—1957
	爱德华·N. 加兹比（Edward N. Gadsby）	1957—1961	1957—1961
约翰·F. 肯尼迪 （John F. Kennedy） 民主党（1961—1963） 林登·B. 约翰逊 （Lyndon B. Johnson） 民主党（1963—1969）	威廉·L. 卡里（William L. Cary）	1961—1964	1961—1964
	曼纽尔·F. 科恩（Manuel F. Cohen）	1961—1969	1964—1969
	哈默·H. 巴奇（Hamer H. Budge）	1964—1971	1969—1971
理查德·M. 尼克松 （Richard M. Nixon） 共和党（1969—1974）	威廉·J. 凯西（William J. Casey）	1971—1973	1971—1973
	G. 布拉德福德·库克（G. Bradford Cook）	1973	1973
	雷·加勒特（Ray Garrett, Jr.）	1973—1975	1973—1975
杰拉尔德·R. 福特 （Gerald R. Ford） 共和党（1974—1977）	罗德里克·M. 希尔斯（Roderick M. Hills）	1975—1977	1975—1977
吉米·卡特 （Jimmy Carter） 民主党（1977—1981）	哈罗德·M. 威廉斯（Harold M. Williams）	1977—1981	1977—1981
罗纳德·W. 里根 （Ronald W. Reagan） 共和党（1981—1989）	约翰·S. R. 沙德（John S. R. Shad）	1981—1987	1981—1987
	玛丽·L. 夏皮罗（Mary L. Schapiro）	1988—1994	2009
	戴维·S. 鲁德（David S. Ruder）	1987—1989	1987—1989
乔治·H. W. 布什 （George H. W. Bush） 共和党（1989—1992）	理查德·C. 布里登（Richard C. Breeden）	1989—1993	1989—1993
比尔·克林顿 （Bill Clinton） 民主党（1992—2001）	阿瑟·莱维特（Arthur Levitt, Jr.）	1993—2001	1993—2001

续表

美国总统 党派（任期）	美国证监会主席	证监会 委员任期	证监会 主席任期
乔治·W. 布什 （George W. Bush） 共和党（2001—2009）	哈维·L. 皮特（Harvey L. Pitt）	2001—2003	2001—2003
	威廉·H. 唐纳森（William H. Donaldson）	2003—2005	2003—2005
	克里斯托弗·考克斯（Christopher Cox）	2005—2009	2005—2009
巴拉克·奥巴马 （Barack Obama） 民主党（2009—2017）	玛丽·L. 夏皮罗（Mary L. Schapiro）	2009—2012	2009—2012
	埃利塞·B. 沃尔特（Elisse B. Walter）	2008—2013	2012—2013
	玛丽·J. 怀特（Mary J. White）	2013—2017	2013—2017
唐纳德·特朗普 （Donald Trump） 共和党（2017—2021）	杰伊·克莱顿（Jay Clayton）	2017—2020	2017—2020
约瑟夫·R. 拜登 （Joseph R. Biden Jr.） 民主党（2021年至今）	加里·根斯勒（Gary Gensler）	2021年至今	2021年至今

资料来源：美国证监会（www.sec.gov）。

 专栏 3-28

美国的证券监管机制与美国证监会的权力边界

《1933年证券法》最初是由联邦贸易委员会（Federal Trade Commission, FTC）负责监督实施的，《1934年证券交易法》将该权力转交给了美国证监会，从而形成了联邦贸易委员会负责消费者权益保护和维护市场竞争秩序、美国证监会专司证券市场监管职责的格局。

美国证监会及其所管辖的自我监管组织负责监察违反联邦证券法的行为。各州的证券监管机构负责执行该州的证券法（俗称"蓝天法"）。各州可能会要求证券发行者在该州注册后才能在该州发行证券。这就是美国证券监管中的"联邦－州"双重系统（dual system of federal-state regulation）。

《1996年全国证券市场改进法》（National Securities Markets Improvement Act of 1996，NSMIA）对该模式有所改变，该法修改了《1933年证券法》第18节，豁免了跨州发行者在州级证券监管机关的注册义务。然而，《1996年全国证券市场改进法》保留了各州证券监管机关在该州实施反欺诈监管的权力。

美国证监会主席阿瑟·莱维特说："目前的联邦－州双重监管体系，不是国会或证监会今天能够设计出来的——如果让它们现在创造一个新体制的话。某些证券发行必须在52个不同的辖区注册，必须满足各种不同的表格和记录、资格以及其他要求，必须接受52个不同监管者各自独立的检查，必须承受这些重复要求的巨大成本。与此同时，州证券监管当局在美国证券业的监管中占有非常重要的地位，他们通常站在发展性问题的前沿，是可以快速发现违法行为并做出反应的地方警察。简而言之，这是一个发现问题比解决问题更为容易的领域。它事关如何达到一种平衡，即在降低监管负担的同时保留州监管者的利益。证监会相信，虽然联邦和州监管者在执法方面需要更多的合作，但这不需要通过立法就可以完成。"莱维特还认为，某些证券的发行应当在州和联邦两层监管机构共同注册。

资料来源：[美]乔尔·塞里格曼：《华尔街的变迁：证券交易委员会及现代公司融资制度演进》（第3版），徐雅萍等译，中国财政经济出版社，2009，第634页。

三、美国公共会计师行业 1934 年对证券市场会计监管的认识

1934年7月19日，美国证监会邀请美国会计师协会（AIA）和美国注册公共会计师协会（ASCPA）牵头代表美国注册会计师行业，研究联邦证券法下的财务报表编报等事宜。

8月3日，上述两个协会联合提交报告，表达了其希望协助美国证监会制定会计规则的愿望。

专栏 3-29

美国会计师协会和美国注册公共会计师协会观点摘要

必须允许报表的形式和内容具有灵活性。重要的是实质，而不是形式。不要试图采用任何标准化的财务报表形式。报表格式应由公司管理层和独立会计师来决定。

目前联邦证券法所要求的大量历史信息，准备起来非常烦琐，而且在大多数情况下对投资者没有价值。我们建议由公司管理层和独立会计师自行决定所披露历史信息的范围。

美国证监会过分地强调了一致性的重要性。没有必要追求行业内的或行业间的一致性。只需要要求企业持续地采用相同的方法。

查阅财务报表的投资者应该知道，财务报表是个人判断、会计惯例和记录事实的组合的产物。判断和惯例对财务报表的设计和列报有重要影响。判断的合理性必然取决于做出判断的人的能力和品性。投资者应该记住，其投资的未来价值在很大程度上取决于财务报表中无法显示的因素，如管理层的能力，技术流程变化对公司的工厂、产品和销售的影响，以及税收等。

建议美国证监会鼓励所有公司采用自然营业年度（natural business year）作为会计年度，而不是强制采用日历年度（calendar year）。

这个时候，美国证监会对证券市场会计监管尚无头绪，纵有多位法学家坐镇也是枉然。美国公共会计师行业也没有想出什么好办法，"公认会计原则"的概念要等到 1936 年才会形成。

四、美国证监会首席会计师对公认会计原则的影响

（一）布劳协助美国会计师协会获取证券市场会计规则制定权

美国证监会肩负制定跨州发行证券的公众公司信息披露规则之职责，但

其全部五位委员并未"秉公奉旨"，而是将此职责转给了 1935 年 12 月设立的证监会首席会计师（chief accountant）一职。

然而，首任首席会计师卡曼·G. 布劳（Carmen G. Blough）仍然没有动手起草会计规则。经费和人手紧张固然是明显的制约因素，但美国法律结构所导致的联邦会计法规的"不存在性"，乃是美国证监会迟迟拿不出证券市场上统一的会计规则的主要原因。美国没有联邦的公司法，各州拥有彼此独立的公司法且存在差异。在缺乏统一的市场主体法的情况下，不可能制定出统一的市场行为法。[1] 另外，布劳是乔治·梅"会计艺术论"的忠实信徒。他认为，会计是一门艺术，而不是一门科学。它的原则不是自然法则，而是人类为满足商业发展的需要而制定的规则。公司面临着必须解决的新问题，专业会计师不得不做出没有先例可循的决策。布劳认为，让政府机构负责制定统一的会计规则是不可取的。哪一个政府机构的工作人员能够具备制定统一会计规则所需要的广泛经验？此外，政府机构所制定的规则往往有固化的趋势，其是否具备足够的灵活性来满足不断变化的商业需求，也是值得怀疑的。鉴于布劳所持的上述自由主义理念，他是不可能支持制定统一会计规则的。

 专栏 3-30

卡曼·G. 布劳

卡曼·G. 布劳（Carman G. Blough，1895—1981），美国证监会首任首席会计师，劝说美国证监会把公认会计原则制定权授予公共会计师行业的关键人物。

布劳 1917 年毕业于曼彻斯特学院（Manchester College）。他擅长棒

---

1 根据美国联邦宪法，企业的设立必须依照各州法律，企业必须遵循注册州的公司法、税法。如果存在跨州发行证券等应由《1933 年证券法》和《1934 年证券交易法》管辖的情形，则须把经审计的信息披露文件报美国证监会备案。不难理解，由于各州立法存在差异，来自不同州的公众公司的会计做法也多种多样。

球和篮球，但高中时在一次铁路道口事故中失去了右臂，在大学期间改为打网球并入选校队。1917—1918 年在布里奇沃特学院（Bridgewater College）主讲商学类课程，1918—1920 年任威斯康星州高中的丰迪拉克（Fond du Lac）商学系主管。1920—1922 年任威斯康星大学会计学讲师。

1922 年获得威斯康星州的注册会计师执业资格，并获得威斯康星大学硕士学位。1922—1927 年供职于威斯康星州税务局的所得税司和公用事业司。1927 年任威斯康星州公共事务委员会秘书长兼预算主管和州审计师。在威斯康星州公共事务委员会工作期间，布劳结识了后来出任首届美国证监会委员的乔治·C. 马修斯。1929 年，布劳辞去威斯康星州的行政职务，转任北达科他大学会计学教授和会计系主任。1932—1933 年借学术休假一年的机会到哈佛大学从事研究工作。1933 年离开北达科他大学，任阿芒理工学院（Armour Institute of Technology）社会科学部主任、教授。

1934 年 12 月，布劳加入新成立的美国证监会（SEC），历任财务分析员、注册登记部主任助理。1935 年 12 月，被任命为美国证监会首位首席会计师。负责起草会计系列公告（Accounting Series Releases，ASR）第 1 号至第 8 号，尤其是 1938 年 4 月 25 日发布的会计系列公告第 4 号，该公告使公共会计师行业得以以实质性的权威支持（substantial authoritative support）为名染指公认会计原则的制定。

1938 年 5 月，布劳跳槽到安达信会计公司任经理，1940 年成为合伙人。1942 年布劳辞去安达信会计公司合伙人的职务，供职于战时生产委员会（War Production Board）。1944 年任美国会计师协会首位全职的研究主任，直至 1961 年退休，连续供职达 17 年之久。1947—1961 年兼任哥伦比亚大学会计学教授。曾兼任会计程序委员会委员（1938—1942），美国会计学会副会长（1939）、会长（1944），会计原则委员会委员（1959—1964）。1953年获美国会计师协会颁发的金质奖章。

从美国注册会计师协会（1957年美国会计师协会改称美国注册会计师协会）退休后，布劳应邀担任阿瑟·扬会计公司（安永会计公司的前身之一）顾问（1961—1963），在五所州立大学任访问教授，在很多案件中出庭担任专家证人（expert witness）。他是布里奇沃特学院终身受托人。著有《会计标准的实际应用》（*Practical Applications of Accounting Standards*）一书。

资料来源：Maurice Moonitz, "Carman George Blough (1895-1981)," *The Accounting Review*, 1982, 57(1): 147-160.

前已述及，公认会计原则是美国证监会所认可并监督实施的、由公共会计师行业及其他证券行业组织共同制定的公众公司信息披露规则。1938—1973年，美国会计师协会（1957年改名美国注册会计师协会）独揽证券市场会计规则制定权达35年之久，它先后指定1936—1959年间存续的会计程序委员会和1959—1973年间存续的会计原则委员会负责制定证券市场会计规则，前者共公布51份会计研究公报，后者共公布31份会计原则委员会意见书。自1973年起，公认会计原则的制定权移交给了新组建的财务会计准则委员会，该委员会的出资及管理机构是由六家证券市场从业机构共同设立的财务会计基金会。以上各个规则制定机构所颁布的会计规则，凡未被公告废止者统称为"公认会计原则"。[1]美国证监会管辖的1万多家公众公司（public company，即向公众发行股票、债券等证券的公司）需依照这套"公认会计原

---

1 例如，1939年会计程序委员会发布的会计研究公报第1号，被认为是首份"公认会计原则"。参见：Stephen A. Zeff, "How the U.S. Accounting Profession Got Where It Is Today: Part 1," *Accounting Horizons*, 2003, 17(3): 189-205。

则"向美国证监会提交财务会计报告。[1]

公认会计原则的主导者实际上是美国证监会，名义上的制定机构（即会计程序委员会、会计原则委员会、财务会计准则委员会）只是它的"小伙计"而已。但由于美国证监会委员大多缺乏会计专长（极个别例外），因此，美国证监会的会计相关规则通常交由首席会计师办公室处理。但首席会计师办公室人手短缺、经费不足，难以吸引到杰出的会计理论研究者，这就导致首席会计师本人的观点常常能够左右公认会计原则的制定进程。

这个时候，布劳可以称得上美国证券市场上最有权力的会计监管者。在他的劝说下，美国证监会做出了一个重大决定，此举不但巩固了公共会计师行业在证券市场中的审计权，还给该行业谋得了会计规则制定权。这个决定就是，在布劳的劝说下，美国证监会五位委员最终以 3∶2 的投票结果于 1938 年 4 月 25 日发布了美国证监会的会计政策，即《会计系列公告第 4 号：关于财务报表的管理政策》（Accounting Series Release No. 4：Administrative Policy on Financial Statements），宣布美国证监会将会依赖民间机构，来制定具有"实质性的权威支持"（substantial authoritative support）的会计规则。布劳认为，美国证监会既没有时间也没有资源来制定统一的会计规则。[2]

但美国证监会的这种公权私授行为缺乏法律授权，属于违法行为，因此引发了旷日持久的争论。[3]美国证监会原本应当对证券市场会计审计事务恪尽职守，但它却放任公共会计师行业与大型公司勾结在一起，使得会计规则的制定沦为挤眉弄眼的游戏。

---

1 SEC, Study Pursuant to Section 108(d) of the Sarbanes-Oxley Act of 2002 on the Adoption by the United States Financial Reporting System of a Principle-Based Accounting System, 2003. 参见：美国证券交易委员会：《对美国财务报告采用以原则为基础的会计体系的研究》，财政部会计司译，中国财政经济出版社，2003，第 80—86 页。

2 其实根本原因在于，受联邦宪法下的法律架构的限制，美国不可能形成各州统一的会计规则体系。

3《萨班斯－奥克斯利法案》径行规定，由私人部门财务会计准则委员会来拟定证券市场信息披露规则，这种缺乏理论依据的失当立法进一步掩盖了这一问题。

（二）美国证监会与公共会计师行业的人员交流

美国证监会督导着公认会计原则的制定过程，它和规则制定者之间保持着密切联系并存有人员互动，美国证监会的一些首席会计师离职之后还在准则制定机构中担任重要职务。例如，1935—1938 年间担任首席会计师的布劳在 1944—1961 年间担任美国会计师协会的全职研究部主任，并担任会计程序委员会的专职负责人，1947—1963 年间还为美国会计师协会会刊《会计杂志》撰写每个月的会计审计专栏，1959—1964 年间出任会计原则委员会委员。

这种密切关系在财务会计准则委员会成立后得以保持。自 1973 年起，美国证监会首席会计师一直参加财务会计准则咨询委员会的季度例会，财务会计准则委员会每个季度都要向美国证监会汇报进展情况。两者之间的人员互动依旧。

安德鲁·巴尔（Andrew Barr）自 1956 年至 1972 年任美国证监会首席会计师，自 1973 年至 1976 年任财务会计准则咨询委员会委员。A. 克拉伦斯·桑普森（A. Clarence Sampson）自 1978 年至 1987 年任美国证监会首席会计师，自 1988 年至 1993 年任财务会计准则委员会委员。沃尔特·P. 舒茨（Walter P. Schuetze）自 1973 年至 1976 年任财务会计准则委员会委员，自 1992 年至 1995 年任美国证监会首席会计师。[1] 事实表明，财务会计准则委员会与它的两个前任一样，从来就不是独立的规则制定机构。

个别首席会计师的强烈偏好对会计规则产生过重大影响，如伯顿、舒茨等。表 3-3 列示了美国证监会历任首席会计师。

---

[1] Stephen A. Zeff, "A Perspective on the U.S. Public/Private-Sector Approach to the Regulation of Financial Reporting," *Accounting Horizons*, 1995, 9(1): 52-70.

表 3-3 美国证监会的首席会计师

姓名	任期
卡曼·G. 布劳（Carman G. Blough）	1935 年 12 月—1938 年 5 月
威廉·W. 沃恩茨（William W. Werntz）	1938 年 5 月—1947 年 4 月
厄尔·C. 金（Earle C. King）	1947 年 4 月—1956 年 11 月
安德鲁·巴尔（Andrew Barr）	1956 年 11 月—1972 年 1 月
A. 克拉伦斯·桑普森（A. Clarence Sampson）（代理）	1972 年 2 月—1972 年 5 月
约翰·C. 伯顿（John C. Burton）	1972 年 6 月—1976 年 9 月
A. 克拉伦斯·桑普森（A. Clarence Sampson）（代理）	1976 年 9 月—1978 年 8 月
A. 克拉伦斯·桑普森（A. Clarence Sampson）	1978 年 8 月—1987 年 12 月
埃德蒙·库尔森（Edmund Coulson）	1988 年 1 月—1991 年 1 月
乔治·迪亚康特（George Diacont）（代理）	1991 年 2 月—1991 年 12 月
沃尔特·P. 舒茨（Walter P. Schuetze）	1992 年 1 月—1995 年 3 月
约翰·赖利（John Riley）（代理）	1995 年 4 月—1995 年 6 月
迈克尔·H. 萨顿（Michael H. Sutton）	1995 年 6 月—1997 年 12 月
简·B. 亚当斯（Jane B. Adams）（代理）	1998 年 1 月—1998 年 6 月
林恩·E. 特纳（Lynn E. Turner）	1998 年 7 月—2001 年 8 月
罗伯特·K. 赫德曼（Robert K. Herdman）	2001 年 10 月—2002 年 11 月
杰克逊·M. 戴（Jackson M. Day）（代理）	2002 年 11 月—2003 年 3 月
唐纳德·T. 尼古拉森（Donald T. Nicolaisen）	2003 年 8 月—2005 年 10 月
斯科特·陶布（Scott Taub）（代理）	2005 年 10 月—2006 年 8 月
康拉德·W. 休伊特（Conrad W. Hewitt）	2006 年 8 月—2009 年 1 月
詹姆斯·L. 克勒克尔（James L. Kroeker）	2009 年 1 月—2012 年 7 月
保罗·A. 贝斯威克（Paul A. Beswick）	2012 年 7 月—2014 年 10 月
詹姆斯·施努尔（James Schnurr）	2014 年 10 月—2016 年 11 月
韦斯利·R. 布里克（Wesley R. Bricker）	2016 年 11 月—2019 年 6 月
塞格尔·特奥蒂亚（Sagar Teotia）	2019 年 7 月—2021 年 2 月
保罗·芒特（Paul Munter）（代理）	2021 年 1 月—2023 年 1 月
保罗·芒特（Paul Munter）	2023 年 1 月至今

耐人寻味的是，美国证监会有多位首席会计师选择跳槽加盟会计公司。（1）卡曼·布劳 1935 年 12 月至 1938 年 5 月担任美国证监会首任首席会计师，然后辞职加入安达信会计公司。（2）威廉·沃恩茨 1938 年 5 月至 1947 年 4 月担任美国证监会第二任首席会计师，然后辞职加入图什－尼文会计公司（德勤的前身之一）。（3）埃德蒙·库尔森 1988 年 1 月至 1991 年 1 月任美国证监会首席会计师，然后辞职加入安永会计公司。库尔森的辞职给舒茨加盟证监会并推广盯市会计理念提供了大好机会。

（三）部分美国证监会首席会计师对会计审计行业的影响

现扼要介绍一些首席会计师对会计审计行业产生影响的情况。[1]

厄尔·金在伊士曼商学院（Eastman Business School）毕业后，担任成本会计师长达十年之久。他虽然不是注册会计师，但还是得以在安达信会计公司担任现场审计师。1934 年成为美国证监会职员，先后担任布劳和沃恩茨的副首席会计师。1947 年 4 月担任首席会计师，直至 1956 年 11 月离任。他在任期内处理了战后通货膨胀环境里的折旧问题，鼓励美国会计师协会采用加速折旧法而不是根据现行价值计提折旧。他还积极主张采用收益决定的"总括收益观"（all-inclusive concept），反对美国会计师协会旗下的会计程序委员会所倡导的"当期经营业绩观"（current operating performance concept）。

安德鲁·巴尔在伊利诺伊大学获得学士和硕士学位，1924 年获得注册会计师执业资格，执业两年后，于 1926 年进入耶鲁大学任教，讲授经济学。12 年后被布劳招募，加入美国证监会直至退休，在第二次世界大战期间参军入伍。1956 年 11 月被任命为首席会计师，直至 1972 年 1 月卸任。他深入调查处理麦克森·罗宾斯案，促成了审计程序中的存货监盘程序。在任期内，他

---

1 Michael Chatfield, Richard Vangermeersch, *The History of Accounting: An International Encyclopedia* (New York & London: Garland Publishing, Inc., 1996), pp.120-122.

根据处理大西洋研究公司（Atlantic Research Corporation）案的经验，要求公众公司披露所有未纳入合并报表的子公司。此外，他还主张审计师恪守独立性，允许公众公司选择使用递延法（deferral method）或者"直接把收到的税收返还计入当年利润"的做法（flow-through method），来处理投资税收优惠（investment tax credit）。

威廉·沃恩茨、厄尔·金和安德鲁·巴尔都是由布劳在首席会计师任期内招聘进入美国证监会的。

约翰·伯顿 1954 年毕业于哈弗福德学院，1956—1960 年供职于阿瑟·扬会计公司，同时攻读博士学位，1962 年获得哥伦比亚大学博士学位，然后留校任教。1972 年 6 月任美国证监会首席会计师，1976 年 9 月任纽约市主管财政的副市长。他是第一位空降到美国证监会的首席会计师。1973 年，他协助出台了认可财务会计准则委员会具有实质性的权威支持的会计系列公告第 150 号。1976 年，他主导出台了应对通货膨胀影响的会计系列公告第 190 号。

克拉伦斯·桑普森 1953 年从马里兰大学毕业，之后在阿瑟·扬会计公司供职两年，从事会计实务工作两年，1959 年成为美国证监会职员。在 1978 年 8 月出任首席会计师之前，曾担任副首席会计师。他于 1987 年 12 月离职，1988 年被任命为财务会计准则委员会委员。在其任期内，《联邦能源法》（Federal Energy Act）的出台和石油危机的爆发，使得石油天然气会计的储量确认会计（reserve-recognition accounting，RRA）成为热点话题。财务会计准则委员会一开始只允许使用成功成本法（successful-efforts accounting），后来迫于压力不得不允许使用完全成本法（full costs accounting）。桑普森还为处理针对审计师的期望差距问题奠定了基础，推动审计报告从两段式改为三段式。

埃德蒙·库尔森毕业于马里兰大学，在公共会计师行业供职 6 年之后，于 1975 年成为美国证监会职员。1988 年 1 月成为首席会计师，此前曾担任副首席会计师。在其履新之前，特雷德韦委员会（Treadway Commission）于 1987 年 10 月公布了《全国反虚假财务报告委员会的报告》（Report of the National Commission on Fraudulent Financial Reporting）。他与公共会计师行业一起着力处理针对审计师的职业差距问题。1991 年 1 月辞职加入位于纽约的安永会计公司美国总部。

沃尔特·舒茨 1957 年毕业于得克萨斯大学奥斯汀分校，后成为毕马威会计公司合伙人，1973 年全职担任财务会计准则委员会创始委员，1976 年重回毕马威。1992 年 1 月出任美国证监会首席会计师，着力推行公允价值会计。

五、1935 年的《公用事业控股公司法》关于控股公司架构的争议

从民法原理来看，控股公司架构能够以资本为纽带操纵许许多多仅仅承担有限责任的公司法人，充分发挥有限责任规避法律风险的功能，因此，控股公司架构是挑战和规避政府监管的绝佳手段之一。虽然联邦贸易委员会早在 1928 年就已经宣布控股公司架构危害投资者和消费者权益，但一直到罗斯福新政时期，联邦政府才真正下功夫去监管公用事业。

围绕 1935 年出台《公用事业控股公司法》（Public Utility Holding Company Act of 1935，PUHCA），曾出现激烈的争议。[1]

《公用事业控股公司法》授权美国证监会对跨州的公共事业实施监管，主要目的是解决资本家通过控股公司架构控制大多数能源企业的问题。例如，风云人物塞缪尔·英萨尔（Samuel Insull）采用这种方式控制了 32 个州的公用事业，从而使得州一级的监管失效。1929 年股市崩盘导致许多采用金字塔架构的控股公司陷入财务困境，英萨尔的公司帝国也在 1932 年坍塌。

1934 年，罗斯福任命了以内政部长哈罗德·伊克斯（Harold Ickes）为

---

1 该法被《2005 年能源政策法》废止。

首的国家电力政策委员会，科恩出任首席顾问。科恩和科科伦负责起草公用事业法案。他们贯彻了布兰代斯的反托拉斯、"反做大"（anti-bigness）的理念。根据罗斯福关于废除控股公司的指示，科恩和科科伦在法律草案中拟定，如果美国证监会认为某控股公司与企业集团的总体活动没有任何经济上或者地理上的关系，则可以命令将其解散。这一规定被称作"死刑判决"（Death Sentence），立即引发了规模空前的游说活动。1935 年 6 月，参议院通过了该法案。但是，众议院在 7 月和 8 月两次否决了"死刑判决"条款。法兰克福特和参议员阿尔本·巴克利（Alben Barkley）提出妥协方案，允许控股公司控制两家与地理相关的子公司，美国证监会认为其违背有效运营原则的除外。国会参众两院于 8 月 24 日接受了妥协方案，8 月 26 日罗斯福总统签署发布了《公用事业控股公司法》。

六、美国证监会与注册会计师行业蜜月期的结束

1936 年 12 月 4 日，兰迪斯在对美国投资银行家协会（Investment Bankers Association of America）发表的演讲中公开抱怨："几乎每天都与会计师争吵（其中一些人被称作行业领袖），这使我们相信，注册会计师对企业管理层的忠诚度，要远远超出他们对投资者的责任感。"[1]

兰迪斯呼吁对证券交易中过度投机的现象加强管制，禁止不负责任的势力发挥作用。他的演讲激起了注册会计师行业的强烈反应。

1939 年 3 月，兰迪斯（当时已经辞去美国证监会主席职务，就任哈佛大学法学院院长）在一封信中尖锐地评论说，"真正需要的是给整个会计师行业一顿好打"（What is really needed is a good spanking for the accountants as a whole）。

---

1 James M. Landis, "The Direction of Recovery," *Vital Speeches of the Day*, 1936, 3(5): 152.

第四章
1900—1936 年的美国会计学术

1900—1936 年的美国会计学术受公共会计师行业和经济学界的影响比较大。在公认会计原则这一概念问世之前，美国会计学术处在自由烂漫的时代。查尔斯·斯普拉格的《账户的哲学》、亨利·哈特菲尔德的《现代会计学：原理和问题》和威廉·佩顿的《会计理论：以公司制企业为例》针对会计实践给出了经验总结，提出了一些偏离会计实践的概念主张。坎宁的理论观点则与会计实践存在显著的差异。

第一节　学者的自由探索

在美国证监会成立以前，美国证券市场上的会计信息披露是缺乏政府监管的。与股市乱象相对应的，是学术界派别林立、百花争艳的局面。直至 20 世纪 20 年代末，仍无权威文献论及会计原则。最早对会计原则的形成做出贡献的，是 1930 年美国会计师协会设立的"与证券交易所合作特别委员会"，该委员会的任务是提出会计标准体系，然后交由纽约证券交易所推行。

一、20 世纪初围绕稳健性原则的争论

1900 年，稳健主义是占支配地位的会计原则。在英国，公共会计师行业

是在"企业破产、倒闭、舞弊和争议"中成长起来的，该行业的稳健主义、收付实现制和以清算价值记录资产的传统，可以说是受环境影响的结果。在美国，商业银行为了应对担保物权估值虚高的风险，也鼓励公共会计师推崇稳健主义，成本与市价孰低法备受推崇。

1892 年，迪克西在《审计：审计师实用手册》中首先抨击稳健主义。他从抨击双账制（即资本业务和收入业务分开，资产分成固定资产和流动资产两部分，长期固定资产的历史成本在资本支出账户中反映，不予折旧）入手展开讨论。他认为，固定资产应当按历史成本减去折旧进行计价，流动资产应按可变现净值进行计价，不应确认资产升值。迪克西还提出了资产价值取决于未来的经营活动的观点。[1]

二、欧文·费雪提出的收益概念

欧文·费雪（Irving Fisher）虽然并不是主攻会计学科的学者，但他的一些观点还是对会计理论具有很大影响。历史地看，他是净现值、折现理念影响最大的、最早的鼓吹手。一个主要原因是，20 世纪初美国高校全职会计教师中的博士学位获得者大多是经济学博士。费雪当时被认为是世界上最伟大的经济学家，相比之下，约翰·梅纳德·凯恩斯、弗里德里希·奥古斯特·冯·哈耶克（Friedrich August von Hayek）、米尔顿·弗里德曼（Milton Friedman）等人都是后起之秀。费雪在经济学、金融学、会计学领域的地位，用不太恰当的类比来说，有点像青霉素的发现者亚历山大·弗莱明爵士（Sir Alexander Fleming）在医学界的地位。因此，他的学术观点对于会计、金融和经济学研究来说，是不容忽视的存在。你可以不同意他的观点，但你不应该不了解他说了什么。总体来看，费雪的学术观点在 1929 年之前受到尊敬并被

---

1 Lawrence R. Dicksee, "Comments on Economics of Business by Norris A. Brisco," *The Economic Journal*, 1913, 23(92): 613-614.

广泛引用，之后几十年受到公众嘲笑并被业内同仁普遍忽略（少数著名理论家除外），21 世纪以来又引起一些经济学家的关注。[1]

 专栏 4-1

欧文·费雪

欧文·费雪（Irving Fisher，1867—1947）是美国第一位数理经济学家，"费雪方程式"的提出者。

费雪 1867 年生于纽约州的索格蒂斯。在耶鲁大学获得学士学位（1888）、数学和经济学博士学位（1891）。他在耶鲁大学数学系获得该校第一个经济学博士学位，由理论物理学家乔赛亚·W. 吉布斯（Josiah W. Gibbs）和政治经济学家、社会学学科开创者威廉·G. 萨姆纳（William G. Sumner）共同指导。博士毕业后留在耶鲁大学数学系任教，讲授数学（1892—1895），1895 年在政治经济学系任教，1898 年晋升政治经济学教授，1935 年成为荣誉退休教授。1898—1904 年间，费雪罹患结核病，并在磨难中幸存下来。1926 年起在雷明顿公司、兰德公司兼任董事等职务。1930 年与拉格纳·弗里施（Ragnar Frisch）和查尔斯·F. 鲁斯（Charles F. Roos）发起并成立世界计量经济学会，担任首任会长。

费雪是一位多产的作家，他的儿子整理的传记中列出了 2 000 篇论文，以及他撰写的或者关于他的 400 本著作。费雪发明了可显示卡片指数系统，并于 1913 年取得专利，创办了一家获利颇丰的可显示指数公司。后来该公司与竞争对手合并为斯佩里·兰德（Sperry Rand）公司。这项事业使

1　Robert W. Dimand, *Irving Fisher* (Cham, Switzerland: Springer International Publishing, Palgrave Macmillan, 2019), pp.1-16.

他变得颇为富裕。但1929年股市崩盘之前他借款以优惠权购买兰德公司股份，股市崩盘后，他的股票成为废纸。据他儿子估计，损失为800万~1 000万美元，连妻子、妹妹和其他亲属的储蓄也都赔了进去。可怜他一文不名，耶鲁大学只好把他的房子买下，再租给他住，以免他被债主赶出去。

虽然费雪的名声在"大萧条"时期受到重大打击，但他仍然在1930年出版了代表作《利息理论》，1932年出版了《繁荣与萧条》，1933年出版了《大萧条的债务通货紧缩理论》，1935年出版了《百分之百的货币》。费雪精于养生保健，曾与医学专家尤金·L.菲斯克（Eugene L. Fisk）合著有《如何生活：基于现代科学的健康生活规则》一书，该书在1946年发行第21版，这是他发行量最大的著作。

（一）费雪关于利息、资本和收入的理论观点

1891年，费雪在耶鲁大学数学系获得经济学博士学位。他喜爱数学和经济学，二者的结合就是数理经济学。他的博士学位论文《价值与价格理论的数学研究》（Mathematical Investigations in the Theory of Value and Prices）用定量分析研究效用理论，这是他日后成为美国第一位数理经济学家的起点。

1892年，费雪的博士论文在《康涅狄格州艺术与科学学院学报》上首次发表，后来作为单行本多次刊印。费雪称，他在撰写博士论文的时候对数学比对经济学更感兴趣。他认为，用愉悦感的增加来定义经济学中的效用概念的做法是不妥当的、邪恶的。他独立地发明了一般均衡分析和无差异曲线，在论文中构建水利模型以模拟均衡价格和数量，设计了诸多液压箱、阀门、杠杆、天平和凸轮，用于佐证他关于边际效用、价格和价值的观点。水箱的上升表示边际效应增大，反之亦然。他在书中绘制的很多示意图，很容易让

人感觉是在读一部水利工程或者液压机方面的著作。

1896 年，费雪在著作《增值和利息》（*Appreciation and Interest*）中给出了现值（present value）的定义：“现值”是现在的一个金额，根据该金额和给定的利息率，将会使得其本利和等于未来某一日期的给定金额。也就是说，现值是未来特定金额在现在的实际市场价格（actual market price）。[1] 该书第四章的标题就是“现值”。该书给出了现值、终值、年金现值、年金终值的公式。该书第十二章“利息理论”（The Theory of Interest）提出了与名义工资和实际工资相对应的名义利率（nominal interest）和实际利率（real interest）的概念。此前，阿尔弗雷德·马歇尔（Alfred Marshall，1842—1924）的《经济学原理》就已经使用“名义的”和“实际的”对相关经济学概念进行区分。

1906 年，费雪在著作《资本与收入的性质》（*The Nature of Capital and Income*）中提出，“资本是财富的存量，它的服务流（stream of services）就是收入”[2]。资本的预期收益就是一个服务流，比如说，某企业开发的商业地产就是资本，租金（即商业地产所给予的服务）就是资本带来的收入。其中的因果关系是从收入到资本，从未来到现在。换句话说，资本的价值是预期收入的折现价值（the value of capital is the discounted value of the expected income）。资本可以定义为随时间推移产生收入流的任何资产，其价值可以按照该资产未来产生的净收入的现值来衡量。费雪提出，收入是人们纯粹主观的心理满足，是“一定时期内的资金流入”（flow of funds over time）。人们为了获得这种主观满足，就需要付出相应的努力（effort）。服务流与努力流

1　原文为：The ordinary definition of the "present value" of a given sum due at a future date is "that sum which put at interest today will 'amount' to the given sum at that future date." 参见：Irving Fisher, *Appreciation and Interest* (New York: The Macmillan Company, 1896), published for the American Economic Association, p. 19。

2　原文为："The stock of wealth is called capital, and its stream of services is called income."

（stream of efforts）是对应的。费雪提出，企业家在账上记录的每一笔交易都涉及交易双方，具有两面性，这也正是复式记账法的科学性所在。费雪认为，其理念构成了一种"经济会计的哲学"（philosophy of economic accounting）。费雪所提出的用预期收入的折现值来计算资本的价值的思路，成为后续文献推广现值计算规则的基本理念。[1]约翰·B.威廉斯（John B. Williams）基于这一理念于1938年提出了"股利折价模型"，主张以预期股利的现金流量现值对股票进行估值。[2]

1907年，费雪出版了代表作《利率》（*The Rate of Interest*）。[3]费雪的利息理论借鉴了约翰·雷（John Rae）在1834年，以及欧根·冯·庞巴维克（Eugen von Bohm-Bawerk）在19世纪80年代所提出的时差利息论（即利息是时间价值，今年的100元就是比明年的100元更值钱）。他率先探讨了如今公司金融教科书中常见的货币的时间价值、净现值、现值最大化等理念和方法。该书提出了预期收入（prospective provision of income）理论，该理论认为利率取决于收入流（income stream）的特征，即收入流的大小、构成、概率，尤其是其时间分布。

 专栏 4-2

费雪的《利率》学术观点摘录

□利率在价格理论和分配理论这两个经济科学的重要分支中起着核心作用。在价格理论方面，正如《资本与收入的性质》中所提出的，财富

---

1 Irving Fisher, *The Nature of Capital and Income* (New York: The Macmillan Company,1906), pp. 323-328. 欧文·费雪的这一理念又见于: Irving Fisher, "Are Savings Income?" *American Economic Association Quarterly*, 3rd Series, 1908, 9(1): 21-47; Irving Fisher, "Income in Theory and Income Taxation in Practice," *Econometrica*,1937, 5(1): Chapter I Introduction, pp.1-55。

2 John Burr Williams, *The Theory of Investment Value* (Amsterdam: North-Holland Pub. Co.,1938), p. 56.

3 Irving Fisher, *The Rate of Interest: Its Nature, Determination and Relation to Economic Phenomena* (New York: The Macmillan Company, 1907).

或财产的价格等于其预期未来服务的贴现值。在分配理论方面，古典政治经济学把社会收入分成利息、租金、工资和利润，其实完全弄错了利率与分配的关系。费雪认为，实际上所有的社会收入都是资本的利息，也就是说，利息不是收入的一部分，而是收入的全部；利息包括所谓的租金和利润，甚至包括工资，因为工人的收入可以像土地或机械的收入一样资本化。之所以这样，是因为社会虽然在表面上可以看作是由四个独立且相互排斥的群体（即劳工、地主、企业家和资本家）构成的，但实际上，这四个群体并不是独立且互斥的群体。企业家几乎总是资本家，即土地以外的其他资本的所有者。资本家通常也是地主，反之亦然；甚至今天的工人通常也都是小资本家。

□从某种意义上说，正如社会主义者所坚持的那样，不平等确实是由于社会安排造成的。

□利率分为显性利率（explicit interest）和隐性利率（implicit interest）。二者只是在程度上而不是在种类上有所不同。普通股的利率就是隐性的。风险是股票和债券之间真正的区别。

□不应错误地认为债务人阶层都是由穷人组成的。当今，典型的债务人是股东，而典型的债权人则是债券持有人。由于美元持续贬值，实际上财富正在持续从债券持有人向股东转移。

□人们可以按照现值最大的原则来做出选择，而不必拘泥于未来现金流量的形态（即时间、金额的分布形态）。

□任何能够影响智力、远见、自我控制、习惯、人的寿命和家庭感情的因素，都会对利率产生影响。此外，时尚也间歇性地发挥作用。

1911 年，费雪的著作《货币的购买力》(*The Purchasing Power of Money*)问世，该书探讨了货币供应量变化与一般价格水平变化之间的关系，提出了

著名的费雪方程式 $MV = PT$。式中：M 为一定时期内交易、流通中的平均货币数量（money supply）；V 为货币流通速度（velocity of money）；P 为各类商品价格（price）的加权平均数；T 为各类商品和劳务的经济数量（economic quantity）。同年，费雪在《经济学基本原理》（*Elementary Principles of Economics*）第 1 版教材中作出如下阐释：现值是未来某一金额根据某一利息率计算的现在的价值。求解未来某一金额的现值的过程，即为折现（discounting）。

如果他用自己提出的玄妙理论对资本进行估值，会发生什么呢？这个问题乍一听似乎很荒诞。但费雪还真是在股市闯出了一番名堂。只不过，这个名堂是以反面教材的方式出现的。

1929 年，被认为是当时世界上最伟大的经济学家的费雪[1]，遭遇了人生的滑铁卢。费雪原本在 20 世纪 20 年代的牛市中赚了 1 000 万美元。但他在 10 月 15 日在纽约市采购代理协会发表的演讲，使他的名声远远超出了经济学界。费雪公开放言，"股票价格似乎已经达到了永久的高原"（stock prices have reached "what looks like a permanently high plateau"），"繁荣仍将持续，股价依然偏低"。他的演讲次日被《纽约时报》报道。费雪身体力行，倾全部身家下注。10 月 23 日，过度自信的费雪在给哥伦比亚特区银行家协会发表演讲时，还在继续论证牛市的必然性。这次演讲的时机明显不合适。次日（10 月 24 日）纽约证券交易所便出现抛售狂潮，股市崩盘和"大萧条"接踵而至。费雪不但自己赔进去 1 100 万美元，欠下一屁股债，还害得无数跟风者家财散尽。在费雪放出豪言"永久的高原"之后的三年内，股价下跌了 85%。他下注的一只股票从 58 美元跌至 1 美元。费雪一举成为美国家喻户晓的"伟大的"经济学家，被民粹主义者广泛用来论证"所谓专家，其实一无所知"。费雪在余生中一直努力还债。货币经济学和宏观经济学学术期刊论文对费雪的引用

---

1 要知道，凯恩斯的经典著作《货币论》和《就业、利息与货币通论》先后于 1930 年和 1936 年才问世。这两部著作都使用了现值概念进行分析。

在 20 世纪 30 年代减少了，在 40 年代消失了。美国媒体由此提炼出一句忠告，"不要听经济学家的话，尤其不要听伟大的经济学家的话"。

费雪的故事发人深省：究竟谁可以为投资者提供可信赖的预测？哪一个学科能够精确地刻画股价的形成机制？经济学和会计学究竟应不应该致力于为证券估值服务？企业界有一个广为人知的真理：任何能够预测股票价格走势的人都会根据该知识采取行动，而不是发表这些知识。就此而论，最近 100 多年学术刊物中刊登的相当多探讨股价走势的公司财务论文，其知识含量是相当可疑的。

股市崩盘、投资失败给费雪造成了声誉和财产的双重打击。但失之东隅，收之桑榆。1930 年初，逆境中的费雪推出了浓缩人生精华的代表作——《利息理论》（*The Theory of Interest*）。该书对《利率》一书进行了全面修订，并将其他几本著作的观点和内容融合进来。[1]但费雪也指出，实质上他的利息理论几乎没有丝毫的改变，更多的是语言上的变化。费雪主张用"缺乏耐心"（impatience）替代"贴水"（agio）或"时间偏好"（time preference），用"投资机会"（investment opportunity）取代"生产力"（productivity），以期用于解释利息。

 专栏 4-3

费雪的《利息理论》学术观点摘录

□利息是由人们对当期消费或未来消费的时间偏好（time preference）以及投资机会（investment opportunity）这两个因素共同决定的。它并不是由供求决定的。

□利率问题完全是消费与投资的问题，消费冲动与投资冲动之间存在

---

1 Irving Fisher, *The Theory of Interest: As Determined by Impatience to Spend Income and Opportunity to Invest It* (New York: The Macmillan Company, 1930).

永恒的矛盾。缺乏耐心和投资机会这两者共同决定利息。

□在利息理论中，收入的概念起着根本作用。收入是一系列的事件（income is a series of events）。个人头脑中的精神体验（the psychic experiences of the individual mind）作为一系列事件，构成了他的终极收入。

□资本是未来收入的折现（资本化）。资本的价值必须根据估计的未来收入来计算，而不是相反。乍看起来，这个说法似乎令人困惑，因为人们通常认为在时间上总是先因后果，所以应该是先有资本后有收入。这种认识从某种意义上讲是正确的。收入源自资本商品（capital goods）。但收入的价值（the value of the income）并非源自资本商品的价值（the value of the capital goods）。恰恰相反，资本的价值来自收入的价值。估值是人为的预见的产物，归根到底取决于预期（anticipation）。上述逻辑的顺序是：资本商品带来收入（即服务流）；服务流带来收入的价值；收入的价值带来资本的价值。除非人们知道某项资本将会带来多少收入，否则是不可能对该项资本进行任何估值的。

□成本是负项收入。将来的负项收入是与将来的正项收入一道进行折现的。

□如何对劳动者的痛苦或努力（labor pain）进行货币估值是一个难题。这个问题在会计理论中很重要，特别是它关系到衡量人类福利的问题。

□时间偏好（即缺乏耐心）是利息的心理基础。一个人缺乏耐心的程度取决于其全部收入流（entire income stream），即预期实际收入（expected real income）的数量、在时间上的预期分布方式即时间形态（time shape）及其概率。相对延迟的收入，一个人对早期的收入的偏好程度，取决于他的现在收入与预期的未来收入的相对大小及其个人特征。

□ 每个人都要根据市场利率计算选择使得现值最大的收入流。

□ 利率最终取决于社会的结构等非经济的因素。但凡会影响智力、远见、自我控制、习惯、人的寿命、家庭感情与习俗的因素，都会对利率产生一定的影响。发明的进展、货币购买力的变动也会对利率造成影响。

（二）对现值概念的辩证分析

费雪的作品是目前流行的会计理论和公司金融理论中的现值、折现、净现值等知识点的源头。[1] 这些概念对于开拓金融分析、经济分析思路还是具有一定价值的。但是，应当指出，费雪所提出的概念与"根据法律事实记账""记账必须具备原始凭证的支持"的会计基本原理相悖，因此，现值不适合作为会计规则使用。鉴于我国会计学术界迄今对之仍缺乏争鸣，宣扬现值者甚众，诚有必要对其进行辩证分析。

1. 费雪混淆了封闭现金流与开放现金流

终值、现值等复利算法只能针对封闭现金流进行。针对债券投资、贷款等债权债务关系中的封闭现金流，可以用复利算法计算摊余成本（amortized cost），摊余成本在本质上就是封闭现金流的折现值。在整个债券、贷款的有效期内，无论如何计算，现金流总额都不变。但真理再往前走一小步，就变成了谬误。费雪的错误在于，他把现值的计算推广到了土地、股票等情形，这就不再是针对封闭现金流，而是针对开放现金流的计算了。而开放现金流的利率、现金流形态和期限这三套参数往往都是缺失的，这样是无法计算现值的。实际上，费雪自己也认识到，对于开放现金流，只能依靠预期、估计的办法去猜测现值。这就是说，现值纯属数字游戏。在某种程度上，高等教

---

1 R. J. Chambers, "Income and Capital: Fisher's Legacy," *Journal of Accounting Research*, 1971, 9(1): 137-149.

育中传授的公司金融理论有相当一部分属于西洋镜的层次。如今的公司金融教材在传授现值算法时，都要假定已知这三套参数，然后，大学生们再用小学算术煞有介事地算一遍。这种教育与其说是在传授科学规律，不如说是在自娱自乐。会计教材中大量出现的针对开放现金流的现值算法，就是这种现象长期泛滥的结果之一。

2. 费雪混淆了债权和股权的性质

费雪认为，普通股的利率就是隐性的。这反映了费雪对民商法基本理念的漠视。利息、利率这些概念都是针对民法上的债而言的，不适用于股权。债是因法律规定或合同约定，在特定当事人之间形成的权利义务关系。在债的关系中，利率、现金流量通常都是预先约定好的。而股权投资通常不存在这种约定。

3. 费雪所宣扬的现值概念在逻辑上存在悖论

费雪提出，"除非人们知道某项资本将会带来多少收入，否则是不可能对该项资本进行任何估值的"。这种论断看似科学，其实不然。如费雪所说，人们之所以要对资本进行估值，是因为人们不知道资本价值几何。既然人们连资本现在价值几何都搞不明白，那么何以知道未来的收入（即费雪所说的服务流）价值几何呢？费雪的逻辑与那些抓住头发想要飞向月球的人的无厘头程度有何区别呢？足见，现值就是一个羞辱人们智商的概念，它就是一款贪吃蛇的游戏在金融理论上的表达。一条蛇从自己的尾巴下嘴，结果硬是把自己给吞进去了，这个逻辑看起来很美。

4. 费雪的利息理论形式大于内容，借鉴价值相对有限

人们可以看到，费雪的著作实际上是以数学工具推广唯心主义的经济学说，书中有将近一半的篇幅利用数学推导和图形庄严地证明常识。正如《利息理论》中文版译者陈彪如先生所言，"唯心的理论最难捉摸，为了使它具体化和明朗化，以便具有更大的欺骗性，他还应用了数理分析，于是他所杜撰

的'投资机会'演变为了'机会曲线'，既然所谓'边际生产'和'收益递减律'纯属虚构，那么，由此推演出来的'投资机会曲线'当然不能成立。这种概念的公式化，不只是叙述方法的改变，同时也表现了资产阶级经济学的危机，它日益变成没有内容的数学游戏，除了加深理论与实际的脱节外，只是起了一种思想魔术的作用"[1]。从 1907 年的《利率》到 1930 年的《利息理论》，两本书 900 多页，数学公式无数，几何图形成堆。费雪到底也没有在利率的形成机制方面取得一丝一毫的进展，到头来还是要靠预期、猜测来进行解释。这就是数量经济学的应有面目吗？这一切都不免令人怀疑，那些竭力吹捧费雪的利率理论的文献作者究竟有没有读过费雪的书？如果读过费雪的书，为何还能如此痴迷地沉醉呢？

5. 费雪并不是在探讨科学规律，而是在进行心理探秘

费雪的预期收入理论与庞巴维克的时差利息论，主张利息是资本家因等待而获得的公平回报。在本质上，它们都试图推翻马克思主义劳动价值论。[2] 费雪的利息理论所提出的决策规则是最大欲望原理，即以所计算的苦乐的现值的最大化作为衡量标准。这是超越社会阶层物质条件的泛阶级的消费心理分析。马克思指出，"资本不是物，而是一定的、社会的、属于一定历史社会形态的生产关系，后者体现在一个物上，并赋予这个物以独特的社会性质"[3]。费雪观测到收取利息且利率为正只是特定时期、特定人群、特定文化下的现象，它并不是人类社会经济运行的必然规律。历史地看，一方面，并不是所有的文明都主张收取利息；另一方面，即使是在普遍主张收取利息的国家和地区，利率也并不都是正的。

---

1 ［美］欧文·费雪：《利息理论》，陈彪如译，上海人民出版社，1959，译者序。

2 James Tobin, "Irving Fisher (1867-1947), "*The American Journal of Economics and Sociology*, 2005, 64(1): 19-42.

3 马克思：《资本论》第三卷，人民出版社，2004，第 922 页。

（三）现值概念在会计规则中的推广应用

迄今林林总总的会计理论均围绕一个根本问题展开：会计报表究竟应否反映资产与负债的现行价值（current value），以及如何反映现行价值。[1] 对这一根本问题的回答，形成了两大类理论主张。

1. 历史成本会计和根据法律事实记账的理论主张

在历史成本会计下，会计只应反映基于事实的历史成本，不应反映现行价值。因为会计信息同时要服务现有的法律关系当事人（如企业管理层、现有股东、经济监管机关、现有债权人），以及潜在的用户（如潜在股东、潜在债权人）等不同的用户。这些用户可以而且只能通过法律规定或合同约定来索取会计信息。为了保证会计信息的公益性和公信力，记账必须具备原始凭证的支持。根据法律事实记账，是会计的基本原则。法律事实（legal facts）是指引起民事主体法律关系的发生、变更或消灭的事实，包括法律行为和法律事件。

会计应当根据取得资产时所付出的代价、承受负债时所收取的对价等法律事实，即历史成本（historical cost）记账，恰当地对收入和费用进行配比（matching），从而计算企业的利润。

上述理论主张又称历史成本会计（historical cost accounting）、配比原则（the matching principle）、收入－费用观（revenue-expense view）或受托责任观（accountability view）。本书所秉持的"根据法律事实记账""记账必须具备原始凭证的支持"的理论主张，与上述理论主张是一致的。

2. 现行价值会计

主张会计报表应当反映资产与负债的现行价值的理论主张有许多变体，它们迄今都拿不出像样的现行价值的概念。于是乎，一连串名词被炮制出来

---

1 周华、戴德明、刘俊海、叶建明：《国际会计准则的困境与财务报表的改进——马克思虚拟资本理论的视角》，《中国社会科学》2017 年第 3 期。

争奇斗艳。为便于理解，我们现在用私立机构国际会计准则理事会2018年公布的《财务报告概念框架2018》里面的名词来予以说明（见图4-1）。

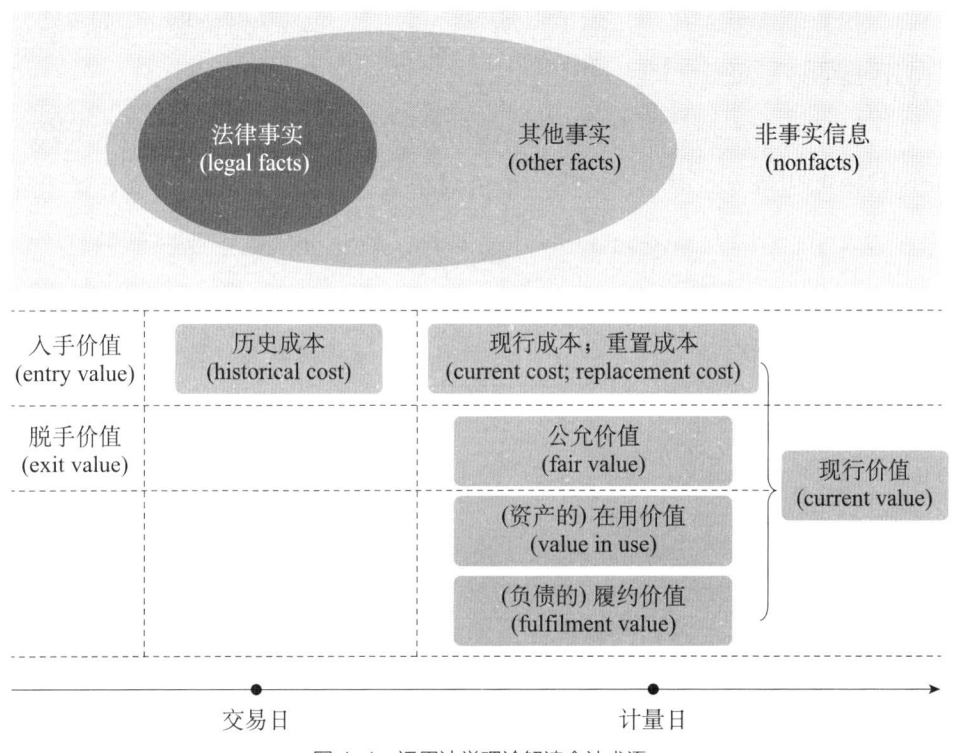

图 4-1 运用法学理论解读会计术语

现行价值会计理念的逻辑可概括如下。公允价值信息比历史成本对证券投资者更有用，因此，企业应当按照公允价值对其资产、负债进行计量，这样，投资者用资产的公允价值减去负债的公允价值，就可以算出企业的净公允价值（net fair value）。既然世界上没有哪一门科学能够精确地刻画股票的价格形成机制，也没有哪一门科学能够精确地计算公司的价值，那么，不妨用净公允价值来估计企业的价值。

国际财务报告准则和美国证券市场上的公认会计原则将公允价值计量划分为三个层级。第一层级的公允价值，通常是指该资产的最新市场价值

（market value）。如果市面上找不到一模一样的资产的交易价格，可以参照类似的可比物的价格来估计，此为公允价值计量的第二层级。如果连可比物的交易价格也找不到，可以"按估值模型来估计"（mark-to-model），此为公允价值计量的第三层级。[1]

我们来做个比较。历史成本是企业基于法律事实在交易日按照取得资产时所付出的代价、承受负债时所收取的对价来计量的，它被美国会计学术界称作"入手价值"（entry value）。作为对比，公允价值是企业在计量日（也就是结账编报表的那一天，在我国通常是季度末或年末）按照别人的交易价格或者是根据估计值来计算的，它被美国会计学术界称作"脱手价值"（exit value），也就是假定企业现在就在有序交易的市场上出售资产、偿还负债，看看企业究竟还值多少钱。

有人提出，很多长期资产不仅能"脱手"，还能自己用。那么，企业自己一直在用的长期资产究竟价值几何？这个概念就是"在用价值"（value in use）。这就是企业自己拍脑袋估计出来的主观价值。这个概念如果行得通的话，企业也就能够估算自己的价值了。既然企业都能估算自己的价值了，何苦还去逐项计算各项资产的在用价值呢？于是，将在用价值这个概念用于企业估值在逻辑上也难以自洽。

还有人提出，有的资产可以按照最近的现行成本（current cost）或者说重置成本（replacement cost）来计量。比如，公司盘盈了一台九成新的牛头刨床。如果现在重新购买九成新的牛头刨床，企业需要花多少钱？美国会计学术界称，现行成本（或者说重置成本）是计量日的入手价值。类似地，国际会计准则理事会还给负债设计了一个叫做履约价值（fulfillment value）的概

---

1 估值模型进入会计规则体系这一事态证明了美国会计学术和会计规则在加速堕落。美国政府对长期资本管理公司（LTCM）的救助表明，那些提出衍生工具估值模型的经济学家即便获得了瑞典国家银行经济学奖（即被错误简称为诺贝尔经济学奖的那个奖项），也同样难以对衍生工具进行估值。

念，甚为奇特。

上述"会计"思路在会计学术界被称作公允价值会计（fair value accounting）、市场价值会计、现行价值会计、盯市会计（mark-to-market accounting）、现行成本会计、决策有用观（decision-usefulness view）、资产负债观（asset/liability view），这些不同的词汇表达着相同的意思。

《财务报告概念框架 2018》提出了三个脱离历史成本记账的计量基础，即公允价值、现行成本、（资产的）在用价值和（负债的）履约价值，三者合称现行价值。也就是说，现行价值是历史成本之外的计量基础的统称，它们都不是法律事实，都不应当进入会计程序。

域外会计理论将确定记账金额所采用的所有算法统称为计量基础（measurement bases）或者计量属性（measurement attributes）。如此，现行价值得以堂而皇之地成为会计计量基础（或曰会计计量属性）。其实，符合会计基本原理的记账金额只能基于历史成本来记录，按照法律事实记账是会计的基本原则。计量基础或者计量属性这样的概念对会计学科来说是多余的，它们仅有的作用就是掩盖那些不符合会计基本原理的记账方法。

现值曾长期被列为会计计量属性，但《财务报告概念框架 2018》中不再将其列为计量属性，而是改称其为可适用于多种计量属性（如公允价值的第三层级、资产的在用价值等）的一种具体计量技术。费雪在 20 世纪初提出的现值算法就这样堂而皇之地嵌入会计规则，成为支撑现行价值会计理念的一种估值技术。

乔治·梅提出，财务会计领域最重要的问题就是利润的确定（the determination of income）。没有必要考虑经济学中"收益"（income）一词的含义。企业界所关注的收益是一个实际的业务概念（a practical business concept）。然而，该术语从未以任何精确的方式定义，甚至在商业世界中也没有得到普遍认可。[1]

三、斯普拉格的《账户的哲学》[2]

1907 年，查尔斯·E. 斯普拉格（Charles E. Sprague）的著作《账户的哲学》（*The Philosophy of Accounts*）在纽约出版（见图 4-2）。该书提出，会计学是数学和分类科学的一个分支，因此，在探究会计原则时，不能仅仅围绕会计工作的传统，而是要努力建设一套先验性的科学体系。该书闪耀着智慧之光，此处撷取部分观点如下：（1）账户要具有证明力，要提供系统性的事实（第 1 段）；资产负债表是所有会计程序的起点和归宿（第 62 段）；（2）资产包括物品（企业已经拥有的物品）和债权（企业预期将要拥有的物品），两者可以相互转化（第 105 段和第 106 段）；（3）从代数学的角度来看，负债是负资产（negative assets），业主权益是资产和负资产的代数和（第 116 段）；（4）资产的价值有可能会下降，该下降额（shrinkage）会影响业主权益（第 122 段）；（5）虽然在理论上资本额超过真实价值的部分列为减值的资本（impaired capital），但实务中很少有对资本减值的披露，通常它们会被委婉地表达为"商誉""特许经营权"等（第 144 段）；（6）经济业务先要记入经济账户（economic accounts，类似于现今我国企业常用的收入、费用类账户）中，然后通过经济总结（the economic summary，实务中的名称各异，类似于现今我国企业常用的本年利润账户）账户汇总记入业主权益账户（proprietary accounts）。可见，《账户的哲学》是阐释会计学原理的著作。作者开宗明义地指出，该书旨在阐释会计的科学原理而不是传授记账的技巧。表 4-1 列出了《账户的哲学》的篇章结构。

---

1 George O. May, *Memoirs and Accounting Thought of George O. May*, edited by Paul Grady (New York: The Ronald Press Company, 1962), p. 101.

2 Charles E. Sprague, *The Philosophy of Accounts* (New York: The Ronald Press Company, 1922);［美］C. E. 斯普拉格：《账户的哲学》，许家林、刘霞译，立信会计出版社，2014。

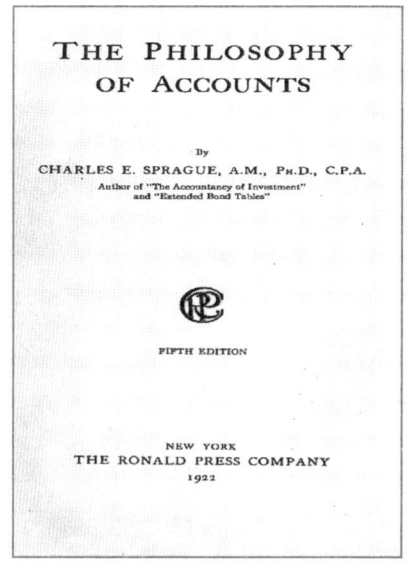

图 4-2　斯普拉格的《账户的哲学》

表 4-1　　　　　　　　斯普拉格《账户的哲学》之篇章结构

I	账户的性质 Nature of The Account	VIII	所有权 Proprietorship	XV	日记账 The Journal
II	账户的格式 Form of The Account	IX	抵减和附加账户 Offsets and Adjuncts	XVI	过账介质 Posting Mediums
III	账户的结构 Construction of The Account	X	资不抵债 Insolvency	XVII	根据凭单过账 Posting from Tickets
IV	交易 The Transaction	XI	会计期间 The Period	XVIII	分类账 The Ledger
V	资产负债表 The Balance Sheet	XII	经济账户 Economic Accounts	XIX	防范错误 Precautions against Error
VI	资产的分类 Phases of Assets	XIII	经济总结 The Economic Summary	XX	查找错误 The Detection of Errors
VII	负债的分类 Phases of Liabilities	XIV	试算平衡 The Trial Balance	XXI	信托账目 Fiduciary Accounts

值得赞赏的是，斯普拉格的主业是金融机构的高级管理人员和美国银行家协会的领导，副业是纽约大学的会计教授，他的理论水准可不比大学专职教师差。值得注意的是，他是按照银行家的思路去论证账户哲学的。当时美国联邦还没有开征企业所得税，相应地，该书主要围绕资产负债表展开，没有强调利润表的重要性。

《账户的哲学》富有创造性地把资产负债表中的资产区分为两类：一类是物（things），又称我们拥有的物品（things belonging to us）或者占有物（possessions）；另一类是权利（rights），又称我们拥有的债权（debts owing to us）或者预期（expectations）。[1] 该书第 110 段把资产定义为"将要接受的服务的总称"（storage of services to be received）。[2]

四、哈特菲尔德的学术理念

加州大学伯克利分校的亨利·R. 哈特菲尔德（Henry R. Hatfield）是美国第一位会计学全职教授。他从未做过会计实务工作，也没有获得注册会计师执业资格，但这并未妨碍其在芝加哥大学开设会计课程。他既懂德语又懂法语，善于借鉴德国商法典、法国商法典以及英美两国的判例法从事会计理论研究，以解决"会计术语中最令人尴尬的混乱"。他正确地指出，关于利润的问题"比其他任何会计事项都更容易引起法律纠纷"。

实际上，何谓所得？何谓利润？何谓可分配利润？这些问题仍然是会计学最核心的问题。难怪哈特菲尔德发现，法院的判决缺乏一致性，法庭对会计问题的无知程度是惊人的。

---

1 斯普拉格对资产的分类其实已经不自觉地采用了法律上对财产权利的分类，如物权、债权。当时，知识产权和股东权尚未引起学界和立法机关的重视。

2 Charles E. Sprague, *The Philosophy of Accounts* (New York: The Ronald Press Company, 1922), p. 46.

 **专栏 4-4**

亨利·R. 哈特菲尔德

亨利·R. 哈特菲尔德（Henry R. Hatfield，1866—1945），美国历史上首位会计学全职教授。哈特菲尔德 1866 年生于芝加哥。1886—1890 年从事市政债券业务。1892 年获西北大学学士学位，1894—1898 年任华盛顿大学教员。1897 年以优等生身份获芝加哥大学政治经济学与政治学博士学位。1894 年任华盛顿大学政治经济学讲师，1898 年任芝加哥大学讲师，1902 年起历任助理教授、商业与管理学院首任院长（1902—1904）。1904 年任加州大学伯克利分校会计学副教授（Associate Professor of Accounting），是美国大学中首位被授予教授头衔的会计学全职教师。1909 年晋升会计学教授，1937 年退休。长期担任该校教务长（1916、1917—1918、1920—1923）和商学院院长（1909—1920、1927—1928）。1941—1942 年任哈佛大学 Dickinson 讲席教授。代表作有 1909 年的《现代会计学：原理和问题》以及该书的 1927 年修订版《会计学：原理和问题》，1938 年与托马斯·H. 桑德斯（Thomas H. Sanders）、威廉·U. 摩尔（William U. Moore）合著的《会计原则公告》等。

他在职业组织中活动比较积极，1916 年参与创建美国会计学会，曾担任学会副会长（1917—1918）、会长（1919）。此外，他还曾担任美国经济学会副会长（1918）。

图片来源：哥伦比亚大学商学院会计系主任 Jonathan Glover 教授提供。哈特菲尔德教授为其外祖父。

1909 年，加州大学伯克利分校副教授哈特菲尔德的代表作《现代会计学：

原理和问题》（*Modern Accounting: Its Principles and Some of Its Problems*）问世（见图 4-3）。[1] 这部集大成之作正文共有 357 页。该书的一个显著特点是，借鉴德国商法典、法国商法典以及法学家的著作，对资产负债表和会计要素进行了法学角度的解读。哈特菲尔德正确地指出，大陆法系国家的法律虽然对美国的判例法不具有拘束力，但其中所饱含的法学家的深邃思想对美国会计实践具有参考价值。鉴于美国企业界充斥着性质恶劣的可疑做法，而美国法律很少关注会计问题，因此，借鉴他国法律是必要的。该书还探讨了持续经营（going concern）、资产估值、折旧、商誉、掺水股票、证券的成本与市价孰低法等理论问题。耐人寻味的是，哈特菲尔德虽然熟悉德国民法，却反对历史成本会计和实现原则。这体现出了他的学术理念的矛盾性。表 4-2 列出了《现代会计学：原理和问题》的篇章结构。

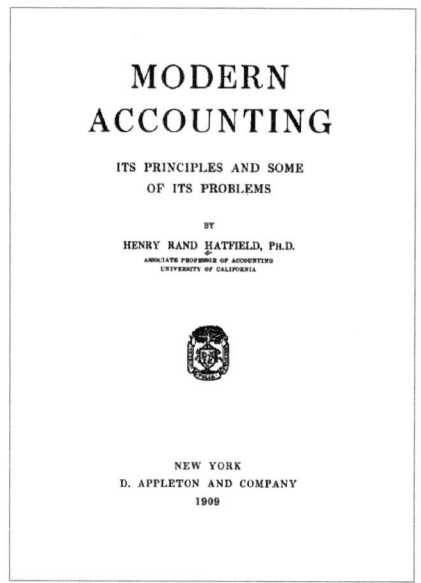

图 4-3　哈特菲尔德的《现代会计学：原理和问题》

---

1 Henry Rand Hatfield, *Modern Accounting: Its Principles and Some of Its Problems* (New York: D. Appleton and Company, 1909).

表 4-2 哈特菲尔德《现代会计学：原理和问题》之篇章结构

I	复式记账原理 The Principles of Double Entry Bookkeeping	XI	利润 Profits
II	复式记账原理（续） The Principles of Double Entry Bookkeeping (*Continued*)	XII	利润（续） Profits (*Continued*)
III	资产负债表 The Balance Sheet	XIII	盈余公积和准备金 Surplus and Reserves
IV	资产和估值原则 Assets and The Principles of Valuation	XIV	偿债基金法 Sinking Funds
V	特定资产的估值 The Valuation of Particular Assets	XV	交易类、制造类和收入类账户 Trading, Manufacturing, and Income Accounts
VI	非物质资产 Immaterial Assets	XVI	成本账户 Cost Accounts
VII	折旧 Depreciation	XVII	合伙企业账户 Partnership Accounts
VIII	股本.I.以现金投入的股本 Capital Stock. I. Issued for Cash	XVIII	清算报告和亏空情况表 The Statement of Affairs and Deficiency Account
IX	股本.II.以非现金资产投入的股本，等等 Capital Stock. II. Issued for Property, etc.	XIX	会计实务中的技术进展 Technical Improvements in Accounting Practice
X	负债 Liabilities		

　　1927 年，哈特菲尔德的著作推出修订版《会计学：原理和问题》（*Accounting, Its Principles and Problems*）。

　　哈特菲尔德在《现代会计学：原理和问题》一书中提出了很多富有创新性的观点，至今仍然具有启发价值。

专栏 4-5

哈特菲尔德的代表作《现代会计学：原理和问题》中的部分观点

□会计的本质首先是列报企业的财务状况，即编制资产负债表，其次是列报企业的经营成果，即编制利润表。会计的另外一项功能是对债权和财产进行核算。

□会计术语过于混乱，诸如利润、准备金、制造成本等许多会计术语缺乏公认的定义，以至于人们很难理解会计报表的含义。

□自 1856 年起，英国公司法推荐的资产负债表格式，把资本和负债列在报表左侧，而把资产列在报表右侧。其理由是，资产负债表本身并非分类账的摘要，而是给股东准备的账目。英国公司法中的这种报表格式一定是由不了解会计理论的人准备的。这种报表格式直到 1906 年才得以改变。

□英国一个判例（1906 年牛顿诉伯明翰轻型武器公司案）指出，企业的真实财务状况应当比资产负债表所列报的财务状况更好，而不是比报表上更差。这就意味着，低估资产的做法更可取。但如此一来，可能就会有公司利用这种记账规则实施欺诈。

□英国法官已经明确要求，企业不应当记录其持有的证券的市场价格波动，因为市场价格的波动纯粹是虚幻的，不代表企业实际交易的价格。在德国，商法典要求企业对股票按照成本与市价孰低法记账，这一规定衍生出了稳健性的原则，但这一原则缺乏逻辑上的一致性。奥地利法律要求一律按照市价记账。美国的会计师采用的是德国商法典中的立场。

□商誉在法律性质上与专利、商标等存在很大的不同。通常，最令人满意的解决方案是按照商誉的估值年限注销商誉，因为无论如何，商誉都是不确定的资产。

> □ 相对而言，债权人通常更关注资产负债表，股东则更关注利润表。
>
> □ 损益账户只是对资本账户的细分，用于列示当期净财富的变化。

在学术理念上，哈特菲尔德猛烈抨击历史成本会计和实现原则。他反对仅仅在财产权利确有增加时确认利润的做法，主张把资产的价值波动（减少或增加）计入利润表，因此，他反对成本与市价孰低法。他反对笃守历史成本会计理念，主张使用重置成本；他支持加速折旧法而不是直线法。[1]

总体来看，哈特菲尔德主张会计的重点是资产负债表，损益的确定始终只是估值过程的结果。损益是一个时期首尾两个时点的资产负债表之间的差额，代表净财富的变化。在罗斯福政府时期，基于事实的证券监管理念使得配比概念和利润的确定成为会计学的核心问题。哈特菲尔德之后的会计理论在几十年间兜兜转转，最终又回到原点。所谓资产负债观，就是哈特菲尔德这种估值理念的新提法，它不是会计理论，而是金融分析理念。财务会计准则委员会在财务会计概念框架上劳碌 40 多年，始终不过是在重复过去的故事。

在参与撰写 1938 年的《会计原则公告》（*A Statement of Accounting Principles*）时，哈特菲尔德的观点有所收敛，大概是因为该书的合著者中有一位著名法学家。

作为美国历史上第一位全职的会计学教授，哈特菲尔德不遗余力地为提升会计学科的地位鼓与呼。

1923 年 12 月，哈特菲尔德在美国大学会计教师协会（American Association of University Instructors in Accounting，美国会计学会的前身）年会上发表题为《对会计学科的历史辩护》的演讲，对会计学科在大学里所遭受的

---

1 Henry R. Hatfield and John R. Wildman, "Should Appreciation be Brought into the Accounts?" *The Accounting Review*, 1930, 5(1): 28-34; Henry R. Hatfield, "Replacement and Book Value," *The Accounting Review*, 1944, 19(1): 66-67.

轻蔑深表不满。哈特菲尔德指出，"我敢肯定，我们所有在大学里教会计的人都会遭受同事们隐秘的蔑视，他们视会计为入侵者、贱民，有损学术殿堂的神圣。……人文主义者看不起我们，因为会计常常跟美元和美分等肮脏的形象联系在一起，而不是玩弄无穷数并寻找万事万物那难以捉摸的灵魂（toying with infinites and searching for the elusive soul of things）。科学家和技术人员鄙视我们，因为会计只会做记录而不能建功立业"。他提到，他被"只不过"（mere）这个词深深刺痛了。诸如"那只不过是会计分录""这只不过是代数方程""那只不过是对已发现的事实的陈述"等表述每每令他忍不住发脾气。哈特菲尔德雄辩提出，从学术血统上看，会计学起源于1494年卢卡·帕乔利（Luca Paciolo，又称 Luca Pacioli）的《数学大全》（Summa），该书是第一部涉及会计理论的著作。修道士帕乔利是一位重要的数学家，他和达·芬奇多有合作。此后，格拉马托伊（Grammateus）、杰尔姆·卡丹（Jerome Cardan）、西蒙·斯蒂文（Simon Stevin）、查尔斯·赫顿（Charles Hutton）、罗伯特·汉密尔顿（Robert Hamilton）、奥古斯都·德摩根（Augustus De Morgan）、阿瑟·凯利（Arthur Cayley）等人使得会计科学被传承下来。哈特菲尔德提出，会计的功能是确定责任、防止欺诈、引导实业发展、确定股权、决定企业利润、支持财税管理、指导企业管理者提高效率。他引用歌德的名言说，"复式簿记是人类智慧最美妙的发明之一"[1]。

他的演讲表明，当时会计专业的高等教育仍然是步履维艰。

1927年9月，哈特菲尔德在美国会计师协会年会上发表题为《会计学怎么了》的演讲，他指出，会计学科尚未构建形成合理的理论，过于随意的推理形成了缺乏连贯逻辑的会计规则。他还特地提及合并资产负债表，认为它是一个并不存在会计主体的资产负债表：它把不同法律主体的资产和负债堆

---

1 Henry Rand Hatfield, "An Historical Defense of Bookkeeping," *Journal of Accountancy*, 1924, 37(4): 241-253.

在一起，它是起源于美国的新东西；既然美国人有能耐发明这么一个新奇的宝物，那就得继续想办法替它圆场。[1]

五、威廉·佩顿的早期学说

威廉·佩顿是会计界著名的大寿星，享年 102 岁。他在 1987 年被美国注册会计师协会（AICPA）命名为"世纪会计教育家"。他于 1889 年 7 月 19 日在密歇根州出生，1991 年 4 月 26 日去世，一生教了约两万名学生。

 专栏 4-6 ────────

威廉·A. 佩顿

威廉·A. 佩顿（William A. Paton，1889—1991），美国会计学会创始人之一，1939—1950 年担任会计程序委员会委员。代表作有《会计原理》（1918）、《会计理论：以公司制企业为例》（1922）、《高级会计》（1941）等。

佩顿 1889 年生于密歇根州，父亲是当地的教育督察，母亲是富有经验的教师。佩顿 1912 年进入密歇根大学学习，获得学士学位后继续攻读，1917 年获得经济学博士学位。1914 年起在密歇根大学担任兼职教师，1916—1917 年任明尼苏达大学经济学助理教授。1917 年回到密歇根大学任助理教授，1919 年晋升副教授，1921 年晋升教授，1927 年成为密歇根州的注册会计师，1958 年作为"会计学与经济学荣誉教授"光荣退休。1918—1919 学年期间，他借助学术休假的机会，短暂地供职于政府部门。

---

1 Henry Rand Hatfield, "What is the Matter with Accounting？" *Journal of Accountancy*, 1927, 44(4): 267-279.

佩顿 1916 年参与组建了美国大学会计教师协会（美国会计学会的前身），1922 年被选为协会会长。1926 年参与创立《会计评论》（*The Accounting Review*）杂志。1927 年成为密歇根州注册会计师协会会员。1939—1940 年任哈佛大学首位 Dickinson 讲席教授。1940 年，美国会计学会出版了他与利特尔顿（A. C. Littleton）合写的《公司会计准则导论》。他还曾担任美国会计师协会的若干职务。佩顿退休后曾在 10 个州兼职讲学（起始于芝加哥大学，结束于肯塔基大学）。

1918 年，时任密歇根大学助理教授的威廉·佩顿宣扬持续经营概念，主张按资产的市场价值而非其成本进行记录，因此，他反对历史成本原则。由于价值总是或多或少地包含了推测和不稳定因素，因此，他认为，会计应当包容判断和估计，而不仅仅是肯定。基于这些理念，佩顿后来成为物价变动会计的积极倡导者。[1]

（一）1918 年的《会计原理》

1918 年，佩顿和罗素·A. 史蒂文森（Russell A. Stevenson）合著的《会计原理》出版。[2]该书所提出的一些观点与当前流行的观点存在很大的出入，这种差异值得人们思考。

 专栏 4-7

1918 年的《会计原理》中的部分观点

□ 从广义上讲，会计是一门试图对企业的财产（properties）和财产权（property rights）的统计数据进行列报和分类的科学。详细的统计记录对

---

1 ［美］查特菲尔德：《会计思想史》，文硕等译，中国商业出版社，1989，第 349—376 页。

2 这里引用 1920 年版本予以评介。参见：William Andrew Paton and Russell Alger Stevenson, *Principles of Accounting* (New York: The Macmillan Company, 1920)。

于保护企业利害关系人的权利是必不可少的。

□会计的功能是列报企业拥有的各种财产以及企业中的各种权益（equities）。"资产＝权益"这一等式反映了财产与相关利害关系人之间的法律关系，即财产和财产所有权之间的关系。

□企业会计系统是根据会计处理的事实的性质建立的。资产（assets）包括所有有价值的项目，无论它们是物质的还是非物质的，如企业拥有的商品（commodity）或保险、广告等服务（service）。权益是对资产的要求权（rights in assets），也就是所有权的分布，包括业主权（proprietorship）和负债（liabilities）。资产等于权益。

□资产负债表是最重要的财务报表，它是整个会计结构的基础。

□商誉可以按特定公司因具有更高效率或拥有垄断优势而获得的超额利润的资本化价值来解释。现行企业账目中的商誉是虚构出来的（fictitious），因收入减少而减记商誉的做法显然是不合理的。商誉在实践中常常用于证明某只证券溢价发行的正当性。

□最近的联邦税法迫使人们重新认识到了会计核算的重要性。企业需要会计师来依法填写纳税申报表。

□审计师常常不仅要处理文书中的错误和会计分析中的错误，还要处理欺诈。审核的重要目的是发现未记录的事实。关于证券、应收账款、专利、商誉和其他无形资产，通常由审计师在与经理或股东协商后确定实际估值。审计师还必须对折旧率和盘存方法进行评估。最重要的是，审计师应当对所有的估值采取保守的立场，因为企业管理层自然会倾向于夸大其资产和利润。虽然超额利得税在某种程度上遏制了这种趋势，但夸大的倾向仍然存在。

（二）1922 年的《会计理论：以公司制企业为例》

1922 年，佩顿在其著作《会计理论：以公司制企业为例》[1]（该书由佩顿根据 1917 年的博士学位论文修订而成）中提出，资产的价格变化所形成的浮动盈亏并非"未实现利润"，无论是何种原因引起的，都应当在账户中予以反映。他认为，记录资产增值额的做法的主观性并不算大，相对而言是比较可信的。作为对比，利润的计算包括折旧、资产减值等估计因素，其主观性更为明显。

佩顿在《会计理论：以公司制企业为例》中提出了后来被学术界称作"实体理论"（the Entity Theory）的观点。鉴于这个概念常常被一些文献写得云山雾罩，这里借助法学原理作简化解读。公司会计师在记账时要记录企业法人的财产、企业法人的债务，两者之差就是所有者权益。也就是说，企业是基于企业法人的角度来记账，而不是基于股东（或者企业管理者）的角度来记账。所以，佩顿的看法被学术界称作实体理论，而不是业主权理论（或称股东视角、企业管理者视角）。[2]佩顿在该书中的用词相当"任性"，很容易对理论研究者造成困扰，从以下专栏的观点摘要中可见一斑。

 专栏 4-8

《会计理论：以公司制企业为例》观点摘要

□ 自从斯普拉格在《账户的哲学》一书中提出业主权理论（"proprietorship" concept）以来，会计论著中就普遍采用了"资产＝权益"这种提法，不妨称之为业主权会计（proprietary accounting）或者管理者视角（managerial point of view）。其中，业主（proprietor）也就是会计

---

[1] William A. Paton, *Accounting Theory: with Special Reference to the Corporate Enterprise* (New York: The Ronald Press Company, 1922).

[2] 这只是观察角度的细微差异。斯普拉格和哈特菲尔德倾向于从股东（或企业管理者）的角度来阐释会计要为其服务，佩顿倾向于从公司法人的角度来阐释会计要为其服务。这些观点对于接受过普法教育的人来说，都算是常识。会计实践不会因为观察角度的差异而发生变化。因此，没有必要夸大这种细微差异的理论意义。

上所称的所有者（owner）。用哈特菲尔德的话来说，就是"货物＝业主权益"（goods equals proprietorship），其中货物包括正货物（positive goods）和负货物（negative goods，即负债），这样，净货物（net goods）就等于业主权。[引者注：一些学者将这一理念概括为"资产—负债＝业主权益"。] 但是，斯普拉格、哈特菲尔德等人所支持的这种提法适用于小业主，而不适合现代企业组织形式。因为这种二分法会使收入、费用类账户成为业主权益类账户的附属物。例如，哈特菲尔德认为，收入是指业主权益（proprietary interest）的增加，费用是指业主权益的减少。

　　□财产是指企业拥有的、对其有价值的任何物质的或非物质的东西。也就是说，资产既包括有形的结构和商品（如土地、建筑物、机械、工具、用品、商品、现金等），也包括各种权利等非物质的项目，如股票、债券、专利、商标等。[引者注：佩顿此时的资产概念尚未区分债权、股权、知识产权等概念。]

　　□资产负债表是对事实的分类，它要陈述所有财产和权益的事实，是财务账户整体结构的基础。有必要从法律和经济角度讨论财产所有权的一般意义。所有权（ownership）的严格法律标准是所有权（title）。会计上的负债（liability），也就是民法上的债务（debt）。

　　□对于公司制企业来说，剩余权益（residual equity）仅是所有权中的一种利益、一个要素。公司是一个确定的实体。公司的会计师是在为公司本身记账，而不是为股东记账，他必须从公司这个经营单位（经济整体）的角度来构建账户。换句话说，净收入（net revenue）代表全部的权益（all equities）的增加，而不仅仅是剩余权益的变化。净经营收入（net operating revenue）应当从企业整体的角度来界定，与企业的融资结构无关。[引者注：这种观点就是理论界所称的实体理论，一些学者将这一理念概括为"资产＝负债＋业主权益"。]

□ 费用（expense）衡量的是在特定时期内为产生一定数量的收入（revenue）而付出的代价。损失（loss）是指与产生收入无关的代价。

□ 税收是业务中的异常要素，因此也是会计中的异常要素。税款并不代表企业为进一步开展业务所要付出的商品、服务或条件。赋税是强制性的，完全不受企业管理层的控制。税收无论如何也不能算作特定服务的"价格"。一般而言，税款不会根据所获得的利益进行分配。因此，最好将税收视为损失（从私人所有者的角度来看），或将其视为国家参与的分配，而不宜将其视为费用。[引者注：这种观点与现在流行的所得税费用概念相反。]

佩顿在全书最后一章"会计的假设"（The Postulates of Accounting）中，提出了 7 个会计假设：经营主体（the business entity）、持续经营（the "going concern"）、会计平衡公式（the balance sheet equation）、财务状况和资产负债表（financial condition and the balance sheet）、成本和账面价值（cost and book value）、应计成本和收益（cost accrual and income）和顺序性（sequences）。[1]

佩顿这部洋洋洒洒 508 页的代表作的篇章结构及内容与现代美国大学的会计学教材比较相似，这也从侧面证明了该书的生命力（见表 4-3）。

值得注意的是，学者们的观点并不是一成不变的。随着实践的变化，许多学者往往逐步调整自己的理论，以便更好地解释和服务实践。同样，佩顿自己的早期观点并没有写入 1940 年他与利特尔顿合著的《公司会计准则导论》一书中。

---

1 William A. Paton, *Accounting Theory: with Special Reference to the Corporate Enterprise* (New York: The Ronald Press Company, 1922), pp. 471-499; William A. Paton, "Cost and Value in Accounting," *Journal of Accountancy*, 1946, 81(3): 192-199.

表 4-3　　　　　　　　　　佩顿《会计理论：以公司制企业为例》之篇章结构

第一编　会计学的结构 Part Ⅰ　The Accounting Structure		第二编　特殊问题 Part Ⅱ　Special Problems	
Ⅰ	导论 Introduction	XI	净收入 Net Revenue
Ⅱ	基本分类 Fundamental Classes	XII	试营业期间的收益 Income Prior to Operation
Ⅲ	业主权和负债 Proprietorship and Liabilities	XIII	商誉与持续经营价值 Goodwill and Going Value
Ⅳ	财产类账户和所有者权益类账户 Property and Equity Accounts	XIV	基本估值问题 Preliminary Valuation Problems
Ⅴ	交易的类型 Types of Transactions	XV	业主与企业的关联业务 Relations Between Owner and Business
Ⅵ	费用类账户和收入类账户 Expense and Revenue Accounts	XVI	股本账户的特殊情形 Phases of Capital Stock
Ⅶ	其他类型的辅助账户 Other Types of Supplementary Accounts	XVII	估价账户 Some Valuation Accounts
Ⅷ	账户的分类 Account Classification	XVIII	重估及维持资本 Revaluation and Maintenance Capital
Ⅸ	定期分析及特殊情形 Periodic Analysis and Special Cases	XIX	收入的确认标准 Criteria of Revenue
Ⅹ	账户借方和贷方的含义 Debit and Credit	XX	会计的假设 The Postulates of Accounting

　　不能苛求学者们的观点必须是"正确的"。对于社会科学研究者来说，他们的任务是告诉人们真实的局面，为整个社会提供能够自圆其说的一家之言。作为社会的良心，学者们只要能够给人们以启发，其学术观点就是有价值的。这样，立法机构才有机会在遍览百家学说的基础上做出科学的选择。

佩顿的学术理念发生过多次反转，这可能大大超出人们的预料。试图引用佩顿的论文和著作的研究者可能会感到困惑。佩顿的高足、著名会计史学家斯蒂芬·泽夫对佩顿的学术观点进行了梳理。佩顿从 20 世纪初开始大力倡导现值会计。但到了 30 年代，他退缩了，原因是他对 20 年代记录资产增值和 30 年代记录资产减值的做法存有疑问，这些因素与"大萧条"存在一定的联系。[1]再者，企业有义务遵照联邦所得税法和州公司法的规定保存基于成本的账簿记录。到了 1940 年，与历史成本会计理念的代表人物利特尔顿合著《公司会计准则导论》时，佩顿又转变成历史成本的支持者。之后，亨利·W.斯威尼（Henry W. Sweeney）的著作《稳定币值会计》（*Stabilized Accounting*）促使佩顿在其剩余的职业生涯里，主张对一般价格水平的影响进行补充披露。40 年代，佩顿试图寻找在不完全取代历史成本的情况下将当前成本纳入基本财务报表的方法。他主张以重置成本记录折旧，同时根据历史成本折旧确定净收入，两者的差额直接记入股东权益下的调整账户。50 年代，他开始推广现行成本会计。佩顿始终把自己视为崇尚价值理念的人物，自称"价值人物"（value man）。如此看来，1940 年他与利特尔顿合著《公司会计准则导论》可以说是他的价值理念的蛰伏时期。[2]

佩顿的学说对后世影响较大。这主要是因为佩顿的理论自成一体，其《会计理论：以公司制企业为例》一书传播甚广。他是美国最早着力建设会计概念框架的学者。[3]此外，还有一个常被忽视的重要原因——佩顿是会计界人

---

1 这和解释有一定道理。但根本原因恐怕还是美国证监会坚持以基于事实的证券信息披露作为证券监管理念。要知道，美国证监会 1934 年成立时首届五位委员中有三位是法学专家出身。如此看来，佩顿在 20 世纪三四十年代偃旗息鼓，更有可能是出于明哲保身的考虑。不唯佩顿如此，主张市场价值会计的学者在这一时期基本都销声匿迹。

2 Stephen A. Zeff, *Insights from Accounting History: Selected Writings of Stephen Zeff* (New York: Routledge, 2010), Introduction.

3 Stephen A. Zeff, "The Evolution of The Conceptual Framework for Business Enterprises in the United States," *The Accounting Historians Journal*, 1999, 26(2): 89-131.

所共知的大寿星，1991 年辞世时 102 岁高龄，与同时代的利特尔顿等大师相比，其自然寿命遥遥领先，学术寿命也长葆青春。佩顿门徒甚众，这也大大有利于其学术思想的传播。例如，佩顿 1922 年的《会计理论：以公司制企业为例》出版发行量较小，他的学生们遂通过自发组建的出版社，于 1962 年重新出版了这部经典之作。

六、坎宁 1929 年的《会计中的经济学：对会计理论的批判分析》[1]

斯坦福大学副教授约翰·B. 坎宁（John B. Canning）在其 1929 年出版的著作《会计中的经济学：对会计理论的批判分析》（*The Economics of Accountancy：A Critical Analysis of Accounting Theory*）中继承欧文·费雪的"收益是一定时期内的资金流入"的预期理念，明确地提出了以基于未来预期（future expectation）的折现值进行资产估值（asset valuation）的想法。[2]

坎宁在该书前言中提及，他之所以撰写该书，是因为他在数年前受命为斯坦福大学开发一门课程，供那些想要担任公共会计师的人士选用。但坎宁在此之前所接受的教育和训练都是经济学，他对公共会计师所做的工作并不是很了解。因此，他所做的研究是用经济学理论来分析会计理论和实务。坎宁并不认为其理论能够用于指导企业会计师的工作。坎宁在该书第一章坦率地对会计学科的学术地位进行了评价。他说，"在学术的大家庭里，会计学充其量只是一个新生儿。尽管簿记记录产生至今已有好几个世纪，公共会计师作为一个实践性职业也有 70 多年历史，但会计学作为一门学科在美国大学课程中出现，却不过短短二十几年"。在这一时期，教学人员和选课学生人数的

1　John B. Canning, *The Economics of Accountancy: A Critical Analysis of Accounting Theory* (New York: The Ronald Press Company, 1929)；［美］约翰·B. 坎宁：《会计中的经济学》，宋小明译，立信会计出版社，2014。

2　Stephen A. Zeff, "The Evolution of The Conceptual Framework for Business Enterprises in the United States," *The Accounting Historians Journal*, 1999, 26(2): 89-131.

增长非常迅速。"由于选修会计学的人数快速增长，学校不得已从那些未曾接受过会计专业训练的人里面选派教学人员。早期的大学教材大部分是为簿记员和好学上进的初级职员编写的操作手册，而不是专门为大专院校学生编写的课本，这种状况直到今天依然如故。"作为未曾接受过会计专业训练的会计教学人员，坎宁所关注的仅仅是经济学家感兴趣的会计基础理论，以及对会计师有用的那些经济理论。[1] 坎宁认为，现实情况是，会计实务工作者们普遍重视法律而不重视经济理论，他们对资产进行账务处理时，并未采信经济学中的价值理论。[2]

足见，坎宁的这部著作虽然是对会计理论进行批判性分析，但本质上是一位统计学者或经济学者对会计实践发表感想，20 世纪 60 年代兴起的实证经济学或实证会计采用的是同一个套路。

坎宁认为，"早期的会计学被描述为一门艺术。与一开始就具有学术传统的经济学家不同，早期的会计学者大多没有经受过学术训练，他们的著作充其量只是描述了已引起注意或为特定企业设计的记账的惯例，几乎没有出现任何系统性的思想，没有公认的会计流派。像许多其他行业或职业团体一样，他们口才出众，却毫无论据。直到最近，会计师的工作和有关会计的著作还是以一种拼凑而成的方式进行着。肯定地说，这些拼凑是经过精心计划的，但无论如何依然只是拼凑，并没有为了一个全新的开始而追溯到基本原理上去，并无任何会计'学派'得到公认"。"就术语而言，会计师和经济学家一样，也是用普通语言。他们也说资本、收益、成本及财产等，而且他们给每个术语赋予了更丰富的含义。"总体来看，会计师并不像经济学家那样担心给一个术语赋予多种含义会导致混乱。例如，有人提出存货计价的"成本与市

---

1 ［美］约翰·B. 坎宁：《会计中的经济学》，宋小明译，立信会计出版社，2014，前言，第 1—6 页。
2 John B. Canning, "Some Divergences of Accounting Theory from Economic Theory," *The Accounting Review*, 1929, 4(1): 1-8; John B. Canning, "A Certain Erratic Tendency in Accountants' Income Procedure," *Econometrica*, 1933, 1(1): 52-62.

价孰低法"，这种做法被很多著作称作良好实践中的流行方法。但对于如何界定并计量成本、市价，实务操作中存在多种多样的做法，并不存在一致的看法。

关于收益的计量，坎宁提出，理想的计量模式是直接按未来现金流量的现值来对每项资产进行估价，计量资产价值的年度净变化。当然，他也承认，欧文·费雪所推崇的收益计量方法难以用于会计实务操作，于是提出了许多种他认为可行的替代方案。[1]

 专栏 4-9

坎宁学术观点摘录

□费雪教授的著作对本书的影响贯穿全书。[引者注：坎宁的这部著作本质上是对费雪观点的推广。]

□"资产"是一个经济概念而不是法律概念。确定某物是否为资产，评判标准是经济的标准而不是法律的标准。任何一套法律或衡平法权利，无论多么完整，都不足以创设一项资产。资产的主要元素是理想的服务（desirable service），即收入（income）。[引者注：这种理念表明坎宁的观点缺乏现实基础，他缺乏对会计信息的证明力的必要关注。]

□资产是指货币形式的（或者可转换为货币的）未来服务（future service），与之相关的受益权（beneficial interest）依照法律规定或者合同约定归属于特定的个人或群体。这种服务构成其享用者的资产。现有文献中找不到这种定义，比较相近的定义见于斯普拉格的《账户的哲学》，该书提及，资产是"将要接受的服务的总称"（storage of services to be received）。

1　John B. Canning, *The Economics of Accountancy: A Critical Analysis of Accounting Theory* (New York: The Ronald Press Company, 1929), pp.143-178.

□并非资产负债表中"资产"标题下列出的所有项目都是真正的资产。有些项目仅是为了表明已经进行了支出。

□大多数试图分析和定义商誉的人，都陷入了寻求其最终原因、中间原因以及基本组成部分的错误中。

□从历史上看，经济学和会计学专业具有彼此独立的渊源。

□与一般律师相比，专业的公共会计师对原则和案例规则的全面掌握更为必要。对法律的全面了解通常会导致其分类和评估的实质性改善，并使他们对不合格的审计师证书更加谨慎。

坎宁能够认识到法律对公共会计师行业的重要性，但未能从这一正确的起点出发，去推导科学的会计理论。

值得一提的是，坎宁还引用杨汝梅和威廉·佩顿的观点，对商誉的性质进行了比较深入的探讨。

 专栏 4-10

约翰·B. 坎宁

约翰·B. 坎宁（John B. Canning，1884—1962）是把欧文·费雪的理念贯彻到会计学理论体系中的代表人物。1909年在芝加哥大学学习政治经济学，1913年毕业后继续攻读并担任助教（1914—1915）、辅导员（1915—1917）。1919年获博士学位。其间，1917年被斯坦福大学聘为经济学助教。但战争的爆发推迟了他的教研生涯。他参军两年，先后任少尉、上尉，1918年到法国服役。1919年秋季到斯坦福大学经济系正式任教，1925年晋升为副教授，1930年晋升为教授。曾任加州大学和华盛顿大学兼职教授。1941年春，坎宁休假，赴华盛顿进入政府担任经济顾问，1942 年供职于农业部。1945年第二次世界大战结束后，受政府部门派遣，坎宁移居柏林担任美国战时政府经济部的粮食与农业部门副主任。1946 年，应坎宁的请求，斯坦福大学允许他光荣退休。但坎宁仍在德国居住，直至 1948 年由于健康原因离开政府职位。

坎宁的学术生涯可大略分成 20 年代、30 年代两个部分。

在前一时期（20 年代），他的主要兴趣是会计学的经济学原理，即如何把会计学和经济学结合起来。他在斯坦福大学开设了一门用经济学家的视角来观察会计的课程，这与传统的会计课程有很大的差异。该课程吸引了一小批优秀的学生，他们因此而同时接受了经济学和会计学的教育。1929 年他出版的《会计中的经济学：对会计理论的批判分析》既开启了会计学的新思维，也丰富了经济学的企业理论。他在 1921—1929 年还担任加利福尼亚会计理事会（California State Board of Accountancy）监事。

在后一时期（30 年代），他虽然仍热心于会计学和经济学的交叉学科研究（如他在《计量经济学》杂志创刊号上发表了《会计师的收入程序的某种不稳定倾向》），但研究兴趣逐渐转向经济学的其他领域。

图片来源：芝加哥大学图书馆图片档案（©2020, The Chicago Maroon. All rights reserved. Reprinted with permission）。

资料来源：Stephen A. Zeff, "John B. Canning: A View of His Academic Career," *Abacus*, 2000, 36(1): 4-39.

美国公共会计师行业的精神领袖、普华会计公司合伙人乔治·梅对坎宁等人的理论主张给出了评价。他说，会计在本质上并不像坎宁等经济学家和会计学者所说的那样是一个估值的过程。对会计师而言，对于既不打算出售，也没有成熟市场的资产，计算其价值既不可行、也无必要。譬如折现值的计算，无非是要把将来的现金流和折现率的波动反映到当前的账簿中。这种计算是徒劳无益的。没错，会计师行业在 20 世纪 20 年代走下神坛，开始记录资产的价值波动，这是前所未有的。但其实，对于资产来说，会计的功能不是记录其价值的波动，而是记录其在各个年度的损耗程度。投资者所感兴趣的是财产的价值，而不是财产的成本。进一步地，投资者（或投机者）所感兴趣的是整个企业的价值，这主要取决于其将来的产出，而不能由任何纯粹的会计流程来确定。对于投资者（或投机者）来说，账目的最大作用就是帮助他了解企业的盈利能力，而不是了解企业并不打算出售的那些资产的所谓"价值"。对于这一作用而言，更有益的做法是忽略（而不是反映）资产的价值波动。乔治·梅指出，根据他的判断，通常明智的做法是保留基于成本的会计所具有的连续性和现实性的优点，并在适当的情况下补充提供重置成本的信息。[1]

七、斯威尼 1936 年的《稳定币值会计》

1936 年，哥伦比亚大学博士亨利·W. 斯威尼（Henry W. Sweeney）在导师罗伊·B. 凯斯特（Roy B. Kester）教授指导下撰写的博士学位论文《稳定币值会计》（*Stabilized Accounting*）得以出版。[2] 这篇学位论文自 1924 年开题以来，整整酝酿了 12 年。斯威尼的研究聚焦于第一次世界大战期间德国的通货膨胀问题，考察币值波动对会计的影响。论文借鉴了德国和法国会计领域应对通货膨胀的做法。

《稳定币值会计》是美国第一部全面研究物价变动的会计著作。该书提出以稳定程序来应对币值变动对会计信息的冲击：使用 CPI（消费者物价指数）

---

1 George O. May, *Twenty-Five Years of Accounting Responsibility 1911-1936: Essays and Discussions*, Volume 2 (Kansas: Scholars Book Co., 1936), pp. 310-311, 314-317. Reprinted in 1971 by Scholars Book Co.

2 Henry W. Sweeney, *Stabilized Accounting* (Chicago: Holt, Rinehart and Winston, Inc., 1964).

调整报表数据；区分每一期间物价变动所引起的已实现收益和未实现收益，保留盈余也区分已实现部分和未实现部分。

 专栏 4-11

《稳定币值会计》观点摘要

□传统会计由于没有反映价格变动导致的浮动盈亏，因而存在明显的局限性。第一，传统会计下的收益数字不利于资本保全和维持购买力。第二，传统会计下的报表将使用不同计量单位所得到的数字混合在一起，使得加总的收益数字失去了意义。第三，传统会计下的报表没有反映币值变动引起的所有已实现和未实现损益。

□乍一看，现值（present value）似乎更适合用于资产负债表估值。但是，如果仔细分析就会发现，现值的计算代价高昂，且在历史上因用于高估资产价值而名声不佳。在本质上存在含义模糊不清的问题，例如，很难说清楚它究竟是市场重置价格（market replacement price）、市场销售价格（market sale price），还是预期未来利益的折现值（利率、期限等都存在疑问）。

□稳定程序（stabilizing procedure）首先应用于资产项目；其次应用于负债项目；然后应用于所有者投资项目。

□当这一切都完成后，可以迅速确定截止到稳定程序计算日期的期间内的盈余和亏损，即公司制企业的盈余或赤字。它是通过典型的单项记账方式确定的。从稳定后的资产总额中减去稳定后的负债和稳定后的所有者投资，就可以算出盈余或赤字。然后就可以计算稳定的利润表。

□有反对者指出，"稳定币值会计"其实与会计工作无关，它实际上是按照一般物价指数进行的折算。这完全可以而且应当在会计报表之外另行完成。但作者斯威尼倾向于将稳定程序视为会计的一部分。他认为，会

> 计的真正功能是（或者应该是）归纳财务数据，以最小的成本提供最多的有用信息。
>
> □稳定程序能够使常规会计数据更有价值，并且，会计人员应该能够做到。

斯威尼所主张的稳定程序其实并不是对企业的法律事实的记录，而是假借所有企业都必须被动承受的币值变动，来篡改企业的会计数据。

斯威尼的学术观点相当离经叛道，后来学术界但凡论述物价变动会计问题，大多要追溯到斯威尼的著作。但就其思想渊源而言，则与哈特菲尔德和坎宁的学术思想相互呼应，难怪两位先行者支持斯威尼的观点。[1]其实，所有偏离历史成本会计的理论主张都忽视了会计的一个基本特征，即会计报表中的资产总额本质上并不是为了提供估值信息，而是为了提供各个单项资产当初取得的代价，以及长期资产依法计提折旧的情形。会计的功能首先在于基于事实提供证明力，而不是用于估值。

那些支持现行成本或者现行价值的学者可能是受到了新古典经济学的影响。20世纪50年代以前的大学会计教师更专注于会计实践而不是学术研究，只有一小部分教师拥有博士学位。那时只有少数几所大学颁发工商管理或者商学学位。哈特菲尔德和佩顿的博士学位都是经济学专业的，这就使得他们的观点受经济学的影响较大。坎宁干脆就是经济学家，而不是会计学专业教师。[2]

纵观1936年前后的会计学术，一批学者在尚未开垦的会计理论领域播下

1　Henry R. Hatfield, "Henry W. Sweeney: Stabilized Accounting," *Journal of Accountancy*, 1936, 62(6): 472-474；John B. Canning, "Review on Truth in Accounting by Kenneth MacNeal," *Journal of the American Statistical Association*, 1939, 34(208): 757-758.

2　Committee on Concepts and Standards for External Financial Reports, Statement on Accounting Theory and Theory Acceptance, American Accounting Association, 1977.

了经济学的种子，形成了貌似新颖的反传统言论。细细考究不难发现，这些言论虽具有理论意义，但缺乏实践价值。

第二节　美国会计学会的成立及其对会计规则的态度

本节大部分史实参考了泽夫编写的《美国会计学会：第一个五十年》。[1]

一、美国大学会计教师协会的成立

在 1900 年之前，美国只有三所大学设有商业学院或商学院（commerce or business schools）。1900—1915 年，共有 37 所商学院开张。这些大学曾长期面临师资和教材紧缺的问题。

1900 年，纽约大学将第一批会计学教职授予一位银行家和五位执业注册会计师，包括斯普拉格、哈斯金斯等人，均为兼职教师。1904 年，哈特菲尔德成为美国第一位会计学专业的全职教授（当时哈特菲尔德为副教授）。

1905 年，罗伯特·蒙哥马利经授权，编辑出版了迪克西的《审计：审计师实用手册》美国版第 1 版。此后，一大批美国本土会计教材和著作涌现出来，包括 1907 年斯普拉格的著作《账户的哲学》，1908 年威廉·M.科尔（William M. Cole）的《账户：写给商人和学生的建构和解释》，1909 年哈特菲尔德的《现代会计学：原理和问题》等。美国会计教育的"教材荒"得以缓解。

但很长一段时间，高校很难聘请到称职的会计教师。正如纽约大学教务长约瑟夫·F.约翰逊（Joseph F. Johnson）在 1910 年所说，"过去十年几乎

---

1 Stephen A. Zeff, *The American Accounting Association: Its First 50 Years*, The American Accounting Association, 1966.

找不到能教会计的老师。懂会计的人不会教学，会教学的又不懂会计"。当时，会计被科学和艺术领域的学者鄙视，这可能是会计师资短缺的主要原因。如前述及，哈特菲尔德1923年底在美国大学会计教师协会年会上发表题为《对会计学科的历史辩护》的演讲时，还在为饱受轻蔑的会计专业鸣不平。[1]

当时的会计教师很多都是经济学专业背景，他们常常在美国经济学会的会议上碰面。1915年12月30日，一部分参加美国经济学会年会的会计教师私下商量，要成立会计专业自己的学术交流组织——这是一种抱团取暖的行为。他们给150所大学的会计教师写信，收到60封热情支持的回信。

1916年12月28日，20多名参加美国经济学会年会的会计教师在年会第一天召开了美国大学会计教师协会的首次会议。哈特菲尔德参加了会议。

1926年3月，美国大学会计教师协会的会刊《会计评论》（ *The Accounting Review* ）创刊。首任主编是佩顿。1928—1942年，埃里克·L.科勒（Eric L. Kohler）担任主编。

二、学术界有意推动完善会计规则

《1933年证券法》的出台，唤起了美国大学会计教师协会对于完善会计规则的热情。注册会计师屡屡被诉，更是激发了高校教师们建功立业的热情。

1934年12月，美国大学会计教师协会的会刊《会计评论》刊登主编科勒的社论文章《一个紧张不安的职业……会计准则必将到来》，猛烈批评公共会计师行业的领导人未能在制定会计准则方面发挥积极作用。文章指出，针对

---

1 其实，当时的会计专业之所以备受蔑视，主要还是因为法律尚未充分认识到会计的功能。各州公司法中缺乏对财务报表的必要重视。税法也没有发展到充分重视会计规则的程度。作为对比，如今的会计专业之所以受到尊重，主要就是因为法律强调了会计信息乃至会计行业的公益性和公信力。

注册会计师的诉讼案件越来越多，该行业却不愿或没有能力做任何简单的思考。多年的繁荣发展使得注册会计师身体肥硕、头脑虚空。他们失去了为自己思考的能力。他们无奈地寻求律师的建议，如同祈求神谕。文章还评论了美国会计师协会拟订的五项会计原则，认为那样的会计原则显然是没有希望的，只是浮于表面的思考，并没有给目前普遍存在的问题提供任何合理的解决方案，缺乏原创性。文章呼吁，"美国大学会计教师协会有能力而且应当带头界定会计准则"[1]。

科勒的评论合乎实际。此时的美国公共会计师行业与它的英国同行一样，都缺乏对会计信息的公益性和公信力的价值追求。

作为对比，美国大学会计教师协会能够提出"带头界定会计准则"的口号，勇气着实可嘉。要知道，这可是美国部分大学教师的业余活动。

 专栏 4-12

埃里克·L. 科勒

埃里克·L. 科勒（Eric L. Kohler，1892—1976），阅历丰富的实务专家。科勒曾于1928—1942 年担任美国会计学会会刊《会计评论》主编，撰写了许多脍炙人口的社论。1936 年和 1946 年兼任美国会计学会会长，在任职期间（1936 年）主笔起草、完成并公布了美国会计学会的首份会计理论公告，即 1936 年的《影响公司报告的会计原则暂行公告》（A Tentative Statement of Accounting Principles Affecting Corporate Reports）。

1　Eric L. Kohler, "Editorials: A Nervous Profession; Standards Must Come, " *The Accounting Review*, 1934, 9(4): 334.

科勒 1892 年 7 月生于密歇根州。1914 年获得密歇根大学学士学位，1915 年获得西北大学硕士学位。1916 年取得伊利诺伊州注册会计师执业资格。1915—1917 年供职于阿瑟·安达信公司。第一次世界大战期间曾在 Quartermaster 军需公司担任两年上尉。1919—1920 年回到阿瑟·安达信公司。

科勒 1922—1933 年开办自己的会计公司（Kohler, Pettengill & Co.，后更名为 E. L. Kohler & Co.）。1933—1937 年再度供职于阿瑟·安达信公司。1936 年兼任美国会计学会会长。1938—1941 年在 Tennessee Valley Authority 任主计长。1941—1942 年任职能源管理办公室（Office of Emergency Management）和战时生产委员会（War Production Board）。1942—1944 年任战时石油管理局（Petroleum Administration for War）行政官员。1945—1948 年任会计顾问。1946 年兼任美国会计学会会长。1948—1949 年任经济合作署（Economic Cooperation Administration）主计长。之后再度担任会计顾问。

1945 年科勒获美国会计师协会金质奖章。他在多家大学兼职任教，在专业协会担任多项职务。代表作有《会计师辞典》（A Dictionary for Accountants）等。

三、美国会计学会的命名和组建

为了扩大活动范围，积极引领会计准则的制定，美国大学会计教师协会决定更名重组。

1935 年 12 月 27—28 日，在科勒、利特尔顿、佩顿等人的领导下，美国大学会计教师协会在年会上决定更名重组为美国会计学会（American Accounting Association，AAA）。乔治·梅也参加了这次会议。会后，通过邮寄选票的方式，学会在 1936 年 2 月 23 日完成了法律手续。

重组后的学会章程规定，会员资格不再限于大学教师，学会的目标是：（1）资助会计研究，发表研究结果；（2）制定会计原则和会计准则，并寻求企业、公共和私人会计师以及政府机构的认可或采用；（3）推动对会计在企业乃至经济事务中的控制作用的研究；（4）改进教学方法，充分阐释会计知识更广泛的社会效益。

值得注意的是，作为美国第一位会计学全职教授，哈特菲尔德并不支持创办《会计评论》杂志，他认为学术界最好能配合美国会计师协会办好他们的会刊，因为将有限的资源集中起来办一份有价值的期刊比分散会计行业的力量更有意义。他还反对将美国大学会计教师协会更名重组为美国会计学会，因为他担心会员结构的混杂将会弱化该协会对会计教育的重视程度。[1]

美国会计学会虽然只是一个具有行业俱乐部性质的民间组织，但其成立在一定程度上能够提高大学会计教师的凝聚力。当然，美国会计学会的观点仅仅代表部分学者的一致意见，许多优秀学者仍然独立治学，这是由社会科学研究本身的特质所决定的。

与受到美国证监会支持的美国会计师协会相比，美国会计学会没有强制执行力，比较追求理想状态而较少遭遇现实问题的困扰。美国会计学会对公共会计师行业还是有很大帮助的，一些学有所长的学者曾兼职服务于公认会计原则制定机构，一些切合实践诉求的著作得到了会计行业的广泛拥护。更多的时候，学术界扮演着敲边鼓的角色。

---

1 其中，至少后面这个担心是非常富有远见的，如今的美国会计学会几乎办成了会议公司，看似跑得飞快，但实际上南辕北辙，与会计教育的结合程度大不如前。"约 60 年后，美国会计学会的会员们发现其研究项目和研究范式在实践和教学法方面收效甚微，他们的幻想破灭了，开始重新投入教学中"。参见：Patti A. Mills, "Henry Rand Hatfield (1866-1945): Life and Humor in the Dust of Ledgers," in John R. Edwards, *Twentieth-Century Accounting Thinkers* (New York: Routledge, 1994), p. 305。

四、美国证监会向美国会计学会下达新任务

1936 年 1 月，美国证监会委员乔治·C. 马修斯（George C. Mathews）参加了美国会计学会更名重组后的第一次行政委员会会议。他透露美国证监会对会计惯例比较关注，需要有权威文献提供参考。科勒（时任美国会计学会会长）立即将起草权威文献列为美国会计学会的第一要务。机会偏爱有准备的人。既然公共会计师行业迟迟不愿牵头完善会计规则，那就正好给美国会计学会留下了建功立业的大好机会。

美国会计学会行政委员会立即分配了创作任务。科勒、利特尔顿和佩顿等人各自领回了任务。这些学者随后果然拿出了划时代的文献。

第五章
会计程序委员会的时代：1936—1959

在罗斯福政府对金融市场的严格监管下，美国证监会曾长期坚持基于事实的信息披露规则。会计程序委员会表面上遵循了上述监管理念，但逐步添加了递延所得税、商誉、存货跌价准备、企业合并、合并财务报表等失当规则。公认会计原则实际上是"甲方"（上市公司）各种会计做法的大杂烩，由此所引起的争端最终导致会计程序委员会被会计原则委员会取代。

第一节　会计程序委员会的时代背景

一、同时期的美国政治经济环境

（一）罗斯福政府时期

民主党人富兰克林·罗斯福在第一个总统任期内（1933—1937）推行"新政"，采用了后来被称作"凯恩斯主义"的经济政策，赢得了美国民众进一步的支持。1936年，罗斯福竞选连任。1939年9月，第二次世界大战爆发，他敦促国会修改法律，允许美国向交战国出售武器。1940年6月，法国向德国投降，罗斯福决定加强防御并支援英国。同年，他竞选第三个总统任期并得偿所愿。罗斯福敦促国会制定法律，允许美国给英国等同盟国提供财政援助。

1941年6月，德国撕毁《苏德互不侵犯条约》，突然向苏联发动全面进攻，苏德战争爆发。8月，罗斯福和丘吉尔在军舰上会晤并发表了《大西洋宪章》（又称《罗斯福丘吉尔联合宣言》）。《大西洋宪章》几乎没有法律效力，但这并没有影响其价值。[1]《大西洋宪章》不仅是英美两国团结欧洲大陆各国建立反法西斯同盟的纲领，也是后来联合国宪章的基础。9月，同盟国（苏联、比利时、捷克斯洛伐克、希腊、卢森堡、荷兰、挪威、波兰、南斯拉夫以及法国戴高乐将军的"自由法国"代表）在伦敦召开同盟国会议，讨论并共同签署了《大西洋宪章》。12月7日，日本偷袭美国太平洋海军舰队基地——珍珠港。次日，美国国会应罗斯福的请求通过对日宣战的决议。参战后，罗斯福政府动员全美工业企业从事军工产品的生产。12月11日，德国、意大利对美宣战。

1942年元旦，美国的罗斯福、英国的丘吉尔、苏联的马克西姆·李维诺夫和中国的宋子文签署了一份简短文件，也就是后来所称的《联合国家宣言》，第二天又有其他22国代表签署了这一宣言。这份重要的文件要求签署国政府动用一切可用资源参与战争，不与敌国单独缔结停战协定与和约。[2]

1942年，美国证监会被认为是战争时期的非必要机构，遂迁往费城，其三分之一的员工去服兵役。[3]

1943年11月底，罗斯福、丘吉尔与斯大林在德黑兰会晤，决定在欧洲开辟第二战场。1944年11月，罗斯福第四次当选美国总统。

1944年7月，来自44个国家的代表在新罕布什尔州布雷顿森林建立了一个新的国际货币体系，即二战后实施近30年的布雷顿森林体系（the Bretton Woods System），其目标是维持汇率稳定、促进经济增长、防止各国货币竞

---

1 联合国官方网站（www.un.org）。

2 同1。

3 1948年，美国证监会得以搬回华盛顿。

争性贬值。与会代表同意将其货币与美元保持固定汇率（但在特殊情况下可调整），美元与黄金挂钩，并同意建立国际货币基金组织和后来的世界银行集团。布雷顿森林体系的主要设计者是英国财政部顾问约翰·梅纳德·凯恩斯和美国财政部首席国际经济学家哈里·德克斯特·怀特（Harry Dexter White），与怀特计划相似。布雷顿森林体系自 1958 年开始运作，每 35 美元可兑换一盎司黄金。[1]

1945 年 2 月，罗斯福、丘吉尔与斯大林在克里米亚半岛的雅尔塔会晤，决定彻底消灭法西斯主义。罗斯福原本准备参加预定于 1945 年 4 月下旬在旧金山召开的《联合国宪章》签署大会，却因脑出血在 4 月 12 日辞世，民主党人、副总统哈里·杜鲁门（Harry Truman）继任美国总统并于 1949—1953 年连任总统。

（二）杜鲁门政府时期

1945 年 7 月，斯大林、杜鲁门、丘吉尔（后换为艾德礼）发表命令日本无条件投降的《波茨坦公告》。8 月 6 日和 9 日，美国先后投掷原子弹轰炸日本广岛、长崎。8 月 15 日，日本天皇裕仁宣布无条件投降。9 月 2 日，日本代表在美军"密苏里"号战舰甲板上签署无条件投降书。

美国总统杜鲁门 1947 年提出"杜鲁门主义"，要求国会拨款 4 亿美元援助希腊和土耳其政府，镇压人民革命运动。1948 年杜鲁门总统批准以控制欧洲为目的的"马歇尔计划"。至此，美苏在第二次世界大战期间建立起来的同盟关系宣告结束，国际政治经济关系进入冷战时期。1950 年，朝鲜战争爆发，美国实行增税政策，生活费用高涨，战后的经济繁荣不复存在。在大财团的资助下，美国著名军事将领、曾任盟军最高司令、成功指挥开辟欧洲第二战

---

1 这种兑换制度一直持续到 1971 年 8 月尼克松总统宣布关闭黄金兑换窗口，美元与黄金脱钩。当时，美国持续的国际收支逆差导致其黄金储备不足以兑换外国持有的美元，美国无力以官方价格赎回美元。

场的诺曼底登陆的德怀特·艾森豪威尔（Dwight Eisenhower）1952年加入共和党参加大选，并获选美国总统，就此结束了民主党连续执政20年的局面。

（三）艾森豪威尔政府时期

1953年7月27日，《朝鲜停战协定》签订。但艾森豪威尔步杜鲁门之后尘，继续推行侵略扩张政策。其内阁重要职位几乎全部被大财团占据。美国经济在艾森豪威尔执政的8年中增长缓慢，经济学家保罗·A.萨缪尔森（Paul A. Samuelson，1960年被肯尼迪聘为总统调查咨询顾问）称之为"艾森豪威尔停滞"。

为满足侵略扩张政策的资金要求，杜鲁门和艾森豪威尔在任期内竭力压缩财政开支。美国证监会持续经受裁员和裁减预算的考验，大幅减少执法计划，甚至没有人手去完成定期的对券商的常规检查。1947年，由前总统赫伯特·胡佛率领的政府行政部门组织委员会（Commission on Organization of the Executive Branch of the Government，简称 Hoover Commission）的报告（简称胡佛委员会报告）称，由于二战后的人员和预算缩减，美国证监会积压了大量未经审查的公司报告。1956年7月16日，《时代》杂志发表文章《保护投资者：不称职的美国证监会》（Protection for Investors: The SEC is Unequal to the Job），批评美国证监会没有充分履行监管职责，反而被各大金融机构牵着鼻子走，只敢起诉小型证券公司，却对华尔街的主要公司放任不管。1955年，美国证监会的预算不到500万美元，只有699名骨干员工。[1]由于人员短缺，美国证监会地区办事处不得不依赖州当局来调查和起诉证券案件。整个20世纪50年代，美国证监会和行业自律组织都没有很好地履行自己的职责。困窘的预算限制使得美国证监会不能在经纪交易商检查中发挥重要作用。在这个时期，美国全国证券交易商协会也仅仅是每3年检查一次经纪交易公司

---

1 "Protection for Investors: The SEC is Unequal to the Job," *TIME Magazine*, 1956, 68 (3): 82.

的主要业务，每 10 年检查一次经纪交易公司的分支机构。[1]

二、凯恩斯主义及其影响 [2]

富兰克林·罗斯福推行反危机的"新政"实验时，凯恩斯的《就业、利息与货币通论》还没有问世（该书出版于 1936 年 2 月，是"凯恩斯革命"的核心文献）。凯恩斯在其创立的宏观经济分析方法的基础上，提出了一整套反萧条的财政政策理论和对策。他认为，有效需求（effective demand）不足是资本主义社会失业和经济危机的根源，因此，需要通过扩大政府预算规模，增加财政支出，来弥补消费、投资需求之不足。政府财政收入、支出政策通过对总需求的调节可以影响就业、产量和价格总水平，从而解决经济危机和失业问题。凯恩斯的"有效需求"包括消费和投资两方面。由于短期内消费倾向相对稳定，凯恩斯转而强调投资在收入、就业变动中的作用，并用"乘数原理"说明增加政府投资支出将导致收入、就业的成倍增加。

凯恩斯学派财政政策的本质特征就是赤字财政。由于不同时期主要资本主义国家政府经济政策目标重点的转移以及经济学家们的"修补"，凯恩斯主义赤字财政政策也有一个演变、发展的过程，在不同时期表现出不同的特点。凯恩斯学派的财政政策包含两类基本的财政政策：一是自动的财政政策（automatic fiscal policy），俗称"内在稳定器"（automatic stabilizers），指由于实行累进税制和社会福利政策，现代资本主义"财政制度具有很重要的自动稳定的内在性能"。易言之，自动改变的税收和失业补助以及其他福利转移支付具有反周期性。二是自由裁量的财政政策（discretionary fiscal policy）。人们通常关注和讨论的是这种意义上的财政政策。

---

1 ［美］乔尔·塞里格曼：《华尔街的变迁：证券交易委员会及现代公司融资制度演进》（第 3 版），徐雅萍等译，中国财政经济出版社，2009，第 296 页。

2 本小节参考了以下文献：唐少云：《当代西方财政政策思想述评》，《经济研究》1988 年第 4 期；昌忠泽：《作为传统需求管理工具的美国财政政策》，《美国研究》2004 年第 3 期。

赤字财政政策的发展大致可分为三个阶段。第一阶段，是二战以前凯恩斯的反萧条的简单的膨胀性财政政策。对于反经济危机的具体财政政策，凯恩斯的主张是不完全的、笼统的。第二阶段，是二战以后直至 20 世纪 60 年代初反经济周期的补偿性财政政策（compensatory fiscal policy）。保罗·萨缪尔森的导师、美国最早的凯恩斯主义经济学家、新古典综合派奠基人阿尔文·H. 汉森（Alvin H. Hansen）对补偿性财政政策进行了精炼的概括：应该根据宏观经济中繁荣与萧条的更替，交替实行紧缩性和扩张性财政政策，即在经济萧条时进行赤字预算，在经济繁荣时进行盈余预算，从而消除经济的周期性波动。第三阶段，是 60 年代初至 70 年代末以经济的"充分就业"为目标的"充分就业预算"（full employment budget）的财政政策。60 年代初肯尼迪任总统后，在总统经济顾问委员会主席沃尔特·海勒（Walter Heller）和著名经济学家詹姆斯·托宾（James Tobin）等的策划下，提出了"经济增长"政策。易言之，为了充分发挥美国经济的增长潜力，只要经济在"充分就业"水平之下，即使在经济上升时期，政府也必须继续执行经济扩张政策，增加财政支出，财政预算可以连续不断地长期赤字化。

凯恩斯主义赤字财政政策的演变过程，从凯恩斯本人的膨胀性财政政策到补偿性财政政策、"充分就业预算"财政政策，实际上是主要资本主义国家赤字财政政策不断强化、财政赤字长期化和内在化的过程。

二战结束后，在第三次科技革命中，主要西方国家生产社会化空前发展，资本主义社会的基本矛盾日益突出和激化。凯恩斯学派关于政府对经济干预、调节的思想和政策主张以社会化大生产的要求为客观基础，适应了维持资本主义生存与发展的需要。西方国家政府在干预、调节经济时一般以财政政策为主要手段，辅以货币政策。战后资本主义世界经济发展速度高于历史上的任何时期，虽然经济危机不断，周期趋于缩短，但是经济危机较二战前（尤其是 1929—1933 年经济危机）的严重程度减轻了，经济衰退延续时间缩短了。

以美国为例, 二战后直至 1973 年, 经济实际年增长率为 3.8%, 高于 1909—1929 年的 2.8% 和 1929—1948 年的 2.3%。二战前, 即使不包括 30 年代的"大萧条", 美国经济处于衰退阶段和上升阶段的时间之比为 1:1, 而二战后为 1:4。

 专栏 5-1

自由主义、凯恩斯主义与新自由主义

经济学作为一门学科的诞生归功于亚当·斯密, 他在 1776 年著成《国富论》。接下来的 160 年间, 经济学理论的分支不断扩充, 其中心思想很简单: 相信市场。熊彼特早在 1934 年就说过, 经济萧条是经济发展的必由之路。

凯恩斯 1936 年的著作《就业、利息和货币通论》是一部深刻的分析报告, 它唤醒了那些年轻、有思想的经济学家。凯恩斯认为金融市场被短期投机行为所控制, 呼吁政府积极干预——印制更多钞票, 必要时大量投资公共设施建设——以对抗萧条期的失业率。

然而在过去的 50 年中, 关于经济学家的故事很大程度上却是脱离凯恩斯主义, 重回新古典主义。新古典主义的复兴最初是由芝加哥大学的米尔顿·弗里德曼引领的, 1953 年他宣称新古典主义经济学良好地揭示了经济体制实际上"硕果累累并应得到更多的信任"。那么, 经济萧条又是怎么回事呢? 弗里德曼对凯恩斯的反击是从货币主义开始的。货币主义者声称, 一种有限度的政府干预, 即指示央行持续供给国家货币, 会使流通中的现金和存款的总额稳定增长, 这足以防止经济萧条的产生。弗里德曼和他的合作者安娜·雅各布森·施瓦茨 (Anna Jacobson Schwartz) 则推出著名论调, 称若美联储尽职尽责, "大萧条"也许就不会发生。不久后, 弗里德曼又针对政府对失业率正常化 (目前在美国认为是 4.8%) 作出的努力提出另一个引人注目的观点, 他预言过度消费政策将带来通货膨胀和高失业率。这个预言在 1970 年的经济滞涨中得以证实, 将反凯恩斯主义运动推向一个高潮。最终，凯恩斯主义的反对者们甚至比相对来说立场温和的弗里德曼还要激进。在金融和经济学家中，凯恩斯对金融市场的"赌场论"被"有效市场论"代替，即金融市场在信息完全的情况下总能够正确地估计资产的价值。

在弗里德曼 90 岁生日庆祝会上，本·伯南克（Ben Bernanke），这位当时的美联储董事会成员，以前多多少少可以称其为新凯恩斯主义者的普林斯顿大学教授，作出了关于"大萧条"时期的评价："你说得对。我们让这一切发生了，我们很抱歉。但是多亏了你，它再也不会发生了。"他要传递的信息是，若想防止经济萧条出现，你需要的只是一个更精明的美联储。

资料来源：P. Krugman, "How did Economists Get It So Wrong?" *New York Times*, September 6, 2009; 新华网，2009-10-18.

三、美国证监会早期对待会计问题的态度

美国股票投资者 1940 年约有 400 万，1952 年约有 700 万，1962 年约有 1 700 万。会计规则开始对美国数百万家庭产生影响，会计规则的制定第一次成为财经新闻的重要话题。[1]

（一）会计问题并不是美国证监会面临的最迫切的议题

美国证监会成立之后，华盛顿和华尔街之间最大的一场较量不是围绕《1933 年证券法》或《1934 年证券交易法》，而是围绕 1935 年的《公用事业控股公司法》展开的。遏制金字塔式控股公司、重组公用事业行业被认为是证监会历史上唯一最有价值的贡献，也是迄今为止最难取得的成就。[2]

---

1 Harry I. Wölk, James L. Dodd, John J. Rozycki, *Accounting Theory: Conceptual Issues in a Political and Economic Environment*, 7th Edition (Los Angeles: Sage Publications, Inc., 2008), p. 58.

2 [美] 乔尔·塞里格曼：《华尔街的变迁：证券交易委员会及现代公司融资制度演进》（第 3 版），徐雅萍等译，中国财政经济出版社，2009，第 147—172 页。

莫里斯·穆尼茨（Maurice Moonitz）的研究表明，第二次世界大战前，政界已经表明态度，不希望因为会计师坚持严格的收益计量程序而抑制投资者的热情。美国证监会不鼓励概念性争论，也不愿过度限制公众公司管理层在会计上的自由度，它首要关注的是如何维持投资者的交易热情。既然政治家和证券监管机构希望财务报告程序具有灵活性，以避免出现可能会影响到投资者的交易热情的"波动收益"，公共会计师行业当然不会提出反对意见。[1]

（二）美国证监会在会计领域的无为立场

罗斯福在四届总统任期内，先后任命了七位美国证监会主席（见表 5-1）。

表 5-1　　　　　　　　　　罗斯福四届总统任期内的美国证监会主席

姓名	证监会委员任期	证监会主席任期
约瑟夫·P. 肯尼迪（Joseph P. Kennedy）	1934—1935	1934—1935
詹姆斯·M. 兰迪斯（James M. Landis）	1934—1937	1935—1937
威廉·O. 道格拉斯（William O. Douglas）	1936—1939	1937—1939
杰尔姆·N. 弗兰克（Jerome N. Frank）	1937—1941	1939—1941
爱德华·C. 艾彻（Edward C. Eicher）	1938—1942	1941—1942
冈松·珀塞尔（Ganson Purcell）	1941—1946	1942—1946
詹姆斯·J. 卡弗里（James J. Caffrey）	1945—1947	1946—1947

美国证监会第一任主席约瑟夫·肯尼迪和第二任主席詹姆斯·兰迪斯都认为，与保证资本的流动性相比，会计方面的改革并不那么重要。肯尼迪的首要任务是推广注册申请表，发展股票融资，从而推动经济复苏。为了实现这一目标，他竭力避免与会计界产生冲突。他领导的美国证监会在很大程度上放弃了会计改革。兰迪斯延续了肯尼迪的立场，他也认为鼓励证券发行人注册证券、筹集资金，比修订会计规则更为重要。但作为美国证监会主席，

---

1 加里·约翰·普雷维茨、巴巴拉·达比拉·莫里诺：《美国会计史——会计的文化意义》，杜兴强等译，中国人民大学出版社，2006，第 313 页。

他开始高调批评他认为显失公平的会计规则。[1]

美国证监会第三任主席道格拉斯试图改革会计规则，但进展甚微，证监会工作人员每每答应对现有会计惯例进行研究，但之后便无下文。道格拉斯领导下的证监会主要忙于与纽约证券交易所的斗争等事宜。

正如美国证监会1937年11月的内部研究报告所称，"证监会不愿意处理会计问题，也不愿引起争论"。公众公司提交的注册文件只要得到注册会计师的签字，就很少受到证监会的盘查；除非会计报表及其附注过于混乱，否则证监会不会要求公众公司重新制作财务报告。

兰迪斯认为，有必要对公共会计师行业进行彻底整改，而不是对会计报表进行修修补补。但作为证监会主席，兰迪斯不愿做训导会计行业或维持秩序的人。相反，他任命卡曼·布劳为证监会首任首席会计师，指示布劳不要制定统一的会计准则，而要努力执行与公共会计师行业合作的政策。布劳曾在1937年作如下表示："美国证监会相当信赖独立公共会计师的能力。对于规定的财务报告、审计报告或具体表格的形式，我们从未试图制定严格的规则。在每一张表格中，我们只规定了某些最低要求，更多的则由会计师来决定。"[2]

道格拉斯是第一位对美国证监会松弛的会计政策提出挑战的主席。他充分认识到了会计规则的重要性，但其意见未能得到贯彻。

道格拉斯对美国证监会内部调查工作做出重要的指导，并对美国证监会的会计政策进行一定程度的改革。但是，他的努力远远没有奏效。由于他的疏忽，美国证监会一直对会计准则负有直接的责任，而会计准则一直被认为是公司信息披露制度方面最薄弱的环节。

道格拉斯在担任美国证监会委员但尚未担任美国证监会主席时，就不赞成

1　John C. Coffee Jr., *Gatekeepers: The Professions and Corporate Governance* (New York: Oxford University Press, 2006), p. 128.

2　Carman G. Blough, "The Need for Accounting Principles，" *The Accounting Review*, 1937,12(1): 30-37.

前两任主席肯尼迪和兰迪斯那种将制定和颁布会计规则的权力全部交给会计行业的倾向。

专栏 5-2

威廉·O. 道格拉斯

威廉·O. 道格拉斯（William O. Douglas，1898—1980），曾任美国证监会主席、美国联邦最高法院大法官。

道格拉斯 1898 年出生于明尼苏达州的一个牧师家庭。1920 年在惠特曼学院（Whitman College）获得英语和经济学专业的学士学位；通过半工半读，于 1925 年在哥伦比亚大学法学院获得法学硕士学位，之后在 Cravath 律师事务所供职，后来在哥伦比亚大学法学院、耶鲁大学法学院任教。1936 年被罗斯福总统提名，他辞去耶鲁大学法学院教职，担任美国证监会委员。1937—1939 年出任美国证监会第三任主席（接替兰迪斯），任期共 19 个月。在这期间，他与托马斯·科科伦成了好友。

1939 年，道格拉斯因坚定支持罗斯福新政而被任命为美国联邦最高法院大法官，接替布兰代斯，任期自 1939 年 4 月 17 日至 1975 年 11 月 12 日，共计 36 年零 209 天，是美国历史上被任命的最年轻的大法官（年仅 41 岁），也是任期最长的美国联邦最高法院大法官。他的法律思想常常与法兰克福特等大法官相左。

作为著名的自由派大法官，他在任期内不遗余力地为捍卫言论自由、限制政府滥权而斗争。但他晚年"贪财好色"的生活作风也颇为后人诟病。

与道格拉斯持相同立场的还有美国证监会委员海利（共和党人）。海利是一位法学专家，曾任律师、佛蒙特州最高法院法官，他就是在《1933 年证券法》立法听证会上慷慨陈词的那位耿直的法律专家。他还曾被柯立芝总统（共和党人）委任为联邦贸易委员会首席律师，负责主持对公用事业控股公司的调查。不查不知道，一查吓一跳，海利被证券市场上无比猖獗的会计操纵行为震惊了。作为法学专家，他毕生坚定地反对任何没有法律证据的会计行为，其对待证券市场乱象的鲜明态度对美国证监会早期的立场产生了深远的影响。

1936 年和 1937 年，道格拉斯和海利一起敦促美国证监会"按照《1933 年证券法》所授予的权力在会计准则制定方面起领导作用"。

事实上，道格拉斯和海利的设想不是创建会计规则，而只是尽量汇总现有规则，形成外观上统一的会计规则。正如海利在《会计的下一步工作》的演讲中所称，"根据指示，职员们已经研究了一段时间，并建议公布某些与会计准则有关的规则。我们不想对会计领域进行大量的规则创新，只是试图罗列一些我们认为能被大多数好会计师、尤其是那些不为利润丰厚的客户担任特别辩护人的人所接受的标准"[1]。

据布劳回忆，自 1936 年下半年至 1938 年春，美国证监会五位委员围绕会计监管政策的争议日益加剧。五位委员中两位是法学家，他们主张美国证监会应当制定并颁布统一的会计原则，所有证券发行人都应遵照执行。非法律专业背景的其他三位委员要么坚决反对，要么就说那不是切实可行的方案。首席会计师布劳非常反对两位法学家的意见。布劳认为，制定会计原则、消除差异领域的任务应当留给公共会计师行业去做，他们日日浸淫其中，定有改良之妙计，美国证监会只要配合他们就够了。于是乎，尽管美国证监会指示首席会计师起草分行业的系列会计原则，但该指示并未得到贯彻，一方面是因为任务甚为艰巨，另一方面是因为首席会计师办公室人手不够。在这样

---

1 [美] 乔尔·塞里格曼：《华尔街的变迁：证券交易委员会及现代公司融资制度演进》（第3版），徐雅萍等译，中国财政经济出版社，2009，第 211 页。

的背景下，事态在布劳的筹划下一步步发展，最终形成了由注册会计师行业制定公认会计原则的局面。

（三）美国证监会坚决反对记录资产升值

罗斯福遴选的美国证监会创始成员中，法学家所占比例较高。美国证监会坚持要求公众公司以事实为基础履行证券信息披露义务，坚决反对记录资产升值的行为。这一理念一直延续到罗斯福之后的时代。

从 1934 年成立到 1972 年，美国证监会（尤其是其总会计师）严格贯彻基于事实的证券信息披露理念，坚持历史成本会计，反对记录固定资产升值，反对一般物价水平重述以及以之为基础计提折旧的做法。[1]长期担任美国证监会委员的海利，对历届美国证监会委员和首席会计师具有积极影响。海利自 1934 年担任美国证监会创始委员起，直到 1946 年 11 月去世，保持着担任委员时间最长的历史纪录。海利的观点对连续四任首席会计师卡曼·布劳（1935—1938 年在任）、威廉·沃恩茨（1938—1947 年在任）、厄尔·金（1947—1956 年在任）和安德鲁·巴尔（1956—1972 年在任）具有深刻影响。这几位首席会计师都是 20 世纪 30 年代加入美国证监会的，深受海利的熏陶。其中，巴尔在伊利诺伊大学就读期间师从利特尔顿，深得历史成本会计之精髓。[2]

最先负责制定公认会计原则的会计程序委员会在 1945—1950 年间曾试图制定一份会计研究公报，允许公众公司在准重组状态下记录资产增值。1950 年 10 月，美国会计师协会在波士顿举行年会，会上审议了拟出台的会计研究公报——准重组（Quasi-Reorganizations）。应邀参会的美国证监会首席会计师厄尔·金和首席会计师助理安德鲁·巴尔在会上受到佩顿的质疑。佩顿此

---

1 Stephen A. Zeff, "The SEC Rules Historical Cost Accounting 1934 to the 1970s," *Accounting and Business Research*, International Accounting Policy Forum Issue 2007, 2007, 37(3): 49-62.

2 同 1.

前曾连续 12 年担任会计程序委员会委员。他受经济学教育影响甚大，主张允许企业记录资产的升值，仅在 1940 年应利特尔顿之邀合作完成《公司会计准则导论》一书时有所妥协，该书是主张历史成本会计的经典之作。会计程序委员会一致通过了关于准重组的会计研究公报，但听取了首席会计师的建议，决定暂缓公布该公报。1951 年春，厄尔·金通知美国会计师协会，美国证监会已经指示他不要接受记录资产升值的财务报表。面对美国证监会的明确指示，会计程序委员会只得放弃公布该公报。[1]

美国证监会反对公众公司记录资产升值的立场是正确的。但它未能阻止企业记录资产减值，使得资产减值会计规则成为公认会计原则中的特洛伊木马，这是值得反思的。

（四）美国证监会曾试图规定资产以历史成本计量

1949—1950 年间，美国证监会在修订《财务信息披露格式与内容条例》（S-X 条例）时，曾在草案中规定，"除另有明确规定外，所有资产都应以成本核算"。此举令美国会计师协会相当吃惊，因为这意味着美国证监会开始出台具体的记账规则。毫不奇怪，该协会 1950 年年会的与会者形成决议，反对美国证监会的提议。耐人寻味的是，美国会计学会在其 1950 年年会上形成的决议，也反对美国证监会的提议。面对这种情况，美国证监会首席会计师厄尔·金作出让步。他表示，如果会计程序委员会能够做出改进，比如对会计研究公报进行汇编等，他就会阻止在 S-X 条例中对会计原则做出规定。其结果是，会计程序委员会 1953 年 6 月公布了《会计研究公报第 43 号：会计研究公报重述与修订》，该公报是对此前生效公报的汇编。S-X 条例也就不再规定具体的会计原则了。[2]

---

1 Stephen A. Zeff, *Forging Accounting Principles in Five Countries: A History and an Analysis of Trends* (Champaign, Illinois: Stipes, 1972), pp. 156-157.

2 同 1，158-159.

第二节　"认可的会计原则"概念的形成

一、1936 年 1 月的《独立公共会计师对财务报表的检查》

1936 年 1 月，美国会计师协会对 1917 年 4 月 1 日首次出现于《联邦储备公报》中的《统一的账目》（后经过 1917 年、1918 年、1929 年三次易名重印）进行修订，并自行公布，题为《独立公共会计师对财务报表的检查》（Examination of Financial Statements by Independent Public Accountants）。该文件封面如图 5-1 所示。

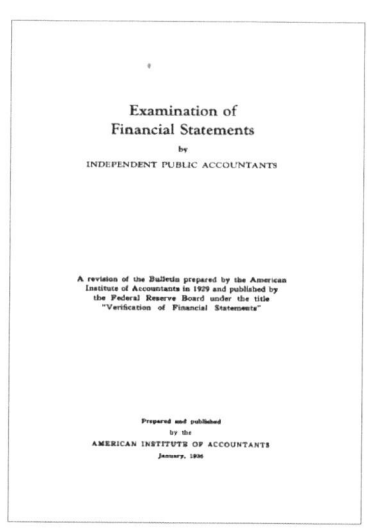

图 5-1　美国会计师协会 1936 年的《独立公共会计师对财务报表的检查》

与此前版本均由美联储发布的做法不同，《独立公共会计师对财务报表的检查》是由美国会计师协会自己公布的。只不过，美联储承认该文件是此前版本的修订版。

《独立公共会计师对财务报表的检查》在此前版本的前面增加了一个部分，用来进行总体上的理论阐释，包括财务报表的性质、会计原则、应用会计原则时的一致性、利润账户的重要性、陈述账目的基本原理、合并报表程序。

该文件带有普华会计公司特别是乔治·梅的会计哲学韵味。该文件提出，财务报表的编制是为了定期审查或报告管理层的表现，并报告企业在审查期间的投资状况及其取得的成果。财务报表是已记录的事实（recorded facts），以及会计惯例（accounting conventions）和个人判断（personal judgments）相结合的结果，后两者往往对财务报表具有重大影响。判断的公正性（soundness）必然取决于作出判断的人员的胜任能力和诚信品质（competence and integrity），以及他们对公认会计原则和惯例（generally accepted accounting principles and conventions）的遵守程度。出于这个原因，比起检查企业过账的准确性（clerical accuracy），更重要的是对财务报表进行独立审查。

这里有两点值得特别指出：一是，上述关于个人判断的立场，应该说是乔治·梅的"会计艺术论"的体现；二是，这是美国会计师协会首次使用公认会计原则（generally accepted accounting principles，GAAP）这个概念。从此，公认会计原则被用于指称证券市场上的会计规则体系。虽然有很多专业团体和学者主张使用"准则"（standard）取代"原则"（principle）一词，但"公认会计原则"这个由公共会计师行业所发明的词汇沿用至今。[1]

该文件提出了不少颇具启发价值的观点，可用于反思当今的会计规则和会计实践。这里举几例说明。

 专栏 5-3

《独立公共会计师对财务报表的检查》观点摘要

　　□当人们检查一家企业的账目时，必须从这样一个前提出发：对于一家仅将其资产用于生产目的的持续经营的企业来说，要求它每年都对其资产进行估值，既不可行也不必要。

　　□存货发出成本有多种计价方法，相应地，成本与市价孰低法的计算

---

　　1 在英国，其对应词汇是公认会计惯例（generally accepted accounting practice），二者都简写为GAAP，含义相同。

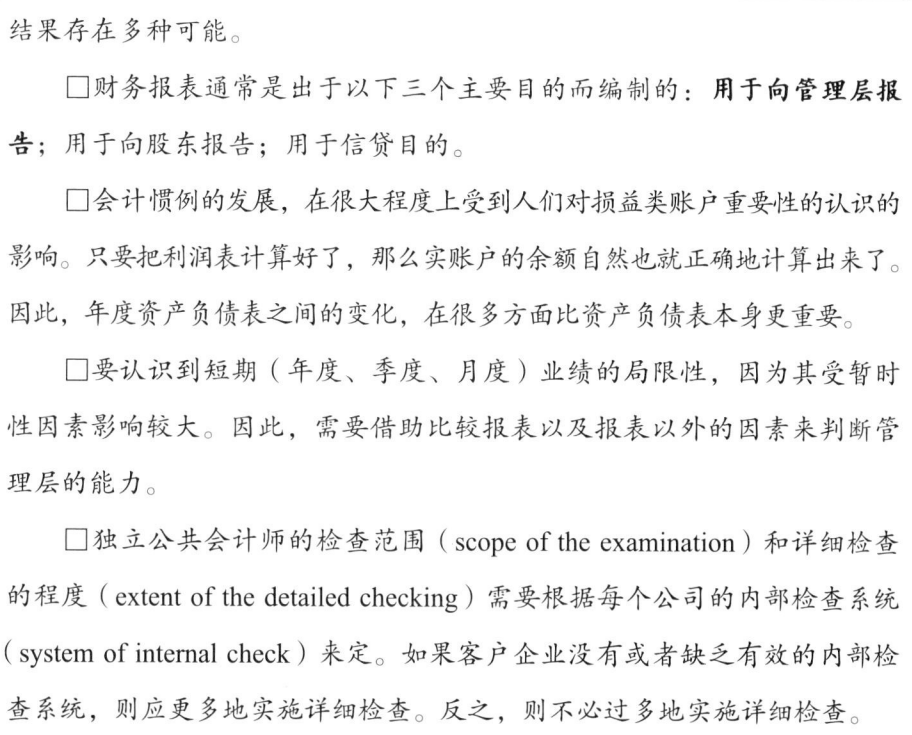

结果存在多种可能。

　　□财务报表通常是出于以下三个主要目的而编制的：**用于向管理层报告**；用于向股东报告；用于信贷目的。

　　□会计惯例的发展，在很大程度上受到人们对损益类账户重要性的认识的影响。只要把利润表计算好了，那么实账户的余额自然也就正确地计算出来了。因此，年度资产负债表之间的变化，在很多方面比资产负债表本身更重要。

　　□要认识到短期（年度、季度、月度）业绩的局限性，因为其受暂时性因素影响较大。因此，需要借助比较报表以及报表以外的因素来判断管理层的能力。

　　□独立公共会计师的检查范围（scope of the examination）和详细检查的程度（extent of the detailed checking）需要根据每个公司的内部检查系统（system of internal check）来定。如果客户企业没有或者缺乏有效的内部检查系统，则应更多地实施详细检查。反之，则不必过多地实施详细检查。

　　值得强调的是，《独立公共会计师对财务报表的检查》提出财务报表应当服务于管理层、股东和债权人，这是对会计功能的正确定位。作为对比，之后的财务会计概念框架等理论研究普遍地把管理层撇除在财务报表的使用者之外，存在立场错位的问题。试想，会计人员都是管理层聘用的，会计人员怎么可能不管不顾企业管理层的信息需要？如果会计人员可以不管不顾企业管理层的信息诉求，那么他们所做的工作还是人们熟悉的会计工作吗？显然，该文件的立场符合常识，而目前的会计学术研究需要回归常识。

二、审计师报告使用"认可的会计原则"字样

　　这个时候，"GAAP"还没有成为美国的公共会计师行业的通用词汇。《独立公共会计师对财务报表的检查》所提供的审计意见样稿中还没有使用

"GAAP"这样的术语，而是沿用了美国会计师协会1933年提交给纽约证券交易所的审计报告样式中的提法，即认可的会计原则（accepted principles of accounting）。[1] 审计师报告的措辞如图5-2所示。

XYZ公司：

  我们审核了贵公司1935年12月31日的资产负债表和1935年度的利润和盈余公积表。我们审核和测试了贵公司的会计记录及其他相关证据，获得了贵公司管理层和职工提供的信息和相关说明，还对贵公司的会计方法以及贵公司的经营及收入账目进行了广泛的审核，但我们没有对贵公司的交易进行详尽的审计。

  我们认为，基于上述审核，贵公司一贯地遵循了<u>认可的会计原则</u>，资产负债表、利润和盈余公积表公允地反映了贵公司1935年12月31日的财务状况和1935年度的经营成果。

  To the XYZ Company:

  We have made an examination of the balance sheet of the XYZ Company as at December 31, 1935, and of the statement of income and surplus for the year 1935. In connection therewith, we examined or tested accounting records of the Company and other supporting evidence and obtained information and explanations from officers and employees of the Company; we also made a general review of the accounting methods and of the operating and income accounts for the year, but we did not make a detailed audit of the transactions.

  In our opinion, based upon such examination, the accompanying balance sheet and related statement of income and surplus fairly present, in accordance with <u>accepted principles of accounting</u> consistently maintained by the XYZ Company during the year under review, its position at December 31, 1935, and the results of its operations for the year.

图5-2　美国会计师协会1936年推出的审计意见样稿

注：下划线为引者所加。

---

1 审计意见样稿中首次出现"generally accepted accounting principles"这样的提法，是在美国会计师协会1939年公布的《审计程序公告第1号：审计程序的扩展》中。

第三节 公权私授：注册会计师行业获得证券市场会计规则制定权

一、会计程序委员会的组建

《1933 年证券法》为美国的公共会计师行业开辟了广阔的业务市场。美国会计师协会似乎对执掌审计权心满意足，行业领袖并未觊觎会计规则制定权。受前文所述联邦会计法规的"不存在性"之限制，乔治·梅也没有办法制定统一的会计规则。事实上，乔治·梅对制定统一的会计规则不甚热心，他的标志性口号是"会计是一门艺术"。他认为，联邦各州的公司的各种会计做法都是可取的，只要公众公司能够披露其具体做法且保持一贯性，那就足够了。

作为对比，这个时候的美国高校会计学者颇有中国传统上的士大夫的责任感。与乔治·梅的"无为"思想相比，美国大学会计教师协会的态度要积极得多，它在 1936 年初改名为美国会计学会，"制定会计原则和会计准则"是它的一个重要目标。美国会计学会在更名重组当年就公布了它的第一份公告——《影响公司报告的会计原则暂行公告》(A Tentative Statement of Accounting Principles Affecting Corporate Reports)。该公告以"成本和价值" (costs and values)、"收益计量" (measurement of income) 和"资本与盈余" (capitals and surplus) 总共短短三章的篇幅列出了 20 条原则，阐释了会计基础理论问题，试图纠正 20 世纪 20 年代上市公司的错误做法。布劳对之大加赞赏。[1]

布劳与美国会计师协会过从甚密。他担任首席会计师不久就透露了拟将规则制定权交给公共会计师行业的想法，并一再敦促美国会计师协会采取行动。

美国会计师协会为了探索会计原则事宜，曾设立多个委员会。但其疏于

---

1 Stephen A. Zeff, "A Perspective on the U.S. Public/Private-Sector Approach to the Regulation of Financial Reporting," *Accounting Horizons*, 1995, 9(1): 52-70.

督导，十几年都没有取得实质性进展，以至于受到新成立的美国证监会的多
次敲打。

（一）会计程序特别委员会

1918—1929 年，美国会计师协会旗下设有程序特别委员会（Special
Committee on Procedures），其职能是就会计程序的特定问题发表意见。该委
员会 1930 年没有开展活动，1931 年重新开始活动，名称中多了"会计"字
样，变成"会计程序特别委员会"。

该委员会在 1936 年重组之前，唯一值得注意的成果就是关于外汇问题的
两份备忘录。[1]

（二）会计原则发展特别委员会

1933 年，美国会计师协会设立会计原则发展特别委员会（Special
Committee on the Development of Accounting Principles）。该委员会级别较高，
由美国会计师协会旗下其他七个委员会的主席组成。其任务是遴选有望得到
公认的会计原则体系。乔治·梅任该委员会主席。

该委员会在此后三年里只在 1934 年出具了唯一的报告，建议协会接受
"与证券交易所合作特别委员会"1932 年向纽约证券交易所提出的五项原则，
以及该委员会增加的第六项原则。

（三）会计程序委员会

1936 年，美国会计师协会对会计程序特别委员会进行重组，同时对会
计原则发展特别委员会进行升级，组建了会计程序委员会（Committee on
Accounting Procedures，CAP）。该委员会由美国会计师协会旗下的其他几个
委员会的主席组成。一年后，乔治·梅出任该委员会主席。

---

1 Stephen A. Zeff, *Forging Accounting Principles in Five Countries: A History and an Analysis of
Trends* (Champaign, Illinois: Stipes, 1972), p. 126.

在乔治·梅和布劳的努力下，会计程序委员会即将成为第一个负责制定公认会计原则的私立机构。

二、1936 年美国会计师协会的合并重组

1936 年 11 月 24 日，经过三年的努力，美国会计师协会与其竞争对手美国注册公共会计师协会（American Society of Certified Public Accountants）终于完成合并流程，组建了新的美国会计师协会。美国注册公共会计师协会成立于 1922 年，由地方性的公共会计师行业协会联合组成。合并后的美国会计师协会共有会员约 4 500 名，比上一年合并前多出 1 500 名。这次合并是在美国会计师协会会长蒙哥马利的任内完成的。次年（1937 年）10 月，恰逢美国会计师协会成立 50 周年，罗斯福总统给蒙哥马利写了热情洋溢的贺信。

12 月 14 日，乔治·梅当面向美国证监会主席兰迪斯和首席会计师布劳提出建议，敦促他们放弃制定会计原则的想法。他提出，为投资者服务的会计规则的稳健程度要远远超出现有的监管机构以及税务机关的态度。乔治·梅还提出，政府监管将是极大的灾难；如果他在兰迪斯和布劳的位置上，他会毫不犹豫地坚守现有的做法，而不会急躁地寻找新的监管路线。

三、布劳敦促美国会计师协会动手完善会计规则

1937 年 1 月 11 日，布劳在纽约州注册会计师协会的一次会议上指出，美国证监会不准备就会计问题制定详尽的规则，因为工作量超乎想象，是人类力所不能及的任务（a superhuman task）。[1] 布劳提出，美国证监会的理性选择

---

[1] Carman G. Blough, "Some Accounting Problems of the Securities and Exchange Commission," Address of Carman G. Blough Before the New York State Society of Certified Public Accountants, January 11, 1937.

是允许上市公司选用得到普遍认可的会计方法。

 专栏 5-4

布劳的演讲观点摘要

美国证监会尽量避免亲自去制定会计规则，而只是简单地审核证券发行人的财务报表是否符合公认会计原则。

"公认会计原则"已经在会计文献中得到广泛使用。但我对该术语的定义不满意，因为当前会计界几乎没有多少公认的原则。甚至可以这么说，就上市公司数以百计的财务报表来看，**除了复式记账法是公认的，美国的注册会计师们还真没有什么公认的会计原则**。

人们不禁要问，"公认会计原则"（generally accepted accounting principles）与"合理的会计原则"（sound accounting principles）究竟是不是同义词？尽管我不愿意回答这样的问题，但我不得不得出这样的结论：会计师们习以为常的先例规程，从根本上看并不总是合理的。从历史发展来看，**他们只是在因循守旧，而没有叩问其合理性。先例最初就是注册会计师们按照其雇主的意愿行事的结果，然后被别人依葫芦画瓢照做一遍，遂成为先例（precedents），或者说是"最佳实践"（best practices）。**

美国证监会不到万不得已不会出面制定会计规则，希望注册会计师行业能够在许多看来必须统一的地方提高统一性。

布劳的演讲犹如一场闷雷。美国会计师协会深受震撼。

1937 年 3 月，美国会计学会会刊《会计评论》刊登布劳的文章《会计原则的必要性》，该文是在前文所述的其 1 月份的演讲稿基础上改写的。文章开篇就称赞，《影响公司报告的会计原则暂行公告》读起来非常令人欣慰，该公告的内容是对会计界的真实贡献"。布劳探讨了他的一些困惑，例如，与母公司性质迥异的公司应在多大程度上纳入合并范围？公司在计算投资损益时应遵循的公认原则是什么？布劳重申，美国证监会非常需要有一套更受广泛认可的会计原则体系，以期用于判断证券发行人的会计程序是否符合公认的原则。但令人难以置信的是，对于发现的很多问题，教科书作者与执业会计师之间几乎不存在一致的意见。

如前所述，自当年4月起，布劳开始在美国证监会发布会计系列公告（Accounting Series Release, ASR），以推动建立统一的会计标准和惯例。

同年10月，布劳在美国会计师协会50周年庆典的圆桌会议上，向协会会员明确表示，如果该协会再不采取措施消除会计实践中会计惯例的巨大差异，美国证监会将亲自动手。[1]

四、海利主张由美国证监会制定会计规则

1937年12月27日，海利应美国会计学会之邀发表了一场主题为"会计的前程"（The Next Step in Accounting）的演讲，猛烈抨击了公众公司操纵业绩的一些做法，如利用合并报表编报规则的漏洞、记录资产升值等。他指出，"会计的目的是记账，而不是预测什么东西的价值"，现值不适合用于资产负债表中的估值，其结果必然是混乱和欺诈。

 **专栏 5-5**

《会计的前程》：海利主张加紧制定会计规则

□我们注意到有的企业集团利用成员公司之间的内部交易利润来"做大"利润，有的公司通过记录资产升值来"做大"利润，甚至有的公司将出售证券所得的款项在不抵减成本的情况下直接计入利润。

□值得一提的是，五位证监会委员之间所产生的最大分歧就与会计问

1 Stephen A. Zeff, *Forging Accounting Principles in Five Countries: A History and an Analysis of Trends* (Champaign, Illinois: Stipes, 1972), p. 132.

题有关。我们注意到，由于证监会尚未依照联邦法律赋予的权力去制定会计规则，因此，如果证监会对股份公司的有些失当做法采取行政措施，就有失公允。

□证监会职员们正在按照指示，研究由证监会来制定会计和资产评估规则的可行性。他们得出的结论与证监会委员们的结论一致，那就是，**在很多领域无法制定出严格的、没有弹性的会计规则**，但这并不意味着会计就没有什么规则了。在我看来，**一个很大的困难在于，长期以来，没有哪个机构拥有制定和推行会计标准的权威**。我认为，如今，证监会是拥有制定和推行会计标准的权威的机构，其成败在很大程度上将取决于它如何行使这一职能。

□**会计是什么？其目的是什么？这些问题必须尽快得到解决**。我来给出一个参考答案。**我认为，会计的目的是记账，而不是预测什么东西的价值**。企业的财产的价值可能会时多时少，但它的成本通常是不变的。在我看来，**会计就是对企业财务事项的历史记录（a historical record of financial events）**。资产评估与会计有着很大的差异。我深信，未实现的利得（unrealized gains）不应当记入账簿，除非企业能够证明其已永久性地获得财产权利。

□诚如一位法国财长所言，"会计即政府"。会计是现代公司金融的命脉。

□先后于1933年和1934年出台的两部证券法是一个补救性措施，它们是为保护那些粗心和不熟练的非专业人士而设计的。注册会计师**应当尽量采用普通人能理解的语言来提供信息，而不应该使用非专业人士难以理解的刻板词语来表达自己的见解**。

□**证监会将会继续努力，通过其所发布的一系列决定，建立起一套会**

计原则。证监会目前正在考虑是否有必要制定一套统一的账户分类。

　　资料来源：Robert E. Healy, "The Next Step in Accounting," *The Accounting Review*, 1938, 13 (1): 1-9.

五、布劳游说美国证监会委员——公共会计师行业获得会计规则制定权

　　布劳极力地劝说美国证监会各位委员同意把会计规则制定权转授给美国会计师协会。他领导的首席会计师办公室茫然四顾，无从下手。他们于1937年4月1日发布《会计系列公告第1号：资产重估损失的处理》（Accounting Series Release No.1: Treatment of Losses Resulting from Revaluation of Assets）。5月6日发布《会计系列公告第2号：会计师的独立性——与注册人的关系》（Accounting Series Release No. 2: Independence of Accountants—Relationship to Registrant），该公告煞有介事地探讨了这个足以媲美"皇帝的新装"的问题。这份仅有百余字的公告指出，如果审计师为注册人的董事或高级管理人员，或者审计师持有注册人的股份占审计师个人财产或公司股本的比例较大，则该审计师不满足独立性的要求。公告指出，新近的一个案例中，某审计师由于持有注册人的股份比例较高且超过其个人财产的1%，因而被美国证监会拒绝注册。9月13日发布《会计系列公告第3号：合并报表中对子公司投资的处理》（Accounting Series Release No. 3: Treatment of Investments in Subsidiaries in Consolidated Statements）。针对控股公司利用子公司报表数据，随意决定抵销处理的比例，从而操纵资产和业绩规模的问题，布劳指出，合并资产负债表的目的是反映母公司及其子公司的财务状况，使得它们看起来就像一个组织一样（as if they were a single organization）。因此，在合并报表中，母公司的对子公司投资应当与其在子公司股东权益中所占份额全部相互抵销。然而，有的公司仅按照股票面值抵

销，这就导致合并报表的资产和净资产数据都虚增不少。布劳要求按照母公司在子公司股东权益（包括股本、盈余公积等全部项目）中所占份额，在合并报表中全额抵销资产和股东权益。由此可见，美国证监会首席会计师干预会计事务时何其简单粗暴。世上本没有合并报表，自从公共会计师和金融资本结盟，便有了合并报表。但合并报表本身不符合法律原则，其并非会计报表。因此，布劳教人编制合并报表，无异于教人画鬼。布劳劳碌一年，多有苦劳，少见功劳。

到了1937年12月，布劳终于使美国证监会的多数委员相信，首席会计师办公室缺乏足够的时间和人手去做"广泛而必要的研究，以形成妥当的会计准则"。最终，美国证监会的三位委员，乔治·C.马修斯（George C. Mathews）、杰尔姆·N.弗兰克（Jerome N. Frank）及约翰·W.黑尼斯（John W. Hanes），反对由证监会制定会计准则。马修斯是保守主义者，他认为既然会计规则是不断变化的，那么证监会就不宜亲自动手制定它。

1938年3月末，美国证监会五位委员达成妥协，"为有助于实现统一会计标准的目标"，授权首席会计师发布会计公告，以便对重要会计问题的标准做出解释。一个月后，4月25日，美国证监会五位委员最终以3∶2的投票结果采纳了布劳的建议，道格拉斯发布了美国证监会的会计政策，即《会计系列公告第4号：关于财务报表的管理政策》（Accounting Series Release No. 4: Administrative Policy on Financial Statements）[1]，宣布了其不拟亲自制定证券市场会计规则，而是依赖民间机构制定具有"实质性的权威支持"的会计规则的立场。[2]

---

1 ［美］乔尔·塞里格曼：《华尔街的变迁：证券交易委员会及现代公司融资制度演进》（第3版），徐雅萍等译，中国财政经济出版社，2009，第209—212页。

2 会计系列公告是美国证监会自1938年起颁布的证券市场信息披露补充规则。自1982年起，该系列文件改称财务报告系列公告（Financial Reporting Series Release）。

专栏 5-6

《会计系列公告第 4 号：关于财务报表的管理政策》摘要（1938）

根据证券法或证券交易法并按照美国证监会的规则和条例提交的财务报表，如果是按照没有实质性支持的会计原则而编制的，那么，即便注册会计师的认证报告和财务报表附注对相关重大事项都进行了披露，它们仍然会被认定为是误导性的、不准确的。当本委员会和向本委员会注册的公众公司之间对何谓应遵循的正确会计原则存有不同意见时，只有在注册公司采用的新的会计惯例<u>具有实质性的权威</u>支持，并且美国证监会之前没有在规则、条例及其他正式文告（包括首席会计师的公开意见）中阐述过相应立场的情况下，才可以用披露来替代对财务报表的直接修正。

上述文字原文如下：In case where financial statements filed with this Commission pursuant to its rules and regulations under the Securities Act of 1933 or the Securities Exchange Act of 1934 are prepared in accordance with accounting principles for which there is no substantial authoritative support, such financial statements will be presumed to be misleading or inaccurate despite disclosures contained in the certificate of the accountant or in the footnotes to the statements provided the matters involved are material. In cases where there is a difference of opinion between the Commission and the registrant as to the proper principles of accounting to be followed, disclosure will be accepted in lieu of correction of the financial statements themselves only of the points involved are such that <u>there is substantial authoritative support</u> for the practices followed by the registrant and the position of the Commission has not previously been expressed in rules, regulations, or other official releases of the Commission, including the published opinions of its chief accountant.

注：下划线为引者所加。

但是，究竟何谓"具有实质性的权威支持"，联邦法律法规并未给出明确的界定标准。在这一亩三分地，都是美国证监会说了算。

耐人寻味的是，布劳在美国证监会做此决定后不久（1938 年 5 月）就辞职离开美国证监会，加入了安达信会计公司。他对美国的公共会计师行业具有"突出贡献"，美国会计师协会于 1953 年向他颁发了金质奖章。

六、1938 年会计程序委员会的扩大改组

乔治·梅领导的会计程序委员会竭力实现公司报告中会计规则的统一。1938 年 4 月，该委员会向美国会计师协会会员分发了有关库存股的销售问题的备忘录。该备忘录被美国证监会的《会计系列公告第 6 号：库存股销售额超出成本部分的会计处理》（Accounting Series Release No. 6: Treatment of Excess of Proceeds from Sale of Treasury Stock over Cost thereof）采纳，后来被收入会计研究公报第 1 号。

乔治·梅在 1937 年 9 月、1938 年 9 月先后两次建议美国会计师协会管理委员会授予会计程序委员会更大的权力，并建立一个研究机构为其提供理论支持。他还大力主张会计程序委员会与美国证监会、美国会计学会深化合作。

1938 年是一个关键的年份。美国证监会会计系列公告第 4 号的出台给美国会计师协会带来了很大的激励。美国会计师协会的前途将取决于它能否把自己打造成为"具有实质性的权威支持"的会计规则制定机构。该协会的各路带头人纷纷献计献策。

7 月，美国会计师协会接受建议，决定扩大会计程序委员会的委员规模，改变其人员构成。该委员会不再限于美国会计师协会各委员会的主席，而且要增加中小型会计公司的代表。该委员会将依照章程自行决定公布公告，而无须经过美国会计师协会的行政委员会或者理事会审批。另外，新设研究部，为会计程序委员会提供专业理论支持。

9月，美国会计师协会理事会经过投票，通过了关于扩大会计程序委员会的决议，并委托该委员会在次年（1939年）4月的理事会上提交全面的会计研究计划。

扩大后的会计程序委员会成员从7人增加到21人，委员会主席由美国会计师协会会长兼任。乔治·梅自1937年至1945年任会计程序委员会主席或副主席，实际负责该委员会的工作。三位在1935—1936年间组建美国会计学会的重量级学者——利特尔顿、佩顿和罗伊·B.凯斯特（Roy B. Kester）——被美国会计师协会吸收进入会计程序委员会。各个大型会计公司在会计程序委员会中均有代表。布劳于1938年5月1日转任安达信公司经理之后立即被吸收进了会计程序委员会。

1937年末至1938年初，美国会计师协会和美国会计学会加强了合作，双方互相派员兼任职务，并参加对方的年会。

1939年1月10日，会计程序委员会讨论了优先事项、议事程序以及拟向美国会计师协会理事会推荐的研究计划，并正式建议成立研究部。自1938年8月出任美国证监会首席会计师的威廉·沃恩茨受到特别邀请出席了会议，他表示，美国证监会将与会计程序委员会展开全面合作。[1]

1月30日，美国会计师协会行政委员会决定设立研究部，专门为会计程序委员会提供支持。同时，行政委员会向协会的理事会建议，授权会计程序委员会径行公布公告，无须经过该协会审批；协会会长兼任会计程序委员会的当然主席，并有权任命一名副主席。

5月，美国会计师协会理事会批准了行政委员会的建议。美国会计师协会会长克莱姆·W.科林斯（Clem W. Collins）成为会计程序委员会的当然主席，委员总数因此增加到22人。他任命乔治·梅为副主席，由乔治·梅继续领导会

---

1 Stephen A. Zeff, *Forging Accounting Principles in Five Countries: A History and an Analysis of Trends* (Champaign, Illinois: Stipes, 1972), p. 135.

计程序委员会开展工作。哈佛大学的托马斯·H. 桑德斯（Thomas H. Sanders）被任命为兼职的研究部主任和研究协调人。[1] 他在 1934—1935 年间任美国证监会顾问，是美国会计师协会 1938 年公布的《会计原则公告》的第一作者。[2]

鉴于美国证监会自 1937 年就开始发布会计系列公告，为了避免它失去耐心，会计程序委员会决定尽快推出几份公告。1939 年 9—12 月，该委员会共公布了四份会计研究公报。同年，该委员会决定其公布的文件需要经过三分之二的委员同意。

《会计评论》主编科勒对 1939 年的首批四份会计研究公报发表了"毒舌"评价：很可惜，到目前为止公布的四份公报都没有提供大量的研究证据，也没有形成合理的结论。它们只不过是在解释和论证注册会计师的现有惯例的合理性。由于长期以来会计规则都是权宜之计和教条主义的产物，它们还有很多不足之处。[3]

为了确保会计研究公报具有实质性的权威支持，会计程序委员会明智地主动与美国证监会的公务员们保持着密切的联系。美国会计师协会一连串的举动得到了美国证监会的认可，两者通过会议讨论等形式共同制定会计原则。

美国证监会主席杰尔姆·弗兰克在 1939 年提交给国会的年度报告中，对会计和审计方面的工作进展给出了这样的概括："会计职业界正在向前迈进。只要他们能够认真地履行职责，证监会就会支持他们。但是，如果他们迫于客户的压力而不能胜任的话，证监会就会毫不犹豫地收回法律赋予他们的权力。"[4]

"山重水复疑无路，柳暗花明又一村。"得益于布劳的奠基性贡献，公共

---

1 这一兼职职位 1941 年由哥伦比亚大学的詹姆斯·L. 多尔（James L. Dohr）接任。1944 年，美国会计师协会将研究部主任改为全职职位，卡曼·布劳成为首任全职的研究部主任。

2 Stephen A. Zeff, "Some Junctures in the Evolution of the Process of Establishing Accounting Principles in the U.S.A.: 1917-1972," *The Accounting Review*, 1984, 59(3): 447-468.

3 Eric L. Kohler, "Theories and Practice," *The Accounting Review*, 1939, 14(3): 319; Eric L. Kohler, "Theories and Practice," *The Accounting Review*, 1939, 14(4): 453-456.

4 SEC, Fifth Annual Report Fiscal Year Ended June 30, 1939, p. 121.

会计师行业终于揽到了证券市场上的会计规则制定权。公共会计师行业领袖乔治·梅所构想的行业发展蓝图就这样一波三折地由梦想变成了现实，从此开启了公共会计师行业主导公认会计原则的新时代（见图 5-3）。

会计系列公告第 4 号给公共会计师行业带来了灿烂的发展前景。公共会计师行业积极行动，终于获得了美国证监会的默许，成为"具有实质性的权威支持的会计规则"的制定者。美国的公共会计师行业在 1933 年取得公众公司审计权之后，又于 1938 年获得了会计信息披露规则的制定权，从此开启了独霸证券市场审计权和会计规则制定权的新纪元。

美国证监会之所以把规则制定权转授予公共会计师行业，根本原因在于，受联邦宪法规定的立法架构所限，美国根本不可能出现联邦会计法规，因此，这一转授行为可被解读为"成功地抛掉了一个烫手山芋"。易言之，即使美国证监会非要亲自制定统一的公众公司会计规则，它也不可能做成。此外，美国证监会不认为会计问题属于证券监管的工作重点，《1933 年证券法》和《1934 年证券交易法》的规定并不明确，美国证监会委员缺乏会计专长，证监会经费紧张且人手短缺[1]，这些都是布劳得以游说成功的有利条件。

美国证监会对待会计事务的态度是，放手让公共会计师行业去做并静观其变，必要时就收回规则制定权。在 1939 年提交给参议院的工作报告中，美国证监会主席杰尔姆·弗兰克清楚地表明了证监会的立场："制定并改进会计实践的标准，是证监会最重要的职能之一……有必要保持并加强公共会计师的独立性，维护会计标准的彻底性和准确性。我认为，公共会计师行业的某

---

[1] 美国证监会的经费相当吃紧，简直到了令人难以置信的地步。在成立之初，该机构一直打报告请求国会增加拨款，但其财力紧张的局面长期未见改善。1991 年 11 月，美国证监会首席会计师埃德蒙·库尔森（Edmund Coulson）迫于生计从任上辞职，加入安永会计公司纽约成员公司。美国证监会首席会计师的职位之吸引力究竟有多大？由此可见一斑。据《纽约时报》报道，45 岁的库尔森在首席会计师任上仅仅干了三年，他主要是出于财务方面的原因辞职的。他有两个儿子，一个就读于一所常青藤大学，另一个即将就读于私立名校乔治城大学，而美国证监会首席会计师的年薪约为 8 万美元。参见："S.E.C.Chief Aide to Leave," *New York Times*, November 30, 1990。

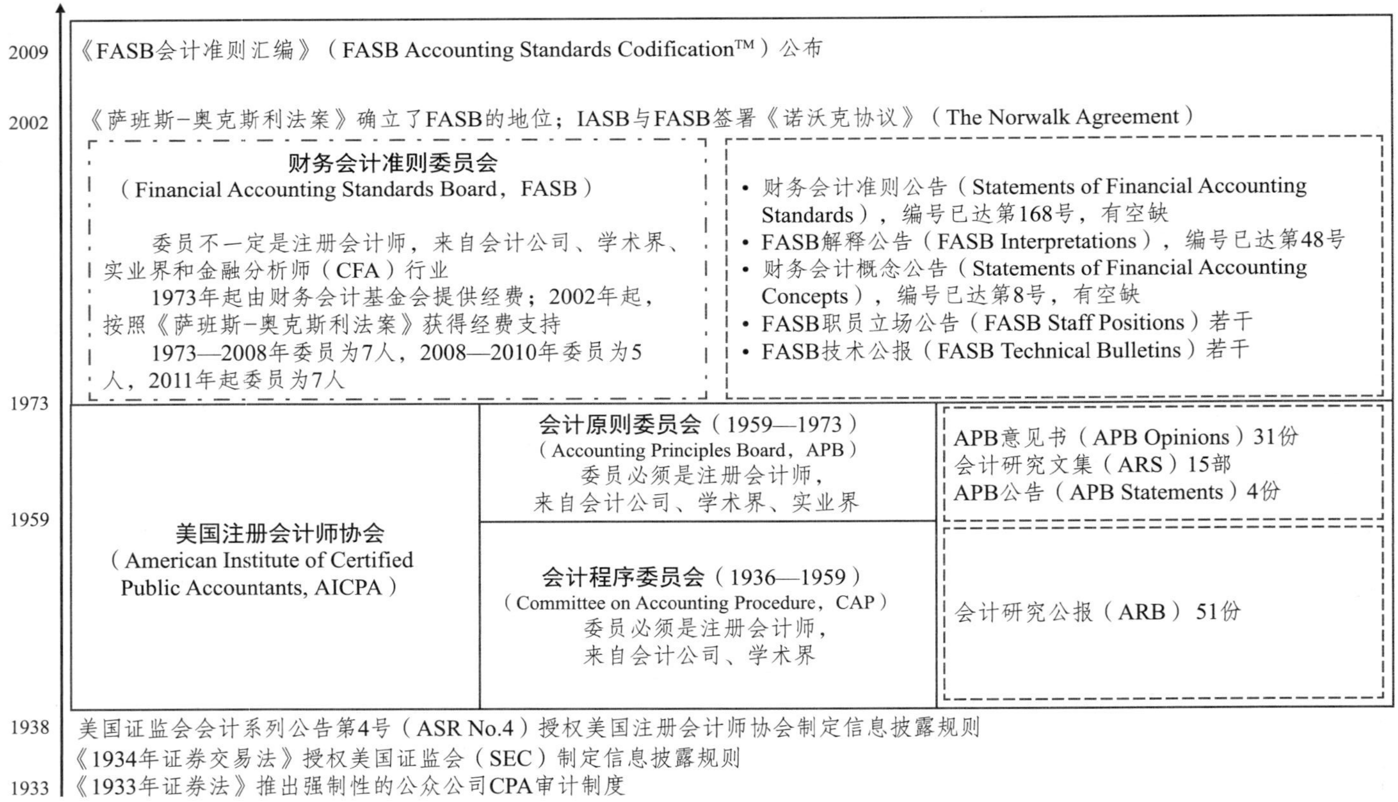

《FASB会计准则汇编》（FASB Accounting Standards Codification™）公布

《萨班斯-奥克斯利法案》确立了FASB的地位；IASB与FASB签署《诺沃克协议》（The Norwalk Agreement）

财务会计准则委员会
（Financial Accounting Standards Board, FASB）

委员不一定是注册会计师，来自会计公司、学术界、实业界和金融分析师（CFA）行业；1973年起由财务会计基金会提供经费；2002年起，按照《萨班斯-奥克斯利法案》获得经费支持

1973—2008年委员为7人，2008—2010年委员为5人，2011年起委员为7人

- 财务会计准则公告（Statements of Financial Accounting Standards），编号已达第168号，有空缺
- FASB解释公告（FASB Interpretations），编号已达第48号，有空缺
- 财务会计概念公告（Statements of Financial Accounting Concepts），编号已达第8号，有空缺
- FASB职员立场公告（FASB Staff Positions）若干
- FASB技术公报（FASB Technical Bulletins）若干

会计原则委员会（1959—1973）
（Accounting Principles Board, APB）

委员必须是注册会计师，来自会计公司、学术界、实业界

APB意见书（APB Opinions）31份
会计研究文集（ARS）15部
APB公告（APB Statements）4份

会计程序委员会（1936—1959）
（Committee on Accounting Procedure, CAP）

委员必须是注册会计师，来自会计公司、学术界

会计研究公报（ARB）51份

美国注册会计师协会
（American Institute of Certified Public Accountants, AICPA）

美国证监会会计系列公告第4号（ASR No.4）授权美国注册会计师协会制定信息披露规则

《1934年证券交易法》授权美国证监会（SEC）制定信息披露规则

《1933年证券法》推出强制性的公众公司CPA审计制度

2009
2002
1973
1959
1938
1933

图5-3　公认会计原则的制定机构概览

些团体（指会计程序委员会）正在向这一目标迈进。只要他们保持诚意努力做事，证监会就会一直全力相助。这是肯定的。但是，如果发现他们不愿或者不能……胜任这一任务，证监会就会毫不犹豫地动用行政权力全面介入。"[1]

七、会计程序委员会的工作理念

（一）大体上以遵从法律为基本理念

会计程序委员会在 1945 年之前，还能够坚持历史成本会计理念。1945—1950 年间，它曾试图借着"准重组"的理念推广允许记录资产升值的会计规则，但 1951 年被美国证监会叫停。总体来看，会计程序委员会还是能够秉持遵从法律的基本理念的。

面对美国会计学会对公共会计师行业迟迟未能引领会计规则的制定的抨击，美国会计师协会试图挽回其积极性落后于美国会计学会的被动局面。

1935 年 6 月，哈斯金斯 - 赛尔斯基金会（Haskins & Sells Foundation）致函哈佛大学商学院托马斯·H. 桑德斯（Thomas H. Sanders）教授，邀请其牵头研究并建立一套会计原则，以期统一思想并实现会计惯例的标准化。

邀请函提出，三年来，对这种研究的需求越来越强烈。美国证监会要求证券发行人提交经审计的财务报表，但长期以来，不同法律管辖区域内的会计操作存在巨大的差异，联邦法规与州法规之间也常常存在冲突。在此背景下，当前的会计惯例在很大程度上取决于声誉卓著的会计师的道德情操和观点，并在一定程度上取决于法律法规的规定。即便如此，在声誉卓著的从业者之间也常常存在较大分歧，其观点既没有形成统一的体系，也没有提供任何可资参考的判断标准。

---

1 SEC, Fifth Annual Report Fiscal Year Ended June 30, 1939, p. 121. 转引自：Harry I. Wölk, James L. Dodd, John J. Rozycki, *Accounting Theory: Conceptual Issues in a Political and Economic Environment*, 7th Edition (Los Angeles: Sage Publications, Inc., 2008), p. 57.

专栏 5-7

托马斯·H. 桑德斯

托马斯·H.桑德斯（Thomas H. Sanders，1885—1953），1885 年 4 月 7 日生于英格兰。先后获伯明翰大学学士学位（1905）和硕士学位（1914）。1905—1910 年供职于 Rudge-Whitworth 公司，1911—1917 年在日本 Yamaguchi 高等商科学校任讲师。1917 年到美国，1918 年任明尼苏达大学助理教授，1921 年获哈佛大学博士学位。1921 年起任哈佛大学助理教授，1924 年任副教授，1926 年加入美国国籍，1927 年任教授，1948—1949 年任哈佛大学 Dickinson 讲席教授。1952 年退休。他是一位注册会计师。历任全国会计师协会（NAA）副会长（1930—1931）、会长（1931—1932）和董事，波士顿会计师协会（Boston Chapter of NAA）副会长（1923—1924）、会长（1924—1925），美国证监会顾问（1934—1935），美国会计师协会研究部主任（1939—1941）。

哈斯金斯-赛尔斯基金会认识到，最恰当的做法是由知名会计师和法律专家共同制定会计原则的法典（a code of accounting principles）。它提出，会计行业应当为企业、投资者、信贷债权人、教育机构以及该行业自身的利益，承担起制定会计原则的法典的责任，就像法律专业人士矢志不渝地参与民法和刑法的立法论证一样。

于是，桑德斯作为主席，于 1935 年夏天启动了关于会计原则的研究。他们通过访谈企业管理人员、查阅会计文献、查询会计法规、检查审计报告等方式，对当前的会计审计实践进行了比较充分的调查。

1937 年 11 月 22 日，桑德斯与加州大学伯克利分校商学院哈特菲尔德

专栏 5-8

威廉·U. 摩尔

威廉·U. 摩尔（William U. Moore，1879—1949），1929 年从哥伦比亚大学转任耶鲁大学法学教授至 1947 年，精于银行法和商法。他的得意门生威廉·O. 道格拉斯（William O. Douglas）曾经是美国证监会第三任主席，后来长期担任美国联邦最高法院大法官。道格拉斯在求学期间有幸被摩尔遴选为研究助手，从此开启其灿烂的法律生涯。

摩尔是耶鲁大学的法律现实主义运动（Legal Realist Movement）的发起人，是倡导在法学研究中采用社会科学方法的先锋人物。

资料来源：William O. Douglas, "Underhill Moore," *The Yale Law Journal*, 1950, 59 (2).

教授和耶鲁大学法学院威廉·U. 摩尔（William U. Moore）教授[1]联名提交了《会计原则公告》。

1938 年，美国会计师协会出版了桑德斯、哈特菲尔德和摩尔合著的《会计原则公告》（*A Statement of Accounting Principles*）（见图 5-4）。该书在篇幅上就很有气势，正文长达 138 页，其篇章结构见表 5-2。作为对比，美国会计学会 1936 年 6 月的《影响公司报告的会计原则暂行公告》只有 5 页。

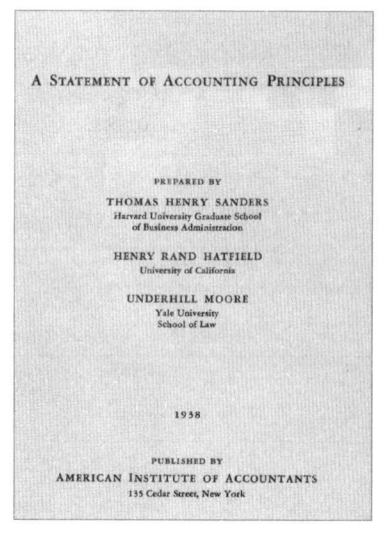

图 5-4 1938 年出版的
《会计原则公告》

---

1 摩尔于 1936 年 3 月 20 日被委任参加这一项目。

表 5-2   《会计原则公告》之篇章结构

第 I 部分　总体考虑（Part I　General Considerations）

　　I. 资本和收入（I. Capital and Income）

　　II. 会计中的稳健性（II. Conservatism in Accounting）

　　III. 财务报表的格式和术语（III. Form and Terminology of Financial Statements）

第 II 部分　利润表（Part II　The Income Statement）

　　I. 总体目标（I. General Purposes）

　　II. 确定利润的总体原则（II. General Principles of Income Determination）

　　III. 利润表的组成部分（III. Divisions of the Income Statement）

　　IV. 经营活动部分（IV. The Operating Section）

　　V. 非经营活动部分（V. The Non-operating Section）

　　VI. 盈余公积表（VI. Statement of Earned Surplus）

　　VII. 股利（VII. Dividends）

第 III 部分　资产负债表（Part III　The Balance-sheet）

　　I. 通用目的的资产负债表（I. The General Purpose Balance-sheet）

　　II. 资产负债表的性质（II. Nature of the Balance-sheet）

　　III. 资产负债表上的分类（III. Balance-sheet Classifications）

　　IV. 资产（IV. Assets）

　　V. 负债（V. Liabilities）

　　VI. 计入收入的递延贷项（VI. Deferred Credits to Income）

　　VII. 公积金（VII. Reserves）

　　VIII. 净值（VIII. Net Worth）

第 IV 部分　合并报表（Part IV　Consolidated Statements）

　　I. 合并报表的目标（I. Purposes of Consolidated Statements）

　　II. 合并报表的适用情形（II. Conditions in Which Consolidated Statements are Desirable）

　　III. 合并资产负债表（III. Consolidated Balance-sheet）

　　IV. 合并利润表（IV. Consolidated Income Statement）

第 V 部分　财务报告中的评论和附注（Part V　Comments and Footnotes in Financial Reports）

第 VI 部分　会计原则总结（Part VI　Summary of Accounting Principles）

　　I. 总体原则（I. General Principles）

　　II. 利润表的会计原则（II. Income Statement Principles）

　　III. 资产负债表的会计原则（III. Balance-sheet Principles）

　　IV. 合并报表（IV. Consolidated Statements）

　　V. 评论和附注（V. Comments and Footnotes）

《会计原则公告》娴熟地运用法学理论指明了这样一个残酷的现实：在美国联邦宪法所确立的法律架构下，不可能出现联邦统一的会计法规。这一思想与乔治·梅的思想是一脉相承的。在大法学家摩尔的参与下，该书指明了这一点。因此，会计程序委员会能做的只有在上市公司五花八门的做法之间进行调和，别无其他。基于这一理念，会计程序委员会对来自各州的公众公司所采用的五花八门的会计方法采取了姑息纵容的态度，使得公认会计原则对同一情形规定有不同的处理方法，从而导致会计程序委员会饱受诟病。

《会计原则公告》具有较高的学术价值。该文件总体上倡导"遵从法律制度"，要求企业为所有交易保存可靠的历史记录（reliable historical record），这一立场显然是符合实践需要的，并且与1936年美国会计学会出版的《影响公司报告的会计原则暂行公告》的理念相近。该书所推崇的是历史成本原则、实现原则[1]，比较注重调研访谈和法律判例研究。该书认为，应由管理层决定财务报表中应包含哪些资料以及如何列报。[2]其所体现的会计思想是对当今流行的"财务会计与税务会计分离论""实质重于形式"等理念的反证。

 专栏 5-9

《会计原则公告》的成就与局限

一、《会计原则公告》的主要成就

1. 该文件首次提出了正确的会计规则设计理念

哈斯金斯－赛尔斯基金会在其致桑德斯的邀请函中所提出的由知名会计师和法律专家联合设计会计原则的法典的方案，恰恰是会计立法应当遵循的正确理念，即按照法律原则来设计会计规则。

---

1 Thomas H. Sanders, Henry R. Hatfield, U. Moore, "A Statement of Accounting Principles," American Institute of Accountants, 1938.

2 T. H. Sanders, H. R. Hatfield, U. Moore, Henry A. Horne, et al., "Report of the Subcommittee Appointed to Study a Statement of Accounting Principles," *Journal of Accountancy*, 1941, 7(1): 58-62.

《会计原则公告》指出，除财务和经济因素外，财务报表的编制还涉及法律因素。在某种意义上，会计原则是由法律因素决定的。

企业会计制度在本质上就是民商法、经济法和记账规则融合生成的企业收益分享规则。因此，会计规则由民商法、经济法共同决定。任何脱离法律原则设计会计规则的做法，无论多么精巧，都无异于缘木求鱼。

2. 该文件正确地界定了会计的功能

会计通过客观地陈述事实，来协助企业高级管理人员进行开创性的工作。会计有助于界定和协调不同利益群体的权益，有助于定分止争。会计是企业遵守法律法规的需要，如果没有妥当的账目和报表，企业就不可能顺利履行合规义务。

概括地说，会计的功能是对企业的所有交易进行历史记录和适当分类，定期编制财务报表，从而满足企业管理层、外部团体（例如投资者和债权人）以及政府部门（如税收和金融监管部门）的信息诉求。

这里值得注意的是，当时公共会计师行业还没有把企业管理层的信息诉求与外部信息诉求对立起来，而是将企业管理层放在信息使用者的最前面。这与现在流行的观点存在显著不同。

3. 该文件提出了一系列强调事实的会计规则

（1）关于自创商誉、或有负债。资产负债表本质上是陈述事实的报表，因此，不应当包括自创商誉（goodwill and organization value）以及或有负债（contingent liabilities）等项目。未决诉讼或与担保相关的或有负债适合在括号内或脚注中给予补充说明。

（2）关于商誉。人们普遍不信任商誉，认为商誉已经被广泛用于夸大未来的收益。资产负债表中如果没有商誉，看起来会更可信。

（3）关于秘密准备和利润平滑。秘密准备的通常目的是对利润进行平均化，这种做法在英国比在美国更普遍。显然，无论理论上如何天花乱坠，这种做法都构成对事实的错误陈述。

（4）关于未实现利润（unrealized profits）。将未出售资产的市价增值当做利润计入利润表的做法很不合适。即使在报告中指出该数额不可用于分配股利，也无法克服其严重的误导性。如果出于特殊原因而希望记载资本资产（capital asset，当时指固定资产）的市价波动，那也不应计入利润表，而应计入资本公积。

（5）关于未实现的资产贬值。除折旧外，企业不应当记录资本资产的未实现的资产贬值。如果发生了不寻常且不可逆转的大额贬值，则可冲减股本、资本公积或盈余公积。

（6）关于对子公司投资。该文件要求单独列示"控股型投资"（Investments for Control），并反对根据被投资方的净利润来调整投资的账面价值（即"权益法"），因为该方法违背了资产应当按照成本记账的原则。该文件也反对采用最新市价来核算对子公司投资，认为证券市值的变化通常不应影响其账面价值。

二、《会计原则公告》的局限性

即便《会计原则公告》是由两位会计学教授、一位法学教授合作撰写的，其中仍然出现了一些令人遗憾的瑕疵，这一方面说明跨学科合作是多么不容易，另一方面更说明当时要想理清会计原则的头绪有多么大的难度。

以下选取几个对当今会计立法仍然具有借鉴价值的问题略作说明。

1. 该文件混同了"商誉"和商业信誉

该文件提出，商誉是最重要和最典型的无形资产，其法律定义是"老顾客光顾老地方的可能性"（the probability that the old customers will resort to the old place），其在会计上的定义是"商誉是企业获取未来超额利润（super-profits）的权利的现值。超额利润是指企业预期收取的未来收入超出必要成本和正常利润的部分"，通常，商誉是指企业资产的总价值超出其个别资产价值之和的部分。一般认为，只有购买得到的商誉才能入账，自创的商誉不能入账。常见的做法是把企业投资成本（现金、股票等）超出被收购企业的有形资产净值的部分作为商誉入账。业界对于商誉是否应当摊销以及如何摊销存在极大争议。但普遍认为商誉并没有增强企业资产负债表的实力。商誉的价值减损应当冲减资本、资本公积或盈余公积。

2.该文件给出的有价证券的会计规则过于随意

该文件默认有价证券（marketable securities；readily marketable securities）可以采用成本、最新市价或者其他价值来反映。如果账载金额偏离最新市价较远，则应披露最新市价。

3.该文件无理由地推崇成本与市价孰低法

该文件认为存货计价的成本与市价孰低法是恰当的，该方法所记载的一个期间的损失，将会转变成另一个期间的利润。

4.该文件无理由地推崇合并报表

该文件认为，合并报表是针对统一的控制之下一组相互关联的公司而言的，它既不指代具体的公司，也不指代任何的分类账，因此，在某种程度上可以忽略那些用于单一公司的会计规则。如果对其中的某一个公司的具体情况感兴趣，就需要另行查阅其个别报表。

关于控制的定义，该文件指出，通常的解释以及美国证监会遵循的规则是，必须持有50%以上的有表决权的股票。持股比例不到50%的情况下也可能存在控制的情形。实际操作中，大多数大型控股公司界定控制权的持股比例远远高于50%，以75%甚至90%的持股比例为标准的情形并不罕见。

　　5. 该文件提出了一些违背事实原则的会计规则

　　该文件提出，为各种目的设置准备金（reserves）的做法应当予以坚持，这是健全的会计制度以及公司财务实力的重要组成部分。在这个意义上，稳健主义（conservatism）是值得赞许的。但是，利用准备金来隐藏利润的做法却不应被认可。

　　该文件还提出，如果预期损失确实迫在眉睫，并且是由于已经发生的情况而引起的，那么，当期为这些损失计提准备金就是合理的。

　　《会计原则公告》反对美国会计学会 1936 年的公告所提出的综合收益的观点。不难想象，这一立场遭到了佩顿的猛烈攻击，佩顿认为，如果会计完全遵照法律进行操作，那么企业界根本就不会再需要公共会计师行业了。[1]

　　由上述概括不难看出，《会计原则公告》存在一些令人费解的自相矛盾之处。该书一方面主张"只有销售商品或提供劳务所取得的收入才能计入利润表，未实现的收入不应记入会计账簿"，另一方面又主张"当期的存货损失（inventory losses of the period）应当计入当期的成本费用类账户"。两者之间的态度存在明显差异。该书还洋洋洒洒地陈述了公共会计师行业编报合并报表的行规，但并没有给出理论上的新见解。然而从法学理论来看，合并报表根本就不具备法律上的证明力。大法学家摩尔为何对合并报表持"放水"态度？这相当令人费解。

　　总体来看，《会计原则公告》具有较高的学术价值。1959 年，美国会计学会在哈斯金斯－赛尔斯基金会的赞助下再版了这部著作。

　　1　William A. Paton, "Comments on A Statement of Accounting Principles," *Journal of Accountancy*, 1938, 65(3): 196-207.

（二）坚持历史成本会计

美国会计师协会在染指证券市场会计规则制定权之初，采取的是坚持历史成本原则的坚定立场，笃守配比原则（the matching principle）、实现原则（the realization concept）等会计传统。美国会计师协会清楚地知道，美国证监会强调会计信息不能误导投资者，历史成本会计是唯一合适的选择。美国证监会委员海利曾参与联邦贸易委员会（在美国证监会成立之前）所组织的对企业界的调查，反对记录资产市值的增加，他愤慨地抨击，"在某些州，除了地下室的炉灰，你可以将所有的东西资本化"。海利自 1934 年至 1946 年长期担任美国证监会委员，在他的任期内，美国证监会大力支持采用历史成本会计计量长期资产，在审核注册文件时限制使用"评估价值"。到 1940 年，记录长期资产增值的做法几乎不见了。[1]

乔治·梅在 1932 年 9 月写给美国会计师协会"与证券交易所合作特别委员会"的信中阐明：应当使公众认识到，现代股份公司的资产负债表不可能反映本公司资产和负债的现行市场价值，会计难以满足那样的期望。[2]

乔治·梅的观点应该说代表了美国公共会计师行业当时的立场。蒙哥马利——这位美国本土出生的注册会计师行业的杰出领袖——也坚持以"陈述已经发生的事实"作为公共会计师的职业信条。

1947 年，美国会计师协会在《会计研究公报第 33 号：折旧与高成本》（Accounting Research Bulletins No. 33: Depreciation and High Costs）和《会计研究公报第 29 号：存货计价》（Accounting Research Bulletins No. 29: Inventory Pricing）中重申了其坚持历史成本的主张。同年，该协会还通过投票，一致同意保持历史成本原则。1953 年，美国会计师协会将会计程序委

1　美国证券监督管理委员会：《市值会计研究——遵照〈2008 年紧急经济稳定法〉第 133 节的报告和建议》，财政部会计准则委员会组织翻译，中国财政经济出版社，2009，第 34 页。

2　[美] 查特菲尔德：《会计思想史》，文硕等译，中国商业出版社，1989，第 360 页。

会所公布的全部会计研究公报汇编成会计研究公报第 43 号，在该公报中重申了其 1947 年的决定，再次宣布其忠于历史成本原则的坚定立场。

八、"公认会计原则"概念首次出现在审计报告推荐格式中

美国会计师协会 1934 年 1 月 21 日公布的《公司账目的审计》中所推出的简式审计报告格式基本上满足了注册会计师审计实务操作的需要，经受了五年的实践检验。普华会计公司因其主笔《统一的账目》和担任纽约证券交易所上市委员会顾问而美名远扬。但 1938 年的麦克森·罗宾斯公司案却让普华会计公司遭遇了严峻的危机。

（一）麦克森·罗宾斯公司案

麦克森·罗宾斯公司案对美国会计审计行业影响深远。该案件首次将审计程序带到媒体的聚光灯下，普华会计公司之前引以为傲的审计程序此刻需要经受社会舆论的高压测试。

 专栏 5-10

普华会计公司与麦克森·罗宾斯公司案

麦克森公司自 1833 年成立到 20 世纪 20 年代中期一直是一个主营药业和酒业的家族公司。由于该家族不愿追加投资，以便按照行业管制规则建立自己的营销渠道，因此，该公司于 1926 年被出售给一个名叫 F. 唐纳德·科斯特（F. Donald Coster）的商人，此人事后被证实是大诈骗犯菲利普·穆西卡（Philip Musica）的化身。穆西卡把麦克森公司做大以后组建了麦克森·罗宾斯公司。麦克森·罗宾斯公司依照马里兰州公司法注册成立，按照《1934 年证券交易法》完成证券登记，在纽约证券交易所上市交易。

穆西卡自 1923 年开始聘请普华会计公司做审计，普华会计公司在此

后长达十多年的时间里一直未能发觉穆西卡的累累前科。直到 1937 年，麦克森·罗宾斯公司的主计长注意到其中有诈，遂开始进行调查。1938 年初，银行停止向其贷款，美国证监会随后也开始调查。1938 年 12 月，穆西卡畏罪自杀。后续调查表明，麦克森·罗宾斯公司长期捏造存货、银行存款和境外业务、销售收入等数据，其经普华会计公司审计的财务报表上列示的合并资产超过 8 700 万美元，但约有 1 900 万美元的资产纯属虚构（其中，虚构应收账款 900 万美元，虚构存货 1 000 万美元）。普华会计公司一直依赖麦克森·罗宾斯公司提供的伪造的资料，未对存货和应收账款进行核实，就出具了宣告形势大好的审计报告。1939 年 1 月，美国证监会启动了持续数月的公开听证会。

美国证监会在 1939 年 1 月 5 日至 4 月 25 日针对麦克森·罗宾斯公司案举行听证会。普华会计公司辩称，其遵循了美国会计师协会 1936 年公布的《独立公共会计师对财务报表的检查》所规定的审计程序；该案乃是串通舞弊，在现行审计程序下审计师无能为力。专家证人也附和普华会计公司的答辩。该案最终以普华会计公司上交其历年收受麦克森·罗宾斯公司的 50 多万美元审计费结案。

麦克森·罗宾斯公司案成为乔治·梅的心头之痛。要知道，从 1917 年 4 月美联储在《联邦储备公报》中公布《统一的账目》，到 1917 年、1918 年、1929 年三次易名重印，再到 1936 年 1 月美国会计师协会独立刊印《独立公共会计师对财务报表的检查》，所有这几个版本最初都是基于普华会计公司的审计程序编写的。普华会计公司长期是业界标杆，可如今却被麦克森·罗宾斯公司案推到了火山口上。数年之后，乔治·梅仍然在各种场合为普华会计公司辩解。

诚然，对于管理层合谋作弊的情况，外聘的审计师确实难以察觉。但审计师的职能究竟是什么？难道审计师收取巨额服务费之后仅仅草草浏览书面资料就够了吗？

美国证监会 1940 年 12 月 5 日发布会计系列公告第 19 号，公布了其针对麦克森·罗宾斯公司案所获得的阶段性调查结果。[1] 该公告揭示了一个令人惊讶的发现，由于公众公司普遍都以 12 月 31 日作为资产负债表日（即结账日），注册会计师审计具有相当显著的季节性：会计公司常常在短暂的、忙碌的审计时节，临时招聘一批缺乏培训的审计员工，来开展上市公司的审计工作。普华会计公司的临时工格外多。这又怎么能保证高质量的审计呢？[2] 该公告还指出，专家证人认为审计师对麦克森·罗宾斯公司的内部控制的审查过于粗心大意。正确的态度是，无论怎样重视上市公司的内部控制都不过分。该公告在结论部分指出，普华会计公司的审计报告的审计范围和审计程序，在形式上遵循了当时的审计行规。其之所以未能发现被审计单位资产和利润的虚报情况，是因为他们执行审计工作的态度出了问题，未能保持警觉、坚持质疑。审计师也没有亲自盘点存货、核查应收账款的真实性，而这本应该被列为强制性的审计程序。

（二）审计程序的扩展

在美国证监会就麦克森·罗宾斯公司案举行首次听证会的三个星期后，

---

1 Securities Exchange Commission, Accounting Series Release No. 19: In the Matter of McKesson & Robbins, Inc.— Summary of Findings and Conclusions,1940.

2 上市公司审计业务时段过于集中一直是注册会计师行业面临的难题。乔治·梅曾经在参议院银行和货币委员会就起草《1934 年证券交易法》事宜所举行的听证会上，提出过允许公众公司采用自然年度编制公司报告的建议。1934 年 8 月 3 日，美国会计师协会致函其会员，建议会员鼓励其客户自行选择按照自然年度来编制公司报告。1940 年 3 月 18 日，美国证监会发布会计系列公告第 17 号，允许公众公司使用自然业务年度（natural business year）来编制公司报告，而无须拘泥于以日历年度（calendar year）为基础。该公告指出，以自然年度为基础来编制公司报告，既为企业管理提供了便利，也有助于注册会计师行业把审计工作均匀地排在日历年度里，这有助于他们提供更好的审计服务。参见：Securities Exchange Commission, Accounting Series Release No. 17: Use of Natural Business Year as Basis for Corporate Reporting, 1940。

美国会计师协会于 1939 年 1 月 30 日设立了审计程序委员会（Committee on Auditing Procedure）。

5 月 9 日，美国会计师协会理事会批准了审计程序委员会提交的《审计程序的扩展》（Extensions of Auditing Procedure）的报告。该报告主张把有关存货和应收款项的审计程序列为公认的审计程序，还建议在审计报告中通过适当的措辞指明，注册会计师所选取的审计程序取决于被审计单位的内部控制运行情况。

9 月 18 日，美国会计师协会年会批准了该报告的补充报告，并以"审计程序公告第 1 号：审计程序的扩展"为名，将该报告及其补充报告予以公布。[1]

与 1934 年的简式审计报告格式相比，这个新版本的审计报告格式在审计范围部分特别突出了"内部控制系统"，并**在审计报告推荐格式中首次使用**了"公认会计原则"（generally accepted accounting principles）这个词汇（见图 5-5）。

在一定意义上可以说，公认会计原则就是领先的大型会计公司与其客户合谋拟定的会计规则（更准确地说，是"证券市场会计信息披露规则"）。普华会计公司是领跑者之一。

1941 年 2 月 5 日，美国证监会针对麦克森·罗宾斯公司案中所发现的显著漏洞，发布了会计系列公告第 21 号。该公告修改了 S-X 条例[2]，要求公共会计师在审计意见中阐明审计报告是否遵循了公认审计准则（generally accepted auditing standards, GAAS）（见图 5-6）。

---

1 Committee on Auditing Procedure, Statements on Auditing Procedure No.1: Extensions of Auditing Procedure, American Institute of Accountants, 1939.

2 1940 年 2 月，美国证监会将其关于财务报表格式和要求的文件进行汇编，形成了 S-X 条例，并通过会计系列公告第 12 号和第 14 号要求证券发行人遵照执行。

独立的注册公共会计师的报告或意见

（简短格式）

XYZ 公司董事会（或股东）：

我们查验了贵公司 1939 年 4 月 30 日的资产负债表及截至 1939 年 4 月 30 日财务年度的利润和盈余公积表，我们采用适当的方法，评审了内部控制系统和会计程序，查验和抽查了会计记录及相关证据。

我们认为，本报告所附的资产负债表及利润和盈余公积表一贯地遵循了<u>公认会计原则</u>，公允地列报了贵公司在 1939 年 4 月 30 日的财务状况和该财务年度的经营成果。

SHORT FORM OF INDEPENDENT CERTIFIED PUBLIC ACCOUNTANT'S REPORT OR OPINION

To the Board of Directors (or Stockholders) of the XYZ Company:

We have examined the balance-sheet of the XYZ Company as of April 30, 1939, and the statements of income and surplus for the fiscal year then ended, have reviewed the system of internal control and the accounting procedures of the company and, without making a detailed audit of the transactions, have examined or tested accounting records of the company and other supporting evidence, by methods and to the extent we deemed appropriate.

In our opinion, the accompanying balance-sheet and related statements of income and surplus present fairly the position of the XYZ Company at April 30, 1939, and the results of its operations for the fiscal year, in conformity with <u>generally accepted accounting principles</u> applied on a basis consistent with that of the preceding year.

图 5-5　美国会计师协会 1939 年推出的简式审计报告格式

注：下划线为引者所加。

我们查验了 ABC 公司 ×× 年 ×× 月 ×× 日的资产负债表及 ×× 年度的利润和盈余公积表，我们采用我们认为适当的方法和方式，评审了内部控制系统和会计程序，查验和抽查了会计记录及相关证据，但没有对交易进行详尽的审计。**我们的检查是根据公认审计准则进行的**，采用了适合具体情形的必要的审计程序。

图 5-6　美国证监会会计系列公告第 21 号规定的审计报告措辞

> 我们认为，本报告所附的资产负债表及利润和盈余公积表一贯地遵循了公认会计原则，公允地列报了贵公司在××年××月××日的财务状况和××年度的经营成果。

图5-6　美国证监会会计系列公告第21号规定的审计报告措辞（续）

第四节　会计程序委员会文件评介

一、会计研究公报概览

会计程序委员会在1939—1959年间共公布了51份会计研究公报（Accounting Research Bulletins，ARB）（见表5-3）。

表5-3　　　　　　　　　　　　　会计研究公报一览表

编号	日期	文件名
1	1939年9月	总序与以前采纳的规则 General Introduction and Rules Formerly Adopted
2	1939年9月	已赎回债券的未摊销折扣及赎回溢价 Unamortized Discount and Redemption Premium on Bonds Refunded
3	1939年9月	准重组或企业调整（对1934年协会第2号规则的扩展） Quasi-Reorganization or Corporate Readjustment (Amplification of Institute Rule No. 2 of 1934)
4	1939年12月	境外经营和外汇 Foreign Operations and Foreign Exchange
5	1940年4月	资产增值的折旧 Depreciation on Appreciation
6	1940年4月	比较报表 Comparative Statement
7	1940年11月	术语委员会报告 Report of Committee on Terminology

续表

编号	日期	文件名
8	1941 年 2 月	利润与盈余公积的合并列报 Combined Statement of Income and Earned Surplus
9	1941 年 5 月	术语委员会报告 Report of Committee on Terminology
10	1941 年 6 月	不动产税与个人财产税 Real and Personal Property Taxes
11	1941 年 9 月 （1952 年 11 月 修订）	股份公司对普通股股利的会计处理 Corporate Accounting for Ordinary Stock Dividends
12	1941 年 9 月	术语委员会报告 Report of Committee on Terminology
13	1942 年 1 月 （1951 年 7 月 增补）	战事期间的特殊储备的会计处理 Accounting for Special Reserves Arising Out of the War
14	1942 年 1 月	美国联邦国库券的会计处理 Accounting for United States Treasury Tax Notes
15	1942 年 9 月	战事合同的重新谈判 The Renegotiation of War Contracts
16	1942 年 10 月	术语委员会报告 Report of Committee on Terminology
17	1942 年 12 月	战后返还的超额利润税 Post-War Refund of Excess-Profits Tax
18	1942 年 12 月	已赎回债券的未摊销折扣及赎回溢价（补充规定） Unamortized Discount and Redemption Premium on Bonds Refunded (Supplement)
19	1942 年 12 月	成本加固定费用合同的会计处理 Accounting under Cost Plus Fixed Fee Contracts
20	1943 年 11 月	术语委员会报告 Report of Committee on Terminology

续表

编号	日期	文件名
21	1943 年 12 月	战事合同的重新谈判（补充规定） The Renegotiation of War Contracts (Supplement)
22	1944 年 5 月	术语委员会报告 Report of Committee on Terminology
23	1944 年 12 月	所得税的会计处理 Accounting for Income Tax
24	1944 年 12 月	无形资产的会计处理 Accounting for Intangible Assets
25	1945 年 4 月	终止的战事合同的会计处理 Accounting for Terminated War Contracts
26	1946 年 10 月 （1951 年 7 月 增补）	使用特殊战争储备的会计处理 Accounting for the Use of Special War Reserves
27	1946 年 11 月	应急设施 Emergency Facilities
28	1947 年 7 月	一般准备金的会计处理 Accounting Treatment of General Purpose Contingency Reserves
29	1947 年 7 月	存货计价 Inventory Pricing
30	1947 年 8 月	流动资产和流动负债：营运资本 Current Assets and Current Liabilities: Working Capital
31	1947 年 10 月	存货的准备金 Inventory Reserves
32	1947 年 12 月	利润与盈余公积 Income and Earned Surplus
33	1947 年 12 月	折旧与高成本 Depreciation and High Costs
34	1948 年 10 月	术语委员会的建议——采用术语"公积金" Recommendation of Committee on Terminology—Use of Term "Reserve"

续表

编号	日期	文件名
35	1948 年 10 月	利润与盈余公积的列报 Presentation of Income and Earned Surplus
36	1948 年 11 月	基于过往服务的年金成本的会计处理 Accounting for Annuity Costs Based on Past Services
37	1948 年 11 月 （1953 年 1 月 修订）	股票期权的会计处理 Accounting for Stock Options
38	1949 年 10 月	承租人财务报表中对长期租赁的披露 Disclosure of Long-Term Leases in Financial Statements of Lessees
39	1949 年 10 月	术语分委员会的建议——停止采用术语"公积金" Recommendation of Subcommittee on Terminology—Discontinuance of the Use of the Term "Reserve"
40	1950 年 9 月	企业合并 Business Combinations
41	1951 年 7 月	利润与盈余公积的列报：对公报第 35 号的增补 Presentation of Income and Earned Surplus: Supplement to Bulletin No. 35
13	1951 年 7 月 （增补）	限定特殊战争储备的范围 Limitation of Scope of Special War Reserves (Addendum)
26	1951 年 7 月 （增补）	限定特殊战争储备的范围 Limitation of Scope of Special War Reserves (Addendum)
42	1952 年 11 月	应急设施——折旧、摊销与所得税 Emergency Facilities——Depreciation, Amortization, and Income Taxes
11	1952 年 11 月 （修订）	股票股利与股票分割的会计处理 Accounting for Stock Dividends and Stock Split-Ups
37	1953 年 1 月 （修订）	股票期权与股票回购所涉及的薪酬的会计处理 Accounting for Compensation Involved in Stock Option and Stock Purchase

续表

编号	日期	文件名
43	1953 年 6 月	会计研究公报重述与修订 Restatement and Revision of Accounting Research Bulletins
44	1954 年 10 月 （1958 年 7 月 修订）	余额递减折旧法 Declining-Balance Depreciation
45	1955 年 10 月	长期建造类合同 Long-Term Construction-Type Contracts
46	1956 年 2 月	停止盈余的跨期调整 Discontinuance of Dating Earned Surplus
47	1956 年 12 月	养老金计划的成本的会计处理 Accounting for Costs of Pension Plans
48	1957 年 1 月	企业合并 Business Combination
49	1958 年 3 月	每股收益 Earnings per Share
44	1958 年 7 月 （修订）	余额递减折旧法 Declining-Balance Depreciation
50	1958 年 10 月	或有事项 Contingencies
51	1959 年 8 月	合并财务报表 Consolidated Financial Statements

乔治·梅 1932 年率领美国会计师协会"与证券交易所合作特别委员会"所提出的五项会计总体原则成为公认会计原则的开篇。会计程序委员会 1939 年 9 月出台的《会计研究公报第 1 号：总序与以前采纳的规则》对五项会计总体原则表示了足够的敬意。该公报的总序（General Introduction）部分阐释了会计程序委员会开展工作的一些基本立场。该公报的"以前采纳的规则"（Rules Formerly Adopted）部分又进一步分为两部分：第一部分收录了美国会计师协会 1934 年采纳的由乔治·梅提出的五项会计总体原则，以及附加的第

六项总体原则（该原则规定的是捐赠股本的处理规则）；第二部分收录了会计程序委员会于 1938 年 4 月 8 日报送给美国会计师协会行政委员会的一份报告，题目是"库存股的利润或损失"（Profits or Losses on Treasury Stock）。

1953 年，美国会计师协会对前 42 份公报进行了统一清理，其中：有 8 份是术语委员会的报告，单独作为《会计术语公报第 1 号：评论与摘要》出版；其余 34 份公报中，有 31 份经过概括和重写编入会计研究公报第 43 号，另有 3 份公报是专门针对战时会计的，没有编入会计研究公报第 43 号。

1953 年之后的会计研究公报实际上只有第 43 号至第 51 号，共 9 份公报。

二、会计研究公报认可的会计规则

之所以这一部分标题使用"认可"一词，而不是使用"推出""制定"等词汇，是因为会计程序委员会的工作基本上是对公共会计师行业实践经验的遴选和归纳，它本身并没有提出多少新颖的会计规则。上述公报中有相当大一部分是用于处理战事合同事宜的，这些公报对后世会计理论的发展基本上没有什么影响。以下简要评介存有较大争议、对后世会计理论产生重大影响或者颇具思想性的会计研究公报。

1. 1939 年 9 月公布的《会计研究公报第 1 号：总序与以前采纳的规则》

会计程序委员会在会计研究公报第 1 号中提出了它对会计的基本认识。

该委员会将公司会计视为人们在公司业务组织运作中创设的一个阶段、一种机制，它将起到有益的社会作用。其结果必须从整个社会的角度来评判，而不是从任何单一利益群体的角度来评判。该公报提出，公司的账目主要是其管理人员的责任。审计师的责任是对账目的正确性（correctness）发表意见，并在其认为必要时给出解释、详述、赞同意见或不赞同意见。该公报还提出，美国证监会首席会计师的意见具有重要意义。该公报还继受了美国会计师协会 1934 年通过的六项会计原则，这六项会计原则是迄今为止美国会计师协会所接受的仅有的规则。

会计研究公报第 1 号有三个观点值得肯定。一是，该公报认识到，会计管理是企业管理的重要组成部分。二是，该公报认识到了会计的社会价值。这与如今流行的会计信息要为证券投资者的投资决策服务等"决策有用观"的理念存在较大差异。三是，该公报指出审计师应当对账目的正确性发表意见，这与如今注册会计师审计报告仅仅对"账目是否符合会计准则"发表意见的做法存在很大不同。

2. 1939 年 12 月公布的《会计研究公报第 4 号：境外经营和外汇》

该公报规定，公众公司应当将已实现的外汇利得或损失计入当期利润表。这体现了会计程序委员会笃信历史成本会计的立场。这种立场强调的是将已实现的外汇利得或损失计入利润表，与如今的外币折算规则存在显著的差异（现行规则实际上要求企业记录由于汇率波动所导致的浮动盈亏）。针对境外的营运资产净额的折算所可能出现的损失，该公报要求公众公司单独计算准备金并予以说明。

该公报可谓外币折算规则这一争议颇大的会计疑难问题的起源。这一问题源于编制合并报表的需要。企业集团在编制合并报表之前，需要预先将境外经营的集团成员的外币报表（foreign currency statements）按照编报合并报表之所需进行折算，其中有两个方面的问题相当棘手。其一，面对汇率波动，企业集团应当采用哪种汇率进行折算。其二，报表折算所形成的折算差额（translation adjustments），应否计入当期损益。

对于采用哪种汇率进行折算，实务界和理论界提出了两种思路。一种思路是采用单一的汇率进行折算，即对除未分配利润项目以外的所有报表项目均按照现行汇率（即资产负债表日的即期汇率，下同）折算。另一种思路是采用非单一汇率进行折算，即根据报表项目的不同特点，分别选用历史汇率（即交易发生日的即期汇率，下同）、现行汇率进行折算，在采用现行汇率折算的情形下，也可以根据情况采用按照系统合理的方法确定的、与交易发生日即期汇率近似的汇率（以下简称平均汇率）折算。

对于折算差额应否计入当期损益，也存有两种看法。一种看法是将折算差额一律计入当期损益，但反对者指出，这种做法会导致企业集团的合并净利润随汇率波动而波动。另一种看法是把折算损失计入当期损益，对折算收益作递延处理。

在美国证券市场上，以公认会计师行业为首的会计实务界和理论界对上述两个问题的回答，先后组合出了四种报表折算方法，即流动性与非流动性项目法（current/non-current method）、货币性与非货币性项目法（monetary/non-monetary method）、时态法（temporal method，有的书中称作时间度量法）和单一汇率法（single unit of measure，又称现行汇率法，current rate method）。

《会计研究公报第 4 号：境外经营和外汇》提出的是流动性与非流动性项目法。流动性与非流动性项目法的理论缺陷是，缺少充分的理由来解释为什么流动性资产与非流动性资产应当分别采用不同的汇率进行折算。例如，外币计价的长期债权及债务显然也会受到利率波动的较大影响，然而在流动性与非流动性项目法下却并不采用现行汇率进行折算，这与人们的直觉相悖。

20 世纪 30 年代初，流动性与非流动性项目法在美国证券市场比较流行，美国会计师协会以该方法为基础酝酿形成了该行业关于外币报表折算的倾向性立场。1939 年 12 月，《会计研究公报第 4 号：境外经营与外汇》把流动性与非流动性项目法界定为公认会计原则。1953 年，美国会计师协会将其自1938 年至 1953 年所公布的 42 份会计研究公报汇编为《会计研究公报第 43 号：会计研究公报重述与修订》时，沿用了会计研究公报第 4 号中所规定的流动性与非流动性项目法，仅有少许调整（例如，存货严格按照成本与市价孰低法计量，若采用成本计量，则相应地采用历史汇率折算）。直至 1975 年，财务会计准则委员会出台《财务会计准则公告第 8 号：外币交易和外币财务报表折算的会计处理》规定时态法为其在当时唯一认可的折算方法，流动性与非流动性项目法才从证券市场的信息披露实务中淡出。

3. 1940 年 4 月公布的《会计研究公报第 5 号：资产增值的折旧》

20 世纪 40 年代，美国再次出现高达两位数的通货膨胀（见图 5-7）。

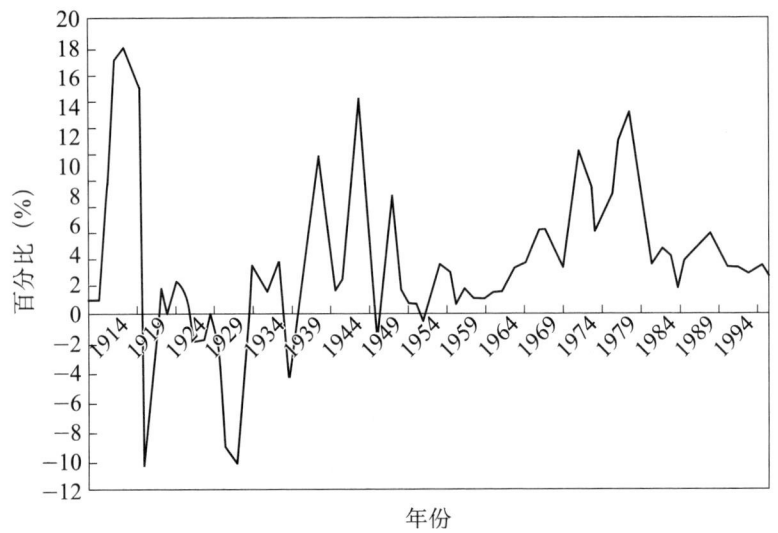

图 5-7　1914—1997 年美国通货膨胀率

资料来源：Bureau of Labor Statistics, consumer price index all items. 转引自：斯坦利·L. 恩格尔曼、罗伯特·E. 高尔曼主编《剑桥美国经济史（第三卷）》，蔡挺等译，中国人民大学出版社，2008，第 536 页。

针对企业记录资产增值的做法，《会计研究公报第 5 号：资产增值的折旧》允许企业按增值后的资产金额计算折旧额。这体现了美国会计师协会纵容企业随意调整账面数字的态度。

该公报提出：固定资产的会计核算通常应以成本为基础，任何试图使财产账户大体反映当前价值的做法都是不切实际、不明智的。企业账簿中通常不应当记录资产市值的增值。本公报考虑的是，如果账簿中已经记录了资产的增值额，在这种情况下应该如何对其进行账务处理。会计程序委员会认为，如果账簿中已经记录了资产增值，则在计算确定后续期间的利润时，应当根据新的（即更高的）资产价值计提折旧。该公告提及，事实上，在会计行业和其他相关权威部门中过去存有相反的观点，但会计程序委员会认为，应当改变那种过时的观念，否则会计信息就会对投资者产生误导作用，也会导致企业股利分配出现偏差。

会计程序委员会的 22 位委员中，有 18 位委员投赞成票，卡曼·布劳、查尔斯·B.库齐曼（Charles B. Couchman）、亨利·B.弗纳尔德（Henry B. Fernald）、威廉·佩顿等 4 位委员投了反对票。这 4 位反对者被获准将其意见摘要列入会计研究公报。库齐曼建议坚守历史成本原则，决不姑息任何程度的偏离，如果企业已经记载了资产的增值额，那就应该立刻纠正这个错误，从而恢复资产的历史成本。佩顿也认为，除企业重组的情形以外，折旧额必须基于资产的历史成本来计算。

这份令人大开眼界的《会计研究公报第 5 号：资产增值的折旧》一方面反映了由注册会计师主导的会计程序委员会竭力迎合客户要求的强烈倾向，另一方面反映了会计程序委员会缺乏指导理念的窘迫现状，即便是把乔治·梅、佩顿、利特尔顿等博学之士都吸收进来也无济于事。耐人寻味的是，一贯倡导历史成本会计的利特尔顿投的是赞成票，比较推崇市值会计的佩顿投的却是反对票。

4. 1941 年 9 月公布的《会计研究公报第 11 号：股份公司对普通股股利的会计处理》

1941 年 9 月，会计程序委员会公布《会计研究公报第 11 号：股份公司对普通股股利的会计处理》，建议公司按照公允市价（fair market value）对股票股利进行账务处理。1943 年，纽约证券交易所公开对此立场表示支持。

5. 1944 年 12 月公布的《会计研究公报第 23 号：所得税的会计处理》

会计利润是企业所得税征收管理的基础。1913 年美国宪法第十六修正案允许开征企业所得税时，会计规则与税收法规之间并无显著分歧，这种局面一直延续到 40 年代。自 40 年代起，美国的税收法规接连推出加速折旧、缩短折旧年限等税收优惠政策，与会计规则之间的差异越来越明显。受此影响，报表上列报的所得税额往往与税前利润额缺乏比例关系。于是，究竟是按照实际缴纳的所得税款列报所得税，还是按照"税前利润 × 所得税率"列报所得税，成为规则制定者面临的理论难题。美国证监会首席会计师威廉·沃恩茨的选择是前者。1941 年 11 月，沃恩茨在威斯康星州注册会计师协会密尔沃基分会的一场会议上提出，应纳税所得额（taxable income）与会计利润（financial income）之间的时间性差异，应当在报表附注中予以披露，而不应在报表项目中予以反映。[1]

会计程序委员会最初与沃恩茨立场相同，但后来渐渐转变为支持在财务报表中对时间性差异的所得税影响进行跨期分配。

1942 年 12 月，会计程序委员会公布《会计研究公报第 18 号：已赎回债券的未摊销折扣及赎回溢价》，引入税后净额法和债务法的概念，开始了这番尝试。该公报被认为是所得税会计分摊理念的首次应用。[2] 这种做法恰好就是沃恩茨在上述演讲中点名批评的处理方法。

1944 年 12 月，会计程序委员会公布《会计研究公报第 23 号：所得税的会计处理》，提出"所得税是企业的一项费用，应当在必要且切实可行的情况下，按照各个期间的会计利润予以分摊"[3]。"所得税费用"和"纳税影响会计法"的概念就此出笼。该文件将税收法规与会计规则之间的差异区分为永久性差异（permanent differences）和时间性差异（timing differences），前者是指纳税申报时一次性处理完毕、不会影响以后期间应纳税所得额的计算的差异，后者是指对以后期间应纳税所得额的计算产生影响的差异。针对不重复出现

---

1 William W. Werntz, "Current Deficiencies in Financial Statements," *The Accounting Review,* 1941, 16(4): 321–330.

2 Dennis R. Beresford, Lawrence C. Best, Paul W. Craig, Joseph V. Weber, *Accounting for Income Taxes: A Review of Alternatives*, Financial Accounting Standards Board of the Financial Accounting Foundation, 1983, p. 135.

3 之所以存在将所得税视为利润分配或视为费用之争，是因为，如果将所得税视为利润分配，则必须按照唯一确定的实缴税款记账；而如果将所得税视为费用，就能够进行跨期分摊，从而在计算方法上更具灵活性。

的时间性差异(nonrecurring timing differences)的预期影响,该文件要求采用税后净额法(net-of-tax method)或债务法(liability method)进行跨期分摊(inter-period allocation),这种做法被称作"部分分摊"。[1]

将所得税视为费用(而不是利润分配)并进行跨期分摊,是会计观念上的一个重大转变。就连美国会计师协会的庇护者——美国证监会——也在其1945年11月16日发布的会计系列公告第53号中对"所得税是一项费用、应当跨期分摊"的观点表示反对。美国证监会在这份长达22页的公告中指出:税收准备(provision for taxes)只应当列报按照当前税法即将缴纳的实际税款;在财务报表上列报"税收费用或准备"(Charges or Provisions in Lieu of Taxes)的做法是不可接受的。时任美国证监会首席会计师的沃恩茨对递延所得税的反感是业界所共知的。

 **专栏 5-11**

威廉·W. 沃恩茨

威廉·W.沃恩茨(William W. Werntz, 1908—1964),美国证监会第二任首席会计师。

沃恩茨1908年3月27日出生在华盛顿特区。他在耶鲁大学获得了文学学士学位(1929)和法律硕士学位(1931),这一教育背景使得他特别关注法律和会计的关系问题。1929—1935年,沃恩茨在耶鲁大学讲授会计学和金融学,其间,于1931年获得康涅狄格州律师资格。

---

1 所谓"全面分摊"(comprehensive inter-period allocation),是指对会计规则与税收法规之间的全部暂时性差异进行跨期分摊,而不论差异的重要程度以及是否重复发生。所谓"部分分摊"(partial allocation)是指有选择地(例如对不重复出现的差异)进行跨期分摊。

1935 年，沃恩茨以律师的身份加入美国证监会。1938 年 5 月接替辞职的布劳，被任命为美国证监会首席会计师，供职期间兼任多个政府部门的顾问。他在任期内处理了 1938 年引发轰动的麦克森·罗宾斯公司案，对美国会计师协会制定审计准则发挥了较大影响。值得注意的是，他在任期内旗帜鲜明地反对推行递延所得税规则，被业界所共知。

1947 年 4 月，沃恩茨辞职加入图什－尼文会计公司。1950 年取得新泽西州注册会计师执业资格。1964 年成为高级合伙人。

沃恩茨曾兼任美国会计学会副会长（1948），美国注册会计师协会理事（1960—1963），会计程序委员会委员（1950—1959）和主席（1956—1959）。他还是研究项目特别委员会（Special Committee on Research Program)的成员（1957—1959），该委员会设计了 1959 年建立会计原则委员会的方案。沃恩茨比较重视收益决定（income determination）问题，他还是美国会计师协会和洛克菲勒基金会赞助的企业收益研究组的成员。

针对美国证监会的不同态度，美国会计师协会随后作了回应，但坚持己见，并未改变立场。[1] 由此，引发了业界持续 40 多年的纷争。

随着时间的推移以及沃恩茨辞职加入注册会计师行业，美国证监会修改了它的观点，并没有执行会计系列公告第 53 号。

《1950 年税法》（Revenue Code of 1950）允许应急设施（emergency facilities）在 60 个月内折旧完毕。1952 年 11 月，会计程序委员会公布《会计研究公报第 42 号：应急设施——折旧、摊销与所得税》，引入了"递延所得税"（deferred income tax）这一概念，再度要求采用税后净额法或债务法进行部分

---

1 Frank R. Rayburn, "A Chronological Review of the Authoritative Literature on Inter-period Tax Allocation: 1940-1985," *Accounting Historians Journal*, 1986, 13(2): 89-108.

的跨期分摊，并首次表达了其对债务法的偏好。[1]

　　《1954 年税法》（Revenue Code of 1954）允许采用余额递减法（declining-balance method）或年数总和法（sum-of-the-years'-digits method）计算固定资产的折旧。1954 年 10 月，会计程序委员会公布的《会计研究公报第 44 号：余额递减折旧法》允许采用税后净额法或者债务法，要求在能够合理确定有税款递延的现象且该金额较大时计算相应的所得税影响。但该文件关于部分分摊的规定却存在模糊性，因而招致诸多非议。有鉴于此，会计程序委员会于1958 年 7 月修订《会计研究公报第 44 号：余额递减折旧法》，建议对所有重大的时间性差异都进行跨期分摊，这被称作"全面分摊"。针对一些公司将递延税款划分为股东权益项目的现象，会计程序委员会于 1959 年 3 月 15 日给美国注册会计师协会会员发函，要求统一采用"递延税项"（deferred tax account）这一术语，在会计报表中列为负债或递延贷项（deferred credit）。美国证监会 1960 年 2 月发布的会计系列公告第 85 号对会计程序委员会的立场表示支持，但它倾向于推广递延法（deferred method）而不是债务法。

　　把所得税视为费用而不是利润分配，是域外所得税会计规则的理论基础。然而，这种理念缺乏理论依据和实践基础。一方面，所得税费用的提法脱离实践，有悖常理。其目的是为人为地调节报表数据提供理论依据，试图把利润表上列报的所得税与利润总额建立关联。但是，所得税是国家参与企业收益分享（income sharing）的结果，其性质并不是费用。税收是国家为实现其职能，凭借政治权力，强制、无偿、固定地取得财政收入的一种形式，税收的本质是以法律形式处理国家与企业和个人的分配关系。立法机关和社会公众所理解的"税"，是由税务机关根据税法确定的应纳所得税额，是纳税

---

1 American Institute of Accountants, "Accounting Research Bulletins No. 43: Restatement and Revision of Accounting Research Bulletins," issued by Committee on Accounting Procedure, 1953, p. 78.

人向国家缴纳的货币或实物，它是客观情况而不是预期，具有严格界定的内涵。企业所得税是对企业生产经营净收入（也称为经营所得）征收的一种税。域外理论给针对预期进行计算所得到的数字冠以"税"字，是对税法的曲解和亵渎。把递延所得税列入会计报表的做法必然对会计报表的阅读者造成困扰。[1] 在纳税影响会计法下，利润表中所列示的"所得税费用"项目并非常人所理解的所得税，而是真实所得税（应交所得税）与预期所得税（递延所得税）的混合物。另一方面，所得税费用的提法即使在公认会计原则的理论框架下也是难以自圆其说的。纳税影响会计法企图将所得税与收入配比起来，但配比原则不适用于所得税。从实施效果来看，纳税影响会计法只是实现了所得税费用的列报金额与会计利润总额的配比（即大致存在比例关系），而不是所得税与收入的配比。可见，所得税并非可以与收入相提并论的费用。域外理论的"先定罪、后取证"式的理论论证只不过是强词夺理罢了。总之，无论域外理论怎样予以解释，税收早已是一种客观存在。会计的使命是告诉人们真实的局面，而不是采用偷换概念的方法诱导企业进行主观上的跨期分摊。试问，如果连纳税情况都敢随意"跨期分摊"，那么，还有什么数字是企业不敢操纵的？因此，"所得税是一项费用"的观点实在经不起推敲，所得税的会计处理缺乏理论依据。

6. 1944 年 12 月公布的《会计研究公报第 24 号：无形资产的会计处理》

该公报把无形资产区分为两类，分别给出了会计处理规则。

一类是根据法律规定或合同约定，具有有限的使用寿命的无形资产，如专利、著作权、租赁合同（leases）、许可证（licenses）、附有固定期限的特许

---

1 实际上，当年参与制定会计研究公报第 23 号的莫里斯·E. 佩卢贝特（Maurice E. Peloubet）曾有类似的观点，当年参与制定会计研究公报第 43 号的威廉·沃恩茨也有类似的观点，但他们的反对并未起作用。参见：American Institute of Accountants, "Accounting Research Bulletins No. 43: Restatement and Revision of Accounting Research Bulletins," issued by Committee on Accounting Procedure, 1953, p. 92。

经营权（franchises for a fixed term）等。此类无形资产的成本在其寿命期间内系统性地予以摊销，计入各期利润表。

另外一类是使用寿命不确定的无形资产，如持续经营的品牌价值（going value）、商号品牌（trade names）、商业秘密（secret processes）、客户名单（subscription lists）、永久特许经营权（perpetual franchises）、组织成本（organization costs）等。此类无形资产的成本可以持续保留在账册中，除非有证据表明其使用寿命是有限的，或者其不再具备经济价值。对于前一种情形（即使用寿命是有限的），可以比照前述规则进行摊销；如果分期摊销会导致利润表数据的扭曲，则可以进行部分减记（partial write-down），同时冲减盈余公积，其余部分在剩余的使用寿命内逐期分摊。对于后一种情形（即不再具备经济价值），则应根据具体情形，要么直接在利润表中注销，要么通过冲减盈余公积的方式予以注销。

该公报还把母公司的投资成本与其在子公司净资产账面价值中所占份额之差界定为无形资产，并要求公众公司比照上述两类规则处理。易言之，用于掩盖掺水股票的金融术语——商誉（goodwill）也被当做无形资产入账了。

1945 年 1 月 20 日，美国证监会发布《会计系列公告第 50 号：将商誉冲减资本公积的适当性》（Accounting Series Release No. 50: The Propriety of Writing Down Goodwill by Means of Charges to Capital Surplus），反对用冲减资本公积的方式来调减商誉。

1953 年会计程序委员会公布的会计研究公报第 43 号沿用了上述美国证监会会计系列公告第 50 号的立场。

7. 1947 年 7 月公布的《会计研究公报第 28 号：一般准备金的会计处理》

会计程序委员会 1947 年 7 月公布的《会计研究公报第 28 号：一般准备金的会计处理》提出了富有思想价值的理论观点。该公报提出，准备金（reserves）会计处理与财务报表列报规则涉及大量复杂的问题，现在如果想要给出彻底的解决方案，看来是不大可能的。因此，针对这些问题，会计程序委员会采取的第一个步骤，是专门对战事相关的准备金予以规范，这就是1942年1月出台的《会计研究公报第13号：战事期间的特殊储备的会计处理》和1946年10月出台的《会计研究公报第26号：使用特殊战争储备的会计处理》。会计研究公报第28号是会计程序委员会采取的另一个步骤，该公报仅仅针对一般准备金（general contingency reserves）的会计处理进行了规范。一般准备金通常是指公认会计原则未予以规范、不存在特定目的的准备金。会计程序委员会同时还另行考虑了存货跌价准备（inventory reserves）、具有特定目的的准备金（reserves for specific but undisclosed contingencies）、财务报表中的准备金概念的统一等问题。

会计程序委员会注意到，一般准备金被不少企业用作武断地调减当期利润或者跨期调节各期利润的工具：如果当期计提了一般准备金，则当期的利润会被低估，而以后期间的利润将会被高估。会计程序委员会正确地指出，如果允许公众公司这么去记账的话，那就意味着企业管理层可以依靠幻想（whim）来捏造利润数据，财务报表的整体价值将会被削弱。有鉴于此，会计程序委员会决定，企业针对一般性的未确定的或有事项（general undetermined contingencies）、不确定的未来期间的可能损失（indefinite possible future losses）所计提的一般准备金与当期经营活动无关，其金额的确定缺乏合理的成本或损失的基础数据支持，因此，企业在计提一般准备金时不得冲减当期利润。会计程序委员会推荐的最佳会计处理方案是直接从盈余公积（surplus）中计提，次优方案是视为对净利润的分配，在次优方案下，企业应当明确列示分配前的净利润和分配后的净利润。

这份公报由21位委员会一致通过，有4位委员提出了保留意见。总体来看，该公报立论鲜明，立场正确，具有较高理论价值，这在整个公认会计原则中是不多见的。如果循着同样的逻辑推理，就可以否认存货跌价准备、坏账准备等各种减值准备的合理性。遗憾的是，就在该公报公布的同一个月，会计程序委员会就推出了确认存货跌价准备会计规则的会计研究公报第29号。

8. 1947 年 7 月公布的《会计研究公报第 29 号：存货计价》

该公报提出了"成本与市价孰低法"（lower of cost or market，LOCOM；又写作"cost or market, whichever is lower"）。其中的"market"，是指存货的当期重置成本。该公报要求，当货物的有用性（usefulness；utility）低于其成本时，企业应当将其成本高出市价的部分计为当期的损失（a loss of the current period）。[1]

一位委员投了有保留意见的赞成票，两位委员投了反对票。佩顿投反对票的理由相当充分：存货在最终处置时未必会发生损失；可变现净值（net realizable value）的计算有时需要预计存货加工完成后的最终售价，这种情形下计算的"正常利润"（normal profit）的主观性过强；该规则默认企业主和管理者需要存货市价下跌时的重置成本信息，却否认存货市价上升时的重置成本信息（这是明显的逻辑冲突，不满足逻辑自洽的要求）；该规则用存货订单的预期损失去抵减当期收入，缺乏理论依据。但是，即便有佩顿这么有力的反对意见，该规则仍然能够通过。其原因在于，学术界代表委员只是配角，注册会计师行业才是公认会计原则的主宰者。利特尔顿 1941 年已经退出会计程序委员会，佩顿这个时候再反对也无济于事。

成本与市价孰低法在会计上有着悠久的历史，可以追溯到 19 世纪及之前，当时的资产负债表主要由债务人编制，提交给债权人。债权人倾向于衡量债务人资产的最低的变现价值。如今，时过境迁，证券市场上开始有人反对成本与市价孰低法，其理由往往集中于两点：一是，成本与市价孰低法对债权

---

1 此规则影响深远，特摘录如下：A departure from the cost basis of pricing the inventory is required when the usefulness of the goods is no longer as great as its cost. Where there is evidence that the utility of goods, in their disposal in the ordinary course of business, will be less than cost, whether due to physical deterioration, obsolescence, change in price levels, or other causes, the difference should be recognized as a loss of the current period. This is generally accomplished by stating such goods at a lower level commonly designated as "market".

人有利，但对企业现有的股东、管理层和潜在的股东不利；二是，本期的所谓"稳健"做法，在未来期间必然会发生逆转。显然，成本与市价孰低法在逻辑上难以自圆其说，存在显著的理论缺陷。但美国会计师协会执意将其写入公认会计原则。[1]

计提存货跌价准备是缺乏法律事实支持的。这种弹性化的会计规则给企业管理层授予了用于合规操纵会计数据的"第三只手"。罗斯福新政的证券监管政策正在被悄悄架空。计提存货跌价准备时只要求具备"确凿证据"，会计记录本身是缺乏法律事实的，也就是说，计提存货跌价准备的记账行为缺乏原始凭证的佐证。因此，这个规则很容易被企业滥用，成为操纵报表数据的利器。一个常见的情形是用该规则调节各年度的利润：计提存货跌价准备时，可收到调减资产、调减利润的效果；转回存货跌价准备时，可收到调增资产、调增利润的效果。这样，会计利润就可以在各年度间转移。另一个情形是用于修饰财务报表：对于连年略微亏损的企业来说，可能会采用先计提巨额存货跌价准备做出巨额亏损，再在以后年度转回存货跌价准备做出"利润"的做法。可见，计提和转回存货跌价准备所记载的资产和利润的增减仅仅是预期，并不代表企业的法律关系或经营业绩的变动。因此，成本与市价孰低法对报表读者的益处有限而危害甚大。

 专栏 5-12

早期公共会计师行业领袖对待谨慎性原则的态度

曾于 1914—1916 年任美国公共会计师协会会长的波特·乔普林（J. Porter Joplin）指出，谨慎性原则是不合理的，没有任何惯例能够证明低估资产、设立秘密准备的合理性。会计师们必须坚定地坚持"既不高估资产、也

---

1 ［美］亨德里克森：《会计理论》，王澹如、陈今池编译，立信会计图书用品社，1987，第 212—213 页。

不低估资产"的原则。在大多数情况下，谨慎性原则"有助于"企业管理层滥用管理权，但会计报表无论如何不应该误导报表读者，因此，资产的价值波动必须以附加信息的形式予以补充披露，而不应当通过会计程序进行处理。

资料来源：J. Porter Joplin, "Secret Reserves," *Journal of Accountancy*, 1914, 18(6): 407-417.

成本与市价孰低法在财务报表中开了一个口子，从此以后，资产减值会计规则在"谨慎性原则"（又称稳健性原则）的掩护下推广到大多数资产项目。相应地，"甜饼罐"和"大洗澡"成为资本市场的常见现象。

美国的早期会计理论家很警觉，20世纪初，他们几乎一致反对以成本与市价孰低法为代表的谨慎性（又称稳健性、稳健主义）的提法。谨慎性原则就是公共会计师行业贴心地给企业管理层设计的一系列他们想要的如意和魔法棒的总称。有了谨慎性原则，企业管理层就能够为所欲为了。[1]作为对比，支持成本与市价孰低法的是弗朗西斯·W. 皮克斯利（Francis W. Pixley）、迪金森和乔治·梅等英国出身的公共会计师，以及受他们影响的美国的注册会计师们，如负责编辑出版迪克西的《审计：审计师实用手册》美国版的蒙哥马利。前已述及，英国的企业界和公共会计师行业曾长期公开宣扬，秘密准备是商业获胜的法宝。

1904年，知名特许会计师兼大律师皮克斯利在召开于圣路易斯的首届世界会计师大会上对美国的公共会计师们布道，声称公共会计师应该允许客户计提秘密准备，以确保客户在遭遇困难时能够渡过困境。他还在其1906年的著作《审计师：任务与职责》中明确提出，公共会计师应当要求客户依照业务性质拨备足够的准备金。[2]蒙哥马利认为，稳健性是资产计

---

1 William Andrew Paton and Russell Alger Steveson, *Principles of Accounting* (New York: The Macmillan Company, 1920), pp. 468-469.

2 Francis William Pixley, *Auditors: Their Duties and Responsibilities*, 9th Edition (London: Henry Good & Son, 1906), p. 357.

价（尤其是存货计价）中最安全的办法，否则就可能对银行家和债权人构成欺骗。[1]

相对而言，英国的公共会计师（如特许会计师）比较坦诚，他们公开宣布自己就是为客户（企业家）服务的，既然企业家需要秘密准备来从容应对外界压力，那么，公共会计师就要积极支持设置秘密准备的做法。作为对比，美国的公共会计师（注册会计师）言不由衷，他们一门心思想着谋求证券市场上的业务大单，忙于塑造自己为证券投资者服务的形象，因此，他们没有高调宣布支持企业家关于设置秘密准备的诉求，而是闷声大发财，以道义的制高点"谨慎"之名行"秘密准备"之实。美国的注册会计师在推行谨慎性原则时还不忘高调谴责"秘密准备"。声东击西；明修栈道，暗度陈仓，此乃兵法之计谋也。

 专栏 5-13

"甜饼罐"和"大洗澡"

1. 甜饼罐（Cookie Jar）

甜饼罐是指企业管理层利用资产减值会计规则，计提各种资产减值准备，即减记当年的资产和利润，留待以后年份需要"做大"时增记资产和利润，从而达到随意调节各期利润数据的目的。例如，某公司以 900 万元入账的库存商品，在下一年以 1 000 万元售出。在如实记账的情况下，其利润总额在购入当年为 0，在下一年为 100 万元（见图 5-8）。若其在购入库存商品的当年底记录资产减值损失和存货跌价准备 300 万元，则下一年的利润总额就会是 400 万元。显然，该公司所计提的存货跌价准备（如图 5-9 中第一年的阴影部分所示）可以随时用于"做大"后续年份的利润

---

1 Gary J. Previts and Barbara D. Merino, *A History of Accountancy in the United States: The Cultural Significance of Accounting* (Columbus: Ohio State University Press, 1998), pp. 219-227.

总额——这不就是"欲扬先抑"的手法吗？故而，存货跌价准备就像甜饼罐，可满足"饥饿"的企业管理层对利润数据的欲望。

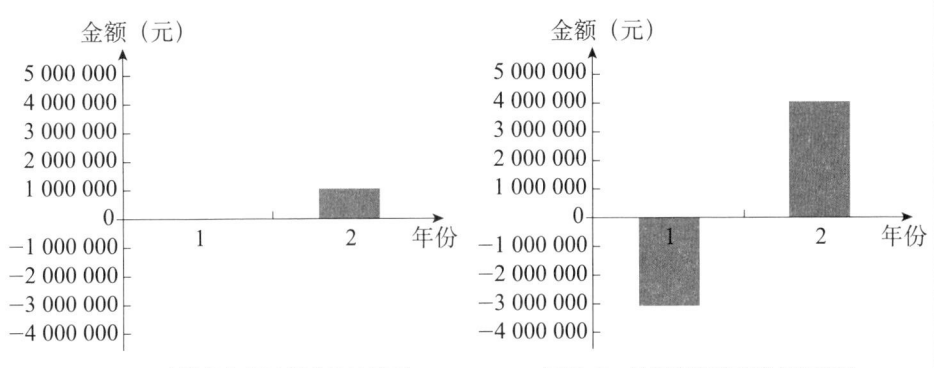

图 5-8　未计提存货跌价准备的情形　　　图 5-9　计提存货跌价准备的情形

在我国，企业会计准则体系允许存货跌价准备、坏账准备、债权投资减值准备在以后期间转回，也就是说，企业甚至不必出售资产也能在账上"做出"利润。至于固定资产减值准备、无形资产减值准备等准则不允许转回的项目，企业也可以通过出售资产的方式"做出"资产处置损益或营业外收入。显然，会计准则一旦允许企业在没有法律证据（即原始凭证）的情况下计提减值准备，则必然陷入难以遏制企业造假的被动境地。

2. 大洗澡（Big Bath）

大洗澡是指企业管理层利用资产减值会计规则，计提巨额的各种资产减值准备，从而记录巨额的亏损，然后在以后年份逐步转回资产减值准备。例如，某公司新一届管理层刚刚上任，预测该公司未来 10 年每年亏损 10 万元（见图 5-10）。如何使业绩变得更好看？管理层决定，在第一年计提存货跌价准备 1 000 万元，然后在后续的 9 年里每年都转回存货跌价准备 100 万元，如此，就可以把"连续十年亏损"转变为"一年亏损、九年盈利"（见图 5-11）。看到这里，读者大概就能理解为什么新官上任三把火大多会选择"让我一次亏个够"了。

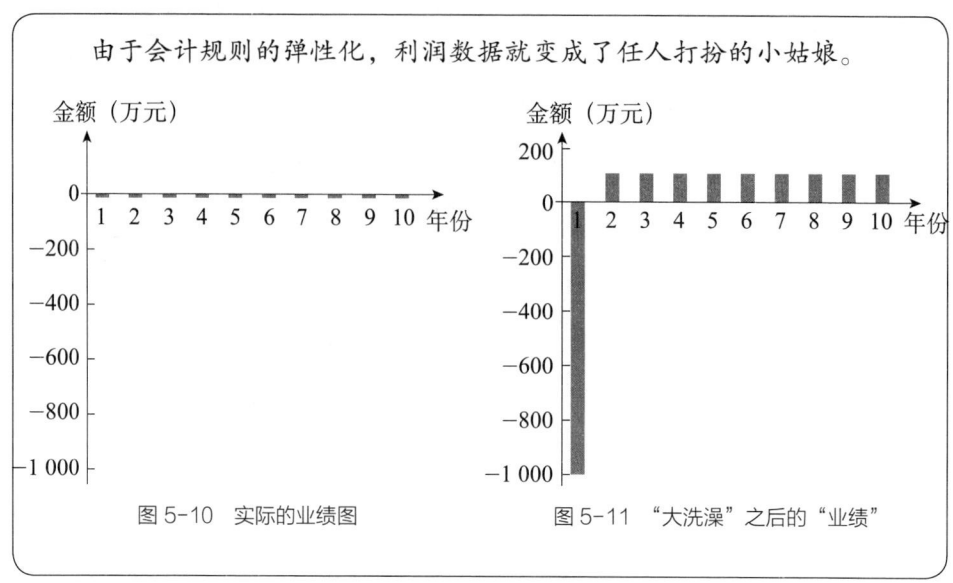

由于会计规则的弹性化，利润数据就变成了任人打扮的小姑娘。

图 5-10　实际的业绩图　　　　图 5-11　"大洗澡"之后的"业绩"

9. 1947 年 12 月公布的《会计研究公报第 32 号：利润与盈余公积》

1947 年 12 月，会计程序委员会公布《会计研究公报第 32 号：利润与盈余公积》，该文件的核心问题是：什么叫净利润？如何计算净利润？关于这些问题，会计程序委员会与美国证监会之间产生了巨大的理念分歧。这是会计理论中的关键问题，值得仔细推敲。

该文件认识到，在设计利润表的格式和内容时，要特别注意遏制高估或低估利润的现象，要避免推出任何为企业实现收益均衡（income equalization）提供便利的会计规则。[1] 该文件指出，虽然净利润（net income）这一概念被广泛使用，但实际上业界尚未形成统一的定义，甚至还没有对营业利润（operating income）与非经营损益（non-operating gains and losses）进行明确的区分。一般认为，营业利润是通常会重复发生的比较正常和可靠的利润，非经营损益往往是偶然发生的、非常规的、不可预知的损益。由于企业间对

1　但此公报无疑是此地无银三百两：此前的会计研究公报第 29 号所推出的成本与市价孰低法，恰好是企业实现利润平滑的工具。

净利润的定义存在较大分歧，不同企业之间的业绩计算规则往往差距较大。

关于计算净利润是否应当包含非经营损益，业界有两种不同观点，其核心分歧就是是否应当强调利润表的预测功能。

一种观点是"总括收益观"（all-inclusive concept），主张把经营业绩和非常规项目的盈亏（extraordinary charges or credits，即 extraordinary gains and losses）统一纳入净利润的计算过程中。也就是说，净利润的计算包含了某一会计期间内导致所有者权益净增长的所有项目（股利分配和资本交易除外）。[1] 这种观点下的利润表被称作"总括利润表"（all-inclusive income statement）。企业净利润既来源于常规的经营项目，也来源于非常规项目，二者共同构成企业的净利润。这种观点的支持者认为，利润数据对于预测企业未来盈利能力的作用相当有限，因此，没有必要强调利润数据的预测功能，也就没有必要区分重复性的（即经营性的）和非重复性的（即非经营性的）因素。美国证监会持此立场。知名学者、会计程序委员会委员佩顿也是这一观点的支持者。

另一种观点是"当期经营业绩观"（current operating performance concept），反对将重大非常规项目（material extraordinary items）纳入净利润的计算过程之中，以免影响利润表对"当前经营业绩"的列报。反之，如果将重大非常规项目包含在净利润中，可能会导致报表读者对当期经营情况的误判。显然，这种理念更为强调利润表的预测功能，认为当期经营业绩更有预测价值；作为对比，非常规项目不具备预测价值，因此，不应计入净利润。

《会计研究公报第 32 号：利润与盈余公积》最终采用的是"当期经营业绩观"。会计程序委员会解释称，虽然有些财务报告使用者有能力在做财务分析的时候把那些容易扭曲财务业绩的非平常项目和非常规项目（unusual and

---

1 "总括收益观"又称"干净盈余"或"清洁盈余"（clean surplus）。作为对比，"当期经营业绩观"又称"肮脏盈余"（dirty surplus）。早期的清洁盈余概念还没有考虑商誉的减记以及如今的其他综合收益等特殊项目。自 20 世纪 60 年代以来，会计界由此引申出了许多统计分析文章，但鉴于统计分析方法的局限性，富有启发性的成果尚不多见。

extraordinary items）从净利润中剔除出去，但是更多的使用者并没有经过这样的训练，他们没有能力做这样的调整分析。因此，有必要把非平常项目和非常规项目剔除出利润表。如此处理，有助于提高企业会计信息的纵向可比性（与自己的历史同期数据相比）和横向可比性（与同行企业的同期数据相比）。

该公报要求，企业不应当将那些有别于常规业务或典型业务（usual or typical business operations）的非常规项目计入净利润。下列项目为非常规项目：（a）与往年运营有关的重大收支（重复发生的常规调整除外），例如，注销往年计提但未使用的准备，对往年的所得税进行的调整等；（b）因非常规出售非销售目的的资产或者公司常规交易类型以外的资产而发生的重大收支；（c）不属于常规保险范围的战争、骚乱、地震等灾难所造成的重大损失，经常性的危害除外；（d）核销金额巨大的无形资产，如注销商誉或商标等情形；（e）因债券到期或者提前清偿而注销尚未摊销的大额债券折价或溢价。一般准备金（general purpose contingency reserves）和存货跌价准备（inventory reserves）等项目，视同非常规项目处理。

该公报规定，企业既可以直接将非常规项目计入盈余公积（surplus account），也可以在利润表底部将其列示在净利润之后，并将其包括在结转为盈余公积的数额中。会计程序委员会对这两种处理方法没有偏好，任由企业选择使用。无论如何，当期净利润必须予以清晰地列示。

该公报以 18∶3 得以通过。反对者提出了区分净营业利润（net operating income）和非经营损益（non-operating gains or losses）并将二者合称为年度净利润（net income for the year）的调和方案，但未能说服会计程序委员会。

这份公报引起了会计程序委员会与美国证监会的公开冲突。1947 年 12 月 11 日，美国证监会首席会计师厄尔·金致信美国会计师协会研究部主任卡曼·布劳，表达了美国证监会和他本人对会计研究公报第 32 号的反对态度，并要求美国会计师协会将其函件与该公报同时刊登于协会会刊《会计杂志》

（*Journal of Accountancy*），以便让注册会计师知晓美国证监会的态度。[1]厄尔·金在信中称，证监会已经授权工作人员严加监管，即便公众公司遵循了会计研究公报第 32 号，也未必符合监管规则。

1948 年 10 月，会计程序委员会公布《会计研究公报第 35 号：利润与盈余公积的列报》，要求企业在盈余公积表（surplus statement）中列报计算净利润时被排除在外的非常规项目。

1949—1950 年间，美国证监会在 S-X 条例修正案中要求企业一律采用总括收益观列报其利润表，这与会计研究公报第 32 号形成了正面冲突。评论意见纷至沓来。随后，美国证监会与会计程序委员会找到了一个折中方案。1950 年 12 月 20 日，美国证监会发布的会计系列公告第 70 号宣告了 S-X 条例的定稿版。美国证监会允许企业采用变通的办法，即在"净利润或净损失"（net income or loss）项目下，增设（加或减）"特殊项目"（special items），然后，最后一行列报"净利润或净亏损以及特殊项目"（net income or loss and special items）。[2]这是一个令人哑然失笑的报表项目。这是美国证券市场上的监管机构和中介机构缺乏必要共识所导致的必然结果。

那么，会计程序委员会和美国证监会的理论主张到底哪个才是合理的呢？其实，二者都存在偏颇。这是因为，它们都没有基于会计的基本原则去讨论问题。会计信息的生命力在于其法律证明力，即记账必须具备证据（即原始凭证）的支持。何谓利润？何谓所得？问题的关键在于，应当首先确保信息的真实性。如果记账具有证据支持，那么，利润就是排除了股东的因素之后，特定期间的财产权利的净增加数，它是企业管理人员和员工创造的新增价值。因此，与实际交易或者人的努力无关的资产升值、减值，以及一般准备金等

---

1 Earle C. King, "SEC May Take Exception to Financial Statements Reflecting Application of Bulletin No. 32," *Journal of Accountancy*, 1948, 85(1): 25.

2 Harry I. Wölk, James L. Dodd, John J. Rozycki, *Accounting Theory: Conceptual Issues in a Political and Economic Environment*, 7th Edition (Los Angeles: Sage Publications, Inc., 2008), p. 59.

信息，就不能被视为非常规项目。也就是说，它们既不能计入净利润，也不能计入盈余公积。明确这一基本原则之后，再探讨利润表如何区分营业利润和偶然所得、营业利润如何按照经营活动的性质进一步分类等问题才真的有意义。因为只要确保会计信息的真实性，如何排列报表项目就不再是问题了。

会计程序委员会和美国证监会的问题在于，它们首先默认了将缺乏证据的信息记到账簿里去这种错误做法，然后再探讨究竟把信息记到哪个报表里、记到哪一行。无怪乎它们谁也无法说服对方，最终只好以推出缺乏逻辑的折中方案了事。如今的综合收益表，正是同一个故事的翻新版。

10. 1947 年 12 月公布的《会计研究公报第 33 号：折旧与高成本》

面对战后的通货膨胀，几家大型钢铁公司在 1947 年前三个季度的一两个季度报告中，按照通货膨胀后的资产价值记录了额外的折旧。这种会计惯例被其他公司纷纷效仿。针对通货膨胀背景下，公众公司提出的以增值后的资产价值作为折旧额的计算基数这一问题，美国会计师协会研究部主任卡曼·布劳率领一个团队进行了深入的调研，最终决定坚持基于历史成本计提折旧的传统立场。会计程序委员会立即向美国会计师协会会员发送公告，反对这种做法。

1947 年 12 月，会计程序委员会以 20：1 投票通过，将前述公告写入《会计研究公报第 33 号：折旧与高成本》予以公布。佩顿投了弃权票。该公报提出，通用会计和财务报告应坚持公认的折旧概念，至少在稳定的价格水平使得整个企业界可以同时作出改变之前，不应考虑大幅修改认可的会计程序。

孰料到，公共会计师行业内部掀起了反对浪潮。1945 年刚从会计程序委员会卸任的行业领袖乔治·梅，转身就变成了最有影响力的反对者。他发表文章敦促会计程序委员会采取更具建设性的态度来处理这一问题。这对会计程序委员会的压力是显而易见的。

1948 年 9 月，乔治·梅在美国会计师协会年会上发表讲话，反对会计程序委员会的立场。一个月后（10 月 14 日），在争论达到顶点的时候，会计程序委员会致信美国会计师协会会员，重申其先前立场，即在当前的通货膨胀条件下，对固定资产折旧的会计处理进行任何重大变更都是不切实际的。同时，支持公众公司使用补充性的表格、解释或辅助资料，来阐释保持利润水平的必要性。会计程序委员会就此进行投票，21 名委员中 4 名表示反对，其中包括该委员会主席。这也是会计程序委员会主席唯一一次在公告中投反对票。

11. 1948 年 11 月公布的《会计研究公报第 37 号：股票期权的会计处理》

该公报开宗明义地指出，公众公司发行给高管及其他员工的股票期权是企业为购买这些人员的劳务而付出的成本，因此，应当比照职工薪酬予以处理。主要的问题有两个：一是相关代价的入账日期如何确定；二是如何确定相关代价的金额。

该公报所界定的入账日期是"授权对象取得期权赋予的财产权利之日"（ the date on which the option right becomes the property of the grantee ）。[1] 值得注意的是，该公报使用了"公允价值"（fair value）这一概念，要求企业按照公允价值计量股票期权所换得的劳务的价值，并将公允价值的计量方法界定为行权价与公平市价（fair market value）之差。这种算法被后来会计原则委员会意见书第 25 号沿用，并在财务会计准则公告第 123 号中被命名为"内在价值法"（ intrinsic-value method ）。根据这种算法所计算的期权代价往往较低，这是因为，在授权日，期权的行权价往往与股票的公平市价相差不大。

1953 年 1 月，会计程序委员会公布《会计研究公报第 37 号：股票期权的会计处理》（修订）。该公报所界定的入账日期是授予日，即向特定个人授予期权之日（ the date on which an option is granted to a specific individual ）。

然而，10 个月后（1953 年 11 月），美国证监会会计系列公告第 76 号却否决了会计程序委员会所推出的规则。该公告指出，公司会计师和公共会计师之

---

1 该公报的 1953 年修订版删除了这一规定，将入账日期规定为"授权日"。

间未能达成共识。对于股票期权的入账时点，无论是按照授予日、可行权日还是按照行权日来入账，均缺乏合适的理由。在这种情况下，如果要求将股票期权登记入账，则势必导致利润数据的扭曲，这显然是不合适的。因此，美国证监会要求公众公司在财务报表中全面、完整地披露所有股票期权计划。

12. 1950 年 9 月公布的《会计研究公报第 40 号：企业合并》

（1）权益结合法和购买法相关规则的出台。第二次世界大战之前的企业合并，大多数属于吸收合并（merger）或者新设合并（consolidation）。二战以后，会计规则不再强调法律形式，美国注册会计师行业一心想要讨得其雇主的欢心，对于同样的经济业务，纵容公众公司选用两套截然不同的会计规则中的一套。

 专栏 5-14

《会计研究公报第 40 号：企业合并》摘录

一、企业合并的类型的划分

当两家或两家以上的公司为了以单一公司形式继续开展现有业务而谋求合并时，存在两种可能，一是此前的所有权得以存续，二是形成全新的控制权。这两种情形下的会计处理有所差异。本公报将前者界定为权益结合（pooling of interests），后者界定为购买（purchase），并分别规定了各自的会计处理规则。

在会计上，权益结合与购买的区分常常需要结合具体的情形来确定，而不能仅仅根据法律上指定的购并（merger）或合并（consolidation）来确定，也不能仅仅按照是否具有足够的净资产用于发放股利、税法是否有相应的规定来确定。在权益结合的情形下，参与合并的公司的所有的（或者实质上所有的）股权利益得以保留给存续公司（或者通过合并而新成立的公司）。在购买的情形下，被购买方的所有的（或者实质上所有的）股权利益被全部取消。下列情形通常意味着一项购买：（1）企业合并过程中涉及回购股票的计划、确定意向或协议；（2）合并之前或者之后出现了控制权的实质性变化。

在进行权益结合或购买的区分时，还应考虑参与合并各方的相对规模、管理层（或者控制管理层的权力）的延续性等因素。下列情形通常意味着一项购买：（1）参与合并的某一方的相对规模较小；（2）参与合并的某一方的管理层被解散，或者其对存续企业的管理层的影响较小。在其他因素相同的情况下，如果参与企业合并的各方的业务活动具有相似性或者互补性，则该项企业合并更接近权益结合。上述各项因素通常并非决定性因素，在对企业合并的类型进行划分时，往往需要考虑上述因素的累积影响。

二、会计规则

如果一项企业合并被认定为一项购买，那么，购买方应当按照其支付的现款（或其他对价的公允价值）记录所获取的资产。在可靠的情况下，购买方也可以按照所获取的资产的公允价值进行账务处理。其账务处理规则与购买资产的账务处理规则相同。

如果一项企业合并被认定为一项权益结合，就没有理由改变会计计量基础。企业合并各参与方的资产的账面金额（book value）应当沿用下来（可以按照公认会计原则计量并在必要时进行一致性的调整），企业合并各参与方的留存收益（retained incomes）也应沿用下来。母公司在企业合并前所享有的子公司的留存收益不应当计入合并后的公司的留存收益。

三、关于列报

鉴于权益结合法的实际操作千变万化，可能会出现多种多样令人费解的问题，因此，本公报仅对权益结合下的会计列报给出一般性的规定，而无法给出细节性的规定。存续公司的股本总额极可能会高于此前公司的股本总额，也可能反之。对于前者，该差额应当首先冲减存续公司的资本公积（capital surplus），然后冲减盈余公积（earned surplus）。对于后者，该差额应当计入存续公司的资本公积，这种处理类似于减少注册资本时的处理。

上述规则被完整编入 1953 年 6 月公布的《会计研究公报第 43 号：会计研究公报重述与修订》。

公众公司更喜欢权益结合法还是更喜欢购买法？当然是前者。原因在于，1944 年 12 月公布的《会计研究公报第 24 号：无形资产的会计处理》和 1953 年 6 月公布的《会计研究公报第 43 号：会计研究公报重述与修订》所倡导的对商誉进行摊销的处理方法会导致企业的利润数字变得更低，因此，公众公司的经理们普遍不欢迎购买法。

（2）"企业合并"概念及其相关规则的设计理念。众所周知，企业合并的会计规则实际上在法律规定的吸收合并和新设合并之外，创设了一个叫做"控股合并"的新概念。会计准则所称的控股合并，是指投资方能够控制被投资方的财务及经营政策并能从中获益的情形。这一概念是从证券分析的角度提出来的。控股合并并不是惯常意义、法律意义上的企业合并。依法理分析，投资方和被投资方仍为独立的企业法人，既不需要办理注销登记，也不需要办理变更登记，它们分别建账，独立核算，各自填制会计凭证、登记会计账簿、编制会计报表。因此，本身并无特殊的会计问题。但准则认为，此时投资方和被投资方形成了企业集团，即它们作为集团成员，形成了母子公司关系，因此，母公司需要根据母子公司各自的个别会计报表（separate statements）编制合并报表（consolidated statements），从而反映企业集团的财务状况和经营成果。这就需要制定统一的编报规则。可见，控股合并与合并报表系同义语。会计准则实际上把需要编制合并报表的股权投资行为也定义为"企业合并"了。

会计准则语境下的企业合并带来了两个问题。第一，吸收合并下如何记载所收购的企业的资产和负债。究竟是照抄被吸收企业的账面数据，还是按照公允价值重新计算？第二，控股合并的情形下，编制合并报表时要不要对子公司的账面数据进行调整。究竟是照抄被投资公司的账面数据，还是按照公允价值重新计算？

这样，问题就归结为：被吸收企业（或子公司）的资产和负债究竟按照原账面价值记载，还是按照公允价值重新计算？公众公司的做法有两种。一种做法是"权益结合法"（pooling of interests method；uniting of interests method），即被吸收企业（或子公司）的资产和负债仍然按照原账面价值记载，不调整为公允价值。另一种做法是"购买法"（purchase method），即被吸收企业（或子公司）的资产和负债按照公允价值重新计算。会计程序委员会的态度是照单全收，一概予以认可。这两种做法自20世纪中叶起在美国证券市场上的公众公司会计实践中长期并存并引发了数十年的争论，最终，美国证券市场于2001年确定以购买法作为唯一的会计处理方法。但争论仍未结束。

13. 1954年10月公布的《会计研究公报第44号：余额递减折旧法》

余额递减法（declining-balance method）在英国等其他国家有比较长的历史，在美国也有一定程度的应用。但这种方法在美国的流行，源于1954年8月美国联邦税法的认可。税法允许企业在税前扣除其采用余额递减法计提的折旧。

1954年10月，会计程序委员会公布的《会计研究公报第44号：余额递减折旧法》指出，余额递减法和年数总和法都是"系统且合理的"（systematic and rational）折旧方法。由于公众公司在纳税申报时往往倾向于使用加速折旧法尽量减少其应纳税额，而在披露证券相关信息时往往倾向于使用直线法"拉升"其财务业绩，因此，二者之间往往会产生差异，递延所得税的计算遂成为一个比较棘手的问题。对此，该公报给出了简化处理规则。如果企业将折旧方法转换为余额递减法，且折旧额对净利润影响加大，那么，企业就应当在变更当年披露折旧方法的变更及其影响。在纳税申报表采用余额递减法，而财务报表采用其他折旧方法的情况下，会涉及递延所得税的问题。会计程序委员会认为，这种情况通常不必确认递延所得税，除非企业能够确信出于税收目的采用余额递减法计算的前期所得税额的减少，仅仅是纳税时间的递延，而且该税额明显较大。

1958 年 7 月，会计程序委员会公布《会计研究公报第 44 号：余额递减折旧法》（修订）。公报提出，有的监管机构出于会计或者价格监管的目的允许公众公司确认递延所得税，有的却不允许。会计程序委员会认为，监管机构不管是出于会计目的还是价格监管目的，都应该允许确认递延所得税。但是，在监管机构出于价格监管的目的而不允许记录递延所得税费用的情况下，如果企业可以合理预期余额递减法将导致在未来的定价监管中所得税费用会增加，则无须对递延所得税进行确认。在少数情况下，如果企业认为不宜计算递延所得税，就应当充分披露因其纳税申报表中采用余额递减法而财务报表中采用其他折旧方法所形成的差异，以及相应的递延所得税影响。

递延所得税这个虚幻的东西被引入财务报表以后，会计界就递延借项、递延贷项究竟应该如何列报、列报在哪个位置产生了激烈的争论。

1959 年 4 月 15 日，美国注册会计师协会致函其会员，要求会员不得把递延贷项（deferred credit）计入盈余公积等所有者权益类项目下。

递延所得税就是一摊泥淖、一种幻境。任何问题只要一扯到递延所得税，就会找不到来路。很多企业深受其害。1959 年，美国电力公司（美国最大的电力控股公司）的三个子公司请求法院颁布禁止令，停止实施会计研究公报第 44 号修订版，因为如果将递延贷项划分为负债，将会给它们带来难以弥补的损害。联邦地区法院判决它们败诉。上诉后，第二巡回上诉法院宣布维持原判，法院提出，"我们认为法院不适合主宰或者控制私立组织表达其诚实观点的程序"。

也就是说，会计程序委员会是私立机构，它的议事程序法院不便干涉。三家公司又向联邦最高法院申请复审，但被驳回请求。1960 年 2 月，美国证监会发布会计系列公告第 85 号，该公告援引了会计研究公报第 44 号修订版的立场，宣布禁止公众公司将递延贷项列入所有者权益项目。递延所得税这一出闹剧就此变成了正剧，递延贷项就这样依法被列入资产负债表的负债项目。[1] 就此而论，美国证监会的很多监管规则是缺乏法律依据的，我国金融监管机构在借鉴其经验时，需要提高鉴别力，避免引入来路不明的新规则。

14. 1957 年 1 月公布的《会计研究公报第 48 号：企业合并》

该公报延续了会计研究公报第 40 号和第 43 号的立场，并进一步放松了权益结合的认定条件。该公报不再要求"参与企业合并的各方的业务活动具有相似性或者互补性"，也不再认为参与合并的双方的相对规模是决定性因素——只有当一家公司是另一家公司的 10 ～ 20 倍及以上规模时，才可以把该项企业合并认定为购买而不是权益结合。

 专栏 5-15

《会计研究公报第 48 号：企业合并》摘录

【第 5 段】在确定是否形成了新的股权结构或者旧的控制权是否存续时，应当结合具体环境来判断。如果企业合并的参与者所持有的股权利益在企业合并前后发生了重大变化，则应视为形成新的股权结构或者形成一项购买。类似地，如果企业合并的参与者的相对投票权利因高等级股票或债券的发行而发生了重大变化，则应视为形成一项购买。同理，如果企业合并过程中涉及向参与方回购股票的计划、确定意向或协议，或者合并之前（或之后）出现了控制权的实质性变化，则应视为形成一项购买。但

1　Stephen A. Zeff, *Forging Accounting Principles in Five Countries: A History and an Analysis of Trends* (Champaign, Illinois: Stipes, 1972), pp. 166-167.

是，在企业合并之前就已经存在高等级股票、债券的情形除外。

【第6段】在进行权益结合或购买的区分时，还应考虑其他一些因素。鉴于权益结合的假定是参与合并的各方得以存续，因此，如果参与合并的某一方被抛弃、出售，则不应将该企业合并视为权益结合。类似地，企业合并中还会涉及管理层（或者控制管理层的权力）的延续性的问题。如果参与合并的某一方的管理层被解散，或者其对存续企业的管理层的影响较小，则应将该企业合并视为一项购买。参与合并各方的相对规模可能并不是决定性的因素，在较小的公司贡献出理想的管理层的情形下更是如此。然而，如果参与合并的某一方在合并的企业中拥有决定性的股权比例（如90%～95%甚至更高），则应将该项企业合并视为一项购买而不是权益结合。

【第7段】以上所讨论的因素没有一个是决定性的，任何一个因素都有可能在不同情况下具有不同的意义。它们的存在或不存在具有累积性的影响。基于这些因素所做的判断可能具有部分的冲突，因此，在做出判断时应当综合考虑上述因素的影响。

15. 1958 年 3 月公布的《会计研究公报第 49 号：每股收益》

这份文件的时代背景是，每股收益已经普遍地应用于招股说明书、年度报告以及财经报道中。该文件在开篇部分就给出了"此地无银三百两"式的解释：每股收益属于基于企业业绩所计算的常用的统计指标之一，但会计程序委员会一贯认为，不应当过度强调每股收益这个单一数据的意义。

该文件引入了"普通股或其他剩余证券"（common stock or other residual security）的概念，要求针对每股普通股或其他剩余证券计算相应的每股收益。

该文件试图针对每股收益的花样频出的算法给出统一的规范。例如，如果企业在当年内股份数量出现了大幅变动，则应考虑计算股份的年度加权平均数。股份的小幅变动可以忽略。

但该公报规定的计算规则缺乏理论依据，引发了学术界和实务界的声讨。

每股收益的计算并不是财务师分内的事。每股收益的计算是会计程序结束之后，由那些拿财务报表"说事儿"的证券分析师炮制出来的金融分析手法。这一指标本身只是一个简单的类推分析思路，其用意是把利润表与未来的股价联系起来。每股收益的正当用途尚不明确，但其误导作用则比较明确。[1]一旦投资者相信利润表与未来的股价有关，那么造市者便可以通过操纵会计数据来影响市场预期。因此，每股收益把投资者的注意力聚焦于单一的财务指标，这恰恰给庄家提供了操纵市场行情的"抓手"。

每股收益指标的出台，表明公认会计原则强化了其金融分析导向，会计被引向了金融分析的道路。

证券分析师们喜欢拿每股收益数字来"说事儿"。比较流行的观点是用每股收益乘以市盈率（price to earnings-per-share ratio; P/E ratio）的方法来估计股价。他们的"理论模型"是：某只股票的估计价格＝该只股票的每股收益 × 参照市盈率。证券分析师们常常这样说：由于这只股票的每股收益是 1.6 元，目前该行业的平均市盈率水平是 60 倍，所以这只股票的合理价位应该在 96 元——给人一种先知先觉的神秘感。但这只不过是一种简单的类推分析思路，没有多少技术含量可言。会计程序委员会指鹿为马，硬是把金融分析师的"手艺"当成会计规则去推广。这种采用"净利润"数字进行证券估值的金融分析方法把利润表引向了证券分析的邪路，是对财务报表价值的严重歪曲，对证券投资者具有较强的误导作用，因而受到了实务界人士广泛的批评。

金融分析师行业提出，财务报表并不是金融分析师的唯一的信息来源。这种立场是对那种竭力把利润表与股价建立关联的做法的反证。

---

1 Marvin M. May, "The Earning Per Share Trap," *Financial Analysts Journal*, 1968, 24(3): pp. 113-117.

专栏 5-16

"财务报表并不是金融分析师的唯一的信息来源"

证券分析师在做出投资结论之前需要掌握的信息的范围大大超出了年度报告和中期报告通常提供的信息。例如，证券分析师需要掌握关于拟投资对象的市场表现的系列信息：拟投资对象的市场渠道及其增长潜力；拟投资对象是否存在一个或多个主导性的客户；拟投资对象的市场份额及其市场渗透率的增长或者下降趋势；拟投资对象是否对重要的产品提供了专利或者特许权保护。在制造成本和经营杠杆方面，证券分析师还要了解拟投资对象的技术变化、财务政策、政治环境及其对经济因素的敏感性。证券分析师需要针对不同的行业采取不同的措施去收集上述信息，既可以从被投资对象的贸易资料及其向美国证监会等监管机构提交的监管报告中获取上述信息，也可以从被投资对象的管理层那里获取相关信息。

——摘自《证券分析师如何使用年度报告》

罗斯玛丽·特维罗

《财务经理》，1971（11）

"Financial Statements Are Only One Tool For An Analyst"

For an analyst to arrive at investment conclusions, he needs much more information than is traditionally available in annual and interim reports. For example, an analyst should know the following about a company's markets: sources of markets and their growth potential, dominance of sales to one or several customers, market share and the likelihood of increased or reduced penetration, protection by patent or strong consumer franchise for the most important products. In the areas of manufacturing costs and operating leverage, the analyst should know about technological changes, financial policies, political environment, and sensitivity to economic factors. Depending on the industry, there are many sources for this information, including trade sources, statements filed with the SEC or other regulatory bodies, and especially the management of the company itself.

From "How a Security Analyst Uses The Annual Report"
Rosemarie Tevelow
Financial Executive, November 1971

16. 1958 年 10 月的《会计研究公报第 50 号：或有事项》

该公报要求企业在账簿中记载那些结果可以合理预计的或有损失。该公报一方面认为，或有负债和或有资产不符合负债或资产的定义和确认条件，因此，企业不应予以确认，而只应当作披露处理；另一方面认为，如果或有事项的结果是能够合理预计的（reasonably foreseeable），那么，公众公司应当将那些预计将会导致损失的或有事项作为预计负债作入账处理，对于那些预计会产生利得的事项，不应作入账处理，只需披露即可。

预计负债是谨慎性原则（或称稳健性原则）在资产负债表右侧的推广应用。预计负债的会计规则与资产减值会计一样，属于失当的会计规则。预计负债缺乏明确的债权人，并非常规意义上的负债，其逻辑比较牵强。

17. 1959 年 8 月公布的《会计研究公报第 51 号：合并财务报表》

会计程序委员会 1959 年 8 月公布的《会计研究公报第 51 号：合并财务报表》称，"合并报表的目的是为母公司的股东和债权人列报母公司和子公司的财务状况和经营成果，就好像（as if）该集团是拥有众多分公司的单一公司"。该公报是以"合并报表比单独报表更有意义"为假设前提（presumption）的。该公报所引发的争议至今尚未平息。

鲸鱼不是鱼。合并报表也不是财务报表。原因在于三个方面。第一，企业集团不是从事经营活动的民事主体。在法律地位上，企业集团本质上是由母公司（即控股企业）牵头、以集团章程为纽带而形成的企业法人联合体。它仅仅对该集团内的母公司、子公司、参股公司以及其他成员单位有意义。第二，会计要素的概念不适用于企业集团。财产权利（资产）和债务（负债）是就民事主体而言的，必须首先界定民事主体，然后才能界定该民事主体的财产权利和债务。而"企业集团"[1]并非民事主体，它"好像"而并非真正是单一公司。因此，列报企业集团的资产和负债的报表并无公信力。收入和费用的概念仅仅对

---

1 "企业集团"（group）是母公司及其子公司的合称。有些注册为"（集团）有限责任公司""（集团）股份有限公司"的公司本身只是独立注册的企业法人，其实质是单一法人——控股公司，它和它的子公司才是通常所称的企业集团。

特定的独立经营主体而言才有意义，在我国，独立经营主体应当具有独立的企业营业执照或企业法人营业执照。而企业集团并非法律意义上的独立经营主体，因此，列报企业集团的收入和费用的报表并无公信力。所得税这一概念仅仅对于持有税务登记证的经营主体而言才有意义，而企业集团并非经营主体。由于企业集团并不是纳税人，因此，"所得税""净利润""税后利润"等概念不适用于企业集团。这就是说，资产负债表、利润表等会计概念不适用于企业集团。

第三，合并报表有悖于会计原理和立法理念。就会计原理而论，合并报表是以母公司报表和子公司报表的汇总数字为基础，抵销内部交易的影响后编制而成的。它所列示的数据缺乏原始凭证、账簿数据的支持，这与强调原始凭证的会计原理相悖。就会计法所规定的会计程序而论，财务报表是独立核算的记账主体对自己实际发生的经济业务事项的记载。各单位必须根据实际发生的经济业务事项进行会计核算，填制会计凭证，登记会计账簿，编制财务会计报告。任何单位不得以虚假的经济业务事项或者资料进行会计核算。会计核算必须填制或者取得原始凭证，记账凭证应当根据经过审核的原始凭证及有关资料编制，会计账簿必须以经过审核的会计凭证为依据进行登记，财务会计报告应当根据经过审核的会计账簿记录和有关资料编制。作为对比，企业集团本身并非从事经营活动的主体，因此，合并报表并不是对单一主体实际发生的经济业务事项的记载。合并报表的编制不是会计程序的产物，而是在缺乏法律证据的情况下，在若干份财务报表的基础上编制的金融分析报表。

域外理论为了推广合并报表，宣称"法律主体一定是会计主体，会计主体不一定是法律主体"，试图借此来论证把企业集团视为会计主体的合理性，进而论证把合并报表视为财务报表的合理性。但这种论证存在循环论证、偷换概念等逻辑问题，不过是欲盖弥彰。目前，"会计主体"的定义仍未取得共识。会计主体是针对拥有独立的法律地位的单位（如企业本身）而言的，资产、负债、收入、费用等会计要素必须针对明确的会计主体；其内部机构

（如车间、分厂、分公司等）并不拥有独立从事经营活动的法律地位，因而，并不是惯常意义上的会计主体。在这个意义上，独立的会计主体一定是法律主体，而法律主体一定是独立的会计主体。综上可知，企业集团既非法律主体，也非会计主体。

合并报表在理论上存有争议，在实践中也存在不少问题。有些学者认为，合并报表主要对母公司的股东和潜在投资者具有一定参考价值，但对合并各方的债权人和子公司的少数股东只有有限的用途。虽然会计准则标榜自身是为投资者服务的，但证券分析师却常常猛烈抨击合并报表。他们认为，对于多元化经营的控股企业来说，其跨行业集团的合并报表包罗万象，不能用于比较分析、行业分析，那合并报表究竟有什么用途呢？或许分部报告更实用一些。

耐人寻味的是，《会计研究公报第51号：合并财务报表》是会计程序委员会的21位委员一致投票通过的，但是，9位委员投赞成票时提出了保留意见，他们的保留意见收录于该公报的最后。有委员提出，以持股比例超过50%作为合并范围的界定标准，是比较武断的，在很多情况下，持股比例不到50%的企业也应纳入合并范围。还有委员提出，该公报的合并政策有缺陷，因为它纵容企业不把某些子公司纳入合并范围。[1]

 专栏 5-17

合并报表之路

在美国，合并报表是随着1900—1930年公司间投资和控股公司（holding company）的兴起而逐渐引起关注的。

1890年的《谢尔曼反托拉斯法》（Sherman Antitrust Act）禁止合营（pools）和托拉斯（trusts）等对贸易构成妨碍的企业合并。控股公司遂得

---

1 该公报允许暂时控制的子公司、控股股东并不拥有控制权的子公司（如进入破产清算或重组程序的子公司）和从事银行业或保险业的子公司不予合并。

以兴起，其中包括标准石油、美国钢铁、杜邦和柯达等公司。垄断机构希望通过控股公司的组织架构避免遭到反托拉斯诉讼，因为控股公司是通过股权控制成员的，而成员企业在法律上依然保持独立性，这与注销成员企业法人资格的企业购并（merger）相比似乎更合乎反垄断法的要求。

但法院的判决很快就击碎了这种幻想，一些违反《谢尔曼反托拉斯法》的控股公司被判解散。1911年标准石油公司就落此下场。

1914年，《克莱顿反托拉斯法》宣布，若跨州收购股权的行为对产业竞争构成妨碍，将被认定为非法。因此，相互竞争的企业便无法通过相互投资进行合并，无论其目的是不是形成垄断组织。有意思的是，该法并不禁止相互竞争的企业进行购并，因为购并是通过整体购买资产的形式而不是购买股权的形式进行的。

尽管有上述两项联邦反垄断法的限制，公司间的股权投资和购并依然是20世纪企业合并的两种主要形式。

虽然美国钢铁公司并不是第一个公布合并报表的公司，但它自1902年起公布合并报表的做法却起到了推广合并报表并使之获得认可的作用。此前，美国钢铁公司所公布的母公司报表中仅仅把它从子公司那里收到的股利列入利润表。

有人认为，通过把成员企业的业绩纳入合并报表，美国钢铁公司试图在政府的反托拉斯行动面前证明，更高的合并盈余和合并资产意味着更高的效率和更好的财务状况——它已经掌控美国60%的钢铁产能。

美国钢铁公司的合并报表得到了它聘请的审计机构普华会计公司的热烈支持。普华会计公司在20世纪上半叶居于行业领先地位，其审计师迪金森和迪克西均支持美国钢铁公司的做法，他们宣称，仅仅把子公司发放的股利确认为盈余的做法会形成误导，在子公司持续亏损的情况下更是如此。

　　20 世纪 20 年代，除了公共会计师行业以外，投资银行家协会和纽约证券交易所等方面也呼吁采用合并报表，纽约证券交易所要求上市公司要么公布合并报表，要么同时公布母公司报表和重要的子公司报表。税法曾于 1917 年要求提供合并报表（但后续立法有所改变），这有助于财务报告和税务报告对合并报表保持一致的态度。

　　合并报表变成大路货之后，各种理论才争相冒出来解读合并报表之意义。早期的争论之一是，究竟应该把合并范围限定于持有多数股权的那些子公司，还是不管持股比例而合并所有被共同控制的公司。这一争议也是财务会计准则委员会最近的讨论稿中最重要的问题。

　　资料来源：Paul Pacter, Andrew J. Rosman, "The Debate over Consolidating Statements: The Road to the DM on Consolidated Financial Statements," *Financial Executive,* 1992, 8(2): 22-27.

三、准备金会计的出笼

　　19 世纪末，美国尚未形成全国性的资本市场，资本市场以地方性、区域性市场为主。企业周转所需资金的融资渠道主要是短期银行借款。这一时期，公共会计师行业主要以商业银行为行业利益的庇护者，通过为企业的资产负债表做证明来谋生存，以至于周转资本的安全边际和 2∶1 的流动比率成为银行授信的标准。该时期公共会计师的工作是验证资产负债表中的流动资产和流动负债。对于商业银行来说，它们需要了解发生预期损失（而不是利润）的可能性，喜欢按存货的成本与市价孰低法有意减低贷款申请人的账面价值，鼓励计提坏账准备。它们提出了谨慎性原则的要求，公共会计师这个中介行业便按客户的需要，把谨慎性原则列入了自己的职业信条。[1]

　　在谨慎性原则下所记载的数字缺乏原始凭证的支持，因此，依会计原理即

---

1 ［美］查特菲尔德：《会计思想史》，文硕等译，中国商业出版社，1989，第 191—192 页。

可完全否定谨慎性原则的合理性。但这一原则却被公共会计师行业一而再再而三地予以推广。第二次世界大战结束后的通货膨胀使得企业管理层开始批评历史成本会计，他们说利润被"高估"了。对此，会计程序委员会给出的解决办法是推出"准备金会计"（reserve accounting），允许企业管理层针对或有事项、存货和战争善后事项等记录准备金，这样他们就能自如地对盈余数字进行"管理"。如 1946 年 10 月公布的《会计研究公报第 26 号：使用特殊战争储备的会计处理》、1947 年 7 月公布的《会计研究公报第 28 号：一般准备金的会计处理》和 1947 年 10 月公布的《会计研究公报第 31 号：存货的准备金》。美国证监会对会计程序委员会允许公司设置"未来损失准备金"的做法非常愤慨。[1]

准备金会计是植入证券监管制度中的特洛伊木马。公认会计原则的制定者在推出准备金会计时，一再反对计提秘密准备，这简直可以跟"此地无银三百两"相媲美。

四、会计规则制定者对通货膨胀的反应

面对严重的物价上涨，美国会计师协会于 1947 年设立了由 40 多人组成的企业收益研究组（Study Group on Business Income），该研究组的主要成果是针对多种不同的收益计量方法的可行性进行评价。在乔治·梅的动员下，美国会计师协会和洛克菲勒基金会共同对该项研究提供资助。乔治·梅任研究组顾问。在项目执行的五年里，研究组大约由 40 ~ 50 名成员组成，包括会计师、律师、经济学家和企业家。该研究组形成了包括乔治·梅 1949 年的《企业收益与物价水平：一项会计研究》（*Business Income and Price Levels: An Accounting Study*）等三部专著。

1952 年，企业收益研究组提交研究报告《企业收益概念的变迁》（*Changing*

---

1 Gary J. Previts and Barbara D. Merino, *A History of Accountancy in the United States: The Cultural Significance of Accounting* (Columbus: Ohio State University Press, 1998), pp. 304-305.

Concepts of Business Income）。该报告主要由乔治·梅执笔，是77岁的乔治·梅参与的最后一个重大项目。该报告的核心建议是，会计报告目前仍应以历史成本为重点，但是，应逐步考虑物价水平，进行购买力平价调整。该报告建议采用补充报告反映物价变化。但研究组有八位代表表示反对，其中包括美国证监会、联邦贸易委员会和联邦电力委员会的现任首席会计师，以及美国证监会前首席会计师布劳和沃恩茨。

1953年，会计程序委员会公布的《会计研究公报第43号：会计研究公报重述与修订》重申了历史成本会计的立场。美国证监会否定了美国钢铁公司以《会计研究公报第33号：折旧与高成本》为借口、按照重置成本计提折旧的做法，却默许了克莱斯勒公司采用加速折旧法。这使得积极推行重置成本理念的乔治·梅很沮丧。

企业收益研究组虽然没有对会计程序委员会产生多大影响，却开启了规范研究[1]的"黄金时代"[2]。随后，20世纪60年代涌现出了大批新颖的学说，公允价值会计理念再度抬头。

第五节　会计程序委员会被会计原则委员会取代

一、会计程序委员会面临的矛盾

会计史学家斯蒂芬·泽夫认为，会计程序委员会由于未能处理好五个方面的矛盾，最终导致了自身的解体。第一，会计程序委员会内部存在严重分

---

[1] 规范研究（normative research）又称规范分析（normative analysis），注重特定规则的"应然"状态，即"应当是什么样的"，较多采用逻辑分析方法。这与20世纪60年代兴起的经验研究（empirical research）存在差异。后者又称经验分析（empirical analysis），注重特定规则的"实然"状态，即"现状或后果是什么样的"，较多采用统计分析软件来进行，如实证会计研究（positive accounting research）。

[2] Gary J. Previts and Barbara D. Merino, *A History of Accountancy in the United States: The Cultural Significance of Accounting* (Columbus: Ohio State University Press, 1998), pp. 305-306.

歧，各大会计公司难以就会计基础理论问题达成一致。第二，美国主计长协会（Financial Executives International 的前身）抱怨公司管理层缺乏参与准则制定过程的机会。自 1938 年起，会计程序委员会的委员全部是由注册会计师和学者构成的，由于学者们大多为美国会计师协会会员，因此，会计程序委员会席位实际上被公共会计师行业垄断了。第三，社会舆论认为会计程序委员会比美国会计学会保守，尤其在物价变动比较严重的情况下，学术界倡导物价变动会计和综合收益的主张更能讨好社会公众。第四，公共会计师行业的领军人物斯派塞克屡屡发表演说谴责会计程序委员会屈从于实业界的压力。第五，美国证监会对会计程序委员会的表现不太满意，两者在几个问题上产生了争执。[1] 美国证监会反对跨期分摊所得税费用，但会计程序委员会却一意孤行。美国证监会（主要是首席会计师）倾向于采用总括收益观，而会计程序委员会支持当期经营业绩观。[2] 美国证监会倾向于减少乃至删除备选的会计方法，而会计程序委员会并未尽量消除备选方法。美国证监会反对将物价变动的影响计入利润表、反对记录资产的升值，而会计程序委员会中的某些成员极力提出相反的主张。[3]

二、斯派塞克的批评

20 世纪 50 年代初，开始有批评意见提出，会计程序委员会的研究方法过于小打小闹，其意义有限。这些批评大多来自学术界，学者们认为那种聚焦于实务操作的会计准则制定程序是不充分的。流行期刊中刊发了大量文章，谴责会计师们提供的是"误导性的"财务报告。执业注册会计师们大可不必

---

1 美国证监会发布的会计系列公告第 50、53、70 和 76 号均有别于会计程序委员会公布的会计研究公报。

2 会计程序委员会 1947 年 12 月发布的《会计研究公报第 32 号：利润与盈余公积》采用的是当期经营业绩观，要求在净利润之外另行列报非常损益，其目的是使利润表更具可比性。而美国证监会 1959 年发布的 S-X 条例修正版采用的是总括收益观。

3 Stephen A. Zeff, "Some Junctures in the Evolution of the Process of Establishing Accounting Principles in the U.S.A.: 1917-1972," *The Accounting Review*, 1984, 59(3): 447-468.

理会学术界的批评，事实上他们也是这么做的。但是，当公共会计师行业的精神领袖、安达信会计公司管理合伙人伦纳德·斯派塞克出面批评会计程序委员会时，这事就必须有个说法了。

1947 年，当安达信会计公司的创始人阿瑟·安达信逝世时，许多杰出的商界领袖都希望这家公司在失去创始人之后自行解散，以保持公司原有的声誉。因为安达信在此之前单独管理这家企业超过了 40 年。然而，在经历几个月的内部混乱和争议之后，安达信会计公司剩下的合伙人一致同意，由安达信最信任的同事和弟子斯派塞克继任管理合伙人（该公司的最高职务）。斯派塞克 1928 年进入安达信会计公司，与安达信一样，他很快赢得了"一位不说废话、精通专业的审计师中的审计师"的美誉。[1]

诚实正直的斯派塞克一生忠于公共会计师事业，被誉为美国公共会计师行业的"独行侠""牛虻"。他常常以睿智且富有激情的演说，号召业界同人努力向公众提供具有公信力的信息。

（一）斯派塞克批判会计规则的弹性化

1956 年，一言九鼎的斯派塞克加入批判会计程序委员会的行列，称其公布的会计研究公报是"公认的陈旧过时的会计原则"（generally accepted and antiquated accounting principles）。[2] 这一来自堡垒内部的批评成为会计程序委员会不能承受之重。作为对这种批评的回应，美国会计师协会会长马奎斯·G. 伊顿（Marquis G. Eaton）于 1956 年组建了一个委员会，专门就公共会计师行业的长远发展目标展开研究。[3]

---

1 ［美］迈克尔·C. 克纳普：《当代审计学：真实的问题与案例》（第 5 版），孟焰等译，经济科学出版社，2006，第 5 页。

2 Gary J. Previts and Barbara D. Merino, *A History of Accountancy in the United States: The Cultural Significance of Accounting* (Columbus: Ohio State University Press, 1998), pp. 310-311.

3 ［美］加里·J. 普雷维茨、［法］皮特·沃顿、［澳］皮特·沃尼泽编《世界会计史：财务报告与公共政策（美洲卷）》，陈秧秧译，立信会计出版社，2015，第 123 页。

1957 年 6 月，美国会计师协会（American Institute of Accountants，AIA）更名重组为美国注册会计师协会（American Institute of Certified Public Accountants，AICPA）。

同年 8 月 27 日，斯派塞克在于威斯康星大学召开的美国会计学会年会上发表演说，痛斥多种会计规则并存的现状，呼吁建设富有理论依据的会计原则。他提出了创立"会计法庭"（accounting court）的建议，对会计程序委员会的重大缺陷进行了强烈鞭挞。[1]

 专栏 5-18

伦纳德·P. 斯派塞克

伦纳德·P. 斯派塞克（Leonard P. Spacek，1907—2000），公共会计师行业的领袖人物。他认为，会计的目标是向社会公众提供"事实"（facts）。他在 1957—1958 年发表演说谴责会计程序委员会的失当性，导致了会计原则委员会的诞生。他随即被选入会计原则委员会。

斯派塞克 1907 年生于艾奥瓦州。由于家境艰难，他很小就开始做工。1924 年，他还没有高中毕业就到艾奥瓦州电力公司会计部工作，工作期间在夜晚继续学习高中课程。斯派塞克参加了柯伊学院（Coe College，1926—1927）、芝加哥大学（1930—1932）的夜校学习，但未获得学位。后来通过函授学习，于 1940 年达到了该州的注册会计师报名条件。1928 年进入安达信会计公司的芝加哥办公室，1934 年任经理。1940 年获得伊利诺伊州注册会计师执业资格，同年成为安达信的合伙人。1947 年被选为

---

1 Leonard Spacek, "The Need for an Accounting Court," *The Accounting Review*, 1958, 33(3): 368-379.

公司的第二任管理合伙人（第一任管理合伙人是公司创始人安达信，当时已故去），当时年仅 40 岁。1963 年当选为合伙人主席，1970 年当选为高级合伙人，1973 年退休。曾任美国注册会计师协会麾下的会计原则委员会的委员（1960—1965），美国注册会计师协会基本会计假设研究的项目顾问委员会委员、商誉研究委员会主席。他曾在 70 余个民间组织、教育团体和政府机构任职。他撰写了无数篇论文，发表了 200 余场演说。

斯派塞克 1967 年获得美国国家教育学院（National College of Education）的人文学名誉博士学位，1974 年发起成立成本会计准则委员会（Cost Accounting Standards Board）。1978 年获得西北大学的人文学名誉博士学位，同年，西北大学以他的名字设立了会计学讲席教授这一头衔。

1947 年安达信去世，由于对安达信家族的所有权有争议，安达信会计公司几乎解体。好在安达信的门生斯派塞克继承了他的衣钵，继续将公司团结在一起，使得安达信会计公司成为世界上最大、最受尊敬的专业服务机构之一。斯派塞克在任期内（1947—1963）带领安达信面向全球谋发展，发扬光大了阿瑟·安达信开创的"诚信高于利润"的传统。1952 年，安达信的会计师们首次帮助通用电气公司（GE）安装了一套电子系统，这是安达信咨询业务的开端。安达信会计公司 1954 年开始在美国成立安达信咨询（Arthur Andersen Consulting），正式进入咨询领域。斯派塞克曾指责拜斯海姆钢铁公司将其 1964 年的利润虚增 60%，还批评美国证监会对公司假账监管不力。在斯派塞克离任后的很长时间里，安达信会计公司仍十分注重公众利益。

斯派塞克去世后不久，安达信会计公司因安然事件而土崩瓦解。

资料来源：Frank Grippo, "Leonard Spacek: Ahead of His Time, Relevant Today," *The CPA Journal*, 2004, 74 (3): 16-17.

《财富》杂志 1960 年 11 月和 12 月两期连载的《审计师来了》一文，绘声绘色地描述了斯派塞克在 1959 年美国注册会计师协会费城会议上舌战群儒的情形，约有 1 000 位注册会计师参加会议。记者敏锐地发现，"一些注册会计师雄心勃勃地谈论会计实践所依据的'原理'，以及会计原则所依据的'假设'，仿佛会计的整个大厦都是按照逻辑原理构造的，就像几何定理那样。然而，在缺乏明确的原则或假设清单的情况下，许多会计实践往往只是临时性发挥而已"。律师在为客户服务的时候，能够获得法律的指导，客户往往不会把自己的理念和想法强加给律师。而注册会计师往往迫于客户的压力从事工作。美国证券市场上的会计规则本质上是按照"八大"会计公司的客户的意愿汇编而成的，当然也就充满弹性空间。报道称，安达信会计公司做了很多努力来唤醒公共会计师行业。[1]

斯派塞克对会计规则过度弹性化的抨击在美国财经界广为人知，同时也招来了同行的嫉恨。作为注册会计师行业杰出的领军人物，斯派塞克一直强调，会计所能够提供的唯有事实。其会计思想可概括如下：**财务报表的目标是向读者提供事实（facts），公平地对待所有的用户，为解决他们的利益冲突提供依据**。而公认会计原则导致只有小圈子里的专业人士才能够拆解财务报表中的事实，社会公众阅读财务报表时难以看到事实；监管是会计的内在含义，公共会计师行业必须履行监管职能，唯如此方能满足股东与社会公众的要求，否则注册会计师审计就应当被政府监管所取代；过于烦琐的会计规则下所形成的利润数字仅仅对于"专家"有意义，对于普通公众毫无意义；公共会计师行业必须尽快纠正错误，回到"提供事实"的正确道路上去。[2] 斯派塞克特别提到了所得税会计、石油天然气会计、养老金会计等公认会计原则

---

1 T. A. Wise, "The Auditors Have Arrived (Part I)," *Fortune*, 1960, 62(5): 151; T. A. Wise, "The Auditors Have Arrived (Part II)," *Fortune*, 1960, 62(6): 144.

2 Leonard Spacek, "Are Accounting Principles Generally Accepted?" *Journal of Accountancy*, 1961, 111(4): 41-46.

所存在的问题。

斯派塞克较早指出，公认会计原则缺乏立论的前提（premise）。可以说，这一直是公认会计原则的关键问题。在没有会计基本原则的情况下，公认会计原则只能靠美国证监会强制推行，变成上市公司的"必要负担"，而不可能是公认的、合理的。这就意味着，缺乏基本原则的公认会计原则永远都不可能成为"良法"。

（二）斯派塞克主张向投资者提供他们能看得懂的会计信息

斯派塞克对注册会计师行业哀其不幸怒其不争。他认为，公认会计原则其实就是在为误导性会计做法提供"权威借口"（authoritative excuses），而不是在阐释合理的会计做法的权威理由。公共会计师行业所制定的公认会计原则，很少专注于为投资者提供充分的信息。实际上，公认会计原则的论证以及行文过程中，极少提及"投资者"字样。斯派塞克对公共会计师行业进行了猛烈的攻击："在我们公共会计师行业看来，财务报表似乎就是提供给投资者的赌盘，如果投资者不理解我们向赌盘中注入的风险，那将是他的不幸。"[1]

斯派塞克认为，公认会计原则的陈词滥调纯属强词夺理，这种连注册会计师都搞不懂其何以得到"公认"的会计规则，极大地损害了投资者的知情权。

斯派塞克主张会计信息应当确保让投资者能看得懂，其观点呼应了美国证监会的主张。1964 年，自 1961 年起担任美国证监会委员的曼纽尔·F. 科恩（Manuel F. Cohen）升任美国证监会主席。他在演讲中公开指出，会计原则委员会在缩小会计差异方面进展过于缓慢，他认为当务之急是删除缺乏合理依据的多样化会计处理规则。

---

1 Leonard Spacek, "Are Double Standards Good Enough for Investors but Unacceptable to the Securities Industry?" in Leonard Spacek, *A Search for Fairness in Financial Reporting to the Public* (Chicago: Arthur Andersen & Co., 1969), pp. 328-331.

斯派塞克关于公认会计原则的缺陷的批评意见是证据确凿、发人深省的。他的演说在注册会计师行业负有盛名，被收录在两部厚厚的装帧精美的文集中。2000 年 9 月，美国证监会主席阿瑟·莱维特在一场著名的演说中还特别提及斯派塞克的演讲文集。莱维特说，为什么现在我们极少听到注册会计师行业的领导人为公众利益说话？找来斯派塞克那本磨旧的厚厚的演讲集读一读吧！看看这位注册会计师行业的空想家是如何谈论注册会计师行业的伟大的社会价值的，这样才能真正理解注册会计师所负有的光荣职责和所享有的重要特权。莱维特这次演说一年之后，安然事件爆发，美国证券市场上的公认会计原则和审计制度成为众矢之的，斯派塞克曾经亲自掌舵的安达信会计公司应声轰然倒下。

斯派塞克是一位有理想、有责任感的注册会计师，他的立场令人敬佩。但他的主张却是难以实现的。公众公司是审计业务约定书的甲方，会计公司是审计业务约定书的乙方。审计业务约定书是甲方购买乙方的专业服务的劳务合同，乙方没有监督能力，何来审计监督之说？

成也萧何，败也萧何。《1933 年证券法》既是注册会计师荣耀之源，也是行业发展的桎梏。在这种"收费审计"的商业化的制度安排下，斯派塞克的理想必然只是空想。乔治·梅之所以反对联邦法律直接干预会计审计，部分也是出于这种考虑。

三、会计程序委员会被会计原则委员会取代

综上所述，会计程序委员会饱受指责，主要原因有三个：其一，它总是采取"救火式"的方法制定公认会计原则，缺乏自己的理论武器；其二，它未能广泛收集企业管理层与证券投资者的意见；其三，它未能有效遏制日益猖獗的误导性财务报告。

1957 年 10 月，阿尔文·R. 詹宁斯（Alvin R. Jennings）在美国注册会计

师协会年会上当选新任会长。他在演讲中称，应当借鉴医学、法律和建筑领域的自然实验思路，基于纯粹理论来制定会计原则，使之避免受到当前的会计实践的束缚。应当设立得力的研究机构，由其研究基本会计假设，并制定权威性公告，为公共会计师行业提供指导。该研究机构提交的公告应当提交给美国注册会计师协会理事会审议。总之，詹宁斯所推行的是理论驱动的工作方案。[1]

12月，美国注册会计师协会任命了一个由公共会计师、上市公司财务经理、美国证监会首席会计师和学者共同组成的研究项目特别委员会。该委员会由哈斯金斯－赛尔斯会计公司的韦尔登·鲍威尔（Weldon Powell）主持。委员会有三名执业会计师，分别是普华会计公司的保罗·格雷迪（Paul Grady）、安达信会计公司的斯派塞克和图什－尼文会计公司的沃恩茨。委员会中来自企业界的两名成员，分别是洛克希德公司主计长达德利·E. 布朗（Dudley E. Browne）和标准保险公司副总裁兼司库阿瑟·M. 坎农（Arthur M. Cannon）。其他委员有伊利诺伊大学会计学教授罗伯特·K. 莫茨（Robert K. Mautz）、美国证监会首席会计师安德鲁·巴尔（Andrew Barr）、美国注册会计师协会研究部主任布劳和刚刚卸任的美国注册会计师协会前会长马奎斯·伊顿。[2]

1958年4月，研究项目特别委员会公布了一份报告，全面贯彻了詹宁斯的思路，主张首先建立基本会计原则或会计假设，然后据此制定会计程序，继而公布详细的公告。

9月，研究项目特别委员会公布了最终报告。建议建立会计原则委员会，取代会计程序委员会，同时建议建立为会计原则委员会提供理论支持的会计研究部。但与詹宁斯的建议不同的是，该最终报告建议授权会计原则委员会

---

1 Martin E. Persson, Vaughan S. Radcliffe, and Mitchell Stein, "Alvin R. Jennings: Managing Partner, Policy-Maker, and Institute President," *The Accounting Historians Journal*, 2015, 42(1) : 85-104.

2 Alvin R. Jennings, "Accounting Research," *The Accounting Review*, 1958, 33(4): 547-554.

与会计程序委员会一样有权独立公布公告，无须经过美国注册会计师协会审议。该报告正确地提出，要通过使会计原则更加合理的途径来使其得到公认，而不是采用强制的办法。因此，解决财务会计领域的问题，需要同时重视假设（postulates）、原则（principles）、规则（rules）和研究这四大方面。[1]

10 月，詹宁斯卸任为期一年的会长职务。

1959 年春，美国注册会计师协会理事会通过了研究项目特别委员会的报告。

9 月 1 日，会计原则委员会（Accounting Principles Board，APB）和会计研究部（Accounting Research Division）成立。会计原则委员会取代了会计程序委员会和术语委员会。哈斯金斯－赛尔斯会计公司的韦尔登·鲍威尔任会计原则委员会主席。[2]

会计原则委员会由 18～21 位委员构成[3]，其中大多数是公共会计师，有少数学者、公务员和实务界人士，其人员构成与会计程序委员会几乎没什么差异，区别在于，会计原则委员会首次吸收了财务经理等实务界人士担任委员。美国注册会计师协会行政委员会坚持要求，"八大"会计公司只能派其管理合伙人出任委员职务，且来自管理合伙人岗位的委员，必须亲自列席会计原则委员会会议，以期保障会计原则委员会的决定能够获得其所在公司的全力配合和支持。[4]但实践证明，管理合伙人无暇从事会计规则相关研究。从 1964 年开始，随着首届委员任期届满，美国注册会计师协会行政委员会不得不允许

---

1 "Report to Council of the Special Committee on Research Program," *Journal of Accountancy*, 1958, 106(6): 62-68.

2 詹宁斯后来接替鲍威尔担任会计原则委员会的第二任主席（1963—1964），其继任者是克利福德·V. 海姆布赫（Clifford V. Heimbucher）。

3 会计原则委员会最初将委员人数设定为 21 人（这也是会计程序委员会时代的委员人数），20 世纪 60 年代中期减少至 18 人。

4 首届会计原则委员会主席韦尔登·鲍威尔是个例外，他是来自"八大"会计公司的委员中，唯一没有担任管理合伙人的委员。前文述及，他此前担任研究项目特别委员会主席。

"八大"会计公司将其代表由管理合伙人替换为高级技术合伙人。

首届会计原则委员会由 18 位委员构成，其中有 12 位执业会计师（其中包括 6 位来自"八大"会计公司的管理合伙人），3 位会计学教授，2 位财务经理，1 位美国注册会计师协会研究部主任。

9 月 11 日，会计原则委员会召开第一次例会，公认会计原则从此进入会计原则委员会的时代。

11 月，曾协助研究部主任卡曼·布劳开展工作的研究部副主任佩里·梅森（Perry Mason）被任命为会计研究部代理主任。1960 年 7 月 1 日，来自加州大学伯克利分校的莫里斯·穆尼茨被任命为会计研究部主任。[1]

四、会计原则委员会的工作方案的局限性

詹宁斯在担任会长期间采取的改革措施，使得会计规则的制定机制在形式上有一定的变化，但在实质上并没有变化。

会计规则仍然是由大企业和大会计公司联手商量出来的。在证券市场会计监管的基本框架没有任何变化的前提下，会计规则的价值导向不会有丝毫的改变。

会计研究部有没有可能发挥指引作用？答案是：完全不可能。这是因为，美国联邦证券法根本就没有规定会计的基本原则。没有法律原则的会计规则是没有灵魂的，它必然陷入散漫无边的窘境。更何况，会计研究部长期由脱离实践的"锐意创新"的学者以及沉溺于实践而难以自拔的公共会计师行业人士主持，人们可以想象，其"研究成果"要么是缺乏可操作性和实用性的天马行空的想象，要么是对客户"懿旨"的精密论证。实际上，罗斯福之后的美国证监会与罗斯福治下的美国证监会只是拥有相同的名字，其人员构成、

---

1 该部门 1963 年由代理主任保罗·格雷迪主持，1964 年由里德·K. 斯托里（Reed K. Storey）接任主任。

执法理念已经发生巨大变化。相应地，1945 年之后的会计规则比 1945 年之前的会计规则更具花样性。[1]除非让证券行业亲自操盘，否则公共会计师行业很难讨得其欢心。会计原则委员会自 1959 年至 1973 年忙活了 14 年，试图垄断公认会计原则的制定，最终还是落得被替换的结局。

---

1 J. Arnold Pines, "The Securities and Exchange Commission and Accounting Principles," *Law and Contemporary Problems*, 1965, 30(4): 727–751.

第六章
1936—1959 年的美国会计学术

1936—1959 年的美国会计学术总体上秉持了美国证监会要求披露事实信息的立场。历史成本会计是会计理论的主旋律。美国会计学会公布了《公司会计准则导论》等深受业界认可的学术成果。利特尔顿 1953 年的《会计理论结构》成为基于归纳法进行理论建构的典范之作。

在会计程序委员会时代，学术界的立场与美国会计师协会大体上是一致的。自 1936 年至 20 世纪 50 年代末，历史成本会计成为学术主旋律，这与 1936 年以前的情形形成鲜明对比。本书认为，美国证监会自成立以来坚决支持历史成本会计理念，是决定性的因素。同时，美国会计学会的公告以及《公司会计准则导论》的深入人心，美国会计师协会总体上能够坚守历史成本会计之传统，也是不可忽视的原因。就史实来看，美国的会计教科书中一度充满了法律条文，遵从法律的会计理论比较盛行。[1]

第一节　美国会计学会的早期成果

一、美国会计学会先后公布的不同版本的会计理论公告概览

1936 年 3 月，更名重组后的美国会计学会公布了它的四大目标：第

---

1 ［美］查特菲尔德：《会计思想史》，文硕等译，中国商业出版社，1989，第 349 页。

一，鼓励和发起会计学术研究，赞助出版研究成果；第二，建立会计原则和准则，谋求企业界、公共会计师（public accountant）、公司会计师（private accountant）和政府机构的采用；第三，推动在企业经营管理和宏观经济调控两个层面上的会计研究；第四，改进会计方法，在更广泛的意义上实现会计行业的社会价值。

随后，美国会计学会陆续公布了一系列关于会计理论的公告（见表6-1）。

表6-1 美国会计学会1936—1957年公布的公告

公布年份	公告名称
1936	影响公司报告的会计原则暂行公告 A Tentative Statement of Accounting Principles Affecting Corporate Reports
1941	公司财务报表的会计原则 Accounting Principles Underlying Corporate Financial Statements
1948	公司财务报表的会计概念与准则 Accounting Concepts and Standards Underlying Corporate Financial Statements
1950	补充公告1：资本公积与留存收益 Supplementary Statement No.1: Reserves and Retained Income
1951	补充公告2：物价变动与财务报表 Supplementary Statement No.2: Price Level Changes and Financial Statements
1951	补充公告3：流动资产与流动负债 Supplementary Statement No.3: Current Assets and Current Liabilities
1952	补充公告4：会计原则与应纳税所得额 Supplementary Statement No.4: Accounting Principles and Taxable Income
1953	补充公告5：会计更正 Supplementary Statement No.5: Accounting Corrections

续表

公布年份	公告名称
1953	补充公告 6：存货估价与物价变动 Supplementary Statement No.6: Inventory Pricing and Changes in Price Levels
1954	补充公告 7：合并财务报表 Supplementary Statement No.7: Consolidated Financial Statements
1954	补充公告 8：公开发表的财务报告的披露准则 Supplementary Statement No.8: Standards of Disclosure for Published Financial Reports
1957	公司财务报表的会计与报告准则 Accounting and Reporting Standards for Corporate Financial Statements

上述美国会计学会的公告和补充公告每一份都反映出写作时的思想和情况，对它们进行比较，则可以看出 20 世纪 30—50 年代的会计理论发展。1936 年和 1941 年的公告以及 1948 年公告的一部分及其补充公告都在试图改正会计职业界的不法行为。这些文件认为某些会计实务存在削弱财务报表价值的问题。其中，前三份公告反映出公告编制者对会计师在编写报告时使用主观判断的做法是持怀疑态度的。"检查一下 20 世纪 20 年代和 30 年代初期的会计实务，就肯定可以提供这种怀疑的可靠根据。但遗憾的是，这种怀疑并未导致完善的会计理论的发展。"[1]

二、美国会计学会 1936 年的公告

1936 年 6 月，美国会计学会在其会刊《会计评论》中公布了首份关于会

---

1 ［美］亨德里克森:《会计理论》，王澹如、陈今池编译，立信会计图书用品社，1987，第 51 页。

计理论的公告——《影响公司报告的会计原则暂行公告》。[1] 该公告只有 4 页半，共分 3 章，各章标题分别是成本与价值（Costs and Values）、收益计量（Measurement of Income）、资本与盈余（Capital and Surplus）。其中定义了若干会计科目，列举了 20 条原则，提出了划分缴入资本与留存收益、正常收益与非正常收益的界限等。该公告批评了 20 世纪 20 年代（股市崩盘之前）公众公司的错误做法，竭力维护历史成本理念，确立了"会计乃是原始成本的分配过程"的思想。

《影响公司报告的会计原则暂行公告》由美国会计学会 1936 年行政委员会组织撰写。1936 年行政委员会成员包括：会长埃里克·L. 科勒，副会长霍华德·C. 格里尔（Howard C. Greer）、乔治·A. 麦克法兰（George A. MacFarland），副会长兼研究部副主任阿纳尼亚斯·C. 利特尔顿（Ananias C. Littleton），秘书长兼司库雅各布·B. 泰勒（Jacob B. Taylor），研究部主任威廉·佩顿。

1936 年 2 月，美国会计学会会长、供职于安达信会计公司的埃里克·科勒撰写完成了该公告的草稿。阿纳尼亚斯·利特尔顿和威廉·佩顿负责协助埃里克·科勒完成这项工作。4 月，美国会计学会行政委员会举行了两次会议对该草稿进行讨论，然后交给埃里克·科勒和霍华德·格里尔起草正式公告。经过反复讨论修改，美国会计学会于 6 月开会定稿，在此过程中，美国会计学会行政委员会前会长罗素·史蒂文森为协调大家的意见分歧作出了重要贡献。历经 4 个月的密集讨论，这份 4 页半的公告终于得以公布。[2] 这是美国会计学术界首次就会计原则和惯例发声。

---

1 "A Tentative Statement of Accounting Principles Affecting Corporate Reports," *The Accounting Review*, 1936, 11(2): 187-191.

2 Stephen A. Zeff, *The American Accounting Association: Its First 50 Years*, The American Accounting Association, 1966, pp. 42-45.

专栏 6-1 ————————————————————

《影响公司报告的会计原则暂行公告》论点摘录

A TENTATIVE STATEMENT OF ACCOUNTING PRINCIPLES AFFECTING CORPORATE REPORTS

F̲ollowing the publication of A Statement of Objectives of the American Accounting Asso-ciation in the March issue of THE ACCOUNTING REVIEW, the Executive Committee, governing body of the Association, has authorized the publication of the appended tenta-tive statement of accounting principles, relating primarily to corporate reports.

In the present statement the Committee has attempted to set forth some of the bases upon which accounting statements rest; it has not tried to establish the postulates of all accounting theory and procedure. The following should be regarded as an experimental formulation of principles having application to perhaps the most significant part of the accountant's field of endeavor. It is hoped that their publication may arouse discussion and that a more comprehensive formulation will develop.

In the drafting of the present statement, aid was sought and secured from the Association's Advisory Committee, and a majority of the members have approved it. The statement has benefited from the Committee's discriminating criticisms.

Comments by readers on this statement will be welcomed by the Editor.

The most important applications of accounting principles lie in the field of corporate accounting, particularly in the preparation of published reports of profits and financial position. On the interpretation of such reports depend so many vital decisions of business and government that they have come to be of great economic and social significance.

Every corporate report should be based on accounting principles which are sufficiently uniform and well understood to justify their forming of opinions as to the condition and progress of the business enterprise behind it. No layman on casual inspection of a set of financial statements can arrive at a thorough understanding of a corporation's affairs; but it should be possible for a person moderately experienced in business and finance to examine such statements with the expectation of deriving from them the basic facts on which at least tentative business judgments may be premised.

Standards of public-accounting practice already established provide for uniformity in audit procedures and in the treatment of numerous items entering into balance sheets and statements of profit and loss. Instances of inadequate verification of primary data are noteworthy because of their relative infrequency. There are, however, a number of rather fundamental questions of principle which have not been solved in understandable terms. These questions require constructive answers.

The subject may be approached by considering the features of corporate accounting practice, as reflected in published financial statements, that involve such uncertainties as to render accounting information frequently valueless for purposes of comparison as between corporate enterprises, or even as between successive financial statements of the same enterprise. The difficulties encountered are found to center chiefly in the following aspects of corporate accounting:

A. Costs and values
B. Measurement of income
C. Capital and surplus

□企业管理层和政府机构的很多决策都依赖于财务会计报告，会计对于经济社会具有重要意义。

□对原始数据（primary data）的验证不够充分的问题值得关注。

□会计人员在任何给定时间点对实物资产计价时，都要确定资产的**原始成本**（original cost）中，哪些属于应予冲销的，已经消耗、过期或失去使用的价值的部分，哪些属于应当结转至以后期间的，可以合理地适用于未来的运营的部分。

□如果企业要在财务报表中引用摊余成本（amortized costs）以外的数据，则只能将其列为附属性参考信息。

□公司的定期财务报表应当连续符合单一的协调的会计理论。报表的目的是从财务角度表达对公司财务资源的利用情况，及其所导致的债权人和投资者利益的状况变化。因此，**会计在本质上不是一个估值的过程，而是把历史成本和收入在若干会计期间内进行配比，从而计算收益的过程。**

□币值的变动可能会导致原先记载的成本信息的有用性有所下降。但是，没有合理的理由支持那种不断调整账面数据的做法。现行的根据物价水平和企业经营前景定期调增或调减资产账面数据的做法是不合适的。

□损益表应当分为两部分：一部分反映真实的业绩；另一部分反映已实现的资本利得或损失和异常损益。

□因资产折旧、消耗和过期而产生的成本都应予以确认，即使其金额没有经过精确计量且必须依赖于估计的情况下也是如此。

□不应在某些时期内创建大量业务准备金，用以冲减以后期间的损失，从而扭曲或人为地稳定一系列期间的损益表。为应急或其他目的的预留的盈余公积应当保持原封不动，由或有事项引起的损失应在发生时计入当期损益。

该公告提出了三个值得关注的理论主张：一是会计记录应当基于成本而不是价值；二是利润表应当全面体现收益概念；三是应当对实收资本和累计收益做出明确区分。后两个理论主张在 1936 年还没有被普遍地接受。[1]

《影响公司报告的会计原则暂行公告》指出，当时许多公司根据资产市价变化或预期的业务发展情况记录资产的增值或贬值，导致财务报表成了大杂烩。该暂行公告还反对通过各种准备项目任意调节财务业绩、人为熨平业绩波动的做法。不难看出，这些问题至今仍然是困扰证券监管的现实问题。这就说明，有了会计准则之后，会计操纵与此前并没有什么两样。合规操纵是资本市场上的永恒主题。在美国证券市场上，会计改革兜兜转转，一切又回

---

1 Stephen A. Zeff, *The American Accounting Association: Its First 50 Years*, The American Accounting Association, 1966, p. 45.

到从前。

总体而言，《影响公司报告的会计原则暂行公告》源于实践而且能够指导实践，其价值导向与之前学者们各执一端的价值导向具有重大差异，在会计思想史上具有重要价值。美国证监会首席会计师卡曼·布劳赞扬该公告是对会计界的真实贡献。[1]

美中不足的是，这份只有 4 页半的公告没有足够的篇幅充分阐释其理论依据，所提出的综合收益的理念缺乏实践基础，受到了会计管理工作者和公共会计师的猛烈抨击。

哈斯金斯－赛尔斯基金会（由哈斯金斯－赛尔斯会计公司设立）的阿瑟·卡特曾委托桑德斯、哈特菲尔德和道格拉斯评论美国会计学会 1936 年的这份公告。道格拉斯于 1936 年出任美国证监会委员（1937 年出任美国证监会主席），遂推荐他在耶鲁大学的同事摩尔代替他。桑德斯、哈特菲尔德和摩尔合著的《会计原则公告》猛烈地抨击了美国会计学会提出的综合收益概念。对此，佩顿回应说，《会计原则公告》并没有提出新东西，顶多算是一份"会计实务说明书"，只不过在脚注上引用了哈特菲尔德教授的观点罢了。[2]

三、美国会计学会 1941 年和 1948 年公布的公告及其后续补充公告

针对《影响公司报告的会计原则暂行公告》，美国会计学会分别于 1941 年和 1948 年推出两个修正版，在修正版中延续了原有立场。

1. 1941 年公布的《公司财务报表的会计原则》

美国会计学会行政委员会于 1941 年决定授权修订 1936 年的公告。会长亨利·T. 张伯伦（Henry T. Chamberlain）任命由 1936 年公告的主要起草人埃

---

1 Carman G. Blough, "The Need for Accounting Principles," *The Accounting Review*, 1937, 12(1): 30-37.

2 加里·约翰·普雷维茨、巴巴拉·达比斯·莫里诺：《美国会计史——会计的文化意义》，杜兴强等译，中国人民大学出版社，2006，第 303—306 页。

里克·科勒、威廉·佩顿、霍华德·格里尔、阿纳尼亚斯·利特尔顿，美国会计学会行政委员会委员罗伯特·L.狄克逊（Robert L. Dixon）、赫伯特·F. 塔格特（Herbert F. Taggart），以及布劳和西德尼·G.温特（Sidney G. Winter）组成项目委员会。其中科勒任主席，科勒、利特尔顿同时也是1941年行政委员会委员。[1]

《公司财务报表的会计原则》于1941年6月发布，仅对1936年的公告进行了文字表述方面的修改，其主要观点没有变化。[2]部分观点的表述比1936年公告更为明确或略有拓展。比如，《公司财务报表的会计原则》提出，发现价值（discovery value）、木材粗度的增长（timber growth）等增值形式通常不应确认为已实现收入，房地产因市场价格变动而形成的升值或增值不应构成已实现收入。

2. 1948 年公布的《公司财务报表的会计概念与准则》

1946年，美国会计学会任命由赫伯特·E.米勒（Herbert E. Miller）任主席，赫尔曼·C.米勒（Hermann C. Miller）、保罗·J.格雷伯（Paul J. Graber）、托马斯·W.利兰（Thomas W. Leland）、詹姆斯·R.麦科伊（James R. McCoy）和黑尔·L.纽科默（Hale L. Newcomer）任委员的特别委员会，对《公司财务报表的会计原则》进行修订。

1948年10月，《公司财务报表的会计概念与准则》公布，沿用了1936年公告和1941年公告的立场和观点。[3]该公告的标题中不再使用1936年和1941年的公告所采用的"原则"一词，而是改为"准则"一词。

由于写作班子都是新的，因此文件在结构和表述上都有所变化。文件

---

1 Stephen A. Zeff, *The American Accounting Association: Its First 50 Years,* The American Accounting Association, 1966, p. 50.

2 "Accounting Principles Underlying Corporate Financial Statements," *The Accounting Review,* 1941, 16(2): 133-139.

3 "Accounting Concepts and Standards Underlying Corporate Financial Statements: 1948 Revision," *The Accounting Review,* 1948, 23(4): 339-344.

结构改为四个部分：资产；利润（Income），包含收入（Revenue）和费用（Expense）两部分；负债和所有者利益（Liabilities and Stockholders' Interest）；财务报表。该文件的以下优点值得关注：第一，文件中的提法更多地使用了法学术语，如财产、证据等；第二，强调了会计信息在微观和宏观层面上的意义，没有偏袒投资者；第三，所提及的公允市价是指企业的法律行为所涉及的公平市价，作为对比，现在所流行的公允价值（fair value）指的是别人的交易价格；第四，所称"利润是指净资产的增长"，是针对严格按照法律事实，没有预期项目的情况而言的；第五，只承认法律或合同所约定的从留存收益中提取的准备金项目，而且该准备金不影响企业的利润总额或净利润。

 专栏 6-2

《公司财务报表的会计概念与准则》观点摘要

□鉴于有很多方面的决策依赖于对公司报告的解读，因此必须制定统一的、客观的、定义明确的准则，以便那些关心某一企业乃至关心国民经济问题的人们使用公司报告。

□资产或经济资源，是指企业的有形财产（tangible property）和无形财产（intangible property）。

□必须根据可获得的客观证据（objective evidence）来确定成本。客观证据包括现金支出金额或者非现金对价的公允市价（fair market value）。

□企业利润（income）是指其净资产（资产减去负债的余额）的增长，以收入（revenue）与支出（expense）之差衡量。

□无须精确计量的费用应基于确定且一致的特征进行估计，并且应合理地与行业内的通常做法保持一致。

□公司中的权益共分两类：一类是负债，另一类是所有者利益

（stockholders' interest）。

　　□ 推荐企业通过括号内的注释或脚注披露对留存收益（retained income）的分配限制。法律或合同所要求的准备金应从留存收益中创建，并在履行其使命后按相同金额恢复至留存收益。计入留存收益的利润或净利润的金额，不应受上述准备金的计提和注销的影响。

　　□ 如果有实质性客观证据（substantial objective evidence）证明资产的价值远高于其成本，此类信息可在脚注或补充的表格中予以说明。

　　□ 企业应当披露由于财务会计和税收会计差异而产生的重大税收后果。

3. 1950—1954 年公布的补充公告

　　1949 年，美国会计学会任命了一个专门委员会——会计概念和准则委员会（Committee on Concepts and Standards Underlying Corporate Financial Statements）去讨论财务报告的特殊问题，这个委员会随后在 1950—1954 年间共公布了八份补充公告。[1] 部分补充公告说明如下。

　　（1）补充公告 2。汹涌袭来的通货膨胀显然也让美国会计学会感到困扰。1951 年 8 月 1 日公布的《补充公告 2：物价变动与财务报表》提出了如下观点：在会计发展的现阶段，主要财务报表应继续反映历史美元成本（historical

---

1 "Supplementary Statement No.1: Reserves and Retained Income," *The Accounting Review*, 1951, 26(2): 153-156; "Supplementary Statement No.2: Price Level Changes and Financial Statements," *The Accounting Review*, 1951, 26(4): 468-474; "Supplementary Statement No.3: Current Assets and Current Liabilities," *The Accounting Review*, 1952, 27(1):15; "Supplementary Statement No.4: Accounting Principles and Taxable Income," *The Accounting Review*, 1952, 27(4): 427-430; "Supplementary Statement No.5: Accounting Corrections," *The Accounting Review*,1954, 29(2): 186-187; "Supplementary Statement No.6: Inventory Pricing and Changes in Price Levels," *The Accounting Review*, 1954, 29(2): 188-193; "Supplementary Statement No.7: Consolidated Financial Statements," *The Accounting Review*, 1955, 30(2): 194-197; "Supplementary Statement No.8: Standards of Disclosure for Published Financial Reports," *The Accounting Review*, 1955, 30(3): 400-404.

dollar costs）；有理由相信，如果可以开发出一种实用且实质上统一的计量和披露方法，那么披露币值变动对财务状况和经营成果的影响可能是有用的；应当把美元币值变动的会计影响列为有待深入研究和实验的主题。

（2）补充公告 4。1952 年 8 月 1 日公布的《补充公告 4：会计原则与应纳税所得额》提出，税法不应对会计原则或公开的财务报告所采用的会计处理方法做出规定。会计原则和报告方法的体系应从广泛的公共利益的需求和用途演变而来。公司会计惯例应完全受公认会计原则支配，而不论根据税法规定应如何计量应纳税所得额。该补充公告认为，自从 1913 年美国根据宪法第十六修正案颁布第一部所得税法以来，税法很少认可现行的会计规则。1913年的所得税法在很大程度上是根据现金收入征税的。但 20 世纪 50 年代初，税法已经逐步认可企业所采用的会计方法。当时的《税法》第 41 条规定，净利润应根据纳税人的年度会计期间（会计年度或日历年，视情况而定）其账簿中经常采用的会计方法计算，如果没有采用常用的会计方法，或者如果所采用的方法不能清楚地反映企业的利润，则应按照税务专员认为可以清楚反映利润的方法进行计算。但是，会计净利润和应纳税所得额之间的差距仍在扩大。该公告认为，应纳税所得额（taxable income）与会计净利润（accounting net income）之间的差异通常可分为规格差异（differences of specification）和时间性差异（differences of timing）两大类。这些差异主要是由于目的差异造成的。税法的目的是规范征税流程，规范经济行为，增加财政收入。而财务会计的净利润旨在衡量企业的财务成果。该公告不恰当地将税收目的与会计目的对立起来，就得出了如上结论。

（3）补充公告 7。1954 年公布的《补充公告 7：合并财务报表》提出，在过去的半个世纪中，合并报表在美国公司已公布的财务报告中所占的比例越来越大。此外，仅提供合并报表而不提供单个报表的趋势逐渐增加。这种趋势强烈暗示，合并报表比单个报表更有用。现在合并报表可能是主要的，而不是次要的或补充的报表。

基于这种"存在即合理"的哲学，本着"已知结果求过程"的理念，该补充公告提出了合并财务报表的两条基本原则。

第一条基本原则是，除特殊情形外，当两个或两个以上的公司中存在支配性的中心财务利益（dominant central financial interest），并伴有对其活动和资源的行政控制（administrative control）时，合并报表是对其财务状况和经营成果的有用的表述。这是对目标、政策的说明，概括地界定了合并实体或范围。该补充公告提出，"行政控制"是指能够获得对附属企业活动的实际整合和指导（actual integration and direction），从而使之为整个企业的主要活动（primary activity）作出贡献。据此判断，下列公司不应纳入合并范围：1）母公司的控制是暂时性的或者受到法律的限制；2）少数股东持有相当数量的无投票权普通股或优先股，从而导致不存在支配性的中心财务利益；3）子公司的资产负债表日距母公司资产负债表日较远，难以纳入合并报表；4）境外子公司面临外汇管制、政治经济环境不稳定等干扰因素。

第二条基本原则是，合并的数据应尽量描绘单个实体的运营、资源和权益。这是对合并程序的总体要求，即避免重复计算，并消除因内部交易所记录的未实现利润等信息。其基本理念是，不应因关联公司之间的交易而确认任何损益。

由此我们可以形成以下认识：第一，美国公共会计师行业虽然"领先于"英国同行而开发了合并报表业务，但一直没有论证清楚合并报表何以就比单个报表更为有用。对此，美国会计学术界也没有提供合理的理论论证。该补充公告表明，美国会计学会该补充公告的编制团队在合并报表方面存在较大理念偏差，对合并报表的理论认识与公共会计师行业基本上没有什么区别。第二，在"师出无名"的窘态下，美国公共会计师行业和会计学术界迄今已历经100多年，仍然给不出合并范围的界定标准。在补充公告7中，人们看到的是"强词夺理"的早期版本。时至今日，公认会计原则的制定者仍然在孜孜以求"控制"的合理定义，"猴子捞月亮"的"闹剧"还在一幕接一幕上演。

由此可见，美国会计学会 1954 年公布的补充公告 7，并没有起到引领实践的作用，而只是在追随公共会计师行业的各种"创新"。对比美国注册会计师协会 1959 年公布的《会计研究公报第 51 号：合并财务报表》，人们不得不说，二者实在是半斤八两。

（4）补充公告 8。1954 年公布的《补充公告 8：公开发表的财务报告的披露准则》在会计理念上出现了较大变化，只不过暂时还没有明确体现在其所倡导的会计规则上。该补充公告提出了类似于之后的"决策有用观"的理念，出现了显著的倒退。关于会计信息接收者（recipient）的提法表明，美国会计学会对会计职能的认识发生了较大变化，已经初步转向决策有用观，其中的很多措辞被后来的会计理论文献全盘采用。

 专栏 6-3

《补充公告 8：公开发表的财务报告的披露准则》观点摘要

□在判断已公布财务报告中的披露是否充分时，根本的决定因素是它们对于制定决策的有用性，特别是对于投资决策的有用性。可以合理地假设，任何希望有效使用财务报表的接收者，必须愿意并且有能力仔细阅读财务报表，并具有一定的鉴别力。因此，财务报表仅供拥有商业方法和术语方面的工作经验且对会计信息感兴趣的人士使用。

□公司报告的潜在使用者包括政府机构、短期及长期债权人、工会、股东和潜在的投资者。既然一套报表不可能同时满足所有这些群体的信息诉求，那就有必要锁定于满足主要使用者的需要。传统上，股东是主要的会计信息使用者。鉴于债权人和政府行政机构通常有权要求企业提供其所需要的信息，因此，它们不再被视为主要的会计信息使用者。

□应当鼓励企业通过支持性的表格等补充数据帮助读者更好地理解会计信息。有关股票期权、养老金计划和长期租赁协议等交易，其结果往往尚未反映在账目中，但如果对于企业意义重大，则应予以披露。

□一个报表项目的重要性通常取决于其金额大小（size）、性质（nature）或两者的结合。如果有理由相信某个报表项目的知悉情况将会影响知情投资者的决定或态度，则该项目应视为是重要的。

该补充公告关于会计信息使用者的定位存在较大偏差。会计规则没有必要去满足所有的利益群体的诉求，其任务是依法满足所有的正当需求，而不是任意一种需求。其任务是提供具有公益性和公信力的信息，即满足所有信息使用者的需求的交集，而不是仅仅满足某一个群体的诉求。

总体而言，美国会计学会分别于 1936 年、1941 年、1948 年公布的公告以及 1950—1954 年公布的八份补充公告（见表 6-2），都强调收益与费用的配比、历史成本和利润表的重要性。这样，美国会计学会便逐步形成了自己的理论体系，这些理论主张对会计实践和证券监管产生了积极影响。

表 6-2　　　　　美国会计学会 1950—1954 年公布的八份补充公告的
主持起草人和撰写者

	1	2	3	4	5	6	7	8
威拉德·J. 格雷厄姆（Willard J. Graham）	●	●	●	○				
小丹尼尔·博思（Daniel Borth, Jr.）	○							
托马斯·M. 希尔（Thomas M. Hill）	○	○	○	○	○	○	●	●
唐纳德·H. 麦肯齐（Donald H. Mackenzie）	○							
斯图尔特·Y. 麦克马伦（Stewart Y. McMullen）	○	○	○	●	●	●	○	○

续表

	1	2	3	4	5	6	7	8
乔治·R. 赫斯本德（George R. Husband）	○	○	○					
莫里斯·H. 斯坦斯（Maurice H. Stans）	○	○	○	○	○	○		
詹姆斯·S. 拉纳姆（James S. Lanham）		○	○					
莫里斯·穆尼茨（Maurice Moonitz）		○	○	○	○	○	○	○
罗伯特·L. 狄克逊（Robert L. Dixon）				○	○	○	○	○
罗素·H. 哈斯勒（Russell H. Hassler）				○				
约瑟夫·B. 兰特曼（Joseph B. Lanterman）					○	○		
罗伯特·K. 莫茨（Robert K. Mautz）					○	○	○	○
韦尔登·鲍威尔（Weldon Powell）							○	○
厄林德·H. 索尔斯坦森（Erlind H. Thorsteinson）							○	○

注：●表示该文件的主持起草人；○表示参与该文件的撰写。

著名会计史学家泽夫指出，实际上，美国证监会的会计职员经常引用美国会计学会分别于 1936 年、1941 年和 1948 年公布的公告，以及 1950—1954 年公布的八份补充公告。[1]

四、美国会计学会 1957 年的公告

1957 年，美国会计学会会计概念和准则委员会完成了两年的研究工作。

---

[1] Stephen A. Zeff, "The Evolution of The Conceptual Framework for Business Enterprises in the United States," *The Accounting Historians Journal*, 1999, 26(2): 89-131.

对 1948 年的公告进行了修订，把八份补充公告的内容汇编进来，从而以会计概念和准则委员会的名义公布了新的公告《公司财务报表的会计与报告准则》。[1]

会计概念和准则委员会主席是伊利诺伊大学的罗伯特·莫茨，委员有霍默·A. 布莱克（Homer A. Black）、西德尼·戴维森（Sidney Davidson）、托马斯·M. 希尔（Thomas M. Hill）、莫里斯·穆尼茨、弗兰克·P. 史密斯（Frank P. Smith）、威廉·J. 瓦特（William J. Vatter）。

这份公告改变了以往的行文结构，思维跳跃度很大，出现了偏离历史成本会计的倾向。公告中的概念开始玄妙化，资产被定义为服务潜力的总和。这一概念明显来自费雪的资本和收入概念。越是玄妙的东西越容易造成非理性传播，如果不了解费雪的学术观点，就很容易不明就里地被这种玄妙的会计理论带入歧途。

 专栏 6-4

《公司财务报表的会计与报告准则》观点摘要

□会计的主要功能是累积和交流对于理解企业（无论是大型还是小型、公司或非公司、营利或非营利、公共或私人）活动至关重要的信息。

□财务报表是按照基于经验所得出的惯例编制的。这些惯例是会计师努力以最有用的方式满足公认的需求的结果。会计惯例的基础概念包括经营主体（business entity）、企业连续性（enterprise continuity）、货币计量（money measurement）和实现（realization）。其中，实现的本质含义是，资产或负债的变化已经足够明确和客观（definite and objective），可以在账目中予以确认。这种认可可以基于独立各方之间的交易，也可以基于既

---

1 "Accounting and Reporting Standards for Corporate Financial Statements: 1957 Revision," *The Accounting Review*, 1957, 32(4): 536-546.

定的贸易惯例，也可以基于实际上可以确定的合同履行条件。

　　□资产是专门用于特定会计实体的业务目的的经济资源，是可用于或有利于预期经营活动的服务潜力（service-potentials）的集合。其价值等于其服务潜力的金钱等价物（money equivalent）。从概念上讲，资产是所有服务流的市场价格按照概率和利率计算出的现值之和。但是，这种抽象的价值观念难以付诸实践。因此，资产的计量通常是通过其他更可行的方法进行的。所有资产计量的目的，都是以最客观和最现实的方式列报可利用的服务潜力。

　　□合并报表的目的是描述一组公司的财务活动和状况，就像它们是一个实体一样。

　　该公告甚至建议以当前价格报告当期转移给客户的产品和服务的成本，以当前价格报告期末存货中的成本，并且确定因价格变动而产生的损益。事实证明，莫茨牵头撰写的这种脱离法律、脱离实践的开倒车的理论公告难以被美国证监会接受。该公告在《会计评论》中刊登后，与此前的一些补充报告一样，引起了相当多的批评。

第二节　支持历史成本会计的两部标志性成果

　　在罗斯福政府时期，美国证监会坚持基于事实的信息披露，因此 20 世纪 30 年代后期和 40 年代都不是会计理论界宣扬偏离历史成本会计的"创新"学说的最佳时机。肯尼思·麦克尼尔（Kenneth MacNeal）的《会计中的真实性》不幸折戟沉沙。作为对比，阿纳尼亚斯·利特尔顿和威廉·佩顿合著的《公司会计准则导论》，以及阿纳尼亚斯·利特尔顿的专著《会计理论结构》，成为闪耀在会计理论长河中的光辉篇章。

一、背景墙：麦克尼尔的《会计中的真实性》

1939 年，麦克尼尔所著的《会计中的真实性》出版。[1] 该书因主张经济价值会计（economic value accounting）而著称，他本人也因提出这种离经叛道的理念而饱受磨难。著名会计史学家泽夫曾撰文《会计的真相：肯尼思·麦克尼尔的痛苦经历》来怀念麦克尼尔。要知道，"20 世纪 40 年代甚至 50 年代，几乎没有学者愿意偏离会计的原始成本惯例。那不是一个革命时代"。美国证监会自其 1934 年成立直到 20 世纪 70 年代初，一直坚持历史成本会计立场，拒绝了公共会计师行业几次偏离原始成本会计的尝试。[2] 这样的历史际遇，就注定了麦克尼尔的学术命运。

麦克尼尔没有经受过严格的会计学术训练，只是从实践感悟中提炼出了自己的理念，并以率真、生动的语言表达了出来。他先后供职于普华会计公司和费城多家企业，他主张列报资产的市场价值，并把未实现利润（即市场价值的变动）计入当期利润表，这就是如今盛行的公允价值会计理念。他的这一理念源于其与普华会计公司的一场争论，之后麦克尼尔用了七年完成手稿。

 专栏 6-5

麦克尼尔的《会计中的真实性》观点摘要

□小投资者被那些不基于市场价值的报表误导了，他们被会计上的实现原则和稳健性原则等术语给糊弄了。

□会计应当简单明了地陈述那种让外行能凭直觉来理解的简单事实（simple truth as it is instinctively understood by laymen everywhere）。

□为了保护小投资者的利益，会计师就应当编制真实的财务报

1 Kenneth MacNeal, *Truth in Accounting* (Philadelphia: University of Pennsylvania Press, 1939). Reprinted in 1970 by Scholars Book Co.

2 Stephen A. Zeff, "Truth in Accounting: The Ordeal of Kenneth MacNeal," *The Accounting Review*, 1982, 57(3): 528-553.

表（truthful financial statements）。财务报表只有在列示当前的经济价值（present economic values）时才是有用的。因此，会计师必须也是评估师（valuers），或必须雇用估值师。如果做不到这一点，那么他们就是有害的。

□会计师不要冒充先知，不要对不可知的未来做出预测。如果会计师能做出预测的话，债权人和股东也就都可以做到。

□会计上应当采用经济学家给出的正确的利润定义，即利润是财富净值的增加（a profit is an increase in net wealth），亏损是财富净值的减少（a loss is a decrease in net wealth）。这个定义简明扼要、显而易见，而且在数学上是一目了然的。

□企业账簿旨在记录企业的交易和财产，而非记录其基于未来期望或概率的当前投机价值（present speculative value）。个人和公司可能会为这种期望和概率付了钱，但这并不意味着它们就构成了资产负债表中的资产。

□商誉这种东西一旦列为资产，就会令股东困惑甚至往往对股东构成欺骗。商誉是没有意义的数字，对债权人、股东或管理者没有帮助。它只是用来弄乱资产负债表和利润表，用于掩盖事实。

□并不是所有资产都有市价。按照市场价格记账的办法仅适用于有价证券、原材料。对于缺乏市价的资产，可能需要使用重置成本等指标来估计其价值。

《会计中的真实性》吸引了亨利·哈特菲尔德、约翰·坎宁、威廉·佩顿等学界和实务界专家的注意。考虑到麦克尼尔本身并没有经受过学术训练，他能系统性提出对会计的看法，且与佩顿、坎宁等学界专家志趣相近，实属难能可贵。但是，从麦克尼尔的字里行间不难读出，其理论主张会得罪不少注册会计师行业的同道中人，也会得罪不少会计学教授。由此，各种恶言相向、谣言中伤扑面而来，令麦克尼尔身心俱疲。两年后，他决定远离学术圈。

往事并不如烟。多年以后，他仍拒绝再谈及这一话题。麦克尼尔就这么静静地来、悄悄地去，好像突然就消失了。好奇的泽夫与麦克尼尔取得联系，鼓励他敞开心扉。在泽夫的诚恳劝说下，麦克尼尔寄给他一本厚厚的剪贴簿，其中保存了信件、书评、演讲稿和文章的副本。[1]

麦克尼尔错了吗？恐怕很难这么说。对于一位拥有丰富实践经验，宁愿花费 7 年时间来撰写一部大部头专著的实务界专家，其观点不太可能是完全错误、毫无学术洞见的。事实上，他的著作引经据典、功力颇深，在英美会计审计史、利润概念等方面拥有较深的积累。如果非要说他错了，也只能说他"错"在生不逢时。其实，不仅麦克尼尔遭此境遇，坎宁的遭遇也好不到哪里去。会计研究者只要能提出自圆其说的立论主张，就是值得尊重的，他们贡献的是思想、思维方式。我们不能苛求他们每个人都保证其理论主张是"正确"的，因为作为对人世间的种种规则的理论阐释，人文社会科学的成果说到底都是不同的伦理价值观念的反映。因此，人文社会科学研究成果的正确性往往因时因地因人而异。就麦克尼尔来说，其价值导向是主张为小投资者提供市值信息，这本身无可厚非，是值得肯定的。

麦克尼尔的会计思想的可贵之处在于，他坚持以事实为基础为投资者提供会计信息，将其会计思想限定于事实的范畴内，这是值得充分肯定的。正是在这个意义上，麦克尼尔坚决反对现值算法、商誉等信息进入会计报表，因为那是脱离事实的纯粹猜测。作为对比，当今主张各种现值算法的会计规则均存在很大的偏差。

但是，麦克尼尔理论主张中的局限性也不可不察。麦克尼尔所谈的真实性其实是比较宽泛的（客观）事实。根据记账主体（或称会计主体、报告主体）是否为当事人来分类，事实分为两种：一种是法律事实，即与记账主体有关的事实，它导致民事主体法律关系的产生、变更或消灭；另一种是其他

---

1 Stephen A. Zeff, *Insights from Accounting History: Selected Writings of Stephen Zeff* (New York: Routledge, 2010), Introduction.

事实，即法律事实以外的事实。只有法律事实才是会计应当坚守的底线。作为对比，麦克尼尔所界定的事实仍然过于宽泛，需要进一步限定于法律事实的范畴（见图 6-1），也就是说，很多事实不构成法律事实，而仅仅是其他事实。因此，不应该用宽泛的真实性概念去改造会计规则。麦克尼尔如果单纯强调公允价值披露，而不是用其他事实改造会计程序，那就有可能获得更广泛的支持。因为公允价值披露属于证券信息披露的范畴，不必对会计程序指手画脚。麦克尼尔的这部著作缺乏一个好的立意和更合适的书名，若更名为《证券信息披露中的真实性》，可能会更妥当一些。

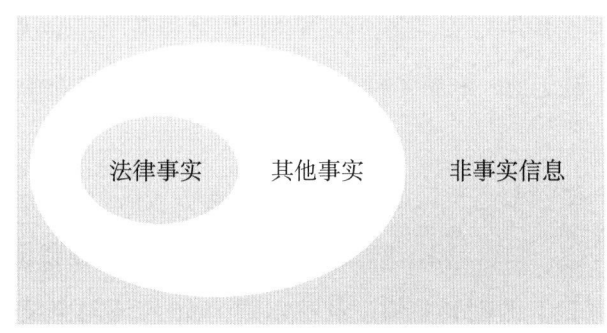

图 6-1 法律事实和其他事实的区分

资料来源：戴德明、周华、支晓强：《合法性原则在会计法规体系中的地位》，《会计研究》2017 年第 10 期。

如今，以国际财务报告准则（国际会计准则）和美国证券市场上的公认会计原则为代表的证券分析规则的错误，恰恰在于不恰当地把公允价值披露提升为公允价值会计，进而导致会计报表中真实信息与预期信息混杂，这大大降低了会计信息的公益性和公信力。因此，迈向"会计真相"的第一步，就应当是将企业的历史事实和预期区分开来。作为对比，公允价值会计不是改善会计信息质量的正确路径，它是一条死胡同。[1]

---

1 Robert Anthony Rayman, *Accounting Standards: True or False*? (New York: Routledge, 2006), p. 153.

麦克尼尔的《会计中的真实性》的真实际遇就像是一个背景墙，更加反衬出了两部宣扬历史成本会计的经典著作的光芒。

二、1940 年佩顿和利特尔顿的《公司会计准则导论》

美国会计学会 1936 年的公告所体现的唯"历史成本"独尊的态度引起了一些业界人士的异议，该公告吝于笔墨的做法也招致不少批评。[1] 为此，美国会计学会于 1938 年 1 月委托伊利诺伊大学利特尔顿教授执笔起草对 1936 年的《影响公司报告的会计原则暂行公告》进行修订。13 个月后，利特尔顿完成了修改稿，但比预期要长得多，美国会计学会行政委员会决定在此基础上出版一本专著。基于此，利特尔顿邀请佩顿协助重新整理文稿，并于 1939 年 12 月完成终稿。[2]

利特尔顿和佩顿都是美国会计学会的发起人。相对而言，佩顿在美国会计学会更活跃一些。佩顿 1921 年兼任副会长，1922 年兼任会长，1926—1928 年兼任《会计评论》的创刊主编。利特尔顿 1936 年任副会长，1943 年任会长，1943—1946 年任《会计评论》主编。二人共同于 1936—1939 年负责研究部的工作，之后，利特尔顿于 1940—1942 年继续兼任研究部主任。

1940 年 2 月，美国会计学会出版了佩顿和利特尔顿二人合著的《公司会计准则导论》(*An Introduction to Corporate Accounting Standards*)。[3] 该书全面阐释了美国会计学会 1936 年的公告的立场，确立了历史成本会计的地位，堪

---

1 Yuji Ijiri, "An Introduction to Corporate Accounting Standards: A Review," *The Accounting Review*, 1980, 55(4): 620-628.

2 Stephen A. Zeff, *The American Accounting Association: Its First 50 Years*, The American Accounting Association, 1966, p. 57.

3 W. A. Paton, A. C. Littleton, *Introduction to Corporate Accounting Standards*, American Accounting Association,1940. 中译本：W. A. 佩顿、A. C. 利特尔顿：《公司会计准则导论》，厦门大学会计系翻译组译，葛家澍、林志军校，中国财政经济出版社，2004。观点概要又可见于：W. A. Paton, A. C. Littleton, et al., "Report of the Subcommittee Appointed to Study 'An Introduction to Corporate Accounting Standards' and 'A Statement of Accounting Procedures'," *Journal of Accountancy*, 1941, 71(1): 48-57。

称会计理论经典之作。[1]

作为美国会计学会和美国会计师协会密切合作的一部分，《公司会计准则导论》被双方免费赠送给各自的会员。这种安排无疑极大地扩大了该专著的读者群和影响力，从而显著地增强了美国会计学会专业理念的影响。

理论界和实务界能够对一部学术著作的基本观点达成共识（或产生争论），这充分说明了该书的学术水准，实属难能可贵。[2] 在美国会计学会 1980 年波士顿年会上，里德·K. 斯托里（Reed K. Storey）评论说，该书是美国会计学会所出版的诸多著作中唯一被广泛接受的著作。[3]

 专栏 6-6

《公司会计准则导论》论点摘录

AN INTRODUCTION TO CORPORATE ACCOUNTING STANDARDS By W. A. PATON, Ph.D., C.P.A. *University of Michigan* A. C. LITTLETON, Ph.D., C.P.A. *University of Illinois* AMERICAN ACCOUNTING ASSOCIATION 1940	**《公司会计准则导论》** **目录** 第一章　准则（Ⅰ Standards） 第二章　概念（Ⅱ Concepts） 第三章　成本（Ⅲ Cost） 第四章　收入（Ⅳ Revenue） 第五章　收益（Ⅴ Income） 第六章　盈余（Ⅵ Surplus） 第七章　解释（Ⅶ Interpretation）

---

1 Reed K. Storey, "Conditions Necessary for Developing a Conceptual Framework," *Journal of Accountancy*, 1981, 151(6): 84-96.

2 Stephen A. Zeff, "How the U.S. Accounting Profession Got Where It Is Today: Part 1," *Accounting Horizons*, 2003, 17(3): 189-205.

3 Eugene H. Flegm, "Commentary on the Limitations of Accounting," *Accounting Horizons*, 1989, 3(3): 90-97.

□会计的基本目的是通过系统地配比收入与代价而计算期间利润，收益表是最重要的报表。历史成本原则和实现原则是资产计价和收益确定最为重要的原则。

□投资者并不是企业唯一的利害关系人，对于大型企业而言尤其如此。

□在记录财产权利时，只能根据法律或合同进行客观界定。不能主观地考虑阅读者的偏好。

□各种形式的市价增值都不是收益，没有理由把市价增值（或减值）记入账户和报表，更为可行的做法是将类似信息作为补充信息披露。即使把增值或减值金额包括在定期报告中，也应将其影响作为特别项目分开列示，而不应当将其与正常经营数据混在一起。

□会计师不能逃避依照税法计算应纳税所得额和遵循公司法的责任。计算所得税和利润分配都在客观上要求保留历史成本记录。实账户与虚账户之间的关系只能以历史成本来维持。

□会计只应记录已经实现的利润，从本质上来看不应反映市场价值。会计如果反映资产市价的波动，就会导致资产负债表和利润表的分离，资产负债表因此成为重估价值一览表，利润表则沦为预期利润表而非已实现利润表，这样的报表当然也有其用途，但已经不再是会计报表了。

有趣的是，佩顿本人虽然比较推崇现行价值理念，但在合著这本经典著作时，他却并没有坚持自己以往的观点，而是与利特尔顿的观点保持了一致。这在一定程度上说明利特尔顿的学说具有较强的说服力。

该书在 1940—1980 年共发行逾 6 万册，甚至在问世 40 年之后每年还有上千册的销量，这是会计学术出版史上的新纪录。井尻雄士（Yuji Ijiri）于 1980 年撰文对该书发表了述评，阐述了该书的理论意义。佩顿读过井尻雄士的述评后，使用放大镜浏览了自己参与撰写的这部旧作，并撰写了对该述评的读后感，解释了他本人的学术立场（见专栏 6-7）。

 专栏 6-7

佩顿回忆《公司会计准则导论》的创作过程

我想就我的记忆所及，讲一点促使利特尔顿教授和我合写这本专著的背景。

美国会计学会的管理委员会于 1936 年公布了《影响公司报告的会计原则暂行公告》之后，觉得还有更加完整地论证"原则"的必要，就决定把完成这件工作列为该委员会的一个目标。在一个相当长的时期里，该委员会举行了好几次冗长的会议，但进展缓慢或无所进展。不仅委员之间存有分歧，而且委员会缺少人手，经济力量又不足。在一次这种无所建树的会议之后，利特尔顿向我建议，我们两人携手合作，看看仅靠我们二人之力，是不是能够搞出一点东西来。这一计划尚未报送管理委员会，我们就开始着手讨论，并且干得很起劲。我们会晤了两三次，但主要是通过电话和信件进行研讨。最后我们写出了一本书稿，供管理委员会评审。其后耽搁了一些时间，也听到了一些批评意见，但原稿未作重大修改，管理委员会就决定以佩顿和利特尔顿联合署名的方式将其出版。美国会计学会还邀请霍华德·格里尔为该书写了一篇序言。

当然，我们合著本书，也并非在一切论点上都完全一致，我们的著述确因在这里或那里稍作调和之论而有所逊色。但我们之间并不存在重大分歧，直到手稿完成付印，始终极为友好。

我执笔写这篇读后记，主要是想说清楚我个人的立场。我素来是主张"价值"的人。之所以如此，毫无疑问，部分是因为我接受的乃是新古典经济学的教育，而且我在闯进会计领域之前，又讲授了好几年新古典经济学学说。我在会计方面写的第二篇文章，以"升值在账户中的重要性及其处理"为题，系于1918年发表。

资料来源：William A. Paton，"Statement by William A. Paton,"*The Accounting Review*, 1980, 55(4)：629-630；威廉·A. 佩顿、娄尔行：《威廉·A. 佩顿伊尻书评读后记》，《上海会计》1982年第1期。

佩顿为什么在1940年应邀参与撰写《公司会计准则导论》时隐藏了自己的观点，至今仍是个谜。他本人事后也再度发生反复。难怪美国会计学会于1977年出版的《会计理论与理论认可》一书作出了这样的评价，"很多内容是佩顿写的，但其主导思想（特别是第七章）是利特尔顿的"。佩顿的儿子、知名学者小佩顿（William Andy Paton Jr.）称，其父亲支持现行价值（current value）或者估计的现行价值，至少在他的大部分教学生涯中是这样的，他多次表示，他希望他从未参与撰写《公司会计准则导论》这部著作。[1]现在来看，佩顿之所以在1940年合著的著作中隐藏自己的学术观点，很可能是时局和时势使然。

三、1953 年利特尔顿的《会计理论结构》

利特尔顿毕生坚定地捍卫历史成本会计的正统地位，他善于采用史论结合的研究范式，针对实践中的各种理念分歧展开分析。其著述是我国著名思想家龚自珍所提出的"欲知大道，必先为史"这一治学思想的生动写照。

 专栏 6-8

阿纳尼亚斯·C. 利特尔顿

阿纳尼亚斯·C. 利特尔顿（Ananias C. Littleton，1886—1974），历史成本会计的坚定倡导者，培养出了全球第一个会计学博士。

---

1 Gary J. Previts, Thomas R. Robinson, "William A. Paton (1889-1991): Theorist and Educator," in John R. Edwards, *Twentieth-Century Accounting Thinkers* (New York: Routledge, 1994), p. 314.

1886年，生于美国伊利诺伊州。在铁路公司当过电报员。在伊利诺伊大学接受高等教育，1912年获学士学位，1912—1915年在"德劳伊特，普兰德和格里菲思"公司（Deloitte, Plender, Griffiths & Co.，德勤公司的前身）工作，随后回母校工作，1918年获硕士学位，1931年获博士学位。1915年任伊利诺伊大学讲师，1919年获得伊利诺伊州注册会计师执业资格。1920年任副教授，1925年任教授直至1952年退休。

伊利诺伊大学香槟分校在1922年颁发美国第一个会计专业的学士学位，在1939年颁发全球第一个会计学博士学位。到利特尔顿退休时，他所指导的会计学硕士占全美的34%（225人中的76人），会计学博士占全美的92%（26人中的24人）。

利特尔顿曾任美国会计学会副会长（1936）、研究部主任（1940—1942）、会长（1943），美国会计师协会的会计程序委员会委员（1939—1941）。1967年被伊利诺伊大学授予法学荣誉博士学位。利特尔顿发表有200余篇论文，出版有大批代表性著作。

1953年，美国会计学会出版利特尔顿的《会计理论结构》（*Structure of Accounting Theory*）一书。[1] 该书共分两篇，着力驳斥了所有偏离历史成本会计的理论主张。《会计理论结构》是采用归纳法进行规范研究的典范。

---

1 A. C. Littleton, *Structure of Accounting Theory*, American Accounting Association, 1953. 中译本：[美]利特尔顿：《会计理论结构》，林志军、黄世忠等译，葛家澍等校，中国商业出版社，1989。

专栏 6-9

《会计理论结构》的篇目与论点摘录

第一篇　会计的性质 Part I Nature of Accounting	第二篇　理论的性质 Part II Nature of Theory
第一章　定位 1. Orientation	第七章　模型的要素 7. Elements of A Pattern
第二章　重心 2. Center of Gravity	第八章　理论的工具 8. Tools of Theory
第三章　分类的制度 3. System of Classification	第九章　行动与规则 9. Action and Rules
第四章　定期再分类 4. Periodic Reclassification	第十章　原则的制定 10. Formulation of Principles
第五章　信息的报告 5. Informative Reports	第十一章　归纳法下形成的原则 11. Inductively Derived Principles
第六章　独立的审查 6. Independent Examinations	第十二章　理论的应用 12. Use of Theory

□会计方法在本质上属于统计学，其核心技能围绕账户展开，账户是信息分类的标志。会计的基本问题是价格（财富的数量方面）而不是价值（财富的质量方面），会计所处理的是价格而不是价值。

□会计职业一直有一个信念，即必须去探求和说明事实真相。会计师的基本责任是出具证明，为事实真相付出审慎的努力。会计的一个道义义务是提供尽可能排除欺骗的数字和报告。会计信息必须从大量事实中精确地浓缩提炼，必须相当真实、充分丰富和可靠。根据这一原理，企业之外的人士之间所进行的交易，其价格与该企业自身是不相干的。因此，市场价格、公允价值等信息都是与企业自身无关的信息。

□会计的基本目的，是帮助人们评价企业的过往表现。这不是会计的全部目的，但是会计的核心，因而是会计理论的核心。会计的目标是帮助人们了解企业的财务状况和过往业绩。会计必须对数据进行如实的分类、正确的浓缩和充分的报告。

□经济学中存有很多关于"价值"的理论构想。虽然它们对于企业管理层丰富理论知识而言或有裨益，但它们都不属于会计。价值是主观性的评价，它因人而异、因时而异，甚至因地而异。

□会计报表反映企业的财务状况和经营成果，为企业管理者、决策机关、经济监管部门提供信息。计算利润，是会计的中心问题。利润表是企业会计最重要的产品。计算利润而不是计算清偿能力，一直是复式记账的基本特征，它是会计系统的重要核心和灵魂。

□资产包括法律上的各种权利。这个词本身与会计无关，只是在簿记已经经历长期发展后才加入会计的术语体系。事实上，如果把相当法规化的资产术语从会计中去掉，无疑会出现一些简明的代用术语。

□会计记载的信息必须是事关会计主体的法律事实。这样所进行的计量就是确定的、客观的。资产重估、公允价值会计或资产减值会计所记载的价格都不能视为会计，因为它们是单方面的估计，是不可信的。要认识到，把自己的法律事实与别人的法律事实区分开来，是企业会计的第一步。

□财务活动无论如何都不应当是经营管理的核心目的。经营管理的核心目的应侧重于经营活动。

□应当尽量减少会计术语的数量。高度专业化是会计和财务报表的重大缺陷。遗憾的是，报表编制者很少意识到他们应当使用统计语言反映企业的经营活动。

□外行（尤其是经济学家和证券分析师）一般认为，财务报表中的历史成本数据对于面向未来的证券投资决策的"有用性"不足，因此，他们认为，将来的预期价格更有意义。他们所指控的会计的"缺陷"，恰恰是会计的特征和局限所致。消除这种"缺陷"的所有努力，不应当消灭会计本身。财务报表存在局限性，不要期望财务报表能够提供证券投资者所需或所想获得的大部分甚至全部信息。财务报表并不能提供企业价值这样的信息。

□要认识到，账户之间以及财务报表之间的勾稽关系是会计的最重要特征。若欲以"根据物价指数调整的价值"取代"投入成本"，则将不得不把一些备抵账户（如资本调整账户）引入资产负债表，而这样的一个平衡账户不能被视为债权、股东权益，它将是高度抽象的、令人困惑的。类似账户的存在表明财务报表之间的勾稽关系是十分牵强的。如果完全不考虑报表之间的勾稽关系，那么每个报表都将变成一个独立的报告，资产负债表将变成财产价值评估表，不需要会计程序也能在期末编制出来；利润表将会按照任何一种主观的想法编制而成。最终，这种失去最基本会计特征的方法将会变成一种纯粹的统计技术。它不需要任何理论体系，其逻辑性将会丧失殆尽。如果这就是会计的未来，那么它将沦为各色人等捏造论据的工具。

□在会计程序和会计报表之外另行提供补充性的数据不会削弱会计观念之间的相互勾稽关系，也不会改变投入成本的记账方法，更不会改变审计验证的基础。

利特尔顿的学术观点如此鲜明，会不会在学界引起热烈争议呢？答案是肯定的。该书毫无悬念地受到了偏爱演绎法的研究者如雷蒙德·J.钱伯斯（Raymond J. Chambers）等的"攻击"。这是意料之中的事。

自美国证监会成立直至 20 世纪 50 年代中期，反对历史成本会计的理论主张基本上处于冬眠状态。但随着美国证监会监管能力和监管理念的变化，有别于历史成本会计的理论主张再度抬头，美国会计学会会刊《会计评论》在 50 年代末刊登了一批追求理论严密性但缺乏实践根基的理论文章，这些文章大多采用演绎法，很少考虑会计数据在现实世界中的实际作用。[1]

四、美国会计学会组织出版的其他专著[2]

（一）1937 年的《公共事业折旧原理》

1937 年，美国会计学会组织出版的第一本专著是佩里·梅森（Perry Mason）的《公共事业折旧原理》（*Principles of Public Utility Depreciation*），这是他刚在密歇根大学完成的博士论文的缩编版。尽管这本专著收获了好评，但销量并不高。

（二）1939 年的《财务报表》

两年后美国会计学会组织出版的第二本专著是《财务报表》（*Financial Statements*），作者莫蒂默·B.丹尼尔斯（Mortimer B. Daniels）是美联储工作人员。丹尼尔斯以公司年度报告为例，对会计实务进行了批判分析。在此几年前，他在密歇根大学就同一主题完成了博士学位论文。

美国会计学会组织出版的前两部专著均未再版。但是，在第二次世界大战爆发前不久，美国会计学会执行委员会批准了梅森专著的修订版。

---

1 A. C. Littleton , "Accounting Rediscovered," *The Accounting Review*, 1958, 33(2): 246-253.

2 Stephen A. Zeff, *The American Accounting Association: Its First 50 Years*, The American Accounting Association, 1966, pp. 55-58.

（三）1944 年的《合并报表的实体理论》

1944 年，美国会计学会组织出版了《合并报表的实体理论》（*The Entity Theory of Consolidated Statements*）。作者莫里斯·穆尼茨当时任教于斯坦福大学。自 1936 年美国会计学会执行委员会的第一次会议以来，学界曾多次提议出版一本关于合并报表的专著。佩顿原打算在 1936 年撰写这一主题的著作，但他当时忙于撰写一份初步的原则公告，该文件即埃里克·科勒 1937 年公布的关于这一主题的公告的基础之一。穆尼茨 1942 年发表了关于实体理论的论文，1943 年协助佩里·梅森为佩顿的《会计师手册》（第 3 版）（*Accountants' Handbook*, 3e）编写了"合并报表"一章。于是，由佩顿担任主席的美国会计学会专著委员会（Committee on Monographs）便邀请穆尼茨将其论文扩展为一部专著。一年后，穆尼茨拿出了手稿，但由于战时纸张短缺，该手稿被推迟出版。最终，该专著于 1951 年由基金会出版社（The Foundation Press, Inc.）出版，后来由千叶商业大学（Chiba University of Commerce）的白鸟孝之介（Shonosuke Shiratori）翻译成日文，于 1964 年出版。

（四）1961 年的《审计哲学》

经过了八年的时间，美国会计学会组织出版了《审计哲学》，作者是伊利诺伊大学的罗伯特·莫茨和开罗大学的侯赛因·A. 谢拉夫（Hussein A. Sharaf）。这是第一本非专门研究财务会计的专著，两位作者是师徒关系。莫茨在 1957—1958 年间对审计证据的性质很感兴趣，于是提出了撰写专著的想法。谢拉夫当时是伊利诺伊大学的博士候选人，他在 1957—1958 年间加入了莫茨的这个项目。莫茨撰写了整部书稿。该书在会计文献中常被引用，还被翻译成西班牙语（在墨西哥发行）和日语。

（五）1965 年的《对会计本质的探究》

1965 年，美国会计学会组织出版了墨尔本大学路易斯·戈德堡（Louis

Goldberg）的《对会计本质的探究》（*An Inquiry into the Nature of Accounting*）。该书试图开发出一套概念，以理解和评估会计师的习惯做法。该书拒绝采用公理化的方法，而是试图对可观察到的现象（即会计师所面临的问题类型以及处理这些问题的方式）进行提炼，从而给出解释。

国家哲学社会科学成果文库
NATIONAL ACHIEVEMENTS LIBRARY
OF PHILOSOPHY AND SOCIAL SCIENCES

会计规则的由来

（第三卷）

周华　著

中国人民大学出版社
·北京·

策划编辑：魏　文　李文重
责任编辑：魏　文　黄　佳　李　玲　陈慧庚　陈　倩
装帧设计：彭莉莉

图书在版编目（CIP）数据

会计规则的由来. 第三卷 / 周华著. -- 北京：中
国人民大学出版社，2023.10
（国家哲学社会科学成果文库）
ISBN 978-7-300-31570-6

Ⅰ.①会… Ⅱ.①周… Ⅲ.①会计制度－研究 Ⅳ.
①F233

中国国家版本馆CIP数据核字（2023）第055646号

会计规则的由来（第三卷）
KUAIJI GUIZE DE YOULAI（DI-SAN JUAN）

周华　著

中国人民大学出版社　　出版发行
（100080　北京中关村大街 31 号）

涿州市星河印刷有限公司　新华书店经销
2023 年 10 月第 1 版　2023 年 10 月第 1 次印刷
开本：720 毫米 × 1000 毫米 1/16　印张：40.5
字数：514 千字　印数：0,001-2,000 册
ISBN 978-7-300-31570-6　定价：698.00 元（全四卷）

邮购地址 100080　　北京中关村大街 31 号
中国人民大学出版社读者服务部　电话（010）62515195　82501766

目　录

第十章　财务会计准则委员会与国际会计准则理事会的趋同计划及其搁浅

第十一章　1973 年至今的美国会计学术

CONTENTS

第二编　美国证券市场上的
公认会计原则——揭开"国际
先进经验"的面纱（下）

第七章
会计原则委员会的时代：1959—1973

会计原则委员会的时代也正是证券市场狂飙突进、金融理论花样翻新的时代。在理论建构方面，会计原则委员会的会计研究文集出师不利。在规则制定方面，公众公司与会计公司的甲方、乙方关系，决定了会计原则委员会只能在客户利益之间进行调和。这极大限制了会计研究文集的创新空间，会计原则委员会在会计理论探索方面并无多大建树。

会计原则委员会试图以会计规则对抗联邦税法，其结果必然是惨败。在证券市场大繁荣时期，会计规则扮演着敲边鼓的角色。权益结合法、租赁合同、养老金、权益法、递延所得税等是会计规则日趋弹性化的典型体现，体现了公共会计师行业处处受制于证券行业的窘迫现实。处于这种四面楚歌的境地，公共会计师行业提出的解决方案是，由证券行业直接主导制定证券市场上的会计规则。在这一背景下，会计原则委员会最终被财务会计准则委员会所取代。

第一节　会计原则委员会的时代背景

在会计原则委员会的时代，美国注册会计师协会所公布的公认会计原则主要是"会计原则委员会意见书"（APB Opinions）。在这个时代，主宰注册会计师行业的是"八大"会计公司（The Big Eight），它们是：阿瑟·扬（Arthur Young & Co.）；"图什，罗斯，贝利和斯玛特"（Touche, Ross, Bailey & Smart）；安达信（Arthur Andersen & Co.）；库珀－莱布兰德（Coopers & Lybrand）；"皮特，马威克和米切尔"（Peat, Marwick, Mitchell & Co.，即毕马威）；普华（Price Waterhouse）；哈斯金斯－赛尔斯（Haskins & Sells）；厄恩斯特－厄恩斯特（Ernst & Ernst）。

一、同时期的美国政治经济环境

（一）肯尼迪—约翰逊政府时期的政治经济状况

前已述及，罗斯福新政所确立的国家干预经济的施政纲领被后续几任政府内阁延续下来。约翰·F.肯尼迪（John F. Kennedy，1961—1963年在任，民主党人）的调查咨询顾问保罗·萨缪尔森被称为凯恩斯主义的集大成者。接替肯尼迪总统的林登·约翰逊（Lyndon Johnson，1963—1968年在任，民主党人）在1964年大选胜利后提出了与罗斯福新政理念相近的"伟大社会"（Great Society）施政纲领。约翰逊在任期间推行了一系列着力消除贫困、保障人民生活的法律（涉及教育、就业、医疗、养老、住房、环保等，共有400多项），由此美国贫困人口大幅下降。1964年7月，约翰逊总统签署了著名的、反对种族歧视的《民权法案》。

在这一时期，美国经济总体上是高度繁荣的。"约翰逊坚持扩张性财政政策，1964年实现赤字减税后，1965年又通过免除货物税和再度放宽折旧规则来刺激投资。1965年越南战争升级后，军费开支和军事订货的剧增带来了新的刺激，促使经济高速发展，从1961年1月到1969年10月，美国经济持续增长了106个月。这样长时期的增长，不仅艾森豪威尔时期不可比拟，就是杜鲁门年代也相形见绌。"[1]可见，肯尼迪—约翰逊政府的减税政策实属凯恩斯

---

1 徐以骅：《林登·约翰逊"伟大社会"述评》，《世界历史》1986年第3期。

主义下基于"充分就业预算"的财政预算。

1968 年，共和党人理查德·尼克松（Richard Nixon）在总统大选中获胜。1972 年 2 月 21—28 日，尼克松正式访华。28 日，中美两国发表《中美联合公报》。1973 年 1 月，美国签署《关于在越南结束战争、恢复和平的协定》。3 月，美军撤离越南，越南战争至此结束。

（二）布雷顿森林体系的解体

如前所述，第二次世界大战（简称二战）末期，美英两国分别提出了"怀特计划"和"凯恩斯计划"作为战后国际货币体系的候选方案。1944 年 7 月，在美国新罕布什尔州布雷顿森林召开了有 44 国参加的国际货币金融会议，会上通过了《国际复兴开发银行协定》和《国际货币基金组织协定》，其核心是美元与黄金挂钩、其他国家货币与美元挂钩，从而确立了以美元为中心的国际货币体系，即布雷顿森林体系，这实际上是"怀特计划"的体现。这些协定规定，每 35 美元兑换一盎司黄金。

布雷顿森林体系自 1958 年开始运作。但在 20 世纪 60 年代，欧洲和日本的出口产品比美国更具竞争力，美国的贸易逆差逐步累积，黄金储备快速下降。美元陷入"特里芬难题"[1]（Triffin Dilemma，Triffin's paradox，又译特里芬悖论、特里芬困境），即美国若要稳定美元币值，就必须保持其国际收支平衡，不能持续保持贸易逆差；而其他国家若要保持国际清偿能力、增加美元储备，就必须保持贸易顺差，二者是矛盾的。因此，布雷顿森林体系注定会失败。1961 年，美国政府的黄金储备就已经不足以兑付美元债务。1965 年后，美国的黄金困境愈加严重。

1971 年 8 月，尼克松政府宣布美元贬值，停止履行兑换黄金的义务，美

1　特里芬难题由美国经济学家罗伯特·特里芬（Robert Triffin）在 1960 年的著作《黄金与美元危机》（*Gold and the Dollar Crisis*）中提出。

联储也拒绝向其他国家中央银行出售黄金。1973 年，第一次石油危机[1]爆发，尼克松政府再次宣布美元贬值，同年，布雷顿森林体系事实上宣告瓦解，金本位制被抛弃。

二、美国证监会的窘迫地位及其对待会计规则的态度

1939 年 4 月，威廉·O. 道格拉斯（William O. Douglas）离开美国证监会，就任美国联邦最高法院大法官。随着道格拉斯的离任，美国证监会也走过了它历史上的巅峰时刻，从此不再拥有来自白宫、国会和社会公众的强有力的支持。罗斯福逝世后，继任的总统和议员们不再重视证券监管，改革华尔街不再是华盛顿的紧迫任务。二战结束后的 20 年中，国会对美国证监会的履职情况没有多大兴趣。美国证监会领导层保守或平庸的任命，不充足的或仅能勉强度日的预算，在这双重因素影响下，美国证监会只是在维持运行而难以谋求扩展。美国证监会对会计标准的制定只投入了很少的注意力。由于美国证监会缺乏明确的理论主张，这影响了总统对其委员的任命和职员配备。二战后杜鲁门、艾森豪威尔、肯尼迪和约翰逊当政期间，所有被任命的证监会委员几乎都是公司律师或证监会职员，他们没有多少（甚至根本没有）经济学以及反垄断法的知识背景。从历史的角度看，美国证监会管辖权的宽泛和授权法规关键条款的含混，都导致美国证监会相对忽略了会计和公司治理问题。二战以后，任命到美国证监会的委员中，没有几个能对落入美国证监会权限范围以内的全部事件有牢固的控制力。仅有为数不多的几位具有关于这项工作的较多的专业知识。委员缺乏专长，造成了美国证监会在会计这些领域的被动。由于缺少关注会计领域或受过会计专业训练的委员，并且美国证

1　第一次石油危机是指 1973—1974 年的石油危机。1973 年 10 月 19 日，美国总统尼克松要求国会向以色列提供 22 亿美元的紧急援助。欧佩克（OPEC）立即做出回应，宣布减产，对美国实施石油禁运。世界石油价格迅速暴涨，从禁运前的每桶原油 2.90 美元上涨到 1974 年 1 月的每桶 11.65 美元。1974 年 3 月，由于欧佩克内部意见分歧，禁运被正式解除。第二次石油危机是指 1978—1979 年的石油危机。

监会的首席会计师办公室人员太少，资金不足，因此一直没有对重要的会计问题做出研究，就更难显示出对杰出理论家的吸引力。20 世纪 60 年代末的多元化集团合并浪潮之所以是美国证监会的一次危机，更多的是由于美国证监会领导层将注意力仅仅集中于共同基金立法、证券交易所佣金率结构，以及证券经纪商的后台危机问题。[1]

"在 20 世纪 50 年代和 60 年代初美国证券市场繁荣时期，美国证监会扮演着一个并不重要的角色。艾森豪威尔政府将美国证监会的人员削减到了其在'新政'时期最多时的一半"，"肯尼迪政府支持扩大美国证监会的监管范围，在 1964 年通过的《证券法修正案》中，美国证监会的权力得到了加强"。[2]20 世纪 60 年代，美国证券市场迅猛发展，股市交易火爆，机构投资者比重增加，执政当局不希望美国证监会干涉证券市场。1963 年 11 月 22 日，肯尼迪遇刺。12 月 3 日，继任总统约翰逊在接见独立监管机构的负责人时坦率地告诉美国证监会主席威廉·卡里不要无风起浪，"我们受到了挑战……在考虑我们对新领域的控制之前，先要考虑与证券业合作的新领域"。约翰逊总统不希望美国证监会成为坚定的改革者，担心它会影响商界对政府的支持，他的立法重点是民事权利和反贫困。约翰逊对美国证监会实行的预算和任命，明显地限制了美国证监会的能力，使其没能对证券业发生的重大变化做出有效反应。[3]

在上述时代背景下，美国注册会计师协会的会计原则委员会的许多议程都是由美国证监会规定的。会计原则委员会积极地充当着好仆人的角色，1968—1973 年担任会计原则委员会委员的查尔斯·T. 亨格瑞（Charles T. Horngren）曾把美国证监会和会计原则委员会之间的关系描述为"高级管理

1 ［美］乔尔·塞里格曼：《华尔街的变迁：证券交易委员会及现代公司融资制度演进》（第 3 版），徐雅萍等译，中国财政经济出版社，2009，第 221、399、400 页。

2 斯坦利·L. 恩格尔曼、罗伯特·E. 高尔曼主编《剑桥美国经济史（第三卷）》，蔡挺等译，中国人民大学出版社，2008，第 537 页。

3 同 1，第 339—346 页。

层"和"低一级管理层"的关系。[1]除了征求意见的程序比较严密之外，会计原则委员会与其前任会计程序委员会的运作方式没有什么不同。[2]

三、证券市场进入快速发展阶段

第一次世界大战期间，资本发行委员会（Capital Issues Committee）限制了新的企业债券和地方政府债券的流通。第一次世界大战结束后，美国放松了对证券市场的管制，于是，每年新发行的证券平均超过了2亿美元，1929年这一数字上升至8亿美元，达到顶点。老企业、新企业、公用事业、国家以及州政府都是国内证券最为重要的发行者。发行的债券、票据和优先股增多了。普通股的增长更快，到1929年时，其在新发行的证券中所占的份额超出了一半。

证券在面向广大公众销售时，经常有很多"黑幕"，这滋生了诈骗行为。1911年美国第一部证券法规《蓝天法》（Blue Sky Law）出台，此法首先被得克萨斯州采纳，要求在国内发行和售卖任何证券必须先得到国家银行特派员的批准。在接下来的20年里，许多州陆续颁布了《证券法》。20世纪30年代的证券业处于低潮时期，当时新的发行市场受到限制。由于惊慌的投资者逃离市场，同时《1932年税法》（Revenue Act of 1932）提高了股票的过户费并对债券征税，证券交易的规模急剧萎缩。

战后经济的稳步发展以及公司扩张对资金需求的增加使资本市场得以恢复。曾经受到"大萧条"打击和新政管制的证券发行，战后也得以恢复。1954年道琼斯平均指数达到了其在1929年的高峰，1963年纳斯达克市场的规模终于超过了其在1929年的水平。这一时期由于市场的繁荣，而被称为

---

1 Charles T. Horngren, "Accounting Principles: Private or Public Sector?" *Journal of Accountancy*, 1972, 133(5): 37-41.

2 Stephen A. Zeff, "Some Junctures in the Evolution of the Process of Establishing Accounting Principles in the U.S.A.: 1917-1972," *The Accounting Review*, 1984, 59(3): 447-468.

"戈戈舞"年代（the go-go years）。[1]

20 世纪 60 年代，美国证券业发生了根本性变化。交易和新证券发行量达到了史无前例的水平。1960—1968 年间，纽约证券交易所的股票年交易量增加了近 4 倍，从 380 亿美元增加到 1 450 亿美元；同期，美国股票交易所的交易量从 42 亿美元增加到 348 亿美元，增长了 8 倍，地区性交易所的交易量从 31 亿美元增加到 166 亿美元，增长了 534%，都超过了纽约证券交易所。1960—1969 年间，在美国证监会每年新注册的证券数目从 1 426 只增加到 3 645 只，新发行证券从 144 亿美元增加到 868 亿美元。上述令人吃惊的增长速度，使纽约证券交易所会员公司的税前利润在 1962—1968 年间增长了 10 倍。1962 年 6 月开始的长达 43 个月的道琼斯指数上涨刺激并创造了 60 年代交易量纪录，也推动了一个很长的证券投机期。同时，股票市场中机构投资者的比重迅速增加。到 1969 年，共同基金、商业银行信托部门、保险公司、养老基金和其他机构投资者占据了纽约证券交易所交易量的 52%。[2]

证券投资者的人数增长使得会计信息受到越来越多的美国家庭的重视。20 世纪 40 年代约有 400 万股票投资者，到了 1962 年，这个数字已经跃升为 1 700 万。[3]

20 世纪五六十年代也是美国多元化集团掀起合并浪潮的时代。然而，虽然 60 年代的兼并浪潮在舆论界引起了轩然大波，但值得注意的是，1963 年的企业并购数量并未达到 1898 年麦金利总统时代并购高峰期的数字。尽管在 20 世纪 60 年代，这些多元化集团名声显赫且身价不菲，"但没有一家能够入选

1　关于这一时期，可参见：John Brooks, *The Go-Go Years* (New York: Weybright and Talley, 1973)；斯坦利·L. 恩格尔曼、罗伯特·E. 高尔曼主编《剑桥美国经济史（第三卷）》，蔡挺等译，中国人民大学出版社，2008，第 535—581 页。

2　［美］乔尔·塞里格曼：《华尔街的变迁：证券交易委员会及现代公司融资制度演进》（第 3 版），徐雅萍等译，中国财政经济出版社，2009，第 345、542、543 页。

3　E. S. Hendriksen, M. F. van Breda, *Accounting Theory*, 5th Edition (New York: McGraw-Hill Higher Education, 1991), p. 70.

被认为是最大最成功公司的标志的道琼斯工业指数。它们那种浮夸的成功和海盗手法使其成为美国企业界的暴发户，并为全美国的传统经理人阶层所不齿。意识到了这种反感，它们的投资银行家也刻意保持低调，以免得罪其老派的客户。同时它们自己也担心多角化势力会招致国会的调查"。"早在多角化集团的政治问题浮出水面之前，从 1969 年夏季开始，国会就针对多角化集团的负面宣传召开了一系列听证会，一些最大的集团创办者和集团的主要管理人员被传唤出庭作证。这种情况与 40 年前 1929 年美国股市崩盘后的情形如出一辙。集团创办者被要求就其公司问题做陈述，他们的投资银行家也一样。虽然听证会是针对公司问题的，但银行家们正是组建这种公司的核心角色，因而也成为首当其冲的焦点人物"。事实上，许多并购交易纯粹是出于自身利益进行的——它们只会给目标公司的股东及其经理人和投行带来巨大的好处。许多并购一开始就不是什么好主意，待其完成也不会有什么好结果。[1]

"股票分析师的出现是 20 世纪 60 年代出现的另一现象，他们需要用更吸引人的概念把所推荐的公司卖给投资者。他们需要一个简单易懂的理论，并使其流行起来，成为华尔街的时髦词。金融理论的发展很快就提供了这样的用语，几年内，华尔街掀起新一轮热潮，比 20 世纪 20 年代以来任何时期都更激动人心。"[2]

第二节　注册会计师行业在会计原则委员会时代的理论研究

一、会计研究文集

如前所述，为克服会计程序委员会缺乏理论支持之弊端，美国注册会计师协会设立了会计研究部（Accounting Research Division，ARD），并授权会

---

1 ［美］查尔斯·盖斯特：《百年并购》，黄一义、成卓、谭晓青译，人民邮电出版社，2006，导论。

2 同1，第104页。

计研究部主任（Director of Accounting Research）公布由高校学者或行业研究者受托撰写的"会计研究文集"（Accounting Research Studies，ARS）。

　　会计研究文集不属于美国注册会计师协会制定的公认会计原则，其目的是引起业界对重要会计问题的探讨，以供会计原则委员会参考。应该说，这种为制定会计规则提供充分的理论支持的做法是值得充分肯定的，这种做法有效地把理论研究者、会计工作者和公共会计师行业从业人员团结起来，对于提高会计规则的质量具有积极意义。但可惜的是，学术界牵头创作的会计研究文集大多以失败告终，导致大多数会计研究文集是由公共会计师行业和公众公司会计主管主导，这就对其理论价值构成了限制。

　　除由首任会计研究部主任莫里斯·穆尼茨（Maurice Moonitz）亲自撰写的会计研究文集第 1 辑、第 3 辑被美国注册会计师协会明确否定外（原因详见后文），大多数文集都对后续的公认会计原则的制定发挥了一定影响。历次会计研究文集的详细情况如表 7-1 所示。

表 7-1　　　　　　　　　　　　　会计研究文集一览表

编号	发行年月	作者（单位）	文件名
1	1961 年 9 月	莫里斯·穆尼茨（Maurice Moonitz）（美国注册会计师协会会计研究部主任）	会计的基本假设 The Basic Postulates of Accounting
2	1961 年 11 月	佩里·梅森（Perry Mason）（美国注册会计师协会会计研究部主任助理）	"现金流量"分析与资金表 "Cash Flow" Analysis and The Funds Statement
3	1962 年 4 月	罗伯特·T. 斯普劳斯（Robert T. Sprouse）（加利福尼亚大学）莫里斯·穆尼茨	企业广义会计原则试行公告 A Tentative Set of Broad Accounting Principles for Business Enterprises
4	1962 年 5 月	约翰·H. 迈尔斯（John H. Myers）（西北大学）	租赁合同在财务报表中的列报 Reporting of Leases in Financial Statements

续表

编号	发行年月	作者（单位）	文件名
5	1963 年 6 月	阿瑟·R. 怀亚特（Arthur R. Wyatt）（伊利诺伊大学）	对企业合并的会计处理之批判性研究 A Critical Study of Accounting for Business Combinations
6	1963 年 10 月	美国注册会计师协会研究部职员	报告物价变动的财务影响 Reporting The Financial Effects of Price-Level Changes
7	1965 年 3 月	保罗·格雷迪（Paul Grady）（美国注册会计师协会会计研究部主任）	企业公认会计原则汇纂 Inventory of Generally Accepted Accounting Principles for Business Enterprises
8	1965 年 5 月	欧内斯特·L. 希克斯（Ernest L. Hicks）（阿瑟·扬会计公司）	养老金计划的成本的会计处理 Accounting for The Cost of Pension Plans
9	1966 年 5 月	霍默·A. 布莱克（Homer A. Black）（佛罗里达州立大学）	企业所得税的跨期分摊 Inter-period Allocation of Corporate Income Taxes
10	1968 年 10 月	乔治·R. 卡特利特（George R. Catlett）诺曼·O. 奥尔森（Norman O. Olson）（安达信会计公司）	商誉的会计处理 Accounting for Goodwill
11	1969 年 11 月	罗伯特·E. 菲尔德（Robert E. Field）（普华会计公司）	采掘业的财务报告 Financial Reporting in The Extractive Industries
12	1972 年 6 月	伦纳德·洛伦森（Leonard Lorensen）（美国注册会计师协会）	采用美元列报美国公司的境外经营 Reporting Foreign Operations of U.S. Companies in U.S. Dollars
13	1973 年 2 月	霍勒斯·G. 巴登（Horace G. Barden）（厄恩斯特－厄恩斯特会计公司）	存货的会计处理方法 The Accounting Basis of Inventories

续表

编号	发行年月	作者（单位）	文件名
14	1973 年 2 月	奥斯卡·S. 捷林（Oscar S. Gellein） 莫里斯·S. 纽曼（Maurice S. Newman） （哈斯金斯 - 赛尔斯会计公司）	研发支出的会计处理 Accounting for Research and Development Expenditures
15	1973 年 3 月	比阿特丽斯·梅尔彻（Beatrice Melcher） （美国注册会计师协会）	股东权益 Stockholders' Equity

二、会计研究文集第 1 辑和第 3 辑的尝试

吸收前车之鉴，会计原则委员会成立伊始便着手建立会计的基本假设（basic postulates of accounting）和广义的会计原则（broad accounting principles）。

穆尼茨于 1961—1963 年担任美国注册会计师协会第一位全职的会计研究部主任。他在履新之前就已经承担了主笔撰写两份会计研究文集（即第 1 辑、第 3 辑）的任务。踌躇满志的穆尼茨把他的颠覆性学说融入了文集的创作。

 专栏 7-1

莫里斯·穆尼茨

莫里斯·穆尼茨（Maurice Moonitz，1910—2009），会计规则公理化的尝试者，会计研究文集第 1 辑作者，会计研究文集第 3 辑合作者。

1910 年出生于俄亥俄州。1927—1929 年在辛辛那提大学学习过两年，后因贫困而辍学。1929—1931 年在银行工作，攒够学费后到加州大学伯克利分校继续学习，1933 年获得学士学位。

毕业后，主要在联邦土地银行伯克利分行（Federal Land Bank of Berkeley）从事会计工作。1934 年秋回到加州大学伯克利分校学习，1936 年获得硕士学位并取得博士入学资格。1937—1942 年在圣克拉拉大学任教。1941 年获得加州大学伯克利分校博士学位。1942—1944 年供职于斯坦福大学。1944 年加入安达信。1945 年获得加州注册会计师执业资格。

1947 年回到加州大学伯克利分校任副教授，1953 年任教授。1955—1959 年任该校新成立的商学院第一副院长。其间曾于 1955—1956 年回到安达信温习旧业。1960 年供职于美国注册会计师协会，任研究部主任。1963 年辞职后回到加州大学伯克利分校，1966 年到香港中文大学新设立的岭南工商管理学院（即今天的香港中文大学商学院）任创始院长。之后游历欧洲、大洋洲巡回演讲，主题是 "Why is It So Difficult to Agree Upon a Set of Accounting Principles?"。1968 年回到加州大学伯克利分校，直至 1978 年 7 月 1 日退休。

曾兼任美国会计学会副会长（1958）、会长（1978—1979）。曾任香港大学（1967—1970）和香港中文大学（1967—1970）外部督察（external examiner）。1985 年获得美国会计学会颁发的杰出会计教育家奖。

其代表作有《合并报表的实体理论》（*The Entity Theory of Consolidated Statements*）、会计研究文集第 1 辑《会计的基本假设》（*The Basic Postulates of Accounting*）、会计研究文集第 3 辑《企业广义会计原则试行公告》（*A Tentative Set of Broad Accounting Principles for Business Enterprises*）、《会计职业界应当就准则达成一致》（*Obtaining Agreement on Standards in the Accounting Profession*）。

（一）会计研究文集第 1 辑（1961）

1961 年 9 月，美国注册会计师协会公布了会计研究文集第 1 辑《会计的基本假设》。该书闭口不谈当时学术界热议的历史成本会计与现行成本会计之争，而是采用演绎法，试图从会计环境推演出会计假设（见图 7-1）。

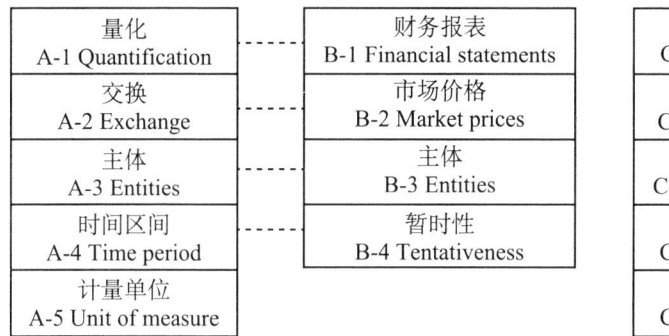

量化 A-1 Quantification	财务报表 B-1 Financial statements	持续性 C-1 Continuity
交换 A-2 Exchange	市场价格 B-2 Market prices	客观性 C-2 Objectivity
主体 A-3 Entities	主体 B-3 Entities	一致性 C-3 Consistency
时间区间 A-4 Time period	暂时性 B-4 Tentativeness	币值稳定 C-4 Stable unit
计量单位 A-5 Unit of measure		披露 C-5 Disclosure

图 7-1 会计研究文集第 1 辑《会计的基本假设》概要

通过分析会计环境，穆尼茨提出了五项假设（见图 7-1 左侧列），进一步推演出相关联的四项假设（见图 7-1 中间列）。上述假设是由会计环境所决定的。此外，穆尼茨还提出了五项强制性（imperatives）假设（见图 7-1 右侧列）。[1]

穆尼茨从分析会计环境入手，仿照自然科学的公理化体系推演出一套会计假设，创立了自成一体的理论框架。但他忽视了这样一个现实问题：社会科学往往需要从人类社会的现实需要出发展开研究。穆尼茨这种照搬照抄自然科学研究范式的做法存在明显的脱离实践的缺陷，再加上穆尼茨的上述假设与大众常识无异，因此，学术界和实务界对之诟病颇多。[2] 这位美国注册会计师协会会计研究部主任出师未捷，打了一个堪称会计界最知名的"哑炮"。

穆尼茨提出的会计假设对会计实务以及证券市场上的公认会计原则影响不大。许多读者发现，他的研究过于抽象和笼统，无法引起读者的兴趣和批

---

1 Maurice Moonitz, "Basic Postulates of Accounting: Summary, Conclusions and Recommendations, Prospectus," *Journal of Accountancy*, 1961, 112(5): 71-72.

2 "Comments on The Basic Postulates of Accounting," *Journal of Accountancy*, 1963, 115(1): 44-55.

判性思维。实际上，从这部著作中根本看不出来穆尼茨究竟是支持历史成本会计，还是支持现行价值会计。换言之，读者在阅读他那部缺乏观点甚至缺乏倾向性的著作时，一定会有一种深深的无力感，过于中性的著作可以说是可有可无。果不其然，该文件被后来的财务会计准则委员会所抛弃，[1]后者公布的八份财务会计概念公告（Statement of Financial Accounting Concepts）都没有专门讨论会计假设。1989年，国际会计准则中的《编制和列报财务报表的框架》仅仅提到两个基础假设：一是权责发生制，二是持续经营。

但是，这套可有可无的会计假设，却被写入我国企业会计准则体系。这或许在一定程度上说明我国会计界长期以来缺乏对域外时髦提法的批判。

 专栏 7-2

关于会计假设的理论争鸣

会计基本假设在理论意义上乏善可陈，但鉴于其在我国会计学界甚为流行，故在此略作评价。

（1）会计主体（accounting entity）假设。域外理论提出，企业应当对其本身发生的交易或者事项进行会计确认、计量和报告。此假设纯属多余。企业记账时，当然是按照管理需要记录自身的法律事实，这是不言自明的道理。这无异于假设"某个人的百米赛跑成绩"为"某个人本人的百米赛跑成绩"。偏偏有好事者围绕这个假设大做文章，居然以合并报表为例来"论证"会计主体假设的合理性。他们说，合并报表（consolidated statement）就是以企业集团为会计主体而制作的报表，单个报表（separate statement）是以单个企业为会计主体而制作的报表。其实不然。合并报表只是金融分析报表而非会计报表，虽然我们习惯上称它为合并会计报表，

---

1 Stephen A. Zeff, "The Evolution of the Conceptual Framework for Business Enterprises in the United States," *The Accounting Historians Journal*, 1999, 26(2): 89-131.

但它是在单个报表的基础上调整形成的报表。会计程序委员会1959年8月公布的《会计研究公报第51号：合并财务报表》倡导编制合并报表，该文件是以虚拟（as-if）的语气来论述合并报表的会计主体的。[1]但企业集团并不是一个独立的市场主体，因此，资产、负债、所有者权益、收入、费用、所得税等概念对它均不适用。

（2）会计分期（time period）假设。域外理论提出，企业应当划分会计期间，分期结算账目和编制财务会计报告。这一假设纯属画蛇添足，在我国尤为如此。这是因为，法律法规通常会要求企业提交年度财务会计报告。我国《会计法》规定了会计年度的起始日期，即会计年度自公历1月1日起至12月31日止（见第十一条）。至于是否以及如何编制半年度、季度乃至月度的会计报表，往往由监管部门直接以部门规章的形式予以规定。可见，会计分期实际上是非常具体的法律规定，因此，称其为"会计假设"是不合适的。

（3）货币计量假设。货币计量假设的含义是，企业会计应当在币值稳定的假设前提下，以货币价值形式进行计量。这一假设实属多余。一方面，会计工作的性质本身就是以货币价值形式记录财产权利、债务和经营业绩，货币计量乃是会计工作的现实特色而非假设。另一方面，币值稳定是宏观经济调控的目标，而不是企业这个微观层面上的市场主体所能决定的，也就是说，企业是币值波动的被动接受者。这是世人皆知的道理，用不着再作假设。因此，单独把货币计量作为会计假设也是不必要的。

（4）持续经营（going concern）假设。域外理论提出，企业的会计行为应当以该企业能够持续经营为假设前提，这一假设令人啼笑皆非——恰似体检机构强调"体检者必须为活体"。会计信息本属于历史信息，财产

1　见该文件第1段：编制合并报表"就像把母子公司看作拥有许多分支机构的一个公司一样"。

权利和债务是针对特定日期而言的，业绩是针对过往的某一时期而言的。至于企业是否行将清算，对会计信息本无影响。如果企业面临清算，那么它将要进行的是清算行为而非会计行为。因此，持续经营假设也是不必要的假设。

上述会计基本假设故作高深，莫名其妙，缺乏理论意义和实践价值，对会计管理者并无大用。[1]以自然科学的公理化体系构建形成的会计理论实属无源之水、无本之木。事实上，在 1992 年的会计改革之前，我国会计法规从未把上述常识列为会计假设，但会计实务工作依然照常运转。为什么如今的研究者却竭力宣传那些并无大用的会计假设呢？

（二）会计研究文集第 3 辑（1962）

穆尼茨还与斯普劳斯合著了会计研究文集第 3 辑《企业广义会计原则试行公告》，美国注册会计师协会于 1962 年 4 月公布了这部著作。

该书堪称颠覆性创新之作。（1）采用了美国会计学会 1957 年公布的《公司财务报表的会计与报告准则》中的观点，认为资产反映未来经济利益，是本期或过去的经济业务的成果，提议采用资产服务潜力的折现值来计量；（2）主张按可变现净值对正常的待售存货进行计价，不管它是高于成本还是低于成本；（3）主张同时使用物价指数调整和以重置成本的变动为基础的固定资产重估价方法；（4）反对把实现原则列为会计的首要特征，主张完全抛弃而不是修正实现原则；（5）强调通过综合反映经营收益、持产利得和物价水平变动的影响来及时地确定利润，把市价波动形成的浮动盈亏计入利润表，以期提高财务报表的可比性和可解释性；（6）倡导使用折现方法记载应收账款和应付账款。以下节选几例说明之。

---

1 成秉权：《会计基本假定概念质疑》，《会计研究》1991 年第 6 期；周华：《法律制度与会计规则——关于会计理论的反思》，中国人民大学出版社，2016。

专栏 7-3

《企业广义会计原则试行公告》摘要

1. 利润是由企业的全部生产经营活动所形成的。因此，对于每一部分生产经营活动的利润的计算方法，应当定期进行审核，以评估其可能造成的业绩偏差。

2. 资源的价值变化应当按其变动原因作如下区分：

（1）因币值变动（物价变动）而对资本进行的重述；

（2）因重置成本的变动（扣除物价变动的影响之后）所导致的利得或损失；

（3）因资产销售、资产转移或确认可变现净值所导致的收入或利得；

（4）其他原因（如自然增殖或新探明的自然资源）。

3. 企业的所有资产（包括所有者投入的、债权人提供的）都应当在账簿中予以记载并在财务报表中予以列示。资产的不同取得渠道不影响资产的会计处理规则。

4. 资产的计量实际上就是对未来服务（future services）的计量，至少包括以下三步：

（1）确定未来服务是否的确存在。例如，建筑物，可用于提供制造等经营活动所需的必要空间。

（2）估计该项服务的数量。例如，某建筑物估计至少能用 20 年或 10 年。

（3）选择一种方法、基础或公式，计算（估计）前款所称的服务的数量。一般来说，可从以下三种交换价格（exchange prices）中任选其一。

1）过去的交换价格（past exchange price）。例如，收购代价（acquisition cost）或其他初始入账基础。此情形下，企业在出售或转让资产之前，不得确认与该资产有关的利润或亏损。

2）现行的交换价格（current exchange price）。例如，重置成本（replacement cost）。此情形下，资产相关的利润或亏损将分两个阶段予以确认：第一阶段是指确认该资产从购入到使用这一期间内的利润和亏损；第二阶段是指在资产出售或处置时，把出售价格（转让价格）与重置成本之差确认为利润或亏损。这种方法仍属于基于成本的方法，在该方法下，资产视为待售资产。

3）未来的交换价格（future exchange price）。例如，预期的售价。此情形下，资产相关的利润或亏损直接在账簿中予以记载。如此定价的资产视为应收款项，相应地，资产在出售时不再形成利得或损失（因时间较长所形成的利息和折价除外）。

对资产的估价以及将利润分摊于各个会计期间的做法是否恰当，在很大程度上取决于企业对于未来利益是否存在所作的估计，而不是取决于该资产的计价基础。在这个过程中不可避免地要用到估计（estimates），不论采用什么公式进行估价都无法消除估计的因素。

1）现款或者能够转换为现款的债权，应当以**折现值**（discounted present value）或其等价形式予以列示。折现利率为获取该资产时的市场利率（market rate）、实际利率（effective rate）。

对于短期的应收款项而言，由于利息因素影响较小，因此，可以略去折现这一步骤，仍然以名义金额列示。应收款项的账面金额应当以减去坏账准备（allowances for uncollectible elements）后的余额列示，估计的收款成本应当登记入账。如果债权的变现期间及收款金额存有不确定性，则应以现行市场价值（current market value）列示；如果不存在可靠的现行市场价值，则应以成本列示。

2）易于出售且销售及处置代价均易于预测的存货，应当以可变现净值（net realizable value, NRV）计价，同时记载相关的收入。其余存货应当以现行（重置）成本（current（replacement）cost）记账，相关的利得或损失应单独予以报告。这两种处理方法均会导致在存货出售前记载收入、利得或损失，但这是计量净利润或净亏损所必需的。如果采购成本与现行（重置）成本差别不大，也可以使用采购成本计价，在存货单价相对稳定且存货周转较快的情况下常常可以如此处理。无论如何，存货的计价基础都应当能够经受独立观测者的验证。

3）所有在用的或暂时停用的厂房（plant）和设备（equipment），均应以采购成本或建造成本记账，必要时，可在主表或附表中补充列示因币值变动所进行的调整。如遇企业重组、企业合并等事由，则对外报告中的厂房和设备应当以现行重置成本予以重述。除上述事由外，账簿记录也可定期（如每五年一次）根据重置成本予以重述。

4）对厂房和设备的投资应当在其预期寿命期间内予以摊销。摊销方法应当与该资产带来预期利益的方式一致。

5）所有的无形资产，如专利、著作权、研究开发项目和商誉，应当以成本记账，必要时，可在主表或附表中补充列示因币值变动所进行的调整。寿命有限的，应当予以摊销；寿命不确定的，不应当予以摊销，仍以成本列示。若因资产评估或物价调整等原因而调整了资产的账面价值，则应按调整后的金额计算折旧额和摊销额。

5. 所有的负债都应记载于账簿并在财务报表中列报。需以现金清偿的负债应当以未来付款额的折现值入账。该项债务发生时的到期收益率（yield rate），或称实际利率、市场利率，是计算现值、摊销溢价折价所适用的折现率。

6. 需以商品或劳务清偿的负债，应当以债权债务双方议定的价格入账。提供商品和劳务时如有利润，则应入账处理。

7. 公司的股东权益应当区分为投入资本（invested capital）和留存收益（retained earnings; earned surplus）。投入资本应当进一步按照资金来源及性质进行分类；留存收益应当包括累计的净利润和净亏损，减去转增股本的部分。

8. 利润表应当详细揭示利润的组成内容，以便报表使用者比较和解释报表数据。为此，利润表至少应当区分收入、费用、利得和损失等要素。

（1）一般来说，收入是指企业生产商品和提供劳务所收到的对价。

（2）总体而言，费用是指企业生产商品和提供劳务所付出的代价。这些代价既包括直接与生产商品和提供劳务有关的代价，即产品代价（product costs），又包括间接代价，即期间代价（period costs）。

（3）利得包括所持有存货因价格上涨而形成的浮动盈亏，长期资产的销售价格超出账面价值所形成的偶然所得，以低于账面价值的金额清偿债务所形成的偶然所得，等等。损失的情形反之。

资料来源：Robert T. Sprouse, Maurice Moonitz, *A Tentative Set of Broad Accounting Principles for Business Enterprises*, American Institute of Certified Public Accountants, 1963, pp. 55-59.

该书立论大胆，与美国证监会当时坚持历史成本会计的立场迥异，堪称惊世骇俗。尤其是现值的提法更是挑战人们的思维极限。该书提出，存货和固定资产（厂房及设备）应按现值列示在财务报表中，以现金结算的应收账款和应付账款应以折现值列报。

要知道，现值就是一个谬误，下面以一个悖论来拆解之。计算现值的人为什么要计算某个东西的现值呢？那是因为他连这个东西"现在值多少钱"都搞不清楚。既然如此，他又是怎么知道这个东西的未来现金流量是多少的呢？

正如埃尔登·亨德里克森在《会计理论》一书中所指出的，折现的做法存在诸多问题，不适合作为会计计量方法。他认为折现仅仅强调了时间因素和预期现金流量，所有其他风险因素全部忽略了；用主观评价的风险来调整折现率的做法是不适当的；如此计算得到的数据进入利润表，导致利润表不能用于衡量企业业绩，因为未来现金流量和过去的行为无关。最根本的问题是，现值实际上是通过估计未来的情况来计算本期的利润，这是本末倒置的做法。[1]

不难想象，这本书在正式公布前就引起了极大的争论。批评者指出，从第1辑的假设并不能推理得出第3辑的建议；第1辑中强调的是交换价值，而第3辑强调的是未来利益的现时价值（即折现值），两者是矛盾的；第3辑中记载的会计原则提出了一些超现实的准则，变化之大令人难以接受；客观性、一致性、原始成本和稳健主义等有助于在法律上保护公共会计师的原则在很大程度上被否定或忽略了；第3辑抛弃了实现原则而倡导资产市值增值理念，将资产定义为未来的收益潜力，却没有明确规定其计量标准，所提出的资产估价理念很难与会计实务联系起来。[2]美国注册会计师协会基本假设和原则研究项目咨询委员会的12位委员中有9位对之进行点评，其中8位表示不屑一顾，3位最刻薄的批评者是时任美国证监会首席会计师及其两位前任。

有学者指出，会计研究文集第3辑企图窜改传统会计的利润概念，如此，会计上的利润便不再是可供分配的利润和应纳税的利润了，这将导致两种结果：其一，企业管理层将会认为会计数据是无用的；其二，财务分析师将不再关注会计利润，而是将重点转向现金流量。[3]这种评论观点实际上是对《公

---

1 ［美］亨德里克森：《会计理论》，王澹如、陈今池编译，立信会计图书用品社，1987，第101—102页。

2 A. C. Littleton, "A Tentative Set of Broad Accounting Principles for Business Enterprises," *The Accounting Review*, 1963, 38(1): 220-222; "Comments on A Tentative Set of Broad Accounting Principles for Business Enterprises," *Journal of Accountancy*, 1963, 115(4): 36-48.

3 Raymond P. Marple, "VALUE-IT IS," *The Accounting Review*, 1963, 38(3): 478-482.

司会计准则导论》的呼应。

（三）会计原则委员会拒绝采纳会计研究文集第 1 辑和第 3 辑

1962年4月13日，会计原则委员会公布会计原则委员会公告第1号（APB Statement No.1），以"过于激进，不合时宜"为由，拒绝采纳穆尼茨撰写的两份会计研究文集，不把其意见纳入会计原则委员会意见书。会计原则委员会认为，"这两份文集对发展会计思想做出了宝贵贡献，但偏离现行公认会计原则太远，因此，目前阶段不适合采用"（英文原文见图 7-2）。

APB Statement No. 1

STATEMENT BY THE ACCOUNTING PRINCIPLES BOARD

APRIL 13, 1962

The Accounting Principles Board has received *Accounting Research Study No. 3*, "A Tentative Set of Broad Accounting Principles for Business Enterprises," by Robert T. Sprouse and Maurice Moonitz. The Board previously had received *Accounting Research Study No. 1*, "The Basic Postulates of Accounting," by Maurice Moonitz. Study No. 1 was published in September 1961 and Study No. 3 is scheduled for publication toward the end of April 1962.

In the opinion of the Director of Accounting Research, these two studies comply with the instructions to the Accounting Research Division to make a study of the basic postulates and broad principles of accounting. Prior to its publication, Study No. 3 has been read and commented upon by a limited number of people in the field of accounting. Their reactions range from endorsement of the ideas set forth in the study of "Broad Principles" to misgivings that compliance with the recommendations set forth by the authors would lead to misleading financial statements. The Board is therefore treating these two studies (the one on "Postulates" and the other on "Principles") as conscientious attempts by the accounting research staff to resolve major accounting issues which, how-ever, contain inferences and recommendations in part of a speculative and tentative nature.

The Board feels that there is ample room for improvement in present generally accepted accounting principles and a need to narrow or eliminate areas of difference which now exist. It hopes the studies will stimulate constructive comment and discussion in the areas of the basic postulates and the broad principles of accounting. Accounting principles and practices should be adapted to meet changing times and conditions, and, therefore, there should be experimentation with new principles and new forms of reporting to meet these conditions. The Board believes, however, that while these studies are a valuable contribution to accounting thinking, they are too radically different from present generally accepted accounting principles for acceptance at this time.

After a period of exposure and consideration, some of the specific recommendations in these studies may prove acceptable to the Board while others may not. The Board therefore will await the results of this exposure and consideration before taking further action on these studies.

图 7-2　会计原则委员会公告第 1 号全文

注：划线为引者所加。

美国注册会计师协会前会长约翰·W. 奎南（John W. Queenan）曾恳请实务界人士对会计研究部的研究发现多提反馈意见，但遗憾的是，多数评论意见缺乏建设性，几乎是一边倒的反对之声。奎南的愿望未能实现。

 专栏 7-4

约翰·W. 奎南

约翰·W. 奎南（John W. Queenan，1906—1992），财务会计准则委员会首届委员兼副主席。

1906 年 1 月生于伊利诺伊州。1927 年从伊利诺伊大学毕业后加入哈斯金斯 – 赛尔斯公司（Haskins & Sells）。1931 年获得伊利诺伊州的注册会计师执业证书，为该州当年考试的第一名，获得伊利诺伊州注册会计师协会颁发的金质奖章。1936 年成为经理，1939 年成为合伙人，1956 年成为管理合伙人直至1970 年。

他还在其他 27 个州拥有注册会计师执业资格。曾任伊利诺伊州注册会计师协会理事（1947—1950），纽约州注册会计师协会理事（1958—1961）、副会长（1960—1961），美国注册会计师协会副会长（1958—1959）、会长（1961—1962）。

曾任会计程序委员会委员（1949—1954）、会计原则委员会委员（1963—1968）、财务会计准则委员会副主席（1973—1974）。1968 年获美国注册会计师协会金质奖章。曾任尼克松政府的价格委员会（Price Commission）委员（1971—1973）。

1956 年 1 月 30 日美国财政部长发布的一份公告指出，各州法院可以合理地阻止非律师人士代表纳税人履行纳税义务。该公告授权律师和注册会计师在需要时寻求对方的帮助。奎南致力于协调注册会计师与律师之间的合作关系，注重提高公共会计师行业的信誉。为促进两个行业在所得税业务领域的合作，奎南和威廉·L.詹姆森（William L. Jameson）、欧文·N.格里斯沃尔德（Erwin N. Griswold，后来担任哈佛大学法学院院长）一起设立了全美律师与注册会计师联席会议（National Conference of Lawyers and CPAs），并于1957—1961年任联席会议主席，主要负责解决律师行业与公共会计师行业数十年来争论不休的税务服务的范围问题。

　　会计原则委员会灼人的措辞"这些文集偏离现行公认会计原则太远"（They are too radically different from present generally accepted accounting principles）深深刺痛了斯普劳斯。是的，想法很丰满，现实很骨感。面对这般境遇，又有谁不感到委屈呢？但斯普劳斯对自己的学术观点拥有相当的自信，他坚持己见，立即以一篇题为《会计研究文集第3辑中激进的另类会计原则》（The Radically Different Principles of Accounting Research Study No. 3）的辩护文章，回敬了会计原则委员会。[1]

　　此后，斯普劳斯在学术界蛰伏十年，终于在1973年被遴选为财务会计准则委员会委员，并在供职的13年中有11年担任财务会计准则委员会副主席，从而得以把他那颠覆性的理论贯彻到公认会计原则之中。

 专栏7-5

罗伯特·T.斯普劳斯

　　罗伯特·T.斯普劳斯（Robert T. Sprouse，1922—2007），公允价值会

---

　　1 Robert T. Sprouse, "The Radically Different Principles of Accounting Research Study No. 3," *Journal of Accountancy*, 1964, 117(5): 63-69.

计理念的坚定支持者。

　　1922 年生于圣迭戈。幼年贫困，父母离异后与五位兄弟姊妹一起随母亲生活。他是家族中培养的第一个大学生——他的哥哥资助他就读于圣迭戈州立大学。他在大学时学习不太好，两年后就退学了，他的哥哥收回了对他的资助。后来他当过小工，参军到过德国，并在那里遇到了后来的妻子。

　　在威尼斯度过蜜月后，斯普劳斯于 1949 年回到学校继续攻读学位。1956 年在明尼苏达大学获得博士学位。之后到加州大学伯克利分校、哈佛大学、斯坦福大学工作。1972—1973 年任美国会计学会会长。其代表作是与穆尼茨合著的会计研究文集第 3 辑《企业广义会计原则试行公告》。

　　美国注册会计师协会对会计研究文集第 1 辑和第 3 辑的冷酷态度导致会计原则委员会从此重蹈会计程序委员会之覆辙。理论创新，谈何容易。

　　笔者认为，美国注册会计师协会的这个决定是明智的。斯普劳斯的理论创新在理论上违背会计学原理，在实践中缺乏可行性。

　　穆尼茨和斯普劳斯二人所从事的会计基础理论研究必然归于失败。原因在于，他们二人的理论创新脱离了法律原则，没有从会计基本原则入手进行理论建构。因此，其作品必然是空中楼阁，无法在尘世中得到应用。鉴于会计规则在本质上是民商法、经济法的实施细则，因此，其基础理论必然要从民商法、经济法的基本原则出发来构建。

（四）穆尼茨之后美国注册会计师协会会计研究部的理论研究

　　1963 年，穆尼茨辞去美国注册会计师协会会计研究部主任职务，回到加州大学伯克利分校。会计研究部由普华会计公司的退休合伙人保罗·格雷迪兼任代理主任主持工作。作为经历过名牌大学教授那惊世骇俗的观点洗礼的业界名宿，格雷迪再也不敢起用大学教授来论证会计理论。他的策略是起用注册会计师行业中的理论高手来论证哪些会计规则更具合理性，他以为实务界专家做起专业研究来会又快又实用。然而，实务界专家也不是省油的灯，争议仍然一浪高过一浪，会计原则委员会仍然被证券行业教训得团团转。1968 年公布的会计研究文集第 10 辑《商誉的会计处理》是由两位注册会计师撰写的，该书引起的争议比起会计研究文集第 3 辑少不了多少。

格雷迪是乔治·梅的忠实信徒。后来，会计原则委员会吸取穆尼茨前车之鉴，委托格雷迪重新就会计基础理论问题展开研究。格雷迪比较支持乔治·梅和利特尔顿的观点，认为会计理论应当从会计实践中归纳而来。他所著的会计研究文集第 7 辑《企业公认会计原则汇纂》由美国注册会计师协会于 1965 年出版，该书果然名副其实，确确实实仅仅是对当时的公认会计原则的基本概念和原则的汇编，是一部四平八稳的作品。

1964 年，里德·K. 斯托里（Reed K. Storey）接替格雷迪出任会计研究部主任。他结合前任们的经验教训，将部分课题转给了学术界人士，部分课题分给了执业注册会计师。但于事无补。

为什么美国无论是学术界还是实务界都难以形成合理的会计理论和会计规则呢？一方面是因为美国证监会在罗斯福政府之后已经不再强调基于事实的证券监管，监管层的能力大不如前；另一方面是因为脱离法律原则去论证会计规则本身就是构建空中楼阁，再美好的构想也只是吹吹肥皂泡，一旦落地实施就会现出原形。

利特尔顿此时年事已高，美国会计学术界迫切需要培养出一批能够将美国联邦证券法的立法理念贯彻到会计理论之中的学者。然而，随着统计软件、金融数据库和实证经济学的兴起，美国会计学术界陷入了实证会计的泥沼，使得美国会计学术在 20 世纪 60 年代画上了休止符。而自 20 世纪 70 年代起，美国会计理论陷入了规则制定者自说自话的境地。

三、其他会计研究文集评介

除了上述会计研究文集第 1 辑和第 3 辑因"过于激进，不合时宜"而被美国注册会计师协会拒绝采纳外，其他会计研究文集大多被会计原则委员会采纳，作为制定公认会计原则的立法参考，有些会计原则委员会意见书针对相关的会计研究文集的观点进行了探讨。这些会计研究文集的共同点是，其作者均对所探讨的问题进行了深入的理论分析，并进行了广泛调研，这些因素保证了其较高的学术价值。

值得注意的是，会计研究文集的执笔者通常是注册会计师或者高校教师，美国注册会计师协会往往还会针对重要的研究项目，专门成立主要由会计公司代表组成的项目顾问委员会（Project Advisory Committee），由其对会计研究文集进行评论，从而为会计原则委员会提供决策参考。

（一）会计研究文集第 2 辑《"现金流量"分析与资金表》（1961）

知名学者佩里·梅森（Perry Mason）所著的《"现金流量"分析与资金表》（*"Cash Flow" Analysis and The Funds Statement*），针对当时兴起的现金流量会计（cash-flow accounting）与权责发生制会计（accrual accounting）之争，提出了编制资金表（funds statement）的主张和"全部财务资源"（all financial resources）的概念。

当时业界有一种流行的看法，认为现金流量优于净利润概念，从而可以取代净利润概念。现金流量类似于资金来源与用途表（statement of source and application of funds）[1] 中的"经营活动所得到的资金"（funds derived from

---

1 又称营运资金变动表（statement of changes in working capital），其英文说法包括"statement of source and application (disposition, use) of funds"。

operations）这个概念。一般从净利润开始调整，加上所得税，加上未付出现金的费用，减去未收到现金的收入，就可以计算得到现金流量（这种做法也就是如今编制现金流量表的"间接法"）。

针对流行的观点，梅森提出，测度盈余的有效指标仍然是净利润（net income），利润表是不可替代的，当前流行的"现金流盈余"（cash flow earnings）概念反而是有害的。相应地，梅森提出了编制资金表作为对利润表的补充的主张。

在当时，理论界和实务界尚未就资金表中的"资金"含义达成共识，常常包含狭义现金（literal cash）、现金和有价证券（cash and marketable securities）、货币性资产净额（net monetary asset）或者营运资金（working capital）。梅森翻阅了美国注册会计师协会于1959年出版的《会计趋势与技术》（*Accounting Trends and Technique*）一书所收录的600家工业企业的年度报告，其中有190家编制了某种形式的资金表，做法五花八门。梅森建议，应当把资金理解为"全部财务资源"。

会计研究文集第2辑为1963年的《会计原则委员会意见书第3号：资金来源与用途表》和1971年的《会计原则委员会意见书第19号：报告财务状况的变化》提供了理论参考。

（二）会计研究文集第4辑《租赁合同在财务报表中的列报》（1962）

第二次世界大战结束后，租赁业务在美国得到快速发展。美国证监会在其截至1949年6月30日的第15个年度工作报告中首次专门提及，售后租回已经成为一个重要的融资方式，同时也带来了棘手的会计处理问题。这一表态引起了业界的研究兴趣。

西北大学教授约翰·H. 迈尔斯（John H. Myers）应美国注册会计师协会之邀，对租赁的会计处理规则展开专题研究。其著作《租赁合同在财务报表中的列报》(*Reporting of Leases in Financial Statements*) 于 1962 年被美国注册会计师协会作为会计研究文集第 4 辑予以出版。

迈尔斯的研究分为两个阶段。他在第一个阶段阅读了 300 多份租赁相关资料，试图从文献中寻找承租人和出租人对租赁合同的会计信息诉求，几无所获。于是，他不得不在第二个阶段去采访租赁合同的相关利害关系人，即承租人、出租人和拟投资于它们的投资者。

1. 迈尔斯的建议

迈尔斯认为，企业界对租赁合同的披露明显不足，应予加强；有些租赁合同应当作为一项资产列入资产负债表，同时，记录相应的负债。

迈尔斯提出，如果一项租赁合同形成了相应的财产权 (property rights)，则应把相关的权利和义务纳入资产负债表。问题是，哪些租赁合同形成了财产权？迈尔斯给出的标准是，如果租赁合同包含以下所有条款，则该租赁合同很可能形成财产权：第一，合同期限，实质上覆盖租赁物的整个经济使用寿命；第二，合同到期时的选择权，承租人有权在租赁合同到期时，以一个象征性的价格购买该租赁物；第三，禁止取消，该租赁合同为不可撤销合同；第四，租金，承租人支付确定的金额，从而使得出租人能够收回租赁物的投资并且得到公平的回报；第五，税收、投保支出、维修保养开支，这些开支均由承租人承担。反之，则租赁合同不形成财产权利。

在租赁合同形成财产权的情况下，该租赁合同视为为购买承租人所占有并使用的租赁物而采取的融资形式，相应的权利和义务应当列入资产负债表。这种做法被迈尔斯称作融资法 (the finance method)，他认为，这种情形下的租赁交易在实质上就是购买 (in substance a purchase)，即分期付款买某商品 (instalment purchase of the property)，因此，这种处理方法能够更全面地反映承租人的财务状况。反之，则该租赁合同视为购买服务而逐期支付租金的普通交易，这种做法被迈尔斯称作租金法 (the rental method)。

在计量上述资产和负债时，需要分两步进行计算：第一步应当确定购买财产权利所付出的租金；第二步是采用适当的利率计算那些租金的现值。

2. 反对者的意见

反对者提出了五个理由，试图否定在资产负债表中记载租赁合同所形成的资产或负债。第一，承租人占有并使用租赁物，但并不拥有租赁物的所有权，因此，该租赁物并不构成承租人的资产。第二，在资产负债表中记载租赁合同所形成的资产或负债，这种做法存在许多主观判断，必然使得财务报表毫无意义且具有危险的误导性。第三，将长期承诺计入资产负债表的做法，在技术上尚不成熟。第四，在资产负债表中记载租赁合同所形成的资产或负债，这种做法具有负面的经济后果，将会对财务比率分析、信贷决策、税收征管、公用事业单位的定价等方面造成影响。第五，这种会计规则将会使租赁合同失去原有的经济优势。在传统上，企业没有按照租赁合同的实质（substance）去记账，于是就能够制造出一种"幻觉"（illusion），而这正是租赁交易得以盛行的原因之一。反过来看，如果按照实质去记账，这种幻觉就会消失，租赁合同可能就不那么有吸引力了。

迈尔斯及其反对者的理论探讨已经提及"法律形式"（legal forms）和"实质"的区分，实质重于形式原则呼之欲出。业界对迈尔斯的看法各执一端。有的认为，迈尔斯走得还不够远；有的认为，迈尔斯走得太远了。

1964 年 12 月公布的《会计原则委员会意见书第 5 号：承租人财务报表中对租赁合同的处理》中给出的方案，与迈尔斯提出的方案相似。

（三）会计研究文集第 5 辑《对企业合并的会计处理之批判性研究》（1963）

时任伊利诺伊大学教授的阿瑟·怀亚特于 1960 年 3 月应美国注册会计师协会之邀，对企业合并的会计问题进行研究。美国的第一次合并浪潮是在 1890 年《谢尔曼反托拉斯法》出台至 1904 年期间，这时的企业合并通常是由投资银行推动的，主要采取多层控股公司的复杂架构，目的是把同一行业的领先的竞争对手整合为一个垄断型机构，如标准石油公司、美国钢铁公司等。这时企业合并的主导方往往会发行掺水股票来换取优质资产，因为当时的企业合并比较看重股票的面值。第二次合并浪潮始于第一次世界大战结束，持续至20世纪20年代，合并规模小于第一次合并浪潮，主要推动者既有投资银行，也有企业高级管理人员，且主要是为了扩大经营规模。第三次合并浪潮始于第二次世界大战结束，并延续至怀亚特撰写《对企业合并的会计处理之批判性研究》之时，合并规模小于第二次合并浪潮，主要是由企业高级管理人员推动，这时的企业合并不再看重股票面值，会计处理往往在权益结合法和购买法之间选择。

怀亚特的《对企业合并的会计处理之批判性研究》（*A Critical Study of Accounting for Business Combinations*），于1963年6月被美国注册会计师协会作为会计研究文集第5辑予以出版。

该书是针对不断恶化的企业合并会计处理现状展开的。以付出资产或者承担债务的方式所实现的企业合并，往往采用购买法来处理。以交换股权的方式所实现的企业合并在20世纪50年代颇受欢迎，而其会计处理规则一直不甚明朗，直到1957年会计程序委员会公布《会计研究公报第48号：企业合并》时，公认会计原则才明确规定，允许企业在两种替代方案（即权益结合法和购买法）中选择使用。但这两种方法所形成的资产和股东权益数据往往差异甚大。权益结合法的处理规则更是变动频繁，不同年份的做法存在较大差别。总体来看，五花八门的企业合并的会计处理，往往都被认为是可接受的。

怀亚特认为，目前很多企业合并其实并不满足《会计研究公报第48号：企业合并》所设定的条件，但还是在按照权益结合法进行会计处理。权益结合法之所以兴起，主要有三个方面的因素：一是企业界不愿确认商誉并摊销商誉；二是由于企业界越来越强调每股收益数据，因此企业面临维持每股收益的压力；三是购买法将会导致会计利润与应纳税所得额之间产生差异。这三重因素的叠加，就使得权益结合法更受欢迎。怀亚特提出，在实质上，目前所有的企业合并都是独立交易方之间的交换业务（exchange transactions），通常都会涉及资产的转移，企业合并的会计处理就应当反映这种转移。

怀亚特提出，对于基本上构成交换业务的企业合并，应当比照其他交换业务，采用购买法进行处理，而不应当采用权益结合法。一般来说，如果存在除普通股以外的交换媒介，或者在合并后存在少数股东权益（minority interest），则该企业合并在实质上是交换业务。

 专栏 7-6

阿瑟·R. 怀亚特

阿瑟·R. 怀亚特（Arthur R. Wyatt，1927—2017），曾任财务会计准则委员会委员、国际会计准则委员会主席。

5 岁时曾被车撞伤右腿，所幸的是得以完全康复。他在当高尔夫球童时结识了许多会计公司的合伙人。高中时，老师注意到他已经具备相当的会计知识，于是安排他为全校 45 个学生团体记账，并让他给一位商人讲会计。1945 年高中毕业后，怀亚特进入伊利诺伊大学学习，接连攻读学士、硕士、博士学位。

1953 年，怀亚特获得博士学位后留校任教，其博士论文是《会计传统的影响》（The Influence of Tradition in Accounting）。怀亚特在任教期间被评为教授，并于 1955—1957 年入伍。1966 年 6 月，怀亚特加入安达信会计公司，两年后担任该公司合伙人。他在乔治·卡特利特（George

Catlett）率领的该公司的会计原则组（accounting principles group）任职，后来在卡特利特退休后接任会计原则组负责人，以其独立思想和合理判断而知名。

1973 年，怀亚特被美国注册会计师协会任命为会计准则执行委员会（Accounting Standards Executive Committee，AcSEC）委员，1977—1979 年任该委员会主席。1978—1981 年任财务会计准则咨询委员会委员，1980—1984 年任美国注册会计师协会董事。1985 年 1 月，怀亚特离开安达信会计公司，出任财务会计准则委员会委员，1987 年 11 月辞职回到安达信会计公司，同时被美国注册会计师协会任命为美国注册会计师行业的代表，派驻国际会计准则委员会，1990 年 7 月至 1993 年 1 月任国际会计准则委员会主席。此外，怀亚特还曾兼任美国会计学会会长、美国注册会计师协会副会长等职务。1992 年从安达信会计公司退休后，他回到了伊利诺伊大学为高年级学生授课。

美国注册会计师协会会计研究部主任穆尼茨还曾邀请一位注册会计师，对怀亚特的观点进行了评论，该评论主张继续允许企业采用权益结合法。支持怀亚特著作出版的项目咨询委员会也持这种立场。最终，1970 年 8 月公布的《会计原则委员会意见书第 16 号：企业合并》和《会计原则委员会意见书第 17 号：无形资产》提及但并未采用怀亚特的建议。

（四）会计研究文集第 6 辑《报告物价变动的财务影响》（1963）

1963 年 10 月，美国注册会计师协会出版由其研究部职员主笔的会计研究文集第 6 辑《报告物价变动的财务影响》（*Reporting The Financial Effects of Price-Level Changes*）。该书针对通货膨胀的会计问题提出了很好的分析思路。该书阐释了美国注册会计师协会长期倡导的观点，即以一般物价指数（general price-level index）衡量的美元购买力法（purchasing power of the dollar approach）可用于补充性信息披露，该方法可以单独使用或者与重置成本法（replacement-cost approach）一起使用。

该书认为，在财务报表中确认物价变动的影响的做法是可行的，对投资者没有误导性或危害性。在美国，存在能够可靠地用于财务报表的一般物价指数。该书提出，企业应当补充披露物价变动的影响，披露方式可以采取单独列报、平行列报（在报表中增设一列）、增加详尽的支持性图表等各种方式。所有的财务报表都应当采用单一的、资产负债表日的一般物价指数予以重述，这种重述并不等同于把重置成本引入财务报表。重置成本的确定往往需要借助现行市价（current market prices）、评估值或者一系列高度具体化的指数。出于分析的简便性和精确性考虑，该书不建议在财务报表中使用重置成本。采用单一的、资产负债表日的一般物价指数予以重述的做法可以单独或者与重置成本一起使用。

该书提出，在确认物价变动对非货币性项目（如存货、固定资产、股东权益）的影响时，仅需重述采购成本或股东权益，不会形成利得或损失。在确认物价变动对货币性项目（现金、应收账款、应付账款等）的影响时，需要单独披露通货膨胀所引起的利得或损失。

会计研究文集第 6 辑《报告物价变动的财务影响》是 1969 年《会计原则委员会公告第 3 号：一般物价水平变动条件下的财务报表重述》和 1979 年《财务会计准则公告第 33 号：财务报告与物价变动》的理论基础。

（五）会计研究文集第 7 辑《企业公认会计原则汇纂》（1965）

1963 年 6 月，会计原则委员会授权美国注册会计师协会前会计研究部主任保罗·格雷迪撰写《企业公认会计原则汇纂》（*Inventory of Generally Accepted Accounting Principles for Business Enterprises*），其目标不是探索新的或者改进现有的会计原则，而是探讨现有会计原则所秉持的基本概念，制作一份会计原则清单或者摘要，对现行有效的会计原则进行归纳总结，为企业界和注册会计师提供实用的会计原则汇编。

1965 年 3 月，美国注册会计师协会发布《企业公认会计原则汇纂》一书，作为对会计研究文集第 3 辑所招致的批评意见的回应。该书长达 469 页，是有史以来篇幅最长的有关会计理论研究的单一文件。但其中一半以上是对以往的会计原则或会计术语的复制。其各章目录见表 7-2。

表 7-2 《企业公认会计原则汇纂》目录

目录	Table of Contents
1. 会计的功能、职责和权力结构	1. Function, Responsibilities and Authorities
2. 基本概念	2. Basic Concepts
3. 公认会计原则的含义及其概要	3. Meaning and Summary of GAAP
4. 收入与费用	4. Income and Expense
5. 权益	5. Equity
6. 资产	6. Assets
7. 负债	7. Liabilities
8. 财务报表	8. Financial Statements
9. 物价变动	9. Price-Level Changes
10. 多样化的会计处理方法及其值得注意的问题	10. Alternative Methods and Significant Points
11. 美国注册会计师协会的术语公报	11. Terminology Bulletins of The AICPA
项目咨询委员会成员的评论	Comments By Members of Project Advisory Committee

美国注册会计师协会理事会在批准研究项目特别委员会（special committee on research program）的报告时提出，财务会计问题可以具体化为四个层次；第一层是假设（postulates），假设源自政治经济环境，以及企业界各方面的思维模式和习惯；第二层是原则（principles），类似于美国会计学会所公布的公告；第三层是为在特殊情形下实施原则而提供的规则或其他指南

（rules or other guides for the application of principles in specific situations），如会计程序委员会公布的会计研究公报；第四层是研究（research）。

《企业公认会计原则汇纂》不主张使用"假设"（postulates）一词，而是主张借鉴佩顿和利特尔顿的《公司会计准则导论》所使用的"基本概念"（basic concepts）一词，因为《企业公认会计原则汇纂》一书认为，基本概念是会计原则的制定依据，而假设的作用是指导性的。

该书的参考范本有两个：一是1938年美国会计师协会出版的桑德斯、哈特菲尔德和摩尔合著的《会计原则公告》；二是1940年美国会计学会出版的佩顿和利特尔顿合著的《公司会计准则导论》。该书采用归纳法，把会计研究文集第1辑中的"14个假设"改为"10个概念"，最引人注目的是，该书引入了稳健性原则，删除了市场价格这一概念。该书第4～7章关于收入与费用、权益、资产、负债的探讨约占全书将近一半的篇幅，这些内容其实是经过永道会计公司许可，从《蒙哥马利审计学》改编而来的。全书结构如表7-2所示。

该书第10章较为详尽地列举了不同主体之间会计处理方法的多样性，但也仅仅是列举，格雷迪并未给出改进意见，而是试图论证会计处理方法多样化的合理性。伦纳德·斯派塞克对这一立场非常不满，他是该书的项目咨询委员会委员，其意见被收入该书。斯派塞克毫不客气地指出，会计原则委员会围绕投资优惠所推出的会计原则委员会意见书第2号和第4号表明，会计原则委员会没有能力去坚持会计原则。

（六）会计研究文集第8辑《养老金计划的成本的会计处理》（1965）

自20世纪30年代中期开始，美国公司开始重视职工退休待遇问题。但会计界围绕养老金计划的成本这一问题存在较大分歧，会计程序委员会曾于1948年、1953年和1956年分别公布过关于这一主题的会计研究公报，但未能形成共识。直到该委员会被取代，这一问题仍是其工作日程中的重要议题。

鉴于雇主、雇员、会计师、精算师、保险公司、高校教师、政府官员、金融分析师等各方的观点存在较大差异，一时难以达成共识，美国注册会计师协会委托阿瑟·扬会计公司合伙人欧内斯特·希克斯首次对这一问题进行了专题研究。

1965 年 5 月，美国注册会计师协会出版了希克斯撰写的会计研究文集第 8 辑《养老金计划的成本的会计处理》（*Accounting for The Cost of Pension Plans*）。该书的建议被写入 1966 年 11 月出台的《会计原则委员会意见书第 8 号：养老金计划的成本的会计处理》。希克斯提出了基于保险精算的养老金会计规则，精算师协会（the Society of Actuaries）参与了这项研究。

希克斯建议，雇主应当采用权责发生制原则，在其财务报表中列报养老金计划的成本。精算成本法（actuarial cost methods; funding methods）是符合权责发生制原则的养老金会计方法，推荐使用的精算成本法是进入年龄正常成本法（entry age normal method, EAN）。作为对比，当期支付法（pay-as-you-go）和到期资金法（terminal funding）是不被接受的方法，因为它们没有在职工提供服务的期间计算养老金的成本。

希克斯建议，企业应当逐年把养老金计划的正常成本（normal cost）计入各期负债，并把过去服务成本（past service cost）及其利息计入各期的费用，推荐使用年度平均（level annual amounts）等方法。因养老金计划的调整而导致的前期服务成本的增长，应当在该修改生效日以后的合理期间内予以摊薄。精算利得或损失应当在当期或以后期间予以摊薄。

该书还区分设定提存计划（defined-contribution plan）和设定受益计划（defined-benefit plan）并进行了初步探讨。该书还是财务会计准则委员会 1980 年公布的第 35 号准则公告《设定受益型养老金计划的会计处理与报告》、1980 年公布的第 36 号准则公告《养老金信息的披露——修订 APB 第 8 号意见书》和 1985 年公布的第 87 号准则公告《雇主对养老金计划（企业年金）

的会计处理》的理论基础。

（七）会计研究文集第 9 辑《企业所得税的跨期分摊》（1966）

1966 年 5 月，美国注册会计师协会出版了佛罗里达州立大学霍默·布莱克撰写的会计研究文集第 9 辑《企业所得税的跨期分摊》（*Inter-period Allocation of Corporate Income Taxes*）。企业所得税的跨期分摊问题是一笔糊涂账。

1. 美国注册会计师协会会计研究部主任斯托里的观点

美国注册会计师协会会计研究部主任里德·斯托里在该书前言中指出，约在 20 年前，会计界为处理税法变更所导致的税前会计利润（pretax accounting income）与应纳税所得额（taxable income）之间的时间性差异（timing differences）而"发明"了跨期分摊所得税（inter-period income tax allocation）的做法。这种做法之所以得到广泛传播，主要是因为美国注册会计师协会（旗下的会计程序委员会）公布的会计研究公报和美国证监会的证券监管政策文件的推动。这种做法实际上是在缺乏理论共识的情况下得以传播的，针对所得税究竟是一项费用（expenses）还是一种利润分配行为（distributions of income）这一根本问题，注册会计师行业其实并没有达成共识。至于所得税是否应该进行跨期分摊，业界从来没有进行过充分的研究。虽然基础理论存在缺失，但证券市场上公众公司的会计实务却在一路狂奔。当时的事实是，所得税跨期分摊的做法已经被广为接受，大多数注册会计师和企业家都承认，跨期分摊所得税费用具有必要性，至少在某些情形下是这样的。因此，问题不是应不应该进行所得税跨期分摊（allocation versus nonallocation），而是分摊多少（a little allocation versus a lot of allocation）。出于这种立场，该书仅仅探讨什么情况下需要进行所得税费用的跨期分摊、如何对时间性差异进行会计处理、哪一年转回时间性差异等等。斯托里称，"美国注册会计师协会会计研究部的时间和资源有限，不能去探讨那种有趣但多属学术性质的问题，如所得税的性质、跨期分摊理念的合理性等等。我倒希望有其他人能去研究这些基本理论问题"。

2. 布莱克所做的主要工作

布莱克对债务法（the liability concept；the accrual concept）、递延法（the deferred concept）和税后净额法（the net of tax concept）进行了梳理，认为税后净额法是最差的方法。该书针对导致时间性差异的常见情形，分别探讨了综合使用递延法和债务法的处理方法，这是一种和稀泥的做法。最终，该书建议全面进行所得税的跨期分摊，即针对所有重大的时间性差异（all material timing differences），无论期限长短，均进行分摊，既要记录递延税款所形成的资产，又要记录其所形成的负债。

该研究项目的咨询委员会的两位委员西德尼·戴维森和理查德·C. 格斯滕伯格（Richard C. Gerstenberg）表示反对。

戴维森对该书关于全面分摊所得税的结论提出了雄辩的反对意见，尤其值得注意的是这样一种观点，即递延税款并不是根据事实（actual events）计算出来的，而是根据假设（hypothesis）计算出来的，而任何偏离事实的记账行为都需要自证其合理性，但该书并没有给出相应的理由。

 专栏 7-7

西德尼·戴维森

西德尼·戴维森（Sidney Davidson, 1919—2007），1919 年 5 月 29 日生于芝加哥，幼年举家迁至密歇根。1941 年获密歇根大学学士和硕士学位，1950 年于该校获得博士学位，曾师从威廉·佩顿学习初级会计学。1942—1946 年在美国海军服役。他在攻读博士学位期间获准留校任教，先后任密歇根

大学经济学讲师（1946—1948）、会计学讲师（1948—1949）。1951 年获得马里兰州的注册会计师执业资格，获得当年注册会计师考试的最高分，因此荣获马里兰州注册会计师协会颁发的奖项，并获得美国注册会计师协会颁发的 Elijah Watt Sells 奖。历任约翰·霍普金斯大学助理教授（1949—1952）、副教授（1952—1956）、教授（1956—1958）。1958 年起任芝加哥大学教授，1969 年年中至 1974 年 6 月任该校商学院院长。1974—1975 学年，离职担任高级研究中心（Center for Advanced Study）的行为科学研究员。1976 年获美国会计学会杰出会计教育家奖。1962—1984 年被授予首位 Arthur Young 会计学讲席教授。独著或合著有 15 本著作。

1964—1966 年参与美国会计学会的"实现"概念研究委员会，并于 1965—1966 年任负责人。1965—1970 年兼任会计原则委员会委员，先后兼任美国注册会计师协会"所得税的会计处理"研究项目咨询委员会委员（1960—1966）、重要性概念研究咨询委员会委员（1967—1972）、会计目标研究组成员（1971—1973）。1973—1974 年兼任财务会计准则咨询委员会委员、租赁会计研究组（Task Force on Accounting for Leases）成员，1978 年兼任会计概念框架研究组（Task Force on Conceptual Framework of Accounting）成员。1981—1983 年兼任财务会计基金会托管人，1982—1984 年兼任美国经济学会金融委员会委员，1986—1987 年兼任美国注册会计师协会副会长。此外，他还曾兼任美国财政部（1961—1969）、美国联邦贸易委员会（1975—1978）、美国证监会（1976—1977）等政府机构的顾问。

格斯滕伯格赞同戴维森的上述意见，他指出，该书没有对所得税的相关信息诉求进行比较均衡的分析，特别是没有从企业管理的角度进行分析，因此，不足以支持会计原则委员会的规则制定工作。该书也没有对所得税的性质等基本理论问题进行分析。实际上，围绕所得税会计的争论，大多是针对其实践困境及其可能导致的法律问题展开的，而该书却一门心思论证如何进行所得税的跨期分摊、如何在资产负债表中列示递延税款，显然，这只是舍本逐末。

3. 该书的后续影响

布莱克在书中提议采用内部收益率（internal earning rate）对长期的递延税款（long-term tax liabilities）进行折现。针对这一建议，会计原则委员会1966 年 12 月公布的《会计原则委员会意见书第 10 号：汇总意见——1966》提出，会计原则委员会尚未就折现对财务报表的影响这一问题达成共识，因此，不支持对递延税款进行折现的做法。会计原则委员会委员西德尼·戴维森和弗兰克·T. 韦斯顿（Frank T. Weston）对会计原则委员会的这一决定投了反对票。他们认为，如果仅仅因为尚未对创新型会计方法达成共识就禁止使用，这会对会计规则的发展造成显著的负面影响，这实际上是在排斥优于现状的新颖会计方法。他们指出，此前的会计原则委员会意见书第 5 号（第 15段）已经要求企业计算租赁义务的现值，会计原则委员会意见书第 8 号（第23 段和第 42 段）也要求计算养老金成本的现值。因此，会计原则委员会的说法和做法明显是自相矛盾的。

1967 年 12 月，《会计原则委员会意见书第 11 号：所得税的会计处理》被会计原则委员会 21 位委员以 14∶7 的投票结果予以通过。该文件提出，全面的跨期所得税分摊（comprehensive interperiod tax allocation）是所得税费用（income tax expense）的必要组成部分，递延法（the deferred method）是"最有用、最可行的处理方法"（the most useful and practical approach）。

关于递延所得税这一问题，美国证监会实际上是被美国注册会计师协会牵着鼻子走。公共会计师行业把这一问题弄得过于复杂。至今，业界围绕递延所得税的会计规则仍然存在较大争议。

（八）会计研究文集第 10 辑《商誉的会计处理》（1968）

1968 年 10 月，美国注册会计师协会出版安达信会计公司合伙人乔治·卡特利特和诺曼·O. 奥尔森（Norman O. Olson）合著的会计研究文集第 10 辑《商誉的会计处理》（*Accounting for Goodwill*）。该书是以 1963 年的会计研究文集第 5 辑《对企业合并的会计处理之批判性研究》所提出的取消权益结合法的理论主张为前提的。

该书认为，整个企业的价值超出其能够产生收益的可拆分资源和财产权利的净额的部分，就是商誉。[1] 商誉并不是企业的资源或财产权利，它是企业盈利的产物，或者说是投资者对企业盈利的预期的产物。[2]

该书提出，商誉不是企业的资源或财产权利，不应当在资产负债表中列示为资产，而应当立即冲减股东权益。具体有两种做法：一种是推荐的做法，即直接冲减资本公积（capital surplus）或者留存收益（retained earnings）；另一种做法是，在若干个会计期间的资产负债表中将其列为所有者权益的减项，稍后再将其用于冲减资本公积或者留存收益。

该研究项目的咨询委员会为该书写了 7 份评论意见，只有两份表示支持。1970 年出台的《会计原则委员会意见书第 17 号：无形资产》拒绝采用《商誉的会计处理》的主张。

该书的结论具有较高的理论价值。商誉毕竟不是一项财产权利，如果把它记到账上，则必然具有误导性。

该书还有两个亮点值得一提：一是该书强调公司并购必须按照公司所在

---

1 这种定义将收购方支付的企业合并成本视为"整个企业的价值"，犯了先入为主的错误。事实上，世界上没有哪一门科学能够精确地计算"整个企业的价值"，人们所能观察到的，无非就是公司合并的交易价格，即企业合并成本。

2 这种理念是合乎逻辑的。会计的任务是根据法律事实对企业的财产权利和义务进行分类统计，从而为企业经营管理和国民经济管理提供具有证明力的财产权利和业绩信息。如果商誉不是财产权利，那为什么还要记到账上呢？

州的法律进行。这是会计工作应当秉持的正确态度。二是该书提醒企业管理层妥当处理好相关的所得税问题。其实，公司并购的会计问题的关键，就是要处理好流转税和所得税的问题。这两个问题处理好了，所有问题就迎刃而解了。该书的研究视角是大多数会计研究文集所不具备的。因此可以说，安达信会计公司的这两位作者干得很漂亮。作为对比，很多研究天马行空，对会计实践百无一用，其根源就在于它们脱离了法律和税收的土壤，把会计搞成了玄学。

耐人寻味的是，该书提及，商誉常常令人想起公司在早期将其用于发行掺水股票、夸大形象甚至无中生有地捏造信息的情形。这是理论界往往避而不谈的话题。

商誉是金融骗术之一，这是相关研究无法达成共识的主要原因。

（九）会计研究文集第 11 辑《采掘业的财务报告》（1969）

1969 年 11 月，美国注册会计师协会出版普华会计公司合伙人罗伯特·E. 菲尔德（Robert E. Field）撰写的会计研究文集第 11 辑《采掘业的财务报告》（*Financial Reporting in The Extractive Industries*）。这是一份行业会计研究的精品力作。该研究所提及的采掘业（extractive industries），包括石油天然气（petroleum and natural gas）、煤炭（coal）、金属（metals）、非金属矿产（nonmetallic minerals）等行业，这些行业的特点是需要较大的资本投入，而这种投入又面临着较大的风险和不确定性。菲尔德试图求同存异，找出其最大公约数，他把采掘业的业务流程概括为探矿（prospecting）、收购矿源（acquisition）、勘探（exploration）、开发（development）和生产（production）等五个方面，从而进行了比较深入的分析。菲尔德认为，既然采掘业的业务流程存在共性，那么对采掘业的特殊会计问题，就不见得必须采用全新的会计方法去处理。恰恰相反，人们可以运用历史成本原则、实现和配比概念（the realization and matching conventions）以及稳健性理念（the concept of conservatism）等基本会计理论来解决该行业的这些特殊问题。其核心是选择单一矿区（the individual mineral deposit）作为成本中心（cost center），然后将其收入和费用配比起来。

值得特别强调的是，菲尔德将自然资源视为存货而不是视为厂房、机器等固定资产，从而得以基于因果关系（cause and effect）来配比收入和费用，而不是基于系统且合理的（systematic and rational）方法来配比收入和费用。

石油天然气行业的会计问题难度最大，这也是该书着重探讨的问题。为此，美国石油协会（American Petroleum Institute）提供了大力支持，多位石油公司代表应邀加入该项目的咨询委员会，这些因素足以保证该研究能够取得接地气的成果。

菲尔德针对采掘业的会计处理提出了 19 条建议，其中包括：直接注销不成功的勘探开发支出（unsuccessful exploration and development expenditures），这一建议后来称作成功成本法（successful-efforts approach）；应当提前记录恢复矿区面貌所需的估计代价。

财务会计准则委员会 1977 年 12 月公布的《财务会计准则公告第 19 号：石油天然气公司的财务会计与报告》采用了成功成本法。但该准则引起了中小石油公司强烈的游说活动。迫于压力，1979 年 2 月公布的《财务会计准则公告第 25 号：暂停石油天然气公司的某些会计规则——修订 FASB 第 19 号准则公告》不得不宣布重新将完全成本法（full-cost approach）列为替代性的会计处理方法。

（十）会计研究文集第 12 辑《采用美元列报美国公司的境外经营》（1972）

1972 年 6 月，美国注册会计师协会出版该协会项目经理伦纳德·洛伦森（Leonard Lorensen）撰写的会计研究文集第 12 辑《采用美元列报美国公司的境外经营》（*Reporting Foreign Operations of U.S. Companies in U.S. Dollars*）。

　　面对剧烈的汇率波动，公众公司纷纷要求改变会计规则，洛伦森遂提出时态法（temporal approach）予以应对，该方法允许子公司采用现行汇率（current rate）对其现金、应收款项和应付款项进行折算。洛伦森小心地对时态法、流动性与非流动性（current-noncurrent）项目法、货币性与非货币性（monetary-nonmonetary）项目法、现行汇率法进行了区分。美国注册会计师协会会计研究部主任对这一演绎推理表示支持。财务会计准则委员会1975年10月公布的《财务会计准则公告第8号：外币交易和外币财务报表折算的会计处理》也采纳了这一立场。

 专栏 7-8

外币折算规则的演变

　　企业集团在编制合并报表之前，需要预先将境外经营的集团成员的外币报表（foreign currency statements）按照编报合并报表之所需进行折算，其中有两个方面的问题相当棘手。其一是面对汇率波动，企业集团应当采用哪种汇率进行折算；其二是对于报表折算所形成的折算差额（translation adjustments），应否计入当期损益。

　　对于采用哪种汇率进行折算，实务界和理论界提出了两种思路：一种思路是采用单一的汇率进行折算，即对除未分配利润项目以外的所有报表项目均按照现行汇率（即资产负债表日的即期汇率，下同）折算。另一种思路是采用非单一汇率进行折算，即根据报表项目的不同特点，分别选用历史汇率（即交易发生日的即期汇率，下同）、现行汇率进行折算，在采用现行汇率折算的情形下，也可以根据情况采用按照系统合理的方法确定的、与交易发生日即期汇率近似的汇率（简称平均汇率）折算。

　　对于折算差额应否计入当期损益，也存有两种看法：一种看法是将折算差额一律计入当期损益，但反对者指出，这种做法会导致企业集团的合并净利润随汇率波动而波动。另一种看法是把折算损失计入当期损益，把折算收益作递延处理。

在美国证券市场上，以公认会计师行业为首的会计实务界和理论界对上述两个问题的回答，先后组合出了四种报表折算方法。以下按照各种折算方法在会计业界的出场次序分别予以阐释。

1. 采用非单一汇率进行折算的理论与方法

采用非单一汇率进行折算，是指根据报表项目的特点，分别采用现行汇率、历史汇率和平均汇率对外币会计报表进行折算，通常又称多种汇率法。

基于这种理念，会计实务界和理论界先后提出了流动性与非流动性项目法、货币性与非货币性项目法和时态法（temporal method，也称作时间度量法）等三种折算方法。

（1）流动性与非流动性项目法。20 世纪 30 年代初，流动性与非流动性项目法在美国证券市场比较流行，美国会计师协会以该方法为基础酝酿形成了该行业关于外币报表折算的倾向性立场。1939 年 12 月，该协会下属的会计程序委员会（Committee on Accounting Procedure，CAP）对早前立场略作整理，公布《会计研究公报第 4 号：境外经营和外汇》，将流动性与非流动性项目法界定为公认会计原则。1953 年，该协会将其 1938—1953 年所公布的 42 份会计研究公报汇编为《会计研究公报第 43 号：会计研究公报重述与修订》时，沿用了会计研究公报第 4 号中所规定的流动性与非流动性项目法，仅有少许调整（例如，存货严格按照成本与市价孰低法计量，若采用成本计量，则相应地采用历史汇率折算）。直至 1975 年，财务会计准则委员会出台《财务会计准则公告第 8 号：外币交易和外币财务报表折算的会计处理》规定，时态法为唯一的折算方法，流动性与非流动性项目法才从证券市场的信息披露实务中淡出。

1）折算汇率的选择。在流动性与非流动性项目法下，资产负债表中的流动性项目按现行汇率折算，非流动性项目按历史汇率折算，所有者权益类项目中的未分配利润项目按照会计平衡公式进行轧差，按照倒挤出来的金额列报。可见，该方法其实仅仅关注汇率波动对流动资产和流动负债的影响，没有考虑其他资产和负债的风险敞口。若企业的流动资产大于流动负债，则在外币升值时会出现汇兑收益，在外币贬值时会出现汇兑损失。反之，若企业的流动资产小于流动负债，则在外币升值时会出现汇兑损失，在外币贬值时会出现汇兑收益。

2）折算差额的处理。折算损失计入当期损益；折算收益不计入当期收益，作递延处理。

该方法的理论缺陷是，缺少充分的理由来解释为什么流动性与非流动性资产应当分别采用不同的汇率进行折算。例如，外币计价的长期债权及债务显然也会受到利率波动的较大影响，然而在流动性与非流动性项目法下却并不采用现行汇率进行折算，这与人们的直觉相悖。

（2）货币性与非货币性项目法。1956年，密歇根大学的塞缪尔·R.赫普沃思（Samuel R. Hepworth）在其著作《境外经营的列报》中提出货币性与非货币性项目法。1965年，《会计原则委员会意见书第6号：会计研究公报的地位》第18段决定采纳货币性与非货币性项目法，对《会计研究公报第43号：会计研究公报重述与修订》第12段和第18段进行修订，要求采用现行汇率折算长期应收款项及预付款项。

1）折算汇率的选择。资产负债表中的资产和负债区分为货币性项目（monetary items；monetary accounts）和非货币性项目（nonmonetary items；nonmonetary accounts）。货币性项目为现金、银行存款和短期及长期应收及应付款项等受汇率波动影响较大的报表项目，采用现行汇率折算；非货币性项目为存货、固定资产和无形资产等不需要即刻变现、受汇率波动影响不大的报表项目，采用购入时的历史汇率折算。所有者权益项目既不是货币性项目，也不是非货币性项目，其中的实收资本（或股本）采用历史汇率折算，未分配利润项目留待利润表折算完毕后，按照资产、负债和所有者权益其他项目的轧差结果列报。利润表项目按平均汇率折算。

2）折算差额的处理。同流动性与非流动性项目法，即折算损失计入当期损益；折算收益不计入当期收益，作递延处理。

货币性与非货币性项目法强调的是报表项目受汇率影响的程度而不是其流动性，这种理念更符合人们的直观感受，因而显得比流动性与非流动性项目法更为合理。但其理论缺陷同样是，缺乏充分的理由来解释为什么报表项目的分类直接决定了该项目所适用的折算汇率。

（3）时态法。1972 年，洛伦森在其著作《采用美元列报美国公司的境外经营》中发展了赫普沃思的思想，提出了外币报表折算的时态法。1975 年 10 月，财务会计准则委员会公布《财务会计准则公告第 8 号：外币交易和外币财务报表折算的会计处理》，要求采用时态法进行财务报表折算。时态法遂成为唯一符合公认会计原则的折算方法，此前的流动性与非流动性项目法和货币性与非货币性项目法则从资本市场的会计实务中退出。

时态法的理论基础是，外币报表的折算只应改变计量单位，而不应改变其计量基础。因此，应分别按照各个报表项目的计量基础选择其所适用的折算汇率。这种方法其实是货币性与非货币性项目法的改良版本，两者的区别仅仅在于，在时态法下，采用市价计量的存货和投资改用现行汇率折算，而不采用历史汇率折算。

1）折算汇率的选择。资产负债表中的货币性项目、以现行成本和可变现净值计价的项目以及以未来现金流量现值计价的报表项目，采用现行汇率折算；以历史成本计价的报表项目，采用历史汇率折算。

2）折算差额的处理。《财务会计准则公告第8号：外币交易和外币财务报表折算的会计处理》第17段一改此前的公认会计原则的立场，要求将折算差额直接计入当期合并损益中，不再对折算收益作递延处理。

时态法在理论上具有一定的优点，它实际上在货币性与非货币性项目法的基础上，增加了这么一层意思：对于按照市价列报的非货币性资产，视其为受汇率波动影响的项目，按照现行汇率折现；对于按照成本列报的非货币性资产，视其为不受汇率波动影响的项目，按照历史汇率折现。这种看法显然更符合人们的直觉。此外，合并报表的母公司理论的支持者比较推崇这种方法，因为它与合并报表的母公司理论是一致的。母公司理论认为，母公司股东更关心境外子公司的资源在境内的效用，而非其在境外的效用大小，因此，对子公司的报表项目，应按其原有的计量属性，采用母公司财务报告的货币币种进行折算。

但时态法在实践中却饱受争议。实务界抵制它的主要原因是，《财务会计准则公告第8号：外币交易和外币财务报表折算的会计处理》要求将折算差额（无论是折算收益还是折算损失）一律计入当期损益，与此前的公认会计原则相比，这种做法显然会进一步增大合并利润的波动性，容易对跨国公司的股票价格造成冲击。1978年5月，财务会计准则委员会邀请社会各界对其自1973年成立以来所制定的财务会计准则公告第1～12号发表评论，收到的200多封回函中大多是批评财务会计准则公告第8号的。

于是，该委员会自 1979 年 1 月起着手修订财务会计准则公告第 8 号，最终于 1981 年 12 月公布了《财务会计准则公告第 52 号：外币折算》，推出了新版本的报表折算规则。

2. 采用单一汇率进行折算的理论与方法

主张采用单一汇率（现行汇率）对外币会计报表进行折算的理念称作单一汇率法（single unit of measure），又称现行汇率法（current rate method）。

1981 年 12 月公布的《财务会计准则公告第 52 号：外币折算》所提出的折算方法称作"功能货币观"（functional currency perspective）。功能货币观引入了在英国和加拿大公共会计师行业中较为流行的现行汇率法，此外，在一些特殊情况下保留了时态法。该准则取代了《财务会计准则公告第 8 号：外币交易和外币财务报表折算的会计处理》。

（1）折算汇率的选择。《财务会计准则公告第 52 号：外币折算》第 12 段规定，财务报表中的所有要素都应采用现行汇率进行折算。具体而言：1）资产和负债采用资产负债表日的即期汇率折算；实收资本（或股本）项目，仍按历史汇率折算。2）收入、费用、利得和损失采用发生时的即期汇率折算，如果由于业务量较大而不便采用发生时的汇率折算，则可采用该会计期间内的加权平均的汇率进行折算。

（2）折算差额的处理。《财务会计准则公告第 52 号：外币折算》第 13 段规定，报表折算的折算差额，在资产负债表的股东权益中以单独项目（如"外币报表折算差额"）予以列示，不计入当期损益。

现行汇率法的倡导者认为，汇率波动会影响到企业集团境外成员的全部资产和负债，承受汇率波动风险的其实是企业集团境外成员的净资产而不仅仅限于货币性或流动性的资产或负债。通常情况下，汇率波动对资产和负债的影响是反方向的，它们常常可以部分地相互抵消，现行汇率法能够反映抵消后的效果。但反对者认为，并非所有的资产和负债均受汇率波动的影响，上述优点并不成立。此外，母公司理论的支持者反对现行汇率法，因为现行汇率法对子公司的资产和负债项目按子公司所在国的效用来计量，这更倾向于实体理论而不是母公司理论。

不管怎么说，现行汇率法的显著优点是简便易行、易于理解，且折算后的资产负债表各项目仍能大致保持原外币报表各项目之间的比例关系。

为什么国际会计准则和美国证券市场上的公认会计原则推崇现行汇率法呢？除了上文所提及的该方法的优点外，一个重要的原因是，在现行汇率法下，利润表是按照交易发生日的即期汇率折算的，也就是说，它不需要另行进行折算，而所有的折算差额直接列作股东权益项目下的一个特殊项目。如此，既能够让公司的资产负债表项目一律盯住市价，还能够避免利润表的波动。

从外币报表折算方法的演变历程来看，其实没有哪一种方法具备坚实的理论基础。原因在于，外币报表折算规则是为推行权益法和合并报表服务的，而权益法和合并报表均缺乏合理的理论支持。就会计规则的实质而言，它是民事主体所在行政区域内的民商法和经济法等法律的实施细则，资产、负债、收入、费用、利润等概念均依赖于该区域的法律，因此，阅读报表离不开对该区域的法律的深入理解。如果有人想了解企业集团的各个境外成员的表现究竟怎么样，更为合理的做法是逐个阅读各个境外成员的会计报表，而不是阅读那些难以查证信息来源的合并报表。

外币会计报表可采用的几种折算方法的比较归纳如表7-3所示。

表 7-3　　　　　　　　　　　外币会计报表折算方法的比较（示意）

报表项目			流动性与非流动性项目法	货币性与非货币性项目法	时态法	现行汇率法
流动资产	库存现金		■	■	■	■
	短期债权		■	■	■	■
	存货	按成本计量的	■	□	□	■
		按市价计量的	■	□	■	■
非流动资产	投资	按成本计量的	□	□	□	■
		按市价计量的	□	□	■	■
	长期债权		□	■	■	■
	固定资产		□	□	□	■
	无形资产		□	□	□	■
流动负债			■	■	■	■
非流动负债			□	■	■	■
所有者权益	实收资本		□	□	□	□
	留存收益		轧差倒挤	轧差倒挤	轧差倒挤	轧差倒挤
折算差额的列报（计入资产负债表还是利润表）			折算损失计入当期损益；折算收益递延处理		一律计入当期损益	在股东权益项目下单列

注：为简化表达，表中□表示历史汇率即交易发生日的即期汇率，■表示现行汇率即资产负债表日的即期汇率。

资料来源：周华：《高级财务会计》（第 4 版），中国人民大学出版社，2022。

（十一）会计研究文集第 13 ～ 15 辑（1973）

美国注册会计师协会于 1973 年一口气出版了三部会计研究文集。这一年正值会计原则委员会及其会计研究部于 6 月 30 日退出历史舞台、财务会计准则委员会次日开始运作，因此，这三部会计研究文集未能像此前的十部那样得到关注。

会计研究文集第 13 辑《存货的会计处理方法》（*The Accounting Basis of Inventories*）由厄恩斯特－厄恩斯特会计公司退休合伙人霍勒斯·巴登撰写，该书历数自会计研究公报公布以来的各个版本的会计规则，并撷取了一些论文观点。该书堪称一部文献综述。巴登认为，成本与可变现净值孰低法（lower of cost or net realizable value）优于成本与市价孰低法（cost or market, whichever is lower；lower of cost or market，LOCOM）。

会计研究文集第 14 辑《研发支出的会计处理》（*Accounting for Research and Development Expenditures*）由哈斯金斯－赛尔斯会计公司的奥斯卡·捷林和莫里斯·纽曼撰写。该书提出，进行中的研究项目（continuing research programs）主要包括基础研究和应用研究（basic and applied research projects），常常还包括初级的开发项目（minor development projects），其代价应当计入各期费用。重要的开发项目（substantial development projects）的代价应当列为递延成本（deferred costs），在以后的受益期间内用于冲减各期收入。

会计研究文集第 15 辑《股东权益》（*Stockholders' Equity*）由美国注册会计师协会会计研究部职员比阿特丽斯·梅尔彻撰写。该书详尽地阐释了导致企业所有者权益项目增减变动的常见情形及其会计处理规则。值得一提的是，该书提出了股票期权的成本的确认问题。

四、会计原则委员会公告

会计原则委员会公布了四份会计原则委员会公告（APB Statements），如表 7-4 所示。这些公告不是公认会计原则，不具有约束力，仅仅表达会计原则委员会对某些问题的看法。其中，前两份公告篇幅很短，也没有产生什么影响。对后世有一定影响的是第 3 号公告和第 4 号公告。

表7-4 会计原则委员会公告一览表

编号	日期	文件名
第1号	1962年4月	关于接收会计研究文集第1辑和第3辑事宜的报告 A Report on the Receipt of Accounting Research Studies No. 1 & 3
第2号	1967年9月	跨行业经营的财务信息披露 Disclosure of Financial Information by Diversified Companies
第3号	1969年6月	一般物价水平变动条件下的财务报表重述 Financial Statements Restated for General-Level Changes
第4号	1970年10月	企业财务报表的基本概念和会计原则 Basic Concepts and Accounting Principles Underlying Financial Statement of Business Enterprises

1. 会计原则委员会公告第2号[1]

1966年5月，美国证监会主席曼纽尔·科恩公开宣布证监会有意要求多元化经营的公司披露其各个业务分部的利润，他还援引了英国的实践经验作为佐证。一年前，美国参议院反垄断分委员会曾提示证监会考虑这一问题。联邦贸易委员会对此也颇感兴趣。

1966年年中，美国的财务经理协会旗下新组建的公司报告委员会（Corporate Reporting Committee）的副会长与美国注册会计师协会和美国的注册金融分析师协会（即CFA协会，也称特许金融分析师协会）的代表接洽，就科恩的倡议进行探讨。

8月，财务经理协会积极地与美国证监会联系，表示其有意牵头进行相关研究，并获得了证监会的支持。注册金融分析师协会也表示支持。会计原则委员会乐得见到财务经理协会过来帮助它而不是像以往那样批评它，遂启动了相应的委员会进行研究。

---

1 Stephen A. Zeff, *Forging Accounting Principles in Five Countries: A History and an Analysis of Trends* (Champaign, Illinois: Stipes, 1972), pp. 202-204.

财务经理协会旗下的财务经理研究基金会（Financial Executives Research Foundation，FERF）委托伊利诺伊大学罗伯特·莫茨进行了该基金会最为昂贵的一次全面深入的调研。而且该项目顾问委员会的阵容豪华，由美国证监会、美国注册会计师协会、美国律师协会、全国会计师协会、美国投资银行家协会、注册金融分析师协会和纽约证券交易所的代表组成。

1967 年 9 月公布《会计原则委员会公告第 2 号：跨行业经营的财务信息披露》，建议多元化经营的公司按照行业分部披露补充性财务信息。

1968 年，莫茨提交《多元化公司的财务报告》（*Financial Reporting by Diversified Companies*）。

上述事态中，有两个动向值得关注：一个动向是随着多元化并购的兴起，以财务经理为代表的企业管理层越来越感到财务报表的有用性相对有限。分部报告的需求的出现，是对合并报表的有用性的反证。另一个动向是财务经理协会开始深度介入会计规则的制定。美国注册会计师协会开启了与财务经理协会、注册金融分析师协会、罗伯特·莫里斯协会合作设计会计规则的新局面，这就渐渐地改变了公共会计师行业以往"一家独大"的局面。

2. 会计原则委员会公告第 3 号

通货膨胀持续成为会计规则制定者面临的一大难题。1963 年 10 月出版的会计研究文集第 6 辑《报告物价变动的财务影响》探讨了这一问题。

1969 年 6 月公布的会计原则委员会公告第 3 号建议公众公司报告物价变动的影响，建议采用重置成本陈述资产的价值，该文件的理念与稳健主义理念以及成本与市价孰低、后进先出法等具体规则相悖。由此可见，通货膨胀对规则制定者造成了很大压力，会计原则委员会的态度比较矛盾。该公告获得了 2/3 多数的支持。

3. 会计原则委员会公告第 4 号

会计原则委员会的规划委员会根据美国注册会计师协会的一个特别委员

会的建议，于 1965 年组建了一个委员会，授权其就财务报告基本原理进行研究，供会计原则委员会作参考。该委员会吸取会计研究文集第 1 辑和第 3 辑的教训，并在第 7 辑的基础上进一步展开研究，辛劳五年，数易其稿，最终于 1970 年 10 月公布了《会计原则委员会公告第 4 号：企业财务报表的基本概念和会计原则》。[1] 这份公告公布的背景是，美国注册会计师协会的会计原则委员会在理论研究上进展乏力，在具体规则上更是被骂得狗血喷头。投资税收优惠的会计处理之争早已令其声名狼藉，两个月前（1970 年 8 月）所公布的两份意见书（第 16 号和第 17 号）更是成为财经报刊的热门话题，公共会计师行业面临着空前的危机。在这样的背景下，该公告企图扭转被动局面，提出了一些新颖的提法。

（1）会计原则委员会公告第 4 号的主要观点。这份公告沿用了 1966 年美国会计学会的公告中所提出的会计的定义，照搬了会计研究文集第 1 辑中的"基本特征"，依然只是对现行规则的描述，较少阐释基础理论问题。该公告原本准备取代失败的会计研究文集第 1 辑和第 3 辑，作为正式的意见书公布，但由于存有较大分歧，最终还是仅仅作为会计原则委员会公告第 4 号予以公布。从这份公告可知，我国当前流行的会计理论中所提及的各种概念，大多源于域外公共会计师行业的理论大纲。

 专栏 7-9 ————————————————

《企业财务报表的基本概念和会计原则》摘要

各章标题及段落

第一章　本公告的目的和性质

1. Purpose and Nature of the Statement

1～8 段

—————————————

1 Accounting Principles Board, Statement of the Accounting Principles Board 4: Basic Concepts and Accounting Principles Underlying Financial Statements of Business Enterprises, American Institute of Certified Public Accountants, 1970.

□会计是一种服务活动，其功能是提供对经济决策有用的、关于某个具体经济组织的量化信息（主要是财务信息）。会计包括几个分支，如财务会计、管理会计和政府会计等。

□会计信息的使用者可大致分为两类：一类是有直接利害关系的使用者，如现有的和潜在的所有者、债权人和供应商，管理层（包括董事和高级管理人员），税务机关，雇员，顾客，等等。另一类是有间接利害关系的使用者，如金融分析师和顾问、证券交易所、律师、监管机构或注册机构、金融新闻和报道机构、行业协会、工会等等。这两类使用者存在共同的需求和个性化的需求。

□财务会计以财务报表的形式提供历史记录，旨在满足各种用户群体的共同需求，并且主要强调当前和潜在所有者和债权人的需求。会计信息可用于评估企业管理层履行其管理职责的有效性，对于评估企业的优缺点非常重要，还有助于估计企业的盈利潜力。

□基本财务报表（basic financial statements）包括资产负债表、利润表、保留盈余变动表、其他所有者权益变动表和报表附注，这是最低披露要求。

□财务会计和财务报表的总体目标是提供有关经济资源和企业义务的可靠财务信息。财务会计具有7项定性目标（qualitative objective），即相关性（relevance）、可理解性（understandability）、可验证性（verifiability）、中立性（neutrality）、及时性（timeliness）、可比性（comparability）、完整性（completeness）。财务会计定性目标的实现有助于提高财务报表的可靠性。

□财务会计具有13项基本特征（basic features），它们是由会计环境所决定的，具体包括：会计主体（accounting entity）、持续经营（going concern）、经济资源和债务的计量（measurement of economic resources and obligations）、会计期间（time periods）、货币计量（measurement in terms of money）、权责发生制（accrual）、交换价格（exchange price）、估计（approximation）、判断（judgment）、通用目的财务信息（general-purpose financial information）、财务报表相互勾稽（fundamentally related financial statements）、实质重于形式（substance over form）、重要性（materiality）。

□财务会计的重点是单个实体的经济活动，主要涉及经济资源、经济义务（负债）及其变动的计量。经济资源是可用于进行经济活动的稀缺手段。包括：生产性资源（productive resources）、产品（products）、货币资金（money）、债权（claims to receive money）和股权投资（ownership interests in other enterprises）等。经济义务是企业当前承担的在未来向其他主体转移经济资源或提供服务的责任，包括支付货币资金的义务，以及提供商品或服务的义务。所有者权益（owners' interest）是经济资源扣除经济义务之后的剩余权益（residual interest）。

□财务会计的基本要素（basic elements）是资产、负债、所有者权益、收入（revenue）、费用（expenses）和净利润（net income）。资产是指企业的经济资源，以及不是资源的某些递延费用（deferred charges），如递延所得税等。负债是指企业的经济义务，以及不是债务的某些递延贷项（deferred credits）。

□引起企业资源、义务和剩余权益发生变化的事件包括外部事件（external events）和内部事件，可概括如图 7-3 所示。

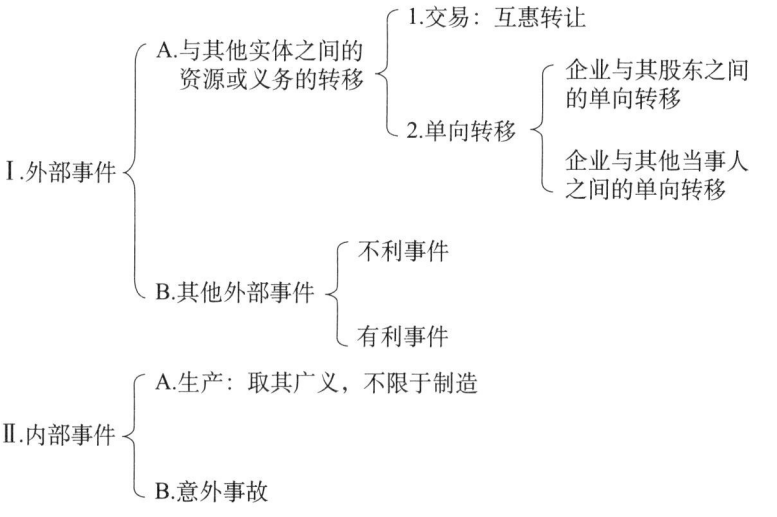

图 7-3 引起企业资源、义务和剩余权益发生变化的事件的分类

外部事件又可以分为两类：第一类是与其他实体之间的资源或义务的转移，包括交易（exchanges）和单项转移（nonreciprocal transfers）。交易是指双向的资产或负债的互惠转让（reciprocal transfers）。单向转移是非互惠性的，常见的企业与其股东之间的单向转移，如投资、撤资、宣派

股利等；常见的企业与其他当事人之间的单向转移，如接受赠予、收到股利、缴纳税款、支付罚款、被盗损失等。第二类是其他外部事件，如资产价格、利率、物价水平、科学技术等的变化以及故意破坏等。

内部事件又可以分为两类：第一类是生产。这里的生产一词取其广义，不限于制造，还包括勘探、研发、采矿、农业、运输、仓储、销售以及提供服务。第二类是意外事故，如火灾、洪水等。

□记账时可以使用的货币价格（money prices）有很多种，按照市场类型（types of markets）可分为购买价格（purchase prices）和销售价格（sales prices），按照时间可分为过去的价格（past prices）、现在的价格（present prices）和预期的未来价格（expected future prices）。在财务会计中，有四种货币价格用于衡量资源［引者注：货币价格也就是财务会计准则委员会的财务会计概念公告第 5 号所称的会计计量属性］。一是过去采购交易价格（price in past purchase exchanges），通常称为历史成本或采购成本（acquisition cost）；二是当期采购交易价格（price in a current purchase exchange），通常称为重置成本（replacement cost）；三是当期销售交易价格（price in a current sale exchange），通常称为当期售价（current selling price）；四是未来交易价格（price based on future exchanges），这个计量属性对应于多个概念，如未来净现金进款的现值（present value of future net money receipts）、折现现金流量（discounted cash flow）、（折现的）可变现净值（(discounted) net realizable value）以及在用价值（value in use）等。

□财务会计中使用了多种计量基础，如可变现净值（针对应收账款）、成本和市价孰低法（针对存货）、购买成本减去累计折旧（针对固定资产）等。总体而言，财务报表不拟用于反映企业资产的现行价值或清算收益。

□可以把公认会计原则分为三个层次。这三个层次的公认会计原则都是从经验和惯例中归纳而成，而不是从一系列假设中演绎而来的。

第一个层次是普遍性原则（pervasive principles），它构成了大多数会计程序的基础。具体又可以分为普遍性计量原则（pervasive measurement principles）和修正性惯例（modifying conventions）。普遍性计量原则共有六项，编号为 P-1 ～ P-6。P-1 要求采用交换价格（exchange prices）或公允价值（fair value）进行初始计量（initial recording）；P-2 是实现原则（realization），仅当盈利过程（earning process）已经完成或者几乎完成，并且交换已经发生时确认收入；P-3 是因果关系（associating cause and effect），把与特定收入直接相关的支出确认为费用；P-4 是系统合理的分配（systematic and rational allocation），如固定资产折旧、无形资产摊销以及房租和保险的分配等；P-5 是立即确认（immediate recognition），将那些不具有未来利益的支出计入当期费用；P-6 是计量单位（unit of measure），财务报表不反映记账本位币的购买力的变化。普遍性计量原则有时会产生不符合需要的结果，有时会从财务报表中排除某些重要事件，有些情况下不切实际，这时就需要采用修正性惯例。修正性惯例的实质就是用公共会计师行业的集体判断代替会计师的个人判断。稳健主义（conservatism）是常见的修正性惯例，它的应用导致资产和净利润低于采用普遍性计量原则所产生的金额。更重视对利润的影响（emphasis on income）是另一项常见的修正性惯例，例如，后进先出法有助于用最近的存货价格来计算销货成本，尽管它导致存货的结存价格偏离了最新市价，但在利润表更受重视的情境下，它就是更可取的。

第二个层次是总体性操作原则（broad operating principles），是从普遍性原则衍生而来的一般规则，它统御着细节性原则。本公告将其分为两类：一类是选择和计量原则（principles of selection and measurement），另一类是财务报表列报原则（principles of financial statement presentation）。该公告这一部分的归纳相当烦琐，为便于理解，可进一步提炼为表7-5。

第三层次是细节性原则（detailed principles）。其实也就是美国证监会会计系列公告、美国注册会计师协会的会计原则委员会意见书和会计研究公报等文件。

□实质重于形式。法律形式可能不同于经济实质，财务会计强调按照事件的经济实质进行会计处理。

□稳健性。通常情况下，资产和负债的计量都是在存在不确定性的情况下进行的。从历史上看，管理者、投资者、会计师在把握可能的出错方向时，往往倾向于低估而不是高估净利润和净资产。这样就形成了保守主义的惯例。例如，采用成本和市价孰低法来计量存货。

□通常认为，合并财务报表比企业法人的个别报表更有意义。如果一个企业直接或间接拥有其他企业50%以上的在外有表决权股份，则需要编制合并财务报表。合并财务报表实质上列报了母公司及其子公司的财务状况和经营成果，就好像该集团是单一的企业一样。合并财务报表的会计实体是经济主体，而不是法律主体。

□国内未合并子公司应按权益法在合并财务报表中列报。外国未合并子公司以及恰好持股50%股份的公司和对合资公司的投资，可以按权益法列示。权益法下的净利润和所有者权益与将这些公司纳入合并财务报表的效果一样。

□要想制定国际会计准则或国际公认会计原则，各国的公共会计师行业需要先行编纂各自国家的会计惯例。

表 7-5　　　　　　　　　会计原则委员会公告第 4 号概括的总体性操作原则

选择的原则（principles of selection）	扩充或例外（amplifications or exceptions）	计量的原则（principles of measurement）	扩充或例外
S-1. 交易（exchanges）	S-1A. 资产收购（acquisitions of assets）	M-1. 交易价格（exchange prices）	M-1A. 资产采购成本（acquisition cost of assets） M-1A(1). 公允价值 M-1A(2). 采购多项资产 M-1A(3). 收购一家企业
	S-1B. 资产处置		M-1B. 资产处置的计量
	S-1C. 负债的记录		M-1C. 负债的金额
	S-1D. 负债的减少		M-1D. 负债减少的计量
	S-1E. 承诺（如租赁）（commitments）		
	S-1F. 交易的收入		M-1F. 收入的计量
	S-1F(1). 分期记录收入		M-1F(1). 分期收入的计量
	S-1G. 与交易的收入直接相关的费用		M-1G. 费用的计量
S-2. 所有者的投资和撤资	S-2A. 以发行股票的方式进行并购	M-2. 所有者的投资和撤资的计量	M-2A. 以发行股票的方式进行并购的计量
	S-2B. 权益结合		M-2B. 权益结合法
	S-2C. 公司的创始人或主要股东对非现金资产的投资。非现金资产的创始人或主要股东向公司的转移在发生时记录		M-2C. 非现金资产的创始人或主要股东投资
S-3. 单向转移		M-3. 单向转移的计量	
S-4. 通常不记录有利的外部事件	S-4A. 记录有利的外部事件（证券投资和外币折算）	M-4. 保持原有记录	M-4A. 有利的外部事件的计量

续表

选择的原则 （principles of selection）	扩充或例外 （amplifications or exceptions）	计量的原则 （principles of measurement）	扩充或例外
S-5. 记录不利 的外部事件	S-5A. 存货的成本与市 价孰低规则	M-5. 不利事件的计量	M-5A. 成本与市价孰低法
	S-5B. 有价证券市价下跌		M-5B. 证券跌价损失
	S-5C. 资产陈旧		M-5C. 资产陈旧的计量
	S-5D. 他人造成的损害		M-5D. 损害的计量
	S-5E. 非流动资产的市 价下跌通常不予记录		M-5E. 保持原有记录
	S-5F. 外币折算的不利 影响		M-5F. 不利影响的计量
S-6. 生产的记录	S-6A. 制造产品和提供 服务的成本	M-6. 生产的计量	M-6A. 制造产品和提供 服务的成本的计量
	S-6A(1). 产品和服务 成本		M-6A(1). 产品和服务成 本的计量
	S-6B. 系统合理分配的 费用		M-6B. 通过系统合理的 分配确定费用
	S-6C. 立即确认的费用		M-6C. 计量立即确认的 费用
	S-6D. 生产完成时的收入		M-6D. 以产品可变现净 值计量的收入
	S-6E. 按生产进度取得 的收入		M-6E. 根据生产进度计 量收入（完工百分比 法）
S-7. 意外事故		M-7. 意外事故的计量	

该公告之所以把债权人列为会计信息的主要使用者，是因为美国的公共会计师行业最初就是依傍银行而发展起来的。在20世纪的头10年，商业银行主要发放短期贷款，相应的会计规则要求企业遵循谨慎性（稳健性）原则

对应收账款计提坏账准备，对存货计提存货跌价准备。到了 20 世纪 60 年代，许多大型商业银行开始发放长期贷款和现金流贷款（cash flow lending），银行需要预测企业的未来现金流量。相应地，商业银行作为债权人，被列为会计信息使用者的第二位，第一位是投资者。[1]

该公告所提炼的总体性操作原则可概括如表 7-5 所示。其中，选择的原则有 S-1 ～ S-7 共七条，分别对应于图 7-3 中引起企业资源、义务和剩余权益发生变化的事件的分类（从图 7-3 左侧来看，共有七类）。从表 7-5 中可以看出，会计原则委员会公告第 4 号的作者的意图是做个七斗橱，把杂七杂八的会计规则归拢在一起了事。但很显然，按照当前的会计理论有些规则是无法归拢的，比如被列入资产的不是资源的某些递延费用（如递延费用、递延税款借项），以及被列入负债的不是经济义务的递延贷项（如递延税款贷项），等等。这个七斗橱也过于复杂了，这么做无非就是把各种会计规则勉强塞到理论的抽屉里，但往往并没有给出合乎逻辑的解释。[2]

（2）对会计原则委员会公告第 4 号的辩证分析。会计原则委员公告第 4 号的部分立场值得充分肯定。第一，关于会计信息的使用者，该公告并没有把企业管理层排除在外。这一立场与美国会计学会 1966 年的《会计基础理论公告》一致，都值得肯定。第二，该公告提出了会计信息应当满足不同使用者的"共性需求"的正确主张。应该说，这是公认会计原则制定进程中的一大进步。如果能够在此基础上寻找增强会计信息的"公益性""公信力"的基本原则，则必将形成更加合理的指导理念。可惜该公告关于"共性需求"的观点没有得到贯彻。第三，该公告所界定的会计要素大体上还是按照民商法用语来定义的，相当于大陆法系下的民商法所称的物权、债权、知识产权、

---

1 Gary J. Previts and Barbara D. Merino, *A History of Accountancy in the United States: The Cultural Significance of Accounting* (Columbus: Ohio State University Press, 1998), p.337.

2 此后的概念框架放弃了这种七斗橱式的做法，改成了购物袋式的做法，购物袋的抓手叫做有用性，有了这个抓手，什么会计规则就都能往购物袋里面扔。

股东权等概念。虽然公认会计原则不是法律，但参照法律框架来设计公认会计原则的做法能够增强其合理性和正统地位。第四，该公告强调以实现原则和因果关系作为记录收入和费用的基本原则。这种立场能够排除缺乏原始凭证的记账行为。

但是，该公告也存在明显的不足。第一，拼凑的痕迹过于明显。该公告关于财务会计的 7 项定性目标、13 项基本特征的阐述相当混乱，其实是此前多个文件的大杂烩。其所归纳的七斗橱式总体性操作原则更是无比烦琐。如果理论不能化繁为简，就很难称得上是理论，否则，要理论何用？第二，该公告虽然正确地指出了某些资产不满足资源的定义这个重要的问题，但未能进一步深入探讨其理论含义，这就导致该公告停留在"资产＝资源＋非资源性质的资产"这样的循环定义上，仍然未能解决"何谓资产"这个会计基础理论的核心问题。

会计原则委员会委员投票以 17：1 通过这份公告。乔治·卡特利特投了反对票。他指出，该公告未能提供所谓的"指导财务会计未来发展的基础"，而且该公告缺乏合理的理论依据，存在以下问题：1）漫无目的地对本无争议的话题进行笼统的概括，没有任何用处；2）循环推理，用其他未定义的术语来定义本公告中未定义的术语，例如将资产和负债描述为"根据公认会计原则进行确认和计量的项目"；3）逆向逻辑，通过总结有待改进的各种习俗和惯例，反过来论证其合理性。总之，卡特利特认为，该公告不仅没有为改进会计规则提供有效的指导方针，反而对企业界和会计界改善财务会计规则形成了障碍。

综上所述，会计原则委员会劳碌十几年，在会计理论方面无所建树，其探索以失败告终。只有 1965 年公布的会计研究文集第 7 辑《企业公认会计原则汇纂》和 1970 年公布的《会计原则委员会公告第 4 号：企业财务报表的基本概念和会计原则》得到了实务界的认可，而前者除了第 2 章、第 9 章，后者除了第 4 章以外，都是对实务做法的罗列。[1]

美国注册会计师协会提出的会计理论中所规定的基本原则虽然比民法的基本原则多出许多，但其所提出的原则却缺乏稳定性，这一切都表明，公认会计原则的制定者还没有理出一条清晰的逻辑。

第三节　多事之秋：会计原则委员会意见书频频引起争议

一、会计原则委员会意见书概览

1962—1972 年，会计原则委员会共公布了 31 份名为"会计原则委员会意见书"的公认会计原则（见表 7-6）。

表 7-6　　　　　　　　　　　会计原则委员会意见书一览表

编号	时间	文件名
1	1962 年 11 月	新折旧指南与规则 New Depreciation Guidelines and Rules
2	1962 年 12 月	投资税收优惠的会计处理 Accounting for the "Investment Credit"
3	1963 年 10 月	资金来源与用途表 The Statement of Source and Application of Funds
4	1964 年 3 月	投资税收优惠的会计处理（修订） Accounting for the "Investment Credit" (Amending No. 2)
5	1964 年 12 月	承租人财务报表中对租赁合同的处理 Reporting of Leases in Financial Statements of Lessee
6	1965 年 10 月	会计研究公报的地位 Status of Accounting Research Bulletins

---

1 Stephen A. Zeff, "Some Junctures in the Evolution of the Process of Establishing Accounting Principles in the U.S.A.: 1917-1972," *The Accounting Review*, 1984, 59(3): 447-468.

续表

编号	时间	文件名
7	1966 年 5 月	出租人财务报表中对租赁合同的处理 Reporting of Leases in Financial Statements of Lessor
8	1966 年 11 月	养老金计划的成本的会计处理 Accounting for the Cost of Pension Plans
9	1966 年 12 月	报告经营成果 Reporting the Results of Operations
10	1966 年 12 月	汇总意见——1966 Omnibus Opinion—1966
11	1967 年 12 月	所得税的会计处理 Accounting for Income Taxes
12	1967 年 12 月	汇总意见——1967 Omnibus Opinion—1967
13	1969 年 3 月	针对商业银行，修订意见书第 9 号的第 6 段 Amending Paragraph 6 of APB Opinion No.9, Application to Commercial Banks
14	1969 年 3 月	可转换债券与附有认股权的债券的会计处理 Accounting for Convertible Debt and Debt Issued with Stock Purchase Warrants
15	1969 年 5 月	每股收益 Earnings per Share
16	1970 年 8 月	企业合并 Business Combination
17	1970 年 8 月	无形资产 Intangible Assets
18	1971 年 3 月	普通股投资的权益法 The Equity Method of Accounting for Investments in Common Stock
19	1971 年 3 月	报告财务状况的变化 Reporting Changes in Financial Position
20	1971 年 7 月	会计变更 Accounting Changes

续表

编号	时间	文件名
21	1971 年 8 月	应收款项和应付款项的利息 Interests on Receivables and Payables
22	1972 年 4 月	会计政策的披露 Disclosure of Accounting Polices
23	1972 年 4 月	所得税的会计处理——特殊领域 Accounting for Income Taxes—Special Areas
24	1972 年 4 月	所得税的会计处理——采用权益法核算的股票投资（不包括对子公司和合资企业的投资） Accounting for Income Taxes—Investments in Common Stock Accounted for By Equity Method (Other than Subsidiaries and Corporate Joint Venture)
25	1972 年 10 月	向职工发行的股票的会计处理 Accounting for Stocks Issued to Employees
26	1972 年 10 月	提前清偿的债务 Early Extinguishment of Debt
27	1972 年 11 月	制造商或租赁商对租赁合同交易的会计处理 Accounting for Lease Transactions by Manufacturer or Dealer Lessors
28	1973 年 5 月	中期财务报告 Interim Financial Reporting
29	1973 年 5 月	非货币性交易的会计处理 Accounting for Non-monetary Transactions
30	1973 年 6 月	报告经营成果——报告分部的处置以及异常、不寻常和偶然的事项和交易 Reporting the Results of Operations—Reporting the Effects of Disposal of a Segment of a Business, and Extraordinary, Unusual and Infrequently Occuring Events and Transactions
31	1973 年 6 月	承租人对租赁合同义务的披露 Disclosure of Lease Commitments by Lessee

其中，引发较大争议的意见书主要涉及如下领域：

（1）投资税收优惠。会计原则委员会意见书第 2 号公然对抗财税法，其结果是，会计原则委员会意见书第 4 号不得不撤销会计原则委员会意见书第 2 号并遵照财税法修改会计规则。投资税收优惠这一问题几乎导致会计原则委员会的终结。会计原则委员会为挽回颜面，推出会计原则委员会意见书第 6 号，要求公众公司披露所有偏离公认会计原则的做法。

（2）租赁合同的会计处理。会计原则委员会先后公布会计原则委员会意见书第 5 号、第 7 号、第 31 号，提出实质重于形式原则，要求承租人把融资租入固定资产视同持有固定资产处理，从而形成了一套逻辑奇特的规则，所引发的激烈争论至今仍未消解。

（3）所得税会计。会计原则委员会先后公布会计原则委员会意见书第 11 号、第 23 号、第 24 号、第 27 号，加大了企业会计操作的复杂性。

（4）权益法。会计原则委员会意见书第 18 号规定了股权投资的权益法。权益法是国际会计领域以讹传讹的典型。

（5）每股收益。会计原则委员会延续了会计程序委员会的失当立场。

（6）企业合并与商誉。会计原则委员会意见书第 16 号、第 17 号表现出了公共会计师行业对证券行业的臣服姿态，引发了巨大争议，最终导致会计原则委员会的分裂和解体。

（7）养老金。会计原则委员会意见书第 8 号要求企业在资产负债表中列报养老金负债，"估计"信息大规模进入会计报表。

除了上述引发广泛争议的规则外，会计原则委员会意见书第 6 号所规定的外币折算的货币性与非货币性项目法也体现了会计规则的反复。1956 年，密歇根大学塞缪尔·R.赫普沃思在其著作《境外经营的列报》中提出货币性与非货币性项目法。[1] 1965 年，《会计原则委员会意见书第 6 号：会计研究公

1　Samuel R. Hepworth, *Reporting Foreign Operations*, Bureau of Business Research, School of Business Administration, University of Michiganm, 1956. 该书书评见 Samuel R. Hepworth, "Reporting Foreign Operations," reviewed by Stephen V. N. Powelson, *The Accounting Review*, 1957, 32(3): 516-517。

报的地位》第 18 段决定采纳货币性与非货币性项目法，对《会计研究公报第
43 号：会计研究公报重述与修订》第 12 段和第 18 段进行修订，要求采用现
行汇率折算长期应收款项及预付款项。货币性与非货币性项目法强调的是报
表项目受汇率影响的程度而不是其流动性，这种理念更符合人们的直观感受，
因而显得比流动性与非流动性项目法更为合理。但其理论缺陷同样是，缺
乏充分的理由来解释为什么报表项目的分类直接决定了该项目所适用的折
算汇率。

会计原则委员会在 20 世纪 60 年代（尤其是 1966—1967 年）大幅削减了
备选会计规则的数量。[1]但是，总体来看，公认会计原则仍然是各大上市公司
及其审计师的跑马场。

二、投资税收优惠之争（会计原则委员会意见书第 2 号、第 4 号和第 6 号）

1963—1971 年，短短八年间，肯尼迪、约翰逊、尼克松连续三届美国政
府迫使会计原则委员会放弃它所热衷的会计规则。[2]会计原则委员会出师不利，
开张伊始的惨痛失败就导致其一蹶不振，最终于 1972 年拱手让出了公认会计
原则的制定权。

（一）第一次尝试推出税收优惠的"递延"处理规则

1962 年 10 月，肯尼迪政府为了挽回美国经济的颓势，出台了旨在鼓励
企业扩大设备投资的财政政策，按设备投资额的一定比例给企业以税收返
还。企业可以在该设备投入使用的当年，享受按照设备成本的 7% 计算的税收
返还。

11 月 1 日，会计原则委员会抛出了会计原则意见书第 2 号的征求意见稿，

---

1 Stephen A. Zeff, "How the U.S. Accounting Profession Got Where It Is Today: Part 1,"
Accounting Horizons, 2003, 17(3): 189-205.

2 Stephen A. Zeff:《会计准则制定：理论与实践》，中国财政经济出版社，2005，第 33—43 页。

提出了名为"递延法"的处理规则（deferral method；deferral approach），要求企业将当年收到的税收优惠分期计入各年度的利润，而不是一次性计入当年的利润。[1]

12月，会计原则委员会以14∶6的投票比例通过《会计原则委员会意见书第2号：投资税收优惠的会计处理》，6位异见者均主张两种会计处理方法都是可接受的。其中，"八大"会计公司中的8位代表中有4位投了反对票。

众所周知，相对于货币政策而言，财政政策通常追求的是立竿见影的效果，因此，"直接把收到的税收返还计入当年利润"的做法，即"径流法"（flow-through method；flow-through approach），才是与立法宗旨一致的适当方法。足见，会计原则委员会意见书第2号与美国联邦立法相悖，因此，该文件在酝酿阶段就饱受争议，在公布之后更是引发广泛争议。

美国证监会对这一问题未置可否，它倾向于采用"径流法"，不过要是会计原则委员会认为"递延法"在某些情况下更合适，那就可以采用"递延法"。

但联邦政府部门不允许美国证监会持有如此暧昧的立场，并对它不断施压，迫使其重新"站队"。

1963年1月，美国证监会发布会计系列公告第96号，宣布允许公众公司采用直接计入当年利润的做法，或者采用分期计入各年利润的做法。这实际上宣告了会计原则委员会意见书第2号的失败。

1964年3月，颜面丢尽的会计原则委员会公布了与美国证监会立场如出一辙的《会计原则委员会意见书第4号：投资税收优惠的会计处理》（修订），围绕投资税收优惠的争论暂告一段落。

从会计原则委员会意见书第2号到第4号的一番波折对会计原则委员会造成的负面影响是显而易见的。作为一个雄心勃勃想要引领会计实践的游戏规

---

1 该规则原文为："We conclude that the allowable investment credit should be reflected in net income over the productive life of acquired property and not in the year in which it is placed in service."

则制定者，其对待法律法规的态度相当可笑、可悲。其实会计原则委员会早在 1961 年就已经得知国会正在起草投资税收返还的法律草案。会计界正确对待立法的态度，应当是积极参与法律的论证，使其在法理上更合理、在实践上更具操性，而不是静静地等待，等到法律出台之后再去"抖机灵"，搞出什么"标新立异""出人头地"的"研究成果"。从会计制度的性质来说，下位法的制定者只有全力支持上位法、参与上位法的起草论证，才有可能确保下位法的合法性和合理性。

会计原则委员会糟糕的亮相动作成功地吸引了财经媒体的关注。在此之前，财经媒体对会计规则兴趣不大。而这次，财经媒体的猛烈批评裹挟着来自工业界、财政部、商务部的滚滚怒涛，彻底把会计规则的创新梦打回了原形。

跟踉跄跄的美国注册会计师协会陷入了旷日持久的争论之中。作为挽回其脸面的补救措施，美国注册会计师协会理事会于 1964 年 10 月公布特别公报，要求公众公司披露其偏离会计原则委员会意见书的情况。[1]其意思就是说，别把会计原则委员会意见书不当回事。该公报后来被收录在 1965 年公布的《会计原则委员会意见书第 6 号：会计研究公报的地位》的附录 A 中。

 专栏 7-10

《会计原则委员会意见书第 6 号：会计研究公报的地位》附录 A

披露任何偏离会计原则委员会意见书的行为

（重印 1964 年 10 月的特别公告）

美国注册会计师协会会员：

协会理事会在 1964 年 10 月 2 日的会议上一致通过一项提案，要求各位会员在所审计的财务报表的附注中或者在审计报告中披露被审计单位偏

---

1 American Institute of Certified Public Accountants, Special Bulletin, Disclosure of Departures From Opinions of Accounting Principles Board, 1964.

离会计原则委员会意见书的行为。

本决定适用于 1965 年 12 月 31 日之后起算的会计年度。

理事会采纳的提案如下：

1. "公认会计原则"是指具有实质性权威支持的原则。

2. 会计原则委员会意见书具有"实质性权威支持"。

3. 不同于会计原则委员会意见书的会计原则也可能具有"实质性权威支持"。

4. 会计程序委员会的会计研究公报与会计原则委员会的意见书的效力相同。因此，本文件关于意见书的规定同样适用于会计研究公报。

5. 如果被审计单位的财务报表所采用的会计原则与会计原则委员会意见书的规定存在重大差异，则审计师应当检查被审计单位所采用的会计原则是否具有"实质性权威支持"且适用于该特定情形。

（1）若结论是否定性的，独立审计师则应根据具体情形发表带说明段的审计意见、拒绝表示意见或者出具否定意见。协会会员应按照公认审计准则、职业道德守则的规定予以处理。

（2）若结论是肯定性的，独立审计师则：1）应出具无保留意见的审计报告；2）应在审计报告中另起一段或者要求被审计单位在报表附注中披露被审计单位的会计行为偏离会计原则委员会意见书这一事实。行文示例如下："该公司关于……的会计处理不符合会计原则委员会意见书第××号（或会计程序委员会会计研究公报第 ×× 号）的规定。该意见书（或公报）规定……"。若依照该规定进行会计处理，则该公司的年度利润将会增长（或减少）××%，×× 月 ×× 日的留存收益将会增长（或减少）×× 美元。我们认为，该公司的会计处理具有实质性权威支持，是可以接受的做法。若在附注中进行披露，则最后一句应改为"独立审计师认为，本公司的会计处理具有实质性权威支持，是可以接受的做法"。

6. 除意见书另有规定外，对于 1965 年 12 月 31 日后开始的会计期间，偏离会计原则委员会的意见书且形成重大影响的，应当在审计报告中予以披露。

7. 会计原则委员会应当在 1965 年 12 月 31 日前审核会计程序委员会公布的会计研究公报，修改或者撤销其中不合时宜的规则。

8. 会计原则委员会应当在此后的每份意见书中规定，协会成员应当披露客户的会计处理所存在的对公认会计原则的重大偏离。

9. 若经审计的财务报告未能披露会计处理对公认会计原则的重大偏离，则该报告将被视为"未达标报告"（substandard reporting）。执业审查委员会（Practice Review Committee）将展开调查并向协会理事会报告未按本文件规定执行的事由。

10. 本协会的职业道德委员会和法律顾问认为，目前协会章程中不便收录上述提案。章程和职业道德准则中是否收录上述提案，有待进一步研究。

综上所述，协会理事会不拟将上述提案列入职业道德守则，而是要求执业审查委员会调查那些偏离公认会计原则的会计处理。

美国注册会计师协会会长　托马斯·D. 弗林

（二）第二次尝试推出税收优惠的"递延"处理规则

随着美国经济形势向好，美国国会于 1966 年终止了投资税收优惠政策。但 6 个月后（1967 年 3 月），美国经济形势再度低迷，投资税收优惠政策再度上马。会计原则委员会见有机可乘，遂试图借机重新推出"递延"处理规则，以期为自己找回尊严。但联邦财政部官员 1967 年 11 月发给会计原则委员会的函件抑制了它试图找回面子的冲动。

1971 年 7 月，美国注册会计师协会修改《行为守则》（Rules of Conduct），引入了新的第 203 条规则（Rule 203），要求美国注册会计师协会会员敦促其客户遵循美国注册会计师协会指定的团体所制定的公认会计原则，否则，便不给客户出具"干净的"审计报告。[1] 但各州注册会计师行业协会并没有跟风做出这样的规定。

 专栏 7-11

美国注册会计师协会《行为守则》的第 203 条规则

第 203 条规则——会计原则。如果被审计单位的财务报表偏离了本协会理事会指定的团体所制定的公认会计原则，且该背离行为对其财务报表整体上具有重大影响，那么，美国注册会计师协会会员就不得发表含有"财务报表是根据公认会计原则列报的"字样的意见，除非该会员能够证明，在特殊情况下，如果遵循公认会计原则，就会导致财务报表产生误导性。在这种情况下，该会员必须在报告中对上述背离行为给出说明，并在可行的情况下描述其大致影响，以及为何遵守公认会计原则就会导致误导性陈述。

Rule 203—Accounting principles. A member shall not express an opinion that financial statements are presented in conformity with generally accepted accounting principles if such statements contain any departure from an accounting principle promulgated by the body designated by Council to establish such principles which has a material effect on the statements taken as a whole, unless the member can demonstrate that due to unusual circumstances the financial statements would otherwise have been misleading. In such cases his report must describe the departure, the approximate effects

---

1 Stephen A. Zeff, *Forging Accounting Principles in Five Countries: A History and an Analysis of Trends* (Champaign, Illinois: Stipes, 1972), p. 183.

> thereof, if practicable, and the reasons why compliance with the principle would result in a misleading statement.

美国注册会计师协会提出，上述规定的出发点是，原则上要求会员们遵守既定的会计规则。第 203 条规则中的特殊情况（unusual circumstances），需要借助于职业判断（professional judgment），如果在某种情况下，一个理性的人认为固守公认会计原则将会导致误导性的会计信息，那么这种情况就是第 203 条规则所称的特殊情况。

（三）第三次尝试推出税收优惠的"递延"处理规则

1971 年 8 月，尼克松政府请求国会制定"就业发展优惠"政策，其原理类似于投资税收优惠政策。会计原则委员会又萌生春意，并尽力谋得了联邦财政部与美国证监会的中立表态，美国证监会还特地出具了表态支持"递延法"处理规则的信函。有后台支持的会计原则委员会企图再度推出"递延"处理规则，并于 10 月份公布了征求意见稿。实务界纷纷向美国国会施压，要求撤销会计原则委员会的文件。之后，参议院的报告批评了会计原则委员会的立场。但美国证监会主席告知参议院，证监会将不会受参议院报告中的观点的约束。

11 月，代理财政部长查尔斯·E. 沃克（Charls E. Walker）知会参议院金融委员会主席罗素·B. 朗（Russell B. Long），如果参议院金融委员会的法案不允许企业自由选择会计处理方法，财政部将会推动另行立法以解决问题。几天后，参议院就修改了税法，允许纳税人任意选择税收优惠的会计处理方法。该法规定，任何机构不得干预纳税人关于优惠政策的会计处理方法。参议院、众议院很快通过了该法案。12 月 10 日，该法案经尼克松总统签署生效。面对这种局面，会计原则委员会只好撤回了征求意见稿。会计原则委员会又是猴子捞月——空忙一场。

综观会计原则委员会围绕税收优惠政策的三次"冲动"，不难看出，美国注册会计师协会颇有"拿鸡毛当令箭"的意思。它之所以敢于对抗税法，原因大抵有两个方面：一方面它误以为美国证监会必然会支持它的主张，美国证监会对跨州发行证券的公众公司的信息披露情况拥有监管权；另一方面它此前曾经成功地对抗美国证监会，使得后者采信了它提出的异乎寻常的规则。1944 年 12 月，美国会计师协会附属的会计程序委员会公布《会计研究公报第 23 号：所得税的会计处理》，提出"所得税是企业的一项费用，在必要且可行时应当按照各个期间的会计利润予以分摊"。对于这种离奇的"所得税是一项费用、应当跨期分摊"的观点，美国证监会在 1945 年 11 月 16 日发布的会计系列公告第 53 号中表示质疑。但美国会计师协会在随后的回应中坚持己见，并未修改立场。[1]

会计原则委员会之所以一再试图推出"递延"处理规则，是因为公共会计师行业一贯秉持的是"会计规则与税收法规应当分离"的理念。

笔者认为，会计原则委员会的立场缺乏理论依据，它之所以一再被敲打，是因为它没有弄清楚自己的能力边界。如果会计制度还把它自己定位为法律制度的组成部分的话，它就必须遵守民商法和经济法。这是因为，企业会计制度是民商法、经济法和记账方法融合生成的企业收益分享规则。税法是企业经营的法律环境的重要构成元素，因此，会计记录应当直接反映税法对企业的影响，而不是相反。会计原则委员会对法律的理解程度如此令人匪夷所思，无怪乎美国证监会和公共会计师行业对它的能力表示严重怀疑。实践已经证明，并且将会继续证明，脱离法律原则设计出来的会计制度无异于无源之水、无本之木。

---

1 Frank R. Rayburn, "A Chronological Review of the Authoritative Literature on Inter-period Tax Allocation: 1940-1985," *Accounting Historians Journal*, 1986,13(2): 89-108.

三、金融分析师行业首次对会计规则表态（会计原则委员会意见书第 3 号）

1963 年 10 月，会计原则委员会公布《会计原则委员会意见书第 3 号：资金来源与用途表》（本小节以下简称《资金来源与用途表》）。该意见书基本上是佩里·梅森所著的会计研究文集第 2 辑《"现金流量"分析与资金表》（1961）的浓缩版。

（一）会计原则委员会似是而非的会计理念

《资金来源与用途表》提出，有些企业编制了反映公司资金流向的报表，但其所采用的资金（funds）概念存在差异。有的将资金界定为现金或现金等价物，那么其编制的资金表其实就是现金收支表。更常见的是将"资金"界定为营运资金（working capital），即流动资产减去流动负债，那么其资金表就包括影响流动资产和流动负债的项目。更广义的资金概念包含企业对外交往所形成的所有财务资源。财务文献比会计文献更常使用现金流量的概念，其含义常常是指净利润加折旧，或者净利润加上固定资产折旧、无形资产摊销。财经评论常常认为，现金流量能够比净利润更好地度量企业的盈利能力。

《资金来源与用途表》颇为不满地提及，金融分析师在估计证券价格时引入了市价与现金流量比率指标，有的用来作为市盈率的补充，有的甚至用于替代市盈率指标。公众公司、财经媒体也都在高频度地使用现金流量、每股现金流量等指标。但是，他们往往是在缺乏资金流量数据支持的情况下使用这些指标的。

针对上述乱象，《资金来源与用途表》建议公众公司以资金来源和用途表的形式提供补充性信息。年度报告的资金来源和用途表中的资金概念，其含义应当包含所有财务资源（all financial resources），以期将非资金交易（"non-fund" transaction）包含在内。

《资金来源与用途表》认为，不宜将经营活动取得的资金看作净利润的替代指标或改良指标。年度报告在使用现金流量概念时，应当注意避免对"净利润"指标的重要性造成不利影响。另外，应避免使用现金盈余（cash earnings）等概念。

会计原则委员会认为，每股现金流量指标具有误导性，因为该指标忽视了设备更新和重置等现金支出的影响，而且该指标的使用会对每股收益指标的重要地位造成不利影响。

比较耐人寻味的是斯派塞克的立场。他支持公布该意见书，认为这是朝正确方向迈出的一步。但他认为该意见书做得还不够，正确的做法是应当把资金来源和用途表视为与资产负债表、利润表同样重要的基本财务报表。斯派塞克显然比较支持金融分析师的立场。

但笔者认为，资金来源和用途表虽然在本质上也属于基于事实的报表，但它不应当列为会计报表。会计报表应当是从原始凭证开始进行分类统计所形成的报表，它记录的是财产权利和义务的发生及其增减变动情况。资产负债表是反映权利和义务的报表，其法律依据是民商法和经济法，适用于所有的会计主体；利润表是反映企业的所得及其代价的报表，其法律依据是经济法（财税法），应用于产生应纳税所得额的会计主体。因此，会计报表特指反映企业的财产权利和业绩的报表。

这是公认会计原则再次公开向金融分析师"献媚"。此前，会计程序委员会于1958年3月公布《会计研究公报第49号：每股收益》，该文件明显是利用净利润数据来迎合证券市场、金融分析师的估值诉求的一份"投名状"。每股收益数据不是会计程序的产物，而是各种缺乏合理逻辑的金融分析理念的产物。

（二）金融分析师行业首次公开积极回应公认会计原则

对于会计原则委员会意见书第3号，纽约证券交易所和金融分析师联合会（Financial Analysts Federation，FAF）[1] 给予了肯定和支持。

纽约证券交易所致函各上市公司董事长，敦促各公司在年度报告中提供资金表。该交易所还建议审计师将资金表列入其发表意见的审计范围。

金融分析师联合会在其会刊中公开对会计原则委员会的立场表示支持，建议其会员单位将资金表列入公司报告，并建议避免使用现金盈余等概念。

四、净利润的计算采用总括收益观（会计原则委员会意见书第 9 号）

前已述及，在会计程序委员会时代，关于利润表应当如何反映财务业绩（financial results）或称经营成果（results of operations），会计程序委员会曾与美国证监会产生过较大分歧。1966 年 12 月公布的《会计原则委员会意见书第 9 号：报告经营成果》，原则上采用了美国证监会所倡导的总括收益观。有 5 名委员在投赞成票时附有保留意见。

1. 总括收益观下的利润表格式

该意见书要求企业在计算净利润时，应当把所有影响利润和损失的项目包括在内，前期调整（prior period adjustments）除外。利润表中应当将常规项目和非常规项目（extraordinary items）区分开来，分别列报。其列报格式是，用不包含非常规项目的净利润（income before extraordinary items），加上非常规项目（税后金额），便得到净利润（net income）。

2. 非常规项目的性质和内容

会计原则委员会意见书第 9 号探讨了可能被视为"非常规"的事项和交易的性质，规定了认定非常规项目的标准，以及在财务报表中披露非常规项

---

1 金融分析师联合会成立于 1947 年，由三四十个金融分析师协会联合组成。1961 年，该联合会另行设立了特许金融分析师协会（Institute of Chartered Financial Analysts，ICFA），后者于 1962 年推出了如今颇受欢迎的 CFA 头衔，并于 1963 年开始组织 CFA 资格考试。1990 年，金融分析师联合会与特许金融分析师协会合并，组建为投资管理与研究协会（Association for Investment Management and Research，AIMR）。2004 年，投资管理与研究协会为了提高品牌辨识度，决定更名为 CFA Institute。

目的方法。

该意见书提出，企业需要判断哪些交易和事项构成非常规的重大项目。非常规项目是指预计在企业经营过程中不会经常发生或重复发生的项目。例如：（1）处置厂区或重要业务部门的重大收益或损失；（2）出售长期投资；（3）因非常规事项导致的商誉的注销；（4）财产的征用或没收；（5）重大外汇贬值。

企业日常活动中发生的某些典型的收益或损失（或损失准备金），无论大小，均不构成非常规项目（或前期调整）。例如：（1）应收账款、存货和研发支出的减记；（2）应计合同价格的调整；（3）外汇波动的损益。如果此类项目金额较大，则建议予以披露。

3. 稀释每股收益的披露

会计原则委员会意见书第 9 号指出，每股收益（earnings per share）即每股净利润（net income per share）。该意见书要求发行有剩余证券（即潜在普通股）的企业补充计算并公布预估每股收益（pro forma earnings-per-share）指标。

五、会计原则委员会推出的递延所得税会计规则（会计原则委员会意见书第 11 号）[1]

鉴于税收法规允许进一步缩短折旧年限，会计原则委员会于 1962 年 11 月公布了《会计原则委员会意见书第 1 号：新折旧指南与规则》，重申了跨期分摊的要求（但未提出新规则）。

1965 年 10 月，会计原则委员会公布《会计原则委员会意见书第 6 号：会计研究公报的地位》，首次将税后净额法排除在备选会计规则之外，要求采用递延法或债务法。

---

1 Stephen A. Zeff, *Forging Accounting Principles in Five Countries: A History and an Analysis of Trends* (Champaign, Illinois: Stipes, 1972), pp. 200-202.

但递延所得税纯属虚构，公共会计师协会就此长期存在争议。甚至就连如何列报递延所得税的借项和贷项这样的问题，会计界也未能达成共识。毕竟，这是一个该如何"画鬼"的问题。这就是递延所得税会计规则的诡异之处，该不该算递延所得税？怎么算？算出来之后放到报表的哪个位置？这些问题统统没有合理解释。同年 12 月 7 日，美国证监会发布《会计系列公告第 102 号：分期销售产生的递延所得税的资产负债表分类》。该公告要求，如果企业根据经营周期惯例将分期应收款项分类为流动资产，则应在经营周期内将相关的递延所得税分类为流动负债。[1]

1966 年，美国证监会主席曼纽尔·科恩指出，一些公司采用了不少于四种报告方法来列报递延所得税借项或贷项，重要的是，每种方法都得到了独立公共会计师的认可，财务报表都是根据公认会计原则编制的。[2]

同年，霍默·布莱克所著的《企业所得税的跨期分摊》一书作为会计研究文集第 9 辑予以出版。该书是当时所得税会计领域最全面的文献，它支持债务法，支持对递延税款进行折现。但 1966 年的《会计原则委员会意见书第 10 号：汇总意见——1966》对此回应道，不应当对递延税款作折现处理。

如果递延贷项预期将会保持不变或者将会稳定增长的话，还有必要进行所得税的跨期分摊吗？对这一问题，"八大"会计公司之间存在较大分歧，它们在 20 世纪 60 年代发出了针锋相对的声音。1961—1962 年间，素来喜好公布其会计审计主张的安达信会计公司公开主张，要针对所有的时间性差异进行跨期分摊。1967 年 7 月，正当会计原则委员会就递延所得税问题展开辩论时，一向很少公开对争议性会计规则发表评论的普华会计公司公布了一份 27

---

1 Stephen A. Zeff, "The SEC Preempts the Accounting Principles Board in 1965: The Classification of the Deferred Tax Credit Relating to Installment Sales," *The Accounting Historians Journal*, 2007, 34(1): 1-23.

2 R. W. Hirschman, "A Look at Current Classifications," *Journal of Accountancy*, 1967, 124(5): 54-58.

页的小册子，题为《所得税的公认会计处理对投资者具有误导性吗？》。该小册子认为，无论在何种情况下，所得税的跨期分摊都是不恰当的，即便是存在时间性差异的情况也是如此。很快，"莱布兰德，罗斯兄弟和蒙哥马利"公司（永道会计公司的前身）向财经媒体提供了4页的评论信，反击普华会计公司的观点。

1967年3月，美国联邦政府恢复了6个月前撤销的投资税收抵免。9月，"锐意创新"的会计原则委员会在美国证监会的鼓励下，公布了一份征求意见稿，试图趁机重新推出它在意见书第2号中推崇的递延法，同时推广相应的递延所得税会计规则。它向会员发送了85 000份征求意见稿，收到约1 000封评论信，其中大多反对采用递延法。普华会计公司和安永会计公司还对这份征求意见稿公开表示批评。

11月，美国财政部助理部长斯坦利·S.萨里（Stanley S. Surrey）写信给会计原则委员会，强烈反对投资税收优惠会计处理的递延法。[1]总统经济顾问委员会也表达了同样的立场。美国证监会见风使舵，告知会计原则委员会说它不再承诺支持其提出的投资信贷的会计处理规则。会计原则委员会也只好认尿。

12月，会计原则委员会公布《会计原则委员会意见书第11号：所得税的会计处理》，没有敢再提递延处理投资税收优惠的事情。该意见书提出，跨期所得税分摊（interperiod tax allocation）是计算所得税费用（income tax expense）时的内在要求，建议针对所有的时间性差异，记录相应的递延所得税。同时，该意见书认为，全面跨期分摊（comprehensive allocation）的方式最为妥当，递延法（the deferred method）是最有用、最可行的处理方法。因此，该意见书最终决定只允许采用递延法，而不允许采用债务法、税后净额

---

1 Thomas F. Keller, Stephen A. Zeff, *Financial Accounting Theory II: Issues and Controversies* (New York: McGraw-Hill Book Company, 1969), pp.447-449.

法。[1]该意见书是以 14:6 的投票通过的，勉强达到了三分之二的通过要求。

至此，美国证监会会计系列公告第 85 号的主张全部得到贯彻。但实务界发现，如果依其规定进行处理，则会出现递延借项和递延贷项越来越大的情况。[2]围绕递延法的争论一直延续到 20 世纪 80 年代中期。[3]

六、银行业的不满（会计原则委员会意见书第 13 号）

1968 年，美国注册会计师协会公布针对银行的审计指南《银行的审计》，建议银行业针对贷款损失和证券损益计提相应的准备，然后再计算净利润。银行业素来与美国注册会计师协会关系不睦，这次更是出离愤怒，它们极力主张在计算净利润时不要计提这两项准备。金融分析师一般都同意银行业的意见，支持针对证券损益计提准备。面对反对之声，会计原则委员会坚持己见。

1969 年 3 月，会计原则委员会公布《会计原则委员会意见书第 13 号：针对商业银行，修订意见书第 9 号的第 6 段》，全文共两句话，宣布删除会计原则委员会意见书第 9 号第 6 段中针对银行业给出的豁免性规定。[4]也就是说，银行业公众公司也应当遵照会计原则委员会意见书第 9 号进行会计处理。如此，便全面实施了《银行的审计》中的建议。

几个主要的执法机构支持会计原则委员会的立场。这些监管者显然是试图利用会计规则来达到其监管目的。纽约证券交易所也宣布不再豁免银行业

---

1 Philip L. Defliese, Paul Rosenfield, William C. Dent, "Professional Notes: Deferred Taxes—Forever/Reply," *Journal of Accountancy*, 1983, 156(2): 94-103.

2 Harry I. Wölk, James L. Dodd, Michael G. Tearney, *Accounting Theory: A Conceptual and Institutional Approach*, 5th Edition (California: South-Western College Publishing, 2001), pp. 523-526.

3 Frank R. Rayburn, "A Chronological Review of the Authoritative Literature on Inter-period Tax Allocation: 1940-1985," *Accounting Historians Journal*, 1986, 13(2): 89-108.

4 被删除的那句话是"美国注册会计师协会拟就商业银行损益表的格式提出新的建议，在提出此类建议之前以及在董事会就此采取立场之前，本意见书不适用于商业银行"。

（和保险公司）在上市申请中免于提交经审计的财务报表。1969 年晚些时候，银行监管机构强制要求实施美国注册会计师协会所提出的审计建议。1971 年，美国证监会发布会计系列公告第 121 号，要求其管辖范围内的银行实施独立审计。[1]

其实，银行业反对计提贷款损失准备和证券损失准备的立场是正确的。那种计提损失准备的会计处理缺乏原始凭证的约束，对正经经营的公司没有多大用处。作为对比，拥护计提损失准备的会计规则的公司，通常都是想要"为非作歹"、梦想着自己能长袖善舞的那些公司。

会计原则委员会意见书第 13 号表明，美国的银行业监管机构本身也没有合乎逻辑的监管理念，它们跟美国证监会简直就是在葫芦僧乱判葫芦案。如今，银行业审慎监管与会计规则的关系，正是这种稀里糊涂的监管理念的延续。

七、更加烦琐的"每股收益"指标出笼（会计原则委员会意见书第 15 号）

每股收益是投资圈的新宠，它是转移和重新分配财富非常有效的手段。每股收益的计算规则实际上是金融分析师的行规，金融分析行业对其中的猫腻了然于胸，它与会计本身并无关联。[2]但美国注册会计师协会硬是将这个任务揽过来，在公认会计原则里面煞有其事地将其视为列报财务业绩的规定动作。

（一）1966 年 12 月的会计原则委员会意见书第 9 号

1966 年 12 月公布的《会计原则委员会意见书第 9 号：报告经营成果》共分两部分，第一部分是"净利润以及非常项目和前期调整的处理"，第二部分就是"每股收益的计算和列报"。显然，每股收益的计算和列报属于企业在报

---

1 Stephen A. Zeff, *Forging Accounting Principles in Five Countries: A History and an Analysis of Trends* (Champaign, Illinois: Stipes, 1972), pp. 210-211.

2 Marvin M. May, "The Earnings per Share Trap: The Chain Letter Revisited," *Financial Analysts Journal*, 1968, 24(3): 113–117.

告经营成果时的规定动作。会计原则委员会之所以采取这种立场，其理由是（参见该意见书第31段），该委员会认为，每股收益最为有用的时候，就是当它与利润表同时提供给投资者的时候。因此，该委员会强烈建议在利润表中披露每股收益数据。

出于类似于当今计算稀释每股收益的思路，这份文件区分了剩余证券（residual securities，其含义相当于如今的潜在普通股）、高级证券（senior securities，其含义类似于如今的优先股）等概念。

（二）1969年5月的会计原则委员会意见书第15号

1969年5月，会计原则委员会公布《会计原则委员会意见书第15号：每股收益》，用冗长的篇幅规定了更加琐碎的每股收益计量要求，包括基础每股收益（primary earnings per share）和完全稀释每股收益（fully diluted earnings per share）。会计原则委员会之所以要修改每股收益的计算规则，是因为在兼并浪潮中，有越来越多的公司聪明地使用可转换证券和认股权证代替普通股进行并购，从而规避了计算摊薄每股收益的规则。

1. 基础每股收益的计算

该意见书采用了"普通股等价物"（common stock equivalents）概念来取代此前的"其他剩余证券"的概念。在计算基础每股收益时，需要把某些具有稀释性的普通股等价物包括在分母（在外发行普通股数）中。普通股等价物是指在形式上不是普通股但其条款使得其持有人能够行使股东权利的证券。

该意见书在会计原则委员会意见书第9号的基础上，进一步探讨了如何运用库存股法[1]（"treasury stock" method）针对可转换债券、可转换优先股、股票期权、认股权证等普通股等价物，计算相应的基础每股收益。在计算基础

---

1 该方法的核心思路是，假定证券发行所收取的款项一律用于按照最新市价来购买股票。

每股收益时，不应考虑反稀释的因素，即应排除那些会增加每股收益或减少每股损失的转换、行权或其他或有发行等因素。

2. 完全稀释每股收益的计算

列示完全稀释每股收益的目的是显示每股收益的最大潜在稀释程度。因此，在计算完全稀释每股收益时，不应考虑反稀释的因素，即应排除那些会增加每股收益或减少每股损失的普通股等价物或其他或有发行等因素。

计算完全稀释每股收益时，假定所有的转换、行权等新增加普通股的行为一律发生于本期期初。为了达到完全稀释的效果，应按照行权时的最新市价计算完全稀释每股收益。

会计原则委员会意见书第 15 号逻辑之奇特、构思之细腻令人惊叹。不难看出，每股收益这种纯属凭空捏造的金融分析指标，不大可能形成合理的理论解释。业界人士纷纷反馈，该意见书读起来如同天书。可能是出于防范业界的抱怨，该意见书附录 A 包含了一个 30 页的"计算指南"。有公共会计师行业领袖揶揄该意见书是一本充满详细规则的"食谱"（cookbook），还有杂志主编认为该意见书是一份主观性十足的文件。[1] 威廉·佩顿批评该意见书是烦琐哲学。[2]

会计原则委员会投票时有 3 票反对。其中一位反对者表示，会计原则委员会意见书第 15 号相对于会计原则委员会意见书第 9 号是一个显著的倒退，还是剩余证券这样的概念和算法更合理。另一位反对者旗帜鲜明地提出，每股收益这个话题本身是财务分析的事情，而不是公认会计原则应该涉及的话题，至于如何界定普通股等价物，更是属于主观臆测。总之，每股收益的计算规则师出无名，实在难以自圆其说。

---

1 Stephen A. Zeff, "The Wheat Study on Establishment of Accounting Principles (1971-72): A Historical Study," *Journal of Accounting & Public Policy*, 2015, 34(2): 146-174.

2 W. A. Paton, "Earmarks of A Profession—And the APB," *Journal of Accountancy*, 1971, 131(1): 37-45.

八、企业合并的权益结合法与购买法之争

 专栏 7-12

权益结合法与购买法

权益结合法更有助于企业美化财务业绩，原因在于：第一，合并方只需要按照账面价值接收另一合并方以历史成本列报的资产和负债，无须将其调整为公允价值进行计量，自然也就不用记载离奇的商誉。第二，在后续的通货膨胀的年份，合并后的利润和利润率将会偏高（与购买法相比），因为最初记载的资产价值偏低，相应地，存货销售成本、固定资产折旧、无形资产摊销等的金额也相对较低。第三，在后续年份，合并方可以简单地通过出售冗余资产的方式来拉升账面业绩。第四，在权益结合法下，无论何时进行合并，合并双方的业绩是从年初开始（而不是从合并日开始）计算的。这意味着，如果企业业绩欠佳，即便是在财务年度末尾进行合并都来得及。第五，由于没有恼人的商誉搅和进来，所以就没有商誉的摊销和减值等一大堆麻烦。

购买法则不那么受人待见，原因在于：第一，购买方需要记录被购买方的资产和负债的公允价值，如果所付出的代价大于所收到的公允价值份额，则还应记录商誉。第二，后续期间，被收购方的资产导致商品销售成本、固定资产折旧额、无形资产摊销额相对偏大。第三，后续期间，商誉的摊销还会导致业绩下降。第四，被购买方的利润被计入购买方的份额，仅限于购买日之后的部分。

（一）权益结合法在并购浪潮中成为流行

会计程序委员会 1950 年 9 月公布的《会计研究公报第 40 号：企业合并》提出了购买法（purchase method）和权益结合法（pooling of interests method）。实务中大多倾向于使用权益结合法。1957 年 1 月公布的《会计研究公报第 48 号：企业合并》更是放宽了权益结合法的适用条件。

20 世纪 60 年代，美国证券市场掀起了跨行业并购的浪潮，这种并购在 1968 年达到顶峰，随后渐渐消退。1962—1969 年间，《财富》杂志所列的 500 家最大制造业公司中，有 22% 被收购；仅 1968 年一年内就有 26 家制造业公司被其他公司吸收合并。在这次并购浪潮中，超过 80% 是多元化集团的合并（conglomerates）而不是上下游企业的合并。20 世纪五六十年代兴起的有效投资组合（efficient portfolios）理论为这种多元化合并浪潮大唱赞歌，其代表人物是金融学学者哈里·马科维茨（Harry Markowitz）、约翰·林特纳（John Lintner）和威廉·F. 夏普（William F. Sharpe）。市场上弥漫着多元化合并具有协同效应的论调，也就是说，有才干的管理层足以克服跨行业经营的障碍，从而使得其高超的管理技能能够润泽各个业务领域。具体原因如下：一是先进的管理科学和计算机技术能够显著提升管理效率。二是多元化合并所形成的雄厚财力有助于提升研发效率。三是数据处理能力领先的企业总部能够强化服务类企业的管理控制。四是较高的税率促使高盈利企业需求与亏损企业合并。五是逐步攀升的资本成本也使得那些资金紧张的企业积极寻求合并那些资金充裕的企业。[1]

公众公司管理层为了实施并购或者为了避免被并购，纷纷要求自由选择会计方法。很多企业积极支持采用权益结合法，究其动因，用一种形象的语言来评价，就是"为了使这种联姻的利益最大化，会计处理惯例应该对收购方有利。简而言之，新郎需要马上把新娘的收入合并到他自己的损益表中。如果新娘是盈利的，新郎就会立刻得益"[2]。

---

1 Jonathan Barron Baskin, Paul J. Miranti, Jr., *A History of Corporate Finance* (New York: Cambridge University Press, 1997), pp. 275-278.

2 ［美］查尔斯·盖斯特：《百年并购》，黄一义、成卓、谭晓青译，人民邮电出版社，2006，第 103—104 页。

1960 年 3 月，美国注册会计师协会聘请伊利诺伊大学阿瑟·怀亚特教授对企业合并的会计问题进行研究。1963 年，怀亚特的著作《对企业合并的会计处理之批判性研究》被美国注册会计师协会以会计研究文集第 5 辑的名义予以出版。该书认为，区分权益结合和购买的标准缺乏客观依据，效果一般，参与企业合并的各方的规模差异对会计处理也没什么影响，《会计研究公报第 48 号：企业合并》使得判断一项企业合并属于权益结合还是属于购买的标准更加模糊了。该书建议，对于独立进行资产或者股权利益交换的企业合并，就应当取消权益结合法。

1965 年 10 月公布的《会计原则委员会意见书第 6 号：会计研究公报的地位》更是申明，"《会计研究公报第 48 号：企业合并》第 5 段和第 6 段中所提出的分类标准仅仅是示例性指南（illustrative guides），而不是强制性规定（literal requirements）"。

1966 年 12 月公布的《会计原则委员会意见书第 9 号：报告经营成果》规定，如果一项企业合并被分类为一项购买，则被购买方的经营成果（即利润）仅仅从合并日起算；如果一项企业合并被分类为一项权益结合，则被合并方的经营成果（即利润）可以从期初起算。同月公布的《会计原则委员会意见书第 10 号：汇总意见——1966》贯彻了会计原则委员会意见书第 9 号的上述立场。这意味着，企业可以借助于权益结合法快速拉升账面业绩。

（二）布里洛夫的批评

不同会计处理所导致的利润数字的巨大反差引发了社会舆论对会计原则委员会的声讨。1967 年，亚伯拉罕·J. 布里洛夫（Abraham J. Briloff）的文章《卑鄙的权益法》（Dirty Pooling）对会计原则委员会"和稀泥"的做法进行了辛辣的讽刺，产生了广泛的影响（见图 7-4）。[1]

---

1 "dirty pool" 是美国英语中的俚语，指在台球（pool）运动中采用卑鄙的手法作弊。参见：Abraham J. Briloff, "Dirty Pooling," *The Accounting Review*, 1967, 42(3): 489-496。

Dirty Pooling

Abraham J. Briloff

BY ITS formal adoption of *Opinions No. 9* and *No. 10*, "Reporting the Results of Operations" and "Omnibus Opinion—1966" respectively, the American Institute of Certified Public Accountants' Accounting Principles Board (APB) has determined that the so-called "pooling of interests" alternative for accounting for business combinations is the conclusion of his extensive study was that:

No basis exists in principle for a continuation of what is presently known as "pooling-of-interests" accounting *if* the business combination involves an exchange of assets and/or equities between independent parties.²

While the Board is considering the entire subject of business combinations (while ex-

图 7-4　布里洛夫的文章 "Dirty Pooling"

布里洛夫长期跟踪研究证券市场会计审计问题，善于用幽默生动的语言揭露会计审计规则的重大缺陷，对大型企业、会计公司和美国公共会计师行业有违商业伦理的行为进行辛辣的讽刺，长期应邀在热门财经刊物《巴伦周刊》（*Barron's*）中开设专栏，受到会计界和社会公众的密切关注。他是美国会计学术界的"少数派"，被誉为会计界的牛虻。但数十年间屡屡被美国国会参众两院邀请担任专家证人的恰恰是这位"少数派"代表，而不是数以百计的"主流"学者。他应邀出席国会参众两院作证的次数之多令人咂舌——他曾在国会的 15 个委员会或分委员会的听证会上担任专家证人。[1]与美国国会的态度相反，美国主流会计学界和注册会计师行业一直以冷处理的办法来对待布里洛夫的言论，沉默是它们的惯用武器。

 专栏 7-13

亚伯拉罕·雅各布·布里洛夫

亚伯拉罕·雅各布·布里洛夫（Abraham Jacob Briloff，1917—2013）

---

1 E. Richard Criscione, *Abraham J.(ABE) Briloff: A Biography* (Bingley: JAI Press of Emerald Group Publishing Limited, 2009), p. 43.

被誉为美国"会计行业的良心"。在长达半个多
世纪的时间里，他持续敦促会计职业界不断提高
行业标准并竭力履行其社会责任。他总是从会计
职业的最大利益出发来考虑问题，从而赢得了支
持者和他的批评对象的敬重。

　　布里洛夫 1917 年出生在纽约市的一个俄罗
斯移民家庭。他在布鲁克林的学校就读，主修商
学课程，立志成为一名注册会计师。其实他更愿意成为一名律师或者医
生，但其家庭的财力状况无力负担那些职业的教育成本。他就读于纽约城
市大学商业和公共管理学院（后更名为巴鲁克学院），1937 年获得商学学
士学位。他在纽约城市大学师从伊曼纽尔·萨克斯（Emanuel Saxe），萨
克斯是他一生的导师和朋友。

　　毕业后，他发现大萧条导致社会对注册会计师的需求不大，遂转向教
育行业，作为纽约市的高中预备师资讲授会计课程。在这期间，他还在一
家会计公司兼职（该公司后来与 Seidman & Seidman 公司合并）。1944 年，
布里洛夫被擢升为该公司的合伙人，同年，他放弃了高中的教职，改为为
纽约城市大学讲授夜校课程。1951 年，布里洛夫离开该公司，组建了他自
己的公司。

　　1960，他开始在职攻读纽约大学的博士学位，于 1965 获得博士学
位，并成为纽约城市大学市中心校区的全职会计教师。两年后，他出版了
其博士学位论文《论会计沟通的有效性》的同名专著（*The Effectiveness of
Accounting Communication*）。

　　获得博士学位后不久，布里洛夫开始高度关注注册会计师行业失去
其独立性、学术界辜负了其在会计准则制定进程中的职责等问题。他克服

视力衰退（最终导致失明）的重大困扰，在《巴伦周刊》等财经刊物发表了一系列文章，并出版了三本著作，以阐述他对上述问题的看法。这三部著作分别是 1972 年的《不负责任的会计》（*Unaccountable Accounting*）、1976 年的《贷方总比借方多：写给投资者的财务报表阅读指南》（*More Debits Than Credits: The Burnt Investor's Guide to Financial Statement*）和 1981 年的《公司会计的真相》（*The Truth about Corporate Accounting*）。《巴伦周刊》刊载的他撰写的或者关于他的文章多达 50 篇以上。此外，他还在会计学术杂志和实务杂志中发表了 100 多篇论文。在繁忙的教学和演讲日程之外，他曾 15 次应邀对美国国会参众两院的各专门委员会针对会计职业问题发表意见。其中特别值得一提的是，他曾在 20 世纪 70 年代，对众议院的莫斯委员会（Moss Committee）和参议院的梅特卡夫委员会（Metcalf Committee）发表专家意见。

他的作品文笔优美，充满智慧，时常以幽默的方式强化他想要传递的信息。但正是这些佳作引发了布里洛夫与会计公司和企业界的诸多公开论战，有些企业甚至就此正式起诉布里洛夫，还有人试图封杀他的观点。

布里洛夫于 1968 年和 1969 年两度荣获注册金融分析师协会的"格雷厄姆和多德奖"（Graham and Dodd Award），1995 年获美国会计学会"会计模范奖"。

（三）公共会计师行业的分歧达到顶峰 [1]

1968—1970 年间，财务经理协会对会计原则委员会的征求意见稿的抨击遍布全美各类媒体，企业合并的会计处理规则甚至上了新闻标题。一向对会计问题不感兴趣的《时代周刊》和《新闻周刊》，也开始刊发关于企业合并会

---

1 Frank R. Rayburn, Ollie S. Powers, "A History of Pooling of Interests Accounting for Business Combinations in the United States," *Accounting Historians Journal*, 1991, 18(2): 155-192.

计处理的文章。这使得美国国会、美国证监会和联邦贸易委员会等机构根本无法对这一问题视而不见。由于当时的"八大"会计公司对两种方法各有偏好，因此导致公共会计师行业的分裂，有两家会计公司威胁要退出会计原则委员会。围绕权益结合法和购买法的争论是自公认会计原则这一概念出台以来，公认会计原则所面临的最大争议。

1969 年 11 月，联邦贸易委员会发布了其经济局工作人员的综合报告。该报告建议美国证监会立即宣布取消权益结合法作为换股合并的会计处理方法；对于购买法，不建议使用商誉账户。次年春，联邦贸易委员会主席卡斯珀·W. 温伯格（Caspar W. Weinberger）在出席听证会时，还向美国众议院的分委员会推荐了这些建议。[1]

会计原则委员会于 1970 年 2 月提出了一份草案，拟建议当企业合并的参与方的规模比例不超过 3：1 时，可以使用权益结合法。但企业界表示反对，该规模标准也未能获得会计原则委员会三分之二多数的支持。6 月，建议的规模比例放宽到了 9：1，但"八大"会计公司中仍有四家表示反对。最终，8 月公布的《会计原则委员会意见书第 16 号：企业合并》没有提及任何规模标准。

会计原则委员会为了能够顺利地以三分之二多数通过关于企业合并和商誉的意见书，遂把该文件一分为二，这就是 1970 年 8 月通过的《会计原则委员会意见书第 16 号：企业合并》和《会计原则委员会意见书第 17 号：无形资产》，这两份意见书的投票表决结果分别是 12：6 和 13：5。[2]

1. 会计原则委员会意见书第 16 号

会计原则委员会的结论是，购买法和权益结合法都是可以接受的企业合并的会计处理方法，但公众公司不可以任意选择使用。符合会计原则委员会

---

1 Stephen A. Zeff, *Forging Accounting Principles in Five Countries: A History and an Analysis of Trends* (Champaign, Illinois: Stipes, 1972), p. 214.

2 Harry I. Wölk, James L. Dodd, Michael G. Tearney, *Accounting Theory: A Conceptual and Institutional Approach*, 5th Edition (California: South-Western College Publishing, 2001), pp. 73-75.

意见书第 16 号规定条件的企业合并必须采用权益结合法进行会计处理，不得采用其他会计处理方法。在权益结合法下，参与合并的各方的资产和负债数据应当按照其账面上原来所记载的金额（recorded amounts）进行合并；其他所有的企业合并均应当按照一家公司购买另外一家或多家公司来进行账务处理；购买方对被购买方所支付的收购代价，应当比照收购意向资产的会计处理原则来处理；该收购代价应当分摊给购买方所取得的各项可辨认的单项资产和所继受的各项可辨认的单项负债，无法分摊的收购代价应当计入商誉。

 专栏 7-14

会计原则委员会意见书第 16 号（摘录）

当前的会计处理方法及其发展历程

9. 在第二次世界大战以前，大多数的企业合并都分类为吸收合并（merger，即一家公司收购另外一家公司）或者新设合并（consolidation，即现有的公司全部注销，重新组建一家公司）。通常，其会计处理都是比照购买资产或者发行股票所采用的传统会计原则来操作的。一些新潮的公司开创了将参与合并的各方的留存收益（retained earnings）和净资产合并起来的先例。

10. 第二次世界大战结束后，证券市场上的会计处理的重点从强调企业合并的法律形式，转变为区分"此前的所有权得以存续"还是"形成了全新的控制权"（《会计研究公报第 40 号：企业合并》第 1 段）。如果形成了全新的控制权，则应采用购买法；如果此前的所有权得以存续，则应采用权益结合法。权益结合法允许将参与合并各方的所有者权益（包括留存收益）延续到合并后的账簿中。如今人们所公认的两种方法的显著差异在于：一是合并日的资产和负债按照什么口径进行计量；二是合并后的利润数据如何确定。

11. 在购买法[1]下，企业合并视为一家公司对另一家公司的收购。购买方（acquiring corporation）为收购被购买方所付出的代价超出其所获得的资产的公允价值减去所承受的负债的公允价值的净额的部分，被列作商誉。购买方的利润数据仅仅包含被购买方在合并日后所新增的业绩。

12. 在权益结合法下，企业合并视为两家或两家以上的公司通过交换股票的方式实现了股权利益（ownership interests）的结合，而不是一家公司购买别的公司，因为这种合并并不需要参与合并的各方付出资源作为合并的代价。股权利益得以存续，此前的会计基础得以保存。参与合并的各方原来所记载的资产和负债数据在合并完成后被沿用下来。参与合并的各方在合并当年所记载的利润全部计入合并后的公司的利润，参与合并的各方在合并以前各年度所记载的利润也会计入合并后的公司所编制的追溯调整的以前年度的利润。

13. 权益结合这一概念原本是指股权利益的融合利益，即采用交换股份的方式实现联合。随着权益结合法的适用范围不断扩大，权益结合的含义也在不断变化。[2] 该方法最初用于附属公司（子公司）之间的合并，然后又用于规模相当、彼此无关的公司之间的股权利益的合并，后来该方法广泛用于绝大多数涉及发行普通股的企业合并。近些年的企业合并中还出现了新型的、复杂的证券品种，有的合并协议中还规定，日后在满足特定

---

1 该意见书采用了"购买法"（purchase method of accounting）这一术语来指称企业合并的一种会计处理方法，理由是，这一术语被广泛使用且易于理解。但事实上，作为动词的"取得"（acquire，去获取某物）以及作为名词的"取得"（acquisition）比相对狭义的"购买"（purchase，通过支付现金或现金等价物的方式而取得）的含义要宽泛得多。前者显然包含了通过发行股票、支付现金等方式获取资产的意思，从而不会导致那种将发行股票换取资产的交易称作购买所导致的语义混乱。该意见书未将采用权益结合法进行会计处理的企业合并称作 acquisition，因为该词的含义与权益结合法的含义并不一致。

2 会计研究文集第 5 辑《对企业合并的会计处理之批判性研究》阐释了权益及合法的起源、发展和应用情况；会计研究文集第 10 辑《商誉的会计处理》同样给出了简要总结。

事件或环境条件时还可以发行额外的证券，如此设计的企业合并绝大多数都采用了权益法。有的企业合并同时涉及支付现金和发行证券，其会计处理干脆就是部分采用购买法、部分采用权益结合法。

14. 一些会计师认为，当一项企业合并满足权益结合法的适用条件时，权益结合法便是唯一可接受的会计处理方法。其他的会计师则把有关企业合并的公告理解为：即使一项企业合并满足了权益结合法的适用条件，企业也可以选择使用购买法进行会计处理。

对公认的会计处理方法的评价

15. 权益结合法仅适用于那些涉及交换股票的企业合并，而不适用于那些主要涉及现金、其他资产或负债的企业合并。业界对那种支付现金、分配其他资产或承受负债等方式所进行的企业合并应当采用购买法这一观点并无争议。因此，需要探讨的问题是，涉及交换股票的企业合并是否可以在两种会计处理方法之间自由选择。

16. 对于涉及交换股票的企业合并，采用购买法和权益结合法进行会计处理的结果之所以存在显著差异，是因为这两种方法对该项交易的性质的看法迥然不同。支持采用权益结合法的人们认为，采用交换股票的方式而进行的企业合并在本质上是一项将股东全体（stockholder groups）合并起来的交易，交易的主体是这些股东群体而不是各个公司，因此，该交易既不要求也不支持那种对合并后的公司的资产采用新的会计基础的做法。而支持购买法的人们则认为，该交易的本质是一家公司为换取交易对手（即想要成为前者的股东的那些投资者）所支付的对价而发行股票，其所换取的对价是由独立的交易对手讨价还价而形成的，因此，购买方对于其所获取的新增的资产应当按照双方商讨的价格（即现行价值）来计量。

购买法的优缺点

17. 第 18～26 段阐释了更为重要的争论，即购买法的优点、缺点及其在实施中的难点。

18. 一项收购行为。支持购买法的人们认为，几乎所有的企业合并交易都体现为一家公司对其他公司的收购，该收购行为以及购买方和被购买方的身份通常都是很容易识别的。通常情况下，会有一家公司在企业合并中占据主导地位，其他的一家或多家公司则失去了对其资产的控制权，因为该控制权被转移给了购买方。

19. 讨价还价的交易。购买法的支持者认为，企业合并作为一项重大的经济事件，是独立各方经过讨价还价所达成的结果；参与交易的各方基于其对各自的当前状态和合并后的未来前景的评估进行讨价还价；企业合并的交易条款所反映的主要是讨价还价所形成的交易价格，其次才是对参与合并的各方的资产和负债的成本的反映。实际上，参与合并的各方彼此并不总是知晓其他各方所记载的成本。

20. 购买法一视同仁地对待通过分配资产（distributing assets）、承担负债（incurring liabilities）或者发行股票（issuing stock）等方式所实现的企业合并，因为发行股票作为一种经济现象，其意义与分配资产、承担负债是一样的。企业在采用发行股票的方式来完成企业合并时，必须确保其发行股票所换取的对价是公平的，这类似于企业在采用支付现金的方式来完成企业合并时，必须确保其支付现金所换取的对价是公平的。收受股票的一方自然也会采用相似的方法来评估交易的公平性（fairness），因此无论交易的对价是何种形式，企业合并都是通过讨价还价而达成的公平交易。

21. 报告经济实质。购买法遵循了购买资产的会计处理所适用的传统原则。对于采用发行股票的方式所完成的企业合并，那些支持购买法的人们认为，购买方运用了这种传统原则来记录企业合并交易的经济实质，从而记录：

（1）所有构成议价成本（bargained cost）的被购买方的资产和负债，而不限于被购买方的财务报表中所列示的项目。

（2）资产的议价成本减去所承担的负债后的余额，而不是此前的所有者所记录的成本。

（3）发行股份所收到的对价的公允价值，而不是被购买方财务报表中所反映的权益。

（4）其本身的生产经营所形成的留存收益，而不是其本身的留存收益与被购买方此前的留存收益的混合物。

（5）在购买日后按照所收购的资产减去所承担的负债后的交易代价（而不是按照合并前的所有者所记录的成本）计算的费用和净利润。

22.购买法的缺陷。采用购买法对主要通过发行股份的方式实现的企业合并进行会计处理时，如果难以计量所付出的对价或者所收购的资产的公允价值，就会遇到难以计量被购买方的成本的棘手难题。

由于无形资产或其他资产缺乏可辨别的市场价格，所以在计量所收购的资产的公允价值时往往会遇到这种困难；商誉和其他不可辨认的无形资产也难以直接进行估价。如果所发行的股票的公允价值是可以确定的，那么对发行股票所换取的资产进行计量可能会更容易一些。

购买方所发行的股份的价值超出所收购的有形资产和可辨认无形资产的公允价值减去所承担的负债后的净额的部分，通常构成所收购的不可辨认的无形资产（通常称为商誉）。

23.然而，所发行的股票的公允价值并不总是能够客观地予以确定。

对于新发行的证券或者私募发行的证券，人们很难获得其市场价格。即使能够获得市场报价，该报价也并不总是能够可靠地用于计量所收取的对价的公允价值，因为市场报价往往受到很多不确定因素的影响（例如，所发行的股份往往数额巨大，该股票的行情惨淡，股价存在剧烈波动）。此外，一只证券的价值可测定并不意味着另外一只类似但不相同的证券的价值也是可以测定的，因为不同证券之间的差异对其价值具有一定影响，例如，未注册的证券或者合同对证券持有者出售证券的能力所作的限制等因素都会影响证券的价值。

24. 那些反对采用购买法对通过发行股份方式实现的一些或绝大部分企业合并进行会计处理的人对购买法的理论优点提出了挑战。他们认为，购买法下所记载的商誉缺乏合理的理论依据，是通过很随机的技巧性因素，而不是通过直接估值的办法确定的。这种理论上的缺陷并非来源于测量的困难性（假定商誉是可以直接进行估值的），而是来源于股份的交换所依赖的基础。那种交易中的讨价还价通常是以股票的市场价格为基础的，所交换的证券的市价更易于受到企业的盈利能力的影响，而不是各项资产的估值的影响。

因此，企业合并过程中所发行的股票数量既受到购买方的商誉的影响，也受到被购买方的商誉的影响。既然企业合并的合同条款是根据双方所交换的股票的市价来确定的，那么在按照所发行股票的市场价格计量收购成本时，必然导致所记载的商誉要么高于、要么低于直接测量所得到的商誉的数值。

25. 一个相关的争论是，对于涉及发行较大数额的股票的企业合并来说，购买法并不是恰当的会计处理方法，因为它只记录了被购买方的商誉和公允价值。购买法的批评者指出，参与合并的两家公开上市并且其股票存在活跃交易的公司都会对对方的股票进行评估，双方换股的比率往往是按照其相对市场价值来确定的，每家公司的股东和管理层都会对对方的商誉和公允价值进行评估。在这个意义上，购买法是不合逻辑的，因为它只记录了交易中的一方（而不是双方）的商誉和公允价值。这种观点的支持者更倾向于按照目前账面上记载的金额对双方的资产和负债进行合并，但是，如果某一方的资产和负债是按照公允价值列报的，那么他们认为在这种情况下，双方的资产和负债就都应当按照公允价值列报。

26. 对购买法的批评不仅涉及如何对通过发行股份的方式实现的企业合并的商誉进行计量的理论问题和操作问题，还涉及合并完成后如何对购买法下所记载的商誉进行后续处理的问题。现行会计规则对商誉（往往具有一个不确定的使用寿命）的处理常常被认为是缺乏一致性的典型案例，因此企业往往会任意选择替代性的会计处理方法。

权益结合法的优缺点

27. 第28～41段阐释了更重要的争论，即权益结合法的优点、缺点及其在实施中的难点。

28. 权益结合法在概念上的正确性。支持权益结合法的人们认为，与购买法不同，对于通过发行普通股来实现的企业合并，普通股的发行方的净资产变大了，因为愿意接受普通股的那些股东所属的那个公司的净资产被添加进来了。这种情形下，既没有新投入的资本，也没有发生股东撤回资产的情况，因为公司发行的股票并非其资产。这意味着，参与合并的各方的净资产和股东群体均依然保持不变，只是合并在一起了，而且整体上的利润也没有变化，那么总体资源也就没有变化，因此，各个公司的历史成本和收益也就相应地合并起来了。对于通过交换股票而实现的企业合并来说，股东群体把他们的资源、才干和风险都结合起来了，从而构建了一个新的主体去延续以前的业务和盈利来源（earnings streams）。在交换股票而实现的企业合并中，一个重要的因素是参与合并的各个股东群体共同分担了风险。通过将股权利益归集在一起，各个股东群体继续保持了其原来的投资风险因素，相互交换了风险和利益。

29.权益结合法下交易的实质是股东群体之间的交易安排。参与合并的各方的局部利益被重新分配，风险也在公司实体以外的全体股东之间重新安排。会计实体的一个重要概念是，公司是有别于其股东的独立实体。当选的管理层在企业合并过程中代表股东去讨价还价，然后通常由股东群体来决定管理层所提出的合同条款是否可接受，他们通过投票来决定批准（或不批准）管理层提出的合并方案。股东有时会否决管理层提出的合并方案，有时也会不顾管理层的反对而提出收购的要约。

30.在权益结合法下的交易中，参与合并的各个股东群体放弃了其在原来所持有的资产中的利益，改为享有该利益中的一部分并享有其他股东群体的利益的一部分。这种类型的企业合并的典型例子，是参与合并的各个股东群体都交出自己原来持有的股票，从而交换新成立的公司的股票。有时候，参与合并的一家公司往往会发行股票来交换另一家公司的股票，这种情况并未改变交易的实质。

31.与其他概念的一致性。权益结合法的支持者指出，权益结合法是在历史成本制度的范围内发展出来的，并与之兼容。采用权益结合法对通过发行普通股而实现的企业合并进行会计处理的做法是以现行的会计概念为基础的，该方法并不试图修改历史成本。参与企业合并的双方公司在确定股票的交换比率时，通常都至少会在一定程度上考虑资产增值和商誉等因素的影响。双方的讨价还价通常反映了各自相对的盈利能力（根据历史成本会计来计量），有时也确认了各自股票的相对的市场价值的影响，该市场价值反过来也反映了盈利能力、商誉等因素的影响。会计处理通过记录根据换股比率新增加的股份数量的方式确认了双方的讨价还价情况，股份的数量对合并后的每股收益具有直接影响。

32. 权益结合法概念的有用性。权益结合法的支持者认为，参与合并的各方以前是根据历史成本信息计量各自的经营成果的，如果继续使用历史成本来计量换股合并后的最新经营成果，则更利于反映企业合并的经济实质。此外，继续使用历史成本还有利于提供有益的比较信息，用于对比分析合并前后的业绩。

33. 权益结合法概念的应用。权益结合法和购买法的区分标准近年来已经退化，对分类标准的现行解释已经导致明显的滥用。但是，绝大多数权益结合法的支持者都认为，对该标准进行重新界定将有望令人满意地消除滥用的弊端。他们认为，权益结合法在概念基础上是正当的，在实践中是一个有用的技术，因此，应当予以保留。

34. 一些权益结合法的倡导者支持对参与合并的股权利益的规模差异施加一定的限制，因为如果一家参与合并的公司的股权利益过小，就不可能形成显著的风险分担；如果企业合并过程中涉及较少的股份，就不会形成有意义的相互换股。但是，大多数会计师认为，对规模施加限制缺乏概念基础，如果对规模施加限制，将会对权益结合法的有用性造成严重损害。

35. 权益结合法的缺陷。权益结合法的反对者认为该方法缺乏理论依据。他们认为，权益结合法在本质上是对购买一家企业所做的一种不确认该交易中的资产的现行成本（包括商誉）的会计处理方法。在过去，权益结合法是用比较笼统的术语来描述的，比如，股权利益的延续性或者两个或两个以上规模相当的股权利益的合并等，而这种描述往往是相互矛盾的。例如，会计师们对于相对规模是否构成权益结合概念的一部分这一问题并未形成一致意见。曾经有过一些试图用宽泛的操作标准来界定权益结合法的尝试，但都没有成功。

36. 事实上，一些权益结合法的反对者认为，根本不可能形成区分购买法和权益结合法的有效标准。权益结合法的理论基础是把企业合并视为股东群体的联合或融合，这不可避免地会导致对权益结合法的滥用，因为每一项通过发行股票（而不是通过支付现金或承担负债）所进行的企业合并都有可能构成权益结合，除非该项合并导致股权利益发生了显著的相对变化。但是，由于缺少区分购买法和权益结合法的有效标准，权益结合法的适用范围变得异常宽泛，这势必导致很多经济实质上是一家公司购买另一家公司的交易，结果还是按照权益结合法进行会计处理。

37. 有些批评者指出，权益结合法最初仅用于规模相当的股权利益的合并，涉及企业合并的相关公告从未许可将权益结合法应用于全部的（或几乎全部的）通过发行股份实现的企业合并。所有的公告都明确指出，参与合并的股权利益的巨大差异意味着该项企业合并的实质是一家公司在收购另一家公司。

38. 为了限制权益结合法的适用范围，现行会计规则除了设有规模标准以外，还增加了新的限制标准：禁止在以后期间处置在企业合并中所收到的股票；企业管理层应当保持连续性。但是，这些标准恰恰强化了这样一种观点，即一家公司购买了另一家公司，因为这些标准都是单向的，换言之，这些标准仅仅适用于被购买方的股东和管理层。

39. 权益结合法的反对者认为，权益结合法最严重的缺陷在于，它未能准确反映企业合并这种交易的经济实质。他们认为，该方法忽视了最终达成企业合并交易的讨价还价的过程，因为该方法仅仅记录了参与合并的各方此前在账簿中记载的金额。购买方没有记载资产的最新价值，而这些价值通常会影响到最终的合并协议条款，从而会对后续的资产负债表和利润表造成影响。权益结合法的理念认为，合并的收入流将会继续保持下去。这种情况仅仅在购买方和被购买方用于产出这些利润的资产的成本完全相同的条件下才有可能。但这种巧合极少发生，因为企业合并过程中的讨价还价是以现行价值而不是以过去的成本为基础的。

40. 在权益结合法下，合并方在记载其所获得的资产减去承担的负债的金额时，没有考虑其所发行的股份的数量。如此处理的结果，未能反映这样一种逻辑，即公司发行股票的目的仅仅是换取其所收到的价值，总体上来看，发行的股份数量越大，记载的对价也应当越大。

41. 购买资产的会计处理所秉持的传统原则应当被应用于所有的企业合并。因为每一项合并都是通过支付资产、承担负债、发行股票或者这三者混合的形式而实现的。权益结合法的反对者认为，偏离上述传统原则的做法缺乏合理依据，除非有证据证明按照其他原则编制的财务报表能够更好地反映企业合并的经济意义。他们认为，从企业合并的交易特征来看，并不存在偏离传统会计原则的理由，因此，权益结合法是不恰当的。

意见：会计处理方法的适用条件

42. 会计原则委员会认为企业合并会计的购买法和权益结合法各有优点，不应只接受其中一个而排斥另外一个。如果企业合并是通过支付现金或其他资产、承担负债的方式而实现的，那么主张采用购买法的见解显然更具说服力。如果企业合并是通过发行有表决权的普通股的方式而实现的普通股利益的合并，那么主张采用权益结合法的见解则更具说服力。因此，本委员会的结论是，有些企业合并应当采用购买法进行会计处理，其他的企业合并应当采用权益结合法进行会计处理。

43. 本委员会还得出结论，对于同一项企业合并，购买法和权益结合法并不是可供任意选择的替代性会计处理方法。一项企业合并只能选择一种会计处理方法，现行的"部分购买、部分权益结合"（part-purchase, part-pooling）的做法是不被接受的。在本意见书生效后，购买子公司少数股东的部分或者全部股权的业务（无论购买方是母公司、该子公司本身还是其他子公司）一律应当采用购买法而不是权益结合法进行会计处理。

44. 本委员会认为，如果公认会计原则能够明确规定每一种方法的适用条件、操作程序，就可以显著地改进企业合并的会计处理规则。

权益结合法的适用条件

45. 权益结合法试图将原本独立的两个或两个以上的普通股股东的利益主体的权利和风险列示为一个单一的利益主体的权利和风险。该方法展示的是这么一种情形：股东全体既没有抽回资产也没有投入资产，他们只是按照换股比率交换了有投票权的普通股，该换股比率决定了双方在合并后的公司中的利益关系。有些企业合并具有上述特征。满足意见书第16号规定和阐释的12项条件的企业合并应当采用权益结合法进行会计处理。这些条件可分为以下三类：（1）参与合并各方的特征；（2）利益结合的方式；（3）不存在预先安排的交易。

会计原则委员会意见书第16号为权益结合法规定了三大类、共12项适用条件。满足全部条件的企业合并，才能使用权益结合法进行处理；除此以外的企业合并，应当采用购买法。由此可见，权益结合法才是证券市场上的"香饽饽"。

专栏 7-15

权益结合法的适用条件

一、参与合并企业的特征（attributes of the combining companies）

条件 1：参与合并的各方都是自发参与的，且在发起合并计划之前的两年内不存在母子公司关系或者隶属关系。

条件 2：参与合并的各方之间彼此独立。自合并计划提出至完成期间，任何一个合并参与方持有另一方的股权比例都不超过 10%。

二、权益结合的方式（manner of combining interests）

条件 3：企业合并是一次完成的，或者是根据详细计划在合并计划提出后一年内完成的。

条件 4：在合并计划完成日，参与合并的一方通过发行与流通在外的大多数有表决权普通股相同的普通股，换取另一方的实质上所有的表决权普通股（持股比例不低于 90%）。

条件 5：在合并计划提出之前两年内，或者在合并计划自提出至完成期间，参与合并的各方均未出于对企业合并交易施加影响的意图，而改变其有表决权普通股的股权构成。影响企业合并意图的股权变动，包括派发股票股利、增发股票、交换股权及收回证券等情形。

条件 6：参与合并的各方回购有表决权股份的行为，均与合并的交易无关，并且在合并计划自提出至完成期间，没有一家公司回购超过正常份额的股份。

条件 7：在交换股份以完成合并时，每一普通股股东相对于其他普通股的持股比例保持不变。

条件 8：拟合并的公司的普通股股东能够行使其所拥有的表决权，其表决权不被剥夺且不受限制。

条件9：在合并计划完成日，企业合并交易全部了结，合并计划中的证券发行等条款已经全部执行完毕。

三、不存在预先安排的交易（absence of planned transactions）

条件10：合并后的公司不得直接或者间接地退回（或者回购）为达成合并目的而发行的全部（或者部分）的普通股。

条件11：合并后的公司不得出于参与合并的任意一方利益的考虑，而提供对其有益的财务安排，如使用在企业合并中发行的股票为其贷款提供担保。

条件12：在合并后两年内，除了比照合并前的业务模式正常处置资产外，合并后的公司不得试图或/和计划去处置显著数量的资产、清理重复性的设施或者清理过剩的产能。

会计原则委员会意见书第16号是公认会计原则强词夺理风格的典型例证。既然对同一事实同时并存有两种会计处理方法，这就表明至少有一种是错误的。对此，会计原则委员会有三位委员投反对票时就提出了取消权益结合法的主张，因为围绕该意见的所有争论几乎都是因为权益结合法被滥用而引起的。但他们的论证没有击中要害。实际上，控股合并本身并非法律意义上的公司合并，因此没有必要为之设计会计规则。此外，新设合并也不需要额外设计会计规则。那么，所谓企业合并的会计规则，其实只涉及吸收合并这一种情形。对此，可以有简单明了的解决方案。由于资产和利润的记录必须具有公益性和公信力，因此公司合并的记账规则势必要从税法原则中去求解。

2. 会计原则委员会意见书第17号

《会计原则委员会意见书第17号：无形资产》把商誉视为无形资产，要求无形资产在40年内予以强制性摊销，由此引发了证券市场上旷日持久的争论。[1]

1　2001年6月，财务会计准则委员会公布财务会计准则公告第141号，废止了商誉摊销的规定，改为采用商誉减值测试规则。

该意见书开宗明义地提出，收购方付出的企业合并成本，超出可辨认净资产（identifiable net assets）[1]的部分，就是通常所称的商誉（goodwill）。商誉是最常见的不可辨认无形资产（unidentifiable intangible asset）。

该意见书修改了此前会计原则委员会及其前身会计程序委员会的观点。该意见书规定，公司应当按照取得成本将其从他人那里获得的无形资产（包括在企业合并中获得的商誉）记录为资产，应当将其用于开发不可明确辨认的无形资产的开发支出计入当期费用。无形资产的取得成本应当在预计受益期限内以系统性的方式（限于采用直线法）冲销各期的收入。但是，摊销期限最长不应超过40年。

该意见书探讨了商誉等无形资产的四种候选的处理方式：（1）按照成本一直计入资产，除非发生显著减值；（2）按照成本计入资产，在任意期限内摊销为营业费用；（3）按照成本计入资产，在估计的有限寿命或者在指定的期限内摊销为营业费用；（4）在购买日直接冲减股东权益。这四种处理方式中，有两种不主张进行摊销，其理由是：商誉并不是能够用于产生企业利润的财产权利，其寿命不确定，因而商誉的摊销必然是主观随意的。主张将商誉作为资产长期挂账、仅在必要时进行减值处理的观点，其理由是，既然花了钱，那就是资产，当然得作为资产入账。主张冲销股东权益的观点，其理由是，商誉迥异于财产权利，有资格采用异于常规的会计处理规则。商誉仅与企业整体有关，其价值因受无穷无尽的因素的影响而存在剧烈变化，其存续期间或当前价值也难以可靠估计，因此这就导致企业净利润的计算陷入困局。所以，最合适的处理方法就是直接冲销股东权益。[2]

---

1 可辨认净资产是慌不择路的公认会计原则制定者炮制出来的失当词汇。根据会计学原理，净资产是资产减去负债（负资产）之后的余数，其准确性取决于资产和负债的记录的准确性，而净资产本身是不可辨认的。试想，又有谁能抱着自己公司办公大楼的柱子说："啊！这就是本公司的盈余公积呀！"可见，可辨认净资产这一概念何其荒唐。

2 值得注意的是，现行商誉处理规则其实是这四种处理方法中的第一种。

会计原则委员会认为，购买的商誉跟购买固定资产一样，当然应该作为资产入账，而不应该冲减股东权益。但商誉作为资产入账以后，如何确定其摊销期限便成为棘手问题。会计原则委员会提出，解决这一难题的办法就是，设定最短和最长的摊销期限。其理由是，很少有无形资产能够无限期地存在，其价值会不可避免地在未来某个日期归结于零。[1]然而，由于其价值归结于零的日期是不确定的，会计上就有必要武断地为其设定一个经济寿命的结束日期。

上述推理能够让人们清楚地看出，公认会计原则的制定者是如何庄严地论证谬论的。它"成功地"制造困难（即非要把商誉作为资产入账）并克服了困难（即武断地规定该资产的终结日期）。亲自制造问题并亲自解决问题，是公认会计原则数十年来的主旋律。

一位投了反对票的会计原则委员会委员（安达信会计公司的乔治·卡特利特）正确地指出，永远不应当把商誉作为一项资产列入资产负债表，其摊销也不应当计入利润表。企业合并中的商誉是投资者对未来的预期的反映，而其预期往往是由许多因素形成的，其变动较为频繁且变动幅度较大，人们很难基于理性去预测它，很难说它跟企业每一期的收入有什么关系，因此，其摊销必然是武断的，必然会对投资者理解企业的真实财务状况和业绩造成困扰。这位委员的观点很有道理，然而未能阻挡这个荒唐的意见书的出台。

会计原则委员会意见书第 16 号和第 17 号公布后，投反对票的"八大"会计公司中的三家公司的资深合伙人余怒未消，致信给当时的美国注册会计师协会会长马歇尔·阿姆斯特朗表示强烈愤慨。图什－罗斯会计公司（德勤会计公司的前身之一）的罗伯特·M. 特鲁布拉德（Robert M. Trueblood）长

---

1 这一说法不成立。其实，购入的商标所有权均可以无限期地存在，实践中这种案例比比皆是。

期对会计原则委员会持批评态度，此次亦不例外。[1]

会计原则委员会意见书第 16 号和第 17 号的出台过程充分说明了一个事实：公认会计原则通常是证券市场上的一些大户（即公众公司及其聘请的会计公司）斗争的结果，其理论依据基本是空白，其制定程序距离严格的立法程序还差得远。

公认会计原则之所以陷入这种被动境地，是因为它归根结底是寄生于资本市场的，只不过是金融资本玩弄社会舆论的工具。这意味着，企业合并准则根本就没有做得对的可能。正如《百年并购》一书所言，"一个又一个的产业被一群非经选举产生的经理所创建、解体和重组，其目的仅仅是从交易中攫取利润，而不是从其未来的成长潜力中获得正当的收益。从整体上来看，20 世纪的大型并购不过是一种股东和经理们以丰厚的利润套现的方式，与此相伴随的则是业务的萎缩、员工的解雇和服务的削减等诸多负面影响"。纵观华尔街整个金融历史，并购一直是华尔街的一个主要游戏、一个支配着所有其他游戏的高层游戏，其后果影响深远，比批评家和金融家乐意公开承认的更深远。会计规则在其中扮演的，其实只是烟幕弹的角色，所谓信息真实性，根本无从谈起。[2]

面对《会计原则委员会意见书第 16 号：企业合并》和《会计原则委员会意见书第 17 号：无形资产》这一出闹剧，布里洛夫毫不客气地称会计原则委员会只不过是"会计实用主义委员会"。

有法律界人士针对围绕企业合并准则的纷争指出，公共会计师行业垄断了美国证券市场上的会计规则制定权，几乎不允许其他任何学科参与其中，其所享有的特权是毫无道理的。"注册会计师们的脊梁软得就像是煮过头了的

---

1 Stephen A. Zeff, "Some Junctures in the Evolution of the Process of Establishing Accounting Principles in the U.S.A.: 1917-1972," *The Accounting Review*, 1984, 59(3): 447-468.

2 ［美］查尔斯·盖斯特：《百年并购》，黄一义、成卓、谭晓青译，人民邮电出版社，2006，导论，第 239 页。

意大利面。"会计规则太重要了，不能只留给会计师做决定。[1]

九、1969 年的大陆售货机公司案

（一）案由与判决 [2]

1969 年，美国联邦第二巡回上诉法院（Court of Appeals for the Second Circuit）法官亨利·J. 弗兰德利（Henry J. Friendly）对大陆售货机公司案（United States v. Simon, 425 F. 2d 796 (2d Cir. 1969)）做出判决，重新诠释了注册会计师的法律责任，引起了公共会计师行业的震动。

大陆售货机公司（Continental Vending Machine Corporation）借给其子公司溪谷商业公司（Valley Commercial Corporation）一笔巨款，该子公司又将该款转借给大陆售货机公司董事长哈罗德·罗思（Harold Roth）用于炒股。罗思持有母子公司各 25% 的股份，他用大陆售货机公司的股票和债券为其借款提供担保。当美国联邦税务局（Internal Revenue Service，IRS）发现大陆售货机公司开来的支票是空头支票时，罗思苦心经营多年的骗局就败露了。但在经审计的财务报表上，大陆售货机公司仍然把该笔款项作为应收款项列为资产，仅仅在附注中含糊地提到了该笔款项的一点信息。而在该财务报表经审计公布之后不久，大陆售货机公司就陷入了申请破产保护的境地。

政府针对罗思和永道会计公司的三位注册会计师提起了刑事诉讼。公诉人提出，大陆售货机公司的报表附注应当披露以下信息：（1）那笔款项最终在罗思手里；（2）上述担保物的真相；（3）与溪谷商业公司有关的债权和债务的抵销情况。注册会计师及其聘请的 8 位专家证人辩称，注册会计师的审

---

1 Homer Kripke, "Conglomerates and the Moment of Truth in Accounting," *St. John's Law Review*, 1970, 44(5): 791-797.

2 Ronald M. Mano, Matthew Mouritsen, Ryan Pace, "Principles-based Accounting: It's Not New, It's Not the Rule, It's the Law," *The CPA Journal*, 2006, 76(2): 60-63.

计业务遵循了公认审计准则（generally accepted auditing standards，GAAS），财务报表的附注披露遵循了公认会计原则（GAAP）。

地方法院法官在审理此案时提醒陪审团，被告仅仅遵循公认会计原则和公认审计准则，并不构成抗辩事由，本案的关键是财务报表整体上是否公允地列报（fairly represented）了大陆售货机公司的财务状况。陪审团认定被告有罪，法院据此判决，三位注册会计师存在重大过失（gross negligence），违反《1934年证券交易法》和《联邦邮政欺诈法》，被判有罪，处以罚金（但没有处以徒刑或者拘役，三位注册会计师后来被美国总统尼克松特赦）；永道会计公司因民事赔偿共支付约210万美元。

此案进入上诉程序。美国联邦第二巡回上诉法院认为，地方法院法官对陪审团所作提示并无过错，维持原判。弗兰德利法官的判决指出，审计报告里的套话"公允地列报……遵循公认会计原则"（"fairly presented…in accordance with generally accepted accounting principles"）所称的"公允地列报"和"遵循公认会计原则"本身是两个概念，"遵循公认会计原则"并不等价于"公允地列报"，两者不能画等号。"公允地列报"是法律的要求，审计师必须确保财务报表充分披露了已知的重大事实。即使注册会计师能够证明自己已经遵守了公认审计原则，并且财务报表已经遵循了公认会计原则，也不能完全免除其因故意和重大过失而应承担的虚假陈述的刑事责任。这一判例屡屡被后续案件引用，至今仍是重要的法律渊源。[1]

（二）对后世的影响

1969年的大陆售货机公司案确立了注册会计师刑事责任的两个判案原则：其一，审计师必须披露其所知悉的、有可能会对已审计报表造成影响的企业

---

1 Ronald M. Mano, Matthew Mouritsen, Ryan Pace, "Principles-based Accounting: It's Not New, It's Not the Rule, It's the Law," *The CPA Journal*, 2006, 76(2): 60-63.

客户（及其领导人）的错误行为；其二，注册会计师遵循公认会计原则、公认审计准则等行规，并不构成免除刑事责任的充分理由。注册会计师究竟遵循了什么样的行规，不在法官和陪审团的考量范围之内。

《会计杂志》1973年1月刊登的罗伯特·R.司德凌（Robert R. Sterling）的观点很好地阐释了法官的基本立场，他说，"法庭明确地传递了这样的信息：注册会计师今后再也不能拿公认的会计理论或者惯例去为自己作无罪辩护了。相反，他们必须保证经他们审计的财务报表是真实的、正确的，而且是非会计专业人士所能理解的"。[1]

1969年的大陆售货机公司案被此后一系列案件引用，成为关于注册会计师民事责任和刑事责任的经典案例。

十、1971年3月出台的《会计原则委员会意见书第18号：普通股投资的权益法》：以讹传讹的"国际惯例"[2]

1971年3月，会计原则委员会推出了《会计原则委员会意见书第18号：普通股投资的权益法》，要求公众公司在编制合并报表和个别报表时，采用权益法（the equity method）核算其所有未纳入合并范围的股权投资，包括对合资企业（joint ventures）投资，以及对被投资方的经营及财务政策（operating and financial policies）具有重大影响（significant influence）的股权投资。

"重大影响"有许多具体表现，如在董事会派有代表、参与制定政策、与被投资方具有重要的交易、相互交换管理人员、存在技术依赖性等等。另外一个重要的考虑因素是，投资方的持股比例达到了一定标准。但会计原则委

1　"Accounting Power," *Journal of Accountancy*, 1973, 135(1): 61-67.

2　本小节资料来源：周华、戴德明、徐泓：《股权投资的会计处理规则研究——从"权益法"的理论缺陷谈起》，《财贸经济》2011年第10期。

员会认识到，重大影响的判断标准并不是明确、清晰的，其间不可避免地需要进行主观判断。为了尽量统一实务操作的尺度，会计原则委员会提出，如果投资方（直接或间接）持有被投资方的股权比例不低于20%，则视为具有重大影响，除非有相反的证据存在。反之，持有被投资方的股权比例低于20%，则视为不具有重大影响，除非有相反的证据存在。

会计原则委员会意见书第18号是以17∶1的投票结果得以通过的。反对者的意见之一，是以持股比例20%作为权益法的起始适用标准，这种标准过于武断。

在权益法下，投资方需要根据被投资方的所有者权益的变动情况调整股权投资的账面价值，使得股权投资的账面价值大致等于以"持股比例 × 被投资方的股东权益"所计算出的理论份额——权益法正是因此而得名。其设计思路是把被投资方的所有者权益金额按投资方的持股比例合并计入投资方的会计报表，因此，又称作"单行合并"（one-line consolidation）。权益法缺乏理论依据，在本质上是一套金融分析规则而非会计规则，它在全球资本市场中的传播是一个以讹传讹的过程。

（一）权益法的形成

权益法是英美两个公共会计师行业组织（即美国的会计原则委员会和英国的会计准则指导委员会）合谋设计出来的一套缺乏合理逻辑的规则，二者相互引用，几乎同时推出了这套规则。[1]

1. 权益法并不是公共利益诉求推动的结果，而是金融分析理念的体现

它实际上是作为合并报表编报程序的替代品而出现的。[2] 早在20世纪30

---

1 Brian A. Rutherford, *Financial Reporting in the UK: A History of the Accounting Standards Committee, 1969-1990* (New York: Routledge, 2007), pp. 89, 215-216.

2 John Richard Edwards, *A History of Financial Accounting* (New York: Routledge, 1989), pp. 228-229, published in 2014 by Routledge.

年代就有人倡导以权益法代替烦琐的合并报表编制程序。[1]在英国，它自始就适用于所有的对子公司投资。在美国，它最初仅适用于未列入合并报表的对子公司投资。[2]后来，随着20世纪60年代金融投资活动的日趋活跃，权益法的适用范围得以扩大到并不拥有控制权的股权投资。伴随着20世纪六七十年代投资银行业的快速发展，企业间的交叉投资比较普遍，投资比例低于简单多数控股（majority ownership）的股权投资日渐增多，如对合营企业（associates）和合资企业（joint ventures）的股权投资。由于这种情形下会计规则不要求编制合并报表，而投资方却倾向于在实际收到股利之前先行记录潜在的盈亏，于是就出现了倡导及时反映被投资方的盈亏信息的呼声，权益法的适用范围从而得以扩大到那些并不拥有控制权的股权投资。可见，权益法实际上把合并报表的思路推广到了并不拥有控制权（通常是指持股比例低于50%）的股权投资。这时的权益法已不再是合并报表编报程序的替代品，而是一种金融估值技术。

2. 英国公共会计师行业推出 "20%" 的起始适用标准

在英国，权益法最初的用途是作为合并报表的替代手法，在20世纪的前10年，权益法的使用比完全合并（full consolidation）还要普遍，并一直延续到20年代。[3]30年代时，原先采用权益法进行核算的股权投资，要么改为完全合并，要么不列入合并范围。权益法的适用范围遂变更为不具有控制权的股权投资。实务操作中的混乱局面引起了英国公共会计师行业的关注，他们把权益法列为头号议题，迈出了"创新"的第一步。20%的起始适用标准的

---

1 在多重控股的情形下，权益法可以使合并报表的编制工作简化为简单的算术。参见：W. E. Dickerson, J. W. Jones, "Observations on 'The Equity Method' and Inter-corporate Relationships," *The Accounting Review*, 1933, 8(3): 200-208。

2 参见会计程序委员会1959年8月公布的《会计研究公报第51号：合并财务报表》第19段针对未纳入合并范围的子公司所推荐的方法。

3 J. R. Edwards, K. M. Webb, "The Development of Group Accounting in the United Kingdom to 1933," *Accounting Historians Journal*, 1984, 11(1): 31-62.

国际趋同，是在毫无理论依据的情况下由英国的公共会计师行业率先提出的。

1970 年 6 月 26 日，英格兰及威尔士特许会计师协会（ICAEW）麾下的会计准则指导委员会公布《标准会计惯例公告第 1 号：对联营公司经营成果的会计处理》的征求意见稿，率先提出以 20% 作为权益法的起始适用标准，要求企业采用权益法核算持股比例达到 20% 的股权投资。没有任何档案文件、研究资料能够解释当时制定这一规则的理论依据。一个可能的解释是，当时采用权益法的一家公司（British Ropes Limited，现名 Bridon International）在持股比例为 20% 的情况下采用了权益法，这是当时采用权益法的最低持股比例标准，会计准则指导委员会可能是出于包容企业会计实务惯例的考虑，而把它规定为权益法的起始适用标准。[1]1971 年 1 月，英格兰及威尔士特许会计师协会公布《标准会计惯例公告第 1 号：对联营企业的会计处理》，要求以 20% 的持股比例作为权益法的起始适用标准。

3. 美国公共会计师行业照搬英国同行的"经验"

1959 年 8 月，会计程序委员会公布的《会计研究公报第 51 号：合并财务报表》第一段开宗明义地提出了一个假定，"如果一家公司对其他公司存在控制性金融利益，则在此情形下，合并报表比单个报表更能体现公允列示的要求"。该公报支持采用权益法核算未列入合并报表的对子公司投资[2]，或者以成本法列示并辅以附注披露。[3]会计研究公报第 51 号没有明确地提及权益法，而是用一句很长的描述给出了权益法的核算规则。1966 年 12 月，会计原则委

---

1 Christopher Nobes, "An Analysis of the International Development of the Equity Method," *Abacus*, 2002, 38(1): 16-45.

2 会计程序委员会在制定《会计研究公报第 51 号：合并财务报表》时认为，如果企业虽然持有多数股权，但实际上并不拥有控制权，或者该控制权是暂时性的，或者子公司的业务性质迥异于母公司，则允许不把该子公司列入合并范围。此前的会计研究公报第 43 号第 12 章规定，境外经营的子公司可以不列入合并范围。

3 AICPA, Accounting Research Bulletins No.51: Consolidated Financial Statements, issued by Committee on Accounting Procedure, 1971, paragraph 19-21.

员会公布的《会计原则委员会意见书第 10 号：汇总意见——1966》第 3 段要求企业采用权益法核算未列入合并报表的对子公司投资（指持股比例不低于50% 的投资），不再允许采用成本法核算未列入合并报表的对子公司投资。该意见书明确提出了权益法这一概念。[1]

为了制定统一的权益法操作规则，会计原则委员会与美国证监会产生了分歧。对于满足什么条件才算具有重大影响，二者谁也无法说服对方。会计原则委员会的项目组最初倾向于以 10% 的持股比例作为起始适用标准，但美国证监会的官员则倾向于以 25% 为标准。试想，又有谁能够拿得出公认的"重大影响"的判断条件呢？为解决这一分歧，会计原则委员会在 1970 年 3月决定放弃己见，接受美国证监会官员的意见。但当它在 7 月份得知英国同行 6 月份提出的 20% 标准之后，于 10 月份做出决定，改为向英国同行"看齐"。[2] 次年，会计原则委员会主席菲利普·L. 德夫利斯（Philip L. Defliese）还奔赴伦敦学习英国同行的经验。英国同行的标准会计惯例公告第 1 号征求意见稿给美国注册会计师协会提供了巨大支持。[3] 英美公共会计师行业就这样"达成共识"，随后陆续公布了各自的规则文本。1971 年 3 月会计原则委员会意见书第 18 号公布，要求采用权益法核算未列入合并报表的对子公司投资，并将权益法的适用范围拓展到对合资企业的普通股投资。[4] 该意见书提出，在

---

1 Brian A. Rutherford, *Financial Reporting in the UK: A History of the Accounting Standards Committee, 1969-1990* (New York: Routledge, 2007), p. 54.

2 会计原则委员会密切关注英国的会计准则指导委员会（ASSC）的动态，两者的秘书处相互交换会计规则的征求意见稿，以期尽量谋求共识。参见："Three Nations Join in Common Standards," *Journal of Accountancy*, 1970(10)；"APB Chairman in London: An Interview of Philip L. Defliese," in "Philip L. Defliese: A Collection of His Writings", edited by Edward N. Coffman and Daniel L. Jensen, Ohio State University, 1999, pp. 127-135。

3 同 1.

4 在当时的会计实务中，对于不存在控制权的股权投资和对合资公司的投资，常常采用成本法或权益法进行会计处理。一般地，采用成本法的情形较多，偶见采用权益法者。参见：W. E. Dickerson, J. W. Jones, "Observations on 'The Equity Method' and Inter-corporate Relationships," *The Accounting Review*, 1933, 8(3): 200-208。

投资方持股比例低于简单多数的情况下，若其能够对被投资方的经营及财务政策施加重大影响，则应采用权益法核算，这是因为，权益法能够妥当地记录股权投资所对应的经济资源的增减变动，而且比成本法更能体现权责发生制的要求。[1] 为了给实务操作提供一致的评价标准，该文件规定以 20% 的直接或间接持股比例作为重大影响的判断标准。

1971 年 5 月，德夫利斯在接受《纽约时报》记者采访时志得意满地说："我并不觉得权益法是个被滥用的会计方法，实际上，它对公众公司利大于弊。"德夫利斯提出，权益法之所以背离历史成本会计，是为了在没有实际发生交易的情况下，更密切地反映投资方的经济成果。会计在传统上是一门以交易为导向的艺术（a transaction-oriented art），如今正在转变为一门反映经济映像的艺术（an economic reflection type of art）。在权益法下，即便没有发生交易，也需要做会计分录。对许多人来说，这肯定是个新鲜事，不难想象，肯定会有人抵制这种方法。但即便这样，还是要朝着更好地反映经济事实（economic facts）这个方向前进。当然，会计规则制定者需要尽量慢地去推进，因为人们对什么是经济事实、如何反映经济事实，还远未达成共识。[2]

德夫利斯的上述"理论解释"表明，会计规则制定者在抛出权益法时，还没有为它找到合理的理论依据。

 专栏 7-16

菲利普·L. 德夫利斯

菲利普·L. 德夫利斯（Philip L. Defliese, 1915—1997），1964—1972 年任会计原则委员会委员，其中于 1970—1972 年担任会计原则委员会主

---

1 会计原则委员会认为，如果投资方能够影响被投资方的财务与经营决策，则权益法最为合适。因为投资方有责任对其投资回报负责，因而，把被投资方的盈亏按比例记录下来的做法是妥当的。

2 "Accounting Principles: An Interview of Philip L. Defliese," 原载于《纽约时报》1971 年 5 月 9 日第 1 版、第 9 版，转引自："Philip L. Defliese: A Collection of His Writings," edited by Edward N. Coffman and Daniel L. Jensen, Ohio State University, 1999, pp. 123-126。

席。1974—1975 年担任美国注册会计师协会会长。

1915 年 2 月生于美国纽约市，1931 年高中毕业后进入 New York Title & Mortgage Company 工作，同时在纽约城市学院（City College of New York）夜校学习会计学和教育学，1938 年以优等生身份获得学士学位，被提拔到公司的会计部门工作。

1938 年转往纽约市的格罗弗·克利夫兰（Grover Cleveland）高中，担任全职的"常任代课"会计教师，讲授会计学四年。其间，德夫利斯继续在纽约城市学院夜校学习，并于 1940 年获得硕士学位（工商教育专业）。他还通过了纽约大学的全部博士课程，但未获得博士学位。

1942 年，德夫利斯加入永道会计公司，一年后加入美国海军，他曾在太平洋和阿拉斯加的海上服役三年，直至第二次世界大战结束，于 1946 年作为中尉光荣退伍。1947 年获得纽约州注册会计师执业资格，1947—1948 年任艾德菲大学（Adelphi University）助理教授。1948 年，回到永道会计公司，1956 年任合伙人，其间曾兼任佩斯大学教授（1950—1956）。1962—1968 年，任永道会计公司的会计审计及美国证监会全美事务主管，1968—1976 年任管理合伙人兼行政委员会主席。1972 年获得美国注册会计师协会金质奖章。1975 年被授予维拉诺瓦大学（Villanova University）商学荣誉博士学位。1977 年退休后供职于哥伦比亚大学，1988 年任荣誉退休教授。此外，还曾兼任多家公司的董事以及国防部顾问、财务会计准则委员会顾问委员会委员（1973—1974，一年半）等。

自此以后，公认会计原则中权益法的设计思路未见有实质性变化。当然，权益法的这种"稳定性"并不等价于该规则的合理性。其之所以长期保持稳定性，与成本和市价孰低法长期盛行的原因相同，它们都是企业管理层合规操纵会计数据的利器。

（二）权益法的理论缺陷

第一，权益法采用与否取决于企业管理层的意图与判断。会计原则委员会意见书第 18 号为了给实务操作提供基本一致的操作标准，提出以直接或间接持股 20% 作为重大影响的判断标准。[1] 该委员会的全部 22 位委员中，有5 位委员投反对票，一个主要原因是他们反对以 20% 作为重大影响的判断条件。[2] 面对实务界的质疑，1981 年 5 月财务会计准则委员会公布的解释公告第35 号针对会计原则委员会意见书第 18 号的操作困难指出，20% 的持股比例仅仅是参考性标准，实践中需要结合具体情况进行综合判断。于是，重大影响的判断标准变得更为模糊。显然，重大影响的判断往往难免受企业管理当局的利润操纵动机的"重大影响"。

第二，权益法混淆了法律主体之间权利义务的界限。权益法并不能解释投资方由于该项投资行为所获得的权利和所承担的义务。[3] 依照美国公司法的规定，被投资方本身是承担有限责任的公司法人，拥有独立的法人财产权。在出资之后，投资方的出资便形成企业法人财产权，投资方对出资的财产不再拥有财产权，而仅仅凭其出资拥有股东权。因此，投资方不应当将被投资

---

1 该文件承认，这只是一个重要的"假定"（presumption），重大影响的判断是主观的，其影响因素众多，因此，该文件仅仅略举例说明而未能穷举。参见：Samuel P. Gunther, "Several Comments on APB Opinion No. 18: The Equity Method of Accounting for Investments in Common Stock," *Certified Public Accountant*, 1971, 41(10): 751-752. 会计原则委员会坦承，在明知并不存在明确标准的情况下，它之所以仍然规定一个判断重大影响的分界点，只是出于统一操作规则的考虑。参见：P. T. Driscoll, "Consolidated Financial Statements and the Equity Method of Accounting," *Certified Public Accountant*, 1971, 41(8): 567-571。

2 另一个关键分歧是，部分委员反对以企业合并的操作手法进行权益法的账务处理。但奇怪的是，委员们都不反对将权益法作为公认会计原则。

3 Benjamin S. Neuhausen, "Consolidation and the Equity Method—Time for an Overhaul," *Journal of Accountancy*, 1982, 153(2): 54-66.

方的资产、负债乃至股东权益的变化记到自己的账簿上。[1]作为对比，权益法下根据被投资方的股东权益数据来调整投资方的账簿数据的做法混淆了法律主体之间的权利义务的界限。

第三，权益法下的记账行为大多缺乏法律依据，建立在预期而非事实的基础之上。权益法要求投资方在得知被投资方利润表中出现净利润时，按照以其持股比例乘以净利润所计算出的理论上的分享额，增记资产（股权投资）和利润。但是，如此增记的资产和利润仅仅是金融预期而非法律事实，并无法律证据表明投资方的财产权利和业绩有实际变动。[2]在投资方能够对被投资方施加控制、共同控制或重大影响的情况下，投资方往往预期其能够按照投资比例分享被投资方的利润。但那仅仅是预期而已，它们能否实现，在记账时尚无证据能够提供佐证。根据权益法所记录的投资收益并不必然带来真正的股利收入。如果预期正确，就会有滚滚红利入账，那么待到那时再按照成本法入账，则是更为合理的做法。当被投资方出现亏损时，权益法要求投资方减记资产、减记利润，这同样也是把预期当做现实，因此是失当的记账行为。权益法对报表使用者的误导性由此可见一斑。

第四，权益法本身是对合并报表操作规则的简化，而合并报表本身是建立在失当的假设基础之上的金融分析规则。早在20世纪30年代，就有学者认为把被投资方的资产和利润数据纳入投资方的财务报表的做法毫无意义。合并报表中的数据不能用于纳税申报，不能用于利润分配，数据缺乏原始凭证，从而不具有公信力和公益性。[3]同样，作为合并报表编报规则的变体，权益法的正当用途尚不明确。

---

1 Paul Rosenfield, Steven Rubin, "Contemporary Issues in Consolidation and the Equity Method," *Journal of Accountancy*, 1985, 159(6): 94-97.

2 权益法下记载的投资收益仅仅在被投资方把全部净利润100%作利润分配处理的情况下才能成立。

3 税法基于税收公平原则和税收效率原则，只承认具有法律证据的账簿资料，因此，原则上不允许多个企业合并纳税。利润分配乃是由各个企业独立依法而为，因此，合并报表并无大用。

（三）如何界定股权投资的会计规则

依法理而论，企业以股东的身份对外投资所形成的财产权利统称为股东权（shareholder's rights）。股东权的产生历史晚于物权和债权，关于股东权的理论研究方兴未艾，亟待加强。[1]

第一，股东权是民事权利的一种，是一种特殊的社员权。[2]广义的股东权，泛指股东得以向公司主张的各种权利，故股东依据合同、侵权行为、不当得利和无因管理对公司享有的债权亦包括在内；狭义的股东权，则仅指股东基于股东资格而享有的、从公司获取经济利益并参与公司经营管理的权利。股东权既包含财产权利，也包含非财产权利。会计学所涉及的股东权概念仅为狭义的股东权，且侧重于财产权利。

第二，股东权与物权既有联系又有区别。对于投资方来说，通常是从股权投资所代表的股东权的意义上去理解，而不是从物权的意义上去理解。结合股权流通的便利性来说，对有限责任公司的股权投资是难以从物权的意义上去理解的。因此，企业财务会计报告中所提及的股权投资，应当从股东权的角度来理解。

第三，会计程序只能记载股东权的取得成本而难以反映股东权的确切价值。股东权是多种抽象的财产权利的总称，对它很难给出定价，这与债权形成鲜明对照。在真实交易价格形成之前，并不存在公认的股东权定价规则。记账者所能观测到的只是股东权的实际成交价格，此即历史成本。至于股票的最新市价，它所反映的仅仅是边际投资者（marginal investor）或者说少数转让股权的投资者所形成的交易价格，并非就全部股权而言的股权价值。因

---

1 作为对比，通说认为，物权和债权是保护财产静态安全和动态安全的两大民事权利，具有成熟的理论体系。

2 社员权又称成员权，是指社团法人的社员（成员）对社团法人享有的独特的民事权利，有别于物权和债权。社员对社团法人出资、取得社员资格后，即对其出资丧失了所有权。社团法人作为独立民事主体对社员的全部出资及其孳息享有民法上的所有权。

此，股票的最新市价既非"公允"亦非"价值"，对股权投资采用公允价值会计规则的做法值得商榷。

总之，成本法是符合会计原理的会计处理方法；权益法仅为金融分析规则之一种，它不符合会计原理。

十一、1971 年 3 月出台的《会计原则委员会意见书第 19 号：报告财务状况的变化》

1971 年 3 月，会计原则委员会公布《会计原则委员会意见书第 19 号：报告财务状况的变化》，宣布将资金来源及运用表改称为财务状况变动表（statement of changes in financial position），将其列为基本财务报表（basic financial statement），要求企业编制财务状况变动表，并将其列入注册会计师的审计范围。作为对比，意见书第 3 号鼓励但不要求编制资金来源及运用表。

会计原则委员会认为，企业融资、投资以及财务状况变动等信息对股东、债权人等会计信息使用者具有重要用途，因此，财务状况变动表应当列为基本财务报表。财务状况变动表应当包含企业融资和投资活动的所有重要方面，而不仅限于营运资金的变动。例如，通过发行证券获取财产等非货币资产交换，以及将长期债务或优先股转换为普通股等情形，都应妥当地列示在财务状况变动表中。

会计原则委员会意见书第 19 号以 17∶1 的投票结果得以通过。反对者指出，会计原则委员会无权将财务状况变动表列为基本财务报表，而且作此规定缺乏理论依据。既然资产负债表和利润表都可以单独拿出来予以公布，何以公布资产负债表和利润表的时候就必须捎带上财务状况变动表呢？

上述反对意见确实比较滑稽。但问题的关键还不在于此。关键在于，什么是会计报表？世上报表千千万，是不是随便一张统计报表都能叫做会计报表？显然，会计原则委员会并没有对此予以界定。其暧昧倾向很容易导致会计报表概念的泛化。一方面财务状况变动表其实是公认会计原则制定者迎合证券行业信息诉求的产物。财务状况变动表及其变体（现金流量表）并不是会计程序的产物，它们是缺乏严格统计尺度的统计报表，应该统称为附表，而不应称为基本财务报表。另一方面附表（财务状况变动表）的出现和流行，本身就是对基本财务报表（资产负债表和利润表）功能的否定和反证，正如同分部报告是对合并报表功能的否定和反证一样。因此，公认会计原则的制定者首先应该着眼于把主业干好，也就是把会计报表的编报规则搞好，而不是忙于开发具有"挖墙脚"性质的附表。

十二、现值算法的应用：1971 年 8 月的会计原则委员会意见书第 21 号

1971 年 8 月，会计原则委员会公布《会计原则委员会意见书第 21 号：应收款项和应付款项的利息》，要求企业以现值列报长期应收款和长期应付款。该意见书要求企业将应付债券的折价用于抵减相关负债，这是美国注册会计师协会首次出面纠正业界普遍将应付债券的折价列入资产的做法。

该意见书规定，全款交易价格可以视为长期应收款或长期应付款的现值。如果票据存在活跃市场，则可以参照市场利率和票据的市场价值来确定现值。以上这些方法是确定票据现值的首选方法。如果不存在市场价值、市场利率，那就只能采用估算（imputation）的办法了，相应的利率便为估算利率（imputed interest rate）。

可以说，现值应用于票据时，除了计算烦琐以外，基本上没有什么危害。因为债权债务的现值问题，毕竟都是对封闭的现金流量的计算，在合同现金流量总额不变的情况下，无论怎么算都不会太离谱。值得留意的是，如果把现值的概念推广到股票、固定资产等开放现金流的情形，那就相当于打开了潘多拉的盒子。后来的公认会计原则就是朝着越来越离奇的方向发展的。

第四节 美国注册会计师协会创建财务会计准则委员会

事实证明，会计原则委员会根本没有能力抵挡来自公众公司和证券公司的压力，在投资税收优惠、租赁、养老金、递延所得税、可转债、企业合并和商誉等问题上处处受制于证券行业，成了社会舆论谴责的靶子。公众公司和证券公司才是一言九鼎的角色。对于美国的公共会计师行业来说，保住公众公司审计权是其核心利益。为了保住审计权，看来有必要邀请衣食父母一起来商量一个共同满意的会计规则制定程序，由此美国注册会计师协会精心设计了一个乍一看独立于公共会计师行业的会计准则制定机构——财务会计准则委员会。

一、1969 年的维特报告

1967 年 11 月，美国证监会任命其委员、原公司证券律师弗朗西斯·M. 维特（Francis M. Wheat）牵头一个内部研究小组，负责以批判的眼光研究《1933 年证券法》和《1934 年证券交易法》的披露条款及其下的美国证监会证券信息披露规则的改进事宜。1969 年 3 月 27 日，维特向美国证监会提交报告《向投资者披露：根据 1933 年和 1934 年法案重新评估联邦行政政策》（简称维特报告）。[1] 该报告正文 397 页，另外收录有 181 页无编号文件。

美国注册会计师行业参与了美国证监会证券信息披露规则的研究讨论，但最终的报告对会计审计问题未作任何探讨。维特报告为美国证监会建立综合披露制度奠定了基础。

---

[1] Securities and Exchange Commission, Disclosure to Investors: a Reappraisal of Federal Administrative Policies under the '33 and '34 Acts, The Wheat Report, March 27, 1969.

二、维特委员会和特鲁布拉德委员会的成立 [1]

1970 年 10 月，首位被任命为美国证监会委员的执业注册会计师詹姆斯·J. 尼达姆（James J. Needham），在会见美国注册会计师协会行政副总裁伦纳德·M. 萨瓦（Leonard M. Savoie）时表示，他对会计原则委员会未能快速处理会计争议表示失望。他说，如果会计原则委员会不采取有效改进措施的话，美国证监会就会针对重要会计问题发布会计系列公告（Accounting Series Releases，ASR）。

11 月，以来自"莱布兰德，罗斯兄弟和蒙哥马利"公司（永道会计公司的前身）的会计原则委员会主席菲利普·德夫利斯为首的五人运营委员会，向美国注册会计师协会董事会递交了一份报告。该报告指出，由于意见书第 16 号和第 17 号处理不当，会计原则委员会的声誉正处于低点，现在有必要对会计原则的制定情况进行独立、客观的调查。该报告建议设立全职的主席，提供更多技术支持，增强研究能力，保留绝对多数表决规则。

12 月，美国注册会计师协会会长阿姆斯特朗致函 21 家大中型会计公司的 35 位知名注册会计师，邀请他们于次年 1 月 7—8 日在华盛顿特区的水门饭店召开会计原则制定会议（Conference on Establishment of Accounting Principles），以期尽快向协会董事会提交一份建议。

 专栏 7-17

马歇尔·S. 阿姆斯特朗

马歇尔·S. 阿姆斯特朗（Marshall S. Armstrong，1914—2005），美国注册会计师协会会长（1970—1971）、财务会计准则委员会创始主席（1972—1977）。

---

1 Paul Rosenfield, Steven Rubin, "Contemporary Issues in Consolidation and the Equity Method," *Journal of Accountancy*, 1985, 159(6): 94-97.

1914 年 6 月生于美国印第安纳州。青少年时期喜欢萨克斯、撑竿跳。1933 年他的首份工作是吸尘器推销员，1 年里共售出 1 台，客户还没钱付款，这是他首次体会到坏账准备的滋味。之后，他曾当过鞋子推销员（1934）、保险代理人（1935—1936），当过两个月的鞋店经理，当过某公用事业公司的保安（1937），1938 年他进入该公用事业公司的财务部工作。

他曾先后在印第安纳大学（1937—1945）和巴特勒大学（1945—1946）参加夜校学习，但未获得学位。1945 年起在鲍尔州立大学和印第安纳大学（1975 年被该校授予法学名誉博士学位）讲授会计学。1942 年加入一家会计公司（Geo. S. Olive & Co.），1946 年获得印第安纳州注册会计师执业资格，1947 年成为合伙人，1970 年成为管理合伙人。曾任会计原则委员会委员（1963—1969）、美国注册会计师协会副会长（1969—1970）、会长（1970—1971）、董事（1970—1972）。他任命了维特研究组和特鲁布拉德研究组，是财务会计基金会的创始人之一，1972 年 11 月 1 日成为财务会计准则委员会主席。他向财务会计基金会主席推荐舒茨担任财务会计准则委员会委员。

财务会计准则委员会起初连办公室都没有，阿姆斯特朗是在美国注册会计师协会的办公室里为财务会计准则委员会服务的。1977 年 12 月 31 日卸任时，他留下的是拥有 100 余位职员的精干的队伍。他于 1977 年获得美国注册会计师协会金质奖章，1978—1979 年任财务会计基金会顾问。1978—1982 年任巴特勒大学访问教授，1985 年被该校授予企业管理名誉博士学位。他发表过无数场演说，是 1981 年出版的《会计与审计手册》

（*Handbook of Accounting and Auditing*）的合著者。曾在宾夕法尼亚大学和加州大学兼职。

1971年1月，会议如期召开，来自21家会计公司的35位知名会计师参加会议。与会者强烈建议美国注册会计师协会设立两个研究小组，分别对会计规则制定的机制设计问题和财务报告的目标展开研究。美国注册会计师协会董事会很快批准了这次会议所提出的建议。

几乎与此同步，美国会计学会也开展了竞争性的研究活动。1970年8月，美国会计学会组建了一个专门委员会（Committee on Establishment of an Accounting Commission），研究成立一个专门机构来改进会计原则制定程序的必要性和可行性。1971年1月8日，该专门委员会在宾夕法尼亚大学沃顿商学院教授戴维·所罗门斯（David Solomons）的率领下提交了一份报告，建议成立一个以上所述的专门机构。2月，美国会计学会的行政委员会一致决定采纳该专门委员会的报告。[1] 此事令美国注册会计师协会大为光火。

1971年3月，由刚刚于1969年卸任美国证监会委员的维特等七人组成的维特委员会（Wheat Committee）宣告成立，该小组负责研究会计规则制定的机制设计问题。维特就这样站到了改革会计规则制定机制的前台。如前所述，维特曾在1969年启动美国证监会对信息披露政策的回顾审查，是一位锐意改革的官员。所罗门斯是维特小组的成员。

 专栏 7-18

弗朗西斯·M. 维特

弗朗西斯·M. 维特（Francis M. Wheat，1921—2000），证券律师，

1964—1969 年任美国证监会委员，美国注册会计师协会"维特委员会"的负责人。

　　1921 年生于美国洛杉矶，1942 年以优等生身份毕业于波莫纳学院（Pomona College），1948 年以优异成绩获哈佛大学法学硕士学位，其间，在服兵役时曾任海军中尉。他是总部位于洛杉矶的 Gibson, Dunn & Crutcher 律师事务所（成立于 1890 年）的合伙人。

　　他于 1948—1989 年一直供职于该事务所，其中有两次离职公干：一次是 1964—1969 年，被约翰逊总统任命为美国证监会委员；另一次是 20 世纪 70 年代（1971 年起）应美国注册会计师协会之邀领导一个特别小组，研究如何改进会计标准制定机制。

　　维特是一位热心于公益事业的律师，著有《加州沙漠的奇迹：为荒漠公园和野生动物而斗争》一书，该书详尽记载了环境保护主义者历经 27 年最终成功推动美国国会通过《加州沙漠保护法》的过程。该法案于 1994 年由克林顿总统签署生效，促成了对莫哈韦沙漠等荒漠原生态的保护。

　　4 月，美国注册会计师协会委托以图什－罗斯会计公司合伙人罗伯特·特鲁布拉德为首的九人小组（Trueblood Committee）组成"会计目标研究组"（Accounting Objectives Study Group，又称特鲁布拉德委员会、特鲁布拉德小组、财务报表目标研究组），负责为未来的会计规则制定工作提供可资借鉴的财务报告目标。[1] 西德尼·戴维森、詹姆斯·D. 爱德华兹（James D. Edwards）

---

　　1 该小组在提交报告时自称财务报表目标研究组（Study Group on the Objectives of Financial Statements）。

和奥斯卡·捷林是特鲁布拉德小组的成员。[1] 这时，持有上市公司股票的人数已经超过 3 000 万人，这个会计信息使用者群体的规模日益壮大。

专栏 7-19

罗伯特·M. 特鲁布拉德

罗伯特·M. 特鲁布拉德（Robert M. Trueblood, 1916—1973），曾任会计原则委员会主席、美国注册会计师协会会长，其最突出的成就是率领一个委员会开展研究，把"财务报表的目标"转向为外部信息使用者服务，着眼于对经济决策提供帮助。这一理念对公共会计师行业影响甚大，财务会计准则委员会几乎原封不动地采纳了这一观点。

1916 年 5 月生于美国北达科他州。1937 年以优异成绩获得明尼苏达大学学士学位，后加入一家会计公司（Badman, Finny & Co.）。1941 年获得伊利诺伊州注册会计师执业资格，由于成绩优异，当年还获得了美国注册会计师协会颁发的荣誉奖章和伊利诺伊州注册会计师协会颁发的金质奖章。

1942 年离职加入美国海军，二战结束后于 1946 年退役，加入图什－罗斯会计公司（德勤的前身之一）。1947 年成为合伙人，1963 年被选为公司董事长直至 1973 年辞世。历任美国注册会计师协会副会长（1962—1963）、会计原则委员会主席（1963—1965）、美国注册会计师协会会长（1965—1966）。曾于 1967 年供职于美国约翰逊总统的预算概念委员会。曾主持美国注册会计师协会的长期目标委员会（1962—1963）、财务报表

---

1 [美] 艾哈迈德·里亚希－贝克奥伊：《会计理论》（第 4 版），钱逢胜等译，上海财经大学出版社，2004，第 7、14 页。

目标研究组（1971—1973）。1971 年获得美国注册会计师协会颁发的金质奖章。

1960—1961 年曾作为福特杰出研究教授任教于卡内基梅隆大学，还曾在牛津大学（1967）、斯坦福大学（1969）、芝加哥大学（1971）任教。1964—1974 年担任芝加哥大学专业会计学院顾问委员会主席。他积极地在公共会计师行业推广统计抽样方法。

他毕生致力于推动学术界与职业界的交流。卡内基梅隆大学以他的名字设有讲席教授。

三、维特委员会报告：《制定财务会计准则》

美国注册会计师协会董事会在计划书（prospectus）中授权维特委员会采用全新的路径（entirely new approaches）解决问题，给维特委员会交代的任务是"检查会计原则委员会的组织及运行情况，提出必要的改进效能的措施"。

（一）维特委员会的人员构成

维特委员会共有 7 人，其中，有 3 名委员是大型会计公司的高级合伙人：来自纽约的普华会计公司高级合伙人、美国注册会计师协会理事兼董事约翰·C. 比格勒（John C. Biegler），J. K. 拉瑟会计公司全美业务执行合伙人阿诺德·I. 莱文（Arnold I. Levine）和来自芝加哥的致同会计公司行政合伙人、美国注册会计师协会理事华莱士·E. 奥尔森（Wallace E. Olson）。这 3 人中只有比格勒曾于 1966—1968 年担任会计原则委员会委员。

另外 3 名委员分别代表大型公众公司报表编制者、金融分析师和会计学者。其中，通用汽车公司副总裁罗杰·B. 史密斯（Roger B. Smith）是财务经理国际协会（FEI）的代表。史密斯毕业于密歇根大学，师从威廉·佩顿。后来，史密斯成为财务会计准则委员会的严厉批评者。他在 1981—1990 年担任通用汽车公司董事长兼 CEO。托马斯·C. 普赖尔（Thomas C. Pryor）是金融分析师，White, Weld & Co. 的合伙人兼董事长，曾任金融分析师联合会理事，1964 年曾出面反对推行"每股现金盈余"（cash earnings per share）指标。戴维·所罗门斯是宾夕法尼亚大学沃顿商学院教授、会计系主任。他是英国特许会计师，1959 年来到美国，1968—1970 年担任美国会计学会研究部主任。

1972 年 3 月 29 日，美国注册会计师协会公布了维特委员会的报告《制定财务会计准则》（Establishing Financial Accounting Standards），俗称维特报告（Wheat Report）。[1] 维特报告的主要起草人是会计学界的传奇人物所罗门斯教授。

 专栏 7-20

戴维·所罗门斯

戴维·所罗门斯（David Solomons，1912—1995），唯一担任过英国和美国两地会计学会会长的人，维特报告的主要起草人，财务会计准则委员会财务会计概念公告第 2 号的主要起草人。

他幼年家境富裕。1932 年在伦敦政治经济学院获得学士学位。毕业后成为学徒，1936 年成为特许会计师（Chartered Accountant，CA），供职于一家会计公司，直至 1939 年战争爆发。他立即参军赴北非服役，不幸于 1942 年被捕入狱，先后被关押在意大利、德国。所罗门斯在狱中讲授过会计学与经济学。1945 年获释后回到伦敦的会计公司，之后成为伦敦政

---

1 Establishing Financial Accounting Standards: Report of the Study on Establishment of Accounting Principles, American Institute of Certified Public Accountants, 1972.

治经济学院的兼职讲师。1949 年成为伦敦政治经济学院首位全职会计学准教授（reader）。

所罗门斯 1955 年成为布里斯托尔大学首位会计学教授，也是全英国第三位会计学教授。此前的两位会计学教授分别是伦敦政治经济学院的威廉·T. 巴克斯特（William T. Baxter）和伯明翰大学的唐纳德·卡曾斯（Donald Cousins），二人均在 1947 年获聘。

1955—1958 年任大学会计教师协会（Association of University Teachers of Accounting，英国会计学会的前身）会长。

1959 年起供职于宾夕法尼亚大学沃顿商学院，直至 1983 年退休，其间，1969—1975 年任会计系主任，1974 年起任 Arthur Young 讲席教授。1976 年加入美国国籍。1977—1978 年任美国会计学会会长。1980 年被美国会计学会评为杰出会计教育家。1983 年退休后担任财务会计准则咨询委员会委员，并为财务会计准则委员会做讲座。曾任美国证监会、联邦贸易委员会、国际会计准则委员会、美国注册会计师协会以及多家公司的顾问，并担任英国一些会计职业团体的顾问。他曾在 14 个国家任客座教授。

（二）维特委员会报告的主要内容

维特委员会的报告提出，会计规则制定机制研究面临的首要问题（threshold question）是，会计规则应当由私立机构制定，还是应当由政府机构制定。这两种做法都有支持者，且均有先例可循。

1. 关于会计规则制定主体的讨论

该报告提出，支持采用私立机构自律方式者提出了三个理由，反对把会计规则制定权交给政府机构。

第一个理由是，与私立机构相比，政府机构更容易屈服于政治压力，美国 1971 年围绕投资税收优惠的争议就清楚地表明了这一点。

第二个理由是，历史经验表明，如果让政府部门染指会计事务，那么其结果就是缺乏弹性的、忽视投资者诉求的会计规则。美国州际商务委员会在铁路会计方面的实践就是失败的，各州对保险会计的监管也未能满足股东决策的信息诉求。从美国证监会插手会计规则的记录来看，最近它一直在反对公众公司记录资产的价值变动，这是在开历史的倒车。

第三个理由是，会计规则制定权一旦交给政府机构，会计职业的活力将会不可避免地被削弱。如果政府机构接手制定会计规则，那么公共会计师行业将不再为公共利益服务，它们会为它们的客户的利益进行游说。其实私立机构自我监管的做法早有先例，美国全国证券交易商协会（National Association of Securities Dealers，NASD）[1]、美国国家标准学会（American National Standards Institute，ANSI）、美国汽车工程师协会（Society of Automotive Engineers）、美国消防协会（National Fire Protection Association，NFPA）都是这一思路的先例。

反之，支持联邦政府实施管制者认为，会计规则关乎公共利益，这么重要的事情不能任由政府机构以外的单位去操办，规则制定机构应当包括法学家、经济学家、会计师、金融分析师等人员，不应有任何利益冲突，美国联邦政府设置的全美高速公路安全管理局（National Highway Traffic Safety Administration）、环境保护局（Environmental Protection Agency）、食品药品监督管理局（FDA）是这一思路的先例。尤其值得一提的是成本会计准则委员会（Cost Accounting Standards Boards），该委员会是美国国会 1970 年建立的政府机关，隶属于联邦审计署（General Accounting Office，GAO，直译为总会计办公室）[2]，负责为军事合同的政府采购制定成本会计准则，归美国联邦

---

1 该机构负责监管纳斯达克（NASDAQ），2007 年并入美国金融业监管局（Financial Industry Regulatory Authority，FINRA），FINRA 同样是私立机构。

2 联邦审计署 2004 年更名为 Government Accountability Office，缩写仍为 GAO。

总审计长（Comptroller General of the United States）领导。[1]

在论证过程中，美国证监会、纽约证券交易所、美国证券交易所都倾向于保留私立机构的标准制定职能。

最终，维特委员会选择维持现状，即财务会计准则应当继续由私立机构制定，但要经过美国证监会的适当审查。维特委员会的报告提出，该委员会调研所及的大多数组织和个人都支持继续由私立机构负责制定会计规则，这些组织包括纽约证券交易所、美国证券交易所和美国证监会等机构。

2. 主要建议

维特委员会的报告进而提出了如下主要建议：

第一，建立新的、独立于现有的会计职业团体的基金会，名为财务会计基金会（Financial Accounting Foundation，FAF），其主要职责是任命财务会计准则委员会的成员并筹集其运作所需的资金。该基金会的管理机构是由9位出资人代表组成的托管人理事会（Board of Trustees），该理事会负责给财务会计准则委员会筹集运营经费并且负责任命其委员。美国注册会计师协会的会长是财务会计基金会的当然托管人，其余8位托管人由美国注册会计师协会的董事会任命，任期3年，其中，有4位执业注册会计师代表、2位财务经理代表、1位金融分析师代表和1位会计教师。

第二，建议成立由7位全职委员组成的财务会计准则委员会，职能是建立财务会计和报告准则。委员会所有成员均获得全额薪酬，并全职任职，在任职期间，委员将没有其他隶属关系。任期5年，可以连任一个聘期。其中4位为执业注册会计师，其余3位不要求具有注册会计师证书，但应具有丰富的财务报告领域相关工作经历。

---

1 成本会计准则委员会制定有19份准则，后于1980年解散。1988年恢复重建，隶属于美国白宫管理与预算办公室（Office of Management and Budget，OMB）下设的政府采购政策办公室（Office of Federal Procurement Policy，OFPP）。其准则目前依然生效。

第三，建议成立财务会计准则咨询委员会（Financial Accounting Standards Advisory Council）。由受托人任命大约20名成员，任期一年，可以无限期延长。财务会计准则委员会主席当然也将是财务会计准则咨询委员会主席。

此外，该报告还针对会计学术研究和经费筹措等问题提出了一些建议。

维特委员会认为，其所提方案具有六个优点：一是不再存在公共利益与私人利益的冲突；二是全职成员将会全力投入工作；三是将会邀请更多机构参与会计准则的制定，从而拥有更广泛的支持者；四是财力支持更有保障；五是能够保持与美国注册会计师协会的紧密联系并获得其支持；六是能够更好地监督基本研究的开展。

 专栏7-21

维特委员会报告观点摘录

□事实证明，会计原则是一个非常难以捉摸的术语。这个名词是1932年9月22日，乔治·梅率领的委员会向纽约证券交易所提出来的，他建议上市公司的审计证书应声明财务报表是根据会计原则编制的，并建议在编制财务报表时应遵循五项总体原则。随着《1933年证券法》和《1934年证券交易法》的出台，乔治·梅率领的委员会的工作被终止。美国证监会拥有制定会计规则的权限，但它很少动用这一权力，它鼓励会计界带头制定财务会计和报告标准。美国证监会实际上已经以多种方式与会计界合作制定会计原则。

□会计界围绕是否有必要建立会计基础理论（fundamental conceptual foundation）争论了多年，我们认为这些争论可能仅仅是无谓的喧嚣（原文为"We believe this debate may have produced more heat than light."）。财务会计与报告不像自然科学那样可以植根于自然法则，它必须建立在为达

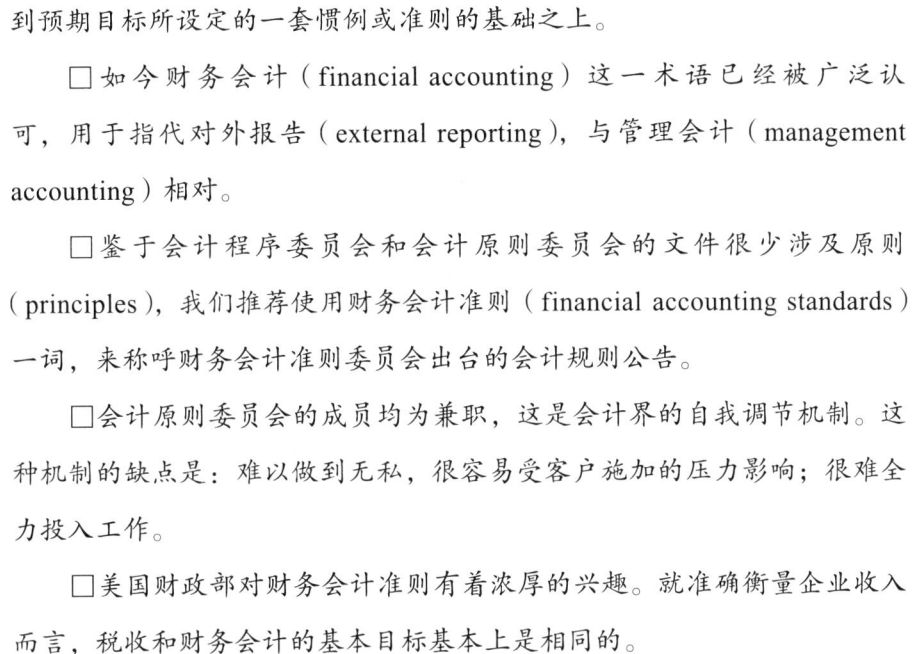

到预期目标所设定的一套惯例或准则的基础之上。

□如今财务会计（financial accounting）这一术语已经被广泛认可，用于指代对外报告（external reporting），与管理会计（management accounting）相对。

□鉴于会计程序委员会和会计原则委员会的文件很少涉及原则（principles），我们推荐使用财务会计准则（financial accounting standards）一词，来称呼财务会计准则委员会出台的会计规则公告。

□会计原则委员会的成员均为兼职，这是会计界的自我调节机制。这种机制的缺点是：难以做到无私，很容易受客户施加的压力影响；很难全力投入工作。

□美国财政部对财务会计准则有着浓厚的兴趣。就准确衡量企业收入而言，税收和财务会计的基本目标基本上是相同的。

四、财务会计准则委员会的成立

1972 年 6 月，美国注册会计师协会理事会采纳了维特委员会的报告。

根据维特报告所提出的建议，在美国证监会的督导下，美国注册会计师协会、金融分析师联合会、财务经理协会（Financial Executives Institute）[1]、全国会计师协会（National Association of Accountant）[2] 和美国会计学会（American Accounting Association，AAA）等五家证券相关行业机构联合出资成立了财务会计基金会[3]。财务会计基金会挑选了一批人手于 1973 年 6 月组建了财务会计准则委员会。7 月 1 日，会计原则委员会解散。

---

[1] 该机构现名为财务经理国际协会（Financial Executives International，FEI）。
[2] 该机构现名为管理会计师协会（Institute of Management Accountants，IMA）。
[3] 1976 年 10 月 1 日，证券行业协会（Securities Industry Association）加入，成为财务会计基金会的第六家发起单位。

　　1973 年，在财务会计准则委员会取代会计原则委员会之际，美国注册会计师协会成立了会计准则执行委员会（Accounting Standards Executive Committee，AcSEC）作为其高级技术委员会，该委员会的 15 名成员主要从会计公司选拔，也包含一两名实业界和学术界的代表。该机构所公布的立场公告（Statement of Position，SOP）和行业会计指南被美国注册会计师协会 1992 年审计准则公告第 69 号认定为公认会计原则。虽然会计准则执行委员会对财务会计准则委员会的工作具有一定的借鉴价值，[1] 但公共会计师行业自 1973 年起不再拥有对会计规则制定进程的支配权，以金融分析师为代表的证券行业逐渐成为公认会计原则的主导力量。[2]

　　美国注册会计师协会先后组织了会计程序委员会和会计原则委员会负责制定会计规则，但却根本不可能制定出统一的会计规则，这是导致两个附属机构最终都被撤销的最主要原因。美国注册会计师协会的拱手让权，是公共会计师行业"日薄西山"的真实地位的写照[3]，是《1933 年证券法》和《1934 年证券交易法》的失当设计的必然结果。

　　值得注意的是，目前流行的文献几乎都按照美国注册会计师协会的口径宣传，说什么财务会计准则委员会是独立于注册会计师行业的准则制定机构，它能够代表公共利益，如此云云。但财务会计准则委员会的设立过程清楚地表明，这一切都是美国注册会计师协会亲手操办的，从人员构成到规则渊源，财务会计准则委员会唯美国注册会计师协会马首是瞻。公认会计原则从来都

---

　　1 例如，财务会计准则委员会直接根据会计准则执行委员会的文件制订了两份行业性的财务会计准则公告：其一是 1982 年 6 月公布的《财务会计准则公告第 61 号：产权资料库的会计处理》，其二是 1982 年 6 月公布的《财务会计准则公告第 63 号：传播机构的财务报告》。

　　2 2002 年 11 月 4 日，财务会计准则委员会主席罗伯特·赫兹宣布，会计准则执行委员会公布的文件不再被认可为公认会计原则。

　　3 Stephen A. Zeff, "How the U.S. Accounting Profession Got Where It Is Today: Part 1," *Accounting Horizons*, 2003, 17(3): 189-205; Stephen A. Zeff, "How the U.S. Accounting Profession Got Where It Is Today: Part 2," *Accounting Horizons*, 2003, 17(4): 267.

来自公共会计师行业及其客户的商讨意见，理论研究大多是在为这种独特的会计规则制定程序提供辩护理由。

五、特鲁布拉德委员会的报告：《财务报表的目标》

（一）会计目标研究组章程

1971 年 4 月，美国注册会计师协会在"会计目标研究组章程"（Charter of the Accounting Objectives Study Group）中规定，会计目标研究组的任务是提炼财务报表的目标，为改进会计和财务报告的指南和标准提供支持。

该章程提出，1970 年 10 月公布的会计原则委员会公告第 4 号的第四章（题为"财务会计与财务报表的目标"）所设定的目标是恰当的，会计目标研究组应当以之为逻辑起点。但公告第 4 号提出的 7 项定性目标（qualitative objectives），即相关性（relevance）、可理解性（understandability）、可验证性（verifiability）、中立性（neutrality）、及时性（timeliness）、可比性（comparability）、完整性（completeness），这种提法过于抽象，对于财务报表的编制缺乏指导价值。在此基础上，该章程要求，会计目标研究组应当认真研究如下问题：谁需要财务报表？他们需要什么样的信息？会计能提供多少他们所需要的信息？需要有什么样的框架来提供他们所需要的信息？会计目标研究组要研究不同的财务报表使用者的需求。不仅要调查他们已经得到的财务信息，还要调查他们想要得到的财务信息。这意味着，可能需要研究单一的一套财务报表和标准能否满足多样化的信息诉求。该章程要求该研究组在 1972 年 8 月 31 日前向美国注册会计师协会董事会提交研究报告，但该研究组未能如期完成。

1972 年，安达信会计公司公布了一份长达 130 页的文件《企业财务报表的目标》（Objectives of Financial Statements for Business Enterprises），其中提出了一个相对来说比较平衡的理念，即"财务报表必须公平地对待所有的使用者，为他们提供解决利益冲突的数据基础"（原文为"financial statements must be fair to all users and should provide the basis for resolving [their] conflicting interests"）。[1] 这一理念是正确的。如果从这一理念出发进行推理，就可以得出会计的基本原则，可以简要概括如下：财务报表要公平地对待所有使用者，这就意味着，会计信息必须具有公益性和公信力，这是会计信息的质量特征。会计信息若要具备公益性和公信力，就必须按照法律事实记账。因为只有基于法律事实记账所形成的会计信息，才是对所有人都公平的会计信息。因此，按照法律事实记账就是会计的基本原则。

可惜的是，安达信会计公司没有放手进行上述推理，反而是执着于批评稳健性原则等诸多失当的会计惯例，这妨碍了它为会计行业和会计立法做出更大的贡献。该公司的主张反倒推演成了这种逻辑：财务报表要公平地对待所有使用者，因此，就要把资产的现行市价信息提供给报表用户，同时把市价波动计入利润表。这与上面我们给出的推理背道而驰。

（二）会计目标研究组的报告

1973 年 10 月，美国注册会计师协会公布会计目标研究组的报告《财务报表的目标》（Objectives of Financial Statements）。[2]

与维特委员会的报告主要由所罗门斯起草的情况不同，特鲁布拉德报告全部是由全职员工撰写的。两份报告如图 7-5 所示。

芝加哥大学的乔治·H. 索特（George H. Sorter）教授是特鲁布拉德委员会的研究主任，他曾参与起草美国会计学会 1966 年公布的那份惊世骇俗的《基本会计理论公告》（ASOBAT）。索特的学术观点以"事项法"（"Events"

---

1 Stephen A. Zeff, "The Evolution of the Conceptual Framework for Business Enterprises in the United States," *The Accounting Historians Journal*, 1999, 26(2): 89-131.

2 Report of the Study Group on the Objectives of Financial Statements: Objectives of Financial Statements, American Institute of Certified Public Accountants, 1973.

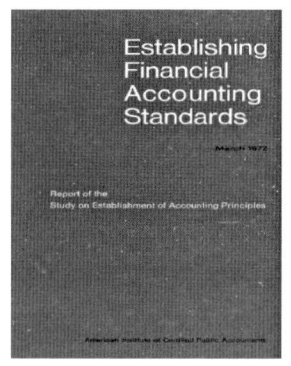

图 7-5　维特委员会和特鲁布拉德委员会的报告

Approach）为代表，他主张，会计报表应当提供尽量多的第一手信息，不要做过多的加工，这样，信息使用者可以各取所需而且免受信息提供者的误导。

 专栏 7-22

乔治·H. 索特

　　乔治·H. 索特（George H. Sorter，1927—2019），"事项法"理论观点的提出者，1966 年美国会计学会公布的《基本会计理论公告》的起草人，特鲁布拉德委员会的研究主任。

　　他在芝加哥大学获得学士学位（1953）、工商管理硕士学位（MBA，1955）和博士学位（1963）。博士毕业后留校任教，在芝加哥大学商学院担任会计学教授。他具有伊利诺伊州注册会计师执业资格。1969 年，他撰写的论文《基本会计理论的事项法》（"Events" Approach to Basic Accounting Theory）提出了独创的"事项法"。曾任美国注册会计师协会设立的会计目标研究组研究主任。

　　索特认为，会计数字不是"硬"数字，也不揭示真实的、内在的或公允的价值。他提出，会计应该尽可能多地提供对决策模型有用的经济事项信息。会计人员只需要提供原始的经济事项信息即可，信息使用者自己就可以进行加工利用。他试图彻底改革会计理论，将会计分为"价值法"会计和"事项法"会计两大类。他认为，传统的会计方法是价值法，其根本假设是，会计信息用户的需求是已知的并能够被充分而具体地说明，因此，可以通过会计理论推断，为有用的决策模型产生最优的输入信息。而"事项法"的假设是，会计信息提供者对于证券投资决策者如何使用会计信息一无所知，因此，会计应为不同的决策模型提供可能相关的各种经济事项信息，易言之，信息应尽量以其原始形式保存、列示，直接为未知的决策模型提供信息输入。其观点在 20 世纪 70 年代到 80 年代初期具有一定影响。

1974 年转任纽约大学商学院教授、会计系主任。1979 年获美国会计学会杰出会计教育家奖。1990 年转任纽约大学法学院教授，2003 年荣休，但一直执教至 2013 年。

1.《财务报表的目标》概览

会计目标研究组依次探讨了信息使用者的目标及其信息诉求、企业的主要目标及其盈利能力、受托责任与财务报表、财务报表如何报告企业目标的达成情况、财务报表如何反映历史成本和价值变动、预测过程及其与会计目标的关系、政府及非营利组织的会计目标、企业目标与社会目标的关系、财务报告的质量特征等问题。报告开宗明义地提出，该研究组所秉持的基本立场是，会计目标的研究不应当以企业经理人的经营之需（the operating needs of the managers of businesses）为基础，而应当以企业之外的财务信息使用者的需要为基础。但显然，企业经理人既是财务报表的编制者，又是财务报表的使用者。

该报告特别钟爱"未来现金流量"（future cash flow）的概念，整个报告反复提及这一概念。该报告还提出了采用离散分布或概率分布列报数据的设想，不免引人遐思。

 专栏7-23

《财务报表的目标》学术观点摘要

□这项研究的结论与以往的调查结论的差异，在很大程度上可能是由于路径和方法的不同。

□会计是类似于语言和法律的社会系统，因此，它需要通过适应环境来发展。作为一个信息系统（information system），会计的合理性只能通过它满足使用者的需要的程度来评价。

□财务会计的基本功能几乎从未改变，财务报表的基本目的是向用户提供有助于其做出经济决策的信息。当然，用户类型和他们的信息需求已经发生实质性变化。

□没有研究能够准确地确定财务报表在经济决策过程中所起的特定作用。因此，本研究依赖于有关用户的信息需求及其决策过程的某些假设。例如：财务报表的使用者需要预测、比较和评估其经济决策的现金后果；有关企业决策的现金后果的信息对于预测、比较和评估流向用户的现金流很有用；**财务报表如果同时包含并适当区分可以客观地进行计量的事实性信息（factual information）及解释性信息（interpretive information），则会更为有用。**

□在美国，经济体系更为强调私人企业，个人和企业通常会努力使自己的财富最大化，财务信息可帮助他们做出合理的经济决策。这一过程有利于实现更广泛的社会目标，即在整个经济中有效地分配资源。

□当前的大量辩论集中在财务报告中是否包含更广泛性质的明确预测。当前的财务报表未能提供有关企业流动性和现金流量的足够信息。

□财务报表对于信息访问权限有限且解释能力有限的人士而言尤为重要。因此，财务报表应满足那些获取信息能力最小的人的需求以及其他人的需求。

□财务报表的目的主要是为那些拥有相对有限的权限、能力或资源来获取信息，并依赖财务报表作为企业经济活动主要信息来源的用户提供服务。

□经济决策包括两个组成部分，即付出（sacrifices）和收获（benefits），二者的不确定性以及与此相关的风险评估是决策过程中的关键要素。风险体现为金额的不确定性和时间的不确定性。

□将用户分类为投资者、债权人和管理层，有助于讨论他们的主要活动。尽管用户可能有所不同，但他们的经济决策是相似的。

□经济学家普遍认为，收入是指在特定时期内幸福感或福利的变化。但是，对于如何衡量企业经营带来的幸福感或福利的变化，经济学家并没有很好的主意。

□在完美的知识背景中，经济学和会计学将一个时期的收入定义为未来现金流量的现值的变化。但现实中，会计职能基于"绩效——让渡的服务"的理念来计量收入。

□除现金和应收账款外，资产均按其付出的代价的价值（sacrifice value）进行计量，负债则按其收到的利益的价值（benefit value）进行计量。

□会计通常按照单一的数字（single numbers），而不是数字区间，来列报信息。由于未能列示可能的范围和离散度，这在描述受不确定性影响的事件时会出现问题。交易的潜在可能性（即未来的利益和代价）很难用单一的数字来精确计量。为了满足信息使用者在预测和控制当前事件对企业获利能力的影响时的个人偏好，应当采用一些简单的量化方法来补充披露精度范围、可靠性和不确定性的范围，以表示其实际的复杂性。

2. 关于会计目标

该报告全面继承了美国会计学会 1966 年的《基本会计理论公告》所提出的以决策有用性为中心的理论主张，把会计目标从为管理层服务调整为向投资者提供估值信息，这是会计理论中的显著倒退。

该报告共列举并讨论了 12 个会计目标，以供财务会计准则委员会从中选取并确定最终的会计目标。

 专栏 7-24

特鲁布拉德报告列举的财务报表的目标

1. 财务报表的基本目标是**为经济决策**提供有用的信息。

The basic objective of financial statements is to provide information useful for making economic decisions.

2. 财务报表的目标主要是为那些**在获取信息的权力、能力或资源方面受到限制，主要通过财务报表来了解企业的经济活动的使用者**服务。

An objective of financial statements is to serve primarily those users who have limited authority, ability, or resources to obtain information and who rely on financial statements as their principal source of information about an enterprise's economic activities.

3. 财务报表的目标是为投资者和债权人提供有助于他们预测、比较和评价**现金流量的金额、时间及其不确定性**的信息。

An objective of financial statements is to provide information useful to investors and creditors for predicting, comparing, and evaluating potential cash flows to them in terms of amount, timing, and related uncertainty.

4. 财务报表的目标是为使用者提供用于预测、比较和评价企业**盈利能力**的信息。

An objective of financial statements is to provide users with information for predicting, comparing, and evaluating enterprise earning power.

5. 财务报表的目标是提供用于评价管理层**为实现企业主要目标而有效利用企业资源的能力**的信息。

An objective of financial statements is to supply information useful in judging management's ability to utilize enterprise resources effectively in achieving the primary enterprise goal.

6. 财务报表的目标是提供与交易行为或其他行为有关的**事实性的和主观说明性的**信息，用于预测、比较和评价企业的盈利能力。与解释、评价、预测或估计有关的基本假设也应予以披露。

An objective of financial statements is to provide factual and interpretive information about transactions and other events which is useful for predicting, comparing, and evaluating enterprise earning power. Basic underlying assumptions with respect to matters subject to interpretation, evaluation, prediction, or estimation should be disclosed.

7. 财务报表的目标是**提供财务状况表**，用于预测、比较或评价企业的盈利能力。财务状况表应当提供与尚未完成的企业交易或其他行为有关的信息。企业应当披露显著偏离历史成本的现行价值信息。资产（和负债）应当按照金额和预期实现（或清算）时点的不确定性予以合并或者分拆。

An objective is to provide a statement of financial position useful for predicting, comparing, and evaluating enterprise earning power. This statement should provide information concerning enterprise transactions and other events that are part of incomplete earnings cycles. Current values should also be reported when they differ significantly from historical cost. Assets and liabilities should be grouped or segregated by the relative uncertainty of the amount and timing of prospective realization or liquidation.

8. 财务报表的目标是**提供利润表**，用于预测、比较和评价企业的盈利能力。利润表应当报告已经完成的业务循环的净成果，还应报告即将完成的业务循环所形成的可辨识的进展。相邻期间的财务状况的变动也应予以报告，但应予以单独报告，因为该变动能否实现，其确定性程度存在差异。

An objective is to provide a statement of periodic earnings useful for predicting, comparing, and evaluating enterprise earning power. The net result of completed earnings cycles and enterprise activities resulting in recognizable progress toward completion of incomplete cycles should be reported. Changes in the values reflected in successive statements of financial position should also be reported, but separately, since they differ in terms of their certainty of realization.

9. 财务报表的目标是**提供财务活动表**，用于预测、比较和评价企业的盈利能力。该表应当主要报告正在或者预期对企业的现金状况构成影响的交易的事实。该表应当报告那种基本上不需要报表编制者进行判断和解释的事实信息。

An objective is to provide a statement of financial activities useful for predicting, comparing, and evaluating enterprise earning power. This statement should report mainly on factual aspects of enterprise transactions having or expected to have significant cash consequences. This statement should report data that require minimal judgment and interpretation by the preparer.

10. 财务报表的目标是提供**对预测过程有用的信息**。企业的财务预测应当有助于增强信息使用者的预测的可靠性。

An objective of financial statements is to provide information useful for the predictive process. Financial forecasts should be provided when they will enhance the reliability of users' predictions.

11. 政府和非营利组织财务报表的目标，是提供用于评价**为实现组织目标而管理资源的有效性**的信息。业绩的衡量应当依照可识别的目标进行量化。

An objective of financial statements for governmental and not-for-profit organizations is to provide information useful for evaluating the effectiveness of the management of resources in achieving the organization's goals. Performance measures should be quantified in terms of identified goals.

12. 财务报表的目标是报告那些**可确定、描述或计量的**，对于企业履行在社会环境中的角色至关重要的，对社会形成影响的行为。

An objective of financial statements is to report on those activities of the enterprise affecting society which can be determined and described or measured and which are important to the role of the enterprise in its social environment.

其实应该对这些目标进行一定的筛查，会计并不见得应该满足证券市场上所有人的信息诉求。证券投资者还想都不赔钱呢，又有哪个学科像北美会计学科那样吵吵嚷嚷地要去满足他们的信息需求了？如果哪个群体的信息需求真的对社会经济生活意义重大的话，立法机关就应当把这种信息诉求写进法律。现实情况是，就连美国联邦证券法也没有要求会计信息为投资者服务。在缺乏事实依据和逻辑支持的情况下，决策有用观的提出的确相当突兀。1975 年，财务会计准则委员会曾对特鲁布拉德报告做了一项调查，只有 37% 的回答者建议采纳决策有用观，22% 的人建议立即拒绝该目标导向，10% 的人认为还需要做进一步的研究。反对者的观点是，财务报告的基本职能是报告管理层的资产管理情况，而外部读者的信息需求则是次要的。[1]

会计目标研究者的报告特别重视企业的社会目标（social goals），认为企业的社会目标的重要程度不亚于企业目标（enterprise goals），这与当今社会重视企业社会责任问题的立场不谋而合，颇具思想价值。

3. 关于计量基础

《财务报表的目标》探讨了四种计价基础（valuation basis），或称计量基础（measurement basis），包括历史成本、退出价值（exit values）、现行重置成本（current replacement cost）、折现现金流量（discounted cash flows），如表 7-7 所示。

表 7-7　　　　　　　　　《财务报表的目标》对计量基础的比较

信息需求	历史成本	退出价值	现行重置成本	折现现金流量
1. 取得资产付出的实际代价 / 承受负债得到的实际利益	直接有帮助	无帮助	无帮助	无帮助
2. 潜在资产利益 / 潜在的债务代价	无帮助	直接或间接有帮助	间接有帮助	直接有帮助
3. 完整周期的计量与完整周期的确认进度	直接有帮助	无帮助	视具体情况而定[*]	无帮助
4. 价值变动的计量（能够反映不完整周期的结果的最佳现行指标）	无帮助	直接或间接有帮助	间接有帮助	直接有帮助

* 如果完整周期的计量将收益分成企业活动的结果和价值的变化，那么现行重置成本将会直接有帮助；如果完整周期的计量仅限于现金后果的计量，那么现行重置成本将是无帮助的。

---

1 Marshall S. Armstrong, "Politics of Establishing Accounting Standards," *Journal of Accountancy*, 1977, 143(2): 76-79.

专栏 7-25

《财务报表的目标》关于计量基础的观点

□仅使用单一的计价基础不利于更好地实现财务报表的目标。对于不同的资产和负债，最好采用不同的计价基础。也就是说，财务报表可能会包含基于多个计价基础的数据。

□退出价值，是在没有陷入财务困境的假设情形下，按照清算的思路来确定的资产或负债的价值。退出价值可能最适合用于计量拟在较短时间内出售的资产或清偿的负债。对于许多资产和负债，退出价值和现行重置成本可能基本相同。退出价值利润（exit value earnings）是指一定时期内净资产退出价值的变化，不包含资本投入和股东撤资等因素。退出价值计量下的利润表不直接列报收入和费用。

□现行重置成本可能是衡量拟持有使用而非出售的长期资产的最佳方法。当资产自购得以来发生了较大的价格变化或技术发展时，按照现行重置成本计量可能特别合适。

4. 关于质量特征

《财务报表的目标》提出了质量特征（qualitative characteristics）的概念，其所界定的质量特征，包括相关性（relevance）、重要性（materiality）、形式与实质（form and substance）、可靠性（reliability）、中立性（freedom from bias）、可比性（comparability）、一致性（consistency）、可理解性（understandability）等，共8个。

值得肯定的是，该报告中正确地指出，稳健主义并不是值得宣扬的会计理念，它并不科学。

专栏 7-26

《财务报表的目标》呼吁慎重对待稳健主义

该报告正确地指出，在财务报表中，要想避免那种厚此薄彼的偏见，就需要慎重对待稳健主义（conservatism）。稳健主义本身就可能导致偏见。要想避免偏见，就需要严格规定财务报表必须基于实质证据列报交易和其他事件的结果，并且要对不确定性的变异程度有所认识。目前的会计规则尚未要求披露会计信息的不确定程度。相反，为了避免可能的不利后果并抵御可能的管理层偏见，现在会计上一般倾向于选择多种会计处理方法中最稳健（保守）的那一种。因此，通常倾向于报告损失而不是利得。如果财务报表确实传递了关于不确定性的变异程度、做出的判断和采用的解释，以及相关的基础事实等信息，那么令人愉悦或不愉快的惊奇的影响将会大幅减少。这样的话，那种认为稳健主义必不可少的理念将会被大幅削弱。

如前所述，《财务报表的目标》正确地提出，如果能够区分事实性的信息和主要依赖于主观说明的信息，那么财务报表就会更有用。这种观点可谓真理。美国会计学会1966年的《基本会计理论公告》也是这么说的。但它们都只是说说而已。

美国注册会计师协会在组建财务会计准则委员会的过程中，已经彻底改变了其工作思路。维特委员会大多数成员不是注册会计师，他们要求公共会计师行业与财经界分享制定会计准则的职责。特鲁布拉德委员会提出的财务报表目标，同样预示着会计工作的进一步根本性变化，公司财务报告将会混合列报价值和成本、预测信息和历史信息。首届财务会计准则委员会主席阿姆斯特朗声称，可靠财务信息的可用性是高效证券市场的核心，因此，从某种意义上说，从会计原则委员会到财务会计准则委员会的过渡是证券行业革命的一部分，满足证券行业的需求才是重中之重。与这种动向相对应的是，一些审判案例使注册会计师痛苦地意识到，遵循会计行业拟定的公认会计原则并不能自动成为免责理由。[1]

局面已经很清楚，美国证监会所监管的证券行业，现在要求自己亲自参与制定公认会计原则了。这就是典型的"监管俘获"。罗斯福新政所确立的证券监管制度，如今已经被削弱大半，注册会计师行业的公益色彩越来越淡。上市公司的舞弊行为大多不是由注册会计师检举的，而是由媒体监督、举报制度发现的。既然如此，美国联邦证券法的会计审计机制设计又该置于何处呢？

---

1 Marshall S. Armstrong, "The Work and Workings of the Financial Accounting Standards Board," *The Business Lawyer*, 1974, 29: 145-150.

第八章
1959—1973 年的美国会计学术

在会计原则委员会时代，挑战历史成本会计的理论思潮再度兴起。埃德加·O. 爱德华兹（Edgar O. Edwards）和菲利普·W. 贝尔（Philip W. Bell）的《企业收益理论及其计量》（*The Theory and Measurement of Business Income*）宣扬现行成本概念；美国会计学会 1966 年推出的《基本会计理论公告》无疑是一套惊世骇俗的宣言，表明预期理念已经主导美国会计学术。

在会计原则委员会时代，又出现了一股挑战历史成本会计的理论思潮。自 1952 年哈里·M. 马科维茨（Harry M. Markowitz）的博士论文把数学楔入金融学从而创立投资组合理论之后，威廉·F. 夏普（William F. Sharpe）等又在 1964 年前后提出了资本资产定价模型（CAPM）。投资者（包括机构投资者）被灌输以风险越大报酬越大、不要把所有的鸡蛋都放在同一个篮子里等"现代"金融理念。与之相对应的，是证券市场尤其是证券投资基金的迅猛发展。这一切都对公共会计师行业和会计研究者产生了重大影响。在证券市场中谋生存的公共会计师行业最终彻底倒在了证券行业的怀抱里，一批学者在其中扮演了吹鼓手的角色。

第一节 学者的自由探索

1961 年，莱斯大学经济学教授爱德华兹和哈弗福德学院经济学教授贝尔在合著的《企业收益理论及其计量》一书中提出，任何完整的收益分析都应该考虑已实现和未实现的持有利得，并按来源进行分类。当持有利得发生时，如果不予记录，则不仅会导致本期收益不能被如实反映，而且会导致以后出售资产时收入与不相关的成本进行错误的配比。他们认为，企业之所以需要会计，是为了面向未来进行经济决策，因此，会计要反映决策者主观上的利润。易言之，会计一方面要反映持有资产（holding activities）所形成的持有利得或损失（holding gains or losses），这是金融投资的需要；另一方面要反映资产使用活动（即产品的产销业务）的现行经营利润，这是经营管理的内在需要。

该书主张使用现行成本，认为现行成本虽然常常是估计出来的，但也比历史成本好，因为它是实际的现行成本的近似值；按重置成本计提折旧有利于本期成本和收入的配比，这样就能鉴别出持有利得和损失，从而更清楚地反映管理人员的能力。

 专栏 8-1

埃德加·O. 爱德华兹

埃德加·O. 爱德华兹（Edgar O. Edwards，1919—2010），1919 年出生于美国马萨诸塞州，1939 年获得绿山学院（Green Mountain College）艺术学专科学历。他在二战期间参军，后在太平洋服役，之后在华盛顿和杰斐逊学院（Washington and Jefferson College）获得学士学位，在约翰·霍

普金斯大学获得政治经济学博士学位。他在普林斯顿大学执教 9 年后，到莱斯大学担任 Hargrove 经济学教授。1969 年被福特基金会聘为亚太项目经济顾问。1974 年回到莱斯大学，加入琼斯管理学院（Jones School of Administration），直至 1983 年退休。

曾担任肯尼亚、博茨瓦纳、黎巴嫩等国顾问，提供经济发展和政策事务的咨询服务。他撰写和合著了大量著作，发表有 20 余篇横跨经济发展、计划、会计等领域的学术论文。

 专栏 8-2

菲利普·W. 贝尔

菲利普·W. 贝尔（Philip W. Bell，1924—2007），1924 年生于美国纽约州，二战期间曾任空军飞行员，先后获经济学学士（1947 年，普林斯顿大学）、硕士（1949 年，加州大学伯克利分校）、博士学位（1954 年，普林斯顿大学）。1946—1947 年，任《纽约时报》记者。曾在加州大学伯克利分校、哈弗福德学院、莱斯大学和波士顿大学任教，曾受邀访问过全球众多高校。1992 年在波士顿大学退休。发表 30 余篇论文，出版 12 本著作。他的多数学术成果都竭力将会计学与经济学紧密结合起来。其代表作是 1961 年与爱德华兹合著的《企业收益理论及其计量》。

《企业收益理论及其计量》一书的核心理念可概括为：利润表中的损益分为两部分，即现行经营损益（现行收入减去现行成本）和现行持有损益（现行成本减去历史成本）。用公式可表示为：

$$当期损益 = 现行经营损益 + 现行持有损益$$
$$= （现行收入 - 现行成本） + （现行成本 - 历史成本）$$

专栏 8-3

《企业收益理论及其计量》观点摘要

□学术界很少探讨收入的性质、收入的计量等特别令人困惑的问题。欧文·费雪（Irving Fisher）的《资本与收入的性质》没有受到应有的关注。经济学家倾向于基于预期来探讨收入的性质，而会计师却坚持客观性和对实际事件的计量。

□根据每个股利流（dividend stream）计算的公司价值是一个主观价值（subjective value）。如果一家公司试图实现利润最大化，那么很明显，该公司管理层应该选择能够产生最大主观价值的资产构成。主观价值超过其单个资产市值之和的部分，为主观商誉（subjective goodwill）。公司的整体出售价值常常会超过其单个资产市值之和，超出部分即为商誉的市场价值，简称客观商誉（objective goodwill）。主观商誉必须超过客观商誉，否则公司的所有权将易手；主观商誉必须为正，否则公司将倒闭。在给定资源约束下，公司应该选择使得主观价值（因而主观商誉）最大的方案。

□【会计数据的主要目的】会计信息必须主要发挥管理职能。会计数据的主要目的是提供有益于评价企业过去业务决策及其所采用的决策方法的信息。评价的意义包括两个层面：一是企业管理层所主导的评价，以期在不确定的未来环境中做出最佳决策；二是针对企业管理层乃至整个公司进行的评价，以便股东、债权人、政府监管机构以及其他利害关系方对企业的活动做出更好的判断。

□【服务于主要目的的两类会计数据】为了对内部评价、业务决策有用，会计数据就必须提供资产的当前市场价值变化的信息，并且将其细分为经营活动引起的变化和持股活动引起的变化。更具体地说，会计数据必须分别提供以下两类信息：（1）准确计量的营业利润数据；（2）准确计量的因资产价格上涨而形成的可实现利得（realizable gains）。提供这两类信息是会计的主要功能。这两类信息也适用于针对企业管理层乃至整个公司进行的评估。此外，这些数据经过汇总后，可以得出投入产出和国民收入账户所需的信息，从而用于衡量整个国民经济的绩效。

□【会计数据的次要目的】会计数据的次要目的（也很重要）是为税收提供合理而公正的基础。人们常常把为税收服务看得很重，以至于排除了前述的主要目的。我们认为，两者都很重要，可以通过恰当的方式来兼容这两个目的。

□【服务于次要目的的会计数据】为了给税收提供合理而公正的基础，会计数据就需要提供以下两类信息：（1）资产自采购以来因价格上涨所形成的已实现的持有利得（holding gains），包括资产出售时的已实现资本利得（realized capital gain），以及将资产用于生产所形成的已实现成本节约（realized cost saving）；（2）将所有的利得分为两部分，即真实利得（real gains）和虚构利得（fictional gains）。虚构利得是指因物价变动所形成的货币利得（money gains）。

□目前的会计惯例未能提供上述四类信息。

□退出价值（exit values）包括预期价值（expected value）、现行价值（current value）、机会成本（opportunity cost）；入手价值（entry value）包括当期成本（present cost）、现行成本（current cost）和历史成本（historic cost）。

□目前的现行市场价值（current market value）概念过于含混不清，可以借助机会成本或者现行成本（current cost）概念进行界定。

□企业的活动有两个维度，即时间维度和生产维度。实现原则要求，在时间维度上依照资产在购置之日的价值记账，直到出售之日才记录其价值变动；在生产维度上依照资产在进入企业时的价值记账，无论在生产的哪个阶段，都必须以累积的历史成本计价，直到资产退出企业为止。

□如果在时间维度和生产维度上都抛弃实现原则，就可以得到基于机会成本的利润概念——可实现利润（realizable profit），我们认为这是短期目标的利润概念。机会成本在时间维度上是现时的，在生产维度上是退出价值。

□我们接受传统的持续经营理念，支持采用现行成本而不是机会成本概念。另一种概念是企业利润，这是长期目标的利润概念，它是基于现行成本来计算的。我们对概念进行了修改，以纳入价格水平的变化，并提出了一些涉及年末调整的技术，通过这些技术可以积累相关数据，以作为历史成本数据的补充。

□可以采用会计技术来调整单个资产和负债项目的价格变动。不改变目前的会计程序，不破坏传统报表中的历史成本会计数据，仅在会计期末对有限数量的报表项目进行调整，以反映现行成本。按照资产在服务期间的平均现行成本来衡量当前的营业利润，按照资产的期初和期末现行成本价值来衡量可实现的成本节约。

□只有采用现行成本（而不是历史成本）来计量资产，才能确定资本。

爱德华兹和贝尔的作品继承了美国经济大萧条之前一些学者的观点并有所发展，其理念对后世学术文献具有一定影响。[1] 不过，新奇但缺乏实务界支

---

1 Norton M. Bedford, "The Theory and Measurement of Business Income," *Journal of Accountancy*, 1962, 113(1): 91-92; Dale L. Flesher, "The Theory and Measurement of Business Income," *Issues in Accounting Education*, 1998, 13(1): 239-240; Geoffrey Whittington, "The Theory and Measurement of Business Income: What the Old Guys Can Tell Us," *The Irish Accounting Review*, 2008, 15(1): 73-84.

持的学术观点通常仅在学术圈子里引起一定的争论，对会计实践的影响微乎其微。[1] 即便在学术界，该书也没有受到重视，因为美国会计学术界在 20 世纪 60 年代刮起实证会计之风，理论研究不再是学术主流。[2]

1962 年，乔治·H. 索特（George H. Sorter）和查尔斯·T. 亨格瑞（Charles T. Horngren）向传统理论提出挑战，认为相关性是确定资产的首要因素；如果将对经济属性的考虑放在首位，那么资产 – 费用的计量问题就依赖于两个因素：对未来的预期和相关性。[3] 他们的观点为决策有用观的提出营造了气氛。[4] 但同一时期的相反观点认为，由公共会计师替信息使用者做出判断的提法，并不是令人满意的解决方法。公共会计师既不了解不同使用者的信息诉求，也不知道如何平衡不同使用者的信息诉求。[5]

1964 年，西德尼·S. 亚历山大（Sidney S. Alexander）在其著作《动态经济中的收益计量》（*Income Measurement in a Dynamic Economy*）中提出，应从纯理论观点出发来分析收益概念，并与传统会计上的收益进行比较；应当以未来收益流量的现值来确定企业收益。亚历山大反对采用单一的计量属性，主张应根据不同的决策需要选用相应的计量模式。他反对物价变动会计。[6]

1965 年，亨格瑞的论文《如何理解"实现"概念？》试图调和经济学领域和传统会计领域的理念分歧，该文提出了一种折中的观点，即纯粹经济学

1 Stephen A. Zeff, "Replacement Cost: Member of the Family, Unwelcome Guest or Intruder," *The Accounting Review*, 1962, 37(4): 611-625.

2 Kenneth Peasnell, Geoffrey Whittington, "The Contribution of Philip W. Bell to Accounting Thought," *Accounting Horizons*, 2010, 24(3): 509-518.

3 George H. Sorter, Charles T. Horngren, "Asset Recognition and Economic Attributes—The Relevant Costing Approach," *The Accounting Review*, 1962, 37(3): 391-399.

4 加里·约翰·普雷维茨、巴巴拉·达比斯·莫里诺：《美国会计史——会计的文化意义》，杜兴强等译，中国人民大学出版社，2006，第 362 页。

5 Delmer P. Hylton, "Current Trends in Accounting Theory," *The Accounting Review*, 1962, 37(1): 22-27.

6 Sidney S. Alexander, "The Concept of Income," *New York Certified Public Accountant*, 1964, 34(6): 410.

的资产增值理念不可能适用于会计实务，因此，应当将实现原则与现行价值理念结合起来，这样可有兼收并蓄之妙。[1]

专栏 8-4

查尔斯·T. 亨格瑞

查尔斯·T. 亨格瑞（Charles T. Horngren，1926—2011），曾任美国会计学会研究部主任（1964—1966）、会长（1976—1977），会计原则委员会委员（1968—1973），财务会计基金会管理人（1984—1989）。

1926 年生于美国威斯康星州，高中毕业后入伍服役 26 个月，之后进入马凯特大学（Marquette University）学习，1949 年毕业后加入毕马威会计公司。1950 年起在斯宾塞学院（Spencerian College）讲授会计学。1952 年在哈佛大学获得硕士学位，1953 年成为威斯康星州注册会计师。

1955 年在芝加哥大学获得博士学位，攻读博士学位期间曾任该校讲师。1955—1956 年在马凯特大学任助理教授，1956—1959 年在威斯康星大学任副教授，1959 年转到芝加哥大学，1963 年任教授，1966 年到斯坦福大学，1973 年被任命为 Edmund W. Littlefield 会计学讲席教授。其代表作之一是 1965 年发表的论文《如何理解"实现"概念？》。

此外，一些人开始借鉴实证经济学，使用财经数据库、统计数据和统计软件进行实证会计研究。鉴于实证范式对会计理论和会计实践影响甚微，留待后文予以分析。

---

1 Charles T. Horngren, "How Should We Interpret the Realization Concept?" *The Accounting Review*, 1965, 40(2): 323-333.

第二节　美国会计学会 1966 年的重大转折

一、关于 1957 年理论公告的五份补充公告

1964—1965 年，美国会计学会针对 1957 年理论公告《公司财务报表的会计与报告准则》所存在的局限，公布了 5 份补充公告。

（一）补充公告第 1 号

补充公告第 1 号是《土地、建筑物和设备的会计处理》。[1] 该公告提出，当期利润的计量和报告应当为预测未来的利润提供基础。为便于预测，企业报告的当期利润应当包括以下三个部分：（1）日常经营的成果；（2）灾难性损失和资产发现；（3）持有损益（holding gains and losses）。这三个组成部分应分开报告。

持有损益的发生原因是：（1）反映技术或需求状况变化的特定价格变化；（2）总体价格水平的变动。假定企业具有满足客观性和可验证性要求的证据，持有损益按照以下两者的差额计量：（1）资产的重置成本减去期初的累计折旧，两者均以期初的重置条件计量；（2）资产的重置成本减去期初的累计折旧，两者均以期末的重置条件计量。如此计算的结果能够排除当期折旧的影响。由于未预料到的技术或需求的变化而导致的持有损益，必须直接反映为股东权益的变化。

该公告建议，对于金额巨大且现行成本（current cost）的计量足够客观的情形，建议立即采用现行成本作为土地、建筑物和设备的估值基础。

起草该公告的特别委员会成员包括霍勒斯·R. 布罗克（Horace R. Brock）、罗伯特·L. 狄克逊（Robert L. Dixon）、西德尼·戴维森、罗伯特·K. 耶迪克

---

1 Committee on Concepts and Standards-Long-Lived Assets, "Accounting for Land, Buildings, and Equipment: Supplementary Statement No.1," *The Accounting Review*, 1964, 39(3): 693-699.

（Robert K. Jaedicke）、戈登·希林洛（Gordon Shillinglaw）、罗伯特·T. 斯普劳斯（Robert T. Sprouse）、保罗·E. 费尔蒂希（Paul E. Fertig），其中俄亥俄州立大学的费尔蒂希为该委员会主席。

（二）补充公告第 2 号

补充公告第 2 号名为《关于各种存货计量方法的讨论》。[1]该公告承认，历史成本记录了企业进行交易时的有效价格，它是客观的、可验证的，被工商管理、法律、税务和其他监管机构普遍接受。

该公告提出，有委员推荐在财务报表中披露存货的历史成本和重置成本，这样，就可以揭示价格涨跌的相对幅度。也有委员推荐采用多重报表的方法（multiple statement approach），同时披露基于不同基础的资产负债表和利润表，供报表使用者参考。例如，可以同时披露采购成本即历史成本，以及对现行价值（current value）的最佳估计值。

起草该公告的特别委员会成员包括彼得·A. 菲尔明（Peter A. Firmin）、塞缪尔·R. 赫普沃思（Samuel R. Hepworth）、罗伯特·莫茨、鲁弗斯·威尔森（Rufus Wixon）、查尔斯·T. 兹拉特科维奇（Charles T. Zlatkovich）、查尔斯·亨格瑞，其中芝加哥大学的亨格瑞为该委员会主席。

（三）其他三份补充公告

其他三份没有编号的补充公告刊载于《会计评论》1965 年 4 月号上。

1. 关于实现原则

关于实现原则的补充公告[2]提出，关于企业活动的报告可以分为两类：一

---

1 Committee on Concepts and Standards—Inventory Measurement, "A Discussion of Various Approaches to Inventory Measurement: Supplementary Statement No. 2," *The Accounting Review*, 1964, 39(3): 700-714.

2 1964 Concepts and Standards Research Study Committee—The Realization Concept,"The Realization Concept," *The Accounting Review*, 1965, 40(2): 312-322.

类是经营（operating）；另一类是持有（holding）。相应地，该公告将企业与外界进行的商品和服务的交换称作收入交易（revenue transactions），将资源在持有期间的价值变动称作持有损益（holding gains and losses）。

该公告提出，会计中有两个关键决定：一是确定应将哪些经济事件记录在账户中。对于这一问题，该公告建议将所有资产（商誉除外）的价值变化的影响（应得到足够的证据支持）记录在账目中。二是确定应如何在财务报表中报告记录的事件。对于这一问题，负责起草该公告的特别委员会的多数成员建议，未实现的资产价值变动不应计入当期利润，而应作为持有损益列示于净利润项目之后。在此基础上，可以另行列示净利润和持有损益之和。在资产负债表中，资产应按照代表其当前经济重要性的金额进行估值，累计的未实现的价值变动宜于在"留存收益"部分单独列示。

该公告同意上述关于列报存货的重置成本的主张，同意上述关于采用现行成本作为土地、建筑物和设备的估值基础的建议。

起草该公告的特别委员会成员包括小哈罗德·比尔曼（Harold Bierman, Jr.）、霍默·A. 布莱克（Homer A. Black）、杰克·格雷（Jack Gray）、塞缪尔·R. 萨皮恩扎（Samuel R. Sapienza）、西德尼·戴维森，其中，芝加哥大学的戴维森为该委员会主席。

2. 关于实体原则

关于实体原则的补充公告[1]提出，企业（business）一词存在很大的局限性，推荐使用实体概念（entity concept）取而代之。

会计上的实体，可定义为特定个体或团体的经济利益领域（an area of economic interest to a particular individual or group）。可以通过识别个体或团体的经济利益及其性质，来识别经济实体（economic entity）的边界。经济

---

1 1964 Concepts and Standards Research Study Committee—The Entity Concept, "The Entity Concept," *The Accounting Review*, 1965, 40(2): 358-367.

实体包括影响个体或团体利益的活动、事件和资源利用方式（无形的和有形的，不可量化和可量化的）。简而言之，该公告倡导采取"用户导向"的方法（"user-oriented" approach）来界定经济实体，会计报告应满足特定个体或团体的需要。

该公告提出，会计中的实体概念比持续经营、货币计量和实现概念更为根本。其他概念都依附于实体概念，但是，实体概念在解决当前会计实践中紧迫问题方面的作用有限。该公告仅针对合并财务报表、租赁会计和企业合并这三个问题，解释了实体概念的可能价值。这就清楚地表明，该公告主要是在论证合并报表等失当会计规则的合理性。

起草该公告的特别委员会成员包括肯尼思·B. 伯格（Kenneth B. Berg）、爱德华·J. 布莱克利（Edward J. Blakely）、肯尼思·S. 约翰斯顿（Kenneth S. Johnston）、奥瑟尔·D. 韦斯特福尔（Othel D. Westfall）、弗洛伊德·W. 温德尔（Floyd W. Windal）、罗伯特·T. 斯普劳斯，其中，哈佛大学的斯普劳斯为该委员会主席。

3. 关于配比概念

关于配比概念的补充公告[1]提出，企业应当把以成本（costs）的形式体现出来的努力（efforts）与它们的成就（accomplishments）进行配比。在理想情况下，应当基于因果关系（cause and effect relationship）将成本与已实现的收入进行配比。因此，收入的确认时点就是区分过期成本（expired costs）和递延成本（deferred costs）的主要决定因素。

该公告提出，成本应当与已实现的收入存在正相关（positive correlation）关系。该公告把与期间收入（period revenue）有关的成本分为三类：第一类是属于直接成本（direct costs）的产品和服务因素，它们直接与特定结果相关

---

1 1964 Concepts and Standards Research Study Committee—The Matching Concept, "The Matching Concept," *The Accounting Review*, 1965, 40(2): 368-372.

联，如直接材料和直接人工；第二类是间接成本（indirect costs），它们与一组结果关联，而不与特定的收入确认关联，如某些间接费用；第三类属于损失（losses），即失去了产生未来收入的能力，而与该时期的收入产生没有直接或间接的联系。

该公告还把所得税与利润总额的关系视为配比关系，其理由是，企业所得税是企业在政府服务部门所创造的环境中开展营业活动的成本，由于所得税额通常取决于企业所赚的应纳税所得额，因此可以在所得税额与利润总额之间建立直接的因果关系。显然，其对所得税的认识存在偏差。所得税本质上是一种利润分配，它跟利润总额的关系并不是努力（费用）与成就（收入）的关系。收入与费用的关系是付出费用从而换得收入，而所得税与利润总额的关系并不是缴纳税金从而换得利润总额。

起草该公告的特别委员会成员包括 W. G. 伯格（W. G. Berg）、C. H. 格里芬（C. H. Griffin）、保罗·基尔舍（Paul Kircher）、W. S. 米切尔（W. S. Mitchell）、W. J. 施拉德尔（W. J. Schrader）和埃默森·亨克（Emerson Henke），其中，贝勒大学的亨克为该委员会主席。

二、基本会计理论公告起草委员会的成立 [1]

如前所述，美国会计学会在 1936—1964 年共公布了 4 份完整的理论公告和 13 份补充性质的公告。[2] 其中，1936 年美国会计学会行政委员会公布的第一份完整的理论公告，是美国会计学会、也是会计理论发展的里程碑，后续的

---

1 Committee to Prepare A Statement of Basic Accounting Theory, A Statement of Basic Accounting Theory, American Accounting Association, 1966. 中译本：[美] 美国会计学会：《基本会计理论》，文硕、王效平、黄世忠译，中国商业出版社，1991。

2 美国会计学会曾于 1936 年公布《影响公司报告的会计原则暂行公告》、1941 年公布《公司财务报表的会计原则》、1948 年公布《公司财务报表的会计概念与准则》，之后公布了对 1948 年的公告的 8 份补充公告，并在此基础上总结形成了 1957 年的《公司财务报表的会计与报告准则》，此后又公布了 5 份对1957 年公告的补充公告。

公告虽然也取得了一定的成效，但就关注度和贡献而言，无一能望其项背。

1964 年，美国会计学会行政委员会设立了"基本会计理论公告起草委员会"（Committee to Prepare a Statement of Basic Accounting Theory，简称起草组），其任务是为会计教师、会计人员以及其他相关人士提供一套全面的、通俗易懂的会计理论公告，以期作为将于 1966 年 8 月召开的美国会计学会 50 周年纪念大会的献礼之作。该起草组可以不受以往公告的约束，内容需覆盖会计的作用、性质和局限性等方面。1964 年 10 月，起草组举行了首次聚会。在此后一年多的时间里，起草组集中讨论 8 次、累计 20 天时间，通常是全体成员出席。

起草组共有 9 位成员[1]，其中，芝加哥大学的乔治·索特拥有"事项法"这一独到的学术思想，他还是后来美国注册会计师协会特鲁布拉德报告的起草人。索特的"事项法"倡导会计为信息使用者提供各种来源的原始信息，不需要进行过多的加工，这样，投资者便可以各取所需。

三、1966 年《基本会计理论公告》的核心论点及其评价

1966 年，美国会计学会在纪念其成立 50 周年之际，公布了《基本会计理论公告》（A Statement of Basic Accounting Theory，ASOBAT）。

（一）《基本会计理论公告》的核心论点

《基本会计理论公告》比美国会计学会 1957 年公告走得更远，该公告竭力推广现行成本（current cost）或现行价值（current value）理念（这是公允

---

1 起草组主席是得克萨斯大学的查尔斯·T. 兹拉特科维奇（Charles T. Zlatkovich），其他成员分别是伊利诺伊大学香槟分校的诺顿·M. 贝德福德（Norton M. Bedford），伊利诺伊大学校友、安达信会计公司的罗素·H. 莫里森（Russell H. Morrison），密歇根大学的博士毕业生 R. 李·布鲁梅特（R. Lee Brummet）、罗兰·F. 沙蒙森（Roland F. Salmonson），加州大学洛杉矶分校的尼尔·C. 丘吉尔（Neil C. Churchill），芝加哥大学的乔治·H. 索特（George H. Sorter），俄亥俄州立大学的保罗·E. 费尔蒂希（Paul E. Fertig）和加州大学伯克利分校的劳伦斯·L. 万斯（Lawrence L. Vance）。

价值会计理念的一种变体），还更改了会计的定义，偏离了该学会自 1936 年以来苦心经营 30 年所确立的历史成本会计的理论体系。

这一公告的出台，表明美国高校学者有相当一批人已经背离了美国证券法、美国证监会长期坚持的法治理念，以及利特尔顿等所倡导的会计理念，走上了背离会计管理实践、迎合资本市场操纵的道路。

 专栏 8-5

《基本会计理论公告》篇章结构与论点摘要

第一章 导论（Introduction）

□我们将理论定义为构成某一学科的基本参照框架的，由假设性、概念性和实用性原则紧密结合而形成的一套学说。

□会计是为了向**信息使用者**提供决策所需的信息，而进行的确认、计量和传递经济信息的程序。**这个定义比以往的公告宽泛**。我们认为，会计信息并非必须以交易数据（transaction data）为基础，还要包括非交易型数据（non-transaction data）等信息。

□会计理论是一套用于解释和指导会计人员识别、计量和传递经济信息等行为的一套紧密结合的概念。

□会计的目标是提供满足下列目的的相关信息：（1）做出使用有限资源的决策，包括识别关键决策领域、确定总体目标和具体目标；（2）有效地配置和控制人力资源和物质资源；（3）承担财产管理之职责并报告职责履行情况；（4）为社会控制和社会运行提供便利。

□会计信息的**有用性应当从使用者的角度来评价**，但有用性这一概念过于抽象，未必有益于会计理论的构建。因此，就有必要进一步追问，具备什么特征的会计信息才算是有用的会计信息？

□虽然会计在本质上是历史性描述，但不可否认的是，处理未来的计划和预期的会计技术越来越受到重视。会计这一计量和传递信息的程序可以满足多种多样的诉求。

第二章 会计标准（Accounting Standards）

□我们**建议用相关性（relevance）、可检验性（verifiability）、中立无偏性（freedom from bias）和可计量性（quantifiability）作为评价会计信息的标准**。凡是符合这四项标准的数据都可以在会计报表中列报。

□我们推荐五条传递会计信息的指南：（1）符合预期的用途，满足适当性要求；（2）披露重要的活动（关系）；（3）包含环境信息；（4）会计行为的横向一致性和纵向一致性；（5）各个期间的会计处理的一贯性。

□上述四项标准和五条指南有所重叠，当然，四项标准更为重要一些。

□**相关性是四项标准中最基本的要求**。相关性因目的而异。

□会计信息应当对所有信息使用者具有公信力，即应当具备可验证性。这是因为，会计需要为可能存在利益冲突的多个利益群体服务，这就要求会计信息必须对所有利益群体都是值得信赖的。

第三章 服务于外部信息使用者的会计信息（Accounting Information for External Users）

□我们**建议采用多栏式报表（multi-column statements）**来同时列报多种价值维度的信息（multi-valued information）。历史成本不适合用于预测企业未来的收益、偿债能力和管理效果。历史成本是对实际交易的历史记录，现行价值是对市场环境的现实反映。因此，会计报表除了要报告历史成本信息以外，还应当增加栏目，**同时报告现行成本信息**。易言之，**历史成本满足可验证性，现行价值满足相关性，两者应在会计报表中分别在两列中予以平行列报**。进一步地，还可以同时列报**现值**信息。甚至可以尝试采用**离散分布**或**概率分布**列报数据。

□零星建议：应当尽量在报表中记载待履行的合同；企业合并应当采用购买法而不是权益结合法；应当记载资产的自然增值；应当确认递延所得税；应当允许企业自行选择合适的折旧方法；研发开支应当资本化。

□没有必要详尽地罗列所有财务报表使用者的信息诉求。会计所能提供的信息，仅仅是他们需求的一部分。会计人员不应当充当预测者。

□小心地区分重复发生的交易（recurring transactions）和不重复发生的交易（non-recurring transactions），也许会对预测未来的财务状况有益。

□**现行价值的概念有很多个，符合本报告所推荐的会计信息标准的，是资产的重置成本（replacement cost），即现行成本（current cost）。**

第四章　服务于内部管理者的会计信息（Accounting Information for Internal Managers）

第五章　会计理论的扩展（Extension of Accounting Theory）

□决策科学、行为科学、计算机技术与系统设计、计量技术和信息理论等学科的发展将会对会计学的发展产生影响，会计的理论和实践将会被大幅拓展。未来会计理论的规范性成分会更多，描述性成分会更少。会计学科的范围将会包含计量和传递过去、现在和未来的社会经济活动。会计学科也许会跟其他学科融合形成新的"信息化职业"（"information profession"）。

□**在本质上，会计是一个信息系统**。（原文为："Essentially, accounting is an information system."）准确地说，会计是信息科学的一般理论在高效率的经济运行中的具体运用。[引者注：这一观点即为我国学者所引入的"会计信息系统论"的起源。]

□我们预测，多重计量（multiple valuations）和多维报告（multi-dimensional reporting）是会计发展的趋势。未来的会计方法将会包括计算机技术、统计分析以及多种多样的计量技术。未来的会计学科需要对以下问题展开研究：（1）社会、组织和个人的需要（wants）的性质；（2）计量对人类行为的影响；（3）信息和计量的性质。

附录

□采用重置成本对存货计量，可以有效地解决成本与市价孰低法的固有偏差。

□以现行价值计量商誉的最合理的方法，是对整个会计主体进行估值，但这往往缺乏可验证性并且存在偏差。

1. 会计定义的转变

《基本会计理论公告》受信息科学、行为科学、决策科学的影响较大，缺乏系统的理论主张。这份公告提出，会计的本质是一个信息系统。这种观点的时代背景是，证券行业赚得满嘴流油，资本资产定价模型风行一时；人们恍然发现，居然有人主张使用统计知识进行证券投资决策，公司财务理论仿佛就是真理。这时，迎合信息使用者的理论遂成为流行。美国会计学会未能免俗，倒也算是情有可原。该报告还提出了"使用者"（users）这个概念，而且偏好使用"经济信息"（economic information）一词，而非"财务信息"（financial information），则使得该报告对会计概念的解读显得颇为独特。

2. 决策有用观和现行成本会计理念的引入

早在 1963 年，美国会计学会的一个关于长期资产的研究组（Committee on Long Lived Assets）肯定了该学会在 1957 年公告中所提出的将资产定义为服务潜能的观点，但它承认难以计算资产的现金流量现值，遂提出用重置成本作为资产服务潜能的替代。若重置成本高于历史成本，则可计入持有利得，还可基于重置成本计提折旧。这一观念流露出了一些学者背离该学会一贯立场的倾向。

1966 年的这份《基本会计理论公告》走得更远，该公告受当时时兴的公司财务理论影响较大，它首次从使用者的视角进行会计理论的构建，并明确地提出了决策有用性的理念。与美国会计学会苦心经营了 30 年的历史成本会计的传统理念相比，该公告的公布堪称是会计理论上的一场革命，它表明美国会计学会有了明显的变化，背离了过去所提出的会计定义。[1]

前已述及，学界有人就决策有用观的理念提出了质疑：由会计师代替信息使用者做出判断，并不是令人满意的解决方法。会计师既不了解、也不知道如何平衡不同使用者的信息诉求。试问，这个世界上有哪个人、哪个学科能够给出对所有证券投资者都有益的证券估值模型呢？

3. 相关性成为会计信息最重要的要求

《基本会计理论公告》的这一立场与传统会计观念存在较大差异，该公告所强调的相关性使得客观性或者可验证性成为会计信息应满足的次要标准。

该公告所提出的评价会计信息的标准（即相关性、可检验性、中立无偏性和可计量性这四项标准）被后来的各种会计理论文献广为引用。

（二）《基本会计理论公告》的成就与问题

该公告的以下立场值得称道：第一，该公告总体上坚持了历史成本会计理念，并未完全背离美国会计学会自 1936 年以来历次公告所确立的基本理念。第二，该公告同时引入了并行补充披露现行价值的要求。对缺乏原始凭证的现行价值信息，只需要进行信息披露，而不用篡改会计数据，也就是说，会计程序不对现行价值信息进行处理。第三，该公告所提出的会计信息"使用者"概念并未抛弃企业管理层的信息诉求。作为对比，后续的财务会计概念框架纷纷将投资者置于使用者的前列，这一目标导向的偏差最终将会计学

---

1 Harry I. Wölk, James L. Dodd, John J. Rozycki, *Accounting Theory: Conceptual Issues in a Political and Economic Environment*, 7th Edition (Los Angeles: Sage Publications, Inc., 2008), p. 57.

科带向了金融分析的道路。第四，该公告正确地认识到，会计界提出的现行价值概念并无确切定义，基本上可以说所有偏离历史成本会计的概念都可以标称为现行价值，因此该公告将现行价值界定为重置资产的现行成本。同时，该公告也提出了允许企业补充披露现值信息的主张。第五，该报告所提出的多重计量和多维报告等概念是富有前瞻性的，如此，有望将所有缺乏原始凭证的信息隔离在会计程序之外。这样，事实与预期泾渭分明，会计规则就不会受制于各种统计模型、估值模型、计算机技术、金融监管理念等方面的频繁变化，不会发生脱离会计基本原则的异化现象。总之，该公告反映了起草者既要坚持历史成本会计原则，又要兼顾罗斯福新政之后再度兴起的公允价值会计理念的态度。

当然，作为总体上持妥协立场的这份公告，其局限性也是显而易见的。第一，该公告缺乏原创观点，其观点大多是对现有文献进行归类的结果。罗伯特·司德凌的"毒舌"评价（参见后文）很能说明问题，"起草组承接了一项很大的任务。这项任务如此之大，以至于没有人会为起草者的失败感到惊讶"，"会计研究者在这份声明中基本上找不到什么新东西"。第二，该公告提出的使用者概念过于抽象，也没有提炼出他们的共同诉求。后续的财务概念框架基本上都存在同样的问题。但会计规则的制定应当寻求使用者的信息交集，而不应当依靠给使用者排优先顺序的方式来解决问题。在制定会计规则时，必须将会计规则背后的利益关系、社会关系放在首要位置，并在此基础上寻求他们的利益交集。第三，该公告中不少观点与其主旨存在冲突，如关于记录资产增值、确认递延所得税等主张。

总体来看，《基本会计理论公告》能够在坚持历史成本会计的基础上适度引入现行价值信息的披露规则，其总体立场是值得充分肯定的。

但这时的美国证监会坚持历史成本会计立场，对于《基本会计理论公告》所提出的同时列报历史成本和现行价值（指现行成本）的做法并不支持。在美国会计学会 1966 年年会上，美国证监会首席会计师安德鲁·巴尔（Andrew Barr）表示，证监会将不会接受采用这种方案编制的财务报表。[1] 其态度值得肯定，但也过于严苛了些。巴尔是 20 世纪 30 年代加入美国证监会的会计人员中涌现出的最后一位总会计师。巴尔卸任后，美国证监会主席威廉·J. 凯西（William J. Casey）没有任命当时的副总会计师 A. 克拉伦斯·桑普森（A. Clarence Sampson）接替巴尔，而是任命哥伦比亚大学 39 岁的会计和金融学教授约翰·C. 伯顿（John C. Burton）出任首席会计师。伯顿是个激进分子，他曾在哈弗福德学院跟随菲利普·贝尔学习会计，是现行成本会计的狂热支持者。贝尔和爱德华兹 1961 年合著的那本影响颇大的《企业收益理论及其计量》几乎成了伯顿的执政参考书。伯顿没有从事过会计工作，是典型的学院派，美国证监会正是在他供职期间开始逐步偏离历史成本会计传统的。[2]

四、围绕《基本会计理论公告》的争论

（一）起草组成员罗素·莫里森的评论

人们读过美国会计学会 1966 年这份公告之后不免要狠狠掐一掐自己——美国会计学会前后 30 年的态度转变也忒大了。不难想象，该公告引发了广泛争议。[3] 该公告从方法到结论的逻辑并不严密，关于会计信息的四项评价标准也缺乏缜密论证。

美国会计学会行政委员会当初在组建"基本会计理论公告起草委员会"时明确要求，最终的公告必须经该起草组三分之二多数通过。最终，9 位委员

---

1 Stephen A. Zeff, "The SEC Rules Historical Cost Accounting 1934 to the 1970s," *Accounting and Business Research*, International Accounting Policy Forum Issue 2007, 2007, 37(3): 49-62.

2 当然，决定性的原因是，美国证监会整个管理团队的知识水平和能力大不如前。

3 Paul E. Fertig, "A Statement of Basic Accounting Theory," *New York Certified Public Accountant*, 1967, 37(9): 663-671; Robert R. Sterling, "A Statement of Basic Accounting Theory: A Review Article," *Journal of Accounting Research*, 1967, 5(1): 95-112.

都同意公布这份理论公告。难道所有委员都心甘情愿背这个黑锅吗？不见得。罗素·H. 莫里森（Russell H. Morrison）就很不情愿。他对该公告发表了一通措辞严厉的评论，并要求连同该公告一并公布。

 专栏 8-6 ——————————————————————————————————

罗素·H. 莫里森的评论

　　□对于制定一套能够指导会计信息处理程序的合理原则的基本会计理论来说，这份公告基本没有什么用。因此，我认为仍有必要着力建设本委员会所受命建设的基本会计理论公告。

　　□第三章提倡报告现行成本，我不认为其具有可行性。根据我的判断，目前还没有哪种合理的、可接受的方法能够客观地确定现行成本，也许证券市场上交易的证券可算是例外。我不赞成报告现行成本，我建议在历史成本之外，补充列报根据物价变动调整后的数据，这样对报表读者更为有用，也更具可行性。

　　□第四章探讨的管理信息诉求很有意思，但我不觉得它和基本会计理论有什么关系。

　　□第五章大谈未来的会计，但我还是不觉得它和基本会计理论有什么关系。

　　显然，莫里森的意思是，我可不愿意背这口黑锅。如今看来，莫里森此举是何等睿智。

（二）起草组成员索特的评论

　　索特是美国会计学会的这份《基本会计理论公告》和美国注册会计师协会"特鲁布拉德报告"的起草人。

　　索特认为，《基本会计理论公告》所采用的理论构建方法是价值路径

（value approach），或称使用者需求路径（user need approach）。这种路径假定，使用者的需求是已知的，并且已经予以清晰地界定，会计人员从而可以提供满足这种需要的信息输出值。索特指出，这种路径的问题在于，使用者的类别和诉求五花八门，很难全面地予以清晰界定，特殊诉求下的决策模型也很难予以穷尽。他还认为，更合适的路径是"事项路径"（events approach），即会计为信息使用者提供各种来源的原始信息，不需要进行过多加工，这样，投资者便可各取所需。[1]

价值路径与事项路径的区别，就像是"明天下雨，请务必带伞"与"明天下雨的概率是 60%"之间的区别。[2]

（三）司德凌的毒舌评价

在 20 世纪 60 年代活跃于美国会计学术界的司德凌对《基本会计理论公告》给予了辛辣的评论。[3]司德凌认为，该公告观点矛盾重重，比如，如果相关性是首要的信息质量要求，那么为什么还要同时披露历史成本和现行成本？它们都是相关的吗？如果不都是，那么为什么还要列报？他指出，该公告的写作组明显是小马拉大车，其失败实属意料之中。他还认为，该公告其实没什么新东西，只不过是个东拼西凑的大杂烩。

耐人寻味的是，虽然《基本会计理论公告》基本上算是《公司会计准则导论》和罗斯福新政之后再度抬头的市场价值会计理念的拼盘，其创新价值相对有限，但该书照样被《美国会计史——会计的文化意义》奉若圭臬。该书评论道，《基本会计理论公告》旨在发展会计理论，而没有考虑实务问题，

---

1 George H. Sorter, "An 'Events' Approach to Basic Accounting Theory," *The Accounting Review*, 1969, 44(1): 12-19.

2 Thomas Evans, *Accounting Theory: Contemporary Accounting Issues* (Cincinnati, OH: South-Western of Thomson Learning, 2003), p. 76.

3 Robert Sterling, "A Statement of Basic Accounting Theory: A Review Article," *Journal of Accounting Research*, 1967, 5(1): 95-112.

堪称数十年来美国会计学术的规范研究所达到的最高水平。该书认为，该公告不再以会计实务的工作内容为着眼点，而是以使用者为导向，以信息使用者的需求来定义会计，提出了四条会计信息基本标准（相关性、可靠性、中立无偏性和可计量性），主张在财务报告中采用多种计价方式，与美国会计学会之前的所有公告存在显著差异。[1]

如果以马后炮的"智慧"来评价，1966年的《基本会计理论公告》的旨趣虽然远远逊色于1940年的《公司会计准则导论》，但终归还是远远胜过1977年的《会计理论与理论认可》。毕竟，它还是在探讨会计学科本身的问题。

五、《基本会计理论公告》的后续影响

平心而论，鉴于发表批评性意见总是比提出建设性意见更容易，因此，出于理性、建设性的考虑，不妨多多关注该公告的优点。

笔者认为，该公告至少具有以下三个方面的优点。第一，该公告承认了历史成本会计信息的价值和不足，其立场是可取的。第二，该公告认识到会计报表应当尽量满足不同信息使用者的利益诉求，这也是可行的。第三，该公告正确地认识到，补充披露的信息完全可以在历史成本会计之外另行操作。这一理念非但未能消灭历史成本会计，反而凸显了历史成本会计对于加强管理的重要性。总之，该公告的很多理念是超前的、可行的。

遗憾的是，美国会计学会这个小团体的成员们未能发挥团队优势、乘胜前进，结果，美国注册会计师协会组织的理论小分队把该公告中的"决策有用观"拿去，推出了与《基本会计理论公告》迥异的理论主张，而原本正确的理论主张却被抛弃了。

---

1 Gary J. Previts and Barbara D. Merino, *A History of Accountancy in the United States: The Cultural Significance of Accounting* (Columbus: Ohio State University Press, 1998), pp. 321-322.

第九章
财务会计准则委员会的时代：1973 年至今

在金融自由化和新自由主义兴起的大背景下，财务会计准则委员会在复杂化、抽象化、金融分析技术化的道路上高歌猛进，取得了一项又一项突破性进展。决策有用观为会计规定了不可能完成的任务。伴随着衍生金融工具的泛滥，现值、公允价值等失当概念成为流行词汇。

财务会计准则委员会一方面推出预计负债、长期资产减值、贷款减值等会计规则，扩大谨慎性原则的影响面；另一方面推出交易性金融资产、可供出售金融资产等公允价值会计规则，为相关性原则提供现实注解。这两方面的汇合，就形成了会计准则的混合计量模式。此外，研发支出费用化、利息支出资本化、股票期权费用化、其他综合收益、商誉减值等会计规则也陆续出台，会计规则的弹性化现象愈发引起市场关注。

第一节　财务会计准则委员会的时代背景：新自由主义的兴起及其影响 [1]

一、20 世纪 70 年代的滞胀

20 世纪 30 年代经济大危机后，以罗斯福新政为代表的政策实践标志着凯

---

[1] 本节参考了以下文献：中国社会科学院"国际金融危机与经济学理论反思"课题组（执笔：刘迎秋）：《国际金融危机与新自由主义的理论反思》，《经济研究》，2009 年第 11 期。

恩斯主义登上历史前台，美国等发达国家的国民经济进入了一个新的发展阶段，20 世纪 50—60 年代成为这些国家第二次世界大战后经济增长的"黄金时期"。但是，凯恩斯主义扩张性财政政策的实施导致美国政府的军费和社会福利开支不断扩大，巨额财政赤字带来了巨量货币发行，进而形成了日益严重的通货膨胀。不仅如此，随着第二次世界大战后产业结构的调整逐渐到位和主导产业的日益成熟，有利可图的投资机会明显减少，技术进步开始陷于停滞，投资的边际收益率大幅下降。资本利润率的持续走低，进一步加剧了生产停滞和失业率上升的趋势。美国的通货膨胀率从 1965 年初的不到 2% 上升到 1969 年底的 6%。

20 世纪 70 年代初石油危机的冲击和后来布雷顿森林货币体系的解体，使得原本已经十分严重的通货膨胀进一步加剧，也进一步导致生产成本的大幅上升和经济增长率的持续大幅下降，美国经济出现了明显的滞胀。[1] 通货膨胀从 70 年代的烈性通货膨胀发展为 80 年代初的恶性通货膨胀。在滞胀的大背景下，自由主义在被罗斯福新政及其"余脉"压制 40 年之后再度兴起，遂为新自由主义。

新自由主义思潮是一种以"凯恩斯革命的反革命"为主要特征，以夸大的形式把原本具有一定学术价值的经济理论推向市场极端的社会思潮。这一思潮具有多种存在形态，其中，最具典型意义的当推盛行一时的"市场原教旨主义"（market fundamentalism），其突出特点是宣扬"市场万能论"，否定市场缺陷及其失灵的可能性与现实性，片面夸大市场的自我修正和自动平衡功能，否认政府干预对于弥补市场缺陷、克服市场失灵的积极作用，认为除维护法制和社会秩序以外的任何形式的政府干预都有损于市场效率及市场的健康运行。新自由主义政策主张的典型表现形式是"华盛顿共识"。

---

1 滞胀（stagflation），是指经济停滞（stagnation）和通货膨胀（inflation）并存的经济现象。

1974 年 8 月，尼克松因"水门事件"[1]辞去美国总统职务。副总统杰拉尔德·R. 福特（Gerald R. Ford）继任美国总统。在福特和吉米·卡特（Jimmy Carter，1977—1981 年任美国总统，民主党人）任期内，美国通货膨胀高企，经济呈萧条之势。

1979 年 8 月，卡特总统任命保罗·沃尔克（Paul Volcker）为美联储主席，支持其采用激进的货币政策应对高企的通货膨胀。保罗·沃尔克采纳货币主义理论，在第二次石油危机（1979）引发高达 13% 的通货膨胀率的背景下，以惊人的魄力将美国的利率提高到了前所未有的水平。1981 年 6 月，联邦基金利率上升到 19.1%，商业银行优惠利率在 8 月份上升至 20.5%，在 12 月份更是一度高达 21.5%。当电影演员罗纳德·W. 里根（Ronald W. Reagan，1981—1989 年任美国总统，共和党人）大选获胜出任美国总统时，虽然利率仍居高不下，但通货膨胀已得到一定控制。到 1983 年春末夏初，高利率逐渐产生效果。沃尔克把年通货膨胀率从他上任时的 13% 降到了 4% 以下。[2]

二、20 世纪 80 年代的里根主义及其后续影响

20 世纪 80 年代初，新自由主义成为资本主义制度的新模式，为金融化开辟了道路。自 1933 年以来主导美国经济的凯恩斯主义被抛弃[3]，放松金融监管的法律和政策陆续出台。里根在任期间启动了以供应学派（supply-side economics）[4]理论为基础的"里根经济学"（Reaganomics）政策主张。

---

1 "水门事件"，是 1972 年 6 月发生于华盛顿特区水门大厦的针对民主党全国委员会总部的窃听事件。

2 ［美］约瑟夫·B. 特雷斯特：《保罗·沃尔克：金融传奇人生》，李莉译，中国金融出版社，2006，第 147、157 页。

3 19 世纪末至 1933 年，美国的金融业是在监管松弛的条件下发展的。大萧条时期，罗斯福新政通过金融管制抑制了金融部门的利益，凯恩斯主义从此主导美国经济近 30 年。在这个时期，金融部门服务于非金融部门，促进了非金融部门的资本积累。

4 有别于凯恩斯主义格外看重对需求的管理的立场，供应学派主张"供给能够产生其自身的需求"。

1. 撒切尔和里根的新自由主义政策及其实施效果

在突如其来的滞胀面前，凯恩斯主义几乎陷入束手无策的地步。随之而来的便是，人们对它的普遍怀疑和日趋严重的放弃倾向。在这种情况下，曾经长期处于边缘地位的自由主义思想开始起死回生，以弗里德里希·奥古斯特·冯·哈耶克（Friedrich August von Hayek）和米尔顿·弗里德曼（Milton Friedman）为代表的新自由主义思潮正式登上历史舞台。"撒切尔新政"的实施，标志着哈耶克倡导的新自由主义思潮开始进入主流社会。1981 年 1 月 20 日，里根在其首次当选美国总统后的就职演说中明确提出，"在当前这场危机中，政府不能解决问题，政府本身就是问题"（英文原话为"In this present crisis, government is not the solution to our problems; government is the problem"）。"撒切尔新政"和"里根革命"的确曾为克服滞胀发挥过积极作用。在撒切尔夫人连任三届英国首相的 11 年间，英国国民经济确曾持续较快增长。自里根执政以来，美国经济也持续回升，通货膨胀和失业问题得到缓解。1980 年曾高达 18% 的通货膨胀率到 1987 年已经降至 3%。失业率也从 1983 年的 9.6% 降至 1989 年的 5.3%，成为 1973 年以来历史最低点。经济增长率于 1984 年创造出了高达 6.8% 的战后之最。英美等国的滞胀阴影几近消失。"华盛顿共识"正是在上述背景下于 1989 年应运而生的。

卡特政府和里根政府启动了放松金融管制的立法进程。卡特总统 1980 年 3 月 31 日签署《1980 年银行法》[1]（即《1980 年存款机构放松管制和货币控制法》）宣布废止 Q 条例（指联邦储备委员会对会员银行设定利率上限的条例），规定从 1980 年起分 6 年逐步取消对定期存款和储蓄存款利率的最高限制。里根总统 1982 年 10 月签署《1982 年存款机构法》（又称《甘恩－圣杰曼存款机构法》，Garn-St. Germain Depository Institutions Act），允许储蓄

---

1 该法是自 1913 年《联邦储备法》通过以来，对美联储影响最大的法律之一。

贷款机构投资垃圾债券（junk bond，即低于投资级别评级的债券），允许金融机构开展跨州并购。里根表示，该法案是 50 年来对金融机构而言最为重要的立法。

这些立法成为整个 20 世纪 80 年代的储蓄贷款机构危机的温床。金融阶层再度兴起，金融算计在金融创新的光鲜招牌下招摇过市，金融资本重新成为美国社会的头牌。

1987 年 10 月 19 日，美国股市崩盘，引发全球各大证券交易所的连锁反应。道琼斯工业平均指数在一个交易日内下跌 22.6%，创下美国股市历史上最大的单日跌幅。这一天被称为"黑色星期一"，是大萧条以来最严重的股市暴跌。

2. 1989 年："华盛顿共识"的形成

1989 年，在美国财政部的支持下，美国国际经济研究所牵头，与国际货币基金组织、世界银行等机构联合在华盛顿召开了一次旨在解决拉美国家经济衰退问题的国际研讨会。会后，美国国际经济研究所高级研究员约翰·威廉森（John Williamson）将会议取得的收获进行了总结与概括，并称其为"华盛顿共识"（Washington Consensus）。"华盛顿共识"主要由三大方面内容组成：一是三项改革措施，主要包括加强财经纪律，把政府开支的重点转向经济效益高的领域和有利于改善收入分配的文教卫生及基础设施建设领域，开展包括降低边际税率和扩大税基的改革等；二是四项市场开放原则，主要包括实行利率自由化、更具竞争性的汇率制度、贸易自由化和放松外国直接投资限制等；三是三个"去政府"干预要求，主要包括国有企业私有化、放松进入与退出的政府管制以及有效保护私人财产权等。"华盛顿共识"不仅集中体现了新自由主义思潮的基本要求，而且集中反映了哈耶克和弗里德曼等的政策主张。

乔治·H. W. 布什（George H. W. Bush，1989—1992 年任美国总统，共和

党人）、比尔·克林顿（Bill Clinton，1992—2001 年任美国总统，民主党人）在任期间的经济政策基本上都延续了"里根经济学"的政策主张。

三、喧嚣的 90 年代与放松金融管制

克林顿政府采取扩大长期投资计划（涉及科技、教育、基础设施等）、增加税收、削减财政支出等措施，使得美国经济出现了经济稳定增长、低通货膨胀率、低失业率、低利率的繁荣景象。克林顿还在全球率先支持互联网技术，从 20 世纪 80 年代开始兴起的信息技术革命为经济快速增长起到了推进作用。美国联邦政府在 1998 年财政年度成功地实现了 692 亿美元的预算盈余，这是联邦政府 30 年来首次实现预算盈余。1999 年财政年度的联邦预算盈余更是高达 1 227 亿美元，创造了美国历史上的最高纪录。"1985—2007年间，宏观经济出现了虚假的和平景象。淡水派和咸水派经济学家间 [引者注：指沿海和内陆高校学者之间。] 也没有真正的交锋。这期间是所谓的'大稳健'（Great Moderation）时期，这段时期通货膨胀和经济衰退都相对缓和"。[1]

在 20 世纪 90 年代，金融资本通过竞选捐款（以金钱赞助选举）、旋转门（金融机构高级管理人员与政府人员互换角色）、文化宣传等渠道对立法和行政部门进行渗透和干预。金融部门为国会议员提供了大量的竞选费用；投资银行家与他们的盟友在政府部门担任要职；学术界把华尔街的意识形态塑造为主流想法。在克林顿任期内，主管财政金融政策的内阁大员悉数来自华尔街，放松金融管制是其金融政策的主旋律。

1. 混业经营政策的恢复

20 世纪的美国金融史就像一个轮回。1999 年 11 月，美国国会参众两院

1　P. Krugman, "How did Economists Get It So Wrong?" *New York Times*, September 6, 2009; 新华网，2009-10-18.

分别以 90∶8 和 362∶57 的表决结果通过《金融服务现代化法案》（Financial Services Modernization Act，亦称《格拉姆－利奇－布里勒法案》（Gramm-Leach-Bliley Act）），该法案彻底废除了 66 年前（1933 年）罗斯福新政期间的《格拉斯－斯蒂格尔法案》所规定的"分业经营、分业监管"政策，允许金融控股公司同时拥有商业银行、投资银行（证券公司）和保险公司。这导致了金融控股公司（financial holding company，FHC）的诞生，是 20 世纪末放松金融管制的重大事件。

城头变幻大王旗。美国的银行业又回到了罗斯福新政之前的混业经营状态。[1]金融行业再度成为显贵。理查德·费希尔（Richard Fisher，20 世纪 90 年代摩根士丹利 CEO）是这么回忆 20 世纪 60 年代初他从哈佛大学商学院毕业时的情形的，"投资银行是我们能找到的薪资最差的工作。我刚开始在摩根士丹利工作时，起薪只有年薪 5 800 美元。这是我所找到的工作中薪水最低的……我确信，那些去了宝洁公司的同学起薪是年薪 9 000 美元"。伴随着金融监管的弱化，金融行业的薪资大幅上涨，到了 2007 年，银行业的平均职工薪酬是私营部门职工薪酬的 2 倍。

2. 股票期权对公司治理的显著影响

20 世纪 90 年代，美国公众公司的管理层薪酬结构发生了根本性转变。据统计，标准普尔成分股公司的 CEO 薪酬中股票所占比例，1990 年时为 8%，2001 年时就变成了 66%（见图 9-1）。美国证监会放松监管的改革使得公司 CEO 可以在行权后立即出售股票套现，这样就把期权变成了欺诈的工具。股票期权成为白领们攫取财富的最佳手段。

1　罗斯福新政期间颁布的《1933 年银行法》（Banking Act of 1933，又称《格拉斯－斯蒂格尔法案》（Glass-Steagall Act））规定，商业银行不得从事投资银行业务。《1956 年银行控股公司法》禁止银行控股公司跨州购并银行，要求商业银行和保险公司分业经营。

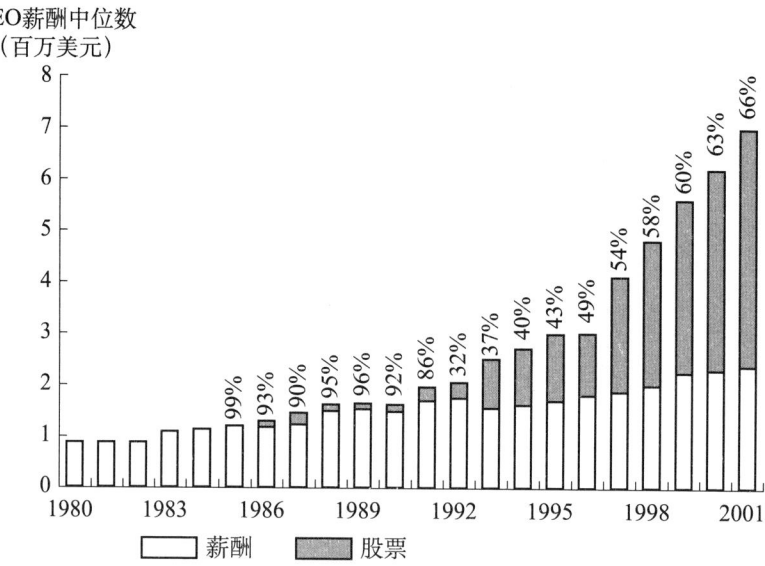

图 9-1 1980—2001 年标准普尔成分股公司的 CEO 薪酬及其股票占比

资料来源：Brian J. Hall, "Six Challenges in Designing Equity-Based Pay," *Journal of Applied Corporate Finance*, 2003, 15(3): 21-33.

　　管理层薪酬之所以出现这种转变，学术界给出的解释主要有两个：一是现金薪酬需要承受 20 世纪 90 年代初推出的较高的税收负担；二是现金薪酬往往刺激公司 CEO 做大公司规模而不是提高效率，他们往往会以保守的倾向竭力追求做大自由现金流量（free cash flow）。

　　与之相伴的是越来越猖獗的盈余管理（earnings management）和财务报表重述。在股票期权的强力刺激下，美国公众公司的管理层甚至已不再满足于利润平滑等盈余管理行为了，他们开始变寅吃卯粮的戏法。流行的财务舞弊手法从向后推迟确认收入，变为提前确认未来的收入。

　　作为对比，欧洲公司相对较少使用股票期权激励制度，公司 CEO 薪酬较少且更少与绩效挂钩。2004 年，公司 CEO 薪酬与员工平均薪酬之比，美国约为 531∶1，法国为 16∶1，德国为 11∶1，日本为 10∶1，加拿大为 21∶1。再加上欧洲上市公司股权比较集中，往往存在控股股东，控股股东对股价的波动不大感兴趣，而且能够决定 CEO 人选，CEO 也就没有权力和动机去操纵利润，这就比较合理地解释了欧洲公司财务舞弊大案为什么会少于美国。[1]

3. 法律环境的重大变化

在实践中，集体诉讼和律师的胜诉酬金（contingent fee）能够较好地保护中小投资者的利益——这对金融中介来说显然是巨大的威胁。

20 世纪 90 年代，美国联邦最高法院的一系列判例以及新出台的联邦法律，大幅降低了美国注册会计师行业的法律风险，特别是降低了集体诉讼（class action）的威胁。

集体诉讼兴起于 20 世纪 60 年代联邦诉讼规则的修订。美国《联邦民事诉讼规则》（Federal Rules of Civil Procedure）第 23 条"集体诉讼"最初制定于 1938 年，但在实践中存在诸多不便。1966 年，美国国会对《联邦民事诉讼规则》第 23 条进行了大幅修订，其中一个重大变化是，从原告"声明加入"（opt-in）规则，改为了原告"声明退出"（opt-out）规则。集体代表必须将集体诉讼消息告知所有潜在的集体成员，选择退出的集体成员必须向法院递交书面退出通知，集体诉讼的法律后果将推及所有不递交书面退出通知的集体成员。这也就是美国注册会计师行业自 20 世纪 70 年代开始饱受诉讼困扰的法律背景。

1991 年的判例（Lampf, Pleva, Lipkind, Prupis & Petigrow v. Gilbertson；501 U.S. 350（1991））把集体诉讼的诉讼时效从通常的 5～6 年大幅降低至 1～3 年。

1994 年的判例（Central Bank of Denver, N. A. v. First Interstate Bank of Denver；114 S. Ct. 1439（1994））取消了《1934 年证券交易法》第 10 节第（b）款所规定的协助教唆民事责任（civil liability for aiding and abetting）。

1　John C. Coffee Jr., *Gatekeepers: The Professions and Corporate Governance* (New York: Oxford University Press, 2006), pp. 85-86.

1995 年出台的《1995 年私人证券诉讼改革法》（Private Securities Litigation Reform Act of 1995，PSLRA）更是大幅降低了注册会计师和律师等次级参与者（secondary participants）的诉讼压力。该法旨在减少滥用诉讼，减少强制和解，实际上是对《1933 年证券法》和《1934 年证券交易法》所规定的民事责任和刑事责任的大幅限缩。[1] 该法大幅提高了证券集体诉讼的起诉标准；推出了比例责任（proportionate liability），用以取代连带责任（"joint and several" liability）；不再将《敲诈者、影响和腐败组织法》（Racketeer, Influenced, and Corrupt Organizations Act，RICO）适用于证券欺诈集体诉讼，从而限制将补充赔偿转换为三倍赔偿；规定了法定"安全港"（Safe Harbor）规则，以鼓励公司披露前瞻性信息。最积极支持证券诉讼改革的是会计行业和高科技行业，因为集体诉讼常常导致价格高昂的强制和解（coerced settlements）。[2] 该法通过后的第一年（1996 年），注册会计师和律师卷入证券欺诈集体诉讼的次数比以前要少得多。由于美国证监会的行政经费在 20 世纪 90 年代实际上处于冻结状态，所以美国证监会也较少提起对会计公司的诉讼。法律的松弛与监管的放松共同发挥作用，使得注册会计师行业的法律风险在 20 世纪 90 年代末处于下降状态。

1998 年的《证券诉讼统一标准法案》（Securities Litigation Uniform Standards Act，SLUSA）修订了《1933 年证券法》第 16 节，并在《1934 年证券交易法》中增加第 28 节第（f）款，禁止在州法院起诉集体诉讼证券欺诈诉讼，这就剥夺了州法院审理证券欺诈集体诉讼的管辖权。该法是为巩固《1995 年私人证券诉讼改革法》的"战果"而出台的。

1《1934 年证券交易法》第 10 节第（b）款和第 14 节第（a）款规定了明示的和隐含的私人诉讼权利，第 10 节第（b）款是一般的反欺诈条款。1942 年，美国证监会采用了类似的反欺诈条款，即规则 10(b)-5。

2 John W. Avery, "Securities Litigation Reform: The Long and Winding Road to the Private Securities Litigation Reform Act of 1995," *The Business Lawyer*, 1996, 51(2): 335-378.

上述司法和立法动态显著降低了注册会计师的法律风险。[1]

4. 金融衍生品的泛滥

监管机构之间对于是否应当对 OTC 交易[2]的金融衍生品实施监管存有分歧。1996 年 8 月，克林顿总统任命著名律师布鲁克斯利·博恩（Brooksley Born）为美国商品期货交易委员会（Commodity Futures Trading Commission，CFTC）主席。博恩一直主张对场外交易的金融衍生品（尤其是金融机构之间大量交易的互换合约）实施严格监管，她在 1998 年拿出了一份倡议方案，但美国财政部长罗伯特·E. 鲁宾（Robert E. Rubin）、副部长劳伦斯·H. 萨默斯（Lawrence H. Summers）和艾伦·格林斯潘（Alan Greespan）等美国金融政策的主导者均反对她的提议。1998 年 5 月，美国证监会主席阿瑟·莱维特（Arthur Levitt）也公开表示反对。后来，美国国会通过一项法律，禁止商品期货交易委员会对 OTC 金融衍生品实施监管。1999 年 6 月，博恩愤然辞职。同年 11 月，总统金融市场工作小组提交报告，建议联邦监管机构豁免对场外衍生产品的监管，该小组的成员包括萨默斯、格林斯潘、莱维特和新任商品期货交易委员会主席威廉·雷纳（William Rainer）。他们的建议后来被写入 2000 年 12 月克林顿总统签署的《2000 年商品期货现代化法案》（Commodity Futures Modernization Act of 2000），该法规定，老练的投资者（sophisticated parties）之间的 OTC 金融衍生品不受证券法和《1936 年期货交易法》（Commodity Exchange Act of 1936，CEA）约束。

在上述放松管制的法律框架下，银行业纷纷投身于高风险债券、资产证券化、套利交易和金融衍生品交易之中。在全球范围内，OTC 金融衍生品在

---

1 John C. Coffee Jr., *Gatekeepers: The Professions and Corporate Governance* (New York: Oxford University Press, 2006), pp. 60-62.

2 OTC 交易，又称柜台交易、场外交易、定制化交易。OTC 表示面对面的意思（over the counter），这个词形象地刻画了这么一种情境：买卖双方随便找个桌子面对面坐下来谈一谈，就有可能签署一份合同。OTC 交易具有简单快捷、量身定做、得偿所愿的优点，但反过来看，它是缺乏监管的交易，完全取决于交易双方的信誉，存在较大的违约风险。

1978 年基本不存在，而到了 2008 年底，其市场价值增长到超过 33 万亿美元，是美国国内生产总值的 2 倍多。

次贷危机之后，2010 年 6—7 月，美国国会参众两院通过《多德－弗兰克华尔街改革和消费者保护法案》（Dodd-Frank Wall Street Reform and Consumer Protection Act）。该法案有两大要点：一是防止"大而不倒"（too-big-to-fail）的超级金融机构倒闭引发系统性风险，建立新的监管框架，以有效防范系统性金融风险；二是保护消费者免受金融欺诈，保证充分的信息披露。该方案授权美国证监会和商品期货交易委员会对 OTC 金融衍生品实施监管。

5. 美联储的低利率政策

美联储主席保罗·沃尔克的监管思维与"里根经济学"的放松管制思路相左。于是，里根在 1987 年 8 月任命艾伦·格林斯潘为新一任美联储主席。由此开始，格林斯潘先后与 6 届美国总统共事，直至 2006 年卸任。1987 年 10 月 19 日，华尔街经历"黑色星期一"，道琼斯工业平均指数当天跌幅达到创纪录的 22.6%。美联储当即承诺向任何处于困境的金融机构提供贷款帮助。次日，股市反弹。格林斯潘声誉鹊起。

格林斯潘是自由市场、金融创新和放松管制理念的信徒。每当美国经济陷入困局时，格林斯潘给出的药方大多是降息。回头来看，格林斯潘的降息政策可能降得太低、太久了。1990 年 7 月，美国经济进入短暂、温和的衰退，美联储迅速将利率从 9% 下调至 3%。8 月，伊拉克入侵科威特，国际油价飙升。1991 年 3 月，美国经济衰退结束，从此开始了长达 10 年、创纪录的经济扩张。1994 年 2 月 4 日，美联储首次公开宣布调整其货币政策杠杆——联邦基金利率，即银行间同业拆借利率。

四、21 世纪初的泡沫经济与次贷危机

21 世纪初，美国经济以互联网泡沫的终结开篇。2000 年 1 月 14 日，道

琼斯工业平均指数创下 11 722.98 点的历史最高纪录，随后陷入低迷。2001 年 1 月 3 日，美联储出人意料地在两次决策会议间隙中，将联邦基金利率调低 50 个基点。这表明在经历股市下跌、商业投资下降后，美联储开始实施新一轮经济刺激政策。2001 年 3 月，美国经济出现衰退，美国历史上最长的经济扩张期结束。2001 年 11 月，美国经济衰退停止，但企业为提高竞争力，竞相削减劳动力成本，导致失业率上升。2003 年 6 月 25 日，美联储将联邦基金利率降至 1%。2004 年 6 月 30 日，美联储开始采取每次 25 个基点的系列升息步骤，逐渐淡化其经济刺激政策。次贷危机爆发的引线就此埋下。

要理解次贷危机的形成机理，需要先厘清导致房地产泡沫的一些关键因素。[1] 21 世纪初，美国经济处于低利率的环境，原因主要有两个：其一是美联储采取的宽松的利率政策。美联储担心在互联网泡沫破灭之后会出现长期的通货紧缩，因而决定采取低利率政策，也不对房地产泡沫采取抑制措施。其二是境外资本尤其是亚洲国家的资金大量流入。亚洲国家吸取 20 世纪 90 年代东南亚金融危机的教训，购买了大量美国证券，以期盯住美元，维持有利于出口型经济的汇率水平，同时防止本币贬值。与此同时，金融部门延续其在 20 世纪 80 年代所发生的重大转变，资产证券化得到迅猛发展，商业银行的盈利模式由"发放贷款并长期持有"转变为"发放贷款并转让出去"。[2] 上述因素综合作用的结果是，资产证券化所创造的证券品种成为流入美国的巨量境外资本的投资对象。自 2004 年 6 月到 2006 年 6 月，随着美联储屡屡提高联邦基准利率、房地产价格大幅下跌，住房抵押贷款的违约率逐步攀升，以之为基础的各种证券的市价急剧下跌。

---

1 M. Brunnermeier, "Deciphering the Liquidity and Credit Crunch 2007–2008," *Journal of Economic Perspectives*, 2009, 23(1): 77–100.

2 这是金融部门在 20 世纪 80 年代最大的转变，参见：Stanley L. Engerman, Robert E. Gallman, *The Cambridge Economic History of the United States, Volume 3: The Twentieth Century* (New York: Cambridge University Press, 2000), pp. 743-802。

到 2008 年后期，利率已成为宏观经济学家所说的"无下限利率"，经济衰退却仍在不断深化，常规的货币政策失去了作用。这是美国历史上第二次面临"无下限利率"，第一次是在大萧条时期。[1]

五、美国证监会和私有权威部门的角色

自里根政府以来，放松管制成为美国金融政策的主旋律。美国证监会除了在安然事件引发全球关注的一个短暂时期曾经加强执法以外，大多数时期都对证券市场采取放任的态度。美国证监会执法部原助理部长詹姆斯·考夫曼（James Kaufman）写道，"当选的（提倡放松管制的）官员任命自己的人员来领导监管机构，他们辞退职业监管人员，代之以代表被监管行业利益的人员。这些新任主管（在很多情况下）与他们所招聘的人员都代表了被监管对象的利益，所做的决定都以被监管对象为主"。在监管机构"大撒把"的情况下，信用评级机构、会计公司、金融分析师等金融中介成功地把自己打造成为私有权威机构（private authority），它们呼风唤雨，赚得盆满钵满。究其实质而言，金融中介是提供收费服务的商业机构，"逐利"是它们的本质特征，甚至连信用评级机构往往也唯客户是从。"美国的银行业监管机构根据银行的信用评级来确定最低资本额，也就是说，这么关键的环节完全由一小撮评级机构来决定，而这些评级机构本身也依靠银行才有收入。这些评级机构之间的竞争并不激烈，而投资者又很难理解评级的过程，因此，评级机构没有什么动力去给出准确的评级，相反，它们要确保关键客户（即投资银行）高兴"。[2]安然公司和世通公司的破产宣告了注册会计师审计、信用评级和自由市场自我监管等上市内部外部监督机制的彻底失败，也证明了金融创新过于活

---

1 P. Krugman, "How did Economists Get It So Wrong?" *New York Times*, September 6, 2009；新华网，2009-10-18.

2 [美] 西蒙·约翰逊、郭庚信：《13 个银行家：下一次金融危机的真实图景》，丁莹译，中信出版社，2010，第 143、154 页。

跃、创造性会计（creative accounting）泛滥的严重后果。

1977—1992 年间，先后担任美国证监会主席的 4 人中，在里根总统时代第一个担任美国证监会主席的约翰·沙德（John Shad）任期最长、影响最大。在 1980 年的总统竞选中，沙德对共和党经费的筹措发挥了重要作用。事实上，美国证监会第一任主席约瑟夫·肯尼迪（Joseph Kennedy）对罗斯福总统的竞选经费同样贡献显著；威廉·凯西（William Casey）于 1969 年被任命为美国证监会主席，他在 1968 年就已经是总统竞选经费的主要出资人了。1973 年曾短期担任过美国证监会主席的 G. 布拉德福德·库克也是一位很有影响的共和党总统竞选经费筹措人的儿子。

在老布什政府执政的 1989—1993 年间，美国证监会的预算从 1.426 亿美元增至 2.532 亿美元，年均增长 19%；职员从 2 604 人增至 3 083 人，年均增长 4.6%。这是理查德·布里登（Richard Breeden）担任主席期间一个了不起的成就。在阿瑟·莱维特担任主席期间，财政资源再度成为核心问题，上述增长明显放慢。总的来说，克林顿的白宫很少关注美国证监会。在莱维特担任主席期间，克林顿政府和国会都没有给予美国证监会足够的新增预算或者人员编制方面的支持。除了 1999 年通过的主要针对银行业的《格拉姆－利奇－布里勒法案》（即 1999 年的《金融服务现代化法案》），白宫对证券立法没有表现出多大的兴趣。克林顿政府似乎最需要的就是美国证监会运转得很好，不需要白宫操心。只是在克林顿任期即将结束的时候，莱维特与克林顿有过唯一的一次私人会晤。莱维特被提名美国证监会主席以前，没有单独见过克林顿；在美国证监会工作期间，与白宫的人也接触甚少。除了莱维特等一部分人，克林顿委派到美国证监会的人都很平庸。十分明显，这种人事安排是基于政治的考虑，而不是看其是否具有担任美国证监会委员的专业素质。在克林顿执政的相当长一段时期，只有两三名美国证监会委员真正在工作。与此同时，在 20 世纪 90 年代的牛市中，证券市场各项重要指标的增长速度要快得多。[1]

第二节　财务会计准则委员会概览

一、人员构成及议事程序

1973 年财务会计准则委员会组建成立时，虽然 2 月 5 日的《新闻周刊》进行了报道，但还是很少有人注意到它。[2]

7 月 1 日，财务会计准则委员会正式运营，它往往被称作世界上第一个设立在公共会计师行业之外的、由全职人员构成的、独立的会计准则制定机构。[3]

财务会计准则委员会只是由证券行业及其附庸联合组成的私立机构，而不是美国联邦政府机构，因此，不宜称之为"美国（的）财务会计准则委员会"，否则极易与我国的财政部会计准则委员会在性质、权限等方面混淆。这个私立机构共由 7 名委员组成，成员背景颇为广泛，除公共会计师外，还包括财务经理、学者、政府官员和证券分析师，从而形成了报表编制者、审计师和金融分析师共同参与准则制定的格局。其中，3 名委员是注册会计师，另外 4 名委员中，1 名来自证券公司，1 名来自教育界，2 名来自工商界。[4]1977年早期，财务会计基金会主席罗素·帕尔默（Russell Palmer）不再要求财务会计准则委员会委员必须具备注册会计师的职业背景，而且采用简单多数规

---

1 ［美］乔尔·塞里格曼：《华尔街的变迁：证券交易委员会及现代公司融资制度演进》（第 3 版），徐雅萍等译，中国财政经济出版社，2009，第 585—591 页。

2 Gary J. Previts and Barbara D. Merino, *A History of Accountancy in the United States: The Cultural Significance of Accounting* (Columbus: Ohio State University Press, 1998), p. 350.

3 Stephen A. Zeff, "The Wheat Study on Establishment of Accounting Principles (1971-72): A Historical Study," *Journal of Accounting & Public Policy*, 2015, 34(2): 146-174.

4 Stephen A. Zeff, "Setting Accounting Standards: Some Lessons from the US Experience," *The Accountant's Magazine*, December 1987: 26-28; Stephen A. Zeff, "Setting Accounting Standards: Some Lessons from the US Experience," *The Accountant's Magazine*, January 1988: 20-22.

则来制定会计规则。[1] 非会计专业背景的人士所占的比重越来越大，这导致会计准则偏离历史成本会计的可能性大为增加。

在议事程序上，每一份准则的通过与否以7位成员的最后投票表决为准。在早期，每份准则需要五票赞成（即5∶2）才能通过，自1977年起改为四票（即4∶3）通过。这明显是想加快准则推出的进度。1990年，财务会计基金会把投票通过的比例改为5∶2通过。这明显就是要放慢准则的出台节奏。但有不少新问题迫切需要注册会计师给出说法。为应对层出不穷的账务处理问题，美国注册会计师协会劝说财务会计准则委员会于1984年设立了新兴问题工作组（Emergency Issues Task Force，EITF）。EITF的13位成员来自会计公司、工商企业、投资银行业，其主席由财务会计准则委员会的研究主任担任。美国证监会首席会计师参与该工作组的会议。[2] 事实上，EITF所做的事情就是批准豁免。正是EITF（而不是财务会计准则委员会）放松了对特殊目的实体的限制措施，从而引发安然公司那样的惊天大案。[3] 2002年，财务会计基金会又改回了4∶3通过的制度。[4] 2008年2月26日，财务会计基金会的管理人理事会宣布对财务会计基金会和财务会计准则委员会的运作规则进行重要变革。关于财务会计基金会的运作：一是改进托管人（trustees）提名程序，主要是扩大提名人员数量和范围，但最终任命权仍属于财务会计基金会的托管人理事会；二是把托管人任期由现行的一届3年（可以连任一届）变为一届5年；三是把财务会计基金会的管理人人数由固定16人变为14～18人之间；四

---

1 加里·约翰·普雷维茨、巴巴拉·达比斯·莫里诺：《美国会计史——会计的文化意义》，杜兴强等译，中国人民大学出版社，2006，第403页。

2 Robert T. Sprouse, "Commentary: The SEC-FASB Partnership," *Accounting Horizons*, 1987, 1(4): 92-95.

3 John C. Coffee Jr., *Gatekeepers: The Professions and Corporate Governance* (New York: Oxford University Press, 2006), pp. 136-137.

4 Harry I. Wölk, James L. Dodd, Michael G. Tearney, *Accounting Theory: A Conceptual and Institutional Approach*, 5th Edition (California: South-Western College Publishing, 2001), pp. 83-84.

是授权管理人对财务会计准则委员会及其咨询委员会定期提供的数据和资料进行正式审核、分析和监管。关于财务会计准则委员会的运作：一是自 2008 年 7 月 1 日起将委员人数由 7 人减至 5 人；二是保留简单多数的投票决策方式；三是修改现行的任职标准，强调必须具有投资经验；四是改变议事程序，赋予了主席更多权力，在经过恰当咨询后，由主席确定该委员会的项目计划、议程及优先项目。

2010 年 8 月，财务会计准则委员会宣布恢复 7 人委员会的架构，以便加强与国际会计准则理事会关于趋同项目的合作。2011 年初，财务会计准则委员会任命了两位新任委员，从而恢复了 7 人委员会的架构。

1973 年 12 月 20 日，美国证监会在会计系列公告第 150 号（Accounting Series Release No.150）中重申了它 1938 年公布的会计系列公告第 4 号中的政策，但该公告重申，只有美国证监会才有权依法制定会计准则。与之前的立场不同，新的公告明确提到了规则制定者的名称，"美国证监会认为财务会计准则委员会通过其公告和解释所公布的原则、准则和实务做法具备实质性权威支持，与之相悖的做法不具备实质性权威支持"。[1]正因如此，有文献认为这是美国证监会首次"正式指定"私人部门作为规则制定机构。

财务会计准则委员会 2011 年以前的连续五任主席在就职以前均为会计公司合伙人（见表 9-1）。与此同时，金融分析师所占的比例越来越高，这清楚地说明了公共会计师行业与证券行业的微妙关系。财务会计准则委员会名义上是在独立制定准则，但实际上受制于证券市场上的主角。例如，商业圆桌会议（The Business Roundtable）这一由 200 多家大型企业和大型银行的首席执行官组成的组织就一直试图控制财务会计准则委员会的议程，自 20 世纪 80

---

1 原文如下：" Principles, standards and practices promulgated by the FASB in its Statements and Interpretations will be considered by the Commission as having substantial authoritative support, and those contrary to such FASB promulgations will be considered to have no such support."

年代中期以来对准则的制定具有一定的影响。例如，该组织在幕后推动财务会计基金会在 1990 年决定财务会计准则委员会采用 5∶2 的标准而不是以简单多数原则通过拟议的会计准则。

表 9-1	财务会计准则委员会历任主席
	马歇尔·S. 阿姆斯特朗（Marshall S. Armstrong，1914—2005），财务会计准则委员会创始主席（1972—1977）。曾任美国注册会计师协会会长（1970—1971）。 1942 年加入一家会计公司（Geo. S. Olive & Co），1946 年获得印第安纳州注册会计师执业资格，1947 年成为合伙人，1970 年成为管理合伙人。
	唐纳德·J. 柯克（Donald J. Kirk，1935—　），普华会计公司合伙人，1973—1977 年任财务会计准则委员会委员，1977—1987 年任财务会计准则委员会第二任主席。 1959 年耶鲁大学毕业后进入普华会计公司，1963 年获得纽约州注册会计师执业资格，1967 年成为合伙人。1973 年被财务会计基金会遴选为财务会计准则委员会的首届委员。
	丹尼斯·R. 贝雷斯福德（Dennis R. Beresford，1938—　），厄恩斯特－威尼公司（安永会计公司的前身之一）合伙人，1987—1997 年任财务会计准则委员会第三任主席，任期达十年半。公允价值会计的批评者，但因"寡不敌众"而未能阻挡公允价值会计的推广进程。 1961 年南加州大学毕业后加入厄恩斯特－厄恩斯特公司（Ernst & Ernst，厄恩斯特－威尼公司的前身）。1997 年任佐治亚大学安永高级会计学教授。
	埃德蒙·L. 詹金斯（Edmund L. Jenkins，1935—2020），1997—2002 年任财务会计准则委员会第四任主席，这 5 年正是会计准则饱受争议的 5 年。 1958 年 6 月密歇根大学硕士毕业后加入安达信会计公司的底特律成员公司，1996 年从安达信退休，工龄长达 38 年。在他的领导下，财务会计准则委员会公布了衍生工具会计准则，取消了权益结合法，改善了与相关机构的关系。

续表

	罗伯特·H.赫兹（Robert H. Herz，1953—　），普华永道会计公司高级合伙人。2001—2002 年兼任国际会计准则委员会创始委员，2002—2010 年任财务会计准则委员会第五任主席。拥有美国某州注册会计师资格（CPA）、英国皇家特许会计师（CA）执业资格。1974 年毕业于英国曼彻斯特大学，后进入普华会计公司工作。1996 年转任永道会计公司（Coopers & Lybrand）高级技术合伙人，1998 年任普华永道会计公司高级合伙人。曾任纽约证券交易所顾问。
	莱斯利·F.塞德曼（Leslie F. Seidman），自 2010 年 12 月 23 日起任财务会计准则委员会第六任主席。 她于科尔盖特大学本科毕业（英语专业），在阿瑟·扬会计公司（安永的前身之一）任审计师，后于纽约大学获得硕士学位（会计学专业）。1987—1996 年供职于摩根银行（J.P. Morgan），并任会计政策部副总裁。随后在财务会计准则委员会任职，并于 2000 年创办了以自己名字命名的财务报告咨询公司。自 2003 年 7 月起担任财务会计准则委员会委员，2007 年 7 月再次获得任命。
	罗素·G.戈尔登（Russell G. Golden），自 2013 年 7 月 1 日起任财务会计准则委员会第七任主席，连任两届（首届任期至 2017 年 6 月 30 日，第二届任期至 2020 年 6 月 30 日）。 他拥有美国华盛顿州立大学的学士学位和华盛顿州、康涅狄格州的注册会计师资格。2004—2007 年任财务会计准则委员会高级技术顾问，2007 年 7 月任财务会计准则委员会技术应用和实施活动总监，2008 年至 2010 年 9 月任财务会计准则委员会技术总监，是新兴问题工作组（EITF）负责人，之后担任财务会计准则委员会委员。
	理查德·R.琼斯（Richard R. Jones），自 2020 年 7 月 1 日起任财务会计准则委员会第八任主席，任期将于 2027 年 6 月 30 日结束。琼斯 1987 年毕业于纽约州立大学宾厄姆顿分校，获得会计学学士学位。他是纽约州的注册会计师。供职于安永会计公司 30 多年，任该公司合伙人、主任会计师。2003 年至 2008 年兼任美国注册会计师协会（AICPA）会计准则执行委员会委员，2016 年至 2018 年兼任财务会计准则咨询委员会委员。

二、理论争鸣的缺失

财务会计准则委员会成立后，各大会计公司很快便失去了公开评论会计规则的热情，"八大"会计公司开始主动退出会计问题的讨论，它们几乎不再介入有争议的问题的讨论。迫于同业竞争的压力，为避免冒犯客户，会计公司的任务不再是劝说同行或者学术界，而是转变为游说财务会计准则委员会。美国注册会计师协会会刊《会计杂志》（*Journal of Accountancy*）在 1982 年公然宣称，它支持发表实用性而不是争论性文章。[1] 许多会计学者似乎也对会计准则失去了兴趣。既然会计准则只不过是证券行业所公认的一种"玩法"，谁会在乎它究竟造福于谁、嫁祸于谁呢？受各大证券公司和会计公司资助的主流学术界所热衷的是"不惹麻烦"的新研究范式——实证经济学的研究范式。投资银行业成功地将公共会计师行业、学术界整体收编。质疑者遂成为另类。

在上述因素的综合作用下，财务会计准则委员会如入无人之境，在复杂化、抽象化、金融分析技术化的道路上高歌猛进，取得了一项又一项突破性"进展"。

第三节　财务会计准则委员会的概念框架

一、财务会计概念公告的出台背景

在提议组建财务会计准则委员会时，维特小组的报告并没有把建立假设与原则（或者说概念框架）列入规则制定者的职责范围，因为他们认为"学术界对于是否有必要建立会计理论体系这一问题，多年来存有较大分歧，这一学术争论听起来挺热闹但没有实际用途"（原文为："The need for a fundamental conceptual foundation has been much debated in accounting

---

[1] Stephen A. Zeff, "How the U.S. Accounting Profession Got Where It Is Today: Part 1," *Accounting Horizons*, 2003, 17(3): 189-205.

circles for many years. We believe this debate may have produced more heat than light."）。但财务会计准则委员会在制定工作方案时一致认识到，有必要制定概念框架。斯普劳斯认为，促使财务会计准则委员会考虑制定概念框架的因素有两个：其一，该委员会感到有责任继续特鲁布拉德委员会的工作；其二，该委员会确定的首批 6 个项目（研发开支、或有事项、租赁、外币折算、经营分部和重要性原则）都需要理论支持。研发开支涉及资产的定义，而或有事项涉及负债的定义。[1]

1973 年 10 月，美国注册会计师协会公布特鲁布拉德小组的报告《财务报表的目标》。此时，财务会计准则委员会成立已满三个月，但一直没有任何动作。于是，财务会计准则委员会立刻着手以《财务报表的目标》为模板制定自己的行动纲领，遂决定就此举行听证会，并公布了一个讨论备忘录，针对特鲁布拉德小组所提出的财务报表的会计目标和信息质量特征分别提出了有待讨论的问题。

1974 年 6 月 6 日，财务会计准则委员会公布其"会计和报告概念框架"项目的第一个讨论备忘录，涉及会计目标和质量特征等问题，其中没有阐释观点偏好。9 月 23 日和 24 日，财务会计准则委员会就讨论备忘录举行了公开听证会。

在听取各方反馈意见之后，财务会计准则委员会于 1976 年 12 月 2 日公布了《概念框架研究项目的范围和含义》（Scope and Implications of the Conceptual Framework Project）以及两份概念框架项目文件。一份是《关于企业财务报表目标的暂行结论》（Tentative Conclusions on Objectives of Financial Statement of Business Enterprises），这是针对 6 月份的备忘录以及 9 月份听证会上的反馈意见所做的分析。其结论与特鲁布拉德小组的立场基本一致，但更偏向于资本市场参与者的兴趣。值得注意的是，该文件附录部分收录了 20 世纪 60 年代兴起的现代资本市场理论，这是美国证券市场上的会计规则制定

---

1 Robert T. Sprouse, "The Importance of Earnings in the Conceptual Framework," *Journal of Accountancy*, 1978,145(1): 64-71.

者首次引用这类文献。该文件探讨了资产负债观（asset and liability view）和收入费用观（revenue and expense view）的优劣，最终选择了资产负债观。该文件探讨了财务资本保全（financial capital maintenance）与实物资本保全（physical capital maintenance）的区别，还探讨了资产的属性（attributes of assets），包括历史成本、现行成本、退出价值和现值。另一份是《财务报表的要素及其计量》，这是一份长达 360 页的讨论备忘录。[1]

 专栏 9-1

资产负债观、收入费用观等概念的来历

（说明：本专栏中的 FASB 表示财务会计准则委员会，AICPA 表示美国注册会计师协会，SFAS 表示财务会计准则公告。）

1973 年 6 月 FASB 正式运作时，AICPA 关于财务报表目标的研究组还没有公布其研究结论。待到 1973 年 10 月该报告公布时，FASB 决定对该报告举行听证会，并公布了一个讨论备忘录，针对财务报表的 12 个会计目标和信息质量特征分别提出了供讨论的问题。广泛听取各方面意见之后，FASB 于 1976 年形成了《关于企业财务报表目标的暂行结论》。结论与 AICPA 研究组基本一致。大致可概括为：FASB 就此建立起现金流量与投资者和授信者，现金流量与企业资源、义务及其变更之间的关联，这种关联对于 FASB 的尝试性结论是特别重要的。

FASB 进一步决定，建设财务会计概念框架的下一个步骤是给出可操作的会计要素的定义。资产的性质以及资产在何种情况下应当列入报表，一度是 FASB 在解决研发开支的会计处理问题时遇到的一个中心问题（见 SFAS No. 2：研究开发支出的会计处理）。负债的性质以及负债在何种情

---

1 Stephen A. Zeff, "The Evolution of the Conceptual Framework for Business Enterprises in the United States," *The Accounting Historians Journal*, 1999, 26(2): 89-131.

况下应当列入报表，一度是 FASB 在解决或有事项的会计处理问题时遇到的一个中心问题（见 SFAS No. 5：或有事项的会计处理）。在解决外币折算损益的会计规则问题时，FASB 要求在汇率变更的当期确认损益而不是递延至以后期间，这时资产、负债、收益的定义是相互关联的。研发支出、或有事项和外币折算准则列在 FASB 最初启动的项目之中，它们与常见的三种收益观念是不同的。

FASB 将三种收益观念简练地概括为以下三个名词：资产负债观、收入费用观和非环接观（nonarticulated view）。

资产负债观认为，仅仅当企业的经济资源（economic resource）和责任（obligation）在会计期间内有变化时才能记录收入、费用。资产负债观这一概念的名称来自这样的考虑：资产、负债的概念是其他概念的基础。收入和费用可以用资产和负债的增加或减少来定义，收益则可定义为会计期间内净资产的变化额。

收入费用观认为，记录收入和费用的目的是更好地配比，从而计算利润。收益的计量不必考虑资源和责任的变化。收入费用观这一概念的名称来自这样的考虑：收入、费用的定义才是至关重要的，收益可以简单地用收入和费用之差来定义。资产和负债被当作必须传承至未来期间的余数（residuals that must be carried forward to future periods），它们可能会包括递延支出（deferred charges）和递延贷项（deferred credits），而这些并不是经济资源（economic resource）或者责任（obligations）。如此处理，能够更好地配比收入和费用，并且会避免收益数字的扭曲（distortion of earnings）。

值得注意的是，资产负债观和收入费用观的区别并不是说只能用历史成本（historical cost）或者现行价值（current value），也不是说资产负债表或者利润表何者更重要。实际上，两种观点都认为盈余数字是最重要的，问题在于哪种观点会导致更有意义的收益计量。

　　非环接观认为，资产和负债的定义对于报告财务状况来说是至关重要的，而收入和费用的定义主导着收益的计量。两张报表各有其价值取向（existence and meanings），或许可以分别采用不同的计量措施（measurement scheme）。鉴于收益的计量并不能连接期初和期末的资产负债表，因此，这种观念认为财务报表不是环环相扣的（not articulate）。

　　资料来源：Robert T. Sprouse, *"The Importance of Earnings in the Conceptual Framework," Journal of Accountancy*, 1978, 145(1): 64-71.

　　罗伯特·K. 莫茨等有识之士敏锐地觉察到，财务会计准则委员实际上企图采用 20 世纪 30 年代就已初见端倪的公允价值会计理念。他们立刻公开表示反对。莫茨在全美发表巡回演说，反对财务会计准则委员会的做法。通用汽车和壳牌石油等大型公司也发起了反对运动。[1]

 专栏 9-2

罗伯特·K. 莫茨

　　罗伯特·K. 莫茨（Robert K. Mautz，1915—2002），1976 年财务会计准则委员会备忘录的坚决反对者。1915 年生于加拿大，一岁前随父母回到美国，其父母均为美国人。先后在北达科他大学获得学士学位（1937）、硕士学位（1938）、博士学位（1942）。1940 年获得伊利诺伊州注册会计师执业资格。1942—1943 年供职于"德劳伊特，哈斯金斯和赛尔斯"公司（Deloitte, Haskins & Sells）的芝加哥成员公司近一年。1943—

---

　　1 Michael R. Young, Paul B. W. Miller, Eugene H. Flegm, "The Role of Fair Value Accounting in the Subprime Mortgage Meltdown," *Journal of Accountancy*, 2008, 205(5): 34-39.

1945 年在美国海军服役。1945—1946 年回到"德劳伊特，哈斯金斯和赛尔斯"公司工作。1946 年供职于亚历山大·格兰特会计公司（Alexander Grant & Co.）。1948 年秋季转往伊利诺伊大学，先后任助理教授（1948—1949）、副教授（1949—1954）、教授（1954—1972）。其中，1969—1972 年任 Weldon Powell 荣誉退休教授。1968—1969 年作为 AICPA 首位杰出访问教授，在明尼苏达大学任教。1972 年 3 月离开伊利诺伊大学，任厄恩斯特－威尼公司（Ernst & Whinney）合伙人，代表该公司与 FASB 等机构沟通。1978 年末，在达到该公司强制退休年龄后，转任密歇根大学佩顿会计教育与研究中心主任。1985 年从密歇根大学退休。

著有《审计理论结构》等 100 多篇论文和十余部著作。先后兼任美国会计学会会长（1965）、《会计评论》杂志编辑（1958—1961）、《会计新视野》（Accounting Horizons）杂志创始编辑（1985—1988）、成本会计准则委员会首届委员（1971—1977）。还曾担任美国财政部联邦合并财务报表委员会委员（1976—1977）、美国联邦审计署顾问（1966—1977）。1981 年 1 月成为美国注册会计师协会旗下公共监督委员会（Public Oversight Board）的首位会计师，该机构负责管理美国注册会计师协会与美国证监会有关的业务。1979 年获美国注册会计师协会金质奖章，1984 年获得美国会计学会杰出教育家奖。

财务会计准则委员会之所以孤注一掷地搞理念创新，一方面是因为受美国联邦宪法关于立法权的限制，不可能制定出联邦会计法规；另一方面是因为该委员会中有两位公允价值会计的狂热支持者。首届财务会计准则委员会的构成如下：主席为马歇尔·S. 阿姆斯特朗，副主席为约翰·W. 奎南，其他五位委员分别是唐纳德·J. 柯克、阿瑟·利特克、沃尔特·舒茨、罗伯特·E. 梅斯（Robert E. Mays）、罗伯特·T. 斯普劳斯。舒茨毕生竭力宣扬公允价值会计，推荐他进入财务会计准则委员会的是该委员会主席阿姆斯特朗。另一位公允价值会计的支持者是斯普劳斯。斯普劳斯就是那本著名的美国注册会计师协会会计研究文集第 3 辑的作者之一，他是公允价值会计理念的积极倡导者。[1] 自从会计研究文集第 3 辑在 1963 年被"耻笑"时起，斯普劳斯卧薪尝胆十年，终于在财务会计准则委员会成立时找到了推广自己学说的好机会。

 专栏 9-3

阿姆斯特朗的无为理念

　　□在我看来，会计就像法律一样，是一门艺术。会计规则不容易像物理学中的规则那样付诸实践。相反，会计规则是会计行业普遍接受的共识和惯例。由于个人之间的看法差异很大，我认为不可能达成真正的共识。

　　□美国目前拥有世界上最高的公司财务会计和报告标准，正如同美国拥有当今世界上最高效的证券市场。

　　□财务会计准则委员会与会计原则委员会的办事风格的区别之一是，这个新机构会花费数月的时间来准备听证会的讨论备忘录，通过听证会来形成合理的解决方案。作为对比，会计原则委员会在作出初步决定后直接抛出征求意见稿来征求意见，公众没有办法参与公认会计原则的制定过程。

对于舒茨和斯普劳斯所宣扬的公允价值会计理念，只有利特克一人表示支持，其他四位委员（即阿姆斯特朗、奎南、柯克、梅斯）均表示反对。

 专栏 9-4

唐纳德·J. 柯克

　　唐纳德·J. 柯克（Donald J. Kirk），1973—1977 年财务会计准则委员

---

1 Robert T. Sprouse, "Prospects for Progress in Financial Reporting," *Financial Analysts Journal*, 1979, 35(5): 56-60.

会首届委员，1977—1987 年任财务会计准则委员会主席。

柯克的父亲 18 岁时自苏格兰移民至美国，自学成才成为注册会计师。他的父亲建议他学文科，于是他申请进入了耶鲁大学。年轻时的彷徨，再加上独立的愿望使他在 1953 年大二学年末离开耶鲁大学，参加了海军航空兵少年计划（Naval Aviation Cadet Program）。18 个月后，他如愿被分配到舰载中队。在海上的日子里，他报名学习了马里兰大学的初级会计学函授课程，这时他发现与飞行训练相比，自己还是更喜欢学会计。

1957 年，他回到耶鲁大学学习历史学，同时选修了经济学系开设的两门会计课程。其中一门课是由一位富有实践经验的教授主讲的，柯克每星期跟这位教授工作几个下午。另一门课是由当时的一名顶尖会计学者主讲的。1959 年，柯克获得耶鲁大学学士学位（历史学），但他只去会计公司求职，并如愿进入了普华会计公司（因为该公司允诺他可以业余攻读研究生）。1961 年他在纽约大学获得工商管理硕士学位（MBA），1963 年成为纽约州注册会计师。1967 年成为普华会计公司的合伙人。1973 年被财务会计基金会遴选为财务会计准则委员会首届委员，1977—1987 年任财务会计准则委员会主席。在任期间，他带领财务会计准则委员会从委员们久已习惯的封闭、保密的会议机制转变为开放、公开的会议机制，面对强烈冲突和不同意见，他表现出较高的协调能力。他善于处理复杂问题，他的智慧、个人品质、自信力和工作效率受到了同事们的一致赞誉。1987 年任哥伦比亚大学商学院会计学教授，1995 年成为哥伦比亚大学商学院驻校高管（Executive-In-Residence）。他还热心于公共服务，在多家公司董事会和审计委员会任职。他发表了 40 篇论文，兼任《会计新视野》特约编辑。曾多次在国会和政府部门就会计报告和监管问题进行论证。曾获美国注册会计师协会金质奖章。

二、财务会计概念公告评介

1978—1985 年，财务会计准则委员会在短短八年间公布了六份财务会计概念公告（Statement of Financial Accounting Concepts，简称有 CON、SFAC、Concepts Statements 等，见表 9-2）。财务会计概念公告第 7 号与财务会计概念公告第 6 号的公布时间间隔长达近 15 年；财务会计概念公告第 8 号与财务会计概念公告第 7 号的公布时间间隔长达近 10 年。其中，财务会计概念公告第 2 号的第 4 段及附注 2 被财务会计概念公告第 6 号取代；财务会计概念公告第 3 号被财务会计概念公告第 6 号第 2 段取代；财务会计概念公告第 1 号和第 2 号被财务会计概念公告第 8 号取代。

表 9-2　　　　　财务会计准则委员会公布的财务会计概念公告一览表

编号	文件名称	公布时间	页数
1	企业财务报告的目标 Objectives of Financial Reporting by Business Enterprises	1978 年 11 月	28
2	会计信息的质量特征 Qualitative Characteristics of Accounting Information	1980 年 5 月	60
3	企业财务报表的要素 Elements of Financial Statements of Business Enterprises	1980 年 12 月	64
4	非营利组织财务报告的目标 Objectives of Financial Reporting by Nonbusiness Organizations	1980 年 12 月	36
5	企业财务报表中的确认与计量 Recognition and Measurement in Financial Statements of Business Enterprises	1984 年 12 月	45
6	财务报表的要素 Elements of Financial Statements	1985 年 12 月	91

续表

编号	文件名称	公布时间	页数
7	在会计计量中使用现金流量信息和现值 Using Cash Flow Information and Present Value in Accounting Measurements	2000 年 2 月	53
8	财务报告概念框架——第 1 章 "通用目的财务报告的目标"和第 3 章 "有用的财务信息的质量特征" Conceptual Framework for Financial Reporting—Chapter 1, The Objective of General Purpose Financial Reporting, and Chapter 3, Qualitative Characteristics of Useful Financial Information	2010 年 9 月	40

（一）《财务会计概念公告第 1 号：企业财务报告的目标》

1. 公告观点摘要

1978 年 11 月公布的《财务会计概念公告第 1 号：企业财务报告的目标》实际上是在特鲁布拉德报告《财务报表的目标》的基础上改写而成的。但是，该公告把特鲁布拉德报告所强调的社会责任完全简化为决策有用观，抛弃了财务报告的公益性和公信力，在价值导向上是一个很大退步。该公告所设定的企业财务报告的目标，总体上是为证券市场上的投资者提供决策参考信息。

该公告在背景介绍部分提出，财务报告（financial reporting）的概念要大于财务报表（financial statements）；美国公众公司的财务报告的目标不可避免地受到美国的经济、法律、政治、社会等环境因素的影响；财务报告中的信息是近似计量（approximate measures）而不是精确计量（exact measures）的结果；财务信息的潜在用户（potential users）有很多，他们最为关心的问题是被投资方的赚钱能力。

在正文部分，该公告首先罗列了众多会计信息的潜在使用者，包括所有者（股东）、债权人、供应商、潜在投资者和债权人、职工、管理人员、董事、顾客、金融分析师和财务顾问、经纪人、证券承销商、证券交易所、律师、经济学家、税务机关、监管机构、立法者、金融媒体和通讯社、工会、商会、商业研究者、教师、学生以及社会大众，认为他们的主要目的都是通过会计信息来评价其从目标企业中赚钱的前景。该公告随后就将公司董事和管理人员以外的潜在使用者称作外部使用者（external users），声称，其所界定的财务报告是指通用目的的对外财务报告（general purpose external financial reporting by business enterprises），主要用于满足外部使用者的信息诉求。其理由是，财务报告对于那些无权要求企业按照要求提供信息的使用者来说是他们仅有的信息来源。按照这一定义，政府经济监管机构统统被排除在外。然后，该公告将财务报告的目标锁定于满足投资者和债权人的需求，因为其他外部用户的信息需求与之大体相同。对此，宾夕法尼亚大学的 Authur Young 会计学讲席教授所罗门斯提出，特鲁布拉德报告用极少的篇幅轻描淡写地承认企业负有社会责任，而不仅仅对股东负有责任，但其倾向性是显而易见的。财务会计概念公告第 1 号实际上也几乎没有考虑到企业管理层的信息诉求，更是完全忽略了对企业生产力感兴趣的工会、税务机关等其他群体的信息诉求。

该公告提出的第一层次财务报表的目标是为投资决策和信贷决策提供有用的信息，此即决策有用观。据称，之所以作此聚焦处理，是为了避免"模糊或高度抽象"，而且能够满足投资者和债权人所需的信息自然就能够满足其他利害关系人的需求。第二层次目标是提供有助于评估被投资方的现金流量前景（即金额、时间及不确定性）的信息（即俗称的赚钱能力）。第三层次目标是提供被投资方的经济资源（economic resources）、对这些经济资源的索取权以及交易、事件和环境变化对经济资源和索取权的影响等信息，如盈利能力、管理层的解释等。

这是一个完全颠覆会计职业道德的巨大转变。会计工作岗位本身就是企业管理层根据企业管理的需要设置的，会计人员都是企业管理层招聘的，财务报表的目标却把企业管理层的管理诉求排除在外，这种机制设计是极其荒谬的。如果财务报表可以把管理层的诉求排除在外，那它还能称作会计报表吗？显然，对于决策有用观这种离奇的伦理观念，职业道德四个字已经成为侈谈。

财务会计准则委员会为了避免人们由于担心报表发生重大变化而反对其公布的概念公告，在措辞上很是动了一番脑筋，它用财务报告一词代替了特鲁布拉德报告中所称的财务报表。由于在证券法下披露即可满足投资者的要求，而不必改变财务报表的传统做法，因此，财务报告一词的宽泛性有利于减少来自实务界的阻力。[1]

当然，该公告也提出了个别符合会计实践需要的观点。例如，该公告第41段提出，财务会计并非旨在直接衡量企业的价值。第43段提出，财务报告的主焦点（primary focus）是报告企业净利润及其组成成分等业绩信息。投资者、债权人等利害关系人在评估企业净现金流入的前景时对业绩信息格外关注。他们关心企业的净利润而不仅限于现金流量，单凭现金流量信息并不能说明企业的业绩表现是否成功。第48段提出，权责发生制会计所提供的利润计量数据，并不是对管理层绩效的评价、对盈利能力（earning power）的估算、对收入的预测、对风险的评估，更不是对各种预测或评估的确认或拒绝。投资者、债权人和其他会计信息使用者仍然应当自行进行评价、估算、预测、评估、确认或拒绝。

2. 决策有用观的局限性

决策有用观看似先进，但并不适合作为会计（财务报告或财务报表）的目标，原因在于：

第一，决策有用观实际上是金融分析理念。究其实质，公认会计原则仅仅是美国证监会认可的、适用于跨州发行证券的公众公司的信息披露规则，它并非人们通常意义上所理解的会计制度，所宣传的决策有用观实质上是试

---

1 Stephen A. Zeff, "The Evolution of the Conceptual Framework for Business Enterprises in the United States," *The Accounting Historians Journal*, 1999, 26(2): 89-131.

图取悦于证券交易所的金融分析理念。

第二，决策有用观是对现实世界中的会计行为的曲解。会计作为企业管理的重要组成部分，其服务对象首先是企业的战略投资者和管理层。自从民族国家统一工商管理和财税管理以来，会计的任务是为企业经营管理和国民经济管理提供具有法律证明力的财产权利和业绩信息。[1]在股份公司、证券市场形成之前及至形成之后，会计的这一角色未曾改变。自设立登记起，企业行为即当遵循注册地的法律，包括会计行为在内——这是不言自明的道理。也就是说，企业自然应当遵循所在法域的税法依法纳税，遵循所在法域的公司法依法分配，为之服务的依法记账的行为——会计——在任何法域内都是不可替代的。会计是唯一能够为依法纳税和依法分配提供企业利润数字的管理活动。

第三，决策有用观是极端的私人利益导向的体现。在理论上，无法证明投资者的需要比管理当局的需要更重要，更无法证明为何会计信息必须偏重于某一类利害关系人的需要。实际上，在法律介入会计领域以来的 300 多年里，会计信息的公益性和公信力便一直是会计法规的价值追求，具有法律证明力的会计信息对于所有的利害关系人都是公平的、有用的。证券交易所和美国证监会有何理由让公众公司专门为了投资者的利益而偏离历史成本会计呢？如果真的为了保护投资者的利益，就应当确保投资者至少能够像其他利害关系人（如企业管理当局和税务机关等）一样获得具有法律证明力的信息，而不是纵容企业管理当局按照公认会计原则捏造会计数字。

第四，决策有用观是一个虚幻的目标导向。世上没有哪个学科能够可靠地预测未来的证券价格，决策有用观给会计规定了不可能完成的任务。金融资产的价格形成机制与微观经济学中"实体商品的价格由价值决定并围绕价

1　这是会计法规的历史定位。法国路易十四时期颁布的《商事王令》规定，商人应当编制"财产目录"（反映商人的资产、负债和资本，以及当期利润），以保护债权人的利益。这一规定体现了会计的重要性。此后的德国商法典也持相同立场。这凸显了对会计行为进行立法管制的必要性。

值上下波动"不同，它取决于投资者对多头（long position；short position）和空头（short position；bear position）的预期，而没有哪个学科能够说清楚影响投资者预期的因素究竟有多少。[1] 对于这一点，约翰·M.凯恩斯（John M. Keynes）的金融投资"选美理论"给出了生动的说明。

 专栏 9-5

凯恩斯的股票"选美理论"（节选）

在形成我们的预期时，如果对非常不肯定的事物赋予很大的比重，那将是愚蠢的。因此，有理由认为，预期在相当大程度上取决于我们感到比较有把握的事实。虽然这些事实比我们对之感到模糊不清和缺乏了解的事实就面临的问题而论具有较少的关系，我们还是看重比较有把握的事实。突出的客观事实是，我们对未来收益进行估计时所依据的知识是极端靠不住的。我们通常对决定投资项目在几年后的收益的各种因素了解很少，甚至根本缺乏了解。坦率地说，我们必须承认，对投资项目，如铁路、铜矿、纺织工厂、有专利的药品、远洋船舶、城市建筑物等，我们所具有的估计它们在 10 年以后的收益的知识其实很少，有时则根本没有，甚至对投资在 5 年以后的收益的估计也是如此。事实上，那些企图认真进行这种估计的人，数量往往极少，以致他们的行为对市场不起作用。在过去的岁月中，企业主要为那些创业者、创业者的朋友或合伙人所拥有，从而投资取决于是否有足够多的具有活跃性格和事业动力的个人。这些人把经营企业当作生命的需要，而并不真正依赖于对企业未来收益的确切计算。即使在事后，也没有人知道投资报酬率是否超过、等于或小于现行的利息率。

---

1 现代公司金融理论在这一方面并未取得实质性进展。20 世纪 60 年代，威廉·夏普等提出的资本资产定价模型（CAPM）认为风险资产的必要报酬率可以用 β 系数来估计，这个单因素模型引起了极大争议。斯蒂芬·罗斯提出的套利定价理论（APT）认为影响股票报酬率的因素实际上有无穷个，其理论巧妙地推翻了单因素模型。

企业家所进行的是一场技能和运气兼而有之的游戏，终局之后，参与者无从得知投资的平均所得为多少。如果人类的本性不受投机的诱惑，也不从建造工厂、铁路、矿场和农庄中获得乐趣（除了取得利润以外），那么仅凭冷酷的计算，可能不会有大量的投资。

人们可能会设想，知识和判断能力超越一般投资者之上的市场专家之间的竞争会矫正缺乏知识的个人的胡思乱想。然而，事实上，专业投资者和投机者的精力和技能主要用于其他地方。这些人中的大部分实际所关心的并不在于对投资项目生命期间的可能收益做出优质的长期预测，而在于能比一般群众早一点看到根据成规而得出的股票市场价值的改变为何。他们不是像购买一项投资项目的股票并把股票长期保存起来的人那样，关心这项投资真正值多少钱，而是关心在群众心理影响下，上述股票在3个月或1年以后在市场上能值多少钱。必须说明，这种行为并不代表思想怪僻。这是按照上述方式来组织投资市场所带来的必然后果。因为，如果你相信一个投资项目的未来收益能使该项目的股票在今天值30元，你也相信市场在3个月后使该股票的价值成为20元，那么用25元去购买该项目股票便不是明智的行动。

这样，专业投资者就被迫致力于在新闻和社会气氛中来预测即将来临的某些因素的改变，因为这些因素被经验证明为最能影响市场的群众心理。在一个以所谓流动性为目标来进行组织的投资市场里，这是一个不可避免的结果。在传统的理财守则中，肯定没有比流动性崇拜（fetish of liquidity）更加不利于社会的条目。流动性崇拜的原则认为，投资机构把资金集中于购买具有流动性的证券（liquid securities）是一件好事，但是，它忘记了，对整个社会而言，并不存在投资的流动性。技巧高明的投资的社会目标应该是克服把将来遮盖起来的由于缺乏信息和时间因素而造成的模糊不清之处。然而，现实中，今天的最高明的投资的私人目标却是被美国人表达得很恰当的"在发令枪响之前起跑"，以便在斗智中胜过群众，从而把坏的和被磨损了的钱币脱手给他人。不去预测在长期之后一项投资的未来收益，而仅仅对几个月以后的社会成规用以决定股票价值的基础加以预测——这种机智上的斗争甚至并不一定意味着把群众的鱼肉去充填专业经营者的肠胃；斗争可以在专业投资者之间进行。它也不意味着任何人盲目相信社会成规赖之以决定股票价值的基础能在长期中适用。因为，斗争好像是一种"叫停"（Game of Snap）的游戏，一种"传物"（Old Maid）的游戏，一种"占位"（Musical Chair）的游戏——一种消遣。在其中，胜利者属于不过早或过晚"叫停"的人，属于在游戏结束前能把东西传给邻近者的人，或在音乐停止前能占有座位的人。这些游戏可以玩得很有乐趣，虽然参与者都知道，有一个大家不要的东西在传递之中，而在音乐停止时，总会有一个没抢到座位的人。

或者，把比喻稍加改变，专业的投资者的情况可以和报纸上的选美竞赛相比拟。在竞赛中，参与者要从100张照片中选出最漂亮的6张。选出的6张照片最接近于全部参与者一起所选出的6张照片的人就是得奖者。由此可见，每一个参与者所要挑选的并不是他自己认为最漂亮的人，而是他设想的其他参与者所要挑选的人。全部参与者都以与此相同的办法看待这个问题。这里的挑选并不是根据个人判断力来选出最漂亮的人，甚至也不是根据真正的平均的判断力来选出最漂亮的人，而是运用智力来推测一般人所推测的一般人的意见为何。在这里，我们已经达到了第三个推测的层次；我相信，有人还会进行第四、第五和更多的层次。

资料来源：[英]约翰·梅纳德·凯恩斯：《就业、利息和货币通论（重译本）》，高鸿业译，商务印书馆，1999，第151—167页。

强迫会计为证券投资者的决策提供估值服务，名义上看是提升了会计的功能定位，实际上却把会计理解为证券分析了。[1]

3. 决策有用观的潜在危害

公认会计原则的制定者把决策有用观视为救命稻草，试图拿它来当挡箭牌，但在理论上，美国证监会根本不可能制定出联邦统一的会计法规，它对此心知肚明。证券市场所需要的只不过是满足自己需要的统一规则，为此它不惜凭空捏造出一个虚幻的目标。

就笔者所知，未见哪一部证券法胆敢宣称会计应当为证券投资者服务，即便是美国自《1933年证券法》以来的历次联邦证券立法也从未作此规定。然而，财务会计准则委员会的"理论创新"却言之凿凿地把决策有用观写入财务会计概念公告第1号，为公认会计原则提供了崭新的"理论"平台。[2]

这种缺乏实践依据的"理论创新"势必将会计理论引入歧途。自1973年起，财务会计准则委员会逐步形成了自己独特的逻辑，构造了一套又一套奇妙规则。为了对投资者的决策"有用"，它们设计出复杂的资产减值会计规则，制定了公允价值会计规则，推出了管理层意图（management intention）导向的会计规则，要求公司会计师进行职业判断（profession judgment）……域外理论画地为牢，把会计绑定在金融分析的战车上。目标导向的方向性偏差，把国际准则和公认会计原则带上了金融分析的道路。

4. 从财务报表到财务报告的失当转变

美国注册会计师协会1973年10月公布的会计目标研究组的特鲁布拉德报告题目是《财务报表的目标》，作为对比，财务会计准则委员会1978年11月公布的财务会计概念公告第1号的题目是《企业财务报告的目标》。从财务

---

1 笔者无意冒犯证券分析人士。我们要强调的是，会计本身是一个具有悠久传统的职业，公益性和公信力是其职业信条，会计法规的存在本身就证明了这一点。证券分析则是以私利为着眼点，从来没有出现过关于证券分析规则的法律法规。

2 此前，美国注册会计师协会1961年的会计研究文集第1辑试图仿照数学理论建立一套公理化的理论体系，但未获成功，会计基本假设的提法就是在那个时候问世的。

报表到财务报告的用词变化往往被一些文献视为一大进步，其理由是财务报告的范围和信息量显然要大得多。但这种理解其实相当片面。从财务报表向财务报告的转变，其实是鱼目混珠，原因主要在于：这种转变突破了复式记账的限制，其结果必然是信息披露质量的恶化。

财务报表其实就是会计报表及其解释（附注）的统称，会计报表原本受复式记账法的约束，如果坚持严格记账，而不是"垃圾进、垃圾出"（garbage in，garbage out），就有希望确保会计报表信息的法律证明力。笔者的研究发现，对于会计报表，可以遵照"根据法律事实记账"这一会计基本原则来确保其法律证明力。在这种语境下，财务报表的目标可以说也就是会计的目标。

然而，一旦从财务报表推广到财务报告，势必将复式记账以外的信息也纳入进来，这时的信息披露口径已经宽泛到证券信息披露的范畴，也就是说，财务报告的目标已经不同于会计的目标了。证券信息披露是个无底洞，证券法根本无法事先规定究竟披露到什么程度才算合适。因此，对于财务报告，根本无法提炼出科学的目标和原则。

财务会计概念公告第 1 号第 5 段错误地以为，"财务报告和财务报表的目标实质上是相同的"。正是因为财务会计概念公告第 1 号未能对复式记账形成的会计信息和其他信息区分开来，导致该公告缺乏精准的目标导向，进而导致概念框架出现方向性偏差。由此可见，差之毫厘，谬以千里，基础概念对于理论体系是多么重要。

企业会计管理作为企业管理和国民经济管理的有机组成部分，其抓手就是根据法律事实记账的会计基本原则，其成果就是具有法律证明力的复式记账信息。显然，犯不着非要把会计报表捧到财务报表乃至财务报告、公司报告的概念上去，要知道，高耸入云的代价就是不接地气。会计管理根本用不着也不应该把手伸到证券信息披露的范畴里去。如果会计管理能够实实在在地提供具有法律证明力的信息，证券监管至少就有了核心的证券信息披露框架。也就是说，如果会计规则不那么"爱管闲事"，那么证券监管将会更有效率，反之，会计监管和证券监管都会是一团糟。会计规则和会计理论应当有所为、有所不为。做正确的事（do the right thing）要远比正确地做事（do the thing right）重要得多。

总之，财务会计概念公告第 1 号实际上只是在特鲁布拉德报告的基础上继续开倒车，它表明美国公共会计师行业在尝到资本市场的甜头以后，已经把该行业的社会公共利益抛到九霄云外，其心心念念的已经是为其金主提供方便。这里的金主，主要是指证券公司和试图规避监管的那些企业管理者。至于那些专注于生产优质商品、提供优质服务的企业管理层的信息需求，已经不在他们的考虑之列。

（二）《财务会计概念公告第 2 号：会计信息的质量特征》

具备什么特征的信息才有资格作为有用的会计信息列入财务报表？这就是"会计信息的质量特征"这一新颖概念试图解决的问题。

1980 年 5 月财务会计准则委员会公布的财务会计概念公告第 2 号认为，信息质量特征应当紧紧围绕决策有用性这个核心任务来展开，有用的信息必须具有相关性和可靠性。循此逻辑，该公告一共提出了 11 项会计信息质量特征。

 专栏 9-6

财务会计概念公告第 2 号观点摘要

□编制财务报表就像绘制地图。实际上，制图师必须决定为某些目的服务而忽略其他目的。事实是，所有地图都是具有特殊用途的，但有些地图比其他地图更加专业。财务报表也是如此。有些人之所以会批评财务报表的有用性有所欠缺，是因为他们还没有理解，即便是通用报表，也只能与有限数量的需要有关，也只能满足有限数量的用户的需求（见财务会计概念公告第 2 号第 25 段 ）。

□决策有用性和受托责任是相互关联的会计目标。其实，可将受托责任视为从属于决策有用性的会计目标。

□对决策者有用的会计信息必须满足可理解性的要求。

□会计信息的首要的质量要求是相关性和可靠性（见图 9-2）。

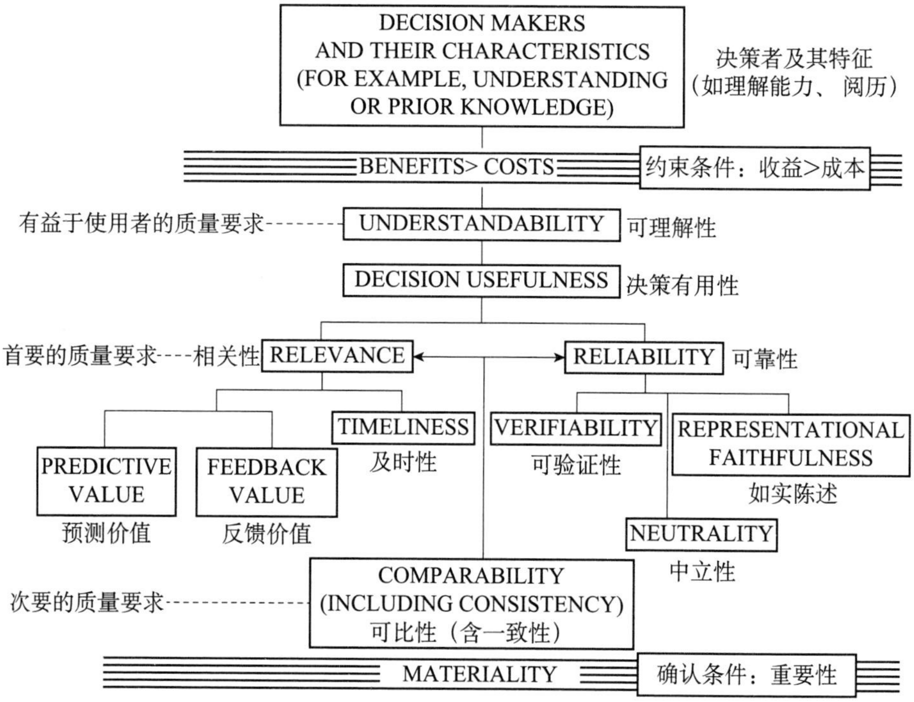

图 9-2　会计信息质量特征

（1）相关性是信息的有效性在会计学语境下的提法，是指会计信息应当与投资者的决策相关，也就是具有对决策构成影响的能力。相关的会计信息能够帮助会计信息使用者形成有关过去、现在和未来事件的结果的预测，或者证实或纠正先前的预期，从而在决策中产生影响。相关性要求会计信息具有及时性，具备预测价值和反馈价值。

（2）可靠性要求会计信息满足如实陈述、可验证性和中立性的要求。如实陈述是指某一计量或描述与其所试图描绘的现象之间的对应性或一致性。如实陈述要求符合成本效益原则的会计信息要具备完整性。可验证性这个提法是从会计原则委员会引用过来的，是指不同的会计师采用相同的计量方法，会得出大致相同的信息，也就是说，会计师们会达成共识。中立性意味着在制定或实施会计准则时，应该首要关注所产生信息的相关性和可靠性，而不是新会计规则对特定利益可能产生的影响。

□次要的质量要求是可比性，包括一致性（consistency，也译作一贯性）。

□此外，会计信息质量还受重要性原则和成本效益原则的约束。

财务会计概念公告第 2 号项目的顾问和负责人是宾夕法尼亚大学的 Arthur Young 讲席教授所罗门斯，他也是前文所述维特报告的执笔人。所罗门斯竭力纠正财务会计概念公告第 1 号所存在的过度强调投资者和债权人的利益需求的倾向，第 26 段基本上恢复了特鲁布拉德报告的提法。此外，所罗门斯还按照自己的学术理念写下了如实陈述、中立性等原则。[1]

值得称道的是，该公告第 91 ~ 97 段探讨了谨慎性原则的失当性，论点鲜明，论证充分，具有较高的学术价值。

 专栏 9-7

财务会计概念公告第 2 号对谨慎性原则的评价

□第 91 段：保守主义至今仍缺乏理论支持。会计原则委员会公告第 4 号指出，"通常情况下，资产和负债的计量都是在存在不确定性的情况

---

1 David Solomons, "The Politicization of Accounting," *Journal of Accountancy*, 1978, 146(5): 65-73.

下进行的。从历史上看，管理者、投资者、会计师在把握可能的出错方向时，往往倾向于低估而不是高估净利润和净资产。这样就形成了保守主义的惯例……"（见该公告第 171 段）。

□第 92 段：谨慎性原则导致财务报告出现偏差，它与其他信息质量特征（如真实性、中立性、可比性及一致性等）是冲突的。

□第 93 段：谨慎性原则产生于以资产负债表为主要（甚至是唯一）的会计报表的年代，那时候企业较少对外公布利润等经营业绩信息。当时银行等债权人是会计报表的主要使用者，企业越低估其资产，银行越感到安全。

□第 94 段：当企业开始对外定期公布业绩信息以后，谨慎性原则的问题开始逐渐显现。如果本期低估资产数字，则以后期间的利润数字将会被高估。有经验的会计师很快发现，很难长期持续地低估资产和利润。会计研究公报第 3 号早就论述过这一问题，认为"资产应当按照重估日的公允价值（fair value）记录而不是按照不恰当的稳健价值（conservative value）记录"。会计研究公报第 29 号创设了成本与市价孰低法（lower of cost or market，LOCOM）。国际会计准则象征性地说，谨慎性原则并不允许企业计提秘密准备（secret or hidden reserves）。

□第 96 段：本委员会强调，任何企图低估业绩的做法都有损于会计信息的可靠性和完整性，从长远来看都是自欺欺人的。那种行为，无论多么谨慎而为，都不符合本公告的精神……估计盈余数字时的任何偏差，无论是过度保守（overly conservative）还是稳健不足（unconservative），受影响的只是利润或损失的记录时点，而利润或损失的总额从长期来看并不会受到影响。因此，没有理由倾向于高估或者低估，否则必将导致一些报表使用者受益而另一些人受损。

□第 97 段：本公告认为，如果把事实告诉报表读者，让他们根据事实形成自己的观点，则财务报表的可靠性必然会大大增强。这应当是会计发展的方向。

这份公告关于谨慎性原则的鲜明立场令我们不禁想起，早在 1914 年，美国公共会计师协会会长波特·乔普林就曾指出，谨慎性原则是不合理的，它"有助于"企业管理层滥用管理权，因此，资产的价值波动必须以附加信息的形式予以补充披露，而不应当进入会计程序进行处理。1930 年，纽约证券交易所上市委员会行政助理霍克西（J. M. B. Hoxsey）在其著名演说《服务于投资者的会计》中，公开批判谨慎性原则，"企业账目是否应当采取谨慎性态度，那根本就不是公共会计师应该操心的事"。1938 年美国证监会委员罗伯特·E. 海利就曾在公开演讲中强烈谴责谨慎性原则，并提出过类似的改进建议。谨慎性原则的失当性是如此明显，以至于业界人士的观点如此相似。

以中立性作为准则制定的评价标准是不恰当的。制定准则时必须考虑其对社会经济的影响。以概念框架为标志的会计理论长期以来忽视了会计规则的社会责任，未能平衡社会利益诉求，因而存在极大缺陷。[1]

该公告所提出的构思精巧的概念虽然对实践并无大用，但毕竟在逻辑上还说得过去。这份公告并没有直接宣传公允价值会计理念，因此，引起的争议不大。[2] 可人们往往感到难以信服，对于会计工作来说，这些原则会不会显得太多了？为什么就应该是这些原则而不是别的原则？照这么一种做法，是不是牙医也该把"拔牙不要太疼""拔牙要讲究卫生"作为口腔医学的质量要

---

1 Lane A. Daley, Terry Tranter, "Limitations on the Value of the Conceptual Framework in Evaluating Extant Accounting Standards," *Accounting Horizons*, 1990, 4(1): 15-24.

2 Edward J. Joyce, Robert Libby, Shyam Sunder, "Using the FASB's Qualitative Characteristics in Accounting Policy Choices," *Journal of Accounting Research*, 1982, 20(2), Part II: 654-675; Donald J. Kirk, "Looking Back on Fourteen Years at the FASB: The Education of A Standard Setter," *Accounting Horizons*, 1988, 2(1): 8-17.

求或者拔牙的基本原则？

（三）《财务会计概念公告第 5 号：企业财务报表中的确认与计量》

1984 年 12 月，财务会计准则委员会公布了财务会计概念公告第 5 号，该公告规定了四个基本确认标准：可定义（definitions）、可计量（measurability）、相关性（relevance）、可靠性（reliability）。在应用这些标准时，应当考虑成本效益原则的约束以及重要性水平的约束。

该公告逐一评论了实务中存在的历史成本（historical cost）或历史收入（historical proceeds）、现行（重置）成本（current (replacement) cost）、现行市价（current market value）、可变现净值或清算价值（net realisable value, settlement value）、未来现金流量折现值（present value of future cash flows）五种计量属性。

 专栏 9-8

财务会计概念公告第 5 号观点摘要

□财务报表是对大量数据进行简化、压缩和汇总的结果。其中列报了特定主体的某些资源（resources）或称资产（assets），对这些资源的要求权（claims），包括负债和所有者权益，以及导致这些资源和要求权变动的交易和其他事件以及情况（transactions and other events and circumstances）。

□确认是指将某种信息正式纳入会计程序，并列入资产、负债、收入、费用等会计要素进行记录或者将其列报于财务报表的过程。这一过程包括同时使用文字和数字描述某一项目，并将该金额包括在财务报表的总计金额之中。

□对于资产和负债这两类会计要素来说，确认包括对某一项目的初始确认（initial recognition of an item）和对该项目的后续变化的确认

（recognition of subsequent changes in or removal of a previously recognized item）这两个方面。

□一个项目及其相关信息应符合四个基本确认标准，并在符合成本效益约束和重要性阈值的前提下，在达到该标准时予以识别。这四个确认标准是：符合财务报表要素的定义（definitions）、可测量性（measurability）、相关性（relevance）、可靠性（reliability）。

□目前，固定资产（不动产、厂场、设备）和大多数存货以历史成本计量，即为购置资产所支付的现金或现金等价物的金额，固定资产还要计提折旧。某些库存按其现行（重置）成本进行报告，即当前购买相同或等价资产时必须支付的现金或现金等价物的金额。某些有价证券以其现行市价计量，即通过有序清算出售资产可获得的现金或现金等价物的金额。短期应收款和一些存货以其可变现净值计量，即预计将在适当的业务过程中将资产转换为现金的非折现金额，减去直接成本（如有）。长期应收款、长期应付款按其未来现金流量的现值计量（以内含利率或历史汇率折现）。

□财务状况表并非旨在显示企业的价值，但其对于估计企业的价值有所助益。这种估计和分析本身并非财务报告的组成部分，它是金融分析（financial analysis）的组成部分。由于不确定性和对成本效益方面的考虑等所导致的局限性，财务状况表中并未包括所有资产和负债。财务状况表通常使用不同的属性（attributes）来计量不同的资产和负债。

□当前会计实践中的净利润（net income）概念五花八门。预计未来的财务报表中将使用多种多样的术语，盈余（earnings）可能会用到净利润、利润（profit）或净亏损（net loss）等名词，综合收益（comprehensive income）会用到非所有者引起的权益变动总额（total nonowner changes in equity）或综合损失（comprehensive loss）等名词。

□未来的准则可能会改变公认的盈余的构成，例如，净资产的某些变化可能不计入盈余，而是计入综合收益。

□现行财务报表所采用的，是财务资本保全概念（financial capital maintenance concept），即刨除企业与所有者的交易后，如果企业净资产的财务（金钱）金额的期末数大于期初数，则认为资本收到了回报。

□作为对比，实物资本保全概念（physical capital maintenance concept）下，刨除企业与所有者的交易后，只有当期末的实物生产能力（physical productive capacity）或实现该能力所需的资源，超过期初的实物生产能力或实现该能力所需的资源时，才认为资本收到了回报。只有在存货、固定资产（或许还有其他各种资产）按其现行成本（current costs）计量的情况下，实物资本保全概念才能得以贯彻。作为对比，财务资本保全概念不要求采用特定的计量属性。

□财务资本保全和实物资本保全概念的主要区别体现在如何对待价格变动对资产和负债的影响。在财务资本保全概念下，如果要确认价格变动的影响，就将其视为持有利得或损失（holding gains and losses），计入资本的回报（即计入利润）；在实物资本保全概念下，则将其视为资本保全调整（capital maintenance adjustments），直接计入股东权益，而不计入利润。

□在评估尚未完成的交易能否成功时，通常需要秉持一定程度的怀疑态度。为了应对不确定性，历来对确认营业收入和利得比确认费用和损失更为严格。

□确认营业收入和利得时应当满足已实现或可实现（realized or realizable）以及已赚得（earned）的原则性要求。

□如果基于现行价格（current prices）的信息具有足够的相关性和可

靠性，获取相关信息的成本合理，并且比其他信息更相关，则应予以确认。

□目标给出方向，概念是解决问题的工具。

财务会计准则委员会没有去分析为什么会出现多种计量属性并存的奇特局面，而是在公告第 66 段声明，它倾向于继续支持多种计量属性并存的做法。有学者指出，该公告除了描述公众公司五花八门的做法，别的什么也没有做。其实，财务会计概念公告第 5 号不是什么也没有做，而是做得特别糟糕。其主要问题有以下几个方面：

第一，该公告把记账区分为确认、计量，但实际上计量是确认的组成部分，二者不能并列。我国流行的确认、计量、记录、报告的提法就是从这种错误概念中引申出来的。[1]

第二，正如该公告所提及的，很多人批评新近推出的术语"综合收益"和"盈余"可能会造成混乱乃至法律上的困境。这些术语是财务会计概念公告第 3 号首次提出的，该公告将盈余视为综合收益的组成部分。

第三，综合收益这种概念纯属恶搞。要知道，只要属于企业所得税法调整范围的活动，都可以直接通过收入、费用、利润类账户处理；不属于税法调整范围的股东投资相关业务，可以直接依照公司法调整股本相关账户。完全没有必要再在报表中增设综合收益项目，如果增设这个项目，则该项目必然是藏污纳垢之处。其他综合收益正是假借综合收益的由头设计出台的。

 **专栏 9-9**

会计计量属性究竟是什么意思？

迄今林林总总的会计理论均围绕一个根本问题展开：会计究竟应不应该反映现行价值？本来，按照根据法律事实记账（记账必须具备原始凭证

---

1 周华、戴德明：《会计确认概念再研究——对若干会计基本概念的反思》，《会计研究》2015 年第 7 期。

的支持）这一会计基本原则，应当旗帜鲜明地反对将现行价值纳入会计程序，现行价值等信息只能进行补充披露。但美国证券市场上的公认会计原则的制定者为了将现行价值植入会计规则，硬是发明了一种话术，最终捏造出了"会计计量属性"这个神秘莫测的概念。

1. 会计原则委员会抛出"货币价格"概念

美国注册会计师协会麾下的会计原则委员会于 1970 年 10 月公布《会计原则委员会公告第 4 号：企业财务报表的基本概念和会计原则》，抛出了"货币价格"的概念。货币价格可以根据市场类型（即购买价格和销售价格）和时间（即过去的价格、现在的价格和预期的未来价格）来区分。该公告提出，在财务会计中，有四种货币价格用于衡量资源：一是过去采购交易价格，通常称为历史成本或采购成本。二是当期采购交易价格，通常称为重置成本。三是当期销售交易价格，通常称为当期售价。四是未来交易价格，如未来净现金进款的现值、折现现金流量、（折现的）可变现净值以及在用价值等。

"货币价格"这个概念的出台表明，美国证券市场上的公认会计原则的制定者企图通过对记账金额的泛化定义来转移视线。原本会计记账只能按照法律事实所证明的金额来记账，而一旦把记账金额改称为"货币价格"，就有机会突破法律事实的约束，选择使用不同的价格，继续玩鱼目混珠的把戏了。这个把戏，与把财务报表的目标改称为财务报告的目标的逻辑一样。

2. 财务会计准则委员会抛出"属性"概念

财务会计准则委员会于 1978 年 11 月公布的《财务会计概念公告第 1 号：企业财务报告的目标》提出了"用于计量的属性"（attributes to be measured）的概念。其逻辑与"货币价格"一样。

"用于计量的属性"是指需要予以量化或计量的会计要素的特质（traits）或特征（aspects），例如历史成本 / 历史收入款项（historical proceeds）、现行成本 / 现行收入款项（current proceeds）等。计量（measurement）这个概念包括两层含义：一是要找到用于计量的属性；二是要选择计量的尺度（scale），如货币单位（units of money）或恒定购买力的单位（units of constant purchasing power）。科学上通常用"property"一词来描述被测量物体的特质或特征，例如桌子的长度或石头的重量。但是在财务报告语境中，"property"通常用于指土地和建筑物等财产，而"attribute"在会计文献中已变得很普遍，因此，财务会计准则委员会决定选择使用"attribute"一词来表示会计要素在计量时可以选择的特质或特征，也就是基于不同理念所选择使用的货币价格。

3. 国际会计准则抛出"计量基础"概念

1989 年 7 月，国际会计准则委员会（IASC）公布《编制和列报财务报表的框架》（Framework for the Preparation and Presentation of Financial Statements）。2001 年 4 月，该框架被国际会计准则理事会继受。2010 年 9 月，国际会计准则理事会公布《财务报告概念框架 2010》。2018 年 3 月，国际会计准则理事会公布《财务报告概念框架 2018》。这些文件主旨框架的实质性变化不大，多是在提法上有所变化。

国际会计准则使用"计量基础"概念（交叉使用 measurement bases，measurement basis 两个名词）来表达前述的"货币价格""属性"之意。《财务报告概念框架 2018》第 6.1 段提出，计量基础是指被计量的项目的某种指定的特征（an identified feature）。这句定义相当玄妙，人们基本上不大可能根据这一定义来理解计量基础的含义。新框架既然连个清楚明白的定义都给不出来，就说明它根本没有弄明白计量基础概念究竟意义何在。该文件设计了两大类计量基础。一类是历史成本（historical cost）。摊余成本属于历史成本的变体。另一类是现行价值（current value），具体包括三种：一是公允价值；二是资产的使用价值或负债的履约价值；三是现行成本。

总之，所谓国际先进经验，无非就是想尽一切办法不按照唯一确定的事实来记账，而是按照企业管理层偏爱的价格来记账。所以，唯一的具有法律证明力的成交价格（即历史成本）概念被更改为多样化选择，货币价格、计量属性、计量基础等花里胡哨的概念，都是为了掩饰企业管理层躁动的心。在合法与非法之间，"国际先进经验"选择的是后者。

该公告还着以笔墨，阐释了净利润（earnings；net income）与全面收益（comprehensive income，又译作综合收益）的联系和区别。

总体来看，财务会计概念公告第5号洋洋洒洒数万言，却没有什么实际内容——它压根就没有讨论会计报表究竟应该记载什么样的信息。实务工作者不读这份公告的唯一损失，就是错失了消磨时间的好机会。难怪所罗门斯认为该公告是一份逃避现实的文件。[1]

会计计量属性相关概念之比较见表9-3。财务会计概念公告第5号是财务会计准则委员会以6∶1的投票表决通过的。

表9-3　　　　　　　　　　　　会计计量属性相关概念之比较

美国证券市场上的公认会计原则（1984）	英国会计准则（1999）	中国企业会计准则体系（2006）	国际准则（2018）
用于计量的属性（attributes to be measured）	货币属性（monetary attributes）计量基础（measurement bases；measurement basis）	会计计量属性	计量基础（measurement basis）

1 David Solomons, "The FASB's Conceptual Framework: An Evaluation," *Journal of Accountancy*, 1986, 161(6): 114-116, 118, 120-122, 124.

续表

美国证券市场上的公认会计原则（1984）	英国会计准则（1999）	中国企业会计准则体系（2006）	国际准则（2018）
一、历史成本或历史收入； 二、现行（重置）成本； 三、现行市价； 四、可变现净值或清算价值； 五、未来现金流量折现值。	一、历史成本； 二、现行价值，包括： （1）重置成本； （2）可变现净值； （3）在用价值。	一、历史成本； 二、重置成本； 三、可变现净值； 四、现值； 五、公允价值。	一、历史成本； 二、现行价值，包括： （1）公允价值； （2）资产的使用价值或负债的履约价值； （3）现行成本。

（四）《财务会计概念公告第 6 号：财务报表的要素》

财务会计准则委员会于 1980 年 12 月公布的《财务会计概念公告第 3 号：企业财务报表的要素》推出了资产负债观。它首先定义资产和负债，然后运用资产和负债的定义来定义收入和费用。该公告还提出了综合收益的概念，但并未给出报表示例。这一番举动令实务界颇为惶恐，因为资产负债观和综合收益等提法都预示着公允价值会计将会成为规则制定者的新宠。[1] 该公告被财务会计准则委员会于 1985 年 12 月公布的《财务会计概念公告第 6 号：财务报表的要素》取代。

财务会计概念公告第 6 号扩大了讨论范围，把非营利组织也包括在内，列出了 10 个会计要素：资产、负债、所有者权益（equity）或净资产（net assets）、所有者的投资（investments by owners）、所有者享有的分配额（distributions to owners）、综合收益（comprehensive income）、营业收入（revenues）、费用（expenses）、利得（gains）、损失（losses）。

---

1 Donald J. Kirk, "Looking Back on Fourteen Years at the FASB: The Education of A Standard Setter," *Accounting Horizons*, 1988, 2(1): 8-16.

专栏 9-10 ————————————————————

财务会计概念公告第 6 号所提出的 10 个会计要素

□该公告提出了 10 个会计要素，其中，有 7 个会计要素既适用于企业，也适用于非营利组织，包括资产、负债、所有者权益（适用于企业）或净资产（适用于非营利组织）、营业收入、费用、利得和损失，另有 3 个会计要素只适用于企业，包括所有者的投资、所有者享有的分配额、综合收益。

□资产是特定实体由于过去的交易或事件而获得或控制的可能的未来经济利益（probable future economic benefits）。

□负债是特定实体由于过去的交易或事件而承担的现时义务（present obligations），该义务将会导致向其他实体转移特定资产或向其他实体提供服务等形式的未来经济利益牺牲（probable future sacrifices of economic benefits）。

□所有者权益或净资产是实体的资产扣除负债后的剩余权益（residual interest）。

□综合收益是一段时间内由于非所有者来源的交易以及其他事件和情况而导致的企业权益变动。

□营业收入是指特定实体通过销售或生产货物、提供服务等主要或核心业务活动，而取得或增加的资产，或者清偿的负债。

□费用是特定实体因交付或生产货物、提供劳务等主要或核心业务活动，而付出或者减少的资产，或者承担的负债。

□利得是特定实体因外围交易或偶然交易，以及营业活动或股东投资以外的其他因素所引起的股东权益的增加。

□损失是特定实体因外围交易或偶然交易，以及营业活动或股东投资以外的其他因素所引起的股东权益的减少。

□本公告所称"影响特定实体的交易和其他事件以及情况"（transactions and other events and circumstances affecting an entity），其中的名词含义如下：

（1）事件（event）是该实体的后果的发生，包括该实体内部发生的内部事件，和该实体与其环境之间发生交互的外部事件。

（2）情况（circumstances）是从一个（或一系列）事件发展而来的一个（或一组）条件，该条件可能几乎不被察觉，并且可能以随机或未预期的方式汇聚在一起，以创造本来可能不会发生并且可能无法预期的状况。

（3）交易（transaction）是一种特殊的外部事件（external event），即涉及在两个（或多个）实体之间转移某种价值（未来经济利益）的外部事件。

关于财务会计概念公告第 6 号中的会计要素，有以下几点值得关注：

第一，财务会计概念公告第 6 号里所称的资产已经不是常规意义上民法所称的财产，负债也不是民法意义上的债，它们都已经被金融化、预期化，变成了金融分析用语。其实，资产应当是财产等权利，负债应当是债，这样，会计报表就具有了法律上的证明力。至于所有者权益或净资产，就可以简单地定义为财产与债之差。会计的关键功能在于提供法律证明力，因此，资产和负债的定义决不能被金融化、预期化。

第二，财务会计概念公告第 6 号正确地提出了可以将企业和非营利组织的会计要素予以统一的设想。其实，基于权利和义务的概念，可以统一资产和负债概念，由此可见，的确没有必要另行建设政府和非营利组织会计制度。

第三，所谓事件、交易、情况等术语，其实是对法律事实（包括法律事件和法律行为）概念的粗略模仿。

　　财务会计概念公告第 3 号和第 6 号所提出的会计要素对英国和我国的会计准则产生了很大影响，也在私立机构国际会计准则理事会的文件中留下了深深的烙印。如表 9-4 所示，它们只是用词略有差异，本质上是一样的。例如，这些文件中的资产和负债定义都已全面预期化。收入和费用的定义虽然名义上看存在很大差异，但本质上都是为了把资产和负债的价值波动计入利润表，千方百计地在会计报表中开口子。其后果就是利得和损失项目都胡乱堆砌在利润表中，对于没有计入利润表的价值波动，则是在所有者权益项目下增设"其他综合收益"项目来收纳。为达到目的，不择手段，总有说辞来掩盖种种违背会计基本原则的会计规则。财务会计概念框架的作用，大抵如此。

表 9-4　　　　　　　　　　　会计要素的比较

项目			美国证券市场上的财务会计概念框架（1985）	英国会计准则（1999）	中国企业会计准则体系（2006）	国际会计准则（2018）
经济资源	资产		●	●	●	●
要求权	负债		●	●	●	●
	净资产	净资产（所有者权益）	●（equity; net assets）	●（ownership interest）	●	●（equity）
		所有者的出资	●（investments by owners）	●（contributions from owners）		
		对所有者的分配	●（distributions to owners）	●（distributions to owners）		
		综合收益	●（comprehensive income）			

续表

项目	美国证券市场上的财务会计概念框架（1985）	英国会计准则（1999）	中国企业会计准则体系（2006）	国际会计准则（2018）
广义收入	营业收入（revenues）利得（gains）	●收益（gains），包括营业收入（revenue）和其他收益	●	●收入（income）
广义费用	狭义费用（expenses）损失（losses）	●损失（losses），包括营业费用（expense）和其他损失	●	●费用（expenses）
利润			●	

注：●表示该准则采用了相应的会计要素概念。

值得注意的是，我国会计立法在借鉴英美经验的会计要素时出现了理念偏差。《企业会计准则——基本准则》第三十条和《企业会计准则第14号——收入》（2017年修订）第二条所定义的收入（revenue），均是指"企业在日常活动中形成的、会导致所有者权益增加的、与所有者投入资本无关的经济利益的总流入"。这种狭义的收入定义就导致"营业外收入不属于收入"的奇怪逻辑。《企业会计准则——基本准则》第三十三条规定，费用是指企业在日常活动中发生的、会导致所有者权益减少的、与向所有者分配利润无关的经济利益的总流出。可见，企业会计准则所称的费用是狭义的，仅仅是指企业当期从事经营活动所付出的代价。《企业会计准则——基本准则》第三十七条规定，利润是指企业在一定会计期间的经营成果。利润包括收入减去费用后的净额、直接计入当期利润的利得和损失等。

由此可见，我国《企业会计准则——基本准则》中的收入、费用均为狭义，这导致利润的定义异常"邋遢"，利润概念在兜底的时候，不得不悄悄地引入了利得和损失。

（五）《财务会计概念公告第 7 号：在会计计量中使用现金流量信息和现值》

20 世纪 80 年代末，财务会计准则委员会开始考虑采用现金流量现值作为会计计量方法。[1]该机构于 1990 年公布了讨论备忘录《会计中以现值为基础的计量方法》（Present Value-Based Measurements in Accounting），并于 1991 年组织了听证会，1996 年公布了一个专门报告，1997 年公布了征求意见稿。但后来还是于 1999 年决定以概念公告征求意见稿的形式予以公布，最终形成了 2000 年 2 月公布的《财务会计概念公告第 7 号：在会计计量中使用现金流量信息和现值》。这份公告试图以未来现金流量现值作为会计计量的基础，是金融分析理念主导会计理论的典型代表之一。该公告指出，会计计量采用现值（present value）的唯一目的是估计公允价值（见财务会计概念公告第 7 号第 25 段）。其逻辑是：如果存在可观测的市场价格（observed market price），则可称之为公允价值，因为该价格代表着市场中所有参与者的一致意见。如果不存在可观测的市场价格，则可使用折现值估计。

专栏 9-11

财务会计概念公告第 7 号观点摘录

□现值是经济学和公司金融的基础之一，现值的计算是大多数现代资产定价模型（包括期权定价模型）的一部分。此外，估计未来现金流量的现值其实早已隐含于所有的市场价格之中，包括隐含于企业以现金购买资产时记录的历史成本之中。在贷款或债券之类的金融资产中，这种关系显而易见。可以将这种算法扩展到财务报表中确认的所有资产和负债之中去。[引者注：这种观点将封闭现金流量的存贷款利息的计算规则，错误地推广到所有资产和负债了。复利算法仅对债权债务的封闭现金流量有意

---

1 Paul B. W. Miller, Paul R. Bahnson, "Four Steps to Useful Present Values," *Journal of Accountancy*, 1996, 181(5): 91-96.

义，一旦推广到不确定的现金流量，将是失之毫厘、谬以千里。]

□在会计计量中使用现值的目的是尽可能地捕捉估计的未来现金流量集之间的经济差额。现值有助于区分看起来可能相似的现金流量，因而提供的信息多于未折现的现金流量。

□财务会计概念公告第 5 号共提出了五个计量属性，即历史成本（历史收益）、现行成本、现行市价、可变现净值（清算价值）、未来现金流量现值（折现值）。其中，有三个计量属性（现行成本、现行市价和可变现净值）的讨论着重于初始确认时的计量和后续期间的新起点计量（fresh-start measurements）。在财务会计概念公告第 5 号中，现值计量属性是一种摊销方法，适用于使用历史成本、现行成本或现行市价入账之后对资产或负债的计量。

□新起点计量是指在资产或负债入账后，采用与此前的入账金额或会计惯例无关的账面价值来对其进行重新计量。

□当现值用于初始确认和新起点计量时，其唯一目的就是估计公允价值。公允价值对资产或负债的经济特征提供了最完整和最具代表性的忠实的计量。

□如果可以在市场上观察到资产或负债（或实质上类似的资产或负债）的价格，则无须使用现值计量。市场价格已经体现了市场对现值的评估。但是，如果没有可观测的市场价格，则现值计量通常是估计价格的最佳可用技术。

□尽管管理层的预期通常是有用和有益的，但市场是资产和负债价值的最终仲裁者。

□现值计量的一般指导原则是：（1）估计现金流量和利率时，应尽可能反映有关未来事件和不确定性的假设；（2）用于对现金流量进行折现的利率，应反映与估计现金流量内在的假设一致的假设；（3）估计的现金流量和利率应当是无偏的，并且不应当受与资产（组）、负债（组）无关的因素的影响；（4）估计的现金流量或利率结果应当是一个范围，而不是一个单一的最可能值、最小可能值、最大可能值。

□术语"最佳估计"（best estimate）以往曾被用作无偏（unbiased）、最可能（most likely）之意，本公告取其后者。

□期望现金流量（expected cash flow）是估计现金流量（estimated cash flow）的期望值，即一定范围内的估计现金流量的概率加权平均值。期望现值（expected present value）是现值的期望值，即一定范围内的估计现金流量的概率加权现值。

□过去，除了"收款的合同权利或者付款的合同义务存在固定或可确定的日期"的情形外，会计准则制定者不愿意允许企业使用现值技术。[引者注：过去的立场是对的，即仅将现值算法严格限定于债权或债务的封闭现金流量的情形。换言之，如果现金流量不是封闭的，即现金流量、收付款日期是不确定的，就无法进行货币时间价值的计算。]

□有许多技术方法用于风险调整的估计，包括矩阵定价（matrix pricing），期权调整后的价差模型（option-adjusted spread models）和基本面分析（fundamental analysis）。

□风险和报酬的关系，用财务公理（financial axiom）来描述，就是"风险越大，回报就越大"。[引者注：世上原本没有此类公理。这体现了准则制定者对公司金融理论的迷信。] 资产组合理论认为，在有效率的市场中，不允许存在可通过多元化投资组合抵消掉的风险溢价。但行为金融学对主流金融理论中假设的理性投资者的概念提出了质疑，取而代之的是，他们寻求心理学等领域的见识。他们提出，风险溢价会因可能结果的分布而变化，另外，价格会受到近期经验和决策框架的影响。虽然经济学和金融学研究已经获得了有力的见解，但是这些见解对于计量特定资产或负债的适用性并不总是很清晰。

　　□如果计量包括信用状况的变化，那么当企业的信用状况下降时，其负债的新起点计量（即公允价值）将会减少，企业的利润、所有者权益则会增加。这违背直觉：坏事（信誉下降）为什么会产生好事（所有者权益增加）？[引者注：这就是负债采用公允价值的悖论。次贷危机期间，这一问题尤其突出。]

　　□利息分配方法（interest methods of allocation，即现在所称的实际利率法）虽然在理论上可以应用于任何资产或负债，但通常适用于具有以下一个或多个特征的资产和负债：（1）该资产或负债通常被视为借贷关系；（2）相似资产或负债的定期分配采用利息法；（3）一组特定的估计未来现金流量与资产或负债紧密相关；（4）初始确认时的计量基于现值。[引者注：也就是说，现值算法（利息分配方法）原本就是针对债权债务关系的封闭现金流量而言的。]在大多数情况下，实际利率法是基于合同现金流量的，并假定在这些现金流量的整个生命周期中都具有恒定的实际利率（constant effective interest rate）。也就是说，该方法使用承诺的现金流量（promised cash flows）而不是预期的现金流量（expected cash flows），并使用单一的实际利率。实际利率法是以历史成本概念为基础的。

　　这份概念公告照例炮制了一堆名词。例如，它列举了以下会计惯例，并进行了对比分析：（1）公允价值；（2）在用价值，或称基于特定主体的计量（entity-specific measurements）；（3）有效清偿计量（effective-settlement measurements），这是对可变现净值概念的理论包装；（4）成本积累或成本应计计量（cost-accumulation or cost-accrual measurements），这是对现行成本、重置成本、现行重置成本等同义词的理论包装。其中，关于基于特定主体的计量的提法被国际会计准则理事会公布的《财务报告概念框架 2018》沿用，显得似乎有思想。该公告中还提出了增量借款利率（incremental borrowing rate）的概念。

财务会计概念公告第 7 号从头到脚几乎没有可取之处，以下几个理论问题尤其突出：

第一，现值的逻辑过于荒诞。估值者之所以计算现值，是因为他不知道股票现在价值几何，而现值的计算却要求他知道未来现金流量、折现率和折现期三套参数。[1] 现金流量折现方法是一个只有纯粹的理论意义，而不具备可操作性的方法。企业的现金流量是诸多企业资源共同作用的结果，无法把它一一拆解到各个单一资产，否则其极度的主观性会大幅削弱会计信息的有用性。[2] 在实践中，现值计算方法实际上是作为一种金融估值方法出现的，它是金融分析的常用方法。金融分析是前瞻性的，它需要面向预期，而会计是历史性的，它应当基于事实。因此，把现值这一金融分析方法列为会计计量属性的做法是相当荒诞的。这种荒诞的理论观点居然能够流行于会计界，无疑折射出了美国会计学术界和公认会计原则制定者严重脱离企业管理实践的真实局面。

财务会计概念公告第 7 号提出，之所以需要出台这份公告，是因为财务会计准则委员会发现，现有公认会计原则中推行的现值算法和概念过于随意，亟待统一。然而，它没有认识到，现值算法和概念根本没有办法统一，它在逻辑上就是无法自洽的。看一看固定资产减值规则中那天马行空的算法就可以知道，现值就是一套纵容企业管理层随心所欲捏造会计数据的失当规则。

---

1 周华：《法律制度与会计规则——关于会计理论的反思》，中国人民大学出版社，2016，第 1—17 页。

2 Harry I. Wölk, James L. Dodd, John J. Rozycki, *Accounting Theory: Conceptual Issues in a Political and Economic Environment*, 7th Edition (Los Angeles: Sage Publications, Inc., 2008), pp.19-20.

第二，新起点计量这种观念摆明了就是怂恿企业管理层在缺乏证据的情况下任意篡改账面数据。这份概念公告只是描述特定的做法，而没有对之进行价值判断，也没有给出理论解释。这是典型的霸道式的"理论"构建套路。

凡是推行预期现金流量现值算法的会计规则都是财务舞弊的重灾区，如养老金会计、固定资产减值、贷款减值、金融资产转移、保险会计等领域。

第三，现值概念被树立成为会计概念，纯属欧美公共会计师行业小圈子里的游戏。财务会计概念公告第 7 号提出，1997 年 4 月，在英国，会计准则理事会（ASB）公布了工作报告《财务报告中的折现》。澳大利亚、加拿大、新西兰、英国的会计准则制定机构，国际会计准则委员会以及财务会计准则委员会的联合工作组（俗称 G4 + 1）多次讨论过现值问题。《国际会计准则第 37 号：准备、或有负债和或有资产》广泛地使用了现值技术。1998 年，国际会计准则委员会在其议程中增加了一个关于现值的项目。在此背景下，财务会计准则委员会再次发挥了"带头大哥"的作用，抢先将现值列入概念框架的主体部分。这些机构之间相互背书、循环论证，堪称当代会计理论发展史中的一大特色。

总之，财务会计概念公告第 7 号表明，财务会计准则委员会已经迷失在公司金融理论的丛林中。这份公告违背会计原理，内容散乱且毫无章法，对实践具有误导作用，是引人入坑的先锋之作。现值算法在会计规则中遍地开花，企业管理层便可随心所欲地操纵会计数据。

 **专栏 9-12**

埃德蒙·L. 詹金斯

埃德蒙·L. 詹金斯（Edmund L. Jenkins，1935—2020），1997—2002 年任财务会计准则委员会主席，主持第 132 号会计准则及之后若干准

则的制定工作，其在任期间的主要成果是 1998 年 6 月公布的《财务会计准则公告第 133 号：衍生工具和套期活动的会计处理》，2000 年公布的《财务会计概念公告第 7 号：在会计计量中使用现金流量信息和现值》，2001 年 6 月公布的《财务会计准则公告第 141 号：企业合并》，2001 年 6 月公布的《财务会计准则公告第 142 号：商誉与其他无形资产》。

1935 年生于美国密歇根州。父亲是密歇根州环境保护署官员，母亲是位代课教师。他在离家 60 英里的一个小型文科学校主修经济学和政治学。教詹金斯会计学的经济学教授 E. 梅纳德·阿里斯（E. Maynard Aris）是佩顿的学生，也是詹金斯一生的朋友。詹金斯在高年级时结婚，1957 年以优异成绩毕业。毕业一个星期后，在导师和安达信会计公司底特律成员公司管理合伙人的鼓励下，他报考密歇根大学的 MBA 项目，并获得了佩顿奖学金和行政助学金。他刻苦学习，只用了三个学期就获得了硕士学位。1958 年 6 月硕士毕业后，加入安达信会计公司底特律成员公司。在那里，他遇到了自 1947 年起就担任管理合伙人的伦纳德·P. 斯派塞克（Leonard P. Spacek），从而得以成为改进会计准则的先知先觉者。他确立了安达信会计公司关于递延税项（deferred tax accounting）等问题的原则立场。1968 年成为合伙人，1970 年转任公司芝加哥总部，负责处理该公司与美国证监会相关的业务，在这里发展了与安德鲁·巴尔（时任美国证监会首席会计师）和阿瑟·怀亚特（原安达信会计公司合伙人，时任会计原则委员会委员）的友谊。1974 年作为管理合伙人加入印第安纳波利斯成员公司两年。之后回到公司的芝加哥总部。他曾负责公司的全球会计与审计实务，担任该公司的专业准则项目（Professional Standards Group）

负责人。

他是财务会计准则委员会新兴问题工作组首届委员（1984—1991），财务会计准则委员会顾问委员会委员（1991—1995），他所率领的美国注册会计师协会的财务报告特别委员会（1991—1994）于1994年公布了著名的《詹金斯报告》（Jenkins Committee Report），建议拓宽会计的理念，给财务报表附加更多的有助于投资决策的信息。

詹金斯1996年从安达信会计公司退休（工作长达38年）。1997—2002年任财务会计准则委员会主席，这5年正是会计准则饱受争议的5年。在他的领导下，财务会计准则委员会公布了衍生工具会计准则，取消了权益结合法，改善了与相关机构的关系。他还见证了财务会计准则委员会参与重组国际会计准则委员会、建立国际会计准则理事会的全过程。

（六）《财务会计概念公告第8号：财务报告概念框架》（第1章和第3章）

2004年，财务会计准则委员会与国际会计准则理事会启动概念框架趋同计划。2010年9月，财务会计准则委员会公布《财务会计概念公告第8号：财务报告概念框架》（第1章和第3章）。

财务会计概念公告第8号并没有什么实质性进展，它为人们展现了堆砌文字的一种新做法。关于财务报告的目标，它继续锁定于投资者与债权人，如投资银行与商业银行。它把信息质量特征区分为基础性质量特征（fundamental qualitative characteristics）和增强性质量特征（enhancing qualitative characteristics）两个层次。前者是指相关性和如实反映（faithful representation）。[1]与决策相关的信息应当具备预测价值（predictive value）或验证价值（confirmatory value）。如实反映的信息应当满足三个特征，即它是

1　该公告称，财务会计准则委员会和国际会计准则理事会决定不再使用可靠性（reliability）一词，而代之以如实反映。

完整的（complete）、中性的（neutral）、无差错的（free from error）。后者是指可比性、可核实性、及时性和可理解性。

值得注意的是，财务会计概念公告第 8 号删除了概念框架中的谨慎性原则等失当概念。财务会计准则委员会和国际会计准则理事会决定不再使用可靠性（reliability）一词，而代之以如实反映。原来隶属于可靠性的实质重于形式（substance over form）、谨慎性或稳健性（prudence，conservatism）和可验证性（verifiability）不再视为如实反映的内在要求，审慎性（prudence）或稳健性（conservatism）被删除，因为它们与中立性的要求相悖；实质重于形式不再被列为信息质量特征，而是被视为如实反映的应有之义；可验证性被列入增强性的质量特征。重要性不被列入质量特征，而是视为会计主体应用相关性的应有之义。[1]

国际会计准则理事会及其前身国际会计准则委员会曾长期依赖于美国证券市场上的公认会计原则，甚至照搬了后者的财务会计概念框架。由于人手紧张，国际会计准则的概念框架项目干脆是由财务会计准则委员会员工主导、在美国编写的。[2]

有学者认为，总体来看，公认会计原则的概念框架有很大的缺陷。第一，它不是强制执行的，主要用于指导会计准则制定；第二，它本身有些内容是矛盾的，如概念公告中讲在实务中会计计量有多种方法，比如历史成本、重置成本、交易成本、市价、公允价值等都是可以用来选择作为计量标准的，但是不同的计量标准反映了不同的经济现实，即概念框架并没有对计量属性做出选择，也没有给出计量属性选择的原则，所以到今天美国证券市场都没

---

1 鉴于美国证监会自 2012 年起明确表示不再谋求与国际财务报告准则趋同，国际会计准则理事会单独公布了自己的概念框架。该框架再度引入谨慎性原则。这意味着国际财务报告准则将继续在公允价值会计和资产减值会计并存的混合计量模式的老路上盘旋。

2 Christoph Pelger, "Practices of Standard-setting—An Analysis of the IASB's and FASB's Process of Identifying the Objective of Financial Reporting," *Accounting, Organizations and Society*, 2016, 50: 51.

有解决会计计量的最佳计价标准问题。[1]

财务会计准则委员会之所以在财务会计概念框架项目上进展甚微，除了价值导向的偏差外，还有一个重要原因是它未能认识到它所借鉴的关于收益计量和资产评估的经济学理论本身都存在严重缺陷。20 世纪 70 年代通货膨胀会计理念的失败充分地说明了这一点。[2]

还有学者认为，总体而言，很难说财务会计概念框架有什么实际用途。[3]还有学者甚至认为，任何试图构建概念框架的尝试都逃脱不了失败的结局，因为财务会计根本就不存在一致公认的目标导向[4]；任何偏离历史成本会计的观念都是对报表编制者和会计实务人员的威胁，都不大可能受到拥护。[5]

20 世纪 70 年代末，英格兰及威尔士特许会计师协会的研究委员会委托伦敦政治经济学院教授理查德·麦克非，对财务会计准则委员会的概念框架等理论工作进行全面调查。麦克非提交的报告认为，虽然财务会计准则委员会自 70 年代中期开始进行了大量研究，花费了很多钱财，但是几乎没有证据表明它取得了真正的进展。这表明，那种试图开发出一套概念框架，从而用作解决现行会计问题的万灵药的设想，其可能性是不存在的。[6]

米勒曾指出关于概念框架的八大谬论，值得学界反思：（1）会计原则委员会之所以会失败，是因为它没有概念框架；（2）如果财务会计准则委员会

1 陈毓圭：《会计准则讲座》，中国财政经济出版社，2005，第 79 页。

2 Robert Anthony Rayman, *Accounting Standards: True or False?* (New York: Routledge, 2006), p. 33.

3 Charles T. Horngren, "Uses and Limitations of A Conceptual Framework," *Journal of Accountancy*, 1981, 151(4): 86-91; Paul B. W. Miller, "The Conceptual Framework: Myths and Realities. Illuminating the Road to Concensus," *Journal of Accountancy*, 1985, 159(3): 62-68.

4 Nicholas Dopuch, Shyam Sunder, "FASB's Statements on Objectives and Elements of Financial Accounting: A Review," *The Accounting Review*, 1980, 55(1): 1-21.

5 Lawrence Revsine, "The Selective Financial Misrepresentation Hypothesis," *Accounting Horizons*, 1991, 5(4): 16-28.

6 Richard Macve, *A Conceptual Framework for Financial Accounting and Reporting: Vision, Tool, or Threat?* (New York: Routledge,1997), pp. 27-166; John Richard Edwards, *A History of Financial Accounting* (New York: Routledge,1989), pp. 242-243, published in 2014 by Routledge.

没有概念框架，它是不会成功的；（3）概念框架能导致前后一贯的准则；（4）概念框架将会消除准则超载问题；（5）概念框架捕捉到的仅仅是会计实务的现状；（6）概念框架项目所发生的成本比其应当发生的要多；（7）为使其与概念框架相一致，财务会计准则委员会应当修订现有的准则；（8）财务会计准则委员会将放弃概念框架项目。[1]

总之，概念框架是对现行准则制定思路的笼统说明，既没有改变既存的准则制定思路，也没有对后续的准则制定产生实质性影响。概念框架自身的定位仅仅是用作制定准则的理论参考，它并不试图改变以往所公布的准则。笔者认为，我国会计学界对财务会计概念框架的热捧缺乏充足的理由。

第四节　财务会计准则委员会制定的会计规则

一、财务会计准则公告概览

1973—2009 年，财务会计准则委员会所颁布的财务会计准则公告（Statement of Financial Accounting Standards，SFAS）编号达 168 号之多。其编号规则比较奇怪：被取代的准则的编号依然保留；对现有准则的修正案一律被赋予新的编号；有的准则正文只有一句话，甚至只是简单地推迟某份准则的启用日期。如此编排，导致准则体系无比庞杂。2009 年 6 月，财务会计准则委员会在其公布的最后一份财务会计准则公告即《财务会计准则公告第168 号：〈FASB 会计准则汇编〉与公认会计原则的层次》中宣布，此后不再单独编发会计准则。它把所有现行有效的准则汇编成册，这样便于查阅使用。

---

1 Paul B. W. Miller, "Conceptual Framework: Myths and Realities," *Journal of Accountancy*, 1985, 159(3): 62-68. 译文引自［美］艾哈迈德·里亚希 - 贝克奥伊：《会计理论》（第 4 版），钱逢胜等译，上海财经大学出版社，2004，第 7 页。

（参见表 9-5：财务会计准则公告一览表。）这个决定与 1953 年会计程序委员会把会计研究公报第 1 号至第 42 号汇编为会计研究公报第 43 号的做法如出一辙。实在地说，类似的汇编其实就是我国企业会计制度一贯所采取的做法。这说明，此前逐一公布准则的做法并不是什么"先进经验"，域外的做法未必就值得步步紧跟。

耐人寻味的是，据首届财务会计准则委员会委员沃尔特·P. 舒茨回忆，早期的委员们在缺乏理论框架（如后来的财务会计概念框架）指导的情况下，主要是借助专业经验、主观判断和个人直觉来起草会计准则的。[1]

表 9-5　　　　　　　　　　　　　财务会计准则公告一览表

编号	时间	文件名
1	1973 年 12 月	外币折算信息的披露 Disclosure of Foreign Currency Translation Information
2	1974 年 10 月	研究开发支出的会计处理 Accounting for Research and Development Costs
3	1974 年 12 月	报告中期财务报告中的会计变更——修订 APB 第 28 号意见书 Reporting Accounting Changes in Interim Financial Statements—An Amendment of APB Opinion No. 28
4	1975 年 3 月	报告清偿债务之利得和损失——修订 APB 第 30 号意见书 Reporting Gains and Losses from Extinguishment of Debt—An Amendment of APB Opinion No. 30
5	1975 年 3 月	或有事项的会计处理 Accounting for Contingencies
6	1975 年 5 月	预期延期的短期债务的分类——修订 ARB 第 43 号第 3 章第 A 节 Classification of Short-Term Obligations Expected to Be Refinanced—An Amendment of ARB No. 43, Chapter 3A
7	1975 年 6 月	开办期的会计处理与财务报告 Accounting and Reporting by Development Stage Enterprises

---

1 Walter P. Schuetze, *Mark-to-Market Accounting: "True North" in Financial Reporting* (London and New York: Routledge, Taylor & Francis Group, 2002), pp. 20-31.

续表

编号	时间	文件名
8	1975 年 10 月	外币交易和外币财务报表折算的会计处理 Accounting for the Translation of Foreign Currency Transactions and Foreign Currency Financial Statements
9	1975 年 10 月	所得税的会计处理：石油天然气企业——修订 APB 第 11、23 号意见书 Accounting for Income Taxes: Oil and Gas Producing Companies—An Amendment of APB Opinions No. 11 and 23
10	1975 年 10 月	对企业合并追溯条款的扩展——修订 APB 第 16 号意见书 Extension of "Grandfather" Provisions for Business Combinations—An Amendment of APB Opinion No. 16
11	1975 年 12 月	或有事项的会计处理：过渡条款——修订 FASB 第 5 号准则公告 Accounting for Contingencies: Transition Method—An Amendment of FASB Statement No. 5
12	1975 年 12 月	有价证券的会计处理 Accounting for Certain Marketable Securities
13	1976 年 11 月	租赁合同的会计处理 Accounting for Leases
14	1976 年 12 月	企业分部的财务报告 Financial Reporting for Segments of a Business Enterprise
15	1977 年 6 月	贷款人和借款人关于债务重组的会计处理 Accounting by Debtors and Creditors for Troubled Debt Restructurings
16	1977 年 6 月	前期调整 Prior Period Adjustments
17	1977 年 11 月	租赁合同的会计处理：初始直接代价——修订 FASB 第 13 号准则公告 Accounting for Leases: Initial Direct Costs—An Amendment of FASB Statement No. 13
18	1977 年 11 月	企业分部的财务报告：中期财务报表——修订 FASB 第 14 号准则公告 Financial Reporting for Segments of a Business Enterprise: Interim Financial Statements—An Amendment of FASB Statement No. 14

续表

编号	时间	文件名
19	1977 年 12 月	石油天然气公司的财务会计与报告 Financial Accounting and Reporting by Oil and Gas Producing Companies
20	1977 年 12 月	远期外汇协议的会计处理——修订 FASB 第 8 号准则公告 Accounting for Forward Exchange Contracts—An Amendment of FASB Statement No. 8
21	1978 年 4 月	非公众公司暂停报告 EPS 和分部信息——修订 APB 第 15 号意见书和 FASB 第 14 号准则公告 Suspension of the Reporting of Earnings per Share and Segment Information by Nonpublic Enterprises—An Amendment of APB Opinion No. 15 and FASB Statement No. 14
22	1978 年 6 月	偿还免税债务导致的租赁合同条款变更——修订 FASB 第 13 号准则公告 Changes in the Provisions of Lease Agreements Resulting from Refundings of Tax-Exempt Debt—An Amendment of FASB Statement No. 13
23	1978 年 8 月	租赁合同的开始——修订 FASB 第 13 号准则公告 Inception of the Lease—An Amendment of FASB Statement No. 13
24	1978 年 12 月	分部信息在其他企业财务报告中的列示——修订 FASB 第 14 号准则公告 Reporting Segment Information in Financial Statements That Are Presented in Another Enterprise's Financial Report—An Amendment of FASB Statement No. 14
25	1979 年 2 月	暂停石油天然气公司的某些会计规则——修订 FASB 第 19 号准则公告 Suspension of Certain Accounting Requirements for Oil and Gas Producing Companies—An Amendment of FASB Statement No. 19
26	1979 年 4 月	不动产销售型租赁的利润确认——修订 FASB 第 13 号准则公告 Profit Recognition on Sales-Type Leases of Real Estate—An Amendment of FASB Statement No. 13

续表

编号	时间	文件名
27	1979 年 5 月	直接金融租赁或销售型租赁合同展期或续约时的分类——修订 FASB 第 13 号准则公告 Classification of Renewals or Extensions of Existing Sales-Type or Direct Financing Leases—An Amendment of FASB Statement No. 13
28	1979 年 5 月	售后租回——修订 FASB 第 13 号准则公告 Accounting for Sales with Leasebacks—An Amendment of FASB Statement No. 13
29	1979 年 6 月	或有租金的确定——修订 FASB 第 13 号准则公告 Determining Contingent Rentals—An Amendment of FASB Statement No. 13
30	1979 年 8 月	披露主要客户的信息——修订 FASB 第 14 号准则公告 Disclosure of Information about Major Customers—An Amendment of FASB Statement No. 14
31	1979 年 9 月	与英国税法存货免税权有关的税收利益的会计处理 Accounting for Tax Benefits Related to U.K. Tax Legislation Concerning Stock Relief
32	1979 年 9 月	AICPA 立场公告及会计审计事项指南中的特殊会计与报告原则及惯例——修订 APB 第 20 号意见书 Specialized Accounting and Reporting Principles and Practices in AICPA Statements of Position and Guides on Accounting and Auditing Matters—An Amendment of APB Opinion No. 20
33	1979 年 9 月	财务报告与物价变动 Financial Reporting and Changing Prices
34	1979 年 10 月	利息支出的资本化 Capitalization of Interest Cost
35	1980 年 3 月	设定受益型养老金计划的会计处理与报告 Accounting and Reporting by Defined Benefit Pension Plans
36	1980 年 5 月	养老金信息的披露——修订 APB 第 8 号意见书 Disclosure of Pension Information—An Amendment of APB Opinion No. 8

续表

编号	时间	文件名
37	1980 年 7 月	资产负债表中递延所得税费用的分类——修订 APB 第 11 号意见书 Balance Sheet Classification of Deferred Income Taxes—An Amendment of APB Opinion No. 11
38	1980 年 9 月	购买交易之前的被购买方的或有事项的会计处理——修订 APB 第 16 号意见书 Accounting for Preacquisition Contingencies of Purchased Enterprises—An Amendment of APB Opinion No. 16
39	1980 年 10 月	财务报告与物价变动：采掘和石油天然气类特殊资产——补充 FASB 第 33 号准则公告 Financial Reporting and Changing Prices: Specialized Assets-Mining and Oil and Gas—A Supplement to FASB Statement No. 33
40	1980 年 11 月	财务报告与物价变动：林木和苗圃类特殊资产——补充 FASB 第 33 号准则公告 Financial Reporting and Changing Prices: Specialized Assets-Timberlands and Growing Timber—A Supplement to FASB Statement No. 33
41	1980 年 11 月	财务报告与物价变动：特殊资产——收益型房地产（补充 FASB 第 33 号准则公告） Financial Reporting and Changing Prices: Specialized Assets—Income-Producing Real Estate—A Supplement to FASB Statement No. 33
42	1980 年 11 月	利息支出资本化中重要性的确定——修订 FASB 第 34 号准则公告 Determining Materiality for Capitalization of Interest Cost—An Amendment of FASB Statement No. 34
43	1980 年 11 月	带薪休假的会计处理 Accounting for Compensated Absences
44	1980 年 12 月	机动车运输业无形资产的会计处理——修订 ARB 第 43 号第 5 章及 APB 第 17、30 号意见书 Accounting for Intangible Assets of Motor Carriers—An Amendment of Chapter 5 of ARB No. 43 and An Interpretation of APB Opinions 17 and 30
45	1981 年 3 月	特许权使用费收入的会计处理 Accounting for Franchise Fee Revenue

续表

编号	时间	文件名
46	1981 年 3 月	财务报告与物价变动：动画行业 Financial Reporting and Changing Prices: Motion Picture Films
47	1981 年 3 月	长期债务的披露 Disclosure of Long-Term Obligations
48	1981 年 6 月	附有退货权情形下收入的确认 Revenue Recognition When Right of Return Exists
49	1981 年 6 月	产品融资协议的会计处理 Accounting for Product Financing Arrangements
50	1981 年 11 月	录音行业的财务报告 Financial Reporting in the Record and Music Industry
51	1981 年 11 月	有线电视行业的财务报告 Financial Reporting by Cable Television Companies
52	1981 年 12 月	外币折算 Foreign Currency Translation
53	1981 年 12 月	电影制片人和发行人的财务报告 Financial Reporting by Producers and Distributors of Motion Picture Films
54	1982 年 1 月	财务报告与物价变动：投资公司——修订 FASB 第 33 号准则公告 Financial Reporting and Changing Prices: Investment Companies—An Amendment of FASB Statement No. 33
55	1982 年 2 月	确定可转换证券是否为普通股等价物——修订 APB 第 15 号意见书 Determining Whether a Convertible Security is a Common Stock Equivalent—An Amendment of APB Opinion No. 15
56	1982 年 2 月	应用 APB 第 20 号意见书时优先执行 AICPA 指南以及关于承包商会计的第 81-1 号立场公告和关于医疗机构的第 81-2 号立场公告——修订 FASB 第 32 号准则公告 Designation of AICPA Guide and Statement of Position (SOP) 81-1 on Contractor Accounting and SOP 81-2 Concerning Hospital-Related Organizations as Preferable for Purposes of Applying APB Opinion 20—An Amendment of FASB Statement No. 32

续表

编号	时间	文件名
57	1982 年 3 月	关联方的披露 Related Party Disclosures
58	1982 年 4 月	采用权益法时利息支出的资本化——修订 FASB 第 34 号准则公告 Capitalization of Interest Cost in Financial Statements That Include Investments Accounted for by the Equity Method—An Amendment of FASB Statement No. 34
59	1982 年 4 月	推迟州和地方政府养老金计划的会计规则的生效日期——修订 FASB 第 35 号准则公告 Deferral of the Effective Date of Certain Accounting Requirements for Pension Plans of State and Local Governmental Units—An Amendment of FASB Statement No. 35
60	1982 年 6 月	保险公司的会计与报告 Accounting and Reporting by Insurance Enterprises
61	1982 年 6 月	产权资料库的会计处理 Accounting for Title Plant
62	1982 年 6 月	附有免税借款、捐赠和补助的情形下利息支出的资本化——修订 FASB 第 34 号准则公告 Capitalization of Interest Cost in Situations Involving Certain Tax-Exempt Borrowings and Certain Gifts and Grants—An Amendment of FASB Statement No. 34
63	1982 年 6 月	传播机构的财务报告 Financial Reporting by Broadcasters
64	1982 年 9 月	按偿债基金法的要求清偿债务——修订 FASB 第 4 号准则公告 Extinguishments of Debt Made to Satisfy Sinking-Fund Requirements—An Amendment of FASB Statement No. 4
65	1982 年 9 月	抵押贷款业务的会计处理 Accounting for Certain Mortgage Banking Activities
66	1982 年 10 月	销售不动产的会计处理 Accounting for Sales of Real Estate

续表

编号	时间	文件名
67	1982 年 10 月	不动产项目的支出和初始租赁费用的会计处理 Accounting for Costs and Initial Rental Operations of Real Estate Projects
68	1982 年 10 月	研究与开发协议 Research and Development Arrangements
69	1982 年 11 月	石油天然气生产活动的披露——修订 FASB 第 19、25、33、39 号准则公告 Disclosures about Oil and Gas Producing Activities—An Amendment of FASB Statements 19, 25, 33, and 39
70	1982 年 12 月	财务报告与物价变动：外币折算——修订 FASB 第 33 号准则公告 Financial Reporting and Changing Prices: Foreign Currency Translation—An Amendment of FASB Statement No. 33
71	1982 年 12 月	特定监管规则的影响的会计处理 Accounting for the Effects of Certain Types of Regulation
72	1983 年 2 月	收购银行或储蓄机构的会计处理——修订 APB 第 17 号意见书，解释 APB 第 16、17 号意见书，修订 FASB 第 9 号准则公告 Accounting for Certain Acquisitions of Banking or Thrift Institutions—An Amendment of APB Opinion No. 17, An Interpretation of APB Opinions 16 and 17, and An Amendment of FASB Interpretation No. 9
73	1983 年 8 月	报告铁路轨道结构的会计处理的变更——修订 APB 第 20 号意见书 Reporting a Change in Accounting for Railroad Track Structures—An Amendment of APB Opinion No. 20
74	1983 年 8 月	雇员离职时的特殊福利的会计处理 Accounting for Special Termination Benefits Paid to Employees
75	1983 年 11 月	推迟州和地方政府养老金计划的会计规则的生效日期——修订 FASB 第 35 号准则公告 Deferral of the Effective Date of Certain Accounting Requirements for Pension Plans of State and Local Governmental Units—An Amendment of FASB Statement No. 35
76	1983 年 11 月	债务的清偿——修订 APB 第 26 号意见书 Extinguishment of Debt—An Amendment of APB Opinion No. 26

续表

编号	时间	文件名
77	1983 年 12 月	转让附有追索权的应收款项的会计处理 Reporting by Transferors for Transfers of Receivables with Recourse
78	1983 年 12 月	债权人有权要求提前清偿的债务的分类——修订 ARB 第 43 号第 3 章第 A 节 Classification of Obligations That Are Callable by the Creditor—An Amendment of ARB No. 43, Chapter 3A
79	1984 年 2 月	删除非公众公司的企业合并的某些披露要求——修订 APB 第 16 号意见书 Elimination of Certain Disclosures for Business Combinations by Nonpublic Enterprises—An Amendment of APB Opinion No. 16
80	1984 年 8 月	期货合同的会计处理 Accounting for Futures Contracts
81	1984 年 11 月	退休后健康及人寿保险福利的会计处理 Disclosure of Postretirement Health Care and Life Insurance Benefits
82	1984 年 11 月	财务报告与物价变动：删除某些披露要求——修订 FASB 第 33 号准则公告 Financial Reporting and Changing Prices: Elimination of Certain Disclosures—An Amendment of FASB Statement No. 33
83	1985 年 3 月	应用 APB 第 20 号意见书时优先执行 AICPA 指南和立场公告"关于经纪人和券商员工福利计划以及银行的会计处理"——修订 FASB 第 32 号准则公告、APB 第 30 号意见书，废止 FASB 第 10 号解释公告 Designation of AICPA Guides and Statement of Position on Accounting by Brokers and Dealers in Securities, by Employee Benefit Plans, and by Banks as Preferable for Purposes of Applying APB Opinion 20—An Amendment FASB Statement No. 32 and APB Opinion No. 30 and A Rescission of FASB Interpretation No. 10
84	1985 年 3 月	可转换债券的诱导转换——修订 APB 第 26 号意见书 Induced Conversions of Convertible Debt—An Amendment of APB Opinion No. 26
85	1985 年 3 月	采用收益率测试来确定某个可转换证券是否为普通股等价物——修订 APB 第 15 号意见书 Yield Test for Determining whether a Convertible Security is a Common Stock Equivalent—An Amendment of APB Opinion No. 15

续表

编号	时间	文件名
86	1985 年 8 月	对外出售、租赁等外销型计算机软件成本的会计处理 Accounting for the Costs of Computer Software to be Sold, Leased, or Otherwise Marketed
87	1985 年 12 月	雇主对养老金计划（企业年金）的会计处理 Employers' Accounting for Pensions
88	1985 年 12 月	雇主对设定受益型养老金计划的清算和削减以及离职福利的会计处理 Employers' Accounting for Settlements and Curtailments of Defined Benefit Pension Plans and for Termination Benefits
89	1986 年 12 月	财务报告与物价变动 Financial Reporting and Changing Prices
90	1986 年 12 月	受管制企业：厂场处置及退还补贴的会计处理——修订 FASB 第 71 号准则公告 Regulated Enterprises-Accounting for Abandonments and Disallowances of Plant Costs—An Amendment of FASB Statement No. 71
91	1986 年 12 月	发放或收购贷款时的不可回收支出与租赁的初始直接成本的会计处理——修订 FASB 第 13、60、65 号准则公告，废止 FASB 第 17 号准则公告 Accounting for Nonrefundable Fees and Costs Associated with Originating or Acquiring Loans and Initial Direct Costs of Leases—An Amendment of FASB Statements No. 13, 60, and 65 and A Rescission of FASB Statement No. 17
92	1987 年 8 月	受管制企业：分阶段计划的会计处理——修订 FASB 第 71 号准则公告 Regulated Enterprises-Accounting for Phase-in Plans—An Amendment of FASB Statement No. 71
93	1987 年 8 月	非营利组织的折旧的确认 Recognition of Depreciation by Not-for-Profit Organizations
94	1987 年 10 月	合并所有的被控股公司——修订 ARB 第 51 号、APB 第 18 号意见书和 ARB 第 43 号第 12 章 Consolidation of All Majority-owned Subsidiaries—An Amendment of ARB No. 51, with Related Amendments of APB Opinion No. 18 and ARB No. 43, Chapter 12

续表

编号	时间	文件名
95	1987 年 11 月	现金流量表 Statement of Cash Flows
96	1987 年 12 月	所得税的会计处理 Accounting for Income Taxes
97	1987 年 12 月	保险公司对某些长期合同和出售投资时已实现损益的会计处理 Accounting and Reporting by Insurance Enterprises for Certain Long-Duration Contracts and for Realized Gains and Losses from the Sale of Investments
98	1988 年 5 月	租赁合同的会计处理：涉及房地产的售后回租交易、房地产的销售型租赁、租赁期限的定义和直接融资租赁的初始直接成本——修订 FASB 第 13、66 和 91 号准则公告，废止 FASB 第 26 号准则公告和第 79-11 号技术公报 Accounting for Leases: Sale-Leaseback Transactions Involving Real Estate, Sales-Type Leases of Real Estate, Definition of the Lease Term, and Initial Direct Costs of Direct Financing Leases—An Amendment of FASB Statements No. 13, 66, and 91 and a Rescission of FASB Statement No. 26 and Technical Bulletin No. 79-11
99	1988 年 9 月	推迟生效日期：非营利组织的折旧的确认——修订 FASB 第 93 号准则公告 Deferral of the Effective Date of Recognition of Depreciation by Not-for-Profit Organizations—An Amendment of FASB Statement No. 93
100	1988 年 12 月	所得税的会计处理——推迟 FASB 第 96 号准则公告的生效日期——修订 FASB 第 96 号准则公告 Accounting for Income Taxes-Deferral of the Effective Date of FASB Statement No. 96—An Amendment of FASB Statement No. 96
101	1988 年 12 月	受管制企业——不再使用 FASB 第 71 号准则公告 Regulated Enterprises—Accounting for the Discontinuation of Application of FASB Statement No. 71
102	1989 年 2 月	现金流量表：对某些企业的豁免以及为出售而购入的证券的分类——修订 FASB 第 95 号准则公告 Statement of Cash Flows-Exemption of Certain Enterprises and Classification of Cash Flows from Certain Securities Acquired for Resale—An Amendment of FASB Statement No. 95

续表

编号	时间	文件名
103	1989 年 12 月	所得税的会计处理——推迟 FASB 第 96 号准则公告的生效日期——修订 FASB 第 96 号准则公告 Accounting for Income Taxes—Deferral of the Effective Date of FASB Statement No. 96—An Amendment of FASB Statement No.96
104	1989 年 12 月	现金流量表——套期交易相关的现金收支金额的报告及分类——修订 FASB 第 95 号准则公告 Statement of Cash Flows—Net Reporting of Certain Cash Receipts and Cash Payments and Classification of Cash Flows from Hedging Transactions—An Amendment of FASB Statement No. 95
105	1990 年 3 月	带有表外风险和信用风险集中特点的金融工具的信息披露 Disclosure of Information about Financial Instruments with Off-Balance-Sheet Risk and Financial Instruments with Concentrations of Credit Risk
106	1990 年 12 月	雇主对企业年金以外的退休后福利计划的会计处理 Employers' Accounting for Postretirement Benefits Other Than Pensions
107	1991 年 12 月	金融工具公允价值的披露 Disclosures about Fair Value of Financial Instruments
108	1991 年 12 月	所得税的会计处理——推迟 FASB 第 96 号准则公告的生效日期——修订 FASB 第 96 号准则公告 Accounting for Income Taxes—Deferral of the Effective Date of FASB Statement No. 96—An Amendment of FASB Statement No.96
109	1992 年 2 月	所得税的会计处理 Accounting for Income Taxes
110	1992 年 8 月	设定受益型养老金计划对投资合同的报告——修订 FASB 第 35 号准则公告 Reporting by Defined Benefit Pension Plans of Investment Contracts—An Amendment of FASB Statement No. 35
111	1992 年 11 月	废止 FASB 第 32 号准则公告及技术更正 Rescission of FASB Statement No. 32 and Technical Corrections
112	1992 年 11 月	雇主对退休后福利的会计处理——修订 FASB 第 5、43 号准则公告 Employers' Accounting for Postemployment Benefits—An Amendment of FASB Statements No. 5 and 43

续表

编号	时间	文件名
113	1992 年 12 月	短期和长期保险合同的再保险的会计处理与报告 Accounting and Reporting for Reinsurance of Short-Duration and Long-Duration Contracts
114	1993 年 5 月	债权人对贷款减值的会计处理——修订 FASB 第 5、15 号准则公告 Accounting by Creditors for Impairment of a Loan—An Amendment of FASB Statements No. 5 and 15
115	1993 年 5 月	特定债券和权益证券的会计处理 Accounting for Certain Investments in Debt and Equity Securities
116	1993 年 6 月	缴入资本的会计处理 Accounting for Contributions Received and Contributions Made
117	1993 年 6 月	非营利组织的财务报表 Financial Statements of Not-for-Profit Organizations
118	1994 年 10 月	债权人对贷款减值的会计处理：收入确认与披露——修订 FASB 第 114 号准则公告 Accounting by Creditors for Impairment of a Loan-Income Recognition and Disclosures—An Amendment of FASB Statement No. 114
119	1994 年 10 月	衍生金融工具的披露和金融工具公允价值的披露 Disclosure about Derivative Financial Instruments and Fair Value of Financial Instruments
120	1995 年 1 月	共同人寿保险及长期保险企业的会计处理与报告——修订 FASB 第 60、97、113 号准则公告及第 40 号解释公告 Accounting and Reporting by Mutual Life Insurance Enterprises and by Insurance Enterprises for Certain Long-Duration Participating Contracts—An Amendment of FASB Statements 60, 97, and 113 and Interpretation No. 40
121	1995 年 3 月	长期资产减值和待售长期资产的会计处理 Accounting for the Impairment of Long-Lived Assets and for Long-Lived Assets to Be Disposed Of
122	1995 年 5 月	抵押贷款业务的会计处理——修订 FASB 第 65 号准则公告 Accounting for Mortgage Servicing Rights—An Amendment of FASB Statement No. 65

续表

编号	时间	文件名
123	1995 年 10 月	基于股票的薪酬的会计处理（2004 年修订并更名为"股份支付"） Accounting for Stock-Based Compensation
124	1995 年 11 月	非营利组织投资的会计处理 Accounting for Certain Investments Held by Not-for-Profit Organizations
125	1996 年 6 月	金融资产转移和服务、偿付债务的会计处理 Accounting for Transfers and Servicing of Financial Assets and Extinguishments of Liabilities
126	1996 年 12 月	对某些非公众实体豁免金融工具披露义务——修订 FASB 第 107 号准则公告 Exemption from Certain Required Disclosures about Financial Instruments for Certain Nonpublic Entities—An Amendment to FASB Statement No. 107
127	1996 年 12 月	推迟第 125 号准则公告某些条款的生效日期——修订 FASB 第 125 号准则公告 Deferral of the Effective Date of Certain Provisions of FASB Statement No. 125—An Amendment to FASB Statement No. 125
128	1997 年 2 月	每股收益 Earnings per Share
129	1997 年 2 月	资本结构信息的披露 Disclosure of Information about Capital Structure
130	1997 年 6 月	报告综合收益 Reporting Comprehensive Income
131	1997 年 6 月	企业分部和相关信息的披露 Disclosures about Segments of An Enterprise and Related Information
132	1988 年 2 月公布，2003 年 12 月修订	雇主关于养老金和其他退休后福利的披露——修订 FASB 第 87、88、106 号准则公告 Employers' Disclosures about Pensions and Other Postretirement Benefits—An Amendment of FASB Statements No. 87, 88, and 106
133	1998 年 6 月	衍生工具和套期活动的会计处理 Accounting for Derivative Instruments and Hedging Activities

续表

编号	时间	文件名
134	1998 年 10 月	抵押贷款公司在抵押贷款证券化后对持有的抵押贷款支持证券的会计处理——修订 FASB 第 65 号准则公告 Accounting for Mortgage-Backed Securities Retained after the Securitization of Mortgage Loans Held for Sale by a Mortgage Banking Enterprise—An Amendment of FASB Statement No. 65
135	1999 年 2 月	废止 FASB 第 75 号准则公告及技术更正 Rescission of FASB Statement No. 75 and Technical Corrections
136	1999 年 6 月	向非营利组织或慈善信托转让资产 Transfers of Assets to a Not-for-Profit Organization or Charitable Trust That Raises or Holds Contributions for Others
137	1999 年 6 月	推迟生效日期：衍生工具和套期活动的会计处理——修订 FASB 第 133 号准则公告 Accounting for Derivative Instruments and Hedging Activities—Deferral of the Effective Date of FASB Statement No. 133—An Amendment of FASB Statement No. 133
138	2000 年 6 月	某些衍生工具和套期活动的会计处理——修订 FASB 第 133 号准则公告 Accounting for Certain Derivative Instruments and Certain Hedging Activities—An Amendment of FASB Statement No. 133
139	2000 年 6 月	废止 FASB 第 53 号准则公告，修订 FASB 第 63、89、121 号准则公告 Rescission of FASB Statement No. 53 and Amendments to FASB Statements No. 63, 89, and 121
140	2000 年 9 月	金融资产转移和服务、偿付债务的会计处理——替换 FASB 第 125 号准则公告 Accounting for Transfers and Servicing of Financial Assets and Extinguishments of Liabilities—A Replacement of FASB Statement No. 125
141	2001 年 6 月	企业合并 Business Combinations
142	2001 年 6 月	商誉与其他无形资产 Goodwill and Other Intangible Assets

续表

编号	时间	文件名
143	2001 年 6 月	资产弃置义务的会计处理 Accounting for Asset Retirement Obligations
144	2001 年 8 月	长期资产减值及处置的会计处理 Accounting for the Impairment or Disposal of Long-Lived Assets
145	2002 年 4 月	废止 FASB 第 4、44、64 号准则公告，修订 FASB 第 13 号准则公告及技术更正 Rescission of FASB Statements No. 4, 44, and 64, Amendment of FASB Statement No. 13, and Technical Corrections
146	2002 年 6 月	关于退出和处置活动的成本的会计处理 Accounting for Costs Associated with Exit or Disposal Activities
147	2002 年 10 月	收购某些金融机构——修订 FASB 第 72、144 号准则公告和 FASB 第 9 号解释公告 Acquisitions of Certain Financial Institutions—An Amendment of FASB Statements No. 72 and 144 and FASB Interpretation No. 9
148	2002 年 12 月	基于股票的薪酬的会计处理：过渡条款与披露——修订 FASB 第 123 号准则公告 Accounting for Stock-Based Compensation—Transition and Disclosure—An Amendment of FASB Statement No. 123
149	2003 年 4 月	修订 FASB 第 133 号准则公告 Amendment of Statement 133 on Derivative Instruments and Hedging Activities
150	2003 年 5 月	兼具负债和权益特征的某些金融工具的会计处理 Accounting for Certain Financial Instruments with Characteristics of both Liabilities and Equity
132（修订）	2003 年 12 月	雇主关于养老金和其他退休后福利的披露——修订 FASB 第 87、88、106 号准则公告 Employers' Disclosures about Pensions and Other Postretirement Benefits—An Amendment of FASB Statements No. 87, 88, and 106
151	2004 年 11 月	存货的成本——修订 ARB 第 43 号第 4 章 Inventory Costs—An Amendment of ARB No. 43, Chapter 4

续表

编号	时间	文件名
152	2004 年 12 月	不动产分时共享交易的会计处理——修订 FASB 第 66、67 号准则公告 Accounting for Real Estate Time-Sharing Transactions—An Amendment of FASB Statements No. 66 and 67
153	2004 年 12 月	非货币性资产交换——修订 APB 第 29 号意见书 Exchanges of Nonmonetary Assets—An Amendment of APB Opinion No. 29
123（修订）	2004 年 12 月	股份支付（对《基于股票的薪酬的会计处理》进行修订后更名） Share-Based Payment
154	2005 年 5 月	会计变更与差错更正——替换 APB 第 20 号意见书和 FASB 第 3 号准则公告 Accounting Changes and Error Corrections—A Replacement of APB Opinion No. 20 and FASB Statement No. 3
155	2006 年 2 月	某些混合金融工具的会计处理——修订 FASB 第 133、140 号准则公告 Accounting for Certain Hybrid Financial Instruments—An Amendment of FASB Statements No. 133 and 140
156	2006 年 3 月	金融资产服务的会计处理——修订 FASB 第 140 号准则公告 Accounting for Servicing of Financial Assets—An Amendment of FASB Statement No. 140
157	2006 年 9 月	公允价值计量 Fair Value Measurements
158	2006 年 9 月	雇主对设定受益型养老金及其他退休后福利计划的会计处理——修订 FASB 第 87、88、106、132(R) 号准则公告 Employers' Accounting for Defined Benefit Pension and Other Postretirement Plans—An Amendment of FASB Statements No. 87, 88, 106, and 132(R)
159	2007 年 2 月	金融资产和金融负债的公允价值选择权——包含修订 FASB 第 115 号准则公告 The Fair Value Option for Financial Assets and Financial Liabilities—Including An Amendment of FASB Statement No. 115
160	2007 年 12 月	合并财务报表中的非控制利益——修订 ARB 第 51 号 Noncontrolling Interests in Consolidated Financial Statements—An Amendment of ARB No. 51

续表

编号	时间	文件名
161	2008 年 3 月	衍生工具和套期活动的披露——修订 FASB 第 133 号准则公告 Disclosures about Derivative Instruments and Hedging Activities—An Amendment of FASB Statement No. 133
162	2008 年 5 月	公认会计原则的层次 The Hierarchy of Generally Accepted Accounting Principles
163	2008 年 5 月	金融保证保险合同的会计处理——解释 FASB 第 60 号准则公告 Accounting for Financial Guarantee Insurance Contracts—An Interpretation of FASB Statement No. 60
164	2009 年 4 月	非营利实体：合并与收购 Not-for-Profit Entities: Mergers and Acquisitions
165	2009 年 5 月	后续事项 Subsequent Events
166	2009 年 6 月	金融资产转移的会计处理 Accounting for Transfers of Financial Assets
167	2009 年 6 月	修订 FASB 第 46(R) 号解释公告 Amendments to FASB Interpretation No. 46(R)
168	2009 年 6 月	《FASB 会计准则汇编》与公认会计原则的层次 The FASB Accounting Standards Codification and the Hierarchy of Generally Accepted Accounting Principles

注：本表中的编号是指准则公告的编号。

二、财务会计准则委员会推出的会计规则

（一）研发支出的费用化（1974 年 10 月的财务会计准则公告第 2 号）

1974 年 10 月公布的《财务会计准则公告第 2 号：研究开发支出的会计处理》规定了研发支出一律作费用化（expensing）处理的规则。该公告由施普劳斯负责起草，核心问题是资产的定义。该准则后来被《财务会计准则公告第 86 号：对外出售、租赁等外销型计算机软件成本的会计处理》修正。

《财务会计准则公告第 2 号：研究开发支出的会计处理》要求公众公司采用费用化规则，即把研发支出作为当期费用计入当期损益。[1] 此举为美国证监会治下的公众公司所惯常采用的资本化规则画上了句号。该准则在理论分析部分考察了四种备选方案：费用化；全部资本化；附条件的资本化；在专门项目中予以累积，待到结果明朗时再做处理。以下分别予以分析。

1. 关于费用化

财务会计准则委员会的 7 名成员一致投票赞成采用费用化规则，理由如下：一方面，研发项目是否成功具有高度不确定性，即使研发成功，产品在市场竞争中失败的概率仍然很高，因此，研发支出能否带来未来收益，具有不确定性；另一方面，即使未来能够取得收益，但研发支出与未来收益之间缺乏显著的直接因果关系，很难对研发支出与未来期间的收益进行配比。因此，财务会计准则委员会认为，直接把研发支出计入当期费用，是简单明了且杜绝后患的最佳方案。

费用化规则是一种"一刀切"式的规则，具有简单明了、易于监督实施的优点，能够确保不同企业之间的会计信息的可比性。这种处理方法还比较保守，可以起到遏制利润操纵的作用。然而，在费用化规则下，资产负债表中无法反映研发项目所形成的、可能具有重要价值的知识产权等无形资产，利润表中的业绩数据也比较"难看"，因此，相对于资本化规则而言，费用化规则不利于企业维护良好的业绩形象。正因如此，费用化规则备受高科技企业诟病。

2. 关于全部资本化

全部资本化（capitalization）是指将研发支出全部做挂账处理（如以无形资产的名义列在资产负债表中）。财务会计准则公告第 2 号第 51 ～ 52 段讨论

---

1 这一原则性规定存有个别例外。例如，《财务会计准则公告第 86 号：对外出售、租赁等外销型计算机软件成本的会计处理》规定，开发软件时，若发现产品具有技术可行性，则可将研发支出计入产品成本。

了这一方案，认为如此处理必然造成资产和利润数字的虚假繁荣，助长投资者的非理性预期，因此，该准则否决了全部资本化的备选方案。

3. 关于附条件的资本化

国际会计准则委员会 1978 年 7 月公布的《国际会计准则第 9 号：研究和开发活动的会计处理》倡导的是"附条件的资本化"规则。

财务会计准则公告第 2 号第 53 ~ 57 段对附条件的资本化给予了猛烈抨击，其反对理由是，如果人为地强行规定两种会计规则，则必然需要主观地区分不同规则的适用条件；作资本化处理的研发支出仅仅是符合规定条件的那一部分而不是全部的研发支出，这就会导致资本化数额完全取决于企业管理层的意图。因此，财务会计准则委员会认为附条件的资本化并不比费用化更妥当。

4. 关于在专门项目中予以累积，待到结果明朗时再做处理

财务会计准则公告第 2 号第 58 ~ 59 段考虑了一个建议：在资产和费用之外另行设置特殊项目记载研发支出，该项目列示于资产负债表的资产项目下或者列示为股东权益的抵减项，如果研发成功则将该项目转换为资产项目，否则就直接予以注销。这个建议方案的优点是揭示了研发支出结果的不确定性，能够起到避免草率判断的作用。但是有反对意见认为，在特殊项目中累积研发支出的做法不利于证券分析师评估企业的盈利能力，而且这种特殊项目很难用现有的会计理论予以解释，因此会导致财务比率计算的复杂化。最终，财务会计准则委员会否决了这一提议。

公认会计原则与国际会计准则之间的上述分歧显然是国际会计趋同的障碍。2002 年 10 月，财务会计准则委员会与国际会计准则理事会宣布趋同计划，研发支出的会计处理是其短期趋同计划之一。但 2004 年 4 月它们在着手解决此事时意识到，研发支出的会计规则实际上涉及大量的基础概念问题，于是，它们将注意力转向概念框架的趋同，研发支出的趋同计划就此搁置，至今仍未取得任何实质性进展。这一事实启发我们，研发支出究竟应当适用

什么样的会计规则，这一问题需要我们运用新的理论视角去求解。

（二）预计负债（1975 年 3 月的财务会计准则公告第 5 号）

1975 年 3 月公布的《财务会计准则公告第 5 号：或有事项的会计处理》是由财务会计准则委员会委员沃尔特·P. 舒茨负责完成的，其核心问题是负债的定义。该准则第 8 段规定，如果在资产负债表日能够证明资产已经减值或负债很可能发生，且能够合理估计损失金额，则应在利润表中记载该项或有损失。该准则创造性地将可能性区分为很可能（probable）、合理可能（reasonably possible）、极小可能（remote），令人匪夷所思。

主导制定这份准则的沃尔特·P. 舒茨后来对这份准则的评价是，财务会计准则公告第 5 号听起来挺好，但在现实中完全不管用，该准则对"很可能"的判断标准以及预计负债的计算规则的规定过于随意，这就导致该准则制定还是不制定根本没什么实质性差异。[1]

美国证监会主席阿瑟·莱维特 1998 年 9 月 28 日在纽约大学法律与商务中心发表题为《数字游戏》的著名演讲，痛批常见的造假手法。其中，利用预计负债造假被列为典型。他说，"一些公司使用不存在的假定来计算负债，例如，销售返还、贷款损失或担保损失。如此，它们便在形势好时进行秘密准备，形势差时便依需进行利润平滑"。[2]

2005 年 6 月，美国证监会在其遵照《萨班斯－奥克斯利法案》第 401 节第 3 小节的规定所公布的一份研究报告中指出，预计负债的会计处理规则的问题在于：在入账之前，不确定性原本存在多种可能性，而一旦将预计负债记入会计报表，则只剩下一个貌似确切的数字，该数字只代表了一种可能性，

---

1 Walter P. Schuetze, *Mark-to-Market Accounting: "True North" in Financial Reporting* (London and New York: Routledge, Taylor & Francis Group, 2002), pp. 20-31.

2 莱维特：《数字游戏》，李为、水东流译，《证券市场导报》2002 年第 5 期。英文原稿可见于美国证监会网站（https://www.sec.gov/news/speech/speecharchive/1998/spch220.txt）。

即会计准则所称的"最佳可能"。如此处理过于主观，其他人是难以验证企业管理层所计算的数字的。[1]

（三）外币折算的时态法（1975 年 10 月的财务会计准则公告第 8 号）

1972 年，美国注册会计师协会的研究员伦纳德·洛伦森（Leonard Lorensen）在其著作《采用美元列报美国公司的境外经营》中发展了海普沃思的思想，提出了外币报表折算的时态法。[2]

1975 年 10 月，财务会计准则委员会公布的《财务会计准则公告第 8 号：外币交易和外币财务报表折算的会计处理》是由财务会计准则委员会委员柯克负责完成的，其核心问题是资产、负债、收益的定义。该准则要求采用时态法进行财务报表折算[3]，时态法遂成为唯一符合公认会计原则的折算方法。此前的流动性与非流动性项目法和货币性与非货币性项目法遂从资本市场的会计实务中退出。

时态法的理论基础是，外币财务报表的折算只应改变计量单位，而不应改变其计量基础。因此，应分别按照各个报表项目的计量基础选择其适用的折算汇率。这种方法其实是货币性与非货币性项目法的改良版本，两者的区别仅仅在于：在时态法下，采用市价计量的存货和投资改用现行汇率折算，而不采用历史汇率折算。

时态法在理论上具有一定的优点，它实际上是在货币性与非货币性项目法的基础上，增加了这么一层意思：对于按照市价列报的非货币性资产，视其为受汇率波动影响的项目，按照现行汇率折现；对于按照成本列报的非货

---

1 美国证券交易委员会：《关于具有资产负债表外影响的安排、特殊目的主体以及发行人提交材料透明度的报告和建议》，财政部会计司译，中国财政经济出版社，2005，第 57 页。

2 Leonard Lorensen, *Reporting Foreign Operations of U.S. Companies in U.S. Dollars* (Accounting Research Studies No.12), American Institute of Certified Public Accountants, 1972.

3 Financial Accounting Standards Board, Statement of Financial Accounting Standards No. 8: Accounting for the Translation of Foreign Currency Transactions and Foreign Currency Financial Statements, 1975.

币性资产，视其为不受汇率波动影响的项目，按照历史汇率折现。这种看法显然更符合人们的直觉。

时态法在实践中却饱受争议。实务界抵制它的主要原因是，财务会计准则公告第 8 号要求将折算差额（无论是折算收益还是折算损失）一律计入当期损益，与此前的公认会计原则相比，这种做法显然会进一步增大合并利润的波动性，容易对跨国公司的股票价格造成冲击。1978 年 5 月，财务会计准则委员会邀请社会各界对其自 1973 年成立以来所制定的财务会计准则公告第 1～12 号发表评论，收到的 200 多封回函中大多是批评财务会计准则公告第 8 号的。于是，该委员会自 1979 年 1 月起着手修订财务会计准则公告第 8 号，最终于 1981 年 12 月公布了《财务会计准则公告第 52 号：外币折算》，推出了新版本的报表折算规则。

财务会计准则公告第 52 号所提出的折算方法称作"功能货币观"（functional currency perspective）。功能货币观引入了在英国和加拿大公共会计师行业中较为流行的现行汇率法，此外，在一些特殊情况下保留时态法。[1]该准则取代了财务会计准则公告第 8 号。现行汇率法的倡导者认为，汇率波动会影响到企业集团境外成员的全部资产和负债，承受汇率波动风险的其实是企业集团境外成员的净资产而不仅仅限于货币性或流动性资产或负债。通常情况下，汇率波动对资产和负债的影响是反方向的，它们常常可以部分地相互抵消，现行汇率法能够反映抵消后的效果。但反对者认为，并非所有的资产和负债均受汇率波动的影响，上述优点并不成立。此外，母公司理论的支持者反对现行汇率法，因为现行汇率法对子公司的资产和负债项目按子公

---

1 《财务会计准则公告第 52 号：外币折算》给出的功能货币（functional currency）的定义相当复杂，简单地说，是指企业集团的境外成员在其所处的经营环境中惯用的货币币种。功能货币观的逻辑可概括如下：若企业集团的境外成员的财务报表的列报货币不是其功能货币，则应采用时态法，将其折算为基于功能货币的财务报表，然后采用现行汇率法，进一步折算为基于企业集团的列报货币（reporting currency）的财务报表。

司所在国的效用来计量，这更倾向于实体理论而不是母公司理论。

不管怎么说，现行汇率法的显著优点是简便易行、易于理解，且折算后的资产负债表各项目仍能大致保持原外币报表各项目之间的比例关系。

（四）证券投资的成本与市价孰低法（1975 年 12 月的财务会计准则公告第 12 号）

会计原则委员会于 1968 年秋针对有价证券的估价以及在财务列报中反映其价值变动的问题进行了研究，并于 1971 年 5 月组织了为期两天的听证会，在随后的几个月中逐步明确了其偏好。当年秋天，该委员会提出了一份草案，提议在利润表中反映市场价值的变化。该提议遭到保险业的猛烈攻击，美国证监会也表示不支持会计原则委员会的提议。随后，会计原则委员会认怂，提出了修正方案，但仍然遭到了财产保险公司的强烈反对。此时，美国证监会告知会计原则委员会，既然企业界如此强烈地反对这套会计规则，那么美国证监会就没办法表示支持。会计原则委员会再度认怂，但美国证监会仍然表示反对。最终，会计原则委员会只好放弃。[1]

1973—1974 年间，不少证券的市场价值大幅下跌，有的公司把证券投资减记到了最新市值，有的则按兵不动。到了 1975 年，证券行情又有所回转，有的公司把减记的证券重新调回，有的则维持原账面价值。如此一来，证券的会计处理真是五花八门，有的公司账面上记载的证券投资既低于其市价，又低于其成本。对于证券市场行情的这种不断反转，究竟应该如何统一会计核算规则？对此，1975 年 12 月出台的《财务会计准则公告第 12 号：有价证券的会计处理》给出了统一的成本与市价孰低法（lower of cost or market）。

该准则规定，在资产负债表日，公众公司的上市权益性证券投资组

---

1 Marshall S. Armstrong, "Politics of Establishing Accounting Standards," *Journal of Accountancy*, 1977, 143(2): 76-79.

合（marketable equity securities portfolio）的账面价值，应当按照总计成本（aggregate cost）与市场价值（market value）孰低计量，总计成本高出市场价值的部分，记为投资跌价准备（valuation allowance）。但是，采用权益法核算的股权投资除外。

有价证券的成本与市价孰低法是两位公允价值会计的"棋手"——斯普劳斯和舒茨——联袂主推的会计规则。他俩原本想推行公允价值会计，但遇到了强劲阻力，于是，最终出台的是成本与市价孰低法。[1] 会计准则的这种制定机制纯属闹剧，没有多少科学性、必然性，更多的是少数当权派建功立业的冲动使然。公众公司则是乐见其败、逆来顺受。这一动向表明，1938 年以前曾经风行的公允价值会计，此刻有了死灰复燃的苗头，潘多拉魔盒被再度打开。

传奇人物舒茨 1957 年在得克萨斯大学奥斯汀分校获得学士学位，大学时期就曾思考过盯市会计的问题，而当时的会计教师们从来没有提到过盯市会计。他毕业后进入一家会计公司工作（该公司后来并入毕马威会计公司），1965 年成为毕马威会计公司合伙人，曾参与论证过会计原则委员会意见书第 9～18 号。他在毕马威会计公司积极主张盯市会计。1973 年，他被财务会计基金会选中，成为财务会计准则委员会 7 位委员之一。舒茨和斯普劳斯这两位公允价值会计的"棋手"在财务会计准则委员会中"会师"，拉开了公允价值会计侵入会计准则的大幕。

舒茨竭力推广其所信奉的纯粹的公允价值理念，他虽然知道刚刚成立的财务会计准则委员会不可能立即推广盯市会计，但仍寄望于此，希望它能逐步允许资产和负债采用盯市会计规则。在制定财务会计准则公告第 12 号时，

1　成本与市价孰低法并不是财务会计准则委员会的发明。早在 1971 年 3 月，《会计原则委员会意见书第 18 号：普通股投资的权益法》中就提及，成本与市价孰低法被视为成本法的变体，被一些公众公司用于核算非暂时性下跌的有价证券（marketable securities）。原文为："An adaptation of the cost method, the lower of cost or market, has also been followed for investments in certain marketable securities if a decline in market value is evidently not a mere temporary condition." 就此而论，很难说财务会计准则委员会围绕财务会计准则公告第 12 号，做了多少具有边际贡献的工作。

他建议采用盯市会计规则，按照市场价值计量证券投资。当时每一份准则都需要有财务会计准则委员会7位委员中的5位委员同意才能通过。对于舒茨的建议，斯普劳斯当然大力支持，此外还有阿瑟·利特克表示支持，但其余4位委员都坚定地支持历史成本会计而反对舒茨的提议。舒茨最后只得闭嘴，对最后通过的财务会计准则公告第12号不发表任何反对意见。最终公布的准则没有采用盯市会计，而是允许在证券投资组合的基础上采用成本与市价孰低法。这一经历让舒茨意识到财务会计准则委员会在很长时间内都不可能采用盯市会计，因为只要其大多数委员坚持以历史成本会计为职业信条，就很难看到盯市会计有出头之日，所以他决定离开。1976年7月，舒茨提前离开财务会计准则委员会，回到了毕马威会计公司。他的聘期原本要到1978年才结束。舒茨参与制定的财务会计准则公告是第1～12号。[1]

（五）纽约市财政危机与财务会计准则公告第15号（1977年6月）

 专栏9-13

石油危机与会计准则

1973年石油危机对美国最大城市纽约的影响最大。1974年12月，世界上最大的九家银行，由洛克菲勒的大通曼哈顿银行、花旗银行和伦敦-纽约投资银行、拉扎德兄弟银行牵头，通知老派古板的政客——纽约市长亚伯拉罕·毕姆，要他把纽约的巨额养老基金的管理权交给这些银行成立的委员会，即市政协助公司，否则这些银行和其媒体伙伴将施加影响，摧毁纽约市的财政。毫不奇怪，这位强势市长屈服了，而且纽约市被迫大幅削减了公路、桥梁、医院和学校的投资，用于偿还银行债务，导致数万工人失业。这座美国最大的城市开始变得支离破碎。拉扎德兄弟银行的费利

---

1 Walter P. Schuetze, *Mark-to-Market Accounting: "True North" in Financial Reporting* (London and New York: Routledge, Taylor & Francis Group, 2002), pp. 20-31.

克斯·罗哈庭（Felix Rohatyn）成为新银行家们的收款代理人，被媒体授予了"巨无霸"称号。

资料来源：［德］威廉·恩道尔：《石油战争：政治决定世界新秩序》，赵刚、旷野等译，知识产权出版社，2008。

1974—1975 年，纽约市处在破产边缘。1976 年 5 月，财务会计准则委员会抛出一份讨论备忘录，建议债权人在债务人面临财务困境时重估应收账款的现行价值。银行业对这份建议书大为恼火，反馈了 700 多封信表示反对，因为很多大型银行大量地持有纽约市的市政债券。

在财务会计准则委员会 1976 年 7 月组织的听证会上，花旗银行董事长沃尔特·B.里斯顿（Walter B. Wriston）出面发表反对意见。在大银行的压力下，财务会计准则委员会于 1977 年 6 月以 5∶2 的投票结果通过的财务会计准则公告第 15 号规定，经重新协商而变更合同条款的贷款应继续以初始金额列示，不确认合同条款的变更。这份准则被认为是财务会计准则委员会所颁布的最糟糕的会计准则。[1]

（六）美国证监会首次背离历史成本会计立场（1978 年）

1978 年，美国证监会的委员们首次直接干预会计规则。这一动作，与石油危机之后围绕石油天然气会计规则的争论有关。

自从 1973 年石油危机爆发之后，美国政府开始出台政策刺激石油公司更多地从事勘探活动。国会责令美国证监会督导财务会计准则委员会妥善制定石油勘探开支的会计处理规则。当时，实务做法有两种：一是中小石油公司所偏好的"完全成本"（full costing）方法，即把勘探成功之前的所有开支一直挂账，直到找到一个喷油井时再将其认定为该油井的成本；二是大型石油

---

1 Stephen A. Zeff, "A Perspective on the U.S. Public/Private-Sector Approach to the Regulation of Financial Reporting," *Accounting Horizons*, 1995, 9(1): 52-70.

公司所偏好的"成功成本"（successful efforts costing）方法，即把不成功的勘探开支直接计入费用冲减当期利润。1977 年 12 月，财务会计准则委员会公布的《财务会计准则公告第 19 号：石油天然气公司的财务会计与报告》断定"成功成本"方法是唯一恰当的做法，要求所有石油公司据此做账务处理。中小石油公司表示强烈反对，并就此展开政治游说，其理由相当充分："成功成本"方法会导致较大的利润波动，可能导致中小石油公司因此失去融资机会，如此可能会进一步导致专事勘探的石油公司被大型石油巨头兼并。美国司法部、能源部、联邦贸易委员会和主营勘探业务的石油公司轮番以违背反垄断法为由向美国证监会施加压力，要求其否定财务会计准则委员会的决定。最终，美国证监会在 1978 年的一份会计系列公告中否决了财务会计准则委员会的结论，要求石油公司使用现值记载已探明的油气储备。这是美国证监会自成立以来首次背离历史成本会计，而且它所着手推行的是现值。这种做法被称作"储备确认会计"（reserve recognition accounting），这是美国证监会五位委员的意见，而不是证监会首席会计师办公室的意见。当时美国证监会的五位委员无一具有会计实务经历。[1]

这次轮到大型石油公司跳出来反对了。这是因为，在欧佩克（OPEC，石油输出国组织）组织的影响下，油价正在节节攀升，以现值列报的要求势必导致大型石油公司的会计利润一路看涨，这将导致社会舆论更加关注石油公司的畸高盈利。果不其然，美国国会 1980 年推出的"暴利税"（windfall profits tax）加重了石油公司的所得税税负，跨国石油公司遂开始运用其强大的政治手腕展开游说，迫使美国证监会于 1981 年 2 月要求财务会计准则委员会改变政策。1982 年 11 月公布的《财务会计准则公告第 69 号：石油天然气生产活动的披露——修订 FASB 第 19、25、33、39 号准则公告》改为要求石

---

1 Stephen A. Zeff, "Setting Accounting Standards: Some Lessons from the US Experience," *The Accountant's Magazine*, January 1988: 20-22.

油公司在附注中披露油气生产活动所涉及的储量现值，历史成本会计重新回到财务报表中。一切又回到从前：中小型石油公司继续采用"完全成本"方法，大型石油公司则继续采用"成功成本"方法。这一幕活灵活现地表明，公认会计原则只不过是资本市场上的政治游戏。

1986 年 10 月，美国证监会首席会计师 A. 克拉伦斯·桑普森（A. Clarence Sampson）向美国证监会提议只允许石油公司采用"成功成本"方法核算勘探开支，不允许任意选择使用"完全成本"或者"成功成本"方法。此举再度引发石油公司的游说活动。结果，美国证监会的五位委员以 4：1 的投票结果否决了他的提议。[1]

（七）美国证监会允许补充披露重置成本信息（1979 年）

有 20 世纪 20 年代公众公司记录资产升值的前车之鉴，美国证监会自成立后一直坚持历史成本会计的正确立场，禁止误导性披露（misleading disclosures）。[2] 它曾长期禁止公众公司公布盈利预测信息，以避免误导股市投资者。

但美国证监会的立场在 20 世纪 70 年代发生了转变。如前所述，一个重要的原因是，在美国证监会首席会计师安德鲁·巴尔退休之后，美国证监会主席凯西聘请哥伦比亚大学商学院教授约翰·伯顿担任证监会首席会计师，而伯顿是一位倡导公允价值会计的学者，他此前从未在美国证监会履职。作为对比，以往的首席会计师都是在美国证监会历练多年后才提拔任命的。

伯顿上任伊始就表示，美国证监会将更积极地主导会计原则的制定。其

---

1 Stephen A. Zeff, "Setting Accounting Standards: Some Lessons from the US Experience," *The Accountant's Magazine*, January 1988: 20-22.

2 R. G. Walker, "The SEC's Ban on Upward Asset Revaluations and the Disclosure of Current Values," *Abacus*, 1992, 28(1): 3-35; Stephen A. Zeff, "The SEC Rules Historical Cost Accounting 1934 to the 1970s," *Accounting and Business Research*, International Accounting Policy Forum Issue 2007, 2007, 37(3): 49-62.

任期是 1972 年 6 月至 1976 年 9 月。在这 4 年任期里，美国证监会发布了 70 份会计系列公告，作为对比，美国证监会在 1937—1972 年的 35 年里总共才发布了 126 份会计系列公告。伯顿还在 1974 年重申，美国证监会保留发布披露规则的权利。

 专栏 9-14

约翰·C. 伯顿

约翰·C. 伯顿（John C. Burton，1932—2010），1972 年 6 月至 1976 年 9 月任美国证监会首席会计师，现行成本会计的倡导者。

1932 年生于纽约，其父亲是阿瑟·扬会计公司早期合伙人。他从小就对会计感兴趣。1954 年毕业于哈弗福德学院政治经济学专业，之后进入哥伦比亚大学攻读工商管理硕士学位（MBA，会计方向）。1956 年毕业后进入阿瑟·扬会计公司。1960 年作为福特学者回到哥伦比亚大学，于 1962 年获得博士学位。

读书期间，伯顿曾为布鲁克林道奇队（Brooklyn Dodgers）担任助理统计师，当项目组西迁时，著名棒球运动经纪人沃尔特·奥马利（Walter O'Malley）邀请他当财务经理。面对诱惑，他还是选择留在了纽约。伯顿博士毕业后加入哥伦比亚大学商学院，向 MBA 和博士生讲授公司财务、证券分析和会计学，为期 10 年。著有 7 本著作，发表了 50 余篇论文。1972 年 6 月伯顿出任美国证监会首席会计师。奥马利致信向他表示祝贺。他关注较多的是财务披露和向会计界传递美国证监会的原则和态度。当时通货膨胀率一度高达两位数，他要求公众公司披露现行成本。

1976 年任期结束后，伯顿被任命为纽约市主管财政的副市长，该市当时正面临财务危机。他为纽约市设计了全面的财政管理体系和刺激经济增长的税收结构，带领该市摆脱了财务危机。1978 年回到哥伦比亚大学担任 Ernst & Young 会计学与金融学讲席教授，1982—1988 年任该校商学院院长。1988—1991 年兼任《会计新视野》联合编辑。曾任美国会计学会副会长。

与前几任美国证监会首席会计师相比，伯顿未曾担任过美国证监会会计部的职员，因此，从未受到过历史成本会计的影响。

在伯顿的任职期间，美国证监会进行了信息披露制度的改革，其中最重要的是关于盈利预测的披露。1973 年，美国证监会第一次允许公司在注册文件中包含预测信息。自 1974 年起，美国证监会要求公众公司披露"管理层讨论与分析"（MD&A）。

在此前的 30 多年里，美国证监会曾经全面禁止公司对未来的经营业绩做出预测，认为那些不是"事实"，因而实质上不具有可信度，容易被败德的公司高级管理人员操纵，投资者可能会误信那些数字。[1]伯顿创造性地提出了"区别披露"政策，"财务报告可以有两种披露和附注方式：一是根据通用会计准则编制的普通财务报告，主要供没有特别要求的股东阅读；二是如果公司愿意，可以提供主要供专业分析人员阅读的财务报告"。在其任期内，美国证监会放弃了关于要求公司财务报告只应反映历史成本数据的传统立场；发布了会计系列公告第 151 号和第 190 号，先鼓励然后要求公众公司补充披露受通货膨胀影响较大的资产的当期重置成本；推动具有非正常风险以及不确定因素的公司在财务报告中做出更加详细的披露。凯西担任美国证监会主席之后不久，就开始研究证监会关于盈利预测的政策。英国关于披露盈利预测

1　从立法技术来讲，美国《1933 年证券法》的一个值得嘉许之处就是该法特别强调披露事实而不是披露预测性信息。

的做法给他留下了深刻的印象。美国证监会在 1972 年 11—12 月就这一问题召开了听证会，3 个月后发表公开声明：此后允许公众公司向证监会提交的备案文件包含盈利预测。1973 年又发布了《关于披露未来经济绩效预测的公告》，认为"管理层的盈利预测对投资者而言极为重要，应当根据假设的前提条件来理解公司预测，所有投资者都应当有同等的机会获得这类信息"。美国证监会 1979 年还颁布了一项"安全港"规则，鼓励公众公司自愿提供诸如未来收入、盈利、资本支出、红利以及未来经营和管理计划等前瞻性信息。公司"只要能够证明自己具有合理依据并遵守了诚信原则"，那么其披露行为将不再被证监会视为违反证券法。但该规则并未阐明它是授权性规定还是义务性规定。[1]

20 世纪 70 年代，美国经济陷入通货膨胀与经济停滞并存的滞胀状态，滞胀的形成原因至今仍存有争议。通货膨胀率从 70 年代的烈性通货膨胀发展成为 80 年代初的恶性通货膨胀。为应对通货膨胀的冲击，财务会计准则委员会于 1974 年抛出一份会计准则征求意见稿，拟要求公众公司根据物价水平调整账簿数字，此即所谓"一般物价水平会计"（general price level accounting）或"现时购买力会计"（current purchasing power accounting）。

巴尔的信徒、钟情于现行成本会计理念的美国证监会首席会计师伯顿毫不犹豫地表示反对。他讥笑财务会计准则委员会的"一般购买力单位"（units of general purchasing power）理念为"pupu accounting"（即一般物价水平会计）。

伯顿主张，重置成本会计（replacement cost accounting）才是解决之道。1975 年 8 月，美国证监会公布了《财务信息披露格式与内容条例》（S-X 条例）的修订草案，拟要求大型公众公司在脚注中披露销售、存货、折旧和生产能力的重置成本信息。1976 年 3 月，美国证监会发布会计系列公告第 190 号，

---

1 ［美］乔尔·塞里格曼：《华尔街的变迁：证券交易委员会及现代公司融资制度演进》（第 3 版），徐雅萍等译，中国财政经济出版社，2009，第 522—523 页。

伯顿的专业理念变成了证券监管法规。[1]虽然重置成本信息只是作为补充披露，而不会出现在财务报表的正文中，也不必接受审计，但是这毕竟与美国证监会自创立以来坚持历史成本理念的立场存在很大偏差。巴尔一定很难想象，其继任者居然如此一意孤行地推行现行成本会计。

面对这样的美国证监会首席会计师，财务会计准则委员会只得认屃，其于 1979 年 9 月公布《财务会计准则公告第 33 号：财务报告与物价变动》，要求大公司（1 300 家）补充披露现行成本会计信息和按一般物价水平调整的信息，这真是兼顾双方面子的两全之策。后者又得到一个名号，叫做不变美元会计（constant dollar accounting）。会计规则就是这样一步步复杂化的。该年度美国通货膨胀率是 13%（见图 9-3）。

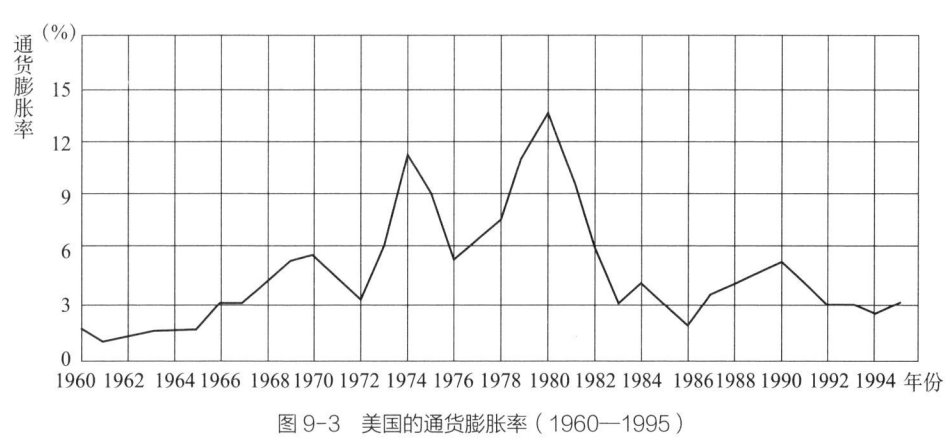

图 9-3　美国的通货膨胀率（1960—1995）

资料来源：Standard & Poor's Security Price Index Record. 转引自：Thomas Carson, *Gale Encyclopedia of U. S. Economic History* (Farmington Hills: The Gale Group, 1999), p. 483。

但财务会计准则委员会后来在讨论财务会计概念公告第 5 号时意识到，现行成本会计在可靠性方面存在很严重的问题，应用价值非常有限。1984 年

---

1 这一时期，英国应对物价变动的会计准则受美国证券市场上公认会计原则影响较大。1975 年，桑迪兰兹委员会（Sandilands Committee）从最初支持会计准则指导委员会倡导的现行购买力会计，转变成了支持现行成本会计，这跟伯顿的思路是一致的。

12月，该委员会公布了《财务会计概念公告第5号：企业财务报表中的确认与计量》。该委员会所收集的反馈意见表明，披露物价变动信息的成本超过了相应的收益。1984年11月，财务会计准则委员会公布《财务会计准则公告第82号：财务报告与物价变动：删除某些披露要求——修订FASB第33号准则公告》，取消了关于补充披露通货膨胀会计信息的要求。1986年12月，又公布了《财务会计准则公告第89号：财务报告与物价变动》取代财务会计准则公告第33号，取消了补充披露物价变动信息的要求。[1]该年度美国的通货膨胀率下降到了3%～4%。

（八）利息支出的资本化（1979年10月的财务会计准则公告第34号）

20世纪60年代初至80年代初，美国的利率呈现持续上升趋势（见图9-4）。在这种背景下，利息费用资本化是公用事业公司（如电力公司）惯用的会计手法。1974年，美国证监会发布会计系列公告第163号，禁止除公用事业公司以外的公众公司对利息开支作资本化处理，除非财务会计准则委员会公布允许利息开支资本化的会计准则。1979年，财务会计准则委员会公布《财务会计准则公告第34号：利息支出的资本化》，允许公众公司将符合规定条件的利息开支做资本化处理。自此，美国证监会不再限制利息支出资本化的做法。

该准则规定，符合资本化条件的资产（qualifying assets）的利息支出应当予以资本化。这份准则以4∶3的投票结果予以通过。三位反对者认为资本化规则过于主观，因此，他们建议在借款费用发生时直接冲减当期利润（即做费用化处理）。

作为对比，美国会计师协会（AIA，AICPA的前身）曾于1917年专门研究过借款费用问题，该协会反对把借款费用包括在生产成本中，并于1918年

---

1 Donald J. Kirk, "Looking Back on Fourteen Years at the FASB: The Education," *Accounting Horizons*, 1988, 2(1): 8-16.

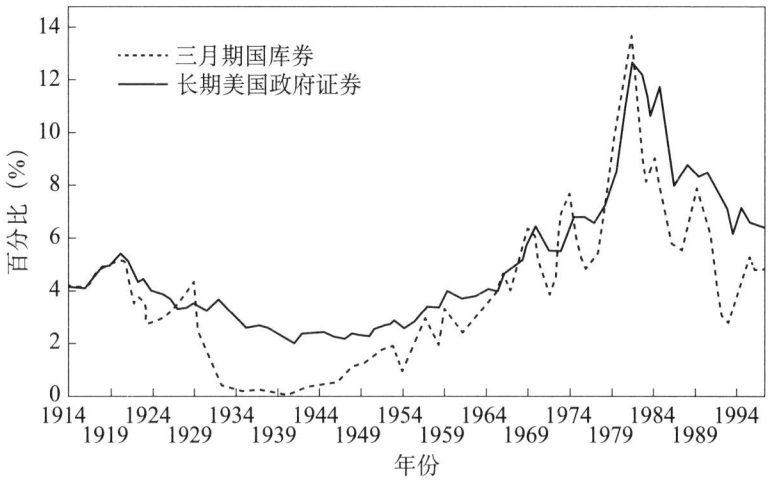

图 9-4 1914—1997 年美国的利率

资料来源：Board of Governors of the Federal Reserve System, *Banking and Monetary Statistics, 1914-1941* (Washington D.C., 1943); Stephen G. Cecchetti, "The Case of the Negative Nominal Interest Rates," *Journal of Political Economy*, 1988, 96(6), 1111-1141; Sidney Homer and Richard E. Sylla, *A History of Interest Rates* (New Brunswick, 1996); Federal Reserve Bank of St. Louis, www.stls.frb.org. 转引自：斯坦利·L. 恩格尔曼、罗伯特·E. 高尔曼主编《剑桥美国经济史（第三卷）》，蔡挺等译，中国人民大学出版社，2008，第 537 页。

投票通过了反对借款费用资本化的共识。1917 年 9 月，利息支出资本化的反对者在美国会计师协会年会上要求美国会计师协会任命一个特别委员会，对利息费用的会计处理问题进行调查研究。在 1918 年的年会上，该特别委员会的报告猛烈抨击了反对者的意见，认为"利息费用计入产品成本的做法在理论上是错误的、在实践中是荒谬的"。美国会计师协会投票通过了该报告，但是并不限制费用化的做法。财务会计准则委员会公布的财务会计准则公告第 34 号在第 25 段的脚注中提到了这一史实。[1]

　　至今，围绕资本化规则的争论仍未消解。

---

　　1 Stephen A. Zeff, "Some Junctures in the Evolution of the Process of Establishing Accounting Principles in the U.S.A.: 1917-1972," *The Accounting Review*, 1984, 59(3): 447-468.

（九）养老金会计：把精算报告纳入会计报表（1980 年 3 月的财务会计准则公告第 35 号）

1980 年 3 月，财务会计准则委员会公布《财务会计准则公告第 35 号：设定受益型养老金计划的会计处理与报告》。该准则称，养老金计划的财务报表的首要目的是提供有助于评价该计划现在和将来支付到期养老金的能力的信息，为此，财务报表应当提供以下信息：（1）该项养老金计划的资产以及资产管理责任的履行情况；（2）养老金计划的参加者的累积养老金收益；（3）导致养老金资产发生变动的交易等情况；（4）有助于使用者理解养老金计划的相关信息。其中"养老金计划的参加者的累积养老金收益"需要借助精算报告来确定。这一理念引起了强烈的争论。该准则是以 4∶3 的投票结果通过的。反对者认为，精算报告应当放在报表附注中予以说明，而不应当列入财务报表，如果把精算报告包含在财务报表中，将会导致极高的审计成本，或者说，审计师根本没有能力审计精算报告，如此，必将导致会计数据"操纵合规化"。

笔者认为，重视养老金义务的态度固然值得嘉许，但以此为借口来修改会计规则就不见得值得肯定了。事实证明，利用养老金信息操纵报表数据的现象屡见不鲜，精算报告恐怕只有主笔的精算师自己才能看懂。

（十）为资产证券化提供便利的财务会计准则公告第 77 号（1983 年 12 月）

1983 年，财务会计准则委员会公布《财务会计准则公告第 77 号：转让附有追索权的应收款项的会计处理》，允许商业银行将证券化的贷款以及相关债务移出资产负债表，转移到那些表外实体的账簿上去。[1]

---

1 Financial Accounting Standards Board, Statement of Financial Accounting Standards No.77: Reporting by Transferors for Transfers of Receivables with Recourse, 1983. 最早关于资产证券化的会计规则出现于 1974 年，当时的公认会计原则规定，如果商业银行并没有真正把贷款卖掉，而只是通过证券化来融资，那么商业银行就必须把这些贷款保留在账簿中。参见：American Institute of Certified Public Accountants, Statement of Position 74-06: Recognition of profit on sales of receivables with recourse, recommendation to Financial Accounting Standards Board, June 14, 1974。

换言之，商业银行可以通过出售贷款获利，失当的会计规则纵容它们通过表外业务（off-balance-sheet activities）规避金融监管。因此，它们积极地发放次级贷款，放贷标准一再降低。商业银行的盈利模式由传统的发放贷款并长期持有转变为发放贷款并转让出去，这是金融部门在20世纪80年代最大的转变。[1]这种存在明显缺陷的会计规则导致了影子银行系统（shadow banking system）的形成，其后果是灾难性的。[2]在证券化过程中，商业银行其实是在做投行业务而不是在履行信用中介职能。商业银行积极地发放掠夺性贷款（predatory lending），放贷标准一再降低，信贷扩张反过来助长房价的急速上升。金融部门脱离实体经济的过度膨胀必然引发金融危机，储蓄贷款机构危机（savings and loan crisis，简称储贷危机）果然接踵而至。[3]

该准则对后来的金融实践具有深远影响。使用结构化投资工具（structured investment vehicles）将商业银行的某些业务移到表外从而规避会计规则和资本监管规则的做法，至今仍然是监管层面临的棘手问题。

（十一）所得税会计引入资产负债表债务法（1987年12月的财务会计准则第96号）

《会计原则委员会意见书第11号：所得税的会计处理》等文件出台以后，引起了实务界的强烈反对。1982年1月，财务会计准则委员会启动了它在所得税会计领域的工作计划，拟重新评议所得税会计规则的恰当性。厄恩斯特－威尼公司主动提出协助开展先期理论研究，由该公司高级合伙人丹尼

1　Stanley L. Engerman, Robert E. Gallman, *The Cambridge Economic History of the United States, Volume 3: The Twentieth Century* (New York：Cambridge University Press, 2000), pp. 743-802.

2　L. Turner, "Plunge: How Banks Aim to Obscure Their Losses," *Multinational Monitor*, 2008, 29(3): 27-30, 38.

3　20世纪80年代，一类名为储蓄贷款协会（savings & loan association, S&L，简称储贷协会）的商业银行积极地投身于房地产金融和证券化，并大量投资垃圾债券。其结果是横贯整个80年代的储贷危机（savings and loan crisis），数以千计的储贷协会被收购或倒闭。

斯·R.贝雷斯福德（Dennis R. Beresford）[1]等组成一个研究组，对现有文献进行梳理，并提出候选的替代方案。1983 年 7 月，该研究组提交了《所得税的会计处理：对各种替代方案的述评》的研究报告。[2] 该报告比美国注册会计师协会 1966 年出版的会计研究文集第 9 辑《企业所得税的跨期分摊》还要全面，例如，该报告一方面运用财务会计概念公告对所得税会计规则进行了理论反思；另一方面考虑了与英国《标准会计惯例公告第 15 号：递延税的会计处理》（Statement of Standard Accounting Practice No. 15: Accounting for Deferred Taxation）以及《国际会计准则第 12 号：所得税的会计处理》（International Accounting Standard 12: Accounting for Taxes on Income）的协调问题。[3]

1987 年 12 月，财务会计准则委员会颁布《财务会计准则公告第 96 号：所得税的会计处理》，取代会计原则委员会意见书第 11 号。其理由是，按照会计原则委员会意见书第 11 号所计算的递延税款借项或贷项不符合财务会计概念公告第 6 号所提出的资产和负债的定义。

财务会计准则公告第 96 号用暂时性差异（temporary differences）取代时间性差异，从而扩大了跨期摊配的范围；它采用财务会计概念公告所提出的资产负债观，明确地将递延税款界定为递延所得税资产（deferred tax assets）和递延所得税负债（deferred tax liabilities），从而使之符合概念框架关于资产和负债的定义；对确认递延所得税负债不施加限制而对确认递延所得税资产则施加了很多限制；它还要求编制详尽的跨期分摊表。该准则的巨大转变引起了激烈争论，事实上，该准则是以 4∶3 的投票结果勉强通过的。其实施更

---

1 贝雷斯福德 1980—1983 年兼任财务会计准则咨询委员会委员，1982—1984 年代表美国公共会计师行业兼任国际会计准则委员会委员，1987—1997 年专职担任财务会计准则委员会主席，任期达十年半。

2 Dennis R. Beresford, Lawrence C. Best, Paul W. Craig, Joseph V. Weber, *Accounting for Income Taxes: A Review of Alternatives*, Financial Accounting Standards Board of the Financial Accounting Foundation, 1983.

3 该报告的论证过程也表明，公认会计原则的制定过程其实就是一个小圈子里面的游戏。英美两国公共会计师行业商量好的规则，基本上也就是证券信息披露的国际准则了。

是遭到了实务界的强烈抵制，财经报刊上密集刊载了一大批反对所得税会计的文章。

面对强大的阻力，财务会计准则委员会不得不一再推迟财务会计准则公告第 96 号的实施日期。它公布了两份没有实际内容的会计准则：1988 年 12 月公布的财务会计准则公告第 100 号宣布将财务会计准则公告第 96 号的实施日期推迟 1 年，1989 年 12 月公布的财务会计准则公告第 103 号宣布继续推迟 2 年。

1992 年初，财务会计准则委员会公布《财务会计准则公告第 109 号：所得税的会计处理》，通过在一些操作规则上做出妥协，为旷日持久的争论勉强画上了句号。

财务会计准则委员会在这一领域劳碌 10 年，把所得税费用跨期分摊的理念发展到了极致。

递延所得税的会计规则前前后后经过 50 多年的激烈论争（见表 9-6），至今仍然存有较大争议。即便是舒茨这位富有想象力的会计公司合伙人也对之嗤之以鼻。

表 9-6　　　　　　　　　　　　　所得税会计规则的演变

公布时间	规则制定者	文件名	重要规则
1942 年 12 月	会计程序委员会	《会计研究公报第 18 号：已赎回债券的未摊销折扣及赎回溢价》	引入跨期分摊的理念
1944 年 12 月	会计程序委员会	《会计研究公报第 23 号：所得税的会计处理》	债务法、税后净额法要求进行部分分摊
1952 年 11 月	会计程序委员会	《会计研究公报第 42 号：应急设施——折旧、摊销与所得税》	债务法、税后净额法要求进行部分分摊
1953 年 6 月	会计程序委员会	《会计研究公报第 43 号：会计研究公报重述与修订》	债务法、税后净额法要求进行部分分摊
1954 年 10 月	会计程序委员会	《会计研究公报第 44 号：余额递减折旧法》	债务法、税后净额法要求进行部分分摊

续表

公布时间	规则制定者	文件名	重要规则
1958 年 7 月	会计程序委员会	《会计研究公报第 44 号：余额递减折旧法》（修订）	要求进行全面分摊
1965 年 10 月	会计原则委员会	《会计原则委员会意见书第 6 号：会计研究公报的地位》	债务法、递延法
1966 年 12 月	会计原则委员会	《会计原则委员会意见书第 10 号：汇总意见——1966》	禁止对递延税款进行折现（延续至今）
1967 年 12 月	会计原则委员会	《会计原则委员会意见书第 11 号：所得税的会计处理》	递延法
1987 年 12 月	财务会计准则委员会	《财务会计准则公告第 96 号：所得税的会计处理》	资产负债表债务法
1992 年 2 月	财务会计准则委员会	《财务会计准则公告第 109 号：所得税的会计处理》	资产负债表债务法

 专栏 9-15

舒茨评递延所得税会计

罗伯特·科尔森问：您如何评价递延所得税会计？

沃尔特·舒茨答：我认为那是恶搞的会计，彻底的恶搞的会计。那感觉，就像是我做完了一件自己从来没有做过的事情。

Robert Colson: What do you think about deferred income tax accounting?

Walter Schuetze: I think that is nonsense accounting; that is absolute utter nonsense accounting. That's as if I had done something that I didn't do.

资料来源：SEC Historical Society, Interview with Walter Schuetze, conducted on February 14, 2006, by Robert Colson.

（十二）储贷危机与公认会计原则实施范围的扩大（1991 年）

贯穿整个 20 世纪 80 年代的储贷危机令证券监管和银行业监管备受指责，

证券监管规则和银行业监管规则成为千夫所指的对象。

储贷协会萌芽于 19 世纪初期，依法在规定地域内吸收存款，专门面向个人消费者提供长期抵押贷款。与商业银行相比，其资产负债结构具有借短贷长的特征。储贷协会多年被限制于投放 30 年期的抵押贷款，且其筹资来源限于指定区域。20 世纪 80 年代，美国国会对储贷协会提供了一系列的法律支持[1]，放开了对它的负债业务和资产业务方面的限制，允许其不受限制地根据市场波动情况自行提供储蓄利率，允许其投资垃圾债券（junk bond）。联邦存款保险公司（Federal Deposit Insurance Corporation，FDIC）也将储蓄贷款协会的存款保险金额从 4 万美元提高到 10 万美元，这更成为储贷协会吸引资金的宣传口号。一时间，储贷协会的业务蒸蒸日上，资产业务和负债业务发展迅猛。然而，美联储自 20 世纪 80 年代初起为治理两次石油危机后日益严重的通货膨胀所实施的高利率政策导致储贷协会出现了负利差，储贷协会逐渐陷入危机。储贷协会提供的 30 年期抵押贷款的利率早已锁定在低利率水平（投资利率约为 8%），无法变更，而其负债业务（吸收存款）此时需要承担高达两位数的利息率（筹资利率约为 11% ~ 20%）。这就迫使储贷协会努力开发能够产生正利差的投资渠道。国会这时允许它们投资土地，储贷协会遂开始推广"收购开发和建设"贷款（acquisition development and construction loans，简称 ADC loans）。这种贷款的利息率高于储蓄存款利率，看起来有正利差。可是，在开发项目出售之前，储贷协会没有从开发商处收到一分钱。储贷协会这时还孤注一掷地投资垃圾债券，希望借此填补借短贷长的窟窿。无奈，在经济形势欠佳的大背景下，垃圾债券的回报也相当惨淡。20 世纪 80 年代末，储贷协会危机爆发，数以千计的储贷协会倒闭（见图 9-5）。

1　如《1980 年存款机构放松管制和货币控制法》和《1982 年存款机构法》。

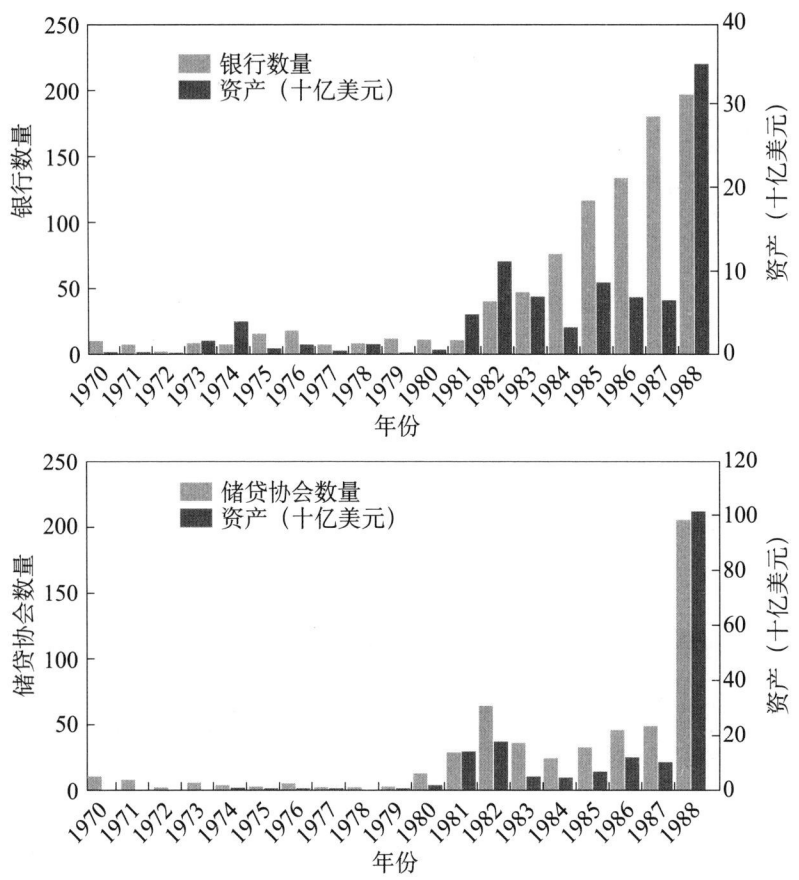

图9-5　破产的商业银行（上图）与储贷协会（下图）的数量和资产

资料来源：斯坦利·L.恩格尔曼、罗伯特·E.高尔曼主编《剑桥美国经济史（第三卷）》，蔡挺等译，中国人民大学出版社，2008，第546页。

　　储贷协会的资产（投放的抵押贷款和购买的垃圾债券）实际上已大幅缩水，但它们并未对贷款计提足够的损失准备，再加上它们仍然以成本计量其所投资的垃圾债券，这就掩盖了其财务状况的真相，延误了治理时机。1989年2月，美国布什总统推出挽救储贷协会计划，国会随后推出《金融机构改革、恢复与强化法》（Financial Institutions Reform, Recovery, and Enforcement

Act，FIRREA），对储贷协会实施严格的监管。[1]

 专栏 9-16

储蓄贷款机构危机

　　产生于 1831 年的储贷协会原本为带有慈善性质的封闭性团体，其功能在于集中会员的小额存款，然后对会员发放住房贷款。1850 年，部分储贷协会对一般公众开放业务，促使这个行业快速增长。1934 年，专为储贷协会提供存款保险的联邦储贷保险公司（FSLIC）成立，同时储贷协会的业务被限定为只能从事住房抵押贷款，其资产结构趋于单一化。20 世纪 50 年代，美国税法鼓励储贷协会倾力发放住房贷款，致使储贷协会的资产结构更不合理。60 年代，市场利率上升，而储贷协会发放的又多是中长期固定利率贷款，致使存贷利差倒挂，储贷协会运营开始发生困难，直至 1966 年国会立法放宽储贷协会吸收存款利率上限，这一状况才有所缓解。70 年代，由于共同基金的冲击，储源大幅减少，储贷协会濒临危机。1980 年，国会通过的《存款机构放松管制和货币控制法》（DIDMCA）首次允许储贷协会接受支票存款、提供浮动利率抵押贷款、消费贷款以及信托业务等传统上属于商业银行的业务；1982 年，国会通过的《甘恩－圣杰曼存款机构法》首次批准储贷协会可以做安全和不安全的商业贷款，包括劣质债券；1986 年，规定存款利率上限的 Q 条例取消。这一切刺激了储贷协会的迅速扩张，储贷协会大肆进行投机经营。但到了 1985—1986 年，油价下跌引致美国西南部经济普遍衰退，储贷协会无法回收投资，积压了大量资产以致纷纷破产，进而直接导致为其提供存款保险的联邦储贷保险公司（FSLIC）于 1987 年耗尽其保险基金，无法履行所承诺的赔偿保险金的

---

　　1 储贷危机直到 1995 年才渐渐平息。储贷危机过后，储贷协会经历了兼并风潮，又接二连三被商业银行购买吞并，现在已所剩寥寥，不再在金融舞台上扮演重要角色。

> 义务。社会对金融界的信心发生动摇。这一过程即被称为储贷协会危机。
> 延续 10 年之久的储贷协会危机是第二次世界大战后美国爆发的最严重的
> 一次金融危机，是金融监管当局被市场牵着鼻子走又被市场惩罚的结果，
> 堪称金融监管失败的典型案例。
>
> 资料来源：萨奇、宗良、黄金老：《美国解决储贷协会危机中各类中介机构行为之研究》，《国际金融研究》1998 年第 11 期。

1991 年 4 月 22 日，美国联邦审计署向参众两院提交调查报告《失败的银行：亟须进行会计和审计改革》(Failed Banks: Accounting and Auditing Reforms Urgently Needed)，指责银行计提的贷款损失准备太少，认为银行提交的监管报告 (call report) 中并没有预先警示银行真实财务状况的恶化程度，公认会计原则也存在缺陷。该报告要求尽快进行改革。一时间，贷款损失准备的会计及金融监管规则成为众矢之的。同年 12 月 19 日，美国国会通过《联邦存款保险公司改进法》(FDICIA)，该法第 121 节 "会计的目标、原则等规定" 要求银行业监管机构采用 "与公认会计原则一致的统一的会计原则"(uniform accounting principles consistent with GAAP)。

从此，公认会计原则的适用范围由原来的仅适用于跨州发行证券的公司扩大至银行业监管领域，银行业各大监管机构不得不认真应对。

（十三）贷款减值规则出台（1993 年 5 月的财务会计准则公告第 114 号）

金融资产减值的会计规则没有受到市值会计发展的影响，而是循着另外一套逻辑发展起来的。[1] 贷款减值规则的出台，是储贷危机的另一产物。

1977 年 6 月公布的《财务会计准则公告第 15 号：贷款人和借款人关于债务重组的会计处理》规定，已经计提减值的贷款在重新协商其贷款条款之后，

---

1 美国证券交易委员会：《市值会计研究——遵照〈2008 年紧急经济稳定法〉第 133 节的报告和建议》，财政部会计准则委员会组织翻译，中国财政经济出版社，2009，第 29 页。

应继续以初始金额列示，不确认合同条款的变更。[1] 这一规则在 20 世纪 80 年代成为储贷协会不确认巨额贷款损失的托词。

前已述及，1991 年 4 月 22 日，美国联邦审计署向参众两院提交调查报告《失败的银行：亟须进行会计和审计改革》，指责银行计提的贷款损失准备太少，认为银行提交的监管报告中并没有预先警示银行真实财务状况的恶化程度，公认会计原则也存在缺陷，要求尽快进行改革。

作为对联邦审计署高调指责的回应，FASB 于 1993 年 5 月公布《财务会计准则公告第 114 号：债权人对贷款减值的会计处理——修订 FASB 第 5、15 号准则公告》，推出了全新的、运用现值算法进行单项贷款减值测试的规则。该准则与《财务会计准则公告第 5 号：或有事项的会计处理》一道，形成了如下规则：单项金额较大的，应进行单项测试，以账面价值与未来现金流量现值之差计算贷款损失准备；单项金额非重大的，应与单项测试未减值的部分一起打包进行组合测试，采用余额百分比或数学模型计算贷款损失准备。

折现值的应用标志着资产减值会计规则发展到了新阶段——折现值的计算完全是主观确定的。折现算法进入会计规则这一事态反映了公认会计原则制定者对会计原理的漠视，暴露了公认会计原则缺乏基础理论的严峻现实。业界人士指出，折现规则出台的后果是，"证券发行人不仅把未来贴现了，他们还把来世贴现了"。[2]

这套规则被原样写入《国际会计准则第 39 号：金融工具：确认和计量》和我国的《企业会计准则第 22 号——金融工具确认和计量》。美国次贷危机期间，贷款减值会计规则与公允价值会计规则一道，遭到了国际财经界的强烈谴责。国际会计准则理事会匆忙地启动了修改计划，但至今仍未取得实质

---

1 该文件规定了坏账准备的计算规则，要求公众公司衡量应收账款的可收回程度（the collectability of receivables），对应收款项计提坏账准备并冲减当期利润。此外，还规定了预计负债的会计处理规则。

2 加里·约翰·普雷维茨、巴巴拉·达比斯·莫里诺：《美国会计史——会计的文化意义》，杜兴强等译，中国人民大学出版社，2006，第 231—237 页。

性进展。笔者认为，贷款减值属于对未来的估计，贷款损失准备所代表的，仅仅是预期损失而不是实际损失，它本身与会计毫无关联，因此，无论如何都不可能设计出符合会计原理的贷款减值会计规则。[1]

（十四）交易性金融资产与可供出售金融资产（1993 年 5 月的财务会计准则公告第 115 号）

1. 从公允价值披露到公允价值会计

财务会计准则委员会 1986 年 5 月启动金融工具会计项目，1990 年 3 月公布财务会计准则公告第 105 号，1991 年公布财务会计准则公告第 107 号，这两份准则均侧重于公允价值披露而不是公允价值会计。

公允价值会计泛指倡导财务报表反映资产和负债的当前市场价值的理论主张，又称盯市会计、现行价值会计、市值会计、现行成本会计、资产负债观或基于价值的会计。公允价值会计是金融分析理念的产物。其逻辑是：如果财务报表中的资产和负债按公允价值计量，便可以计算出企业的净公允价值（net fair value），从而作为企业价值的估计值。证券行业是公允价值会计理念的积极倡导者。

与金融工具有关的公允价值会计准则主要是指：1993 年公布的《财务会计准则公告第 115 号：特定债券和权益证券的会计处理》；1998 年公布的《财务会计准则公告第 133 号：衍生工具和套期活动的会计处理》；2000 年公布的《财务会计准则公告第 140 号：金融资产转移和服务、偿付债务的会计处理——替换 FASB 第 125 号准则公告》；2006 年公布的《财务会计准则公告第 155 号：某些混合金融工具的会计处理——修订 FASB 第 133、140 号准则公告》《财务会计准则公告第 156 号：金融资产服务的会计处理——修订 FASB 第 140 号准则公告》《财务会计准则公告第 157 号：公允价值计量》；2007 年公布的《财务会计准则公告第 159 号：金融资产和金融负债的公允价

值选择权——包含修订 FASB 第 115 号准则公告》。

2. 储贷危机与布里登的证券监管思维

律师出身的美国证监会主席理查德·C. 布里登（Richard C. Breeden）是盯市会计的主推手。布里登协助布什总统处理美国 20 世纪 80 年代储贷协会危机的遗留问题。储贷协会危机导致 2 000 多家银行倒闭，对金融市场的冲击创下大萧条以来的历史记录（见图 9-6），成为举国上下关注的大事。1985—1992 年，超过 2 400 家银行倒闭，最高峰的 1989 年有 534 家银行倒闭，这是自美国大萧条以来最大规模的金融机构倒闭浪潮。作为对比，整个 20 世纪 70 年代只有 79 家银行倒闭。[1]

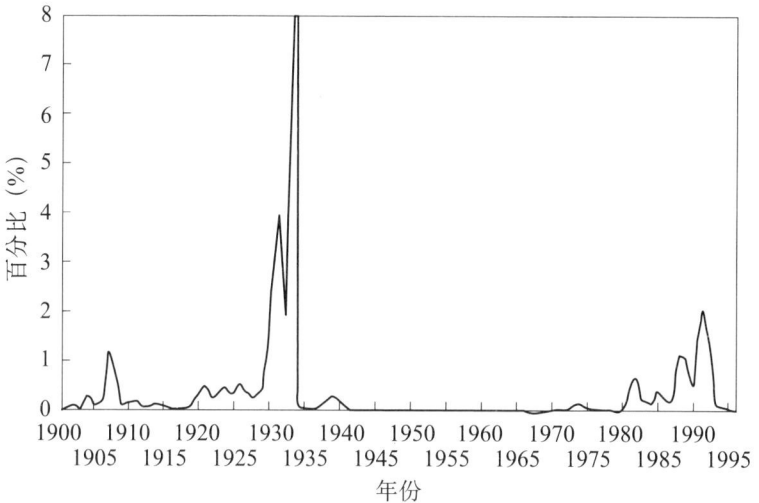

图 9-6　破产银行的储蓄占所有银行储蓄的比重（1900—1996）

资料来源：Federal Deposit Insurance Corporation, Annual Reports (Washington D. C., 1934 and later years). 转引自：斯坦利·L. 恩格尔曼、罗伯特·E. 高尔曼主编《剑桥美国经济史（第三卷）》，蔡挺等译，中国人民大学出版社，2008，第 541 页。

布里登上任后立即着手遵照 1989 年《金融机构改革、恢复与强化法》处

1　［美］西蒙·约翰逊、郭庚信：《13 个银行家：下一次金融危机的真实图景》，丁莹译，中信出版社，2010，第 68 页。

理储贷协会危机。这位律师出身的证监会主席认识到，会计规则是影响金融监管效率的重要因素。于是，1990 年 9 月 10 日他在参议院银行、住房及城市事务委员会就金融机构和会计原则事宜作证时，就针对债券组合的会计处理方法问题，提出了采用市场价格报告证券投资、一律按照公允价值计量债券投资的政策建议。

9 月 14 日，布里登莅临华盛顿特区的丽思卡尔顿酒店出席所罗门美邦第四届金融服务年会，在其演说《财务报告的恰当角色：以市值为基础的会计》中系统阐释了他的主张。他承认，历史成本信息在大多数情况下是可靠的，因为它是可验证的、对交易金额的忠实记录。但他认为，以市场行情为基础的信息（market-based information）可以提示监管层和投资者对金融机构的真实经济价值（real economic value）和风险暴露做出更有意义的评估；监管层如果知道金融机构的资产和负债的现行市场价值信息，就可以在情况恶化以前采取恰当的监管措施。所以，在变动的经济环境中，现行价值信息比历史成本信息更能精确地测度金融机构的健康程度。如果对证券投资采用历史成本会计，却会赋予金融机构"管理"其利得和损失的"能力"。[1] 因此，会计准则不应当掩盖其理应反映的市价行情的事实，财务报表应当反映具有流动性的资本市场所提供的可靠的估值数字（reliable valuation），确定金融机构的资产的现行价值（current value）而不是记录其初始成本（original cost），要

---

1 一些储贷协会就是这么做的，它们仅仅出售那些市价高于成本的债券，而仍以成本列示那些市值下跌的债券组合。出售赚钱的头寸而保持亏损的头寸，这种做法被称作"利得交易"（gain trading）或"摘樱桃"（cherry picking）。金融机构只要宣称自己有能力和意图（ability and intent）将债券持有至到期，就可以采用成本记账。能力这个问题很难说得清楚，一家企业在破产前总可以说自己是有能力的。管理层意图（management intent）究竟是什么，也不会轻易对外说。所以，能力和意图都是企业管理层自己说了算。在这个意义上，美国证监会的职员把建立在"管理意图"上的会计规则戏称为"精神分析"会计（"psychoanalytic" accounting）。其实，美国证监会的这种指责是没有道理的。会计既然要忠于事实，它就必然具备鲜明的局限性，即它必须被动地反映（而不是遏制）构造性交易所形成的利润波动。美国证监会想要达到的动态盯市监管目标，无法通过会计系统来实现，而只能通过基于金融分析理念，即基于公允价值披露的动态监管报表来实现。

求所有的证券投资都按照市场价值来列报，应当是金融监管工作的方向。

布里登最初安排美国注册会计师协会去设计相应的会计规则，但美国注册会计师协会未能满足其要求，于是他便要求财务会计准则委员会制定相应的准则。财务会计准则委员会作为美国证监会的亲密助手，当即开始在会计准则中贯彻公允价值理念。[1] 布里登认为，为了及时观测金融机构的证券投资的风险程度，有必要让金融机构以公允价值（最新市场价值）列报其证券投资，并将浮动盈亏记入利润表。这就是后来的"交易性金融资产"的处理规则，即"以公允价值计量且其变动计入当期损益"。

 专栏 9-17

理查德·C. 布里登

理查德·C. 布里登（Richard C. Breeden，1949—　），美国证监会前主席，金融及公司业务律师，公允价值会计的主推手。布里登在成功解决储贷协会危机、组建重组信托公司（Resolution Trust Corporation）等重要决策中充当了重要角色。

布里登于 1972 年获斯坦福大学学士学位，1975 年获哈佛大学法律博士（J.D.）学位（类似于国内的法律硕士，不同于法学博士）。1976—1981 年供职于纽约 Cravath, Swaine & Moore 律师事务所，之后曾在政府部门任职，担任时任美国副总统的布什的国内事务助理。1985—1988 年任贝克·博茨律师事务所合伙人（Baker Botts Partner）。布什当选总统之后，布里登被任命为美国证监会主席（1989—1993）。

---

1 Arthur Wyatt, "The SEC Says: Mark to Market!" *Accounting Horizons*, 1991, 5(1): 80-84.

布里登就任之后领衔执行《金融机构改革、恢复与强化法》，着力治理储贷协会危机。他为政府成功重组储贷行业（the savings and loan industry）设计了储贷协会再融资方案并组建了重组信托公司。他主张加强执法力度，鼓励股东参与到薪酬管理和公司治理之中去。他修改了规则，允许机构投资者公开讨论公众公司的业绩问题而不必担心法律风险。他还创立了"薪酬讨论和分析"规则，要求以图形的形式展示股票的表现，要求披露股票期权的授予情况及其估价情况，要求披露薪酬委员会名单。他还积极推动全球范围内的证券监管及合作。

从美国证监会卸任以后，布里登于 1993—1996 年任永道会计公司国际金融业务部主席。1996 年至今任 Richard C. Breeden & Co. 咨询公司主席，为企业重组和陷入困境的公司提供顾问服务，帮助它们解决舞弊、违法、受政府严厉指控或者长期业绩疲软等问题。例如，布里登在 2002—2005 年被法院指定为世界通信公司的破产管理人，该公司如今已改组为一家新公司（MCI Inc.）。他还曾参与处理安然公司和报业集团霍林格国际（Hollinger International）的问题，曾指导毕马威会计公司从涉嫌逃税等犯罪指控中解脱出来。

2006 年布里登又创立 Breeden Partners 及管理机构 Breeden Capital Management，并任董事局主席。2007 年至今布里登任税务咨询公司 H&R Block 的非执行董事长。他还是 2008 年成立的 Breeden Partners Europe 的创始合伙人。布里登迄今曾在十余家公司供职。

3. 美联储和财政部反对公允价值会计

听闻布里登的这番证券监管新思维，以美联储主席格林斯潘为代表的银行业金融机构表示强烈反对，他们并不愿意用盯市会计取代具有悠久历史传统的历史成本会计，对布里登的意见十分之大。他们担心盯市会计会导致银行业金融机构的账面利润随着证券市场行情的波动而波动，从而迫使银行业金融机构关注短期业绩而不是长期业绩，这对银行业履行信用中介的职能大为不利。

 专栏 9-18

艾伦·格林斯潘

艾伦·格林斯潘（Alan Greenspan），1926年生于纽约市，其父亲是股票经纪人和金融分析师。他先后于1948年、1950年、1977年在纽约大学获得学士、硕士、博士学位（均为经济学专业）。1987年8月，美国总统里根任命艾伦·格林斯潘接替保罗·沃尔克担任美联储第13任主席。格林斯潘履职期间先后与六任总统共事。2006年1月卸任美联储主席。

格林斯潘1990年11月1日致信布里登，阐释了商业银行及其监管者对于盯市会计规则的严重关切。格林斯潘的信长达4页，还附有一份长达7页的研究结论，阐释了美联储对盯市会计所进行的详尽的理论分析和实务测算的结论。其要点可概括如下：第一，盯市会计的价值导向与商业银行的发展战略是相悖的，盯市会计将会导致商业银行难以履行其基本职能。商业银行的基本职能是将存款人提供的相对短期的资金转换为企业和消费者所需的长期资金，这种战略的成败，不能以贷款立即转让的价值来衡量。拟议的会计准则所关注的是短期投机者的信息诉求而不是长期投资者和企业管理当局的信息诉求。盯市会计对投机交易者或许是合适的，但是对于投放中长期贷款的商业银行来说是很不妥当的。制定会计规则时应着眼于测度企业目标或战略的成果。第二，盯市会计具有极大的误导性。如果是用于部分报表项目（如股票投资），则会导致财务报表无法反映银行的真实状况；如果用于全部报表项目，则必然导致大量的估计涌入财务报表。

 专栏 9-19

格林斯潘给布里登的信（节选）

理查德先生：

美联储注意到证监会最近开始倡导金融机构尽快转向市值会计。此外我们知悉，证监会正在敦促美国注册会计师协会和财务会计准则委员会要求银行业金融机构在 1991 年采用市场价值计量其证券投资组合和某些居民住房抵押贷款，未来将会全面推行市值会计。证监会指出，市值会计能够向投资者、监管者和财务报表的其他使用者提供更好的信息。联储认为，在考虑全面或部分地在银行业金融机构推行市值会计之前，首先需要解决一系列重要问题。

制定会计方法时，应着眼于测度企业目标或战略的成果，而不能为会计而会计。例如，对于从事日内交易（day trading）的机构来说，每日收盘价可以计量其企业目标的成功或失败，盯市的资产负债表显然是对它来说甚为恰当的会计程序。然而，商业银行的企业战略一般是运用其信贷经验将资产分散配置到特定的贷款人身上，并将此资产持有至到期。这种战略的成败，不能以贷款立即转让的价值来衡量。显然，在衡量交换价值时需考虑交付期间的长短。但是，对于大多数银行贷款和表外承诺的价值来说，合适的估价是其初始取得代价减去预期其在到期日的表现。仅仅在其估价大大低于账面价值时，才能调整其账面价值。贷款损失准备所代表的正是这样的调整。

将贷款这样的资产盯住市价，以反映其在当时的清算价值——这听起来很有趣，但它根本不能用于衡量商业银行的运营是否成功。

平均而言，只有三分之一的银行资产具有市场价格。对银行资产负债表中的部分资产（如全部的或部分的证券投资）而不是对全部资产负债表项目及表外项目应用公允价值会计，将会导致盈余和资本的波动，从而导致会计报表无法反映银行的真实状况。而且，如此报告的计量结果无法反映银行为降低利率敏感性的影响而采取的策略，如为匹配证券投资的到期时间和再定价时间而做出的筹资安排。

我要特别说明的是，银行业早已在财务报表和监管报告（call report）中披露了证券投资的公允价值，但相应的估值并不出现在利润表中。银行还必须在监管报告中披露证券组合的到期时间和再定价的频率。而且，为了改进财务报告，银行业在 1988 年公布了针对投机性证券的指南，要求在监管报告中对之采用市值信息进行报告。联储和相关银行业监管机构正在修订和扩展该指南，并拟详细审查银行业的证券实务。

推行市值会计还可能影响银行业持有的证券数量。一些金融机构将会减少其所持有的公开市场金融工具，这会产生降低银行业流动性的问题，也与发展资本市场的重要目标相悖。

还需要指出的是，银行业监管规则在 1938 年以前是要求银行业采用市值会计对其证券投资组合进行会计处理的。联邦财政部和银行监管当局注意到市值会计对银行的财务业绩和投资决策具有负面影响，遂于 1938 年停止在监管报告中使用市值会计。虽然时过境迁，但这一史实至少说明，在大力推行市值会计之前，还是有必要全面评价其影响的。

若将市值会计用于全部资产负债表项目或表外项目也存在很多潜在的问题。一个主要的问题是，银行资产、负债和表外承诺大多没有市场价格，而且缺乏估计这些项目的市场价格的准则。此外，资产对于持有者的价值往往显著区别于其清算价值，清算价值也往往因时间跨度长短不同而不同。除非有合理的估价准则，否则银行所报告的市场价值可能不存在可比性，很可能会出现高估资产、利润和资本的市场价值的情况。此外，审计师将缺乏评价市场价值估计额的依据，检察官也会面临同样的困境。

采用市值会计的成本和负担是相当可观的。其成本包括：收集和分析每一组资产、负债和表外承诺的现金流数据；估计金融工具适用的折现率；审计和监管审查中验证市场价值的估计额。会计准则要使成本和负担尽量小，对于小型金融机构来说尤其如此。

特别要指出的是，不采用市值会计，也同样能够有效地减少会计计量和经济计量对财务状况和业绩的计量差异。例如，在信贷问题导致经济价值下跌时，贷款损失准备能够反映利润和资本所受到的影响。

联储强烈建议全面研究市值会计的潜在问题并予以妥善解决，如此，方可谈论推广事宜，否则，它很可能招致责骂。

艾伦·格林斯潘

1990 年 11 月 1 日

美国联邦财政部长尼古拉斯·F. 布雷迪（Nicholas F. Brady）1992 年 3 月 24 日致信财务会计准则委员会主席贝雷斯福德，认为布里登所提议的会计规则"可能对银行授信和金融系统的稳定具有严重的、不可预料的影响"，他强烈要求财务会计准则委员会不要采用那样的规则。

《美国银行家协会会刊》（*ABA Banking Journal*）干脆刊出了一篇题为《糟糕的主意：不应登场》的文章讽刺美国证监会所提议的盯市会计。该文的配图指出，盯市会计的提出，就像是"一个人想要装上设计精美的翅膀去飞翔"一样（见图 9-7）。

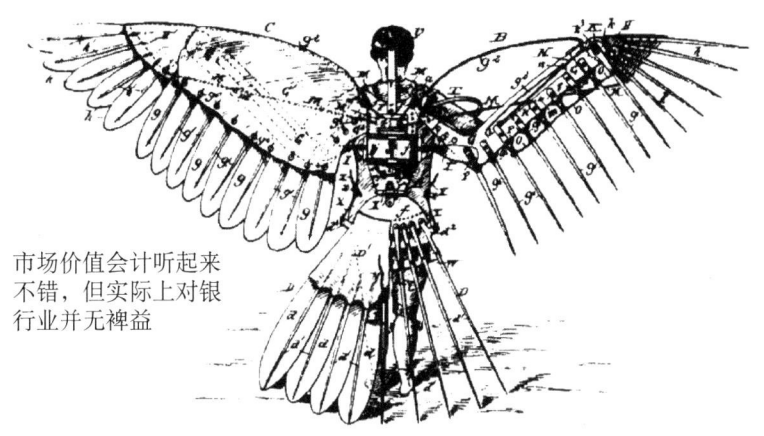

市场价值会计听起来不错，但实际上对银行业并无裨益

图 9-7　美国银行家协会讽刺美国证监会提议的盯市会计规则

资料来源：American Bankers Association, "Bad Ideas: Whose Time Should not Come," *ABA Banking Journal*, 1991, 83(2): 37-41.

4. 舒茨与布里登联袂推行公允价值会计[1]

布里登不是一个人在战斗——舒茨成了他的亲密战友。舒茨 1976 年离开财务会计准则委员会后，回到了毕马威会计公司。在储贷协会危机愈演愈烈之际，身为毕马威会计公司高级合伙人的舒茨对之有切身体会。毕马威会计公司对美国的储贷协会的业务相当了解，其审计的储贷协会客户约占全美储贷协会的 45%，是业内领先者。1983 年 2 月，舒茨在毕马威会计公司内部通讯中起草了一份内部备忘录，要求客户不得在资产售出并收到款项前确认 ADC 贷款（房地产开发贷款）的收入。此举震惊了金融界，但毕马威会计公司坚持原定立场。随后，舒茨与美国证监会、美国注册会计师协会频频沟通并到处巡回演讲，在金融和证券行业大力推广其尘封已久的盯市会计理念。舒茨在家中加装了电话专线，没日没夜地接听各种关于 ADC 贷款的求助电话。两三年后，美国注册会计师协会、美国证监会等机构都采信了舒茨的立场。

---

1 Walter P. Schuetze, *Mark-to-Market Accounting: "True North" in Financial Reporting* (London and New York: Routledge, Taylor & Francis Group, 2002), pp. 20-31.

1990 年 11 月底，美国证监会首席会计师埃德蒙·库尔森宣布即将离职，拟加入安永会计公司位于纽约的全美总部担任合伙人。库尔森坦诚地对记者说，他要供两个儿子上大学，而他的年薪仅有 8 万美元，财力吃紧。再说，他已经 45 岁，再不跳槽就来不及了。

1991 年 1 月初，库尔森卸任美国证监会首席会计师职务。据报道，大约有 20 位竞争者申请填补该空缺，但没有令布里登满意的人选。布里登任命乔治·H. 迪亚康特（George H. Diacont）为美国证监会临时总会计师。布里登继续搜选合适人选。他深感知音难遇，良将难求。他要找的是一位兼具孔子之智慧、超人之勇气、匈奴王阿提拉之骁勇善战的首席会计师（a mix of "Confucius, Superman and Attila the Hun"），只有这样的首席会计师才能帮他把市值会计推广开来。

同年 11 月 15 日，布里登在美国证监会的华盛顿总部召开专题会议，主题为"财务报告的相关性：迈向市场价值会计"，这是美国证监会首次举办会计准则专题会议。会议探讨了历史成本会计的不足，提出了以市场价值会计改善财务报告的建议。布里登将会计界所崇尚的历史成本会计称作"很久以前的"会计（"once upon a time" accounting），这位律师决意按照他的证券监管思路来指导公认会计原则的"改革"。[1]

公允价值会计的忠实信徒舒茨，就是在这样的背景下申请了证监会的首席会计师职位。1991 年 12 月，布里登面试舒茨，之后任命他为首席会计师。布里登顿时感到，他们两位的观点惊人的相似，至少对于债券组合的会计处理来说是这样的。

1992 年 1 月，舒茨走马上任，开始持续地跟证监会其他 4 位委员讨论盯市会计。舒茨认为，盯市会计问题已经在学术期刊上进行了足够长时间的测

---

1 Cathy Cole, "Moving toward Market Value Accounting," *Journal of Corporate Accounting & Finance*, 1992, 3(3): 365-368.

试，现在需要在实践的熔炉中进行试验了。证监会的委员们都曾耳闻目睹过身边的争论，因此，他们都对舒茨的立场表示认可。舒茨开始鞍前马后地帮布里登劝说银行业、储贷协会、保险业按照市场价值记录债券投资组合，并推动财务会计准则委员会公布采用盯市会计规则的准则。但是，证监会五位委员的认可并不代表着会计专业人士的认可，首席会计师办公室的会计专业人士几乎无人支持舒茨的盯市会计建议。[1] 舒茨也深知历史成本会计是会计师们"吃奶的时候就接受了的理念"，他也不知道该怎么说服会计师们接受他那彻底的公允价值理念，所以他没有办法全面推广公允价值理念。这时，布里登也不准备把盯市会计推广到证券投资之外的资产项目，因为光是推广证券投资的盯市会计规则就够他忙得焦头烂额了。于是，布里登和舒茨开始顶着银行业的强大压力推行证券投资的盯市会计规则。

财务会计准则委员会不得不在布里登所代表的证券监管机构和格林斯潘所代表的银行业监管机构之间进行调和，它于 1992 年 9 月公布的财务会计准则公告第 115 号的征求意见稿和 1993 年 5 月公布的《财务会计准则公告第 115 号：特定债券和权益证券的会计处理》所推出的会计规则是一套巧妙的折中方案。管理层可根据其意图，将持有的证券指定为交易性证券（trading securities）或可供出售证券（available-for-sale securities）进行账务处理，前者的处理规则是"以公允价值计量且其变动计入当期损益"，后者的处理规则是"以公允价值计量且其变动计入股东权益"。两者均以公允价值计量，但对利润表的影响不同。这样，既达到了布里登所追求的"盯市"的效果，又安抚了格林斯潘担心利润表波动的顾虑。布里登和舒茨终于趁着储贷协会危机中加强金融监管的舆论浪潮，在财务报表的证券投资项目中成功地推行了其

---

1 出现这种情况是情有可原的。美国证监会主席从来都是由历届新任总统任命的，其余四位委员通常一年换一位。自美国证监会 1934 年成立以来，五位委员中鲜有具备会计实践背景者。他们关注信息披露问题胜过关注会计记录问题。

盯市会计理念。

这种任由企业管理层依照其意图选择适用会计规则的会计准则制定思路，便是我国业界一些论著所称的代表国际先进水平的"管理层意图导向"（management intention approach）。财务会计准则公告第 115 号于 1993 年 5 月以 5∶2 的投票结果得以通过。这份会计准则自 1986 年开始酝酿至 1993 年最终公布，其间大大小小共发生了 111 个事件，财务会计准则委员会为之花费了 11 000 个人工时，美联储、美国国会参众两院、联邦财政部、美国证监会等均卷入其中。[1]联邦政府机构的干预使得该准则的制定充满了政治色彩。[2]该准则的实施指南直到 1995 年才得以公布。这份准则为公允价值会计理念的推广开辟了道路。从此，公允价值会计成为会计准则的主旋律。[3]与之相关的理论学说是资产负债观。

1993 年，美国总统克林顿任命阿瑟·莱维特为证监会主席，布里登结束了其证券监管的职业，再次投身于金融律师的职业。舒茨则在首席会计师任上一直干到 1995 年 3 月退休，1997 年被返聘回到证监会为证券行业发挥余热，任证监会执行部的首席会计师，2000—2002 年担任该部门的顾问，这位盯市会计的倡导者在其职业生涯中将其影响力发挥得淋漓尽致。

 专栏 9-20

沃尔特·P. 舒茨

沃尔特·P. 舒茨（Walter P. Schuetze，1932—2017），公允价值会计的坚定支持者。毕马威会计公司合伙人，先后出任财务会计准则委员会委员

---

1 L. Todd Johnson, Robert L. Swieringa, "Anatomy of An Agenda Decision: Statement No.115," *Accounting Horizons*, 1996, 10(2): 149-180.

2 Cheri Reither, "How the FASB Approaches a Standard-Setting Issue," *Accounting Horizons*, 1997, 11(4): 91-104.

3 Stephen A. Zeff, "The Evolution of the Conceptual Framework for Business Enterprises in the United States," *The Accounting Historians Journal*, 1999, 26(2): 89-131.

和美国证监会首席会计师等职务。

舒茨 1932 年出生于美国田纳西州中南部的一个农场，是德国人后裔。他先学的是德语，其后是英语。幼年时家里很穷，家中的收入只够买基本必需品。1951 年朝鲜战争期间舒茨参加美国空军，担任俄语专家。1955 年退役后进入得克萨斯大学奥斯汀分校学习。约翰·A. 怀特给他上的第一次会计学课程照亮了他的一生。1957 年获得学士学位后，舒茨进入伊顿－赫德尔（Eaton & Huddle）会计公司（后来并入毕马威会计公司）工作，1965 年成为合伙人。1973 年被财务会计准则委员会创始主席马歇尔·S. 阿姆斯特朗招募为财务会计准则委员会首届 7 位委员之一，直至 1976 年回到毕马威会计公司。

20 世纪 80 年代中期，舒茨在美国注册会计师协会兼职担任该协会下设的会计准则执行委员会（AcSEC）主席。1992 年，舒茨被任命为美国证监会首席会计师，1995 年退休。1997 年他又被返聘为美国证监会执行部首席会计师，2000—2002 年担任该部门顾问。公允价值是这位著名会计学家关于财务报告的相关性和完整性的见解中的核心思想。他倡导基于市场价值的财务报告，主张推行尽量简单而纯粹的公允价值会计，从而避免管理层对财务报告的干预。2004 年他与皮特·W. 沃尼泽（Peter W. Wolnizer）合著论文集《盯市会计：财务会计的发展方向》（*Mark-to-Market Accounting: "True North" in Financial Reporting*）。

舒茨在一次专访中介绍了他推行公允价值会计的前因后果。公允价值会计是经过缜密论证的理论结晶吗？它是国际社会公认的先进会计规则吗？真相令人感慨万千。

专栏 9-21

事在人为——舒茨的颠覆性会计理念及其实现

一、初入注册会计师行业

我到毕马威（KPMG）工作的时候，当时公司约有 100 名负责按照美国证监会标准审核财务报告的合伙人。我们在专业实务部的任务之一是为他们跟踪美国证监会的最新动态。我在那里干了大约 7 年。那时我跟约翰·皮普尔斯（John Peoples）的继任者乔·卡明斯（Joe Cummings）一起参与了会计原则委员会的工作。卡明斯忙不过来，就让我帮助他处理会计原则委员会方面的事务。我作为他的技术顾问跟他一起参加会计原则委员会的会议，那时会计原则委员会有 21 位委员，其中的 7～9 名委员配有技术顾问。我跟着卡明斯干了 5 年，参与论证过会计原则委员会意见书第 9～18 号。1970 年夏天，卡明斯建议我到实务岗位上积累与客户面对面交流的经验，于是我就到了 KPMG 洛杉矶公司，接触了一大堆客户。

二、很受伤：在财务会计准则委员会的日子里

1972 年 11 月的一天（我当时在 KPMG 洛杉矶公司供职），我在打高尔夫时接到了拉尔夫·肯特（Ralph Kent）的电话，他当时是财务会计基金会的主席。他邀请我担任财务会计准则委员会的首届委员。财务会计准则委员会是根据美国证监会前委员维特领导的研究组的建议而成立的。

维特是美国西部一家律师事务所（名字一时记不起来了）的合伙人。该研究组是美国注册会计师协会在 1970 年或 1971 年下半年成立的，旨在研究会计准则的最佳制定模式。美国注册会计师旗下的会计原则委员会当时不被投资界和企业界看好。于是，美国注册会计师协会设立了两个研究组：一个是由德勤公司高级合伙人罗伯特·特鲁布拉德率领的，负责研究财务会计概念；另一个是由维特率领的，负责研究会计准则的最佳制定

模式。维特研究组提出组建财务会计基金会，其任务有两个：一是为准则的制定提供资金支持；二是负责挑选财务会计准则委员会的委员。以拉尔夫·肯特为首的财务会计基金会负责挑选财务会计准则委员会的首届委员。财务会计准则委员会的首届主席是原会计原则委员会的主席马歇尔·阿姆斯特朗，我是该委员会的 7 位委员之一。阿姆斯特朗告诉拉尔夫·肯特（此二位在采访时皆已故去），说我熟知所有的财务会计准则，是财务会计准则委员会的理想人选。这是肯特打电话邀请我的原因。

于是，1973 年 3—4 月份，财务会计准则委员会就正式开张了。我们花了两三个月才做出来第一份日程规划。那时各位委员手下几乎没有什么员工，但均配有技术顾问，我聘任詹姆斯·麦克尼尔（James McNeal）担任我的技术顾问，他是来自福特汉姆大学的教授。阿姆斯特朗主席从美国注册会计师协会聘来的 J. T. 鲍尔（J. T. Ball）算是我们的首个技术职员。他和保罗·派克特（Paul Pacter）都是从美国注册会计师协会过来的。由于手下没有员工，所以每一位委员都不得不事必躬亲、身体力行。我负责的是或有事项，后来作为财务会计准则公告第 5 号予以公布。麦克尼尔和我共同负责准备讨论备忘录、起草征求意见稿和最终定稿。准则公布时，鲍尔也贡献颇多。财务会计准则委员会委员唐纳德·J.柯克（原稿为 Don Kirk）负责外币折算项目；罗伯特·T. 斯普劳斯负责研究开发支出的会计准则；阿瑟·L. 利特克负责分部报告准则；约翰·W. 奎南负责重要性准则，他是哈斯金斯－赛尔斯会计公司（Haskins & Sells）的高级合伙人（总经理）；阿姆斯特朗负责监理以上项目。

我 1976 年离开了财务会计准则委员会，原因是我毕生坚定地支持盯市会计。财务会计准则委员会初建之时，我虽然知道盯市会计不可能立刻推广，但仍然寄望于它，希望它能逐步允许资产和负债采用盯市会计规则。我跟财务会计准则委员会的首次冲突来自《财务会计准则公告第12号：有价证券的会计处理》。7位委员中，斯普劳斯、利特克和我主张采用盯市会计。但是，当时的准则制定程序要求每份准则有5位委员同意方可通过，阿姆斯特朗和奎南又都不愿意让步。我最后只得闭嘴，对最后通过的财务会计准则公告第12号不发表任何反对意见。该准则最终没有采用盯市会计，而是要求在组合的基础上采用成本与市价孰低法。

这一经历让我很受伤，我意识到财务会计准则委员会在很长时间内都不可能推广盯市会计，因为委员会里有4位委员坚定地支持历史成本会计。只要大多数委员以历史成本会计为先入之见，就很难看到盯市会计有出头之日。所以我决定回到公共会计师行业。1976年6月，我回到了纽约的KPMG专业实务部。

三、得遂所愿：在美国证监会担任首席会计师的日子

老布什当选美国总统后，任命理查德·C.布里登为美国证监会主席，是在1988—1989年。布里登在着手处理储贷协会危机时提出，储贷协会危机是由会计处理方法的缺陷所导致的。他代表美国证监会在国会发表观点，拟要求公众公司一律按照公允价值计量其证券投资。听证会是在1990年秋天举行的。大约与此同时，美国证监会首席会计师库尔森离职加入了安永会计公司的纽约公司，该职位暂时空缺。1991年11月，我申请了该职位。布里登面试我时，一定会感到我们关于盯市会计的看法惊人的一致，至少对于债券组合的会计处理来说是这样的。

布里登1992年1月任命我担任美国证监会首席会计师。我作为首席会计师首次露面时，布里登和其他证监会委员们的立场是一致的，我们共同推动银行、储贷协会采用盯市会计。布里登不准备涉足其他资产，因为我们光是对付债券投资组合就忙得焦头烂额了，根本无暇把公允价值推广

到更多的资产项目。

我开始推动银行业、储贷协会、保险业按市价计量其债券投资组合，并着手推动财务会计准则委员会公布盯市会计的准则。我身体力行地贯彻美国证监会的盯市会计规则，持续地跟其他委员讨论盯市会计，因为他们也老是听到银行业集体的或者个别的抱怨。所有的证监会委员实际上都耳闻目睹了身边的争论。我赶场般地出席一场又一场银行家大会，他们一定对我烦透了。他们并不愿意把债券投资组合改用盯市会计，他们还想继续使用资产减值准备来操纵利润。我的方法让他们的灵活性受到限制。他们对布里登也很反感。

后来，在参议院银行、住房及城市事务委员会关于安然事件的听证会上，我清楚地表明我不同意财务会计准则委员会的做法，不同意它关于资产的定义。你要是读过财务会计概念公告第 6 号，你就会知道它在第一段用了 50 ～ 60 个字来描述资产，加上后面还有 3 ～ 4 个段落的共计 600 个字，来给资产下定义。我读到这些句子后，还是不知道究竟什么是资产。会计师们之所以一直在绕圈圈而抓不住问题的核心，是因为我们无法就资产的定义取得一致意见。我对资产的定义很简单：现金，对现金的要求权，所有我拥有并能够变卖从而换取现金的物件。

所以，我们在 20 世纪 90 年代初并没有立即推动公允价值理念，首席会计师办公室的职员几乎无人支持我的盯市会计理念。历史成本会计是会计师们吃奶时就接受了的理念，我不知道该怎么教育会计师们接受公允价值理念。

克林顿总统上任后，布里登离开了证监会。克林顿任命莱维特为证监会主席，那时股票期权是个广受关注的问题，所以莱维特和我花了很多时间讨论股票期权。除此以外，我无法让他和证监会其他委员关注别的任何问题，证监会全部是围绕股票期权的问题打转。所以我1995年就离开了证监会。

四、盯市会计是灵丹妙药

财务会计准则委员会的《财务会计准则公告第5号：或有事项的会计处理》看起来、听起来都不错，但根本没法用。是的，它体现了美国证监会职员、财务会计准则委员会、国际会计准则理事会所提倡的原则导向，但是在实践中却是无法推广应用的。如果你去看看银行怎么确认和计量贷款损失、保险公司如何设立损失准备、公众公司如何进行收益平滑、公众公司如何确认或有赔付损失，你就知道实务有多么混乱。这种情况遍地都是。我已经这么说了很长时间，我知道怎么解决这个问题，那就是把所有的东西都盯到市价，让外部评估专家对资产和负债的市场价格给出意见，把这些意见列入美国证监会的存档文件之中。

我在得克萨斯大学读书时就思考过盯市会计问题。那时的会计教授们从来没有提到过盯市会计。当我开始在会计公司工作时，年轻人在午餐时间会讨论各种会计问题。我是盯市会计的策动者。在两家石油天然气公司购并案中，我对盯市会计产生了强烈的兴趣。我想到，这家公司的业主远在荷兰，他们不在乎这些历史成本数据，他们关心的是价值、石油天然气储量的价值，而我在黄色的工作底稿上堆积的却是大量的历史成本数据。我清楚地认识到，历史成本会计对投资者的相关性十分微弱。历史成本数字唯一的相关性是充当资产的计税基础，而荷兰的业主感兴趣的是储量和价值。直到2006年的今天，我依然深信，历史成本的相关性十分、十分的小。盯市会计对于股东和投资者获取充分的信息来说，是绝对必要的。路在何方？注册金融分析师协会2005年公布了一份文件，建议财务会计准则委员会和国际会计准则理事会以盯市会计取代历史成本会计。我认为注册金融分析师协会的建议是对的。

我在 KPMG 供职时也很受伤。我对客户说不要操纵盈余，客户就径直跑到我们公司董事会说，"让沃尔特滚开，快让他滚开"。盈余管理在 1975 年前后日渐猖獗。现在会计准则允许存在可疑的会计（doubtful accounting），生产中的存货的公允价值、预计负债，等等，管理层都可以操纵。财务报表中的很多数字都在管理层的控制之中，审计师很难对他们说不。我认为，审计师应该审计那些可以验证的东西，比如现金、应收账款、应付账款的余额——这些数字不受主观判断的影响。审计师应当审计那些可以客观地界定的项目。对于无法客观地界定、只能主观评价的项目，应当由外部估价师进行评估，他们的评估意见应当单独列为向证监会备案的资料。这样你就可以看到证券发行的登记者提交的两套报告：一套是审计师提供的，他可以说他已经审计了财务报表中可以客观验证的东西，如现金、应收账款、应付账款、应付债券以及已结清的赔付支出等；另一套是外部评估师所提供的，比如美林证券对应收款项的估价、房地产估价师对不动产的估价、地质专家对石油天然气储备等的估价，这些估价仅仅是参考意见，而不进入会计报表。如此，可以让报表使用者决定使用哪些信息。

我已经是 73 岁的古稀老人了，我想今生有望看到美国的公众公司披露资产和负债的公允价值信息。如果我们可以用公允价值计量资产和负债，那么财务会计准则委员会和国际会计准则理事会可能要解散——我们不再需要它们。

资料来源：SEC Historical Society, Interview with Walter Schuetze, conducted on February 14, 2006, by Robert Colson.

舒茨之所以钟情于公允价值会计，有一个很重要的原因就是他看到太多利用历史成本会计和资产减值会计组合来进行财务操纵的案例，如果采用了公允价值会计，那些道貌岸然的技法便会无所遁形。他在美国证监会供职期间发现，各种准备金项目已经到了为所欲为的地步，普通准备、应急准备、雨天准备、甜饼罐准备，越来越时尚。[1]

舒茨的上述观点有一定道理，对公允价值信息的诉求可以通过公允价值披露的办法来解决，而不必引入公允价值会计。

透过舒茨坦率的评论，不难看出，公允价值会计是行政机关推动的新规则。会计规则的形成并没有什么历史的必然性，恰恰相反，它是由一系列偶然因素促成的：早在 1975 年，财务会计准则委员会委员舒茨就曾试图推广公允价值会计，但未获得多数委员的支持；1990 年布里登亲手推动公允价值会计时，舒茨恰是美国证监会首席会计师；金融监管机构各管一亩三分地，"在谁的地盘上就要听谁的"，公认会计原则必须贯彻美国证监会的行政意志，不管反对者的意见是多么有道理。

1998 年公布的《财务会计准则公告第 133 号：衍生工具和套期活动的会计处理》第 223 段提出，"财务会计准则委员会认为，对于衍生工具来说，公允价值是唯一满足相关性要求的会计计量属性[2]……因为衍生工具一般可以在任何时候以公允价值售出"。

在资产负债观的指引下，公允价值会计逐步推广到商誉、交易性金融资产、可供出售金融资产、衍生工具、交易性金融负债[3]等报表项目，满足规定条件的投资性房地产、生物资产等报表项目可以选择采用公允价值计量模式。不仅如此，2006 年公布的《财务会计准则公告第 155 号：某些混合金融工具

1 G. J. Previts, H. M. Roybark and E. N. Coffman, "Keeping Watch! Recounting Twenty-five Years of the Office of Chief Accountant, U.S. Securities and Exchange Commission,1976-2001," *Abacus*, 2003, 39(2): 147-185.

2 原文为："The Board believes fair value is the only relevant measurement attribute for derivatives."

3 交易性金融负债的公允价值会计规则暴露了公允价值会计的一个明显的逻辑错误：如果一家公司因信誉下降而导致其负债（如债券）的公允价值下跌，那么该公司将会以记录一项利得的形式记载更高的利润。这显然有悖常理。

的会计处理——修订 FASB 第 133、140 号准则公告》《财务会计准则公告第
156 号：金融资产服务的会计处理——修订 FASB 第 140 号准则公告》都允许
采用公允价值选择权，即对某些资产或负债选择采用公允价值计量模式。2007 年
公布的《财务会计准则公告第 159 号：金融资产和金融负债的公允价值选择
权——包含修订 FASB 第 115 号准则公告》进一步扩大了公允价值选择权。

美国次贷危机期间，盯市会计的顺周期效应被广泛认知。国际社会对公
允价值会计的强烈谴责给迷信域外规则的人们泼了一盆凉水。在我国，葛家
澍先生率先对公允价值会计进行了全面反思，其 2009—2013 年的系列论点引
人深思。

公允价值信息披露理念是针对储贷协会危机的一个合理反应，它原本是
证券监管当局为了提高金融监管信息的及时性而提出的金融信息报告理念。
监管当局需要尽早知道金融机构所面临的偿付危机和金融风险，这是金融监
管的关键，因此，财务报告应当尽可能满足其要求。但是，监管机构却不恰
当地把盯市会计规则楔入了历史成本会计规则，导致财务报表非但未能贯彻
公允价值信息披露理念，还对历史成本会计造成了损害。之所以出现将盯市
会计楔入传统会计的现象，主要有两个方面的原因：一方面金融投资机构及
金融监管机构作为盯市会计的主要倡导者，他们忽视了传统会计的价值。金
融投资机构一再向财务会计准则委员会表示，金融资产和金融负债的公允价
值对于它们的决策比历史成本更为相关。一个典型的例子是，注册金融分析
师协会 2005 年甚至致信美国证监会和财务会计准则委员会，提议用公允价
值会计取代历史成本会计。另一方面会计准则的制定者出于自身利益的考虑，
宁愿把会计规则搞得越来越繁杂而不是清晰地同时列报现行市价和历史成本
信息。如果社会公众认识到在资产和负债的历史成本会计信息之外单列公允
价值信息更为可行，那么美国的财务会计准则委员会乃至国际会计准则理事
会很可能都要解散。

（十五）长期资产减值规则的出台（1995 年 3 月的财务会计准则公告第 121 号）

1995 年 3 月，《财务会计准则公告第 121 号：长期资产减值和待售长期资产的会计处理》规定，若有环境变化或事项表明企业持有自用的长期资产（long-lived assets）或某些可辨认的无形资产的账面价值难以收回，则应复核其可回收性（recoverability），以判断是否减值。会计主体应当估计使用和处置该资产的预期未来现金流量，若该资产的预期未来现金流量合计数（不折现、不考虑利息）小于其账面价值，则该资产即被认为是不可收回的，应记录减值损失；反之，该资产即被认为是可收回的，不应记录减值损失。减值损失的计量应当以该资产的公允价值为基础，以账面价值超过公允价值的差额来计量。公允价值是指资产在活跃市场中的公开报价，对于没有活跃市场报价的长期资产，可以用现金流量折现、期权定价模型、基本面分析等估值方法来确定其公允价值。资产减值损失一旦确认，在以后期间不得转回。

该准则以 5∶2 的投票结果获得通过。反对者认为，公允价值的提法不妥，因为资产本身仍在使用过程之中，在企业内部根本不存在资产交换这回事，这种规则是对以交易为基础的历史成本会计的背离。反对者提出，由于很难找到长期资产的活跃市场报价，准则所提出的各种估值方法主观性过大，因此，长期资产的减值基本上全部是估算的，很不靠谱。

值得注意的是，该准则本身并不提倡采用未来现金流量现值。这份准则的制定者认为，由于折现率的确定是很困难的，主观性过大，因此，该准则不采用折现算法。作为对比，《国际会计准则第 36 号：资产减值》格外推崇现值算法。这是"国际会计惯例并不存在"的例证之一。我国个别学者往往按需举证，主张现值算法时就拿国际会计准则说事，反对现值算法时就拿公认会计原则说事，那种唯域外规则马首是瞻的做法有失妥当。

综观资产减值会计的各项规则（见表9-7），它们是由美国注册会计师协会和财务会计准则委员会这两个机构七拼八凑而成的，不存在统一的理论依据和规则体系。作为对比，我国学术界一些人对域外学说的顶礼膜拜态度值得反思。

表 9-7　　　　　　　　　　　　公认会计原则中主要的资产减值会计规则

公布日期	公认会计原则的文件名称	核心内容
1941 年 2 月	会计研究公报第 8 号：利润与盈余公积的合并列报 ARB 8: Combined Statement of Income and Earned Surplus	表达了支持企业以预计损失或代价冲减当期利润的倾向
1942 年 1 月	会计研究公报第 13 号：战事期间的特殊储备的会计处理 ARB 13: Accounting for Special Reserves Arising Out of the War	允许以预计损失或代价冲减当期利润
1946 年 10 月	会计研究公报第 26 号：使用特殊战争储备的会计处理 ARB 26: Accounting for the Use of Special War Reserves	允许以预计损失或代价冲减当期利润
1947 年 7 月	会计研究公报第 28 号：一般准备金的会计处理 ARB 28: Accounting Treatment of General Purpose Contingency Reserves	计提一般准备金应当调整资本公积，不应冲减当期利润
1947 年 7 月	会计研究公报第 29 号：存货计价 ARB 29: Inventory Pricing	存货计价采用成本与市价孰低法，调整额冲减当期利润
1947 年 8 月	会计研究公报第 30 号：流动资产和流动负债：营运资本 ARB 30: Current Assets and Current Liabilities: Working Capital	有价证券采用成本与市价孰低法，调整额冲减当期利润
1947 年 10 月	会计研究公报第 31 号：存货的准备金 ARB 31: Inventory Reserves	同会计研究公报第 29 号
1953 年 6 月	会计研究公报第 43 号：会计研究公报重述与修订 ARB 43: Restatement and Revision of Accounting Research Bulletins	第 3 章第 A 节、第 4 章分别同会计研究公报第 30 号、第 29 号

续表

公布日期	公认会计原则的文件名称	核心内容
1971 年 3 月	会计原则委员会意见书第 18 号：普通股投资的权益法 APB Opinion No.18: The Equity Method of Accounting for Investments in Common Stock	记录投资价值的非暂时性下跌，冲减当期利润
1975 年 3 月	财务会计准则公告第 5 号：或有事项的会计处理 SFAS No.5: Accounting for Contingencies	要求确认预计负债
1975 年 12 月	财务会计准则公告第 12 号：有价证券的会计处理 SFAS No.12: Accounting for Certain Marketable Securities	短期投资的成本与市价孰低法
1993 年 5 月	财务会计准则公告第 114 号：债权人对贷款减值的会计处理——修订 FASB 第 5、15 号准则公告 SFAS No.114: Accounting by Creditors for Impairment of a Loan—An Amendment of FASB Statements No. 5 and 15	要求按照贷款的账面价值与未来现金流量现值之差记录贷款减值准备
1995 年 3 月	财务会计准则公告第 121 号：长期资产减值和待售长期资产的会计处理 SFAS No.121: Accounting for the Impairment of Long-Lived Assets and for Long-Lived Assets to Be Disposed Of	若存在减值，要求按照账面价值与公允价值之差记录资产减值损失
2001 年 8 月	财务会计准则公告第 144 号：长期资产减值及处置的会计处理 SFAS No.144: Accounting for the Impairment or Disposal of Long-Lived Assets	记录长期资产减值损失

　　追溯公认会计原则的演进历程可以发现，现行资产减值会计规则是会计规则制定者的各种权宜之计的大杂烩。

（十六）股票期权会计规则之争（1993—2004）

　　阿瑟·莱维特在 1993—2001 年美国大牛市的鼎盛时期出任美国证监会主席。1994 年，美国国会的多数派发生变化，随后进行了旨在放松监管的立法，金融工具不断推陈出新。在克林顿执政的相当长一段时期，只有两三名美国证监会委员真正在上班。1995 年夏，新的立法重新明确了美国证监会的职能，保持美国证监会的预算 5 年不变，同时将美国证监会委员从 5 人减为 3 人。

1993 年 6 月，财务会计准则委员会提议采用估值模型计算期权价值，并公布了准则征求意见稿。此举引发了证券市场上的激烈争论，企业界强烈反对，美国国会也直接干预。反对将期权费用化的势力为了阻挠财务会计准则委员会出台费用化规则，不惜花费 7 000 万美元进行游说。[1] 在国会的压力下，时任美国证监会主席阿瑟·莱维特不得不敦促财务会计准则委员会撤回其方案，他的忠告是"明哲保身"。1994 年末，财务会计准则委员会放弃了要求公众公司将股票期权列作费用、冲减当期利润的立场。

1995 年 10 月，财务会计准则委员会公布《财务会计准则公告第 123 号：基于股票的薪酬的会计处理》[2]。该公告提及，围绕股票期权会计处理方法的争议如此之大，以至于威胁到了准则制定者的生存（财务会计准则公告第 123 号第 60 段）。该委员会只得改为鼓励但不要求公众公司在授予日按照公允价值计算股票期权的薪酬代价，并在服务期限中确认为各期费用。企业也可继续按照会计原则委员会意见书第 25 号，在附注中披露期权的内在价值（财务会计准则公告第 123 号第 61 段），内在价值是标的股票的公允价值超过行权价格的金额。该公告心有不甘地说，该委员会之所以作出让步，只不过是为了安抚过大的分歧，但披露并不能完全替代在财务报表中的确认。

实践证明，几乎没有公司选择财务会计准则公告第 123 号鼓励采用的基于公允价值的方法。

安然事件之后，美国国内舆论再度聚焦于股票期权问题，风向大变。

1　Warren McGregor, "Ten Years of IFRS: Reflections and Expectations," *Australian Accounting Review*, 2012, 22(3): 225-238.

2　［美］乔尔·塞里格曼：《华尔街的变迁：证券交易委员会及现代公司融资制度演进》（第 3 版），徐雅萍等译，中国财政经济出版社，2009，第 585—672 页。

2002 年 5 月，美联储主席艾伦·格林斯潘发表演讲，公开主张应当在会计报表中将股票期权记录为费用。但思科等高科技公司、生物技术公司和风险投资公司等继续抵制这一主张，它们指出，强制性费用化的处理规则会误导投资者，不准确的信息会使企业的财务状况出现偏差。11 月，国际会计准则理事会公布股份支付准则征求意见稿。

2003 年 1 月，美国国会一批参议员联名致函财务会计准则委员会，提出"及时、准确和有意义的披露，比强制性的费用化处理要好得多"。一批众议员也联名致函，提出 Black-Scholes 估值模型需要使用公司猜测的参数，相同的模型可能产生截然不同的结果，高度主观的数字是不可靠、无意义的，对投资者毫无用处。3 月，参众两院提出了法律草案，试图阻止出台股票期权费用化的会计规则。同月，财务会计准则委员会仍然决定立项制定股票期权会计准则。

2004 年 2 月，国际会计准则理事会公布《国际财务报告准则第 2 号：股份支付》。3 月 31 日，财务会计准则委员会拿出了与国际会计准则一致的征求意见稿。但以硅谷高科技公司为代表的公司纷纷到国会游说予以阻挠。7 月，众议院以 312∶111 的投票通过了《股票期权会计改革法案》（Stock Option Accounting Reform Act）。沃伦·巴菲特（Warren Buffett）撰文直指该法案条款荒谬。9 月，法案进入参议院银行委员会审议。由于参议院银行委员会主席理查德·谢尔比（Richard Shelby）、资深参议员保罗·萨班斯（Paul Sarbanes）等众多参议员力挺财务会计准则委员会，因此参议院未对该法案采取进一步行动。[1]12 月，《财务会计准则公告第 123 号：股份支付》（修订）公布，要求公众公司把按照规定程序计算的股票期权的代价列为当期费用。

围绕股票期权的旷日持久的争论，是证券监管当局将会计信息与股价表

---

1 Robert H. Herz, *More Accounting Changes: Financial Reporting through the Age of Crisis and Globalization* (Bingley: Emerald Group Publishing Limited, 2016), pp. 107-108.

现直接联系起来的思维困顿的典型表现之一。是的，把股票期权的潜在影响提前纳入利润表，这么做可能会产生提示风险的效果，但是，这种思维定式岂不是仍然把会计信息与股价表现直接联系起来了？

股票期权激励计划对于现金流不太稳定的企业（特别是高科技企业）来说，可算是一种颇为有效的激励制度，其中多少有点迫于无奈的意思。但这种激励制度不见得就适合向所有公司推广，原因在于：股票期权激励制度隐含着一个耐人寻味的逻辑冲突，即如果授权对象（即股权激励对象）真的对自己、对该公司的未来有信心，他们就应该自己掏钱把股票买下来，而不是仅仅在有利的情形下行权。如果授权对象未达到行权条件，那么他们岂不是什么代价都没有？在股票期权激励制度下，社会公众不知道公司高管实际上领取了多少报酬，这意味着，没有人知道那些 CEO 的真实报酬是多少，没有人知道公司的盈利（或亏损）究竟是多少。可见，股票期权这么一种激励制度被大肆推广，其所造成的信息扭曲，是难以通过会计信息披露的方式来消除的。

 专栏 9-22

股票期权的会计处理规则之演变

1972 年，会计原则委员会公布的《会计原则委员会意见书第 25 号：向职工发行的股票的会计处理》（APB Opinion No. 25: Accounting for Stocks Issued to Employees）要求公众公司对股票期权按照其内在价值（intrinsic value）进行计量。该意见书所称的内在价值，其实是指股票公允价值高于行权价的金额。如此计算的结果，使得公众公司所记载的薪酬代价金额很小，有时甚至根本不用记载股票期权的薪酬代价。

1984 年，财务会计准则委员会着手修改会计原则委员会意见书第 25 号。随后数年，该委员会试图引入期权定价模型来计量股票期权的公允价值，但所得到的反馈大多是反对意见。面对反对之声，该委员会组成了由会计师、薪酬顾问、产业界和学术界代表的工作组，着手起草新规则。1993 年 6 月，该委员会公布征求意见稿《基于股票的薪酬的会计处理》（Accounting for Stock-Based Compensation），提议公众公司按照授予日的公允价值计量基于股票的薪酬（即股票期权）。该委员会还与毕马威会计公司一道，对征求意见稿中的新规则进行了实地测试。

这套拟议中的新规则引发了极大争议。财务会计准则委员会共收到 1 786 份评价函，绝大部分都是反对意见。1994 年 3 月，该委员会在加利福尼亚州和康涅狄格州召开了 6 天的听证会，来自 73 个组织的代表们阐述了意见。

硅谷表示强烈反对。反对者们不仅游说美国证监会，而且向克林顿政府和国会要员求助。财政部长劳埃德·本特森（Lloyd Bentsen）和商务部长罗恩·布朗（Ron Brown）写了一封信来公开谴责财务会计准则委员会的提案。这一拟议中的会计规则甚至成为美国国会关注的热门话题。来自康涅狄格州的参议员乔·利伯曼（Joe Lieberman，他在 2000 年成为艾伯特·戈尔的总统竞选搭档）义正词严地对财务会计准则委员会及其提案发动了猛烈抨击。利伯曼执笔撰写了一个决议，该决议迫使财务会计准则委员会让步并且警告说，该委员会提议的会计规则一旦得以公布，将会对美国企业界造成"严重的后果"。该决议以 88∶9 在参议院获得通过。利伯曼启动的立法程序实际上剥夺了财务会计准则委员会的权力。可是，要知道，财务会计准则委员会本身并不是一个政府机构。足见，这是多么吊诡的一件事情。

在 1994 年的美国总统中期选举中，坚决推崇技术创新并反对管制的纽特·金里奇（Newt Gingrich）出任众议院议长。财务会计准则委员会的征求意见稿注定不会被接受。1994 年 12 月，财务会计准则委员会对各方面的反馈信息进行综合权衡，最终决定，鼓励（但不要求）公众公司采用基于公允价值的计量方法对股票期权进行会计处理并做进一步的附注披露。公众公司仍然可以选择适用会计原则委员会意见书第 25 号所规定的方法（在这种情况下，需要披露新规则对公司净收益和每股收益的影响）。

1995 年 10 月，财务会计准则委员会公布《财务会计准则公告第 123号：基于股票的薪酬的会计处理》。

财务会计准则公告第 123 号公布后，越来越多的公众公司采用基于公允价值的计量方法进行会计处理，要求统一会计处理方法的呼声日高。安然事件之后，股票期权的会计处理规则备受关切。2002 年 11 月，国际会计准则理事会公布股份支付准则的征求意见稿。财务会计准则委员会随后立即跟进。2003 年 3 月，该委员会着手重新评估财务会计准则公告第 123号。企业界再度进行政治游说，美国国会再度实施干预。众议院甚至于2004 年 7 月 20 日通过了编号为 H.R.3574 的《股票期权会计改革法案》，该法案所规定的股票期权会计处理规则仅仅是针对公司 CEO 等五位薪酬最高的职员而言的。这实际上会大幅削弱股票期权费用化的信号作用。该法案于 2004 年 9 月 7 日送达参议院的银行业、住房与城乡事务委员会付诸表决，但是，直到第 108 届国会届满，参议院也没有采取进一步的行动。

2004 年 12 月，财务会计准则委员会公布修订后的财务会计准则公告第 123 号，该准则的名称改为《股份支付》（Share-Based Payment），与国际财务报告准则第 2 号的名称相同。该准则要求公众公司采用基于公允价值的计量方法对股票期权进行会计处理，并在利润表中列为一项费用。会计原则委员会意见书第 25 号废止。

资料来源：Financial Accounting Standards Board, Statement of Financial Accounting Standards No. 123 (revised 2004): Share-Based Payment, Appendix C, 2004；约瑟夫·斯蒂格利茨：《喧嚣的九十年代》，张明、何璋译，杨学钰校，中国金融出版社，2004，第 97—101 页。

（十七）打造每股收益计算方法的国际标准（1997 年 2 月的财务会计准则公告第 128 号）

美国注册会计师协会 1969 年公布的《会计原则委员会意见书第 15 号：每股收益》以及 1972 年公布的针对会计原则委员会意见书第 15 号的第 1 ~ 102 号解释，二者均试图对市面上五花八门的每股收益算法进行统一规范，但所给出的算法过于烦琐且理论依据不明。对此，1997 年 2 月公布的财务会计准则公告第 128 号借助于增强与国际会计准则的可比性的机会，对每股收益的算法进行了适当简化，引入了《国际会计准则第 33 号：每股收益》中的基本每股收益、稀释每股收益等概念及算法，取消了基础每股收益的提法。

该准则开宗明义地提出，其目的是简化每股收益的计算，并采用与其他国家和国际会计准则委员会更具有可比性的每股收益计算规则。财务会计准则委员会和国际会计准则委员会把重点放在分母的计算规则上，达成了若干共识。

该准则取消了一些繁文缛节，个别的概念和算法有所变化。例如，在计算基本每股收益时，不再要求考虑把普通股等价物算在分母内。该准则的变化主要体现了金融分析师的意见，毕竟，这份准则与会计没什么关系，而是属于金融分析的范畴。

（十八）报告综合收益（1997 年 6 月的财务会计准则公告第 130 号）

莱维特在担任美国证监会主席期间主要关心的是股票期权和盈余管理问题，盯市会计规则的修修补补基本上全部留给财务会计准则委员会处理。[1]

财务会计准则委员会 1980 年 12 月公布的《财务会计概念公告第 3 号：企业财务报表的要素》提出了综合收益的概念，1984 年 12 月公布的《财务会

---

1 盯市会计显然是盈余管理的又一利器，这是导致莱维特忙于治理"数字游戏"的原因之一。但莱维特本人并未意识到这一点，他在任 8 年一直兢兢业业，致力于用会计准则去制约公众公司日益猖獗的会计造假行为，而没有及时纠正会计规则本身所存在的重大缺陷。

计概念公告第 5 号：企业财务报表中的确认与计量》中建议同时报告净收益和综合收益，但并没有公布关于列报全面收益的具体会计准则。直到 90 年代中期，它才在上述两份概念公告的基础上公布征求意见稿，招来实务界一片反对之声。

面对实务界的强烈反对，财务会计准则委员会 1997 年 6 月公布的《财务会计准则公告第 130 号：报告综合收益》要求公众公司在综合收益表中列报公允价值与历史成本之间的差额等未实现盈亏。该准则允许企业任选一种做法列报"其他综合收益"（other comprehensive income，OCI）：其一是在单独的综合收益表中列报；其二是在利润表中进行补充列报；其三是在股东权益变动表中列报。[1] 该准则以 5∶2 的投票结果予以通过。

该准则提及，"当前，每股收益指标最受投资者欢迎，有些财务报表读者甚至只看这一指标，其他数据一概不看"。该准则试图提高其他综合收益的相关信息的透明度，从而引导财务报表使用者关注净利润和每股收益之外的更多信息（即关注其他综合收益之中的所有项目），而不是仅仅关注净利润和每股收益。

迄今为止，综合收益性质不明，含义诡异，是会计学中的一大悬疑。表面上看，综合收益是净利润与其他综合收益的合称。在公认会计原则下，净利润本身真假莫辨，其他综合收益更是玄妙无比。结合公认会计原则的内容来看，其他综合收益包括可供出售金融资产的市价波动、外币折算差额、对很可能发生的预期交易的套期保值所产生的浮动盈亏等。究其实质，其他综合收益无非是指，企业没有原始凭证也能根据公认会计原则调整其资产和负债数据，这种调整额有的计入了利润表（如资产减值损失、公允价值变动损益等），有的进了资产负债表。对于那些不允许或不愿意计入利润表而计入资

---

1 Stephen A. Zeff, "The Evolution of The Conceptual Framework for Business Enterprises in the United States," *The Accounting Historians Journal*, 1999, 26(2): 89-131.

产负债表的部分，准则一律称做其他综合收益。其他综合收益虽然列在股东权益下，但在法律上仍然无名无分，此类信息当然也就没有法律意义上的证明力。迄今为止，公认会计原则无法给出"何者应当进入利润表，何者应当进入其他综合收益"的区分标准，因此，综合收益的列报仍然是一团乱麻。

（十九）衍生工具会计和套期保值会计（1998 年 6 月的财务会计准则公告第 133 号）

1994—1995 年是金融衍生品的多事之秋。1994 年 9 月，保洁公司起诉名列美国十大银行的信孚银行（Bankers Trust New York Corporation），因为该行在前一年向其兜售金融衍生品时存在欺诈情节，结果导致宝洁公司亏损 1 亿多美元。[1] 同年 12 月，美国加利福尼亚州奥兰治县（Orange County，也称橙县）申请破产保护。与一般的县级地方政府破产案不同的是，奥兰治县破产金额巨大，亏损额高达 16.9 亿美元，是美国历史上最大规模的县级地方政府破产案。1995 年 3 月，拥有 233 年历史的英国巴林银行，因交易员尼克·利森（Nick Leeson）的一笔衍生品交易所导致的巨额亏损（约 14 亿英镑）而不得不以 1 英镑的象征性价格被荷兰国际集团收购。这三起爆炸性新闻的主题都是金融衍生工具。媒体的密集报道使得衍生工具成为过街老鼠，要求加强监管的舆论呼声日渐高涨。

 专栏 9-23

衍生工具创新历程概览

1848 年，芝加哥商品交易所（Chicago Board of Trade，CBOT）成立。

1865 年，该交易所规定了期货合约的标准化形式。

1968 年，美国的政府国民抵押贷款协会（Government National

---

1 信孚银行此前曾被另外三家公司起诉但均以赔偿和解结案，但此案被法院判决采信宝洁公司的指控导致其信誉扫地，后来该行被德意志银行收购。

Mortgage Association，GNMA）成立，并且于 1970 年发行第一个转手型抵押贷款支持证券（pass-through mortgage-backed securities，MBS）。这是金融资产证券化的起点。

1970 年，浮动利率债券（floating rate note，FRN）开始在欧洲货币市场进行交易。

1972 年 5 月 16 日，芝加哥商业交易所（Chicago Mercantile Exchange，CME）旗下的国际货币市场（International Monetary Market，IMM）首创金融期货（汇率期货）。

1973 年，芝加哥商品交易所的成员组建成立芝加哥期权交易所（Chicago Board Options Exchange，CBOE）。

1975 年，芝加哥商品交易所首次推出利率期货，其交易标的为美国政府国民抵押贷款协会发行的转手型抵押担保证券。

1981 年，IBM 与世界银行以瑞士法郎及美元进行交换，这是世界上第一笔货币互换。

1982 年 2 月，美国堪萨斯交易所（Kansas City Board of Trade，KCBT）推出 Value Line 股价指数期货，这是第一份股指期货合约。

1983 年 1 月，芝加哥商业交易所推出 S&P 100 股价指数期权。该品种迅速成为该交易所交易最活跃的商品之一。

1983 年，抵押担保债券（collateralized mortgage obligations，CMO）问世。资产证券化进入新阶段。

1984 年，美国金融市场推出公债分割交易。

1986 年，各种新型公司债券纷纷出现，如利息递增型债券（stepped coupon bond）、反浮动利率债券（reverse floater）、附认股权证浮动利率债券（FRN with warrant）、S&P 指数联动债券（S&P index note，SPIN）等。

1991 年，股价指数成长债券（stock index growth notes，SIGN）问世，投资者可以通过标的股票指数的上涨而提升债券收益率。

1993 年，美国证券交易所（American Stock Exchange）将一篮子股票与基金概念结合，推出第一个交易所买卖基金（exchange traded fund，ETF），名为标准普尔存托凭证（S&P depository receipts，SPIDERS）。

1997 年，美国财政部发行通胀补贴政府债券（inflation-linked treasury bonds）。

1998 年 6 月公布的《财务会计准则公告第 133 号：衍生工具和套期活动的会计处理》要求一律采用公允价值会计规则对衍生工具交易进行账务处理，用于套期保值的衍生工具除外（另行适用套期会计规则）。该准则厚达 213 页，颇令人费解。财务会计准则委员会的七位委员一致投了赞成票，很难想象他们都能够读懂这份准则。财务会计准则委员会之后又公布了很多指南、解释。

1. 衍生工具会计

该准则第 223 段透露，财务会计准则委员会认为，对于衍生工具来说，公允价值是唯一符合相关性原则的计量属性。这个荒唐的说法被简化成"公允价值是唯一相关的计量属性"，显得更加玄妙，被一些文献当成尚方宝剑，一度盛行于我国学术期刊。

 专栏 9-24

财务会计准则公告第 133 号力挺公允价值会计

与成本或基于成本的信息相比，金融资产和负债的公允价值提供了更多相关和易于理解的信息。随着时间的流逝，历史价格对于评估当前的流动性或偿付能力变得无关紧要。

对大多数金融资产和负债而言，公允价值计量是可行的。公允价值计量可以在市场上观察到，也可以参考类似金融工具的市场进行估计。如果没有市场信息，则可以使用其他计量技术（例如现金流量折现、期权估值模型等）来估计公允价值。

2. 套期会计

套期会计规则出台的背景是这样的，公允价值会计在 20 世纪 90 年代初推行于金融工具领域之后，从事套期保值交易的企业怨声载道，因为套期保值行为常常需要使用衍生工具，而衍生工具在公允价值会计规则下需要按照公允价值予以计量，其结果往往导致利润表出现大幅波动。这时，有人提出了两种方案来消除利润表的波动：一种方案是在按照公允价值会计将套期工具的浮动盈亏（即公允价值变动损益）记入利润表的同时，想办法在利润表中做相反方向记录，同时调整被套期项目；另一种方案是干脆不把套期工具的浮动盈亏计入利润表，而是改为计入资产负债表中的其他综合收益项目。这两种方案都能够避免利润表的大幅波动。前一种方案就是准则所称的公允价值套期（fair value hedges），其设计思路与交易性金融资产的会计规则相似；后一种方案就是准则所称的现金流量套期（cash flow hedges），其设计思路与可供出售金融资产（或称其他权益工具投资、其他债权投资）的会计规则相似。

套期会计旨在消除公允价值会计与历史成本会计混用所导致的问题，其作用是人为地压制公允价值会计造成的报表波动。这些套期会计规则异常复杂且涉及界限测试。关于衍生金融工具的会计处理的全部指南总计 800 多页。

套期会计出台以后，对传统会计造成了较大冲击。第一，套期会计规则改变了传统的财务会计要素概念。在传统上，会计是对企业的法律事实的历史记录，而套期会计所处理的确定承诺、很可能发生的预期交易，都是未来的事情。第二，套期会计方法改变了传统会计计量模式。在套期会计出台以前，存货的会计处理规则成本与市价孰低法，不允许记载存货的升值。但在公允价值套期下，存货可能要按照高于成本的市价计量。第三，套期会计方法是建立在估计的基础上的一套规则。套期有效性的判断事先往往无法合理预计，这是由金融市场的风险特性所决定的。很多情况下只能采用金融工程（financial engineering）的分析思路去判断套期有效性，这导致会计处理往往建立在估计的基础之上。2008 年的金融危机表明，企业在大多数情况下并不知道如何对衍生工具进行估价，这意味着，套期会计的处理结果的可靠性是相当值得怀疑的。有人质疑，如此看来，会计理论还有什么内容是一以贯之的呢？还有人指出，如果没有公允价值会计规则，也就没有必要设计套期会计规则了；如果完全采用公允价值计量，也同样没有必要采用套期会计。因此，套期会计之所以在公允价值会计规则出台之后面世，是因为公允价值会计只适用于极少数报表项目（如衍生工具），而大多数报表项目（如存货、固定资产等）仍未采用公允价值会计，这就导致会计计量上的不匹配，所以套期会计规则实际上是对公允价值会计的"纠正"措施。[1]

财务会计准则公告第 133 号的出台饱受争议。1997 年 7 月 31 日，美联储主席格林斯潘致信财务会计准则委员会主席詹金斯，对拟出台的套期保值会计规则提出了异议。格林斯潘指出，"当前，对于市场价值的估计还缺乏比较具体的、稳健的规则，因此，如果将公允价值会计推广应用于所有的金融工具，将会导致净利润和股东权益的波动性增强，财务报表的作用下降，甚至可能导致企业高估（或低估）资产（或负债）等舞弊行为的泛滥"，"我们认为采用如下替代方案将会更为合适：（1）财务报表仍然保留按照历史成本会计的规则予以列报；（2）补充披露衍生工具和被套期项目的公允价值信息"，"这种替代方案有助于增强财务信息的透明度，有利于企业积极开展风险管理活动"。这封信的立场与格林斯潘 1990 年写给布里登的信基本相同——格林斯潘一贯反对公允价值会计，支持公允价值披露。

---

1 周华：《高级财务会计》（第 2 版），中国人民大学出版社，2015，第 201 页。

2003 年 7 月，美国证监会在其遵照《萨班斯 - 奥克斯利法案》提交的研究报告《对美国财务报告采用以原则为基础的会计体系的研究》中，把衍生工具与套期会计列为以规则为基础的会计准则的四大反面教材之一，这与财务会计准则公告第 133 号的立场截然相反。[1]

（二十）权益结合法的取消和商誉减值规则的出台（2001 年 6 月的财务会计准则公告第 141 号和第 142 号）

在美国证券市场上，围绕权益结合法和购买法存在旷日持久的争议。[2] 会计原则委员会的倒台，在很大程度上与它未能恰当处理这一纷争有很大关系。

2001 年 6 月公布的《财务会计准则公告第 141 号：企业合并》，改变了会计原则委员会意见书第 16 号要求符合 12 项条件的企业采用权益结合法，其他企业采用购买法的立场，改为采用单一的购买法。其理由是，在购买法下，购买方所收购的净资产是以公允价值计量的，这比权益结合法更有助于投资者评价该净资产带来现金流量的能力，这符合财务会计概念公告第 1 号关于财务报告的目标的要求。财务会计准则委员会认为，没有理由为企业合并规定多种处理方法，否则很难给出区分标准，且必然导致会计操纵。耐人寻味的是，该准则保留了会计原则委员会意见书第 16 号关于商誉的初始计量的规定，财务会计准则委员会提及，实在找不出更合适的解决方案。

2001 年 6 月公布的《财务会计准则公告第 142 号：商誉与其他无形资产》改变了会计原则委员会意见书第 17 号关于在 40 年内强制性摊销商誉的规则。该准则规定，商誉不应摊销，而应当在报告单元（reporting unit）的层面上进行减值测试。

---

1 Securities Exchange Commission, Study Pursuant to Section 108(d) of the Sarbanes-Oxley Act of 2002 on the Adoption by the United States Financial Reporting System of a Principle-Based Accounting System, 2003.

2 Charles R. Geisst, *Wall Street: A History from Its Beginnings to the Fall of Enron* (New York: Oxford University Press, 2004), pp. 394-395.

减值就意味着企业爱怎么办就怎么办，想减值就减值，不想减值就不减值。这样一来就笼络了那些原本反对取消权益结合法、担心商誉摊销会影响利润数据的企业。如此，财务会计准则公告第 142 号为上市公司填塞资产负债表打开了大门，商誉体现了"最为理性的繁荣"（a most rational exuberance）。[1]

财务会计准则公告第 142 号的出台过程表明，监管层是在金融分析也就是证券信息披露规则的意义上去理解会计准则的，监管层并没有把它当作一项会计规则。事实上，美国证券市场上的信息披露规则的制定过程越来越像是一场政治游戏，很难说究竟有什么理论上的先进性。商誉减值规则的出台，反映的是大型证券公司以及收购方的利益。美国国会参众两院也卷入其中，此前，国会也曾干预过租赁会计、石油天然气会计、金融工具会计和股票期权会计等少数会计准则的制定。[2]

第五节　诉讼浪潮与美国国会对证券市场会计和审计问题的调查

美国国会曾经多次对证券市场上的会计和审计安排展开调查，试图通过联邦法律修改注册会计师审计制度。对此，公共会计师行业的脱身之道是，将审计失败的责任归结于上市公司内部控制不力，用行业自律来代替政府监管。这个戏法一直玩到安然事件爆发。

一、科恩委员会试图缩小注册会计师社会角色与角色期待之间的差距

20 世纪 70 年代，美国证券市场上爆发了一连串重磅丑闻，证券诉讼案件

---

1 Abraham J. Briloff, "The Private Equity Funds' Aggressive Acquisitions Mania and the Willy Loman Trauma," *Critical Perspectives on Accounting*, 2008, 19(8): 1099-1104.

2 Karthik Ramanna, *Political Standards: Corporate Interest, Ideology, and Leadership in the Shaping of Accounting Rules for the Market Economy* (Chicago: University of Chicago Press, 2015), pp. 38-67.

频频见诸报端，会计公司屡屡涉案[1]，社会舆论对公共会计师行业的谴责一浪高过一浪。

1972 年曝光的 Stirling Homex 公司破产案让人们看到，上市公司虚夸收入的手法是多么神乎其神（该公司针对一些并未成立的买卖合同记录了收入）。1973 年曝光的美国权益基金公司（Equity Funding Corporation of America）造假案更是把公共会计师行业推上了道德的审判台：该公司干脆设计了专用的计算机系统，批量伪造保险单据，然后打包骗取再保险公司的巨额资金，有数以百计的员工参与这种有组织的欺诈活动。证券分析师雷蒙德·L. 德克斯（Raymond L. Dirks）接到美国权益基金公司员工打来的举报电话后，立即通知其客户并向美国证监会揭发。海量的卖单喷涌而出，美国权益基金公司应声倒闭。[2]

每一桩会计丑闻背后，都有注册会计师的身影，注册会计师行业变成了舆论谴责的焦点。注册会计师有什么用？他们有能力对计算机系统进行审计吗？

在此起彼伏的证券诉讼和舆论谴责浪潮中，美国注册会计师协会仓促应战。

1974 年 10 月，美国注册会计师协会委托曾于 1964—1969 年担任美国证监会主席的曼纽尔·F. 科恩（Manuel F. Cohen, 1912—1977）牵头，组建"审计师责任委员会"（Commission on Auditors' Responsibilities）展开专题研究。该委员会又称科恩委员会（Cohen Commission），其工作路线是，首先探明注册会计师的社会角色与角色期待之间是否存在差距，然后寻求缩小或者消除

---

1 Wallace E. Olson, *The Accounting Profession: Years of Trial: 1969-1980*, American Institute of Certified Public Accountants, 1982, pp.15-31.

2 随后，美国证监会对德克斯的行为进行调查并予以处罚。德克斯不服，遂起诉美国证监会。他抗争 10 年，把案件一直打到美国联邦最高法院，最终被判无罪。该案是界定内幕交易（insider trading）法律责任以及豁免举报人法律责任的经典案件。

差距的具体措施。

1978 年 5 月，科恩委员会提交了最终的报告《审计师责任委员会：报告、结论和建议》（见图 9-8）。[1]

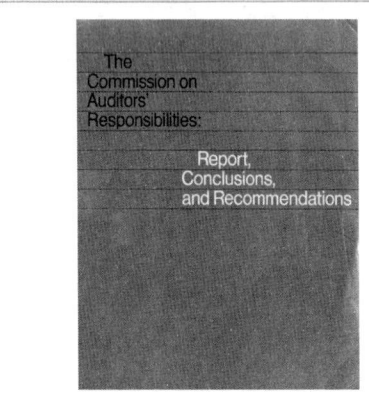 

| 《审计师责任委员会：报告、结论和建议》 | 曼纽尔·F.科恩 |

图 9-8　科恩及其报告

调研发现，注册会计师审计质量与使用者的期望之间确实存在显著差距。该报告在以下方面提出了建议：（1）如何界定独立审计师的社会角色；（2）如何对财务报表形成审计意见；（3）如何报告被审计单位所存在的重大不确定性；（4）如何界定发现舞弊的责任；（5）如何强化企业管理层的受托责任并完善相关法律；（6）如何界定审计师的社会角色的边界及其扩展界限；（7）审计师如何与财务报表使用者进行信息沟通；（8）建立审计师的教育、培训与发展制度；（9）保持审计师的独立性；（10）完善制定审计准则的程序；（11）对公共会计师行业实施行业监管，以保持审计服务的质量。[2]

---

1 The Commission on Auditors' Responsibilities, The Commission on Auditors' Responsibilities: Report, Conclusions, and Recommendations, 1978.

2 Gary J. Previts and Barbara D. Merino, *A History of Accountancy in the United States: The Cultural Significance of Accounting* (Columbus：Ohio State University Press, 1998), pp. 348-477.

科恩委员会的报告有老调重弹的嫌疑，其核心理念仍然是这么一句俗话："审计师是看门狗而不是大警犬"（The auditor is a watchdog and not a bloodhound）。所以，其结论是：现状依然很好，政府不要插手。

 专栏 9-25

科恩委员会报告观点摘要

"会计职业"（accounting profession）一词通常是指公共会计师——那些为各种客户而不是为单个雇主提供服务的人。

年度财务报表对证券价格似乎没有影响。但是，经审计的财务报表有助于确认准确的信息或更正不准确的信息，从而有助于确保市场效率。

对于不确定性，审计报告应该提供单独的附注，类似于年度报告中关于会计政策的附注。

不应该要求审计师探查或披露客户的一般违法行为。审计师首先是会计师，他们在财务方面富有经验，但他们既不是律师，也不是检察官。合规管理应当由法律顾问来负责。

审计师应当审阅企业的行为准则（code of conduct）和监控程序（monitoring procedures）。如果监控程序存在显著缺陷（material weaknesses，学界通常译为重大缺陷），则应在审计报告中发表相应的意见。

当今财务报告用户的需求过于多样化、复杂化，无法通过一种保证（assurance）形式来满足。因此，没有必要再对审计（audits）和审阅（reviews）作严格区分。

审计职能（audit function）不应包括对公司活动的效率、经济性或有效性程度的单独评估。

现行注册会计师审计报告的标准格式自 1948 年以来基本保持不变，存在很多缺点。标准审计报告的格式近 30 年没有改变，原因之一是担心修订后的报告会带来未知的、可能不利的法律后果。

公共会计专业一直无法像其他一些专业那样依赖正规教育来培养实践能力。

会计学术界和会计实务界之间出现了分裂，这不利于会计行业的成长和发展。会计学术界理应是会计行业的良心，但会计学术界未能提供用于纠正偏差的智力支持和学术批评。近年来，会计学术界的重心已转向管理会计或财务分析，比较强调数理统计，大学教师往往是那些本科毕业后径直攻读博士学位的人担任，这更是加剧了学术界与实务界的背离趋势。本科毕业后直接获得学位，无须商业经验。在许多情况下，这条职业道路排除了注册会计师证书，因为许多司法管辖区并不要求大学教师具备会计审计实践经验。这些学者往往对公共会计师行业不太感兴趣。

会计学术界对注册会计师行业面临的紧迫问题并不关心，大多数高校普遍不大关注审计问题，会计学术界的研究主题大多围绕管理或金融展开。

审计师应拒绝任何可能使其偏离独立性、产生偏见的业务。

当今公共会计行业的问题似乎不是缺乏竞争，而是过度竞争。时间和预算压力经常导致审计质量不符合标准。时间预算压力过大是导致审计失败的最普遍因素之一，会计公司必须改进当前的做法。

审计标准有两个重要用途：传达审计要求和评估审计师的绩效。没有必要将审计标准制定职能从会计专业领域中剥离出来。

审计领域的许多技术和方法进步都是由审计公司开发的。对专业实践的监督应当留给注册会计师行业自己来做，实行会计公司的独立同行评审。不必引入联邦政府监督制度，也不必对注册会计师行业进行彻底重组。

法律处罚使得审计师不愿接受扩大的责任。

20 世纪 70 年代的诉讼浪潮对会计规则具有较大影响。自财务会计准则委员会成立以来，会计规则的烦琐程度有所增大，其中一个重要原因就是，注册会计师行业迫切需要烦琐的会计规则为其在法庭上进行抗辩提供技术细节上的支持。

二、《1977 年反海外行贿法》的出台 [1]

美国证券市场上的内部控制规则的编写经历了从《1977 年反海外行贿法》到 2002 年《萨班斯－奥克斯利法案》的漫长过程。

水门事件发生后，水门事件特别检察办公室（the Office of the Watergate Special Prosecutor）于 1973 年 5 月下旬成立，很快就开始对在 1972 年总统竞选中有非法出资行为的公司展开调查。美国证监会也从证券信息披露的角度介入，对公众公司的海外行贿行为进行调查。参议员弗兰克·丘奇（Frank Church）率领的跨国公司分委员会（Subcommittee on Multinational Corporations；Church Committee）也在 5 月开始了第一次听证会。一连串公司行贿案件接连曝光，数以百计的知名公司卷入一桩桩行贿丑闻，震惊朝野。调查情况表明，超过 400 家美国大型公司承认曾经向外国政党或政要行贿，金额超过 3 亿美元。在这些公司中，有 117 家名列《财富》杂志评选的世界 500 强名单，[2] 甚至连大型公司海湾石油公司、诺思罗普、美孚石油和洛克希德都概莫能外。特别是洛克希德公司的海外行贿，更是影响深远。洛克希德公司是美国政府着力扶持的、美国最大的军工企业，美国政府为了增强其竞争力，滤除破产风险，甚至专门为其提供了 2.5 亿美元的巨额联邦贷款担保，其海外行贿行为对美国社会的冲击不言而喻。

---

1 Mike Koehler, "The Story of the Foreign Corrupt Practices Act," *Ohio State Law Journal*, 2012, 73(5): 929-1013.

2 House Committee on Interstate and Foreign Commerce, H.R. Rep. 95-640 REPORT together with MINORITY VIEWS to Accompany H.R.3815, September 28, 1977.

1976 年 2 月，美国洛克希德公司副董事长兼总裁卡尔·科奇安（Carl Kotchian）因海外贿赂丑闻败露被迫引咎辞职。科奇安向参议院报告了该公司在 20 世纪 50 年代以来在日本、荷兰、意大利等国行贿的事实。[1] 为了应对企业政治献金和外国公司行贿活动对经济的影响，美国国会启动了关于公司行贿行为的法律改革，众议员约翰·E. 莫斯参加了立法调查。

1977 年 12 月，《1977 年反海外行贿法》（Foreign Corrupt Practices Act，FCPA）正式出台。该法采纳了美国国会和美国证监会的建议，将海外行贿视为公司犯罪行为，要求美国企业制定和执行内部控制制度。该法包括两个部分：一部分是要求企业根据《1977 年反海外行贿法》加强内部控制的会计条款；另一部分则是大家熟知的反贿赂条款。该法对本国公司威慑性不强。该法由美国司法部和美国证监会负责实施，但每届政府对该法案的实施力度都不同。[2]

三、莫斯委员会报告和梅特卡夫报告拆穿西洋镜

美国国会参众两院顺应民众的呼声，在 1976—1978 年间启动了对证券市场会计、审计立法和注册会计师行业监管现状的调查。这是美国国会自 20 世纪 30 年代以来首次对会计行业进行全面的深度调查。此举表明，证券市场会计监管已经引起公愤，公共会计师行业已经失去了公众的信任。

众议院和参议院的调查分别在民主党人、众议员约翰·E. 莫斯（John E. Moss，1915—1997）和民主党人、参议员李·W. 梅特卡夫（Lee W. Metcalf，

---

1 日本前首相田中角荣因洛克希德贿赂丑闻而被判入狱。1976 年 5 月，日本参议院、众议院先后成立洛克希德问题特别调查委员会，同年 7—8 月，田中角荣被审讯和起诉。该案直至 1983 年 10 月才得以结案，田中角荣被判刑入狱并被处以高额罚金，一干政界和商界人士一并被严惩。

2 在我国，一起海外公司起诉我国企业高管的官司曾一度引起国内舆论对美国《1977 年反海外行贿法》的密切关注。生于 1948 年的张恩照 2002 年 1 月担任中国建设银行行长，2004 年 12 月被美国一场涉嫌贿赂的经济诉讼案列为共同被告，该案的原告控告被告（一家信息技术公司）的事由是，被告存在合同违约并向张恩照行贿 100 万美元以上的情节，其行贿行为违反了美国的《1977 年反海外行贿法》。翌年 3 月，张恩照因个人原因辞去中国建设银行董事长职务。2006 年 11 月，张恩照因受贿罪被人民法院依照我国法律判处有期徒刑 15 年。

1911—1978）的领导下进行。[1]

| 众议员约翰·E. 莫斯 | 参议员李·W. 梅特卡夫 |

（一）莫斯委员会报告：《联邦监管与监管改革》

1976 年，众议员莫斯率先带领众议院州际及对外贸易委员会的监督与调查分委员会（简称莫斯委员会，Moss Committee）开展调查，亚伯拉罕·J. 布里洛夫应邀参加。实际上，布里洛夫是莫斯委员会所邀请的唯一一位拥有注册会计师头衔的证人，而公共会计师行业的领袖们压根就没有机会在莫斯委员会面前为自己的行业辩护，因为莫斯委员会不允许增加更多来自注册会计师行业的证人。[2] 耿直的布里洛夫一如既往地对财务会计准则委员会和各大会计公司进行猛烈批评。

《联邦监管与监管改革》

---

1 莫斯于 1953—1978 年任众议员，以推动《1966 年信息自由法》立法、主张公众对政府机关信息的知情权而知名。梅特卡夫早年从事法律职业，第二次世界大战期间曾参加诺曼底登陆，退伍后担任蒙大拿州最高法院大法官，1953—1961 年任众议员，1961—1978 年任参议员，1978 年元月辞世。

2 E. Richard Criscione, *Abraham J. (ABE) Briloff: A Biography* (Bingley: JAI Press of Emerald Group Publishing Limited, 2009), p. 43.

10 月，莫斯委员会提交《联邦监管与监管改革》报告（俗称莫斯委员会报告），该报告长达 749 页，主要对美国证监会、联邦贸易委员会、环境保护局（Environmental Protection Agency）、全美高速公路安全管理局（National Highway Traffic Safety Administration）、消费者产品安全委员会（Consumer Product Safety Commission）、联邦通信委员会（Federal Communications Commission）、食品药品监督管理局（FDA）、州际商务委员会（Interstate Commerce Commission）、联邦电力委员会（Federal Power Commission）等联邦监管机构的工作质量进行评价，并提出了一些改进建议。[1] 其中，对美国证监会的调查包含证券市场会计、审计问题。报告这样写道，"在会计领域的基本制度方面，财务会计准则委员会实际上没有取得任何成就。问题主要有：可供选择使用的会计规则过多，相当数量的准则含糊不清；种种迹象表明，在与企业客户的关系上，注册会计师缺乏独立性"。[2]

莫斯委员会报告针对证券市场会计监管问题，对美国证监会提出了以下五个方面的建议：（1）美国证监会应当制定一个统一的会计原则体系；（2）美国证监会应当制定严格的内部控制规则，要求上市公司遵守，并要求注册会计师在审计报告中就内部控制的有效性发表意见；（3）美国证监会应当制定董事会运作规则，要求董事会的多数成员独立于高级管理人员，董事会的审计委员会和提名委员会的多数成员应为独立董事，应当由董事会负责聘任或者解聘独立审计师、法律顾问和高级管理人员；（4）美国证监会应当制定审计准则和审计师行为守则（code of conduct），同时，修改《1934 年证

---

1 Federal Regulation and Regulatory Reform: Report by the Subcommittee on Oversight and Investigations of the Committee on Interstate and Foreign Commerce, House of Representatives, Ninety-fourth Congress, second session (Subcommittee print), 1976.

2 Joel Seligman, *The Transformation of Wall Street: A History of the Securities and Exchange Commission and Modern Corporate Finance*, 3rd Edition (New York: Aspen Publishers, 2003), p. 556; 中文版：[美] 乔尔·塞里格曼《华尔街的变迁：证券交易委员会及现代公司融资制度演进》（第 3 版），徐雅萍等译，中国财政经济出版社，2009，第 521 页。

券交易法》第 10 节第（b）款，允许投资者起诉存在过失的注册会计师等行为主体，无论其是否存在欺诈的故意；（5）美国证监会应当制定更严格的信息披露规则，要求公众公司披露其所有的违法支付行为。

财务会计准则委员会主席阿姆斯特朗对布里洛夫的证词和莫斯委员会的报告大为光火。阿姆斯特朗给莫斯写了一封长达 7 页的信，对莫斯委员会报告和布里洛夫的证词表示反对，顺便还抱怨莫斯委员会没有给他提供辩解的机会。[1]

（二）梅特卡夫报告：《会计运行机制》

1976 年 12 月，参议员李·W. 梅特卡夫向参议院政府机构运行委员会提交了一份他带领该委员会附属的"报告、会计与管理分委员会"完成的针对证券市场会计和审计现状的调查报告《会计运行机制》（The Accounting Establishment）[2]，该报告又称梅特卡夫报告（Metcalf report）。这份报告的目的是帮助国会和社会公众了解各个私有组织（private organizations）和联邦政府机构在会计、审计规则的形成和实施过程中所扮演的角色。为达到这一目的，参议院调查组在调

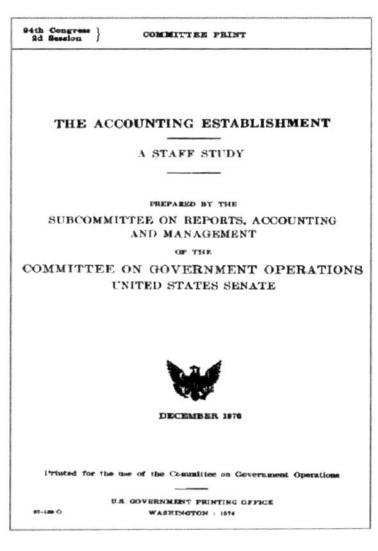

《会计运行机制》

研过程中向会计公司等证券市场从业机构收集了大量重要的第一手资料，最终公布的报告长达 1 760 页。

---

1 Wallace E. Olson, *The Accounting Profession: Years of Trial: 1969-1980*, American Institute of Certified Public Accountants, 1982, p. 38.

2 The Accounting Establishment: A Staff Study, Prepared by the Subcommittee on Reports, Accounting and Management of the Committee on Government Operations, United States Senate, 1976.

梅特卡夫在提交给参议院政府机构运行委员会的信中，提出了两个令他感到十分困惑的发现：一是美国证监会坚持采取异乎寻常的态度，将法律赋予它的、对会计实务的公共权力和责任，转授给了那些带有明显私利倾向的私有团体；二是大型会计公司缺乏独立性和社会责任感，这种情况达到了令人吃惊的地步，而证券法却赋予了它们独立鉴证上市公司财务信息的排他性权力。

该报告提出，上市公司拥有较大的自由裁量权（substantial discretion），对于同样的经济业务，它们可以在多种替代方案之间做选择。美国证监会未能依照证券法所赋予的广泛职权对会计实务进行严格规范，导致社会公众对证券市场的信心受到很大影响。该报告建议，美国国会应当考虑修改证券法，改变现有的证券市场会计审计制度安排。

 专栏 9-26

《会计运行机制》摘要

会计事务至关重要，决不能把它留给公共会计师行业单独做决定。

一、对会计准则相关利益主体的调查研究

（一）"八大"会计公司

与其他会计公司相比，"八大"会计公司相当强大且有势力，它们主宰着美国甚至是世界范围内的会计行规。

"八大"会计公司是：安达信、阿瑟·扬、库珀－莱布兰德、厄恩斯特－厄恩斯特、哈斯金斯－赛尔斯、毕马威、普华、"图什，罗斯，贝利和斯玛特"。"八大"会计公司虽然名义上是独立的公共会计公司（independent public accounting firms），但本研究没有找到证据证明它们是独立的或者是为公共利益（而不是为客户利益）服务的。它们的收入有70%来自审计和会计服务，18%来自税务服务，其余来自管理咨询。

"八大"会计公司控制了美国注册会计师协会，从而通过该协会来攫取它们的共同利益。

（二）美国注册会计师协会

美国注册会计师协会积极参与政治活动，通过设立"实权人物"计划（"key man" program）来对国会议员施加影响。该计划的目的是阻止政府对会计行业的干预行为。

该协会还积极地对联邦税收立法施加影响，从而为它的客户争取利益。

每当公共会计师行业面临重大挑战时，美国注册会计师协会的应对措施都是提出一套其主宰者所能接受的"改革"方案。例如，为了平息证券市场对会计规则的强烈指责，该协会在 1972 年 3 月推出维特报告并依照该报告组建了财务会计准则委员会。

1974 年 10 月，美国注册会计师协会为应对社会舆论对会计公司的强烈指责，特地组建了"审计师责任委员会"，该委员会以科恩为首，故又称科恩委员会（Cohen Commission）。科恩委员会明明是美国注册会计师协会亲手创建并全资资助的机构，但它对外却以"独立"委员会的面目示人。

美国注册会计师协会创建财务会计准则委员会并在其人员组成和经费筹措等方面扮演关键角色。美国注册会计师协会的董事会拥有遴选和撤换财务会计基金会受托人委员会成员的排他性权利。财务会计基金会受托人委员会成员拥有任命和撤换财务会计准则委员会委员的排他性权利。

在"八大"会计公司的控制下，美国注册会计师协会包揽了制定审计准则的权力并且保持着对会计准则制定的控制权。

（三）财务会计基金会

财务会计基金会的 6 家发起单位都是私立机构，它们都不适合掌控会计准则的制定权。财务会计基金会充任这 6 家私立机构与财务会计准则委员会之间的中介，在理论上把两者隔离开来。财务会计准则委员会正是以此为借口，得以对外宣称自己是"独立"的会计准则制定机构的。

以 1975 年为例，财务会计准则委员会的经费主要来自"八大"会计公司及其控制的美国注册会计师协会，也有相当一部分来自财务经理协会。其他发起单位的供款要少得多，美国会计学会、金融分析师联合会的供款微乎其微。向财务会计基金会的供款可以享受企业所得税税前扣除。

财务会计基金会和财务会计准则委员会都不是独立的，它们都听命于美国注册会计师协会的董事会。

（四）财务会计准则委员会

"八大"会计公司、美国注册会计师协会通过金钱关系、人员构成和组织上的支持，实现了对财务会计准则委员会的控制。作为对比，财务会计基金会的其他发起单位的影响程度要小得多。

财务会计准则委员会宣称自己是追求公共利益的独立机构，为此还制定了一套准则制定程序，但事实上，其人员构成从来没有体现出公共利益的诉求。例如，财务会计准则委员会的大量规则是通过各种多样的工作组（task forces）完成的，而这些工作组的成员，往往是由大会计公司、"八大"会计公司的企业客户、大投资公司和大银行的代表组成的。

不要指望财务会计准则委员会能够制定出统一的、有意义的会计准则。现有的架构只能形成弹性化的、富有选择性的会计准则（flexible, alternative accounting standards），这就是滋生创造性会计（creative accounting）的温床。

（五）美国证监会

美国证监会是现有会计行业运行架构中的主要联邦政府机构。但令人吃惊的是，它竟然允许甚至是坚持由谋求私利的会计行业来制定会计准则，它仅仅保留了监督的角色。其结果是，美国注册会计师协会先后建立了会计程序委员会、会计原则委员会和财务会计准则委员会这 3 个机构来制定美国证监会所称的具有"实质性权威支持"（substantial authoritative support）的公认会计原则（generally accepted accounting principles），从而使得公认会计原则变成了"弹性化的、富有选择性的会计准则"的总称。

1975 年，国会指示美国证监会，要履行证券法赋予的职责，为石油和天然气行业制定出统一的会计规则来。但美国证监会伙同财务会计准则委员会、美国注册会计师协会等私人利益群体一起表示反对。美国证监会发起了密集的游说活动，最终得以成功地维持现状。美国证监会显然更关心这些私立机构，而不是更关心公共利益。

长期以来，美国证监会与美国注册会计师协会及其先后设立的三家准则制定机构保持着密切关系。美国证监会的首席会计师曾经效力于美国注册会计师协会并通过该协会的各个专门委员会对美国证监会施加影响。有位首席会计师退休后在美国注册会计师协会担任顾问，每年领取 6 万美元的津贴。

美国证监会没有建立检查注册会计师工作质量的复核程序。

安达信会计公司已经向联邦法院起诉，要求废除美国证监会关于授权财务会计准则委员会制定会计准则的政策。法院的初步调查表明，国会有必要依法纠正美国证监会把法规制定权转授给私立机构所形成的负面影响。

（六）"八大"会计公司与其企业客户

"八大"会计公司竭力制定更具弹性的会计准则，使之更容易被它们的企业客户接受，从而为它们的企业客户攫取更多利益。这就意味着，联邦政府机构、投资者、债权人、供应商、消费者等报表使用者所做的经济决策是以幻觉而不是以事实为基础的。

现有证据表明，政府机构制定会计准则的能力和效率都优于私立机构。会计准则事关公共利益，而公共利益只能依靠对公众负责的权威机构来维护。

总之，本研究发现，现行会计运行机制存在严重缺陷。美国证监会将行政职责转授给私立机构的做法违背联邦证券法的立法精神，对社会公众利益造成了实质性损害。因此，为恢复投资者对上市公司信息披露的准确性和可靠性的信心，就必须对现行会计运行机制进行改革。

二、改革建议

（1）国会应当对联邦政府机构公布或者批准的会计规则采取更加严格的审查措施，并在确立适当的目标和政策等方面发挥领导作用。联邦政府机构最能代表公共利益，因此，国会应当要求联邦政府机构制定合理的会计规则。

（2）国会应当确立综合性会计目标（comprehensive accounting objectives），以供联邦政府指导其附属部门履行部门职责。综合性会计目标应当包容统一性（uniformity）、一致性（consistency）、明晰性（clarity）、准确性（accuracy）、简洁性（simplicity）、信息列报富有意义（meaningful presentation）以及易于保持实施过程中的公平性（fairness in application）。国会应当废除"完工百分比法"、通货膨胀会计等所谓"创造性会计"方法。

（3）国会应当修改联邦证券法，恢复证券投资者以证券法上的欺诈条款起诉存在过失的注册会计师的权利，废止美国联邦最高法院 1976 年 3 月 30 日在 Ernst & Ernst v. Olga Hochfelder, et al., 96 S. Ct. 1375 一案中所做的判决，该判决中错误地以"明知故意"（即注册会计师具有欺骗、操纵或者诈骗的意图）作为起诉注册会计师的必要条件。

（4）国会应当考虑引入会计公司竞标担任上市公司审计师的办法。目前，上市公司往往只给股东大会提供一个候任会计公司，股东大会无可选择。这种情况应当予以改变。一个替代方案是采取强制变更的办法，即在规定年限届满时，或者在美国证监会认为现有会计公司未能保持独立性时，上市公司必须更换会计公司。另一个替代方案是修改联邦证券法，要求上市公司管理层为股东大会提供至少两个会计公司以备选择。

（5）联邦政府应当直接负责为公众公司制定会计准则。会计准则关涉社会和经济全局，因此，只能由政府部门出面来制定。与会计准则有关的所有利害关系人都有权派代表参与到会计准则的决策过程之中。可以考虑模仿成本会计准则委员会（Cost Accounting Standards Boards）建立一个联邦政府机构来制定会计准则，或者直接由联邦审计署（General Accounting Office，直译为总会计办公室，2004 年更名为 Government Accountability Office，缩写均为 GAO）制定会计准则。公众的参与以及国会的强力监管，对于任何立法程序都是非常必要的。

（6）联邦政府应当亲自出面制定审计准则。应当对现有的审计准则的合法性进行审查，审查通过的，可以接纳为法律法规。可授权联邦审计署、美国证监会制定审计准则，也可通过联邦条例另行公布。

（7）联邦政府应当亲自定期检查注册会计师为公众公司提供服务的情

况。这项检查可以授权联邦审计署、美国证监会或者特别设立审计检查机构进行。

（8）联邦政府应当制定并严格推行公众公司审计业务的审计师行为准则，该准则应当禁止一切在实际上或形式上背离独立性的行为。直接或间接地代表客户的利益，以及为公众公司或非公众公司提供非会计性质的管理咨询服务，此二者是与审计业务不兼容的两个典型。此职责以赋予美国证监会为宜。

（9）联邦政府应当要求全美前15家大型会计公司报告其年度经营和财务基本数据。此职责以赋予美国证监会为宜。

（10）联邦政府应当明确界定独立审计师的责任。审计报告应当阐明财务报告是不是公允的、完整的、准确的。

（11）联邦政府应当通过向公众开放的会议来制定财务会计准则、成本会计准则、审计准则以及其他会计业务规则。会计业务关涉社会和经济全局，因此，不应当私下做决定。

（12）联邦政府应当解决大型企业的审计业务过度集中于少数会计公司这一问题。司法部和联邦贸易委员会应当调查会计行业是否存在垄断行为。

（13）联邦政府应当禁止承接审计业务的会计公司向客户提供审计和会计以外的服务。

（14）美国证监会在制度上和实践中都应当公平地对待大型会计公司和小型会计公司，对它们的处罚力度应当持平。美国证监会及其他政府机构不应当依赖于私立机构去对公共会计师行业进行合规性审查，而应当亲力亲为。公权私授极大地损害了政府信誉，应予纠正。

（15）成本会计准则委员会的人员构成应当避免由行业协会和会计公

> 司主导。
>
> （16）联邦政府公务员不应当在美国注册会计师协会等有可能会直接
> 或间接影响政府会计政策及程序的机构中兼职。联邦政府公务员应当保持
> 超然独立，避免陷入利益冲突。

美国国会参众两院对证券市场会计、审计问题所做的调查，揭露了证券市场缺乏有效的会计监管这一真实局面，所得出的结论比较相似，论证材料比较相似，特别是《会计运行机制》所收集的素材具有较高的研究价值。

（三）美国注册会计师协会的应对与美国国会 70 年代调查的终结

1977 年 4 月，美国注册会计师协会和财务会计准则委员会分别用一份 40 页和 44 页的文件提出了无力的辩解。美国注册会计师协会会长华莱士·E. 奥尔森多年以后的评论是，梅特卡夫报告对注册会计师行业的冲击，堪比 1941 年"珍珠港事件"对美国海军的冲击。[1]

1977 年 4—6 月，梅特卡夫委员会举行听证会，莫斯是第一位证人。小型会计公司的注册会计师支持梅特卡夫报告，大型会计公司则表示反对。最令美国注册会计师协会感到吃惊的证词来自普华会计公司高级合伙人约翰·比格勒（John Biegler）。比格勒建议制定法律，要求从事公众公司审计业务的会计公司向美国证监会正式注册，每年提交一次财务报表，每三年接受一次质量检查。他的建议激怒了其他几家大型会计公司，美国注册会计师协会的领导和董事纷纷感到错愕。[2]

---

1 Wallace E. Olson, *The Accounting Profession: Years of Trial: 1969-1980*, American Institute of Certified Public Accountants, 1982, p. 43.

2 同 1, 49.

1.美国注册会计师协会仓促改革

1977 年 9 月，为应对社会公众对会计事务异乎寻常的关切，更是为了避免联邦政府亲自对注册会计师行业实施管制，美国注册会计师协会未经会员投票，仓促推出了一套改革方案，在该协会下设立会计公司业务部（Division for CPA Firms），该部门由美国证监会事务分部（SEC Practice Section）和非公众公司事务分部（Private Companies Practice Section）组成。[1]其中，美国证监会事务分部由负责审计一万多家上市公司的会计公司组成。

2.美国注册会计师协会设立公共监察委员会

忌惮于可能会推出的政府监管措施，美国注册会计师推出了"自我监管"（self-regulation）的规则框架。

1977 年 9 月 17 日，美国注册会计师协会设立了由声誉卓著的人士组成的公共监察委员会（Public Oversight Board，POB）[2]，通过制定和实施质量控制准则、引入同业互查程序等措施，对美国证监会事务分部进行监督。POB 有五位成员，主要由前国家公务员、律师、银行家、非执业注册会计师、教育工作者、经济学家、证券行业高管和企业高管构成。

美国证监会对美国注册会计师协会的这些改革措施比较赞赏。[3]后来的事态证明，该协会的形式化改革策略是英明的。

3.70 年代的美国国会调查不了了之

1978 年 1 月，梅特卡夫去世，其所率领的分委员会的调查工作改由参议员托马斯·F. 伊格尔顿（Thomas F. Eagleton）牵头的分委员会继续进行（直至 1979 年参议院失去对这一议题的兴趣为止）。自 1 月 30 日起，莫

1　Stephen A. Zeff, "How the U.S. Accounting Profession Got Where It Is Today: Part 1," *Accounting Horizons*, 2003, 17(3): 189-205.

2　安然事件爆发后，POB 于 2002 年 1 月 20 日宣布即将停止活动，并于同年 5 月 1 日退出历史舞台。

3　莫斯的立法建议在《萨班斯－奥克斯利法案》中得以完整体现，基于该法美国政府创建了公众公司会计监察委员会（Public Company Accounting Oversight Board）。

斯委员会开始举行听证会。3 月 30 日，莫斯宣布听证会结束，他当场承诺，他将提交一份关于对会计行业实施监管的法律草案。6 月 16 日，莫斯果然向众议院提出了一项法案（H.R.13175），名为《公共会计监管法》（Public Accounting Regulatory Act），提议设立一个接受美国证监会监管的新的联邦监管机构，名为"全美美国证监会会计事务组织"（National Organization of Securities and Exchange Commission Accountancy，NOSECA）。《公共会计监管法》要求美国证监会监督该组织制定并发布审计准则和统一的会计原则，对会计公司实施监管并收取监管费。该议案被提交给众议院州际及对外贸易委员会，但该委员会在 1978 年下半年一直忙于处理卡特总统所关注的能源危机问题，以至于直到 1978 年底第 95 届国会届满，莫斯委员会的提案仍被卡在众议院州际及对外贸易委员会。12 月 31 日，莫斯从众议院退休。[1]

最终，莫斯委员会和梅特卡夫委员会的调查乃至立法动议未能形成新的法律。

四、20 世纪 80 年代丁格尔的调查

1985—1988 年，民主党人、众议员、众议院能源与商务委员会附属的监管与调查分委员会主席小约翰·D. 丁格尔（John D. Dingel, Jr.）就会计问题召集了 20 多场听证会。1985 年的听证会从 2 月份一直持续到当年秋天，针对管理咨询服务对注册会计师独立性的影响，以及美国证监会将制定会计规则的公共权力转授给美国注册会计师协会这些问题进行了调查。[2]

---

1 Wallace E. Olson, *The Accounting Profession: Years of Trial: 1969-1980*, American Institute of Certified Public Accountants, 1982, pp. 53-56.

2 Gary J. Previts and Barbara D. Merino, *A History of Accountancy in the United States: The Cultural Significance of Accounting* (Columbus: Ohio State University Press, 1998), p. 381.

专栏 9-27

小约翰·D. 丁格尔

小约翰·D. 丁格尔（John D. Dingel, Jr., 1926—2019），民主党人。第二次世界大战期间参军入伍。1955—2015 年担任众议员，是众议院任期最长的议长，也是美国国会服务时间最长的议员（任职 59 年零 22 天）。2014 年被美国总统巴拉克·奥巴马授予总统自由勋章。

财务会计准则委员会这次受到了严厉的质询。在以往由莫斯和梅特卡夫组织的调查中，财务会计准则委员会不是主角，它只是被莫斯和梅特卡夫率领的工作人员顺藤摸瓜牵出来的。最初，工作人员只是想要针对"八大"会计公司权力过于集中且缺乏上级监管机关这一问题展开调查。但后来"八大"会计公司的管理合伙人在华盛顿作证时频频提及，他们都是按照财务会计准则委员会公布的会计准则来实施审计的，这样就把财务会计准则委员会带到了聚光灯下。

在储贷协会危机的大背景下，丁格尔的调查对财务会计准则委员会格外感兴趣。那些倒闭的储贷协会此前获得的都是干净的审计意见（clean audit opinions），它们的财务报表此前都是光鲜照人的。显然，会计和审计规则都存在严重的问题。各大会计公司的领导再度奔赴华盛顿为公共会计师行业辩解，财务会计准则委员会主席唐纳德·柯克也到国会作证，这是财务会计准则委员会第二次参与国会的调查。

丁格尔与布里洛夫观点相近，他同样认为美国证监会没有尽到监管责任。每每针对公司会计责任和公共会计师行业举行听证会时，他都会邀请布里洛夫出席作证。丁格尔针对一些工商企业和银行破产案件召集了多次听证会，他提出，"我们应该弄清楚究竟问题出在企业舞弊还是糟糕的会计规则上"。[1]

五、内部控制指引文件的出台

针对丁格尔调查所关注的注册会计师审计监督不力、防范财务舞弊的问题，注册会计师行业担心政府再度进行干预，遂主动出击，成立私立监督机构予以应对。

（一）1985 年 COSO 的成立

1985 年，对防范财务舞弊比较感兴趣的 5 家证券会计相关机构——全国会计师协会（National Association of Accountants，现名 Institute of Management Accountants，IMA）、美国注册会计师协会（American Institute of Certified Public Accountants，AICPA）、财务经理国际协会（Financial Executives International，FEI）、美国会计学会（American Accounting Association，AAA）和内部审计师协会（The Institute of Internal Auditors，IIA）——邀请美国证监会前委员小詹姆斯·C. 特雷德韦（James C. Treadway, Jr.）出面，共同成立了"特雷德韦委员会发起组织联合会"（The Committee of Sponsoring Organizations of the Treadway Commission，COSO），其目标是组建民间社团"全国反虚假财务报告委员会"（National Commission on Fraudulent Financial Reporting），俗称特雷德韦委员会（Treadway Commission）。

小詹姆斯·C. 特雷德韦

小詹姆斯·C. 特雷德韦出任 COSO 的首任主席。

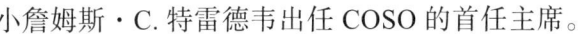

1 L. Berton and B. Ingersoll, "Rep. Dingell to take aim at accountants, SEC in hearings on profession's role as watchdog," *Wall Street Journal*, February 19, 1985, p.1. 转引自：E. Richard Criscione, *Abraham J. (ABE) Briloff: A Biography* (Bingley: JAI Press of Emerald Group Publishing Limited, 2009), p. 78。

COSO宣称其独立于上述五个发起机构，但实质上其组成人员几乎全部来自上述五个发起机构。

特雷德韦委员会建议其发起成员共同制定关于内部控制的完整指南。COSO从1985年10月开始进行调查研究，1987年10月公布研究报告《全国反虚假财务报告委员会的报告》（Report of the National Commission on Fraudulent Financial Reporting），该报告引用了丁格尔调查所收集的大量资料。之后，COSO委托永道会计公司继续展开研究并形成了关于内部控制的整体框架的研究报告。

（二）1992年的《内部控制——整合框架》提出的内部控制"五要素"

1992年9月，COSO公布了一套四卷本的《内部控制——整合框架》（Internal Control—Integrated Framework）。该文件于1994年修正再版。该文件提出了内部控制的定义并制定了评价和改进内部控制的框架。该报告是评价企业执行《1977年反海外行贿法》有效性的标准之一。

COSO所公布的内部控制框架提出，内部控制包括下列要素（见图9-9）：（1）控制环境（control environment）；（2）风险评估过程（risk assessment）；（3）与财务报告相关的信息系统（包括相关业务流程）和沟通（information and communication）；（4）控制活动（control activities）；（5）对控制的监督（monitoring activities）。但在实际业务中，被审计单位可能并不一定按照这种分类方式来设计和执行内部控制。

内部控制是注册会计师行业的挡箭牌。实在地说，内部控制制度的设计和实施取决于公司股东的自觉自愿，本属于公司内部事务（即"分内"的事），并无立法予以干预的必要。如果严刑峻法能够对企业高管形成有效约束，那么他们自然会关注内部控制问题。内部控制只有在高级管理层有意愿约束自己的行为时才有可能是有效的。在我国，内部控制出问题的单位主要是国有企业和上市公司，它们有一个共同点，那就是"管理者花的是别人的

图 9-9 COSO 的内部控制理论立方体

钱"。作为对比，"花自己的钱"的私营企业极少出现内部控制上的问题。在
这个意义上，内部控制问题主要是一个量体裁衣的管理制度设计的问题，学
术研究价值不大。

六、20 世纪 90 年代美国国会对证券市场会计、审计问题的调查

20 世纪 80 年代末，数以千计的储贷协会破产或者被兼并收购。热门刊物
以"储贷协会强烈反对注册会计师"来刻画 20 世纪 90 年代的听证会。民主
党人、众议员罗恩·怀登（Ron Wyden）基于其 1986 年的一份立法动议提出
了新的立法动议，要求注册会计师提前向社会公众公布预警信息，以避免出
现这种雪崩一般的股灾。[1]

---

1 A. L. Cowan, "S&L Backlash Against Accountants," *New York Times*, July 31,1990, pp. C1-C5.
转引自：Gary J. Previts and Barbara D. Merino, *A History of Accountancy in the United States: The Cultural Significance of Accounting* (Columbus: Ohio State University Press, 1998), p. 381。

美国联邦审计署遵照罗恩·怀登的要求，针对储贷协会危机的形成原因展开了密集调查，形成了多份研究报告。该机构发现，储贷协会的内部控制比较薄弱，会计准则存在较大缺陷，这都是导致储贷协会危机深化的诱因。美国联邦审计署 1991 年 4 月 22 日向参众两院提交的调查报告《失败的银行：亟须进行会计和审计改革》更是指出，公认会计原则存在缺陷，应当尽快进行改革。

七、注册金融分析师协会 1993 年提出会计准则的改进建议

1992 年 7 月，投资管理与研究协会（AIMR）的财务会计政策委员会（FAPC）向该协会理事会提交了立场报告——《20 世纪 90 年代及以后的财务报告》的征求意见稿。该文件针对 20 世纪 90 年代财务会计政策提出了一些改进建议，由宾夕法尼亚大学沃顿商学院的彼得·克努森（Peter Knutson）执笔撰写。[1] 报告最终版于 1993 年公布。

报告倡议努力制定全球认可的公认会计原则，呼吁完善商誉、综合收益等相关会计规则，支持财务会计准则委员会继续在分部报告、季度报告方面深耕。耐人寻味的是，作为公共会计师行业锚定的会计信息的主要使用者，投资管理与研究协会反对推行现行价值会计，要求准则制定者进一步审慎研究。

值得肯定的是，虽然该报告的主基调是要求会计规则顺应金融分析师的要求进行变革，但该报告仍然能够正确地指出，大多数金融分析师主张保留历史成本会计，反对从财务报表中取消历史成本会计。

---

1 Financial Accounting Policy Committee, "Financial Reporting in the 1990s and Beyond: An Executive Summary," *Financial Analysts Journal*, 1992, 48(6): 21-23.

 **专栏 9-28**

注册金融分析师协会 1993 年报告的观点摘要

□资本市场的全球化和自由企业在全球的传播对金融分析师行业产生了巨大影响。比较不同性质的投资机会所需的信息，比以往任何时候都更加重要。因此，国际会计准则委员会（IASC）和国际证监会组织（IOSCO）的活动受到了越来越多的关注。**我们支持加快国际化进程，支持建设全球公认的会计准则，以维护金融分析师的利益。**

□当前所使用的会计模型，是针对制造或销售业务开发的。如今，各种类型的服务已成为经济活动的主要部分，金融资产发挥着越来越大的作用。因此，当前的会计模式**在许多方面都面临挑战。**

□**应继续审议现行价值在财务报告中的作用。**大多数金融分析师都**不赞成市值会计，不支持从财务报表中取消历史成本会计，**他们不相信相关性的增加足以抵消新数据可靠性的降低。但也有人有不同看法。

□**建议购买的商誉在购买之日注销。我们看不出来把它列入资产负债表对于估计公司的未来现金流量或衡量其价值有什么用处。**因此，我们建议从资产项目中剔除商誉，同时将其单列为股东权益的减项。

□近年来，美国强制性的季度报告受到了越来越多的攻击。**许多人指责季度报告导致短期主义，**并导致美国与那些通常每半年公布一次财务报告的世界其他地区相比缺乏竞争力。**我们认为那些指责是错误的。**

□金融市场和金融分析依靠信息而繁荣。金融分析师作为投资专业人士，需要掌握高频次、可靠和相关的信息。最近，财务会计准则委员会启动了一个分类项目，**投资管理与研究协会（AIMR）除了对其给予总体认可外，还为该项目提供了部分财务支持。分部信息在描述企业的组织和管理方式时最为有用，**我们敦促财务会计准则委员会尽早完善这类准则。

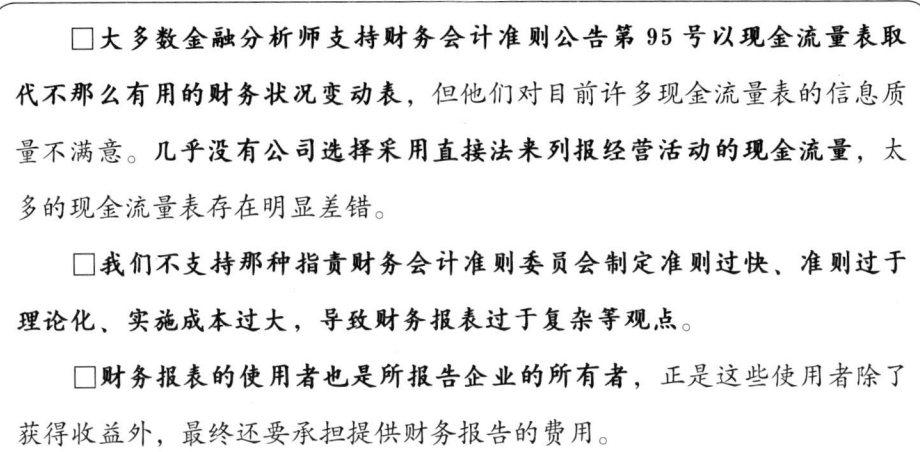

> □大多数金融分析师支持财务会计准则公告第95号以现金流量表取代不那么有用的财务状况变动表，但他们对目前许多现金流量表的信息质量不满意。几乎没有公司选择采用直接法来列报经营活动的现金流量，太多的现金流量表存在明显差错。
>
> □我们不支持那种指责财务会计准则委员会制定准则过快、准则过于理论化、实施成本过大，导致财务报表过于复杂等观点。
>
> □财务报表的使用者也是所报告企业的所有者，正是这些使用者除了获得收益外，最终还要承担提供财务报告的费用。

显然，注册金融分析师协会所提的建议无异于扬汤止沸。根本的问题是，会计规则缺乏证明力，因而不具备公益性、公信力，而注册金融分析师协会为行业一己之私，只顾呼吁制定全球会计准则，并未顾得上尊重会计规则自身的逻辑。

八、律师作为看门人的沉重代价：储贷协会危机的秋后算账

储贷协会危机期间，数以千计的储贷协会倒闭，使得美国联邦政府花费了1 190亿美元来处理危机。影响最大的倒闭事件是查尔斯·基廷（Charles Keating）执掌的林肯储贷协会（Lincoln Savings and Loan），导致联邦政府损失了20亿美元。1992年3月1日，储蓄机构管理局（Office of Thrift Supervision，OTS）起诉林肯储贷协会的律师事务所凯寿（Kaye, Scholer, Fierman, Hays & Handler），诉讼标的2.75亿美元。在OTS提交指控通知6天后，凯寿以4 100万美元和解了此案。该案在法律界引起了巨大争议。[1]

知名法律道德专家、耶鲁大学法学院教授杰弗里·哈泽德（Geoffrey Hazard）在其为凯寿出具的专家意见中指出，凯寿在此案中的角色是"诉讼

---

1 William H. Simon, "The Kaye Scholer Affair: the Lawyer's Duty of Candor and the Bar's Temptations of Evasion and Apology," *Law & Social Inquiry*, 1998, 23(2): 243-295.

律师"，因为该案已"成为对抗性的"并涉及"对诉讼的合理预期"。凯寿作为诉讼律师，有责任维护当事人的利益，没有义务"披露客户案件中的弱点"，也不需要"披露（客户的）机密"。凯寿不需要"对客户的行为做出不利的描述，即使事实允许做出这样的描述"。[1]

1989—1992 年间，政府通过起诉储贷协会的律师事务所，共挽回了 17 亿美元的损失。[2]

储贷协会危机明明是 80 年代放松管制的恶果，却要律师行业来买单。这一切，都是律师充任看门人的沉重代价。

九、詹金斯委员会提出的改进方案

面对汹涌的诉讼浪潮，美国注册会计师协会于 1991 年成立财务报告特别委员会，试图梳理企业财务报告的内容以及审计工作的改进策略，以解决针对企业报告的相关性和有用性的争议。该委员会简称詹金斯委员会，主席为安达信会计公司合伙人埃德蒙·L.詹金斯（Edmund L. Jenkins）。

1994 年 12 月，詹金斯委员会提交研究报告《改善企业报告——以客户为中心》，简称詹金斯报告。[3] 该报告将财务报表视为企业报告的组成部分。

 专栏 9-29

詹金斯报告观点摘录

□美国证券市场上的财务报告系统是世界上最好的。

---

1 Dennis E. Curtis, "Old Knights and New Champions: Kaye, Scholer, the Office of Thrift Supervision, and the Pursuit of the Dollar," *Southern California Law Review*, 1993, 66: 985-1018.

2 Nancy Amoury Combs, "Understanding Kaye Scholer: the Autonomous Citizen, the Managed Subject and the Role of the Lawyer," *California Law Review*, 1994, 82(3): 663-716.

3 American Institute of Certified Public Accountants, Special Committee on Financial Reporting, "Improving business reporting—a customer focus: meeting the information needs of investors and creditors; Jenkins Report," AICPA Committees, 1994, p. 102.

□建议在四个方面进行改进：

一是改进业务报告中的信息类型，开发企业报告综合模型（a comprehensive model of business reporting）。作为对比，现有模型侧重于财务报表，而不是广泛的用户信息需求。为了满足用户不断变化的需求，业务报告必须：（1）提供更多关于计划、机会、风险和不确定性的信息；（2）更多地关注创造长期价值的因素，包括能够指明关键业务流程如何执行的非财务指标，如客户满意度、产品开发提前期等；（3）使对外报告的信息尽量向企业内部高级管理层报告的、用于企业管理的信息看齐。

二是改进财务报表。具体包括：改进分部信息的披露；改进创新型金融工具的披露和会计处理；改进表外融资安排的会计规则，以及关于其性质、机会、风险的披露；分别报告核心和非核心活动及事件（core and non-core activities and events）的影响，并以公允价值计量非核心资产和负债；改进对某些资产和负债的计量的不确定性的披露。

三是改进审计师对业务报告的参与度。

四是提供有助于改进的环境。应鼓励用户与准则制定者合作；准则制定者应继续与外国准则制定者和国际准则制定者合作。当前的法律环境不鼓励公司披露前瞻性信息。在找到办法更有效地防范无根据的诉讼之前，公司不必扩大前瞻性信息的报告范围。

□目前，准则制定者不应关注基于价值的会计模型。尽管许多用户支持公允价值信息的披露，但他们反对引入公允价值会计。

□有些人建议购买的商誉在购买时记为费用或直接从权益中扣除，但也有很多用户反对。

□经济、法规和文化的差异导致各国之间企业报告的做法多种多样。这种多样性削弱了用户进行比较分析的能力（这是财务分析的主要目标）。

詹金斯报告本身是一套面向金融分析的构想，如果按照这套规则去改进会计，那只能越改越差。由于它本身并没有针对会计信息缺乏证明力这个核心问题去开展研究，也就不难理解为何该报告基本上没有发挥什么实际作用，它更多是在教科书中流传。

第六节 安然事件和次贷危机对会计规则的影响

一、大型会计公司与美国证监会分庭抗礼

1972 年 7 月 6 日，哥伦比亚特区的美国地方法院针对美利坚合众国诉美国注册会计师协会这一反垄断案件作出一致判决，美国注册会计师协会《职业道德守则》（Code of Professional Ethics）第 3.03 条规则关于禁止竞价的规则非法、无效。美国注册会计师协会屈从于司法部的压力，取消了《职业道德守则》中关于禁止压价竞争的规定。1979 年，该协会又进一步取消了关于禁止发布广告招揽业务的规定。会计公司之间的竞争日趋激烈，注册会计师行业的经营氛围发生了显著变化。[1]

到 1980 年时，注册会计师的职业态度不断商业化，几近丧失原则，注册会计师行业已经走到公众信任危机的边缘。种种迹象表明，大型会计公司开始撤离主流行业领域，它们热衷于承接咨询业务而不是审计业务。80 年代中期，所有"八大"会计公司的内部会计刊物要么停办，要么全部转为非技术性的，"八大"会计公司提交给财务会计准则委员会的书面建议的质量也有所降低。到 1986 年，普华已经演变成为提供综合服务的咨询公司，其他大型会

---

1 Steven S. Anreder, "Profit or Loss? Price-Cutting Is Hitting Accountants in the Bottom Line," *Barron's*, 1979, 59(11): 9; Eli Mason, "Public accounting—No longer a profession?" *The CPA Journal*, 1994, 64(7): 34-37.

计公司也与之无异。会计公司是追求盈利的企业，不断增长的利润率和全球化扩张使得它们成为大型跨国企业，行业价值对它们而言微不足道。[1]

进入 90 年代，大型会计公司为了应对诉讼浪潮，与美国注册会计师协会一道主动出击游说。[2]克林顿政府期间出台的《1995 年私人证券诉讼改革法》为注册会计师提供了护身符，起诉审计师的难度更大，审计行业更加"安全"。美国注册会计师行业对《1995 年私人证券诉讼改革法》的立法游说最为积极，该行业也是从中获利最丰的行业。1998—2000 年，美国证监会主席阿瑟·莱维特试图限制注册会计师为其审计客户提供咨询服务，但美国注册会计师行业转脸就去游说国会，径行以美国证监会的经费问题相要挟。[3]

20 世纪初，大型会计公司的政治地位突飞猛进，已经远远不是 1933 年刚刚谋得美国联邦证券法庇佑时的形象了，它们不再是证券交易所的小伙计了。准确地说，它们已经成为总统的座上宾。

2000 年 5 月 10 日，美国国会资深众议员丁格尔致函美国证监会主席莱维特，敦促其关注已经引起广泛质疑的注册会计师行业的独立性问题。丁格尔指出，兰迪斯对注册会计师行业的评价是符合实际的，注册会计师是在为其雇主服务，独立性并不存在。"美国注册会计师协会的所作所为岂止是令人发指，这只能让我不惮于以最坏的恶意去怀疑，它和那些会计公司必定想隐瞒点什么。"

莱维特发现，"公共会计师行业正通过其全部的政治、法律和财务的影响力来和我们斗争"。2000 年 6 月 20 日，莱维特试图劝说"五大"会计公司不

---

1 Stephen A. Zeff, "How the U.S. Accounting Profession Got Where It Is Today: Part 2," *Accounting Horizons*, 2003, 17(4): 267-286.

2 J. Michael Cook, Eugene M. Freedman, Ray J. Groves, Jon C. Madonna, et al., "The Liability Crisis in the United States, Impact on the Accounting Profession," *Journal of Accountancy*, 1992, 174(5): 18-26.

3 John C. Coffee Jr., *Gatekeepers: The Professions and Corporate Governance* (New York: Oxford University Press, 2006), pp. 363-364.

要因咨询服务影响审计独立性。但"五大"认为，美国证监会出台的规则会严重地限制它们的咨询业务，它们永远不会遵守那些规则。莱维特要求"五大"帮助美国证监会找个解决办法，但它们对那些企图迫使它们放弃咨询服务的规则不予理睬。在这一点上，安达信的首席执行官鲍勃·克拉夫顿对莱维特说，"阿瑟，你再这样坚持下去，就要开战了"。注册会计师们通过捐助竞选活动予以回击。"五大"会计公司与其他会计公司、美国注册会计师协会一起投钱，为几百名国会候选人和布什提供竞选资金。根据"快速反应中心"这个无党派研究小组的报告，在 2000 年竞选周期中，它们总共投入了 1 450 万美元，"五大"会计公司都位列捐助小布什总统的前 20 名。[1]

20 世纪 90 年代，哈维·L. 皮特（Harvey L. Pitt）所在的 Fried, Frank, Harris & Shriver 律师事务所担任安达信的法律顾问。作为证券律师，皮特倡导金融中介行业的自我监管（self-regulation）。2000 年，当莱维特试图逼迫注册会计师行业改革，从而恢复审计师独立性时，注册会计师行业聘用皮特来与莱维特对抗。最终，国会甚至以扣减经费相要挟，莱维特只好做出让步。2001 年 8 月，美国总统小布什任命皮特接替莱维特出任美国证监会主席。在美国证监会主席任上，皮特被美国财经媒体广泛报道为美国注册会计师行业利益的辩护人，是最具争议、最孤立的美国证监会主席。2002 年，皮特任命中央情报局前局长威廉·韦伯斯特（William Webster）出任新成立的公众公司会计监察委员会（PCAOB）主席，然而接着媒体就爆出韦伯斯特曾担任一家涉嫌欺诈的小型上市公司的审计委员会主席。随着丑闻的酝酿，皮特因与注册会计师行业过从甚密等原因，最终于 2002 年 11 月宣布辞职，并于 2003 年 2 月正式离任。

美国注册会计师行业成功地在美国证监会安插了代理人和雇员，并占据

---

1 ［美］乔尔·塞里格曼：《华尔街的变迁：证券交易委员会及现代公司融资制度演进》（第 3 版），徐雅萍等译，中国财政经济出版社，2009，第 677—679 页。

美国证监会的多数席位。没有哪个游说集团、利益集团能像注册会计师行业那样，一度攫取了凌驾于监管机构之上的权力。注册会计师行业可以联合起来对抗政府监管，却不能联合起来抵御客户的无理要求，这是一个何其诡异的场景。[1]

 专栏 9-30

美国证监会主席莱维特观点摘录

□ 1933 年和 1934 年的联邦证券法为注册会计师独立审计开辟了广阔的市场。法律要求向公众报告的财务报告，必须经过独立的验证。得益于联邦法律的这一规定，公共会计师行业在数年中很快繁荣起来。

□ 大约四分之一世纪前，国会一份有关会计准则制定机制的报告总结道，"比起保护公众的利益，大型会计公司似乎更关心公司管理层的利益，因为是管理层选择审计师，并向他们付费。然而，国会是为了公众的利益才确定了独立审计师的地位"。

□ 作为致力于服务美国投资者的职业，为什么我们极少听到业内领导人为公众利益说话？为什么我们必须找来早已磨旧的斯派塞克那本厚厚的演讲集，必须读一读这位注册会计师行业的空想家的演讲，才能重新认识到独立审计师的工作的伟大社会价值，认识到注册会计师的荣耀与责任？相反，这个行业中的一些人似乎更关心扩展他们的角色，使得审计责任常常成了他们进入更有利可图的服务领域的敲门砖。美国注册会计师协会甚至建议授予一种新证书——Super CPA（超级注册会计师），以证明注册会计师们能够为他们的客户提供一揽子多样化的财务咨询与管理服务……在我看来，美国的注册会计师行业已将其主要责任完好地进行商业化运

---

1 John C. Coffee Jr., *Gatekeepers: The Professions and Corporate Governance* (New York: Oxford University Press, 2006), pp. 363-364.

> 作了。
>
> □我们已清楚地看到审计的价值正被推入危险之中。大会计公司的领导们"消极地看待审计，就像对待一种商品"。当会计师行业的一些人谈论审计时，认为它不过是一套技巧或商业流程，因此宣称不会从大学中吸收最好最优秀的人才时，我们会感到惊奇吗？
>
> 资料来源：莱维特等：《美国会计业向何处去？》，《证券市场导报》2002 年第 3 期；李为等：《会计师的特权与责任》，《证券市场导报》2002 年第 2 期。

公共会计师行业的产业化不仅仅出现在美国。就全球资本市场而言，审计公司的国际化远远超出了会计的国际化，审计公司经过合并数量越来越少，其定位也明显越来越商业化。或许更恰当地说，我们应该称之为审计产业（the audit industry）。审计产业试图承担更多的监管职能，这是会计实践的真实背景。[1] 大型会计公司不仅仅在规模和地域上扩展迅猛，它们的业务还超越会计和审计服务，从而将自己重新塑造成为全能型金融专家。西方国家的政府采用了金融部门所偏爱的更弱的监管机制，财务报告和审计在其中扮演突出角色。这种"准则—监督—顺从"机制（standards-surveillance-compliance system）将会计监管交给了一系列私人机构，如会计规则制定者、会计公司、债券评级机构。这些私人机构扮演着证券市场的准监管者的角色。

二、1996 年美国联邦审计署针对会计审计问题的研究报告

1996 年 9 月 24 日，美国联邦审计署在其提交给众议院商务委员会的报告《会计行业：主要问题、进展和关注点》（简称联邦审计署报告）中指出，注册会计师行业针对 1972—1995 年间许多研究提出的主要问题做出了积极改变，

---

1 Anthony G. Hopwood, "Whither Accounting Research?" *The Accounting Review*, 2007, 82(5): 1365-1374.

但并未有效解决审计师独立性、审计师发现舞弊和报告内部控制缺陷的责任以及公众参与准则制定等问题。[1]

丁格尔此时担任众议院商务委员会主席。

 专栏 9-31

1996 年联邦审计署报告观点摘录

联邦审计署分析了 1972—1995 年间各种研究中涉及的五个主要问题：（1）审计师独立性；（2）审计师对舞弊和内部控制的责任；（3）审计质量；（4）会计和审计标准制定过程和财务报告的有效性；（5）审计师在提高财务报告质量方面的作用。

20 世纪 70 年代，一系列大公司的意外失败以及公司海外行贿丑闻的披露促使美国国会对美国证监会以及审计师在财务报告中的作用进行了审查。1977 年，美国国会颁布了《1977 年反海外行贿法》，要求美国证监会所辖公众公司建立能够编制合理财务报告的内部会计控制。80 年代，持续曝光的商业失败（特别是储贷协会危机）促使美国国会再度就会计和审计问题展开了调查。1992 年和 1994 年美国证监会首席会计师沃尔特·舒茨提出的审计师独立性问题，也促使人们重新审视会计行业。

会计界最近公开表示支持审计师报告客户的内部控制缺陷。20 世纪 80 年代的储贷协会危机表明，薄弱的内部控制给公众带来了巨大的代价。但审计师评估内部控制的责任相当有限。

会计行业的自我监管计划（Self-Regulation Program）提高了审计质量。美国注册会计师协会 1977 年组建公共监察委员会（POB），产生了积极影响。

---

1 United States General Accounting Office, *The Accounting Profession—Major Issues: Progress and Concerns*, Report to the Ranking Minority Member, Committee on Commerce, House of Representatives, September 24 1996.

> 《1995 年私人证券诉讼改革法》要求审计师向审计委员会、董事会直至美国证监会报告其发现的欺诈情节。尽管该法提供了一些责任减免，并要求报告可能涉及董事和审计师的某些事项，但该法并未从根本上解决审计师与董事会或审计委员会之间现有的工作关系。美国证监会有责任和权力确保注册会计师是独立的。
>
> 目前的财务报告模型未能完全满足用户的需求，信息需求和可用性正在挑战传统的审计职能，但诉讼问题阻碍了审计师扩大职责范围的意愿。

1999 年，纽约证券交易所、纳斯达克证券交易所和美国证券交易所要求上市公司设立由至少三名独立董事（特殊情况下可以有一位非独立董事）组成的审计委员会，每一位成员都要具备财务知识，其中一位必须具备会计工作经验。[1]

三、2000 年公共监察委员会的自查报告

20 世纪 90 年代美国证监会首席会计师舒茨对审计师独立性问题的质疑，以及美国证监会主席莱维特对注册会计师行业的抨击，凸显了注册会计师审计制度的内在矛盾。对此，美国证监会要求公共监察委员会（POB）对审计制度进行彻底和客观的检查，以探索增强审计有效性的可行方案。

1998 年 10 月，POB 根据莱维特的要求，设立了高级专家小组——审计有效性专家咨询组（Panel on Audit Effectiveness），对审计模式进行评估。该专家咨询组主席为普华会计公司前董事长肖恩·F. 奥马利（Shaun F. O'Malley），成员包括美国证监会前委员、美国证券交易所董事长以及哥伦比亚大学、加州大学教授。

---

1 James D. Cox, "Reforming the Culture of Financial Reporting: The PCAOB and the Metrics for Accounting Measurements," *Washington University Law Quarterly*, 2003, 81(2): 301.

2000 年 8 月 31 日，审计有效性专家咨询组的评估报告称，"注册会计师行业及其审计质量从根本上来说都相当令人满意"[1]。

 专栏 9-32

2000 年美国注册会计师协会公共监察委员会的自查报告摘录

本专家咨询组没有能力断言是否应当禁止审计公司向其审计客户提供非审计和非税务服务。现行审计机制虽然需要加强和更新，但总体上是合适的。公司的审计委员会应当对会计公司超过特定阈值的非审计服务进行审批。

虽然近年来的审计标准有所加强，但**会计公司可能也存在缩小审计范围和降低测试水平的问题**，至少部分原因是重新设计了审计方法。审计行业没有跟上快速变化的环境，需要大力解决欺诈性财务报告问题，包括非法盈余管理等形式的欺诈行为。

盈余管理（earnings management）一词涵盖了管理层影响实体盈余的各种合法和非法行为。针对其中可能存在的欺诈，**审计准则应当在审计程序中创建一个"司法型"现场工作环节**（"forensic-type" fieldwork phase），要求审计师出其不意地针对可能的欺诈进行实质性测试，从而提高审计师发现重大欺诈的可能性。

应激励审计师自豪地高举客观、独立、专业怀疑态度（professional skepticism）和对公众负责（accountability to the public）的旗帜，开展高质量审计工作。

一般认为，美国的审计准则是世界上最全面、要求最高的审计准则。建议审计准则委员会（ASB）制定更严格、更权威的审计准则（stronger

---

1 American Institute of Certified Public Accountants, SEC Practice Section, Public Oversight Board, Panel on Audit Effectiveness, *Panel on Audit Effectiveness Report and Recommendations*, August 31, 2000.

and more definitive auditing standards），从而推动审计师的表现发生实质性改变。

建议对注册会计师行业的自我监管制度（self-governance system）进行重大变革。美国注册会计师协会应加强同行互查，对最大的会计公司进行更频繁的互查。

建议会计公司以国际审计准则为最低标准，在全球范围内实施统一的审计方法，并使所有会计公司接受定期检查程序。国际会计师联合会应当为国际审计行业建立国际自我监管制度（international self-regulatory system）。

审计师要具备的品质包括事实上和表面上的独立性（independence in fact and in appearance）、遵守严格的道德标准、强烈的个人诚信感以及即使面临巨大压力也能客观行事的意愿，最重要的是，应当把保护公共利益放在首位。

1974年和1978年，美国证监会发布规则，要求公众公司每年都要披露审计委员会的组成、履职情况以及召开的会议次数。1999年，美国证监会出台新规，要求公众公司将审计委员会的章程、报告纳入监管报告。纽约证券交易所、美国证券交易所和纳斯达克证券交易所等全国性交易所都要求公众公司设立审计委员会，其成员仅限于独立董事。外部审计师最终要对董事会和审计委员会负责。

本专家咨询组呼吁所有审计师牢记，只有高质量的审计才能服务于公众利益，公众才是注册会计师最重要的客户。

四、安然事件

安然事件是会计规则弹性化导致美国证券市场会计监管形同虚设的一

个典型例证，在事实上宣告了美国资本市场精心营造的会计和审计神话的终结。当时的公认会计原则，无论在篇幅上还是在复杂程度上，都是令人叹为观止的。公认会计原则的印刷版长达近 5 000 页，其中，只是衍生工具会计规则就有约 800 页。有观点认为，公认会计原则之所以出现"超载"（overload）现象，主要原因是注册会计师行业试图通过极度烦琐的规则来规避潜在的诉讼风险。[1]其实，究其主要原因，会计准则日趋复杂化是公共会计师行业迎合企业管理层诉求的结果。弹性化会计规则是能够确保公司会计师和公共会计师各得其所的理性选择。可以说，公认会计原则是公共会计师行业为企业管理层精心设计出来的成人版的"海洋球池"（ocean ball pool）。海洋球越多，企业管理层玩起来就越踏实。会计准则就像神仙的如意。

安然事件是弹性化会计规则与错误的审计制度、激励制度、证券监管制度综合发挥作用的一次大爆发，同时也是证券市场上集体性欺诈的一个缩影。商业银行、投资银行、信用评级公司、会计公司等金融市场从业机构形成了一个紧密的利益链条，弹性化会计规则是这些机构的做市工具。一言以蔽之，安然事件的逻辑就是，股票期权计划诱导企业管理层拉升股价；企业管理层选择使用做报表而不是做实业的办法来拉升股价；做报表的办法就是利用弹性化会计规则，如合并报表（使用特殊目的实体来操纵）、公允价值会计等；会计公司提供会计准则方面的技术支持。这是做市商（券商）、上市公司、会计公司联袂出演的一场大片。这种故事每天都在上演，只不过这次演得过了头而已。美国证券市场上的证券监管早已回到大萧条以前的状态，两者最大的区别就是，如今的操纵是公开化的、依照公认会计原则进行的"合规操纵"。

---

1 William A. Niskanen, *After Enron: Lessons for Public Policy* (Oxford: Rowman & Littlefield Publishers, 2005), pp. 47-53.

（一）贝雷斯福德对公允价值会计的反思

就在安然事件爆发之前半年，财务会计准则委员会前主席丹尼斯·R.贝雷斯福德（1987—1997年在任）在知名财经杂志《巴伦周刊》上发表文章，对财务会计准则委员会推出的财务会计概念公告第7号及其试图在资产负债表的负债项目中推行公允价值会计的动向提出批评。贝雷斯福德认为，财务会计准则委员会走得太远了，即便是财务会计概念公告第7号已经公布，它也有必要认真研究一下以公允价值计量负债项目是否真的可行。该文标题为"Unfair Value"。自此以后，会计准则在财经报道中便常常与"Unfair Value"联系在一起。《巴伦周刊》为该文章配的漫画如图9-10所示。

图9-10　《巴伦周刊》讽刺"公允价值"概念的漫画

资料来源：Dennis R. Beresford, "Unfair Value," *Barron's*, 2001, 81(21): 39.

（二）安然事件的爆发

安然公司2001年在美国《财富》杂志的"美国500强"中位列第7名，在"世界500强"中位列第16名。安然还连续6年入选《福布斯》杂志评选的"最受尊重公司"中的"最具创新精神公司"。2001年2月，安然被《财富》杂志评为全美"最佳管理奖"亚军。一切都很光鲜。事后调查表明，安然公司的耀世光环几乎都是利用公认会计原则中的弹性化规则设计出来的。[1]

专栏 9-33

安然公司从实业向金融的转型及其破产

一、实业发展之路

1930 年，北方天然气公司（Northern Natural Gas Company）在内布拉斯加州的奥马哈成立，主要风险投资者是得克萨斯州的孤星公司（Lone Star Corporation）。北方天然气公司铺设了一条管道网，用以将天然气输送到美国平原地区各州的居民区和工业市场。随着收入和利润的不断增长，北方天然气公司收购了几十个较小的竞争对手，一举成为美国最大的天然气供应公司。1947 年，该公司在纽约证券交易所上市，这成为公司发展的一个里程碑，为此后 20 多年持续推行收购发展策略（growth-through-acquisition strategy）提供了资金支持。20 世纪 70 年代，该公司成为开发阿拉斯加管道线的主要投资者，从而叩开了开采加拿大巨量天然气储备的大门。1980 年，北方天然气公司更名为中北公司（InterNorth, Inc.）。在随后的几年里，通过投资天然气行业之外的风险项目，包括石油勘探、化工、煤炭开采和燃料贸易业务，公司扩大了营业范围。不过此时公司管理层的主要精力还是集中在天然气行业。1985 年，中北公司以 23 亿美元的价格收购了休斯敦天然气公司（Houston Natural Gas Company）。这次收购使中北公司控制了一条 40 000 英里长的天然气管道网，也使中北公司实现了长期所追求的成为美国最大天然气公司的目标。1986 年，中北公司更名为安然（Enron）公司。原休斯敦天然气公司董事长肯尼思·莱（Kenneth Lay）成为安然公司的最高领导，并以休斯敦为公司总部所在

---

1 安然事件涉及合并报表、表外业务、股票期权、公允价值会计等诸多重大会计理论问题。

地。莱沿袭了在北方天然气公司、中北公司管理层中长期占主导地位的激进的发展战略，他聘用杰弗里·斯基林（Jeffrey Skilling）作为高级管理人员。

二、资本运作之路

20 世纪 90 年代，斯基林启动将安然公司由天然气供应商转变为能源交易公司的战略转型，最终使安然公司转变为介于能源生产商与终端消费者之间的中间商。2000 年，安然公司收入增长份额的 60% 来自 1999 年创设的 B2B 电子商务平台安然在线（Enron Online）。仅在 2000 年一个会计年度内，安然在线就处理了 3 350 亿美元的交易，轻松地让安然公司成为世界上最大的电子商务公司。

2001 年初，斯基林接替莱担任安然公司首席执行官（CEO），莱保留董事会主席的头衔。安然公司极力倡导新经济商业模式，赢得了商界超级精英的美誉。全美第七大企业的首席执行官的头衔，也让斯基林获得了接近政治和政府要害部门的捷径。2001 年，斯基林为乔治·W.布什的竞选班子提供了服务。2001 年 6 月，斯基林被评为"全美第一首席执行官"，而安然公司则被赞为"美国最具创新精神的公司"。安然公司的首席财务官安德鲁·法斯托（Andrew Fastow）因帮助这家全美最大、业务最复杂的公司之一创建了财务结构而得到人们的认可。1999 年《CFO 杂志》以法斯托在"财务技术方面独一无二的开创性工作"而授予他"资本结构管理杰出奖"。肯尼思·莱和杰弗里·斯基林在安然公司的整个任职期间，一直将注意力集中在提高公司营运业绩上。在安然公司提交给股东的 2000 年年度财务报告的文件中，莱和斯基林这样表示，"安然公司像激光束一样关注着每股收益，并且期望获得持续强劲的盈利业绩"。随着安然公司业务收入和利润的急剧增长，高层管理人员变得更加胆大妄为。

三、破产之路

在整个 2001 年，安然公司的股票价格呈持续下跌之势。斯基林在安然公司担任 CEO 仅 6 个月就突然辞职，这给人们留下了极大悬念。安然的经理们公开将公司股价下跌归咎于三个方面：天然气价格的下降，对诸如安然在线等电力市场远期潜力的担忧，以及对国家经济整体不景气的担忧。到了 10 月中旬，安然公司股票价格已经从年初的每股 80 美元跌至 30 多美元。2001 年 10 月 16 日，安然公司公布了 2001 年第三季度的季度收益报告，披露公司在这一季度发生了巨额亏损。安然公司的股票价格应声直线下降。三个星期后的 11 月 8 日，安然公司重编了过去 5 年间的收益情况，剔除了大约 6 亿美元的利润。重编的报表后来被证实敲响了安然的丧钟。2001 年 12 月 2 日，来自债权人、针对安然公司和管理人员的未决而有威胁性的诉讼以及司法机关调查的共同压力，迫使安然公司不得不申请破产保护。安然公司没有成为世界上最伟大的公司，却是当时美国历史上最大的破产公司，单是安然公司的股东就承担了 600 多亿美元的损失。紧随其后的世通公司（WorldCom）再创纪录，损失超过了 1 000 亿美元，审计师同样也是安达信会计公司。

人们无法理解的是，作为堂堂全美第七大上市公司，安然何以在短短几个月内就丧失了偿债能力？而在此前的几年里，这家上市公司的利润一直是在不断攀升的呀！

安然公司与其所设立的许多有限合伙企业进行了一系列金额巨大而且复杂的业务交易，并采用激进的会计方法对这些交易做了处理。这些有限合伙企业被称为特殊目的实体（special purpose entities，SPE）或者特殊目的载体（special purpose vehicles，SPV）。安然公司通过安排一个第三方为特殊目的实体提供所需资金的 3%，就可以不把该 SPE 纳入合并范围，这就是所谓 3% 规则。这样，安然公司就可以通过跟 SPE 做交易来更改资产和利润数据，这些交易本质上就是"与自己进行交易"。2001 年安然公司在其财务报表中极少披露与特殊目的实体之间发生的交易，而披露的信息中涉及特殊目的实体的部分也极其晦涩难懂。

安然公司还大量运用了其他会计伎俩，如有争议的盯市会计（mark-to-market accounting）来处理其长期产品合约，比如各种能源商品、主要的天然气和电力产品。2001 年末，《纽约时报》的一则报道称，这一年其实是安达信会计公司有史以来状况最坏的一年，而"这家会计公司曾是行业道德的楷模"。2002 年 6 月，联邦陪审团宣布对安达信会计公司妨碍司法调查的指控成立。安然公司崩塌了，会计职业界为此付出的代价并不只限于安达信会计公司及其合伙人和雇员，对安达信会计公司洪水般的嘲笑和奚落，使得整个国家中每一位会计职业的从业者，不论他是在公共领域执业还是在私人部门就职，都感到了被玷污的羞耻和无尽的尴尬。安然公司的噩梦也加速了人们对职业精神的重新寻求和企盼。

2005 年 5 月 31 日，美国联邦最高法院推翻了下级法院关于安达信会计公司妨碍司法的判决，认为先前判决缺乏充分证据，主审法官对陪审团的要求过于含糊，不利于陪审团做出正确决定，但这一判决于事无补，安达信会计公司早已烟消云散。

资料来源：［美］迈克尔・C. 克纳普：《当代审计学：真实的问题与案例》（第 5 版），孟焰等译，经济科学出版社，2006，第 3～22 页。

2001 年 10 月 16 日，安然公布第三季度的财务状况，宣布公司亏损总计达 6.18 亿美元。美国证监会 10 月 31 日开始对安然公司进行正式调查。11 月 8 日，安然向美国证监会递交文件，承认 1997—2001 年共虚报利润 5.86 亿美元，并且未将巨额债务入账。12 月 2 日，安然向破产法院申请破产保护，破产清单中所列资产价值高达498亿美元，成为当时美国历史上最大的破产企业。

2002年4月，申请破产的安然公司雄踞《财富》杂志"美国500强"第5名、"世界500强"第6名。对于这个令人吃惊的排名，《财富》杂志编委会成员卡罗尔·卢米斯（Carol Loomis）解释称，《财富》杂志采信了安然公司在2001年1月1日至9月30日期间的重述收益，该重述使得其收入达到1 387亿美元。因此，尽管安然公司已经在2001年12月2日申请破产保护，但该公司仍有资格入选"美国500强"。[1]

美国注册会计师行业的道德楷模安达信会计公司作为安然公司的审计师，明知安然公司存在财务欺诈而没有予以披露。该公司所承接的安然公司的业务存在利益冲突，安然公司财务主管人员与安达信存在利害关系。案发后，安达信会计公司还销毁文件，妨碍司法调查。2002年，安达信在法庭宣判前就已经在事实上倒闭。安然事件是大型投资银行与会计公司一道操纵证券市场的结果，它暴露了美国证券监管的真实面目。到2002年12月，有10家证券公司同意支付罚金，总额为14亿美元。[2]

安然、世通等公司的造假案例引起了舆论的强烈不满。2002年2月，国际会计准则理事会主席戴维·泰迪在美国国会听证会上大肆宣传以原则为基础的会计准则的好处。美国证监会和财务会计准则委员会也把人们的注意力引向了"以原则为基础"与"以规则为基础"之争。

事实证明，财务会计准则委员会没有能力及时制定出精炼、易用的会计准则，美国证监会不具备会计专长，对会计事务也不感兴趣，注册会计师审计制度形同虚设。这一切都说明，公认会计原则的制定机制和证券市场的监管制度需要有个重大转变。

1《洛杉矶时报》报道，https://www.latimes.com/archives/la-xpm-2002-apr-01-fi-fortune1-story.html。

2［美］乔尔·塞里格曼：《华尔街的变迁：证券交易委员会及现代公司融资制度演进》（第3版），徐雅萍等译，中国财政经济出版社，2009，第583—585页。

财务会计基金会主席曼纽尔·约翰逊（Manuel Johnson）在 2002 年财务会计基金会年度报告中坦承，继安然事件等财务丑闻被广泛报道之后，美国证券市场的财务报告制度受到了包括总统、国会以及公众和媒体的关注。持续的头版报道引起了社会公众对会计问题的极大兴趣，会计、审计问题成为舆论热议的话题。为了在不影响准则质量的情况下显著加快准则的制定进程，以期及时调整关键决策，财务会计基金会的受托人想出来的提高财务会计准则委员会的效率和响应能力的办法，就是将准则的决策投票程序从以前 5∶2 的绝对多数通过，改为 4∶3 的简单多数。

2002 年 7 月 1 日，赫兹"毅然放弃"在普华永道会计公司这个世界上最大的会计公司的优渥待遇，出任财务会计准则委员会主席。他的密友惊呼："你疯了吗？在这个风口浪尖，付出那么大代价，去做财务会计准则委员会主席？"

媒体头版围绕安然事件等财务丑闻的密集报道，使得赫兹的曝光率毫无悬念地雄踞历届会计准则制定机构负责人的前列。赫兹率领的团队设定了三个总体战略目标：一是改进准则质量和准则制定流程；二是对公认会计原则的体系结构和内容进行大幅简化；三是与国际会计准则委员会合作开展国际趋同。

赫兹意识到，收入确认、股票期权以及合并报表的特殊目的实体等问题是紧急要务。他发现，虽然准则制定者长期宣传要为投资者（用户）服务，但是在准则制定过程中，投资者很少参与准则的制定，该委员会中其实只有一位来自投资界的委员。

（三）美国注册会计师协会公共监察委员会的解散

安然事件爆发后，美国注册会计师行业精心设计的"自我监管"机制终于被识破，公共监察委员会（POB）不得不宣告解散。

前已述及，POB 是为应对国会 1977 年的密集调查而仓促推出的。1994 年，POB 成立了审计师独立性咨询组（Advisory Panel on Auditor Independence），对审计客户关系、客观性、独立性和专业性等问题进行研究。该小组当年的报告提出了一些建议。

在安然事件引发的滔天巨浪中，POB 于 2002 年 1 月 20 日宣布将解散，并最终于同年 5 月 1 日停止运营。

五、《萨班斯－奥克斯利法案》

（一）《萨班斯－奥克斯利法案》的出台

2002 年 7 月 30 日，美国国会出台《2002 年公众公司会计改革和投资者保护法案》[1]，整顿证券市场上的会计和审计秩序是该法案的立法重点。该法案由联邦参议院银行委员会主席保罗·萨班斯（Paul Sarbanes）和联邦众议院金融服务委员会主席迈克尔·G. 奥克斯利（Michael G. Oxley）联合提出，故又称作《萨班斯－奥克斯利法案》（The Sarbanes-Oxley Act of 2002，俗称 SOX）。

《萨班斯－奥克斯利法案》对《1933 年证券法》《1934 年证券交易法》作出了重要修订，是自 20 世纪 30 年代以来美国最重要的证券法规。

该法要求对美国证监会的财政拨款从 2003 年度起增加到 7.76 亿美元，要求加强欺诈防范、风险管理、市场监管与投资管理。其中 9 800 万美元用于招聘 200 名工作人员，以期加强对注册会计师和审计业务的监管。

该法要求美国证监会保持美国证券市场上的会计准则的先进性，并促进国际会计准则提升质量，以保护公众及投资者的利益。

---

1 该法全称为 "An act to protect investors by improving the accuracy and reliability of corporate disclosures made pursuant to the securities laws, and for other purposes"，中文直译为 "通过增强公司依照证券法所作信息披露的准确性和可靠性而保护投资者的法案"。这是联邦证券法首次针对信息披露问题（亦即证券市场会计审计问题）制定法律。但该法并没有给出实质性的改革方案。

专栏 9-34

《萨班斯－奥克斯利法案》关于会计、审计规则的规定摘录

关于注册会计师审计

□成立独立的公众公司会计监察委员会（PCAOB），由其监管执行公众公司审计业务的会计公司及注册会计师。执行或参与公众公司审计的会计公司须向 PCAOB 注册登记。PCAOB 将向登记的会计公司收取注册费和年费，以满足其运转的经费需要。

□PCAOB 拥有注册、检查、调查和处罚权限，保持独立运作，自主制定预算和进行人员管理，不应作为美国政府的部门或机构，遵从《哥伦比亚特区非营利公司法》，其成员、雇员及所属机构不应视为联邦政府的官员、职员或机构。

□授权美国证监会对 PCAOB 实施监督。PCAOB 由 5 名专职委员组成，由美国证监会主席与财政部长和美联储主席商议任命，任期 5 年。5 名委员应熟悉财务知识，其中可以有 2 名是（或曾经是）执业注册会计师，其余 3 名必须是代表公众利益的非会计专业人士。

□修改《1934 年证券交易法》，禁止执行公众公司审计业务的会计公司为审计客户提供列入禁止清单的非审计服务，未明确列入禁止清单的非审计服务也要经过公众公司审计委员会的事先批准。审计合伙人和复核合伙人每 5 年必须轮换。

□要求公司的审计委员会负责选择和监督会计公司，并决定会计公司的付费标准。公司审计委员会至少应有一名财务专家，其组成信息应当予以披露。

关于公众公司信息披露规则

□授权美国证监会认定会计准则制定机构的会计原则是否为"公认

的"（generally accepted）会计标准。该准则制定机构必须符合如下要求：第一，该机构应是民间机构；第二，该机构应由某个理事会（或类似机构）管理，该理事会多数成员在过去两年内未在任何会计公司任职；第三，该机构的经费获取方式与 PCAOB 相似；第四，该机构采用简单多数的决议方式确保会计原则及时对新的会计问题和商业实务作出反应；第五，该机构在制定准则时应当考虑准则对商业环境变化的适应性，并考虑高质量会计准则的国际趋同的必要性或适当性。

□要求美国证监会就财务报告系统如何采用以原则为基础的会计准则事宜进行研究，并在一年内向国会提交研究报告。

关于内部控制报告及其评价

（以下是关于内部控制规范的法律译文，俗称"404 条款"。）

□第 404 节　管理层对内部控制的评价

（a）内部控制方面的要求——美国证监会应当要求公众公司在按照《1934 年证券交易法》第 13 节第（a）款或第 15 节第（d）款提交年度报告时增加内部控制报告的内容，包括：

（1）强调公司管理层建立和维护内部控制系统及相应控制程序充分有效的责任；

（2）发行人管理层最近财政年度末对内部控制体系及控制程序有效性的评价；

（b）内部控制评价报告——对于本节（a）中要求的管理层对内部控制的评价，负责审计该公司年报的会计公司应当进行相应的测试和评价，并出具评价报告。上述评价和报告应当遵循美国证监会发布或认可的准则。上述评价过程不应当作为一项单独的业务。

（二）"404 条款"成为烟幕弹："内部控制制度审计"虚晃一枪[1]

《萨班斯－奥克斯利法案》出台后，人们惊讶地发现，著名会计理论家亚伯拉罕·J. 布里洛夫数十年如一日所倡导的很多理念，莫斯委员会和梅特卡夫委员会的建议，这一切都在《萨班斯－奥克斯利法案》中得到应验。

但《萨班斯－奥克斯利法案》所带来的只是形式上的变化，问题的实质没有得到多大改进。会计准则依然在老路上盘旋，审计准则依然是公共会计师行业圈子里的游戏。该法出台以后，一系列丑闻（涉及南方保健公司（HealthSouth）、美国国际集团（AIG）、房利美（Fannie Mae）、戴尔等知名公司）照常发生，令世人瞠目。前已述及，大型会计公司已经成为证券行业的一部分，"五大"会计公司是布什总统竞选资金的主要出资人。那些表面上的改革，只不过是一场政治秀。

《萨班斯－奥克斯利法案》不但没有严惩注册会计行业、没有改进证券市场审计制度，反而给公共会计师行业送上了一块新的业务蛋糕。该法煞有介事地再度盯住内部控制制度，抛出"404 条款"来转移公众注意力，给公共会计师行业开辟了证券市场业务的新领域（内部控制报告审计）。这是《1933 年证券法》把公众公司审计权授予公共会计师行业以来，美国联邦证券法再度垂青公共会计师行业。美国证监会并没有下大功夫改进公认会计原则，它的做法实际上是"明修栈道，暗度陈仓"。在失当的公认会计原则面前，再好的内部控制制度也发挥不了多大作用。

在商界看来，《萨班斯－奥克斯利法案》中负担最为沉重的条款就是第"404 条款"。在美国证监会制定"404 条款"的要求时，工作人员估计，每年的合规成本总额约为 12.4 亿美元，平均每家公司为 9.1 万美元。美国证监会委员哈维·戈德施密德（Harvey Goldschmid）为这一成本辩护道，"强有力

---

1 Kimberly D. Krawiec, "Cosmetic Compliance and the Failure of Negotiated Governance," *Washington University Law Quarterly*, 2003, 81(2): 487-544.

的内部控制将极大地阻止管理层实施欺诈"。两年后，《华尔街日报》的一篇社论引用了一项研究，估计（该法案实施）第一年的合规总成本约为 350 亿美元——是美国证监会当初预测值的 28 倍。上市公司支付给审计师的数百万美元的内部控制报告费用，与公司当初为了记录内部控制状况而在咨询和软件上花费的数千万美元相比，简直是相形见绌。德勤会计公司报告称，它的一些大型跨国公司客户在遵守"404 条款"上花费了 7 万个工时（相当于 35 名全职员工的全年工作量）。一项规模更大却不易量化的成本是，企业高管被迫将大量精力用在改善内部控制而不是运营管理上所造成的人力资源的浪费。通用汽车公司首席行政官（chief administration officer，CAO）彼得·拜布尔（Peter Bible）表示，"真正的代价不是多花的美元，而是该法案迫使本应专注于业务的人转而去专注于遵守规则的细节"。太阳微系统公司（Sun Microsystems）CEO 斯科特·麦克尼利（Scott McNealy）将"404 条款"的影响描述为"向市场经济的齿轮间倒了一桶桶沙子"。[1]

"404 条款"除了给公众公司添加沉重负担之外乏善可陈，以至于一些上市公司愤然出走欧洲证券市场，这迫使美国证监会不得不降低了"404 条款"的执行标准。由于"404 条款"的合规成本对小企业而言负担过于沉重，所以美国证监会没有要求市值低于 7 500 万美元的公司聘请外部审计机构评估其内部控制。

2010 年 7 月出台的《多德-弗兰克法案》永久豁免了非加速申报人（non-accelerated filers）执行《萨班斯-奥克斯利法案》第 404 节第（b）款的责任，涉及 5 500 多家小型上市公司。美国奥巴马总统的《2012 年就业法案》（2012 JOBS Act）进一步缩小了《萨班斯-奥克斯利法案》的适用范围——"新兴成长型公司"（emerging growth companies，即收入低于 10 亿美元、上市时间

---

1 Paul M. Clikeman, *Called to Account: Financial Frauds that Shaped the Accounting Profession*, Third Edition (New York: Routledge, 2020), pp. 209-220.

不到 5 年的公司）无须遵守 "404 条款"。

美国联邦证券法直接为公众公司制定内部控制指引这一事实表明，立法者意识到，公众公司管理层存在利用职权制造虚假会计信息的较大的自由度，因此，立法者希望通过内部控制制度予以钳制。但是，问题的实质是，七拼八凑而成的公认会计原则本身就是以管理层意图为导向的，它不是强调法律证据，而是强调客观证据的失当规则，它是会计造假的工具箱。在这样的会计规则面前，注册会计师的审计报告只是声明被审计单位的财务报表是否遵循了公认会计原则，而无法表明这些财务报表是否具有法律证据，是否具备公信力。足见，《萨班斯－奥克斯利法案》的可取之处是，它是 1933 年以来美国联邦法律首次创立的对公共会计师行业的外部监管机制，略微改进了对审计师的监管，但是，就会计准则的改革而言，它只不过是一场声东击西的政治表演。这一切都在 2008 年爆发的次贷危机中得到了检验。

内部控制就是一个筐，什么问题都往里面装。自《1977 年反海外行贿法》以来，美国联邦法律一再把内部控制拉出来，用作推卸联邦政府监管职责的借口。其实，内部控制扮演的是象征功能而不是实际功能。

随着新自由主义的崛起，美国一系列法律制度（包括环境法、侵权法、就业歧视法、公司法、证券法和医疗保健法）推行了 "协商治理"（negotiated governance）模式，减少或消除了那些能够证明存在 "有效" 内部合规制度的企业的法律责任。但事实上，内部合规制度不但不能阻止公司内部的非法行为，还可能在很大程度上起到装饰作用，换言之，其既为企业提供了合法掩护，又减少了企业的法律责任。这会导致双重问题：一是执法不力，即对公司的不当行为威慑不足。这是因为，所谓内部合规制度很容易 "照样学样"，而法院和监管机构在实践中却难以确定其实际有效性。二是浪费社会资源，即会导致成本高昂但并无实效的内部合规制度处于持续膨胀状态。

面对耸人听闻的财务舞弊大案要案，大学的商学院正争先恐后地在课程中包含更多的道德内容，职业道德与合规咨询业务已经形成价值数十亿美元的行业。

虽然协商治理在某些情况下可能具有提高监管效率的作用，但目前在规范组织行为方面，并没有起到这个作用。事实上，内部合规制度的主要作用是，作为公司管理层构造的装饰机制，用于减少公司法律责任或向利害关系人和整个市场提供合法性外观。正如审计有效性专家咨询组（Panel on Audit Effectiveness）在其 2000 年 8 月 31 日的报告中所指出的，整个同行评议过程毫无威信可言，实际上没有一家会计公司未能通过同行评议。无非就是制造出了越来越多的同意报告，却没有采取有意义的惩戒措施[1]，同行评议纯属做表面文章、自欺欺人。

总体来看，《萨班斯－奥克斯利法案》只是把《1977 年反海外行贿法》里面的内部控制要求拉长了，如此而已。

（三）财务会计准则委员会依法获得经费支持

《萨班斯－奥克斯利法案》解决了会计准则制定机构的经费问题，解决了审计准则制定机构的独立性问题（如图 9-11 所示），从而有助于遏制会计公司不断通过调整捐赠额的形式来干预会计准则和审计准则制定过程的现象。

在此之前，财务会计准则委员会的大部分经费来自自愿捐款，最主要的是来自公共会计师行业。该法案生效后，财务会计准则委员会的经费主要来自美国证监会依该法向证券发行人强制征收的监管费。

2003 年 4 月 25 日，美国证监会发布第 33-8221 号政策声明，重申了财务

---

1 American Institute of Certified Public Accountants, SEC Practice Section, Public Oversight Board, Panel on Audit Effectiveness, *Panel on Audit Effectiveness Report and Recommendations*, August 31, 2000.

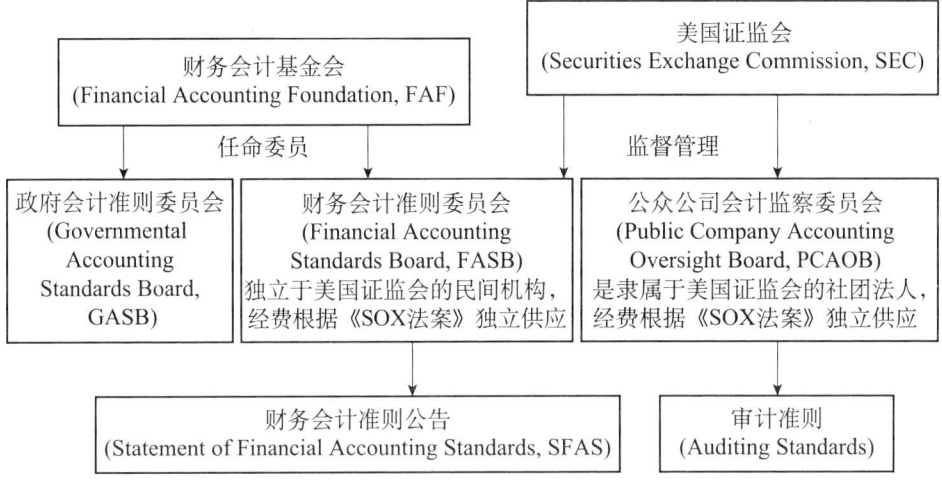

图 9-11　《萨班斯－奥克斯利法案》下证券市场会计与审计架构

会计准则委员会作为会计准则制定者的地位。[1] 这一声明使得财务会计准则委员会得以接收美国证监会征收来的监管费，作为其主要经费来源。

 专栏 9-35

美国证监会第 33-8221 号政策声明摘要

财务会计基金会和财务会计准则委员会的组织架构、活动内容及其运作程序满足《萨班斯－奥克斯利法案》第 108 节所规定的标准。另外，美国证监会业已确定，财务会计准则委员会有助于美国证监会履行《1933 年证券法》第 19 节第（a）款及《1934 年证券交易法》第 13 节第（b）款所赋予的职责，有益于提高财务报告的准确性和有效性，从而有助于保护投资者的利益。因此，财务会计准则委员会所制定的准则被认可为《萨班斯－奥克斯利法案》第 108 节所称的"公认的"（generally accepted）会计标准。

1 Securities Exchange Commission, Policy Statement: Reaffirming the Status of the FASB as a Designated Private-Sector Standard Setter, 2003.

> 美国证监会依照包括《萨班斯－奥克斯利法案》在内的证券法的要求，负责对财务会计准则委员会的运作程序、适格性、胜任能力、业务活动及其成果等方面进行监督。

（四）首届 PCAOB 主席的仓促倒台

成立公众公司会计监察委员会（PCAOB），对会计公司实施监管，是《萨班斯－奥克斯利法案》推出的主要变革措施之一。该法的实施情况却给人们上了一课：立法意图再完美，也顶不住负责实施法律的美国证监会的故意架空。

美国证监会主席哈维·皮特（Harvey Pitt）一直不喜欢 PCAOB 这个主意，但他负责提名首批 PCAOB 成员。众议员迈克尔·奥克斯利的发言人表示，议员对皮特所推荐的 PCAOB 主席人选——一家大型养老基金的 CEO 约翰·比格斯（John H. Biggs）持"强烈反对"（strong objections）意见，他更倾向于选择一位持有"温和观点"（moderate views）的候选人。

2002 年 10 月 25 日，美国证监会公布了 PCAOB 的成员名单。美国证监会 5 名委员在党派投票中以 3 : 2 选举威廉·H. 韦伯斯特（William H. Webster）为 PCAOB 主席。韦伯斯特是一位 78 岁的退休法官，曾在里根政府中担任联邦调查局（FBI）及中央情报局（CIA）的局长。美国证监会的两名民主党人批评韦伯斯特缺乏会计经验，并在公开听证会上指责皮特屈服于来自公共会计师行业的压力。保罗·萨班斯说，皮特"错过了建立一个具有广泛公信力的监督委员会的机会"。阿瑟·莱维特担任美国证监会主席时的总会计师林恩·特纳（Lynn Turner）也抨击了皮特的做法，他说，"看来，会计公司、共和党以及现在的皮特主席，都在试图通过确保 PCAOB 董事会中没有任何锐意改革的人士，来架空《萨班斯－奥克斯利法案》。"仅仅几天后，韦伯斯特的当选引发了更大的争议，因为人们发现，他曾在一家被控欺诈的公司的审计委员会任职。更恶劣的是，该公司解雇了审计师，却没有向美国证监会披露该审计师发现该公司内部控制存在重大缺陷的事实。韦伯斯特否认存在不当行为，而且他没有被列为民事诉讼被告，他在候选人访谈时将此事告诉了皮特和美国证监会的首席会计师罗伯特·赫德曼（Robert Herdman）。皮特和赫德曼并没有与国会、白宫或其他四名美国证监会委员分享这一信息。皮特在国会山树敌颇多。在 2001 年 8 月被布什总统任命为美国证监会主席之前，皮特曾代表美国注册会计师协会和"五大"会计公司参与民事诉讼。因此，许多民主党人一直怀疑皮特是否愿意倒戈，转而监督他过去的客户。皮特在挑选一位合格的 PCAOB 主席时遇到的麻烦，更证实了他们的看法，即他不适合美国证监会主席这份工作。民主党众议员（马萨诸塞州的）爱德华·马基（Edward Markey）说，"就当你认为皮特的判断不可能更糟的时候，他有实力让你再次感到震惊"。韦伯斯特的争议甚至使皮特原本就为数不多的朋友也抛弃了他。曾经亲自为韦伯斯特的当选开展游说的白宫办公厅主任安德鲁·卡德（Andrew Card），对于皮特隐瞒了可能令其名誉扫地的信息而深感愤怒。2002 年 11 月 6 日，皮特递交了辞呈（他于 2003 年 2 月卸任）。几天后，韦伯斯特也从 PCAOB 辞职了，其辞职距 PCAOB 成立还不足三个星期。一位负责公共监察的机构的主席，就这样迅速地被公众监察力量赶下了台。

2003 年 4 月，皮特的继任者威廉·H. 唐纳森（William H. Donaldson）选择由威廉·J. 麦克多诺（William J. McDonough）领导 PCAOB。麦克多诺曾任纽约联邦储备银行（New York Federal Reserve Bank）行长和芝加哥第一公司（First Chicago Corp.）首席财务官。麦克多诺的银行监管者经历和他作为强硬谈判者的名声，使他成为一个很有吸引力的候选人。麦克多诺在提名宣布时表示，"我们面临的任务是恢复美国人民和世界各地的人们的信心，即公众公司公开的会计报表……提供了一份完整、真实、及时、可靠的报告，值得依赖"。后来，他补充说，"我非常喜欢会计理论（I adore accounting theory）。我认为这是值得人们参与的最有趣的事情之一"。[1]

（五）《萨班斯－奥克斯利法案》第307节：律师等金融中介的责任

1. 律师被置于聚光灯下

在法案论证过程中，来自北卡罗来纳州的民主党参议员约翰·爱德华兹（John Edwards）、来自新泽西州的民主党参议员乔恩·科尔津（Jon Corzine），以及参议院唯一具有会计背景、来自怀俄明州的共和党参议员迈克尔·恩齐（Michael Enzi），三人联合在立法论证过程中提出即席修正案（floor amendment），最终形成了《萨班斯－奥克斯利法案》第307节"关于律师职业责任的规定"。

迈克尔·恩齐1966年毕业于乔治·华盛顿大学，获得会计学学士学位。恩齐参议员指出，"不应该让公司律师自我监管，就像不应该让会计师自我监管一样。""当我们谴责会计师的时候，我们应该意识到，在几乎每一笔交易中，都有律师在起草那些交易的法律文件……似乎唯一正确的是，应该为律师制定道德标准。所有参与那些交易的人都应该寻找做生意的新方式。""很明显，为这些公司及其会计师提供咨询服务的律师的角色也必须受到审查。就像会计师一样，这些律师也被期望代表公司为股东谋取最大利益。在此过程中，律师被雇用来协助公司及其会计师遵守联邦证券法。"科尔津参议员紧接着指出，"干坏事的不仅仅是公司高管和会计师。""事实上，在我们今天的企业界——我可以通过我自己的经验来验证这一点——高管和会计师每天都与律师一起工作。几乎每笔交易都会有律师给出建议。这意味着当高管和会计师从事不法行为时，犯罪现场还有其他一些人——他们通常就是律师。"

---

1 Paul M. Clikeman, *Called to Account: Financial Frauds that Shaped the Accounting Profession*, Third Edition (New York: Routledge, 2020), pp. 209-220.

专栏 9-36

《萨班斯－奥克斯利法案》第 307 节

关于律师职业责任的规定

在本法颁布后 180 日内，美国证监会应本着维护公众利益和保护投资者的宗旨，制定证券发行人的律师的最低要求，包括：

（1）要求律师向公司首席法律顾问或首席执行官（或同等人员）报告公司或其代理人任何严重违反证券法或违反信托义务或者类似违反行为的证据；

（2）如果公司法律顾问或公司高管未对上述证据做出适当回应（如在必要时对违法行为采取适当的补救措施或惩罚措施），则应要求律师向该公司董事会下属的由独立董事会组成的审计委员会（或其他类似机构）报告，或者直接向该公司的董事会报告。

从上述规定可见，"看门人"制度属于失当的机制设计。律师与会计师一样，被赋予了准监管者的职业角色。他们愿意去告发自己的客户吗？实践证明，他们极少这么做，律师的商业文化导致他们更是不情愿告发自己的客户。自 1996 年 1 月 1 日起至 2003 年 5 月 15 日，在超过七年半的时间里，会计公司向美国证监会报告的严重违法事件仅有 29 起。[1]

2001 年，纽约一位医生因信赖美林证券分析师亨利·布洛杰特（Henry Blodget）过于乐观的分析报告，导致其为孩子准备的大学学费 50 万美元损失殆尽。该投资者遂对美林证券及该分析师提起了仲裁申请。美林证券虽竭力否认其指控，但很快就愿意支付 40 万美元息事宁人。这一蹊跷事件引起了时任纽约州总检察长（1999—2006 年在任，2007—2008 年任纽约州州长）的埃

---

1 United States General Accounting Office, Securities Exchange Act Review of Reporting Under Section 10A, September 3, 2003.

利奥特·斯皮策（Eliot Spitzer）的关注。斯皮策在 2001 年夏天展开调查，发现美林证券分析师把他们在电子邮件中称为垃圾的股票冠以高等评级推荐给客户，遂于 2002 年 4 月提起诉讼。美林证券很快认戾，5 月 21 日便同意支付 100 万美元以求得和解。斯皮策邀请美国证监会、纳斯达克、纽约证券交易所和一些州的监管当局对各大券商进行调查。其结果是，2003 年 4 月，10 家大券商（贝尔斯登、花旗资本、瑞士信贷第一波士顿、高盛、摩根大通证券、雷曼兄弟、美林证券、摩根士丹利、瑞银华宝、合众银行派杰）与斯皮策和其他监管机构达成全面和解协议（Global Settlement），罚款总额为 13.875 亿美元。2004 年，德意志银行和 Thomas Weisel Partners 加入和解队伍，分别支付 8 750 万美元和 1 250 万美元。[1] 斯皮策的调查耸人听闻、引人入胜，为他赢得了"华尔街警长"（the sheriff of Wall Street）的美誉。可是，风头一时无两的背后，显然也是树敌无数。全面和解协议中通常要求券商建立隔离于其他部门的独立研究部门，在提交研究报告时同时附送第三方的独立研究报告。

2. 律师自 20 世纪初以来的职业角色

律师行业本来只是一个服务行业，如果非要让律师充任公务员、法官，则未免强人所难。实际上，法律行业的思想家们早就注意到了这个问题，却无法破解这一困局。1933 年，阿道夫·伯利在享有盛誉的《社会科学百科全书》的"当代法律职业"词条中，对律师行业作了如下概括，"在英美两国，律师在传统的业务领域（即担任诉讼代理人、提供法律咨询）以外，实际上已经变成了商业活动中的智力经纪人和立约者……有的律师事务所实际上已经变成某些组织（如金融创业者、金融操纵者或企业主）的附庸，这样的律师事务所虽然没有什么思想、哲理，甚至根本没有什么责任或理想，但俨然

---

1 John C. Coffee Jr., *Gatekeepers: The Professions and Corporate Governance* (New York: Oxford University Press, 2006), pp. 265-266.

已经取得了律师行业的支配地位。它们所做的贡献就是为新经济体系创建了一个法律框架，使得东部工业区的现代公司所有权与控制权等经济力量，日益集中在少数人手中"。伯利对律师行业有如下悲观评论，如果有律师想去为公众做些事情，那他有两个选择，"要么皓首穷经，成为一位学者；要么当法官或者从政，成为一个公众人物"。[1]

实际情况是，律师行业里面的佼佼者大多是在从事公司律师业务而不是诉讼业务。正如卡尔·卢埃林（Karl Llewellyn）1933 年发表的论文所承认的，律师行业最优秀的人才大都在奋力争抢大公司报酬丰厚的法律业务，最能干的法律技术人员（legal technicians），其主要工作本质上就是做生意。律师事务所已经形成层层压榨的"法律工厂"（law factory），合伙人是商业精英，年轻律师就是奴隶。律师用独特的技巧和惊人的独创性，创建了控股公司结构等法律工具，帮助企业家和金融家增强他们对他人的控制，同时阻止他人对他们的控制。知名律师忙于为银行董事和企业巨头辩护；专业的骗子找专业的刑事律师（the professional crook seeks out the professional criminal lawyer）。古老的律师行业一直对富人的事务更感兴趣，穷人则只能在法律的阻碍下呻吟。显然，需要对法律行业进行定期审计（recurrent audit）。[2]

美国联邦最高法院大法官哈伦·菲斯克·斯通（Harlan Fiske Stone）指出，律师行业里的精英大多投身于高度专业化的商业和金融服务，最糟糕的是，这个早先的博学职业变成了大企业的恭顺仆人，并以其最反社会的表现形式（anti-social manifestations）玷污了市场的道德和行为规范。斯通认为，如果不是律师的积极协助，20 世纪 30 年代一系列违背信托原则的公司丑闻，

---

1 Adolf A. Berle, "The Modern Legal Profession," *Encyclopedia of the Social Sciences*, 1933, 5: 340 (Edwin R. A. Seligman ed.).

2 K.N. Llewellyn, "The Bar Specializes—With What Results?" *The Annals of the American Academy of Political and Social Science*, 1933, 167(1): 177-192.

可能就不会发生。[1]

美国联邦最高法院大法官路易斯·布兰代斯（Louis Brandeis）提出，律师行业应当立志成为专业职业。"专业职业（profession）有别于其他工作（occupation）的特征，包括以下三点：（1）专业职业需要先进行知识（knowledge）甚至是学问（learning）等方面的智力训练，与单纯的技能（skill）不同；（2）专业职业主要从事利他而不是利己的工作；（3）专业职业不以金钱回报作为职业成功的既定标准"。[2]但布兰代斯所提出的法律人的理想境界从未在美国律师协会或州律师协会的公告中生根，如今法律已经不再像过去那样被视为社会科学中的女皇，很难说布兰代斯式的律师还能否适应当代美国律师的竞争环境。[3]

六、以原则为基础与以规则为基础之争

2003 年 7 月 25 日，美国证监会遵照《萨班斯－奥克斯利法案》第 108 节第（d）款的要求，以美国证监会工作人员的名义公布《关于美国财务报告体系采用以原则为基础的会计体系的研究报告》。

在 2001—2002 年财务报告公布期间，有人质疑公认会计原则不再是世界上最好的会计准则，有人呼吁引入国际会计准则，向基于原则的会计准则转变。国际会计准则委员会基金会主席保罗·沃尔克和美国证监会主席哈维·皮特均支持这种观点。[4]

该报告在以原则为基础的准则（principles-based standards）、以规则为基础的会计体系（rules-based standards）之外，创造性地提出了目标导向的准则

---

1 Harlan F. Stone, "The Public Influence of the Bar," *Harvard Law Review*, 1934, 48(1): 1-14.

2 Louis D. Brandeis, "Definition of a Profession," *The Phi Delta Kappan*, 1938, 20(7): 213.

3 John C. Coffee Jr., *Gatekeepers: The Professions and Corporate Governance* (New York: Oxford University Press, 2006), pp. 202, 228-229.

4 Robert H. Herz, *More Accounting Changes: Financial Reporting through the Age of Crisis and Globalization* (Bingley: Emerald Group Publishing Limited, 2016), pp. 72-73.

（objectives-oriented standards）的概念和准则制定思路。该报告认为目标导向的准则既优于以规则为基础的准则，又优于以原则为基础的准则，总之，美国证监会决定照自己的路子走下去。

专栏 9-37

美国证监会孤芳自赏："公认会计原则仍然是世界上最完善、最先进的会计标准"

尽管公认会计原则是混合了多种准则制定方法的历史的产物，但它是世界上最完善、最先进的会计标准。我们认为，公认会计原则和国际会计准则都不能代表以原则为基础的准则的最佳类型。我们并不认为国际财务报告准则可以作为以原则为基础的例子。

目标导向的准则是发展的方向，需要更少的职业判断。以规则为导向的准则提供了规避准则内在会计目标的手段，如租赁，衍生金融

"我的大作"（丁聪作品）

工具和套期保值，股票期权，金融资产或负债的终止确认。规则导向的会计准则有三个重大并被普遍认同的缺陷：存在太多的界限检验，它们最终会被金融工程师作为依据，仅仅遵循这些字面的东西而不太注重准则的精神实质；有众多的原则例外，从而导致对于具有类似经济实质的交易或者事项，其会计处理却截然不同；更加要求有庞大且详尽的应用这些准则的指南，这更容易造成准则应用中的复杂性和关于准则应用的不确定性。例如，关于衍生金融工具会计处理的全部指南共计 800 多页；租赁会计文献包括 16 份公告和解释、9 份技术公报和 30 多份紧急问题工作组公告。

从财务会计准则公告第 141 号开始，财务会计准则委员会在它的准则中加入了关于准则如何改进财务报告以及准则中的结论怎样和概念框架联系起来的讨论。财务会计准则公告第 141 号和第 142 号是以原则为基础的准则的范例。

如果得到正确制定，目标导向的会计准则是牢固建立在概念框架基础之上的，一旦生效就能够保持更高的持久稳定性。

在确立目标导向的体系时，采用收入费用观是不恰当的。资产负债观为经济实质提供了最有力的概念描述，从而成为准则制定过程中最合适的基础。准则制定者的任务是按资产负债观在相关性、可靠性和可比性之间做出适当的权衡。有些人错误地认为资产负债观就是认定资产负债表优于利润表。实际上，资产负债观是一种理解交易和事项实质的方法，以便用一种对投资者最关切的方式在财务报表中（包括 4 张表）反映这些交易和事项的结果。在资产负债观下，资产和负债有"流量"，正是这些流量部分地充当了期间收入的决定基础。从经济的角度看，资产负债观和收入费用观这两种观点是一致的。因为就概念而言，收入和费用仅仅是资产和负债的变化。因此，无论是以资产和负债定义收入和费用，还是相反，结果都是一样的。但是，从实际的准则制定角度看，选择其中之一作为起点却是相当重要的。

资料来源：SEC, Study Pursuant to Section 108(d) of the Sarbanes-Oxley Act of 2002 on the Adoption by the United States Financial Reporting System of a Principle-Based Accounting System, 2003；美国证券交易委员会：《对美国财务报告采用以原则为基础的会计体系的研究》，财政部会计司组织翻译，中国财政经济出版社，2003。

其实，究竟是以原则为基础还是以规则为基础，并没有实质性差异，那样的讨论只是顾左右而言他。原则喊得震天响，最终还是要落实到规则中才能起作用。

2005 年 6 月 15 日，美国证监会遵照《萨班斯－奥克斯利法案》第 401 节第 3 小节的要求，以美国证监会工作人员的名义公布《关于具有资产负债表外影响的安排、特殊目的主体以及发行人提交材料透明度的报告和建议》。该报告涉及权益法、合并报表、租赁、或有事项、衍生工具会计、套期会计和设定受益型养老金计划等问题，收集了对这些会计规则的正反两方面评价，具有较高的理论价值。

该报告提出，降低公认会计原则的复杂程度，有助于提高财务报告的透明度和可理解性。这种提法似乎是正确的。但该报告所提出的降低公认会计原则复杂程度的措施，却是进一步推行那些在安然事件爆发后引发广泛争议的规则。

 专栏 9-38

美国证监会对部分会计规则的评价

现行的混合计量模式催生了大量由会计规则驱动的交易模式（accounting motivated transaction structures）。上市公司往往在市价较高时出售其未采用公允价值模式计量的金融资产，从而做出账面利润。类似地，也有企业对股权投资进行设计，从而达到适用或者规避权益法的目的。

是否有必要制定投资的多种不同的会计处理规则，这是令人怀疑的。

如果所有金融工具都按照公允价值进行计量，财务报告的复杂性就有望大幅降低。如此，企业管理层在对股权投资进行账务处理时，就不能再随意选择适用成本法、权益法和公允价值计量规则了，投资者也就不用再费尽心思猜测管理层的意图了。

虽然有些人反对推行公允价值会计（他们认为历史成本会计对投资者的投资更具相关性，公允价值的可靠性较低，难以审计且更便于企业管理层操纵），但是，与公允价值会计潜在的益处相比，他们的反对意见并不充分。因此，（美国证监会）工作人员认为，应当努力消除推行公允价值会计的障碍，而不是取消公允价值会计。

（美国证监会）工作人员认为，资产负债表保持透明度至关重要。会计报表中列示波动的存在、提供对波动的解释，这种做法对投资者更有益。

资料来源：SEC, Report and Recommendations Pursuant to Section 401(c) of the Sarbanes-Oxley Act of 2002 on Arrangements with Off-Balance Sheet Implications, Special Purpose Entities, and Transparency of Filings by Issuers, 2005；美国证券交易委员会：《关于具有资产负债表外影响的安排、特殊目的主体以及发行人提交材料透明度的报告和建议》，财政部会计司组织翻译，中国财政经济出版社，2005。

七、赫兹着手推动会计变革

2022 年 7 月 1 日赫兹在安然事件和世界通信等重磅财务丑闻的喧嚣中走马上任财务会计准则委员会主席，在次贷危机的余波中"事了拂衣去，深藏身与名"。

（一）推动投资者参与公认会计原则的制定过程

赫兹变危为机，立即采取措施加大投资者参与会计规则制定的力度。他邀请投资界的朋友参与组建投资者技术会计委员会（Investors Technical Accounting Committee）[1]，向准则制定者提供细节性技术意见；自 2003 年起，紧急问题工作组（UITF）也增加了投资者所占的比例；财务会计准则委员会的 7 名委员中，有 2 名来自投资界。

但这种让用户点菜的思路过度迎合金融分析师的需要，本质上只能用于探讨金融分析技术，而不适用于设计会计规则。原因在于：既然这个世界上没有哪一门科学能够精确地刻画股价的形成机制，这就意味着，金融分析师也不知道怎么才能让所有投资者都能从投资中获利。所以，让金融分析师参与制

---

1 后改称投资者咨询委员会（Investor Advisory Committee）。

定对投资者有用的会计规则，这就相当于试图帮助投资者合法地印刷假币。

（二）减少例外规则和明线规则

赫兹在担任安永会计公司合伙人期间积累了交易结构设计（transaction structuring techniques）的经验，他了解到有许多方法可以使用会计规则，以对公司财务报表的读者来说可能并不容易理解的方式，极大地改变会计和财务报告结果。他认识到，要遏制这种活动，就需要改变会计准则，以使其更接近经济和金融概念，并消除各种例外规则和明线规则（bright lines）。[1]

（三）缩减公认会计原则的公布渠道

赫兹要求美国注册会计师协会不再通过旗下的会计准则执行委员会（AcSEC）公布有关各种会计主题的立场公告（SOP），但鼓励该协会继续公布行业性会计指南。这样，公认会计原则的公告大多由财务会计准则委员会公布。

赫兹推出由财务会计准则委员会讨论通过的 FASB 职员立场公告（FASB Staff Positions，FSP），用以取代此前的 FASB 技术公报（FASB Technical Bulletins）、应用指南（Implementation Guides）和职员问答（Staff Q&As）等文件。

（四）着手改进私人公司的财务报告规则

赫兹认识到，美国大约有 2 800 万家企业，但其中只有大约 1.4 万家是上市公司，也就是说，只有极少数公司也即公众公司（public company）才会用到公认会计原则。数以千万计的私人公司应当适用怎样的财务会计报告规则，这一问题值得重视。2007 年，他联合美国注册会计师协会共同成立了私人公司财务报告委员会（Private Company Financial Reporting Committee，

---

1 Robert H. Herz, *More Accounting Changes: Financial Reporting through the Age of Crisis and Globalization* (Bingley: Emerald Group Publishing Limited, 2016), p. 20.

PCFRC）。有人建议针对私人公司单独制定公认会计原则，有人反对，也有人建议让公众公司和私人公司都采用不那么复杂的会计规则。

2012 年 5 月，财务会计基金会宣布成立"私人公司理事会"（Private Company Council，PCC），以期着力改善适用于私人公司的会计规则。美国注册会计师协会表示支持，同时宣布自己拟推出中小企业财务报告框架（Financial Reporting Framework—SME），并于同年 11 月公布了征求意见稿，于 2013 年 6 月公布正式版本。

与此有关的国际动态是，法国和德国拒绝了国际会计准则理事会推出的中小企业财务报告准则（IFRS for SMEs），因为它不符合其税收和会计法规。

八、财务会计准则委员会推出公允价值计量准则（2006 年）

2005 年 10 月 24 日，注册金融分析师协会公布《综合业务报告：给投资者的财务报告》的征求意见稿，盛赞财务会计准则委员会在公允价值导向上所取得的"进步"，敦促财务会计准则委员会进一步推广公允价值会计规则。[1] 该文件认为，财务报告和披露必须提供普通股股东为了进行投资决策所需要的所有信息，财务会计准则委员会和国际会计准则理事会近年来已经在公允价值会计方面取得了一定进展，主要体现在股票期权费用化、衍生工具会计和养老金的信息披露等方面。但这还不够，现行会计规则下的财务报告没有反映企业经营的经济实质，因此，投资者难以了解公司的真实价值。该文件建议完全按照投资者的需要来设计财务报表和相关的信息披露规则，以期提供证券投资分析所需要的所有信息，帮助投资者了解公司的"真实价值"。CFA 协会共提出了 12 项原则，主要包括以下方面：公允价值信息（即资产

---

[1] CFA Institute, CFA Centre Proposes Comprehensive Financial Reporting Standards to Meet Investor Needs for Transparency, Clarity, Comprehensive Disclosures. www.cfainstitute.org/aboutus/press/release/05releases/20051024_01.html.

和负债的现行价值）是唯一对金融决策有用的信息，因此，应当用完全的公允价值会计取代传统的历史成本会计；应当由投资者而不是报表编报者来决定"重要性"水平；公众公司在选择会计处理模式时不应考虑后果（如业绩波动等）；净资产的所有变动都应当单独在一张新的报表中予以记载；资产和负债的公允价值变动都应在发生时记入报表；应当采用直接法编制现金流量表，这样对投资者更为有用；报表项目应当按照性质列报而不是按照其功能列报，例如，现行的"营业成本"应当进一步细分为人力代价、原料代价；等等。该文件是由贝尔斯登公司的董事会主席帕特里夏·麦康奈尔（Patricia McConnell）、福布斯摩根咨询公司的执行董事罗伯特·F.摩根（Robert F. Morgan）和黑石公司的执行董事爱德华·史蒂文斯（Edward Stevens）参与起草的，堪称证券分析师"指导"会计准则的宣言。

上述要求得到了财务会计准则委员会的积极响应，公允价值计量准则旋即出台。2006 年 9 月公布的《财务会计准则公告第 157 号：公允价值计量》并没有制定新的会计规则，只是把当时分散于公认会计原则的庞杂体系中的公允价值计量规则予以重新排列，从而提出了三个层级的计量规则。第一层级是"活跃市场中的同质物的报价"（quoted prices in active markets for identical assets or liabilities），如证券市场中的报价（据此记账的做法即为盯市会计，mark-to-market）；第二层级是可比物的市价；第三层级是采用不可观测的参数根据估值模型估算出的价格（据此记账的做法即为按估值模型记账，mark-to-model）。该准则所设计的三个层级的公允价值计量规则在次贷危机期间被证明是完全无效的。按估值模型记账暴露了会计准则的实质是金融分析规则。笔者认为，由于根本就找不到原始凭证来证明公允价值信息的公益性和公信力，因此，无论如何都设计不出科学的公允价值计量准则。

公允价值是一个缺乏理论依据的金融分析术语，它不属于会计范畴。金融资产的价格的形成机制，与微观经济学上价格取决于价值并受供求关系影响而上下波动的规律不同。金融资产的价格是由交易各方的预期决定的，至于影响预期的因素有多少，则难以穷尽。林林总总的估值模型，很难说哪一个更可靠。金融资产的最新市价并不是全体投资者意思表示一致的结果，而仅仅是一部分投资者（即边际投资者）预期达到一致所形成的成交价格。以股票为例，一只股票的当期最新市价并不是全体股东所认可的价格，而仅仅是一部分股东基于各自的预期进行买卖所形成的价格。就此而论，媒体上常见的说法"市值蒸发若干万亿"，其隐含的思想是用边际投资者的成交价格乘以全部股本来估算全部股份的市值，这种说法在理论上缺乏合理依据，在实践中的作用常常只不过是引发市场恐慌而已。

在《财务会计准则公告第 157 号：公允价值计量》出台以前，实务界纷纷表示反对。但财务会计准则委员会和美国证监会都不予理睬，支持者是一些所谓的"理论家"（theorists）。[1] 该准则适用于 2007 年 11 月 15 日开始的会计年度，正值次贷危机发展到顶峰的当口。

九、2007 年注册金融分析师协会公布《综合业务报告：给投资者的财务报告》

2002 年，注册金融分析师协会启动对该协会 1993 年的白皮书《20 世纪 90 年代及以后的财务报告》的修订工作，以期反映其对十年来国内外会计变革问题的看法。该项研究调查了财务报告框架中所存在的、阻碍金融分析师评价公司财务状况和做出明智决策的严重缺陷，相应地从该行业的利益提出了"改进"意见。

该协会专门成立了两个小组，负责跟踪分析财务会计准则委员会和国际会计准则理事会的动态。如前所述，2005 年 10 月 24 日，该协会公布了征求意见稿，邀请美国证监会、美联储、美国众议院金融服务委员会、联合国贸

---

1 Colleen Cunningham, "How to Handle FASB's Unfair Value Standard," *Compliance Week*, 2008, 5(58): 1, 74-75.

易和发展委员会、国际证监会组织、金融稳定论坛等官方和半官方机构，以及财务会计准则委员会、国际会计准则理事会、（加拿大）会计准则理事会、美国会计学会等民间组织，就金融工具的公允价值计量等关键问题发表意见。

2007 年 7 月，注册金融分析师协会公布《综合业务报告：给投资者的财务报告》。这份报告是注册金融分析师行业一贯积极参与、影响并主导会计规则制定导向的产物。

 专栏 9-39

《综合业务报告：给投资者的财务报告》观点摘录

□自 1934 年本杰明·格雷厄姆（Benjamin Graham）和戴维·多德（David Dodd）出版经典著作《证券分析》以来，投资分析和估值实际上就是投资专家的代名词。

□公司财务报表是财务分析的主要信息来源。投资者要求财务报告具有及时性、透明度、可比性和一致性。**投资者倾向于支持决策相关性而不是可靠性。**

□在注册金融分析师协会 1993 年公布白皮书《20 世纪 90 年代及以后的财务报告》以来的 15 年里，会计规则的透明度等**基本问题并没有得到太大改善。**21 世纪初的公司报告丑闻和破产案件凸显了这一问题。财务报告需要有根本性改革，而不是表面上的变化。

□尽管制造和销售公司将继续存在并蓬勃发展，但**服务业（尤其是金融服务业）才是全球经济的主要部分和增长部分。**全球许多最大的公司要么本身就是金融企业，要么就是从金融业务中获得可观收入的制造类或销售类企业。

□现有的普通股股东是公司净资产的最后索偿人，其权利劣后于其他利害关系人的要求权。因此，**如果财务报表满足了现有普通股股东的信息**

需求，也就满足了其他利害关系人的信息需求。

□目前的**财务报表模糊不清、不透明，充斥着既无知又无启发价值的信息披露，投资者不得不诉诸估计和最佳猜测，才能得出财务决策所必需的信息**。以投资者可以理解的方式进行沟通是使用投资者资金的管理者的基本责任。信息必须清晰呈现，以利于投资者理解。

□公允价值信息是与财务决策最相关的信息。我们的目标是使公允价值成为资产和负债的计量属性。**资产负债表中的项目应按当前的公允价值进行报告，公允价值的变动应在损益表中报告**。

□反对公允价值会计者认为，公允价值会计会导致财务报表产生波动。相反，我们认为，波动性越大，风险就越大。**揭示真实的波动性有利于投资者评估投资的风险程度**，进而将风险与报酬进行权衡。

□历史成本信息是在不同时点发生的，因此**历史成本永远无法在公司间进行比较**。税收管理可能需要历史成本信息，对此，我们**建议在附注中以表格形式同时提供历史成本和公允价值信息**。

□现金流量表很有用，应当规定只能采用直接方法编制。作为对比，间接法不提供有关现金流入和流出的基本信息，而是从净利润开始，对利润数字进行"修补"，其中剔除了非现金元素，调整未反映在当期利润中的现金流量变化，然后编制的。简而言之，间接法下现金流量表的"经营活动现金流量"部分中唯一的纯现金流量数字就是"经营活动现金流量"总额。

□我们建议，将资产定义为会计主体拥有现行权利或拥有其他特权的当前经济资源（present economic resource），负债定义为会计主体的当前经济义务（present economic obligation）。

□我们提出的综合企业报告模型，包括四份具有同等重要性的报表，即比较资产负债表、比较现金流量表（采用直接法编制）、比较普通股股东净资产变动表、财务状况调节表。

在注册金融分析师协会看来，税务机关所强调的历史成本信息只配在附注的表格中予以补充披露，会计报表还是应该按照公允价值来列报。显而易见，注册金融分析师协会所需要的其实就是金融分析报表，它不用强调法律上的证明力，只需要简单按照市值或估值信息予以列报即可。既然这样，就没有必要请会计师来做此事，更没有必要将这种简单的操作嫁接到会计规则上。可见，金融分析师没有理由逼迫会计师为他们服务，会计准则制定者也没有必要满足那些完全不尊重会计基本原理的信息使用者的请求。

十、次贷危机：公允价值会计成为千夫所指的对象

公允价值会计和资产减值会计缺乏合理依据，在次贷危机中扮演了很不光彩的角色。

（一）会计准则的顺周期效应

1. 次贷危机的酝酿与盯市会计的助涨效应

中小银行向资信等级较低的居民发放次级住房抵押贷款（subprime mortgage）之后，将该资产打包出售给投资银行获得现款。投资银行以这些抵押贷款为基础设计出抵押贷款支持证券（mortgage-backed securities，MBS）出售给公司及公众，此即所谓的资产证券化。后来又有投资银行以抵押贷款支持证券为基础进行再证券化（resecuritization），推出了担保债务权证（collateralized debt obligation，CDO）。如此一来，以市场上既存的证券为基础设计新的证券，导致资本市场上的证券品种急剧增长。交易者无法判断众多的证券的风险程度，这时保险公司居然推出了针对金融产品的"金融保

险"，即所谓的信用违约互换（credit default swap，CDS）。金融保险进一步将次贷的规模推向新高。但是没有谁知道这些金融工具的确切价值是多少。

金融工具是买卖双方根据预期所签订的合同。以什么金额记录 CDS 这样的金融工具呢？会计准则制定者迟迟未能提出合理的计量方案。经过旷日持久的争论，财务会计准则委员会 2000 年推出了《财务会计概念公告第 7 号：在会计计量中使用现金流量信息和现值》，郑重地把公允价值列为证券市场会计规则的计量属性，并声明"计算折现值的唯一目的就是估计公允价值"。从此，根据估值模型计算金融工具的公允价值，即按照数学公式计算的估计值记账，成为盯市会计对财务报表体系的又一次重大变革。盯市会计所规定的公允价值的确定顺序是：第一层次是采用活跃市场中的同质项目的交易价格；第二层次是采用市场中类似的可比项目的价格；第三层次是使用市场参数根据估值模型计算出的价格。在盯市会计规则下，交易性金融资产升值时，要增记资产、增记利润。这样，在金融机构彼此交叉投资的情况下，财务报表将会制造出比实际升值还要剧烈的业绩"增长"，起到推波助澜的作用。财务报表"表上业绩"的向好会带来更高的信用评级。如此一来，盯市会计与信用评级遂成为制造虚假繁荣的利器。另外，对于复杂的金融工具来说，通常买方并不知道金融工具究竟价值几何，只好求助卖方给出估计值。这为金融机构修饰财务状况提供了便利。

2. 次贷危机的爆发与盯市会计的助跌效应

2004 年 6 月到 2006 年 6 月，美联储 17 次提高联邦基准利率，基准利率由最低时的 1% 上升到 5.25%，房地产价格急剧下跌。住房抵押贷款的违约率逐步攀升，以之为基础的各种证券的市价也急剧下跌。自 2006 年春季起，次贷危机开始逐步显现。受冲击的首先是次贷提供机构，一大批提供次贷的银行陷入申请破产保护的境地。其次是购买股权级 CDO 的对冲基金等机构，其信用等级降低，市场价值大幅缩水，面临着交易对手要求增加保证金、提前还贷或提前赎回的压力。对冲基金只好通过出售优质资产来增加流动资金，这进一步加重了市场的下行趋势，从而导致恶性循环，很多对冲基金宣布破产解散、停止赎回或严重亏损。最后，次贷危机逐渐蔓延到优质贷款甚至整个资本市场。全球货币市场的流动性过剩最终转变为信贷紧缩（credit crunch）。会计规则对市场行情的加速下跌所起到的推动作用，主要是通过盯市会计规则和资产减值会计规则这两个方面来完成的。对于划分为交易性金融资产的那些债券，当债券市价下跌时，盯市会计要求减记资产、减记利润；对于划分为持有至到期投资的债券，当债券市价下跌时，资产减值会计规则要求确认资产减值损失，也会减记资产、减记利润。无论如何，财务报表上均会呈资产负债率上升、资本充足率下降等问题，这就迫使银行进一步出售优质资产，从而进一步加重市场下行趋势。这就是国际经济界所一致谴责的"顺周期效应"（或称"亲周期效应"）。当然，评级机构的失当行为也是导致金融危机恶化的重要原因。

3. 顺周期效应的根源

有价证券的市场交易价格通常是可以观测到的，因此，列报其现行市价似乎总有市价信息作为客观证据。但是，传统上会计要记录的不是随处可见的客观证据，而是要记录法律事实，也就是能够用法律证据证明的、具有法律意义的事实。企业所观测到的证券的市价信息仅仅是别人交易的法律证据，并不是做账的企业的法律证据，因此，是不能仅仅根据市价信息记账的。然而，盯市会计却要求企业在缺乏法律证据的情况下记账，这种缺乏法律证据的记录行为严格地说并不是会计，而只是一种金融分析行为。其记载的金额仅仅代表一种金融预期，即预期自己的资产如果此刻转让会价值几何。一旦这种预期进入财务报表，将会对市场预期产生影响，进而影响到市场价格。[1]

1　金融资产的价格是由多头（bull position；long position）和空头（bear position；short position）的预期所决定的，这与实体商品价格服从价值规律的情形不同。

盯市会计是缺乏法律证据的记账行为，预期强化效应是盯市会计规则具有顺周期效应的根源。

（二）美国证监会及其会计准则制定机构的政治秀

美国证监会在安然事件后一度加强了执法，但是在克里斯托弗·考克斯（Christopher Cox）担任主席期间（2005—2009），其监管力度再次减弱。在考克斯任期内，证监会迟迟不肯展开调查，也不愿意批准协议，甚至减少执法人员的行政处罚，导致处罚率下降了84%。有些有权有势的证监会委员认为证监会不应当集中精力执法，而应减少管制，因为这些管制给自由市场造成了过多的成本。美国证监会也未能行使其权力监督证券行业，例如，伯纳德·L.麦道夫（Bernard L. Madoff）在近20年时间里炮制了美国有史以来最大的诈骗案（涉案金额超过600亿美元），"一举成为"世界金融史上最大的金融诈骗犯。虽然1992年就已经传出相关消息并进行了相应的调查，但美国证监会竟然没能及时发现端倪。2009年6月，世界金融史上最大的金融欺诈案主犯麦道夫被纽约南区联邦法院判处150年监禁，其财产（约合1 700亿美元）被法院没收。[1] 前有1932年的克鲁格案，后有2008年的麦道夫案，两者何其相似。联邦监管机构是不是该做点什么呢？

 专栏 9-40

麦道夫金融欺诈案

麦道夫1938年出生于纽约，幼年成长于纽约市皇后区的一个较低层的中产阶级社区。从小他的人生动力就是变得富有。1960年在霍夫斯特拉大学（Hofstra University）获得政治学学士学位后，麦道夫用勤工俭学的数千美元成立了麦道夫证券公司，并在随后的连续50年里一直担任公司

---

1 ［美］西蒙·约翰逊、郭庚信：《13个银行家：下一次金融危机的真实图景》，丁莹译，中信出版社，2010，第153—154页。

CEO。他推出了基于计算机技术的自动交易系统，是电子证券交易的领导者，也是 1971 年成立的纳斯达克的创始人之一。到 21 世纪初，麦道夫证券公司已是纳斯达克最大的做市商，也是纽约证券交易所最大的做市商之一。

麦道夫证券公司自 1962 年起，开始提供投资咨询服务。到 2008 年末，管理的客户资金高达 650 亿美元。他如此"成功"，关键因素是给投资者的回报非常高。2008 年 12 月，麦道夫的儿子向美国证监会揭发了麦道夫金融欺诈案。这个震惊全球的持续几十年的金融欺诈案件，是在号称有严格的证券监管制度的美国发生的，而且是在《萨班斯－奥克斯利法案》出台之后发生的，这无疑宣告了美国证券监管神话的破灭。

会计问题再次成为舆论关注的热点。《纽约时报》一位与麦道夫相熟的记者问了一个很多人都想问的简单问题，审计师是谁？据报道，自 20 世纪 90 年代起，麦道夫证券公司的审计业务一直由一个只有 1 位注册会计师、1 位非会计职业员工（秘书）的迷你型会计公司承接，每年收费大约 20 万美元，审计意见都是无保留审计意见。这个只有 1 位注册会计师的会计公司，对业务规模达数百亿美元的证券公司进行审计，其荒诞程度无以复加。该注册会计师及其亲友在麦道夫证券公司投资了大约 1 500 万美元。该会计公司对美国注册会计师协会谎称没有对任何公司实施审计，因此，不需要参与同行评审，当时，纽约州是没有实行强制同行评审的六个州之一。

此前的 20 年里，美国证监会至少对麦道夫证券公司进行了 8 次调查，大部分调查都是起源于金融分析师哈里·马克波罗斯（Harry Markopolos）的投诉。马克波罗斯早在 1999 年初就向美国证监会检举麦道夫正在实施史上最大的庞氏骗局，自 2000 年 5 月至 2008 年 4 月间，他向美国证监会提交了相应的证据和数学模型分析。在一份长篇报告中，他明确指明了麦道夫骗局的 29 个危险信号。美国证监会虽然礼貌地听取了他的指控，但并没有尽力去调查。案发以后，马克波罗斯剖析了使得麦道夫之所以隐藏几十年都不被发现的三个关键因素：一是麦道夫专门对那些不大可能质疑其投资策略的投资者下手；二是麦道夫此前的履历毫无瑕疵，曾经三次担任纳斯达克主席；三是监管机构对证券监管的失职，这也是最重要的因素。尴尬的美国证监会主席克里斯托弗·考克斯称，他对美国证监会未能发现这一舞弊案件表示密切关注。

2009 年 5 月，在纽约南区联邦法院，法官念完针对麦道夫欺诈、洗钱、做伪证、盗窃等 11 项指控后，询问被告麦道夫是否抗辩，麦道夫只回答了一个词"认罪"。6 月，麦道夫被判 150 年监禁。11 月，麦道夫证券公司的审计师对联邦公诉人提出的 9 项指控认罪。美国注册会计师协会宣布由于该审计师不配合相关调查，将其除名。此前一年，该审计师已被纽约州注册会计师协会取消执业资格。2008 年 12 月，纽约州出台法律，要求提供鉴证服务的会计公司每三年接受一次同行评审。

资料来源：[美] 迈克尔·纳普：《审计案例》（第九版），刘颖译，东北财经大学出版社，2014，第 68—75 页。

2008 年 9 月 15 日，创立于 1850 年的老牌投资银行雷曼兄弟（Lehman Brothers）宣布申请破产保护，由此次贷危机到达顶峰。国际社会此时注意到公允价值会计具有严重的顺周期效应，舆论谴责铺天盖地。在美国，《财务会计准则公告第 157 号：公允价值计量》（2006 年 9 月公布）此时被证明是百无一用、贻害无穷，尤其是要求"按模型记账"的第三层级公允价值计量，更是离谱。[1]

---

1 Jerry W. Markham, *From the Subprime Crisis to the Great Recession: A Financial History of the United States 2006-2009* (New York: M.E. Sharpe, Inc., 2011), pp. 448, 715-716.

2008 年 9 月 30 日，美国证监会首席会计师办公室和财务会计准则委员会的职员联合公布紧急声明，就公允价值计量公布补充意见，主要针对采用第三层级的公允价值计量问题。10 月 2 日，国际会计准则理事会员工公布公告支持上述紧急声明。次日，国际会计准则理事会宣布了它应对国际舆论谴责的 4 项措施。

10 月 3 日，美国国会通过《2008 年紧急经济稳定法》（ Emergency Economic Stabilization Act of 2008 ）。该法第 133 条 "会计标准" 要求美国证监会与美联储和财政部进行协商，对是否暂停《财务会计准则公告第 157 号：公允价值计量》进行研究，包括对资产负债表、财务信息以及其他事项进行会计审查，并在 90 天内向美国国会报告调查结果。

美国国会居然直接针对 "公允价值计量" 这份会计准则制定了法律条款，要求美国证监会展开研究，这一动向非同寻常。按常理，美国国会还不至于手伸那么长，直接通过联邦法律来干预会计规则。众所周知，国会参议院和众议院议员中甚至没有一位是执业会计师。因此，《2008 年紧急经济稳定法》第 133 条不禁让人们想起，《萨班斯－奥克斯利法案》曾经要求美国证监会研究实行 "以原则为基础的准则" 的可行性，迫使美国证监会不得不对会计准则体系进行全面审查，但审查之后，一切照旧。财务会计准则委员会还是在 2006 年 9 推出了《财务会计准则公告第 157 号：公允价值计量》。短短两年时间，这份准则就被国会盯上，可算是表现最神勇的会计准则了。实务界人士指出，公允价值会计的推行反映了财务会计准则委员会对待投资行为所采取的极端关注短期利益的思维倾向，这种思维倾向导致了一对难以拆解的矛盾：一方面监管机构批评公众公司采取短期行为进行盈余管理；另一方面财务会计准则委员会沉溺于推行过度关注短期业绩的会计规则，并且别无他选。[1]

---

1 Colleen Cunningham, "How to Handle FASB's Unfair Value Standard," *Compliance Week*, 2008, 5(58): 1, 74-75.

10月10日，FASB职员立场公告157-3（FASB Staff Position 157-3）《金融资产市场不活跃时资产公允价值的确定》，阐明了《财务会计准则公告第157号：公允价值计量》在不活跃市场中的应用，并举例说明了当一项金融资产的市场不活跃时确定该金融资产公允价值时的主要考虑因素。10月13日，国际财务报告准则被修订，以期控制其负面影响。

财经界对公允价值会计的批评之声一浪高过一浪。有注册会计师向财务会计准则委员会作如下反馈，"愿所有制定公允价值计量会计准则的人的灵魂在但丁炼狱的第七狱燃烧。公允价值计量准则没有反映经济现实，事实上却把会计报表转变成了清算报表，它扭曲了利润的计量，扭曲了资本，致使企业倒闭。或许这恰恰正是该准则的用意……利润表已经变成无用的垃圾场"[1]。

十一、《市值会计研究》：美国证监会继续迷失自我

2008年12月30日，美国证监会按照《2008年紧急经济稳定法》第133节的规定，如期向国会提交了《市值会计研究》的报告。[2]这份厚达211页的报告基本上属于一份针对财务会计准则公告第157号所做的辩解性文件。

该报告开宗明义地提出，市值会计就是公允价值会计。该报告认为，公允价值会计并非金融危机爆发和多家银行倒闭的原因。报告肯定了公允价值会计在财务报告中的作用，并有针对性地提出了改进公允价值计量的建议。该报告认为，市值会计的每一种替代方案都既有优点也有缺点，同样存在执行上的问题；暂停市值会计而转为历史成本会计有可能会增加投资者所感知的不确定性。该报告提出了五条建议：（1）不应暂停市值会计。市值会计多年来是有效的，突然取消会削弱投资者对财务报表的信心。它似乎不是金融

---

1 Robert H. Herz, *More Accounting Changes: Financial Reporting through the Age of Crisis and Globalization* (Bingley: Emerald Group Publishing Limited, 2016), pp. 237-238.

2 Securities Exchange Commission, Report and Recommendations Pursuant to Section 133 of the Emergency Economic Stabilization Act of 2008: Study on Mark-To-Market Accounting, 2008.

机构倒闭的缘由，因为它一般用于交易性投资和衍生工具，而这些项目在金融机构中所占比重非常小。（2）重新评估金融资产减值会计。目前对市值会计最重要的关注之一是减值会计。GAAP 没有规定统一的减值模型。当证券价格恢复时现行准则一般不允许在损益中确认收益，直至出售。（3）为会计职业判断提供更多的指南。财务会计准则公告第 157 号是基于目标的准则，其应用依赖于合理判断。合理判断是投资者中立无偏地计量公允价值的平台。SEC 和 PCAOB 要求支持判断。（4）准则应该继续以满足投资者的需求为目标。此外，还应满足其他使用者（如审慎监管）的要求。如果需求发生冲突，则仍应以投资者为着眼点。（5）简化金融投资的会计规则。暂不扩大市值会计的适用范围。总之，市值会计的每一种替代方案都有优缺点，也存在执行问题；暂停市值会计而转为历史成本会计可能增加投资者的不确定性。

 专栏 9-41

《市值会计研究》观点摘要

□ 大萧条之前，公司会计具有很大的灵活性。20 世纪早期采用 "现行价值" 或 "评估价值" 进行计量以及记录资产重估增值的现象相当普遍，资产负债表中往往包含了长期资产（如不动产、厂场与设备，无形资产）的评估增值。当然，也有谨慎地将资产减记至 1 美元的案例，如通用电气。1938 年以前，银行业出于监管的需要，要求使用市场价值核算证券投资组合。1938 年，美国财政部和各大银行监管机构担心这将影响银行的财务状况和投资决策，决定停止使用市值会计概念。大萧条之后，人们普遍倾向于更 "谨慎" 的会计，自然就放弃了采用现行价值、评估价值计量长期资产的做法。到 1940 年，记录长期资产增值的做法几乎不见了。

□ 1981 年的《财务会计准则公告第 52 号：外币折算》要求在利润表中采用公允价值会计处理外汇合同，1984 年的《财务会计准则公告第 80

号：期货合同的会计处理》要求对不符合套期会计要求的期货合约以公允价值计量且其变动计入当期利润。储贷协会危机期间，FASB意识到有必要制定金融工具的披露和会计规则，披露规则被作为临时措施推出，1990年3月公布了财务会计准则公告第105号，1991年12月公布了《财务会计准则公告第107号》。

□利润表旨在反映一定期间内各种因素导致的企业权益的增减。近年来，关于利润表的内容一直存有很大争议，这种争议反映了一个事实，即在评价企业业绩时，净利润（每股收益）总是比其他指标更受关注。

□金融工具是否采用公允价值计量且其变动计入当期利润，通常取决于金融工具的特征、法律形式以及管理层意图。某些情况下还取决于企业所属的行业，例如，证券公司、投资公司、基金公司等一直采用公允价值计量金融工具。审计上很难验证公允价值信息。审计师很少受到估值方面的训练，因此，常常需要借助"其他专家"的工作。金融机构采用市值会计计量的比例占资产的45%和负债的15%，这显著地影响了金融机构的报告损益。市值会计似乎没有在2008年银行倒闭中扮演重要角色。

□多年来，金融资产减值的会计规则没有受到市值会计发展的影响，而是通过逐个公布的准则独立发展的，金融资产的特征、形式以及使用意图对之有所影响。

□反对市值会计的金融分析师认为，应当按（摊余）成本计量，而把价值判断留给报表使用者。尽管市值会计的意图是好的，但它产生了过多噪声，应当在附注中披露而不是在资产负债表中列报市价的波动。公允价值信息或许意义重大，但其实仅仅通过补充披露就可以满足"透明度"的要求，也可以把公允价值信息放在管理层讨论与分析（MD&A）中。没有哪一位关注证券投资的投资者仅仅满足于使用财务报表中的信息。到目前为止，公允价值会计并未提供更高的透明度和可用性。以理论价格进行会计处理，可能会掩盖实质性风险，因为财务报表使用者难以独立地验证报表数字的真实性。财务会计准则公告第 157 号所推崇的"脱手价格"与持续经营理念是相悖的。会计信息只应反映经济活动，而不应干预经济活动。反观现在，市值会计不仅加深了危机，还加大了金融监管成本。

□职业判断对于会计、审计来说已经不新鲜了，近年来与之有关的讨论甚为广泛。然而，公允价值会计与金融创新仍在不断地扩大判断的范围。

□美国联邦存款保险公司前主席威廉·M.艾萨克（William M. Isaac）建议说，金融监管机关应当参与公认会计原则的制定，影响到金融稳定的会计原则应当经过美联储和联邦存款保险公司（FDIC）共同批准才能生效。不应当把会计准则的制定权交给国际会计准则理事会。

□本研究收到的反馈意见认为，资本充足率的计算不应与市值会计挂钩。会计准则中采用脱手价格的立场是不合适的。市值会计所计算的是清算价值，仅对开放式基金等而言是合适的。目前的财务报表是令投资者费解的，应当隔离浮动盈亏的信息。现值的计算规则导致了混乱。应当在财务报表中剔除公允价值，改为在附注中披露公允价值。

该报告中所提及的反馈意见很有见地，但很难在美国主流会计学术中觅得踪迹，由此可见，美国会计学术究竟在干什么。

耐人寻味的是，该报告对会计计量属性给出了一番评论：（1）未来现金流量现值。现值可以看作是一项计量技术，而不是计量基础。（2）历史成本。其特征是资产在入账之后不再根据市价波动进行调整，只在备抵账户中另行记录资产减值，或许称作"历史交易价格"更为妥帖。（3）现行成本。有些存货是以现行成本计价的，替代成本、重置成本是其变体。（4）可变现净值。

适用项目包括短期应收款、应收账款及质量担保债务。

　　该报告还对会计计量属性进行了系统分析，如图9-12所示，这就是国内会计论著热传的会计计量属性的来源。基于一系列幻想，该报告分别罗列了过去、现在和未来这三个时间维度上的入手价格（entry price）、脱手价格（exit price）。但如图9-12所示，有很多概念举不出对应的例子。为便于理解，图9-12使用国际会计准则理事会的《财务报告概念框架2018》中的概念（以灰色背景列示）予以说明。会计主体购买资产所付出的代价，即为历史成本，按照该报告的说法，就是过去的入手价格。假设企业现在重置（重新购买）某项资产，其可能的交易价格则为重置价值，国际会计准则称之为现行成本，按照该报告的说法，就是现在的脱手价格。假设企业继续使用某项长期资产，其现在的脱手价格就是在用价值；假设企业继续承受某项长期负债，其现在

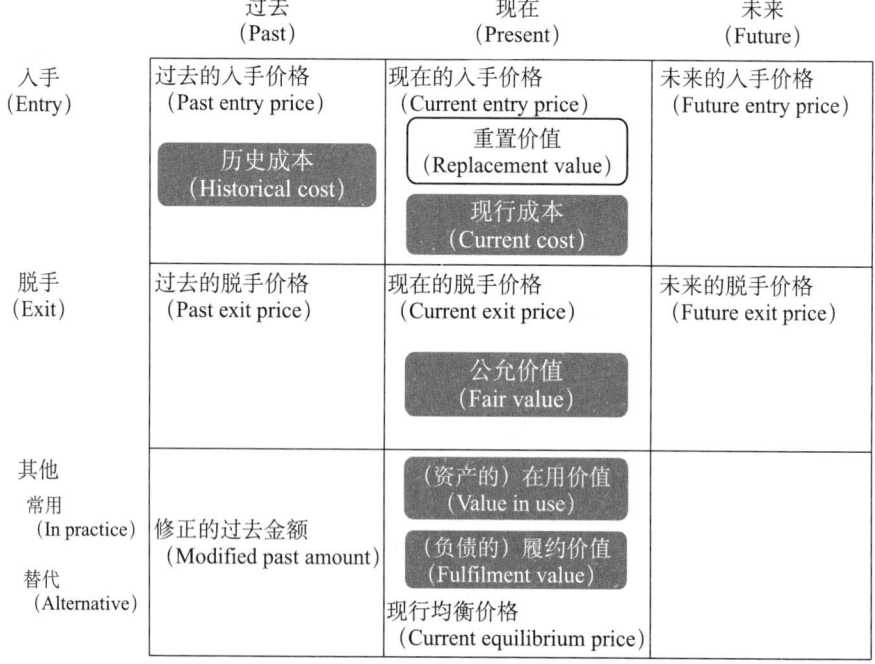

图9-12 《市值会计研究》中的会计计量属性

的脱手价格就是履约价值。《财务报告概念框架 2018》把现在的入手价格和脱手价格一律称作"现行价值"。

这套概念体系所倡导的大多不是真理，而是谬误。要知道，"价格"（price）就是针对事实而言的，指实际付出的代价。事实只有一个，也就只有一个价格。卖方的脱手价格也就是买方的入手价格，哪里还能再区分入手价格和脱手价格呢？至于区分过去、现在和未来的入手或脱手价格的做法，更是缺乏理论意义和实践价值。难道学术之美，真的就在于让人一头雾水？不难看出，准则制定者搞出来这么一套自己都举不出例子的魔幻概念，究竟是在化繁为简还是在化简为繁？这套概念并无大用，其显著作用就是展示"国际大投行"的真实理论水准。读不懂时下流行的会计理论教材的企业家、法学家大可不用担心，那些"会计理论"本身也不会起到什么好的作用。只需要一个问题就可以消解那一大堆计量属性：你的理论很奇妙，可是你实际上既没有重新购买该项资产，也没有变卖该项资产，你就只是在"猜"，你就是在按照想法篡改账簿，你就是在从事违法行为，情节严重的构成虚假财务会计报告罪。这就是重置价值、现行成本、公允价值、履约价值等"会计计量属性"的本质。

该报告中的不少信息表明，美国证监会慌不择路，以至于被国际会计准则理事会的很多虚假宣传引入歧途。比如，该报告中声称，"目前，世界各地约有 113 个国家或地区（如欧盟、澳大利亚和以色列）要求或允许上市公司按照国际会计准则编制报告。欧盟、澳大利亚和以色列资本市场总额为 11 万亿美元，占全球资本市场市值的 26%。再加上巴西和加拿大这两个宣布采用国际会计准则的国家，则资本市场总额为 13.4 万亿美元，占全球市值的 31%"。但这种认识根本就不符合事实，纯属照抄国际会计准则理事会的片面宣传。欧盟境内交易所的上市公司只是使用国际会计准则编制合并报表。英国、法国、德国、意大利等国家都有自己的会计法规。如果拿 2014 年以来美国证监会的宣传材料作对比，就会看出当时急于摆脱舆论焦点的美国证监会是多么歇斯底里、孤注一掷。

这份《市值会计研究》反映了美国证监会、财务会计准则委员会、美国注册会计师协会等证券市场相关机构固执己见及其对金融稳定的漠视。该报告再次申明，财务报告应当继续围绕投资者的需求来开展工作，不必考虑企业管理当局以及银行业监管机构的要求，因为后两者均能支配信息提供者，它们很容易获得它们想要的信息。作为对比，投资者手中无权、口袋有钱，他们才是财务报告的首要服务对象。因此，应当继续为投资者提供公允价值信息。这不过是老调重弹，从 1973 年以来他们一直在弹这个老调。对于该报告的这种立场，银行业监管机构数十年如一日地表示反对。

专栏 9-42

来自实务界的一家之言——"FASB 和 CPA 行业凭什么那么牛？"

罗伯特·D. 麦克蒂尔

"财务会计准则委员会俨然是美国最牛的单位。

"公共会计师行业自视甚高，他们不愿意为了金融部门和经济发展而修改会计规则，哪怕是仅仅修改一条会计规则。

"就连美联储这个全美国甚至可能是全世界最保守的机构都站出来反对公允价值会计，由此我们可以想象会计准则出的问题有多大。"

——罗伯特·D. 麦克蒂尔（Robert D. McTeer）

（麦克蒂尔在美联储系统供职达 36 年，其中有 14 年担任联邦储备银行达拉斯分行（The Federal Reserve Bank of Dallas）董事长兼 CEO、联邦公开市场委员会委员。2007 年 1 月成为美国国家政策分析中心（National Center for Policy Analysis）的杰出会士（Distinguished Fellow）。）

储贷协会危机之后，公允价值会计被视为良方妙药得以广泛推行；次贷危机之时，公允价值会计却被纷纷责骂。可见，对公允价值会计的辩证分析仍有待深化。

　专栏 9-43

公允价值会计在次贷危机中的角色

会计居然成为国际社会热议的话题，这在历史上尚属首次。实际上，围绕这一问题的争论已经持续了 50 年，其核心问题是：财务报表究竟应该反映历史成本会计信息还是现行市场价值信息？争论双方都对自己的主张坚信不疑，各自的立场也的确颇有价值。

1. 盯市会计的支持者的观点

财务会计准则公告第 157 号提出了一套公允价值层级，强调在使用估值模型时应注重其客观性（objectivity）和观测性（observability）。盯市会计的支持者认为，财务会计准则公告第 157 号使得外部投资者能够知晓那些在传统会计模式下只有内部人才知道的信息。公允价值会计并不是错误的，它只是需要完善。财务报告的目标是促进证券的市场价格（market prices）收敛于其内在价值（intrinsic value）。

在过去，会计主要关注企业管理当局和会计师的信息需求而很少考虑投资者的需要。资本市场迫使企业考虑资本的成本而不仅仅是编报报表的成本。历史成本信息对于评估未来的现金流量来说是不可靠的，也就是说，信息的可靠性并不是简单地取决于其可验证性（verifiability），还取决于它对于理性决策的可信赖性（dependability）。有用的信息，是揭示现在的真实情况的信息，而不是曾经的真实情况的信息。公允价值是测度金融工具（如衍生金融工具）的最透明的办法。

2. 盯市会计的反对者的观点

1976 年财务会计准则委员会公布的三份讨论稿启动了一场延续至今的

财务报告的革命。我从这场革命开始策动起就一直坚决反对它。盯市会计的倡导者说公允价值更为"相关"，不像收入和费用的配比那样主观，但他们忽视了企业管理当局和企业家的信息需求。

安然公司利用盯市会计规则增记了资产、虚构了利润。证券化看起来像是缓解了贷款人的信用风险，但它助长了不负责任的授信活动，与此同时，放大了全球金融系统中的不良贷款的比例。关于透明度（transparency），似乎很有必要强调。但宣扬透明度的人所炮制的会计规则却恰恰使得如今的会计更加不透明了！当然，是监管层的放纵助长了金融机构的失控。但财务会计准则委员会对盯市会计的狂热支持也是导致问题日趋严重的重要原因。在过去，金融资产的账面价值已经被增记到了令人难以置信的程度，这是后来出现巨大减值额的重要原因。

会计的主要目的是什么？凡是有过会计实践经历的人都知道，会计的基本目的是提供可靠的、忠实地记录真实交易情况的信息，这样才能有效地控制资产和负债，才能衡量公司和职工的业绩（performance）。显然，没有哪个企业会傻到用比较期初、期末的资产负债表的方式来衡量企业经营的好坏。但准则制定者不再考虑业绩评价的问题，他们关心的中心问题是潜在的股票投资者和债券投资者的信息需求，关心的是潜在价值（potential value）。为什么成了现在这个鬼样子？之所以出现这样的问题，是因为经济学、会计学和金融学的研究及教学与会计师的实践之间长期以来存在严重的分歧。经济学理论、会计学理论和金融学理论在企业的运营中各居其位，各有其用，而FASB却愚蠢地企图让会计同时满足这三个不同领域的要求，从而导致了会计的彻底堕落，它不再胜任加强控制和衡量业绩的任务了。

最初，美国国会的意图是让美国证监会的首席会计师负责制定必要的准则。但是，首任首席会计师卡曼·G.布劳却希望由美国注册会计师协会来制定规则。1937 年他成功地说服了美国证监会。

财务会计准则委员会成立之后办的第一件事就是依特鲁布拉德报告制定一份行动纲领（constitution）。受一些学术界人士的影响，其"纲领"的导向是 20 世纪 30 年代就已初现端倪的盯市会计理念。虽然它从来没有公布过其最终目标，但是一些有识之士还是看出了其明显的价值导向。如莫茨认识到，财务会计准则委员会的最终目标是公允价值会计，他游遍全国反对这一"革命"。以通用汽车和壳牌石油为代表的一些公司发动了反对会计"革命"的运动，至今它们依然坚持其反对立场。

财务会计准则委员会 2006 年 7 月 6 日公布的初步观点（Preliminary Views）文件清楚地表明，它抛弃了使用传统会计进行企业管理的真实用户的需求，它企图为潜在的用户服务。该文件仅仅关注证券投资者。它提到了可比性和一致性，但这是不可能的：在公允价值理念下，管理层拥有太多的自由度，会计变成了管理层的价值判断的产物，而各个企业的管理层的价值判断不具有起码的可比性。没有什么规则能够消除投机性泡沫，而会计规则却在制造泡沫。

列入美国证监会管辖范围的仅有 1.7 万家公司，而此外的 1 900 万家企业向银行等信贷机构提交的经审计的财务报表是按照历史成本会计编制的。

证券分析师和证券投资者应当自己估计公司未来的发展状况。公司未来的发展取决于产品质量、服务质量、管理水平，而不是靠猜测得到的公司资产的"价值"。记录资产升值是 20 世纪 20 年代时的错误，如今它依然重现。答案很明显：应当回到以历史成本和交易为基础的会计规则，限制而不是鼓励盈余操纵行为（manipulation of earnings；earnings management）。

资料来源：Michael R. Young, Paul B. W. Miller, Eugene H. Flegm, "The Role of Fair Value Accounting in the Subprime Mortgage Meltdown," *Journal of Accountancy*, 2008, 205(5): 34-39.

十二、公认会计原则的汇编

七拼八凑的公认会计原则令美国公众公司会计、审计从业人员不堪忍受，其数量之多、质量之差大概位居世界各行业之首，关于准则超载（overload）的指责之声一浪高过一浪。美国注册会计师协会曾多次进行过梳理，但形势比人强，怎么梳理也赶不上准则制定者"推陈出新"的速度。

时任财务会计准则委员会主席的赫兹痛感美国的财务会计报告规则体系过于复杂且不必要的复杂，而这种复杂性反映了弥漫在美国社会、企业界和监管层的贪婪和诉讼的力量。他从英国的特许会计师行业角度观察，认为季度报告创造了短期主义的美国会计文化，律师行业的好诉讼环境破坏了财务报告的专业性，诱导公共会计师逐步成为"规则寻找者和模板搜寻者"。对此，赫兹指出，美国证监会主席和首席会计师经常宣称美国拥有世界上最好的财务报告系统。如果用公告、规则和法规的绝对数量及其详细程度和复杂程度来衡量质量，那么美国毫无疑问是领先于世界其他地区的。然而，这种由多个制订主体以不同格式、不同风格、不同详略程度撰写的规则体系，对于用户来说是相当令人费解的。不唯会计准则过于复杂，美国证监会所公布的信息披露规则也相当庞杂，尚未实现简化或现代化的目标。[1]

于是，赫兹提出了系统性重组和编纂公认会计原则的要求，以期提高公认会计原则的可理解性。

2007年5月，美国财政部按照部长小亨利·M. 保尔森（Henry M. Paulson，Jr.）在同年3月主持召开的资本市场竞争力峰会上的建议，成立了由美国证监会前主席莱维特和前首席会计师尼古拉森共同主持的审计专业咨询委员会（Advisory Committee on the Auditing Profession，ACAP）。该委员

---

[1] Robert H. Herz, *More Accounting Changes: Financial Reporting through the Age of Crisis and Globalization* (Bingley: Emerald Group Publishing Limited, 2016), pp.63-64, 318.

会负责审查审计行业面临的关键问题，以增进投资者对审计行业的信心。

6 月，美国证监会宣布成立财务报告改进咨询委员会（Advisory Committee on Improvements to Financial Reporting，CIFiR），负责审查美国证券市场上的财务报告系统，提供有关提高财务报告的实用性、减少不必要的复杂性的建议。[1]

准则编纂于 2007 年下半年完成，2008 年 1 月提供给公众试用验证。2008 年 5 月，财务会计准则委员会公布《财务会计准则公告第 162 号：公认会计原则的层次》，对公认会计原则按照层级进行全面梳理（见表 9-8）。

表 9-8 汇编之前的公认会计原则的主要渊源

公布机构	文件名称
财务会计准则委员会	财务会计准则公告（编号至第 168 号） FASB Statements of Financial Accounting Standards
	财务会计准则委员会解释文件（编号至第 48 号） FASB Interpretations
	财务会计准则委员会第 133 号准则公告实施指南 FASB Statement 133 Implementation Issues
	财务会计准则委员会职员立场公告 FASB Staff Positions
	财务会计准则委员会技术公报 FASB Technical Bulletins
	新兴问题工作组摘要 EITF Abstracts
	新兴问题工作组摘要附录 D 相关主题 Topics discussed in Appendix D of EITF Abstracts (EITF D-Topics)
	财务会计准则委员会职员的应用指南 FASB Staff Implementation guides (Q&As)

---

1 2007 年 8 月至 2008 年 7 月，该委员会举行了 8 次公开会议，最终报告于 2008 年 8 月上旬公布。

续表

公布机构	文件名称
美国注册会计师协会	会计研究公报第 43 ~ 51 号（被修订或被取代的除外） Accounting Research Bulletins
	会计原则委员会意见书（编号至第 31 号，被修订或被替换的除外） Accounting Principles Board Opinions
	美国注册会计师协会行业审计及会计指南 AICPA Industry Audit and Accounting Guides
	美国注册会计师协会立场公告 AICPA Statements of Position
	美国注册会计师协会会计准则执行委员会实务公报 AICPA Accounting Standards Executive Committee Practice Bulletins

同年 9 月 26 日，美国财政部审计专业咨询委员会提交最终报告，其中包含 30 多项建议，重点是改进会计教育和加强人力资本，改进和提升审计公司的治理、透明度、责任感、沟通效果和审计质量，增强审计市场竞争、完善审计师选择的方法。这显然是一份老调重弹的报告，复述了众所周知的问题，但没有提出解决问题的新思路。

2009 年 6 月，财务会计准则委员会公布《财务会计准则公告第 168 号：〈FASB 会计准则汇编〉与公认会计原则的层次》。7 月 1 日，该委员会投票批准《FASB 会计准则汇编》为公认会计原则的正式来源。准则汇编并没有修改原有的公认会计原则，而只是把半个多世纪以来各种组织机构陆续公布的约 2 000 余份零零散散的生效公告，按照将近 90 个议题进行了汇总整理，每个主题下面都清晰地列明了标题、副标题、章和段，形成了具有内在逻辑的准则汇编。这样，无论规则合不合理，都以统一的形式固化了。公认会计原则汇编是时任财务会计准则委员会主席赫兹的一大政绩。

《财务会计准则公告第 168 号：〈FASB 会计准则汇编〉与公认会计原则的层

次》称，《FASB 会计准则汇编》（FASB Accounting Standards Codification™）是财务会计准则委员会认可的公认会计原则的渊源。

准则汇编完成后，财务会计准则委员会不再公布财务会计准则公告（SFASs）、FASB 职员立场公告（FASB Staff Positions）、紧急问题工作组摘要（Emerging Issues Task Force Abstracts）。它将以会计准则更新（Accounting Standards Updates）的形式不断更新该准则汇编。

在我国，有些学者倡导在制定会计法规时放弃会计制度的形式，改为采用会计准则的形式。公认会计原则的汇编动态，是我国长期流行的那种片面推崇会计准则、反对制定会计制度的观点的反证。众所周知，在法国和德国，会计法规与税法、商法典紧密配合，其会计立法形态更为科学和稳定。迷信美国做法的倾向实不足取。

应当看到，即使经过汇编，公认会计原则仍然是什锦拼盘。这是因为，公认会计原则的形成没有经过通盘考虑、缜密论证，而是公共会计师行业采用"头疼医头、脚疼医脚"的方式堆砌出来的一个大杂烩。所谓汇编，主要是在形式上更方便查找，但其内容仍然缺乏条理。但这已经算是财务会计准则委员会能够取得的很了不起的成就了。对于研究者来说，要想梳理清楚会计规则的来龙去脉、成败得失，还是需要逐项分析每一个相关的历史文件。

十三、公认会计原则再度遭遇国会议员质疑

2009 年初至 3 月初，美国股票市场急剧下跌。前两个月新增失业人口达 140 万人。3 月 9 日，道琼斯工业平均指数低于 6 600 点，比 2007 年 10 月的峰值下降了 50% 以上。

3 月，美国国会参议员珀尔马特（Ed Perlmutter）和弗兰克·卢卡斯（Frank Lucas）发起了《联邦会计监察委员会法案》（H.R.1349：Federal Accounting Oversight Board Act）的立法动议，建议改变由美国证监会主导公

众公司（即公开发行证券的公司）会计规则制定权的现状，以期设计出更为客观的、合理的会计规则。该提案建议创建一个由美联储主席、财政部部长、联邦存款保险公司主席、美国证监会主席和公众公司会计监察委员会主席5人构成的联邦会计监察委员会（Federal Accounting Oversight Board），由该委员会负责审批公认会计原则并监督其应用情况。

遗憾的是，该提案未能付诸表决。围绕公认会计原则所形成的利益集团已经如此强大，以至于历次主张由政府干预会计规则的立法动议没有一次是成功的。

3月12日，美国联邦存款保险公司前主席威廉·M.艾萨克（William M. Isaac）在众议院的听证会上指出，公允价值会计不过是一套死灰复燃的失当规则。在1938年以前，美国的银行业监管规则曾经要求银行业金融机构（banking organizations）采用公允价值会计对其证券投资组合进行会计处理。[1] 1938年，财政部根据罗斯福总统的指示召集各大银行业监管机构的代表们召开了一系列会议，重新审议了包括公允价值会计规则在内的既有监管政策。会议认为，公允价值会计的顺周期效应导致美国经济自1929年起在下行趋势上盘旋了8年之久，造成了银行会计信息的严重扭曲，对银行授信和金融系统的稳定具有严重的影响。若继续使用公允价值会计，则将会对银行业履行信用中介职能造成不利影响，因为银行业将会被迫关注短期利率的波动，而不是关注借款人的还款能力。最后，财政部和各大银行业监管机构当即根据罗斯福总统的指示，废止了公允价值会计，以鼓励银行专注于履行信用中介职能，这是使美国经济走出大萧条的重要政策转折点之一。[2]

1　20世纪20年代，记录资产升值的会计行为甚为普遍，这是1929年证券市场崩盘的重要原因之一。

2　艾萨克在20世纪90年代初指示联邦存款保险公司研究采用公允价值会计的可行性问题，当时他们就彻底否定了公允价值会计。当时的研究结论认为，公允价值会计具有顺周期的特性，而顺周期性是银行业监管的大忌，如果推行公允价值会计，则必然导致监管者难以处理未来的金融危机。真是一语成谶！详见：美国联邦众议院听证会档案（www.house.gov/apps/list/hearing/financialsvcs_dem/isaac031209.pdf）。

第十章
财务会计准则委员会与国际会计准则理事会的趋同计划及其搁浅

英国、加拿大的公共会计师行业协会迫切希望能够把"独立审计制度"推广至全球证券市场，于是牵头创建了国际会计准则委员会。国际会计准则和国际财务报告准则是公共会计师出于行业利益所设计的证券信息披露规则。自 1973 年成立至 2001 年改组，国际会计准则委员会企图向全球各大证券市场"兜售"它制定的证券信息披露规则，但一直未能如愿。2002 年，欧盟要求在欧盟境内交易所上市的公司自 2005 年起统一采用国际会计准则编制合并财务报表，从而成为国际会计准则的第一个大客户。澳大利亚的公共会计师行业草率决定照搬英国的做法，"采用"国际会计准则，此举连国际会计准则理事会都感到吃惊。从此，国际会计准则理事会上演了一场生动的"行销秀"。2006 年纽约证券交易所（NYSE）收购泛欧证券交易所（Euronext NV，简称泛欧交易所）形成纽约泛欧交易所集团（NYSE Euronext），从而建立起横跨欧洲和美洲的超级交易所。纽约泛欧证券交易所 2008 年又完成了对美国证券交易所的收购，巩固了其全球最大交易所的地位。证券交易所的寡头竞争和合并浪潮是国际会计趋同的根本动因，证券交易所的跨洲合并要求必然形成统一的信息披露规则。会计准则这一术语的本源，就是特指证券市场上的信息披露规则。全球会计准则（Global Accounting Standards）概念的提出，正是上述事实的真实反映。但美国证监会对国际会计准则理事会"始乱终弃"，国际财务报告准则的行销策略面临严峻挑战。

第一节 国际会计准则委员会的成立及其早期进展：1973—1987 [1]

虽然现在那些宣扬国际趋同的会计论著基本上都拿投资者的投资决策"说事儿"，但事实上，国际会计准则委员会的成立与投资者的信息诉求没有什么关系。没有谁出面代表投资者去提他们的要求。积极撺掇会计准则国际趋同的，是会计公司和证券交易所。因为会计准则是它们的生意经。

国际会计准则委员会及其后继者国际会计准则理事会并不是国际法、国际经济与政治概念范畴上的"国际组织"（international organization）[2]，它们都不是国际法的制定主体。它们设计的准则也都没有法律强制力[3]，跟人们通常所熟知的"国家统一的会计制度"概念相去甚远。国际准则的推广路径基本上可以用"姜太公钓鱼，愿者上钩"一语来概括。主导制定国际准则的是美国、英国、加拿大、澳大利亚等少数几个英语国家的会计公司，但这些国家中只有澳大利亚把国际准则纳入了本国法律，这一事实本身就值得人们深思。

实际上，国际会计准则委员会是公共会计师行业独家设立的私立机构。这一切主要归功于著名特许会计师弗朗西斯·库珀（Francis Cooper，在库珀四兄弟中排行第三）的外孙——亨利·A. 本森男爵（Lord Henry A. Benson）。

---

1 本节的史实参考了以下文献：Kees Camfferman, Stephen A. Zeff, *Financial Reporting and Global Capital Markets: A History of the International Accounting Standards Committee 1973–2000*(New York: Oxford University Press, 2006)。该书中文版《国际会计准则史》（中国人民大学出版社，2023）由笔者主译。

2 通常意义上的国际组织，是指一些国家（或者其他国际法主体）为实现共同的政治经济目的，依据国际条约或者其他正式的法律文件所建立的有一定规章制度的常设性机构，亦称国际团体或国际机构。

3 国际会计准则、国际财务报告准则并不属于国际法。它们是私立机构设计的私人文件，而不是国际机构制定的国际法。

专栏 10-1

亨利·A. 本森男爵

亨利·A. 本森男爵（Lord Henry A. Benson，1909—1995），曾任英格兰及威尔士特许会计师协会（ICAEW）会长，国际会计准则委员会创始主席。

本森 1909 年生于南非约翰内斯堡，他的外公是弗朗西斯·库珀，库珀四兄弟是库珀兄弟公司的掌门人。

1927 年，本森加入库珀兄弟公司（永道会计公司的前身）的伦敦成员公司，时年 17 岁。1932 年 1 月以终考第四名的优异成绩，成为英格兰及威尔士特许会计师协会会员，1937 年成为资深会员。1934 年本森成为公司合伙人。

20 世纪 40 年代本森参军服役（1940—1945），荣升上校军衔。1946 年回到永道会计公司，同年获得大英帝国司令勋章（Commander of the Order of the British Empire）。1947 年担任高级合伙人，直至 1975 年退休。

本森曾参与许多公共服务活动，曾任英格兰及威尔士特许会计师协会副会长（1965—1966）、会长（1966—1967）、理事（1956—1975），国际会计准则委员会主席（1973—1976）。退休后，他受聘担任英格兰银行行长顾问（1975—1983）。

本森的公共服务和专业服务给他带来了许多荣誉。1964 被授予骑士封号，1971 年被授予大英帝国骑士大十字勋章（Knight Grand Cross of the Order of the British Empire），1981 年被授予男爵爵位（终身贵族）。

图片来源：Kees Camfferman, Stephen A. Zeff, *Financial Reporting and Global Capital Markets: A History of the International Accounting Standards Committee 1973-2000* (New York: Oxford University Press, 2006), p. 27.

一、本森发起成立国际会计准则委员会

1966 年，英格兰及威尔士特许会计师协会新任会长本森在就职演讲中提议成立"会计师国际研究组"（Accountants International Study Group，AISG），并邀请美国和加拿大同行参与，以期对比和协调不同国家的公共会计师业务。本森指出，他曾应邀访问加拿大特许会计师协会（CICA）和美国注册会计师协会，感到三家协会的关系十分友好却又很疏远。本森提议，作为公共会计师行业发展影响最大的三个机构，彼此之间应当加强合作。[1]

1967 年 2 月，美国注册会计师协会、加拿大特许会计师协会、英格兰及威尔士特许会计师协会、苏格兰特许会计师协会和爱尔兰特许会计师协会的代表，共同举行了会计师国际研究组的第一次会议，本森出席此次会议（这是他唯一一次参加该研究组的会议）。在他的建议下，罗伯特·特鲁布拉德被选为研究组主席。该研究组成立不久就公布了有关会计议题的文件，并逐渐形成了自己的理论框架。[2] 1968 年，该研究组公布了第一份研究报告《英美加三国存货会计比较》。

1972 年 5 月，美国注册会计师协会决定成立财务会计准则委员会，以取代会计原则委员会。受此启发，本森形成了在国际层面上成立类似的会计准则制定机构的设想。英格兰及威尔士特许会计师协会邀请九个国家[3]的领先的公共会计师行业协会，共同筹备组建国际会计准则委员会。

10 月，在于悉尼召开的第十届世界会计师大会（International Congress of Accountants）（见表 10-1）上，与会的主要会计职业团体倡议成立国际会计

---

1 ［澳］克雷格·迪根：《财务会计理论》（第三版），方红星等译，东北财经大学出版社，2010，第 80 页。

2 该研究组成为 1973 年创立国际会计准则委员会的基础，共公布了 20 份研究报告，后于 1977 年解散。

3 这九个国家是：澳大利亚，加拿大，法国，德国，日本，墨西哥，荷兰，英国与爱尔兰，美国。

准则委员会（International Accounting Standards Committee，IASC）和会计职业国际协调委员会[1]（International Co-ordination Committee for the Accountancy Profession，ICCAP）。

表 10-1　　　　　　　　世界会计师大会召开情况一览表

年份	届次	会议城市	年份	届次	会议城市
1904	第一届	圣路易斯	1977	第十一届	慕尼黑
1926	第二届	阿姆斯特丹	1982	第十二届	墨西哥城
1929	第三届	纽约	1987	第十三届	东京
1933	第四届	伦敦	1992	第十四届	华盛顿
1938	第五届	柏林	1997	第十五届	巴黎
1952	第六届	伦敦	2002	第十六届	香港
1957	第七届	阿姆斯特丹	2006	第十七届	伊斯坦布尔
1962	第八届	纽约	2010	第十八届	吉隆坡
1967	第九届	巴黎	2014	第十九届	罗马
1972	第十届	悉尼	2018	第二十届	悉尼

　　1973 年 6 月 29 日，在本森的组织下，上述公共会计师行业协会齐聚伦敦，签署了关于成立国际会计准则委员会的协议。国际会计准则委员会宣告成立，办公地点设在伦敦。本森自 1973 年 6 月至 1976 年 7 月出任国际会计准则委员会创始主席。来自美国注册会计师协会的保罗·罗森菲尔德（Paul Rosenfield）被任命为国际会计准则委员会第一任秘书长。

　　表 10-2 列示了国际会计准则委员会的历任主席，其中，怀亚特和白鸟荣一曾先后来中国参加财政部举办的第一次（深圳，1992）和第二次（上海，1994）会计准则国际研讨会。

---

　　1 该机构后来演变成为国际会计师联合会（International Federation of Accountants，IFAC）。1977 年 10 月 7 日，国际会计师联合会在第十一届世界会计师大会上宣告成立，总部设在美国纽约。从 1983 年起，作为世界会计师大会成员的所有会员自动成为国际会计准则委员会的成员。

表 10-2　　　　　　　　　　　国际会计准则委员会历任主席

任职年份	姓名	国籍
1973—1976	亨利·A. 本森（Henry A. Benson）	英国
1976—1978	约瑟夫·P. 卡明斯（Joseph P. Cummings）	美国
1978—1980	约翰·A. 赫普沃思（John A. Hepworth）	澳大利亚
1980—1982	J. A.（汉斯）伯格格拉夫（J.A.（Hans）Burggraaff）	荷兰
1982—1985	斯蒂芬·埃利奥特（Stephen Elliott）	加拿大
1985—1987	约翰·L. 柯克帕特里克（John L. Kirkpatrick）	英国
1987—1990	乔治·巴特·德鲁伊特（Georges Bartes de Ruyter）	法国
1990—1993	阿瑟·怀亚特（Arthur Wyatt）	美国
1993—1995	白鸟荣一（Eiichi Shiratori）	日本
1995—1997	迈克尔·夏普（Michael Sharpe）	澳大利亚
1997—2000	斯蒂格·恩沃尔森（Stig Enevoldsen）	丹麦
2000—2001	托马斯·E. 琼斯（Thomas E. Jones）	英国

资料来源：Kees Camfferman, Stephen A. Zeff, *Financial Reporting and Global Capital Markets: A History of the International Accounting Standards Committee 1973-2000* (New York: Oxford University Press, 2006), p. 504.

二、国际会计准则委员会的早期进展：1973—1987

国际会计准则委员会 1973 年对三个技术项目进行立项，分别是会计政策、存货、合并财务报表，各项目都配有指导委员会。负责《国际会计准则第 1 号：会计政策的披露》的指导委员会在当年召开了一次会议。

在最初的 13 年里，国际会计准则委员会几乎没有取得任何实质性进展。各参与方抱着儿戏的态度参与国际准则制定，并未给予认真对待。几乎所有的创始成员所在国都没有使用国际会计准则委员会设计的准则，只有 20 世纪 80 年代初的加拿大是个例外。加拿大特许会计师协会成功地劝说为数不少的公司采用国际会计准则，是最热烈的支持者。

（一）国际会计准则委员会的成员变化和主要活动

早期的国际会计准则委员会采取闭门政策，只把会员资格（membership）授予经英格兰及威尔士特许会计师协会和美国注册会计师协会协商确定的少数几个公共会计师行业协会。其他的公共会计师行业协会只能依照章程申请取得联系会员（associate membership）资格。

1974 年，国际会计准则委员会接纳比利时、印度、以色列、新西兰、巴基斯坦和津巴布韦的公共会计师行业协会为联系会员。同年，公布了第一份会计准则征求意见稿。

1975 年 1 月，国际会计准则委员会公布《国际会计准则第 1 号：会计政策的披露》。同年，一些组织提出了成立国际会计师联合会（IFAC）以取代会计职业国际协调委员会的建议。

1976 年，来自美国的约瑟夫·P. 卡明斯担任国际会计准则委员会主席。十国集团的央行行长资助了一项关于银行财务报表的研究。

1977 年，国际会计准则委员会修改章程，将其理事会成员数量从 9 个（9个创始成员）扩大到 11 个。每份会计准则须有 9 个理事同意方可通过，从而确保了 9 个创始成员的控制力。同年，联系会员转为正式会员。

同年，国际会计师联合会成立，取代了成立于 1967 年的会计师国际研究组。

1978 年，澳大利亚的约翰·A. 赫普沃思担任国际会计准则委员会主席。南非和尼日利亚的公共会计师行业协会加入理事会。国际会计准则委员会的理事会成员增加至 11 个。当年，国际会计准则委员会首次拒绝一份拟公布的准则（《外币交易的会计处理和外币财务报表折算》），并另行组建了一个项目指导委员会。同年，国际会计准则委员会与国际会计师联合会达成"相互认可"（mutual commitments）。

1979 年，国际会计准则委员会和经济合作与发展组织（OECD）开始接触，共同商谈会计准则事宜。

1980 年，荷兰的伯格格拉夫成为国际会计准则委员会主席。国际会计准则委员会公布了十国集团央行行长资助的银行信息披露项目的讨论稿。联合国政府间会计和报告工作小组（United Nations Intergovernmental Working Group on Accounting and Reporting）召开首次会议，国际会计准则委员会与之接触并提交了一份合作预案。

1981 年，杰弗里·B. 米切尔（Geoffrey B. Mitchell）成为国际会计准则委员会秘书长。国际会计准则委员会设置了国际会计准则委员会咨询组（IASC Consultative Group），成员来自证券交易所、银行、律师事务所、企业、工会、政府、联合国、世界银行、经济合作与发展组织等。咨询组于 1981 年 10 月召开了第一次会议。国际会计准则委员会开始造访一些国家的会计准则制定机构。国际会计准则委员会与荷兰、英国和美国的会计准则制定者就所得税的会计处理展开了合作。

1982 年，加拿大的斯蒂芬·埃利奥特成为国际会计准则委员会主席。国际会计准则委员会与国际会计师联合会签署"相互认可"承诺。国际会计师联合会的所有成员均为国际会计准则委员会的成员。国际会计师联合会承认并支持国际会计准则委员会为全球会计准则的制定者。国际会计准则委员会的理事会扩大到 17 位理事，包括国际会计师联合会任命的 13 位理事以及 4 位相关利益群体的代表。原章程中 9 位创始成员的特权被取消。

1983 年，意大利成为国际会计准则委员会的理事国。1984 年，国际会计准则委员会与美国证监会举行正式会谈。

1985 年，英国的约翰·L. 柯克帕特里克任国际会计准则委员会主席，戴维·凯恩斯任秘书长。国际会计准则委员会参加经济合作与发展组织举办的全球会计协调论坛。国际会计准则委员会响应了美国证监会关于跨境发行招股说明书的建议。经济合作与发展组织召开了关于会计协调（accounting harmonisation）的会议。

1986 年，金融分析师协会国际协调委员会（International Coordinating Committee of Financial Analysts Associations）成为国际会计准则委员会的理事。国际会计准则委员会与纽约证券交易所、国际律师协会联合主办了一场关于金融市场全球化的会议。

（二）以并集的思路设计国际会计准则

国际会计准则委员会在创业阶段一没技术，二没人脉。它在启动制定国际会计准则工作时意识到，国家间的差异难以协调，必须进行妥协，或者说，必须允许同时存在多种备选会计处理方法。于是，它决定把国际会计准则做成一个"大筐"，什么样的规则都可以往里面装。它把会员单位搜集的会计规则拼到一起，贴上国际会计准则的标签就对外公布了。这样，各国的公司如果乐意，就可以公开宣称其已经采用了国际会计准则。这种针对同一种业务允许多种会计规则并存的发展策略，一方面满足了公共会计师行业"抱团取暖"的需要，便于公共会计师行业在证券市场谋生存，另一方面也宣告了国际会计准则的虚无本质，昭示了国际会计准则基本上没有存在的价值。在缺乏人脉，也就是缺乏权力机构背书的情况下，这是无可奈何的选择。国际会计准则委员会原本就是民间组织，它并不是一个国际法下的立法机构。

老练的本森将这一切都视作"勇敢的创举"（gallant start）。他认为，在起步阶段不宜操之过急。[1] 先稳住潜在用户才是上策，后面可以慢慢收紧口袋。事实证明，这一策略果然高明。

（三）1986 年国际会计准则委员会与国际证监会组织达成合作共识

国际证监会组织（International Organization of Securities Commissions, IOSCO）成立于 1983 年，直到 1986 年年会前，欧洲只有伦敦证券交易所和

---

[1] 财政部会计事务管理司编《改革与借鉴——会计准则国际研讨会（深圳·1992）》，中国财政经济出版社，1992，第 254—255 页。

法国证监会这两个机构参与过它的活动。

1986 年 7 月，该组织首次在美洲以外的巴黎召开年度会议，与会者提议把该组织更名为证监会国际协会（International Association of Securities Commissions）缩写恰好也是 IASC。[1]17 日的《金融时报》报道了这个 IASC 的消息。该消息恰好被国际会计准则委员会秘书长看到了。

国际会计准则委员会决定将前途压在证券监管机构身上，开始寻求与国际证监会组织的合作。它从美国证监会入手。此时，美国证监会面对 1986 年 10 月撒切尔政府启动的金融"大爆炸"（Big Bang）改革政策，恰好也有意放宽包括会计规则在内的对外国发行人的监管措施。

 专栏 10-2

1983 年成立的国际证监会组织

国际证监会组织的前身是 1974 年成立的美洲地区证监会及类似组织协会（Inter-American Conference of Securities Commissions and Similar Organizations），1983 年改组为国际证监会及类似组织协会（International Organization of Securities Commissions and Similar Organizations）。1987 年改用现名"国际证监会组织"（IOSCO）。1987 年，该组织在魁北克注册为非营利法人，并在蒙特利尔设立秘书处（秘书处于 1999 年迁址到马德里）。

IOSCO 是一些国家证监会的联络机构，其会员监管着全球 115 个国家或地区的 95% 以上的证券市场。IOSCO 不是国际法意义上的国际组织，对其会员机构不具有约束力。它通过向各会员机构推荐使用其指定的监管规则来施加影响。中国证监会是 IOSCO 的正式会员。上海证券交易所、深圳证券交易所、中国金融期货交易所、中国证券登记结算有限责任

---

1 但 1986 年的章程并没有据此修改名称，1987 年的章程中启用了现名"国际证监会组织"（IOSCO）。

公司、中国证券投资者保护基金有限责任公司和中国证券业协会是 IOSCO 的附属会员。

《证券监管的目标和原则》（Objectives and Principles of Securities Regulation）是 IOSCO 的纲领性文件，于 1998 年首次公布，后于 2003 年、2008 年、2010 年、2017 年进行了多次修订。文件确立了证券监管的三项目标，一是保护投资者，二是确保市场的公平、高效和透明，三是减少系统性风险。为实现上述监管目标，文件制订了 38 条原则，分为 9 类，分别涉及监管机构（8 条）、自律组织（1 条）、证券监管的执行（3 条）、监管合作（3 条）、发行人（3 条）、审计师、信用评级机构和其他信息服务商（5 条）、集合投资计划（5 条）、中介机构（4 条）和二级市场（6 条）。

资料来源：国际证监会组织网站（www.iosco.org）和中国证监会网站（www.csrc.gov.cn）。

第二节　依傍国际证监会组织谋发展的国际会计准则委员会：1987—2000

出于多种原因，1987 年是国际会计准则委员会发展历程的转折点（见图 10-1）。最重要的原因是，20 世纪 80 年代成立的国际证监会组织对国际会计准则委员会的影响日益增长。另一个原因是国际会计准则委员会战略决策的转变——它决定另谋新篇。国际会计准则委员会决定不再依赖于针对基本会计问题制定包容多种替代方法的会计准则的旧思路，而是力求谋取发达资本市场监管者的支持。于是它开始尽力取消备选会计处理方法，从而提高其准则的实用性。此时它在会计圈以外寂寂无闻，在会计圈内也难说对发达国家的会计实务有什么影响，采用国际会计准则的只是极少数不具备独立制定会计规则专业实力的发展中国家。

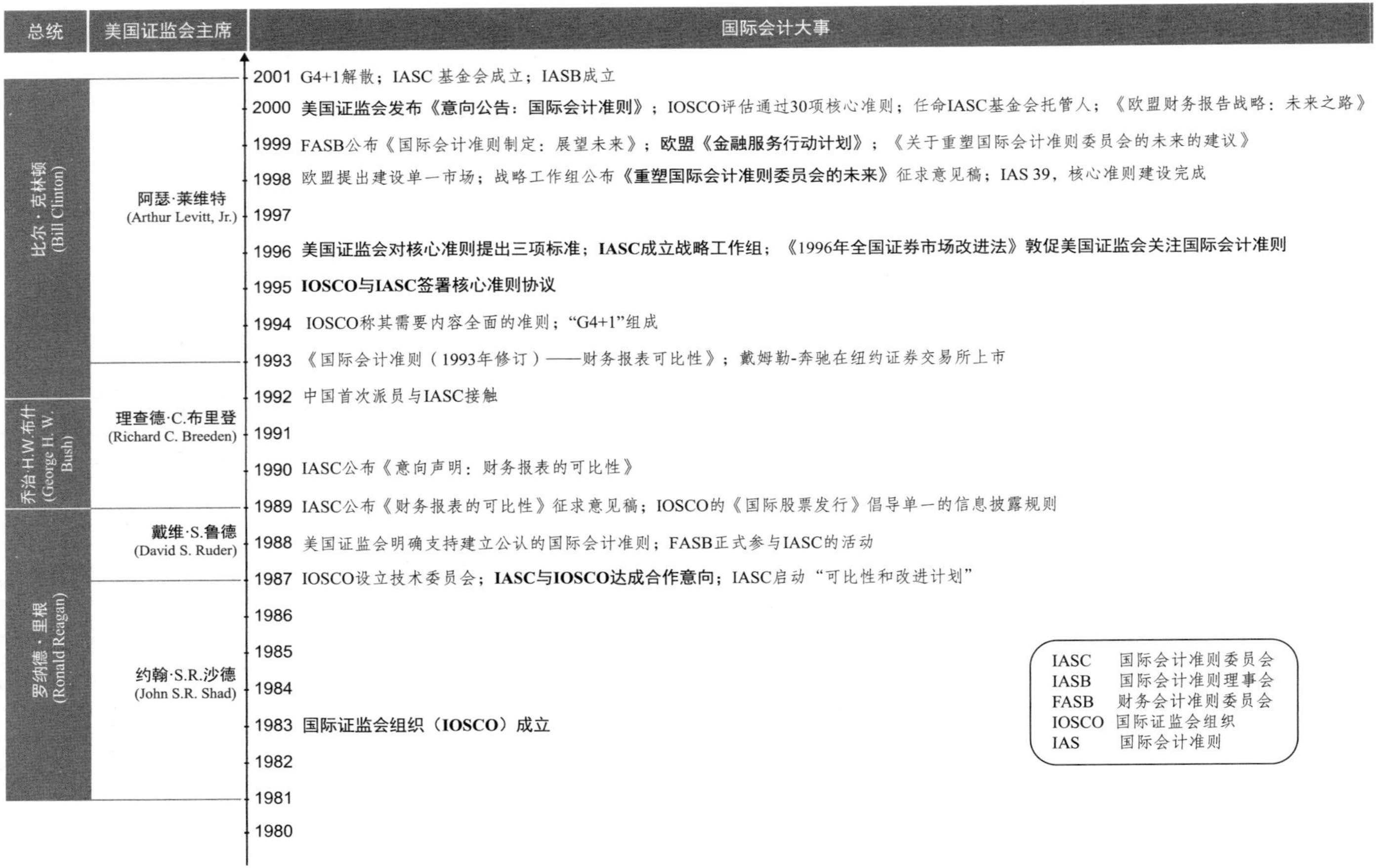

总统	美国证监会主席	国际会计大事	
		2001 G4+1解散；IASC基金会成立；IASB成立	
比尔·克林顿 (Bill Clinton)	阿瑟·莱维特 (Arthur Levitt, Jr.)	2000 美国证监会发布《意向公告：国际会计准则》；IOSCO评估通过30项核心准则；任命IASC基金会托管人；《欧盟财务报告战略：未来之路》	
		1999 美国证监会发布《国际会计准则制定：展望未来》；欧盟《金融服务行动计划》	
		1998 FASB公布《国际会计准则制定：展望未来》；欧盟《金融服务行动计划》	
		1997 欧盟提出建设单一市场；战略工作组公布《重塑国际会计准则委员会的未来》（征求意见稿；IAS 39，核心准则建设完成	
		1996 美国证监会对核心准则提出三项标准；IASC成立战略工作组；《1996年全国证券市场改进法》敦促美国证监会关注国际会计准则	
		1995 IOSCO与IASC签署核心准则协议	
		1994 IOSCO称其需要审查内容全面的准则；"G4+1"组成	
		1993 《国际会计准则》（1993年修订）——财务报表可比性；戴姆勒-奔驰在纽约证券交易所上市	
乔治·H.W.布什 (George H. W. Bush)	理查德·C.布里登 (Richard C. Breeden)	1992 中国首次派员与IASC接触	
		1991	
		1990 IASC公布《意向声明：财务报表的可比性》	
	戴维·S.鲁德 (David S. Ruder)	1989 IASC公布《财务报表的可比性》征求意见稿；IOSCO的《国际股票发行》倡导单一的信息披露规则	
		1988 美国证监会明确支持建立公认的国际会计准则；FASB正式参与IASC的活动	
罗纳德·里根 (Ronald Reagan)		1987 IOSCO设立技术委员会；IASC与IOSCO达成合作意向；IASC启动"可比性和改进计划"	
	约翰·S.R.沙德 (John S.R. Shad)	1986	
		1985	
		1984	
		1983 国际证监组织（IOSCO）成立	
		1982	
		1981	
		1980	

IASC 国际会计准则委员会
IASB 国际会计准则理事会
FASB 财务会计准则委员会
IOSCO 国际证监会组织
IAS 国际会计准则

图 10-1 依傍国际证监会组织谋发展的国际会计准则委员会

一、国际会计准则委员会的"可比性和改进计划"

（一）1987 年：国际会计准则委员会启动"可比性和改进计划"

1987 年 3 月，国际会计准则委员会的主管人员在召开悉尼会议之前，专程拜访了美国证监会和财务会计准则委员会，以寻求它们的支持或合作。美国证监会官员对缩减会计准则中多种多样的替代方案表示关切，建议国际会计准则委员会想办法参与国际证监会组织的活动，该组织正在考虑会计规则的相关事宜。美国证监会官员表示，他们可以想办法安排国际会计准则委员会参加将于 9 月召开的国际证监会组织 1987 年年会。

国际会计准则委员会在 3 月份的悉尼会议上认识到，其最初拼盘式的会计准则制定思路已经到了穷途末路，现在是时候进行改变了。会议决定全速推进概念框架项目，并启动一项重大的"可比性计划"（Comparability Project），缩减会计规则中的备选会计处理方法。同时，邀请国际证监会组织参与它的咨询组。国际证监会组织当即接受邀请，并答应参加咨询组拟于 6 月 30 日举行的一个会议。

5 月 14 日，国际证监会组织行政委员会决定设立技术委员会，负责协调证券交易监管方面的国际合作，审查与国际证券发行和交易有关的监管问题，并提出切实可行的解决方案。

7 月 28 日，国际证监会组织技术委员会在伦敦举行其第一次会议。该委员会启动了多项研究项目，第一项是"国际股票发行"。

9 月，在美国证监会的帮助下，国际会计准则委员会得以派员参加国际证监会组织的 1987 年年会。就这样，国际会计准则委员会与国际证监会组织建立了合作关系，二者决定共同努力制定一套完整的会计准则。如果前者能够制定出质量说得过去的会计准则，后者就同意推荐其作为跨境发行证券的信息披露规则。这就为国际会计准则铺就了获得证券监管机构官方支持的光明前途。[1]

鉴于美国证监会在国际证监会组织中居于主导地位，国际会计准则委员会的如意算盘是，如果国际证监会组织采纳了国际会计准则，那么这就等同于美国证监会也采纳了国际会计准则，这样，美国证监会就不好再要求采用国际会计准则的境外公司另行按照公认会计原则进行调整了。

在美国证监会、财务会计准则委员会和国际证监会组织的支持下，国际会计准则委员会于 1987 年启动了"可比性和改进计划"（Comparability and Improvement Project）。同年，国际会计准则委员会首次公布了合订本（收录截至当年 9 月 1 日的准则）。

（二）1988 年：财务会计准则委员会正式参与国际会计准则委员会的活动

1988 年，美国证监会发布了一项政策声明，该声明提出，所有证券监管机构应共同努力，建立健全国际监管框架，以增强资本市场的活力。

同年，财务会计准则委员会成为国际会计准则委员会咨询组的成员，并成为国际会计准则委员会的观察员（observer），无表决权。从此，财务会计准则委员会可以派员参加国际会计准则委员会的会议。此前，美国注册会计师协会作为国际会计准则委员会的成员，居间协调财务会计准则委员会参与活动。

财务会计准则委员会主席丹尼斯·贝雷斯福德表示，支持建设"更先进的国际准则"，以逐步取代各个国家的准则。他还确定了更直接地参与完善国际准则的新举措。

同年，国际会计准则委员会与（加拿大）会计准则理事会启动了金融工具项目的合作。

---

1 经过 13 年的密切合作，国际会计准则委员会制定的"核心"准则最终于 2000 年 5 月获得了国际证监会组织附条件的认可。

（三）1989 年：国际会计准则委员会公布《财务报表的可比性》征求意见稿

1989 年 1 月，国际会计准则委员会公布《征求意见稿第 32 号：财务报表的可比性》（Exposure Draft E32: Comparability of Financial Statements）。该文件着重探讨了国际会计准则中允许自由选择处理方法的 29 个议题。

7 月，国际会计准则委员会公布《编制和列报财务报表的框架》（Framework for the Preparation and Presentation of Financial Statements）。

（四）1989 年：国际证监会组织支持建设单一的披露规则

1989 年 9 月，国际证监会组织技术委员会公布研究报告《国际股票发行》（International Equity Offers），支持建设各国证券监管机关共同认可的单一的披露规则。该报告认为，国际公认会计准则的发展将会对跨境证券发行起促进作用。国际证监会组织并没有尝试自己制定这些准则，而是重点寄望于国际会计准则委员会的努力。

 专栏 10-3

《国际股票发行》观点摘录

□在过去的 10 年中，海外证券投资大幅增加。国际化的金融市场给每个市场的金融和证券监管机构带来了严峻的挑战。为了使国际化的利益最大化，监管机构必须开展合作，以保护世界资本市场的稳健性和完整性。

□很多国家的证券法的基本目标，都包括保护投资者免受欺诈、提高一级市场和二级市场的效率、建立和维护公平诚实的市场、确保证券市场的稳定性等目标。

□各地法律结构、市场完善程度、货币政策、财政政策、劳动政策等方面的差异，对跨国发行构成了挑战。

　　□如果允许证券发行人按照各地证券监管当局共同认可的单一的信息披露规则编制披露文件，则有望大大提高跨国发行的效率。实现这一目标的途径有：（1）协调不同证券监管区域的披露准则；（2）各证券监管机构接受外国证券发行人依照其母国（主要市场）的规定编制的披露文件。鼓励各个证券监管机构在法定职责和投资者保护目标一致的情况下，通过统一标准、相互认可或其他方式，逐步推行单一的披露文件。

　　□制定单一的信息披露规则的一个关键因素，就是制定各地证券监管当局共同认可的财务报表编报规则。因此，国际公认会计准则的制定将会极大地促进单一的信息披露规则的发展。国际证监会组织有望在这些方面做出重要贡献。建议首先对财务报表的及时性和会计期间予以统一。

　　同年，欧洲会计师联合会（European Accounting Federation，FEE）支持国际协调，呼吁欧洲更多地与国际会计准则委员会合作。

　　1990年7月，国际会计准则委员会公布《意向声明：财务报表的可比性》（Statement of Intent on Comparability of Financial Statements）。该公告提出，该委员会还需要填补现有国际会计准则的空白，如合资企业、金融工具、现金流量表、长期无形资产和每股收益等准则。这份公告把会计处理规则区分为要求的处理方法（required treatment）、基准处理方法（benchmark treatment）和允许采用的备选处理方法（allowed alternative treatment）。例如，对于正商誉（positive goodwill），规定了要求的处理方法，即正商誉作为资产入账，随后通常在5年内摊销，摊销期最长不得超过20年。对于负商誉（negative goodwill），规定了基准处理方法，即负商誉应按比例分配给所购入的各个非货币性资产，分配后如有剩余，则视为递延收入。此后，通常在5年内系统地计入利润，确认为利润的时间最长不得超过20年。

同年，美国的阿瑟·R.怀亚特成为国际会计准则委员会主席。欧盟委员会加入了咨询组，并以观察员身份列席 IASC 理事会会议。银行监管机构和资产评估师也加入了咨询组。

为便于读者朋友了解这时的国际会计准则制定动态，这里将 1990 年底以前国际会计准则的制定情况归纳如表 10-3 所示。

表 10-3　　　　　　　　　　　　1973—1990 年的国际会计准则

序号	时间	准则名称
IAS 1	1975 年 1 月	会计政策的披露 Disclosure of Accounting Policies
IAS 2	1975 年 10 月	历史成本体系下存货的计价和列报 Valuation and Presentation of Inventories in the Context of the Historical Cost System
IAS 3	1976 年	合并财务报表 Consolidated Financial Statements
IAS 4	1976 年 （1999 年废止）	折旧会计 Depreciation Accounting
IAS 5	1976 年 10 月	财务报表中应披露的信息 Information to Be Disclosed in Financial Statements
IAS 6	1977 年 6 月	会计对价格变动的反应 Accounting Responses to Changing Prices
IAS 7	1977 年 10 月	财务状况变动表 Statement of Changes in Financial Position
IAS 8	1978 年 2 月	非常规项目、前期事项和会计政策变更 Unusual and Prior Period Items and Changes in Accounting Policies
IAS 9	1978 年 7 月	研究和开发活动的会计处理 Accounting for Research and Development Activities
IAS 10	1978 年 10 月	或有事项和资产负债表日后发生的事项 Contingencies and Events Occurring After the Balance Sheet Date
IAS 11	1979 年 3 月	建造合同的会计处理 Accounting for Construction Contracts

续表

序号	时间	准则名称
IAS 12	1976 年 7 月	所得税的会计处理 Accounting for Taxes on Income
IAS 13	1979 年 11 月	流动资产和流动负债的列报 Presentation of Current Assets and Current Liabilities
IAS 14	1981 年 8 月	报告分部财务信息 Reporting Financial Information by Segment
IAS 15	1981 年 11 月	反映物价变动影响的信息 Information Reflecting the Effects of Changing Prices
IAS 16	1982 年 3 月	不动产、厂场和设备的会计处理 Accounting for Property, Plant and Equipment
IAS 17	1982 年	租赁会计 Accounting for Leases
IAS 18	1982 年 12 月	收入的确认 Revenue Recognition
IAS 19	1983 年 1 月	雇主财务报表中退休后福利的会计处理 Accounting for Retirement Benefits in Financial Statements of Employers
IAS 20	1983 年 4 月	政府补助的会计处理和政府援助的披露 Accounting for Government Grants and Disclosure of Government Assistance
IAS 21	1983 年 7 月	汇率变动的影响的会计处理 Accounting for the Effects of Changes in Foreign Exchange Rates
IAS 22	1983 年 11 月	企业合并的会计处理 Accounting for Business Combinations
IAS 23	1984 年 3 月	借款费用的资本化 Capitalisation of Borrowing Costs
IAS 24	1984 年 7 月	关联方披露 Related Party Disclosures
IAS 25	1986 年 3 月	投资的会计处理 Accounting for Investments

续表

序号	时间	准则名称
IAS 26	1987 年 1 月	退休福利计划的会计处理和报告 Accounting and Reporting by Retirement Benefit Plans
IAS 27	1989 年 4 月	合并财务报表和对子公司投资的会计处理 Consolidated Financial Statements and Accounting for Investments in Subsidiaries
IAS 28	1989 年 4 月	对联营企业投资的会计处理 Accounting for Investments in Associates
IAS 29	1989 年 7 月	恶性通货膨胀经济中的财务报告 Financial Reporting in Hyperinflationary Economies
IAS 30	1990 年 8 月	银行和类似金融机构财务报表中的披露 Disclosures in Financial Statements of Banks and Similar Financial Institutions
IAS 31	1990 年 12 月	合营企业中的权益的财务报告 Financial Reporting of Interests in Joint Ventures

（五）1992 年：中国首次派员与国际会计准则委员会接触

1991 年，国际会计准则委员会与欧洲会计师联合会、财务会计准则委员会联合主办了会计准则制定机构会议。财务会计准则委员会表态支持国际会计准则。

同年，国际会计准则委员会针对前述需做实质性修改的 3 项议题公布了对应的征求意见稿，它们分别是"研究与开发活动"（E37）、"存货"（E38）、"借款费用的资本化"（E39）。但反馈意见并不赞同针对存货和借款费用的资本化所拟的新修改方案，于是，这两个准则的修改方案又回到了 1989 年 1 月的 E32 上来。

国际会计准则委员会结合各界的反馈意见，重新审议了上述有待统一的 29 项议题，并于 1990 年 7 月公布《意向声明：财务报表的可比性》，决定对 E32 中的 3 项议题做实质性修改，保持此前对 21 项议题的改进建议。该委员会要求按照《编制和列报财务报表的框架》对每项准则进行复核，并要求保持准则之间的一致性。

1992 年，国际会计准则委员会修改章程。中国首次派员与国际会计准则委员会接触。

（六）1993 年:《国际会计准则（1993 年修订）——财务报表可比性》公布

1993 年，财务会计准则委员会与加拿大同行启动联合项目，试图共同研究和制定实质上相同的分部报告会计准则。

证监会国际组织致函国际会计准则委员会，开列了详细的核心准则（Core Standards）清单，并接受了《国际会计准则第 7 号：现金流量表》。南非特许会计师协会（South African Institute of Chartered Accountants）决定以国际会计准则为蓝本修订南非的现有会计准则。

同年 11 月，国际会计准则委员会的"可比性和改进计划"完成对 10 份准则的修订，并结集公布了《国际会计准则（1993 年修订）——财务报表可比性》（Comparability of Financial Statements: Revised International Accounting Standards 1993）。这 10 份准则是:《国际会计准则第 2 号：存货》《国际会计准则第 8 号：当期损益、重大差错与会计政策变更》《国际会计准则第 9 号：研究与开发支出》《国际会计准则第 11 号：建造合同》《国际会计准则第 16 号：不动产、厂场和设备》《国际会计准则第 18 号：收入》《国际会计准则第 19 号：退休后福利的成本》《国际会计准则第 21 号：汇率变动的影响》《国际会计准则第 22 号：企业合并》《国际会计准则第 23 号：借款费用》。[1]

由于担心减少备选会计处理方案会导致有些国家不再支持国际会计准则，

---

[1] 财政部会计司、中国会计学会编《国际会计准则（1993 年修订）——财务报表可比性》，中国财政经济出版社，1995。

因此，该可比性计划没有取消全部的备选方案，而是采取了折中的做法，指定某一做法作为基准处理方法，选取另一种做法作为允许采用的备选处理方法，其他的处理方法则一律取消。

1994 年，国际证监会组织通知国际会计准则委员会，该组织所需要的不是对现有准则进行小打小闹的修补，而是建立一整套内容全面的准则。国际证监会组织告知国际会计准则委员会，剩余的 24 项国际会计准则中有 14 项是可接受的，但其他 10 项准则需要进一步修订。这事不大好办。因为国际会计准则委员会还缺少一批重要的准则，最重要的就是有关金融工具的会计准则。要知道，该机构自 1988 年起就在这一问题上劳碌，但直到这时仍然解决无望。

（七）1994 年：G4+1 的组成

1993 年，英国、美国、加拿大、澳大利亚这四个有相似的会计准则的国家，它们的会计准则制定机构开始组织小范围会商，称作 G4。最初，G4 仅包括澳大利亚会计准则理事会（AASB）、（加拿大）会计准则理事会（AcSB）、（英国）会计准则理事会（ASB）和美国证券市场上的财务会计准则委员会（FASB）。后来，澳大利亚会计研究基金会（AARF）的代表参加活动，新西兰财务报告标准委员会（FRSB）的代表最终也加入，算作 G4 的成员。[1]

1994 年，国际会计准则委员会作为观察员派代表加入了这种小范围会商，这个小团体便被冠以 G4+1 之名。[2] "1" 是指国际会计准则委员会。G4+1 一时风头无两。

对此，欧盟成员国担心 G4+1 完全垄断国际会计准则委员会的主导权，遂

1　1996 年，新西兰财务报告准则委员会被吸收加入 G4+1，但该组织仍保留原有名称。

2　D. L. Street, "The G4's Role in the Evolution of the International Accounting Standard Setting Process and Partnership with the IASB," *Journal of International Accounting, Auditing and Taxation*, 2006,15(1):109-126.

于 1996 年组建了由法国、德国、荷兰、北欧四国、英国牵头，欧盟委员会、国际会计准则委员会参与的小团体——欧洲会计研究组（European Accounting Study Group），简称 E5+2，由该团体代表欧洲会计行业对国际会计准则委员会施加影响。

财务会计准则委员会与国际会计准则委员会于 1994 年启动的第一个合作项目是每股收益准则，二者试图制定出完全一致的每股收益准则。每股收益准则其实不是会计规则，而是金融分析规则，因此，这个一致目标很容易实现。

同年，国际会计准则委员会与一些国家的准则制定者开始讨论《征求意见稿第 48 号：金融工具》。国际证监会组织接受了 14 份国际会计准则并确定了有待处理的核心项目的特定问题。G4+1 首次联合公布了关于"未来事项"（future events）的研究报告。

（八）1995 年：国际证监会组织与 IASC 签署核心准则协议

1995 年 7 月，国际会计准则委员会理事会公布了其与国际证监会组织技术委员会达成的制定核心准则的协议。如果国际会计准则委员会按国际证监会组织技术委员会的要求，在 1999 年底以前完成一套包括金融工具的会计处理在内的、覆盖财务报表主要议题的核心准则，那么国际证监会组织届时就会认真考虑是否予以采纳，并向各会员国的证券市场推荐，作为跨国发行证券的信息披露规则。两个机构的目标是，根据国际会计准则编制的财务报表可在全球范围内用于跨境发行和上市，以替代使用各国的国家会计准则。

核心准则的清单是由美国证监会首席会计师舒茨手下的员工起草的。共有 5 组，包括 40 个项目。

第一组是总体要求，包括：（1）会计政策的披露；（2）会计政策变更；（3）财务报告应披露的信息。

第二组是与利润表相关的项目，包括：（4）收入确认；（5）建造合同；（6）生产和采购成本；（7）折旧；（8）资产减值；（9）所得税；（10）非常规项目；（11）政府补贴；（12）退休福利；（13）其他雇员福利；（14）研究与开发支出；（15）借款费用；（16）套期保值。

第三组是与资产负债表相关的项目，包括：（17）不动产、厂场和设备；（18）租赁；（19）存货；（20）递延所得税；（21）外币折算；（22）投资；（23）金融工具和表外项目；（24）联营企业；（25）或有事项；（26）资产负债表日后事项；（27）流动资产和流动负债；（28）企业合并（包括商誉）；（29）其他无形资产。

第四组是现金流量表的项目，包括：（30）现金流量表。

第五组项目包括：（31）合并财务报表；（32）处于恶性通货膨胀经济中的子公司；（33）联营企业和权益法；（34）分部报告；（35）中期报告；（36）每股收益；（37）关联方披露；（38）终止经营；（39）重大差错；（40）会计估计变更。

同年（1995年），财务会计准则委员会安排员工对公认会计原则和国际会计准则进行了比较研究，出版了研究报告（The IASC-U.S. Comparison Project: A Report on the Similarities and Differences Between IASC Standards and U.S. GAAP）。该报告于1999年10月出版了第二版。

此时的国际会计准则基本上没有得到推广应用，主要靠世界银行、亚洲开发银行等金融机构在推动，这些金融机构要求借款人使用国际会计准则提供财务报表。[1]例如，世界银行提出，如果贷款申请人所在国的会计标准不如国际会计准则先进，世界银行就会要求贷款申请人采用国际会计准则编制财务报表。

同年，澳大利亚的迈克尔·夏普成为国际会计准则委员会主席。

---

1 财政部会计司、财政部国际合作司编《完善与发展——会计准则国际研讨会（上海·1994）》，中国财政经济出版社，1995，第217页。

二、美国证监会试图主宰国际准则制定权

（一）1996年：美国证监会提出评价核心准则质量的三项标准

1996年4月，国际会计准则委员会宣布其将加速拟订核心准则，尽力在1998年3月完成核心准则的制定。

4月11日，美国证监会针对国际会计准则委员会宣布加速拟订核心准则这一动态，发布了一份公告（即 SEC Statement Regarding International Accounting Standards），对国际证监会组织和国际会计准则委员会的合作尝试表示支持。该公告宣布，如果国际会计准则委员会在该项目完成后所形成的会计准则能够满足三项标准，美国证监会就将会允许外国发行人在美国发行证券时采用这些核心准则。这三项标准是：（1）这些准则应当包括一套核心公告，构成一个全面的、公认的会计基础（comprehensive, generally accepted basis of accounting）。（2）这些准则应当是高质量的（the standards must be of high quality），即必须具有可比性和透明度，并且具有充分的披露规则。投资者可以借此进行纵向的跨期比较和横向的跨企业比较。（3）这些准则必须提供严格的解释和实施标准。

上述三项标准的提出，使得高质量会计准则成为财经界的热门话题。

同年，财务经理国际协会成为国际会计准则委员会的理事单位，国际证监会组织作为观察员列席国际会计准则委员会的理事会议。国际会计准则委员会开始与（英国）会计准则理事会合作制定"准备金"会计准则。欧盟联络委员会的一项研究发现除了少数例外，国际会计准则与欧盟指令是兼容的。澳大利亚证券交易所支持澳大利亚会计标准与国际会计准则协调。世界贸易组织敦促尽快完成国际会计标准的制定。

（二）1996年：国际会计准则委员会成立战略工作组

1995年，财务会计准则委员会主席贝雷斯福德对国际会计准则委员会提

出了尖锐的批评。他说，有些国际会计准则是肤浅的、不恰当的，对准则的实施问题考虑较少。次年，他又针对国际会计准则委员会宣布加快制定核心准则的动向发表评论，认为那是"非常不切实际"（highly unrealistic）和"过于乐观的"（hopelessly optimistic）。

1996 年，国际会计准则委员会经过与财务会计基金会的托管理事会磋商，于 9 月做出决定，比照财务会计准则委员会的运作机制，成立国际会计准则委员会战略工作组（Strategy Working Party，SWP），着手研究国际会计准则委员会的改组事宜。战略工作组的 14 位委员全部来自 G4 各国，其中，美国占了一半。多伦多的一位证券律师、曾任加拿大安大略证监会主席和国际证监组织技术委员会主席的爱德华·威泽（Edward Waitzer）出任战略工作组主席。战略工作组其他成员是：法国注册会计师协会前主席、国际会计准则委员会前主席乔治·巴思（Georges Barth）；国际会计准则委员会秘书长伯兰·卡斯伯格（Bryan Carsberg）；财务会计准则委员会委员安东尼·库珀（Anthony Cope）；国际会计准则委员会主席斯蒂格·恩沃尔森（Stig Enevoldsen）；国际会计师联合会主席弗兰克·哈丁（Frank Harding）；日本企业会计审议会前成员、关西学院会计学教授平松一夫（Kazuo Hiramatsu）；国际金融公司负责财务和计划的副总裁比吉塔·坎托拉（Birgitta Kantola）；德勤会计公司执委会成员、负责战略性客户的全球主管合伙人雅克·莫纳多（Jacques Manardo）；美国证监会前主席、财务会计基金会成员、西北大学法学教授戴维·S.鲁德（David S. Ruder）；国际会计准则委员会前主席迈克尔·夏普；（英国）会计准则理事会主席戴维·泰迪（David Tweedie）。[1]

12 月，财务会计准则委员会公布了一份 426 页的分析报告，细数公认

---

[1] 中国证监会首席会计师办公室，会计准则国际化简报第 10 期《顺应经济全球化，国际会计准则委员会进行深刻改革》（http://www.csrc.gov.cn/pub/newsite/kjb/qtzl/200703/t20070307_78994.html），2001 年 7 月 5 日。

会计原则与国际会计准则或大或小的差异，为评估核心准则的质量提前做了准备，这似乎是说，国际会计准则委员会还有很长的路要走（对此，业界存有相反的看法）。有报道称，财务会计准则委员会副主席詹姆斯·J.莱森林（James J. Leisenring）曾在 1998 年秋冬的一次会议上评论说，国际会计准则还够不上"全球准则"（global standards），国际会计准则委员会忙于趋同，却牺牲了准则的质量。

专栏 10-4

詹姆斯·J.莱森林

詹姆斯·J.莱森林（James J. Leisenring, 1987—　　），2000 年任财务会计准则委员会委员（其中 1988 年起任副主席），2001—2010 年任国际会计准则理事会理事。

莱森林在阿尔比恩学院（Albion College）获学士学位，在西密歇根大学获工商管理硕士学位（MBA）。曾任一家中型会计公司（Bristol, Leisenring, Herkner & Co., 后改称 Plante & Moran）合伙人，曾任美国注册会计师协会审计准则委员会主席。1964—1969 年任教于西密歇根大学。1982 年起任财务会计准则委员会研究及技术主管，1984—1988 年兼任紧急问题工作组首任主席。1987 年 10 月任财务会计准则委员会委员，1988 年 1 月任财务会计准则委员会副主席，直至 2000 年卸任。曾负责衍生工具会计准则相关工作。同时，作为美国公共会计师行业代表供职于国际会计准则委员会，兼任 G4+1 的最后一任主席，直至 2001 年解散。2000 年 7 月任财务会计准则委员会国际事务主管，2001 年 1 月又被国际会计准则委员会基金会任命为国际会计准则理事会委员，任期至 2010 年 6 月 30 日。

（三）《1996 年全国证券市场改进法》敦促美国证监会关注国际会计准则

1996 年，美国证监会对待国际会计准则委员会的态度来了个一百八十度大转弯。这是纽约证券交易所通过联邦法律对美国证监会施压的结果。

20 世纪 90 年代是美国政界宣扬放松管制的 10 年，著名经济学家约瑟夫·E. 斯蒂格利茨（Joseph E. Stiglitz）的著作《喧嚣的九十年代》（*The Roaring Nineties*），深刻而又生动地揭示了放松金融管制的一系列立法所造成的一连串后果。

20 世纪 80 年代，在纽约证券交易所挂牌交易的境外发行人数量增长缓慢，这与该交易所试图成为首屈一指的国际资本市场的定位存在偏差。90 年代是各大交易所之间展开更加激烈的国际竞争的时代，它们纷纷采取措施，争相延揽世界级的跨国公司。1993 年 3 月，纽约证券交易所成功说服德国的标志性企业戴姆勒-奔驰在该交易所上市，这是第一家在该交易所上市的德国公司，是纽约证券交易所的一个标志性成果。在纽约证券交易所上市的外国公司增长迅猛，到 1997 年底，已经达到 343 家，占全部上市公司数量（3 046 家）的 11%。然而这样的成就与伦敦证券交易所相比还是相形见绌，伦敦证券交易所同时期上市的外国公司数量为 526 家，占全部上市公司数量（2 683 家）的 20%。从境内外发行人的证券市值比较来看，伦敦证券交易所的国际化程度明显更高一些。[1]

纽约证券交易所急于开发外国发行人的业务，它一度认为，美国证监会的 20-F 表要求外国发行人必须分别按照本国规则和公认会计原则提供两套业绩数字，这会导致投资者和媒体的困惑，无疑对吸引更多外国公司在纽

1　1986 年 10 月，撒切尔政府启动了一场全面的、以放松管制（deregulation）为基调的金融监管改革，对英国乃至世界金融格局产生了重大影响，引发了全球范围的金融自由化浪潮，史称金融"大爆炸"（Big Bang）。其核心是金融自由化，取消分业经营、分业监管制度。此前数年，英国政府已经要求伦敦证券交易所进行改革，掌握国际竞争的主动权。金融"大爆炸"更是取消了对外国证券发行人和外国投资者的诸多限制，使得伦敦证券交易所的国际竞争力大幅增强，远远超出了纽约证券交易所。

约证券交易所上市构成了障碍。作为对比，伦敦证券交易所允许证券发行人使用国际会计准则或者美国证券市场上的公认会计原则，此外，还基于对等原则（principle of mutual recognition），允许使用欧盟 14 个成员国的会计法规。伦敦证券交易所不强制要求外国公司使用英国的会计准则或者国际会计准则，也不强制要求按照英国的会计规则进行调整，其竞争优势是显而易见的。

会计准则是一门生意经，尤其是证券交易所、公共会计师行业的生意经。

于是，纽约证券交易所开始采取措施，对美国证监会施加压力，敦促其尽快允许外国发行人使用前文所述的修订版国际会计准则，不再要求它们按照公认会计原则进行调整。面对美国证监会在国际协调进程中的迟缓反应，该交易所转为向国会求助，并得到了有同情心的政治家的支持。[1]

恰好美国国会正在审读一份名为《1996 年全国证券市场改进法》（National Securities Markets Improvement Act of 1996，NSMIA）的立法草案，该草案原本没有涉及财务报告的条款。纽约证券交易所联系到参议员菲尔·格拉姆（Phil Gramm）[2]，劝说他在法律草案中增加一条关于财务报告的条款。

10 月，美国国会通过《1996 年全国证券市场改进法》，这是国会首次就国际会计准则事宜制定法律。该法规定：美国证监会应当继续努力应对持续增强的证券市场国际化进程，尽快、尽可能地加大对制定高质量国际会计准则的支持力度，依法为外国公司在美国证券市场上市提供便利；在该法生效一年内，美国证监会应当就制定国际会计准则的进展，以及成功制定一套供外国公司在美发行证券并上市使用的国际准则的前景等事宜，向国会作汇报。

---

1 W. McGregor, "An Insider's View of the Current State and Future Direction of International Accounting Standard Setting," *Accounting Horizons*, 1999,13(2): 159-168.

2 格拉姆后来于 1999—2001 年担任参议院银行业、住房与城乡事务委员会主席，负责证券金融立法并负责监督美国证监会。

专栏 10-5

《1996 年全国证券市场改进法》

第 509 节　国会认识到：

（1）美国和外国的证券市场正逐渐成为国际性的证券市场，因为证券发行人希望跨国界寻求新资本、投资者希望跨国界寻找二级市场的投资机会；

（2）证券发行人在跨境募集资金时，在各个证券监管辖区面临着不同的会计要求；

（3）为跨境证券发行建立一套高质量、全面、公认的国际会计准则，将会大大促进跨境证券发行和融资活动，最重要的是，将会增强外国公司进入并在美国证券市场上市的能力；

（4）美国证监会在本法颁布前已经为应对日益增长的证券市场国际化做出不懈努力的基础上，还应尽快加大对开发高质量国际会计准则的支持；

（5）美国证监会依法负有为外国公司在美国证券市场上市提供支持的职责，应在本法颁布后一年内，就国际会计准则的制定进展，以及成功制定一套适用于在美发行证券的外国公司、能够被美国证监会认可的国际准则的远景，向国会提交报告。

显然，纽约证券交易所通过国会议员推动立法，将了监管机构一军。美国证监会只得披挂上阵。

于是，从我国会计界的角度来看，就有了时任财政部部长助理冯淑萍同志所概括的这么一番图景：美国证监会治下的美国证券市场自 1973 年至 1995 年一直冷眼看待国际会计准则，与国际会计准则委员会处于"对立"状态，美国证券市场对国际会计准则的态度是消极的。"1996 年之后，美国的态度却突然发生了变化，美国国会要求美国证监会报告国际会计准则委员会的进展情况，并希望其成功制定出一套国际公认的会计标准，供那些计划在美国上市的外国公司使用。1996 年 4 月，美国证监会公开支持国际会计准则委员会推出全球资本市场信息披露的核心准则。当年 10 月，美国证监会在与国际会计准则委员会对话之后，发表了一个有条件'支持国际会计准则委员会制定适用于跨国股票上市公司财务报表所用的会计标准'的声明。"[1]

1997 年 10 月，美国证监会遵照《1996 年全国证券市场改进法》的要求提交报告。[2]该报告称，美国证监会支持和鼓励国际会计准则委员会努力制定核心准则，作为跨境发行的财务报告框架。报告认为，美国的会计标准比大多数其他国家更为严格。该报告坦承，美国证监会与国际会计准则委员会的关系，不像其与财务会计准则委员会的关系。国际证监会组织、美国证监会对国际会计准则委员会并没有管辖权，这是在决定采用国际会计准则之前不得不慎重考虑的问题。

（四）1998 年：《重塑国际会计准则委员会的未来》征求意见稿

1998 年，在亚洲金融危机的背景下，世界银行、国际货币基金组织和七国集团（G7）财长会议等金融团体纷纷呼吁加快制定并实施高质量的国际会计准则。

6 月，欧洲理事会在英国卡迪夫举行会议，要求欧盟委员会制定建设金融服务单一市场的行动框架。

12 月，国际会计准则委员会的战略工作组向该委员会提交了一份名为《重塑国际会计准则委员会的未来》的征求意见稿，并公开就改组事宜征求意见。[3]该文件明确提出，国际会计准则的重点是满足证券市场的需求，也就是

---

1 冯淑萍：《关于中国会计标准的国际化问题》，《会计研究》2001 年第 11 期。

2 Securities and Exchange Commission, Report on Promoting Global Preeminence of American Securities Markets, Pursuant to Section 509(5) of the National Securities Markets Improvement Act of 1996, 1997.

3 IASC, Shaping IASC for the Future: A Discussion Paper Issued for Comment by the Strategy Working Party of the International Accounting Standards Committee, 1998.

说，国际会计准则的定位是证券信息披露规则。

 专栏 10-6

《重塑国际会计准则委员会的未来》征求意见稿观点摘录

□对于国际会计准则委员会（IASC）来说，日益重要的挑战是实现各个国家的会计准则与国际会计准则之间的趋同，要求上市公司报告高质量、透明和可比的信息。

□战略工作组坚决支持 IASC 将重点放在满足资本市场的需求，并同时满足其他用户的主要的共同需求。

□战略工作组认为，**IASC 现在应当进行结构上的改变**，以使其可以继续满足制定一套高质量的全球会计标准的需要。**如果 IASC 不能做出这些改变，其他国家、地区或国际机构很可能会出现以填补空白、应对市场压力，并成为事实上的全球或地区性的准则制定者。**

□IASC 不能强迫任何人使用其标准，因此必须依靠高质量的、满足需要的准则来增强其说服力。

□战略工作组认为，识别和处理报表编制者偏离国际会计准则的行为，主要是审计师、公共会计师协会、国际会计师联合会、国家执法机构，以及国际证监会组织和巴塞尔委员会等国际机构的职责。IASC 本身没有资源来有效地做这些事情。此外，IASC 缺乏采取法律行动的合法权限，也没有能力对那些争议事件的当事人提供法律保护。

国际会计准则委员会的战略工作组根据收到的反馈意见，对征求意见稿进行了修改。

（五）1998 年：核心准则建设完成

1998 年 12 月，国际会计准则委员会公布国际会计准则第 39 号，核心标准的建设宣告完成。国际会计准则委员会向国际证监会组织提交了历经三年半整理而成的核心准则（见表10-4），整整比原定计划早了一年。一个重要原因是，在美国证监会的鼓励下，国际会计准则委员会在1996年进一步加快了开发核心准则的节奏。

1999年，国际证监会组织开始审查国际会计准则委员会制定的核心准则。欧盟委员会研究发现，欧共体公司法指令与国际会计准则之间没有重大冲突。

表 10-4　　　　国际会计准则委员会向国际证监会组织提交的核心准则

编号	准则名称
1	财务报表的列报（修订版） Presentation of Financial Statements (revised)
2	存货 Inventories
4	折旧会计 Depreciation Accounting
7	现金流量表 Cash Flow Statements
8	当期损益、重大差错与会计政策变更 Net Profit or Loss for the Period, Fundamental Errors and Changes in Accounting Policies
10	资产负债表日后事项 Events after the Balance Sheet Date (revised)
11	建造合同 Construction Contracts
12	所得税 Income Taxes (revised)
14	分部报告 Segment Reporting (revised)
16	不动产、厂场和设备 Property, Plant and Equipment (revised)
17	租赁 Leases (revised)

续表

编号	准则名称
18	收入 Revenue
19	雇员福利 Employee Benefits (revised)
20	政府补助的会计处理和政府援助的披露 Accounting For Government Grants and Disclosure of Government Assistance
21	汇率变动的影响 The Effects of Changes in Foreign Exchange Rates
22	企业合并 Business Combinations (revised)
23	借款费用 Borrowing Costs
24	关联方披露 Related Party Disclosures
25	投资性房地产 Investment Properties
27	合并财务报表和对子公司投资的会计处理 Consolidated Financial Statements and Accounting for Investments in Subsidiaries
28	对联营企业投资的会计处理 Accounting for Investments in Associates
29	恶性通货膨胀经济中的财务报告 Financial Reporting in Hyperinflationary Economies
31	合营企业中的权益的财务报告 Financial Reporting of Interests in Joint Ventures
32	金融工具：披露和列报 Financial Instruments: Disclosure and Presentation
33	每股收益 Earnings per Share
34	中期财务报告 Interim Financial Reporting

续表

编号	准则名称
35	终止经营 Discontinuing Operations
36	资产减值 Impairment of Assets
37	准备、或有负债和或有资产 Provisions, Contingent Liabilities and Contingent Assets
38	无形资产 Intangible Assets
39	金融工具：确认和计量 Financial Instruments: Recognition and Measurement

（六）1999 年：欧盟委员会的《金融服务行动计划》

1999 年 5 月 11 日，欧盟委员会发布《金融服务行动计划》（Financial Services Action Plan，FSAP），提出了旨在改善金融服务单一市场的政策目标和具体措施。该计划要求消除在整个欧盟范围内筹集资金的主要障碍，为欧盟境内证券发行提供一套共同认可的财务报表编报规则，国际会计准则是保证财务报表具有可信度而必须满足的最低标准。

（七）1999 年：《关于重塑国际会计准则委员会的未来的建议》

1999 年 9 月，美国证监会总会计师林恩·E. 特纳参加 G4+1 会议，陈述了美国证监会的立场。经过充分讨论，G4 同意以美国证监会的立场来设计国际会计准则理事会的架构，即人员的选拔更加突出技术专长而不是欧盟方面所提议的地理代表性。[1]

---

1 D. L. Street, "The G4's Role in the Evolution of the International Accounting Standard Setting Process and Partnership with the IASB," *Journal of International Accounting, Auditing and Taxation*, 2006,15(1): 109-126.

11 月 30 日，战略工作组向国际会计准则委员会提交了正式报告《关于重塑国际会计准则委员会的未来的建议》。[1] 该文件将国际会计准则委员会的目标界定为：（1）为了公共利益，制定一套高质量、可理解和可执行的全球会计准则，这些准则要求财务报表提供高质量、透明和可比的信息，以帮助世界资本市场的参与者做出合理的经济决策；（2）促进这些标准的使用和严格应用；（3）使各国会计准则和国际会计准则趋同于高质量的解决方案。

战略工作组建议的改组方案是，成立国际会计准则委员会基金会[2]，其下设置两个主体机构，其一是基金托管委员会（the Trustees，有的译作受托人），其二是国际会计准则理事会（International Accounting Standards Board，IASB）。[3] 此外，还有准则咨询委员会（Standards Advisory Council）和国际财务报告解释委员会（International Financial Reporting Interpretations Committee，IFRIC）等两个附设机构。改组顺序是依次成立提名委员会（Nominating Committee）、基金托管委员会、国际会计准则理事会。

12 月，国际会计准则委员会理事会投票确定了提名委员会，美国证监会主席阿瑟·莱维特担任提名委员会主席，其他成员是：西门子公司监事会主席兼德国会计准则委员会副主席卡尔·H. 巴尔曼（Karl H. Barmann）、德勤会计公司 CEO 詹姆斯·科普兰（James Copeland）、英国金融服务局局长霍华德·戴维斯（Howard Davies）、法国证券交易委员会主席米歇尔·普拉达（Michel Prada）、中国香港证券和期货委员会主席沈联涛（Andrew Sheng）、世界银行行长詹姆斯·沃尔芬森（James Wolfensohn）。

---

1 IASC, Recommendations on Shaping IASC for the Future, A Report of the International Accounting Standards Committee's Strategy Working Party: Recommendations to the IASC Board, 1999.

2 该基金会 2010 年 7 月更名为国际财务报告准则基金会（IFRS Foundation）。

3 2008 年次贷危机之后，增设了国际财务报告准则基金会监督委员会（Monitoring Board，MB）。

（八）1999 年：财务会计准则委员会公布《国际会计准则制定：展望未来》

1999 年，美国证监会响应国际证监会组织的倡议，倡导制定全球资本市场会计准则。莱维特领导的美国证监会对国际会计准则越来越浓厚的兴趣，导致了在美上市的外国公司数量的迅速增长。

同年，财务会计准则委员会和财务会计基金会公布研究报告《国际会计准则制定：展望未来》（International Accounting Standard Setting: A Vision for the Future）。该报告宣示，美国资本市场会计规则独步全球，并将带领各国证券交易所（如果有的话）形成一套公认的证券信息披露规则。它所说的会计规则，其实不是法律意义上的会计法规、会计制度，而是证券信息披露规则。

该报告提出，理想的国际财务报告标准应当是有助于形成高质量财务报告（high-quality financial reporting）的单一的、高质量的会计准则（high-quality accounting standards）。高质量财务报告是指对外部投资者、债权人及其他利害关系人的经济资源分配决策有用的信息。该报告还探讨了有用的会计信息所需要具备的质量特征、准则制定程序等问题，基本上把财务会计准则委员会的概念框架和相关做法简要介绍了一遍。

这份报告字里行间散发着唯我独尊的气息，如果我国学术界不对之进行辩证分析的话，就很容易助长逢洋必跪、挟洋自重的不良风气。

 专栏 10-7

1999 年的《国际会计准则制定：展望未来》观点摘录

□我们开始看到一个真正的国际会计体系的出现。FASB 在国际会计体系的发展中起着领导作用，理想情况下，最终将在全球资本市场中对本国公司和跨国公司使用同一套高质量的会计准则。在达到理想结果之前，FASB 参与国际会计准则制定程序的目标，是在保持美国高质量会计准则的同时提高国际可比性。

　　□美国的资本市场令人羡慕。它们是世界上最深、最广、最具流动性的资本市场。这在很大程度上要归功于我们财务会计和报告的可行性和彻底性。美国公众公司的财务报告是可靠的，部分原因是 FASB 的会计准则制定过程不受任何特殊利益的制约，其应循程序的透明性有助于平衡各方的利益。

　　□FASB 应该在标准制定中保持全球领导地位。FASB 应该尽其所能参与国际公认准则的制定，以确保它们具有最高的质量。没有美国的认可和参与，就不可能建成全球公认的准则和全球准则制定程序。作为世界上最大的资本市场，美国是国际公认准则推广的主要目标。美国的支持对于任何国际标准的合法性都是必不可少的，而且美国为确保这些准则的高质量做出了巨大贡献。

　　□FASB 有两个相关的目标，一是确保国际会计准则具有最高的质量，二是推动各个国家会计准则的趋同。国际准则最终可能会取代所有国家的准则。

　　□趋同既是一个目标，也是一个过程。

　　□高质量会计准则的属性包括以下方面：符合基础概念框架；避免或尽量减少替代的会计程序；明确且易于理解；能够进行严格的解释和应用。高质量的会计准则应有助于产生相关的、可靠的、中性的、可比的会计信息。

　　□关键是建立高质量的国际会计准则制定者。国际会计准则制定者可以由 FASB 改组而成，或者另行组建。FASB 相信自己在国际会计系统的发展中可以发挥领导作用。只有具有以下八项基本职能和五项基本特征的准则制定者才能成功制定高质量的国际会计准则。

　　——准则制定机构应当具备如下八项基本职能（essential functions）：

（1）具有领导力（leadership），能够领导各国准则制定机构联合制定和改进会计准则；（2）具有创新精神（innovation），处于先进思想的最前沿，能够推动业界采用最新思想和技术解决世界范围内的重要会计问题；（3）具有相关性（relevance），能够持续提高财务报告的质量，从而满足资本市场的需求；（4）具备快速响应能力（responsiveness），能够迅速回应资本市场的重大关切；（5）具有客观性（objectivity），关注公共利益而非一己之私；（6）拥有可接受性和公信力（acceptability and credibility），受到广泛认可；（7）具有可理解性（understandability），其指定的准则和指南易于理解，从而可以得到一致的解释和应用；（8）具有高度的责任感（accountability），建立改革机制，以满足用户的诉求。

——准则制定机构应当具备如下五项基本特征（essential characteristics）：（1）拥有独立的决策机构；（2）遵循充分的应循程序；（3）配备适量的工作人员；（4）拥有独立的筹资渠道；（5）拥有独立的监管机制。

第三节　国际会计准则理事会的成立与国际趋同战略的进展[1]

得到国际证监会组织和美国证监会支持的国际会计准则委员会慢慢壮起了胆子，逐渐用"趋同"（convergence）一词取代了"协调"（harmonization）一词。词汇的转变在 20 世纪 90 年代得以完成。"协调"是指逐渐减少各个资本市场会计规则之间的差异。"趋同"是要制定一套单一的全球会计准则（global accounting standard）作为资本市场会计规则。这一转变可谓雄心勃勃。

---

1 Kees Camfferman, Stephen A. Zeff, *Financial Reporting and Global Capital Markets: A History of the International Accounting Standards Committee 1973-2000* (New York: Oxford University Press, 2006), pp. 447-499.

一、2000 年国际会计准则委员会基金会成立

（一）2000 年 2 月：美国证监会发布《意向公告：国际会计准则》

2000 年 2 月，美国证监会发布《意向公告：国际会计准则》（SEC Concept Release: International Accounting Standards），就拟允许境外发行人使用 IASC 的"核心准则"编制财务会计报告事宜征求意见。该公告提出，高质量的全球财务报告体系（high quality global financial reporting structure）应当包括如下要素：（1）高质量的会计准则；（2）高质量的审计准则；（3）有效的质量控制机制的会计公司；（4）全行业质量保证（profession-wide quality assurance）；（5）主动监管机制（active regulatory oversight）。

 专栏 10-8

2000 年 2 月美国证监会的《意向公告：国际会计准则》观点摘录

□在全球范围内实现公平、具有流动性和高效的资本市场的唯一途径，是为投资者提供可比、透明和可靠的信息。这就是为什么我们追求双重目标，即在保持国内财务报告质量的同时，鼓励在国际上向高质量的全球财务报告框架趋同。

□证券监管体系的基石，是通过充分和公平的披露促进知情的投资决策，从而履行保护投资者的职责。

□1988 年，美国证监会发布了一项政策声明，该声明提出，所有证券监管机构应共同努力，建立健全的国际监管框架，以增强资本市场的活力。

□为了推动制定跨境发行所需要的会计准则，我们一直主要通过国际证监会组织开展工作，并持续关注国际会计准则委员会的工作。

□尽管所使用的会计标准必须是高质量的，但它们还必须得到基础架构的支持。基础架构的要素包括：有效、独立和高质量的会计和审计准

则制定者；高质量的审计标准；在全球范围内进行有效质量控制的审计公司；专业质量保证；积极的监管监督。

□世界各地已发展出不同的会计传统。有些国家的会计准则主要满足私人债权人的需求，有的国家的会计信息主要用于满足税务机关或中央计划管理的需求。在美国证券市场上，会计准则专注于满足资本市场参与者的需求。

□目前的政策是，外国发行人如果没有使用公认会计原则编制报表，则必须依照公认会计原则进行调整，仅有个别例外。外国发行人的总数，1990 年为 434 家，目前约有 1 200 家。

□过去，对于财务报告的作用存在不同的看法，因此很难鼓励会计准则的趋同。但现在国际上越来越多的共识是，财务报告应提供可比、一致和透明的高质量财务信息，以满足投资者的需求。在过去的几年中，我们目睹了全球会计惯例的日益趋同。

□当前会计惯例上的差异可能是外国公司未在美国的证券交易所上市的原因。**使用国际会计准则委员会标准编制的财务报告无须与公认会计原则对账，可能会吸引外国公司在美国进行跨境发行和上市。**

（二）2000 年 3 月：里斯本欧洲理事会的决议

2000 年 3 月 16 日，国际会计准则委员会的理事会通过了改组方案。

3 月 23—24 日，欧洲理事会在葡萄牙首都里斯本举行特别会议（简称里斯本欧洲理事会），设定了下一个十年的新战略目标：成为世界上最具竞争力和活力的、以知识为基础的经济体，通过更多、更好的工作和更大的社会凝聚力实现可持续的经济增长。

会议提出了建立高效、完整整合的金融市场（efficient and integrated financial markets）的目标。会议指出，高效和透明的金融市场能够通过更好地分配资本和降低资本成本来促进增长和就业。因此，金融市场在激发新想法、支持企业文化以及促进新技术的获得和使用方面发挥着至关重要的作用。利用欧元的潜力来推动欧盟金融市场的一体化至关重要。

会议要求，为了加快建设金融服务内部市场，应抓紧制定增强公司财务报表的可比性等行动的实施时间表，以便在 2005 年之前全面落实欧盟的《金融服务行动计划》。

（三）2000 年 5 月：国际证监会组织评估通过国际会计准则委员会的 30 项核心准则

2000 年 5 月 17 日，国际证监会组织公布《国际会计准则委员会准则：评估报告》，宣布评估通过国际会计准则委员会的 30 项核心准则，并向全球各大证券交易所推荐使用。但是，它允许成员单位结合各地的实际情况拟订补充处理措施（supplementary treatments），要求上市公司按照当地规则进行调整，这其实就是美国证监会长期以来的立场。该报告列出了一些耐人寻味的问题：为何要求商誉在 20 年内摊销？为何要求把从事不同业务的子公司的报表都整合到合并报表里面去？为何用可收回金额（而不是用公允价值）来衡量长期资产的减值损失？基于资产组进行减值测试是否合理？为何要求符合规定条件的研发支出资本化？为何要将企业发行的债券因企业自身信誉下降而形成的公允价值变动记录为利润的增加？其他综合收益究竟什么时候会影响损益？递延所得税资产和递延所得税负债究竟是流动性项目还是非流动性项目？会计规则究竟如何对待股票期权激励计划？根据汇率波动调整账面金额是否合适？借款利息应该费用化还是资本化？将公允价值变动计入报表是否合适？《国际会计准则第 39 号：金融工具：确认和计量》的逻辑是否成立？

值得注意的是，有人提议，所有期限超过一年的租赁合同都应予以资本化。[1]

1　2016 年 1 月公布的国际财务报告准则第 16 号采用的就是这种思路。这一事实发人深省。

专栏 10-9

2000 年 5 月的《国际会计准则委员会准则：评估报告》观点摘录

□为了应对跨境资本流动的显著增长，国际证监会组织（IOSCO）寻求促进跨境发行和上市。IOSCO 认为，**高质量、国际公认的会计准则将有助于跨国发行和上市**。因此，IOSCO 与国际会计准则委员会（IASC）合作，力求通过 IASC 核心准则工作计划制定一套合理完整的会计准则。

□**ISOCO 建议成员允许跨国发行人使用 30 个 IASC 2000 准则来编制其财务报表，并在必要时规定补充处理措施。补充处理措施包括三种**，即遵照证券监管当局指定的规则进行**调节（reconciliation）**、进行额外的**披露（disclosure）**、就所采用的替代处理方法进行**解释（interpretation）** 等。

□与 IASC 在核心准则项目上的合作使 IOSCO 成员受益匪浅，提高了它们对报告问题的认识。

□1989 年 9 月，IOSCO 编写了一份题为《国际股票发行》（International Equity Offers）的报告，该报告认为国际公认会计准则的发展将会对跨境发行起促进作用。IOSCO 并没有尝试自己制定这些准则，而是重点寄望于 IASC 的努力。

□1993 年，IOSCO 写信给 IASC，详细介绍了一套合理、完整的准则的必要组成部分，以期为跨境证券发行建立一套全面的原则。

□1994 年，IOSCO 完成了对 IASC 准则的审查，并确定了一些必须解决的问题。IASC 对准则做必要的改进以后，IOSCO 会考虑推荐将该准则适用于跨境发行。

□**1995 年 7 月，IOSCO 和 IASC 达成协议**，如果后者完成的核心准则能够通过前者的技术委员会的评估，IOSCO 将会建议其会员接受将国际准则用于跨境发行。

□IOSCO 是 IASC 理事会、指导委员会、常设解释委员会的表决权观察员。

（四）2000 年 5 月：国际会计准则委员会基金会章程获得通过

5 月 22 日，提名委员会任命了基金托管委员会首任 19 位成员，主要由金融监管机构、大型上市公司、大型证券交易所、会计准则制定机构、大型会计公司的代表组成，经莱维特提名，提名委员会邀请享有盛誉的美联储前主席保罗·沃尔克出任基金托管委员会主席（见图 10-2）。[1] 其他成员是：美国辉瑞公司董事长兼首席执行官小威廉·C. 斯蒂尔（William C. Steere, Jr.）；比利时自由人寿保险集团公司董事会副主席兼首席执行官罗伊·安德森（Roy Andersen）；美国教师退休基金主席约翰·H. 比格斯（John H. Biggs）；国际清算银行行长安德鲁·克罗克特（Andrew Crockett）；巴西证监会前主席罗伯托·特谢拉·达科斯塔（Roberto Teixeira Da Costa）；意大利热那亚大学法学教授吉多·A. 费拉里尼（Guido A. Ferrarini）；加拿大前驻联合国大使、OR 律师事务所主席 L. 伊夫·福捷（L. Yves Fortier）；日本三井物产公司财务总监福间年胜（Toshikatsu Fukuma）；荷兰皇家荷兰石油公司前总裁科尼利厄斯·赫克斯特（Cornelius Herkstroter）；德国德意志银行监事长希尔马·库珀（Hilmar Kopper）；美国安永会计公司主席菲利普·A. 洛什考维（Philip A. Laskawy）；中国香港交易及结算所主席李业广（Charles Yeh Kwong Lee）；英国财务报告基金会主席西德尼·利普华斯爵士（Sir Sydney Lipworth）；法国私营企业协会主席迪迪埃·皮诺－瓦朗西纳（Didier Pineau-Valencienne）；南非普华永道会计公司高级合伙人詹斯·罗德尔（Jens Roder）；美国西北大学法学院教授、前美国证监会主席戴维·S. 鲁德（David S. Ruder）；澳大利亚会计准则理事会前主席肯尼思·H. 斯潘塞（Kenneth H. Spencer）；日本德勤会计公司主席田近曲（Koji Tajika）。

---

1 ［美］乔尔·塞里格曼：《华尔街的变迁：证券交易委员会及现代公司融资制度演进》（第 3 版），徐雅萍等译，中国财政经济出版社，2009，第 696 页。

图 10-2 IASC 提名委员会主席莱维特（左）和 IASC 基金托管委员会主席沃尔克（右）

5 月 24 日，国际会计准则委员会会员大会通过国际会计准则委员会基金会章程（IASC Foundation Constitution），改组方案生效。基金会章程规定，新机构由基金托管委员会负责监管，会计准则的制定由国际会计准则理事会全权负责。该章程明确宣布，该基金会致力于为维护公共利益，制定一套高质量的、可理解的、具有约束力的会计准则（high-quality, understandable and enforceable accounting standards）。其目标是制定全球会计准则，推动会计规则的、国际趋同，从而为世界资本市场的参与者提供高质量的、具有透明度的、可比的信息。

（五）2000 年 6 月：《欧盟财务报告战略：未来之路》

2000 年 6 月，欧盟委员会向欧洲理事会和欧洲议会传达了关于国际会计准则的建议文件——《欧盟财务报告战略：未来之路》（EU Financial Reporting Strategy: the Way Forward）。欧盟委员会透露，委员会拟向欧洲议会提交立法草案，要求所有欧盟上市公司（含银行和保险公司）在编制合并财务报告时采用国际会计准则。该文件还提及设立欧盟认可机制和实施机制等问题。

专栏 10-10

2000 年的《欧盟财务报告战略：未来之路》观点摘录

□欧洲理事会设定了到 2005 年实现完全整合金融服务市场的目标。**建设统一的、深度的、具有流动性的欧洲资本市场，对于提高欧盟的增长率和就业率至关重要。**为此，必须加快完成建设金融服务内部市场的工作。

□**可比的财务报告是实现这一目标的起点。**财务报告是整个证券市场信息系统的基础，对于实现欧盟统一的证券市场的高度可比性至关重要。会计标准必须在整个欧盟和世界范围内强制执行。

□增强公司财务报告的可比性，是当前的优先目标之一。为此，欧盟要求采用通用的财务报告准则，即透明的、可理解的、经过适当审核并得到有效执行的准则。**只有采用这样的准则，才有可能促进欧盟证券市场的增长。作为对比，目前欧盟证券市场的发展水平，仅相当于美国资本市场规模的一半左右。**

□目前，基于欧盟内部不同的传统，欧盟并存有许多不同的财务报告规则，这不利于形成具有较强流动性的统一的欧盟资本市场。**不同报告框架的共存，既混乱又昂贵，使欧盟证券市场在全球范围内处于严重的竞争劣势。**

□尽管欧盟的会计指令 [引者注：即欧盟公司法指令] 仍然是欧盟境内公司的会计规则的基础，但现有的指令无法满足拟在泛欧洲或国际证券市场上筹集资金的公司的需求。这是因为投资者和证券监管当局都在寻求具有透明度、可比的财务报告以及更高的披露要求。

□欧盟境内上市公司会计方法的多样性，源于欧盟公司法指令中存在多种备选方案，以及整个欧盟境内执行指令的严格程度存在差异。鉴于投资者的国际化背景，那种主张让上市公司按照股东国籍所在国的法律法规来调整财务报告的想法，显然是行不通的。

□必须改变欧盟公司法指令那种过于僵化、严苛的做法，改为采用最适合证券市场需求的更高效、响应能力更强的财务报告制度。

□欧盟当前允许使用两种体现国际公认准则的财务报告框架，即公认会计原则和国际会计准则。二者都是面向投资者的财务报告系统，通常提供同等级别的投资者保护。但是，其具体规则之间存在许多差异。1998年，约有210家欧盟公司按照国际会计准则进行了报告，而有235家公司根据公认会计原则进行了报告。

□欧盟委员会在其1995年的《会计策略》中表示，它倾向于将国际会计准则作为欧盟公司在国际和整个欧洲范围内筹集资金的信息披露标准。国际会计准则还具有明显的优势，那就是，它是从国际角度出发，而不是针对美国证券市场环境量身定制的。在美国证券市场上，公认会计原则是大量的、非常详细的规则和解释，其实施需要进行大量的教育和培训，很大程度上依赖于美国证监会的强力监管。

□欧盟委员会建议，应当要求所有在欧盟境内交易所上市的欧盟公司（估计约为6 700家）最迟于2005年起，按照国际会计准则编制合并报表。对于非上市金融机构和保险公司，成员国不妨扩大国际会计准则的实施范围，以促进整个行业的可比性，并确保有效的监管。

□各国的监管和财税法规可能不允许企业使用国际会计准则编制个别报表。但是无论何时，成员国都应鼓励甚至要求将国际会计准则适用于个别报表。这样可以为编制合并报表提供便利。

□欧盟不能将制定欧盟上市公司财务报告规则的责任委托给非政府第三方。欧盟采纳的国际会计准则应当纳入欧盟财务报告的法律框架。欧盟当局必须具有实施必要的监管，并纠正国际会计准则的重大缺陷的手段。欧盟使用的国际会计准则，必须经过政治和技术层面的认可。

从这份文件可以看出，欧盟委员会的决定缺乏合理性，并不值得赞赏。以下予以简要说明。第一，欧盟亲自否定了自己此前数十年试图通过欧盟公司法指令来协调各国会计规则的做法，为了让欧盟境内证券交易所在国际发行这场生意中博得先机，不惜采用更有弹性、更宽松的国际会计准则。在欧盟的文件中，国际会计准则从来不是以国家法律的身份，而是以证券市场信息披露规则的面貌出现的。第二，该文件提出，成员国应鼓励甚至要求该国企业采用国际会计准则编制个别报表，这种僭越各国法律，强行推广国际会计准则的态度表明，欧盟没有弄清楚会计法规的性质。会计法规必须根植于特定国家的法律环境，它必须与法律管辖区域保持一致，也就是说，它只能是区域性的。只要国家这个概念还存在，就不要指望能够形成跨越财税法的泛国家化的会计法规。第三，欧盟自1995年至2000年一直未能识别出国际会计准则本质上并不比公认会计原则更先进、更合理，一直依赖于国际会计准则来发展其资本市场，这表明欧盟委员会一直是在证券信息披露的语境中使用"国际会计准则"这一词汇的，它并不是真的关心各国会计法规的统一。

二、国际会计准则理事会接替国际会计准则委员会

基金托管委员会在挑选国际会计准则理事会的主席时，首先想到的最佳人选是戴维·泰迪爵士（Sir David Tweedie）。这时风传泰迪已经收到邀请，即将出任某知名高校副校长（vice-chancellorship）。情急之下，美国证监会主席阿瑟·莱维特、首席会计师林恩·特纳和财务会计准则委员会主席埃德蒙·詹金斯（Edmund Jenkins）连忙分头给泰迪打电话，劝他出任改组后的国际会计准则理事会的主席。改组提名委员会委员、英国金融服务局局长霍华德·戴维斯也出面做工作。最终，基金托管委员会在6月28日召开的第一次基金托管委员会会议上一致通过，聘请泰迪出任首任国际会计准则理事会主席。泰迪接受了邀请。首届国际会计准则理事会的其他理事是经过面试录用

的。国际会计准则委员会基金会托管人、澳大利亚会计准则理事会前主席肯尼思·H.斯潘塞担任提名委员会主席，他和泰迪一起挑选了首届国际会计准则理事会成员，绝大多数都是老相识。

 专栏 10-11

戴维·泰迪爵士

戴维·泰迪爵士（Sir David Tweedie, 1944—　），英国乃至全球会计准则的领导者，1990—2000年全职担任（英国）会计准则理事会（Accounting Standards Board, ASB）主席，2001—2011年担任国际会计准则理事会首任主席，任期均长达十多年。

泰迪1944年出生于英格兰东北泰恩河畔的纽卡斯尔。在第二次世界大战初期，伦敦遭到空袭，泰迪的家乡被炸毁，他的母亲被迫离开了伦敦。他的父亲效力于皇家空军，是兰卡斯特轰炸机坠落法国事件中唯一的幸存者。1966年，他以优异成绩毕业于爱丁堡大学，获商学学士学位，1969年，他又于该校获博士学位。之后，他在格拉斯哥加盟 Mann Judd Gordon 会计公司。1972年，他获得苏格兰特许会计师资格，并回到爱丁堡大学任教6年，其中有3年担任社会科学学院副院长。1978年，他被任命为苏格兰特许会计师协会技术总监。1982年，他出任汤姆森·麦克林托克公司（Thomson McLintock & Co.，毕马威的前身之一）全国技术合伙人。该公司于1987年与"皮特，马威克和米切尔"公司（Peat, Marwick, Mitchell & Co.）合并，他出任合并后的毕马威会计公司的全国技术合伙人。他还担任英国审计实务委员会副主席、主席，并出任国际审计实务委员会的英国代表。在这期间，他主张制定构思精妙的、以原则为基础的会计准则。出版有4部著作并发表了30多篇论文。

1990 年，他被任命为英国政府和会计职业界全新组建的会计准则理事会（Accounting Standards Board）的全职主席，便着手对英国的会计准则进行改革。在 10 年的履职生涯中，对英国会计准则进行了诸如废止例外项目、遏制盈余管理行为、引入商誉的减值测试方法、要求企业在财务报表中列示养老基金的盈亏状况等一系列的改革。他还担任了 G4+1 的首位主席，成功地将英国会计准则的变动写入了国际准则。1994 年他被封为爵士。

2000 年，他被国际会计准则委员会基金会选聘为国际会计准则理事会首任主席兼国际会计准则委员会基金会 CEO。其任期长达 10 年，2011 年 6 月任期届满。在此期间，他定期会见政府部长和高级官员，时常造访欧盟财长委员会、欧洲议会、美国参议院银行委员会和英国议会财政委员会。2012—2013 年任苏格兰特许会计师协会会长。之后，任国际评估准则理事会（International Valuation Standards Council，IVSC）主席。

2013 年，泰迪受聘为首都经济贸易大学客座教授。

2001 年 1 月 25 日，由 14 位理事组成的国际会计准则理事会名单对外公布。罗伯特·赫兹作为普华永道会计公司的技术合伙人赫然在列。

 专栏 10-12

国际会计准则理事会公布的首届理事简历

戴维·泰迪爵士（Sir David Tweedie），国际会计准则理事会主席，英国人。1990—2000 年担任（英）会计准则理事会第一位专职主席。此前，为毕马威会计公司技术合伙人，并在家乡苏格兰担任会计学教授；长时间代表英国公共会计师行业参与国际会计准则制定工作，系前国际会计准则委员会理事会理事代表；此外，他还是 G4 +1 的首任主席。

托马斯·E. 琼斯（Thomas E. Jones），国际会计准则理事会副主席，英国人。花旗银行前财务总监和国际会计准则委员会理事会前主席，具有丰富的会计准则制定和金融机构财务报表编制经验。虽为英国公民，但主要是在比利时、意大利、法国和美国工作。在新旧国际会计准则委员会过渡期间，他曾担任过国际会计准则委员会主席。

玛丽·E.巴思（Mary E.Barth），兼职理事，美国人。斯坦福大学商学院会计学教授。在步入学术界前，是安永会计公司的合伙人。

汉斯-乔治·布伦斯（Hans-Georg Bruns），同时负责与德国准则制定机构联络。一直担任戴姆勒-克莱斯勒公司首席会计师和德国会计准则委员会一个主要工作组的组长。在奔驰公司以及现在的戴姆勒-克莱斯勒公司工作时，负责奔驰公司在纽约证券交易所上市的工作组以及戴姆勒-克莱斯勒公司的兼并会计事务。

安东尼·T.库珀（Anthony T. Cope），英国人。1993年加盟财务会计准则委员会。此前，作为英国公民，在美国担任金融分析师达30年，最后成为波士顿威灵顿管理公司固定收益研究室主任。作为国际会计准则委员会战略工作组的一名成员，深入地参与了该机构的重组。在过去的5年里，一直担任财务会计准则委员会在国际会计准则委员会理事会的观察员。

罗伯特·P.加尼特（Robert P. Garnett），南非人。南非Anglo公司财务执行副总裁，该公司在伦敦证券交易所上市。职业生涯中，一直在南非担任财务报表的编制者和分析师。

吉尔伯特·热拉尔（Gilbert Gelard），负责与法国准则制定机构联络。曾任国际会计准则委员会理事会理事代表。目前是法国毕马威会计公司合伙人，对法国企业具有广泛的经验。1973—1982年担任Hachette集团财务副总裁，1982—1987年担任Elf公司集团副总监。会讲8种语言，是法国会计准则制定机构的成员。

罗伯特·H.赫兹（Robert H. Herz），兼职，美国人。普华永道会计公司合伙人。在普华公司，他一直负责在美国和美洲的会计技术和专业问题。他是财务会计准则委员会几个项目组及职业和学术委员会的成员，还被任命为国际会计师联合会新转型国家审计师委员会主席。虽然是美国人，但还在英格兰和阿根廷居住，会说西班牙语；同时，在会计和报告问题上为许多国际公司工作过。

詹姆斯·J. 莱森林（James J. Leisenring），美国人，负责与美国准则制定机构联络。在以前的30年里一直从事有关会计准则制定工作，曾任财务会计准则委员会副主席，担任过几年该委员会在原国际会计准则委员会的观察员。

沃伦·麦格雷戈（Warren McGregor），负责与澳大利亚和新西兰会计准则制定机构联络。在澳大利亚会计研究基金会工作过20多年，后来成为首席执行官，积累了许多的准则制定工作经验。他在澳大利亚与人共同创建了一家公司，致力于宣传推动东南亚国家采用高质量的会计准则。

帕特里夏·奥马利（Patricia O'Malley），负责与加拿大准则制定机构联络。（加拿大）会计准则理事会主席。1983年以来一直从事会计准则制定工作，具有广泛的金融工具会计的工作经验。加盟（加拿大）会计准则理事会前，为毕马威会计公司技术合伙人。

哈里·K. 施密德（Harry K. Schmid），瑞士人。曾是国际会计准则委员会理事会和常设解释委员会成员。具有40多年为雀巢公司编制财务报表的经验，最后成为公司总部高级副总裁，负责公司报告。在其职业生涯和返回家乡瑞士前，在拉丁美洲生活过17年，负责雀巢子公司的财务和内部控制，会讲四种语言（德语、法语、英语和西班牙语）。

杰弗里·惠廷顿（Geoffrey Whittington），负责与英国准则制定机构联络。英国人，剑桥大学会计学教授，曾任英国垄断和兼并委员会成员。（英国）会计准则理事会成员。

山田辰巳（Tatsumi Yamada），负责与日本准则制定机构联络。普华永道会计公司东京成员所的合伙人。具有丰富的国际会计准则制定经验，1996—2000 年代表日本参加原国际会计准则委员会理事会会议。

资料来源：陈毓圭、朱海林、于小旺：《新构架 新格局——IASC 完成重大重组》，《会计研究》2001 年第 3 期。

2001 年 1—2 月间，G4+1 宣告解散。事实上，国际会计准则委员会的改组就是 G4+1 依照美国证监会的意见主导进行的，如果不遵照它们的意见改组，它们就会另起炉灶。美国证监会是国际证监会组织的主导者，它是资本市场游戏规则的最终仲裁者。鉴于它们的代表已经全面掌控国际会计准则委员会这个私立机构，该团体确实已经没有存在的必要。

3 月，国际会计准则委员会基金会依照特拉华州公司法设立于美国，注册性质是非营利法人，它负责监管国际会计准则理事会。[1] 其架构图如图 10-3 所示。

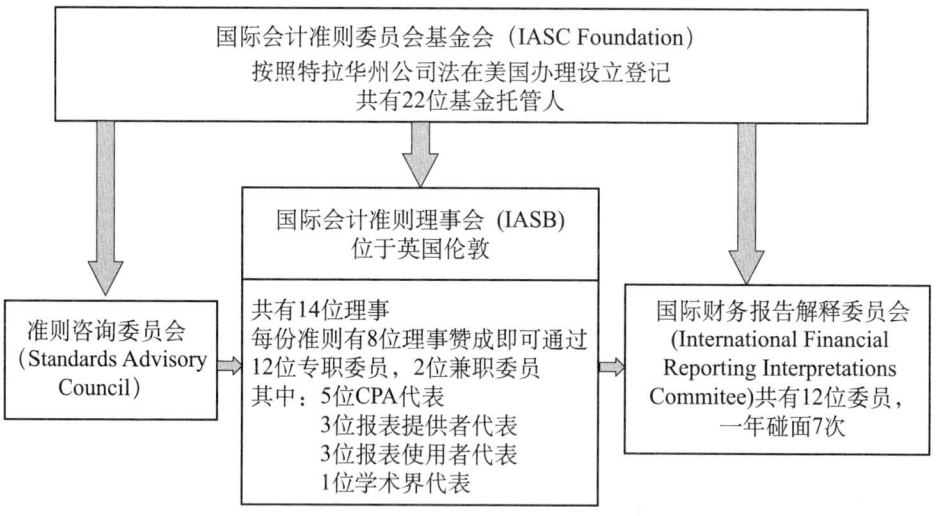

图 10-3　国际会计准则委员会基金会架构图

1 如今，专有名词 IASB®、International Accounting Standards Board®、IAS®、IFRS®、International Accounting Standards® 和 International Financial Reporting Standards® 均为国际财务报告准则基金会（IFRS Foundation®）的注册商标。国际财务报告准则基金会是依照美国特拉华州《一般公司法》注册成立的非营利性社团（not-for-profit corporation），总部位于伦敦，该机构以海外公司（公司编号：FC023235）的名义在英格兰及威尔士依照普通法系的法律规则开展活动。

4月1日，国际会计准则理事会接替其前身国际会计准则委员会，继承了国际会计准则的制定权。

10月，来自安永会计公司的罗伯特·K.赫德曼出任美国证监会新任首席会计师，他积极倡导推动会计准则的国际趋同。

2002年4月18日，赫德曼在德国科隆舒马伦巴哈工商管理学院会议上发表演讲，勾勒出国际会计趋同的远景。他指出，美国持有的外国证券大约为2.5万亿美元，比1990年增长了7倍，外国持有的美国证券大约为4万亿美元，同期增长了近340%。欧共体关于引入国际会计准则作为欧盟境内上市公司编制合并报表的准则的提议将极大地改变欧洲财务报告的格局，并成为推动人们更加关注国际会计准则理事会工作的催化剂。他提出，美国证监会打算趋同于一套高质量的国际会计准则，趋同应当是一个短期目标，而不应当是一个长期目标。他认为，美国的财务报告体系是世界上最好的，因此，趋同将是一个双向的过程。安然事件使得美国证券市场的会计、审计改革迫在眉睫。

三、2002 年欧盟出台第 1606/2002 号条例[1]

2002年7月19日，欧洲理事会、欧洲议会通过第1606/2002号条例，要求欧洲境内上市公司自2005年起，遵照经欧盟审议认可的国际财务报告准则编制合并财务报表。[2]这是国际会计领域的重大事件。该条例的目标是，消除证券跨国境交易的障碍，确保欧盟范围内公司账目的可靠性、透明性和可比性。条例对成员国具有直接效力，而无须通过立法程序转换为国内法。[3]

---

1 周华、戴德明:《会计制度与经济发展——中国企业会计制度改革的优化路径研究》，中国人民大学出版社，2006，第233—258页。

2 Regulation (EC) No. 1606/2002 of the European Parliament and of the Council of 19 July 2002 on the Application of International Accounting Standards, art. 4, 2002 O.J. (L243), 1.

3 2003年5月，欧盟批准修订的会计指令，修订后的指令支持了第1606/2002号条例。欧盟委员会在其《内部市场战略（2003—2006）》中公布了改进内部市场的十点计划。其中"第六点 改善商务环境"阐释，欧盟委员会将要求对特定国际会计准则进行适当的调整，以应用于欧洲。2003年10月，经认可的国际财务报告准则以欧盟所有官方语言刊出，从而完成了在合并报表层面上实现国际会计趋同的立法程序。

第 1606/2002 号条例的立法宗旨是建立统一的金融服务市场，"确保财务报告具有较高的透明度和可比性，促进共同体的资本市场和内部市场的高效功能"。这种鲜明的政策导向也表明，国际会计准则是资本市场的证券信息披露规则，它并不一定适合于所有企业。该条例在立法解释部分称："本条例旨在增进资本市场效率。保护投资者权益和维持社会对金融市场的信心也是建设内部市场所关注的重要方面。本条例有助于促进资本在内部市场的自由流动，帮助共同体内的公司公平地参与竞争，以获取共同体内资本市场乃至世界资本市场的金融资源。""谋求欧洲财务报告标准与国际会计准则的趋同，对于增进共同体内的资本市场的竞争力来说是很重要的。国际会计准则有可能在全球范围内用于跨国交易或跨国上市。"

欧盟这一条例的发布，宣告了欧共体试图采用欧共体公司法指令，来谋求统一欧盟境内会计规则的尝试归于失败。欧共体公司法指令由于存在过多的选择性条款，实施效果大打折扣，在欧盟境内始终未能形成在形式上保持统一的会计规则。这是欧盟转而决定引入国际财务报告准则的重要原因。[1]

"欧盟之所以急于采用国际财务报告准则，是因为欧盟有一个金融行动计划，即在 2005 年或者之后的一段时间里建立欧盟统一的金融市场。欧盟现在的各个成员国中没有一个国家能够与美国相抗衡，为此欧盟雄心勃勃，试图尽快把欧盟各国造就成一个统一的经济实体，尤其是金融实体，以提高其竞争力和在国际舞台上的谈判力，尤其是提高与美国的抗衡能力。为了统一金融市场，需要提高欧盟各国公司的透明度和会计报表的可比性，以降低筹资者的资金成本，统一成员国的会计准则就成了欧盟的必然之举。安然事件后，欧盟各国采用国际财务报告准则还有更大的经济利益和政治利益，即可向投

---

1 Karel van Hulle, "From Accounting Directives to International Accounting Standards," in Christian Leuz, Dieter Pfaff, Anthony Hopwood, *The Economics and Politics of Accounting: International Perspectives on Research, Trends, Policy, and Practice* (New York: Oxford University Press, 2004), pp. 349-373.

资者表明按照以原则为基础的国际会计准则编报的财务报告的质量将高于以规则为基础的美国会计准则编报的财务报告的质量，从而吸引更多资本流入欧盟成员国，包括从美国流向欧洲。在这种情况下，会计准则之争已演化为资本之争，经济利益之争。"[1]

但这一条例把一套合法性不明的规则纳入法律体系，有过于草率之嫌。国际会计准则理事会事先没有料到这么快就能拿下欧盟这个大单，对欧洲理事会的这一决定大感意外。

这一条例的切入角度彰显了欧洲理事会高超的政治技巧。合并报表不具备法律上的证明力，不会冲击各国的税收主权和司法管辖权。此外，合并报表的正当用途尚不明确，主要用于证券信息披露。因此，欧盟委员会在合并报表层面上采用国际准则的决定，既在名义上实现了国际趋同，又不会对各成员国国内法律构成挑战，是一个很机智的招数。欧洲推行统一会计规则的实践证明，如果要想推行国际准则，就要跟法律撇开关系。

🌐 **专栏 10-13**

欧洲议会和欧洲理事会第 1606/2002 号条例

欧洲议会和欧洲理事会关于采用国际会计准则的第 1606/2002 号条例

Regulation (EC) No.1606/2002

2002 年 7 月 19 日

欧洲议会和欧洲理事会，

根据《建立欧洲共同体条约》，特别是其第 95 条第 1 款，

采纳欧盟委员会的建议，

---

1 冯淑萍：《关于中国会计国际协调问题的思考——在中国会计学会第六次全国会员代表大会暨理论研讨会上的发言》，《会计研究》2002 年第 11 期。

考虑了经济和社会委员会的意见，

依照《建立欧洲共同体条约》第 251 条规定的程序，

鉴于：

（1）2000 年 3 月 23—24 日里斯本欧洲理事会上强调有必要加快建成金融服务的内部市场，设定 2005 年为实施《金融服务行动计划》（Financial Services Action Plan）的最后期限，要求采取措施增强上市公司（publicly traded companies）财务报告的可比性。

（2）为了促进内部市场更好地发挥作用，上市公司编制合并财务报告时，必须采用单一的高质量国际会计准则。共同体内在金融市场筹资的公司所采用的财务报告准则，应当是国际上所接受的、真正的全球准则。这意味着，目前国际上所采用的那些会计准则需要实现趋同，以最终形成单一的全球会计准则。

（3）欧共体理事会 1978 年 6 月 25 日关于特定类型公司的年度会计报告的 78/660/EEC 指令、欧共体理事会 1983 年 6 月 13 日关于合并会计报告的 83/349/EEC 指令、欧共体理事会 1986 年 12 月 8 日关于银行和其他金融机构年度会计报告及合并会计报告的 86/635/EEC 指令、欧共体理事会 1991 年 12 月 19 日关于保险公司年度会计报告及合并会计报告的 91/674/EEC 指令均适用于欧共体的上市公司。但上述指令所设定的报告要求不能确保共同体所有上市公司的财务报告具有较高的透明度和可比性，而较高的透明度和可比性恰是建立统一的、平稳高效运行的资本市场的必要条件，故而有必要增补适用于上市公司的法律框架。

（4）本条例旨在增进资本市场效率。保护投资者权益和维持社会对金融市场的信心也是建设内部市场所关注的重要方面。本条例有助于促进资本在内部市场的自由流动，帮助共同体内的公司公平地参与竞争，以获取共同体内资本市场乃至世界资本市场的金融资源。

（5）谋求欧洲财务报告标准与国际会计准则的趋同，对于增进共同体内的资本市场的竞争力来说是很重要的。国际会计准则有可能在全球范围内用于跨国交易或跨国上市。

（6）欧盟委员会2000年6月13日发布了通讯稿《欧盟财务报告战略：未来之路》，其中建议欧共体所有的上市公司最迟于2005年采用国际会计准则编制合并财务报告。

（7）国际会计准则由国际会计准则委员会公布。国际会计准则委员会的目标是建立单一的全球会计标准。2001年4月1日该委员会改组为国际会计准则理事会，改组后的国际会计准则改称国际财务报告准则。如果这些准则能够保证共同体内的财务报告具有较高的透明度和可比性，就应通过立法程序要求共同体内的上市公司予以遵循。

（8）执行本条例所需采取的必要措施应当符合理事会1999/468/EC号决定，该文件规定了欧盟委员会行使执法权的程序。前述必要措施还要符合欧盟委员会2002年2月5日在欧洲议会上发布的有关执行金融服务法规的声明。

（9）拟适用于共同体的国际会计准则，首先必须符合上述欧共体理事会指令的基本要求，也就是说，其实施应当能够真实和公允地反映企业的财务状况和经营业绩（这一原则要求是根据上述指令派生出来的，并不要求逐条遵循指令的每一项规定）。其次，该准则必须有益于欧洲的公共利益（此要求与理事会2000年7月17日的结论一致）。最后，该准则必须符合财务报告信息质量的基本要求，使财务报告真正满足使用者的需要。

（10）需设立会计技术委员会，负责提供支持和意见，协助欧盟委员会评估国际会计准则。

（11）认可机制应当迅速对拟认可的国际会计准则做出反应，还应当成为有关各方商讨、反馈和交流国际会计准则相关信息的有效途径。"有关各方"包括国家会计准则制定机构、证券监管机构、银行和保险公司、中央银行（包括欧洲中央银行）、会计职业界、会计报告使用者及编制者。这一认可机制应当有助于欧洲各界对欧共体采纳的国际会计准则形成共同的理解和认识。

（12）根据对等原则，本条例要求采取的措施，必须有益于欧盟提高资本市场效率和建设内部市场。

（13）同样根据对等原则，有必要由成员国自主决定，允许或要求上市公司根据依照本条例规定的程序所采纳的国际会计准则编制年度会计报告。成员国也可以决定把许可性或强制性规定的范围扩大至合并财务报告和（或）年度报告。

（14）为便于交换观点、方便各成员国协调立场，欧盟委员会应定期向会计监管委员会通告国际会计准则理事会公布的项目动态、讨论文稿、要点大纲和征求意见稿以及会计技术委员会相应的技术工作情况。如果欧盟委员会不准备采纳某项国际会计准则，那么应当尽早通知会计监管委员会。

（15）欧盟委员会应当避免导致在国际市场中运作的欧洲公司处于竞争劣势，应当最大限度地考虑会计监管委员会的代表所表达的观点。

（16）妥当而且严厉的实施机制是增强金融市场投资者信心的关键。各成员国应按照《建立欧洲共同体条约》第10条的要求，采取适当措施确保遵循国际会计准则。欧盟委员会将通过欧洲证监会（CESR）与各成员国紧密协作，共同采取措施加强执行力度。

（17）而且，如果在共同体内部和外部上市的公司早已在编制合并财务报告时遵循了国际会计准则，或者，如果公司仅仅发行公司债券，则有必要允许成员国推迟其执行某些条款的期限至2007年。但是，在共同体所辖证券市场上市的公司都必须最迟在2007年实施单一的全球性的国际会计准则。

（18）为了便于成员国及其公司采取政策调整措施实施国际会计准则，有必要在2005年仅实施部分规定。应制定适当的规定，以便于首次采用国际会计准则的公司参照执行。类似规定应当按照国际水准起草，以确保所采取的方案为国际社会所认可。

特制定此条例：

第一条［宗旨］

本条例旨在采纳和运用国际会计准则，以期协调共同体内的公司所提供的、本条例第四条所称的财务信息，确保财务报告具有较高的透明度和可比性，促进共同体的资本市场和内部市场的高效功能。

第二条［定义］

本条例所称"国际会计准则"，包括国际会计准则理事会公布或采纳的国际会计准则（IAS）、国际财务报告准则（IFRS）及其相关解释（SIC-IFRIC 解释公告），以及对上述准则及其解释所做的后续修订。

第三条［采纳和运用国际会计准则］

1. 欧盟委员会应当依照第六条第 2 款的规定，对共同体内实施国际会计准则的可行性做出决定。

2. 只有在满足下列条件的情况下，才能采用国际会计准则：

—— 国际会计准则不违反 78/660/EEC 指令第 2 条第 3 款、83/349/EEC 指令第 16 条第 3 款所规定的原则，并且符合欧洲的公共利益；

—— 该准则满足可理解性、相关性、可靠性和可比性等财务信息的质量要求，这些质量要求是制定经济决策、评价管理当局的受托责任所需要的财务信息应当具备的质量特征。

3. 欧盟委员会最迟应于 2002 年 12 月 31 日前，依照第六条第 2 款所规定的程序，就共同体内实施本条例生效时的国际会计准则的可行性做出决定。

4. 经采纳的国际会计准则，应采用共同体的各种官方语言，以欧盟委员会条例的形式在欧洲共同体官方公告杂志中予以全文公布。

第四条〔上市公司的合并会计报告〕

自2005年1月1日起的财务年度起，对于所有依照成员国法律成立的公司，如果在资产负债表日，其证券依欧共体理事会1993年5月10日关于证券领域的投资服务的93/22/EEC指令被许可在任一成员国上市交易，则该公司在编制合并财务报告时，应当遵循依本条例第六条第2款所定程序而采纳的国际会计准则。

第五条〔关于年度会计报告和非上市公司的酌量性规定〕

成员国可以许可或者要求：

（a）第四条所称之公司在编制年度会计报告时，

（b）第四条所称之公司以外的公司，在编制合并会计报告和/或年度会计报告时，遵循依本条例第六条第2款所定程序而采纳的国际会计准则。

第六条〔专门委员会工作程序〕

1. 应当成立一个会计监管委员会（以下简称委员会），为欧盟委员会提供帮助。

2. 本段根据1999/468/EC号决定之第8条，援引其第5条、第7条。1999/468/EC号决定第5条第6款所规定的期间应当设为3个月。

3. 委员会应当确立自己的程序规则。

第七条〔报告和协调〕

1. 欧盟委员会应当定期与会计监管委员会保持联络，通报现行国际会计准则项目以及国际会计准则公布的所有相关文件，以便就采纳该项目或该文件产生的准则等事宜，协调立场并促进深入讨论。

2. 欧盟委员会如果不拟建议采纳某项准则，则应定期适时地通知会计监管委员会。

第八条〔告知义务〕

成员国如果因选择采纳第五条规定而采取相应措施时，应当立即将这一事由通告欧盟委员会及其他成员国。

第九条［过渡条款］

成员国可以修正第四条，将该条的要求更改为仅仅适用于下列公司自2007年1月起的财务年度：

（a）其证券依欧共体理事会1993年5月10日关于证券领域的投资服务的93/22/EEC指令被许可在任一成员国上市交易，但该公司仅仅发行债券；或者

（b）其证券被许可在成员国以外的上市地上市，并且因此而在本条例公布于欧洲共同体官方公告杂志之前，已经采用国际会计准则逾一年。

第十条［信息通报与评估］

欧盟委员会至迟应于2007年7月1日前评估本条例的实施情况，并向欧洲议会和欧洲理事会报告。

第十一条［实施］

本条例自布于欧洲共同体官方公告杂志之日起第三天开始生效。

本条例具有完全的约束力，应在所有成员国直接实施。

2002年7月19日于布鲁塞尔制定

欧洲议会　主席　P. 考克斯（P.Cox）

欧洲理事会　主席　T. 佩德森（T.Pedersen）

［引者注］

（1）条例所称"83/349/EEC指令第16条第3款"，内容为："合并会计报告应当从总体上真实和公允地反映纳入合并范围的公司的资产、负债、财务状况和利润或亏损"。

（2）条例所称"78/660/EEC指令第2条第3款"，内容为："年度

会计报告应当真实和公允地反映公司的资产、负债、财务状况和利润或亏损。"

　　但是，对于欧盟出台该条例究竟是否明智，存在很大的争议。在2001—2011 年间担任国际会计准则理事会理事的沃伦·麦格雷戈（Warren McGregor）认为，当欧洲理事会决定在欧洲境内证券交易所推行以国际财务报告准则编制合并报表的政策时，它并未搞清楚如果将会计规则制定权完全委托给一个独立的、私立的准则制定机构，将会对欧洲带来怎样的影响。相比之下，美国人的认识更加充分，他们对国际会计准则理事会最终会对国内造成的影响有着清醒的认识。[1]

　　实际上，欧洲的银行业（尤其是法国的银行业）一直强烈反对国际财务报告准则推行公允价值会计的倾向，这跟美国的银行业对待公认会计原则的态度如出一辙。2004 年，围绕《国际会计准则第 39 号：金融工具：确认和计量》所展开的争论频频见诸报端。欧洲央行（European Central Bank，ECB）试图劝说国际会计准则理事会对公允价值选择权实施限制，它担心公允价值的顺周期效应会对金融监管造成严重负面影响。但国际会计准则理事会未予响应。欧洲方面又把法国总统雅克·希拉克（Jacques Chirac）搬出来喊话，希拉克公开批评国际会计准则理事会对银行业意见的漠视态度，甚至直接质疑欧盟当初引入国际财务报告准则的决策是否明智。法国甚至主张建立欧洲会计准则制定机构，以取代国际会计准则理事会。[2] 2008 年 10 月，国际会计准则理事会再次遭遇重大危机。面对急剧下跌的证券行情，欧洲理事会要求国际准则比照美国证券市场上的公认会计原则，改变《国际会计准则第 39 号：

---

　　1 Warren McGregor, "Ten Years of IFRS: Reflections and Expectations," *Australian Accounting Review*, 2012, 22(3): 225-238.

　　2 国际财务报告准则在次贷危机期间的糟糕表现表明，欧洲银行业、欧洲央行和法国总统希拉克当初的担忧是富有远见的。但国际会计准则理事会至今仍然一意孤行。

金融工具：确认和计量》的规则，改为允许对金融资产进行重分类。否则，欧洲理事会将单方面对该准则进行修改，甚至可能会自行建立会计规则制定机构。稍有不慎，国际会计准则理事会可能就会失去欧盟的支持。百般权衡之后，国际会计准则理事会只好让步，不再如 2004 年那般傲气。

欧盟出台第 1606/2002 号条例的这一举动，对部分国家和地区具有较强的迷惑性。澳大利亚负责监管澳大利亚会计准则理事会的财务报告理事会（FRC）紧步后尘，宣布采用国际财务报告准则，出乎许多人包括国际会计准则理事会许多技术人员的预料。要知道，国际会计准则本身尚未准备好，许多项目还需要加以改进。[1]南非、新西兰等国家以及中国香港等地区紧随其后。

对于欧盟出台第 1606/2002 号条例的举动，以下几点值得品味。第一，欧盟并未要求在编制单个公司的财务报告时采纳国际会计准则。这不难想象，因为即便是欧共体公司法指令也没有能力实现欧盟会计规则的标准化，更不用说在欧盟范围内将国际会计准则适用于所有的企业了。第二，欧盟采纳国际会计准则是附有认可条件的。第 1606/2002 号条例规定，"只有在满足下列条件的情况下，才能采用国际会计准则：国际会计准则不违反 78/660/EEC 指令第 2 条第 3 款、83/349/EEC 指令第 16 条第 3 款所规定的原则，并且符合欧洲的公共利益；该准则满足可理解性、相关性、可靠性和可比性等财务信息的质量要求，这些质量要求是制定经济决策、评价管理当局的受托责任所需要的财务信息应当具备的质量特征"。这种认可具有鲜明的利益导向，经过充分讨论后认可的准则能够保证欧洲的公共利益不受侵害。第三，最重要的一点是，采用何种准则编制合并财务报告不影响各成员国的税收征管。税收征管多依赖企业的个别财务报表，合并报告主要在资本市场中供投资者分析使用。所以，欧盟采纳国际会计准则，实则是为上市公司和资本市场发展提供

1　冯淑萍：《关于中国会计国际协调问题的思考——在中国会计学会第六次全国会员代表大会暨理论研讨会上的发言》，《会计研究》2002 年第 11 期。

便利。总之，欧盟的经验对会计立法的参考价值不大。

但是，在安然事件、世通公司等财务舞弊案件余波未了的大背景下，欧洲议会和欧洲理事会通过第 1606/2002 号条例这一动态对美国证券市场的冲击是显而易见的。穷则思变，美国证监会氤氲着国际趋同的豪情。[1]

第四节　美国证监会拟允许美国发行人采用国际财务报告准则

一、2002 年：《诺沃克协议》

如前所述，2002 年 7 月 19 日，欧洲议会和欧洲理事会通过了第 1606/2002 号条例。

7 月 25 日，美国国会参众两院通过《萨班斯－奥克斯利法案》。该法案要求美国证监会敦促私立机构财务会计准则委员会保持会计准则的先进性，提升国际会计准则的质量，以保护公众及投资者的利益。

在这样的背景下，财务会计准则委员会与国际会计准则理事会于同年 9 月 18 日召开第一次联合会议，并签署《诺沃克协议》（The Norwalk Agreement）[2]，谋求消除公认会计原则与国际财务报告准则之间的差异，并在以后的准则制定中紧密合作。这是曾于 2001—2002 年兼职担任国际会计准则理事会理事、自 2002 年起担任财务会计准则委员主席的罗伯特·H.赫兹履新后的一个大动作。

赫兹在 2002 年 6 月辞去兼任的国际会计准则理事会理事职务，7 月 1 日出任财务会计准则委员会主席。前已述及，赫兹履新后该委员会的三个战略

---

1 Donald T. Nicolaisen, "A Securities Regulator Looks at Convergence," *Northwestern Journal of International Law & Business*, 2005, 25(3): 661-686.

2 美国康涅狄格州的诺沃克市是财务会计准则委员会的所在地。

目标是改进、简化和国际趋同。在其前任已经铺就的道路的基础上，赫兹履新两个月后就推出了《诺沃克协议》。

专栏 10-14

罗伯特·H. 赫兹

罗伯特·H. 赫兹（Robert H. Herz），普华永道会计公司高级合伙人。2001—2002 年兼任国际会计准则委员会创始委员，2002—2010 年担任财务会计准则委员会第五任主席。

赫兹 1953 年生于纽约市，幼年主要生活在新泽西州。14 岁随父母迁往阿根廷的布宜诺斯艾利斯。1974 年以全班第一的成绩毕业于曼彻斯特大学，获经济学学士学位。在曼彻斯特就读的 3 年里，他在布莱恩·嘉士伯爵士（此人后来担任国际会计准则委员会秘书长）的指导下学习会计学，还师从约翰·阿诺德和托尼·霍普。他们都鼓励赫兹从事会计职业。于是，赫兹在毕业后加入了普华会计公司的曼彻斯特分部，1977 年获得特许会计师（Chartered Accountant）资格。迫于英国的低工资和高税率，他和妻子路易丝遂于 1978 年搬到美国，在普华会计公司的迈阿密分部工作。为了在美国凭英国的大学文凭获得某个州的 CPA 考试资格，赫兹次年加入永道会计公司的波士顿分部，很快就以马萨诸塞州的最高成绩通过 CPA 考试（1979），并因此获得全美金质奖章和 Elijah Watt Sells 奖。1980 年，他被调到永道会计公司位于纽约市的全美总部办公室，负责处理客户关系和技术研究项目。他在 1985 年被擢升为合伙人，1996 年成为高级技术合伙人，1998 年在合并后的普华永道会计公司继续担任相似职务。

2001 年，赫兹成为新成立的国际会计准则理事会 14 位理事中的两位兼职理事之一。

2002 年，他被任命为财务会计准则委员会主席，接替任期届满的埃德蒙·L.詹金斯（Edmund L. Jenkins）。那时，安然公司已经因财务报告丑闻而轰然坍塌，世通公司紧随其后，《萨班斯－奥克斯利法案》正在起草进程中。《萨班斯－奥克斯利法案》要求美国证监会正式重新指定财务会计准则委员会为其认可的会计准则制定者。他作为新任主席，全力投身于改进和简化会计准则及其制定进程，并着手推动美国证券市场上的公认会计原则与国际准则的趋同。

其核心成果之一是对半个多世纪以来各种组织机构陆续公布的 2 000 余份零零散散的权威公告进行了全面的梳理，从而形成了具有内在逻辑的准则汇编。第二个重要的成果是财务会计准则委员会和国际会计准则理事会于 2002 年 10 月签署的《诺沃克协议》，两个机构原则上同意共同努力，促进双方准则的趋同。次年，双方的联合工作组就在基于股票的职工薪酬（一般简称股份支付）、企业合并、金融工具、合并报表、收入确认、租赁会计、财务报表列报等方面取得了一定进展。第三个重要成果是公布了厘定财务报告中公允价值的定义的准则，该准则描述了计量公允价值的不同技术手段，规范了相关的披露规则框架。

在次贷危机期间，个性耿直的赫兹坚持推行他所信奉的公允价值会计理念，将自己置于舆论的漩涡。

2010 年，赫兹转任哥伦比亚大学商学院驻校高管（Executive-In-Residence）。同年创立罗伯特·赫兹有限公司。2011 年兼任房利美的董事会成员。2012 年兼任摩根士丹利公司董事和审计委员会成员。他还为（加拿大）会计准则理事会、英格兰及威尔士特许会计师协会、公众公司会计监察委员会提供顾问服务。

赫兹曾是普华永道美国和全球董事会的董事，普华永道基金会主席。他还曾兼任国际会计准则委员会的创始成员，新问题工作组的成员，美国注册会计师协会诸多委员会和工作组的主席和成员。此外，他还是国际会计师联合会跨国审计委员会的首任主席，兼任纽约证券交易所国际资本市场咨询委员会委员，美国证监会、美国财政部和国际综合报告委员会等多个专门委员会的成员。

会计理论和会计史充满了偶然性，在100多年的跨度内，历史的必然性对会计的影响并不算大。从能力、履历和职位来看，《诺沃克协议》这种事情要想办成，非赫兹莫属。

 专栏 10-15

《诺沃克协议》谅解备忘录

2002年9月18日，财务会计准则委员会和国际会计准则理事会在美国康涅狄格州诺沃克市召开联合会议，双方确认了共同建设高质量、可兼容、可用于境内或跨境证券发行的会计准则的承诺。

双方承诺尽最大努力实现以下目标：

（a）在条件成熟时，尽快实现双方现有的财务报告准则彼此兼容；

（b）协调双方未来的工作计划，确保双方准则的兼容性在以后能够得以保持。

为达到准则兼容的目标，双方在以下方面达成共识：

a）启动一个短期项目，消除公认会计原则与国际财务报告准则（含国际会计准则）之间的个别差异；

b）自2005年1月1日起，通过协调双方未来的工作计划，共同开展双方认可的不定期的实质性合作项目，消除上述二者之间的其他差异；

c）继续推进当前的联合项目；

d）鼓励双方的解释机构协调它们的活动。

双方同意为完成上述任务提供必要的财力、物力、人力支持。

双方同意针对已经确定的短期项目的差异，尽快着手商议解决方案，以期通过确定共同的高质量解决方案，实现双方准则的兼容。双方同意尽最大努力就已经确定的 2003 年短期项目的差异，按照用于解决部分或者全部问题的共同的解决方案，公布一套修改公认会计原则或者国际财务报告准则的征求意见稿。

在上述进程中，国际会计准则理事会将积极咨询其他国家的准则制定机构，向其寻求支持，并在条件成熟时尽快与其建立正式联络关系。

双方注意到，某些司法管辖区域在做出于 2005 年 1 月 1 日采用国际会计准则理事会制定的国际财务报告准则的决定时，对新的或者修订版的财务报告要求的生效日期提出了特定的要求。双方在执行上述战略时将会充分考虑这些要求。

美国证监会主席哈维·L. 皮特（Harvey L. Pitt）对《诺沃克协议》大为赞赏，他说："这对美国和世界各地的投资者而言是积极的一步。"皮特指出，多年来国际会计准则一直是人们关注的主题，随着欧盟于 2005 年决定采用国际会计准则作为欧盟上市公司的合并报表编报规则，国际准则在许多国家日益受到关注。有朝一日，将会建成一套全球统一的高质量会计准则。

欧盟委员会也盛赞《诺沃克协议》，认为这是朝着建立全球会计准则体系这一目标迈出的重要一步。

2003 年，国际会计准则理事会就金融工具召开圆桌讨论，来自 108 个组织的代表参加了讨论。同年，国际会计准则理事会公布《国际财务报告准则第 1 号：首次采用国际财务报告准则》。欧盟委员会根据会计监管委员会（Accounting

Regulatory Committee）的建议，采纳了所有的国际会计准则（第 32 号和第 39 号准则除外）。国际会计师联合会要求其会员单位尽最大努力劝说所在国政府和准则制定者要求私有部门采用国际财务报告准则编制财务报表。

2004 年，财务会计准则委员会与国际会计准则委员会启动了概念框架趋同计划。澳大利亚、新西兰、菲律宾、中国香港等国家和地区宣布直接采用国际准则作为所在行政区内的会计规则。国际会计准则理事会和日本会计准则理事会启动了趋同项目。

2005 年，国际会计准则理事会修改章程，国际准则须经 14 位理事中的 9 人同意方可通过。国际会计准则委员会基金会（IASC Foundation）托管人由 19 人扩大到 22 人，其中有 6 位来自北美洲、6 位来自欧洲、6 位来自亚洲及大洋洲地区、4 位来自其他地区。托管人主要由公共会计师、财务报表编制者、使用者、学术研究者以及其他为公众利益服务的官员和较高层次的人员组成。托管人任期一般为 3 年，可连任一次。2005 年 12 月，中国财政部原部长、中国注册会计师协会会长刘仲藜被委任为该基金会托管人。

二、2005 年：美国证监会首席会计师提出允许外国发行人采用国际财务报告准则的路线图

2005 年 4 月，美国证监会首席会计师唐纳德·T. 尼古拉森（Donald T. Nicolaisen）提出了一幅路线图，建议最迟在 2009 年允许外国发行人采用国际财务报告准则，届时将撤销关于按照公认会计原则进行调账的要求。[1]尼古拉森曾任普华永道会计公司的合伙人，是赫兹的故交。

同年，美国证监会允许首次采用国际财务报告准则的外国私人发行人在向美国证监会备案时，可以提交两年而不是三年的基于国际准则的财务报表。

1　Donald T. Nicolaisen, "A Securities Regulator Looks at Convergence," *Northwestern Journal of International Law & Business*, 2005, 25(3): 661-686.

专栏 10-16

美国证监会首席会计师尼古拉森提出允许外国发行人
采用国际准则的路线图

□支持一套单一的全球公认会计准则的主要力量是，**资本市场继续跨越国界强劲扩张，一些国家渴望建立强大、稳定、具有流动性的资本市场，以推动经济增长。**

□使用一套共同的会计准则有助于帮助投资者更好地了解投资机会。**没有共同的准则，全球投资者就必须花费更多时间和精力去理解和转换财务报表。这个过程既耗时又艰难。**

□使用一套共同的会计准则还可以降低发行人的成本，节省其使用不同会计准则编制财务报表的额外费用，以及公司人员培训、审计师培训等费用。

□美国投资者在国外有巨额的投资。美国资本市场包括数千家通过收购或直接投资向非美国公司投资的美国公司。此外，数以百万计的个人和信托基金通过共同基金，直接或间接投资于非美国公司。今天大约有 1 200 家外国发行人向美国证监会备案，其中有 500 家来自同一个国家（加拿大），它们尚未采用国际财务报告准则，其他 700 家外国发行人中约有 40 家使用国际财务报告准则向美国证监会备案财务报表。**我预计，使用国际财务报告准则的外国发行人将在 2005 年增加到大约 300 家，到 2007 年将接近 400 家。**

□自 1982 年起，美国证监会要求未遵照公认会计原则编制财务报表的外国公司，必须按照公认会计原则对其财务报表进行调整。

□我相信，公认会计原则和国际财务报告准则这两套准则都是完整的，都可以提供高质量的财务报表，都可以被广泛接受和使用。

□我为美国证监会工作人员考虑是否允许外国发行人采用国际财务报告准则编制财务报表提出了可能的"路线图"。**这个路线图并没有确切的**

> **完成日期。但我个人认为，在十年内应该能完成。**
>
> 　　□国际证监会组织的成员单位监管着全球 90% 以上的证券市场。美国证监会也会向外国同行学习。我们共同期待着采用国际财务报告准则编制的财务报表能够充分满足我们投资者的需求，而无须再依照公认会计原则进行调整。

10 月，财务会计准则委员会与国际会计准则委员重申趋同承诺，宣布共同致力于建设高质量的全球会计准则（global accounting standard）。

三、2006 年：财务会计准则委员会与国际会计准则理事会公布准则趋同路线图

2006 年 2 月，美国证监会主席克里斯托弗·考克斯在接待欧盟委员会内部市场和服务委员查理·麦克里维（Charlie McCreevy）时，重申了对尼古拉森公布的"路线图"的承诺。二人一致认为，应共同努力，创造条件在彼此管辖范围内推动使用公认会计原则和国际财务报告准则。考克斯表示，他希望公认会计原则最终被视为与国际财务报告准则等效。

同月，财务会计准则委员会与国际会计准则理事会联合公布名为《2006—2008 年公认会计原则与国际财务报告准则趋同路线图》的谅解备忘录。[1]

双方在以下三个重要方面达成共识：（1）双方可以采用共同制定高质量的会计准则的形式，来实现会计准则的趋同。（2）以往双方试图采用各自独立制定准则、同时逐步消除差异的形式，对亟须做出重大改进的两套准则进行完善，这种形式现在看来并不是有效利用双方现有资源的最佳形式。相反，双方应该致力于制定一套新的共同的准则，从而改进报送给投资者的财务信

---

1 Memorandum of Understanding between the FASB and the IASB: A Roadmap for Convergence between IFRSs and US GAAP—2006-2008, 2006.

息的质量。（3）为了满足投资者的需要，双方应当以较强的准则（stronger standards）取代较弱的准则（weaker standards），从而谋求准则的趋同。

双方选定了一批短期趋同（short-term convergence）项目，具体包括：双方共同审查资产减值、所得税的会计规则；财务会计准则委员会负责审查公允价值计量的选择权、投资性房地产、研发开支、期后事项的会计规则；国际会计准则理事会负责审查借款费用、政府补助、股权投资的合资（joint ventures）、分部报告。

双方确定了7个进入议事日程的联合项目（Joint Projects），包括企业合并、合并报表、公允价值计量指南、金融负债与权益工具的区分、业绩报告、离职后福利（包含养老金会计）、收入确认。

双方还确定了4个早已进行但未列入本次趋同项目议事日程的联合项目，包括终止确认、金融工具（替换现有准则）、无形资产、租赁。

四、2007 年：美国证监会允许外国发行人采用国际财务报告准则

2007 年 3 月 5 日，《华尔街日报》刊载欧盟委员会内部市场和服务委员查理·麦克里维的文章。文章指出，美国证券市场在全球 IPO 中所占的份额已从 2001 年的 57% 下降到 2006 年的 16%，而欧洲证券市场在同一时期则从 33% 上升到了 63%。

6 月 20 日，美国证监会表决通过一项建议，拟允许外国私人发行人按照国际财务报告准则英文版编制财务报表，而无须按照公认会计原则进行调整。

7 月 11 日，美国证监会公布关于接受外国私人证券发行人采用国际财务报告准则编制的财务报表、不再要求按照公认会计原则进行调整的建议公告，邀请各界提供意见和建议。

8 月 7 日，美国证监会发布《允许美国发行人采用国际财务报告准则编制财务报表的意向公告》[1]，面向社会各界征求意见。该公告拟允许美国发行人自愿选择采用公认会计原则或国际财务报告准则。该公告称，美国证监会工作人员主要通过国际证监会组织直接参与国际财务报告准则的开发，国际证监会组织的成员单位负责监管着全球 90% 以上的证券市场。

不难看出，美国证监会有点用力过猛，其 7 月 11 日宣布允许外国发行人使用国际财务报告准则，8 月 7 日又宣布拟允许美国发行人自愿采用国际财务报告准则。固然，整个动态是按照有利于证券交易所抢夺客户的方向快速推进，但按照这个进度，公认会计原则显然有被边缘化之虞。公认会计原则的利益相关者，也就是美国证券行业的其他各类中介（如金融分析师、注册会计师等），会心甘情愿放弃操盘的权力吗？

11 月 7 日，财务会计基金会和财务会计准则委员会回应了美国证监会关于允许美国发行人采用国际财务报告准则的政策征求意见稿，表达了其对建设高质量的全球财务报告体系的支持态度，但不支持允许美国发行人任选公认会计原则和国际财务报告准则，而是支持统一采用并改进国际财务报告准则。该反馈意见着重探讨了多重会计标准可能会导致的潜在后果。

11 月 27 日，欧盟委员会内部市场和服务委员查理·麦克里维表示："现在轮到欧洲接受美国证券市场上的公认会计原则了。"他建议欧盟境内的证券交易所接受按照公认会计原则编制的财务报表，而无须根据国际财务报告准则进行调账。

12 月 4 日，财务会计准则委员会公布与国际财务报告准则实质性趋同的会计准则，即《财务会计准则公告第 141 号：企业合并》（修订），这是财务会计准则委员会与国际会计准则理事会完成的第一个大型联合项目。

---

1 Securities and Exchange Commission, Concept Release on Allowing U.S. Issuers to Prepare Financial Statements in Accordance with International Financial Reporting Standards, 2007.

12月21日，美国证监会发布33-8879号文件（《国际证券市场条例》），宣布自2008年3月4日起，认可外国私人证券发行人采用国际财务报告准则编制的财务报表，无须依照公认会计原则进行调整。[1] 这是国际准则发展历程中的又一重大事件，这也标志着大型证券交易所的竞争已经进入白热化阶段。会计准则的国际趋同实质上是证券交易所合并浪潮的产物。

美国证监会的文件中偏听偏信国际会计准则理事会瞒天过海式的宣传，其很多观点与事实不符，令人很难相信这就是世界上最强大的证券监管机构的立场。

 专栏 10-17

美国证监会33-8879号文件观点摘录

□国际财务报告准则（IFRS）在世界范围内越来越广泛。现在大约有100个国家要求或允许使用IFRS，另有许多国家正在用IFRS替代其本国准则[引者注：大多用于证券信息披露而不是会计法规]。在欧盟通过一项法规后，在欧盟监管的证券市场上上市的欧洲公司，自2005财政年度起可以使用IFRS编制财务报表[引者注：应为合并报表]。

□本条例允许外国私人发行人直接按照IFRS编制财务报表，不必再按照公认会计原则调账。选择使用IFRS的外国私人发行人应当在其财务报表附注中明确且无保留地声明，其财务报表符合IFRS，并提供无保留意见的审计报告，以证明其合规性。

□预计本条例将减轻外国公司在美国资本市场的合规成本，从而为外国公司在美国资本市场融资提供便利。

---

1 Securities and Exchange Commission, Acceptance from Foreign Private Issuers of Financial Statements Prepared in Accordance with International Financial Reporting Standards Without Reconciliation to U.S. GAAP, 2007.

五、2008 年：美国证监会主席考克斯宣布拟允许美国发行人采用国际财务报告准则的路线图

在次贷危机的大背景下，美国证监会在 2008 年下半年接连高调推出了一系列拟引进国际财务报告准则的政策文件。

（一）考克斯亲自出镜放风

2008 年 8 月 27 日，美国证监会委员投票表决一致通过，决定向社会公众公布一个拟于 2014 年允许美国公众公司采用国际财务报告准则编制财务报表的路线图的建议稿，公开征求各界意见。该建议稿称，美国证监会将于 2011 年做出是否采用国际财务报告准则的决定。美国证监会主席克里斯托弗·考克斯（2005—2009 年在任）还亲自出镜解读这一政策的出台背景和理由（见图 10-4）。[1]

图 10-4　考克斯解读允许美国发行人采用国际财务报告准则的路线图（视频截图）

考克斯介绍说，2003 年 7 月美国证监会以工作人员的名义提交给国会的《关于美国财务报告体系采用以原则为基础的会计体系的研究报告》认为，采用目标导向的（objectives-oriented）、以原则为基础的（principles-based）会计准则，是符合《萨班斯－奥克斯利法案》要求的改革方向。美国证监会自

1　考克斯此番讲话的视频及文字资料可见于美国证监会网站（www.sec.gov/news/press/2008/2008-184.htm）。

2007 年 3 月起组织了三次圆桌会议，讨论采用国际准则的相关事宜。考克斯说，目前世界上有 100 多个国家要求或允许采用国际准则，采用国际准则对美国投资者更有益。"国际上越来越广泛地接受使用国际财务报告准则进行财务报告，美国投资者对使用国际财务报告准则报告财务信息的外国公司所发行证券的兴趣日益增加，这些因素促使美国证监会提出了这一慎而又慎的计划。"

显然，考克斯的判断受国际会计准则理事会的误导比较严重，很难说他的决策是"慎而又慎"的。他在新闻发布会上所提到的数据和结论，几乎全部是偏听偏信国际会计准则理事会宣传的结果。美国证监会工作人员的粗心程度由此可见一斑。因此，考克斯为国际会计准则理事会"站台"这件事显得相当蹊跷。

 专栏 10-18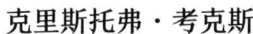

克里斯托弗·考克斯

　　克里斯托弗·考克斯（Christopher Cox），曾担任美国国会众议院议员 17 年，历任里根总统的白宫顾问、美国证监会主席。

　　考克斯 1952 年 10 月 16 日生于明尼苏达州拉姆西县圣保罗。1957—1966 年，就读于明尼苏达州圣保罗的圣格雷戈里学校。1966—1970 年，就读于明尼苏达州圣保罗的圣托马斯学院。1973 年，获南加州大学文学学士学位。1977 年在哈佛大学商学院获得工商管理硕士学位（MBA），在哈佛大学法学院获得职业法律文凭（J.D.）。

　　1977—1978 年，任美国上诉法院第九巡回法院法官 Herbert Y. C. Choy 的法律助手。1982—1983 年，担任执业律师、哈佛大学商学院工商管理讲师；1984—1986 年任圣保罗 Context 公司联合创始人；1986—1988 年，任罗纳德·里根总统的高级顾问。1989 年 1 月起作为共和党人成为第

101 届国会的众议院议员，此后连任八届，长达 17 年，直至 2005 年 8 月 2 日辞任。其间，曾担任美国国家安全事务专职委员会主席、国土安全委员会主席等。2005—2009 年，任美国证监会主席。卸任美国证监会主席职务后，考克斯重返律师行业并在一些知名公司兼职。

（二）美国证监会公布拟强制采用国际财务报告准则的征求意见稿

2008 年 9 月，财务会计准则委员会与国际会计准则委员会更新并重申双方在 2006 年 2 月签署的谅解备忘录。双方认为，两年前签署的趋同路线图进展顺利，将在年底完成大部分预定项目，计划在 2011 年 6 月前完成联合项目。

9 月 15 日，知名券商雷曼兄弟申请破产保护，次贷危机进入尖峰时刻。这不是次贷危机的顶点或终点，而是一个起点，因此得名"雷曼时刻"。

11 月 14 日，美国证监会公布了这一路线图的征求意见稿。[1]关于采用国际财务报告准则，该文件拟推出的不是授权性规定，而是义务性规定。这是一个相当大的转变。

 专栏 10-19

美国证监会征求意见稿观点摘录

□得益于互联网技术，美国投资者可以通过互联网在世界各地的证券交易所进行交易。重要的是要有一套便于他们比较全球投资机会的会计准则。

□目前，全球约有 113 个国家要求或允许其国内上市公司采用国际财务报告准则（IFRS）进行财务报告。

□**IFRS 是一套在全球范围内得到一致应用的高质量的全球公认会计准则。**

□我们正在提出此路线图，拟强制要求美国发行人采用 IFRS，而不

---

1 Securities and Exchange Commission, Roadmap for the Potential Use of Financial Statements Prepared in Accordance with International Financial Reporting Standards By U.S. Issuers, Release No. 33-8982, 2008.

是选择性地采用 IFRS，以便全面推广一套高质量的全球公认会计准则，从而改善美国上市公司和外国公司编制的财务信息的可比性。

□由于 IFRS 具有成为全球会计准则的最大潜力，因此我们认为，**强制要求美国发行人也采用 IFRS 进行报告，符合美国投资者、美国发行人和美国市场的利益**。此外，我们认为，从长期来看，美国证券市场上如果长期实行公认会计原则和 IFRS 的双重会计准则，可能会给美国资本市场的信息可比性带来挑战，也会对投资者、财务信息使用者以及审计师的专业能力带来挑战。因此，我们**建议针对美国发行人强制采用 IFRS**。

□公认会计原则比 IFRS 历史更久，诸如寻求连贯性并减少诉讼和债务风险等因素使得会计规则较为详细。

□与成熟的美国股票市场相比，相对年轻的外国新兴股票市场发展速度更快。越来越多的大型外国公司在这些市场上市。随着时间的推移，在全球市值排名前 20 位的行业中，外国公司的数量正在增长，这些公司更可能使用 IFRS。

征求意见稿公布后，美国证监会仅仅收到了 200 多份反馈意见。不但反馈意见少得可怜，而且许多人对国际财务报告准则的前景表示担忧，这令美国证监会颇为难堪。赫兹在惊讶之余回忆到，财务会计准则委员会通常收到的反馈意见会超过 500 份，一些备受关注的议题往往会收到数千份反馈意见。

2008 年 11 月 14 日，考克斯卖力地推动会计准则国际趋同，第二天（11 月 15 日），在华盛顿召开的首次 G20 领导人峰会就提出了建设全球统一的高质量会计准则的口号。多国领导人同时为会计准则国际趋同背书，这是史无前例的。

此时，会计准则国际趋同到达顶峰（见图 10-5），之后，经过温温吞吞的三年，美国证监会的国际趋同战略还是落入了"始乱终弃"的俗套。

欧盟与英国证券市场

- 2018《金曼报告》建议废除FRC
- 2011 LAPFF声讨IFRS
- 2002 欧盟第1606/2002号条例
- 2000《欧盟财务报告战略：未来之路》
- 1999 欧盟《金融服务行动计划》
- 1998 欧盟谋划金融服务单一市场
- 1986 英国推出金融"大爆炸"政策

IASC与IASB

- 2013 IFRS基金会设立会计准则咨询论坛（ASAF）
- 2004 FASB与IASB启动概念框架趋同计划
- 2002 FASB与IASB签署《诺沃克协议》
- 2001 IASC基金会、IASB成立
- 2000 IOSCO评估通过30项核心准则
- 1999《重塑国际会计准则委员会的未来》征求意见稿
- 1996 IASC成立战略工作组
- 1995 IOSCO与IASC签署核心准则协议
- 1994 "G4+1"组成
- 1993《国际会计准则》（1993年修订）
- 1992 中国首次派员与IASC接触
- 1990 IASC公布《意向声明：财务报表的可比性》
- 1989 IASC公布《财务报表的可比性》征求意见稿
- 1987 IASC启动"可比性和改进计划"

欧美证券交易所与IOSCO

- 2014 Euronext从ICE中分离出来
- 2013 ICE收购NYSE Euronext
- 2012 泛欧交易所有设立伦敦天气交易所
- 2010 洲际交易所收购天气交易所（Climate Exchange）
- 2008 NYSE Euronext收购美国证券交易所（AMEX）
- 2007 NYSE Group与Euronext合并组建纽约泛欧交易所集团
- 2005 NYSE与群岛数股合并成立纽约证券交易所集团
- 2002 Euronext收购伦敦国际金融期货期权交易所（LIFFE）
- 2001 ICE收购位于伦敦的国际石油交易所（IPE）
- 2000 洲际交易所（ICE）、泛欧交易所（Euronext）成立
- 1998 IAS 39、核心准则建设完成
- 1996《1996年全国证券市场改进法》敦促SEC关注IAS
- 1994 IOSCO称其需要全面的准则
- 1993 戴姆勒-奔驰在纽约证券交易所上市
- 1989 IOSCO的《国际股票发行》倡导核心准则
- 1987 IASC与IOSCO达成合作意向；IOSCO设立技术委员会
- 1983 国际证监会组织（IOSCO）成立

美国证监会（SEC）和FASB

- 2019 SEC主席克莱顿不理会IFRS
- 2014 考克斯追究"寿终正寝"
- 2012 SEC放弃国际趋同路线图
- 2008 SEC拟允许美国发行人使用IFRS
- 2007 SEC允许外国发行人使用IFRS
- 2005 SEC拟允许评价国外发行人使用IFRS
- 2006 FASB与IASB公布准则趋同路线图
- 2002 FASB与IASB签署《诺沃克协议》
- 2000 SEC发布《意向公告：国际会计准则》
- 1999 FASB公布《国际会计准则制定：展望未来》
- 1996 SEC对核心准则问题提出三项标准
- 1991 FASB表态支持IAS
- 1988 SEC表态支持公认建立IAS

图 10-5　会计准则国际趋同的历程

六、2009 年：夏皮罗对会计准则国际趋同不感兴趣

2009 年 1 月 20 日，考克斯卸任美国证监会主席职务。继任的几位美国证监会主席玛丽·L.夏皮罗（Mary L. Schapiro，2009—2012 年在任）、B.沃尔特（Elisse B. Walter，2012—2013 年在任）都没有接国际趋同路线图这个茬。她们亲眼看见考克斯一不留神跳进会计准则这个大坑，如今人人避之不及。会计准则违背美国联邦证券法的立法本意，它是一套弹性化规则，是中介机构用以协助证券发行人摆脱证券监管的工具箱。可叹考克斯在激情燃烧之下亲自出镜，拍摄的竟然是一个无言的结局。

同年 1 月 15 日，美国证监会候任主席夏皮罗（后于 1 月 27 日就职）出席美国参议院银行、住房及城市事务委员会的任职听证会，谈及她的工作理念。她本人对国际财务报告准则持怀疑态度，再说，次贷危机使得会计准则、注册会计师审计、资产证券化、信用违约掉期、信用评级机构、卖空机制、麦道夫欺诈案等话题成为举国上下关注的焦点问题，美国证监会的当务之急是救火、补窟窿，因此，夏皮罗的实际工作是推动完善立法和加强执法力度。夏皮罗认为，关于国际会计准则理事会的独立性问题和国际财务报告准则的质量问题，仍存有疑问。[1]

 专栏 10-20

夏皮罗如何看待美国证监会的路线图

里德参议员：您将要做的很多事情在国外和美国都会产生复杂的后果，而国际财务报告准则（IFRS）路线图就是其中之一。我们已多次致信考克斯主席，以试图确定和制定非常深思熟虑的路线图。我认为美国证监会在这个问题上操之过急了。实际上，我遇到了霍尼韦尔公司

---

1 Warren McGregor, "Ten Years of IFRS: Reflections and Expectations," *Australian Accounting Review*, 2012, 22(3): 225-238.

（Honeywell Corporation）的首席执行官，他对采用完全不同的会计规则抱有类似的担忧，那可能导致收入以及研发支出的会计处理出现巨大变化。我认为我们必须避免这两套规则之间出现潜在的套利机会。我认为我们都已经意识到，在全球经济中，会计准则最终有望趋同到一个较高的水平。您能给我们讲讲您将如何推进这一国际会计运动吗？

　　夏皮罗：好的，我会非常谨慎地推进，以免我们跌入深坑。我认为我们都会赞同，全世界使用同一套会计准则，那将是一件非常有益的事情，投资者将能够对世界各地的公司做出比较。话虽如此，**我还是对美国证监会发布的现在正在征求意见的路线图有些担忧**，而且，**我对IFRS总体上也有些担忧**，它们不如美国证券市场的会计准则那么详细，它们还缺乏很多解释。即使美国证券市场采用了国际财务报告准则，我认为它们在全球范围内的实施和推行方式方面仍将是缺乏一致性的。从公认会计原则转换为国际财务报告准则的成本将是非常高的，我已经看到一些估算，每家美国公司的转换成本将高达3 000万美元。我认为我们必须仔细衡量，将这么高的代价强加给美国公司是否真的有意义。不过，也许我最担心的是国际会计准则理事会的独立性、准则制定程序及其监督能力。**我想告诉您，我将深吸一口气，重新审视整个事情的来龙去脉，并不一定会受到现有的待评论路线图的束缚。**

　　里德参议员：您和我共同关心的一个领域是国际会计准则理事会的独立性问题。根据《萨班斯－奥克斯利法案》，我想我们早已制定了一个非常明确的规则，即**美国上市公司不能采用非独立的实体所颁布的会计准则**。上一届美国证监会没有领悟到这一点。我非常希望您对此进行审查，并告诉我们您的看法——我们是否需要再次通过立法来强调会计准则制定机构必须是独立的机构。

夏皮罗：我很乐意奉命而为。

恩兹参议员：我问一个会计问题。今年秋季，参议院银行委员会听取了有关盯市会计的问题，**在冻结的市场中，盯市会计无法用于资产估值**。作为回应，财务会计准则委员会和美国证监会公布了指南，阐明了公司应如何为流动资产定价。**您认为那些指南已经足够了吗，还是需要美国证监会重新审查盯市会计方法的适用性？**

夏皮罗：正如您所知道的，会计准则的完整性和公司披露的质量是证券市场的基石。……**投资者通常认为公允价值会计、盯市会计为市场提供了透明度，使投资者能够更好地进行决策**。大约两周前，美国证监会刚刚发布了其公允价值会计研究报告。它们在该报告中提出了一些建议，我会抓紧研究一下，看看公允价值会计是否还应解决其他问题。

资料来源：美国政府出版办公室（GPO）的 govinfo 网站（https://www.govinfo.gov/content/pkg/CHRG-111shrg50221/html/CHRG-111shrg50221.htm）。

七、2009 年：财务会计基金会建议做进一步研究和评估

2009 年 3 月 11 日，财务会计基金会和财务会计准则委员会回应了美国证监会提出的路线图。反馈意见提出，建议进一步研究采用国际财务报告准则的各种路径的优劣势、成本收益。耐人寻味的是，这份回应文件中没有提供多少说理性的论证内容，其支持性材料只是罗列了一系列实证会计文章，这使得该回应文件的篇幅之冗长与观点之匮乏形成强烈反差。而赫兹本人并不认可实证会计文章有什么支持作用。这就意味着，财务会计准则委员会说了一大通车轱辘话，最后还是把皮球踢给了美国证监会。美国会计学术界在其中扮演的是和稀泥的角色。

专栏 10-21

财务会计基金会观点摘录

□美国采用国际财务报告准则（IFRS）不太可能对美国产生重大的宏观经济影响，无论是正面的还是负面的。

□会计准则只是影响公司财务报告可比性的因素之一。管理层的报告动机、证券监管力度和审计等其他因素也显著影响财务报告的可比性。

□采用 IFRS 可能会给美国发行人带来巨大的过渡成本，而较小的公司可能会不成比例地承担较高的采用 IFRS 的成本。

□回应文件区分七种路径进行了探讨，即：（1）保留公认会计原则（GAAP），同时允许外国公司采用 IFRS；（2）保留 GAAP，同时谋求与 IFRS 的趋同；（3）允许选择使用 GAAP 或 IFRS，但采用 IFRS 编制的报表需要按照 GAAP 进行调整；（4）无条件地允许任意选择使用 GAAP 或 IFRS；（5）所有公司都采用美国版 IFRS（U.S. IFRS），美国证监会和财务会计准则委员会额外规定指南、附加披露规则、补充准则；（6）为完全采用 IFRS 制定灵活的时间表；（7）采用国际化的美国版公认会计原则（International U.S. GAAP；I-GAAP），即在公认会计原则的基础上另行打造一套国际准则。上述第（1）至第（6）种路径的思路是逐步扩大 IFRS 的采用比例。而第（7）种路径则是另起炉灶。

□目前，美国证券市场的财务报告已经具有很高的质量。一些学术会计研究提供了一些证据，证明 IFRS 提供的信息质量与 GAAP 相当，二者均为"高质量"会计准则。我们不认为美国证监会这个世界上最强大的证券监管机构会对其监管政策做出彻底的改变。

□若采用 IFRS，则可能会对美国税收、金融监管等产生重大影响。

□一种可能性是构建一个真正的国际会计准则制定机构，使其包括欧盟、美国、日本、中国和其他股票市值达到全球股票市场总市值 10% 的国家。每个国家都派驻常驻人员，都拥有批准权或否决权。

□关于在美国采用 IFRS 的提议令人震惊。相关的学术会计文献很多，但结果好坏参半，对美国证券市场的抉择而言并不可靠。相关分析普遍缺乏对成本和效益的考量。

财务会计基金会的回应文件列示了全球 12 家最大交易所的股票市值和股票交易量，直观地反映了 2007 年前后欧美证券交易所的竞争态势（见表 10-5）。

表 10-5　　　　　　　　股票市值和股票交易量最大的全球 12 家交易所

交易所	股票市值（单位：10 亿美元，2007 年 12 月）	交易所	股票交易量（单位：10 亿美元，2007 年 12 月）
1. 纽约证券交易所集团	15 651	1. 纽约证券交易所集团	29 910
2. 东京证券交易所集团	4 331	2. 纳斯达克交易所	15 320
3. 泛欧交易所	4 223	3. 伦敦证券交易所	10 333
4. 纳斯达克交易所	4 014	4. 东京证券交易所集团	6 476
5. 伦敦证券交易所	3 852	5. 泛欧交易所	5 640
6. 上海证券交易所	3 694	6. 德意志交易所	4 325
7. 香港交易及结算所	2 654	7. 上海证券交易所	4 070
8. 多伦多证券交易所集团	2 187	8. BME 西班牙交易所	2 970
9. 德意志交易所	2 105	9. 意大利证券交易所	2 312
10. 孟买证券交易所	1 819	10. 香港交易及结算所	2 137
11. BME 西班牙交易所	1 799	11. 深圳证券交易所	2 103
12. 印度国家证券交易所	1 660	12. 韩国交易所	2 006
总计	47 989	总计	87 602

资料来源：世界交易所联合会，2007 年年度报告和统计。

2009 年 10 月，财务会计准则委员会和国际会计准则理事会举行联席会议，重申了二者对会计准则趋同的承诺，同意加紧努力完成 2006 年签署的准则趋同谅解备忘录中所述的主要联合项目。

八、二十国集团峰会倡议建设全球会计准则

关于会计准则国际趋同的最大的宣传，当是在二十国集团（G20）的层面上发出的多次倡议，其影响是不言而喻的。

2008 年 11 月的 G20 首次峰会（即华盛顿峰会）就呼吁会计准则制定机构应改善显著的不足。2009 年 9 月的匹兹堡峰会更是明确提出制定全球统一的会计准则，在 2011 年 6 月前完成趋同项目。如果会计制度还属于会计法规体系的组成部分的话，这显然是不可能完成的任务。其实，G20 并不是国际法意义上的国际组织，它只是一种非正式对话机制，峰会宣言和公报均不属于国际法的范畴，所以，宣言和公报怎么高调都不过分，就当是做了最高规格的广告。

专栏 10-22

G20 层面上的国际趋同政治宣传

次贷危机爆发后，G20 峰会和金融稳定论坛（2008 年 4 月、2009 年 4 月）频频就会计准则问题发声。

1. 2008 年 11 月的 G20 华盛顿峰会

这是 G20 领导人的首次峰会。峰会宣言要求评估并协调全球会计准则，特别是在市场低迷时期对结构复杂的证券产品的估值。

峰会宣言要求，在 2009 年 3 月 31 日前，应采取下列紧急行动：（1）全球主要会计准则制定机构应对证券估价加强指导。同时，特别是在经济低迷时，应充分考虑复杂的、非流动性产品的估价。（2）**会计准则制定机构应显著地改善其所存在的不足，确保与资产负债表外金融工具相关的会计**

统计及信息披露。（3）**监管机构和会计准则制定机构应加强对企业的要求，敦促其向市场参与者披露其复杂金融工具的信息**。（4）出于加强金融稳定的考虑，应进一步加强全球会计准则制定机构的内部治理，包括审视其代表性，尤其是确保透明度、问责制，以及独立机构与相关当局之间的恰当关系。

峰会宣言提出的中期举措是：（1）**全球主要会计准则制定机构应加大工作力度，制定出全球统一的高质量会计准则**。（2）监管机构和会计准则制定机构应在适当的条件下加强合作，并与私营部门继续共同努力，确保高质量的会计准则得以连贯运用和执行。

2. 2009 年 4 月的 G20 伦敦峰会

峰会公报呼吁会计准则制定机构尽快与监管机构进行合作，改进资产估值和准备金标准，完成一套高质量的全球会计准则。

3. 2009 年 9 月的 G20 匹兹堡峰会

峰会宣言呼吁国际会计准则机构加倍努力，通过各自独立的准则制定进程，**制定一套全球统一的会计准则，并在 2011 年 6 月前完成趋同项目。**国际会计准则理事会的机制框架应进一步扩大各利益攸关者的参与。

4. 2010 年 6 月的 G20 多伦多峰会

关于会计准则，峰会宣言再次强调制定和改进全球统一高质量会计准则的重要性，**敦促国际会计准则理事会和财务会计准则委员会加倍努力，于 2011 年底前完成趋同项目。**鼓励国际会计准则理事会进一步增强各方参与力度，包括在制定独立会计准则进程框架内，加强同新兴市场经济体的沟通。

5. 2010 年 11 月的 G20 首尔峰会

峰会宣言再次强调建立一套更高质量的全球会计准则的重要性，并呼

> 吁国际会计准则理事会和财务会计准则委员会在 2011 年底前完成趋同计划。鼓励国际会计准则理事会进一步提高利益相关方在制定全球标准过程中的参与程度，包括在独立的会计准则制定框架下，让新兴市场经济体参与其中或成为其成员。

但彭博新闻社对 G20 匹兹堡峰会"放卫星"的做法有不同意见。该社发表评论称，G20 不应在会计准则上做文章。各国将会计问题政治化、扭曲会计准则以迎合监管需求的做法是错误的，这种做法破坏了会计准则制定机构的独立性，漠视投资者，为未来的金融危机埋下了隐患。评论称，次贷危机爆发以来，政治家、银行家和金融监管机构不断放松监管，欧盟成员国试图借助 G20 峰会来牢牢控制国际会计准则理事会，美国的银行业也希望美国政府能够步其后尘。

九、2010 年：美国证监会发布《关于支持趋同和全球会计准则的公告》

2010 年 2 月 24 日，美国证监会经投票决定，发布《关于支持趋同和全球会计准则的公告》，重申其支持建立全球统一的高质量会计准则，指示证监会职员制定在美国证券市场采用国际财务报告准则的工作计划，并重申将于 2011 年做出是否采用国际财务报告准则的正式决定。如果美国证监会在 2011 年决定将国际财务报告准则纳入美国报告系统，则美国公司将最早于 2015 年首次使用国际财务报告准则进行报告。[1]

美国证监会主席夏皮罗在视频中出镜称："近 30 年来，美国证监会一直在推动建设一套全球公认的高质量会计准则，这有助于实现改进美国境内财务报告和减少各国财务报告差异的双重目标。"

---

1 Securities and Exchange Commission, Commission Statement in Support of Convergence and Global Accounting Standards, Release No. 33-9109, 2010.

专栏 10-23

美国证监会《关于支持趋同和全球会计准则的公告》观点摘录

□最近，G20 的领导人要求国际会计机构加倍努力 [引者注：指的是 2009 年 9 月的匹兹堡峰会]，建设一套高质量的全球会计标准，并于 2011 年 6 月完成趋同项目。

□来自各行各业的 200 多份针对 2008 年 11 月公布的路线图征求意见稿的评论意见存在较大分歧。**对于 IFRS 是否有潜力成为全球会计准则，许多投资者团体认为，现在做判断还为时过早**，理由是：IFRS 尚未建设成型（在某些重要领域尚缺乏规则，如与公用事业、保险、采掘活动和投资公司有关的行业）或在实践中存在较大自由度；**由美国以外的私立机构来为美国发行人制定准则，可能不够明智，会遇到重大挑战。**

□一些评论者对 IFRS 的可审计性（auditabilility）和可执行性（enforceability）表示关注。

但美国证监会《关于支持趋同和全球会计准则的公告》这一文件的立场只是考克斯时代的政策惯性的体现。新上任的美国证监会主席夏皮罗其实对路线图并不感兴趣。

美国证监会公布上述公告一天后（2 月 26 日），财务会计基金会和财务会计准则委员会做出回应，照例是盛赞美国证监会在建设高质量的全球公认会计准则方面发挥的领导作用。它们预计 2010 年将是关键的一年。

9 月，财务会计准则委员会公布了趋同计划的阶段性成果——财务会计概念公告第 8 号。这是一个烂尾工程。该委员会专注于完成 2006 年谅解备忘录所列的国际趋同项目，概念框架项目宣告暂停。此后，趋同项目一直处于搁浅状态。[1]

---

1 国际会计准则理事会见此情形，不得不决定单干，遂于 2012 年重新启动概念框架项目，2013 年公布了征求概念框架关键问题的讨论文件，2015 年公布了概念框架征求意见稿，2018 年公布了修订版《财务报告概念框架 2018》。

9月30日,赫兹卸任财务会计准则委员会主席职务。他于2001年出任国际会计准则委员会创始委员,2002年转任财务会计准则委员会主席,是名副其实的国际会计趋同路径的倡导者和组织者。赫兹最遗憾的是财务会计准则委员会与国际会计准则理事会的联合概念框架项目没有取得多大进展。赫兹之所以提前卸任,主要是因为,他是一位坚持原则的硬汉。在次贷危机爆发后,他不愿意按照大银行的意见停止执行公允价值会计规则。赫兹卸任后加入哥伦比亚大学商学院,担任驻校高管,这是一个兼职职务,需要他做讲座和为学生提供课程材料和职业规划建议。笔者2012年曾在哥伦比亚大学商学院问及赫兹先生在次贷危机期间所承受的压力,赫兹坦言:"那些大银行权势太大了。扛不住。"公认会计原则在根本上取决于谁的认可?准则制定机构真的是独立的吗?这些问题仍然值得人们去思考。

十、2010年:《多德-弗兰克法案》

次贷危机引发的大衰退(the Great Recession)从2007年12月持续到2009年6月,是第二次世界大战以来持续时间最长的衰退。其间,美国实际国内生产总值(GDP)下降了4.3%。房价从2006年中期的峰值到2009年中期平均下跌了大约30%,标准普尔500指数自2007年10月的峰值至2009年3月的低点下跌了57%。

2010年7月21日,奥巴马签署《2010年多德-弗兰克华尔街改革与消费者保护法案》(Dodd-Frank Wall Street Reform and Consumer Protection Act of 2010),简称《多德-弗兰克法案》(Dodd-Frank Act)。该法案长达2 300页,提出的很多所谓改革措施面临很大争议。

针对金融机构"大到不能倒"的问题,该法案创立了金融稳定监察委员会(Financial Stability Oversight Council,FSOC),督促美联储对系统重要性银行和非银行金融机构进行特别监管,防范系统性风险。该法案提出了对资本、杠杆、风险管理、并购和压力测试的更严格的审慎监管标准，赋予美联储更多权力去审查非银行公司的活动，并通过所谓的"沃尔克规则"（Volcker Rule）禁止银行业金融机构进行自营投资交易和投机交易。该法案要求衍生品交易和清算更加透明，资产证券化的发起人必须保留一部分（5%）信用风险。该法案还创设了消费者金融保护局（Consumer Financial Protection Bureau）。

与《萨班斯－奥克斯利法案》一样，《多德－弗兰克法案》仍然属于政治表演，其主旨仍是为金融垄断资本大开绿灯，并没有解决商业银行通过证券化业务混同为投资银行的问题。该法通过给金融机构贴上"系统重要性"（systemically important）标签[1]，在事实上认定了那些"大到不能倒"的金融机构。

《多德－弗兰克法案》被参议员、共和党人理查德·谢尔比（Richard Shelby）称作"长达2 300页的拙劣的法律语言"（over 2 300 pages of poorly considered statutory language）。实践证明了谢尔比的预见性。2015年，身为参议院银行委员会主席的谢尔比指出，《多德－弗兰克法案》推出了长篇累牍的复杂法规和一层又一层的官僚机构，但其主要受益者恰恰就是那些监管机构，以及那些"大到不能倒"的金融机构，这通常是以无法承担该法案的监管成本的小型社区银行为代价的。该法案的主要问题在于，它不仅赋予了不负责任的官僚更多的权力，而且赋予了不负责任的国际机构更多的权力。谢尔比指出，一些最具破坏性的立法是以"改革"为幌子通过的，例如，1999年的《金融服务现代化法案》就是以"金融改革"为幌子通过的。《多德－弗兰克法案》也是如此。

1《多德－弗兰克法案》提出了系统重要性金融机构（Systemically Important Financial Institutions, SIFIs）和全球系统重要性金融机构（Global Systemically Important Financial Institutions, G-SIFIs）的概念。

十一、2012 年：美国证监会公布《最终职员报告》

如前所述，2011 年 9 月，英国的地方政府养老基金论坛（Local Authority Pension Fund Forum，LAPFF）公布第一篇檄文《英国与爱尔兰银行业的资本损失：事后检验》。该报告指出，国际财务报告准则（IFRS）没有什么用，根据 IFRS 编制的账目不能真实、公正地反映公司的财务状况。IFRS 主张会计准则要"对预测未来现金流量有用"。实际上，这种说法不成立。公司现有的股本才是公司财务的主要驱动力。IFRS 存在舍本逐末的错误。

2012 年 7 月 13 日，美国证监会首席会计师办公室公布《将国际财务报告准则纳入美国发行人的财务报告体系的工作计划：最终职员报告》[1]（简称《最终职员报告》）。这份长达 137 页的报告是 2012 年 2 月启动的研究工作的最终报告，其中探讨了会计准则在不同法律管辖区域得以解释、应用和强制实施所可能存在的多样性，美国发行人采用国际财务报告准则的潜在成本，投资者教育以及政府监管等问题。但该报告没有给美国证监会提供任何建议。会计准则的国际趋同是欧美金融资本试图垄断证券交易所这个大生意，所推出的"便民措施"。正如该文件所称，有些国家之所以采用国际准则，是为了更方便地在世界主要经济体的证券市场上筹集资金。

 专栏 10-24

美国证监会《最终职员报告》观点摘录

□尽管本报告具有建设性并做出了重要贡献，但**本报告并未着手回答根本问题**，即过渡到 IFRS 是否符合美国证券市场的总体利益，特别是美国投资者的利益。美国证监会在做出将 IFRS 纳入美国发行人的财务报告

---

[1] Securities and Exchange Commission, Work Plan for the Consideration of Incorporating International Financial Reporting Standards into the Financial Reporting System for U.S. Issuers: Final Staff Report, 2012.

系统的决定之前，有必要进一步分析和考虑这一基础政策问题。

□在美国财务报告界内部，**似乎很少有人支持将 IFRS 指定为美国发行人的财务报告标准。**

□财务会计准则委员会（FASB）与国际会计准则理事会（IASB）2002 年 9 月签署《诺沃克协议》，2006 年 2 月签署关于准则趋同路线图的谅解备忘录，2008 年 9 月更新并重申关于准则趋同路线图的谅解备忘录，计划在 2011 年 6 月前完成重大联合项目。FASB 2010 年 6 月修改了谅解备忘录中的里程碑进度，2012 年 4 月宣布将剩余重点联合项目的时间表延长至 2013 年中期。**双方在某些领域难以达成一致，这导致了项目时间一再拖延，一些项目甚至被中止。**

□公认会计原则（GAAP）和 IFRS 之间存在的**差异程度大于美国证监会在 2010 年指示工作人员着手开展研究时的预期。**

□工作人员注意到，**基于原则和基于规则的准则之间的差异并不总是很清楚。**尽管许多人认为 GAAP 更加基于规则，而 IFRS 则更加基于原则，但工作人员认为，这两组准则其实是两种方法的结合。实际上，FASB 已提出要制定基于目标的准则的概念，这些准则需要进行更多的判断。

□证券发行人普遍支持建设单一的、高质量的全球公认会计准则。但是，发行人的规模不同，观点也各不相同。**较大的发行人通常更为支持全球公认会计准则。**

美国证监会公布的这份《最终职员报告》闭口不提采纳国际准则之事，与国际准则分道扬镳的态度再明显不过。多年来一直翘首以盼的国际会计准则理事会的失望之情是显而易见的。国际财务报告准则基金会受托人委员会主席米歇尔·普拉达称，"令我们遗憾的是，《最终职员报告》并未提出美国证监会的具体行动计划"。

证券交易所的合并浪潮，是会计准则国际趋同的真实背景。但证券市场上除了交易所，还有公共会计师、金融分析师等利益团体在谋生存。会计准则国际趋同的本质是证券信息披露规则的统一，但这显然会降低会计审计的复杂性，这不符合公共会计师等中介的利益。因此，会计准则国际趋同本身面临着证券市场利益共同体内部的矛盾。

财务会计准则委员会和国际会计准则理事会的趋同计划有可能会形成全球主要证券交易所通用的信息披露规则，这就是所谓的"全球会计准则"（Global Accounting Standards）。"全球会计准则"这一名称颇具迷惑性，其实它只是若干个大型证券交易所共用的证券信息披露规则，而不是全球统一的会计法规。会计法规在本质上是由民商法、经济法共同决定的企业收益分享规则。会计法规的这一性质决定了会计国际趋同的不可能性。[1]

十二、交易所合并浪潮：国际会计趋同的真实背景

"会计准则"本质上就是"上市公司的证券信息披露规则"，它是包括公共会计师行业在内的证券行业的生意经。21 世纪初的证券交易所合并浪潮，才是会计准则国际趋同的真实背景。

进入 21 世纪以来，欧美大型证券交易所竞相合并，形成了横跨欧洲、美洲的证券交易所集团。2007 年，纽约证券交易所收购泛欧交易所，组建了纽约泛欧交易所集团。2013 年，洲际交易所收购了纽约泛欧交易所集团。这才是会计准则"国际趋同"口号出台的真实背景。

1　周华、戴德明：《会计制度与经济发展——中国企业会计制度改革的优化路径研究》，中国人民大学出版社，2006，第 65—143 页；周华：《法律制度与会计规则——关于会计理论的反思》，中国人民大学出版社，2016，第 2 页。

专栏 10-25

三大交易所集团的合并进程

一、洲际交易所集团

2000 年 5 月，在高盛、摩根士丹利、英国石油、道达尔、壳牌、德意志银行、法国兴业银行等大公司的支持下，**洲际交易所（Intercontinental Exchange，ICE）宣告成立**，一举成为实际上最大的能源交易商，主营 OTC 能源交易。该交易所创始人、董事长是杰弗里·C. 斯布瑞奇（Jeffrey C. Sprecher）。

同年 9 月，阿姆斯特丹证券交易所、布鲁塞尔证券交易所、巴黎证券交易所合并组建泛欧交易所（Euronext NV）。

2001 年 6 月，洲际交易所收购总部位于伦敦的国际石油交易所（International Petroleum Exchange，IPE），后者现名为 ICE Futures Europe。

2002 年，**泛欧交易所收购伦敦国际金融期货期权交易所**（London International Financial Futures and Options Exchange，LIFFE）。泛欧交易所收购葡萄牙证券交易所，后者更名为 Euronext Lisbon。

2005 年，泛欧交易所在纽约证券交易所上市。

2006 年 3 月，纽约证券交易所与群岛控股（Archipelago Holdings）合并，成立**纽约证券交易所集团（NYSE Group）**。

2007 年 1 月，洲际交易所收购纽约商品交易所（NYBOT），后者现名为 ICE Futures U.S.。3 月，洲际交易所试图收购芝加哥商品交易所（CBOT），但未能成功，后者于同年 7 月被芝加哥商业交易所（CME）收购。4 月，纽约证券交易所集团与泛欧交易所合并，组建**纽约泛欧交易所集团（NYSE Euronext）**。8 月，洲际交易所收购加拿大的温尼伯商品交易所，后者又称 ICE Futures Canada。

2008 年 10 月，**纽约泛欧交易所集团收购美国证券交易所**（American Stock Exchange，Amex），后者更名为 NYSE Amex Equities，现名为 NYSE American。

2010 年，洲际交易所收购天气交易所（Climate Exchange）。

2012 年，泛欧交易所宣布设立伦敦泛欧交易所。

2013 年初，ICE 宣布计划收购纽约证券交易所，以与芝加哥商业交易所集团（CME Group）竞争。6 月，欧盟委员会无条件批准了洲际交易所以 82 亿美元收购纽约泛欧交易所集团的交易。11 月，**洲际交易所完成收购纽约泛欧交易所集团，组成 ICE 集团**（ICE Group）。按照计划，ICE 将在收购完成后，通过公开上市将泛欧交易所分拆为独立的交易所。换而言之，ICE 是以出售泛欧交易所为目标，而收购纽约泛欧交易所集团的。

自 2012 年开始，银行操纵 Libor 案件频频曝光。随后，一系列声誉卓著的国际性的大型银行被调查。6 月，美国联邦商品期货交易委员会、英国金融服务监管局和美国司法部公布了英国巴克莱公司在 2005—2009 年期间操纵、虚报 Libor 和 Euribor 的案件，三者对该公司的处罚合计约 4.52 亿美元。英国银行家协会声誉扫地，宣布不再管理 Libor 业务，将 Libor 管理权上交给英国金融监管局。2014 年 2 月 1 日，英国金融监管局批准洲际交易所集团的伦敦全资子公司——基准管理有限公司（ICE Benchmark Administration Limited，IBA）——管理 Libor。

2014 年 2 月，ICE 收购新加坡商品交易所及其清算所，后二者分别更名为 ICE Futures Singapore 和 ICE Clear Singapore。6 月，ICE 安排**泛欧交易所首次公开发行**，剥离了泛欧交易所。泛欧交易所的基准股东（reference shareholders）包括欧洲结算系统、法国巴黎银行、法国兴业银行、荷兰银行等 11 家知名金融机构。

2017 年 1 月，ICE 旗下的纽约证券交易所收购了濒临破产的国家证券交易所（National Stock Exchange），后者更名为 NYSE National。

2018 年 7 月，ICE 收购了芝加哥证券交易所（CHX）。

二、纳斯达克 OMX 集团

1971 年，成立于 1939 年的民间行业自律组织美国全国证券交易商协会（National Association of Securities Dealers，NASD）[1] 创办了美国全国证券交易商协会报价系统，简称纳斯达克（NASDAQ）。这是世界上第一个电子交易的股票市场。1980 年，苹果公司在纳斯达克上市。如今，苹果、谷歌、微软、亚马逊、脸书等众多高科技和成长型公司在纳斯达克上市。

1790 年，美国第一家证券交易所——费城证券交易所成立。

1808 年，北欧的第一家证券交易所——哥本哈根证券交易所成立。

1834 年，波士顿证券交易所成立。

1985 年，推出纳斯达克 100 指数。

1991 年，纳斯达克开发出第一个综合的衍生品交易和结算系统，成为第一个出售其技术以帮助其他交易所的证券交易所。

1998 年，成立于 20 世纪 80 年代的瑞典的 OM 期货交易所收购了斯德哥尔摩证券交易所。

2003 年 9 月，芬兰的**赫尔辛基证券交易所（HEX）与 OM 合并组建 OMX**。

2004 年，纳斯达克率先推出双重上市服务。

---

1 该协会是依照美国联邦证券法承担监管职能的私立机构，即自我监管组织（self-regulatory organization，SRO），2007 年 7 月改组升级为金融行业监管局（Financial Industry Regulatory Authority，FINRA）。

2005 年 1 月，OMX 收购了哥本哈根证券交易所。

2006 年 9 月，OMX 收购了冰岛证券交易所。

2007 年 10 月，纳斯达克收购波士顿证券交易所；11 月，纳斯达克收购费城证券交易所。

2008 年 2 月，**纳斯达克完成收购 OMX，形成纳斯达克 OMX 集团**。

三、芝加哥商业交易所集团

1848 年，**芝加哥商品交易所**（CBOT）成立。该交易所 1851 年提供了有史料记载的最早的远期合约（forward contract），1865 年对谷物贸易合约进行标准化，称之为期货合约（futures contract），这是世界上最早的期货合约。

1865 年，CBOT 要求谷物市场的买方和卖方提供履约保证金（performance bonds）或称垫头（margin），这是世界上最早的期货清算业务。

1898 年，芝加哥黄油和鸡蛋委员会（Chicago Butter and Egg Board）成立。

1919 年，芝加哥黄油和鸡蛋委员会改组为**芝加哥商业交易所**（CME）。

1961 年，CME 推出该交易所第一个冷冻肉类期货——猪肉（培根）期货。

1964 年，CME 推出牲畜期货，这是第一个不可储存农产品的期货合约。

1968 年，CBOT 推出该交易所的第一个非谷物类期货，即冻鸡肉期货。

1969 年，CBOT 推出该交易所第一个非农产品类期货合约，即白银期货。

1972 年，CME 旗下的国际货币市场（International Monetary Market，IMM）首创金融期货（汇率期货）。

1973 年，CBOT 的成员组建芝加哥期权交易所（Chicago Board Options Exchange，CBOE）。

1975 年，CBOT 提出第一个利率期货合约，交易标的为政府国民抵押贷款协会（Government National Mortgage Association，GNMA）发行的转手型抵押担保证券。

1981 年，CME 推出第一个现金结算的期货合约，即欧洲美元期货。

1982 年，CME 推出第一个成功的股指期货合约，即标准普尔 500 指数期货。CBOT 推出第一个期货期权合约，即美国国债期货期权。

1999 年，CME 推出第一个天气期货合约。

2000 年，CME 决定改组上市，并于 2002 年在纽约证券交易所上市，成为美国第一家上市交易所。

2005 年，CBOT 改组并在纽约证券交易所上市。

2006 年，CME 成为标准普尔 500 指数的成分股公司。该交易所与 CBOT 达成了合并协议。

2007 年 7 月，CME 和 CBOT 这两家百年老店合并，组建**芝加哥商业交易所集团（CME Group）**，成为全球最大的衍生品交易所。此前，ICE 曾于同年 3 月宣布收购 CBOT，但被 CBOE 击败。

2008 年 8 月，芝加哥商业交易所集团收购纽约商业交易所（New York Mercantile Exchange，NYMEX）。

2012 年 7 月，芝加哥商业交易所集团参股麦格劳－希尔集团旗下的标准普尔道琼斯指数公司（S&P Dow Jones Indices）。

如果用市值这个不尽科学的指标来衡量的话，纽约证券交易所、纳斯达克交易所雄踞世界各大证券交易所前列（见表 10-6）。证券交易所是国际会计准则的主要用户或潜在主要用户，因此，交易所的合并浪潮对国际会计准则具有可观的影响。

表 10-6　　　　　　　　　　　　部分交易所统计数据

交易所名称	上市公司数量（2020 年 5 月）			总市值（百万美元）
	国内	国外	总计	
纽约证券交易所	2 860	506	3 366	21 000 750.98
纳斯达克交易所	2 676	457	3 133	13 847 941.23
泛欧交易所	1 294	166	1 460	4 083 317.37
伦敦证券交易所集团	1 984	375	2 359	3 163 412.16
德意志交易所集团	458	51	509	1 874 687.27
上海证券交易所	1 627	—	1 627	4 901 820.58
深圳证券交易所	2 241	—	2 241	3 517 229.75

资料来源：世界交易所联合会（https://focus.world-exchanges.org）。

自 2000 年起的 14 年，是证券交易所合并的高潮时期。在美欧众多主要金融机构支持下成立的洲际交易所横跨证券交易所、期货交易所开展的一系列大手笔收购，引起了鲶鱼效应。

2007 年纽约泛欧交易所集团成立、2008 年纳斯达克 OMX 集团成立、2013 年洲际交易所收购纽约泛欧交易所集团组建 ICE 集团，这三大事件是证券交易所合并浪潮中的标志性事件，表明金融资本已经全面掌控商品市场和金融市场。美国证监会在 2007—2008 年密集出台的一系列欢迎国际财务报告准则的政策，正是在这种背景下设计成型的。考克斯 2008 年亲自出镜录制宣传片为国际财务报告准则站台，这一动向的意义非同小可，对我国会计立法也具有很强的迷惑性。

在甚嚣尘上的国际趋同论调中，英国的地方政府养老基金论坛（LAPFF）自 2011 年起持续批评财务报告理事会在引入国际财务报告准则中的轻率做法。该论坛公开发布的报告认为国际财务报告准则没什么用，而且违反了公司法，并反对继续把英国当成国际准则的试验场。

2013 年 ICE 集团的组建成为证券交易所合并的绝响（见图 10-6）。证券

总统	美国证监会主席	国际会计大事		证券交易所合并浪潮
			2020	2020
唐纳德·特朗普 (Donald Trump)	杰伊·克莱顿 (Jay Clayton)	2019 克莱顿称，IFRS不是他的考虑重点	2019	2019
		2018 LAPFF反对在英国推广IFRS	2018	2018
		2017 英国爆发Carillion等公司财务丑闻	2017	2017
巴拉克·奥巴马 (Barack Obama)	玛丽 J.怀特 (Mary J. White)	2016 SEC首席会计师称不拟采用IFRS	2016	2016
		2015 SEC首席会计师称不支持IFRS	2015	2015
		2014 考克斯在演讲中称IFRS应"寿终正寝"	2014	2014 Euronext 从ICE中分离出来
	埃利塞·B·沃尔特 (Elisse B. Walter)	2013 大律师认为IFRS违反了《公司法》	2013	2013 ICE收购NYSE Euronext
		2012 SEC公布《最终职员报告》	2012	2012 泛欧交易所宣布设立伦敦泛欧交易所
	玛丽 L.夏皮罗 (Mary L. Schapiro)	2011 LAPFF 称IFRS没什么用	2011	2011
		2010 CON 8——趋同计划的成果	2010	2010 洲际交易所收购气候交易所（Climate Exchange）
		2009	2009	2009
乔治·W.布什 (George W. Bush)	克里斯托弗·考克斯 (Christopher Cox)	2008 SEC拟允许美国发行人使用IFRS	2008	2008 NYSE Euronext 收购美国证券交易所（AMEX）
		2007 SEC允许外国发行人使用IFRS	2007	2007 NYSE Group与Euronext合并组建纽约泛欧交易所集团
		2006 FASB与IASB公布新准则趋同路线图	2006	2006 NYSE与群岛整股股合并成立纽约泛欧交易所集团（NYSE Group）
	威廉·H.唐纳森 (William H.Donaldson)	2005 SEC拟允许外国发行人使用IFRS	2005	2005
		2004 FASB与IASB启动概念框架趋同计划	2004	2004
		2003	2003	2003
	哈维·L.皮特 (Harvey L. Pitt)	2002 FASB与IASB签署《诺沃克协议》欧盟第1606/2002号条例	2002	2002 Euronext 收购伦敦国际金融期货期权交易所（LIFFE）
		2001	2001	2001 ICE收购位于伦敦的国际石油交易所（IPE）
		2000 《欧盟财务报告战略：未来之路》	2000	2000 洲际交易所（ICE）成立 ；泛欧交易所（Euronext）成立
		1792	1792	1792 24位证券经纪人在华尔街68号外的梧桐树下签署《梧桐协议》

图 10-6　洲际交易所集团的组建

交易所寡头垄断的局面得到巩固，会计准则看来对证券交易所的合并交易没有什么实质性影响。此后，国际会计趋同的计划很快被美国证监会抛弃。ICE集团本身就是资本实力最雄厚的欧美金融机构联合设立的，它本身是按照做生意的思路来收购期货交易所和证券交易所的。人们已经知道，国际会计准则和美国证券市场上的公认会计原则是否统一，会计准则质量是优是劣，并不影响场内的生意。它们是弹性化会计规则的不同版本，只要上市公司不反对，证券公司就没有意见，怎么设计都行。

考克斯 2008 年的决策显然被金融机构以及证券交易所的合并浪潮误导了。此外，欧盟要求欧盟境内上市公司自 2005 年起采用国际财务报告准则编制合并报表，这一动态也具有较强的迷惑性。实际上推动会计准则国际趋同的力量主要有两股。一股力量来自美国的证券交易所，为了争夺外国发行人，它们希望像欧洲的那些证券交易所一样，实行更加宽松、更有弹性的会计准则。因此，它们通过游说国会立法来推动美国证监会采取行动。另一股力量来自里斯本欧洲理事会，欧盟出于提高增长率和就业率的目的，支持发展欧盟境内统一的金融市场。在 2000 年前后，欧盟证券市场的规模仅相当于美国资本市场的一半左右。资本市场在欧盟眼里就是万灵药。欧美这两股力量拧成一股，都铆足了劲儿要发展壮大自己的证券交易所，而会计准则就是证券行业的生意经。这就是国际趋同的真实背景。显然，激情澎湃的考克斯稀里糊涂地上了大当。

好在美国证监会知错就改，2012 年及时刹车（即《最终职员报告》放弃允许美国发行人采用国际财务报告准则的路线图），才得以避免将国际准则推广到美国证券发行人。2014 年 6 月，洲际交易所集团剥离了泛欧交易所，同月，已卸任美国证监会主席职务的考克斯似乎幡然醒悟，开始公开谴责国际财务报告准则。

反观大西洋对岸，英国的财务报告理事会一意孤行地推行国际财务报告准则，使得英国会计审计机制以及公共会计师行业自 2011 年起一直被媒体和一些金融机构高调拷问，至今仍在烤盘中"滋滋"作响。

第五节 趋同计划成为明日黄花

次贷危机之后，公认会计原则依然故我。星星还是那颗星星，月亮还是那个月亮。所不同的是，财务会计准则委员会和国际会计准则理事会的蜜月期宣告结束了。

一、2013 年：会计准则咨询论坛的成立

面对翻脸比翻书还快的美国证监会及其治下的财务会计准则委员会，国际财务报告准则基金会不得不采取措施淡化美国证券市场的影响，遂于 2013 年 2 月宣布成立会计准则咨询论坛（Accounting Standards Advisory Forum，ASAF），以期协调各国各地区会计准则制定机构的意见。3 月，宣布成员名单。4 月 8—9 日举行了首次会议。

目前，该论坛的构成包括 12 名成员和主席、副主席。成员构成如下：非洲有 1 名成员，即南非财务报告准则理事会（Financial Reporting Standards Council of South Africa）；美洲有 3 名成员，即拉丁美洲准则制定机构小组（Group of Latin American Accounting Standard Setters，GLASS，由巴西会计公告委员会作为代表）、（加拿大）会计准则理事会、来自美国证券市场的财务会计准则委员会；亚洲－大洋洲地区 4 名成员，即亚太会计准则制定机构小组（Asian-Oceanian Standard-Setters Group，AOSSG，由中国香港会计师公会作为代表）、日本会计准则理事会（Accounting Standards Board of Japan）、澳大利亚会计准则理事会、中国会计准则委员会（China Accounting Standards Committee）；欧洲有 4 名成员，即欧洲财务报告咨询小组（European Financial Reporting Advisory Group，EFRAG）、德国会计准则

委员会（Accounting Standards Committee of Germany）、法国会计准则委员会（Autorité des normes comptables）、意大利会计委员会（Organismo Italiano di Contabilità）。

财务会计准则委员会只是该论坛的 12 名成员之一，美国证券市场对国际会计准则理事会的影响力明显下降。

2013—2017 年出任美国证监会主席的玛丽·J. 怀特（Mary J. White）虽然对国际财务报告准则事宜比较上心，但也没有取得什么成效。

2013 年 4 月 10 日，律师出身的玛丽·怀特宣誓就职美国证监会主席。奇怪的是，虽然国际财务报告准则事宜是这位法律专家的最高优先事项之一，但来自美国证监会和上市公司的响应意见并不多见，事实上直到其于 2017 年元月卸任，也未能推动公认会计原则的国际趋同。

次年 10 月，玛丽·怀特任命了强烈倡导全球会计融合的、来自德勤会计公司的詹姆斯·施努尔（James Schnurr）为美国证监会首席会计师，并要求他就美国证监会是否推迟使用国际财务报告准则这一问题提供操作建议。施努尔在其任期 18 个月里未能取得实质性进展。

罗素·G. 戈尔登（Russell G. Golden）自 2013 年 7 月出任财务会计准则委员会主席后，要求会计准则的制定优先考虑美国利益相关者的诉求，而不是优先考虑国际趋同。戈尔登领导下的财务会计准则委员会在租赁会计、金融工具、金融资产减值等方面与国际会计准则委员会的意见渐行渐远。

二、2014 年：考克斯诅咒国际财务报告准则"寿终正寝"

2014 年 6 月 5 日，美国证监会前主席克里斯托弗·考克斯参加美国证监会和财务报告协会年会并发表主旨演讲，宣告国际财务报告准则"寿终正寝"。

考克斯回顾了自 1967 年成立国际会计师研究小组以来，国际会计准则的发展历程。考克斯指出，国际会计准则理事会让美国投资者意识到，国际趋同不符合美国投资者的利益，国际会计准则理事会所宣传的透明、独立、负责任、可参与的准则制定程序并不存在。公众公司和投资者都对国际趋同缺乏兴趣，美国人的热情已经消退。

考克斯特地以租赁会计为例，来说明美国全面采用国际财务报告准则的不可能性。财务会计准则委员会为了谋求趋同，倾向于引入国际财务报告准则的租赁会计规则，但遭到了国内利益相关者的强烈反对。

此时的考克斯与 2008 年的考克斯判若两人，这种知错就改、与时俱进的态度或许值得赞赏。要知道，2008 年 8 月 27 日，正是在他担任美国证监会主席的最后一年，考克斯亲自出镜宣告并发布了拟于 2014 年采用国际准则的路线图。现在，2014 年到了，考克斯再次宣布了石破天惊的消息。

 专栏 10-26

考克斯 2014 年诅咒国际财务报告准则"寿终正寝"

□我担任美国证监会主席时，曾努力促使来自不同国家或地区的公司的财务信息具有可比性和可靠性。但那是几年前的事。从那时起，发生了很多变化。今天，我是来埋葬国际财务报告准则，而不是来称赞它的（Today, I come to bury IFRS, not to praise them）。事实是，过去了那么长时间，却没有取得有意义的进展。我认为我们必须公平地说，高光时刻已经过去。以前或许曾经存在过美国全面采用国际财务报告准则的可能性，但现在看来，那种可能性已经不复存在。这不是预知，这只是事实。

□美国证监会仍将 IFRS 放在优先地位，这有充分的理由——毕竟，世界上大多数其他国家都在使用 IFRS，更不用说在美国市场上有 400 多家外国私人发行人。但是，使美国走向 IFRS 显然不是优先事项。

□在我们的有生之年，全面采用 IFRS 的前景已不复存在。IFRS 已经寿终正寝。它已经安息。

□克林顿政府执政期间，《1996 年全国证券市场改进法》指示美国证监会竭力支持开发高质量的国际会计准则，以应对证券市场的全球化竞争。安然事件爆发后，2002 年《萨班斯－奥克斯利法案》要求美国证监会立即研究美国证券市场采用基于原则的会计准则的可行性。2002 年 9 月，财务会计准则委员会（FASB）和国际会计准则理事会（IASB）签署《诺沃克协议》，二者承诺将"尽快"（as soon as is practicable）实现两套财务报告准则的完全兼容。**并非巧合的是**，这与《1996 年全国证券市场改进法》中使用的"尽快"（as soon as is practicable）措辞相同。就在那一年（2002 年），欧洲议会和欧洲理事会发布条例，要求所有欧盟上市公司自 2005 年起使用 IFRS 编制合并报表。**在欧洲的"大爆炸"（Europe's Big Bang）之后，FASB 和 IASB 签署了关于会计准则趋同路线图的谅解备忘录**，它们的"战略重点"（strategic priority）不仅仅是趋同，而且是建设"一套通用的高质量全球准则"（common set of high quality global standards）。

□2008 年 11 月 14 日，美国证监会提出了拟允许美国发行人采用 IFRS 的路线图。美国公司有望从 2010 年开始选择使用 IFRS 替代 GAAP，前提是其所在行业大多数竞争对手已经使用了 IFRS。**这一自愿政策完全不同于欧洲的"大爆炸"**。

□但是，从那以后，美国逐渐远离了 IFRS。而且其原因远非美国证监会不再感兴趣。

□美国的利益相关者在以下五个方面对国际准则感到不满意。一是准则服务于谁。财务报表的使用者，投资者、筹资者和上市公司都希望被视为合法的利益相关者。二是准则的制定过程是否透明。三是准则制定者的独立性，避免国家或地区偏见，这对于 IASB 而言尤其困难。四是**准则制定者必须负起责任**，这是独立性的另一面。对于全球标准制定者而言，这是最大的挑战，因为对所有人负责可能最终意味着对任何人都不负责。**五是所有利益相关者都应当能够参与准则制定过程。过去五六年，美国的财务报表使用者、投资者、报表编制者和上市公司有机会亲密接触并亲自了解这是如何运作的。而他们所看到的，他们大多都不喜欢。**他们意识到，在试图谋求全球化的过程中，上述五个主要方面都在退化。

□ IASB 的应循程序是在 FASB 的指导下设计成型的。但实施起来却完全不是那回事。**IASB 很少重视美国利益相关者的意见**，没有对来自美国证券市场的批评意见给予足够的重视。

□ 使用 IFRS 对于有些国家来说属于升级，但对美国来说则是另一码事。

□ 我的朋友、IASB 主席汉斯·霍格沃斯特（Hans Hoogervorst）说："美国最终将加入。很简单，它们需要我们，我们也需要它们。"但实际上，在 2012 年 7 月美国证监会公布《将国际财务报告准则纳入美国发行人的财务报告体系的工作计划：最终职员报告》之后，**IASB 就没有理由再传播"美国最终会参与进来"这个神话了。**那份文件清楚地表明，美国证监会尚未就是否要求美国发行人采用 IFRS 做出任何政策决定。对此，负责欧洲金融服务的欧盟专员发言人说，美国没有明确表态，这会给 IFRS 的未来带来不确定性，并阻碍其成为真正的全球性企业会计语言。**他甚至威胁要将美国证监会主席夏皮罗踢出 IASB 的监督委员会。相对而言，霍格沃斯特的反应更为务实，他没有试图威胁或哄骗美国，而只是淡然地说，"趋同时代即将结束"**（The era of convergence is coming to an end），现在是时候塑造全球会计未来了。言外之意是显而易见的：如果美国选择不加入，那么 IASB 将会在没有美国参与的情况下塑造全球会计的未来。

□ **除收入准则外，联合准则制定项目进展不顺利。租赁项目始于 2006 年，如今比以往任何时候都更加混乱。**IASB 和 FASB 的第一份租赁准则的征求意见稿于 2010 年公布，它完全违背了 IFRS 的原则，将公允价值概念推广到租赁会计，与 GAAP 大相径庭。美国公司提出了很多反对意见，但 2013 年公布的第二份征求意见稿还是老样子。绝大多数反馈都是反对意见。

□在去年帕萨迪纳举行的会议上，美国证监会主席埃利塞·B. 沃尔特（Elisse B. Walter）告诉我们，"她期待着有一天能够建成一套全球会计准则"。我敢说大家都同意这个目标。我也一样。让全美国乃至全世界的公司财务报表具有可比性，这长期以来一直都是一个崇高的、高远的目标。

□**在过去的 6 年中，没有取得有意义的进展**。我有信心预测我们不会活着看到形成共同的会计准则。也许最雄心勃勃的是，美国证监会仍可以在有限情况下允许公众公司自愿使用 IFRS。

□我们对 IASB 进行的大约五六年的实验并没有浪费时间。**我们已经弄明白了全球应循程序（due process）的含义，并且因此而倍增了敝帚自珍的自信。为此，我们心存感激。**

资料来源：《会计日报》，https://www.accountancydaily.co/former-sec-chairman-wants-bury-ifrs，2014-06-10。

考克斯的演讲揭穿了国际会计准则理事会的一个个西洋镜。那个缺乏基本会计原则的私立的"国际机构"，抛出的很多概念都是误导性的。其所谓应循程序，基本上属于走过场，君不见，凡是准则制定者想推行的规则，无论相关利害关系人如何反对都无济于事。听证会基本上等同于发布会。征求意见稿基本上等同于最终稿。"国际趋同"只不过是欧美证券交易所角力的斗法场，它与会计规则关系不大。

针对考克斯的言论，国际会计准则理事会主席汉斯·霍格沃斯特在书面声明中回应道，"高质量的全球可比的信息对投资者更为有益，包括美国投资者"，趋同计划在租赁会计领域的进展表明，趋同路线是正确的。霍格沃斯特说，趋同计划要求承租人把更多的合同义务列入资产负债表，这个想法不是国际会计准则理事会独创的，而是美国证监会职员 2005 年在一份遵照《萨班斯－奥克斯利法案》提交的报告中提出的。[1]

三、2015 年：赫兹和泰迪的无奈对话

2015 年 4 月，国际会计准则理事会前主席戴维·泰迪（2001—2011 年在任）与财务会计准则委员会前主席罗伯特·赫兹（2002—2010 年在任）在纽约城市大学，以"全球资本市场中的会计准则：过去、现在与未来"为主题展开对话（见图 10-7）。

图 10-7　2015 年罗伯特·赫兹和戴维·泰迪共话当年的《诺沃克协议》

赫兹和泰迪是老朋友了，他们曾在国际会计准则理事会共事。忆往昔，自 2002 年《诺沃克协议》签署以来，二人曾激情澎湃地为共同的理想奉献过 10 年。直至 2012 年美国证监会公布《最终职员报告》，激情燃烧的岁月终于走到尽头。如今，赫兹已落尽三千烦恼丝，泰迪也是雪鬓霜鬓。老友相逢，令人唏嘘。

---

1 SEC, Report and Recommendations Pursuant to Section 401(c) of the Sarbanes-Oxley Act of 2002 on Arrangements with Off-Balance Sheet Implications, Special Purpose Entities, and Transparency of Filings by Issuers, by Office of The Chief Accountant, Office of Economic Analysis, Division of Corporation Finance, 2005.

赫兹认为，目前看来，公认会计原则无论好坏都比国际准则好用，如果国际财务报告准则有些内容比较好，我们就可以拿来用用，但是，不需要考虑与之趋同。

泰迪的回应是，国际准则（international standards）可以没有美国，但全球准则（global standards）不能没有美国。[1]

双方 2002 年 10 月签署《诺沃克协议》时的誓言犹在耳，然而今夕何夕，赫兹先生已经推翻当初的立场了。美国证监会、财务会计准则委员会当初宣传会计准则国际趋同的理由时也是不遗余力，现在却用同样的力度来宣传不趋同的理由。可叹赫兹和泰迪劳碌 10 年，到头来只不过是水中花、镜中月。

同月，美国证监会委员卡拉·M. 斯坦（Kara M. Stein）女士在一场演讲中提出，将公认会计原则和国际财务报告准则合并形成全球会计准则之说，基本上是不可能的，趋同计划是否真的有助于提升财务报告的质量，还不太好说。拥有法学专业背景的斯坦女士指出，财务信息如何给投资者提供相关的、可靠的、及时的信息，这取决于公众公司所在地的政治、经济和文化环境，信息技术和数据分析方法的进步可以有效地改进财务信息的可比性问题，趋同并不是唯一的选择。

5 月 7 日，美国证监会首席会计师詹姆斯·施努尔（James Schnurr）在出席纽约城市大学巴鲁克学院主办的第 14 届财务报告年会时表示，大多数上市公司都不支持美国证监会强制推行国际财务报告准则。

12 月，美国证监会主席玛丽·怀特、国际会计准则理事会主席汉斯·霍格沃斯特和美国证监会首席会计师詹姆斯·施努尔以及副首席会计师朱莉·艾哈特（Julie Erhardt）在美国注册会计师协会年会上亮相并分别发表演讲。霍格沃斯特在发言中承认，在未来几年内要想推动美国全面采用国际财

---

1 该对话活动的视频可见于 Baruch College Digital Media Library(https://baruch.mediaspace(2005).kaltura.com/media/1_054x5d02)。

务报告准则，是不现实的。

玛丽·怀特在卸任前（2017 年 1 月）还不忘在声明中呼吁其继任者继续努力，沿着 2010 年美国证监会的路线图的方向，采取正式的行动，使美国证券市场上的公认会计原则与国际财务报告准则更紧密地保持一致。[1]但她在声明中所列举的趋同进展，也只不过是金融工具、收入确认等几项。租赁准则则干脆是各自公布各自的。至于概念框架项目，在龃龉多年之后也还是各行其是，连形式上的趋同也顾不上了。

四、2019 年：趋同计划画上休止符

2018 年 12 月 10 日，美国证监会首席会计师韦斯利·R. 布里克（Wesley R. Bricker）在美国注册会计师协会年会演讲中提出，在可预见的未来（foreseeable future），公认会计原则在美国证券市场都是适用的，因此，没有必要采用国际财务报告准则。

2019 年 1 月，美国证监会主席杰伊·克莱顿（Jay Clayton）称，对他来说，是否要求或允许美国上市公司使用国际财务报告准则，这类问题并不是他考虑的重点。

出尔反尔，利益使然。美国证券市场上已经形成了完整的利益链条，公认会计原则所推出的一系列弹性化的会计规则，在证券市场上扮演着润滑剂和振荡器的作用。活跃的资本市场离不开这样的公认会计原则。除非国际会计准则理事会对财务会计准则委员会俯首帖耳，否则美国证券行业决不会甘于受到别人的制约。

曾几何时，会计界劲吹"国际趋同是不可逆转的大趋势"之风。[2]财务会

1　该文件可见于美国证监会网站（https://www.sec.gov/news/statement/white-2016-01-05.html）。

2　Jayne M. Godfrey, Keryn Chalmers, *Globalisation of Accounting Standards* (Cheltenham, UK: Edward Elgar, 2007), pp.1-15.

计准则委员会、美国证监会对待国际趋同的态度，给那些积极倡导国际趋同的研究者泼了一盆冷水。

如今，失去美国同行支持的国际会计准则理事会仍然在重复其惯用的瞒天过海式的宣传技术。国际财务报告准则基金会在其 2016 年年度报告中宣称，在其所分析的全球 150 个独立司法管辖区域中，有 126 个（占 84%）司法管辖区域要求全部或者大部分上市公司采用国际财务报告准则，另有 13 个司法管辖区域允许上市公司使用国际财务报告准则（见图 10-8）。该基金会宣称，其对中国和印度尼西亚重申与国际准则全面趋同（full convergence）这一动向充满期待。

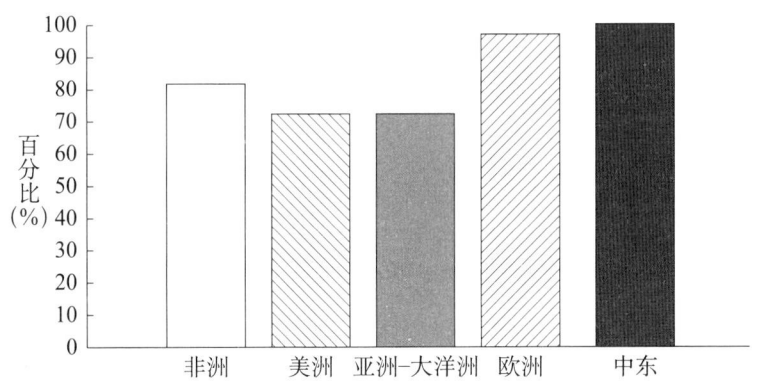

图 10-8　要求上市公司采用国际财务报告准则的区域情况

资料来源：IFRS Foundation，Annual Report 2016: Better Communication in Financial Reporting，2017.

与 10 年前弥天大谎式地宣传有 100 多个国家采用国际财务报告准则相比，上述最新宣传把国际财务报告准则适用范围明确地界定为上市公司，这表明其多少还算有所收敛。

我们对 IASB® 提供的数据进行了梳理。表 10-7 展示的是我国以及日本、韩国、美国、加拿大、英国、法国、德国、意大利、瑞典、俄罗斯等国家，采用 IFRS 的情况。可以看出，采用 IFRS 的国家，大多是在合并报表层面上采用的。在个别报表的层面上，大多没有允许采用 IFRS®，部分国家允许金融企业的个别报表采用 IFRS 编制。前已述及，合并报表并非会计报表。在合并报表层面上（采用 IFRS®）不会影响法律的实施。

表 10-7　　国际财务报告准则（IFRS®）在部分国家或地区的认可情况

国家	上市公司		非上市公司（不包括小型企业）	
	合并报表	个别报表	合并报表	个别报表
中国	实质性趋同	实质性趋同	实质性趋同	实质性趋同
日本	○	○	×（但允许拟上市企业采用）	×
韩国	●	●	⊙（金融企业、国有公司应当采用）	
美国	×	×	×	×
加拿大	○	●	○	○
英国	● 经英国认可的 IFRS	○	○	○
法国	● 经欧盟认可的 IFRS	×	○	×
德国	● 经欧盟认可的 IFRS	×	×	×
意大利	● 经欧盟认可的 IFRS	●（金融企业应当采用，含单一保险公司）	⊙（金融企业应当采用，保险公司除外；其他企业允许采用）	
瑞典	● 经欧盟认可的 IFRS	×	⊙（金融企业应当采用）	
俄罗斯	●	×	⊙（金融企业、联邦国有企业、拟上市的母公司应当采用）	×

资料来源：IFRS 网站（www.ifrs.org）。

说明：●表示要求使用 IFRS，○表示可以使用 IFRS，× 表示不允许使用 IFRS。

纵观美国证券市场对待国际会计准则的态度的演变，国际趋同仅仅是证券交易所合并浪潮中的一朵浪花。它不是资本市场的大势所趋，更不是会计法规的大势所趋。迷信国际趋同之风气可以休矣。

第十一章
1973 年至今的美国会计学术

前已述及，公共会计师行业在拱手把规则制定权交给财务会计准则委员会之后便不再有兴趣讨论会计规则。此时主导会计准则制定权的其实已经是证券行业。相应地，学术界逐步向"实证会计"（positve accounting）研究范式转变。[1]以市场效率原教旨主义（market efficiency fundamentalism）为基础的实证研究范式成为主流会计学术刊物的标准范式。"实证会计"并不是要证实什么，这个中文译名具有较强的误导性，不过，也确实难以找到恰当的中文词汇来描述它。它是瓦茨和齐默尔曼给"统计分析工具＋公司金融理论"这种研究套路贴的标签，特指运用统计分析方法（或称计量分析方法、数量分析方法等）和公司金融理论所进行的量化分析，是"经验研究"（empirical research）的一种做法。[2]主导实证会计研究范式的其实是缺乏科学成分的公司金融理论而不是会计理论。正如穆尼茨所指出的，实证范式的流行，意味着越来越多的会计专业以外的人士开始"引领"会计学界转型。外行指导内行的局面将成为正统。

---

1 若把实证会计称作一种研究范式，显然是太抬举了它——它充其量只是一种作文套路。不过鉴于学术主流所精心包装的这一概念已经深入人心，因此，这里也不妨沿用这一俗称。

2 前已述及，经验研究（empirical research）又称经验分析（empirical analysis），注重特定规则的"实然"状态，即"现状或后果是什么样的"，较多采用统计分析软件来进行，如实证会计研究（positive accounting research）。作为对比，规范研究（normative research）又称规范分析（normative analysis），注重特定规则的"应然"状态，即"应当是什么样的"，较多采用逻辑分析方法。

会计学的实证"革命"被认为是能够提供经过数据验证的"研究发现"，从而取代了具有强烈的规范化信念的早期的会计研究。会计学被分割为一个个自说自话的小圈子。实证研究这种脱离具体背景的特点既有优点也有缺点。优点是有可能在全球各地形成一模一样的会计研究风格，缺点是很有可能导致会计学术研究由于缺乏应用场景而出现空洞化。[1]

实证会计研究的传播具有如下鲜明的路径：第一，其倡导者大多是缺乏会计实践经验的非会计专业人士，多以统计学、数学诸学科转战于会计学科；第二，早期的实证范式爱好者创建专门的刊物并成功地将其作为一些美国私立大学教职评聘的基准，从而控制会计学的博士教育导向；第三，以芝加哥大学的实证经济学流派的一批博士生为主力，以刚刚问世的统计分析软件包为工具，采用自然科学的数理化研究范式，逐步向美国其他大学传播，并进而向加拿大、澳大利亚、英国传播。

人们不禁要问：是谁在推动实证会计潮流？为什么一定要把实证范式树立为主流范式？几十年来有什么实证研究成果能够接近《公司会计准则导论》的学术水准？

第一节　实证会计的形成与传播

一、实证范式异军突起：学术范式的转变

（一）弗里德曼带领芝加哥学派推广实证经济学

1953 年，拥有突出的统计学理论功底和丰富的统计实践经验的芝加哥大学经济学教授米尔顿·弗里德曼在论文《实证经济学方法论》（The Methodology

---

1 Anthony G. Hopwood, "Whither Accounting Research?" *The Accounting Review*, 2007, 82(5): 1365-1374.

of Positive Economics）中提出，实证经济学独立于任何特定的伦理立场和价值判断，正如约翰·内维尔·凯恩斯（John Neville Keynes）所说，它关注的是"是什么"而非"应该是什么"的问题，实证范式的最终目标是建立一套"理论"或"假说"，对尚未被观察到的事物做出有效且有意义的推测。[1]此论一出，一些经济学泰斗纷纷质疑，争论至今未平。[2]其实，这一观点只是弗里德曼的自由主义思想的一小部分。弗里德曼以宣扬自由主义（货币主义）而为世人所瞩目，他主张开放市场、放松管制、企业私有化。1976 年，米尔顿·弗里德曼被授予诺贝尔经济学奖。其学说更是在 20 世纪 80 年代成为里根政府和撒切尔政府的执政理念。放松管制是 80 年代英美两国的政策主旋律，这符合金融界的利益，弗里德曼所率领的芝加哥学派遂成为美国经济学界的执牛耳者。

国内学术界对诺贝尔经济学奖的极度追捧造成了人们对于国外（尤其是美国）经济学的迷信。在此背景下，弗里德曼的货币主义学说以及实证经济学的主张成为我国经济学界的新宠。

诺贝尔经济学奖是 1968 年瑞典国家银行（Sveriges Riksbank）在庆祝成立 300 周年之际，由该行提议，并经瑞典皇家科学院批准而设立的一个奖项，全称为"瑞典国家银行纪念阿尔弗雷德·诺贝尔经济学奖"（The Sveriges Riksbank Prize in Economic Sciences in Memory of Alfred Nobel）——或许称之为"瑞典国家银行经济学奖"更为妥当。1969 年，颁发了首届诺贝尔经济学奖。"诺贝尔经济学奖"这一中文称号使得该奖看起来颇似诺贝尔奖（Nobel Prize），而且其提名程序、颁奖时间、奖金金额也跟诺贝尔奖相仿，简直可以以假乱真。实际上，诺贝尔经济学奖（瑞典国家银行经济学奖）在最初提议

---

1 Milton Friedman, *The Methodology of Positive Economics: Essays in Positive Economics* (Chicago: University of Chicago Press, 1953)；［美］米尔顿·弗里德曼：《弗里德曼文萃》，胡雪峰、武玉宁译，首都经济贸易大学出版社，2001。

2 谢作诗、李平：《弗里德曼的〈实证经济学方法论〉：缘起、内容及再解读》，《世界经济》2007 年第 12 期。

设立之时，就遭到了许多有识之士的反对。该奖也是迄今为止唯一与诺贝尔基金会有关联的"非诺贝尔奖"奖项。诺贝尔经济学奖1974年授予弗里德里希·奥古斯特·冯·哈耶克（Friedrich August von Hayek），1976年授予米尔顿·弗里德曼，它在某种程度上简直就是为传播新自由主义而特设的意识形态播放机。

 专栏 11-1

弗里德曼新自由主义经济学的本质

美共经济委员会成员瓦迪·哈拉比（Wadi'h Halabi）2006年12月23日在美共《人民周刊》经济专栏刊登了题为《米尔顿·弗里德曼：太迟了！》的文章，揭露了弗里德曼经济学的虚伪性：它无视垄断资本和大量投机的存在，高喊自由市场，其本质是为金融垄断资本的自由扩张服务。文章主要内容如下。

弗里德曼成长于一个充满危机、战争和革命的时代。洛克菲勒家族创办的芝加哥大学就是他的基地。弗里德曼认为，规制流通中的货币量可以调节市场经济的产出。这个结论无论从理论上还是从经验上，都很容易证伪。

到20世纪70年代，帝国主义已经经历了80年的衰落，弗里德曼成了被它们选中的理论家。弗里德曼的虚伪是惊人的。他声称支持货币稳定，却为洛克菲勒家族控制的金融业和其他大银行所从事的破坏稳定的大规模货币投机辩护。1973—2006年，从事投机的货币至少增加了200倍。弗里德曼却打着自由市场的旗号为货币投机辩护，甚至在投机于泰国、阿根廷、墨西哥和其他地方已经明显地引发危机之后，他还依然故我。

弗里德曼倡导"自由市场"，洛克菲勒家族和其他的垄断资本对它们控制的商品（例如石油）索取比成本大10倍甚至20倍的高价，同时却压低价格购买非垄断性部门生产者的商品，例如咖啡或棉花（这是不平等交换），对此，他竟然摆出一副全然不知的态度。

资料来源：[美]瓦迪·哈拉比：《弗里德曼新自由主义经济学的本质》，余蕊译，《国外理论动态》2007 年第 3 期。

作为对比，依照瑞典著名化学家、硝化甘油炸药发明人阿尔弗雷德·B.诺贝尔（Alfred B. Nobel）的遗嘱于 1901 年开始颁发的诺贝尔奖（Nobel Prize），只包含物理学奖、化学奖、生理学或医学奖、文学奖及和平奖五个奖项，其中的文学奖与和平奖常常因掺杂有意识形态偏见而引起争议，更受认可的是物理学奖、化学奖、生理学或医学奖等三个自然科学奖项。

诺贝尔经济学奖（和美国经济学界的克拉克奖）的设立"主要是因为数学被大量引入经济学，以及人们试图将经济学改造成物理学等自然科学那样的'硬科学'，而且，迄今为止诺贝尔经济学奖和克拉克奖所奖励的主要是发展分析工具的数学家而不是提供思想洞见的经济学家。因此，这两个奖项的设立进一步推动经济学朝数理化方向发展，甚至使得主流经济学几乎蜕化为应用数学的一个分支。问题是，经济学毕竟是一门关注现实生活的社会科学，但这些奖项的激励却使得经济学日渐脱离其他社会科学分支，从而经济学理论与现实之间的距离越来越远。因此，诺贝尔经济学奖和克拉克奖这类奖项的取消将更有利于经济学的多元化发展，防止经济学蜕变成自我演绎的'我向思考'学科"[1]。

（二）实证研究的方法论

弗里德曼的实证经济学学说是西方主流经济学研究范式的浓缩。芝加哥大学出版社 1953 年出版的米尔顿·弗里德曼的实证经济学论文集提出了一套新颖的经济学研究方法论。

---

1 朱富强：《盛名难副的诺贝尔经济学奖和克拉克奖得主》，《中国社会科学内部文稿》2010 年第 1 期。

专栏 11-2 ────────────────────────

米尔顿·弗里德曼谈实证经济学方法论

在约翰·内维尔·凯恩斯（John Neville Keynes，1852—1949，英国经济学家，约翰·梅纳德·凯恩斯的父亲）的名著《政治经济学的范畴与方法》（*The Scope and Method of Political Economy*）一书中，他对实证科学、规范科学和艺术进行了区分："实证科学（positive science）……是探讨'是什么'的系统知识体系；规范科学（normative science）……是探讨'应该是什么'的标准的系统知识体系；人文科学（art）……是为了达到特定目标而设立的规则体系。"

一方面，原则上，实证经济学是独立于任何特别的伦理观念或规范判断的。正如约翰·内维尔·凯恩斯所说的那样，它研究的是"是什么"的问题，而不是"应该是什么"的问题。……总之，实证经济学是（或者可以是）一门"客观"科学，其"客观性"与任何一门自然科学的"客观性"完全相同。……与自然科学相比，经济学的研究者与被研究对象之间的关系更加密切。这个事实使得社会科学家在能够得到一系列自然科学家所无法得到的资料的同时，特别难以保持客观的态度。但是，我认为这些并不是这两类科学之间的根本差异。

另一方面，规范经济学和经济学规则不可能独立于实证经济学。任何政策结论都必然依赖于人们对做某一件事而不是做另外一件事的后果所做的预测，而预测必须隐含地或明确地依赖于实证经济学。

实证经济学的最终目的是要发展出一种"理论"或"假说"，它能够对尚未观察到的现象做出合理的、有意义的（而不是不言而喻的）预测。

人们要想在实证经济学方面取得进步，不仅需要对现有假说进行检验和完善，而且需要不断地构造新假说。对于这个问题，人们还没有得出最终结论。构造假说是一项需要灵感、直觉与创新的创造性活动，其实质就是要在人们习以为常的材料中发现新意。这个过程必须在心理学范畴中进行讨论，而不是在逻辑学范畴中进行讨论；必须研究关于科学方法的自传和传记，而不是研究关于科学方法的专著；必须由公理和实例促进，而不是由推论或定理促进。

资料来源：［美］米尔顿·弗里德曼：《弗里德曼文萃》，胡雪峰、武玉宁译，首都经济贸易大学出版社，2001，第 119—158 页。

　　弗里德曼的实证经济学方法论特别注重构造新假说，主张学术研究应当围绕对新假说的检验而展开。这样，实证经济学就走上了"灵光乍现"式的细碎化研究的道路。实证会计正是这种思潮的产物。

 专栏 11-3

经济学界的数量化分析导向

　　□在数学工具这一共同媒介下，数理建模和统计实证构成数量经济学的两大分支，它们主导了主流院校经济系的主要研究方向：主流经济学的不同流派——如凯恩斯流派和反凯恩斯流派都着眼于这两个领域的研究；相应地，这两大研究领域共同瓜分了研究资金、教学课程以及各种奖项。

　　□与弗里德曼一样高举自由主义旗帜的哈耶克在 1977 年接受《理性》杂志专访时指出："40 年前，我就写过文章，强烈反对数量理论，因为这种方法太粗略了，遗漏了很多重要的东西，我只能乞求上帝，希望读者永远不要相信那些理论。因为它太吸引人了，简单的方程式，容易理解。很遗憾，弗里德曼那样才智出众的人竟然把它看成一切，而不是仅仅将其作为一种工具来使用。所以，归根到底，我们之间的分歧主要是方法论上的"，"弗里德曼是实证主义者，他相信，任何东西只有在经验上可以验证才能进入科学研究范围。我的看法则是，我们对经济学的了解已经够详尽的了，我们的任务是让我们的知识形成秩序。我们不再需要太多新信息了，我们最大的难题是消化我们已经掌握的东西。统计信息不会使我们更聪明，除非它可以告诉我们关于特定时刻的特定情势的信息，但从理论上讲，我相信统计研究做不到这一点"。

□事实上，社会科学和自然科学的研究对象是不同的：自然科学是集中于一般规律，而社会科学者所感兴趣的主要是那些特殊的、个别的和独特的事件；因此，自然科学的研究主要是运用基本原理去分析大量自然现象，而社会科学的研究则需要综合各方面的知识来分析复杂多变的社会现象。正因如此，两者产生成果的时间也存在很大差异，如哈耶克指出的，人类智力产生最佳劳动的年龄与一个人成为合格专家所必须积累知识的年龄之间的距离，随着我们从纯理论学科转向以具体现象为主要研究对象的领域而会变得越来越长。事实上，在自然科学中有大量的天才涌现，而社会科学领域的天才则是罕见的，它需要建立在后天知识不断积累的基础之上。

□当今经济学界懂数学而不知历史为何物的经济学者比比皆是。这些人即使获得了诺贝尔经济学奖，其思维的传世机会看来还是零。

□有利于数量经济学的评价体系使后人在数量化道路上"刻意栽花"。诺贝尔经济学奖和克拉克奖进一步激励经济学朝数量化方向发展，甚至蜕化为应用数学的一个分支，从而完全混同了作为社会科学的经济学与自然科学在研究方法上的区别。一般地，这两大奖项的设立对数量经济学的强化作用表现在如下两个方面：一者，获奖带来的巨大学术声誉和丰厚物质财富激励众多的经济学人为之奋斗；二者，这些巨大学术声誉使得奖项得主可以培养更多具有类似研究倾向的学者。事实上，每年克拉克奖和诺贝尔经济学奖得主的研究领域都会成为新闻媒体乃至学术界炒作的话题，那些追捧者也乐此不疲地把自己的绝大部分研究精力集中于这些泰斗所划定

的 "领域" 进行学习、传播和发展；而那些奖项的得主则心安理得地被那些追随者供奉为 "教主"，在他们周围则形成了一群上流或一流的研究者，旁支者则努力挤入 "主流" 的行列。正因如此，现代经济学主要为美国的一些主要大学和那些获得诺贝尔经济学奖的教授所把持，他们把自己的学生派遣到各个高校，并垄断了主要的学术刊物以及各种学术委员会；在这种情况下，不仅美国的学者在追随主流经济学的研究框架，世界其他国家的学者也在模仿美国的主流研究范式。

資料来源：朱富强：《盛名难副的诺贝尔经济学奖和克拉克奖得主》，《中国社会科学内部文稿》2010 年第 1 期。

　　一位法律专家这么描述他所观测到的经济学和会计学怪现象：经济和金融统计数据大厦是建立在扭曲的图像之上的。"整个经济学领域变得越来越数学化，博学多才的作者写文章的时候先要用长达 20 页的篇幅，借助微积分公式或统计公式来阐释他们是如何建立 '模型' 的，然后才引入所要讨论的内容。至于会计专业，很多数据其实都是会计师艺术想象的产物。"[1]

二、芝加哥大学商学院推广实证会计研究范式

　　沉浸于实证经济学研究范式的会计研究者运用统计分析软件，把实证经济学视为开山立派的捷径，由此开创了实证会计流派。

（一）芝加哥大学商学院开风气之先

　　尼古拉斯·多普奇（Nicholas Dopuch）1961 年从伊利诺伊大学香槟分校博士毕业后加入芝加哥大学，是实证会计的领军人物。他在芝加哥大学供职 22 年，曾担任芝加哥大学商学院的博士教育项目主管，在 20 世纪 60 年代

---

[1] Homer Kripke, "Conglomerates and the Moment of Truth in Accounting," *St. John's Law Review*, 1970, 44(5): 791-797.

带出了一大批从事实证会计研究的博士生（见表 11-1）。他兼任多家杂志的审稿人，1968—1983 年担任芝加哥大学创办的《会计研究学刊》（*Journal of Accounting Research*）的主编，在调任华盛顿大学奥林商学院教授后还担任该刊的共同编辑至 2001 年，前后担任编辑 34 年。作为学术期刊编辑，多普奇善于启发青年学子并引导他们走上实证会计的道路，一手把《会计研究学刊》打造成为美国高校争相追捧的热门期刊。

表 11-1　　　　　　　　芝加哥大学会计学博士与实证范式

毕业年份	姓名	原始国籍	主要事迹
1965	威廉·H. 比弗（William H. Beaver）	美国	美国会计学会全部五类奖项的获得者
1967	乔尔·S. 德姆斯基（Joel S. Demski）	美国	本科学习工科，喜好数理分析
1967	杰拉尔德·A. 费尔瑟姆（Gerald A. Feltham）	加拿大	1971 年回到加拿大英属哥伦比亚大学任教。曾任《当代会计研究》（*Contemporary Accounting Research*）第五任主编
1968	迈克尔·C. 詹森（Michael C. Jensen）	美国	1976 年在斯坦福大学发表演讲，批评规范会计研究是"不科学"的
1970	安东尼·G. 霍普伍德（Anthony G. Hopwood）	英国	毕业后回到英国，1976 年创办《会计、组织与社会》（*Accounting, Organizations and Society*）
1971	罗斯·L. 瓦茨（Ross L. Watts）	美国	罗切斯特学派的创立者之一，与杰罗尔德·L. 齐默尔曼合著《实证会计理论》一书
1972	雷蒙德·J. 鲍尔（Raymond J. Ball）	澳大利亚	1968 年将会计数据与股价联系起来，把会计研究引向证券市场

多普奇没有发扬其母校伊利诺伊大学及其学长 A. C. 利特尔顿的治学风格，而是选择了从事实证会计研究，其原因令人费解。

专栏 11-4

尼古拉斯·多普奇

尼古拉斯·多普奇（Nicholas Dopuch，1929—2018），实证会计的主要推动者。多普奇 1929 年生于密苏里州，他父亲是塞尔维亚移民，父母都没有上到高中毕业。他在高中毕业后试过各种各样的工作，其间报名参加了华盛顿大学的业余学习。他在朝鲜战争期间（1950 年秋季）入伍。空军的经历让他意识到教育的重要作用。1955 年 1 月，他报名进入印第安纳州立大学特雷霍特（Terre Haute）校区学习，主修会计学，成绩优异。临近毕业时，院长建议他继续攻读。他申请了三所排名前 10 的学校，于 1957 年秋进入伊利诺伊大学香槟分校学习，得以幸会诺顿·M.贝德福德（Norton M. Bedford）这位好向导。1959 年他获得硕士学位。

1961 年博士毕业后，多普奇加入芝加哥大学，主要研究方向是财务报告、审计和会计监管。他的同事西德尼·戴维森（Sidney Davidson）、戴维·格林（David Green）、查尔斯·亨格瑞（Charles Horngren）、乔治·索特（George Sorter）等人使他对会计的理解提升了一大截。继戴维·格林之后，多普奇担任芝加哥大学创办的《会计研究学刊》杂志的第二任主编（1968—1983），起初一年和西德尼·戴维森共同担任编辑。1983 年，多普奇转任华盛顿大学商学院教授，并继续担任《会计研究学刊》编辑直至 2001 年。在长达 34 年的编辑生涯中，他指导无数研究者进入了经验性、理论性研究领域。多普奇曾与 23 位作者合作过，其中包括比尔·库珀（Bill Cooper）、乔尔·德姆斯基（Joel Demski）、斯蒂芬·彭曼（Stephen Penman）、罗斯·瓦茨（Ross Watts）等知名学者。

> 多普奇先后于 1981 年获美国会计学会杰出会计教育家奖，1999 年获美国会计学会杰出审计教育家奖。

1963 年，芝加哥大学商学院创办《会计研究学刊》杂志。创刊伊始，该杂志在推广时间序列等热门统计技术的同时，还着重讨论会计理论和管理会计实务等方面的问题。但自 1966 年起，该刊物的导向便开始明显地向经验研究转变。威廉·H. 比弗的一篇预测财务困境的论文就刊发于 1966 年该杂志的增刊《经验研究论文集》中。[1] 比弗，这位本科毕业后只用 3 年时间便于 1965 年同时获得硕士和博士学位的奇迹缔造者，长期担任北美实证会计期刊的编委会委员，是实证会计研究的代表人物。他于 1979—1981 年兼任美国会计学会会长。

 专栏 11-5

威廉·H. 比弗

威廉·H. 比弗（William H. Beaver, 1940— ），斯坦福大学商学院荣誉退休教授。

比弗 1940 年生于伊利诺伊州，是家里的独生子。他的父亲在艰苦的劳动中自学成才，从煤矿工人成长为工程师、建筑承包商。比弗高中时曾任学生会主席。由于他的家人信奉天主教，所以他申请的大学只有一个圣母大学。他是家族里培养出来的第一个大学生。比弗在圣母大学学习企业管理专业，曾任校辩论队成员，1962 年以优等生的身份毕业。毕业时他获得了一所学校的奖学金，由于难以在诸多招聘企业之间做出选择，于是他决定在芝加哥大学攻读工商管理硕士学位（MBA）。第二年，他得到了福特基金会的资助，得以继续攻读博士学位。

---

[1] William H. Beaver, "Financial Ratios as Predictors of Failure," *Journal of Accounting Research*, 1966, 4 (Empirical Research in Accounting: Selected Studies 1966): 71-111.

比弗的博士论文导师是乔治·索特。查尔斯·亨格瑞是论文委员会委员。比弗深受芝加哥大学西德尼·戴维森、尼古拉斯·多普奇、戴维·格林等教师的影响。他只用了3年时间就同时获得了芝加哥大学工商管理硕士学位（MBA）和博士学位，两个学位授予仪式之间的间隔仅有30分钟。

比弗1965年在芝加哥大学博士毕业后留校任助教。1969年获伊利诺伊州注册会计师资格，这在实证会计领军学者中尚属罕见。

自1969年起，比弗先后担任斯坦福大学商学院副教授、Joan E. Horngren会计学讲席教授、荣誉退休教授。他早期发表的成果关注财务失败的预测，他关于证券价格的研究开启了会计研究中经验方法的新时代。迄今发表有60余篇论文和一本广受关注的著作《财务呈报：会计革命》（*Financial Reporting: An Accounting Revolution*），该著作已经推出了3版。曾任财务会计准则委员会顾问、美国证监会顾问委员会委员、财务会计基金会（FAF）管理人、美国会计学会会长，三次获美国会计学会和美国注册会计师协会会计文献杰出贡献奖，是当时唯一的美国会计学会全部五项奖项的获得者。

比弗自1969年起长期担任《会计研究学刊》（*Journal of Accounting Research*），《会计与经济学杂志》（*Journal of Accounting and Economics*），《会计研究评论》（*Review of Accounting Studies*）等期刊的编委会委员。

1968年，在主编多普奇的一手扶持下，《会计研究学刊》杂志（第6卷）第2期刊发雷蒙德·鲍尔（Raymond Ball）和菲利普·布朗（Philip Brown）师徒二人合作的《会计盈余数字的经验研究》一文。[1] 该文对会计研究导向产

---

[1] Raymond Ball, Philip Brown, "An Empirical Evaluation of Accounting Income Numbers," *Journal of Accounting Research*, 1968, 6(2): 159-178.

生了深刻影响，被许多实证会计研究者誉为"开山之作"。

　　该文研究的是会计盈余数字对股价表现的影响。两位作者借助统计分析方法，声称会计盈余与股价表现之间具有显著的统计关系。但该文在理论上乏善可陈，甚至存在明显的误导性。一方面，会计数字是历史统计数据，会计的意义并不在于预测未来，而在于记录历史信息，以供查验。[1]另一方面，股价表现的影响因素众多，从来没有什么金融理论能够精确地刻画股票报酬的决定机制。[2]因此，会计数字与股价表现之间原本没有什么确定的关系。在理论上，只要样本量足够大，大样本统计可以构造出任意的统计关系，但统计关系并不代表实际的因果关系。《会计盈余数字的经验研究》这篇文章的数据源，是刚刚时兴的证券市场数据库和《华尔街日报》的资料，理论依据是 1964 年刚刚面世的资本资产定价模型（Capital Asset Pricing Model，CAPM）。其"亮点"，是把研究者的旨趣从会计理论体系本身转向证券分析和公司金融理论，实际上是把会计研究引向了金融分析的道路。[3]这样，实证会计研究范式的追随者们便没有能力和精力再对公认会计原则应当如何设计"指手画脚"了，实证会计研究者越是"成功"，其外行化的特征就越明显，对会计行业和会计学科的贡献也就越小。1968 年以后的实证范式多基于证券市场数据且以回归分析为主，这或许是鲍尔和布朗的文章被列为"开山之作"的原因。

1　夏冬林：《财务会计：基于价值还是基于交易》，《会计研究》2006 年第 8 期。

2　例如，资本资产定价模型（CAPM）建议使用单一因素（β 系数）来解释必要报酬率，法玛（E. F. Fama）和弗兰奇（K. R. French）提出的是三因素理论，罗斯（S. A. Ross）的套利定价理论提出的影响股价的因素有无穷多，如此等等，不一而足。这些模型均为经验公式，缺乏理论依据。

3　我国不少论著把这篇文章列作实证范式的"开山之作"，事实并非如此。1966 年的《会计研究学刊》的增刊《经验研究论文集》就刊载有 7 篇经验研究文章。鲍尔和布朗 1968 年的文章把实证范式引向了股票价格，从而引发了数据挖掘热潮，后续的实证范式的核心问题正是数据挖掘而非会计研究。人们发现，可以靠统计学原理获得会计学专业的博士学位。在这个意义上，该文才算是无可争议的"开山之作"。

专栏 11-6

雷蒙德·J. 鲍尔

雷蒙德·J. 鲍尔（Raymond J. Ball, 1944—　），芝加哥大学布斯商学院 Sidney Davidson 杰出服务会计教授。他从澳大利亚奔赴美国芝加哥大学从事经验研究，是把会计数据与股价联系起来的先锋人物。

鲍尔 1944 年出生于悉尼的一个穷困的农家。由于学习成绩较好，他得以成为家族中的第一个高中毕业生。他原本打算高中毕业后去当会计，当时一家公司提供的奖学金给了他在新南威尔士大学继续学习的机会，该项奖学金要求他在假期从事会计及管理工作。鲍尔大一时期的优异成绩使他赢得了来自斯图尔特（W. J. McK. Stewart）的邀请，这给他带来了参与会计理论研究的机会。

斯图尔特鼓励他到美国读研究生，并安排他做会计辅导员。这时，新南威尔士大学的青年助教菲利普·布朗建议他一起到芝加哥大学继续学业，并带他学习经验研究方法（此后，二人在 14 年里合作有 10 篇论文）。

鲍尔 1965 年在新南威尔士大学获得商学学士学位，1966 年作为富布赖特学者在芝加哥大学读研究生，次年获得福特基金会资助，继续攻读博士学位。鲍尔 1968 年获得芝加哥大学工商管理硕士学位（MBA），同年，他和菲利普·布朗合作发表的《会计盈余数字的经验研究》一文开创性地把信息披露与股价表现联系起来，为会计学术研究提供了新颖的参考范本（该文于 1986 年获得美国会计学会首届开创性文献奖）。

鲍尔 1969—1972 年（读博士期间）在芝加哥大学商学院讲授会计及金融课程，1972 年获经济学博士学位后回到澳大利亚，任昆士兰大学会计与金融教授，1976 年任澳大利亚商学院教授。他昔日的老师、此时的同事菲利普·布朗是该学院的创始院长，二人合作进行了第一项针对澳大利亚股票市场的研究。

鲍尔 1986 年任美国罗切斯特大学企业管理教授，2000 年回芝加哥大学商学院任 Sidney Davidson 会计学教授。

鲍尔担任《会计研究学刊》（*Journal of Accounting Research*）编辑长达 9 年，在回芝加哥大学之前担任《会计与经济学杂志》（*Journal of Accounting and Economics*）编辑长达 14 年，担任《银行与金融杂志》（*Journal of Banking and Finance*）和《企业财务与会计学刊》（*Journal of Business Finance and Accounting*）编委会委员。兼任财务会计准则顾问委员会委员。此外，还为美国会计学会、美国注册会计师协会、英格兰及威尔士特许会计师协会、欧洲会计学会、英国会计学会提供服务。

鲍尔和布朗这篇被称作"开山之作"的论文发表 39 年后，英国著名会计学者、芝加哥大学博士毕业生安东尼·G.霍普伍德（Anthony G. Hopwood）撰文指出，鲍尔和布朗 1968 年的所谓"开山之作"，在某种意义上也只是在分析方法上有新意。而学术研究的意义是什么？应该是创造新的知识。从这个角度来看，美国会计学术看起来繁花似锦，但其实更像是陷入了停滞状态。受这种风气影响，《会计评论》（*The Accounting Review*）自 20 世纪 60 年代起，也越来越多地出现了采用数学和统计方法，借鉴公司金融理论、组织理论和行为科学的文章。

 专栏 11-7

"开山之作"开的是什么山

我过去常说，虽然企业实践是非常有趣的，但很多商学院却相当乏味。运营管理、市场营销和会计学尤其需要紧跟实践的步伐。商学院不再像以前那样喜欢招收有实践背景的人，会计学术研究越来越同质化，自娱自乐的倾向比较明显，从学术期刊的引用关系上就可以看出这一问题。越来越清楚的是，会计学术成果的唯一的消费者是会计学术同行。会计学术研究自顾自怜、自我指涉，难以提供新的知识。

会计学研究应当引入更多的学科视角，应当鼓励跨学科研究。虽然说学术研究是满足研究者的智力好奇心的一种方式，但学术研究在职业成长和声誉积累（reputation building）中所扮演的角色也值得重视。在现有的学术评价机制下，研究者倾向于保守，遵从既有的研究框架显然更为安全。……于是，资本市场和实证研究搞来搞去，最终还是雾里看花不得其解。

以鲍尔和布朗 1968 年发表的那篇实证会计范文来说，是的，它很有影响，但是从某些意义上来说，它的影响力也只是因为它在方法论上有新意而已。尽管有那么多文章追随它的方法，但那些研究仍然未能深化人们对会计在资本市场中的角色的理解。关于盈余管理的研究热潮表明，实证会计追逐的是数据和方法的可获取性，而不是追求满足更强烈的好奇心。

商学院的院长、终身教职评审委员会、会计系系主任实际上也存在着屈从于学术主流的倾向。学术圈子更倾向于倡导采用已被广泛接受的知识框架，采用易于理解和检验的研究方法。因为那样的研究更容易被本学科以外的人士所接受。其实，商学院的学术研究是需要从人类学、后现代主义社会学和政治学等学科中汲取养分的。近年来，院长们迫于媒体评级、认证体系和政府评估的压力，越来越强调发表期刊论文的数量，不再重视专著和合著著作，完全不考虑不同学科、不同研究阶段的差异性。这种对期刊论文的重视进一步增强了学术界的从众趋势……

美国会计学会应当勇于充任领导者，去包容新的、创新性的论文。虽然美国会计学会在性别和种族方面已经足够多样化，但它在思想多样性方面做得还明显不够。

资料来源：Anthony G. Hopwood, "Whither Accounting Research?" *The Accounting Review*, 2007, 82(5): 1365-1374.

与《会计盈余数字的经验研究》一文同期刊发的，还有比弗的《市场价格、财务比率与财务失败之预测》一文，该文还没有把会计数据引向证券估值，研究方法上属于统计学的判别分析，与鲍尔和布朗存在具体统计方法上的差异。[1]这篇文章没有被列为"开山之作"。显然，统计分析方法谁都能用，但是，愿不愿意、能不能用它在证券分析领域引领风潮，便是另外一回事了。1968 年《会计研究学刊》（*Journal of Accounting Research*）的增刊《1968年经验会计文集》还刊发有比弗的《年度盈余公告的信息含量》一文。[2]

偏好经验研究的凯瑟琳·希珀（Katherine Schipper）1985—1999 年担任《会计研究学刊》主编长达 15 年，她后来任美国会计学会会长和财务会计准则委员会委员。希珀多次应邀参加我国会计界的学术会议，在我国会计学界颇为活跃。她曾以美国会计学会会长的身份，于 1995 年参加中国会计教授会[3]成立大会暨 1995 年年会，并在中国会计教授会 1996 年年会上介绍了实证会计研究方法。

（二）罗切斯特学派：芝加哥学派的衍生学派

1. 詹森 1976 年的宣言

实证会计研究范式的倡导者之一、芝加哥大学博士毕业生、罗切斯特大

---

1 William H. Beaver, "Market Prices, Financial Ratios, and the Prediction of Failure," *Journal of Accounting Research*, 1968, 6(2): 179-192.

2 William H. Beaver, "The Information Content of Annual Earnings Announcements," *Journal of Accounting Research*, 1968, 6 (Empirical Research in Accounting: Selected Studies 1968): 67-92.

3 该组织 2003 年底改为"中国会计学会会计教育分会"。

专栏 11-8

凯瑟琳·希珀

凯瑟琳·希珀（Katherine Schipper）生于俄亥俄州。本科毕业于代顿大学（University of Dayton）英语文学专业，1971 年在芝加哥大学读研究生，先是在研究生院图书馆供职，后又转往商学院。1973 年获工商管理硕士学位，1975 年获图书馆学硕士学位，1976 年加入卡内基梅隆大学管理学院，1977 年获（会计学专业）博士学位，1983 年回到芝加哥大学，1984 年任教授。1985—1999 年任《会计研究学刊》主编（长达 15 年）。1993—1999 年兼任毕马威会计公司研究学者，1995—1996 年兼任美国会计学会会长，1996—1999 年兼任财务会计准则咨询委员会委员。1999 年被美国会计学会评为杰出会计教育家，同年任杜克大学企业管理教授。2001—2006 年任财务会计准则委员会委员。2006 年任《会计研究评论》（Review of Accounting Studies）主编，并回到杜克大学任教。她所做的经验研究主要涉及财务报告的经济含义、复杂性及其政策含义。著有 30 余篇学术论文（含合著）。

学青年教师迈克尔·C. 詹森（Michael C. Jensen）1976 年在斯坦福大学发表题为《关于会计研究现状与会计管制的思考》的演讲，他提出，规范会计研究（normative accounting research）虽然也形成了会计理论，但它不是"科学的"研究范式，人们如果更重视实证范式，就能够获得更为重大的进展。[1] 詹森的言论预示着罗切斯特大学将与传统会计学术分道扬镳。

---

1 Michael C. Jensen, "Reflections on the State of Accounting Research and the Regulations of Accounting," *Stanford Lectures in Accounting: 1976* (Graduate School of Business, Stanford University, Palo Alto, California, 1976), pp. 11-19; 温倩、朱康萍、蔡传里：《会计研究方法的历史性转变——迈克尔·简森的〈关于会计研究现状与会计管制的思考〉评析》，《财会通讯（综合版）》2007 年第 9 期。

詹森自 1967 年到罗切斯特大学任教起，在该校供职达 18 年，他的学术旨趣主要在于企业管理和金融领域，在会计理论方面较少涉足。他是《金融经济学杂志》（*Journal of Financial Economics*）的创刊人。

专栏 11-9

迈克尔·C. 詹森

迈克尔·C. 詹森（Michael C. Jensen，1939—　），1962 年在麦卡莱斯特学院（Macalester College）获得学士学位，分别于 1964 年和 1968 年在芝加哥大学获得工商管理硕士学位（MBA，金融方向）、博士学位（经济学、金融与会计）。自 1967 年起供职于罗切斯特大学西蒙商学院，1967—1971 年任助理教授，1971—1979 年任副教授，1979—1984 年任教授，1984—1988 年任讲席教授，1977 年在罗切斯特大学设立管理经济研究中心并担任主管至 1988 年。1985 年加入哈佛大学商学院。

2. 瓦茨推出"实证会计"这一标签

罗斯·L. 瓦茨（Ross L. Watts）是实证会计研究范式的标志性人物之一。

自 1972 年起，瓦茨开始发表基于统计方法的公司财务文章。1978 年和 1979 年，瓦茨和齐默尔曼（J. L. Zimmerman）接连在美国会计学会会刊《会计评论》（*The Accounting Review*）上发表题为《实证理论与会计准则之决定》《会计理论的供求：以市场为着眼点》的论文，提出了以"实证方法"为会计准则的制定提供"经验证据"的主张[1]——用统计分析来决定会计规则，这就

---

[1] Ross L. Watts, Jerold L. Zimmerman, "Towards a Positive Theory of the Determination of Accounting Standards," *The Accounting Review*, 1978, 53(1): 112-134; Ross L. Watts, Jerold L. Zimmerman, "The Demand for and Supply of Accounting Theories: The Market for Excuses," *The Accounting Review*, 1979, 54(2): 273-305.

像是建议法官使用统计软件来决定罚金或刑期。

 专栏 11-10

罗斯·L. 瓦茨

罗斯·L. 瓦茨（Ross L. Watts，1942—　），1966 年在澳大利亚纽卡斯尔大学获商学学士学位，1968 年在芝加哥大学获得工商管理硕士学位（MBA，金融方向），1971 年在芝加哥大学获得博士学位（经济学、金融和会计方向）。1969—1970 年任芝加哥大学商学院金融与会计学讲师，1971—1978 年任罗切斯特大学西蒙商学院助理教授，1978—1984 年任副教授，1984 年任教授。随后转任麻省理工学院斯隆商学院教授。

1978 年和 1979 年获得美国注册会计师协会杰出会计文献贡献奖（与齐默尔曼一起）。美国会计学会授予瓦茨 2004 年开创性贡献奖和 2000 年杰出会计教育家奖。2013 年，美国会计学会财务会计报告部门授予他首届终身成就奖。

1979 年，由瓦茨和齐默尔曼担任主编的《会计与经济学杂志》（*Journal of Accounting and Economics*）杂志创刊。1986 年，二人合作出版了《实证会计理论》一书，该书所称的"实证会计"是狭义的，其内涵仅仅是指运用公司金融理论所做的统计分析。[1]他们的论著一度被称为会计学上的"罗切斯特学派"。

---

1 Ross L. Watts, Jerold L. Zimmerman, *Positive Accounting Theory* (Englewood Cliffs, N.J.: Prentice-Hall, Inc., 1986).

专栏 11-11

杰罗尔德·L. 齐默尔曼

杰罗尔德·L. 齐默尔曼（Jerold L. Zimmerman, 1947—　），1969 年获科罗拉多大学学士学位（金融学专业），1974 年获加州大学伯克利分校博士学位（工商管理专业）。博士毕业后加入罗切斯特大学西蒙商学院，历任助理教授、副教授、教授，曾任该学院副院长。现为罗切斯特大学西蒙商学院荣誉退休教授。

齐默尔曼是《会计与经济学杂志》（*Journal of Accounting and Economics*）的创刊编辑。曾任香港中文大学访问教授（1996 年和 2006 年）、香港科技大学访问教授（1998 年和 2000 年）。

与罗斯·L. 瓦茨一起，获 1978 年和 1979 年美国注册会计师协会会计文献杰出贡献奖、2004 年美国会计学会开创性贡献奖。

随着实证经济学和实证会计理论哺育的博士生越来越多地加入教职，更加上 1963 年创刊的《会计研究学刊》（*Journal of Accounting Research*）和 1979 年创刊的《会计与经济学杂志》（*Journal of Accounting and Economics*）的双重挤压，美国会计学会 1926 年创办的会刊、老牌刊物《会计评论》（*The Accounting Review*）也渐渐改变了办刊旨趣。到 20 世纪 80 年代，实证会计研究范式已经成为美国会计学术的流行范式。从初步形成到成为正统，数理化的研究范式只用了 20 多年。

实证会计这种研究范式对博士生的生源构成产生了强烈的冲击。本科学习工科的乔尔·S. 德姆斯基之所以申请芝加哥大学的博士教育项目，就是因为他在招生目录中了解到芝加哥大学更倾向于数学方法。

 **专栏 11-12**

乔尔·S. 德姆斯基

　　乔尔·S.德姆斯基（Joel S. Demski, 1940—　），佛罗里达大学荣誉退休教授。运用数学模型从事会计理论研究的领军人物。他把信息经济学和代理理论应用在会计学研究中，发表了 60 余篇学术论文，5 本著作和 20 余篇其他文章。他和他的学生开创了会计研究的新领域。

　　德姆斯基 1940 年生于密歇根州。他的父亲小学没毕业，开办了一家小型制造公司，母亲是高中毕业生，双亲对子女的教育格外重视。出于个人兴趣和父母生意上的需要，他在密歇根大学学习的是工科。

　　那时恰逢人造卫星发射成功之后的工科教育的振兴时期。1962 年德姆斯基获得工学学士学位之后，由于对家族业务、汽车工业等都不感兴趣，于是选择攻读工商管理硕士学位（MBA）。这时他遇到了威廉·A. 佩顿（William A. Paton），并且聆听了斯蒂芬·A. 泽夫（Stephen A. Zeff）和塞缪尔·R. 赫普沃思（Samuel R. Hepworth）的课，他们激起了他对会计学的兴趣并鼓励他攻读博士学位。德姆斯基 1963 年以优异的成绩获得工商管理硕士学位。他在密歇根大学图书馆查阅美国高校博士项目招生目录后，决定到芝加哥大学读博士，因为工科出身的他高兴地发现，芝加哥大学更倾向于强调数学方法。他获得了福特基金会的资助，到芝加哥大学跟随西德尼·戴维森、尼古拉斯·多普奇、查尔斯·亨格瑞等学习，他的同学有比弗、布朗等人。亨格瑞是他的导师，将他引入了杰出的学术生涯。德姆斯基 1967 年获得博士学位，任教于哥伦比亚大学，与卡尔·L. 纳尔逊（Carl L. Nelson）是同事。1968 年转往斯坦福大学，1985 年任耶鲁大学信息与会计系统教授。1994 年为佛罗里达大学 Frederick E. Fisher 杰出会计学者。2013 年任佛罗里达大学荣誉退休教授。

德姆斯基的主攻领域是会计信息系统。其代表作《基于线性规划模型的会计系统》1967 年获美国注册会计师协会颁发的会计文献杰出贡献奖。1994 年获美国会计学会开创性贡献奖。

三、实证会计研究范式在英国和加拿大的传播

（一）实证会计研究范式在英国的传播

英国著名会计学者安东尼·G.霍普伍德在芝加哥大学获得博士学位之后回到英国推广实证范式，他 1979 年创办的《会计、组织与社会》（*Accounting, Organizations and Society*）杂志包容了人文社会科学领域的广义上的实证研究方法，办刊风格独树一帜，与所谓的北美"顶尖"期刊有所差异。但随着实证会计的泛滥，该刊刊登的理论文章所占比重如今并不算高。霍普伍德晚年撰文对学术范式转换的原因及其影响进行了反思。

 专栏 11-13

安东尼·G. 霍普伍德

安东尼·G.霍普伍德（Anthony G. Hopwood，1944—2010），1965—1970 年在芝加哥大学攻读硕士、博士学位，把实证范式带入英国，将组织与社会分析引入会计研究，《会计、组织与社会》杂志的创办者。

霍普伍德 1944 年生于英国，他对会计行业的兴趣，源于一位担任会计师的叔叔的影响，第二次世界

大战后经济重建对会计的需求也增进了他学习会计的兴趣。1962 年他进入伦敦政治经济学院（London School of Economics and Political Science）学习会计学。1965 年以一等荣誉毕业，同时获得富布赖特基金（Fulbright Fellowship）资助到芝加哥大学读研究生。MBA 毕业后，又受到福特基金会博士奖学金和安达信会计奖学金资助，继续读博士学位。

当时学术界受戴维·格林等芝加哥教师的影响，以及《会计研究学刊》（Journal of Accounting Research）的推动，经验研究流行一时。保罗·古德曼（Paul Goodman）讲授的组织理论将他引入了会计研究的新路径，他的博士论文就是基于对一家钢铁公司的实地研究。这项研究还开启了他长期致力于对会计制度（accounting institutions）进行组织和社会分析的职业生涯。

1970 年获得博士学位后，他回到英国曼彻斯特大学任教。1976 年加入牛津大学管理研究中心，创办《会计、组织与社会》杂志，开辟了会计研究的新领域。1978—1985 年任伦敦商学院特许会计师学院（Institute of Chartered Accountants）的会计与财务报告教授，1985—1999 年任伦敦政治经济学院国际会计与财务管理教授、商学院副院长。1999—2006 年任牛津大学商学院院长。

霍普伍德著有 8 部著作、11 部论文集、80 余篇论文，兼任 15 份杂志的编辑，参与创建欧洲会计学会，并于 1977—1979 年、1987—1988 年两度担任会长。他还在英格兰及威尔士特许会计师协会（ICAEW）、美国会计学会、布鲁塞尔欧洲高等研究院中任职，曾为欧盟委员会、联合国、经济合作与发展组织、英国社会科学研究理事会（British Social Science Research Council）提供服务。此外，他还担任威尔士亲王会计可持续性项目的高级顾问。1998 年获英国会计学会杰出学术奖。

（二）实证会计研究范式在加拿大的传播

加拿大会计学会（Canadian Academic Accounting Association，CAAA）会刊《当代会计研究》（*Contemporary Accounting Research*）1984年秋季创刊，创刊主编是哈伊姆·福尔克（Haim Falk）。威廉·斯科特（William Scott）于1989年出任第二任主编。斯科特本人所做的会计理论研究大多是围绕有效市场假说展开的，侧重于证券市场和信息经济学。[1] 在这种理论导向下，《当代会计研究》的办刊风格与北美实证会计刊物基本一致。另外值得一提的是，《当代会计研究》第五任主编共有两位，其中，杰拉尔德·A. 费尔瑟姆是芝加哥大学博士毕业生，他1967年博士毕业后在美国工作数年，1971年回到加拿大。

 专栏 11-14

杰拉尔德·A. 费尔瑟姆

杰拉尔德·A. 费尔瑟姆（Gerald Albert Feltham，1938—2019），英属哥伦比亚大学荣誉退休教授。青年时期在芝加哥大学学习实证会计研究范式，后来回到加拿大予以推广。

费尔瑟姆1938年生于加拿大，他从身为教师的父母那里继承了数学天分，因此选择了会计专业。1955年他进入萨斯喀彻温大学（University of Saskatchewan）学习商学和特许会计师专业，该项目同时采用全日制和函授学制，允许学生兼职在会计公司实习。他同时在两家会计公司工作。1960年9月，他的特许会计师考试获得全校最高分。1961年，费尔瑟姆获得商学学士学位。

---

1 斯科特所撰写的《财务会计理论》一书系统地论述了会计信息在证券投资中的作用。参见：W. R. Scott, *Financial Accounting Theory*, 3rd Edition (Toronto: Prentice Hall, 2003)；［美］威廉·斯科特：《财务会计理论》，陈汉文等译，机械工业出版社，2006。

费尔瑟姆对会计实务不感兴趣。受约翰·派克（John Parker）教授的鼓励，他报考了美国的研究生项目，很快被加州大学伯克利分校接受并获得教学助手（Teaching Assistant）资格，但女儿的出生拖延了他的研究生学习，他后来获得阿尔伯塔大学的教席。1963 年费尔瑟姆开始在加州大学伯克利分校攻读博士学位，这时他接触了信息经济学，其论文导师海克特·安东（Hector Anton）向他传授了会计研究中刚刚兴起的决策信息观（information-for-decisions perspective），于是他就加入了信息经济学前沿学习组。这一经历使他与会计研究以计量为中心的传统渐行渐远，转而致力于探索会计信息的含义和经济后果。1966 年安达信会计公司资助他和他的家庭继续在加州大学伯克利分校直到他完成博士学位论文，其博士学位论文获得麦肯锡基金会最佳论文奖。1967 年博士毕业后，费尔瑟姆加入斯坦福大学。他的论文《信息的价值》（The Value of Information）获美国会计学会 1968 年度优秀论文奖。鉴于该文深受好评，美国会计学会决定把他的博士论文《信息评估》（Information Evaluation）单行出版以表示对学者价值的肯定。在斯坦福大学，他开始了与乔尔·德姆斯基（Joel Demski）的合作，二人 1970 年合作发表的第一篇文章《模型在信息评估中的应用》（The Use of Models in Information Evaluation）获得美国注册会计师协会杰出会计成果奖。费尔瑟姆与他人合著有《成本确定：概念方法》（Cost Determination: A Conceptual Approach）一书，论文《预算控制系统中的经济激励》（Economic Incentives in Budgetary Control Systems）获美国会计学会 1994 年度最佳会计成果奖。

1971 年费尔瑟姆回到加拿大，加入英属哥伦比亚大学。费尔瑟姆（合）著有 28 篇论文和 4 本有影响的著作。他与彼得·O.克里斯滕森（Peter O. Christensen）合著的《会计经济学》（Economics of Accounting）

阐释了大约250个经过严格证明的定理、推论和引理及其对于会计的意义。除了使用代理理论和博弈论研究激励合同，他还广泛地采用经济学的工具研究会计问题，如1995年他和詹姆斯·奥尔森（James Ohlson）合作的论文《经营和财务活动的估值和干净盈余会计》（Valuation and Clean Surplus Accounting for Operating and Financial Activities）研究了市场价值和会计数字之间的关系，被经验会计研究广泛引用。他1997年获美国会计学会杰出会计教育家奖。2003年入选加拿大皇家学会（Royal Society of Canada），是唯一入选的会计学者，而该学会总共只有5位管理学者入选。

费尔瑟姆兼任《当代会计研究》《会计与经济学杂志》《会计评论》等偏好实证范式的会计学术期刊的编委会委员，兼任《会计研究评论》共同主编。

第二节 美国会计学会1977年的再度转变

在实证会计异军突起的大背景下，美国会计学会的管理委员会于1973年组织成立了一个由得克萨斯大学奥斯汀分校的克米特·拉尔森（Kermit Larson）领衔的研究组，要求其对针对1966年《基本会计理论公告》发行以来的学术研究进行理论回顾，写出一份同样富有思想性的会计理论总结公告。该研究组自1973年至1974年进行了初步研究，然后交给由西北大学的劳伦斯·雷夫辛（Lawrence Revsine）领衔的团队继续研究两年。最终，雷夫辛率领的"对外财务报告的概念与准则委员会"于1977年提交了上述研究的最终成果《关于会计理论与理论认可的公告》（Statement on Accounting Theory and

Theory Acceptance，SATTA ）。[1]

一、《关于会计理论与理论认可的公告》的主要内容

《关于会计理论与理论认可的公告》开门见山地提出，自 1966 年《会计基本理论公告》公布以来，学术界没有形成公认的进展。该公告提出，这一阶段所特有的问题是，争论无休无止，但却总也解决不了问题。该公告的任务遂转变为忠实地再现会计理论的前沿领域，从而解释为何理论界最近 10 年一直进展乏力。

 专栏 11-15

《关于会计理论与理论认可的公告》摘要

一、导言

自《会计基本理论公告》公布以来，会计研究者使用新的工具、分析视角和分析技术，从新的方向探索了广泛的会计问题。这些变化既令人兴奋又富有启发性。然而，令人沮丧的是，过去 10 年学术界的知识积累却难以回应会计行业所面临的紧迫问题，没有形成"通说"（"general" theory）。本公告针对会计理论及其可接受性这一问题进行了探讨，力图准确刻画 20 世纪 70 年代会计学术界的真实图景。

目前不存在单一的、普遍接受的基本会计理论（a single universally accepted basic accounting theory），学术界已经并且正在继续创建多重学说（a multiplicity of theories）。因此，本公告的定位与以往的理论公告有所不同，不再试图构建统一的理论学说，而是转为揭示为何会计界尚未达成理论共识。

---

1 Committee on Concepts and Standards for External Financial Reports, *Statement on Accounting Theory and Theory Acceptance*, American Accounting Association, 1977.

没有哪一套会计理论能够满足所有的信息使用者（users）或者适应所有的会计环境（environment），现有的学术成果实际上形成的不是单一的理论，而是由多种理论构成的理论集合（a collection of theories）。就使用者来说，究竟谁是信息使用者？他们的理念和偏好是什么？会计信息的用途是什么？对这些问题的不同回答，会形成不同的会计理论。就会计环境来说，一个突出问题是是否存在有关会计主体的竞争性的信息源，应该从报表编制者还是从报表使用者的角度切入。另一个问题是群体之间的交互作用。报表编制者和报表使用者之间既存在市场化的交互行为（即信息交换），也存在非市场化的交互行为（即外部性）。前者如证券市场在什么情况下是有效率的？市场的特征是什么？市场失灵是否已经达到必须干预的程度了？就外部性来说，信息使用者之间的非市场化交互行为的程度如何？相关性程度如何？报表编制者之间也存在外部性。类似地，纳税申报的信息也会影响财务会计报告。第三个问题是会计程序及其控制措施的属性。例如，审计就是影响会计的外部环境因素。

二、不同的理论路径

我们归纳了三种理论研究路径。三者的问题设定、研究假设和分析方法存在重大差异。

（一）理论建构的古典模式：真实收益和归纳法

在"决策有用观"或实证会计范式出现之前，理论建构的路径有演绎法和归纳法两种，"真实收益"（true income）的理论观点就是演绎法的成果。前者试图提出普适性的会计模型，而后者则试图对现行会计规则进行理论考量，从而论证其合理性或者失当性。采用演绎法或者归纳法进行理论建构的做法被称作古典模式、规范研究模式。

早期会计理论著作的作者们没有梳理形成会计理论发展的线索，彼此之间很少相互引用。威廉·A. 佩顿（William A. Paton）、亨利·W. 斯威尼（Henry W. Sweeney）、埃德加·O. 爱德华兹（Edgar O. Edwards）和菲利普·W. 贝尔（Philip W. Bell）、莫里斯·穆尼茨（Maurice Moonitz）、罗伯特·T. 斯普劳斯（Robert T. Sprouse）是新理论或新路径的倡导者。[1] 作为对比，约翰·B. 坎宁（John B. Canning）和西德尼·S. 亚历山大（Sidney S. Alexander）更多的是分析和评价会计师正在做的或者试图去做的，然后向会计师介绍一些经济模型，试图把经济模型与会计师的日常工作结合起来。亨利·R. 哈特菲尔德（Henry R. Hatfield）、利特尔顿（A. C. Littleton）、井尻雄士（Yuji Ijiri）主要进行规范性的演绎推理（normative deductive reasoning）。

（二）基于决策有用（decision usefulness）的理论模式

基于决策有用理念的理论模式以明确认定会计目标为出发点，其有两个理论分支。一个分支侧重于决策模型（decision models），注重比较不同会计处理方法的优劣。基于决策有用理念的学术研究大多属于这一分支。另一个分支侧重于决策者（decision makers），注重研究决策者对不同会计处理方法的反应，从而为设计会计规则提供参考。

1. 侧重于决策模型的理论分支

这个分支倾向于采用演绎法，在 20 世纪 50 年代出现于学术文献，到 1973 年，因特鲁布拉德报告而被业界广泛认知，该报告提出，财务报表的基本目标是为经济决策提供有用的信息。[2]20 世纪 50 年代，管理会计研究中出现了强劲的使用者导向的风潮（user-oriented movement），这一动向可能是财务会计研究者接受以决策有用为会计目标的刺激因素。接受这一

---

1 这表明该报告更倾向于支持公允价值会计而不是历史成本会计。

2 20 世纪 50 年代以前的文献也曾提及使用者这一概念，但那些文献没有明确地主张以使用者的信息 "诉求"（information "needs"）为理论基础，如美国会计学会 1936 年和 1941 年的暂行公告，1938 年桑德斯、哈特菲尔德和摩尔三人合著的《会计原则公告》，1940 年利特尔顿和佩顿合著的《公司会计准则导论》等。

新立场的早期会计文献包括 1954 年斯托布斯（Staubus）的博士学位论文，钱伯斯 1955 年的论文[1]，美国会计学会 1955 年的《补充公告 8：公开发表的财务报告的披露准则》[2]。美国会计学会 1966 年的《基本会计理论公告》表明，该学会已经采用决策有用观。

目前投资者的决策模型主要是现值模型（present value models）或双参数预期收益和风险模型（two-parameter expected return and risk models）。但会计理论只考虑了预期未来现金流量，还没有把风险因素正式考虑进去。学者们提出了多种多样的观点。

2. 侧重于决策者的分支

侧重于决策者的研究主要是经验研究，在逻辑推理上采用归纳法。以下区分针对个体行为和针对群体行为的研究，对相关文章进行梳理。此分支关于会计规则制定的研究没有取得进展。

（1）对个体行为的研究。

围绕个体对会计信息的反应所展开的学术研究，被称作"行为会计研究"（behavioral accounting research，BAR），其目标是使用经验证据去理解、解释和预测有关会计问题的人类行为。这是相对来说比较新的学术风潮。但是，由于行为会计研究缺乏合理的理论内核，因此，这种研究风潮难以用于评价会计规则是否适当。相关研究也主要是围着会计问题在外面打转，例如，其研究主体主要有四个方面：一是财务报表披露的充分性；二是财务报表数据的有用性；三是不同群体对公司报告行为的态度；四是影响会计人员对重要性的判断的主要因素。

（2）对整个市场行为的研究。

鉴于针对个体行为的研究很难用于研究竞争性信息来源（competing

---

1 该文提出"会计的基本功能……［是］提供做出理性决策所需的有用信息"。参见：R. J. Chambers, "Blueprint for a Theory of Accounting," *Accounting Research*, 1955, 6: 17-25。

2 该补充公告已经初步转向决策有用观。但此后该学会于 1957 年发布的正式公告却很少提及这一立场。

information sources）、动机（incentive）和信息使用者之间的交互作用（user interactions）等问题，因此，有必要开展对整个市场行为的研究。此类研究大多是以效率市场假说（Efficient Market Hypothesis，EMH）为基础的，如 1968 年发表的鲍尔和布朗的文章，以及比弗的文章等。[1]

（三）基于信息经济学（information economics）的理论模式

信息经济学认为，信息并非免费的物品，恰恰相反，它是常规的产品，获取信息是需要成本的，信息会对行为主体的决策产生重大影响。

三、对现有理论路径的批评

为什么上述理论路径没有形成主导性的会计理论？有六个方面的原因。一是那些会计理论难以在会计实践中落地，这是一个普遍问题。二是计算分摊上的主观性，这使得不同的理论很难形成共识。三是规范性的准则所存在的问题，在准则的实施中，客观性、可验证性、及时性等要求的执行情况五花八门。四是基于证券价格去评论会计规则的做法用处有限。五是现有研究很少进行成本与效益分析。六是数据扩容存在极限，信息并不是越多越好。

四、达成共识的困难性：总体观点

过去 10 年来会计理论的变化不是渐进性的或进化性的（evolutionary），而是革命性的（revolutionary）。这似乎吻合科技史学家托马斯·S. 库恩（Thomas S. Kuhn）1962 年在《科学革命的结构》（*The Structure of Scientific Revolutions*）一书中所提出的范式转换（paradigm shift）的观点。从科学研究的范式来看，研究者所笃信的范式决定了其所感兴趣的研究选题的类型。

---

1 Raymond Ball, Philip Brown, "An Empirical Evaluation of Accounting Income Numbers," *Journal of Accounting Research*, 1968, 6(2): 159-178; William H. Beaver, "The Information Content of Annual Earnings Announcements," *Journal of Accounting Research*, 1968, 6(Empirical Research in Accounting: Selected Studies 1968): 67-92.

五、启示

到目前为止，任何一种寻求终极真理（ultimate theoretical truths）的努力都是徒劳的。理论共识不是靠某个团体强制推行的，而是需要相应的实践的呼声。

该公告认为，采用演绎法的学者彼此独立运作，很少将他们的作品与前辈或当代人的作品进行比较。他们的著作富含作者本人的价值尺度和价值判断，可以说他们既没有证明自己的观点，也没有被别人否定。当主要采用演绎法的佩顿与主要采用归纳法的利特尔顿合著 1940 年出版的《公司会计准则导论》时，必要的妥协使得该书可能是美国会计文献中最有影响力的著作。从这些评论可知，该公告的起草人对经典文献不够熟悉。该公告引用的规范研究文献从佩顿 1922 年的《会计理论：以公司制企业为例》开始，之后是哈特菲尔德 1927 年的《会计学：原理和问题》等著作。这就清楚地表明，该公告的起草班子甚至都没有梳理清楚文献的演化进程。他们要么是没有找齐哈特菲尔德的代表著作，要么是没有读明白哈特菲尔德的早期代表著作。要知道，哈特菲尔德的早期代表作《现代会计学：原理和问题》早在 1909 年就出版了。该书借鉴法国民法典、德国民法典和英美判例法，生动地勾勒出了会计理论脉络。该书对作为后辈的佩顿影响很大。据佩顿所述，他最初（1912 年）读的是威廉·M. 科尔（William M. Cole）早期的一本名为《会计和审计》（*Accounting and Auditing*）的书，他觉得那本会计书非常糟糕。后来佩顿之所以走上会计理论的研究道路，正是因为他幸运地读到了斯普拉格和哈特菲尔德的著作，深受他们鼓舞的结果。该公告的作者连美国会计学术的基本脉络都弄得前后颠倒，也难怪他们会把理论公告生生写成那个样子。事实上，《会计理论与理论认可公告》也的确是美国会计学会在理论建构上的绝唱，该公告足以勾勒出美国会计学界主流的生态。此后，美国会计学会再也没有拿出像样的理论公告。

该公告罗列了自 20 世纪 60 年代中期以来时兴的实证会计研究的一些文章。公告提出，关于会计变量与市场行为之间关系的许多早期研究都是基于资本市场效率理论（theory of capital market efficiency）。可见，该公告的起草班子是把假说（hypothesis）当成一种理论主张来理解的。如果用这种以讹传讹的失当理念去指导博士生，那么可想而知博士论文会写成什么样子。

二、对《关于会计理论与理论认可的公告》的评价 [1]

我国一些文献对这份文件甚为推崇，但其实该公告应该算是美国会计学会推出的最糟糕的一份理论公告。

第一，《关于会计理论与理论认可的公告》是一份感想式的公告，缺乏理论主线。该公告没有提出自成一体的观点，也就没有办法清晰地梳理过去 10 年的诸多文章。全文引用了大量的文章，但很少提出理论观点，该公告所做的主要是罗列和堆砌规范研究的经典之作以及实证研究的各种选题。这种做法不但没有形成更加简洁清晰的理论图景，反而对人们把握理论脉络具有干扰作用。例如，《公司会计准则导论》这样的作品既采用了归纳推理又采用了演绎推理，很难用该公告的分类标准去归类。再如，该报告明显受到了有效市场假说和实证研究范式的影响，字里行间充满对范式转换的溢美之词。文中毫不吝啬地大量引用雷夫辛等人的文章，雷夫辛正是领衔该研究项目的"对外财务报告的概念与准则委员会"的负责人。[2] 从主笔起草该公告

---

1 Thomas Evans, *Accounting Theory: Contemporary Accounting Issues*(Cincinnati, OH: South-Western of Thomson Learning, 2003), pp.126-136.

2 目前学界常常误以为实证研究的流行是一种范式转换，这可能不大合适。变化不见得就是好的，实证研究也很难称得上是范式转换。所谓实证研究、经验研究无非是借助统计软件的便利性所进行的归纳分析，仍然是归纳推理的范畴。何新之有？统计分析方法本身并不能用于证明学术观点，它只是科学发现的辅助工具之一。正如同史学、法学、社会学、语言学等学科借助统计分析方法挖掘信息一样，统计分析对会计学的作用也是补充性（或曰渐进性的、进化性的）的，而不是革命性的。

的"对外财务报告的概念与准则委员会"的人员构成看，该公告写成一个大杂烩实属难免。其成员包括俄克拉何马州立大学的詹姆斯·R.鲍茨曼（James R. Boatsman）、斯坦福大学的乔尔·德姆斯基（Joel Demski）、德保罗大学的约翰·W.肯内利（John W. Kennelly）、得克萨斯大学奥斯汀分校的克米特·D.拉尔森（Kermit D. Larson）、西北大学的劳伦斯·雷夫辛（Lawrence Revsine）、加州大学伯克利分校的乔治·J.斯托布斯（George J. Staubus）、莱斯大学的罗伯特·R.司德凌（Robert R. Sterling）、威斯康星大学麦迪逊分校的杰瑞·J.韦安特（Jerry J. Weygandt）、杜兰大学的斯蒂芬·A.泽夫（Stephen A. Zeff）。此时利特尔顿已经去世，佩顿已经退休，单靠会计史学家泽夫，是难以征服以斯托布斯为首的倡导决策有用观的学者的。

第二，该报告把库恩对自然科学史的哲学思考，原样照搬到作为社会科学的会计学科上面，这种移花接木的春秋笔法立即受到了指责。[1]要知道，美国会计学会1973年设立那个写作班子的时候，可是让他们提出一套理论学说的。难道把库恩的科技哲学照搬过来，就算是完工了吗？

第三，该报告的一干作者简单地把既有文献用三种理论模式概括了事，缺乏合理的理论标准。该报告关注的是学界的异议而非共识，其基调是消极而不是积极的。对于迫切需要理论支持的财务会计准则委员会来说，美国会计学会这么干，究竟能发挥什么积极作用？

总体来看，《关于会计理论与理论认可的公告》的理论贡献乏善可陈，这暴露了美国会计学会缺乏自身学术立场、美国会计学术研究缺乏鲜明理论主张的真实局面。在新自由主义兴起和学术期刊、学术资源私有化的大背景下，"后起之秀"基本上都是有效市场假说、新自由主义、实证经济学和信息经济学的信徒。美国会计学术界早已不是罗斯福新政时代的会计学界，面对缺乏

---

1 K. V. Peasnell, "Statement of Accounting Theory and Theory Acceptance: A Review Article," *Accounting and Business Research*, 1978, 8(31): 217-225.

理论基础的实证会计研究，恐怕不管是谁，都难总结出一份像样的学术报告来。如果没有一番返璞归真的转变，恐怕美国会计学会很难再拿得出《公司会计准则导论》那样的作品。

为什么美国会计学会的理论公告自 1936 年至 1977 年，短短 40 多年的转变如此之大？一个可能的解释是，任何组织都是由个人构成的，美国会计学会也不例外，其会员既有私立大学的学者，也有公立大学的学者。少数掌握话语权的学者的审美品位和格调，也就代表着整个学会的水平。当然，这种代表只是暂时性的，其时间跨度通常不超过学者的学术寿命——40 年。美国会计学会历次公告和补充公告的起草班子人员构成各异，导致其文件质量参差不齐。所谓"三十年河东，三十年河西"，这种说法对美国会计学术界来说，似乎也是成立的。从 1977 年到现在，又有 40 多年过去了，美国证券市场上的会计实践变得更美好了吗？美国会计学术形成《公司会计准则导论》那样的成果了吗？历史已经给出回答，并且还在继续回答。

第三节　实证会计流行的原因及其批评

一、实证会计何以成为流行

实证会计范式之所以流行于美国，是会计教师任职资格变化、金融界利益诱导、福特基金会和卡耐基基金会引导、政界倡导放松管制、社会科学学术评价标准恶化、计算机和数据库普及、公司金融理论迎合华尔街需求等因素综合作用的结果。

第一，会计教师任职条件的变化。在传统上，精通会计业务的会计教师不见得拥有博士学位，但往往会持有注册会计师证书。在 20 世纪 50 年代之前，美国大学中的大多数会计教授都更加注重实践而不是学术研究。许多人曾经是或者仍然是会计从业人员，相对较少的学者拥有博士学位。拥有博士学位者基本上都是经济学博士，如哈特菲尔德、佩顿等人。但 1965 年美国会计学会却枉顾这一事实，提出相反的主张。该学会倡议会计教师应当具备博士学位，而注册会计师证书则不再被列为必要条件。[1] 这一转变对学术研究导向影响甚大，导致理论界与实务界之间出现了巨大的鸿沟。莫里斯·穆尼茨指出，这种转变的后果之一，是实务界与理论界无法交谈，学术研究与会计实务毫不相干。他建议那些热衷于股票市场、股权激励、经济后果的人们到别的学科领域去"忽悠"。[2]

第二，福特基金会和卡耐基基金会的数量化分析导向的驱动。罗斯·L.瓦茨认为，导致会计研究范式从规范研究转换到实证研究的一个重要原因，是福特基金会和卡耐基基金会关于改变管理教育的倡议，它是导致会计研究范式发生重大转变的催化剂。20 世纪 50 年代末和 60 年代初，鉴于美国大学的工商管理教育在教学目标和教学内容等方面难以满足社会需要，福特基金会和卡耐基基金会分别进行了调查，得出的结论大体相同，都主张增强实践导向、增强数量分析的教育。它们提出，"形成假设并进行检验是学术研究成功的关键"。[3] 之后，美国大学的商学院发生了变化，大量数学课程出现在 MBA 项目中。很多美国私立高校根本就没有会计本科教育项目，它们的会计学博士项目往往会招收很多没有接受过系统性的会计教育的研究生，实证会计的流行正好给他们顺利切入会计领域提供了方便。前面所提及的学者有很多位就是从其他专业转入 MBA，然后直接转到会计学博士项目的。这种

---

1 American Accounting Association, "Doctoral Programs in Accounting," *The Accounting Review*, 1965, 40(2): 414-421.

2 Maurice Moonitz, "The Beamer Committee Report—A Golden Opportunity for Accounting Education," *Journal of Accountancy*, 1973, 136(2): 64-69.

3 ［澳］克雷格·迪根：《财务会计理论》（第三版），方红星等译，东北财经大学出版社，2010，第 188 页。

导向的后果之一，就是大多数北美高校的会计博士教育与资本市场实证研究几乎可以画等号。

太史公曰："天下熙熙，皆为利来；天下攘攘，皆为利往。"对于私立大学来说，捐赠基金是其主要收入来源之一。因此，私立大学的确很难抗拒基金会的诱惑。相对而言，公立高校似乎更有可能摆脱基金会的诱惑，做出更有益于整个社会群体的社会科学成果，但实际情况并非如此。个中因由，值得玩味。

第三，美国私人部门的科研经费引导学者们尽量少地关注现实问题。如果你知道金钱的流向，你就能够理解理论的导向。采用实证会计范式的主要研究都是由美国证监会和财务会计准则委员会资助的。[1]会计公司也直接资助学术研究，它们在私立大学中设立了很多讲座教授席位。[2]向大学捐资的企业也不支持带有"批判"属性的研究。[3]其结果是，实证研究（经验研究）越来越占主导地位，学术研究不再研究会计自身的理论问题，而是着眼于煞有介事地检验会计数据对股票市场、企业行为或者宏观经济的影响。那种所谓的研究基本上与会计实务毫不相干，因而不太可能对公共会计师行业构成挑战，这一研究动向终于令那些厌恶学术批评的执业注册会计师们暂时松了一口气。[4]有学者明确地指出：在美国，大学教师研究的东西几乎对会计教育和实务工作没有造成任何影响，实证会计研究只是大学教师和博士生热衷的事情。太阳照常升起。会计教育仍然在教学生们做会计实务工作，学生们仍然在努力地

---

1 David J. Cooper, Michael J. Sherer, "The Value of Corporate Accounting Reports: Arguments for a Political Economy of Accounting," *Accounting, Organizations and Society*, 1984, 9(3, 4): 207-232.

2 加里·约翰·普雷维茨、巴巴拉·达比斯·莫里诺：《美国会计史——会计的文化意义》，杜兴强等译，中国人民大学出版社，2006，第 375—378 页。

3 David C. Moore, "Accounting on Trial: The Critical Legal Studies Movement and Its Lessons for Radical Accounting," *Accounting, Organizations and Society*, 1991,16(8): 763-791.

4 Gary J. Previts and Barbara D. Merino, *A History of Accountancy in the United States: The Cultural Significance of Accounting* (Columbus: Ohio State University Press, 1998), p. 347.

参加注册会计师考试。[1]学术界实际上是在独立运转。自从实证会计流行开来，会计学术界、会计公司、投资银行等便可各自为安，互不干涉。

第四，学术迎合政治。20 世纪 70 年代末 80 年代初，英美等国在弗里德曼自由主义的指导下推行放松管制的政策。弗里德曼本人于 1979 年成为里根政府的经济政策顾问，他还在 1979—1990 年任英国首相撒切尔夫人的经济政策顾问。在新自由主义的大背景下，政府资助了大量倡导放松管制的研究。实证会计作为芝加哥学派自由主义经济学说在会计和资本市场研究领域的具体运用，追随当时盛行的右翼政治意识形态，使得学术服务于政治目的。这就是为什么实证会计往往会提出反监管的政策建议。[2]随着自由主义经济学的失败和共和党政府的下台，实证会计所采取的宣扬放松管制的主张也显得越来越落伍。

第五，学术期刊大多不愿刊登批评既得利益者的文章。有学者指出，出于职业安全的考虑，缺乏创新精神的编辑倾向于刊发随波逐流的文章而不是创新性的文章。[3]更有人直截了当地指出，像《会计评论》（*The Accounting Review*）这类杂志如今对质疑性的论文充满了敌意，这一点是人所共知的。[4]

第六，计算机的应用和数据库、统计分析软件的普及。CRSP 数据库和 Compustat 数据库为金融经济实证研究提供了便利，计算机技术的进展和统计软件的开发使得实证研究更为容易。1960 年，芝加哥大学商学院金融研究中心附属的证券价格研究中心（Center for Research in Security Price，CRSP）开发了 CRSP 证券数据库。1968 年，刚刚于 1966 年被麦格劳 - 希尔公司收购的标准普尔公司为其东家开发了 Compustat 数据库。1966 年，美国北卡罗来

---

1 Robert R. Sterling, "Accounting Research, Education and Practice," *Journal of Accountancy*, 1973, 136(3): 44-52.

2 ［澳］克雷格·迪根：《财务会计理论》（第三版），方红星等译，东北财经大学出版社，2010，第 404 页。

3 Tom Mouck, "The Rhetoric of Science and the Rhetoric of Revolt in the 'Story' of Positive Accounting Theory," *Accounting, Auditing & Accountability Journal*, 1992, 5(4): 35-56.

4 T. Tinker, C. Lehman, and M. Neimark, "Falling Down the Hole in the Middle of the Road: Political Quietism in Corporate Social Reporting," *Accounting, Auditing & Accountability*, 1991, 4(2): 28-54.

纳州大学两名研究生开发了统计分析软件 SAS（Statistical Analysis System）。1968 年，美国斯坦福大学的三位研究生研制了社会科学统计软件包 SPSS（Statistical Package for Social Science）。1975 年，SPSS 总部在芝加哥设立。1976 年 SAS 软件研究所（SAS Institute Inc.）成立，开始进行 SAS 系统的开发和销售。证券数据库和统计软件的发展，使得实证范式具备了作文成本低、文章产量高的优势。

第七，公司金融理论异军突起，为实证研究提供了真假莫辨的待检验假设。1952 年，哈里·M. 马科维茨（Harry M. Markowitz）的博士论文《投资组合理论》把金融理论引向了数理化的道路。该文把预期报酬率定义为过去报酬率的均值，把风险定义为过去报酬率的方差，这就是所谓的"均值－方差分析"（mean-variance analysis）。"均值－方差分析"是一个无法验证的研究，因为它纯粹是在假设的基础上进行推演，无异于春秋大梦。其"贡献"是开辟了金融研究的新范式——数理金融，因此被称为"第一次华尔街革命"，数理统计从此大行其道。其博士论文答辩委员会主席弗里德曼正确地指出，其论文本身够不上经济学博士论文的标准。但马科维茨后来凭借此文获得了诺贝尔经济学奖。1964—1966 年，威廉·F. 夏普（William F. Sharpe）、约翰·林特纳（John Lintner）和杰克·特雷诺（Jack Treynor）提出了资本资产定价模型，其结论是"风险越大，报酬越大"。[1]1970 年，尤金·法玛（Eugene F. Fama）提出有效市场假说。这两个理论成为实证会计的法宝。1972 年，布莱克、斯科尔斯和默顿提出期权定价模型，为芝加哥期权交易所（Chicago Board Options Exchange，CBOE）1973 年开张提供了交易规则，这被称为"第二次华尔街革命"。

---

1 资本资产定价模型存有较大争议，参见：Eugene F. Fama and Kenneth R. French, "The Cross-Section of Expected Stock Returns," *Journal of Finance*, 1992, 47(2): 427-466; Eugene F. Fama and Kenneth R. French, "Common Risk Factors in the Returns on Stocks and Bonds," *Journal of Financial Economics*, 1993, 33(1): 3-56。

专栏 11-16

克鲁格曼评获得诺贝尔经济学奖的主流金融学论点

在 20 世纪 30 年代，由于一些显而易见的原因，金融市场并没有受到太多关注。凯恩斯将其比作报纸上的某些竞赛游戏，参赛者被要求从 100 张照片中选出最漂亮的 6 张，与大多数参赛者的选择最相近的将获胜。于是每个参赛者不得不忽略自己最喜欢的照片，而去选择那些他认为别的参赛者会喜欢的照片。

然而，到了 1970 年左右，金融市场的研究似乎被伏尔泰作品中那位坚信着"我们生活在一个不可能更好的世界中"的庞格罗斯所掌管。关于投资者的不理性、泡沫经济以及毁灭性投机行为的讨论从学术论著中消失了。整个经济学都被芝加哥大学尤金·法玛提出的有效市场假说支配着，即在金融市场中，价格完全反映所有可获得的信息（若一个公司的信息是公开的，那么股票总是能准确地反映该公司的利润、经济前景等）。而到了 20 世纪 80 年代，金融经济学家们，尤以哈佛商学院的迈克尔·詹森为代表，声称由于金融市场总能正确定价，公司领导最应该做的，便是使他们的股票价格最大化——不仅为他们自己，更是为了整个经济体制。换言之，金融经济学家相信，我们应该将国家的基本建设放到凯恩斯所说的"赌场"里。

很难说经济学领域的这种转变是由某些事件驱使的，但确实，1929 年的记忆渐渐模糊退去，牛市继续着，伴随着神话般的投机生意的愈演愈烈，接下来熊市到来了。在 1973 年 4 月，股票失去了 48% 的价值；而在 1987 年的股灾中，道琼斯平均指数一天之内毫无原因地下挫 23%，这至少也值得人们稍微怀疑一下市场的理性。

而这些会被凯恩斯作为市场不可靠证据的事件，却无法阻挡一个看起来很美好的想法。金融经济学家提出了一个惊人的优雅的理论模型，他们假设所有的投资者都理性地平衡了风险和收益，这就是所谓的资本资产定价模型（CAPM）。如果你接受这个模型的前提条件，它会大有用途。甚至比金融产业的观点更重要的是，CAPM 不仅告诉你如何选择投资组合，它还教给你如何为金融衍生品定价。这个优雅的、显然也是有用的新理论将其创造者推向了诺贝尔经济学奖，而许多支持这个理论的专家们也得到了其他一些奖项。CAPM 更多神秘的用法需要物理学家一般的计算能力，于是那些用新经济模型和卓越数学技巧武装的温文尔雅的经济学院教授得以在华尔街一展身手，成为穿梭于金融市场的行家，赚着华尔街高额的薪水。

公平地说，金融理论家们接受有效市场假说并不单单是因为它优雅、方便、获利多。他们也做出了一系列的数据证明，乍一看似乎还挺有说服力。然而这些所谓证据都有极大的局限性。金融经济学家几乎从来都不去问这样一个看起来显而易见（但是并不容易回答）的问题：在现实世界里，像盈利这样的基本问题中资产价格是否管用？他们只考虑资产价格在资产价格给出的情况下是否合理。拉里·萨默斯是奥巴马政府的首席经济顾问，他曾经用"番茄酱经济学家"的寓言讽刺金融学教授们，他说这些教授"证明了两夸脱番茄酱恰好是一夸脱番茄酱价格的两倍"，从而得出结论证明番茄酱市场是完全有效市场。

不管是这样的讽刺，还是像耶鲁大学罗伯特·希勒这样的经济学家的温和批评，都没有取得什么效果。金融理论家仍然相信他们的经济模型是根本正确的，而许多人也凭此在现实世界中做出投资决定。

资料来源：P. Krugman, "How did Economists Get It So Wrong?" *New York Times,* September 6, 2009；新华网，2009-10-18.

有效市场假说并不是凭空发展起来的。有效市场假说是金融自由化和放松金融管制运动的派生物。自其提出以来，数十位著名经济学家均指出有效市场假说存在很显著的偏谬，这些经济学家包括约瑟夫·斯蒂格利茨、罗伯特·希勒和劳伦斯·萨默斯等人。布拉德·德朗、安德烈·施莱佛、劳伦斯·萨默斯和罗伯特·沃德曼创建了一个模型，证明噪声交易可以导致市场价格与基本价值之间的巨大差异。有效市场假说虽然只是假说，但其传播却往往是以"有效市场理论"等近乎"定理"的面目出现的，它符合金融界的利益，可谓应时应景。[1]

在有效市场假说的语境下，会计规则究竟应当如何设计并不是什么大不了的事情，甚至对聪明的证券投资者毫无影响，高效率的证券市场总是能够"看穿"不同会计处理方法对股价的潜在影响。正如《美国会计史——会计的文化意义》一书所概括的，20世纪60年代末，会计学术研究的旨趣发生重大变化，出现了大量以资本市场为研究对象的经验研究。学者们的注意力从关注会计计量属性等基本理论问题，转移到会计信息对股价的影响上来。70年代的有效市场假说不仅平息了关于会计信息究竟应当为谁服务的争论，还主张会计师不必太过关注利润如何确定的问题，因为证券投资者一般不会被会计数据所愚弄。实证会计研究一方面提高了这类会计学术在整个学术界的知名度，另一方面使得大多数的财务报告问题显得微不足道。[2]对实证会计具有较大影响的部分诺贝尔经济学奖获奖成果参见表11-2。

表 11-2　　　　对实证会计具有较大影响的部分诺贝尔经济学奖获奖成果

获奖年份	代表性成果
1985	佛朗哥·莫迪利亚尼（Franco Modigliani）的储蓄的生命周期假说
1990	哈里·M.马科维茨（Harry M. Markowitz）的投资组合理论 默顿·米勒（Merton H. Miller）和佛朗哥·莫迪利亚尼（Franco Modigliani）的 MM 定理 威廉·夏普（William F. Sharpe）的资本资产定价模型（CAPM）

---

1 ［美］西蒙·约翰逊、郭庚信：《13个银行家：下一次金融危机的真实图景》，丁莹译，中信出版社，2010，第64—65页。

2 Gary J. Previts and Barbara D. Merino, *A History of Accountancy in the United States: The Cultural Significance of Accounting* (Columbus: Ohio State University Press, 1998), p. 322.

续表

获奖年份	代表性成果
1997	罗伯特·C.默顿（Robert C. Merton）和迈伦·S.斯科尔斯（Myron S. Scholes）对布莱克－斯科尔斯公式（B-S公式）的完善
2013	尤金·法玛（Eugene Fama）的有效市场假说（EMH） 拉尔斯·彼得·汉森（Lars Peter Hansen）的实证金融研究 罗伯特·席勒（Robert Shiller）的行为金融实证研究

　　一边是资本市场的火爆行情，另一边是公司金融理论的推波助澜。在这样的背景下，投靠公司金融理论成为会计研究者的流行之选。恰好法玛提出的有效市场假说本身就是一个"假说"，在理论上根本没法给出肯定性或者否定性的评价，再加上多元统计方法本身很容易构造出似是而非的统计关系，大样本通常总是能够得到显著的统计结果，因此，有效市场假说能够确保1970年以来的一些主攻实证研究的会计学博士生按期毕业。这也是实证金融、实证会计比较流行的一个重要原因。在既得利益者掌握规则制定权的大背景下，要确定博士论文选题，实属不易，公司金融理论和统计软件是会计学博士生确保按期毕业的两大法宝。

　　实证研究的倡导者往往基于库恩的"范式转换"概念，主张以实证研究取代规范研究，这种观点一再被我国部分学者所强调。但这一切有可能都是出于对库恩的学说的误解。库恩的范式转换概念是针对自然科学的重大发现的历史及其哲学（即科技史和科技哲学）而言的。他提出，范式是科学共同体的共识（consensus of a scientific community）、共同范例和共同承诺，它代表的是一种公认的理论体系、工作纲领。对科学真理的探索不能完全仰赖于"客观性"，而要把主观性的因素考虑在内，因为客观性最终仍然是建立在研究者的主观认知的基础上的。不同的范式之间往往是不可通约的（incommensurable）。库恩的这一观点是实证研究者开山立派的理论信条，也是前述的《关于会计理论与理论认可的公告》的作者们"集体不作为"的挡箭牌。[1]但是，范式转换是指对原有自然科学知识体系的延伸和拓展（如从牛顿的经典力学发展到爱因斯坦的相对论），不是对既有知识的背离，更不是抛弃现有的自然科学知识。实证经济学的流行也仅仅是流行，离"范式转换"这一概念还有相当遥远的距离。流行就是流行，它不是潮流，在这个意义上，实证经济学跟流行服装、流行音乐是一个概念。

 专栏 11-17

决策有用观下的信息观和计量观

实证研究的爱好者所做的统计分析形成了许许多多文章，这些文章几乎全部建立在决策有用观的基础上，先后被称作信息观和计量观。

一、信息观

在公允价值会计理念流行以前，实证研究者所进行的统计分析，后来大多被冠以信息观（information perspective）之名。信息观是指运用"信息含量"（information content，直译为信息内容）来测度会计信息的有用性的实证研究思路，简单地说，就是用证券市场对新信息的反应（主要是指股价的变动）来佐证会计信息（或者特定的会计规则）是否对证券投资者有用（或有益）。鲍尔和布朗于1968年发表的计量分析文章是这一研究思路的代表，这种研究思路主要聚焦于会计盈余与股价表现，其观测指标主要是盈余反应系数（earnings response coefficients，ERC）。盈余反应系数是用于描述证券市场价格对某一证券的未预期盈余的反应程度的统计分析指标，即以股票价格相对于投资者而言的累计异常回报（cumulative abnormal return，CAR）为因变量，以未预期盈余为自变量，进行回归分析，自变量的回归系数即为盈余反应系数。其中，未预期盈余是实际盈余

---

1 Thomas S. Kuhn, *The Structure of Scientific Revolutions*, 1st Edition (Chicago: University of Chicago Press, 1962)；[美]托马斯·库恩：《科学革命的结构》（第4版），北京大学出版社，2016。

与估计的预期盈余之差。

在信息观下，信息是否有用，关键不在于披露的形式，而在于信息的内容。信息如果对证券投资者有用，那么，无论是放在脚注里，放在附注里，还是采用其他形式另行披露，都是可行的。所以，从"信息观"这种实证研究思路来看，会计规则究竟怎么制定无关紧要，投资者自己就有能力运用会计信息进行投资分析，用不着要求会计人员在会计报表中做额外的计算分析，会计人员只要把该披露的信息充分披露出来就行了。一言以蔽之，充分披露（full disclosure）才是制定会计规则的要点。这就意味着，无论证券投资者有何诉求，传统的历史成本会计并无改变的必要，只要增加信息披露就够了。

二、计量观

随着公允价值会计理念的流行，计量观（measurement perspective）应运而生。

计量观是指主张以公允价值等特定的会计计量方法，来提高会计信息的有用性的实证研究思路。租赁会计、金融工具会计、养老金会计等会计规则体现了这一思路。

在计量观下，实证研究文章往往宣称，证券市场的信息解读能力是有限的，因此，对有些报表项目采用公允价值计量，比全部采用历史成本计量，对投资者更为有益。目前，实证研究主流宣扬的是计量观。

总之，信息观和计量观似乎说了什么，但其实什么也没说。它们都是在对会计规则发表感想，从而扮演着为混合计量模式辩护的角色。这是由统计分析方法的特点和局限性所决定的。这种研究对理论研究者和立法机关几乎没有什么借鉴价值。

二、学术界关于主流学术范式（即实证会计范式）的批评意见

实证会计研究范式自20世纪60年代兴起以来，其试图解决的问题一直没有取得大的进展，几乎没有形成知识积累。会计学术界进入了只有"顶级期刊"论文篇数、没有理论积累的状态。

50多年过去了，一波又一波的研究者仍然在检验几十年前的假说，而且一如既往地无法形成共识。文章数量的繁盛与学术理念的空白形成强烈反差。而科学研究的目的是创造知识，服务于社会。

在过去的50年里，学术界陆续从各个方面对实证研究方法论提出了质疑。

（一）哈耶克1974年对实证研究方法论的批评意见

哈耶克，这位社会科学领域的标志性人物，因其自由主义言论引发广泛争议。就是这样一位涉猎诸多社会科学门类并均做出突出贡献的研究者，在诺贝尔经济学奖（瑞典国家银行经济学奖）1974年的颁奖典礼上还不忘对实证研究方法论提出批评。

 专栏 11-18

哈耶克：知识的僭妄（节选）

（说明：本专栏摘录了弗里德里希·奥古斯特·冯·哈耶克（Friedrich August von Hayek，1899—1992）1974年12月11日在斯德哥尔摩发表的瑞典国家银行经济学奖获奖演说。哈耶克是奥地利出生的英国人，社会科学家，精通法学、社会学、政治学、哲学等多个学科门类。）

这篇演讲的特殊场合，再加上经济学家们今天所面临的实际问题，使我几乎无可避免地选择了这个题目。一方面，不久前刚刚设立的"瑞典国家银

行纪念阿尔弗雷德·诺贝尔经济学奖"[1]，标志着一个过程又向前迈出了重要的一步，由于这个过程，在一般民众的看法中，经济学已经赢得了类似于物理学的威望。另一方面，目前人们正在呼吁经济学家出来谈一下，如何才能使自由世界摆脱不断加剧的通货膨胀这种严重的威胁。然而必须承认，正是大多数经济学家曾经推荐甚至极力促使政府采取的政策，造成了这种局面。此时此刻我们没有丝毫理由沾沾自喜：我们的学问已经引起了一大堆麻烦。

在我看来，经济学家在指导政策方面没有做得更为成功，同他们总想尽可能严格地效仿成就辉煌的物理学（physical sciences）这种嗜好大有关系——在我们这个领域，这样的企图有可能导致全盘失误。关于这种往往被人称为"科学"的方法，我在大约 30 年以前就曾说过，"就科学一词的真正含义而言"，这种态度"没有任何科学性可言"，"因为它将一个领域中形成的思维习惯，不加批判地、死板地运用于其他不同的领域"。

……与物理学的情况不同，在经济学中，以及在研究的现象十分复杂的其他学科中，我们能够取得数据进行研究的方面必定是十分有限的，更何况那未必是一些重要的方面。在自然科学中，一般认为，而且也很有理由认为，对所观察的事物起着决定性作用的任何因素，其本身也是可以直接进行观察和计算的。但是，市场是一种十分复杂的现象，它取决于众多个人的行为，对决定着一个过程之结果的所有情况，几乎永远不可能进行充分的了解或计算。其原因下面我还会做些解释。自然科学的研究者对他认为重要的事项，能够根据不证自明的原则进行计算，而在社会科学中，碰巧有个事项能够进行计算，往往就被认为是重要的事项。它有时会达到这种地步：要求我们的理论必须只用可以进行数量计算的语言加以表述。……

1　该奖项是瑞典国家银行于 1968 年为纪念其成立 300 周年而向诺贝尔基金会捐资创建的，2006年定名为"瑞典国家银行纪念阿尔弗雷德·诺贝尔经济学奖"。该奖项不属于诺贝尔遗嘱所指定的五大奖项，但常被有意无意地简称为"诺贝尔经济学奖"。

　　只有可计算的数据才是重要的——这种迷信在经济领域造成实际危害的事例可能为数不多，但目前的通货膨胀和就业问题却是十分严重的一例。它所造成的后果是，经济学家中有着唯科学主义头脑的大多数人，对很可能是造成广泛失业的真正原因漠不关心，因为它的作用无法用可以直接观察到的可计量数据之间的关系加以证实，他们几乎把全副注意力都用在了可以计算的表面现象上，由此产生的政策使事情变得更糟。……

　　我提到这些眼前很重要的实际问题，主要是想说明，一些有可能与科学哲学的抽象问题有关的错误，会导致严重的后果。不过现在我打算先把这些问题放在一边。同我刚才讨论的问题一样，对徒具科学外表的主张不加批判地接受，由此在更广泛的领域造成的长期危险，人们有充分的理由表示担忧。我主要是想通过这一话题性的说明指出，不但在我本人的领域，并且普遍地在与人有关的其他学科中，貌似科学的方法其实是最不科学的。进一步说，在这些领域，我们所能期待科学达到的目标，是有着明确界限的。这意味着，把科学方法无法做到的事情委派给科学，或按照科学原则去进行人为的控制，有可能招致令人悲哀的后果。……我们这一行里较易于冲动的年轻人，不太愿意接受这一点，但是，对科学有着无限力量的信仰，往往建立在一种错误的信念之上，认为科学的方法就是采用一些现成的技术，或是模仿科学过程的形式而不是它的本质，似乎只要按图索骥就可以解决一切社会问题。有时甚至让人觉得，与为我们揭示问题所在以及如何处理这些问题的思考相比，科学方法更容易掌握。

　　如果我们想维护科学的声誉，不让因肤浅地把一切方法都比附于自然科学方法而产生的知识的虚妄得逞，我们就必须花大力气去揭露这种虚妄，须知，在一些现有的大学院系里，这种态度已经蔚成风气了。对卡尔·波普尔（Karl Popper）这样的科学哲学家，我们应当表示无尽的感激，因为他给了我们一种检验方式，使我们能够对可以作为科学而接受的东西和非科学的东西加以区分，我相信，这一方法会使某些现已被承认为科学的学科原形毕露，同那些本质上复杂的现象有关的一些特殊问题——其中社会结构就是这种现象的重要一例——使我打算在结束之前更一般地重申我的主张。在这些领域，不仅对具体事件的预测有着难以逾越的障碍，如果我们自以为拥有超越这些障碍的科学，并据此采取行动，这种做法本身就会成为人类智慧进步的严重障碍。……

我们必须记住的关键一点是，自然科学取得的长足进展，是出现在这样一些领域，在那里，各种解释和预测可以以一些规律为基础，这些规律表明，被观察的现象的产生，相对而言只受极少变量的影响。它们或者是一些具体的事实，或者是较为频繁出现的事件，这或许就是我们仅仅把这些领域称为"自然"（physical）的终极原因，以区别于我所说的本质上是复杂现象的高度有机的结构。……有关本质复杂的现象的理论，必然涉及大量的具体事实；要想从这种理论中得出预测，或对其进行检验，我们必须搞清楚所有这些具体事实，一旦我们成功地做到了这一点，得出经得住检验的预测也就不会有什么困难了：借助现代计算机，很容易利用这些数据，把已建立的理论中各个相应的空白处填补起来，从而作出一项预测。真正的困难在于确定这些具体事实，对于解决这个困难科学做不出多少贡献，有时它甚至是一种无法克服的困难。

资料来源：《哈耶克文选》（第 2 版），冯克利译，江苏人民出版社，2007，第 405—415 页。

（二）司德凌 1990 年对北美会计学术走向的预言

美国学者罗伯特·R. 司德凌（Robert R. Sterling）曾在 1990 年作如下评论：实证会计有可能做出真正的成果吗？恐怕所有的研究成果都千篇一律。20 年后，我们周围将会充斥着企业管理层通过操纵会计数据牟利的研究报告。

如今北美会计学术界的现状恰如司德凌早年所言。实证会计研究范式下常常出现文章满天飞、一旦结集出版却无人问津的局面，这可能意味着，论文在学术期刊中被循环引用并不代表学术观点被社会实践所认同。

（三）霍普伍德 2007 年的反思

实证范式狂飙突进 30 年后，其倡导者也渐渐觉察到，实证范式乏善可陈，难以形成学术积累。霍普伍德 2007 年直言："我想，人们对于会计研究的现状和发展趋势越来越感到不安。会计研究的创新性越来越弱，距离实践越来越远。"2008 年，他更是在《金融时报》撰文呼吁，各大学商学院（经济管理学院）应当关注创造思想，而不是随波逐流。

霍普伍德认为，各大学商学院（经济管理学院）教师们在排名压力下过于关注同僚们在干什么，而不是展望未来世界究竟需要他们创造什么样的新知识。这种状况在美国，特别是在经济、会计和金融学科表现得尤其明显。他认为，澳大利亚、新西兰、英国以及北欧国家还保持着知识多样性的理念，至少在会计领域是这样的。作为对比，美国的会计学术领域越来越自说自话、趋于孤立，缺乏与其他管理学科的沟通，更不要说与其他社会科学了。鉴于美国主流会计学术传统的日趋复杂，牵涉到众多复杂因素，在可预见的未来，这种情况得以扭转的可能性不大。[1]

 专栏 11-19

学术创新与再创新——霍普伍德的回忆

1965 年我作为富布赖特学者来到芝加哥大学攻读博士学位时，比弗（原文为 Bill Beaver，即 William H. Beaver）刚刚完成博士论文留校任教，尤金·法玛当时在主攻金融学博士学位。我记得德姆斯基当时正站在

---

1 Anthony G. Hopwood, "Reflections and Projections—and Many, Many Thanks," *Accounting, Organizations and Society*, 2009, 34(8): 887-894.

商学院楼前的台阶上，焦急地等待博士论文答辩结果。菲利普·布朗已经读了两年会计学博士课程，一年之后雷蒙德·鲍尔（Raymond Ball）和罗斯·瓦茨（Ross Watts）也来到了芝加哥大学。日后的诺贝尔经济学奖得主迈伦·斯科尔斯（Myron Scholes）正在写他的金融学博士学位论文。这时候的同学还有马歇尔·布鲁姆（Marshall Blume）和迈克尔·詹森（Michael Jensen）等人。我向默顿·米勒（Merton Miller）学习金融，向乔治·施蒂格勒（George Stigler）学习产业组织理论，向米尔顿·弗里德曼（Milton Friedman）学习宏观经济学，这些人后来都获得了诺贝尔经济学奖。一年后，我决定不再学习金融学（这种做法真是一个异端），改为追随彼得·布劳（Peter Blau）和莫里斯·贾诺威兹（Morris Janowitz）等名师，学习行为科学和组织社会学。当时的会计学博士论文刚刚开始使用数量化研究方法，新入学的博士生仍然要学习20世纪以来的传统的会计理论，我遇到过卡尔·戴维尼（Carl Devine），还选过比尔·瓦特（原文为Bill Vatter，全名为William Joseph Vatter）的会计课。芝加哥大学并不是唯一一个引入数量化研究方法的大学，我记得加州大学伯克利分校、卡内基梅隆大学、明尼苏达大学等都这么做了。有趣的是，哥伦比亚大学、哈佛大学、斯坦福大学和宾夕法尼亚大学沃顿商学院当时还没有这么做。在会计学中，新知识的创造很大程度上是自下而上的革命。乔治·索特（George Sorter）作为芝加哥大学商学院的博士教育项目主任，一直竭力面向全球招揽博士生。戴维·格林（David Green）的经验研究课程也很关键。年轻的尼古拉斯·多普奇（Nicholas Dupoch）非常善于引进经济学和行为科学中的最新进展。博士生们开始向传统的会计学术发起挑战，实证研究就这样突破浓重的规范研究的氛围而发展起来。我也开始采用实地研究方法进行管理会计的研究。然而，这种跨学科研究所形成的新知识却难以传播和发表。鲍尔和布朗的论文就受到了这般冷遇，他们的文章被《会计评论》（*The Accounting Review*）杂志拒稿，理由是那篇论文不是会计学论文。该文后来发表在芝加哥大学自办的《会计研究学刊》（*Journal of Accounting Research*）上。我想要说的是，那些人犯了多大的错误呀。他们画地为牢，试图把新知识牢牢捆绑在旧知识的框架内。他们没有意识到，会计和会计学研究一直在不停地变化。会计曾经是一项雕虫小技。金融学的研究使得期权市场得以创立，使得新型金融工具得以产生，使得金融风险的管理水平有了很大不同。会计研究也应当有那样的志气。

我相信像雷蒙德·鲍尔和菲利普·布朗 1968 年发表的那篇实证会计范文那样在内容和知识地位上富有创意的文章，现在仍然会被《会计评论》拒稿。实际上，如今学术界的形势比那时更糟糕。在 20 世纪 60 年代，新创刊的《会计研究学刊》举步维艰，现在的情况可能要好点。该刊以及《会计与经济学杂志》（*Journal of Accounting and Economics*）曾经是推广实证会计大旗的先锋，但如今却变得越来越狭隘，不再像以前那样富有创新精神，那种呼唤变革的动力似乎已经不复存在。这算不算是它们跻身主流的代价？

资料来源：Anthony G. Hopwood, "Whither Accounting Research?" *The Accounting Review*, 2007 82 (5): 1365-1374.

（四）德姆斯基 2008 年的质问

德姆斯基 2008 年撰文提出，美国会计学术依然在探讨盈余管理、盈余预警、会计方法变更、监管指令等问题，为什么不去研究那些长期没有解决的大问题（big, unanswered questions）？会计学术界应当重燃热情，一个至关重要的问题是：人们的学术激情都跑到哪里去了？[1]

1　Joel S. Demski, "Where is the Passion?," *Accounting Horizons,* 2008, 22 (4): 437.

三、实证会计范式的困局

第一，实证研究所阐释的关系过于机械化。实证研究者纷纷致力于研究会计方法与证券价格之间的关系，但为什么准则制定者或企业经理会选择特定的会计方法？实证研究对这一问题难以给出答案。实证会计研究试图解释会计学中的行为关系，试图描述"是什么"而不是对事物做出价值判断，但是，实际上研究者往往必须做出价值判断，对于社会科学而言尤其如此。在涉及人的行为的研究中会存在许多种不同的解释，必须十分小心谨慎地运用实证研究。[1]有学者指出，很难想象这个世界上存在可以全面解释人类行为的模型或理论，实际上，如果社会科学研究真的能够做到这一点的话，那就意味着人性的丧失。[2]

第二，在理论上无法证明实证范式就是科学的范式。实证范式的爱好者也承认，不同的研究范式所采用的是不同的论证规则，因此，采用不同范式的研究者几乎不可能对"何为有效的研究"这一问题达成一致意见。[3]如果实证会计范式是科学的，那么几十年过去了，实证会计的爱好者是不是也该有点知识积累了？如果证券市场里面果然有什么定价规律，那么牛顿和爱因斯坦这样的真正的科学家恐怕早就研究清楚了，可能轮不到半路出家的物理、数学、化学等专业人士大搞跨界研究。从方法论上来看，社会科学研究者生活在这个现实的世界里，不可能保持中立，会计学应当把重点更多地放到解决广泛的社会问题上去。会计研究不应当强调使用统计分析工具，因为统计

1　Harry I. Wölk, James L. Dodd, Michael G. Tearney, *Accounting Theory: A Conceptual and Institutional Approach*, 5th Edition (California: South-Western College Publishing, 2001), pp. 29-33.

2　［澳］克雷格·迪根：《财务会计理论》（第三版），方红星等译，东北财经大学出版社，2010，第223—226 页。

3　Ross L. Watts, Jerold L. Zimmerman, "Positive Accounting Theory: A Ten Year Perspective," *The Accounting Review*, 1990, 65(1): 131-156.

并不能提供改进社会现状的新思路。[1]

第三，实证范式并不是获得全球共识的会计研究范式。实证范式实际上是芝加哥大学的实证经济学的衍生物。实证会计的早期倡导者多为芝加哥大学的教师和博士毕业生，且其先锋人物大多没有通过注册会计师考试。其中，有不少"劳动模范"一再向人们展示，实证范式至少具有毕业快、产量高的好处，制造文章和创造知识可以是完全不同的两码事。推崇实证范式的杂志也大多由这些人所主导，如 1963 年创刊的《会计研究学刊》（*Journal of Accounting Research*）、1976 年创刊的《会计、组织与社会》（*Accounting, Organizations and Society*）、1979 年创刊的《会计与经济学杂志》（*Journal of Accounting and Economics*）、1984 年创刊的《当代会计研究》（*Contemporary Accounting Research*）。这些杂志经过私立大学的成功行销，被塑造为北美和英国的"顶级期刊"，推广速度之快令人咋舌。在欧洲大陆和亚洲，原本并不存在如此明显的以北美范式为导向的学术环境。但近年来，亚欧一些国家也开始以北美实证范式作为会计研究质量的评价标准，这反映出了这些国家会计学术界自信力的缺失。

第四，实证范式的方法论和基础理念存在问题。实证范式是以公司金融理论和统计分析方法为基础的。一方面，统计学只能推测统计关系是否可能存在，它不能确证因果关系。在大样本统计下，只要样本量足够大，做出任何想要的结论都是可能的。这就是为什么实证会计历经数十年仍然缺乏知识积累的原因所在。另一方面，大多数公司金融理论都是失当的。现代公司金融理论中，除了 MM 定理无须验证（其核心思想是"税法很重要"，强调税法等制度对金融的重要性），B-S 期权定价公式无法验证外，其余大多存在明显的问题。例如，资本资产定价模型（CAPM）本身要求人们估计无风险报酬率

1　Harry I. Wölk, James L. Dodd, Michael G. Tearney, *Accounting Theory: A Conceptual and Institutional Approach*, 5th Edition (California: South-Western College Publishing, 2001), pp. 48-50.

并运用 β 系数进行预测，其思维实质是以历史预测未来。有效市场假说只是设想（一种奇思妙想），而不是业已经受检验的理论。正如格罗斯曼－斯蒂格利茨悖论所阐明的，由于信息成本的存在，市场效率和竞争均衡是不相容的，价格不可能是充分显示的。[1] 也就是说，如果市场价格已经反映了所有有关的市场信息，那么投资者就没有必要收集、也没有可能收集到新的市场信息；而如果投资者不去收集市场信息，那么市场价格又怎么可能反映所有有关的市场信息？由此可见，利用统计工具与公司金融理论所形成的实证会计研究文章的科学性微乎其微。

 专栏 11-20

统计分析的局限性

统计方法本身并没有统一的理论体系。在统计推断和假设检验诸领域并不存在一个完美理论的逻辑结构，而是有两大理论并行不悖地发展。仅就统计推断而言，全部的理论和方法有两个主要体系：其一是频率学派——基于总体信息和样本信息进行推断，特点是视需要推断的参数 θ 为固定的未知常数，而样本 X 为随机的，有关概率计算都是针对 X 的分布；其二是贝叶斯学派——基于先验信息、总体信息和样本信息进行统计推断，其特点恰与前者相反，视参数 θ 为随机变量而 $\overline{X}$ 为固定的，其着眼点在于参数空间，重视的是参数 θ 的分布。

假设检验不能用于证明原假设。原假设只能被证伪而不能被证实。如果否定不了原假设，那就只能说明证据不足，而不能证明原假设是正确的。

统计分析所能揭示的只是统计联系，不能等同于因果关系。就数理统计方法的应用来讲，它只是中立性工具，其结论并不肯定什么因果关系。

---

1 Sanford J. Grossman, Joseph E. Stiglitz, "On the Impossibility of Informationally Efficient Markets," *The American Economic Review*, 1980, 70(3): 393-408.

> 统计分析无论多么高级、精细、复杂，也不能证实实际上的因果关系。
>
> 统计分析几乎可以做出任何想要的结果，如果样本足够大，检验结果常常很显著。一切皆为可能，一切仅为可能。

第五，实证会计本身并不是在研究会计，而是在对会计发表感想。正当实证研究大发展的时代，欧美会计学界就有学者直率地指出，实证会计所秉持的科学研究方法论和哲学理念存在偏差。[1] 正如查尔斯·克里斯滕森所指出的，实证会计不是在研究会计的科学问题，而是在探讨会计的社会学问题。易言之，实证会计论文探讨的是会计人员和经理人的行为，而不是会计学科本身的问题。[2]

四、会计学术界的非实证范式：批判性会计的观点

早在 20 世纪 80 年代中期，一些学有专攻的会计学者就认识到居于主流的实证会计研究范式具有殖民化倾向（colonizing potential），具有"外行骗内行"的强烈冲动。[3] 他们奋起反击，在北美自封的"顶级刊物"之外，坚持从事自己所热爱的会计理论研究。《会计学的批判性观点》（Critical Perspectives on Accounting）、《会计史学家》（Accounting Historians Journal）、《会计学与商学研究》（Accounting and Business Research）、《会计、组织与社会》（Accounting, Organizations and Society）等众多优秀学术刊物长期坚持刊发"非主流"研究成果，但它们不被北美那个小圈子接纳为"顶尖期刊"。实际上，英国、欧洲大陆国家、澳大利亚的许多学者和美国的新左派（new-left）马克思主义学者坚持

---

1 Paul F. Williams, "The Logic of Positive Accounting Research," *Accounting, Organizations and Society*, 1989, 14(5-6): 455-468.

2 Charles Christenson, "The Methodology of Positive Accounting," *The Accounting Review*, 1983, 58(1): 1-21.

3 Andrew Chew, Susan Greer, "Contrasting World Views on Accounting: Accountability and Aboriginal Culture," *Accounting, Auditing & Accountability*, 1997, 10(3): 276-298.

主张研究方法的多元化，这与唯实证范式独尊的学术虚无化导向形成鲜明对照。例如，托尼·廷克（Tony Tinker）等研究者运用马克思主义政治经济学分析方法进行会计理论研究，提出了不少创新观点。[1] 欧洲一些学者把政治经济学、社会学、政治学运用到会计研究领域，形成了颇具新意的研究发现。[2]

五、基本面分析：哥伦比亚大学在财务分析领域的探索

（一）格雷厄姆的价值投资理念

既然会计数据在理论上无法难以直接进行证券估值，那么，可否将其用于辅助证券投资决策？围绕这类问题，哥伦比亚大学的研究者们进行了持续的探索。

被誉为"价值投资之父"的哥伦比亚大学教授格雷厄姆率先提出了安全边际（margin of safety）、将投资作为事业等价值投资理念。美国著名投资家沃伦·E. 巴菲特（Warren E. Buffett）追随格雷厄姆，1951 年在哥伦比亚大学获得硕士学位。

 专栏 11-21

本杰明·格雷厄姆

本杰明·格雷厄姆（Benjamin Graham，1894—1976），出生于伦敦，一岁时随父母前往纽约。1914 年从哥伦比亚大学毕业后，在一家证券公司担任分析师达十余年，然后创立了自己的公司。1928 年，格雷厄姆回到哥伦比亚大学任教。

1　*Accounting Theory: Essays by Carl Thomas Devine*, edited by Harvey S. Hendrickson and Paul F. Williams (New York: Routledge, 2004), pp. 35-39.

2　Christian Leuz, Dieter Pfaff, Anthony Hopwood, *The Economics and Politics of Accounting: International Perspectives on Research Trends, Policy, and Practice* (New York: Oxford University Press, 2004), pp. 269-284.

其代表作主要有 1934 年底出版的《证券分析》（*Security Analysis*）、1949 年出版的《聪明的投资者》（*The Intelligent Investor*）等。

《证券分析》严格区分了投资（investment）和投机（speculation）。投资是指经过透彻的分析后保证本金安全并获取适当的回报的操作，不满足这些要求的投资则是投机性的。

（二）彭曼的会计报表与证券估值理念

哥伦比亚大学商学院 George O. May 讲席教授斯蒂芬·H. 彭曼（Stephen H. Penman）主张把财务报表分析与证券估值方法结合起来，其理念在投资界颇受重视。其代表著作有《财务报表分析与证券估值》（*Financial Statement Analysis and Security Valuation*）和《投资中最重要的事》（*Accounting for Value*）。

其中，《投资中最重要的事》由戴德明教授和笔者主译。该书对基本面分析所秉持的价值投资理念和证券投资技术分析所运用的现代金融理论进行了系统的辩证分析，有助于证券投资者深入理解这两种投资策略的理念差异，从而能够帮助他们选择最适合自己的投资理念的投资策略。

该书还给出了运用会计信息进行股票估值的具体模型，分析了股票估值对会计信息的要求，其中涉及争议颇多的公允价值会计，例如，国际财务报告准则所倡导的将资产的公允价值直接计入资产负债表的做法（即公允价值会计）真的比历史成本会计更有助于股票估值吗？一再弱化利润表的作用、转而依靠资产负债表进行投资决策的思路真的可行吗？该书对这些问题提出了新颖的见解。

专栏 11-22

斯蒂芬·H. 彭曼

斯蒂芬·H. 彭曼（Stephen H. Penman），哥伦比亚大学商学院 George O. May 讲席教授，原会计系主任，富布赖特学者。

彭曼获澳大利亚昆士兰大学一等荣誉商学学士学位，芝加哥大学 MBA 和博士学位。1977 年加入加州大学伯克利分校后连续供职 23 年，其中，1990—1995 年任该校会计系主任。1999 年转任哥伦比亚大学教授。他曾参与撰写财务会计准则委员会和国际会计准则理事会的财务会计概念框架。

1991 年获美国会计学会和美国注册会计师协会会计文献杰出贡献奖。2002 年因其著作《财务报表分析与证券估值》一书而荣获美国会计学会和德勤联合颁发的怀尔德曼奖章。其著作《投资中最重要的事》由哥伦比亚大学出版社于 2011 年出版，戴德明教授和本书作者主译的该书中文版《投资中最重要的事》由中国人民大学出版社于 2015 年出版。

斯蒂芬·彭曼（Stephen Penman）是《会计研究评论》（*Review of Accounting Studies*）的编辑，并于 2002—2006 年担任该刊执行主编。

应该说，如果会计能够为投资者服务，那么它发挥作用的方式至少包括以下方式：帮助投资者掌握企业管理者所拥有的事实信息，理解企业的产品、服务和管理水平在市场竞争中的相对地位。这就要求会计信息具备证明力、公益性、公信力。在历史事实的基础上，或许会计报表读者可以借此对企业的发展前景做出大致的判断。

自 1900 年纽约大学创建世界首个商业、会计与金融学院以来，会计学作为大学的一门课程已有100多年的历史。其中，前70年都是规范理论，后50年是实证理论逐渐排挤规范理论的过程。越来越多从来没有做过会计工作、没有通过注册会计师考试的博士毕业生经过三五年统计训练就谋取了大学教职并与证券行业打成一片，他们成为证券行业利益的代言人，他们做一些无法向真正的会计专家汇报的东西。自实证会计范式流行以来，会计实践却没有发生变化，这意味着什么？

让我们来看一看著名会计学家斯蒂芬·A.泽夫对会计教育的反思（见专栏11-23）。

 专栏11-23

会计应当向过去学习

（说明：本专栏摘录泽夫先生在《高等教育纪事》杂志中发表的一篇关于会计学术范式的反思性文章。）

自20世纪60年代起，会计学术研究范式发生了惊人的变化。其结果是，会计学教授对于制定新规则和新准则（new practices and standards）的贡献甚小，他们没有胜任呵护会计行业发展的职业角色，他们的教学与研究是脱节的。

60年代以来学术研究的性质和做法有了较大的改变。首先，计算机成为搜集和分析股价及财务报表数据等海量信息的工具。其次，会计研究者认识到了其研究方法的局限性，他们认识到提出论点并不能替代经验证据。最后，有批评者认为他们的研究是二流的，采用计量经济学、心理学、统计学和数学的研究才是值得尊重的。

作为回应，大学会计教师们不仅创办了严格限定采用计量方法的新刊物，还要求现有的会计专业传统刊物采用那种范式。新刊物中最有影响的是芝加哥大学商学院1963年创办的《会计研究学刊》（*Journal of*

Accounting Research)。认可这些杂志的知名商学院的院长们逐渐开始把科研奖项颁发给在那些杂志上发表文章的作者。这种激励政策先是出现在设置 MBA 项目的私立大学，后来，知名公立大学的商学院也竞相效仿，甚至那些具有强大的本科教学和会计硕士教育实力、拥有实务导向型会计研究优势的公立院校也未能例外。

不经意间，这种导向使得会计学中真正有趣的、值得研究的问题变得无人问津。研究者们把主要精力投放于那些能够采用数学模型或者能够借助数据库进行统计分析的现象上去了。研究者不再有能力为行业发展指明方向，而这是他们原本擅长且能够做到的。当前的学术研究固然能够深化准则制定者对会计信息的角色以及它们如何影响资本市场投资者的决策的理解，但是，它对准则本身的影响十分微弱。

那种研究建立在严格的、虚伪的假设基础之上，而且受同质化的数据库信息的限制，并未提供任何洞见。那种会计研究者通常是向后看的而不是向前看，他们只是等到准则公布以后才去检验准则的影响。问题是，准则一旦公布，准则制定机构就极少去修订它。

会计学术杂志仅仅发表那些具有统计效度的实证研究。这大概是所有科学门类中仅有的现象。作为对比，医学学术刊物中报告的是尚未经过严格统计检验但具有光明前景的新的治疗方法。

如今，狭隘的研究视角导致会计学的研究和教学在逐渐脱钩。由于一些领域难以实施大样本研究，博士生们不愿选择管理会计、政府会计和审计等会计学本身的选题。于是，尽管这些领域是任何层次的会计学教学项目的中心，却很难找到称职的教师。

实际上，一些会计研究尤其是那些执着于资本市场效率的会计研究已经进入会计学课堂和教科书中了，但主要是在个别的 MBA 项目中得以应用。很少有证据证明那种研究能够对主流会计课程产生影响。

现在需要做什么？

首先，最重要的是期刊编辑、会计系主任、商学院院长和职称评定委员会需要反思会计研究质量的评价标准。这并不是建议他们降低流行范式的重要性或者降低评价标准。但是，他们需要扩展研究方式，去包容那些在其他学科广受尊敬的研究方法，如历史研究、实地研究、政策分析、调查问卷、国际比较、经验性研究和分析性研究。

其次，院长、会计系主任和职称评定委员会应当拓宽科研评价的标准。他们应当有勇气建立有价值的研究成果的评价标准，而不是仅仅看期刊或报纸的档次。在这个意义上，他们必须承认，会计系与商学院其他系（财务、市场营销）不同，会计是一个定义明确的、广受认可的职业。会计系教师们因此有一个特殊的责任，那就是研究与会计职业有关的重要问题。现行的会计模式符合以固定资产作为主要资产的时代的要求。而当今时代的无形资产（商标、知识资本）是具有决定性意义的资产，但如今的资产负债表却没有体现这些因素。因此，学术界应当积极改革会计模式，以适应后工业化时代的新的要求。

最后，会计学博士项目应当保证青年会计研究者熟悉会计行业中的重大理论问题并且掌握广泛的研究方法。会计文献并不是从20世纪60年代后半期才开始的。会计研究者在20世纪20年代至60年代的著述有助于研究者确立研究主题并展望其发展趋势。例如，佩顿和利特尔顿1940年的著作对于今天的会计论争和教学仍然具有极大影响。然而今天很多的、几乎大多数会计学术作品都忽视了这部著作。很多人只是从教科书中知道那份文献，而丝毫未能体会其划时代的意义。这一切乱象导致教学的肤浅化和研究的历史感的缺失。

我们疾呼，会计研究的重心应当重新回到丰富的会计研究主题上来，而不要再拘泥于如今狭隘的实证会计研究领域。为此，系主任们和研究者们必须大力推动会计研究重心的回归。

资料来源：Michael H. Granof, Stephen A. Zeff, "Research on Accounting Should Learn from the Past," *The Chronicle of Higher Education*, 2008, 54(28): 34.

 专栏 11-24

斯蒂芬·A. 泽夫

斯蒂芬·A. 泽夫（Stephen A. Zeff），蜚声国际的会计史学家，威廉·A. 佩顿的高足，"经济后果"学说的提出者。泽夫对公认会计原则以及独立审计制度的形成及其缺陷具有精深见解，其"经济后果"（economic consequences）学说对现代会计研究具有广泛影响。他注重知识创造，作品具有重要的史料价值。他是当代会计研究的杰出代表之一。

泽夫 1933 年生于芝加哥，其父创立过一家广告公司。受高中一门簿记课程的影响，他 1951 年高中毕业后便决定进入科罗拉多大学学习会计学。1955 年毕业留校任讲师。

泽夫 1957 年进入密歇根大学师从威廉·A. 佩顿和威廉·J. 施拉特（William J. Schlatter）。1960 年获工商管理硕士学位（MBA），1962 年获博士学位。他的博士论文题目是《关于会计定位假设的批判性研究：以历史演进为着眼点》（A Critical Examination of the Orientation Postulate in Accounting, with Particular Attention to Its Historical Development）。1961 年加入杜兰大学，1977 年任 W. R. Irby 会计学教授。1978 年至今供职于莱

斯大学，1979 年任 Herbert S. Autrey 会计学教授。1978—1983 年兼任《会计评论》（*The Accounting Review*）编辑，1985—1986 年兼任美国会计学会会长。1988 年被美国会计学会评为"杰出会计教育家"，1973 年和 2001 年两度荣获会计史学家学会颁发的沙漏奖（Hourglass Award）。2002 年入选"会计名人堂"。曾任财务会计准则委员会顾问、美国注册会计师协会顾问。曾受邀在 50 多个国家讲学。2004 年应邀参加中国财政部举办的会计准则国际研讨会，有 11 篇论文被财政部会计司翻译并结集出版（泽夫：《会计准则制定：理论与实践》，中国财政经济出版社，2005）。2011 年应邀访问中国人民大学并做题为《从 IASC 到 IASB 的演变》（The Evolution of the IASC into the IASB）的学术演讲。

少数北美大学的会计学者运用统计软件和碎片化的奇思妙想来"丰富和发展"会计理论，引领北美会计学术走向了同质化、虚无化、细碎化的发展道路，其前因后果着实发人深省，令人匪夷所思。这启示人们，无论引路人貌似多么领先，都不要轻易相信。对此，有一个真实的国际笑话可以与实证会计的传播路径相媲美。2013 年 4 月，英格兰东北部首个道路马拉松"北部马拉松"闹出笑话——除唯一一名优胜者外，其余全部参赛者（4 999 名选手）都被跑在队列第二、第三位的选手带着跑错了路线，从而全部失去了比赛资格。

有道是"一时强弱在于力，千秋胜负在于理"，学者还是要秉持自身的操守，专注于创造知识，为立法实践、专业实践和专业教育提供支持，而绝不能把做学问沦为论文比赛。

第十二章
公认会计原则和美国会计学术的未来

第一节 公认会计原则发展历程的简要回顾

太阳底下没有新鲜事。"大萧条"以前，尚不发达的证券市场就已经积累了一整套做市技巧，脱离事实的会计操纵手法已然成型。罗斯福"新政"对金融投机采取了高压政策，美国联邦证券法和美国证监会均强调基于事实的证券信息披露。但遗憾的是，美国联邦证券法不恰当地把证券市场审计权赋予了注册会计师行业，该行业为了力保这个"金饭碗"，推出了竭力迎合客户诉求的弹性化会计规则，从而在事实上瓦解了证券市场会计监管。

在早期，大多数公认会计原则是对各州上市公司五花八门会计手法的归纳。"大萧条"以前的会计操纵手法（合并报表、公允价值、权益法、资产减值等）卷土重来，逐渐被写入公认会计原则。坐拥证券市场审计权和会计规则制定权的美国注册会计师协会不忘"开拓创新"，为客户提供更多的弹性化规则。其麾下的会计程序委员会在 1944 年推出"所得税费用"概念和"纳税影响会计法"（ARB 23），1947 年推出"成本与市价孰低法"（ARB 29），1950 年推出"购买法"和"权益结合法"（ARB 40），1958 年推出每股收益的计算规则（ARB 49），1959 年推出合并财务报表编报规则（ARB 51）。这种枉顾理论上的合理性，竭力为客户操纵财务数据提供便利的做法引起了证券市场的激烈争议，甚至在注册会计师行业中引起了内讧。于是，美国注册会计师协会不得不另起炉灶，让会计原则委员会操刀设计公认会计原则。不自量力的会计原则委员竟然试图用它那可怜的一点点"理论"挑战税法，还试图比照自然科学构造一套脱离法律原则的理论学说，结果遭遇惨败。会计原则委员从1964年起开始推出租赁会计规则，1971年推出股权投资的权益法（APB Opinion No. 18）。它试图改变纵容上市公司任意选择适用"购买法"和"权益结合法"的既定规则，限制使用"权益结合法"，这一动向激起了证券市场上的强烈争议，最终导致美国注册会计师协会不得不主动把规则制定权拱手让与由多个证券市场从业群体共同组建的财务会计基金会。该基金会旗下的财务会计准则委员会捉刀制定公认会计原则，情况并没有明显好转。

1972年是美国会计史上的转折之年。美国证监会从1934年成立直到1972年，从历任委员到历任首席会计师，总体上都能够坚持历史成本会计的底线，这是联邦证券法的真实披露原则能够得到贯彻的根本。在这样的证券监管环境下，会计程序委员会和会计原则委员会迎合上市公司诉求的办法，是在历史成本会计的大框架下，以资产减值会计、权益法、递延所得税、企业合并等失当规则来增加会计规则的弹性。

然而，自从1972年（恰逢伯顿上台）起，美国证监会每况愈下。历史已经并在继续证明，抛弃会计基本原则的证券监管必然归于失败。1972年之后的美国证券市场上的公认会计原则已经不再定位于会计规则，而是彻底走上了金融分析规则的道路。

财务会计准则委员会是在金融阶层再度崛起、金融化逐步升级、新自由主义成为经济政策的主旋律的大背景下走马上任的，它推出了延续既往轨迹的弹性化的会计规则，同时又迎合金融自由化的利益诉求，在利益集团的促使下推出了新的弹性化规则。财务会计准则委员会在1974年推出研发支出资本化规则（SFAS 2），1975 年推出预计负债（SFAS 5）、有价证券的成本与市价孰低法（SFAS 12），1979 年推出利息支出资本化（SFAS 34），1981 年推出要求把汇兑损益计入利润表的外币折算规则（SFAS 52），1983 年推出为资产证券化大开绿灯、允许将证券化资产移出表外的金融资产终止确认规则（SFAS 77），1992 年推出资产负债表债务法（SFAS 109），1995 年推出了长期资产减值会计规则（SFAS 121）。

储贷危机和安然事件期间，会计准则成为金融监管机构等各方利害关系人争相表达利益诉求的"跑马场"，出现了三个典型事例。第一个事例是公允价值会计和贷款减值会计的出台。面对美国证监会的压力和联邦审计署以及社会舆论的责难，财务会计准则委员会在 1993 年分别推出了贷款减值会计规则（SFAS 114）和交易性金融资产、可供出售金融资产等公允价值会计规则（SFAS 115），而此前财务会计准则委员会于 1990 年、1991 年推出的会计规则只要求进行公允价值披露（SFAS 105、SFAS 107）。第二个事例是套期会计。1994 年的 SFAS 119 要求披露衍生工具的公允价值。1998 年的 SFAS 133 要求衍生工具一律采用公允价值计量，为缓解推行公允价值会计的障碍，该准则还推出了套期会计规则。不停地打补丁，用新的错误掩盖以前的错误，成为财务会计准则委员会的工作哲学。第三个事例是股票期权的会计处理。1995 年的 SFAS 123 要求披露股票期权激励计划，安然事件爆发以后，2004 年修订的 SFAS 123 要求将股票期权的理论价值计入当期费用。在这一过程中，为了全面反映浮动盈亏，财务会计准则委员会于 1997 年推出了综合收益（comprehensive income）的概念（SFAS 130）；为了便于推行公允价值会计，财务会计准则委员会于 2006 年推出了公允价值计量准则（SFAS 157）。财务会计准则委员会试图解决企业合并的会计处理这个老大难问题，但最终还是以和稀泥告终，它在 2001 年推出的企业合并准则虽然取消了权益结合法（SFAS 141），但是却给购买法提供了极大的操纵空间：商誉在入账以后不再强制摊销，管理层可以酌情处理。

公认会计原则是美国注册会计师协会和其他证券市场中介机构共同设计的一套脱离法律原则的证券信息披露规则。用财务会计准则委员会前主席罗伯特·赫兹的话来说，公认会计原则和国际财务报告准则都是高质量的会计准则，赫兹称之为"资本市场"会计准则（"capital markets" accounting standards）。这就是说，公认会计原则就是证券法下的信息披露规则——这跟人们通常所认识的会计制度存在很大出入。如果你让中介机构去论证中介行业的意义，那它会有多么卖力？财务会计准则委员会作为多家中介行业的代言人，一边忙着推出更多弹性化规则，一边忙不迭地给现有规则提供辩护。但是，要为一套缺乏核心理念的伪会计规则辩护，谈何容易。可谓按下葫芦起了瓢，财务会计概念公告实在难以为会计规则体系圆场。自 1978 年至今，财务会计准则委员会先后推出了洋洋洒洒的 8 份财务会计概念公告，但财务会计概念框架迄今仍在打磨之中。公认会计原则的演进历程如图 12-1 所示。

罗斯福"新政"顺应民意，开启了联邦政府对证券交易的司法干预和行政干预。但行政管理相对人（公众公司、会计公司、投资银行、证券分析师等证券市场从业机构）以弹性化的会计规则成功地瓦解了证券市场会计监管。在新自由主义兴起的大背景下，证券市场上的会计操纵成功反扑。如今，证券市场上的会计行为与罗斯福新政之前相比同样神勇，就像亨利·克卢斯在《华尔街50年》一书中所描述的那样，只不过现在的神机妙算是通过更加复杂、更加精妙的形式表现出来的。社会公众如果想要看穿公众公司如今的操纵手法，就需要先用数年的时间去研究公认会计原则。公认会计原则遂成为护佑证券监管机构和证券市场从业机构的神盾，给它们推诿责任提供了体面的借口。成立证券监管机构是一回事，证券监管究竟起多大作用是另一回事。储贷危机、安然事件、麦道夫欺诈案、次贷危机，这一切都在不停地提示人们关注美国证券监管真实的画面。

CON	财务会计概念公告	IASB	国际会计准则理事会
SFAS	财务会计准则公告	IASC	国际会计准则委员会
SEC	美国证监会	IOSCO	国际证监会组织
FASB	财务会计准则委员会	COSO	特雷德韦委员会发起组织联合会

2015　IASB主席承认在几年内不可能准许美国采用国际准则
2014　SEC前主席考克斯在研讨中主张推后处理采用国际准则
2013　国际趋同计划搁浅
2012
2011
2010　CON 8——趋同计划的阶段成果
2009　SFAS 168《FASB会计准则汇编》与公认会计原则的层次；麦道夫案判处150年监管
2008　霍曼兄弟破产保护；《2008年紧急经济稳定法》与公认会计原则的层次；SEC主席考克斯要求证监会审查公允价值会计准则
2006　SFAS 159《金融资产和金融负债的公允价值选择权》；SEC允许外国证券发行人采用国际财务报告准则编制财务报表
2006　SFAS 157《公允价值计量》；《2006—2008年公认会计原则与国际财务报告趋同路线图》公布
2005
2004　SFAS 123《股份支付(修订)》要求将股票期权入账
2003
2002　欧盟出台第1606/2002号条例；《2002年公众公司会计改革和投资者保护法案》；FASB与IASB签署《诺沃克协议》
2001　G4+1解散；IASB取代IASC；SFAS 141取消权益结合法；SFAS 142提出商誉不应摊销；SFAS 144《长期资产减值及处置的会计处理》；安然事件
2000　CON 7家出现现现；SFAS 138；IOSCO评估通过30项核心准则
1999　IASC启动改组计划
1998　SFAS 133《衍生工具和套期的会计处理》裁决SEC关注会计；IASC完成公允价值核心准则
1997　SFAS 130《报告综合收益》
1996　E5+2；1996年全国证券市场改进法》裁定SEC关注国准则；IASC成立战略工作组
1995　SFAS 121《长期资产减值的会计处理》；SFAS 123《基于股票的薪酬的会计处理》；G4+1
1994　SFAS 119《衍生金融工具和持有金融资产和套期的披露》
1993　SFAS 114《债权人对贷款减值的会计处理》；SFAS 115《特定债务和权益证券会计处理》；提出交易性金融资产、可供出售金融资产
1992　SFAS 109《所得税的会计处理》推行资产负债表债务法；COSO公布《内部控制——整合框架》
1991　《联邦存款保险公司改进法》推行GAAP的适用范围扩大至银行业；SFAS 107《金融工具的公允价值的披露》
1990　SFAS 105《带有表外风险和信用风险集中特点的金融工具的信息披露》
1989
1988
1987　SFAS 95《现金流量表》；SFAS 96《所得税的会计处理》；引入"资产负债观"；IOSCO与IASC开始合作
1986　CON 6；COSO成立；丁格尔对启动证券会计审计问题的调查
1985　CON 5
1984
1983　IOSCO成立；SFAS 77《转让附有追索权的应收款的会计处理》为资产证券化大开绿灯
1982
1981　SFAS 52《外币折算》要求汇兑损益计入利润表
1980　CON 2；CON 3；SFAS 35《设定受益型养老会计计划的会计处理与报告》把精算报告纳入会计报表
1979　SFAS 33《财务报告与物价变动》要求补充披露；SFAS 34《利息支出的资本化》
1978　CON 1；科思委员会成立报告
1977　FASB公布《关于企业部分的财务报告》不确认合同条款的变更；SFAS 19《石油天然气公司的财务会计与报告》；《1977年反海外行贿法》
1976　FASB公布《关于企业部分的财务报告》要求披露报告；洛克希德贿赂案；莫斯委员会报告；梅特卡夫天报告
1975　SFAS 5《或有事项的会计处理》要求记录预计负债；SFAS 12《有价证券的会计处理》采用成本与市价孰低法
1974　SFAS 2《研究开发支出的会计处理》原则上要求研究费用一律作费用化处理

图12-1　公认会计原则的演进历程

SEC	美国证监会
ASR	会计系列公告
FASB	财务会计准则委员会
APB	会计原则委员会
ARS	会计研究文集
AAA	美国会计学会
AICPA	美国注册会计师协会
CAP	会计程序委员会
ARB	会计研究公报
AIA	美国会计师协会

1973　财务会计准则委员会（FASB）成立，SEC的ASR 150予以认可；AICPA公布特鲁布拉德报告；IASC成立

1972　AICPA公布维特森委员会的报告《制定财务会计准则》；水门事件

1971　APB第18号意见书《普通股投资的权益法》

1970　APB第16号意见书《企业合并》、APB第17号意见书《无形资产》引发广泛争议；AICPA公布《企业财务报表的基本概念和会计原则》（ASOBAT）

1969

1968

1967　布里洛夫的文章《单廓的权益法》（Dirty Pooling）

1966　APB第8号意见书《未老年金会计成本的会计处理》；AICPA出台会计行为准则第203条

1965　APB第6号意见书《会计研究公报的现行地位》；AICPA出台人财务报表中对租赁合同的处理》；APB第4号意见书《投资税收优惠的会计处理（修订）》

1964　APB第5号意见书《承租人财务报表中对租赁合同的处理》；APB第4号意见书《投资税收优惠的会计处理》

1963　SEC否决APB第2号意见书；AICPA出版ARS第3辑《企业广义会计原则试行公告》；APB拒绝采用ARS第1辑和第3辑

1962　AICPA出版ARS第1辑《会计的基本假设》

1961

1960

1959　ARB 51《合并财务报表》；AICPA组建会计原则委员会（APB）取代CAP

1958　ARB 49《每股收益》；ARB 50《或有事项》要求记录某结果可以合理地预计的或有损失

1957　ARB 48《企业合并》限制使用权益结合法；AIA命名重组为AICPA，斯派基尔强烈批评批评会计程序委员会

1956

1955

1954

1953　AAA出版利特尔顿的著作《会计理论结构》

1952

1951　ARB 40《企业合并》提出"购买法"和"权益结合法"

1950

1949

1948

1947　ARB 29《存货计价》提出"成本与市价孰低法"

1946

1945

1944　ARB 23《所得税的会计处理》提出"所得税费用"概念和"纳税影响会计法"

1943

1942

1941

1940　AAA出版利特尔顿和佩顿合著的《公司会计准则导论》创设美GAAP

1939　AIA的《审计程序的扩展》

1938　AIA出版《会计原则公报》，推崇历史成本原则、实现原则；SEC的ASR 4授权AIA制定会计规则；麦克森·罗宾斯案

1937　SEC委员罗伯特·海利发表演说《会计师的前程》，呼吁加紧制定会计规则；AIA合并美国会计师协会

1936　美国大学会计教师协会改名为美国会计师协会（AAA），公布首份公告；《独立公共会计师对财务报表的检查》；美国会计学会

1935　卡门·布特出任SEC首席会计师；美国大学会计教师协会；美国会计学会决定更名为美国会计学会

1934　《1934年证券交易法》授权SEC制定信息披露规则

1933　《佩科拉听证会》；罗斯福首席审查就任总统；《1933年证券法》；《格拉斯—斯蒂格尔法》；九个会计公司提出审计师报告的推荐格式

图12-1　公认会计原则的演进历程（续）

NYSE　纽约证券交易所
AIA　美国会计师协会
AAPA　美国公共会计师协会

1932	"火柴大王"克鲁格案件;《现代公司与私有财产》出版; NYSE要求公众公司财务会计报告经过审计;五项会计"总体原则"
1931	
1930	霍克西在美国会计师协会上宣读长文《服务于投资者的会计》, AIA成立"与证券交易所合作特别委员会"
1929	美联储的《财务报表的验证（修订版）——联邦储备委员会提交的程序方法》;美国股市暴跌;坎宁的《会计中的经济学:对会计理论的批判分析》
1928	
1927	普华会计公司担任NYSE会计顾问
1926	乔治·梅发表演说建议与NYSE合作
1925	哈佛大学经济学教授威廉·里普利撰文揭露公众公司欺骗性的财务报告,呼吁政府对会计行业实施管制
1924	《1924年税法》(Revenue Act of 1924) 只允许律师和公共会计师依法开展税收上诉业务
1923	
1922	佩顿的《会计理论:以公司制企业为例》
1921	
1920	
1919	第一次世界大战结束
1918	"统一的账目"公布于《联邦储备公报》
1917	AAPA改组为AIA;美国大学会计教师协会成立
1916	
1915	
1914	《克莱顿反托拉斯法》;第一次世界大战爆发;联邦贸易委员会成立;巴拿马运河开通;联邦储备委员会成立
1913	美国宪法第十六修正案通过,美国国会颁布第一部联邦所得税法
1912	
1911	
1909	哈特菲尔德的代表作《现代会计学:原理和问题》
1908	斯普拉格的《账户的哲学》
1907	谢菲拉格的《资本与收入的性质》;《赫伯恩法案》(Hepburn Act) 授权州际商务委员会制定统一会计制度
1906	
1905	
1904	美国钢铁公司聘请普华会计公司
1903	
1902	J.P.摩根组建美国钢铁公司
1901	纽约州大学同意在纽约州注册会计师的担保下建立一所新的"商业、会计与金融学院";华特赛莉参与起草英国《1900年公司法》
1900	
1899	
1898	
1897	J.P.摩根给琼斯-西泽会计公司介绍了近30家铁路企业的审计业务
1896	纽约州《公共会计师职业规范法》
1895	
1894	
1893	
1892	
1891	

图12-1　公认会计原则的演进历程（续）

1890	《谢尔曼反托拉斯法》（Sherman Antitrust Act）；英国普华在美国纽约设立代表处（1895年启用"琼斯-西泽会计公司"名号）
1889	
1888	
1887	美国公共会计师协会（American Association of Public Accountants，AAPA）成立；州际商务委员会（ICC）成立
1886	
1885	
1884	
1883	
1882	纽约市会计师和簿记员协会成立
1881	
1880	英格兰及威尔士特许会计师协会（Institute of Chartered Accountants in England and Wales，ICAEW）成立
1879	
1878	
1877	
1876	
1875	
1874	普华会计公司启用新名称（Price, Waterhouse & Co.）
1873	
1872	
1871	
1870	
1869	
1868	
1867	
1866	
1865	
1864	
1863	
1862	
1861	
1860	
1859	
1858	
1857	
1856	
1855	
1854	爱丁堡会计师协会（Society of Accountants in Edinburgh），英国第一个、世界上第一个被官方认可的会计师组织
1853	
1852	
1851	
1850	
1849	普莱斯创立会计公司，普华会计公司的起点

图 12-1 公认会计原则的演进历程（续）

第二节　如何看待会计规则的演化轨迹

一、井尻雄士和弗莱格姆的分析

井尻雄士（Yuji Ijiri）是一位杰出的会计理论家，毕生坚持倡导历史成本会计。他在 2005 年发表的一篇论文中分析了 75 年来美国证券市场上的环境转变及其对公认会计原则的影响。

 专栏 12-1

井尻雄士：公认会计原则发生转变的根本原因是什么？

对交易和余额的预测在 20 世纪 70 年代早期被引进到会计中。为什么呢？也许有多种理由，但是最重要的意图似乎是将利润确认提前。如今，公认会计原则已经使公允价值的预测合规化。不容忽视的是，美国证监会对"预测"的态度的转变，是促使预测走进会计的一个重要因素。美国证监会自 1934 年创立以来，一度长期坚持报送给它的材料只能包括历史事实，不能包括其他任何信息。但是从 20 世纪 70 年代开始，美国证监会的态度发生了 180 度大转弯，它反过来积极促进预测在会计中的应用。美国证监会开始推动预测信息的披露，并于 1975 年提议，强制要求公众公司披露未来一年的销售和利润的预测数据。这项提议最后由于企业界的强烈反对而取消了，但是美国证监会仍然不遗余力地推动公司自愿披露预测信息，并为此建立了"避风港制度"，以保护披露预测信息的公司在满足规定条件的情况下免受那些琐碎的投资者诉讼案件的干扰。

从历史的角度来看，会计的创立就是为了记录历史事实。虽然最近几十年来现代会计已经转向财务报告，但是我们不应该忘记这个事实，财务报告只是以复式簿记为基础的大量记录中的一小部分。会计记录通过保证过去发生的交易或者事项能够再现，而默默地为社会做着贡献。因此我想再次重申，会计起源于记录。"以事实为基础的会计"是与美国证监会原来只允许记录历史事实的态度相一致的会计；而"以预测为基础的会计"则是与美国证监会鼓励使用预测的新观点相一致的会计。因此，在第一次市场大萧条和第二次市场大萧条之间所发生的最大转变，就是会计从"以事实为基础的会计"转向了"以预测为基础的会计"。

会计的受托责任观和经营责任观已经被会计目标的决策有用观（"会计应当为投资者提供对其决策有用的信息"）所替代。标志这一转变的一个著名范例是美国会计学会于1966年印发的专著《基本会计理论公告》。1973年财务会计准则委员会成立之后，美国注册会计师协会的"会计目标研究组"出版了特鲁布拉德报告，大力倡导"如果信息对投资者是有用的，即使带有一定程度的主观性，也应当对外提供"，这一观点逐渐在会计实务中占据了主导地位。毋庸置疑，如果存在利润确认提前，自然也应当存在"损失"确认提前的问题。而在正常的经济环境中，大多数公司是盈利的，所以，利润/损失确认提前的举措受到投资者和公众公司的欢迎，也受到政治家的欢迎。

"未来的利益"和"历史成本"正好相反，前者是指公司将赚得的，后者是指公司已经获得的，它们形成了衡量公司活动的两种计量方式。

在20世纪70年代，有研究认为利润操纵毫无意义，因为聪明的市场能够看穿这些操纵。但是到了20世纪80年代，持这一观点者大为减少；到20世纪90年代，更有证据表明市场实际上被利润操纵愚弄了。

尽管投资者常常需要预测数据，但是预测有两大缺陷。第一个缺陷是，预测是主观的而且通常伴有预测误差，有时候还是重大的预测误差。这一点并不新鲜，天气预报也存在相同问题。第二个缺陷是，预测缺乏可靠性，会导致故意误差。预测者往往利用这一点牟利。困难的是诚实的预测和不诚实的预测很难区分，我们很难从数量上来界定说诚实的预测可以有一个较大的预测误差，而不诚实的预测则只能有较小的误差。作为对比，在事实的计量方面，只需出示证据，问题就可解决。许多投资者似乎并没有充分了解公认会计原则的上述缺陷。实际上，许多投资者过于依赖会计数字，他们看上去并不知道，现行财务报表中包含了许多预测，而且预测数据的比重正在日益增加。

资料来源：Yuji Ijiri, "US Accounting Standards and Their Environment: A Dualistic Study of Their 75-years of Transition," *Journal of Accounting and Public Policy*, 2005, 24(4): 255；井尻雄士：《美国会计准则及其环境：75 年发展历史的二元研究》，陆建桥、隋春平译，《财会通讯（综合版）》2005 年第 10、11 期，本书引用时略有改动。

井尻雄士的分析很有道理。会计准则确实在不断地要求上市公司在财务报告中提供预测性的信息，这种预测性信息常常被用于市场操纵——这一切都是在满足投资者的信息诉求（即决策有用观）的名义下进行的。

 专栏 12-2

井尻雄士

井尻雄士（1935—2017），利特尔顿之后的历史成本会计的坚定支持者之一。曾兼任美国会计学会副会长（1974—1975）和会长（1982—1983）。

井尻雄士 1935 年出生于日本神户的一个平民家庭，父亲是一位面包师。他从小就对数学感兴趣，6 岁进入一所算术学校学习。在他 10 年级时，父亲希望他将来能够从事会计职业，他于是决定成为一名注册会计师。1952 年，在离开奈良商业高中前夕，他就通过考试获得了无须大学文凭就可以报考的注册会计师资格，经过在京都同治社短期大学的一年夜校学习后，他于 1953 年通过了注册会计师考试。

他在一边实习以满足注册执业所必需的 3 年实践经验要求的同时，还进入京都立命馆大学学习。大学毕业之后，井尻先是在东京一个小型会计公司工作了 3 年，然后到普华永道会计公司就职。在工作期间，他明显感到自己知识贫乏，于是毅然辞去工作，当年即到美国的明尼苏达大学读研究生，并于 1960 年获得硕士学位。井尻并没有满足于此，紧接着又就读于卡内基梅隆大学，于 1963 年获得博士学位。之后，曾任斯坦福大学助理教授（1963—1965）、副教授（1965—1967），1967 年任卡内基梅隆大学教授，1975 年被任命为 Robert M. Trueblood 会计学与经济学讲席教授，1987 年获得该校最高讲席教授荣誉。

井尻雄士有 7 部代表性著作，且均围绕会计计量理论、历史成本会计及其合理性、合同权利及义务等会计学基础理论问题展开。娄尔行先生曾翻译其作品在我国出版（《三式簿记和收益动量》，娄尔行译，上海人民出版社，1984；《三式记账法的结构和原理》，娄尔行译，立信会计图书用品社，1989）。

但从本质来看，会计准则的这种导向并不仅仅是美国证监会态度发生转变的产物，更大程度上可能是公共会计师行业利益使然。大多数弹性化规则其实是在会计程序委员会时代和会计原则委员会时代设计出台的。美国证监会自 20 世纪 70 年代起之所以转变态度，与美国金融阶层的再度崛起和新自由主义的兴起有关。这就需要从政治经济学的高度来展开分析。

二、基于政治经济学的分析

会计理论和会计准则其实是在为新自由主义的受益者即金融阶层服务。大型会计公司是金融阶层的一部分。公认会计原则是一套背离法律体系的规则，其目的是维护包括公共会计师行业在内的证券行业的利益。[1]如果会计规则是按照法律原则设计的，那么，公众公司将会按照简单明了的会计规则依法记账、依法纳税、依法分配，如此，公共会计师就没有多少业务可做了。反之，公认会计原则偏离法律体系越远，则越难以被常人所理解，那么，公众公司就越难以遵照公认会计原则编制财务报告，它们就更有可能聘请会计公司的审计部代为编制财务报表（审计当然就是会计公司"自编自审"性质的）。公认会计原则偏离法律体系越远，企业所得税的纳税调整就越多，那么，公众公司就越有可能聘请会计公司的税务部代为办理纳税申报。公认会计原则偏离法律体系越远，净利润就越不被认可为公司法所称的"税后利润"，企业的利润分配就成为难题，企业管理水平下降到如此地步，那么，公众公司就越有可能聘请会计公司的咨询部开展管理咨询业务。

自 20 世纪 70 年代以来，公认会计原则的制定者更是以金融经济学改造会计学，其结果是财务会计的金融化（financialization of financial accounting）。具体表现为以下四个方面。

第一，财务会计的目标被重新定位。与金融化进程同步，学术界主流竭力迎合金融资本，宣扬"有利于金融资本的政策就是有利于全社会的政策"，他们声称，通过"滴漏效应"（trickle-down effect），所有人都会受益——"水涨之后，所有的船都会漂起来"。股东价值最大化（maximizing shareholder value）成为工商管理教育的主导思想。相应地，决策有用观[2]遂被界定为财务报告的目标。随着金融资本的崛起，金融资产稳步膨胀，这给公允价值会计的出台提供了坚实的平台。以金融经济学为靠山的公允价值会计逐步变

1　J. Perry and A. Nölke, "The Political Economy of International Accounting Standards," *Review of International Political Economy*, 2006, 13(4): 559-586.

2　"决策有用观"是国际财务报告准则和公认会计原则所提出的会计目标理论，认为财务报表的目标是为证券投资者提供对其决策有用的信息。这一目标导向给会计规定了不可能完成的任务。

成抽象的会计计量原则，准则制定者在缺乏理论支撑的情况下宣称，其所关心的不是应否采用公允价值，而是如何计算公允价值。向公允价值会计的转变是出于会计规则制定者的幻觉和梦想，而不是出于市场上的实际需求。公允价值是规则制定者试图把会计规则转变成金融分析规则的结果，与之相伴的，是"财务报表的使用者"这一抽象概念。决策相关性（decision relevance）建立在信息使用者、市场、价格信息等高度抽象的概念之上。公允价值会计的倡导者试图把会计的社会共识（social consensus），从强调记录真实交易的法律意义上的真实性，转变为基于未来现金流量折现的金融上的"真实性"。公允价值会计理念的推广过程同时也是会计脱离社会并与社会绝缘的过程。[1]

第二，大型会计公司主导会计规则制定权，会计规则日趋弹性化。国际准则的制定权实际上牢牢掌握在一个由英美会计公司组成的小团体手里，寡头垄断局面持续至今。[2]与此形成鲜明对比的是，工商行业协会几乎从不参与国际会计准则理事会的准则制定。大型会计公司与证券行业结成盟友，不仅在规模和地域上扩展迅猛，其业务还超越会计和审计服务，从而将自己重新塑造成为全能型的金融专家。[3]与此同时，会计规则越来越弹性化：资产减值会计和公允价值会计的运用范围不断扩大，权益法、资本化、套期会计等诸多会计规则允许记账主体在缺乏法律事实的情况下记账，甚至出现了按"管理层意图"（management intention）记账、公允价值选择权（fair value option）

---

1 Michael Power, "Fair Value Accounting, Financial Economics and the Transformation of Reliability," *Accounting and Business Research*, 2010, 40(3): 197-210.

2 P. J. Arnold, "Global Financial Crisis: The Challenge to Accounting Research," *Accounting, Organizations and Society*, 2009, 34(6-7)：803-809.

3 [美]乔尔·塞里格曼：《华尔街的变迁：证券交易委员会及现代公司融资制度演进》（第3版），徐雅萍等译，中国财政经济出版社，2009，第677—679页；A.G. Hopwood, "Some Reflections on 'The Harmonization of Accounting within the EU'," *The European Accounting Review*, 1994, 3(2): 241-253; J. Perry, A. Nölke, "International Accounting Standard Setting: A Network Approach," *Business and Politics*, 2005, 7(3): 1-32.

等规则。会计规则的弹性化在事实上瓦解了对资本市场的会计监管，使得资本市场上的集体性欺诈合规化。[1] 这些缺乏逻辑自洽的会计规则给社会公众了解会计运行机制造成了障碍。直至危机爆发，国际社会才恍然发现财务会计的巨大变化。

第三，注册会计师审计流于形式。仓促出台的《1933 年证券法》不恰当地将证券市场审计权授予公共会计师行业，这一流弊延续至今。如今，大型国际会计公司与会计规则制定者、信用评级机构等"民营权威机构"（private authority）一道，扮演着证券市场的准监管者的角色，其因由值得深究。审计业务约定书在法律性质上是服务合同，审计报告及其基础服务是缔约双方交易的商品，因此，注册会计师审计在理论上并不具备监管功能。在实践中，会计规则的弹性化更是使得审计被架空，注册会计师行业的定位越来越商业化。[2]

第四，会计学术主流日益向证券市场靠拢。以市场效率原教旨主义（market efficiency fundamentalism）为基础的实证研究范式成为北美主流会计学术刊物的标准范式，其学术主流更关心"实然"而非"应然"，往往偏好测试会计规则出台之后的"市场反应"。实证会计"研究"使得主流研究越来越自顾自怜、自我指涉，这虽然能够让会计学者、会计监管机构、会计公司各自为安，但其对社会发展和会计实践的贡献却乏善可陈，也妨碍了会计学科汲取其他学科的营养，向着更科学、更完善的方向发展。[3]

财务会计准则金融化的结果，便是资产负债表的"去法律化"。自从复式记账法形成以来，资产负债表曾长期是很多国家的法律制度的实施基础。而

1　周思成：《关于新自由主义的危机——热拉尔·杜梅尼尔访谈》，《国外理论动态》2010 年第 7 期。

2　Stephen A. Zeff, "How the U.S. Accounting Profession Got Where It Is Today: Part 1," *Accounting Horizons*, 2003, 17(3): 189-205; Anthony G. Hopwood, "Whither Accounting Research?" *The Accounting Review*, 2007, 82(5): 1365-1374.

3　B. McSweeney, "The Roles of Financial Asset Market Failure Denial and the Economic Crisis: Reflections on Accounting and Financial Theories and Practices," *Accounting, Organizations and Society*, 2009, 34(6-7): 835-848.

经过近 30 年的去法律化，资产负债表的理论基础被彻底从法学改写为金融经济学，作为社会共识的"基于法律事实的法律意义上的真实性"，如今被国际准则的"基于未来现金流量折现的金融上的真实性"取代了。[1]

总之，会计规则受到统治精英和主导意识形态的影响，会计实践反过来影响收入、财富和权力的分配。会计规则通过看似中性和客观的技术，给现存的权力关系和财富转移披上了合法的外衣。公认会计原则在本质上是证券市场从业机构联合设计的一整套脱离法律原则、建立在独创的概念框架基础上的证券分析规则，[2]它最终体现的是证券行业的利益。[3]公认会计原则和国际财务报告准则在次贷危机中的表现，给追捧美国经验和国际惯例的人们提供了反思的机会。

会计准则的制定者自身往往也没有意识到其行为只不过是继续设计弹性化的会计规则。曾任财务会计准则委员会主席的赫兹，他本人就特别推崇未来现金流量现值，他的会计理念是，会计和财务报告不是精确的科学，它们是人为构造出来的，因此，需要有一套概念框架来提供指导，从而尽力根据概念和成本效益方面的考虑以及可用的工具和技术，来捕捉并报告交易和事件对会计主体的财务影响。鉴于概念框架本身就是为弹性化会计规则提供理论掩护的，因此，这种做法的后果，仍然是不识庐山真面目。[4]

---

1 Michael Power, "Fair Value Accounting, Financial Economics and the Transformation of Reliability," *Accounting and Business Research*, 2010, 40(3): 197-210.

2 周华、刘俊海、戴德明:《质疑国际财务报告准则的先进性》,《财贸经济》2010 年第 1 期。

3 不仅会计准则如此，西方的法律亦然。250 多年来，西方市场经济国家的法律，本质上是为国家利益、富豪利益以及如今的跨国公司利益服务的，在国际市场上则是为帝国强权服务的。顶礼膜拜西方一时流行的规则，是十分不足取的态度。参见：吴志攀、王利明:《从资本主义市场经济法制发展史中我们借鉴什么》,《党建》2004 年第 11 期。

4 Robert H. Herz, *More Accounting Changes: Financial Reporting through the Age of Crisis and Globalization* (Bingley: Emerald Group Publishing Limited, 2016), pp. 279-280.

三、重新认识美国经验

（一）美国证券市场上的公认会计原则制定经验的参考价值不大

从法理来看，会计规则通常需要紧扣公司法或者税法的基本原则来制定。但美国证券监管的情况比较特殊，公认会计原则的制定是在缺乏联邦统一的公司法的大背景下，由美国证监会授权美国注册会计师协会等私立机构制定出来的，这种做法显然属于特例。公认会计原则在本质上属于证券信息披露规则，而不属于人们通常所说的会计法规（如会计制度）。事实上，公司立法的权力属于各州，联邦证券法也只能干预证券信息披露行为，而无法插足会计立法领域。美国联邦政府对会计问题的监管不得不从证券市场下手，这是历史的偶然，而不是缜密论证的结果。[1]美国联邦证券法语境下的会计问题统统都是证券信息披露问题。从法理来看，证券法是公司法的特别法。这就意味着在美国证券市场上，包括公认会计原则在内的证券信息披露规则缺乏统一的公司法的支持，制定会计准则无异于建造空中楼阁。这就必然导致会计规则陷入庞杂无序的状态。在理论上，很难运用法律原则来制定统一适用于各州的会计法规，也很难划分证券信息披露的边界。美国证监会作为联邦特设机构，拥有证券监管相关的执法和行政权力。在这种独特的监管架构下，证券监管事实上是自由王国。这种架构也不适合我国国情。因此，美国证券市场上的公认会计原则对会计立法的借鉴价值不大。

（二）公认会计原则是证券市场上的弹性化会计规则的统称

公认会计原则只是证券市场上的一种玩法，它是上市公司不得不承受的代价。美国证券市场上的会计和审计制度的逻辑是这样的：证券市场上的主要玩家（即美国注册会计师协会、财务经理国际协会、金融分析师协会、证

---

[1] Jochen Zimmermann, Jörg R. Werner and Philipp B. Volmer, *Global Governance in Accounting: Rebalancing Public Power and Private Commitment* (New York: Palgrave Macmillan, 2008), pp. 29-32.

券行业协会）[1]，跟它们的卫道士们（美国会计学会）一起"论证"出了一套公认会计原则。

公认会计原则与如今的会计准则系同义语，它是证券市场中的化妆品、润滑剂。对于证券监管当局来说，上市公司的会计行为不可不管，又不可乱管。所谓建设繁荣的、具有流动性的、公平公正公开的、健康的证券市场，这些词都是一个意思——把交易量做大才是硬道理。市场不能没有交易量，股价涨涨跌跌才应该是常态。公认会计原则是会计规则制定者从公众公司的现有做法中挑选出来的各种弹性化规则的总称，其"论证"具有"存在即合理"的性质。这套弹性化的会计规则具有诸多"优点"，公众公司的管理层（包括 CEO、CFO）从此如入无人之境，当面临诉讼时，他们便可以以符合"公认会计原则"为托词，从而掩盖其罪行甚至可以侥幸逃避法律制裁。注册会计师也以其审计过程符合审计准则，客户的会计处理符合"公认会计原则"为托词，同样逃避其法律责任。美国证监会作为监管机关，更是把责任推卸得干干净净：会计审计准则都是市场公认的规则，会计造假（或称财务舞弊）并不是证监会的责任。总之，公认会计原则并不是惯常意义上的会计制度，它是上市公司合规造假的工具箱（见表 12-1）。有了公认会计原则，合规造假便成为美国证券市场上的常态。

表 12-1　　　　　　　　　　　　　会计准则与合规造假

造假动机	利用会计规则造假	业务造假
1. 增加广义收入		
1.1 提前记录收入		●
1.2 利用会计准则虚构各种收入	●（权益法下的投资收益、公允价值变动收益、转回资产减值准备）	
1.3 将预收款计入收入		●

---

1 作为对比，管理会计师协会、政府会计协会属于陪跑的性质。

续表

造假动机	利用会计规则造假	业务造假
1.4 易货交易（对倒）		●
1.5 构造营业外收入		●
2. 减少广义费用		
2.1 计提资产减值	●（计提资产减值准备）	
2.2 减少财务费用	●（利息支出资本化）	
2.3 减少管理费用	●（研发支出资本化）	
2.4 减少销售成本	●（改变存货计价，增加期末存货）	
2.5 减少折旧额、摊销额	●（拉长折旧、摊销年限）	
2.6 减少资产减值损失	●（按照意图确定减值损失）	
3. 增加资产		
3.1 记录商誉	●	
3.2 购买商标等无形资产	●	
3.3 盯市会计	●	
4. 减少负债		
4.1 表外融资		●
4.2 将负债重分类为资产	●	

资料来源：Michael J. Jones, *Creative Accounting, Fraud and International Accounting Scandals* (Hoboken：John Wiley & Sons, 2011)，pp. 43-68.

自从有了公认会计原则，证券市场上的合规造假成为常态，逐步形成了系统化的会计操纵手法。例如，利润平滑（income smoothing）技术用于降低利润波动；盈余管理（earnings management）技术用于影响利润水平；"大洗澡"（big bath）和创造性会计（creative accounting）用于降低当期利润、以便增加以后期间的利润，或者用于各种形式的"橱窗修饰"（window dressing）；会计松弛（slack in accounting）则体现了机构松弛（organizational slack）和预算松弛（budgetary slack）的需要。[1]

美国证券市场上的会计和审计安排事实上瓦解了罗斯福新政关于会计监管的严格要求。公共会计师行业成功地以"会计服务"取代"会计监管"，《1933年证券法》《联邦存款保险公司改进法》《萨班斯－奥克斯利法案》等一系列联邦法律为它开辟了广阔的服务市场。

（三）会计准则只是小圈子里的游戏

大型上市公司、主要的会计公司、投资银行（证券公司）是主角。在美国、加拿大、澳大利亚和新西兰这类国家，准则制定在一开始（20世纪30年代和40年代）实际上由执业的公共会计师独占。只有在美国和加拿大，学术界才有少量的参与。后来，随着非会计师的比重越来越大，准则也越来越偏离传统会计。非执业会计师比会计师更倾向于编制对经济决策制定者有用的会计信息，而会计师则可能过多地受其传统职业教育或训练的束缚，拘泥于历史成本框架。[2]虽然会计规则制定者宣称会计准则是顺应资本市场的需要而制定的，但是财务报表使用者并没有出现在有影响力的会计论坛上，报表使用者只是修饰性地而不是实质性地参与到会计规则制定过程中。在实践中，注册会计师行业及其说客对会计规则的制定发挥了更大的影响。作为对比，在理论上，人们往往认为会计规则会体现资本市场和监管当局的要求。[3]

在会计准则的语境中，会计就像一门魔术，财务报表中包含了大量的预期因素，缺乏民商法、经济法的支持，这导致会计账簿缺乏法律证明力。会计的技术规则的神秘化给社会公众进入会计行业造成了障碍。它给会计学者、

1 Dale Buckmaster, *Development of The Income Smoothing Literature 1893-1998: A Focus on the United States* (Amsterdam: Elsevier Science, 2001); Ahmed Riahi-Belkaoui, *Accounting—By Principle or Design?* (Westport: Praeger, 2003).

2 Stephen A. Zeff, "Setting Accounting Standards: Some Lessons from the US Experience," *The Accountant's Magazine*, December 1987: 26-28.

3 A. G. Hopwood, "Some Reflections on 'The Harmonization of Accounting within the EU'," *The European Accounting Review*, 1994, 3(2): 241-253.

会计监管机构和会计从业人员划出了高高的职业壁垒、安全的生存空间，但同时也妨碍了会计学科汲取其他学科的营养，向着更深入、更广泛的方向发展。曾于1977年至1987年担任财务会计准则委员会主席的唐纳德·柯克，卸任后就会计准则越来越复杂这一问题发表了看法。

 专栏 12-3

为什么"会计准则越来越钻牛角尖，越来越复杂"？

我们需要多少份会计准则？它们应该详细到什么程度？这些问题在当年设立会计原则委员会的时候就引起过争议，后来的维特报告（Wheat Report）也进行过详细的讨论。如今，这些问题再度引起了思考。美国注册会计师协会设立的专门研究"准则过载"（standards overload）问题的委员会认为，会计准则越来越钻牛角尖，越来越复杂，这导致企业界（尤其是中小企业）和注册会计师行业非常为难。财务会计准则委员会应当把主要精力用在有共性的会计问题（broad accounting issue）上面，还应当在必要时及时地提供操作指南。大型会计公司和美国证监会看起来希望有更多的、符合美国注册会计师协会的《职业道德守则》（Code of Professional Ethics）第203条所称的"会计原则"（Rule 203 "Accounting Principles"）的指南。

当然，很难界定什么是广义的准则（broad standards）、什么是狭义的准则（narrow standards）。我认为，作为独立机构的财务会计准则委员会最有能力平衡报表编制者、审计师和报表使用者的需求。简化，是一个有价值的目标。但是，人们对于复杂的问题往往有多种多样的意见，如果准则仅仅给出简单的回应，则可能会导致误解。

资料来源：Donald J. Kirk, "FASB Standards: Too Many or Too Few?" *Journal of Accountancy*, 1983, 155(2): 75-80.

如果我们把为投资者估计证券价格的财务报告行为称作"会计"，那么，依法纳税、依法分配的财务报告行为又该被称作什么呢？哪部法律要求企业在记账时必须为短期投机者服务了呢？相关，与什么相关？

美国证监会主席阿瑟·莱维特对每况愈下的公众公司会计实务深感忧虑，1998 年 9 月 28 日，他在纽约大学法律与商务中心发表了题为《数字游戏》的著名演讲。他说：盈余管理这个司空见惯的现象已演化成市场参与者之间的游戏，如不尽快采取措施，则会给美国的财务报告系统带来很坏的影响；"我越来越担心人们迎合华尔街盈利预测的动机占据上风，从而损害正常的商业行为。太多的公司经理、审计师和分析师参与到了这种心照不宣的游戏之中。如果大家都拼命地满足皆大欢喜的预测，为平滑利润大开方便之门，那么，财务报告将会沦为公众公司管理层的如意算盘、掌股游戏"。[1] 连美国证监会主席莱维特都对盈余管理深恶痛绝，足见合规造假现象有多么猖獗。合规造假，是公认会计原则治下的奇特景观。如此失当的一套规则居然被我国一些学者封为"最先进的国际会计惯例"，个中因由，值得深思。

第三节　美国会计学术的历史回顾及其贡献

美国的会计理论研究在公认会计原则出台前后经历了重大转变。随着公认会计原则的陆续出台，法律在会计教材和会计理论研究中的比重渐次下降，金融分析的比重逐渐上升。

1　1998 年 9 月 28 日莱维特在纽约大学法律与商务中心的演讲。参见：[美] 莱维特：《数字游戏》，李为、水东流译，《证券市场导报》2002 年第 5 期。

一、罗斯福新政时期的美国会计理论研究

在美国，会计理论研究对公认会计原则的制定扮演着敲边鼓的角色。在罗斯福"新政"期间，学术界曾经形成一批富有理论价值的成果（见图12-2）。得益于《1933年证券法》出台前后美国政界对信息真实性的高度关切、美国证监会首届委员的高素质及其对证券交易制度弊端的深刻了解，学术界在罗斯福"新政"期间贡献了富有思想性的学术成果。

美国会计学会率先进行会计理论的系统研究。1936年该学会出版的《影响公司报告的会计原则暂行公告》、1940年出版的佩顿和利特尔顿合著的《公司会计准则导论》成功地把法律制度与会计规则融合起来，提出了富含思想成分的学术观点。

美国注册会计师协会紧随美国会计学会1936年的公告，于1938年出版桑德斯、哈特菲尔德和摩尔合著的《会计原则公告》。这两个公告的基本立场是一致的。

上述三部著作堪称美国会计理论的三座丰碑。它们确立了以历史成本会计为基调的会计理论主张。这三座丰碑的形成因素，与学者个人的价值导向、罗斯福政府（特别是由高素质委员组成的前几届美国证监会）的积极作为态度有关，其中，美国证监会的态度是决定因素。[1]

随着公认会计原则的形成和发展，会计规则的弹性化成为主旋律。公认会计原则与法律原则分道扬镳，学术主流渐渐沦为了公认会计原则的卫道士。

---

1 然而，即便是这样的成果也未能对公认会计原则的制定产生多大的影响，存货计价的成本与市价孰低法还是得以写入公认会计原则。究其原因，公认会计原则是一门生意，它是证券领域内的门内玩法，切不可将它等同于会计立法。

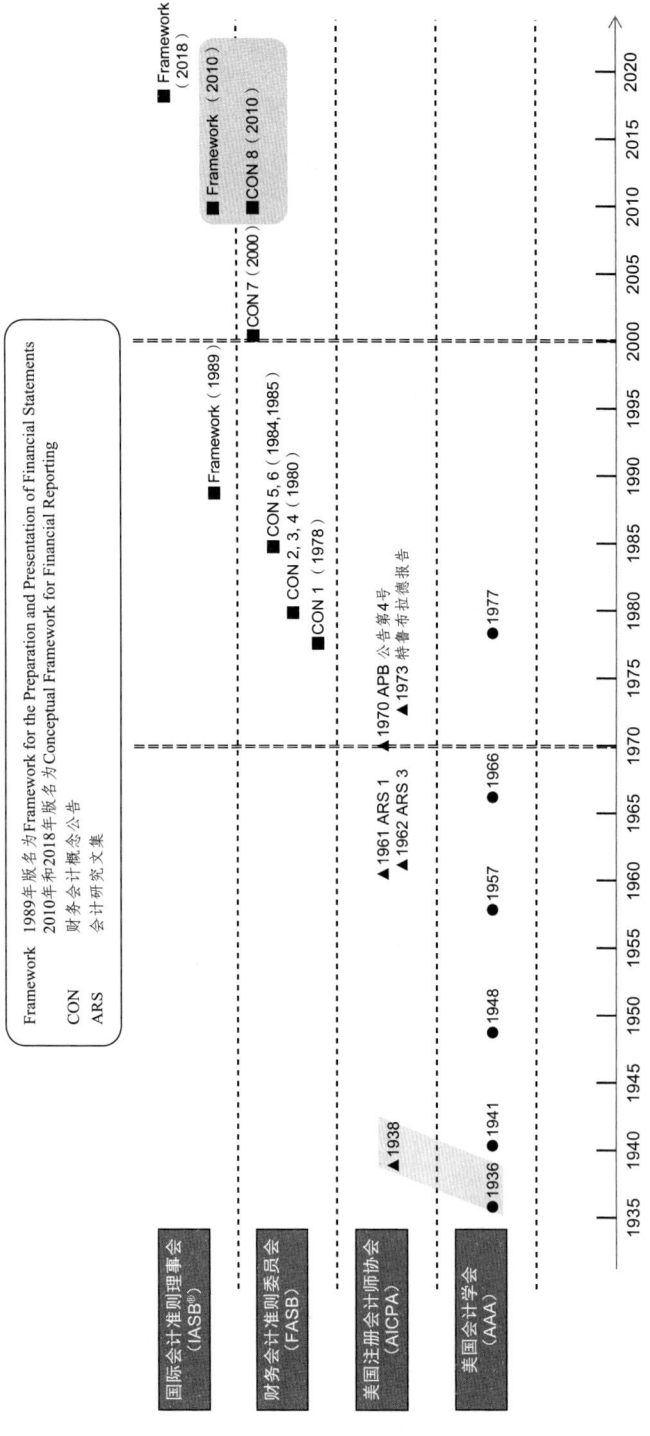

图 12-2 美国会计学会、美国注册会计师协会和财务会计准则委员会的理论成果

注：1. 美国会计学会（AAA）分别在 1936 年、1941 年、1948 年、1957 年、1966 年和 1977 年公布过理论公告，其间还曾公布补充公告。从 1936 年笃守历史成本原则到 1977 年改为直扬会计理论大杂烩，出现了 180 度大转弯。

2. 美国注册会计师协会（AICPA）1938 年公布《会计原则公告》，其他具有一定影响的理论成果还有 1961 年和 1962 年公布的会计研究文集第 1 辑和第 3 辑，1970 年公布的会计原则委员会公告第 4 号和 1973 年公布的特鲁布拉德报告。从最初的基本坚持法律导向，逐步转变为迎合投资者的口味。

3. 财务会计准则委员会（FASB）自 1978 年起试图构建财务会计概念框架，至今仍在尝试中。

二、新自由主义兴起以来的美国会计理论研究

罗斯福"新政"以后，一些会计理论研究者重新捡起了"大萧条"以前就已流行过的现行成本会计（又称现行价值会计，20世纪90年代后多称公允价值会计）理念。为公认会计原则辩护的论著成为流行，这种风气在新自由主义兴起之后达到了顶峰。

美国会计学会1957年的公告背离了以往的公告，把资产的定义改写为未来"服务潜能"（service-potentials）的总和。[1]美国会计学会逐步变色。1966年的公告提出了决策有用观，设计了并行列报现行成本和历史成本的报表格式。待到1977年的公告公布之时，该学会已经提不出自成一体的理论学说。

美国注册会计师协会只是在1938年（也就是第一份公认会计原则于1939年公布之前一年）公布过倡导历史成本会计的《会计原则公告》。但此后再无建树。其麾下的会计程序委员会简单地把公众公司惯用的做账手法逐步纳入公认会计原则，缺乏理论上的考量。在私人投资者开始增长、证券市场对美国家庭的影响日渐增大的背景下，这种做法招致了注册会计师行业内部和社会舆论的谴责。会计原则委员会试图继续脱离法律原则去构建空中楼阁，其1961年的会计研究文集第1辑和1962年的会计研究文集第3辑归于惨败。不得已，美国注册会计师协会1970年的第4号公告和1973年的特鲁布拉德报告，沿用美国会计学会1966年提出的决策有用观，把会计理论绑在了金融分析的战车上。随着证券市场的快速扩张，证券市场上围绕公认会计原则的争议也不断升级，会计原则委员会难以招架。美国注册会计师协会遂牵头组建了财务会计原则委员会。

财务会计准则委员会成立后，美国注册会计师协会公布了特鲁布拉德报告，该报告也就是财务会计准则委员会的理论纲领，自1978年至今，

---

1 作为对比，以往的公告都把资产定义为有形的或无形的财产权利。

财务会计准则委员会的财务会计概念框架都是在该报告的基础上设计出来的。

财务会计准则委员会成立前后，美国主流会计学术界以实证会计画地为牢，彻底走上了学术虚无化的道路。[1]例如，斯坦福大学教授、曾于2001—2009年兼任国际会计准则理事会理事、2009—2011年兼任国际会计准则理事会学术顾问的玛丽·E.巴思（Mary E. Barth）在一篇颇具争议的文章中开门见山地提出："本文探讨如何将对未来的估计包含在今天的财务报表中，而不是为什么要把对未来的估计包含在今天的财务报表中。"[2]学问还能这么做吗？是的。主流学者拒绝进行理论上的拷问，不问为什么，只问怎么做统计数据分析，这是当今北美主流会计学术的价值追求，实证会计就是在这种价值观的指导下"做学术研究"的。

除了上述会计理论研究的标志性成果以外，美国会计学术界提出了很多令人大开眼界的新颖概念和奇思妙想，这些大多属于金融分析理念而不是会计理念。罗伯特·莫茨道出了美国高校会计教师之所以热衷于提出新颖概念的原因：美国会计学会多数会员没有会计实务经历，他们对会计实务可能不感兴趣。大学老师偏好变革，不喜欢遵循传统，这与实务界倾向于保持会计传统的偏好具有显著的不同。理论变革对于大学老师来说是没有什么成本的，学生们也喜欢新鲜的、有趣的观点。另外，会计规则的频繁变革可能还有助于大学教师发行新版本的教材。[3]诚哉斯言。

---

[1] 会计界学术旨趣的转变只是冰山之一角。2011年奥斯卡最佳纪录片《监守自盗》（*Inside Job*）向人们揭示，金融和经济学领域整个的学术研究都存在浓郁的商业气息，论文往往是商业机构出资购买的高级宣传材料。

[2] 玛丽·E.巴斯：《将对未来的估计包含在今天的财务报表中》，李红霞译，《会计研究》2007年第9期。

[3] Robert K. Mautz, "The Practitioner and The Professor," *Journal of Accountancy*, 1965, 120(4): 64-66.

第四节　公认会计原则与美国会计学术的可能发展路径

公认会计原则和美国主流会计学术均已跑偏。它们将会走向何处？本节尝试给出笔者的一管之见。

一、公认会计原则的可能发展路径

有研究者指出，公认会计原则的体系本身需要一次大检修。公众公司之所以编制财务报表，主要是因为它们被美国证监会要求这样做，很少有 CEO 认为这种工作的成果本身有什么价值。很少有会计公司真正关心财务报告的质量，它们更多的是比价格而不是比质量。纽约大学会计学教授保罗·布朗讲得很精辟："有个关于财务会计准则委员会的经典格言，编写一个会计规则需要 4 年时间，而一个精明的投资银行家绕开它只需要 4 分钟。"[1]

证券监管本身需要真实的会计信息，而罗斯福"新政"重视证券监管，这种态度是对的。但仅有重视是不够的，如果背离了"根据法律事实记账"的基本原则，那么会计规则就不成其为会计规则，证券监管便成了空中楼阁。有了公认会计原则，《1933 年证券法》所确立的证券监管制度便被弹性化的会计规则化解了。信息真实性应当成为证券监管制度的基础，作为证券监管制度的基石的会计准则，应当牢牢坚持"根据法律事实记账"的基本原则。当前的公认会计原则使得会计报表中事实信息与预期信息混杂，这大大损害了财务报表的公益性和公信力。如欲改进公认会计原则体系，就必须切实重视并解决这一问题。[2]

企业经营必须遵循其注册地的法律，法律制度是公认会计原则难以逾越

1　[美]乔尔·塞里格曼：《华尔街的变迁：证券交易委员会及现代公司融资制度演进》（第 3 版），徐雅萍等译，中国财政经济出版社，2009，第 690 页。

2　R. A. Rayman, *Accounting Standards: True or False?* (New York: Routledge, 2006), pp. 137-176.

的障碍。因此，公认会计原则有两条可能的优化路径。一条路径是退回到根据法律事实记账、如实披露的正确道路上去。如此，各州公司只需要按照其法律事实进行证券信息披露即可，这是证券法的起码要求。证券法从未提出可比性的要求，因此，企业不必考虑与其他企业的可比性。这条道路是传统会计的道路，这就意味着注册会计师行业的终结。注册会计师行业会不会像它所标榜的那样着眼于公共利益，从而放弃巨大的行业利益呢？这还是一个大大的问号。另一条路径是完全凌驾于法律之上，创设一条脱离法律并且并行于法律、主要依靠私人权威部门来推行的证券信息披露规则，如此，公认会计原则便会重新定位为金融分析规则、证券信息披露规则。

公允价值会计规则所面临的激烈争议深刻地反映了公认会计原则所面临的矛盾。[1]一方面，从公共利益的角度来看，证券信息披露规则必须严格地区分法律事实（体现为会计上的原始凭证、历史成本会计）和金融预期（如资产减值、公允价值信息）。但这样一来，简单易用的会计规则无异于宣告公共会计师行业的终结。另一方面，从行业利益的角度来看，偏离法律法规的证券信息披露规则是公共会计师行业乃至证券行业的掘金之道。会计准则（即弹性化的会计规则的统称）为公共会计师行业推广审计业务、税务服务、管理咨询和内部控制审计服务提供了便利。但即便撇开公允价值会计对企业经营管理的负面影响不说，它也势必对宏观经济调控造成严重的负面影响，最直接的影响之一，就是对银行业的审慎监管造成的冲击。对此，证券行业与银行业基本上处于鸡同鸭讲的状态，预期未来不会就公允价值会计达成共识。因此，未来的公认会计原则有可能长期在证券行业所主导的公允价值理念，与银行业及其监管机构所主张的审慎监管理念之间呈现出跷跷板一样的变动态势。"历史成本会计 + 公允价值披露"是最彻底的解决方案，但鉴于上述行业

---

1 Henk Langendijk, Dirk Swagerman, Willem Verhoog, *Is Fair Value Fair? Financial Reporting from an International Perspective* (Hoboken: John Wiley & Sons, 2003); Peter Walton, *The Routledge Companion to Fair Value and Financial Reporting* (New York: Routledge, 2007).

利益的存在，这种解决方案在美国证券市场上可能需要较长时间才能够实现。

二、美国会计学术的可能发展路径

美国主流会计学术已经被实证经济学引入歧途，细碎化、庸俗化成为主流期刊的旨趣，从事会计理论研究的会计研究者为数寥寥。美国主流会计理论基本上是在围绕证券市场做文章而不是做学问。有的学者在嚷嚷："如今的会计没落了，越来越不能满足投资者的需求了。"没落的不是会计，而是做会计研究的头脑，以及他们构造的估值模型。要知道，在美国各州，政府的财税管理和企业的经营管理依然在法律框架内活动。这意味着，主流会计理论与会计实践的背离态势很可能会延续下去，除非美国的证券监管制度能有彻底的好转。

如今，北美实证会计期刊是我国个别高校极力推崇的终南捷径，它们被称为"国际顶级期刊"。有海内外学者不断批评那种唯北美学术马首是瞻的导向是利令智昏、挟洋自重。对我国会计学界来说，尽快摆脱北美风格的诱惑，汲取真正先进的域外经验，应当成为会计研究者的一个重要的价值追求。

综观美国注册会计师协会、美国会计学会、美国证监会、财务经理国际协会、注册金融分析师协会等一干证券相关从业机构的种种表现，很难去评判它们的对错。它们都只是在谋求自身的利益——从它们各自的立场来看，它们都是相当成功的。对我国会计立法来说，需要从社会经济发展的总体来考虑问题，对上述境外机构各自的价值导向有个总体的评价。唯如此，方能辨明域外经验值得借鉴之处，真正做到取其精华去其糟粕。

附录 1　会计准则制定者的一家之言——财务会计准则委员会前主席贝雷斯福德的反思

曾于 1987—1997 年任财务会计准则委员会主席的丹尼斯·贝雷斯福德卸任后对会计准则的日趋复杂化感慨万千，发出了这样的嗟叹："我们还能回到过去的好日子吗？"

 专栏 12-4 ─────────────────

我们还能回到过去的好日子吗？

P E R S P E C T I V E S
personal viewpoint

Can We Go Back to the Good Old Days?

By Dennis R. Beresford

　　我在想象，我们能否回到60年代早期我刚刚大学毕业时的生活？那时候的会计真单纯啊！会计原则委员会还没有公布过准则，财务会计准则委员会还不存在。没有厚达880页的衍生金融工具会计指南。权威的公认会计原则在一个小软皮本里就可以收齐了，厚度仅相当于衍生金融工具会计指南的三分之一。那时候会计问题并不是令美国证监会兴奋的话题。强制性的季度报告、管理层讨论与分析（MD&A）还没有出笼。用1个小时左右的时间就可以读完一份年报及其报表附注。简单地说，那时候的会计更像是一个像样的职业，良好的判断和丰富的阅历（good judgment and experience）是成功的关键要求。

　　再来看看现在的会计吧！我想会计规则的复杂性可能已经远远超出了必要的程度。

　　我坦白，我在财务会计准则委员会任职期间参与制定了大约40份新的会计准则，其中相当一部分对财务报表具有很大影响，有些准则的执行成本相当之大。虽然我总是尽力把准则制定得更具操作性，然而很少有人会认为我的目标百分之百地实现了。最近的会计准则及其征求意见稿似乎变得越来越复杂，越来越难以实施。

　　再好的公司会计师也难以跟上财务会计准则委员会、美国注册会计师协会、美国证监会、新兴问题工作组和国际会计准则理事会的步伐。

关于衍生金融工具的会计准则连专业人士都很难破译，更不要提众多的外行了。更何况，公众公司面临着四重威胁（quadruple jeopardy）：外部审计师、美国证监会、公众公司会计监察委员会、律师事务所。我猜测，这可能是公众公司要求公布详细的操作指南的原因。只不过指南公布得太多了，以至于物极必反。

针对会计准则日趋复杂和庞杂的现状，有人建议，准则应当是宽泛的原则（broad principles），而不应是具体的规则（detailed rules）。公众公司和审计师在使用这些准则时可能需要更多地使用专业判断（professional judgment）。美国证监会称这一思路是目标导向的（objectives-based）而不是原则导向的（principles-based）。财务会计准则委员会和美国证监会正在往这个路子上走，但是这是个空泛的口号，如何实现还是个问题。两者对于应当制定多少个实施指南可能存有意见分歧。财务会计准则委员会认为应少制定指南，更多地依赖于专业判断。而美国证监会认为需要制定足够详细的指南（sufficiently detailed guideline）。我怀疑会计准则的复杂程度可能很难被显著地降低。从最新公布的具体会计准则来看，烦琐杂乱的现象极少发生改变，会计准则甚至越来越难以理解和应用。

当公司会计师觉得会计准则难以操作时，他们往往会求助于公共会计师。公共会计师转而求助于会计公司内部的专家。但《萨班斯－奥克斯利法案》颁布后，审计师出于审计独立性的考虑，往往吝于表态，以免被公众公司会计监察委员会认为是"自己审计自己、不具有独立性。"

事情发展到这种地步，也许我们的确需要回到过去的快乐生活。

目前，财务经理们可能关心内部控制胜过关心会计规则。联邦证券法首次要求公众公司评价自己的内部控制制度并聘请会计公司就内控情况发表审计意见。很多人怀疑这种代价高昂的制度安排对投资者有什么好处。

毕马威会计公司提到："会计公司、公众公司会计监察委员会和美国证监会对于什么是恰当的会计处理有三种不同的意见，这是公众公司、审计师和监管当局共同面对的复杂局面。"

公允价值会计使得事情变得更为困难。我并非完全反对公允价值会计，因为它毕竟对上市交易的证券、衍生工具等金融工具还是有一定积极意义的。但是，若要把它推广到更多的资产项目，则需要慎之又慎。

财务会计准则委员会的征求意见稿上说："财务会计准则委员会认为，从理论上说，公允价值计量的目标和贯彻该目标的方法应当适用于所有的资产和负债。财务报表的使用者普遍认为，公允价值信息是相关的。"向公允价值会计模式迈进，这一导向已经十分清晰。当然，这并不意味着能够立刻实现该目标。

财务会计准则委员会在最近的准则中已经应用了公允价值会计，如《财务会计准则公告第 142 号：商誉与其他无形资产》《财务会计准则公告第 143 号：资产弃置义务的会计处理》《财务会计准则公告第 146 号：关于退出和处置活动的成本的会计处理》《财务会计准则解释公告第 45 号：担保》等。公允价值在企业合并的购买法、负债与权益的区分、股份支付以及收益确认等准则中都是关键问题。

对于公允价值的普遍应用，我有三点意见：第一，在很多情况下，无论出于何种目的，公允价值的确定都是极其困难的，甚至是不可能的。第二，如此得出的会计数据对财务报表的使用者而言不会有什么好处。第三，如此得出的会计数字是企业经理人难以理解的，这就导致他们更加地不信任会计数字。

尽管财务会计准则委员会和美国证监会希望大多数公司都有能力做出合理的估计，但我认为实际上那仅仅在有限的情况下才能做到。法律怎么可能会认可这样的规则？审计师到哪里寻找客观的审计证据去评价企业会计中的各种假设呢？

公允价值无疑在某些情形下是有意义的，但财务会计准则委员会显然是想把它推广到不可理喻的程度。看来它还高估了公众公司管理层和审计师的能力范围。或许我们应该感谢它对会计行业的忠诚和期待。

过去一年来，财务会计准则委员会一直着力于重新思考收入的确认问题。现在，收入确认的会计规则无疑已经过分复杂了，根据产品或服务的类型还制定了一些具体的规则。但它现在的重新思考将会用基于资产负债观的公允价值会计规则取代我们至少已经熟悉了的现行规则。这将会使收入的确认变得更加复杂。

新兴问题工作组近年来所公布的文件中，有太多的文件根本就不能被称作新兴问题（emerging issue）。它搞出来的详尽规则（detailed rule）有可能会增强会计实务的一致性吗？投资者及财务报表的其他使用者会因此而得到更好的信息服务吗？所取得的成效对得住付出的努力吗？如此看来，我们现在所拥有的不是原则性的准则和必要的指南，而是相当详细的准则再加上无比详细的指南。

我并不想严厉批评包括财务会计准则委员会在内的努力改进财务报告的人们。改进会计准则是一项艰苦的工作——板砖总比鲜花多。

真的，我认为会计准则已经变得过于复杂了。我完全支持转向宽泛的原则导向（broad principles）。我强烈建议财务会计准则委员会重新评价它对公允价值会计的态度，我认为它向这一领域推进得太快了，远远超出了报表编制者、审计师和财务报表使用者所能承受的水平。而且，美国证监会及其他监管机构也应当介入到这个事情中来。

总之，会计应当更加有意义，更加具有可操作性。

资料来源：Dennis R. Beresford, "Can We Go Back to the Good Old Days?" *The CPA Journal*, 2004, 74(12): 6-11.

专栏 12-5

丹尼斯·R. 贝雷斯福德

丹尼斯·R. 贝雷斯福德（Dennis R. Beresford），1987—1997 年任财务会计准则委员会主席，公允价值会计的批评者。布里登要求推行公允价值会计规则时，贝雷斯福德恰好是财务会计准则委员会的主席。他本人支持对金融工具采用公允价值会计规则，但反对大面积推广公允价值会计（见本章附录 2）。

贝雷斯福德 1938 年生于洛杉矶，他父亲先后在化工公司和不动产公司任销售代表，母亲是位家庭主妇。他的哥哥和两个姐姐都是大学排球队队员。他未曾谋面的祖父是洛杉矶中国剧院的经理。从 11 年级起，为贴补大学学费，他每星期至少工作 20 小时，干一些保龄球童、超市销售员之类的营生。高中毕业后，他进入加州大学洛杉矶分校学习。

贝雷斯福德刚入学不久就入伍服兵役 6 个月，然后到南加州大学学习，1961 年获得学士学位，其间曾获得普华优秀大学生奖。毕业后，贝雷斯福德加入厄恩斯特－厄恩斯特公司（Ernst & Ernst，安永会计公司的前身之一）的洛杉矶成员公司，任审计师达 10 年之久。1971 年供职于该公司设于克利夫兰的美国总部，很快就被任命为该公司的会计准则总监。在财务报告和审计准则快速发展的那个时期，他与瑞·格劳夫（Ray Groves）一道撰写了许多富有影响力的作品，在 70 年代初，他们创造了 12 个月内发表 100 项作品的记录。1976—1982 年贝雷斯福德任美国注册会计师协会的会计准则执行委员会主席，1980—1983 年任财务会计准则咨询委员会委员，1982—1984 年代表美国注册会计行业在国际会计准则委员会任职。

1984 年任财务会计准则委员会的新兴问题工作组创始成员。1987—1997 年任财务会计准则委员会主席，任期达 10 年半。1997 年任佐治亚大学安永高级会计学教授。

他领导会计准则制定机构 10 年有余。他推动了国际化，参与组建了美国会计学会 - 财务会计准则委员会年度研究会议。

他在 Legg Mason、Kimberly-Clark Corporation 和 MCI 等多家公司的董事会或审计委员会任职。他访问过全球 100 余所大学，兼任《会计新视野》(*Accounting Horizons*) 等多家杂志的编辑。

附录 2　实务工作者的一家之言——正确认识会计的局限性

 专栏 12-6

尤金·H. 弗莱格姆论正确认识会计的局限性

人物简介：尤金·H. 弗莱格姆（Eugene H. Flegm），长期供职于通用汽车公司，历任会计主管、总审计师（auditor general）。拥有注册会计师、注册舞弊督察（Certified Fraud Examiner，CFE）执业资格。

我在通用汽车公司负责报表编报工作近 13 年，过去 12 年代表通用汽车公司参与了财务会计准则委员会所有的听证会。我认为听证会上的意见分歧源于一个基本的问题：争论的各方对会计数据的目的、用途和局限性的认识存在分歧。

在财务会计准则委员会成立之前，尽管会计原则委员会一度试图通过会计研究文集归纳会计的基础理论，但总体来看，会计程序委员会和会计原则委员会所公布的会计公告，都还是以实践中的会计问题为基础的。20世纪 30 年代，美国会计学会的知名理论家们就曾建议以经济学作为会计学的基础，以两个时点上资产负债表的变化来确定利润。但美国会计学会最终还是决定采信收入费用观，通过配比成本和收入来确定利润。佩顿和利特尔顿 1940 年的专著全面地论证了这一思想。在 1980 年美国会计学会波士顿年会上，里德·K. 斯托里（Reed K. Storey）说该书是美国会计学领域所出版的著作中唯一获得广泛接受的著作。

这一思想在 1971 年美国注册会计师协会的研究报告（《财务报表的目标》）形成之前从未遇到过挑战。我认为《财务报表的目标》完全是以经济学家眼中的利润概念（an economist's view of income）来思考问题的，它建议用前瞻性的、以价值为基础的数据（forward-looking, value-based data）取代基于历史成本的、反映信托责任的数据（historic cost, fiduciary data）。该报告完全转向了预测未来现金流量，建议在财务报告和相关的分析性的文件中提供预测数据和现行价值数据。该报告认为，着眼于记录真实交易的历史成本会计是不相关的。这就意味着配比概念和收入费用观、客观性都"过时"了，资产负债观、现行价值会计成为"新贵"。该报告至少和美国注册会计师协会 1961 年公布的穆尼茨撰写的会计研究文集第 1 辑和 1962 年公布的穆尼茨和斯普劳斯撰写的会计研究文集第 3 辑一样激进，而会计原则委员会当年对两份文集的评价是"过于激进，与实务差异太大"。

财务会计准则委员会自成立之日起就着力贯彻特鲁布拉德报告、制定会计概念框架，其目标是最终迈向现行价值会计。在企业界，很少有人意识到新概念框架将会带来翻天覆地的变化。1976 年 12 月它公布了讨论备忘录（Discussion Memorandum）并进行了听证会，公允价值会计正式启动。财务会计准则委员会在 1977 年 8 月和 1978 年 1 月分别举行了听证会。

1978 年，我代表通用汽车公司参加了财务会计准则委员会关于概念框架和讨论备忘录的特别会议。列席会议的有财务会计准则委员会的全部 7 位委员（Donald J. Kirk, John March, Ralph Walters, Bob Sprouse, Oscar Gellein, Dave Mosso, Bob Morgan），研究部主任麦克·亚历山大（Mike Alexander），负责概念框架项目的里德·斯托里（Reed Storey），哈佛大学的鲍勃·安东尼（Bob Anthony）、永道会计公司已经退休的主席菲利普·德弗利斯（Philip Defliese）、厄恩斯特 – 厄恩斯特公司的罗伯特·莫茨（Robert Mautz）、曾担任财务会计准则委员会委员的埃克森公司主计长鲍勃·梅斯（Bob Mays）、安达信公司的阿瑟·怀亚特和我。当时围绕斯托里提供的八个问题展开的讨论，可以说没有取得任何一致性的意见。我感到，财务会计准则委员会已经下决心推行美国注册会计师协会 1971 年的报告了。这其实是退回了 30 年代的争论，当时的争论在 1940 年佩顿和利特尔顿的著作出版之际达到高潮并戛然而止。

在财务经理国际协会（FEI）所属的公司报告委员会的带领下，企业会计师们强烈要求在制定准则时保留满足可靠性要求的历史成本会计，保留按照配比概念确定利润的传统，保留以利润表为核心的理念。大量的工作是由厄恩斯特 – 厄恩斯特公司的两位合伙人罗伯特·莫茨和艾伯特·A. 科克（Albert A. Koch）牵头做的，他们起草了公司文件进行宣传，并在 1977 年出席了一系列讨论会宣传其立场。他们的关键观点是：在制定概念公告的 8 年中，围绕这一根本问题的争论导致了太多的妥协，以至于今天没有一个人对最终的产品表示满意。

财务会计准则委员会向资产负债观和现行价值会计挺进的决心在三个广受争议的准则中表露无遗，它们是第 52 号（外币折算）、第 87 号

（养老金会计）和第96号（所得税费用）。财务会计准则第52号实际上把现行价值会计引入了财务报表，由于汇率波动所形成的浮动盈亏将会计入股东权益。第87号强制推行预测单位额度法（projected unit credit method, PUC），该方法强调确定预期的负债，以折现值确定一个时点的数值，会导致人为地在今天低记费用而未来会出现很高的费用，这种方法忽视了养老金的期限较长的特点。但实务中大多数公司选用账户年龄正态法（entry-age normal method, EAN），该方法强调费用和资金的期限较长的特点，反映的是长期稳定的费用。第96号过于强调资产负债表，尤其是它的负债项目。上述三份准则都会导致收入和费用的配比被扭曲，而长期的现金流的表现根本就没有什么变化。这就是人为的信息扭曲现象。我认为，这种短期与长期的分野会导致会计数据的质量和可靠性大大下降。这也正是我们这些公司会计师如此强烈地支持配比概念的主要原因。

自从1906年欧文·费雪试图用经济学改造会计学以来，研究者们反复讨论过会计学与经济学之间的理念分歧。早期的规范研究者并未深入考虑决策有用观，而后来的规范研究者则不假思索地推广那种理念：他们先是笼统地罗列信息使用者，然后就说现行价值比历史成本更好。50年代前，只有很少的大学拥有企业管理或商学博士学位授予权，大多数偏向经济理论。因此早期的会计研究者所获得博士学位大多是经济学博士，如哈特菲尔德和佩顿。实际上，一些最负盛名的学者（如坎宁和亚历山大）本身就是经济学家。事实上，会计学比经济学要早约300年。

对于短期投资者的过分关注导致了美国证券市场上会计的异化。首先要考虑应当为谁服务？如何为其服务？要认识到，会计不可能满足所有人的信息诉求。难道会计报表编制者就应当为短期投机者服务吗？什么法律会做出那样的规定呢？我们就应当为那些不关注公司长远发展而格外关注变现价值的人服务吗？我们应当为长期投资者和公司管理层服务，努力创造长期的现金流入，而不要过分关注短期的利润。

会计无论如何都不能以货币度量来反映产品和服务的质量、市场响应速度、物流效率、职工的道德水准，但这些因素对于获取收入和利润、对于公司价值是至关重要的。评价一个公司，要看它的人是否有把事情办好的意愿和能力。会计就是评价它的能力的参考指标之一，只有客观的、可靠的会计数据才能满足这一要求。对于潜在的投资者来说，如果他们足够明智，就应当看重这样的信息而不是过度沉溺于要求企业提供包含估计的财务会计数据。

向不参与日常经营的股东报告企业的管理业绩，是财务报告的基石。股东对企业的发展自然有其自身的预期。而会计的角色是提供一些供其校正预期的数据。我认为，最能满足长期投资者和管理当局的信息需求的信息，是可靠的、记录真实交易的、客观的、以历史成本会计为基础的信息，这些信息可以用于出于各种目的的评价。有效的管理（内部控制）和可信赖的外部审计必须以这样的会计信息为基础。

公允价值理念对财务报表的损害要远远大于它那可怜的用途。综合考察以价值为基础的会计（value-based accounting）的前因后果，我确信名目繁多的现行价值会计之所以为实务工作者所鄙夷，是因为它们太主观了，那些"理论"既不相关也不可靠。《财务会计准则第33号：财务报告与物价变动》的实践情况告诉我们，按照通货膨胀指标调整的财务数据基本上没有什么用途。鼓吹公允价值会计的学者需要想一想，会计首先是一种管理活动，为什么企业管理当局从来就没有要求采用公允价值会计呢？

一些监管者认为，报表编制者不应当参与准则的制定，这导致了准则制定者和报表编制者之间的差异越来越大。要解决这一问题，就需要财务会计准则委员会建立研究组，重新审视特鲁布拉德报告和概念框架。会计并不具有物理学那样的绝对真理，因此，应当定期审查概念框架的合理性。

　　会计有其法定的目标，有着局限性。我负责为通用汽车公司编制合并报表，公司的资产规模超过1 000亿美元。我对会计的用途和局限性有切身的体会。我的确需要一个专门的团队来协助我。复式记账和历史成本会计是管理（控制）系统的核心。当然，权责发生制下的有些会计分录是以主观性的分析为基础的。例如，对售后服务担保所导致的预计负债。但是，如果这种估计是易于理解的，那么，它就不会影响数据的可靠性。会计具有自身的局限性，它不能可靠地用于度量公司的价值或者预测它未来的成功。但它可以作为会计控制的基础，这对报表编制者和审计师防范舞弊行为是很有益的，它还能为投资者提供校正其预期的坚实数据（hard data）。

　　资料来源：Eugene H. Flegm, "Commentary on the Limitations of Accounting," *Accounting Horizons*, 1989, 3(3): 90-97.

国家哲学社会科学成果文库
NATIONAL ACHIEVEMENTS LIBRARY
OF PHILOSOPHY AND SOCIAL SCIENCES

会计规则的由来

（第四卷）

周华 著

中国人民大学出版社
·北京·

策划编辑：魏　文　李文重
责任编辑：魏　文　黄　佳　李　玲　陈慧庚　陈　倩
装帧设计：彭莉莉

图书在版编目（CIP）数据

会计规则的由来. 第四卷 / 周华著. -- 北京：中
国人民大学出版社，2023.10
　（国家哲学社会科学成果文库）
　ISBN 978-7-300-31570-6

　Ⅰ.①会… Ⅱ.①周… Ⅲ.①会计制度－研究 Ⅳ.
①F233

中国国家版本馆CIP数据核字（2023）第056831号

会计规则的由来（第四卷）
KUAIJI GUIZE DE YOULAI （DI-SI JUAN）
周华　著

中国人民大学出版社　出版发行
（100080　北京中关村大街 31 号）

涿州市星河印刷有限公司　新华书店经销
2023 年 10 月第 1 版　2023 年 10 月第 1 次印刷
开本：720 毫米 × 1000 毫米　1/16　印张：29.75
字数：378 千字　印数：0,001-2,000 册
ISBN 978-7-300-31570-6　定价：698.00 元（全四卷）

邮购地址 100080　　北京中关村大街 31 号
中国人民大学出版社读者服务部　　电话（010）62515195　82501766

目　录

第三编　我国企业会计法规体系的建立和发展

第四章　具体准则的陆续发布

第八章 我国企业会计规则的优化路径

后 记 / 1727

CONTENTS

第三编　我国企业会计法规体系的建立和发展

中国自 1992 年以来以制定会计准则为标志的会计改革，是在借鉴国外先进经验的理念指导下进行的。经过十余年的艰苦探索，最终于 2006 年建设形成了与国际会计准则"实质性趋同"的企业会计准则体系。企业会计准则体系的建设是会计改革的一个重要阶段，但并不是最终结果。我国需要增强会计立法的自主性，继续深化会计改革，最终建立起稳定合理的会计法规体系。

我国自 1980 年以来恢复重建的注册会计师审计制度是比照英美国家的做法而设计成型的。在取得辉煌成就的同时，也引入了一些弊端。

我国会计改革究竟是怎样一步一步取得今天这样的成就的？后续改革如何继往开来？本编将在阐释事实的基础上提出一孔之见。

第一章
中国会计学会成立之前的会计发展 [1]

第一节　1950 年预算会计制度体系的建设

新中国自成立起就十分重视会计工作的普及和提高。[2] 财政部于 1949 年 12 月 12 日设立了会计制度处，负责有关会计制度的制定、审查工作，安绍芸任处长。1950 年 9 月，经政务院机构编制审查委员会核定，财政部进行了组织机构调整，原会计制度处调整为会计制度司，专司会计核算制度的建设工作。次年 4 月，安绍芸被任命为第一任司长。"文化大革命"期间，会计制度司被撤销。经国务院批准，财政部于 1979 年 1 月 1 日正式恢复会计制度司建制。1982 年 5 月，财政部机构改革，会计制度司改名为会计事务管理司。[3] 1994 年 2 月，财政部进行机构改革，会计事务管理司改名为会计司。为简化表述，以下大多将"会计制度司""会计事务管理司"统一称作"会计司"。

1950 年 3 月 3 日，政务院发布《关于统一国家财政经济工作的决定》，同时公布了《中央金库条例》。随后，财政部在 3 月下旬制定《中央金库条例施

1　本章内容参考了以下文献：杨纪琬、余秉坚：《新中国会计工作的回顾（一）》，《会计研究》1987 年第 2 期；杨纪琬、余秉坚：《新中国会计工作的回顾（二）》，《会计研究》1987 年第 3 期；杨纪琬、余秉坚：《新中国会计工作的回顾（三）》，《会计研究》1987 年第 4 期。

2　以下论著提供了 1949—1992 年我国会计制度演进的详尽信息，感兴趣的读者可以参阅：项怀诚主编《新中国会计 50 年》，中国财政经济出版社，1999；杨时展：《1949—1992 中国会计制度的演进》，中国财政经济出版社，1998；付磊等：《新中国会计制度发展演变研究》，立信会计出版社，2020。

3　蒋岗：《制定中国会计准则的初步实践》，《会计研究》1992 年第 2 期。

专栏 1-1

安绍芸

安绍芸（1900—1976），河北武清人，新中国主管全国会计事务的首位会计司长。

1915 年入清华学校学习，1923 年毕业。同年留学美国威斯康星大学，1926 年获硕士学位后回国，受聘于复旦大学。1929 年起，担任复旦大学工商管理系首任系主任，同年，其所著《经济学说史纲要》一书由世界书局在上海出版。后在上海交通大学、国立上海商学院等多所大学执教。1933 年与他人一起创办大成会计统计事务所，任主任会计师。1949 年 12 月 12 日，被任命为财政部会计制度处处长。1950 年 9 月，会计制度处改为会计制度司。次年 4 月，任会计制度司司长，主持设计了一系列全国统一的会计制度，协调统一了新中国会计管理、会计制度和会计方法，奠定了新中国的会计制度基础，并创办《新会计》《工业会计》等刊物进行会计制度和会计理论宣传。安绍芸同志曾任全国政协第三届和第四届委员。1957 年 8 月，因脑血栓半身瘫痪，离开会计工作岗位，从此卧床 19 年，1976 年 7 月与世长辞。

资料来源：余秉坚主编《中国会计百科全书》，辽宁人民出版社，1999，第 876 页；陈元芳：《中国会计名家传略》，立信会计出版社，2013，第 1—10 页。

行细则》（草案），对金库会计制度做出了几项原则性规定。这是新中国成立后在会计核算制度方面的第一个统一规定。同年 4 月，财政部税务总局召开全国税务会议，制定了全国统一的《各级税务机关暂行会计制度》。10 月，财政部召开全国预算、会计、金库制度会议，讨论修改了《各级人民政府暂行总预算会计制度》和《各级人民政府暂行单位预算会计制度》。这两个制度分别于 12 月 12 日、13 日发布，较多地吸取了革命根据地的做法，第一次为我国财政机关和行政事业单位制定了体系完整的统一规范。这两个制度允许采用收付记账法或借贷记账法。金库会计、税收会计、总预算会计、单位预算会计制度的出台，较为完整地建立了与国家财政收支密切相关的会计核算制度体系。

第二节　1950 年各主管部门分头制定企业会计制度

新中国会计制度建设的另一条主线是企业会计制度。1950 年 3 月 9 日，政务院财政经济委员会发出训令，决定由中央各企业主管部门分别就所属企业及经济机构草拟各单位统一的会计制度草案，并由财政部设置专门机构统一加以审查，报财政经济委员会核定实施。4 月 25 日，财政部成立会计制度审议委员会。很快，轻工业部、重工业部、纺织工业部、燃料工业部、铁道部、交通部、邮电部、贸易部、农业部、卫生部、中国人民银行、中央合作事业管理局、出版总署等十三个部门，先后将统一会计制度草案送达财政部。以财政部会计司安绍芸司长为首的会计制度审议委员会审定了这些会计制度草案。从 1950 年下半年起，各主管部门陆续颁布施行。拟定这些会计制度的基本构思，是吸收西方近代会计的理论和科学方法，较多地借鉴了苏联计划经济下的会计模式，并结合了国营经济的特点和国家财政财务管理的要求。

这次审定工作为我国企业会计制度的建设探索了经验。财政部审定会计制度的成绩也得到充分肯定。1951 年 1 月 6 日，政务院颁发命令：今后所有属于财经系统与非财经系统的企业主管部门之统一会计制度的制定和改进工作，均授权财政部统一主持办理，由该部审定后即公布施行，不必再报政务院财政经济委员会。

"一五"时期财政部曾对部分会计制度进行修订，还颁发了一些新的会计核算制度。"一五"末期，会计法规制定者开始研究因学习苏联模式造成的过细、过繁和一刀切的弊端。1956年财政部修订颁发的国营企业统一会计科目，从1955年的221个合并精简为85个。1957年9月，财政部颁发《地方国营工业企业基本业务简易会计制度》，克服了不论大小企业均适用同一套会计核算制度的"一刀切"现象。

我国国民经济恢复时期和"一五"时期的会计工作突出地把握了建立统一的会计核算制度这个关键环节，实现了新旧转换，从主要学习西方的资本主义会计理论方法，转向主要学习苏联的会计理论方法。这种转换，在会计理论研究方面，突出反映在两个问题上，一是关于会计阶级性问题的讨论，二是关于会计记账方法问题的讨论。

这一时期，中国人民大学"在学习和传播苏联簿记核算经验、设置财会专业、建立会计学科体系和培养财会人才方面起到了积极的推动作用"。"中国人民大学于1950年6月在财政系开始设立会计教学组……在7月22日苏联专家来校后，就按苏联模式正式设置了会计学专业和会计核算教研室。据不完全统计，在1950年9月至1952年9月近两年的时间内，在中国人民大学以不同形式学习过会计的学生有数千人，毕业离校分配到各个经济部门工作的有两千多人，他们在我国后来的经济建设中发挥了积极的作用。""1952年，中国人民大学的会计专业开始招收研究生班，主要是请苏联专家授课，但毕业后没有授予学位，这种联合培养人才方式一直延续到中苏关系破裂为止。这一时期所培养的高级会计专门人才……都起到了中坚和骨干作用"，如南开大学阎光华教授，陕西财经学院杨宗昌教授，上海财经大学王松年教授（原任该校副校长）、石成岳教授，西南财经大学毛伯林教授，天津财经学院岳曙耕教授、李明珠教授，中国人民大学阎金锷教授、王庆成教授、贺南轩教授等。会计专业的研究生教育由此起步。[1]1956 年 11 月，中国人民大学工农业会计教研室阎达五、黄寿宸编撰的《工业会计核算》出版发行，这是新中国公开发行的第一本适用于高等院校、系统论述工业会计核算的基本理论和具体方法的教科书。

第三节　"无账会计"导致的混乱及其纠正

"一五"后期，有人提出会计制度改革要"彻底放权""大力简化"，财政部支持和宣传了这种观点。1958 年 6 月，财政部发出《关于改革企业会计制度办法的通知》和《关于下放拟订地方企业会计制度权限的通知》，废止了关于送审会计制度的规定，废止了《国营建筑包工企业统一简易会计科目及会计报表格式》《国营工业企业统一成本计算规程》《国营建筑包工企业施工单位会计处理办法》等几项会计制度。同时，宣布根据权力下放和体制改进的新情况，将《国营工业企业基本业务标准账户计划》等十项会计制度交中央各主管企业部门根据具体情况自行决定其继续使用、修改或废止。一时间，在会计制度方面形成了一种层层下放、越简化越好的局面。有的单位甚至"放下账本，丢掉算盘"，出现了所谓"门框账""脑袋账""无账会计""以单代账""以表代账"等现象。过去被人们誉为"铁账"的银行会计在有的基层变成了"豆腐账"。

会计工作上出现的混乱状况很快就被监管部门察觉。1959 年 7 月，财政部发出《关于国营企业会计核算工作的若干规定》，对会计凭证、会计账簿、固定资产、各种物资、库存现金、各种往来的管理、核算，支票的管理和往

---

1 项怀诚主编《新中国会计 50 年》，中国财政经济出版社，1999，第 546—547 页。

来账目的清理，财产清查，会计报表的编报，会计交接，财务会计监督等十个问题做了具体规定，要求各地区、各部门转发到基层企业遵照执行。为了彻底改变和纠正"以表代账""无账会计"等错误做法，财政部于 1961 年 2 月与国家计委联合发出《关于加强国营企业成本管理工作的联合通知》并采取了制定示范性记账方法等措施。

1961 年 6 月 20 日，财政部向李先念和薄一波副总理提出关于纠正"无账会计""以表代账"的报告，提出财政部准备召开一次由中央各部的财务司（局）、省（市）财政厅（局）和基层企业单位参加的会计工作座谈会，同时组织力量，在有关刊物上阐明算账、记账的重要性，彻底澄清"无账会计"的错误思想，并制定几种示范性的记账方法，作为各类企业和基层单位的参考，加强对各部门会计制度的审查，逐步健全会计制度，搞好会计核算工作。薄一波副总理对上述报告于 6 月 23 日做出批复：同意财政部这个报告，并同意他们开个会加以纠正，请富春、先念同志核。

1961 年 11 月，国务院批转同意试行财政部拟定的《国营企业会计核算工作规程（草案）》，这个工作规程针对当时会计工作中的突出问题，把会计核算工作必须遵守的手续、程序、规章、纪律等结合起来，既有原则要求，又有具体规定。1962 年 2 月，中央发出紧急通知，要求各地区迅速健全财会机构，补充业务人员，改变前几年财务会计机构被大大削弱的状况。

1962 年 5 月 10—19 日，全国会计工作会议召开。这是新中国成立以来第一次专门研究会计工作的全国性会议。这次会议是根据刘少奇主席关于加强会计工作的指示召开的。会议的主要目的是贯彻执行中央的指示，针对当前会计工作中存在的问题，研究采取措施，切实加强会计工作，使会计工作更好地为经济建设服务。国务院副总理兼财政部部长李先念同志在会上作重要讲话，论述了经济形势，强调了会计工作在经济管理和社会主义建设中的重要作用。党中央对这次会议十分重视。

1962 年 6 月 23 日，《中共中央批转财政部党组和人民银行党组〈关于全国会计工作会议情况的报告〉》指出，"办经济离不开会计，经济越发展，会计越重要。科学的会计制度，对于社会主义来说，比它对于资本主义更为重要。这几年我们的重要教训之一，就是忽视了会计工作，账目乱了，队伍弱了，家底不清楚了，经济核算失去了依据，资金的浪费和物资的损失，也就很难避免。建国以来，会计工作方面的全面经验，还须要继续总结。当前的迫切任务是：把基本的会计制度恢复和健全起来，把会计队伍整顿和充实起来，扎扎实实地重新把基础工作做好，保证会计数字的真实、正确、全面、及时。各地区、各部门、各单位应当重视会计工作，加强对会计工作的领导，切实做好会计工作。"

经国务院 1962 年 11 月全体会议通过，周恩来总理亲自签署的《会计人员职权试行条例》于 1963 年 1 月由国务院正式公布试行。这是我国第一部专门规定会计人员职责、权限的行政法规。该条例规定：会计人员的任务是严格执行会计制度，保证数字真实可靠，如实反映经济活动情况，并通过此项工作，加强经济核算，保护国家财产，严守国家计划，执行国家制度，维护国家财政和信贷纪律，同一切违法乱纪行为作斗争。

1964 年初，中央有些负责同志适时地提出了对会计制度进行必要的改革这一课题。李先念副总理明确指示：会计制度、会计报表要集中力量改革一次。原则上既要改革，又不能乱。办法是有的，集思广益，一定能办到，不能拖，愈拖愈被动。

财政部草拟了《企业会计工作改革纲要（草案）》，并于 1965 年 4 月召开改革企业会计工作座谈会进行了研究和讨论。会议指出当时会计工作的主要问题，一是会计制度有许多是烦琐复杂、不切实际的，造成了许多重复劳动和无效劳动，二是账簿报表难用难懂，脱离群众，三是核算方法上有不少形式主义，四是一些会计人员存在单纯业务观点，埋头写算，不关心政治，不研究政策，不关心生产。会议提出把"算要有用，管要合理，改而不乱"作为改革的指导思想。

1965 年 7 月 2 日，经国务院财贸办公室原则同意，财政部发布《企业会计工作改革纲要（试行草案）》。该文件指出：会计工作中，还存在不少严重缺点，主要是会计制度烦琐复杂，不切实际，账簿报表结构深奥，核算方法上形式主义等，有必要逐步改革现行会计制度。该文件的主要内容有：（1）会计改革要有领导、有计划地进行。对现行的各项会计制度要具体分析，不切实际的要彻底改革，不完善的要充实提高，行之有效的要坚持发展。会计制度改革必须同其他各项规章制度的改革互相配合、互相衔接、互相促进。（2）会计制度必须根据各行各业的特点，分别设计，不能千篇一律。（3）改革成本核算办法。（4）简化各项资金核算方法。（5）改革记账方法。（6）进一步精简凭证、账簿、科目、报表。（7）不许乱发报表，不许层层加码。（8）实行财务民主。（9）正确地进行会计监督。（10）改革工作作风，当好领导参谋助手。（11）整顿会计队伍，健全财务会计机构。这些提法至今仍有参考价值。

从 1964 年开始酝酿的这次会计改革的主要着眼点是反对烦琐哲学，强调简明、通俗，这在当时是有积极意义的，在一定程度上使广大会计人员从日常过于烦琐的事务中解脱出来，深入实际，深入群众，组织和推动了群众性增产节约、增收节支运动的开展。

这一时期会计理论的一项重要成果是财政部教材编审委员会组织杨纪琬、赵玉珉、娄尔行、葛家澍和吴诚之编写的高等财经院校试用教材《会计原理》。[1] 该书先后 16 次印刷，发行量达到了 100 多万册。我国学者梁润身 1947年首先提出的增减记账法在 20 世纪 60 年代再次引发关于记账方法的大讨论，

---

1 高等财经院校会计教材编写组：《会计原理》，中国财政经济出版社，1963。

并在商业系统推行。增减记账法得以推行的背景是，1962 年全国会计工作会议召开后，各地、各部门根据中央要求大量充实会计人员，许多会计人员在接受上岗培训时反映借贷记账法难懂、难学，改革记账方法的呼声高涨。主管财贸工作的李先念同志对此十分重视，指示商业部认真研究改革。商业部推出的增减记账法受到欢迎，还在试点时期就被一些单位采用。1965 年 12 月，商业部印发《财会制度改革第一步方案（修订本）》，宣布经财政部同意，自 1966 年起商业部系统所有企业和单位一律采用增减记账法。

第四节　财政部会计管理机构的撤销及其恢复

"文化大革命"对会计工作的破坏是空前的。

"因为财政部工作的重要性和在财政部出现的斗争的复杂性，党中央、国务院为防止各种可能的破坏，确保对中央财政大权的控制及其正常运转，果断地决定对财政部实行军事管制。"1967 年 7 月 1 日，《关于对财政部实行军事管制的决定》公布。"10 月，财政部各业务司局除留少数人组成业务组外，其余人员都下放到湖北沙洋五七干校劳动。财政部由 600 多人缩减成为 70 多人的业务组。"[1] 财政部的会计制度管理机构被撤销，各级主管部门的财务会计管理机构被撤并，企业、事业单位财会人员大批下放劳动，财务会计工作处于十分混乱的状态。绝大部分财经院校和中专学校停办、撤销。

1975 年初，四届全国人大任命张劲夫同志担任财政部部长，同时撤销财政部军事管制委员会，恢复"文化大革命"前的司、局组织建制，逐步把财政工作纳入正常轨道。财政部为了加强对会计工作的领导，报经国务院领导同意批准，1979 年 1 月恢复了会计制度司。1982 年，在国家机关机构改革中，

1　王丙乾：《财政在"文化大革命"中苦撑危局》，《百年潮》2009 年第 10 期。

财政部适应会计工作发展的需要，将会计制度司改为会计事务管理司。从此，地方各级财政机关均设置了会计管理机构，改变了只在财政部设有会计管理机构的局面。

第二章
《中华人民共和国会计法》的制定
与会计改革的起步

如前文所述，中华人民共和国成立初期，我国会计主要学习苏联，所实行的会计核算制度是适应计划经济体制需要的。"这一会计模式的主要特征是：没有独立的会计政策，资产计价、收益确定基本上取决于国家计划和财政政策，财政政策决定财务制度，财务制度不仅决定会计确认和计量，还广泛地涉及经营成果的确定和财务报告的编制等，会计仅仅是按照财务制度的规定进行账务处理。"[1]

后来，随着中外合资企业的迅猛发展和证券市场的恢复，会计法规制定者另起炉灶，借鉴美国证券市场上的公认会计原则制定了新颖的会计法规。理论界未雨绸缪，积极探索，为会计改革积累了大量的参考素材，提供了强大的理论支持。

第一节　财政部会计司的恢复与中国会计学会的成立

1979 年 1 月财政部会计制度司（1982 年改称会计事务管理司）恢复之初，总共只有七位同志，即杨纪琬、莫启欧、胡宝昌、吕众文、裔保生、冯淑萍、

---

[1] 冯淑萍：《关于我国当前环境下的会计国际化问题》，《会计研究》2003 年第 2 期。

刘玉廷。[1]当时会计制度司的主办业务仅仅是工业企业、建筑单位的会计科目、报表的制定和修订。[2]

专栏 2-1

杨纪琬同志——新中国会计界的一代名师

杨纪琬（1917—1999），上海松江人，"会计管理活动论"的主要创始人，我国当代著名的会计理论家、教育家，我国社会主义会计制度的奠基人之一。

1935年考入国立上海商学院会计系，师从安绍芸教授。1939年毕业，留校任教并攻读中英庚款基金会的在职研究生，1942年被提升为会计学教授。历任东吴大学、之江大学、大厦大学、光华大学等校的会计学教授。新中国成立后，于1949年11月调入财政部工作。1957年担任会计司副司长。"文化大革命"期间到五七干校劳动。1979年财政部恢复会计司后，自1980年至1985年任会计司司长。1985年起任会计司顾问。1993年起任财政部会计准则中方专家咨询组组长、审计准则中方专家咨询组组长、财政部会计准则委员会委员。中国人民政治协商会议全国委员会第六届委员，第七、八届常委。

1980年起，主持起草新中国第一部《会计法》。1980年，发起成立中国会计学会。1980—1999年任中国会计学会副会长、《会计研究》杂志主编，后任编辑委员会主任委员。20世纪80年代初与阎达五教授一道提出并完善了"会计管理活动论"。

---

1 当时没有流行叫官职的风气，老同志被称作老杨、老莫等等，年轻人被称作小冯、小刘等等。

2 刘玉廷：《中国会计改革开放三十年回顾与展望（上）——我的经历、体会与认识》，《会计研究》2008年第12期。

早在 1980 年改革开放初期，杨纪琬先生就倡议恢复注册会计师制度并领导注册会计师的试点工作。1988—1992 年任中国注册会计师协会第一任会长，1992 年起任中国注册会计师协会高级顾问。1979 年开始在财政部财政科学研究所指导研究生。他认识到我国对外开放的发展和会计国际化的趋势，破除种种障碍，于 1981 年初从第一批研究生中选派出八位学生出国实习，开新中国会计人才国外培养之先河。经国务院学位委员会批准，1985 年起担任财政部财政科学研究所博士生导师，是全国首批享受政府特殊津贴的高级专家。

杨纪琬先生推动和引领了中国会计制度和会计准则建设，为会计理论、会计教育和注册会计师事业的发展奉献了毕生精力，被公认为"新中国会计界的一代名师"。其弟子等在 2002 年设立杨纪琬奖学金（现为杨纪琬会计学奖）。

资料来源：《杨纪琬同志逝世》，《人民日报》1999 年 4 月 4 日第 2 版；《杨纪琬同志生平》，《财务与会计》1999 年第 4 期。

1979 年 3 月，财政部在烟台召开全国财政教材和科研工作座谈会，经与会专家讨论酝酿，决定发起成立中国会计学会，并组成中国会计学会筹备组。

1979 年 12 月 26 日至 1980 年 1 月 7 日，中国会计学会成立大会在广东省佛山市举行。在这次会议上，我国学术界第一次提出了会计的"经济管理职能论"，认为"会计不仅仅是管理经济的工具，它本身就具有管理的职能，是人们从事管理的一种活动"。[1]

1980 年 1 月 6 日，中国会计学会成立大会通过中国会计学会章程，选举成立中国会计学会第一届理事会，会长：王丙乾，副会长（按姓氏笔划）：祁田（女）、吕培俭、任超（女）、李更新、杨纪琬、张新周、张焕彩、陈先、

---

1 项怀诚主编《新中国会计 50 年》，中国财政经济出版社，1999，第 35 页。

赵子尚、胡景云、顾树桢、黄逸峰、龚清洁、谢明。第一届理事会议决定聘请段云为名誉会长，聘请赵镕、潘序伦为顾问。杨纪琬兼任秘书长，齐显、娄尔行、阎达五、孔中任副秘书长。

在成立大会上，代表们讨论的主题包括：（1）关于会计学科的科学属性和会计职能问题；（2）会计管理和经济效果、经济核算制的关系问题；（3）成本核算和利润分配问题；（4）关于建立我国会计方法体系的问题。大会创办了学会会刊《会计研究》杂志（1980—1981 年为季刊，1982—1994 年为双月刊，1995 年改为月刊）。

杨纪琬先生和阎达五先生的论文《开展我国会计理论研究的几点意见——兼论会计学的科学属性》刊发于 1980 年 3 月 31 日发行的《会计研究》创刊号（1980 年第 1 期），这是我国本土会计理论流派——"会计管理活动论"的发端。"会计管理活动论"是 1985 年出台的《中华人民共和国会计法》（以下简称《会计法》）的立法理念。

 专栏 2-2

阎达五先生——"会计管理活动论"的创始人之一

阎达五（1929—2003），山西祁县人，会计理论家、教育家，"会计管理活动论"的创始人之一。1947 年进入北平私立华北法学院经济系学习，1949 年 3 月肄业。后入华北大学第一部（中国人民大学的前身）学习，同年 6 月被选为研究所辅助研究员。参与筹建中国人民大学，自 1950 年起一直在中国人民大学工作。1954 年毕业于中国人民大学马克思列宁主义夜大学。1956 年，阎达五先生和黄寿宸先生合著的《工业会计核算》一书出版，奠定了新中国工业会计课程的基础。1960—

1963 年赴越南民主共和国讲学两年有余。1986 年被国务院学位委员会评为博士生导师。1988 年创立中国人民大学会计系,担任首任系主任。20 世纪 80 年代,和杨纪琬先生共同创立了"会计管理活动论"。1980 年起先后兼任中国会计学会副秘书长、副会长,《会计研究》编辑委员会副主任、副主编,财政部会计准则委员会委员,国务院国民经济核算协调委员会委员等。

资料来源:陈元芳:《中国会计名家传略》,立信会计出版社,2013,第 438—445 页。

1980 年 6 月 14 日至 11 月 7 日,由中国会计学会、中国财政学会、上海财经学院、上海市财政局联合举办的中外合营企业会计讲习班在上海进行。该班学员共 67 人,来自北京、上海、天津、浙江、福建、新疆等 17 个省、自治区、直辖市,他们都是由各有关部门、单位和各地财经院校推荐,经考试录取入学的。

9 月 18 日,财政部印发《国营工业企业会计制度——会计科目》和《国营工业企业会计制度——会计报表》。[1]

10 月 29 日至 11 月 7 日,财政部经国务院批准召开新中国第二次全国会计工作会议,此次会议与中国会计学会 1980 年年会同时举行。姚依林副总理到会讲话。财政部副部长、中国会计学会副会长吕培俭在会议开始时作了报告。10 个月前中国会计学会成立大会在会计理论上的突破对这次会议产生了重要影响。会议第一次改变了"会计是经济管理必不可少的重要工具"这一类提法,提出"会计工作是经济管理的一个重要组成部分",并指出会计除了记录反映外,还有分析经济情况、核算经济效果、监督经济活动、预测经济前景、参与经济决策的重要作用。11 月 7 日,姚依林副总理在全国会计工作会议暨中国会计学会年会上作重要讲话。他指出,会计工作在国民经济中是必不可少的,而且是一定要大大加强的,它的重要性一定远远超过新中国成

---

1 这套会计制度于 1985 年、1989 年做过两次修订,一直沿用到 1993 年分行业的会计制度出台。

立 30 多年来的任何一个时期。他着重指出，从我国的需要来说，会计工作的重要性完全不低于科学技术。他强调，一切部门和企业的负责同志，要自觉地重视会计工作，如果企业的领导不懂会计，从长期来看，他就不配当企业的领导。他还提出，希望一切做会计工作的同志，要振奋精神，坚守岗位，努力学习，努力工作，严格执行会计制度，坚持原则，同一切违反会计制度的现象作斗争。会议还讨论了财政部起草的《中华人民共和国会计法（讨论稿）》《关于成立会计顾问处的暂行规定》和《关于加强会计人员培训的几点意见》。[1]

1986 年，财政部批准设立中国会计学会秘书处专职机构。

第二节　学术界恢复引进美国经验

在中国会计学会成立之前，我国学者便已开始介绍国际会计准则。[2]中央财政金融学院研究所的孙昌湘根据美国注册会计师协会 1978 年编辑出版的会员参阅资料，摘译了国际会计准则委员会在 1975—1978 年间编写的国际会计准则前言和 9 份国际会计准则。[3]中国会计学会会刊《会计研究》自创刊起即开始介绍域外规则（见表 2-1）。[4]

表 2-1　　　　　　《会计研究》刊载的早期国际会计准则译文（部分）

国际会计准则名称	译者	发表刊物与期次
国际会计标准——意外事项和资产负债表日以后发生的事项	王文彬、沈如琛	《会计研究》1981 年第 3 期
国际会计标准——建设合同会计	王文彬、程嘉骥	《会计研究》1981 年第 4 期

1 杨纪琬、余秉坚：《新中国会计工作的回顾（三）》，《会计研究》1987 年第 4 期。

2 袁际唐：《国际会计准则》，《外国经济参考资料》1979 年第 5 期。

3 美国执照会计师协会编《国际会计标准》，中国财政经济出版社，1980。

4 财政部会计制度司：《国外会计动态》，《财会通讯》1980 年第 2 期；田明：《国际会计准则》，《会计研究》1980 年第 2 期；田明：《无形资产》，《会计研究》1980 年第 2 期。

续表

国际会计准则名称	译者	发表刊物与期次
国际会计标准——所得税会计	王文彬、沈如琛	《会计研究》1982 年第 1 期
国际会计标准——所得税会计（续）	王文彬、沈如琛	《会计研究》1982 年第 2 期
国际会计标准——流动资产和流动负债的反映方法	王文彬、程嘉骥	《会计研究》1982 年第 4 期
国际会计标准	程嘉骥、金逢和	《会计研究》1983 年第 3 期
国际会计标准——反映价格变动影响的资料	程嘉骥、金逢和	《会计研究》1983 年第 4 期
国际会计标准——固定资产的会计处理	程嘉骥、金逢和	《会计研究》1983 年第 5 期
国际会计标准——租赁会计	程嘉骥、金逢和	《会计研究》1983 年第 6 期
国际会计标准——租赁会计（续）	程嘉骥、金逢和	《会计研究》1984 年第 1 期
国际会计标准——收入的确认	程嘉骥、和嘉骐	《会计研究》1984 年第 2 期
国际会计标准——投资的会计处理	潘晓江、莫启欧	《会计研究》1987 年第 1 期
国际会计标准——退休金计划的会计和报告	潘晓江、莫启欧	《会计研究》1987 年第 3 期
国际会计标准	潘晓江、莫启欧	《会计研究》1989 年第 6 期
国际会计标准——对联营企业投资的会计处理	潘晓江、莫启欧	《会计研究》1990 年第 1 期
国际会计标准——恶性通货膨胀经济中的财务报告	潘晓江、莫启欧	《会计研究》1990 年第 2 期
国际会计标准委员会关于编制和提供财务报表的框架	潘晓江、莫启欧	《会计研究》1991 年第 2 期
国际会计标准委员会关于编制和提供财务报表的框架（续一）	潘晓江、莫启欧	《会计研究》1991 年第 3 期
国际会计标准 30——银行和类似金融机构财务报表应提供的资料	潘晓江、莫启欧	《会计研究》1991 年第 4 期
国际会计标准 31——合资经营中权益的财务报告	潘晓江、莫启欧	《会计研究》1991 年第 5 期
国际会计标准委员会关于编制和提供财务报表的框架（续二）	潘晓江、莫启欧	《会计研究》1992 年第 2 期
国际会计标准委员会关于编制和提供财务报表的框架（续三）	潘晓江、莫启欧	《会计研究》1992 年第 3 期

1981 年 3 月，《上海会计》杂志刊发徐政旦和吴诚之的文章《关于确立我国企业会计准则问题的探讨》。他们提出，关于如何确立我国企业会计准则的问题，在新中国会计界还没有明确地提出来讨论过，一直没有深入地研究和探讨；我国的企业会计工作，应该是有其指导准则的，西方的会计准则可供借鉴。[1]这篇文章还对谨慎性原则等基础理论进行了比较全面的分析。该文刊发后，徐政旦作为学术组负责人，在上海市会计学会会计准则研究小组于 6 月 17 日举行的第一次学术讨论会上结合该文发表了探讨性意见。出席会员和有关学者共计 40 余人。多数同志认为应该依据我国当前经济管理工作特点，发掘整理出符合客观经济规律的原则。"当然，要建立一套完整的会计准则，决非一朝一夕之功。但上海会计界可以依据客观实际情况，提出一些初步设想，以推动全国会计界和中央有关部门开展'会计准则'的探讨和制订。"[2]

同年，葛家澍先生提出，"如果我们承认会计学是一门探讨微观经济计量方法的科学，不言而喻，我们就应当承认技术性是这门科学的本质属性。……当代资本主义制度下的'公认会计原则'是对财务会计理论的继承与发展"。[3]出于借鉴域外经验的良好动机，学术界在 80 年代兴起了学习域外经验的热潮。

 专栏 2-3

葛家澍先生

葛家澍（1921—2013），江苏兴化人，"信息系统论"的主倡者之一。1945 年毕业于厦门大学商学院会计系，毕业后留校任教直至逝世。1949 年评为讲师，1956 年升为副教授并担任厦门大学经济系副主任，1978 年升为教授。1978 年，发表论文《必须替借贷

---

1 徐政旦、吴诚之：《关于确立我国企业会计准则问题的探讨》，《上海会计》1981 年第 2 期。
2 王志强：《上海市会计学会会计准则研究小组举行第一次学术讨论会》，《上海会计》1981 年第 7 期。
3 葛家澍：《论会计理论的继承性》，《厦门大学学报（哲学社会科学版）》1981 年第 3 期。

记账法恢复名誉——评所谓"资本主义的记账方法"》(《中国经济问题》1978 年第 4 期),从"记账方法有没有阶级性""加在借贷记账法身上的种种罪名能否成立"两个部分一一剥落扣在"借贷记账法"上的罪名。1981 年发表论文《论会计理论的继承性》(《厦门大学学报(哲学社会科学版)》第 3 期),旗帜鲜明地提出,"对当代资本主义财务会计理论,社会主义也应当批判地继承。……我们对待资本主义国家的公认会计原则,就要采取唯物主义态度,既不应全部肯定,也不能一概否定。不仅对全部公认会计原则是如此,就是对其中每一项原则也应如此"。1981 年 11 月 3 日,国务院批准在上海财经学院(现为上海财经大学)和厦门大学设立首批会计学专业的博士点,同时批准娄尔行和葛家澍两位教授为我国首批会计学博士生导师(杨纪琬先生坚持请高校专家率先申请第一批会计学博士生导师)。葛家澍先生从 1982 年开始招收会计学专业博士学位研究生。1982 年厦门大学成立经济学院,葛家澍先生被任命为经济学院院长。

资料来源:余秉坚主编《中国会计百科全书》,辽宁人民出版社,1999,第 743 页;《葛家澍:会计学界一勇士》,《光明日报》2010 年 4 月 2 日第 12 版。

从 1981 年开始,我国还通过与当时的世界九大会计公司的友好交往,先后派出 30 余人分赴美国、英国、日本、澳大利亚等国的会计公司实习,调查了解西方会计实务。

从 1979 年开始,我国开始招收会计专业的硕士研究生,财政部财政科学研究所研究生部和 5 所财政部直属院校以及中国人民大学,共 7 所高等院校先后开始培养会计专业的硕士研究生。

1981 年 11 月 2 日,中国会计学会成立"会计名词规范化研究组",组织会计学界对若干会计名词的定义及其内涵和外延进行讨论,逐步统一认识并使之规范化,以利于会计理论研究的开展。

1981年11月3日，国务院批准上海财经学院、厦门大学为首批会计学博士学位授予单位，批准中国人民大学、天津财经学院、上海财经学院、湖北财经学院、财政部财政科学研究所为首批会计学硕士学位授予单位。国务院学位委员会先后授予娄尔行、葛家澍、杨纪琬、余绪缨等四位会计学教授为博士生导师。

1982年8月7日，中国会计学会在四川省乐山市召开专题学术讨论会，着重讨论会计工作如何适应各行各业推行经济责任制的要求，如何建立我国审计理论和审计制度。

11月8日，中国财政经济出版社出版《中国会计史稿》，这是我国第一部会计史著作。

1983年2月22日，国际会计和报告标准政府间专家工作组第一次成员国际会议在美国纽约联合国总部举行，上海财经学院娄尔行教授作为中国代表出席了会议。

5月5—10日，中国会计学会在烟台召开1983年年会暨专题学术讨论会。会议主要讨论的问题有：（1）经济效益与会计管理的关系，财务会计工作如何为提高经济效益服务；（2）如何以提高经济效益为中心改革财会工作；（3）会计工作如何正确处理微观效益与宏观效益的关系；（4）如何把会计理论、会计方法和会计学科体系建立在讲求经济效益的基础上。会议选举产生了中国会计学会第二届理事会，王丙乾为会长，谢明、迟海滨、祁田（女）、陈立、杨纪琬、黄肇兴、顾树桢、娄尔行、葛家澍、任超（女）、阎达五为副会长，杨纪琬为秘书长。

1984年8月，财政部教材编审委员会审定的《资本主义企业财务会计》娄尔行、王澹如、钱嘉福编著）由中国财政经济出版社出版。[1]该书除了讲述会计概念、会计假设、会计原则和各类会计要素的会计处理以外，还加以笔墨，

---

1 娄尔行、王澹如、钱嘉福：《资本主义企业财务会计》，中国财政经济出版社，1984。

对坏账损失核算的备抵法、存货计价的成本与市价孰低法、股权投资的权益法和市价法、筹资租赁（今称融资租赁）、研发支出、商誉、或有负债、库藏股（今多称库存股）、可调换证券（今称可转换证券）、认股权证、物价变动会计、合并财务报表、外币业务等问题进行了辩证分析，学术研究与教学研究浑然天成，令人惊叹。

1989 年 4 月，潘序伦、王澹如编著的《基本会计学——西方会计》一书由立信会计图书用品社出版。该书的框架结构和讲授内容与同期美国会计教材基本相同。全书采用借贷记账法，收录了成本与市价孰低法、坏账的备抵法、加速折旧、商誉、可转换债券、股票分割、库存股、合并报表等知识。

我国会计专家还同美国加州大学洛杉矶分校研究生院合作，编写了《中美比较会计》和《英汉·汉英会计名词汇译》等。[1]

 专栏 2-4

20 世纪 80 年代初的理论争鸣：工具论、管理活动论和信息系统论

从 50 年代起，从我国当时的国情出发，会计界流行的看法是：会计是反映和监督社会主义生产过程的工具，或进行经济管理的工具。由于当时公有制经济在整个经济成分中的绝对优势，国家实行高度集中的计划经济。国家同企业（基本上是国有企业）的财务关系基本上是按照统收统支，国家统负盈亏的模式运转的。财政部门既管理企业财务，又管理会计事务，形成了财政决定财务，财务决定会计的格局。在这种条件下，说会计是经济管理的工具甚至是财政与财务管理的工具，都是恰当的。人们把对会计本质的这种认识称为"工具论"。

改革开放变革了过分集中的计划经济体制，建立并发展了社会主义市场经济，使我国的经济建设出现了前所未有的腾飞。国家同企业之间的关

---

1 杨纪琬、余秉坚：《新中国会计工作的回顾（三）》，《会计研究》1987 年第 4 期。

系，会计在市场经济中的作用，都有明显的变化。"工具论"在新的经济环境下显然已不能确切地表述会计的本质与特征。理论界审时度势，组织、推动了关于会计本质问题的讨论。讨论中形成了两种有代表性的观点。

一种观点被称为"管理活动论"。它是我国会计学家杨纪琬、阎达五两位教授提出的具有中国特色的新看法。"管理活动论"认为，"人们只要进行生产活动，就需要会计管理"。"无论从理论上还是从实践上看，会计不仅仅是管理经济的工具，它本身具有管理的职能，是人们从事管理的一种活动"（杨纪琬和阎达五，1980）（见图 2-1）。进一步，"管理活动论"又提出"会计管理"的概念："'会计管理'，是建立在'会计是一种管理活动，是一项经济管理工作'这一认识的基础上的。……客观现实中会计地位、作用的提高，是产生'会计管理'概念的重要基础"。"管理活动论"还认为："会计是管理，早就有人论述过。"其中包括法国的法约尔、美国的古利克以及马克思，他们认为会计是对"过程的控制和观念总结"。马克思的这一论述应看成是"对会计管理职能的高度概括"（杨纪琬，1984）。社会主义经济是由企业经济和整个国民经济组成的，因此，"会计管理论"又认为会计管理既是企业管理的必要组成部分，又是国民经济管理的重要组成部分。

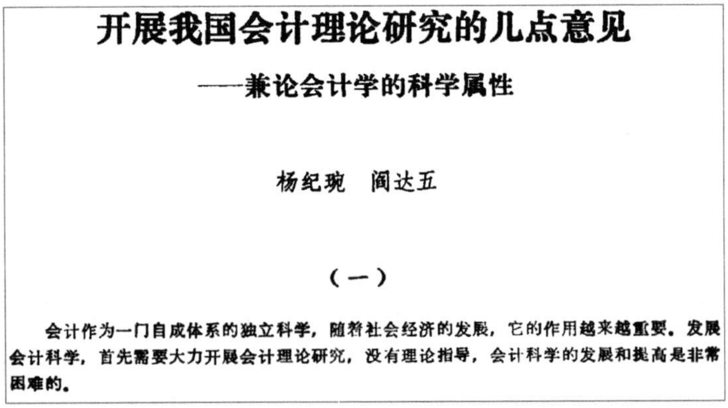

开展我国会计理论研究的几点意见
——兼论会计学的科学属性

杨纪琬　阎达五

（一）

会计作为一门自成体系的独立科学，随着社会经济的发展，它的作用越来越重要。发展会计科学，首先需要大力开展会计理论研究，没有理论指导，会计科学的发展和提高是非常困难的。

图 2-1　《会计研究》1980 年第 1 期刊载杨纪琬先生和阎达五先生的合作作品

另一种观点被称为"信息系统论"，主张会计是一个信息系统。这一观点并非我国会计学者自己的创造，而是从国外引进并有所发展。早在20世纪60年代，美国会计学会在为庆祝其成立50周年时，曾撰写了一份长篇的研究报告。报告在展望会计的未来时指出"在本质上，会计是一个信息系统。更精确地说，它是把一般信息理论在有效率的经济营运问题上的一种应用"（AAA，1966）。70年代初，美国注册会计师协会所属会计原则委员会主要从注册会计师的功能（为客户服务）出发，在会计的提法上稍有改变："会计是一项服务活动。它的职能是提供有关经济主体的性质上属于财务的数量信息，以便帮助做出经济决策"（APB，1970）。这里，虽然未提信息系统，但实质上是以提供财务信息为手段，以做出经济决策为目的。到70年代后期，在美国会计界很有影响的《现代会计手册》，其序中第一句话就说："会计是一个信息系统，是把一个企业或其他主体的重要经济信息指定传递给有利害关系集团的一个信息系统"（Dovidson and Weil，1977）。最早引进并主张会计是一个信息系统的我国会计学家是余绪缨教授。"什么是会计呢？"他说："根据当前的现实及其今后的发展，应把会计看作是一个信息系统，它主要通过客观而真实的信息，为管理提供咨询服务"（余绪缨，1980、1982）。葛家澍、蒋义宏、裘宗舜等教授也是"信息系统论"的主张者。"我们是赞同信息系统的。……我们对会计所下的定义是：旨在提高企业和各单位活动的经济效益，加强经济管理而建立的一个以提供财务信息为主的经济信息系统"（葛家澍等，1983）。"'信息系统论'包含了其他会计定义的主要观点，综上所述，信息系统论的提法有助于把几种会计定义统一起来"（蒋义宏，1984）。"可以明确提出，会计是个信息系统。会计信息系统是由会计、信息和系统三个框组成的"（裘宗舜，1984）。

对于会计本质的讨论在我国的特定环境下具有重要的理论意义和实践指导意义。如果把它视为"理论上的空谈，对会计研究与会计工作毫无用处"则是一种误解，至少持这种看法的人根本不了解中国当时的具体情况。当人们还保留着计划经济的观念时，要冲破计划经济条件下的传统观点的束缚，促进会计改革是多么不容易！会计改革每前进一步，为它进行必要的理论准备都是不可或缺的。

这场讨论在理论上的价值是：它探讨了比当前财务会计概念框架更为深层次的会计基本概念：什么是会计？会计未来是什么？它应当并且可以在不同历史条件下的不同经济环境中发挥什么作用？至于它在实践中引起的反响和深远影响更不同寻常。"管理活动论"既提高了会计工作的地位，增强了广大会计人员投身于改革开放的信心，起了鼓舞士气、振奋人心的作用，又促进了会计职能的发展，会计人员纷纷进行预测，提供信息，参与决策，提高效益，推动改革。"信息系统论"则开拓了人们的视野，不仅使会计人员认识到信息是一项重要的（越来越重要的）资源，而且使他们认识到会计所提供的财务信息和其他经济信息对于经济决策极为必要。

"信息系统论"还有助于我们学习、借鉴发达国家的会计经验，直接促进会计改革。人们的认识总是不断深化的，但看法往往不能完全趋于一致。现在看来，"管理活动论"与"信息系统论"的观点正日趋接近。"管理活动论"也承认信息和系统的存在，只是强调这个系统的主要职能应是控制和监督，而不是反映，即信息提供；"信息系统论"同样承认会计系统是管理系统的一部分，只是强调其主要职能是提供信息，为决策咨询服务，起决策（即管理）的支持作用。

资料来源：葛家澍：《中国会计学会成立以来的我国会计理论研究》，《会计研究》2000年第4期。

【上述引文的参考文献】

葛家澍、唐予华：《关于会计定义的探讨》，《会计研究》1983 年第 4 期和第 5 期。

蒋义宏：《浅谈会计信息系统》，《会计研究》1984 年第 4 期。

裘宗舜：《会计与信息革命》，《江西财经学院学报》1985 年第 1 期。

杨纪琬、阎达五：《开展我国会计理论研究的几点意见——兼论会计学的科学属性》，《会计研究》1980 年第 1 期。

杨纪琬：《关于"会计管理"概念的再认识》，《会计研究》1984 年第 6 期。

余绪缨、毛付根：《要从发展的观点，看会计学的科学属性——兼评"会计管理活动论"》，《中国经济问题》1980 年第 5 期。

余绪缨：《关于建立适应我国社会主义现代化建设需要的会计学科体系问题——兼论与此有关的几个会计理论问题》，《会计研究》1982 年第 2 期。

Accounting Principles Board, Statement No. 4: Basic Concepts and Accounting Principles Underlying Financial Statements of Business Enterprises. American Institute of Certified Public Accountants, 1970.

American Accounting Association, A Statement of Basic Accounting Theory, 1966.

Sidney Davidson, Roman Weil, *Handbook of Modern Accounting*, 2nd Edition (New York: McGraw-Hill,1977).

第三节　1985 年 1 月出台《中华人民共和国会计法》

1979 年 8 月 11 日，财政部会计制度司起草出第一份会计法草稿，共 7 章 38 条。"财政部对制定会计法的研究和呼吁，引起了会计界、经济界、法律界的关注和赞同。"[1]1980 年 8 月，在第五届全国人民代表大会第三次会议上，国务院副总理姚依林向大会作《关于 1980、1981 年国民经济计划安排的报告》，其中强调要"加强经济立法和经济司法"，提出"必须认真研究总结国内外经济建设方面的经验教训，按照党的路线、方针、政策，逐步制定社会主义经济管理和计划管理的法规，大力培养法律人才"。全国人大代表提出了关于制

---

[1] 高一斌：《我国〈会计法〉的制定与发展》，《会计研究》2005 年第 8 期。

定会计法的提案。[1]在部党组和谢明[2]的大力支持下，杨纪琬、魏克发、余秉坚等一起组成了《会计法》起草小组。[3]

如前所述，10月29日至11月7日，财政部经国务院批准召开第二次全国会计工作会议，此次会议与中国会计学会1980年年会同时举行。会议讨论了《中华人民共和国会计法（讨论稿）》等文件草案。

1981年6月，财政部发出通知，正式成立《中华人民共和国会计法》起草小组，起草小组成员有会计、法律方面的专家、教授和部分省、市、自治区财政厅（局）以及国务院有关部门的领导共19人。

 专栏 2-5

魏克发先生——会计法的起草者之一

魏克发，财政部会计司原司长，1980年调入会计司，1991年退居二线。在这11年的会计人生涯中，他和会计界的诸多大事联系在一起：草拟颁布实施《中华人民共和国会计法》；制定会计准则；评定会计人员职称；表彰全国优秀会计人员以及开展国际会计交流；等等。

"我16岁参加工作。1946—1950年期间，一直担任县政府粮食库主任，后调到省粮食局。1951年，抗美援朝期间，抽调参加战备机场修建工作，担任机场修建委员会秘书科长。1952年，参加财政部粮食总局举办的

---

1 迟海滨：《关于〈中华人民共和国会计法（草案）〉的说明》，1984年9月11日第六届全国人民代表大会常务委员会第七次会议。

2 谢明（1919—1990），江苏上海县（今属上海市）人。1938年3月参加八路军，1939年1月加入中国共产党，历任华北财经学校训育科科长，冀鲁豫抗日学院训导科科长，大连市财政局局长，旅大行署财政厅副厅长，中国人民银行东北区行计划处处长，中央财政部经济建设财务司、贸易交通财务司、商业贸易财务司副司长、司长，财政部副部长、顾问，中国会计学会会长，中国注册会计师协会名誉会长。1990年4月15日，在主持"全国首届会计知识大赛"期间，突发脑血栓，经抢救无效，不幸逝世。

3 王军：《泰斗——为纪念杨纪琬先生逝世十周年而作》，《会计之友（下旬刊）》2009年第12期。

粮食系统干部训练班。结业后，调入财政部工作。先做了 3 年机关保卫工作，随后，一直在工贸财务司工作，历任科长、处长、副司长。1980 年调到会计司直到 1991 年。11 年的会计人生涯中，5 年副司长，6 年正司长。之后担任 3 年中华会计函授学校校长。1994 年离休。"对于以前，魏克发用寥寥百余字概述。

20 世纪 80 年代，会计司当时叫会计制度司，有几位会计专家，业务上仅是工业企业建筑单位的会计科目、报表的制定和修订。"文化大革命"时期会计司受到较大冲击，"文化大革命"后恢复得较晚，直到 1978 年才开始慢慢工作。

对于调到会计司，"我当时是有些不情愿的。"魏克发坦诚地说，"因为，我长期搞财务工作，但对会计我是个外行。虽然财务和会计有相同之处。"

尽管最初有些情绪，但他还是听从组织的派遣，来到会计司。干一行爱一行，他开始认真思考有关会计的一切。

1985 年，魏克发成为会计司的一把手，负责全面工作。会计管理怎么办？今后的路怎么走？成为魏克发每天思考的问题。"既然是业务司局，就应该开展业务，拓宽职能领域才能让司局得到发展。"这是魏克发的初衷。

基于上述思路，当时会计司制定了《会计改革纲要》，内容有 7 项 21 条，作为阶段性的会计改革目标，力争付诸实现。

资料来源：刘海玲：《用真诚抒写会计情怀——访财政部会计司前司长魏克发》，《中国财经报》2008 年 9 月 5 日第 5 版。

1981 年 12 月 1 日，第五届全国人大第四次会议通过的《关于 1980 年国家决算和 1981 年国家概算执行情况的报告》中正式提出要"起草和制定会计法"。

1983 年 2 月 24 日，财政部向国务院报送《关于送审〈中华人民共和国会计法（草案）〉的报告》，向国务院上报《中华人民共和国会计法（草案）》及说明。国务院接到该草案后，责成国务院经济法规研究中心进行讨论和研究。国务院办公厅将草案印发各省、自治区、直辖市人民政府和国务院各有关部委征求意见。全国人大常委会法制工作委员会和全国人大财政经济委员会听取汇报并提出了修改意见。之后，财政部根据各方面反馈的意见对草案进行了完善，并于 1984 年 1 月 11 日向国务院报送《关于报请审议〈中华人民共和国会计法（草案）〉的报告》，再次报请国务院审议《中华人民共和国会计法（草案）》及说明。

1984 年 4 月 24 日，国务院第 31 次常务会议审议《中华人民共和国会计法（草案）》并提出修改意见。7 月 2 日，《中华人民共和国会计法（草案）》经国务院签署，提请第六届全国人民代表大会常务委员会审议。9 月 11 日，财政部副部长迟海滨受国务院的委托，在第六届全国人民代表大会常务委员会第七次会议上作《关于〈中华人民共和国会计法（草案）〉的说明》。

 专栏 2-6

法律起草者论会计的任务

会计是核算财务收支，监督经济活动，提高经济效益的管理工作。办经济离不开会计，经济越发展，会计越重要。党的十一届三中全会以来，国务院和各级人民政府对恢复和加强会计工作，采取了一系列措施，初步取得了成效，发挥了会计在加强经济管理中的积极作用。目前，会计工作中存在的主要问题是：不少单位账目不清，会计数字不实；款项收付、财物收发、费用开支等没有必要的手续制度，管理混乱，损失浪费严重；财经纪律松弛，助长了违反财经纪律行为的蔓延发展；会计人员履行职责没有法律保障，往往遇到阻力、刁难，甚至打击报复；也有的会计人员放弃职守，监督不力，甚至通同作弊，执法犯法。这种情况，不但影响改善经济管理和提高经济效益，而且分散国家资金，造成大量损失浪费，并给营私舞弊、贪污盗窃等违法犯罪活动以可乘之机，对建设社会主义物质文明和精神文明都很不利。因此，制定会计法是加强财务会计管理、克服混乱的需要，是促进各行业实行经济责任制、提高经济效益的需要，是实现经济建设二十年宏伟目标的需要。

在外国，会计的地位相当高。但是在我国，不少单位行政领导把它看成是单纯的记账、算账、报账，认为只要能够按时发工资，编制会计报表，就算完成任务。这就不能不影响到会计的地位和作用。马克思在《资本论》中，把会计的职能概括为对社会生产过程的控制和观念总结，并且指出，会计"对公有生产，比对资本主义生产更为必要"。为了充分发挥会计在经济管理中的职能作用，《中华人民共和国会计法（草案）》第二条明确"会计是经济管理的重要组成部分"，把会计的基本任务规定为"对经济活动进行核算和监督，提供会计资料，加强经济管理，促进增产节约、增收节支、提高经济效益"。在经济工作中，会计不是可有可无的，不能任意削弱和取消，而必须把它摆在重要的地位，不论是微观还是宏观经济管理，都要充分运用会计的核算和监督职能，反映经济情况，预测经济前景，监督经济活动，提高经济效益。

资料来源：迟海滨：《关于〈中华人民共和国会计法（草案）的说明》，1984 年 9 月 11 日第六届全国人民代表大会常务委员会第七次会议。

1984 年 12 月 5 日、28 日和 1985 年 1 月 5 日，全国人大宪法和法律委员会召开会议，结合全国人大常委会部分委员、中央有关部门和省、自治区、直辖市的意见，对《中华人民共和国会计法（草案）》进行审议。1 月 11—14日，全国人大宪法和法律委员会分组对《中华人民共和国会计法（草案）》（修改稿）进行了审议。

1985 年 1 月 21 日，第六届全国人大常委会第九次会议审议通过《中华人民共和国会计法》，自当年 5 月 1 日起施行。

 专栏 2-7

《会计法》的出台过程

财政部会计司原司长魏克发至今还记得，《中华人民共和国会计法》（以下简称《会计法》）出台后，他从助手吕众文那里拿到的关于《会计法》出台前后的资料足有半尺厚。那一打厚厚的资料封面上，是吕众文一丝不苟的正楷字，就像《会计法》制定中他们工作的写照。两年多的时间，历经 11 稿，中间修改无数次，对中国会计界的第一部法律，他们倾注了全部心血。

魏克发说，《会计法》的出台是会计改革提升高度的一个重大变化。

出台契机

1978 年，是中国大地回暖的一年，但经历了 10 年"文化大革命"冲击的会计司却迟迟没有恢复，其职能主要由当时的工交商贸财务司来执行。魏克发回忆说，直到 1979 年，会计司才得以恢复，当时还名为会计制度司。而会计司恢复之初，只有杨纪琬和他两个人，后来随着业务的不断发展，人员才得以扩展。

会计在当时是一个敏感的话题，弄虚作假、打击报复的事层出不穷。截止到 1980 年，新中国成立 30 余年的时间内，我们对会计工作所做的多是一些业务性的规范和规章。随着我国经济的迅猛发展，仅仅从业务角度出发的规范和制度，已经不能满足对会计工作的管理和指导，国内对《会计法》的需求呼之欲出。

1982 年全国人民代表大会召开时，当年的代表中有一两位来自会计界。虽然时隔将近 30 年，一位名叫裘宗舜的代表至今仍让魏克发印象深刻，他来自当时的江西财经学院（现在的江西财经大学）。"这个人很关注会计界的事，提议为会计立法，以此来加强会计工作，也方便今后的经营和管理。"由裘宗舜提出的这个议案，在全国人民代表大会召开后转交到各个部委。财政部的领导经过研究，认为为会计立法是必要和可行的，所以就由会计司来具体抓这个工作。当时的魏克发还是会计司的副司长，因为一路从实务的磨练中过来，魏克发对这个工作很感兴趣。同时，他也认识到这个工作的艰巨性，但他还是自告奋勇地担当了制定《会计法》的主要负责人。

三易其稿

《会计法》从制定到1985年出台，中间历时两年多，频繁的讨论，要求参与这项工作的人不宜太多，并要求参与《会计法》制定的人都必须要懂业务。因此，《会计法》的制定过程最多只有四个人参与。

魏克发说："一开始，我们几个人都不懂怎么写法，因为平时我们都是做一些规章制度，针对实际工作中的具体问题来分析。一下要把业务的东西提升到法律的高度来写，这对于当时的我们还是有困难的。在草拟过程中，从不懂法、学法，再到写法，我们是在学习中一路摸索过来的。"魏克发等人在反复研究的基础上，拿出了一个初稿。这一稿出来后，魏克发首先在中国人民大学会计系召集了一些教授和学者进行讨论。当时，除了中国人民大学的教授以外，他们还从其他院校邀请了几位教授。看过了由"实务派"拿出的初稿，以教授和学者为代表的"学术派"意见很不相同，认为这一稿的业务性太强，没有将其提升到理论高度。讨论了两个半天以后，魏克发认为学者们对这个问题的认识还是有独到之处的，所以决定在这一稿的基础上，由当时在座的专家和学者们进行修改。

一个星期以后，第二稿出来了。"与我们的初稿相比来看，这一稿确实有提高，但是与法律还隔得有些远。我对他们说，我们的初稿是从业务到业务，你们的是从理论到理论啊。"魏克发回忆说。

拿到第二稿后，以魏克发为首的拟定《会计法》小组的成员们开始研究分析。他们还找来其他法律，对法律条文的成文结构等方面做了细致的研究。在将理论和业务结合并上升到法律的过程中，遇到的最大难题就要算对会计核算部分的书写了。

以往的会计核算主要还是针对事业单位、机关行政单位，企业核算的部分是比较复杂的，而在《会计法》的制定过程中，企业核算的部分也是反复比较多、变化比较大的。经过多次修改，在对业务和理论进行综合考虑的基础上，《会计法》在1984年终于开始了层层的讨论和审核。

首先是提交到财政部的办公会上讨论，当时财政部由王丙乾任部长。财政部的讨论对此没有太大的修改，仅是对一些个别的地方做了改动。财政部讨论后，报国务院，由当时负责经济工作的国务院副总理姚依林负责主持讨论，各个部委的部长都被召集过来参与讨论。姚依林对《会计法》的制定非常重视，并在当天的会议上做出要求，只讨论有关《会计法》的部分。

在国务院讨论以后，综合各个部委的意见，会计司又对《会计法》进行了部分修改，并提交到全国人大常委会。在全国人大常委会的讨论中，各代表有很多意见，但据魏克发介绍说，在对这些意见整理以后，"我们发现大家的意见很多不是直接针对《会计法》的，而是针对实际中的会计工作问题，尤其是会计在实际工作中如何处理与单位相关部门、相关负责人的关系上，《会计法》出台的必要性也就体现在这里"。

1985年1月21日，在第六届全国人民代表大会常务委员会第九次会议上，《会计法》审议通过并正式颁布。在经过了三易其稿和两年多的打磨后，会计界的第一部法律终于出台了。这对于会计工作而言，是具有划时代意义的一件大事。

资料来源：张瑶瑶：《忆往昔峥嵘岁月稠——1985年〈会计法〉出台记》，《中国会计报》2008年12月12日第6版和第7版。

　　1985年的《会计法》虽然仅有31条，但却是会计工作的根本大法。该法规定："国务院财政部门管理全国的会计工作。地方各级人民政府的财政部门管理本地区的会计工作"；"国家统一的会计制度，由国务院财政部门根据本法制定"。《会计法》颁布以后，制定国家统一的会计制度便成为财政部会计司的重要职责。"《会计法》的发布实施，对指导和推动我国会计事业的发展，产生了深远影响。一是明确了会计工作基本要求，为指导会计工作的发展指明了方向；二是确立了'统一领导，分级管理'的会计管理体制，为会计工作的发展提供了重要组织保证；三是确立了会计工作和会计人员在经济管理中的地位和作用，为会计工作职能作用的有效发挥创造了条件；四是确立了政府监督、单位内部监督和社会监督三位一体的会计监督体系，为规范会计行为、有效发挥会计职能作用提供了重要保障"。[1]

 专栏 2-8

"会计管理论"是会计法的立法理念

　　当时，会计理论界围绕会计含义、性质、任务等基础理论问题进行了广泛讨论，各种思想、观点激烈交锋，呈现出百花齐放、百家争鸣的局面。理论界的讨论情况和研究成果在《会计法（草案）》中留下了清晰的痕迹，也表达出起草者试图通过法律规定来统一思想认识的愿望，比如，对会计含义的表述由最初稿中的"会计工具论"，很快改为"会计管理

1　高一斌：《会计改革的回顾与展望》，《经济研究参考》2008年第50期；高一斌：《我国〈会计法〉的制定与发展》，《会计研究》2005年第8期。

论"，关于会计任务、会计职能的表述也以"会计管理论"为指导，这与20世纪80年代"会计管理论"占主导地位密切相关。随着《会计法（草案）》起草工作的推进，起草者逐步认识到法律规定与理论探讨之间的严格界限，于是将会计的含义、性质、地位等问题高度概括为"会计是经济管理的重要组成部分"，这一表述一直保留到1984年9月第六届全国人大常委会第七次会议审议的《会计法（草案）》。尽管在最后审议通过时出于法律不宜涉及理论、学术概念的考虑而删除了这一表述，但这一表述的核心——"加强经济管理"得到了认同并写入了立法宗旨，这充分说明当时对会计含义、性质、地位等问题的讨论是富有成效的，人们的思想认识上基本趋于统一，这对以后会计工作的发展产生了积极影响。

资料来源：高一斌：《我国〈会计法〉的制定与发展》，《会计研究》2005年第8期。

"《会计法》规定把会计核算与会计监督作为会计的两项基本职能。因此《会计法》的内容核心也可以归纳为两句话：必须真实地进行会计核算；必须严格地执行会计监督。这两句话是对会计工作最重要、最基本的要求。如果哪一个单位没有把这两条做好，哪个单位的经营管理就不会好，更谈不到什么提高经济效益为宏观经济服务等等了"。[1]

第四节 1985年3月发布《中外合资经营企业会计制度》

我国会计标准国际化的工作始于外资的引进和外商投资企业的发展。20世纪80年代初期，为了吸引外资、学习国外先进技术和管理经验，国家陆续出台了一系列优惠政策，税收的"两免三减半"也就是在这个时候开始

---

[1] 杨纪琬：《〈会计法〉的历史使命》，《会计研究》1990年第3期。

的。[1]"外国投资者很难看懂当时的会计报表（三段平衡式的资金平衡表），这就阻碍了外国投资者在中国的投资。"[2]1979年11月，财政部会计司草拟了《关于中外合营工业企业财务会计问题的若干规定》，作为初步讨论资料。1982年2月，财政部会计司草拟了《中外合营工业企业会计制度的调查提纲》，并在广东开展了调查。6月，财政部会计司制定了《中外合资经营企业会计制度（征求意见稿）》，印发各地区、各部门并在北京、福建等地召开座谈会，广泛征求意见。[3]8月，财政部会计司制定了《中外合资经营企业中方投资及收入汇总表》。12月，财政部会计司制定了《国营对外承包企业示范会计制度——会计科目和会计报表》。

1983年1月31日，国务院批转《国家计委、国家经委、对外经济贸易部关于对外经济贸易工作中分工的意见》。该意见明确提出，"财政部应会同有关部门逐步建立和健全统一的利用外资的财务、会计制度和债务报告制度，加强财务管理和财政监督"。

3月，财政部会计司形成了《中外合资经营企业会计制度（试行草案）》和《中外合资经营工业企业会计科目和会计报表（试行草案）》，印发到全国试行。"中外合资经营企业会计制度两项试行草案，是我国学习市场经济会计模式、借鉴国际会计惯例的初次尝试。"[4]

这两份制度的主要起草者之一是老会计专家莫启欧。莫启欧1931年毕业于复旦大学会计系，曾任美商泛美航空公司上海公司会计主任、上海中美火油公司会计主任等职，1953年调入财政部。"为满足中外合资企业核算的需要，组

---

1 1979年7月8日，《中华人民共和国中外合资经营企业法》发布；1980年9月10日，《中华人民共和国中外合资经营企业所得税法》发布；1980年12月14日，《中华人民共和国中外合资经营企业所得税法施行细则》发布；1983年9月20日，国务院发布《中华人民共和国中外合资经营企业法实施条例》。

2 冯淑萍：《关于中国会计国际协调问题的思考——在中国会计学会第六次全国会员代表大会暨理论研讨会上的发言》，《会计研究》2002年第11期。

3 财政部会计事务管理司：《中华人民共和国中外合资经营企业会计制度讲解提纲》（内部资料），1985年5月，第2页。

4 项怀诚主编《新中国会计50年》，中国财政经济出版社，1999，第38页。

织上决定由莫启欧同志负责制定中外合资经营企业会计制度。这项工作一无经验，二缺专门人才，难度很大，莫启欧同志欣然接受任务，并立即着手翻阅外文资料，调查研究国内合资企业的实际情况……经过莫启欧同志等人的艰苦工作，《中外合资经营企业会计制度（试行草案）》于1983年公布实施。"[1]

　　试行期间，财政部会计司司长魏克发一行南下广东进行调查研究，及时总结了两项制度试行中的经验，经过几个月的不懈努力，《中华人民共和国中外合资经营企业会计制度》（简称《中外合资经营企业会计制度》）出炉，于1985年3月4日发布，自7月1日起施行。为了更好地宣传中外合资企业会计制度，会计司应国际会计公司邀请，同税务部门一道先后到美国、日本等国家和地区宣传。在此基础上，财政部1992年又陆续发布了《中华人民共和国外商投资企业会计制度》（简称《外商投资企业会计制度》）、《外商投资工业企业会计科目和会计报表》、《外商投资旅游企业会计科目和会计报表》，基本形成了涉外会计核算制度体系，有效解决了当时引进外资的会计障碍。[2]

 专栏 2-9

莫启欧先生

　　莫启欧（1912—1994），浙江宁波人。1927年考入复旦大学会计系，曾受教于安绍芸等会计大师，1931年毕业。历任上海章华毛绒纺织公司会计主任、美商泛美航空公司上海分公司会计主任、上海中关火油公司会计主任。他还在上海立信会计专科学校、之江大学、上海商学院等院校担任过讲师、教授，讲授过会计、统计、商业数学课程，还执行过会计师业

1　宋军玲：《献身新中国财会事业三十年——记会计专家莫启欧》，《财务与会计》1990年第1期。

2　刘海玲：《用真诚抒写会计情怀——访财政部会计司前司长魏克发》，《中国财经报》2008年9月5日第5版；刘玉廷：《中国会计改革开放三十年回顾与展望（上）——我的经历、体会与认识》，《会计研究》2008年第12期。

务。1936 年他与李鸿寿合著《会计数学》一书，该书先后再版 15 次。

1953 年进财政部后，莫启欧先生一直从事我国企业会计制度的制定、修订和审定工作，是《中华人民共和国中外合资经营企业会计制度》的主要起草人。"文化大革命"期间被下放到五七干校锻炼。1973 年，重返财政部会计制度司工作，负责根据当时企业会计工作的现状共同参与制定新的会计制度。经过连续奋战，他们于当年底就制定出了《国营企业会计工作规则（试行草案)》《国营工业企业会计科目》《国营工业企业会计报表》《国营工业企业成本核算办法》。这些制度的颁布实施对恢复会计工作的秩序、健全企业会计制度、加强经济核算起了重要作用。

1982 年 2 月，莫启欧先生被评为新中国首批高级会计师。曾两次参加财政部派出的税务会计代表团，赴美国、日本等介绍中国财政部颁发的中外合资企业会计制度。

资料来源：宋军玲：《献身新中国财会事业三十年——记会计专家莫启欧》,《财务与会计》1990 年第 1 期。

会计法规制定者指出，"制定《中外合资经营企业会计制度》是与制定我国国营企业会计制度完全不同的一种探索。外商投资企业是一个真正的市场经营的独立主体，对它的会计核算规范应当有与国营企业完全不同的思路"。制定该制度所遵循的基本原则是：以我国有关法律法规的规定为依据；参照国际会计准则和国际会计惯例；有选择地采用我国国营企业会计制度中可以适用的方法。[1]

---

1 项怀诚主编《新中国会计 50 年》，中国财政经济出版社，1999，第 187—188 页。

《中外合资经营企业会计制度》共88条，其中有11条规定是"会计核算的一般原则"。其亮点包括：规定了若干条会计核算的一般原则，如合法性、一致性、配比原则、实际成本（历史成本）原则，划分资本支出与收益支出的界限等；确定了资产、负债、资本、成本（工业企业）、损益等会计要素；采用"资产＝负债＋资本"这一国际上通行的会计方程式，按国际惯例排列报表，基本上取消了固定资金与流动资金不得相互流用的旧框框；工业生产成本项目缩减为直接材料、直接人工和制造费用，将管理费用（包括利息支出、汇兑损失等）作为期间费用计入本期损益；经批准可以采用加速折旧法；新建、改建、扩建工程不再单独设账进行核算；汇兑损益的计算限于已实现部分，未实现的汇兑损益不予确认；规定了无形资产、场地使用费、开办费、长期投资、有价证券等的会计核算方法；明确了收入确认的一般原则；设置"实收资本"科目进行投入资本的核算；设置"专有技术及专利权""其他无形资产"等科目，引入了无形资产的概念；除资产负债表、利润表和一系列附表外，设置了国际通用的第三表——财务状况变动表。

 专栏 2-10

《中外合资经营企业会计制度》摘录

（说明：以下为条文节选，标有【 】的注释为笔者所加。★表示值得肯定，▲表示有争议。）

第九条【★强调遵守法律法规】合营企业的会计核算工作必须遵守中华人民共和国法律、法规的有关规定。

第十一条【记账符号】合营企业采用借贷复式记账法。

第十二条【★强调"实际发生"】合营企业的会计凭证、会计账簿、会计报表等各种会计记录，都必须根据实际发生的经济业务进行登记，做到手续齐备、内容完整、准确及时。

第十五条【权责发生制】合营企业应根据权责发生制的原则记账。凡是本期已经实现的收益和已经发生的费用，不论款项是否收付，都应作为本期的收益与费用入账。凡是不属于本期的收益与费用，即使款项已在本期收付，都不应作为本期的收益与费用处理。

第十六条【配比原则】合营企业收益与费用的计算，应当相互配合。一个时期内的各项收入与其相关联的成本、费用，都必须在同一时期内登记入账，不应脱节，不应提前或延后。

第十七条【★禁止盯市调账】合营企业的各项财产应按实际成本核算，不论市价是否变动，一般不调整账面价值。

第二十四条【★不提"坏账准备"】合营企业的应收账款、应付账款和其他应收、应付款，应分别不同货币设账登记，并及时催收、清偿，定期与对方核对清楚。对不能收回的应收款项应查明原因，追究责任，确实无法收回的，经严格审查，按董事会规定报经批准后，作为坏账损失。不提"坏账准备"。

第二十五条【★汇兑损益以实现数为准】记入账内的汇兑损益应以实现数为准。记账汇率变动，有关外币各账户的账面余额，均不作调整。

第三十条【发出存货的计价方法】合营企业发出或领用各种存货的实际成本或进货原价，可由企业在先进先出、移动平均、加权平均、分批实际等方法中选用一种进行计算。计算方法一经确定，不能随意变动。如需变更计算方法，应报经当地税务机关批准，并在会计报告中加以说明。

第三十四条【★存货市价下跌的处理】合营企业的各项存货，如果由于市价下跌，可变现的净值低于账面实际成本的，应在年度会计报告中列出这些存货的账面实际成本、可变现的净值和可能发生的损失。

第三十六条【▲利息资本化】长期借款的利息支出，在基建期间应计入工程成本，作为固定资产原价的一部分；工程完工交付使用以后，可直接计入当期费用。

第四十条【加速折旧】合营企业由于特殊原因需要加速折旧和改变折旧计算方法的，应由企业提出申请，报经税务机关审核批准。

第四十三条【★无形资产及其摊销】合营企业的无形资产及其他资产包括专有技术、专利权、商标权、版权、场地使用权、其他特许权和开办费等。合营各方以无形资产作为投资的，按协议、合同规定的金额作为原价。购入的无形资产，按实际支付的金额作为原价。从开始使用的年份起按规定的使用期限分月摊销，没有规定使用期限的，可分十年摊销。摊销期限不得超过合营期限。

第六十一条【会计科目的分类】合营企业的会计科目按照经营管理的需要，一般分为资产、负债、资本和损益四大类，也可以将损益类科目分为收益类科目和费用类科目。工业企业还可以增加成本类科目。企业的会计科目，要根据科目的分类，分别编号。

第六十二条【★会计报表的构成】合营企业的会计报表，包括：（1）资产负债表；（2）利润表；（3）财务状况变动表；（4）有关附表。

第七十三条【查账报告】合营企业应按照中外合资经营企业所得税法的规定，聘请中华人民共和国政府批准的注册会计师，对企业的年度会计报表和全年账目进行审查，并出具查账报告。

《中外合资经营企业会计制度》对国际会计准则以及美国证券市场上的公认会计原则中的一些失当规则进行了扬弃，堪称借鉴域外经验完善我国法规的典范。当然，对于主张"按国际惯例办事"的业界同人来说，这可能是该制度的"缺点"。例如，葛家澍先生和合作者撰文提出，《中外合资经营企业会计制度》等涉外会计制度与国际会计准则之间是"存在差别的，其中的主要一点是表现在是否承认稳健原则及其应用方面，从而使与此相关联的一系列会计处理方法和程序，如存货估价，坏账预提、汇兑损益处理等产生了较大的分歧"。"市场经济的瞬息万变和经济业务的不确定性，是会计上采用稳健原则的必要条件，但并不是充分条件。稳健原则之所以能成为会计的一个重要惯例，其充分条件取决于会计本身面对多变环境和不确定因素所做出的会计假设和规定的运行原则。也就是会计基本假设和基本原则也是稳健原则存在的直接原因和条件。稳健原则是以会计基本假设为基本前提的。当会计假设与客观现实基本吻合时，稳健原则并不重要。一旦会计假设与现实出现较大差异时，稳健原则就显得重要。从会计基本原则高度来看，稳健原则是弥补其他一些基本会计原则的适用性的修正性惯例。更重要的是采用稳健原则符合国际会计惯例，还能有助于改善投资环境和促进外向型经济。""目前仍有不少同志不赞成在涉外会计制度中采用稳健原则，他们认为，稳健处理容易使企业低估收益从而减少国家税收。这一理由似乎有道理，其实不然。因为从企业的整个经营期间来看，前期的低估必然造成后期的高估，所以稳健处理只是改变收益的期间分布，并不会减少经营收益总额。"他们的结论是：可采用"成本与可变现净值孰低"原则；坏账损失的账务处理应以"直接销账法"改为"备抵法"；非待汇兑损失实现才入账的做法并不一定可取。[1]

1985 年 4 月 24 日，财政部印发《中外合资经营工业企业会计科目和会计报表》。该文件规定，中外合资经营工业企业应按规定编制资产负债表、利润表、财务状况变动表和有关附表等会计报表，并应按季、按年将会计报表报送有关单位。季度和年度会计报表，应分别报送合营各方、当地税务机关、企业主管部门和同级财政部门。年度会计报表还应抄报原审批机构。其中，资产负债表的附表包括存货表、固定资产及累计折旧表、在建工程表、无形资产及其他资产表和外币资金情况表，利润表的附表包括利润分配表、产品

---

1 葛家澍、林志军、魏明海：《涉外会计制度与稳健原则》，《会计研究》1988 年第 5 期。

生产成本及销售成本表、主要产品生产成本、销售收入及销售成本表、制造费用明细表、销售费用明细表、管理费用明细表、营业外收支明细表。

中外合作经营企业和外资企业没有单独的会计制度，比照上述两份文件进行会计核算。中外合资经营工业企业会计科目见表 2-2，资产负债表格式见表 2-3，利润表格式见表 2-4。

表 2-2 中外合资经营工业企业会计科目表

科目编号	科目名称	科目编号	科目名称
	1. 资产类		16. 固定资产
	11～14. 流动资产	1601	固定资产
1101	现金	1611	累计折旧
1111	银行存款		17. 在建工程
1121	应收票据	1701	在建工程
1131	应收账款		18. 无形资产及其他资产
1141	预交所得税	1801	场地使用权
1151	预付货款	1811	专有技术及专利权
1161	内部往来	1821	其他无形资产
1171	其他应收款	1831	开办费
1201	待摊费用		2. 负债类
1301	材料采购		21. 流动负债
1401	原材料	2101	短期银行借款
1411	包装物	2111	应付票据
1421	低值易耗品	2121	应付账款
1431	材料成本差异	2131	应付工资
1441	委托加工材料	2141	应交税金
1451	自制半成品	2151	应付股利
1461	产成品	2161	预收货款
	15. 长期投资	2171	其他应付款
1501	长期投资	2181	预提费用
1511	拨付所属资金	2191	职工奖励及福利基金

续表

科目编号	科目名称	科目编号	科目名称
	22. 长期负债	4201	制造费用
2201	长期银行借款		5. 损益类
2211	其他长期借款		51～52. 营业损益
	3. 资本类	5101	产品销售收入
3101	实收资本	5111	产品销售税金
3111	公司拨入资金	5121	产品销售成本
3201	储备基金	5131	销售费用
3211	企业发展基金	5141	管理费用
3301	本年利润	5201	其他业务利润
3311	未分配利润		55～56. 营业外收支
	4. 成本类	5501	营业外收入
4101	生产成本	5601	营业外支出

表2-3　　　　　　　　　　中外合资经营工业企业资产负债表

会合工 01 表

_____年 _____月 _____日　　　　　　　　　　单位：人民币元

资产	年初数	期末数	负债及资本	年初数	期末数
流动资产：			流动负债：		
现金			短期银行借款		
银行存款			应付票据		
应收票据			应付账款		
应收账款			预收货款		
预交所得税			应付工资		
预付货款			应交税金		
其他应收款			应付股利		
待摊费用			其他应付款		
存货			预提费用		
流动资产合计			职工奖励及福利基金		

续表

资产	年初数	期末数	负债及资本	年初数	期末数
长期投资：			流动负债合计		
长期投资			长期负债：		
固定资产：			长期银行借款		
固定资产原价			其他长期借款		
减：累计折旧			负债合计		
固定资产净值			资本：		
在建工程：			资本总额 （货币名称及金额 ____）		
在建工程			实收资本 （外币金额期末数 ____）		
无形资产及其他资产：			其中：中方投资 （外币金额期末数 ____）		
场地使用权			外方投资 （外币金额期末数 ____）		
专有技术及专利权			储备基金		
其他无形资产			企业发展基金		
开办费			本年利润		
无形资产及其他资产合计			未分配利润		
			资本合计		
资产总计			负债及资本总计		

表 2-4　　　　　　　　　　中外合资经营工业企业利润表

会合工 02 表

____ 年度 ____ 季度 ____ 月份　　　　　　　　　　单位：人民币元

项目行次	本期数	本年累计数	上年同期累计数
产品销售收入			
其中：出口产品销售收入			

续表

项目行次	本期数	本年累计数	上年同期累计数
减：产品销售税金			
其中：出口产品销售税金			
产品销售成本			
其中：出口产品销售成本			
产品销售毛利			
减：销售费用			
管理费用			
其中：利息支出（减利息收入）			
汇兑损失（减汇兑收益）			
产品销售利润			
加：其他业务利润			
营业利润			
加：营业外收入			
减：营业外支出			
利润总额			

附注：1. 出口产品销售收入：（1）外币名称和金额＿＿＿＿＿＿＿＿＿＿＿

　　　　　　　　　　折合人民币金额＿＿＿＿＿＿＿＿＿＿＿

　　　　　　　　（2）外币名称和金额＿＿＿＿＿＿＿＿＿＿＿

　　　　　　　　　　折合人民币金额＿＿＿＿＿＿＿＿＿＿＿

　　　　2. 内销产品销售收入中：外汇兑换券金额＿＿＿＿＿＿＿＿＿＿＿

　　值得注意的是，《中外合资经营企业会计制度》秉持"未实现的损益不入账"的理念，其第24条明确规定"不提'坏账准备'"，第25条禁止记录未实现的汇兑损益，第34条也不允许采用存货计价的"成本与市价孰低法"。其立法理念符合会计原理，因而是值得赞赏的。笔者揣测，这可能与杨纪琬先生和莫启欧先生主导该制度的起草工作有关——杨纪琬先生一贯旗帜鲜明地反对谨慎性原则（或稳健性原则）。

1985 年 5 月，会计法规制定者在《中华人民共和国中外合资经营企业会计制度讲解提纲》（内部资料）（见图 2-2）中提到，"这里需要说明一点，合营企业会计制度从'征求意见稿'、'试行草案'到正式发布，前后花了三年时间，主要是由于其他利用外资的立法工作在不断充实、完善之中，加之我们制定中外合营企业会计制度也还缺乏经验，因此，需要有一个摸索、总结的过程，这样时间虽然长了一些，但对于尽可能使制度切实可行来说，还是有必要的。"[1]

图 2-2 《中华人民共和国中外合资经营企业会计制度讲解提纲》（内部资料）

《中外合资经营企业会计制度》是新中国成立以来第一部借鉴国际会计惯例制定的，打破了计划经济体制下传统的会计管理模式和会计核算体系的全新的会计制度。它开始采用国际上通行的会计等式、会计报表格式、会计原则和会计术语，标志着中国会计制度向国际会计惯例靠拢的开端，为此后会计核算制度在全国范围内的全面改革开创了先河，提供了范例，奠定了基础。[2]《中外合资经营企业会计制度》的制定与实施，"开始了我国会计制度与

---

1 财政部会计事务管理司：《中华人民共和国中外合资经营企业会计制度讲解提纲》（内部资料），1985 年 5 月，第 2 页。

2 项怀诚主编《新中国会计 50 年》，中国财政经济出版社，1999，第 546—547 页；刘玉廷：《中国会计改革开放三十年回顾与展望（上）——我的经历、体会与认识》，《会计研究》2008 年第 12 期。

国际会计惯例协调的步伐，它实际上是我国对社会主义商品经济乃至于社会主义市场经济会计制度模式进行的一项积极的探索，是我国市场经济体制下企业会计制度改革的先导"[1]。

《中外合资经营企业会计制度》所引入的"资产＝负债＋资本"的会计等式正确地反映了中外合资经营企业的法律关系，这种法律关系是以往的会计等式所难以体现的。秉持这种理念，会计法规就有望走上如实反映企业的法律关系的正确轨道。

1986 年 2 月 28 日，中国会计学会、香港会计师公会联合举办的"投资问题研讨会"在广州举行。参加会议的代表分别来自内地及香港的财政、会计、法律、工商、金融以及科研领域，共 350 人。财政部顾问谢明，国家计委副主任甘子玉，全国人大财经委员会咨询员许毅，中国会计学会副会长兼秘书长杨纪琬，港英政府候任财政司司长翟克诚，香港会计师公会会长黎明等著名人士参加了会议。国际会计师联合会会长罗伯特·梅伊等嘉宾也应邀参加了会议。

1987 年 8 月 28 日至 9 月 4 日，中国会计学会 1987 年年会在北京举行。财政部领导迟海滨、田一农、李朋、陈如龙、项怀诚、谢明等参加了开幕式或闭幕式。会议的主要议程有：修改中国会计学会章程；选举中国会计学会第三届理事会，谢明为会长，迟海滨、祁田（女）、杨纪琬、黄肇兴、顾树桢、娄尔行、葛家澍、魏克发、阎达五为副会长，张德明为秘书长；审议第二届理事会的工作报告，讨论确定第三届理事会的工作任务。会议决定改变学术研究方式，采取"课题分类、单位承包、统一安排、自由协作"的方式，并根据科研规划安排，在中国会计学会下成立会计电算化研究组、会计教育改革研究组、会计原则与会计基本理论研究组、国外会计研究组、企业财务改革

1　李玉环：《深化会计改革　打造高质量会计准则制度——纪念〈企业会计准则〉实施十周年》，《会计研究》2003 年第 7 期。

研究组、会计改革研究组、会计史研究组等七个研究组，开展科研活动。

1988 年 4 月 18 日，中国会计学会国外会计研究组成立。黄肇兴为组长，石成岳为副组长。

第五节　会计教育改革先行一步

我国会计学科体系最初是借鉴苏联 20 世纪 50 年代的学科体系设计而成的，以"会计核算原理"、"专业会计"（如工业企业会计核算和商业企业会计核算）、"经济活动分析"和"财务管理"为主干课程（俗称"老四门"）。这套学科体系在 20 世纪 70 年代末、80 年代初被会计教育界认为存在前后课程衔接不严密、内容分工不明确、不重视成本会计、体系不完整、重复陈旧、系统性和逻辑性不强等缺点。1981 年，财政部委托部署院校上海财经大学和中南财经大学分别进行本科会计专业教改试点。上海财经大学提出了由"基础会计""财务会计""成本会计""管理会计""审计学"等 5 门核心专业课、5 门一般专业课和 5 门选修专业课等 15 门课程构成的新的会计学科体系。中南财经大学提出由"会计原理""企业会计学""企业成本学""企业财务学""审计学"等 5 门主干专业课，以及指定选修课、任意选修课构成的会计学科体系。[1]1983 年 1 月，财政部组织召开会计学专业教学改革试点座谈会，充分肯定了两所高校的试点经验。中国人民大学、厦门大学的做法则是在"老四门"的基础上，加开"西方财务会计""国际会计""中外合资企业会计""管理会计"等新课程，同时对原有课程的内容进行了更新。20 世纪 80 年代末，"国家教育委员会提出了会计学专业应设置 11 门核心课程的指导性建议，在确立'会计学原理'、'财务会计'、'高级财务会计'、'成本会计'、'管理会计'、'审

1　裘宗舜、付培英、魏振雄：《会计教育改革研究组工作情况汇报》，《会计研究》1990 年第 3 期。

计学'及'财务管理'等七门核心专业课程的基础上，适当增设了电算化会计、会计史和会计制度设计等专业课及财政学、国际贸易等方面的配套课程，使得能够被大多数高校所接受的具有中国特色的会计专业教育学科体系的基本框架得以确立"[1]。

1992年《企业会计准则》出台以后，我国高校基本推行了以"初级会计学（或称会计原理、基础会计）""（中级）财务会计（学）""高级（财务）会计（学）""管理会计（学）""审计（学）"为核心的学科体系，有条件的高校还开设有"会计理论"和"会计史"等课程。

1　余秉坚:《五十年会计改革发展的成就与启示》，载项怀诚主编《新中国会计50年》，中国财政经济出版社，1999，第79—81页。

第三章
1992 年《企业会计准则》的出台

"我国明确地提出会计准则、会计原则的概念并把它作为一个重要的会计理论问题进行研究，是 70 年代末 80 年代初在会计学术界开始的。当时大部分同志对会计准则还不甚了解。"[1] 率先倡导制定会计准则的是中国会计学会。但财政部会计司后来居上，逐步接管了中国会计学会率先倡导的会计准则制定工作。

第一节　财政部会计司 1988 年启动会计准则建设工作

一、1984 年：财政部提出会计改革的设想

1984 年 10 月 6 日，财政部会计司在湖南长沙召开会计改革座谈会，"初步提出了会计改革的目标和要求，把会计制度的改革作为会计改革的核心内容"[2]。在这次座谈会上，财政部第一次提出了《关于会计业务改革的设想（讨论稿）》。研究了会计改革的必要性、改革的中心环节、指导思想、主要内容和方法步骤等原则意见。[3]

---

1 财政部会计事务管理司编《企业会计准则讲解》，中国财政经济出版社，1993，第 1 页。
2 陈毓圭：《中国会计准则的起步与发展》，《财务与会计》2008 年第 21 期。
3 杨纪琬主编《中国现代会计手册》，中国财政经济出版社，1988，第 100 页。

1987 年 3 月 5—11 日，财政部在湖北省襄樊市召开由各省、自治区、直辖市、计划单列市财政厅（局）会计事务管理处处长参加的会计工作座谈会。财政部顾问谢明参加座谈会并在会上作重要讲话。会议讨论了财政部拟订的《关于深化会计改革的几点意见（讨论稿）》[1]《开展抓基础、达标准、上等级，全面提高会计工作水平活动的意见》和《关于加强会计制度管理和建设工作的意见》。会议把进一步推动和深化会计改革列为 1987 年会计事务管理的八项具体工作之一，要求研究探讨经济发展对会计改革提出的新课题，为制定一个在全国会计工作中具有指导意义的会计改革纲要和实施方案做好各项准备。

二、1987 年：中国会计学会酝酿成立会计改革研究组

1987 年 8 月 28 日至 9 月 4 日，中国会计学会 1987 年年会在北京召开。会议研究确定了《中国会计学会科研规划（1987—1990）》，决定成立会计改革研究组、企业财务改革研究组、会计原则与会计基本理论研究组、会计教育改革研究组、会计电算化研究组、会计史研究组以及国外会计研究组等七个专题研究组。该规划提及，"上述研究组中已成立的，将进一步充实、整顿；尚未成立的，由中国会计学会秘书处会同有关地区、部门会计学会及单位负责筹组"[2]。会计原则与会计基本理论研究组的"任务是研究中国会计原则（准则），起草研究报告，提交给财政部，这是我国第一次有组织地把研究会计原则（准则）当成一件事情来做"[3]。

1987 年，商业部、财政部联合制定颁发《国营商业会计制度》，自当年 7 月 1 日起执行。该制度对 1976 年以来的商业会计制度做出重大修改，要求国

---

1 这份文件突破了把会计改革局限于"业务改革"的思路，对会计管理体制（包括宏观会计管理和单位内部会计工作组织、核算体系）等也提出了改革设想。

2 中国会计学会国外会计研究组成立于 1988 年 4 月 18 日，黄肇兴为组长，石成岳为副组长。中国会计学会会计原则与会计基本理论研究组成立于 1988 年 9 月 6 日，娄尔行、葛家澍、阎达五任组长，该研究组后改名为会计基本理论与会计准则研究组。

3 陈毓圭：《会计准则讲座》，中国财政经济出版社，2005，第 16 页。

营商业企业按照商品销售收入的一定比例提取商品削价准备。这一规定引发了业界的广泛争议。

三、1988 年：会计司起草《会计改革纲要（讨论稿）》

1988 年 4 月，财政部会计司起草了《会计改革纲要（讨论稿）》。《会计改革纲要（讨论稿）》主要由会计司一处处长余秉坚和副处长王军牵头起草，陈毓圭为主要执笔人。[1]

 专栏 3-1

陈毓圭先生

陈毓圭，1961 年 11 月出生，1978—1981 年在徐州师范学院（现江苏师范大学）财政师资班学习，1981 年毕业分配到连云港财经学校任教员，1984—1986 年在中南财经大学（现中南财经政法大学）会计系攻读硕士学位，师从杨时展教授。1986 年到财政部工作，历任财政部会计司干部、副主任科员、主任科员、副处长、处长、会计准则组组长、副巡视员，财政部会计准则委员会副秘书长，作为主要执笔人起草《会计改革纲要（试行）》《企业会计准则（基本准则）》等；2002 年 3 月至 2010 年 11 月，任中国注册会计师协会常务理事、秘书长；2010 年 11 月起，任中国注册会计师协会常务理事、副会长兼秘书长。其中，1988—1991 年在财政部财政科学研究所在职攻读博士学位，师从黄菊波教授；1996 年 9 月至 1997 年 8 月，专职担任财务会计准则委员会国际研究员；1998—2001 年，兼任联合国国际

---

1 张汉兴：《会计风暴——我的亲历与见证》，立信会计出版社，2008，第 27 页；陈毓圭：《论财务会计改革》，中国财政经济出版社，2010，再版前言。

会计和报告标准政府间专家工作组中国代表；1999—2001 年，兼任国际会计准则委员会中国观察员；2003—2009 年，兼任国际会计师联合会理事；2011 年，兼任国际会计师联合会首席执行官遴选委员会委员。2019—2021 年，兼任亚太会计师联合会主席。2020 年 6 月至 2022 年 11 月，任中国证监会首席会计师。

资料来源：陈毓圭：《论财务会计改革》，中国财政经济出版社，2010，序言、作者传略；中国注册会计师协会网站（www.cicpa.org.cn）。

四、1988 年：中国会计学会会计原则与会计基本理论研究组成立

1988 年 7 月 5—9 日，中国会计学会会计改革研究组在北京召开会计改革专题理论讨论会。财政部顾问、中国会计学会会长谢明以及会计事务管理司司长魏克发等 64 人出席此次研讨会。会议的中心议题有二。一是讨论由财政部会计事务管理司会计改革课题组提出的现阶段"会计改革纲要"，二是关于责任会计的理论与实践。与会代表对核算制度的改革，提出了以会计准则作为指导全国会计核算工作的基本规范的改革设想，还提出了引入"资产＝负债＋业主权益"平衡公式的建议。[1]魏克发作主题发言，他引用谢明同志的观点，将中国会计学会的会计原则与会计基本理论研究组界定为"一个为权力机构服务的智力机构，是我们制定会计准则的智囊团"。

 专栏 3-2

魏克发在中国会计学会会计改革专题理论讨论会上的发言摘录

从会计改革的发展历史来看，新中国成立以来现在是第三次（改革）。第一次是 50 年代末，在"彻底放权，大力简化"的错误思想指导下，搞

---

1 裴世安：《中国会计学会会计改革专题理论讨论会记略》，《上海会计》1988 年第 10 期。

"先破后立""大破大立"，加上当时经济工作上"左"倾错误的严重影响，结果出现了"无账会计"，把会计工作搞乱了套。这次给我们留下了许多深刻的教训。第二次是60年代国民经济调整期间，针对第一次改革的教训，1965年6月，财政部发布了《企业会计改革纲要（试行草案）》，共12条。当时的会计改革，是在各条战线的工作要"革命化"的口号下进行的，会计改革的主旨是"反对烦琐哲学"，一方面是整顿搞乱了的会计工作秩序，另一方面也设想对会计工作进行若干改革，主要是对核算制度和核算方法的改革。提出了"逐步搞出一套符合我国实际情况的会计制度和工作方法"的改革目标，强调"算要有用，管要合理，改而不乱"的基本原则，对会计凭证、账簿、科目、报表、成本核算、资金核算提出了改革的基本设想，还提出"正确进行会计监督""改进会计人员工作作风""整顿会计队伍、健全财会机构"等方面的任务，应该说这个方案基本上还是可行的。后来由于"文化大革命"的干扰破坏，这次改革也就半途夭折了。所以，算起来现在是第三次，我想应该是搞得比前两次都好。

关于建立新的平衡公式，有些作者提出可以参照国际上通用的办法，即资产＝负债＋业主权益，按照这个思路，就不再对资金来源划分固定基金、流动基金和专用基金，也不再进行三段平衡，这个思路是否可行，大家可以研究。

去年中国会计学会成立了会计原则与会计基本理论研究组，谢明同志说，这是一个政府机关研究会计原则问题的咨询机构，一个为权力机构服务的智力机构，是我们制定会计准则的智囊团。是否由这个组织来发布，有待研究。现在，有三种意见，一是由民间组织（学会、协会）制定发布，二是由财政部制定发布，三是组织一个"全国会计原则委员会"，包括各方人士、有关部门、有关团体人员组织（如人大法工委、国务院法制局、财政部、中国会计学会及中国注册会计师协会）。第三种意见的规格是相当高的，无疑具有最大的权威性，看来，目前难以实现。这方面大家可以开展讨论。

资料来源：魏克发：《适应商品经济发展需要 加快和深化会计改革》，《会计研究》1988 年第 4 期。

1988 年 7 月，中国会计学会主持编辑，杨纪琬同志任主编，魏克发、阎达五、张德明等参与编写的多达 200 万字的《中国现代会计手册》，由中国财政经济出版社出版，这是我国第一部大型会计专业工具书。国务委员兼财政部部长王丙乾同志为该书题词（见图 3-1）。该书编辑工作历时 4 年，各省、自治区、直辖市会计学会和各专业会计学会都参加了资料收集和整理工作。各编委分工如下：第一部分"会计工作发展概况"（杨纪琬、余秉坚）；第二部分"重要法规和制度"（余秉坚）；第三部分"会计组织"（张德明、丁平准）；第四部分"重要文章和报告"（魏振雄、关孝元）；第五部分"会计基本概念释义"（阎达五、赵玉珉）；第六部分"统计资料"（韩淑芳、王庆成、曹岗）；第七部分"附录"（余秉坚）。

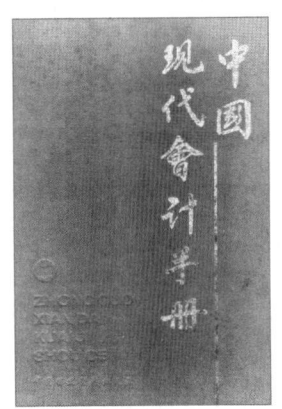
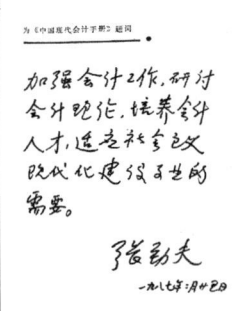

图 3-1　1988 年出版的《中国现代会计手册》

1988 年 9 月 6 日，中国会计学会会计原则与会计基本理论研究组成立，娄尔行、葛家澍、阎达五任组长。研究组决定在上海召开第一次专题理论研讨会。[1]

五、1988年：财政部发布《对外承包企业会计制度》

10月20日，财政部发布《对外承包企业会计制度》，自1989年起试行，1990年1月1日起正式实施。该制度参照国际惯例，将分散在各个会计单行法规中的一些原则要求集中起来，对会计核算的原则要求做出了12条一般规定，包括"企业必须设立财会机构和配备会计人员，按照会计制度要求做好会计工作，以及合法性原则（会计核算必须遵守国家法律规定）、复式记账原则、本位币记账原则、真实、完整、及时原则，权责发生制原则，收益和费用配比原则，实际成本计价原则，资本性支出和收益性支出划分原则，前后期会计处理方法一致原则，等等"。该制度参照国际会计惯例，将会计科目分为资产、负债、资本和损益四大类。[2]值得注意的是，该制度第十四条规定，企业的各项财产物资应按实际成本核算，市价发生变动时，一般不调整账面价值。但国外公司在年度终了时，对于市价低于账面实际成本的库存材料物资，也可以按市价调整账面实际成本。该制度第二十五条规定，对不能收回的应收款项，应查明原因，追究责任；经严格审查确实无法收回的，按照审批权限，报经批准后，作为坏账损失，冲减预提的"坏账准备"。有学者就此指出，"由此反映出的动向是，在坏账处理上已经开辟了预计损失的先河"。该制度第三十条规定，"国外公司库存的主要材料物资，如果由于当地市价下跌，其可变现的净值（估计售价减销售费用）低于账面实际价值较大的，当地政府规定可以按当地市价或可变现的净值确定其价值的，其差额列为当期损失。但国外公司向国内报送的会计报表仍应按国内财务制度的规定办理"。有学者就此指出，"这一制度仍然坚持不预计存货跌价损失的立场。对对外承

---

1 张为国：《中国会计学会成立会计原则与会计基本理论研究组》，《财经研究》1988年第12期。
2 蔺保生、陈琦：《〈对外承包企业会计制度〉简介》，《财务与会计》1989年第2期。

包企业设在国外的分公司等之所以网开一面，看来是为了获取当地的纳税利益，在向国内报送会计报表时则仍应按照国内规定，在报告的利润总额上加回这项预计的存货跌价损失。这体现了国外机构应服从本国会计制度的要求"。[1]

六、1988 年：会计司组建会计准则课题组

10 月 31 日，财政部会计司组建会计准则课题组（又称会计准则组，蒋岗担任负责人），并召开第一次会议研究制定会计准则的有关准备工作，这标志着会计准则建设的启动。财政部会计司启动会计制度改革和会计准则的建设，很大程度上起因于铁道部申请世界银行贷款这件事情。[2]

 专栏 3-3

会计准则建设的启动

1988 年，为大力发展交通基础设施，铁道部向世界银行申请 100 多亿元的贷款以解决铁路建设资金短缺问题。经过几轮商谈，世界银行初步同意给予这笔贷款。到了实质性商谈阶段，却出现了障碍，原因就是铁道部无法提供世界银行所需要的会计报表，因为国际通行的是资产负债表，而根据我们的会计制度只能提供资金平衡表。后来铁道部求助于财政部，根据资金平衡表的数据人为转换了一份资产负债表。尽管此后通过了世界银行的审查程序，但这件事让我们深刻体会到中国经济要同世界经济进行交流，必须改革会计制度，借鉴国际惯例制定实施中国会计准则。

在这个背景下，会计司于 1988 年 10 月 31 日成立会计准则组，着手研究制定会计准则。会计准则组的成员包括五位资深的老专家和两位年轻同志，我们这个起草班子也因此被司内外称为"五老二小"。会计准则组

---

1 常勋：《比照国际会计惯例，修订和完善外商投资企业会计制度》，《上海会计》1989 年第 11 期。
2 陈毓圭：《中国会计准则的起步与发展》，《财务与会计》2008 年第 21 期。

成立后，经过几个月的紧张工作，完成了两个重要文件，一个是《关于拟
定我国会计准则的初步设想（讨论稿）》，另一个是《关于拟定我国会计准
则需要研究讨论的几个主要问题（征求意见稿）》。这两个文件对于整个会
计准则的建设工作，具有非常重要的意义。

以上述两个文件为基调，在其后两年左右的时间里，会计准则组经过
反复调研、考察，于 1990 年 11 月形成了《企业会计准则（基本准则）提
纲》。经反复征求意见、数易其稿，1991 年 11 月正式形成了《企业会计准
则（基本准则）草案》。

资料来源：陈毓圭：《中国会计准则的起步与发展》，《财务与会计》2008 年第 21 期。

当时的会计制度究竟有多么令人费解？表 3-1、表 3-2、表 3-3 列示了财
政部 1980 年制定、1985 年修订的国营工业企业制度所规定的会计科目名称和
编号、资金平衡表格式和利润表格式。之所以拿工业企业的会计报表作为参
照标准，是因为新中国的企业会计制度建设，从新中国成立初期开始就是以
工业企业为主导的，即以设计的工业企业会计制度为蓝本，比照设计其他行
业的会计制度。

表 3-1 　　　《国营工业企业会计制度——会计科目》所规定的科目名称和编号

资金占用科目			资金来源科目		
序号	编号	名称	序号	编号	名称
1	101	固定资产	36	401	固定基金
2	102	待核销基建支出	37	402	折旧
3	104	长期投资	38	403	流动基金
4	111	材料采购	39	405	其他单位投入资金
5	112	原材料	40	411	基建借款
6	121	燃料	41	421	流动资金借款

续表

资金占用科目			资金来源科目		
序号	编号	名称	序号	编号	名称
7	123	包装物	42	430	已收分期收款发出商品销货款
8	124	低值易耗品	43	431	应付购货款
9	129	材料成本差异	44	432	应付工资
10	131	委托加工材料	45	439	其他应付款
11	135	超储积压物资	46	441	预提费用
12	141	基本生产	47	451	应交税金
13	142	自制半成品	48	452	应交折旧基金
14	143	辅助生产	49	453	应交资金占用费
15	144	车间经费	50	455	应交利润
16	145	企业管理费	51	461	待扣税金
17	151	待摊费用	52	491	待处理财产盘盈
18	152	待摊税金	53	501	专用基金
19	159	清理维护费	54	521	专用拨款
20	161	产成品	55	531	专用借款
21	166	发出商品	56	541	应付引进设备款
22	167	分期收款发出商品	57	550	应交能源交通建设基金
23	171	现金	58	551	专项应付款
24	172	银行存款	59	601	销售
25	179	其他货币资金	60	611	利润
26	181	应收销货款			
27	186	应弥补亏损			
28	189	其他应收款			
29	191	待处理财产损失			
30	201	专项存款			
31	202	专项物资			

续表

资金占用科目			资金来源科目		
序号	编号	名称	序号	编号	名称
32	203	专项工程支出			
33	204	国库券			
34	211	专项应收款			
35	311	利润分配			

资金平衡表是根据专款专用的原则设计的，其显著特点是"三段平衡"：固定资产与固定基金平衡；流动资产与流动基金平衡；专项资产与专用基金平衡。之所以出现这种报表格式，主要是因为全民所有制企业的资金来源单一，报表内容完全是按照财政制度和财务制度的要求设计的，因此，这种报表控制力较强，值得充分肯定。除了比较烦琐外，基本上无可指摘。这种报表一直沿用到 1993 年分行业的会计制度出台。

表 3-2　　　　　　《国营工业企业会计制度——会计报表》所规定的资金平衡表

资金平衡表　　　　　　　　　　　　　会工 01 表

编制单位：　　　　　　　　　　年　月　日　　　　　　　　　　单位：元

资金占用	行次	年初数	期末数	资金来源	行次	年初数	期末数
固定资产：				固定资金：			
固定资产原价（101）	1			国家固定基金（401.1）	51		
减：折旧（402）	2			企业固定基金（401.2）	52		
固定资产净值	3			待转固定基金（401.3）	53		
待核销基建支出（102）	4			基建借款（固定资金部分）	54		
待处理固定资产损失（191.1，491.1）	5			（411.1，411.3）			
向其他单位投资的固定资金（104.1）	6			其他单位投入的固定资金（405.1）	57		
合计	10			合计	60		

续表

资金占用	行次	年初数	期末数	资金来源	行次	年初数	期末数
流动资产：				流动资金：			
定额流动资产合计	11			国家流动基金（403.1）	61		
储备资金小计	12			企业流动基金（403.2）	62		
（1）原材料（112，129.1）	13			基建借款（流动资金部分）（411.2）	64		
（2）燃料（121，129.2）	14						
（3）包装物（123，129.3）	15			其他单位投入的流动资金（405.2）	66		
（4）低值易耗品（124，129.4）	16			流动资金借款（421）	68		
（5）委托加工材料（131）	17			其中：（1）生产周转借款（421.1）	69		
（6）在途材料（111）	18						
生产资金小计	19			（2）临时借款（421.2）	70		
（1）在产品及自制半成品（141，142，143）	20			（3）进口原材料短期外汇借款（421.3）	71		
（2）待摊费用及待摊税金（151，441，144，145，152）	21			（4）引进技术借款（421.4）	72		
成品资金小计	22			（5）结算借款（421.5）	73		
（1）产成品（161）	23			（6）新产品试制借款（421.6）	74		
（2）	24						
超储积压物资（135）	25			已收分期收款发出商品销货款（430）	76		
待处理流动资产损失（191.2，491.2）	26			应付及预收货款（181，431）	77		
其他流动资产合计	31			其他应付款（439，432）	80		
发出商品（166）	33			预提费用（441，144，145）	81		
分期收款发出商品（167）	34			未交税金（451）	82		
货币资金（171，172，179）	35			未交折旧基金（452）	83		

续表

资金占用	行次	年初数	期末数	资金来源	行次	年初数	期末数
其中：银行结算户存款（172）	36			未交资金占用费（453）	84		
应收及预付货款（181，431）	37			未交利润（455）	85		
未弥补亏损（186）	39			未留利润（1—11月份填列）（611，311）	87		
向其他单位投资的流动资金（104.2）	40			待扣税金（461）	88		
其他应收款（189，432）	41						
合　计	42			合　计	89		
专项资产：				专项资金：			
专项存款（201）	43			专用基金（501）	90		
专项物资（202）	44			专用拨款（521）	91		
专项工程支出（203）	45			专用借款（531）	92		
应收及暂付款（211）	46			应付引进设备款（541）	93		
向其他单位投资的专用基金（104.3）	47			未交能源交通建设基金（550）	94		
				应付及暂收款（551）	95		
国库券（204）	48			其他单位投入的专用基金（405.3）	96		
合　计	49			合　计	98		
资金占用总计	50			资金来源总计	99		

　　国营工业企业的利润表严格按照当时的财政制度和财务制度制定，信息量较大，能够比较全面地反映企业的运营情况，因此，同样值得充分肯定。

　　财政部会计司的会计准则课题组与中国会计学会的会计原则与会计基本理论研究组各自开展行动，前者虽然参加过后者1989年1月举办的会计准则专题研讨会，但两者的关系直到1990年还不明确。[1]后来，会计事务管理司和

---

1 娄尔行、张为国：《会计理论与会计准则研究组工作情况汇报》，《会计研究》1990年第3期。

表 3-3 　　　　　《国营工业企业会计制度——会计报表》所规定的利润表

利润表

会工 02 表

编制单位：　　　　　　　　___年__月份　　　　　　　　　　单位：元

项目	行次	本月数（12月份填上年数）	本年累计数	补充资料	行次	本月数（12月份填上年数）	本年累计数
一、产品销售收入	1			（一）资金利润率（12月份填报）：			
其中：自销产品销售收入	2			按固定资产原价和定额流动资金全年平均余额计算	35	×	%
减：销售税金	3						
销售工厂成本	4						
销售费用	5						
技术转让费	6						
产品销售利润（亏损以"—"号表示）	7			按固定资产净值和定额流动资金全年平均余额计算	36	×	%
其中：自销产品销售利润（亏损以"—"号表示）	8			（二）营业外收入：			
加：其他销售利润（亏损以"—"号表示）	9			1.　2.　3.　⋮			
营业外收入	10						
减：营业外支出	11						
资源税	12						
固定资金占用费	13						
流动资金占用费	14			（三）营业外支出：			
二、利润总额（本年计划数____元）（亏损以"—"号表示）	15			1.　2.　3.　⋮			
加：其他单位转来的利润	16						

续表

项目	行次	本月数（12 月份填上年数）	本年累计数	补充资料	行次	本月数（12 月份填上年数）	本年累计数
应由预算弥补的亏损	17						
应由以后年度利润弥补的亏损	18						
减：归还基建借款的利润	19						
归还专项借款的利润	20						
留给企业的"三废"产品净利润	21						
国外来料加工装配业务留给企业的利润	22						
归还借款的利润提取的职工福利基金和职工奖励基金	23						
分给其他单位的利润	24						
弥补以前年度亏损	25						
小计（15 至 25 行小计）	28						
减：应交所得税	29						
应交调节税	30						
应交承包费	31						
应交利润	32						
企业留利（自行弥补包干不足和自行弥补亏损以"—"号表示）	33						
三、未留利润（自行弥补包干不足和自行弥补亏损以"—"号表示）	34						

中国会计学会会计基本理论与会计准则研究组形成了"紧密的、令人满意的工作关系"。正如娄尔行先生所言，中国会计学会会计基本理论与会计准则研究组成员"清醒地认识到：中国会计学会是一个由关心当前会计问题的会计实务工作者和学者组成的全国性学术团体。作为中国会计学会下属的一个分组，研究组理应研究与会计准则相关的各种问题，并以自己认为合适的形式表明自己的见解，发表研究成果。在收到邀请时，可以向会计事务管理司提出建议和咨询意见。而制定和颁布执行会计准则的权力，则明白无误地属于会计事务管理司"。"没有政府的授权，民间机构势将无从着手，或则劳而无功"。[1]

两者分别尝试论证两种不同的准则制定程序。中国会计学会对于会计准则的研究是遵循具体到一般的程序；财政部会计事务管理司的会计准则课题组则按一般到具体的程序进行构思。[2]

七、1989 年：会计原则专题理论讨论会的召开

1989 年 1 月 7—12 日，中国会计学会会计原则与会计基本理论研究组[3]在上海石化总厂（上海市金山县）召开会计原则专题理论讨论会，这是该研究组自 1988 年 9 月成立以来召开的第一次研讨会。参加这次会议的人员有会计原则与会计基本理论研究组成员和秘书 16 人、中国会计学会的部分负责人以及从提交会议的 105 篇论文中遴选出的论文作者 23 人等，共 48 人（见图 3-2）。中国会计学会常务副会长杨纪琬教授在开幕式上宣读了谢明会长的贺信，并发表了讲话。娄尔行、葛家澍、阎达五、张德明等 15 位同志作了大会发言。

---

1 财政部会计事务管理司编《改革与借鉴——会计准则国际研讨会（深圳·1992）》，中国财政经济出版社，1992，第 88、91 页。

2 同上书，第 28 页。

3 中国会计学会会计原则与会计基本理论研究组成立于 1988 年 9 月 6 日，随着认识的不断深化，1989 年的大部分时期叫"会计理论与会计准则研究组"，1990 年起又有文件称其为"会计基本理论与会计准则研究组"。

图 3-2 中国会计学会会计原则专题理论讨论会合影

注：参加会议的有娄尔行、葛家澍、阎达五、徐治怀、陶桂榕、杨树滋、钟兆修、丁平准、苏锡嘉、周明德、张为国、包启敏、曹冈、陈信元、陈亚民、陈颖源、陈元燮、陈毓圭、方之龙、郭守贵、韩传模、韩淑芳、金铭麇、李成章、林燕、卢恩健、王迪平、王棣华、王平、王允孚、万寿义、魏明海、吴艳鹏、咸一琳、项有志、张俊瑞、张超、赵明奎、周为熙、周晓苏等共48人。

中国人民大学会计系周明德根据会议精神编纂了《会计准则问题专集》一书（见图3-3）。该书收集了这次会议中的主要文件、重要论文、入选论文摘编、国外有关会计原则研究资料等，具有较高的史料价值和理论价值。[1]

图 3-3 《会计准则问题专集》封面

（一）会议概况

会议就会计准则与会计制度的关系、会计准则的内部结构、研究会计准则的思路及发布机构等问题进行了讨论，就制定会计准则事宜达成了共识：中国必须制定会计准则，而且应具有中国特色；中国首先应当制定企业财务会计准则，以后逐步推广到事业和其他单位；肯定

---

1 中国会计学会会计理论与会计准则研究组编《会计准则问题专集》，中国财政经济出版社，1991。

会计准则是同会计原则含义基本相同的概念，建议不必在"原则"和"准则"两个概念上进行过多的争论，并建议采用"会计准则"的名称（国际上目前流行的概念）来规范我国未来的会计核算与会计报表。相应地，该研究组（会计原则与会计基本理论研究组）也改名为"会计基本理论与会计准则研究组"。研究与制定会计准则，被认为是改变国家经济管理职能的需要、使企业所有制形式和经营方向多元化的需要、发展商品经济的需要、对外开放的需要、会计理论建设的需要。[1]

关于我国建立会计准则的必要性，会议归纳了如下几个方面：（1）制定会计准则是加强宏观控制、国家经济管理职能从直接管理为主变为间接管理的需要。（2）制定会计准则是深化改革，建立社会主义商品经济新秩序的需要。（3）制定会计准则是实行对外开放、扩大国际交往的需要。国内会计制度与国际会计惯例的种种矛盾，只有通过制定一套既符合我国国情，又兼顾国际惯例的会计准则才能得到妥善的解决。（4）制定会计准则是适应企业经营形式和经营机制变化的需要。高度统一的会计制度难以完全满足企业内部经营管理的特殊需要，从而使会计参与经济管理的作用受到限制。以适用面较广的会计准则来规范企业的会计工作有助于摆脱这一困境。（5）制定会计准则是加强会计理论建设、深化会计教育改革的需要。重视会计准则的研究和制定有助于改变会计理论研究过于空泛的弊端，同时也将有助于我国会计教育脱离"制度加说明"的老路，使会计教学内容保持较大的稳定性。这无疑会成为提高我国会计教育水平的强大动力。

关于会计准则和会计制度的关系，主要有两种意见。一种意见认为，将来会是会计准则和会计制度并存。如果两者都作为会计法规，则是指导和被

---

1 杨纪琬：《关于会计准则的若干问题——在"会计原则专题理论讨论会"上的讲话》，《会计研究》1989 年第 2 期；娄尔行、张为国：《研究我国会计理论和会计准则促进会计实践》，《会计研究》1989 年第 2 期；葛家澍：《中国会计学会成立以来的我国会计理论研究》，《会计研究》2000 年第 4 期。

指导的关系。[1]如果仅仅将会计制度列为由政府管理部门制定的具有强制性的会计法规，那么，会计准则就只是会计团体负责论证的没有强制力的理论研究成果，其作用主要是为制定会计制度提供理论依据。另一种意见认为，会计准则应该在条件成熟时取代现行会计制度。要有一个权威的准则制定机构，仅仅靠会计团体是难以完成这一任务的。根据会计理论与会计准则研究组的性质和任务，它只能就会计准则问题提出建议和意见，要真正使会计准则在实际的会计工作中发挥作用，需由政府有关部门批准发布。这种意见实际上是要把会计法规从会计制度改成会计准则。

与会者认为，在研究和制定会计准则的过程中，应该从中国国情出发。一方面，要学习和借鉴世界上一些发达资本主义国家和国际会计组织在会计准则方面的已有成果，吸取其中能够为我所用的部分；另一方面，又不应该简单照搬照抄，应从我国国情出发，具有中国特色。

 专栏 3-4

会计原则专题理论讨论会概要

上海财经大学会计学系为这次会议精心准备了内容丰富的会议资料。

会议资料由九个部分组成，分别是：1.中国会计学会会计原则与会计基本理论研究组宗旨、任务、组织和工作程序（草案）；2.中国会计学会会计原则与会计基本理论研究组形成会计原则说明和研究报告的程序及成文格式（草案）；3.中国会计学会会计原则与会计基本理论研究组选题方案（草案）；4."会计原则专题理论讨论会"应征论文摘编；5.近年来我国会计原则研究综述；6.近年来我国会计原则研究文献索引；7.国外若干会计原则制定组织及其制定程序；8.国外会计原则及会计基本

---

1 会计准则主要从原则上规定如何确认、计量和编报经济活动对某一会计实体财务状况和经营成果的影响，而（统一的、不分行业的）会计制度则是各行业、企业或经济单位根据会计准则的要求所制定的方法上和程序上的具体办法。

理论文选；9. 国外部分机构已颁布的会计原则（或准则）。

该研究组提出，"我国有组织的会计原则研究工作尚在草创阶段。相比之下，部分国家在会计原则的研究与设定方面已有数十年的历史。国际会计准则委员会成立十多年来已经颁布了一系列会计准则。国际会计师联合会已颁发了国际审计指南。它们的经验与教训，值得我们借鉴。为此，本小组将扩大研究的时间与空间跨度，从事与中国会计学会国际会计、会计史等研究小组相互交叉渗透的研究工作"。

会议资料中所列的两个优先研究课题分别是会计目的和会计要素。

会议讨论确定的选题方案包括五类：一是基本理论，包括以下选题：1. 会计理论体系；2. 会计本质；3. 会计目标；4. 会计假设及其与会计目标的关系；5. 会计对象；6. 会计的职能；7. 会计的任务与作用；8. 会计的属性；9. 记账方法的演进——单式、复式、三式记账法；10. 会计要素（如资产、负债、净权益、营业收入、费用和成本、利润）的定义；11. 会计计量属性及其选择。

二是基本会计准则，包括以下选题：1. 会计信息的质量要求；2. 真实性；3. 相关性；4. 可靠性；5. 可比性；6. 重要性；7. 原始成本计价；8. 权责发生制；9. 收付实现制；10. 划清形成资产的支出和从当期收入中扣抵的支出；11. 收入与费用配比。

三是会计要素的确认、计量和报告准则，包括以下选题：1. 会计要素的确认；2. 会计要素的计量；3. 会计要素的报告；4. 资产负债表；5. 利润表；6. 现金流量表或财务状况变动表；7. 增值表；8. 合并会计报表；9. 汇总会计报表；10. 分部会计报表；11. 财务状况说明书；12. 重要会计方法的说明。

四是具体业务会计准则，包括以下选题：1. 固定资产及其折旧；2. 固定资产租赁；3. 长期合同；4. 借款利息的资产化；5. 房产经营；6. 土地；

7. 无形资产；8. 长期投资；9. 存货；10. 应收账款及坏账；11. 应收票据；12. 分期收款销货；13. 或有资产；14. 流动负债；15. 或有负债；16. 长期负债（包括应付债券）；17. 净权益；18. 营业外收入；19. 营业外支出；20. 意外事项；21. 前期损益调整；22. 退休金及社会保证金；23. 企业承包；24. 企业租赁；25. 企业兼并；26. 企业联营和企业集团；27. 合伙经营；28. 股份有限公司业主权益；29. 有限责任公司业主权益；30. 外币业务；31. 物价变动；32. 破产清算。

五是其他类，包括以下选题：1. 我国研究与制定会计准则的组织与工作程序；2. 美国研究与制定会计准则的经验；3. 英国研究与制定会计准则的经验；4. 日本研究与制定会计准则的经验；5. 法国、德意志联邦共和国研究与制定会计准则的经验；6. 第三世界国家研究与制定会计准则的经验；7. 苏联东欧各国研究与制定会计制度的经验；8. 香港、台湾地区研究与制定会计准则的经验；9. 国际会计组织研究与制定会计准则的经验。

这次会议的特点是，理论界、实务界、立法机关都有参与。会议共收到来自卷烟厂、医院、轮船公司、汽车配件厂、财政局、审计局、化肥厂、中专大专院校、中学的会计专业人士的应征论文90余篇。厦门大学经济学院苏锡嘉、上海财经大学会计学系陈信元撰写了《近年来我国会计原则综述》。苏锡嘉和上海财经大学会计学系汪学习撰写了《国外若干会计原则制定组织及其制定程序》。

会议组织者还精选摘译了20篇国外文献，主要是美国的资料，也有英国、加拿大、日本、澳大利亚等国著名会计学者和会计原则研究制定机构，以及国际会计准则委员会和联合国经济与社会理事会所属跨国公司委员会的资料。参加摘译工作的为上海财经大学会计学系的教师或研究生张为国、陈国辉、陈岩、贺焕华、赵余富、汪学习、张祖康、赵又村、冷清桂、方荣岳、王成林、吴艳鹏等12位同志。

资料来源：会议资料，张为国教授提供；《会计准则问题专集》，周明德先生提供。

（二）立法机关的正确立法理念

 专栏 3-5

谢明会长号召为建立具有中国特色的会计原则体系而努力

一方面，为使我国会计与世界各国会计有更多的"共同语言"，便于比较、分析、交流，从而为改善投资环境做出努力，在研究制定会计原则时，应该尽可能地吸收商品经济共同规律所决定的、国际通用的一些基本原则。但是，另一方面，世界各国也大多是根据本国政治、经济的不同特点而制定了自己的会计原则。即使是对于经过协调而产生的国际会计标准，各国也仍然存在不同的理解和解释。在制定会计原则时，首先要总结我国自己的会计工作，特别是会计制度管理方面的经验，同时借鉴国际上的通用作法，使中国的会计原则成为"以提高经济效益为中心的、具有中国特色的会计理论、方法体系"的重要组成部分。

资料来源：《谢明会长致"会计原则专题理论讨论会"的信》，《会计研究》1989年第2期。

有学术界代表提出了"财务会计"同"税务会计"脱钩的提法。中国会计学会秘书长张德明同志的立场与之不同。他提出："会计准则规定的内容，要受其他有关法律和法规的制约，如投资法规、企业法规、税务法规。美国（证券市场上的）会计准则就受到美国证监会、财政部和联邦税务局有关法规甚至纽约证券交易所规章的很大影响，而且美国证监会对会计准则的规定有否决权。日本的企业会计原则尽管由大藏省企业会计原则审议会发布，但也受日本商法、商法特例法、证券交易法、税法的很大制约。在我国，由于生产资料公有制以及实行计划经济，在这方面就更为突出。有关会计方面的一些制度，要受到财政、财务、税务的制约，长期以来实行的就是财、会、税一致的原则。在制定会计准则时，不能不考虑这些历史的、客观的具体情况，就是说，一些会计方法的改革，要考虑当期财政的承受能力，同时还要考虑其他经济法规，如企业法、破产法、债券管理条例、承包条例等，对制定会计准则也具有较大的制约。因此，会计准则的有关要求应当尽可能与这些法律和法规的规定相适应。但是，会计准则要有相对的独立性，不是其他法律、法规的细则，因此要符合会计的一般特性和习惯，如果有些法律和法规的个别规定从会计的观点来说是不合理的，就不能完全受这些规定的限制，而应当提出会计上的要求。"[1]

张德明同志关于会计规则与法律的关系的认识符合实际情况，理念先进，值得会计立法机关珍视。但他没有意识到的是，作为下位法的会计规则，其恰当定位就应当是上位法的实施细则。秉持"实施细则"的理念去设计会计规则，更有利于提高会计立法的质量。

（三）会议的衍生成果：张为国的博士学位论文《会计目的与会计改革》

会计原则专题理论讨论会会议资料中所列的两个优先研究课题之一"会计目的"，同时也是娄尔行先生为张为国的博士学位论文指定的选题。张为国在一篇回忆文章中提及，他在 1985 年完成的硕士学位论文题目是《租赁核算与决策》，硕士毕业后又考上娄尔行先生和石成岳老师的博士生。他原先准备的博士学位论文偏西方会计理论发展史，但娄尔行先生主张博士学位论文一定要将会计理论研究与我国改革开放的形势紧密联系起来，学以致用。最后定的题目是《会计目的与会计改革》，思路是我国的改革开放会对会计目的产

---

1 张德明：《对拟定我国会计准则问题的一些认识》，《会计研究》1989 年第 2 期。该文还被收录于中国会计学会会计理论与会计准则研究组编《会计准则问题专集》（中国财政经济出版社，1991，第 78—84 页）。

生什么影响，而会计目的的变化又会对会计改革产生什么影响。[1]

1989年12月，张为国的博士学位论文《会计目的与会计改革》通过答辩。这篇博士学位论文以会计目的为出发点，提出会计工作的中心内容是提供信息，而编制各种会计报表是会计提供信息的重要手段，从而将会计目的具体化为会计报告的目的，即向会计报告的使用者提供决策、控制所需的信息。该论文提出，会计目的具有四方面内容，即向谁提供信息、为何提供信息、提供什么信息以及以什么形式提供信息。论文主张以"负债"和"净权益"取代"资金来源"的提法。认为"资金分账"于理不合，"专款专用"应予废止，建议以"资产＝负债＋净权益"取代"资金运用＝资金来源"的平衡公式，建议增设反映企业财务状况变动的报表，以增值表替代生产费用表。[2]该博士学位论文的同名著作于1991年出版。[3]

八、会计准则草案提纲的形成

1989年3月8日，财政部会计司会计准则课题组公布《关于拟定我国会计准则的初步设想（讨论稿）》和《关于拟定我国会计准则需要研究讨论的几个主要问题（征求意见稿）》。3月下旬至6月初，"以此为基础，课题组赴福建、广东、海南、上海、浙江、江西、辽宁、天津、北京等省市及部分经济特区进行调查研究和座谈讨论，征求财会专家、教授和广大实务工作者的意见"[4]。10月30日，国家自然科学基金会批准资助会计准则课题组研究课题《中国会计核算规范体系研究》。11月，国家科委软科学基金批准资助会计准则课题组的课题《中国会计准则问题研究》。当月，会计准则课题组在广泛调查研

---

1 张为国：《我国会计泰斗杨纪琬先生对我会计专业生涯的深远影响》，《会计研究》2017年第10期。

2 陈信元：《张为国博士论文〈会计目的与会计改革〉通过答辩》，《财务与会计》1990年第6期。

3 张为国：《会计目的与会计改革》，中国财政经济出版社，1991。

4 陈毓圭：《会计核算制度改革的重要步骤——〈企业会计准则第1号——基本准则（草案）〉介绍》，《财会通讯》1992年第1期。

究的基础上，正式着手启动会计准则的草拟工作。

 专栏 3-6

财政部会计司会计准则课题组的初步设想

《关于拟定我国会计准则的初步设想（讨论稿）》主要有如下内容：（1）制定会计准则的必要性；（2）制定会计准则的指导思想；（3）会计准则的结构和内容；（4）组织领导；（5）工作程序和工作方法；（6）时间和步骤。其中的部分内容，也反映了当时人们对会计准则认识的不成熟性，或者说，会计界知识存量不足的现状。

《关于拟定我国会计准则需要研究讨论的几个主要问题（征求意见稿）》是关于会计准则研究的调查提纲，涉及与制定会计准则有关的一些主要问题，包括：（1）关于名称问题；（2）关于适用范围问题；（3）关于会计准则应分为几个层次的问题；（4）关于财务会计与财务税收制度的关系问题；（5）关于财务会计与管理会计的问题；（6）关于会计准则与综合性会计法规的关系；（7）关于与外国会计准则差异的问题；（8）关于会计电算化问题；（9）关于特殊情况下的会计问题；（10）关于示范会计制度的制定权限和粗细程度问题；（11）关于内容与结构中的几个主要问题；（12）关于由谁发布的问题；（13）关于步骤和时间的问题。从这份调查提纲可以看出，当时对所要制定的会计准则，除了一个模糊的概念外，几乎所有的问题都需要解决，甚至连名称究竟该如何确定，也是一个需要讨论的问题。由此也足以说明：我国会计准则制定之初，理论研究是很不充分的。

资料来源：葛家澍、刘峰：《会计理论——关于财务会计概念结构的研究》，中国财政经济出版社，2003，第268—269页。

1990年4月，财政部会计司会计准则课题组形成了《中华人民共和国会计准则（草案）提纲》。7—8月，会计准则课题组成员赴天津、上海、厦门进行调查、征求意见。

9月9—21日，应英国特许公认会计师公会（ACCA）的邀请，财政部会计司第一次独立组团出国考察。张汉兴、蒋岗、裔保生、沈小南、鞠新华等一行五人（与一位专职翻译一起）奔赴英国，对英国的会计准则和会计管理工作进行了为期10天的考察。考察团团长张汉兴称，他对英国企业财务会计与税务会计分离的现象印象深刻，他的理解是：在英国，"税法的规定对企业的财务会计政策无直接影响，不一致处通过纳税调整解决，因时间性差异产生的税款差额，在会计上递延处理"。该考察团在12月份写出了考察报告《关于赴英国考察会计准则情况的报告》，其中郑重地提出了"财务会计与税务会计分离"的想法。报告提出，"关于会计与财务、税务的关系，特别是会计与财务的关系，在我国长期表现为一种依存关系。许多与会计有关的财务问题，财务制度不明确，会计就无法进行会计处理，使企业会计工作的正常进行受到影响。这个问题，英国采用调整方法的经验，可以借鉴"。这份报告由张汉兴定稿后送魏克发司长阅，并很快向全司同志传达汇报。[1] 这很可能是财政部会计司日后采纳"分离论"、引入所得税会计规则的主要动因。

1990年11月1日，会计司形成了第二稿《中华人民共和国会计准则（草案）提纲（讨论稿）》，并在当月19—22日召开的全国会计工作会议暨全国先进财会集体和先进会计工作者表彰大会上进行了讨论。会议还讨论了《会计改革纲要（讨论稿）》。著名会计学家娄尔行先生指出，值得注意的是，《中华人民共和国会计准则（草案）提纲（讨论稿）》"首次正式采用会计要素这一用词，并且在称为应用准则的部分，按各种要素分章逐条提出关于准则的设想"，"这是我国会计法制和会计理论建设的重大突破"。该讨论稿将资产负债

---

1 张汉兴：《会计风暴——我的亲历与见证》，立信会计出版社，2008，第163—182页。

表上的会计要素区分为资产（包括流动资产、固定资产、长期投资、无形资产和专项资产等，没有给出定义）、负债（定义为企业所负的各种债务）、投资者权益、收入（定义为企业经营业务所发生的收入）、费用和成本、利润和利润分配等共计六个会计要素。[1]

部分会计改革领军人物的合影如图 3-4 所示。

前排左起：黄菊波（左一）、金莲淑（左二）、莫启欧（左三）、阎达五（左四）、杨纪琬（左五）。

前排右起：葛家澍（右一）、娄尔行（右二）、余秉坚（右三）、张德明（右四）、张佑才（右五）。

中排左起：肖书胜（左一）、应唯（左三）、陈琦（左四）、沈小南（左五）、汪建熙（左六）。

中排右起：刘玉廷（右一）、朱海林（右二）、陈信元（右三）、陈毓圭（右四）、冯淑萍（右五）、蒋岗（右六）。

后排：孙艳萍（左三）、马靖昊（左四）、郜进兴（左五）、舒惠好（左六）、张象至（左七）。

图 3-4　部分会计改革领军人物的合影

资料来源：照片由《新理财》杂志社社长兼总编辑马靖昊先生提供。

---

1 娄尔行：《关于会计要素的若干思考——读〈中华人民共和国会计准则（草案）提纲（讨论稿）〉》，《上海会计》1991 年第 6 期。

第二节 财政部 1991 年发布《会计改革纲要（试行）》

一、财政部发布《会计改革纲要（试行）》

世界银行自 1991 年 3 月起与财政部会计司接洽，表示希望把制定中国会计准则作为它的技术援助项目。

1991 年 6 月 23 日，国务院办公厅转发财政部《关于进一步实施〈会计法〉、加强会计工作的请示的通知》提出，"要适应以社会主义公有制为主体、多种经济成分并存和企业经济管理形式多样化的要求，制定并有计划、有步骤地实施具有我国特色的统一会计准则"。

7 月 29 日，财政部发布《会计改革纲要（试行）》，提出了"制定统一的会计准则""拟定基本的、统一的会计报表"的目标。这个文件是在深入研究我国国情、总结我国历次改革的历史经验的基础上提出的，它初步明确了我国会计改革的指导思想、目标、主要内容以及改革过程中需要掌握的政策等一系列重大问题。

 专栏 3-7

《会计改革纲要（试行）》关于会计核算制度的建设规划

制定统一的会计准则。会计核算制度改革的目标是，以《会计法》为依据，按照有计划商品经济对会计核算的要求以及宏观经济管理的需要，制定全国统一的会计准则。全国统一的会计准则是制定会计核算制度和组织会计核算的具有法规约束力的基本规范。全国统一会计准则的实施，应当由财政部，或由财政部会同国务院有关业务主管部门依据会计准则拟定不同行业的示范会计核算制度。各单位在执行统一会计准则的前提下，可以根据本单位经营方式和特点以及强化内部管理的需要，按照示范会计核算制度的要求，设计本单位适用的会计核算办法。

拟定基本的、统一的会计报表。财政部应当根据宏观管理的基本需要和建立会计信息中心的要求，本着统一、必需和精简的原则，拟定分行业的格式统一、指标科学、口径一致、内容基本稳定的会计报表。各单位应当按规定格式和内容向有关部门报送会计报表。

二、国际会计理论研讨会的召开

1991年10月8—12日，经国家教委批准，在财政部的大力支持下，由中国人民大学会计系发起的"国际会计理论研讨会"在北京举行。财政部张佑才副部长、中国会计学会杨纪琬常务副会长亲临大会祝贺并讲话，财政部会计事务管理司张汉兴副司长参加会议。会议正式代表60人，其中有来自英国、美国、加拿大、日本等国家和地区的代表15人。

财政部副部长张佑才在开幕式上讲话指出，"我国将加快制定会计准则的步伐。近年来，我们已经为此做了许多工作，初步提出了既具中国特色又充分考虑到国际惯例的中国会计准则的基本框架；并计划在明年内制定出基本会计准则和一部分与一般企业会计实务有密切联系的应用会计准则，在未来四年内基本形成《中华人民共和国企业会计准则》系列"[1]。

杨纪琬先生在开幕式上的讲话指出，"国际会计准则委员会虽然已经颁布了31个国际会计准则，但其中不少准则仍然是几种方法并存，这不利于会计信息的可比性和国际化。据了解，国际会计准则委员会已经同国际证券交易委员会[引者注：即国际证监会组织 IOSCO]联合起来，致力于减少国际会计准则中规定的备选方法，为进一步提高财务报表的透明度和可比性而努力"，"中国人民大学发起组织的国际会计理论研讨会，集五十多位中外会计专家于

---

1 张佑才：《加强国际交流，促进会计科学的发展》，《会计研究》1991年第6期。

一堂，讨论共同关心的会计问题，这是一次有深远意义的盛会"。[1]

与会者发现，"尽管随着改革开放的进行，中国会计界对世界会计发展的主流有了一定的认识，外国会计学家对中国会计的发展状况也有所了解，但是由于彼此之间了解不深不透，中外双方在一些最基本的理论问题上无法达成共识，某些问题的讨论也有点'各唱各的调，各走各的道'，以至于'隔靴搔痒'，不能解决实际问题。对中国会计界来说，让中国更多地了解世界会计，让世界更多地了解中国会计，仍然是面临的长期任务。就这一点而言，这次北京国际会计理论研讨会无疑也是一次有益的尝试。"[2]

三、《企业会计准则第 1 号——基本准则（草案）》的形成

经过近 3 年的艰苦努力，在各方面专家学者和有关部门的支持、配合下，财政部于 1991 年 11 月 26 日以 "财政部（91）财会字第 84 号" 文发布《企业会计准则第 1 号——基本准则（草案）》，发各省、自治区、直辖市、计划单列市以及国务院有关部门征求意见。该草案 "借鉴了西方国家会计准则的精华，形成了一般原则 12 条。它们分别是：（1）合法性——会计核算必须遵守国家的有关法律、规章、制度；（2）真实性——会计核算必须如实反映企业的财务状况和经营成果；（3）可比性——行业、部门间会计处理方法做到口径一致、相互可比；（4）有用性——会计信息必须满足宏观调控的需要，满足有关财务关系各方了解企业财务状况和经营成果的需要，满足企业加强内部经营管理的需要；（5）一贯性——企业采用的会计处理方法，前后各期应当一致，不得随意变动；（6）及时性——会计核算必须在经济业务发生的当期及时进行；（7）明晰性——会计记录和会计报表必须清晰，便于理解、检查和利用；（8）配比原则——企业的营业收入与其成本、费用应相互配合；

---

1 杨纪琬：《重视会计国际化研究》，《会计研究》1991 年第 6 期。

2 谢德平、黄振标：《国际会计理论研讨会综述》，《会计研究》1991 年第 6 期。

（9）权责发生制——企业应以权责发生制作为记账基础；（10）历史成本——企业的各种财产物资，应按取得或购建时实际发生的成本核算；（11）划分收益性支出与投资（资本）性支出——凡是支出的效益及于当期的，属于收益性支出，从当期收入中补偿，凡是支出的效益及于几个会计期间的，属于投资（资产）性支出，形成固定资产价值；（12）全面性——会计核算应全面反映企业的财务状况和经营成果"。

值得注意的是，《企业会计准则第1号——基本准则（草案）》规定了"合法性原则"，没有采纳学术界从美国证券市场上的公认会计原则翻译过来的"谨慎性原则"。该文件起草人员指出："一般原则中是否应该包括稳健性准则，向来是有争议的。我们在起草各次内部征求意见稿和这个草案的过程中，也同样经过了一些反复。这次草案最后没有列入稳健性原则。主要考虑是，稳健性原则含义过宽，即使在西方国家对其界定也不是很严密，笼统地提倡稳健性原则不是很合适。当然，随着改革开放和引入市场机制，企业在经营活动中将越来越多地遇到经营风险和潜在损失，对此，会计准则不能不予以正视。对于这类问题，将采取分别情况具体规定的办法来处理。"[1]这种立场符合"记账行为必须具备原始凭证"的会计原理，因而值得肯定。[2]

 专栏 3-8 ————

> 《企业会计准则第 1 号——基本准则（草案）》
>
> （财政部（91）财会字第 84 号）
>
> （说明：以下条文标有【　】的注释为笔者所加。★表示值得肯定，●表示有争议。）

---

1 陈毓圭：《会计核算制度改革的重要步骤——〈企业会计准则第 1 号——基本准则（草案）〉介绍》，《财会通讯》1992 年第 1 期。

2 但 1992 年 11 月 30 日发布的企业会计准则却取消了"合法性原则"，引入了"谨慎性原则"。

第一章　总则

一、为适应我国社会主义有计划商品经济管理的需要，加强经济核算，提高会计核算质量，保证会计信息真实可靠，根据《中华人民共和国会计法》和其他法律、行政法规的有关规定，制定本准则。

二、本准则适用于设在中华人民共和国境内的所有企业和实行企业管理的单位。

设在中华人民共和国境外的中国企业（以下简称境外企业），当地对会计有要求的，应当执行所在国家和地区的有关规定，但应当按照本准则向国内编报会计报告；当地对会计没有要求的，应当执行本准则。

三、全国分行业的会计核算制度和各部门、各地区的补充规定，以及各企业的会计核算办法，应当按照本准则制定。

四、凡实行独立核算的企业为会计主体，对本企业发生的各项财务收支及其他经济业务进行会计核算。

五、会计核算以企业既定的经营方针、目标和持续、正常的生产经营活动为前提。

六、会计核算应当划分会计期间，分期结算账目和编制会计报表。会计期间分为年度、季度和月份。从公历一月一日起至十二月三十一日止为一个会计年度。

七、会计核算以人民币为记账本位币。有外币收支业务的企业，也可以采用某种外币作为记账本位币，但向中国有关方面编送的会计报表，必须折算为人民币反映。境外企业向国内编送的会计报表，应当折算为人民币反映或者按有关部门规定的某种外币反映。

八、会计记账采用借贷复式记账法。

九、会计事项的书写应当使用中国文字，也可以同时使用某种外国文字。

十、企业的会计核算，应当建立必要的岗位责任、内部牵制、财产清查等内部管理制度，并定期检查执行情况。

十一、企业在会计核算中应当及时记录、反映生产、经营和财务活动，分析和考核企业各项计划、目标的执行情况，促进改善经营管理，厉行增产节约，提高经济效益。

第二章　一般原则

一、【★合法性原则】企业进行会计核算，必须遵守国家有关法律、法规的规定。

二、【★真实性原则】会计记录必须以实际发生的经济业务及证明经济业务发生的合法凭证为依据，如实反映财务状况和经营成果，做到内容真实、数字准确、项目完整、手续齐备、资料可靠。

三、会计核算必须符合国家的统一规定，做到口径一致、相互可比。

四、【★会计目标】会计信息必须满足宏观经济管理的需要，满足有关各方了解企业财务状况和经营成果的需要，满足企业加强内部经营管理的需要。

五、会计处理方法前后各期应当一致，不得随意变动。如有必要变动，应当将变动情况和原因、变动后对企业财务状况和经营成果的影响，在会计报告中说明。凡国家规定须事前报经批准的，应当于报经批准后方可变动。

六、会计事项的处理必须于当期内及时进行，不得延至后期或提前到前期。

七、会计记录必须清晰，并便于理解、检查和利用。

八、营业收入与其成本、费用应当相互配合，一个会计期间内的各项营业收入与其相关联的成本、费用，应当在同一会计期内入账。

九、应采用权责发生制作为记账基础，凡是当期已经实现的收入和已经发生或应当负担的费用，不论款项是否收付，都应作为当期的收入和费用处理；凡是不属于当期的收入和费用，即使款项已在当期收付，都不应作为当期的收入和费用。

十、【★历史成本原则】各项财产物资应当按照取得或购建时发生的实际成本核算。市价变动时，除国家另有规定者外，一律不得调整其账面价值。

十一、会计核算应当划分收益性支出与投资（资本）性支出。凡支出的效益仅及于当期的，应作为收益性支出，从当期实现的收入中补偿；凡支出的效益及于几个会计期间的，应作为投资（资本）性支出，形成固定资产价值。

十二、会计核算应当全面反映企业的财务状况和经营成果。对于影响决策的重要经济业务，应当分别核算，分项反映，并在会计报告中重点说明。资产负债表（资金平衡表）日以后发生的对企业的财务状况和经营成果有重大影响的会计事项，应当在会计报告中作必要的说明。

第三章 资产

一、【★资产的法律定义】资产是企业所拥有或控制、能以货币计量，并能为企业提供经济效益的经济资源。包括各种财产、债权和权利。

二、资产应按流动性质作适当分类，一般分为流动资产、长期投资、固定资产、在建工程支出、无形资产、递延费用和其他资产。特殊行业需改变分类方法的，可改按其他标准分类。

三、流动资产是可以在一年内或长于一年的一个营业周期内变现或耗用的资产，一般包括现金及银行存款、短期投资、应收及预付款项、存货等。以一个营业周期作为划分标准的，应在会计报告中予以说明。

1.现金及银行存款包括：库存现金、各种银行存款等。现金及银行存款按实际收入和实际支出数记账。

现金的账面余额必须与库存数相符；银行存款的账面余额应当与银行对账单定期核对，并按月编制调节表调节相符。

2.短期投资是指各种能随时变现或转卖的有价证券以及不超过一年的其他投资。

有价证券应按取得时的实际成本（包括买价和手续费）记账，转让、售出时收回的净收入（卖价减手续费）与账面成本的差额，列入当期损益。

【★附注披露短期投资的市价下跌】有价证券应按账面余额在会计报表中列示。市价明显低于成本时，应在会计报表中附注说明。

3.应收及预付款项包括：应收票据、应收账款、应收内部单位款、其他应收款、预付货款和预付及待摊费用等。

应收及预付款项应按实际发生额记账。营业与非营业性的应收及预付款项应分开核算。

【●坏账准备】应收票据和应收账款可按国家规定报经批准计提坏账准备。坏账准备在会计报表中作为有关应收款项的减项列示。预付及待摊费用应按受益期分摊，未摊销余额在会计报表中应单独列示。

各种应收及预付款项应及时清算、催收，定期与对方对账核实。对确实无法收回的应收款项，按照国家规定报经批准后，可转作坏账损失；已提坏账准备的，应冲销坏账准备。坏账准备的年末余额应按有关应收款项的年末余额和批准的提取比例进行调整。

4.存货是企业在生产经营过程中为销售或耗用而储备的资产，包括商品、产成品、在产品（如生产企业的在产品、半成品及中间产品；建筑施工企业的未完工程等）、原料、主要材料、燃料、辅助材料、物料用品、包装物、低值易耗品等。

各种存货应按购入或制造时的实际成本记账。

各种存货发出时，其实际成本的计算方法可在先进先出法、加权平均法、移动平均法、后进先出法、分批实际法、个别计价法等方法中，由企业根据实际情况选择使用。采用后进先出法计价时，除国家另有规定者外，应按国家规定报经批准。存货的计价方法一经确定，不得任意变更。如有变更，应在报告中说明变更理由及其对财务状况和经营成果的影响。

各种存货应定期进行清查盘点。至少每年清查盘点一次。对于发生的盘盈、盘亏、毁损变质，过时失效需要报废清理的，应按规定在年度内及时处理。年末尚未处理的部分，应在会计报表中单列项目予以反映，并在附注中说明其可能发生的损益。

【★附注披露存货的市价下跌】各种存货在会计报表中应以实际成本列示其价值。市价低于成本的差额，为数较大时，应在会计报表附注中说明。

四、长期投资是不能在一年内变现的投资，包括股权投资和债券投资。

【●权益法】股权投资包括向附属企业、其他企业的投资。股权投资应根据实际发生的支出数，区别不同情况，分别采用成本法或权益法核算，在会计报表中作不同反映，并附注说明其所采用的核算方法。

债券投资包括认购的国库券、各种公债、企业债券等，应按实际支出数记账。到期或出售时收回的本息与实际支出数的差额，除国家另有规定外，应作为投资损益处理。

股权投资和债券投资应按投资对象和债券种类，以账面余额在会计报表中分别列示。

一年内可以到期兑现的债券投资，应在会计报表中附注说明。

五、固定资产是指使用年限较长、单位价值较高并在使用过程中保持原来物质形态的资产，包括房屋及建筑物、运输设备、机器设备、工具器具等。企业必须根据国家规定的固定资产标准、类别，编制本企业的固定资产目录，作为核算的依据。

固定资产，除国家另有规定，应按取得或购建时的实际成本记账。为购建固定资产的借款所发生的利息支出和有关费用，在固定资产尚未交付使用之前，应当计入固定资产成本。

接受赠予的固定资产可按市场价格和新旧程度估价入账。

固定资产应按国家规定计提折旧。固定资产折旧应根据固定资产原值、预计残值、预计使用年限或预计工作量，采用平均年限法或工作量法计算。经财政部批准，也可采用其他折旧方法或缩短折旧年限。

企业的固定资产，在国家规定重估价时，或在出现企业兼并、联营、合营、租赁、承包、拍卖、清算等情况下，应当进行重新估价。固定资产重估价值与账面净值的差额，应作为产权的调整项目列示，不得列入损益。

固定资产应定期进行清查盘点，发生的盘盈、盘亏，应及时查明原因，认真处理；不能继续使用、需要报废清理的固定资产，应按规定程序进行处理。固定资产盘盈盘亏、报废清理和变卖处理所发生的损益，除国家另有规定者外，应计入当期损益。

固定资产的原值、累计折旧和净值应在会计报表中分别列示。融资租入的固定资产应比照自有固定资产核算，单独反映。经营租入的固定资产应进行备查登记并在会计报表中附注说明。

六、在建工程支出是为购建固定资产或对固定资产进行更新改造而发生、尚未转作固定资产的支出，包括工程用设备材料等专用物资、预付工程价款、未完工程支出等。在建工程、支出应按实际支出数记账，并在会计报表中单独列示。

七、【●商誉】无形资产是企业长期使用而没有实物形态的资产，包括工业产权（专利权、商标权等）、专有技术、著作权、场地使用权、商誉等。

购入和投资取得无形资产，应按实际成本记账。自行开发的无形资产，如专利权等，应按开发过程中自试验成功开始直到取得专利权之日止实际发生的全部支出数记账。商誉除企业合并和接受投资等情况外，不得作价入账。

各种无形资产应按国家规定在受益期内分期摊销。无形资产应以未摊销余额在会计报表中列示。

八、递延费用是指不能直接计列当年损益、应在以后年度内分期摊销的各项费用，如开办费、租入固定资产的改良及大修理支出等。

企业在筹办期间发生的费用，除应计入有关财产物资价值者外，应作为企业的开办费入账。

【●递延费用】各项递延费用，应按实际支出数记账。开办费应在企业开始生产经营以后分年摊销。租入固定资产大修理支出应按受益年限分年摊销。租入固定资产改良支出，除能单独计算列作固定资产价值外，凡与大修理支出不易分清的，应与大修理支出合并为租入固定资产改良及大修理支出，分年摊销，尚未摊销的递延费用应在会计报表中单独列示。

九、其他资产包括特准储备物资、冻结物资和冻结存款等。

其他资产应在会计报表中分项列示。

第四章 负债

一、负债是企业所承担、能以货币计量、并将以资产或劳务偿付的经济义务。

二、负债应按流动性质作适当分类，一般分为流动负债和长期负债。特殊行业需改变分类方法的，可改按其他标准分类。

流动负债是指将在一年内或长于一年的一个营业周期内偿还的债务。以一个营业周期作为划分标准的，应在会计报告中予以说明。

流动负债包括短期借款、应付及预收款项等。按国家规定提取的职工福利基金、职工奖励基金等应视同流动负债。

长期负债是指偿还期在一年以上或长于一个营业周期的债务，包括长期借款、应付债券等。长期应付款项，如应付引进设备款、融资租入固定资产应付款等，应视同长期负债。

将于一年内到期支付的长期负债，应在会计报表附注中说明。

三、各种负债应按实际发生数额记账。负债已经发生而数额需要预计确定的，应根据有关凭证合理估计，待真实数额确定后，及时调整。

债券发行时，如实收价款与面值不同，其差额应作为应付债券的溢价、折价处理。

四、负债与资产在会计报表中应分别列示，不得相互抵销。如按惯例应予抵销的，应以抵销后的净额列示。

五、各项流动负债在会计报表中应按短期借款、应付票据、应付账款、预收货款、应付内部单位款、应交税金、应交利润、应付股利、其他应付款、预提费用、职工福利基金、职工奖励基金、劳保基金等分项列示。

六、各项长期负债在会计报表中的列示方法：

长期借款应按借款性质或借款种类，如基建借款、专项借款等分项列示。

应付债券应按实际发行、尚未偿还的债券余额列示。应付债券的溢价、折价应当分期摊入债券的利息支出，并以其未摊余额作为债券面值的加项或减项与面值合并列示。

应付引进设备款、融资租入固定资产应付款等，应按其不同性质，分项列示。

将于一年内到期偿还的长期负债，应在会计报表附注中说明。

第五章 产权

一、产权是企业所有者对企业净资产的所有权，即企业的全部资产减全部负债后的净额。

二、产权包括企业所有者对企业的投资、投资公积和留存收益等。

三、所有者投资包括国家投资、单位投资、个人投资等，应按实际投资数额入账。国家拨给企业的专项拨款，应作为国家投资入账。

发行股票的股份企业应按票面价值入账。

四、投资公积包括股票溢价、财产重估差价、接受捐赠资产价值等。

五、留存收益包括按国家有关规定从利润中提取的后备基金、生产发展基金等各项基金以及未分配利润等。

六、所有者投资、投资公积、留存收益所包括各项应在会计报表中分项列示。

第六章 收入

一、收入是企业在销售商品和提供劳务等经营业务中实现的收入，即营业收入，包括基本业务（即主营业务）收入和其他业务（即附营业务）收入。

二、企业应正确确认收入的实现，并将已实现的收入及时入账，计入当期损益。

企业一般应于商品已经发出、工程已经交付、劳务已经提供，同时收讫价款或取得收取价款权利的证据时，确认营业收入。

采用分期付款销售的，可按合同约定的各期应收款项，或以本期实际收到的分期销售价款，作为营业收入的实现。

长期合同工程（包括劳务），根据合同规定，按完工进度或实际完成工作量确认营业收入。

三、减少收入的各种支出，包括销售退回、销售折扣和销售折让，应作为收入的抵减项目记账。除此以外，企业不得任意冲减已实现的收入。

四、各项营业收入应在会计报表中按基本业务收入、其他业务收入分项列示。同时经营几种基本业务的企业，应按每种基本业务的营业收入分别列示。其他业务收入中占全部收入比重较大者，也应分别列示。

五、企业应按照税法的规定，根据已实现的各种营业收入计算应缴纳的产品税、增值税、营业税、工商统一税等流转税，以及各种附加税费，并在会计报表中单独列示。

第七章　费用

一、费用是企业生产经营过程中的各项耗费，分为计入成本的费用和直接计入营业损益的费用。

二、计入成本的费用是指计入商品、产品、工程、劳务、服务等成本对象的各种费用，包括直接计入成本的费用和分配计入成本的费用。直接计入成本的费用包括直接人工、直接材料、商品进价和其他直接费用。分配计入成本的费用指各种间接费用。

三、直接计入营业损益的费用包括销售费用、商品流通费和管理费用等营业费用。

四、当期支付应由当期和各期成本负担的费用，应按一定标准分配计入当期和以后各期的成本。当期尚未支付、但应由当期负担的费用，应预提计入当期的成本。

五、企业应按实际发生额计算成本和费用，平时采用定额成本、标准成本或计划成本计算的，应正确核算成本差异，月终编制会计报表时，一律调整为实际成本。

六、除另有规定者外，企业应按月进行成本核算。

七、以产品为成本核算对象的，应严格划清本期成本与下期成本的界限；严格划清在产品、自制半成品和完工产品之间的成本界限；严格划清不同产品之间的成本界限。

八、计算产品成本的具体方法，可以根据企业生产特点、生产组织的类型、产品种类的多少，自行确定。一经确定，不得任意变动。

九、企业应正确、及时地结转已销售商品和提供劳务的成本（即营业成本）和营业费用，计入当期损益。'

十、营业成本和营业费用应在会计报表中分别列示。营业成本和费用不易划分的，可合并列示。

第八章　利润

一、利润是企业在一定时期内生产经营的财务成果。利润总额包括营业利润和营业外收支。

二、营业收入减营业成本和营业费用、减流转税，即为营业利润。营业外收支是与企业生产经营无直接关系的各项收入和支出。

企业如有从其他单位分来的利润或分给其他单位的利润，应分别计入企业利润总额或作为利润分配处理。

三、企业从利润总额中扣减按国家规定可以扣减的项目后，即为企业的税前利润。根据税前利润和税法规定计算应交纳的所得税。

四、税前利润扣除应交所得税及其他税金后，即为本年税后利润。

五、本年税后利润加上以前年度未分配利润，减去按规定弥补以前年度亏损后，即为本年可分配利润。按照国家规定、企业章程、董事会决议等进行分配。

本年可分配利润减去本年已分配利润，即为结转下年度的未分配利润。

六、企业如有亏损，应按国家规定的程序弥补。留待以后年度弥补的亏损，应作为产权的减项在会计报表中单独列示。

七、企业的利润分配，应按决定分配数列入企业的年度会计报表。仅有分配方案，尚未最后通过决议的，应将分配方案在会计报表中加以说明。

第九章　会计报告

一、会计报告是企业向有关各方提供财务状况和经营成果等会计信息的总结性书面文件。

二、会计报告由会计报表和财务情况明书组成。

三、会计报表包括资产负债表、利润表、财务状况变动表（或现金流量表）以及有关附表（如成本表、固定资产明细表、存货明细表、费用明细表、销售利润明细表、营业外收支明细表等）。

四、资产负债表（或称资金平衡表）是反映企业在某一特定日期（一般是月末、季末和年末）财务状况的报表。

资产负债表的项目，按资产、负债和产权的类别，采用左右平衡的账户式分项列示。

五、利润表（或称收益表、损益表），是反映企业在一定期间（一般是月份、季度、年度）内经营成果及其分配情况的报表。

利润表的项目，按基本业务的营业收入、流转税、营业成本、营业费用、营业利润、其他业务利润、营业外收入、营业外支出、利润总额、利润分配，采用上下加减的报告式分项列示。

利润分配部分各项目也可以不列入利润表，另设"利润分配表"予以反映。

六、会计报表可以根据需要，采用前后两期对比方式；有计划数的重要项目，应同时列示其计划数。

上期的项目分类和内容与本期不一致时，应将上期数按本期项目和内容，调整其有关数字，并在报表附注中予以说明。

会计报表必须根据登记完全、核对无误的账簿记录和其他有关资料编制，做到数字真实、计算准确、内容完整、说明清楚、报送及时。不得伪造会计数字，编造不真实的会计报表。

七、财会情况说明书。

财务情况说明书主要分析说明企业生产、经营、财务计划或预算，及各项经济合同的执行情况；资金的筹集和运用情况；流动资金周转情况；成本升降情况；利税的实现和缴纳情况；固定资产的增减及更新改造情况；其他需要说明的有关事项。

下列各项，除能在会计报表的附注或补充资料中说明者外，应在财务情况说明书中予以说明。如，对某些重要项目所采用的会计处理方法、变动情况、变动原因及其对本期财务状况的影响；资产负债表日后至报出会计报告前发生的对企业财务状况有重大影响的事项；其他为便于正确理解会计报表和对财务状况作出合理判断，需要说明的事项。

八、企业对其他企业的投资如占该企业资金总额半数以上，或实质上拥有控制权的，应编制合并会计报表。如果由于行业特殊不能合并的，可不予合并，但应将其会计报表附于企业合并会计报表之后。

九、企业对外报送的会计报表，应由企业行政领导人、总会计师、会计机构负责人和会计主管人员审阅，并签名或者盖章后才能报出。

十、企业对外报送会计报表的种类、格式和内容由财政部规定或审定。

第十章 附则

一、本准则由财政部负责解释和修订。

二、有关会计核算的具体准则，由财政部陆续发布。

三、本准则自一九九×年×月×日开始执行。

第三节 财政部1992年2月召开第一次会计准则国际研讨会

一、深圳市出台《深圳经济特区企业会计准则（试行）》

深圳市财政机关于1988年8月成立了一个由23名各行各业专家组成的特区会计改革课题组，1989年底完成《深圳经济特区会计改革方案（试行）》的制定工作。该方案"得到财政部会计事务管理司的同意和广东省财政厅的正式批准"，自1990年1月1日起进行试点。该方案的主要内容是，参照国际会计准则，结合特区实际情况而制定特区会计准则，以股份有限公司为载体推行"资产＝负债＋所有者权益"的会计模式，打破行业、地区、所有制分割，建立特区通用示范性会计制度。

1991年12月，深圳市人民政府第二十一次常务会议正式通过《深圳经济特区企业会计准则（试行）》，并于 1992 年 1 月 1 日以深圳市人民政府市长令形式正式颁布，自 1992 年 1 月 1 日起实施。"它是新中国成立以来我国第一部（地方性）会计准则，也是我国第一部会计准则方面的（地方政府）规章"。该准则"是一部全方位与国际会计接轨的会计准则，该准则的出台，为我国会计准则制度的全面改革，特别是与国际会计准则制度接轨起到了铺垫作用"。[1]该准则由总则、基本准则、资产、负债、投资者权益、收入、成本和费用、利润和利润分配、会计报告、法律责任、附则等 11 章构成，从体例结构、会计模式、会计政策和会计实务处理等方面都进行了较大改革，使之更接近于国际会计标准。

 专栏 3-9 ————————————————————————————

《深圳经济特区企业会计准则（试行）》

（说明：以下条文标有【】的注释为笔者所加。★表示值得肯定，● 表示有争议。）

第一章　总则

第一条　为了适应深圳经济特区经济的发展，提高会计核算质量，保证会计信息的真实可靠，根据《中华人民共和国会计法》，结合深圳经济特区实际，制定本准则。

第二条　本准则适用于经深圳经济特区工商行政管理部门批准注册登记的所有企业以及实行企业化管理的其他单位（以下简称特区企业）。特区企业设在国外境外和内地的企业，应遵循所在国家和地区的会计法规和规定，当地没有规定的，执行本准则。

第三条　会计应提供有助于搞活微观，加强宏观调控，提高经济效益，

---

1 成放晴:《中国会计改革创新的试验场——深圳特区 30 年会计改革创新的尝试》，中国财政经济出版社，2011，第 8、85—87 页。

保护企业财产的安全和增值，作出相应经济决策所必需的有用的会计资料。

第四条 特区企业必须在注册登记所在地设置完整的会计记录（包括会计凭证、会计账簿和会计报表），配备合格的财会人员，按照规定的核算程序和核算方法进行会计核算。

第五条 特区企业组织会计核算时，所用的会计凭证、账簿、报表等用中文（汉字）记载，数目字用阿拉伯数字记载。必要时，可用外国文字旁述。

第六条 企业应当建立内部控制制度（包括岗位责任制度、内部牵制制度、内部稽核制度等）。企业会计人员，必须明确分工，各司其职，互相协作。办理任何经济业务都必须由经手人和有关负责人签署证明。货币资金的收付，财产物资的收发保管，应由出纳和物资保管人员负责办理，并定期与会计记录相互核对。各种会计凭证、会计账簿和会计报表必须审查核对，做到账证相符、账账相符、账表相符、账实相符、并符合财务制度规定。

第七条 深圳市人民政府（以下简称市政府）财政部门根据本准则制定各行业通用的示范会计制度及有关专门的会计处理程序和方法。企业单位根据本准则，参照通用的示范会计制度，制定适合本单位的会计核算制度和办法。

第二章 基本准则

第八条【●引入会计假设】特区企业在组织会计核算时，应以下列会计假设条件为前提。

一、会计主体假设。特区企业会计核算以企业为主体，核算本单位的各项经济活动。企业所有者（投资者）本身的经济活动，不属于企业会计核算范围。

二、持续经营假设。特区企业进行会计核算，确定会计政策、程序和方法，应以企业现时的经营规模、业务范围和长期的、持续的、正常的生产经营活动为前提。

三、会计分期假设。为了保证会计信息的时效性，满足企业内、外部信息使用者决策和管理上的需要，会计核算应划分会计期间，分期结账和编制会计报表。会计期间分为年度、季度和月份。

四、货币计量假设。特区企业会计核算主要以货币作为计算单位和计量尺度，反映和考核企业的经营成果和财务状况。货币计量假设以币值稳定不变假设为前提。在币值波动较大的情况下，允许采用适当的方法进行调整。

第九条【★】合法性原则。会计核算工作必须遵循国家法律和地方性的法规。并贯彻执行本准则的有关规定，保证企业财产的安全完整。

第十条【★】真实性原则。会计核算所提供的会计信息，必须确实可靠，全面正确地反映企业的经营成果和财务状况。会计核算所提供的一切信息，必须建立在可查证基础上，做到资料可靠，内容真实，数字准确，项目完整，手续完备。

第十一条　一致性原则。特区企业依照会计准则和会计制度所确定的各种会计处理方法，如固定资产折旧方法、存货计价方法、外币核算方法、成本费用归集分配方法、损益计算方法等，前后各期必须连贯一致，互相可以比较。如因企业规模或其他重要原因改用另一种会计处理方法时，事先须经有关部门批准，同时必须将会计处理方法变动前后的数据和结果，在会计报告中详细地加以说明。

第十二条【★】配比原则。会计核算在确定会计期间的经营成果时（利润或亏损数额），要把与本期收入相关的成本费用等一起计算入账，配合一致加以确定。在确定某一对象的收入时，也要把与之相关的成本费用等一起计算入账，配合一致加以确定。

第十三条　重要性原则。会计记录应全面反映企业的经营成果和财务状况，对于影响决策的重要内容，应分别核算，分项反映，并在会计报表中重点说明，对于次要的内容，可适当简化核算，合并反映。企业在选择和运用会计政策时，应贯彻实质重于形式的原则。

第十四条　充分反映原则。特区企业的一切财务收支，必须按规定设置完整的会计记录（包括会计凭证、会计账簿和会计报表），会计核算传达的会计信息必须充分和完整。

第十五条【●谨慎性原则】稳健性原则。企业在处理会计事项时，必须充分估计风险和损失，不高估资产或收益。对于预计会发生的损失或重要的或有负债等事项，应计算入账；对于可能发生的收益则不预计列账。

第十六条　权责发生制原则。凡是本期已经实现的收益和已经发生的费用，不论款项是否收付，都应作为本期的收益和费用入账；凡不属于本期的收益和费用，即使款项已在本期收付，都不应作为本期的收益和费用处理。

第十七条【★】历史成本原则。特区企业取得的各种财产和物资，形成的各种权益和债务，都应以当时的实际成本、实际发生的金额作为核算的依据。未经规定的程序和批准，账面的历史成本不得任意变动。

第十八条　划分收益性支出与资本性支出原则。为取得本期收益而发生的经营支出，属于收益性支出。为形成生产经营能力，在以后各期取得收益而发生的各种资产支出，属于资本支出。

第十九条　复式记账原则。特区企业发生的一切经济业务，应采用复式记账方法进行会计核算（一般应采用借贷记账法）。

第二十条 会计信息的质量标准。企业提供或传达的会计信息，必须具有下列的质量标准：

一、相关性。会计核算提供的会计信息，应满足各有关方面的需要，有利于加强宏观调控，制定方针政策；有利于有关各方对企业经营和财务状况作出准确的判断；有利于企业加强内部经营管理。

二、公正性。会计信息传达给所有的使者时，不带有个人的偏见或统计偏差，不得自相矛盾，必须中立公正。

三、可计量性。会计核算提供的会计信息，应为可计量并能测定。

四、【★】可检验性。各个不同的利益主体，根据同样的会计记录，能得到同样的测定值和检验结论。

五、及时性。各种会计记录必须及时进行，不得拖延、积压。

六、明晰性。各种会计记录必须清晰、简明、易懂，对复杂的经济业务应用规范的文字加以表达，便于理解、检查和利用。

第三章 资产

第二十一条【★资产的法律定义】本准则所称资产是指特区企业所拥有的或实际控制的财产权、债权及其他权利。资产可分为流动资产、固定资产、长期投资、无形资产和专项资产等类别。

第二十二条 流动资产。流动资产是指可于一年或一个营业周期变现或耗用的货币资金、应收及预付款项、短期投资和存货等资产。

第二十三条 有外币业务的企业，在进行外汇核算时，应以人民币作为记账本位币。如确需以外国货币作为记账本位币的，必须另行编制折合为人民币的会计报表。

外汇折计成人民币核算时，以反映该种外汇实际价值的记账汇率入账。

特区企业从外购进的外汇额度，可按实际价格入账；自有的外汇额度，不作价入账，只作账外核算处理。

因汇率变动所产生的差异，作"汇兑损益"处理。

第二十四条【●坏账准备】特区企业的应收票据、应收账款、应收内部单位款、其他应收款、预付货款和预付及待摊费用等应收及预付款项应按实际发生数记账。应收票据和上述应收款项除应收关联企业和内部单位款项外应按规定计提坏账准备，其余额应在会计报表中有关应收票据和应收款项下作为减项列示。预付及待摊费用应按受益期分摊，未摊销余额在会计报表中应单独列示。各种应收款项应及时清算、催收，对确实无法收回的，经批准可作为损失核销。

短期投资是指能随时变现，准备持有时间不超过一年的投资，主要是有价证券的投资。为了某种目的而准备长期持有的公司股票、债券除外。

第二十五条【★附注披露有价证券的市价】实际结存的有价证券按账面成本额在报表中列示。市价应在会计报表中附注说明。

第二十六条 特区企业在生产经营过程中为销售或耗用而储备的存货，包括：商品、产成品、在产品、在建工程、原料、主要材料、燃料、辅助材料、物料用品及低值易耗品等，核算时以下列方式记账：

一、取得日，存货按当时发生的实际成本记账。

二、发出日，存货可按先进先出法、加权平均法、移动平均法、后进先出法和个别认定法计价记账。商品、产成品、材料等存货，平时采用计划成本记账的，应当按月或季调整为实际成本。存货的计价方法一经确定，不得随意变动。

三、【●引入成本与市价孰低法】盘存日，存货按历史成本与市价孰低法计价。

第二十七条 特区企业长期使用，价值较高，并在使用过程中保持原来形态的土地、房屋建筑物、运输设备、机械设备、电子设备、其他设备等固定资产，应按下列情况分别处理：

一、特区企业的土地如果是原来自有的，可列固定资产，但不计提折旧；如果是购进的土地使用权，应列入无形资产，并按使用年限分期摊销。

二、购建的固定资产，按买价及该项固定资产投入使用前发生的各项直接费用记账。

第二十八条 特区企业利用借款购建的固定资产，其相关的手续费、债券发行费、外汇借款价差和该项固定资产完工前的借款利息等支出，可作为资本性支出，记入固定资产成本。

第二十九条 企业通过融资租赁的固定资产，应视同自有固定资产进行管理，按同类固定资产规定计提折旧。融资租赁固定资产支付的租金，作为资本性支出，手续费和利息作为本期费用处理。

固定资产如已抵押应在报表附注中说明。

第三十条 特区企业的固定资产都应计提折旧，并按照使用期限分期摊销。固定资产折旧一般采用直线法；某些企业由于特殊原因，报经批准，也可以采用年数总和法、余额递减法、首年多提法等加速折旧方法，计提折旧。

第三十一条 特区企业的固定资产在出现下列情况之一时，应进行价值重估：

一、国家通令固定资产价值重估；

二、企业出现兼并、拍卖、租赁、股权变动、重整、清算或股份制改造等情况。

第三十二条　固定资产价值重估增值，应以"资产重估增值"在资本项目中列示，作为投资者权益的增加，企业不得作为盈利分配。

第三十三条【●引入权益法】长期投资是指持有时间较长，不能或不准备随时变现的投资。包括：证券投资、附属企业投资、对其他单位投资等。

特区企业以公司债券作为长期投资，可按溢价或折价处理。公司债券的溢价和折价采用直线法摊销。

特区企业以股票或资财对所属企业和其他单位的投资，在投资额占对方企业资本总额不足 25% 时，采用成本法核算；投资额占对方企业的资本总额的 25% 至 50% 时，采用权益法（产权法）核算；投资额占对方企业资本总额超过 50% 时，采用合并报表方式核算。

第三十四条　特区企业以其购置和形成的专利权、商标权、版权、场地使用权、租赁权、专有技术开办费和其他特许权等无形资产按实际成本记账。

各种无形资产应在其受益期分期摊销（有规定年限的按规定年限摊销），摊销后的余额在报表中列示。

第三十五条　有专门用途，但不能参加生产经营的经国家批准储备的特种物资、银行冻结存款、冻结物资、涉及诉讼中的财产等专项资产，应在报表中单独列示。

第四章　负债

第三十六条　本准则所称负债是指特区企业所负的流动负债和长期负债。

流动负债是指特区企业应在一年或一个营业周期内偿还的短期借款、应付票据、应付及预收款、负债性基金等债务。

长期负债是指特区企业的长期借款、应付公司债券、融资租入固定资产应付款等债务。

各项负债按实际发生的金额记账。

第三十七条 特区企业的流动负债在会计报表中应以下列方法列示：

一、短期借款应按银行短期借款和其他短期借款等项目分别列示；

二、应付及预收款项应按应付票据、应付账款、预收款项、应交税金、应交利润、应付股利、应付工资、应付内部单位款和预提费用等项目分别列示；

三、负债性基金应按规定项目（如公益金、劳保基金等），规定标准计提和使用，其余额在会计报表中分项列示。

第三十八条 特区企业的长期负债在会计报表中应以下列方法列示：

一、长期借款应按长期银行借款和其他长期借款等项目分别列示。

二、公司债券应按实际发行尚未偿还的债券余额列示。实收资金与债券面值的差额，应设溢价或折旧项目作为公司债券的加项和减项列示。

三、融资租入的固定资产应付款，应按尚未偿还的本金余额列示。

长期负债中将于一年或一个营业周期内偿还的，在会计报表中应转为流动负债列示。

第五章 投资者权益

第三十九条 本准则所称投资者权益是指特区企业所有者对企业净资产的权利。净资产等于企业全部资产减全部负债后的余额。

投资者权益包括企业投资者投入的资本和企业积累。

第四十条 实收资本指特区企业收到各方投资者实际投入的资本（如果合同中有规定，也可以用土地、实物或其他方式折价作为投资）。实收资本可按投资者的经济性质或其他标准进行分类。分为国有资本、国营企业资本、集体企业资本、私营企业资本、横向联合体资本、三资企业资本、私人资本和外方资本。

第四十一条　股份公司可以根据核定的资本总额或核定的股份总额发行股票。公司股份按股东权利分类，分为普通股和优先股。

第四十二条　企业资本的筹措和处理必须按有关法律规定，符合如下原则：

一、资本确定原则。企业的章程、合同和工商登记注册中必须明确载明资本总额和注册资本。

二、资本充实原则。企业各所有者必须按企业章程和工商登记的要求及时足额地投入资本。

三、资本不变原则。如非经过法定程序，以及经过批准变更企业章程，企业不得任意增减资本总额。

企业的资本不准抽走，但可以依法转让。

第四十三条　投资者权益在会计核算中的确认计量和报告。企业的各项积累应分清形成的来源和性质，按实际发生数记账。

企业积累根据有关规定，经过法定程序，可以转增投资者的资本。

企业如有亏损，应按照规定的程序弥补。未弥补的亏损，应作为投资者权益的减项单独列示。投资者权益在会计报表中应按企业所有者投入的资本数和企业的各项积累数分别列示。

第六章　收入

第四十四条　本准则所称收入是指特区企业营业收入、其他收入和营业外收入。营业收入是指企业经营业务所发生的基本业务收入和其他业务收入。营业外收入是指与企业经营活动无直接联系的收入。

第四十五条【●分期收款销售的多样化处理】特区企业应根据不同结算方式和各自行业惯例，确认收入的实现，并将已实现的收入及时入账。

一、企业应于产品商品销售完成或劳务服务提供完毕，收到价款或取得索取价款权利的确实证据时，认定收入的实现。

二、分期收款销售、商品、产品、提供劳务、服务以到期应收价款的数额，或以本期实际收到的分期价款数额，或以收到相当一个计量单位款的数额，作为收入的实现。

三、长期合同工程（包括劳务）、城建综合开发工程，根据合同规定，按完工进度确认收入的实现。

减少收入的各种支出，包括销售退回、销售折扣和销售折让，应作为收入的抵减记账，不得作为企业的成本和费用。

第七章 成本和费用

第四十六条 特区企业的成本和费用分为营业成本、营业费用和营业外支出三类。

第四十七条 企业营业成本和营业费用的列支项目和列支标准，应按照有关成本管理的规定办理。

第四十八条 特区企业可根据行业的特点，工艺过程的不同，生产组织的类型和成本管理的要求，自行确定成本核算方法。

第八章 利润和利润分配

第四十九条 特区企业的利润总额为营业利润加营业外收入减营业外支出后的余额。企业利润总额中扣除按规定可以扣减的项目后，即为企业的税前利润。

第五十条 特区企业应按本准则的规定正确计算利润，并依税法规定的应纳税所得额计纳所得税。

第五十一条 特区企业的税前利润，扣除上交所得税和其他有关税金后，即为企业的本年税后利润。本年税后利润加上以前年度未分配利润

（或减去以前年度未弥补亏损）后的余额，即为本年可分配利润。

第五十二条　特区企业可分配利润按照有关规定、企业章程或企业董事会决议等进行分配，特区企业以前年度亏损没有弥补足额的，不得分配本年税后利润。

股份公司以前年度亏损已用各种公积金弥补的，在分配本年税后利润时，可以转还各种公积金。

企业本年可分配利润，减去本年各项利润分配数额，即为结转下年度的未分配利润。

利润分配应在分配之日或决定分配之日，按决议数或实际发生数列账。

第九章　会计报告

第五十三条　本准则所称会计报告是指特区企业对外提供财务资料的书面文件。会计报告由会计报表、会计报表附注和财务情况说明书组成。

第五十四条　特区企业应填报资产负债表、损益表和财务状况变动表等会计报表，并应根据本单位的行业特点等，辅以其他明细情况表。

第五十五条　特区企业财务情况说明书的主要内容包括：会计政策和财务政策、会计方法的改变，生产技术财务计划和各项经济合同的执行情况，流动资金周转情况，利润的增减情况，成本费用升降情况，税利变动情况，固定资产增减和使用情况，资本和负债构成变动情况，前期调整项目，后期调整项目，以及其他有关财务会计需要说明的问题。

第五十六条　特区企业的各项收入应按基本业务收入、其他业务收入和营业外收入在利润明细表中分项列示。同时经营几种基本业务的企业，应按每种基本业务的营业收入分别列示。如果其他业务收入项目中比重较大的，应单独列示。基本业务的成本和费用，作为基本业务营业收入的减项列示，其他业务的成本和费用，作为其他业务收入的减项列示，营业外支出作为营业利润的减项，在营业外收入项目下列示。

第五十七条　特区企业与关联企业（公司）发生业务往来、资金往来、相互提供劳务等情况时，应把交易量、作价原则和对本企业财务成果、财务状况影响较大的主要信息，在财务报告中充分反映和表达。

第五十八条　企业必须在年度终了后三个月内，向董事会或有关部门提交经中国注册会计师签署或上级主管机关审批的会计年度决算报告。

第十章　法律责任

第五十九条　企业的行政领导（包括涉外企业的经营负责人）、总会计师、会计主管对本准则的贯彻执行负责。对发生以下行为之一者，视情节轻重，分别给予批评、警告、罚款、行政处分、停业整顿、吊销营业执照直至依法追究刑事责任。

一、伪造、变造、故意毁灭会计凭证、会计账薄者。

二、会计人员明知是不真实，不合法的原始凭证予以受理，或者对明知是违反国家及地方有关法规和本准则的收支予以办理。

三、企业行政领导人、总会计师、会计主管、上级单位行政领导人对明知违反国家及地方有关法规和本准则的收支决定办理或者坚持办理者。

四、企业行政领导人和其他人员对依法履行职责的会计人员进行打击报复者。

第十一章　附则

第六十条　本准则条文中"按规定""经批准"是指财政部门（或财政部门授权的有关部门）的规定和指经财政部门（或由财政部门授权的有关部门）批准。

第六十一条　社会会计公证机构对以上单位进行查账验证等公证业务

时，应执行本准则。

　　第六十二条　本准则由深圳市财政局负责解释。

　　第六十三条　本准则自一九九二年一月一日开始执行。

　　"财政部副部长张佑才在听取深圳市财政部门有关领导汇报会计改革的工作之后，对该准则作了肯定。他说，特区有些事可作为特例先走一步，率先发布会计准则，使深化会计改革迈出了可喜的一步。需要注意的是，深圳的改革要为全国会计准则的制定和推行创造条件。就是说，深圳的会计准则应当与正在拟定的全国会计准则所提出的草案尽可能协调一致，并且希望及时总结经验，不断加以完善。实际操作中的某些问题，可请有关部门给予支持。"[1] 值得注意的是，该准则所定义的收入，乃是取其广义："收入是指特区企业营业收入、其他收入和营业外收入。营业收入是指企业经营业务所发生的基本业务收入和其他业务收入。营业外收入是指与企业经营活动无直接联系的收入。"这种立场值得会计法规制定者借鉴。

 专栏 3-10

深圳：率先与国际会计核算制度接轨

　　1990年，深圳率先试行与国际接轨的会计改革方案。经近两年的试行，取得比较好的效果。其一，有利于搞清企业家底、理顺产权关系；其二，有利于维护国有资产安全和增值，并有效地通过企业自我约束来控制"投资饥渴症"；其三，通过反映外币的实际价值等规定，较好地解决了外汇失实的混乱局面；其四，通过存货计价、设置坏账准备金、销售界定等新规定，防止由于长期挂账造成利润虚增，给企业"消了肿"；其五，通过鼓励加速折旧等措施，促使企业更新改造，保障了企业

---

[1]《深圳市政府发布企业会计准则》，《财务与会计》1992年第4期。

技术设备的先进性；其六，有力促进了企业股份制和有限责任公司制的改造。

1991年12月，深圳以市长令形式颁布执行《深圳经济特区企业会计准则（试行）》。从而创立了新中国第一部（地方性的）企业会计准则，一部全方位与国际会计接轨的会计准则。据了解，深圳特区会计准则的研究始于1988年，有关准则研究的核心内容在《深圳经济特区会计改革方案（试行）》中已有体现，通过总结试行经验，将试行方案中符合准则体制的内容归集，制定了《深圳经济特区企业会计准则（讨论稿）》，经充分讨论再试用后，进一步修订完善，终于得以颁布执行。

而制定中国第一部通用综合会计制度，在推动深圳会计与国际接轨方面又向前迈进了一大步。1992年4月9日，《深圳经济特区企业通用会计制度——会计科目和会计报表》（以下简称《特区通用会计制度》）公布，同年5月1日起执行。这是我国第一部综合会计制度。在此制度公布前，深圳经济特区内企业同时执行50多个不同的会计制度，《特区通用会计制度》的公布，打破了行业、部门、地区和所有制界限，除了规定的金融保险行业企业暂不执行该制度外，特区所有企业都执行同一会计制度，这就大大提高了会计信息的统一性、一致性和可比性。企业会计信息也不再仅仅是满足国家宏观经济管理需要，而是扩展到满足社会各方面的投资者、债权人以及企业管理者和员工的需要。

《特区通用会计制度》针对深圳经济特区的特点，更多地引用了国际会计准则和国际会计惯例，具有通用性、预见性、超前性和突破性，符合深圳经济特区经济改革和企业发展的实际情况。

1992年11月30日，经国务院批准，财政部发布了《企业会计准则》，与此同时，按大行业制定了相应的会计制度，并从1993年7月1日起在全国范围施行，全国性的会计改革正式开始。

资料来源：《深圳特区报》2009年1月5日第A07版。

二、中国召开官方主办的第一次会计准则国际研讨会

1992年2月26—28日，财政部在深圳市举办第一次会计准则国际研讨会，围绕如何建立中国特色的会计准则、制定会计准则如何借鉴国际经验等问题进行了广泛深入的研讨。这是官方主办的第一次专门研讨会计准则问题的国际会议。在会议的准备过程中，世界银行与国际会计准则委员会联系，提供了约请专家等方面的帮助。

这时，全国已经建立500多家会计师事务所，注册会计师已经发展到6 700多人。国际会计准则委员会公布的31项国际会计准则，已经全部被财政部会计事务管理司组织翻译成中文，从1981年起陆续在中国会计学会主办的《会计研究》杂志上发表，其中第1～24项国际会计准则还先后汇总为三本专辑公开出版。国际会计师联合会附属的国际审计实务委员会（International Auditing Practices Committee，IAPC）已经公布的27项国际审计准则及相关文件，已全部译成中文，并在中国会计学会、中国注册会计师协会主办的会计刊物上公开发表。[1]

财政部副部长张佑才、中国注册会计师协会会长杨纪琬到会并致辞。会议分别由财政部会计事务管理司司长张德明，副司长张汉兴、余秉坚主持。娄尔行教授、葛家澍教授、阎达五教授、蒋岗高级会计师分别以《中外会计准则的比较研究》《制定中国会计准则如何借鉴国际经验》《关于中国会计准则模式、结构的研究》《制定中国会计准则的初步实践》为题向大会作了学术报告。

---

1 财政部会计事务管理司编《改革与借鉴——会计准则国际研讨会（深圳·1992）》，中国财政经济出版社，1992，第12页。

专栏 3-11

娄尔行——我国现行会计学科体系的主要创始人之一

娄尔行（1915—2000）祖籍浙江绍兴，生于江苏苏州。会计理论家、教育家。1933 年考入国立上海商学院会计系，师从安绍芸先生。1937 年毕业，同年赴美国密歇根大学管理学院攻读 MBA，师从威廉·A. 佩顿（William A. Paton）教授。1939 年毕业学成回国。1939—1949 年先后在国立上海商学院、光华大学、国立临时大学任讲师、副教授和教授。1950 年，随着上海市高等院校院系调整，国立上海商学院改称上海财政经济学院，娄尔行先生任该校会计系教授。1958 年下半年，上海财政经济学院并入新成立的上海社会科学院经济研究所。"文化大革命"期间离开教学岗位 12 载。1972—1980 年任复旦大学经济系和管理科学系教授。1980 年调回上海财经学院（该校 1978 年复校，1985 年更名为上海财经大学），任会计系主任。1982 年被国务院学位委员会确定为我国第一批会计学博士生导师。领导了 1981—1993 年上海财经大学先后两轮教学改革，创立了沿用至今的会计学科体系，所创建的两套会计专业教材分别于 1985 年、1993 年面世。曾任中国会计学会副会长、中国审计学会副会长、财政部会计准则中方专家咨询组成员。1984 年主编出版《资本主义企业财务会计》一书，较早介绍了西方会计理论与实务。

资料来源：陈元芳：《中国会计名家传略》，立信会计出版社，2013，第 223—231 页；斯蒂芬·A. 泽夫（Stephen A. Zeff）先生 2011 年 4 月 8 日应邀造访中国人民大学商学院期间与笔者的谈话。

蒋岗（高级会计师，财政部会计事务管理司原副司长，时任财政部会计事务管理司会计准则组负责人）在会上介绍了制定会计准则的具体思路和框架。他指出，"我们现在制定会计准则，已不像其他国家那样是在一些惯例和实务的基础上白手起家，从零开始，而是积累了 40 多年制定会计核算制度的经验和教训，对会计工作的内在规律有了比较深入的了解，有世界各国包括国际会计准则委员会在会计准则理论研究方面取得的成就可以借鉴，我们有可能在一个比较高的起点上制定中国的会计准则，这是我们能够提出中国会计准则结构这一命题的重要原因。""我们设想，中国会计准则，由基本准则和具体准则两个层次组成。""具体会计准则，主要是根据基本会计准则的一般要求，对各种经济业务做出具体规范。我们计划，在今后的三年里，按照需要和可能，完成十九个具体会计准则。主要有：固定资产会计、折旧会计、无形资产会计、存货会计、外币业务会计、应收账款与坏账会计、长期投资会计、借款费用会计、收入确认会计、收益分配会计、股份会计、债券会计、物价变动会计、破产清算会计、资金平衡表、利润表、财务状况变动表或现金流量表、合并会计报表、前期调整会计等。"值得注意的是，蒋岗同志在发言中特地提到了会计法规制定者关于"谨慎性原则"的理念分歧。他说，"在这里要说明的是，在一般原则中要不要规定审慎（稳健）原则问题，我国会计界看法不尽一致。我们认为，稳健原则是一个含义宽泛的概念，对其界定并不十分严格，根据我国具体情况，不宜笼统地在一般原则中规定'审慎原则'的内容。但是考虑到在有计划商品经济条件下存在着市场竞争和经营风险，为保全企业资产的完整，提高企业应付风险能力，对有关审慎原则的运用，在有关会计要素和会计报告准则中，分别对提取坏账准备、采用加速折旧等会计处理，作了具体规定。"[1]

国际会计准则委员会主席阿瑟·怀亚特出席第一次会计准则国际研讨会，并介绍了国际会计准则的产生、发展、机制和现状，以及会计准则国际协调

---

1 蒋岗：《制定中国会计准则的初步实践》，《会计研究》1992 年第 2 期。

的相关成果。

与会代表以及财政部、会计事务管理司的领导都表达了要加强与国际会计准则委员会的联系，取得国际会计准则委员会对制定我国会计准则工作的支持的愿望。国际会计准则委员会的负责人和专家也都热情表示要与中国会计准则制定机构合作，促进中国会计准则与国际会计准则的协调，并在以后制定和完善国际会计准则时，考虑中国的情况和需要。[1]杨纪琬教授提出了组建"财政部会计准则评审委员会"或"评议组"的设想。

会议的专题报告提出了一些富有理论价值的观点，扼要如下：（1）"合法合规"对我国的会计核算具有显著的、根本的影响，可以列为一项基本假设。合法性是最重要的会计信息质量特征。（2）会计信息质量要求首先要提真实性。（3）严格地说，没有一种信息，包括预期的现金净流动信息，是与所有的决策者都相关的。（4）以往几十年中，中国会计事务管理机构从未采纳"稳健主义"这一会计倾向或偏见。至于审慎性，迄今论者意见不一。一切估计的损失如坏账损失、存货跌价损失等都只能在账外、表外披露。（5）营运资金对我国会计工作者来说是一个既生疏又不好理解的概念。（6）中国会计要为国家宏观经济调控服务。（7）如果没有统一性，会计信息在宏观经济管理中的价值是不可想象的。（8）中国把利润列为单独的会计要素，是尊重中国的传统，基于中国历史悠久的会计实务。在问答环节，杨纪琬教授针对要不要制定管理会计准则的问题指出，"是不是要对管理会计准则的内容在一个国家之内加以规范，我看条件还不成熟。由于管理会计主要是为企业内部管理服务，好像不需要在各个企业之间有一个统一的规定"。娄尔行教授针对审慎原则是否应列为会计的一般原则这一问题指出，"我认为审慎原则只能在具体情况下加以考虑，审慎原则并不是我国的普遍原则，不能作为一项一般原

---

1 骆小元、陈毓圭、李玉环：《改革与实践——会计准则国际研讨会综述》，《会计研究》1992年第2期。

则。"[1] 这些充满智慧的回答至今仍具参考价值。

但会议中的部分观点也出现了一些理念偏差。其扼要如下：（1）概念框架的研究"为我国制定会计准则提供了有益的启示和重要的经验，我们可以少走弯路。现在，我们制定企业会计准则，不但有必要也有可能从一般到具体，还可以借鉴国际上关于财务会计概念结构的丰富内容作为制定一般准则的理论基础"。（2）"国际上普遍认可的会计主体、连续经营、会计分期、货币计量等四项基本假设由于产生于商品经济的一般情形，因而也适用于有计划的商品经济，我们也可以接受。"（3）合并报表以会计主体假设为基础。（4）以原始成本为主，资产计价也可采用其他属性，如现行成本、现时市价、可实现净值、未来现金流量现值等。

会计准则制定者存在过度高估国际会计准则的倾向。例如，蒋岗在问答环节提出，"我国现有的会计人员素质不算高，执行新的会计准则还要加强会计人员的培训，不断提高现有会计人员的知识和业务水平"[2]。这种观点表明准则制定者已经被境外中介行业、商业机构引入迷局，"会计人员素质不算高"的提法不自觉地给会计人员迎头一棒，主观上虽无恶意，但客观上起到了"吓唬"会计人员的效果。显然，在当时的准则制定者的潜意识里，国际会计准则是高高在上的。时至今日，长期的以讹传讹使得这种观点仍然很有市场，值得人们警惕。更有甚者。有人向戴维·凯恩斯（David Cairns）发问："在世界上有没有一些国家，税法服从于会计准则，而不是会计准则服务于税法？"这种设问缺乏对法律的层级效力的了解，令人吃惊。凯恩斯先生答道："我想实际上没有这样的国家。如果这样，实际上，就是政府将把税法的制定权力下放给会计准则专门制定机构。……我们在这里不能过分强调会计准则与税法的差异。我们说税法与会计准则在许多方面是有共同点的。"凯恩斯先

---

1 财政部会计事务管理司编《改革与借鉴——会计准则国际研讨会（深圳·1992）》，中国财政经济出版社，1992，第329页。

2 同上书，第333页。

生强调，"任何企业都必须遵守本国会计法规和会计法律。我们不是要求它们不去遵守法律，而是希望他们去修改法律"。[1]

会议还讨论了谨慎性原则、实质重于形式和研究开发费用等有争议的问题。

财政部会计事务管理司司长、中国注册会计师协会秘书长张德明在会议结束讲话时宣布："在1992年内，我们将正式发布《企业会计准则第1号——基本准则》；草拟完成包括固定资产、折旧、无形资产、短期投资、存货、应收账款与坏账、资产负债表、利润表、财务状况变动表、长期投资、成本核算、收入确认、所得税、递延费用、研究开发、专项拨款、负债性基金、投入资本及投资公积、收益分配、金融业会计等20项准则。在今后3年内，陆续草拟或发布40至50项具体的和特定行业的会计准则。"[2]

财政部会计事务管理司在会议文集中指出，"目前随着深入改革和扩大开放，我国的投资环境进一步改善，一方面外商对中国的投资热情很高，他们迫切要求中国会计准则尽快公布，并借鉴国际惯例，以更好地了解中国会计政策，正确评价投资效益和可行性研究；另一方面，随着加快股份制试点和建立企业集团，转变企业经营机制，也迫切要求改革现行会计核算制度，实施会计准则。总之，改革会计核算制度，制定并实施会计准则，已不再是一个有没有必要性的问题，而是如何解决会计核算制度改革滞后于经济改革，如何加快制定会计准则步伐、由滞后变为超前和先导，以更好地满足深化改革和扩大开放要求的问题"。[3]

3月28日，国务委员兼财政部部长王丙乾在财政部会计事务管理司报送的《会计准则国际研讨会综述》上批示："为适应改革的新形势，应加快研究

---

1 财政部会计事务管理司编《改革与借鉴——会计准则国际研讨会（深圳·1992）》，中国财政经济出版社，1992，第324、326页。

2 同上书，第316页。

3 同上书，第345页。

和制定会计准则。"[1]

三、财政部会计司开始推出"会计准则丛书"

财政部会计司为配合会计准则项目的研究和企业会计准则起草，从 1990 年开始有组织地进行国际会计准则、公认会计原则等域外规则的翻译、介绍，自 1992 年起陆续推出了"会计准则丛书"（见表 3-4 和图 3-5）。

表 3-4　　　财政部会计司推出的"会计准则丛书"和中文翻译版国际会计准则

序号	作者署名	书名	出版社和出版年月	正文页数
1	财政部会计事务管理司编	改革与借鉴——会计准则国际研讨会（深圳·1992）	中国财政经济出版社 1992 年 5 月	345
2	财政部会计事务管理司编	国际会计准则	中国财政经济出版社 1992 年 8 月	358
3	财政部会计事务管理司编	美国会计准则解释与运用	中国财政经济出版社 1995 年 1 月	864
4	财政部会计司、财政部国际合作司编	完善与发展——会计准则国际研讨会（上海·1994）	中国财政经济出版社 1995 年 4 月	541
5	财政部会计司、中国会计学会编	国际会计准则（1993 年修订）——财务报表可比性	中国财政经济出版社 1995 年 12 月	187
6	财政部会计准则委员会组织翻译	国际会计准则 2000	中国财政经济出版社 2000 年 7 月	812
7	财政部会计准则委员会译	国际会计准则 2002	中国财政经济出版社 2004 年 5 月	1 175
8	财政部会计司组织翻译	国际财务报告准则 2004	中国财政经济出版社 2005 年 7 月	1 869
9	财政部会计司组织翻译	国际财务报告准则 2008	中国财政经济出版社 2008 年 9 月	2 418

[1] 财政部会计事务管理司编《企业会计准则讲解》，中国财政经济出版社，1993，第 239—246 页。

续表

序号	作者署名	书名	出版社和出版年月	正文页数
10	中国会计准则委员会组织翻译	国际财务报告准则 2015	中国财政经济出版社 2015 年 11 月	A 部分 1 452 B 部分 2 492

"会计准则丛书"总序言提出，"客观形势的发展，迫切要求我们在会计改革上，胆子要更大些，步子要更快些，思想要更解放些，大胆探索，大胆试验，敢于和善于吸收、借鉴当今世界的先进管理方法和经验，为加快改革开放和建设社会主义服务"。"会计改革作为财政经济改革的一个重要方面，对于转换企业经营机制和政府管理职能，对于培育和发展社会主义市场机制，对于扩大开放、更多地吸引外资，都越来越显示其重要作用，并日益受到人们的关注。改革会计核算制度，总结我国经验，借鉴国际惯例，制定会计准则，是财政经济改革和发展的迫切要求。……我们组织编辑出版"会计准则丛书"，旨在推荐国内外有关会计准则研究的最新成果，系统讲解我国会计准则，全面介绍国际组织和有关国家制定会计准则经验，不断地推动制定和实施中国会计准则的进程。"[1]

1992 年 8 月出版的《国际会计准则》一书，是官方出版的第一本全面介绍国际会计准则的书籍。书中收录的国际会计准则译文大多曾在《会计研究》杂志刊载过，译者（按拼音排序）是陈金池、胡宝昌、金逢和、莫启欧、潘晓江、沈如琛、孙昌湘、王文彬等 8 位同志。财政部会计事务管理司出于"便于系统查阅和学习"的考虑，"约请莫启欧、潘晓江两位同志在原译文的基础上，根据国际会计准则委员会正式公布的《国际会计准则 1991/1992》英文本重新校译，按照英文本的编排次序汇编出版。同时由莫启欧、吕众文同志将

---

1 财政部会计事务管理司编《改革与借鉴——会计准则国际研讨会（深圳·1992）》，中国财政经济出版社，1992，《会计准则丛书》总序言。

每项会计准则的主要内容进行了摘编，以利阅读"[1]。该书收录了国际会计准则委员会已公布的 31 项国际会计准则中的 29 项尚未被取代的准则。"为便于读者扼要掌握国际会计准则要点，根据财政部领导的指示，该书特设一篇'国际会计准则主要内容摘编'，该摘编提纲挈领地介绍了每一项国际会计准则。"

《改革与借鉴——会计准则
国际研讨会（深圳·1992）》
（1992 年 5 月出版）

《国际会计准则》
（1992 年 8 月出版）

《美国会计准则解释与运用》
（1995 年 1 月出版）

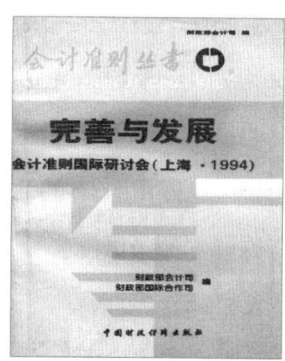

《完善与发展——会计准则
国际研讨会（上海·1994）》
（1995 年 4 月出版）

《国际会计准则（1993 年修
订）——财务报表可比性》
（1995 年 12 月出版）

《国际会计准则 2000》
（2000 年 7 月出版）

图 3-5 1992—2000 年间的部分权威出版物

---

1 财政部会计事务管理司编《改革与借鉴——会计准则国际研讨会（深圳·1992）》，中国财政经济出版社，1992，《会计准则丛书》总序言。

"1993 年 1 月，国际会计准则委员会批准了列入改进项目的国际会计准则修订方案，发表了修订后的包括存货、收入、企业合并等在内的 10 项国际会计准则。这些新准则改变了准则条文与解释分别成文的模式，改用了条文与解释合一，前者用粗斜体、后者用普通字体印刷的新体例。财政部会计司和中国会计学会及时组织翻译了这 10 项国际会计准则，并于 1995 年 12 月以《国际会计准则（1993 年修订）——财务报表可比性》为题作为'会计准则丛书'之一正式出版。"

此后，会计准则制定者"一直关注着国际会计准则的进展，逐一翻译新制定或修订的准则，在《会计研究》上发表。同时，对已翻译完成的各单项准则加以校订、补充和润色，以为出版合订本准备条件"。会计准则制定者"感到将正在进行的国际会计准则中文翻译工作纳入国际会计准则委员会的官方译本系列，无论是对促进提高我国的国际会计准则翻译水平，还是更广泛地普及和推广国际会计准则知识，都有重要意义。这一动议，受到国际会计准则委员会的热烈响应，并很快进入实施阶段"。1999 年 1 月，会计准则委员会组织成立了国际会计准则中文翻译审核专家组。2000 年 7 月，《国际会计准则 2000》中文版正式定稿出版（见图 3-6）。"从（20 世纪）80 年代初出版国际会计准则单行本，由会计专家独立完成翻译工作，到今天这样由会计准则委员会全面规划和组织、出版作为国际会计准则委员会官方译本的《国际会计准则 2000》中文版，标志着我国国际会计准则翻译工作进入了一个新的阶段。"[1]

从上述史实可知，在境外中介组织的诱导和会计学术界的渲染下，立法机关对域外规则的认识出现了较大偏差。一是误以为国际上存在会计的国际惯例，可用于指导中国的会计立法。但在理论上，不可能存在国际统一的会计制度。二是误以为国际会计准则的编写机构（国际会计准则委员会）属于

---

1 晓峰：《为了使〈国际会计准则〉得到更好的领会与运用——〈国际会计准则（2000 年）〉中文版编译工作的背景、体会》，《会计之友》2001 年第 6 期。

图 3-6 国际会计准则中文译本

国际组织。但其实它只是民间团体。三是误以为公认会计原则是美国的会计法规。[1]但其实它只是美国证监会治下的证券信息披露规则，而不是美国联邦政府发布的统一会计制度。从立法的角度来看，根本不存在美国统一的会计法规，更不存在国际统一的会计法规。四是在选取参照蓝本的时候，过度偏重英文蓝本，缺乏对照分析、辩证分析。[2]

第四节 1992年5月发布《股份制试点企业会计制度》

我国的证券市场从恢复到快速发展，只用了10年的时间。1981年1月，国务院通过并颁发了《中华人民共和国国库券条例》，自1981年起恢复国库券发行。1984年7月，我国第一家股份制企业——北京天桥股份有限公司公开发行股票。

1990年11月26日，中国人民银行批准成立上海证券交易所。11月27日，上海市人民政府发布《上海市证券交易管理办法》。12月19日，上海证券交易所正式开业。

---

1 《美国会计准则解释与运用》一书的标题就清楚地表明了这一点。这种提法并不是准则制定者首创的。在学术界，这种提法甚为流行。

2 "会计准则丛书"中仅收录了日本的资料。参见：财政部会计事务管理司编《日本会计法规》，李玉环译，中国财政经济出版社，1994。

专栏 3-12

上海证券交易所的恢复

1984 年 10 月，党中央召开十二届三中全会，讨论通过了《中共中央关于经济体制改革的决定》。之后国务院成立了金融体制改革研究小组，刘鸿儒任组长，制定的金融体制改革初步方案中第一次提出要建立证券交易所，还提出允许企业用发行股票、债券的方式直接融资等。

此后，在全国的一些地方，集体企业和国有企业转换成股份制企业、内部集资发行股票、有价证券柜台交易、信托投资公司和证券公司创立等，陆陆续续迈出了一些步子。到 1988 年全国有 61 个大中城市开放了国库券流通市场；到 1989 年有 100 多个城市的 400 多家交易机构开办了国库券转让业务；1990 年全国累计发行各种有价证券 2 100 多亿元，累计转让交易额 318 亿元，中介机构网点达到 1 600 多家。

1986 年 11 月，美国纽约证券交易所主席约翰·凡尔霖来华访问，在与邓小平会见时把纽约证券交易所的徽章赠送给邓小平，而邓小平以一张飞乐音响（小飞乐）股票作为回赠。

一批留美归来的年轻学者带来了他们对中国建立证券市场的意见和建议。其中有代表性的人物是王波明和高西庆。1988 年 4 月，他们回国后向有关部门提交了《关于促进中国证券市场法制化和规范化的政策建议》，引起重视。9 月 8 日，"金融体制改革和北京证券交易所筹备研讨会"在北京万寿宾馆召开，王波明、高西庆受邀参会。中央财经领导小组、国家计划委员会、国家经济体制改革委员会、中国人民银行、财政部、对外经济贸易部、国务院发展研究中心等部门的领导到会参加研讨。会议的成果，是会后编写的《关于中国证券市场创办与管理的设想》，它把中国证券业结构的整体框架勾勒了出来。11 月 9 日，中央财经领导小组副组长姚依林和秘书长张劲夫，以及财政部副部长项怀诚、体改委副主任安志文和高尚全、国家经委原副主任吕东等，听取了研讨会情况的汇报。

1989 年 3 月 15 日，以归国学者领衔的"民间力量"组建了"北京证券交易所研究设计联合办公室"，即后来所称的"联办"（该机构后来先后改称"证券市场研究设计联合办公室""中国证券市场研究设计中心"）。

1989 年 12 月 2 日，上海市委常委扩大会议专门研究当时背景下的金融改革问题，确定筹建上海证券交易所。中国人民银行副行长刘鸿儒应邀到会。市委书记、市长朱镕基宣布，由交通银行董事长兼行长李祥瑞、上海市体改办主任贺镐圣、中国人民银行上海市分行行长龚浩成组成"上海证券交易所筹建小组"，李祥瑞为组长。筹备工作后期，时任上海市体改办副主任的楼继伟也参与进来。

经过筹备小组成员的努力，历时半年的准备工作之后，1990 年 6 月，国务院正式批复：考虑到上海市目前已有一定的证券交易量，以及开发浦东之后交易量增加的趋势，同意建立上海证券交易所。11 月 26 日，上海证券交易所举行成立大会。绝迹 40 多年的证券交易机构又重回上海滩。12 月 19 日上午，上海证券交易所开业仪式在黄浦江畔的浦江饭店举行。开业当日，上海证券交易所里有 30 种证券上市，其中，国债 5 种、企业债券 8 种、金融债券 9 种、股票 8 种。当时的 8 只股票分别是飞乐音响、延中实业、爱使股份、真空电子、申华实业、飞乐股份、豫园商城、浙江凤凰，被称为"老八股"。

资料来源：龚浩成、谈佳隆：《上交所成立始末》，《中国经济周刊》2009 年第 2 期；龚浩成、张持坚：《决策创建上海证券交易所前后》，《档案春秋》2019 年第 7 期。

1990 年 12 月 1 日，深圳证券交易所开始试营业。1991 年 4 月 11 日，中国人民银行正式批准成立深圳证券交易所，7 月 3 日，深圳证券交易所正式开业。

1992 年 5 月 15 日，国家经济体制改革委员会（简称国家体改委）印发《股份有限公司规范意见》和《有限责任公司规范意见》。同日，国家体改委、国家计划委员会、财政部、中国人民银行、国务院生产办公室发布《股份制企业试点办法》。该文件发布前后，国家体改委召集 10 余个主管部门，草拟了 10 多项有关股份制企业的配套法规，其中包括财政部与国家体改委于 1992 年 5 月 23 日联合颁布的《股份制试点企业会计制度》，这份会计制度由冯淑萍同志执笔起草，是新中国成立后第一个股份制企业会计制度，"从内容到形式，都一改传统计划经济体制下会计制度模式，是我国企业会计制度改革的一项成功的探索，是我国会计全面改革的前奏"[1]，为后续的会计制度改革积累了经验。

《股份制试点企业会计制度》包括制度规定、会计科目与会计报表两大部分。与其他会计制度相比，主要有以下三个特点。一是不分行业、部门和所有制。二是会计核算原则符合我国即将发布的《企业会计准则第 1 号——基本准则（草案）》的要求。《股份制试点企业会计制度》规定了企业会计核算的一般原则，主要包括合法性、分期核算、人民币为记账本位币、借贷记账法、真实性、可比性、充分反映、一致性、及时性、收入与支出相互配合、权责发生制、历史成本记账、划分收益性支出与资本性支出等。这些会计核算原则与起草的企业会计准则的有关规定基本一致。三是适合我国国情，借鉴国际惯例。一方面，采用了国际上普遍采用的资产、负债、股东权益的概念，将资金平衡表改为资产负债表；成本核算上由完全成本法改为制造成本法；要求公开发行股票的企业会计报表公开；向外报出的报表要经注册会计师审查验证；等等。另一方面，在制度结构上，不仅制定了会计制度，还规定了企业所使用的科目名称及其核算内容，规定了向外报送报表的种类、报表名称、报表格式及其编制方法；从企业报表的报送单位来看，制度规定，企

---

1 李玉环：《深化会计改革 打造高质量会计准则制度——纪念〈企业会计准则〉实施十周年》，《会计研究》2003 年第 7 期。

业不仅要向投资人报送报表，或向社会公开报表，还要按月或按年向当地财税机关、开户银行、主管部门、体改部门报送报表，股份制企业的报表还要汇总，等等。[1]

专栏 3-13

冯淑萍同志

冯淑萍，1951年10月生于上海，天津人。1978年毕业于山西财经学院（现为山西财经大学）会计学专业。1978年9月至1993年10月，在财政部会计司任科员、副处长、处长，从事会计制度建设。先后参与了利改税会计处理办法和企业会计制度的研究和起草，主持工业企业会计制度研究和建设，主持行业会计制度和股份公司会计制度的建设。1993年10月至1996年7月，任财政部会计司副司长，主要主持企业会计准则建设及行业会计制度制定工作。1996年7月至2001年，任财政部会计司司长。2001—2004年，任财政部党组成员、财政部部长助理。2004—2013年，任全国人大常委会预算工作委员会副主任。2013年起，历任第十二届全国人大常委会委员、财经委委员、中国注册会计师协会会长。著有《中华人民共和国会计法讲话》《工业会计实用读本》《新编股份制企业会计》《中国会计改革与国际协调》等。

股份制企业对会计制度、会计工作的要求与外商投资企业基本一致，这就决定了股份制企业会计制度应该而且有可能借鉴国际会计惯例。《股份制试点企业会计制度》与《外商投资企业会计制度》相比，尽管相同点是主要的，

---

1 冯淑萍：《〈股份制试点企业会计制度〉介绍》，《财务与会计》1992年第7期。

但差别还是存在的，主要表现在以下几方面（其中部分差别属于财务制度等其他制度）：对陈旧、冷背、残次的商品没有规定提取"存货变现损失准备"；根据期末应收账款（不包括应收票据）余额的3‰～5‰计提坏账准备；企业对其他单位的投资占被投资单位资本总额半数以上的，按"权益法"核算长期投资，并编制合并报表；加速折旧额按不超过直线法30%的加速幅度计算；将"有价证券"科目改为"短期投资"科目；"投资人权益"改为"股东权益"，包括股本、盈余公积金、资本公积金、集体福利基金（即公益金）和未分配利润；未规定分期收款销售方式的收入确认办法；将投资损益从营业外收支中划出，并在利润表中单独列示；会计报表除三张主表外，只报两张附表，对成本表未做统一规定；明确规定固定资产的标准为使用年限在1年以上，且单位价值在1 000元、1 500元、2 000元以上。该制度将企业资金来源划分为股东权益和债权人权益分别管理和核算，使得会计报表上投资者权益和债权人权益一目了然。该制度要求，企业对外报送的年度会计报表，应当聘请注册会计师进行鉴证并出具审计报告。

值得注意的是，权益法缺乏理论依据，是实践中财务操纵的常用工具之一。[1]

 专栏 3-14

《股份制试点企业会计制度》摘录

（说明：以下为条文节选，标有【】的注释为笔者所加。★表示值得肯定，▲表示有争议。）

第十一条【★强调宏观经济管理的需要】会计信息必须满足国家宏观经济管理的需要，满足有关各方了解企业财务状况和经营成果的需要，满

---

1 进一步的分析可参见：周华、戴德明、徐泓：《股权投资的会计处理规则研究——从"权益法"的理论缺陷谈起》，《财贸经济》2011年第10期。

足企业加强内部经营管理的需要。

第十七条【★强调"实际成本"】各项财产物资应当按照取得或购建时发生的实际成本核算。除国家另有规定者外，一律不得自行调整其账面价值。

第二十一条【▲汇兑损益列作当期财务费用】月份终了，企业应将外币账户的外币余额按照月末国家外汇牌价折合为人民币，作为外汇账户的期末人民币余额。调整后的各外币账户人民币余额与原账面余额的差额，作为汇兑损益，列作当期财务费用。

第二十二条【★市价信息的补充列报】短期投资包括能够随时变现并准备随时变现的股票和债券，应当按照取得时的实际成本登记入账，有市价的并在资产负债表有关项目内注明期末时市价。

第二十三条【★允许计提坏账准备】企业按照规定以应收账款余额的规定比例提取坏账准备的，其提取的坏账准备，计入当期损益。坏账准备应单独核算，并在资产负债表中作为应收账款的减项单独反映。

第三十七条【▲引入商誉的概念】无形资产包括专利权、商标权、专有技术、土地使用权、商誉等。

第三十九条【无形资产的摊销】各种无形资产应在受益于企业时，按照规定的无形资产有效期限分期平均摊销。没有规定期限的，按照预计的受益期限平均摊销；预计受益期限无法确定的，按照不少于十年的期限分期平均摊销。无形资产期末未摊销余额，应在会计报表中单独列示。

第七十五条【查账报告】企业应按国家有关规定，聘请中华人民共和国政府批准的注册会计师，对企业的年度会计报表和会计账目进行查账验证，并出具查账报告。

1998 年，财政部对《股份制试点企业会计制度》进行了修订，形成《股份有限公司会计制度——会计科目和会计报表》，适应了我国企业改组上市以及在境内外发行 A 股、B 股、H 股筹资的要求。[1]

 专栏 3-15

冯淑萍同志回忆《股份制试点企业会计制度》的制定过程

记得 1992 年初，国家经济体制改革委员会曾在深圳召开了股份制企业工作座谈会。时任体改委副主任的刘鸿儒同志在会上谈到了他到海外考察资本市场，研究内地企业能否在境外直接融资的问题。他直言，影响企业融资的有两大障碍，一是外国投资者反映看不懂我们企业的会计报表，二是没有保护投资者权益的法律制度。当时制定的适用于企业的会计制度与国家直接经营企业的管理模式相适应，资金来源主要是国家拨款和银行借款，没有资本（或股东）及资本保全概念，计提折旧冲减国家基金，提取的折旧部分上缴国家，各项资金专款专用，企业不得统筹安排资金等。这样一种企业财务管理和会计核算模式，与资本市场对会计的要求是格格不入的。刘鸿儒同志要求我们在最短时间内拿出适应股份制企业的会计制度来。由于已有中外合资经营企业会计制度的基础，加上对各地试行股份制改制企业做了深入研究，我们仅用了两个月的时间就制定和发布了《股份制试点企业会计制度》。制定这个制度，在业务技术上并不难，困难来自政治层面上。

记得当时征求部内有关司的意见时，有人提出这个制度是资本主义的东西。幸好那时邓小平同志南方谈话发表了，允许企业试行股份制，允许成立证券交易所。我国股票交易市场用十几年的时间走过了一些国家几十

---

1 刘玉廷：《中国会计改革开放三十年回顾与展望（上）——我的经历、体会与认识》，《会计研究》2008 年第 12 期。

年甚至上百年走过的路。其中，适时出台与之相适应的会计制度，其作用和意义可圈可点。

资料来源：冯淑萍：《回忆我国会计改革二三事》，《财务与会计》2008 年第 19 期。

第五节　1992 年 6 月发布《外商投资企业会计制度》

1991 年 4 月 9 日，第七届全国人民代表大会第四次会议通过《中华人民共和国外商投资企业和外国企业所得税法》。1991 年 6 月 30 日，国务院颁布《中华人民共和国外商投资企业和外国企业所得税法实施细则》。

1992 年 6 月 24 日发布的《外商投资企业会计制度》与《中外合资经营企业会计制度》相比，除了扩大适用范围、增加有关中外合作企业特有的会计方法外，主要作了以下修改：采用了财务会计与税务会计分离的原则；所有汇兑损益，不论是否实现，全部计入当期损益[1]；对于注册资本货币与记账本位币不一致的企业，规定"实收资本"账户的核算方法；允许企业按应收账款与应收票据等应收项目和放款的年末余额计提不超过 3% 的坏账准备；对工业企业未销售的产成品以及商业企业的商品因陈旧、冷背、残次等原因，其可变现净值低于账面实际成本的，经批准可以将差额列作本年度损失，这在一定程度上相当于成本与市价孰低法；权益性长期投资一般采用成本法核算，但企业的投资占被投资企业资本总额的 25% 以上，且对被投资企业的经营管理有重大影响力的，也可以采用权益法核算；采用加速折旧法，但限于双倍余额递减法和年数总和法；应付公司债券溢价或折价的摊销，可采用直线法或实际利率法；将"资本"这一要素改称为"投资人权益"，除实收资本、储

---

1 沈小南：《外商投资企业会计制度介绍》，《财务与会计》1992 年第 7 期。

备基金、企业发展基金、未分配利润外，还包括捐赠公积、资本折算差额和资本溢价；明确规定收入实现的条件，在一般情况下采用"销售法"，即在销售成立时确认收入，同时规定，有长期合同的企业可以采用类似"生产法"的方法确认收入，即按完成进度或实际完成的工作量确认收入，对分期收款销售则采用"收款法"，即按合同约定的收款日期作为销售成立的标志。总之，与《中外合资经营企业会计制度》相比，《外商投资企业会计制度》更广泛地借鉴了国际会计惯例。[1]

 专栏 3-16 ————————————————————

《外商投资企业会计制度》摘录

（说明：以下为条文节选，标有【　】的注释为笔者所加。★表示值得肯定，▲表示有争议。）

第九条【★重申实际成本原则】外商投资企业的财产应当按照实际成本核算。除另有规定者外，企业不得自行调整财产的账面价值。

第二十二条【▲坏账准备】企业计提坏账准备，可于年度终了根据应收账款、应收票据等应收款项或者放款的年末余额，按照不超过3%的比例计提。坏账准备应当单独核算，并在资产负债表中作为应收款项或者放款项目的减项单独反映。

第二十四条【引入"后进先出法"】存货的核算，一般采用永续盘存制。领用或者发出的商品、原材料、自制半成品和产成品等，按照实际成本核算的，可以采用先进先出、加权平均、移动平均、后进先出或者分批实际等方法确定其实际成本。

第二十五条【▲引入存货变现损失准备】年度终了，企业的商品、产成品或者可以对外销售的自制半成品，如有因残次、陈旧、冷背等原因而

造成的其可变现净值低于账面实际成本的，经主管财政部门或国务院有关主管部门批准，可以将损失计入本年销售成本，并同时作为存货变现损失准备单独核算，在资产负债表中作为存货的减项反映。

第二十七条【▲引入"权益法"】向其他单位投资和股票投资的核算，一般采用成本法。企业的投资占被投资企业资本总额或者股本总额25%以上，且企业对被投资企业的经营管理有重大影响力的，也可以采用权益法。

第三十一条【加速折旧】固定资产的折旧一般采用直线法。不宜采用直线法计算折旧的，也可以采用工作量法。

第六十二条【▲未实现的汇兑损益计入当期利润】月份终了，各种外币账户（不包括按调剂价单独记账的外币账户）的外币月末余额，应当按照月末国家外汇牌价折合为记账本位币金额。按照月末国家外汇牌价折合的记账本位币金额与账面记账本位币金额之间的差额，作为汇兑损益，计入当期损益。筹建期间发生的以及与购建固定资产等直接有关的汇兑损益除外。

第八十一条【▲财务会计与税务会计分离】企业在执行本制度时，需进行纳税调整的，应当在申报纳税时依照税法的规定进行调整。

杨纪琬先生曾在1994年撰文作如下评论："在10多年来的会计改革中，我国会计制度作了许多修改，但真正意义上的改革却是《股份制试点企业会计制度》和《外商投资企业会计制度》的发布，它们完全跳出了旧框框的羁绊，以全新的面貌出现，具有划时代的意义。特别是《股份制试点企业会计制度》，它是我国第一部适用于国内企业而又借鉴国际会计惯例的会计制度，它的出台为今后的会计改革积累了宝贵的经验。"[1]

1 杨纪琬：《我国会计改革的历程与前景》，《财经研究》1994年第3期。

1992 年 7 月 1 日发布的《全国人民代表大会常务委员会关于批准 1991
年国家决算的决议》批准了国务委员兼财政部部长王丙乾 1992 年 6 月 27
日在第七届全国人民代表大会常务委员会第二十六次会议上所作的《关于
1991 年国家决算的报告》。该报告中提出："要加快财务会计制度的改革，
研究制定财务准则和会计准则，大力发展会计师事务所，逐步建立社会服务
和监督体系。要把加快改革开放步伐同加强财政管理、监督和服务紧密结合
起来。"

第六节　1992 年 11 月发布《企业会计准则》

财政部为会计改革做了充分的舆论准备。《人民日报》于 1992 年 6 月 10
日刊发国务委员兼财政部长王丙乾的文章《加强会计工作促进经济更快更好
地发展》。文章指出，要"立足我国实际，大胆借鉴国际经验，制定和实施财
务会计准则"。

6 月 25—26 日，财政部会计司在京郊门头沟召开由国务院有关部、委、
局、总公司以及首钢等在京大中型企业财务部门负责人参加的会计准则座谈
会，就会计准则草案进一步征求有关部委和企业代表的意见，这次会议在尽
快发布实施会计准则问题上形成了共识。7 月 8 日，中央电视台的《新闻联播》
节目播出"中国会计制度酝酿重大改革"的新闻。7 月 9 日，《人民日报》刊
发头条新闻《我国会计制度将作重大改革——采用国际通行的会计核算准则
及办法》（见图 3-7），中央人民广播电台的《全国各地新闻与报纸摘要联播》
节目的头条新闻也对会计改革进行了先期宣传。[1]

---

[1] 葛家澍、刘峰：《会计理论——关于财务会计概念结构的研究》，中国财政经济出版社，2003，第
273 页；张汉兴：《会计风暴——我的亲历与见证》，立信会计出版社，2008，第 150—155 页。

图 3-7 《人民日报》头条新闻关于会计制度改革的报道

专栏 3-17

我国会计制度将作重大改革

采用国际通行的会计核算准则及办法

据新华社北京 7 月 8 日电 记者丁坚铭报道：最近，财政部接连颁布实施了一系列新的会计制度，继 5 月 23 日与国家体改委联合颁发了《股份制试点企业会计制度》后，6 月 24 日，又发布了《外商投资企业会计制度》。据悉，另外还有 20 多个新的会计制度也将在年内陆续颁布实施。这些新颁布和即将发布的会计制度，摒弃了原来会计制度的一些核算办法和原则，代之以国际上通行的会计核算准则及办法。由此，我国会计制度开始了一场大的革命。

会计制度是规范一个企业会计行为的基本准则。会计通过凭证、账簿、报表等手段，既可促进企业经济效益的提高，又可监督企业的经营活动。长期以来，我国实行的是一套高度集中的、具有统收统支色彩的会计核算制度，这种会计核算制度是按不同的所有制、部门和行业分别制定的，各所有制、部门和行业间没有统一的共同遵循的会计核算要求，各类企业提供的会计信息资料缺乏统一性和可比性。特别是原有的会计核算制度管得过多，统得过死，打酱油的钱不准许买醋，企业甚至建一个厕所，修一条道路也要事先造计划，打报告，批准才能办，没有任何一点财务自主权。更由于原有的会计核算规范不同，导致企业之间的负担水平也不一致。

不可否认，原有的会计制度在以往几十年的财政经济管理工作中曾发挥了很大的作用。但是，随着近几年我国社会主义商品经济的快速发展，出现了跨地区、跨部门和行业的企业集团，股份制、租赁制等形式的企业也在不断出现。所有制形式变了，经营方式也变了，但高度集中的会计制度却没有相应变化，这给企业经营和管理带来了许多问题和矛盾。比如，首都钢铁公司现已是集冶金、机械、建筑、电子、食品等多行业的企业集团，但因各行业的会计核算制度不尽一致，使得会计报表无法汇总合并，整个集团的经营活动信息和经营成果很难得到准确反映。

会计信息本是一种国际语言，我国的会计信息却很难在对外开放和对外经济技术合作交流中起到沟通中外双方的作用。去年底，上海准备在香港发行B种股票，只因提供的会计报表香港人看不懂，股票发行遇到了麻烦，有关企业不得不花重金请国际会计公司将其会计报表重编。我国铁道部在与世界银行谈判贷款项目时，也仅仅因为外方看不懂我国的会计报表，使谈判搁浅。

由此可见，现行会计制度已经影响到经济体制改革的深入进行和对外开放的不断扩大。正因为如此，会计制度改革引起了党和国家领导人的高度重视与关注。近一段时期以来，江泽民、李鹏、姚依林、田纪云、邹家华、朱镕基都先后对会计制度改革作了重要指示。

目前我国的会计制度改革正在紧锣密鼓地进行之中，据悉，近期国家即将颁布新中国成立以来的第一部《会计基本准则》，同时还将陆续颁布实施包括固定资产会计等 40 个具体会计准则。

资料来源：丁坚铭：《我国会计制度将作重大改革　采用国际通行的会计核算准则及办法》，《人民日报》1992 年 7 月 9 日头版头条。

10 月 6 日，财政部发布《关于深化会计改革　加强会计工作　促进经济更快更好发展的意见》，明确提出了"制定会计准则，改革会计核算制度"的要求。该意见指出，"会计核算制度的改革是搞好会计工作的当务之急。要彻底改变过去那种按所有制、分行业或部门制定会计核算制度的格局，适应多种经济成分并存、投资主体多元化、经营方式多样化以及对外开放的要求，借鉴国际惯例，制定并实施符合中国国情的会计准则。它的基本要求是：实行以会计准则统驭各行各业会计核算制度的新模式；统一会计要素确认、计量标准和处理方法，提高会计信息的可比性和适应性；确立保护投资不受侵蚀的原则，改变过去那种任意冲减投资的不合理做法，维护包括国家在内的投资者的权益；确认企业对全部资金的处置权和调度权，改变过去将资金人为分割、各自平衡的会计处理原则；按商品经济的运行规律，正确处理存货计价、坏账准备等问题，改变过去某些导致盈亏不实、虚盈实亏的会计处理方法；推行制造成本法，改变过去那种不能正确反映经营成果、不利于推行现代化管理、计算程序烦琐的全部成本法；根据明晰、合理、统一的原则，制定既能满足微观管理、又能满足宏观管理需要和投资者、债权人的要求，并且能与国际惯例相协调的会计报表体系，克服现行会计报表种类过多、指标过繁、项目繁杂、口径不一、权责关系表达不清的弊端"。

1992 年 10 月 12 日，江泽民同志在中国共产党第十四次全国代表大会上的报告《加快改革开放和现代化建设步伐，夺取有中国特色社会主义事业的更大胜利》中指出，发展我国商业、金融、保险、旅游、信息、法律和会计审计咨询、居民服务等第三产业，不仅有利于促进市场发育，提高服务的社会化、专业化水平，提高经济效益和效率，方便和丰富人民生活，而且可以广开就业门路，为经济结构调整、企业经营机制转换和政府机构改革创造重要条件。要发挥国家、集体、个人三方面的积极性，加快第三产业的发展，使之在国民生产总值中的比重有明显提高。

11 月 16 日，国务院国函〔1992〕178 号批准财政部发布实施《企业会计准则》。从而使得《企业会计准则》成为迄今为止，唯一一份位列行政法规的会计准则。[1]

 专栏 3-18

国务院关于《企业财务通则》《企业会计准则》的批复

（国函〔1992〕178 号）

财政部：

国务院批准《企业财务通则》《企业会计准则》，由你部发布施行。

今后你部可以根据实际情况对《企业财务通则》《企业会计准则》进行修改，不再报国务院审批。

附件：一、企业财务通则

二、企业会计准则

国务院

一九九二年十一月十六日

资料来源：《中华人民共和国国务院公报》1992 年 30 期，第 1 282—1 298 页。

---

1 2008 年 1 月 15 日，国务院令第 516 号发布《国务院关于废止部分行政法规的决定》，对《企业财务通则》《企业会计准则》等适用期已过或者调整对象已经消失，实际上已经失效的 43 件行政法规，宣布失效。

11 月 30 日，按照《国务院关于〈企业财务通则〉〈企业会计准则〉的批复》（国函〔1992〕178 号），财政部部长刘仲黎签发第 4 号令发布《企业财务通则》、签发第 5 号令发布《企业会计准则》（简称"两则"，见图 3-8），自 1993 年 7 月 1 日起施行。"这是我国财政管理工作与财务会计制度的重大改革，标志着我国的财务会计制度开始同国际接轨。"[1]

图 3-8　1992 年发布的"两则"

会计法规制定者指出，制定会计准则是适应我国经济结构发展变化的需要，是适应政府转变职能、企业转换经营机制的需要，是适应市场经济体制、加强国家宏观调控的需要，是适应对外开放的需要。与以往的会计核算制度相比，《企业会计准则》具有如下几个特点：（1）抛弃"固定资产等于固定资金、流动资产等于流动资金、专项资产等于专项资金的所谓'三段平衡'"，将过去长期使用的"资金来源＝资金占用"的会计平衡等式，改为国际上通用的"资产＝负债＋所有者权益"的会计平衡等式。（2）大幅简化折旧的会计核算手续。（3）改变以往的完全成本法（也就是将企业的管理费用分摊到产品成本中去的做法），实行制造成本法，制造成本仅包括直接材料、直接人工和其他直接费用及各项间接费用。管理费用、财务费用和销售费用等一律作为期间费用直接计入当期损益。（4）引入了谨慎性原则。具体体现为两点：一是按照国家规定允许企业按应收账款的一定比例计提坏账准备；二是允许企业选择具体的折旧方法、确定加速折旧幅度。（5）对外公布的会计报表改为只编报资产负债表、损益表、财务状况变动表以及会计报表附表。这次改革后，不再要

1　财政部部长刘仲黎 1993 年 3 月 16 日在第八届全国人民代表大会第一次会议上作的报告《关于一九九二年国家预算执行情况和一九九三年国家预算草案的报告》。

求工业企业报送成本报表。（6）企业会计统一采用借贷记账法。[1]

 专栏 3-19 ──────────────────────

《企业会计准则》摘录

（说明：以下为条文节选，标有【】的注释为笔者所加。★表示值得肯定，●表示有争议。）

关于 12 条会计核算的一般原则

第十条【★真实性原则】会计核算应当以实际发生的经济业务为依据，如实反映财务状况和经营成果。

第十一条【★会计的目标：相关性原则或有用性原则】会计信息应当符合国家宏观经济管理的要求，满足有关各方了解企业财务状况和经营成果的需要，满足企业加强内部经营管理的需要。

第十二条【可比性原则】会计核算应当按照规定的会计处理方法进行，会计指标应当口径一致、相互可比。

第十三条【一致性原则】会计处理方法前后各期应当一致，不得随意变更。如确有必要变更，应当将变更的情况、变更的原因及其对企业财务状况和经营成果的影响，在财务报告中说明。

第十四条【及时性原则】会计核算应当及时进行。

第十五条【明晰性原则】会计记录和会计报表应当清晰明了，便于理解和利用。

第十六条【权责发生制原则】会计核算应当以权责发生制为基础。

第十七条【★配比原则】收入与其相关的成本、费用应当相互配比。

第十八条【●谨慎性原则】会计核算应当遵循谨慎性原则的要求，合

1 蒋岗：《认真贯彻实施企业会计准则促进社会主义市场经济的完善与发展》，《会计研究》1993年第2期。

理核算可能发生的损失和费用。

第十九条【★实际成本原则】各项财产物资应当按取得时的实际成本计价。物价变动时，除国家另有规定者外，不得调整其账面价值。

第二十条【●合理划分收益性支出与资本性支出的原则】会计核算应当合理划分收益性支出与资本性支出。凡支出的效益仅与本会计年度相关的，应当作为收益性支出；凡支出的效益与几个会计年度相关的，应当作为资本性支出。

第二十一条【●重要性原则】财务报告应当全面反映企业的财务状况和经营成果。对于重要的经济业务，应当单独反映。

关于会计要素准则

第二十二条【★资产的定义】资产是企业拥有或者控制的能以货币计量的经济资源，包括各种财产、债权和其他权利。

第二十三条【资产的分类】资产分为流动资产、长期投资、固定资产、无形资产、递延资产和其他资产。

第二十六条【★短期投资的会计处理】短期投资是指各种能够随时变现、持有时间不超过一年的有价证券以及不超过一年的其他投资。有价证券应按取得时的实际成本记账。当期的有价证券收益，以及有价证券转让所取得的收入与账面成本的差额，计入当期损益。短期投资应当以账面余额在会计报表中列示。

第二十七条【●允许计提坏账准备】应收账款可以计提坏账准备金。坏账准备金在会计报表中作为应收账款的备抵项目列示。

第二十八条【允许采用后进先出法】各种存货发出时，企业可以根据实际情况，选择使用先进先出法、加权平均法、移动平均法与个别计价法、后进先出法等方法确定其实际成本。

第二十九条【●引入权益法】长期投资是指不准备在一年内变现的投资，包括股票投资、债券投资和其他投资。股票投资和其他投资应当根据不同情况，分别采用成本法或权益法核算。债券投资应当按实际支付的款项记账。实际支付的款项中包括应计利息的，应当将这部分利息单独记账。溢价或者折价购入的债券，其实际支付的价款与债券面值的差额，应当在债券到期前分期摊销。债券投资存续期内的应计利息，以及出售时收回的本息与债券账面成本及尚未收回应计利息的差额，应当计入当期损益。

第三十条【●借款利息资本化】在固定资产尚未交付使用或者已投入使用但尚未办理竣工决算之前发生的固定资产的借款利息和有关费用，以及外币借款的汇兑差额，应当计入固定资产价值。

第三十一条【●商誉被视为无形资产】无形资产是指企业长期使用而没有实物形态的资产，包括专利权、非专利技术、商标权、著作权、土地使用权、商誉等。

第三十四条【★负债的定义】负债是企业所承担的能以货币计量、需以资产或劳务偿付的债务。

第三十八条【所有者权益的定义】所有者权益是企业投资人对企业净资产的所有权，包括企业投资人对企业的投入资本以及形成的资本公积金、盈余公积金和未分配利润等。

第四十四条【收入的定义】收入是企业在销售商品或者提供劳务等经营业务中实现的营业收入，包括基本业务收入和其他业务收入。

第四十七条【费用的定义】费用是企业在生产经营过程中发生的各项耗费。

第五十四条【利润的定义】利润是企业在一定期间的经营成果，包括营业利润、投资净收益和营业外收支净额。

关于财务报告

第五十七条【财务报告的构成】财务报告是反映企业财务状况和经营成果的书面文件，包括资产负债表、损益表、财务状况变动表（或者现金流量表）、附表及会计报表附注和财务情况说明书。

第六十条【财务状况变动表、现金流量表的定义】财务状况变动表是综合反映一定会计期间内营运资金来源和运用及其增减变动情况的报表。财务状况变动表的项目分为营运资金来源和营运资金运用。营运资金来源与营运资金运用的差额为营运资金增加（或减少）净额。营运资金来源分为利润来源和其他来源，并分项列示。营运资金运用分为利润分配和其他用途，并分项列示。企业也可以编制现金流量表，反映财务状况的变动情况。现金流量表是反映在一定会计期间现金收入和支出情况的会计报表。

第六十三条【●合并报表】企业对外投资如占被投资企业资本总额半数以上，或者实质上拥有被投资企业控制权的，应当编制合并会计报表。特殊行业的企业不宜合并的，可不予合并，但应当将其会计报表一并报送。

从《企业会计准则》的内容及其与随后发布的行业会计制度的关系来看，该准则实际上是具有理论框架（即概念框架）性质的基本准则。

《企业会计准则》所给出的部分会计要素的定义值得称道，堪称会计立法的典范。例如，《企业会计准则》第二十二条规定，"资产是企业拥有或者控制的能以货币计量的经济资源，包括各种财产、债权和其他权利"。这一规定将资产定义为特定的民事权利，可以说是迄今为止会计法规给出的最为简洁、妥当的资产定义。《企业会计准则》将国家宏观经济管理的要求纳入相关性原则，而没有照抄美国证券市场上的公认会计原则那种仅仅将投资者视为会计信息的首要使用者的失当立场，尤其值得肯定。[1]

---

1 遗憾的是，这一立场（连同配比原则）最终被 2006 年的《企业会计准则——基本准则》抛弃了。

但文件也存在些许硬伤：其中所定义收入乃是取其狭义（仅指营业收入），费用乃是取其广义，从而导致"收入－费用≠利润"，于是，该文件不得不另行给出了利润的定义。尤其值得注意的是，谨慎性原则的出台和权益法的引入，为域外的失当规则浸入中国会计法规开了口子。预期盈亏由此登堂入室，会计规则的弹性化和会计造假的合规化由此正式拉开大幕。

 专栏 3-20

《企业会计准则》的制定历程

为了制定我国的会计准则，财政部会计事务管理司于 1988 年 10 月成立会计准则课题组，组织专人着手会计准则的研究和起草工作。四年来大体上经历了四个阶段。

第一阶段从 1988 年 10 月至 1989 年 10 月，进行制定会计准则的可行性和必要性的研究。提出了《关于拟定我国会计准则的初步设想（讨论稿）》和《关于拟定我国会计准则需要研究讨论的几个主要问题（征求意见稿）》，通过讨论，对制定我国会计准则的一些重大问题，逐步统一了认识。

第二阶段从 1989 年 10 月至 1990 年 10 月，草拟了《中华人民共和国会计准则（草案）提纲（征求意见稿）》，到各地征求意见，并作为会议主要文件，提交同年 1 月召开的全国会计工作会议暨全国会计工作"双先"表彰大会讨论。大家基本上肯定了这个提纲的框架，成为后来正式拟就的会计准则的重要基础。

第三阶段从 1990 年 11 月至 1991 年 11 月，正式起草并发布了《企业会计准则（草案）》。1990 年 11 月，在会计准则提纲的基础上，会计准则课题组经过一年多的紧张工作，于 1991 年 11 月制定出《企业会计准则第 1 号——基本准则（草案）》，用财政部文件发全国各省、自治区、直辖市和国务院有关部门征求意见。

第四阶段从 1991 年 11 月至 1992 年 11 月，修改定稿企业会计准则并经国务院审批正式发布。在这期间，除收集整理各地区、各部门对《企业会计准则（草案）》的意见外，还于 1992 年 2 月在深圳市召开了会计准则国际研讨会，邀请国内外专家共同研讨提出了关于会计准则若干问题的意见。1992 年 6 月召开了国务院有关部门财务司、局负责人参加的会计准则座谈会，专门讨论《企业会计准则（草案）》；7 月又提交全国财政工作会议进一步讨论；部内还多次召开办公会议讨论研究，最后定稿，于 1992 年 11 月正式报国务院审批，国务院以国函〔1991〕178 号文件批准，财政部以第 5 号部长令于 11 月 30 日正式发布，自 1993 年 7 月 1 日起施行。

资料来源：蒋岗：《认真贯彻实施企业会计准则 促进社会主义市场经济的完善与发展》，《会计研究》1993 年第 2 期。

就其性质而言，1992 年的《企业会计准则》属于基本准则，第一份具体准则的出台则是 1997 年的事情。值得注意的是，1992 年的《企业会计准则》的设计理念是"会计基本假设—基本原则—会计准则—具体会计处理程序"，其以会计假设为起点的思路，借鉴的是美国注册会计师协会 1961 年公布的会计研究文集。作为对比，2006 年的《企业会计准则——基本准则》的设计理念是"目标和假设—质量特征—确认与计量—财务报告列报"，借鉴的是美国注册会计师协会 1973 年公布的会计目标研究组报告《财务报表的目标》，以及 1973 年以来财务会计准则委员会、国际会计准则理事会的财务会计概念框架。

在描述中国有没有会计理论结构时，人们通常会说基本准则相当于美国证券市场上的公认会计原则的概念框架或理论结构。但会计法规制定者指出，这种说法值得商榷，基本准则并不等同于财务会计概念框架。"我们 1992 年制定发布的《企业会计准则》主要是规范行业会计制度的准则。将来时机成熟，在这个基础上对准则进行修订，做进一步的完善，才能形成中国会计准则体系的第一个层次。"[1]

 专栏 3-21

基本准则并不等同于会计概念框架（或会计理论结构）

基本准则起码在这样两个方面不具备理论结构的意义：第一，它既是制定具体准则的依据，同时也是有关企业会计核算的基本要求和指导思想，后者意义可能更显著一些；第二，这个基本准则采用法规语言，受到体例的局限，没有、也不可能像美国（证券市场上的）财务会计概念公告那样对与会计准则密切相关的概念加以阐述，所以将它作为一个理论结构那样要求，勉为其难。从中国目前会计实务的现状看，会计实务在相当程度上表现为多层次和不成熟，不具备建立理论结构的实践基础。要建立首尾一贯的会计准则理论结构，就我国目前的实际情况而言，难度很大。

资料来源：陈毓圭：《会计准则讲座》，中国财政经济出版社，2005，第 34 页。

《企业会计准则》出台后，为了便于企业会计人员掌握新知识，财政部会计事务管理司组织编写了《企业会计准则讲解》（见图 3-9）。[2]《企业会计准则讲解》中有很多地方给出了相当精辟的见解，例如，该书正确地指出，"由于假定企业是持续不断地经营下去的，企业的资产价值将以历史成本计价，而不是采取现行市价"[3]。但也有一些缺乏合理性的"讲解"，如对商誉的讲解为"企业的商誉多由地理位置优越、服务态度良好、生产技术先进、产品价廉物美、经营有道等各种综合因素所形成。这些因素使企业所获得的报酬超过类似企业的一般获利水平。在会计上即认为该企业有商誉"。这里所说的实际上是商业信誉，而不是会计上的"商誉"。接下来，该书又提出："不过，由于

---

1 财政部全国会计人员继续教育教材编审委员会：《企业会计准则及股份有限公司会计制度讲解（1998）》，中国财政经济出版社，1999，第 25 页。

2 财政部会计事务管理司编《企业会计准则讲解》，中国财政经济出版社，1993。

3 同上书，第 37 页。

商誉是一种不能确指的综合性无形资产，其成本不易客观确定，因此，对企业自己创立的商誉是不予入账的。购买的商誉，按成本入账。商誉依存于企业而存在，不能单独取得，因此，一般只有在企业转让时才予计算。当企业转让时，如果转让价格超过被收买企业的净资产时，其差额即作为商誉入账"[1]。这个"转让价格超过被收买企业的净资产"的差额，才是证券行业所炮制的商誉。商誉概念纯属虚构，没有任何科学依据可言。但这种说辞从此却大行其道，很少有质疑之声，这一现象值得深思。

图 3-9 《企业会计准则讲解》

　　值得说明的是，《企业会计准则讲解》归根到底是一部学术著作，其讲解属于学理解释、无权解释，应当不具备法律效力。[2] 该书开了一个头，自此以后，凡是准则说不大清楚的事情，大多会在讲解中给出解释。这多多少少地助长了不求甚解之风。倘若长此以往，会计准则自身的合法性便成问题了。

第七节　谨慎性原则和资产减值会计浸入我国会计法规

　　谨慎性原则看起来很美，让你很难不浮想联翩。资产减值会计的快速传播，是在谨慎性原则的名义下进行的。

　　谨慎性（prudence）原则又称稳健性（conservatism）原则，主张记录资产市场价值的下跌、记录预计负债，从而达到不高估资产、不低估负债的效果。如此计算的当期利润数据当然也就更低。这一理论主张的始作俑者是美

1　财政部会计事务管理司编《企业会计准则讲解》，中国财政经济出版社，1993，第89页。
2　与学理解释相对应的概念是法律解释，后者是有权解释，具有法律效力。

国证券市场上的公认会计原则（简称公认会计原则）。谨慎性原则具有很强的迷惑性。我国一些研究者出于借鉴域外先进经验的良好意愿，"不慎"把谨慎性原则当作国际先进经验引入我国。这是资产减值会计得以入侵会计理论体系并在会计法规体系中迅速膨胀的重要原因。学术界和立法机构分别采用了不同的口号来推广谨慎性原则。

我国著名会计理论家和实践家潘序伦先生早在20世纪30年代就曾撰文批判谨慎性原则。潘先生指出：谨慎性原则在理论上是自相矛盾的，"即在市价跌落时，承认其未实现损失，而在市价高涨时，不承认其未实现利益是也"，此种矛盾方法，对于损益计算"诚可尽其歪曲之能事，实是会计原理上及实务上之大患也"；该原则导致计算工作至为繁重，极不经济；该原则并不能达到稳健之目的，反而"有利于"操控利润数字。[1]

一、学者们的自由探索

1979年，有文献在介绍国际会计准则时引入了"谨慎从事"的原则。[2] 1981年，有文献声称"采用稳健原则符合国际会计惯例，还能有助于改善投资环境和促进外向型经济"，"按成本与市价孰低法进行存货计价，很明显地会减少'留存收益'，容许'秘密盈余'的存在。这确实是这个计价方法的严重缺点，不应当为它隐讳。'不预计可能的收益，只预计可能的损失'是人们按稳健原则行事的表现。但只要会计对象包括着不肯定性，只要人们还找不到唯一科学的估价标准，而需要从几个不同计价方法中加以选择，我们的会计原则也应当是'稳妥'，而决不是'冒险'和'浮夸'"。这样，到了1988年，又有文献提出"市场经济的瞬息万变和经济业务的不确定性，是会计上

---

1 潘序伦：《存货估价问题》，《立信会计季刊》1934年第2卷第3期；潘序伦：《存货计价论》，《立信会计季刊》1949年第2卷第16期，载《潘序伦文集》，立信会计出版社，2008，第146—166、464—493页。

2 袁际唐：《国际会计准则》，《外国经济参考资料》1979年第5期。

采用稳健原则的必要条件……会计基本假设和基本原则也是稳健原则存在的直接原因和条件。……更重要的是采用稳健原则符合国际会计惯例，还能有助于改善投资环境和促进外向型经济"。足见，我国学术界在引入谨慎性原则之初，便已将其混同为伦理上的美德。如此一来，反对它简直就像是挑战道德底线。反对者往往被一记闷棍击倒：难道为人处世不该谨慎一些吗？

二、围绕商品削价准备的争论

1987 年，财政部、商业部发布的《国营商业会计制度》规定了商品削价准备金制度。这是谨慎性原则在我国会计法规中的最早应用。[1] 如前文所述，围绕是否应当计提商品削价准备，会计界存有激烈的争论。

1992 年，谨慎性原则再次成为财政部举办的会计准则国际研讨中的热门话题。官方发表的综述文章指出，"关于稳健原则在会计准则体系中的地位，向来是我国会计界讨论得最多的问题。……对于稳健原则的确切含义及其在会计准则体系中的地位问题，尚未取得共识。……制定中国会计准则可以参考在稳健原则前提下所采取的一些具体会计核算办法。稳健原则并不是随处可用的，如果没有节制，有可能成为企业隐瞒利润或调节盈利水平的手段。西方国家的会计准则也不完全是遵循稳健原则的。因此，我们在制定中国的会计准则时，对稳健原则必须持慎重的态度。最近财政部发布的《企业会计基本准则（草案）》，没有将稳健原则作为一般原则，仅将其体现在具体经济业务的规定中，这样处理是比较合适的"[2]。应该说，立法机关对域外新颖概念的认识是清醒的。

三、会计法规采信谨慎性原则

虽然谨慎性原则饱受争议，但它还是被写入了 1992 年出台的一系列会计法

---

1 但该制度并没有明确地提出谨慎性原则。
2 骆小元、陈毓圭、李玉环：《改革与实践——会计准则国际研讨会综述》，《会计研究》1992 年第2 期。

规中。5 月 23 日发布的《股份制试点企业会计制度》第二十三条允许股份制试点企业按照应收账款余额的规定比例提取坏账准备并计入当期损益。6 月 24 日发布的《外商投资企业会计制度》允许外商投资企业计提坏账准备和存货变现损失准备。11 月 30 日发布的《企业会计准则》首次把谨慎性原则列作企业会计的一般原则，允许企业计提坏账准备。该准则第十八条规定，"会计核算应当遵循谨慎原则的要求，合理核算可能发生的损失和费用"；第二十七条第二款规定，应收账款可以计提坏账准备金。坏账准备金在会计报表中作为应收账款的备抵项目列示。各种应收及预付款项应当及时清算、催收，定期与对方对账核实。经确认无法收回的应收账款，已提坏账准备金的，应当冲销坏账准备金；未提坏账准备金的，应作为坏账损失，计入当期损益。12 月 30 日发布的《商品流通企业会计制度》延续了 1988 年的《国营商业会计制度》关于商品削价准备的规定。之后，资产减值的范围逐渐扩大（见表 3-5）。

表 3-5　　　　　　　　　　我国会计法规中资产减值会计的引进过程

	1992a	1992b	1992c	1998	1999	2000
应收账款的坏账准备	○	○	○	●	●	●
存货跌价准备	—	○	●	⊙	●	●
短期投资跌价准备	—	—	—	⊙	●	●
长期投资减值准备	—	—	—	⊙	●	●
（其他应收款的坏账准备）	—	—	—	—	●	●
委托贷款减值准备	—	—	—	—	—	●
固定资产减值准备	—	—	—	—	—	●
在建工程减值准备	—	—	—	—	—	●
无形资产减值准备	—	—	—	—	—	●

注：●义务性规定。○授权性规定。⊙仅对 B 股、H 股和境外上市公司作要求。

1992a：《股份制试点企业会计制度》；　　1992b：《外商投资企业会计制度》；

1992c：《企业会计准则》和分行业会计制度；　1998：《股份有限公司会计制度——会计科目和会计报表》；

1999：财会字〔1999〕第 43、49 号；　　2000：《企业会计制度》。

针对 1992 年 11 月 30 日财政部正式发布的《企业会计准则》删除草案中的合法性原则、增加谨慎性原则这一动向，杨纪琬先生指出，"我倒建议在修改会计准则或者制定具体应用会计准则时加上'合法性'这一条。我过去有个基本意见，不能把'谨慎性'作为一条普遍适用的原则……这个意见现在基本不变。有人建议加进成本与市价孰低法，我认为要慎重。……规定'谨慎性'原则的国家也不一定就完全按照它来处理业务，比如确认未实现的汇兑收益，分期确认长期合同的收入都没有体现谨慎性原则。谨慎性原则是不是国际惯例关系不大，不能认为'谨慎性'原则是一项国际惯例我们就一定要用，也不能因为它不是一项国际惯例我们就一定不能用，关键要看能不能在中国普遍使用"[1]。遗憾的是，质疑域外理论的声音被铺天盖地的"国际化"论调所淹没。

第八节　13 个行业会计制度的出台

根据《企业会计准则》的要求，结合各行业生产经营活动的不同特点及不同的管理要求，财政部分别制定了 13 个全国性、分行业的会计制度及相关财务制度（简称"两制"）。分行业的会计制度具体包括：《工业企业会计制度》《商品流通企业会计制度》《运输（交通）企业会计制度》《运输（铁路）企业会计制度》《运输（民用航空）企业会计制度》《邮电通信企业会计制度》《农业企业会计制度》《房地产开发企业会计制度》《施工企业会计制度》《对外经济合作企业会计制度》《旅游、饮食服务企业会计制度》《金融企业会计制度》《保险企业会计制度》，其中的示例如图 3-10 所示。

13 个行业会计制度是结合行业特点，根据《企业会计准则》的要求而制

---

1 杨纪琬：《对当前几个会计问题的思考》，《会计研究》1996 年第 2 期。

定的，其会计规则与《股份制试点企业会计制度》和《外商投资企业会计制度》大致相同。

图3-10　《工业企业会计制度》和《商品流通企业会计制度》
——分行业的会计制度示例

《企业会计准则》中所规定的坏账准备、权益法、借款利息资本化和汇兑损益等规则被行业会计制度普遍采用。例如，12月31日发布的《工业企业会计制度》要求企业设置"坏账准备"科目，按年末应收账款余额（不包括"应收票据"和"其他应收款"余额）和规定的比例（工业企业为3‰～5‰）计提坏账准备，借记"管理费用"科目，贷记"坏账准备"科目；股票投资和其他投资如占被投资企业资本总数半数以上或者实质上拥有被投资企业控制权的，应当采用权益法核算，并编制合并会计报表[1]；在固定资产尚未交付使用或虽已交付使用但尚未办理竣工决算以前发生的固定资产借款利息和有

1　1992年11月30日财政部发布的《企业会计准则》虽然提及权益法，但却没有规定明确的适用条件。准则起草者指出，"投资企业长期投资在被投资企业的股份，如果占有该企业股份的25%以上时，投资企业所拥有的股权足以对被投资企业的经营决策施加重大影响。在这种情况下，投资企业应当采用权益法来核算长期股权投资"。参见：财政部会计事务管理司编《企业会计准则讲解》，中国财政经济出版社，1993，第75页。同年12月31日发布的《工业企业会计制度》规定："企业对外投资如占被投资企业资本总数半数以上，或者实质上拥有被投资企业控制权的，应当编制合并会计报表。特殊行业的企业不宜合并的，可不予合并，但应当将其会计报表一并报送。"

关费用，以及外币借款的汇兑损益，计入固定资产价值；月份（或季度、年度）终了，企业应将外币账户余额按照期末国家外汇牌价折合为人民币，作为外币账户的期末人民币余额，调整后的各外币账户人民币余额与原账面余额的差额，作为汇兑损益列入财务费用。

值得注意的是，《企业会计准则》虽然提及权益法，但并未给出理论依据或者操作规则。《工业企业会计制度》也没有给出权益法的理论依据，而只是笼统地规定了操作规则：股票投资采用权益法核算的，应根据接受投资企业所有者权益的增加，按持股比例计算本企业所拥有的权益的增加额，借记"长期投资（股票投资）"，贷记"投资收益"科目。接受投资企业的所有者权益减少，作相反分录。分得的股利，借记"银行存款"等科目，贷记"长期投资（股票投资）"科目。[1] 因此，当时的权益法实际上是比照《企业会计准则讲解》一书进行处理的。

财政部副部长张佑才给出了会计准则的精辟表述："准则＝国际惯例＋中国国情＋按财务（会计）要素对过去按生产（经营）过程和所有制及行业的分类财务会计制度中共性原则进行重新分类、提炼、组合＋新的改革规定。"

 专栏 3-22

"两则""两制"的基本原则和五个突破

一、基本原则（基本指导思想）

制定"两则""两制"有三个基本原则，或者叫基本的指导思想。一是把制定"两则""两制"当作搞好财政改革的突破口来抓，尽快使之出台。二是把制定"两则""两制"同遵循国际惯例、尊重经济规律、贯彻落实《全民所有制工业企业转换经营机制条例》紧密结合起来，也就是同建立和发展社会主义市场经济体制紧密结合起来。三是先立后破，先学后

1　中华人民共和国财政部制定：《工业企业会计制度》，中国财政经济出版社，1993，第 30 页。

干，保证改而不乱。

二、五个突破

"两则""两制"实现了五个突破。一是对所有企业财务会计制度进行了统一规范。二是实行资本保全原则，建立企业资本金制度，明确产权关系。三是改革固定资产折旧制度，促进企业技术进步。四是改革成本管理制度，采用制造成本法。将当期发生的管理费用和销售费用直接计入当期损益，大大简化了成本核算，真实反映了当期经营状况。五是采用国际通用报表体系，使财务会计信息成为国际通用商业语言。

资料来源：张佑才：《关于制定和实施"两则"、"两制"的若干问题》，《会计研究》1993 年第 4 期。

《工业企业会计制度》的会计科目表见表 3-6，资产负债表格式见表 3-7，损益表格式见表 3-8。值得一提的是，《工业企业会计制度》要求企业一律将研发支出计入"管理费用"科目。

表 3-6　　　　　　　　　　《工业企业会计制度》会计科目表

序号	编号	名称	序号	编号	名称
		一、资产类	9	119	其他应收款
1	101	现金	10	121	材料采购
2	102	银行存款	11	123	原材料
3	109	其他货币资金	12	128	包装物
4	111	短期投资	13	129	低值易耗品
5	112	应收票据	14	131	材料成本差异
6	113	应收账款	15	133	委托加工材料
7	114	坏账准备	16	135	自制半成品
8	115	预付账款	17	137	产成品

续表

序号	编号	名称	序号	编号	名称
18	138	分期收款发出商品	41	251	应付债券
19	139	待摊费用	42	261	长期应付款
20	151	长期投资			三、所有者权益类
21	161	固定资产	43	301	实收资本
22	165	累计折旧	44	311	资本公积
23	166	固定资产清理	45	313	盈余公积
24	169	在建工程	46	321	本年利润
25	171	无形资产	47	322	利润分配
26	181	递延资产			四、成本类
27	191	待处理财产损溢	48	401	生产成本
		二、负债类	49	405	制造费用
28	201	短期借款			五、损益类
29	202	应付票据	50	501	产品销售收入
30	203	应付账款	51	502	产品销售成本
31	204	预收账款	52	503	产品销售费用
32	209	其他应付款	53	504	产品销售税金及附加
33	211	应付工资	54	511	其他业务收入
34	214	应付福利费	55	512	其他业务支出
35	221	应交税金	56	521	管理费用
36	223	应付利润	57	522	财务费用
37	229	其他应交款	58	531	投资收益
38	231	预提费用	59	541	营业外收入
39	233	待扣税金	60	542	营业外支出
40	241	长期借款			

表 3-7   资产负债表

编制单位：   年   月   日   单位：元

资产	行次	年初数	期末数	负债及所有者权益	行次	年初数	期末数
流动资产：				流动负债：			
货币资金	1			短期借款	46		
短期投资	2			应付票据	47		
应收票据	3			应付账款	48		
应收账款	4			预收账款	49		
减：坏账准备	5			其他应付款	50		
应收账款净额	6			应付工资	51		
预付账款	7			应付福利费	52		
其他应收款	8			未交税金	53		
存货	9			未付利润	54		
待摊费用	10			其他未交款	55		
待处理流动资产净损失	11			预提费用	56		
一年内到期的长期债券投资	12			待扣税金	57		
其他流动资产	13			一年内到期的长期负债	58		
流动资产合计	20			其他流动负债	59		
长期投资：				流动负债合计	65		
长期投资	21			长期负债：			
固定资产：				长期借款	66		
固定资产原价	24			应付债券	67		
减：累计折旧	25			长期应付款	68		
固定资产净值	26			其他长期负债	75		
固定资产清理	27			长期负债合计	76		
在建工程	28						
待处理固定资产净损失	29			所有者权益：			
固定资产合计	35			实收资本	78		

续表

资产	行次	年初数	期末数	负债及所有者权益	行次	年初数	期末数
无形及递延资产：				资本公积	79		
无形资产	36			盈余公积	80		
递延资产	37			未分配利润	81		
无形及递延资产合计	40			所有者权益合计	85		
其他资产：							
其他长期资产	41						
资产总计	45			负债及所有者权益总计	90		

补充资料：1. 已贴现的商业承兑汇票 ＿＿＿ 元；

2. 融资租入固定资产原价 ＿＿＿ 元。

表3-8 　　　　　　　　　　　　损益表

会工02表

编制单位：　　　　　　　　　年　　月　　日　　　　　　　　　　单位：元

项目	行次	本月数	本年累计数
一、产品销售收入	1		
减：产品销售成本	2		
产品销售费用	3		
产品销售税金及附加	4		
二、产品销售利润	7		
加：其他业务利润	9		
减：管理费用	10		
财务费用	11		
三、营业利润	14		
加：投资收益	15		
营业外收入	16		
减：营业外支出	17		
四、利润总额	20		

《商品流通企业会计制度》是在属于商品流通领域的商业、粮食、对外贸易、物资供销、供销合作社、图书发行（新华书店）等十几种会计制度的基础上进行合并、调整制定而成的。该制度除了引入上述《工业企业会计制度》的新规则外，还延续1987年印发的《国营商业会计制度》关于"商品削价准备"的规定，要求企业设"商品削价准备"科目核算企业对库存商品预计可能发生削价损失（指已销商品的售价低于进价的差额）而从成本中提取的削价损失准备。企业提取商品削价损失准备时，借记"商品销售成本"科目"，贷记"商品削价准备"科目；冲销商品削价准备时，借记"商品削价准备"科目，贷记"商品销售成本"科目。[1]原来国营商业企业按照商品销售收入的一定比例提取商品削价准备的会计规则停止执行。该制度的起草者所参照的"国际惯例"，其实就是所谓的"成本与市价孰低"原则，其"基本含义是：对存货重置价格下跌而形成的损失，在损失期间就应该予以确认计入当期损益而不能等到销售时再确认，因为只有这样才能使当期的损益因期末存货价值的调低而相应减少，避免集中在销售期间降价销售造成利润大幅度下降，从而保持各个会计期间利润的均衡"。[2]会计法规制定者对"国际通行的稳健会计原则"笃信不疑，其理念是："根据稳健会计原则，企业应当提取坏账准备，发生坏账通过坏账准备核销。现在'三角债'特别严重，不提坏账准备，利润虚增；提坏账准备，加大费用，利润真实了。"[3]

商品流通企业的会计科目表见表3-9，资产负债表格式见表3-10，损益

---

1 例如，若商品进价为9元，现行售价为6元，则在提取商品削价损失准备时，借记"商品销售成本"科目、贷记"商品削价准备"科目各3元。销售商品时，按实际售价6元借记"银行存款"（或"应收账款"等）科目，贷记"商品销售收入"科目。结转商品销售成本时，按照进价9元借记"商品销售成本"科目，贷记"库存商品"科目（采用售价核算的商品还应于月末结转已销商品应分摊的进销差价）。用提取的商品削价准备弥补商品削价损失时，按3元借记"商品削价准备"科目、贷记"商品销售成本"科目。

2 刘玉廷：《〈商品流通企业会计制度〉解析》，载刘玉廷：《中国会计改革理论与实践》，民主与建设出版社，2002，第34页。

3 刘玉廷：《我国1993年的企业会计改革（1992年11月在财政部驻各省财政厅中企处新会计制度培训班上的报告）》，载刘玉廷：《中国会计改革理论与实践》，民主与建设出版社，2002，第1—25页。

表格式见表 3-11。

表 3-9 《商品流通企业会计制度》会计科目表

序号	编号	名称	序号	编号	名称
		一、资产类	26	176	固定资产清理
1	101	现金	27	179	在建工程
2	102	银行存款	28	181	无形资产
3	109	其他货币资金	29	185	递延资产
4	111	短期投资	30	191	待处理财产损溢
5	121	应收票据			二、负债类
6	122	应收账款	31	201	短期借款
7	125	坏账准备	32	203	应付票据
8	126	预付账款	33	204	应付账款
9	129	其他应收款	34	206	预收账款
10	131	商品采购	35	209	代销商品款
11	135	库存商品	36	211	其他应付款
12	141	受托代销商品	37	215	应付工资
13	143	商品进销差价	38	216	应付福利费
14	144	商品削价准备	39	221	应交税金
15	145	加工商品	40	225	应付利润
16	147	出租商品	41	229	其他应交款
17	149	分期收款发出商品	42	231	预提费用
18	151	材料物资	43	245	特准储备资金
19	155	包装物	44	251	长期借款
20	157	低值易耗品	45	261	应付债券
21	159	待摊费用	46	271	长期应付款
22	161	长期投资			三、所有者权益类
23	165	特准储备物资	47	301	实收资本
24	171	固定资产	48	311	资本公积
25	175	累计折旧	49	313	盈余公积

续表

序号	编号	名称	序号	编号	名称
50	321	本年利润	58	313	其他业务收入
51	322	利润分配	59	545	其他业务支出
		四、损益类	60	555	管理费用
52	501	商品销售收入	61	551	财务费用
53	507	销售折扣与折让	62	557	汇兑损益
54	511	商品销售成本	63	561	投资收益
55	517	经营费用	64	571	营业外收入
56	521	商品销售税金及附加	65	575	营业外支出
57	531	代购代销收入			

表 3-10　　　　　　　　　　商品流通企业资产负债表

会工 01 表

编制单位：　　　　　　　　年　月　日　　　　　　　　单位：元

资产	行次	年初数	期末数	负债及所有者权益	行次	年初数	期末数
流动资产：				流动负债：			
货币资金	1			短期借款	46		
短期投资	2			应付票据	47		
应收票据	3			应付账款	48		
应收账款	4			预收账款	49		
减：坏账准备	5			其他应付款	50		
应收财款净额	6			应付工资	51		
预付账款	7			应付福利费	52		
其他应收款	8			未交税金	53		
存货	9			未付利润	54		
待转其他业务支出	10			其他未交款	55		
待摊费用	11			预提费用	56		
待处理流动资产净损失	12			一年内到期的长期负债	57		

续表

资产	行次	年初数	期末数	负债及所有者权益	行次	年初数	期末数
一年内到期的长期债券投资	13			其他流动负债	58		
其他流动资产	14						
流动资产合计	20			流动负债合计	65		
长期投资：							
长期投资	21			长期负债：			
固定资产：				长期借款	66		
固定资产原价	24			应付债券	67		
减：累计折旧	25			长期应付款	68		
固定资产净值	26			其他长期负债	75		
固定资产清理	27			长期负债合计	76		
在建工程	28						
待处理固定资产净损失	29			所有者权益：			
固定资产合计	35			实收资本	78		
无形及递延资产：				资本公积	79		
无形资产	36			盈余公积	80		
递延资产	37			未分配利润	81		
无形及递延资产合计	40			所有者权益合计	85		
其他长期资产：							
其他长期资产	41						
资产总计	45			负债及所有者权益总计	90		

补充资料：1. 已贴现的商业承兑汇票 ＿＿＿＿＿＿＿ 元；

2. 融资租入固定资产原价 ＿＿＿＿＿＿＿ 元；

3. 库存商品期末余额 ＿＿＿＿＿＿＿ 元；

4. 商品削价准备期末余额 ＿＿＿＿＿＿＿ 元。

表 3-11 损益表

编制单位： 年 月 日 单位：元

项目	行次	本月数	本年累计数
一、商品销售收入	1		
减：销售折扣与折让	2		
商品销售收入净额	3		
减：商品销售成本	4		
经营费用	5		
商品销售税金及附加	6		
二、商品销售利润	10		
加：代购代销收入	11		
三、主营业务利润	14		
加：其他业务利润	15		
减：管理费用	16		
财务费用	17		
汇兑损失	18		
四、营业利润	20		
加：投资收益	21		
营业外收入	22		
减：营业外支出	23		
五、利润总额	25		

补充资料：企业自有外汇额度 ＿＿＿＿＿＿＿ 美元；

其中：留成外汇额度 ＿＿＿＿＿＿ 美元。

在 13 个行业会计制度出台的同时，40 多个部门的会计制度同时废止。对此，刘玉廷回忆道："本人当时任副处长，配合冯淑萍处长本着打破部门和所有制界限的原则，研究拟订行业会计制度的分类，并分工负责整合商品流通、旅游服务和金融行业的会计制度，其中商品流通涉及商业、粮食、物资、外贸、供销社、新华书店等 11 个部门。整合过程异常艰难，与各部门反复沟通、协调的点点滴滴至今历历在目。有一次，在新华书店召开座谈会时，一位老会计动情地发言：新华书店自新中国成立后就一直有这个会计制度，现在一下子取消了，在感情上确实接受不了，但自己是共产党员，服从改革的统一要求。我听了以后，的确有想掉泪的感觉。"正如会计法规制定者所言，"'两则''两制'改革的最大功绩是结束了我国40多年来计划经济体制下所形成的以资金三段平衡为主体的会计核算模式，建立了企业资本金制度，改革了固定资产折旧和企业成本核算制度，统一采用了借贷记账法，引入了国际上通行的资产、负债、权益、收入、利润等要素，形成了以资产负债表、损益表和财务状况变动表为核心的财务报告体系，改变了若干年来国务院几十个部门一个部门一本制度、各自为政的状况。"[1]

 专栏 3-23

刘玉廷——中国会计改革的主导者之一

刘玉廷（1955—2020），1955年生于河北省承德县，1978年毕业于天津财经学院会计学专业。1978年7月进入财政部，在公交司财务处工作。1979年1月调入刚刚恢复建制的会计制度司。历任财政部会计司科长、副处长、处长、副司长、司长，企业司司长。1997年师从厦门大学葛家澍先生在职攻读博士学位，2000年毕业，获管理学（会计学）博士学位。

"两则""两制"的出台不仅仅是微观经济领域的重大改革，也是整个经济体制改革的重大举措，在财会队伍、财经战线、经济工作中产生了强

---

1 刘玉廷：《中国会计改革开放三十年回顾与展望（上）——我的经历、体会与认识》，《会计研究》2008年第12期。

烈的反响。会计法规制定者指出，"财务会计改革也有一个抓住机遇的问题"，会计改革的机遇体现为以下四个方面：（1）经济上的进一步改革开放，必然要求财务会计改革开放速度、程度、步骤与其相适应。（2）改革势在必行，即使财政部不主动改革，别的部门或单位也将会提出一套改革方案或措施，与其那样，不如自己主动改革，抓住时机改。而事实上，深圳、上海等地区已开展了这方面的改革，如果不全国一盘棋去搞，将来再统一就会很被动。（3）会计工作的地位这几年空前提高，财务会计干部有很高的改革积极性和热情。（4）《全民所有制工业企业转换经营机制条例》出台后，在贯彻落实中，亟待财务会计作进一步具体明确的规定。会计法规制定者认为，会计改革抓住了这次机遇，"两则""两制"至少放给了企业七个方面的理财自主权。"比如，放给了企业资金筹集权，筹集方式多种多样，管理方式灵活方便；取消了专户存储，放给了企业专项资金灵活使用权；技术开发费可以根据需要提取；业务活动费有了明确的开支限额和比例，不必时时报批；折旧速度可以根据企业承受能力在规定的弹性区间内选择；坏账准备和削价准备金，可以在规定的比例内提取，实行稳健经营；等等。"由此两相比较可以看出，在会计改革之前，企业经营的自主权是受到很多限制的。[1]

会计改革的参与者李玉环同志总结道："1993 年的会计改革是我国社会主义会计发展史上的一个重要里程碑，在我国会计发展史上，将留下浓重的一笔。可以说，1993 年的会计改革是计划经济体制会计模式向市场经济体制会计模式转轨的一个重要标志，它标志着传统计划经济体制下会计模式的终结。"[2]

时任财政部会计司副司长余秉坚同志指出："在某些同志中也流行一种认识，认为《企业会计准则》和新会计核算制度的颁布实施，完成了我国会计

---

1 张佑才：《关于制定和实施"两则"、"两制"的若干问题》，《会计研究》1993 年第 4 期。

2 李玉环：《深化会计改革 打造高质量会计准则制度——纪念〈企业会计准则〉实施十周年》，《会计研究》2003 年第 7 期。

模式的转换。我以为这是一种误解。""决不能把会计核算制度的改革理解为会计模式转换的全部内容。""较为完整的提法应当是：从服务、服从于高度集中计划经济体制的会计模式转换为适应社会主义市场经济体制要求的会计模式。""是不是《企业会计准则》的发布和新行业会计核算制度的实施标志着已完成了会计核算制度的改革呢？回答也是否定的。会计核算制度改革的最终目标是什么？笔者以为，会计核算制度改革的最终目标，是形成我国的会计准则体系，以取代现行的分行业的统一会计核算制度，企业组织会计核算唯一必须遵守的是会计准则所规定的各项原则。"余秉坚同志提出，这有赖于"我国会计队伍的素质或者说会计人员中骨干力量的素质提高到可以运用会计准则于会计工作实际"[1]。当时，理论界和立法机关盛行"我国会计人员素质普遍不高"的提法，普遍将域外规则奉为圭臬。

在会计理论界和实务界一片"向国际惯例靠拢"的论调声中，杨纪琬先生清醒地指出，那是不恰当的。他指出："目前，若因境外上市股票就全面改变我国的会计制度或会计准则是不恰当的。而且，各国证券交易所规定的会计报表格式和揭示内容也不尽一致，缺乏一个统一标准，仅仅对应于任何某一个特定国家或地区显然是行不通的，因此，不妨采用国际通行的调整会计报表的方法。"[2]

1993 年 8 月 13 日，中国会计学会会计教育改革组第三次教育改革研讨会在兰州市召开。会议就《企业会计准则》《企业财务通则》和新财会制度发布施行后会计教学的内容、课程设置如何改革等问题进行了讨论。

---

1 余秉坚：《论会计改革》，《会计研究》1994 年第 3 期。
2 杨纪琬：《股份制与会计改革》，《会计研究》1992 年第 6 期。

第四章
具体准则的陆续发布

第一节 世界银行"财政金融技术援助项目"的介入

前已述及，世界银行自 1991 年 3 月起与财政部会计司接洽，表示希望把制定中国会计准则作为它的技术援助项目。

1992 年 7 月 25 日至 8 月 5 日，财政部派张汉兴等人赴世界银行总部谈判并达成会计准则项目会谈纪要。当年 9 月 30 日，世界银行指派的退休会计专家莫里斯·C. 莫德（Maurice C. Mould）开始协助财政部执行这项技术援助项目。[1]12 月 30 日，中国人民银行与世界银行集团的国际开发协会（International Development Association，IDA）签订"财政金融技术援助项目"（Financial Sector Technical Assistance Project），世界银行指定普华会计公司协助中国人民银行修改和制定金融法规，会计改革是该项目的一部分。

对此，具有切身经历的陈毓圭同志回忆道："在具体准则的制定过程中，世界银行贷款为我们提供了极大的资金保障和国际资源。会计准则的制定工作，引起了包括世界银行在内的国际组织的高度重视。相比基本准则，具体准则的制定更为复杂，项目更多，需要有充足的资金和专家资源的保障。为此，在基本准则制定后期，我们就着手与世界银行接触，为具体准则的制定寻求国际资

---

1 张汉兴：《会计风暴——我的亲历与见证》，立信会计出版社，2008，第 188—203 页。

金和技术援助。经过多轮商谈，1992 年底，世界银行同意在正在筹备的'财政金融技术援助项目'中设立子项目，给予 334 万美元的'软贷款'，用于会计准则的建设，具体使用包括聘请国内外专家，开展准则培训，以及资助国内起草专家赴国际会计组织考察、培训和实习。"此后，在国家会计学院建设申请的世界银行贷款中，还配套拨付了"中国会计改革发展项目"的专项资金，用以具体准则的制定。"利用世界银行资金，我们不仅顺利完成了会计准则的制定工作，同时培养了一批接受国际会计准则制定环境熏陶的中国专家。"[1]

 专栏 4-1

"财政金融技术援助项目"合同文本（摘录）

□中国人民银行应当按照下列要求实施本项目：

（一）所有培训工作应按国际开发协会的标准进行；

（二）所有的研究工作应按照国际开发协会规定的条件和期限进行，研究结果应及时交给国际开发协会审定。

□中国人民银行应当在 1998 年 6 月 30 日前采用国际开发协会认可的资产分类标准对四大专业银行的资产进行全面审查，审查内容应当包括表外项目，覆盖每一家银行贷款总额的 70% 以上。

□中国人民银行应当在接受顾问服务后四个月内制定引进审慎监管规则的实施方案，并报国际开发协会评议。

□中国人民银行应当在项目完成后立即就引进金融相关会计准则和协助财政部制定会计准则事宜提交实施方案，报国际开发协会审议。

资料来源：世界银行项目合同文本（https://documents.worldbank.org/en/publication/documents-reports/documentdetail/533931468016173489/conformed-copy-c2423-financial-sector-technical-assistance-project-project-agreement）。

1　陈毓圭：《中国会计准则的起步与发展》，《财务与会计》2008 年第 21 期。

根据财政部与世界银行签署的会谈纪要，会计准则的技术援助项目总额为 344 万美元，其中 255.6 万美元用于外国专家咨询。外国专家咨询包括参与制定会计准则和参与对中国会计人员的培训。按照世界银行的规定，此笔经费的使用要通过招标来确定。莫德先生帮助财政部通过招标程序，在当时的世界"六大"会计公司中选择了德勤会计公司作为中标公司。

1993 年 2 月 5 日，财政部与德勤会计公司在北京签订了会计准则咨询项目合同。根据该合同，德勤会计公司将在之后 3 年内协助中国制定会计准则。[1]财政部副部长金人庆出席了签字仪式。

2 月 8 日，《经济参考报》新闻稿《世行资助中国"账房"打"国际牌"》报道："世界银行近日提供了总额为 300 万美元的赠款和贷款，以资助中国实现改革会计制度与国际会计惯例靠拢的计划……2 月 5 日，财政部与国际著名的德勤会计公司在北京签订了会计准则咨询项目合同，根据该合同，德勤会计公司将在以后 3 年里充当中国制定新会计准则的'军师'。"

"财政金融技术援助项目"于 2002 年 9 月 30 日结项。世界银行对该项目给予了高度评价。

专栏 4-2

世界银行项目验收报告（摘录）

1992 年世界银行对中国"财政金融技术援助项目"（Financial Sector Technical Assistance Project），项目号 P003623。1992 年 9 月 29 日立项，2002 年 9 月 30 日正式结项。

立项原因：金融部门的改革不如国有企业改革那般成功。会计制度（accounting system）仍然以苏联模式为基础，以税收为中心。某些职业尚待发展。对会计报表的审核有待加强。

---

1 张汉兴：《会计风暴——我的亲历与见证》，立信会计出版社，2008，第 203—210 页。

中国请求世界银行在以下两方面提供技术援助：一是国家支付体系的现代化（modernization of the national payments system），二是加强会计架构（the strengthening of the accounting framework）。

本项目主要包括：银行法；会计法；政府债券市场；国家支付体系。

本项目对中国的财政金融改革产生了影响，推广了新概念和国际惯例（international practices）。项目的准备和实施过程显著地改变了政府官员的思想观念。在中国推广了审慎监管（prudential regulation and supervision）理念和国际会计准则。

一、央行的执行情况

（一）项目目标

为央行制定审慎监管、信贷评估和管理制度，支持银行法的制定。

（二）执行情况

1993—1996 年，央行与普华会计公司（世界银行指定的咨询机构）联合执行本项目。央行在国际司设立了世界银行项目办公室。央行于 1996 年形成了审慎监管的草案，共分 20 章，但并未立即采用。央行以此为基础制定了五级分类办法，经过 1998 年的试点，1999 年正式发布。央行制定的贷款分类制度（loan classification system）将适用于所有的银行。过去中国的银行要遵循 1% 的标准按照期末贷款余额计算贷款损失准备，如今，银行已经采用五级分类法（five category asset classification system）。本项目还推广了 CAMELS 评级体系。本项目协助央行法规司起草了四部银行法，央行发布的法规与巴塞尔核心原则是一致的。

二、财政部的执行情况

（一）项目目标

建议和帮助财政部设计和起草 28 ～ 30 项通用会计准则及报表格式，

为金融部门制定会计准则。

（二）执行情况

中国从"自主研究并制定会计法规"（research/writing approach）转向"直接采用国际会计准则"（adopt-IAS approach）更为有利。这样，政府就可以腾出时间来专注于准则的执行。为避免会计改革在短期内影响政府收入，又考虑到机构能力有限，因此，世界银行建议分阶段采用国际会计准则。

财政部共拟定了1份基本准则和30份具体准则的征求意见稿。到2002年底，已经正式发布16项准则。然而一项关系到银行业的重要会计准则仍未发布。财政部支持国际准则并致力于与国际准则趋同。

本项目最初为每一份准则提供了7～8个国家的案例作为样板。财政部后来感到参照样板过多，要求顾问将样板集中于2～3个国家。

三、审计署的执行情况

（一）项目目标

帮助审计署制定25～30项审计准则。

（二）执行情况

2002年1月，审计署参与本项目的人员大多已经离职且难以取得联系。相关文件资料也很少见，一份1995年10月的报告指出，那是自1993年9月项目启动以来世界银行首次与审计署取得联系。也许有些文件放错了地方。有鉴于此，很难评价审计署的执行情况。

资料来源：世界银行项目（P003623）验收报告。

1997年3月13日，国家计委批准《中国会计改革与发展项目建议书》，同意利用世界银行贷款和配套人民币实施中国会计改革与发展项目，用以建设北京注册会计师培训中心和研究制定特殊行业会计准则，以发展注册会计师事业，推动我国会计工作水平的全面提高。

1999年3月15日，财政部申请获得世界银行"中国会计改革与发展"项目（China—Accounting Reform and Development），项目号CNPE51856。项目合同提及，自1992年获得世界银行的"财政金融技术援助项目"以来，中国的金融改革已经稳步推进，1994年颁布了《中华人民共和国中国人民银行法》和《中华人民共和国商业银行法》，成立了三家政策性银行，剥离了商业银行的政策性业务。新批准的项目有两大内容：一是通过1998年成立的财政部会计准则委员会（CASC）继续支持政府按照国际会计准则制定会计法规，完善和修改会计准则，制定新准则，设立网站，配备人员和设备资料等；二是通过中国注册会计师协会培训全国的会计师，设立会计学院。

 专栏4-3

世界银行"中国会计改革与发展"项目概览

世界银行过去资助的会计项目很少，共有三项：一是1992年对中国的"财政金融技术援助项目"，资助总额6 000多万美元，以金融为主，会计项目只占240万美元；二是1995年对印度尼西亚的会计项目；三是1994年对俄罗斯的金融机构发展项目，其中有200万美元用于会计改革，进展缓慢，其成果是成立了独立于政府的职业会计师协会。因此，"中国会计改革与发展"项目是世界银行资助的第四项会计改革项目。没有其他机构资助中国的会计改革。

本项目包括两方面的内容。一是支持中国对注册会计师、财务管理人员和专业人员的专业培训进修，帮助他们了解和掌握市场经济中普遍接受的新的会计、审计和经营管理原则和方法。同时在北京建立国家会计学院，提供各种会计和商业方面的专题短期进修课程。世界银行援助的重点是提供培训设备和资料、课程设计，资助培养建立国内高水平的师资队伍，为教学人员出国进修提供机会。二是继续支持政府以国际通行的会计准则为基础制定和发布会计准则，主要通过中国会计准则委员会予以实施。

本项目总投资为 8 500 万美元：国际复兴开发银行贷款 2 740 万美元，还款期为 20 年，宽限期 5 年；国际开发协会信贷 410 万特别提款权，还款期为 35 年，宽限期 10 年；其余部分由中国政府投入。

资料来源：世界银行集团合同文本及网站新闻稿（www.worldbank.org.cn）。

第二节　1993 年的《关于增值税会计处理的规定》：会计制度遵从税法的范例

1993 年 12 月 13 日，中华人民共和国国务院令第 134 号发布《中华人民共和国增值税暂行条例》，自 1994 年 1 月 1 日起施行。1993 年 12 月 30 日，财政部发布《关于增值税会计处理的规定》，要求企业在"应交税金"科目下设置"应交增值税"明细科目，在"应交增值税"明细账中，应设置"进项税额""已交税金""销项税额""出口退税""进项税额转出"等专栏，对增值税进行会计核算。

1995 年 7 月 5 日，财政部发布《关于对增值税会计处理有关问题补充规定的通知》。为了分别反映企业欠交增值税税款和待抵扣增值税情况，该文件要求企业在"应交税金"科目下设置"未交增值税"明细科目，核算一般纳税企业月终时转入的应交未交增值税额，转入多交的增值税也在该明细科目核算；在"应交税金——应交增值税"科目下增设"转出未交增值税"和"转出多交增值税"专栏，分别记录一般纳税企业月终转出未交或多交的增值税。

根据上述规定，一直到今天，“应交税费——应交增值税”的账户结构（如图 4-1 所示）和记账规则都是严格按照税法的规定设计的。

应交税费——应交增值税　　明细账

<table>
<tr><th rowspan="3">月</th><th rowspan="3">日</th><th rowspan="3">摘要</th><th colspan="24">借方专栏</th><th colspan="24">贷方专栏</th></tr>
<tr><th colspan="8">进项税额</th><th colspan="8">已交税金</th><th colspan="8">转出未交增值税</th><th colspan="8">销项税额</th><th colspan="8">进项税额转出</th><th colspan="8">转出多交增值税</th></tr>
<tr><th>十</th><th>万</th><th>千</th><th>百</th><th>十</th><th>元</th><th>角</th><th>分</th><th>十</th><th>万</th><th>千</th><th>百</th><th>十</th><th>元</th><th>角</th><th>分</th><th>十</th><th>万</th><th>千</th><th>百</th><th>十</th><th>元</th><th>角</th><th>分</th><th>十</th><th>万</th><th>千</th><th>百</th><th>十</th><th>元</th><th>角</th><th>分</th><th>十</th><th>万</th><th>千</th><th>百</th><th>十</th><th>元</th><th>角</th><th>分</th><th>十</th><th>万</th><th>千</th><th>百</th><th>十</th><th>元</th><th>角</th><th>分</th></tr>
</table>

图 4-1 “应交税费——应交增值税”明细账的账户结构

值得注意的是，上述两份文件至今仍然生效。这在众多会计法规中是比较罕见的。学术界所热衷的“分离论”其实是不符合实际的，也是无法自圆其说的。实际上，但凡涉及税收的会计规则大多都明确要求企业记录相关的法律事实，唯独企业所得税的会计处理规则未能坚持这一要求，仅就这一点而言，所得税会计规则就值得人们反思。这一方面说明所得税的税收监管相对偏松，另一方面也说明对会计法规和税收法规的界定尚不明确。

第三节　1994 年的《企业所得税会计处理的暂行规定》：纳税影响会计法的引入

1994 年前后我国对财税体制和外汇体制进行的重大改革对会计制度具有重大影响。1993 年 12 月 13 日，国务院发布《中华人民共和国企业所得税暂行条例》。

在引入企业所得税的过程中，会计界提出了关于借鉴域外经验制定所得税相关会计准则的建议。例如，葛家澍先生认为，“一般说来，按照统一会计制度所提供的报表信息，只能满足财政部门和企业主管部门的需要。在企业看来，虽不能说完全无用，至少可以说，用处很小"。"企业财务会计准则既可由政府有关部门制定，如日本，由大藏省制定'企业会计准则'，也可授权民间会计组织制定，如美国"。他提出，制定会计准则应当力求两全其美：既保证会计信息的真实性和有用性，又保证国家财政收入不受影响。如何做到"两全其美"呢？"可以吸取国外的做法，首先，把'财务会计'同'税务会计'脱钩，就是说，财务会计及其所产生的报表，由企业财务会计准则加以规范。企业财务会计准则的主要目标，应保证会计信息的真实性（可靠性）和相关性（有助于宏观和微观经济决策的特性），财务会计所提供的'税前利润'，在纳税时可再根据税法和财政税务制度的要求重新调整为'应税利润'。报表上的'税前利润'和应予课税的'应税利润'可以是两个不同的数字，前者更多地考虑真实性和相关性，后者更多地考虑财政收入。这样做，虽然会增加课税前的报表调整工作，但可以兼顾会计信息的真实性、有用性和国家财政收入的稳定不受会计方法改变的冲击，在一定程度上能够减少会计改革中的阻力。"[1]

会计准则制定者此时已受英美会计理论和境外中介行业误导，采取了任由会计准则偏离税法的态度。陆兵撰文提出，"我们倾向于允许会计准则与税收法规的有关规定适当分离"。

 专栏 4-4

会计准则制定者主张会计准则与税法"适当分离"

一般说来，会计准则与税法的目标有一定差别。会计准则旨在客观反映企业的财务状况和经营成果，满足会计信息的使用者进行经济决策的需

---

1 葛家澍：《关于在我国建立企业财务会计准则的几个问题》，《会计研究》1989 年第 2 期。但葛家澍先生的观点后来有反复。他后来指出："财务会计的基本职能是什么？是反映企业的经济真实，是可靠地记录并报告企业经济活动（主要是财务活动）的历史。"参见：葛家澍：《财务会计的本质、特点及其边界》，《会计研究》2003 年第 3 期。

要；而税法的功能则是规范税收分配秩序，保证国家财政收入的实现以及运用税收杠杆调节经济运行。因此，会计准则与税法在规范企业收入和费用的确认时点和数额时，可能存在差异。如何处理会计准则与税收法规的关系，目前存在两种观点：一种观点认为，会计准则应与税收法规一致；另一种观点则认为，应将会计准则与税收法规适当分开，求同存异。

我们认为，由于会计准则与税法的规范目的和出发点不同，如果强求会计准则与税收法规一致，不利于正确反映企业的财务状况和经营成果；况且，我国的税收法规体系也还处于逐步健全之中。因此，我们倾向于允许会计准则与税收法规的有关规定适当分离。如果因此而导致会计利润与应税利润不一致，则可通过制定《所得税会计准则》来协调解决。有关会计准则与税收法规是否应分离开来，如何分离，又如何在具体会计准则中具体体现这种原则，是需要探讨的问题。

资料来源：陆兵：《加快建立中国会计准则体系 促进社会主义市场经济发展》，《会计研究》1995 年第 1 期。

1994 年 6 月 29 日，财政部印发《企业所得税会计处理的暂行规定》。该文件指出，鉴于企业按照会计规定计算的所得税前会计利润与按税收规定计算的应纳税所得额之间由于计算口径或计算时间不同会产生差额，在缴纳所得税时，企业应当按照税收规定对税前会计利润进行调整，并按照调整后的数额申报缴纳所得税。企业一定时期的税前会计利润与应纳税所得额之间由于计算口径或计算时间不同而产生的差异可分为永久性差异和时间性差异。对于这两种不同的差异，会计核算可采用"应付税款法"或"纳税影响会计法"。纳税影响会计法是将本期税前会计利润与应纳税所得额之间的时间性差异造成的影响纳税的金额，递延和分配到以后各期。企业采用纳税影响会计法时，一般应按递延法进行账务处理。根据本企业具体情况，企业也可以采用"债务法"进行账务处理。

企业应在损益类科目中设置"所得税"科目核算企业按规定从当期损益中扣除的所得税。同时，取消"利润分配"科目中的"应交所得税"明细科目。企业应在负债类科目中增设"递延税款"科目，核算企业由于时间性差异造成的税前会计利润与应纳税所得额之间的差异所产生的影响纳税的金额以及以后各期转销的数额。

企业应在资产负债表中的"资产总计"项目上增设"递延税项"类，并在"递延税项"类下设置"递延税款借项"项目（外商投资企业在"其他资产"类项目下设置"递延税款借项"项目），反映企业期末尚未转销的递延税款的借方余额；在"所有者权益"（或"股东权益"）类项目上设置"递延税项"类，并在"递延税项"类下设置"递延税款贷项"项目（外商投资企业在"其他负债"类项目下，设置"递延税款贷项"项目），反映企业期末尚未转销的递延税款的贷方余额。

该文件的发布表明，对于所得税的会计处理，会计法规制定者已经采信"分离论"。会计准则就像是脱缰的野马，这缰绳，恰是那"税收法定主义"下的税法。所得税的征收管理从此面临更大的挑战。

第四节　1995 年发布《合并会计报表暂行规定》

一、合并报表编报规则的引进历程

我国会计法规中原本并没有合并会计报表[1]的提法。经济法规首次提及合并报表，是在 20 世纪 80 年代。1985 年 3 月，《中华人民共和国中外合资经营

---

1 目前报刊中混合使用有"合并会计报表""合并财务报表""合并会计报告"等概念，其含义大致相同，为简化表达，本章以"合并报表"统称之。

企业会计制度》第六十二条规定，"合营企业为了满足合营外方总公司合并会计报表的要求，经合营各方同意，可以在会计报表中增加所需的会计资料"。这份会计制度被认为是"迈出了我国会计制度与国际会计惯例协调的步伐，是会计国际协调化的重要开端"[1]。"它们完全跳出了旧框框的羁绊，以全新的面貌出现，具有划时代的意义"[2]。这是我国会计法规首次提及合并报表。此后，合并报表被当作国际惯例，引入各个版本的会计法规中。1992 年 5 月发布的《股份制试点企业会计制度》、1992 年 11 月发布的《企业会计准则》均提及合并报表，但未规定具体操作规则。

　　1995 年 2 月 9 日，财政部印发《合并会计报表暂行规定》。该文件要求，"凡设立于我国境内，拥有一个或一个以上子公司的母公司，应当编制合并会计报表，以综合反映母公司和子公司所形成的企业集团的经营成果、财务状况及其变动情况"，"母公司在编制合并会计报表时，应当将其所控制的境内外所有子公司纳入合并会计报表的合并范围"，"下列子公司可以不包括在合并会计报表的合并范围之内：（1）已关停并转的子公司；（2）按照破产程序，已宣告被清理整顿的子公司；（3）已宣告破产的子公司；（4）准备近期售出而短期持有其半数以上的权益性资本的子公司；（5）非持续经营的所有者权益为负数的子公司；（6）受所在国外汇管制及其他管制，资金调度受到限制的境外子公司"。该文件规定的合并会计报表，包括合并资产负债表、合并损益表、合并财务状况变动表和合并利润分配表。

　　该文件规定，母公司应当将下列企业纳入合并范围。其一，"母公司拥有其过半数以上（不包括半数）权益性资本的被投资企业，包括：（1）直接拥有其过半数以上权益性资本的被投资企业；（2）间接拥有其过半数以上权益

---

　　1 刘海玲：《用真诚抒写会计情怀——访财政部会计司前司长魏克发》，《中国财经报》2008 年 9 月 5 日第 5 版。
　　2 杨纪琬：《我国会计改革的历程与前景》，《财经研究》1994 年第 3 期。

性资本的被投资企业；（3）直接和间接方式拥有其过半数以上权益性资本的被投资企业"。其二，"其他被母公司所控制的被投资企业。母公司对于被投资企业虽然不持有其过半数以上的权益性资本，但母公司与被投资企业之间有下列情况之一的，应当将该被投资企业作为母公司的子公司，纳入合并会计报表的合并范围：（1）通过与该被投资公司的其他投资者之间的协议，持有该被投资公司半数以上表决权；（2）根据章程或协议，有权控制企业的财务和经营政策；（3）有权任免董事会等类似权力机构的多数成员；（4）在董事会或类似权力机构会议上有半数以上投票权"。显然，合并范围的界定存在模糊性。

二、《合并会计报表暂行规定》的影响

《合并会计报表暂行规定》使得缺乏合理逻辑的境外规则得以国际惯例的名义在国内传播。合并报表并非企业经营管理所必需的。合并报表在理论上还很不成熟，甚至在基础理论上都还缺乏共识。正如该文件主要起草人李玉环同志所说，"自20世纪90年代中期发布《合并会计报表暂行规定》以来，我国越来越多的企业开始编制合并财务报表。企业在编制合并财务报表过程中也出现一些新情况和新问题，需要研究"。2006年企业会计准则体系发布后，"在编制合并财务报表的具体过程中仍然有一些具体问题需要进一步明确，一些合并处理方法需要提供进一步的指引，一些合并处理方法的选择需要理论支撑"。[1]

1985年的《中华人民共和国中外合资经营企业会计制度》和1995年的《合并会计报表暂行规定》误把金融分析报表当作会计报表，使得"合并会计报表"的提法得以广泛传播，这是会计法规的显著倒退。受此影响，在一些

---

1 李玉环：《合并财务报表》（第2版），经济科学出版社，2016，第364页。

大学里，高级财务会计课程甚至有一半的时间用于讲授漏洞百出的合并报表编报规则，人力资源的浪费和教育质量的滑坡可见一斑。

在美国，合并报表原本是金融资本圈钱的工具，其神奇效应引得上市公司争相效仿。在长达半个世纪的时间里，根本就没有统一的编报规则。半个世纪后，美国注册会计师协会堂而皇之地抛出公认会计原则，试图予以统一规范。这是一个自下而上的过程。然而，欲将非法的事情变成合法，谈何容易。在我国，循规蹈矩的国有企业原本并没有编制合并报表的需要，恰恰是会计法规在积极推广合并报表。这是一个自上而下的过程。

三、合并报表编报规则的后续发展

《合并会计报表暂行规定》首次明确了企业集团编制合并报表的具体操作规则，之后，实务工作中的疑难问题又陆续催生了一些规范性文件（见表 4-1）。这些文件多是跟随域外会计规则的变动而变动。

表 4-1 我国的合并报表相关法规

发文年月	公文字号	文件标题
1985 年 3 月	财会字〔1985〕16 号	《中华人民共和国中外合资经营企业会计制度》
1992 年 5 月	财会字〔1992〕27 号	《股份制试点企业会计制度》
1992 年 11 月	财政部令〔1992〕5 号	《企业会计准则》
1995 年 2 月	财会字〔1995〕11 号	《合并会计报表暂行规定》
1996 年 1 月	财会二字〔1996〕2 号	《财政部会计司关于合并会计报表合并范围请示的复函》
1997 年 8 月	财会字〔1997〕30 号	《企业兼并有关会计处理问题暂行规定》
1998 年 1 月	财会字〔1998〕7 号	《股份有限公司会计制度——会计科目和会计报表》
1999 年 1 月	财会函字〔1999〕10 号	《财政部关于资不抵债公司合并报表问题请示的复函》

续表

发文年月	公文字号	文件标题
2001 年 2 月	财会便〔2001〕5 号	《财政部会计司关于对合并会计报表有关问题征求意见的函》
2002 年 10 月	财会字〔2002〕18 号	《关于执行〈企业会计制度〉和相关会计准则有关问题解答》
2003 年 3 月	财会字〔2003〕10 号	《关于执行〈企业会计制度〉和相关会计准则有关问题解答（二）》
2006 年 2 月	财会字〔2006〕3 号	《企业会计准则第 33 号——合并财务报表》

直到 2006 年 2 月《企业会计准则第 33 号——合并财务报表》发布时，合并报表的编报规则才告一段落。2014 年 2 月发布的修订版《企业会计准则第 33 号——合并财务报表》给出了更加玄妙的"控制"的定义。

四、合并报表并非会计报表[1]

合并报表不符合会计原理，它在本质上只是金融分析报表而不是会计报表。合并报表在全球范围内的传播，是证券行业、金融资本推动的结果。

合并报表的诞生不是出于管理的需要，而是出于证券行业做市的需要。我国的会计法规笼统地将合并报表的目的界定为"综合反映母公司和子公司所形成的企业集团的经营成果、财务状况及其变动情况"，存在定位不明的问题。一些文献牵强附会地认为合并报表是各种利害关系人的共同需要。然而那种观点经不起推敲。究竟有哪些利害关系人需要合并报表？这个问题值得深究。

一方面，从国民经济管理的层面来看，合并报表并无大用：税收征管用不着合并报表，税收征管原则上不允许合并纳税，仅存有极个别特别批准的

---

1 周华：《法律制度与会计规则——关于会计理论的反思》，中国人民大学出版社，2016，第170—186 页。

例外情形；工商管理用不着合并报表，《企业集团登记管理暂行规定》禁止以企业集团的名义"订立经济合同，从事经营活动"，也就是说，企业集团自始不被认可为经营主体，因此，合并报表对于工商管理并无助益；同理，国民经济统计用不着合并报表；此外，司法系统也用不着合并报表，因为企业集团并非企业法人，因此，合并报表没有法律证明力。另一方面，从企业经营管理的层面来看，合并报表仅对少数利害关系人具有难以确证的参考价值。1959 年 8 月会计程序委员会发布的《会计研究公报第 51 号：合并财务报表》界定的目标是为母公司的股东和债权人服务。这有一定的道理。因为对于控股公司（即母公司）来说，的确有必要了解其所控制的资产、负债规模及盈利状况。但对于企业集团各成员单位的债权人而言，企业集团并不是合同当事人，合并报表并不能作为评估各成员单位的偿债能力的依据，债的发生和消灭仍应以合同为准。在法律上，没有谁能够宣称是企业集团的债权人。综合以上两方面可知，合并报表仅仅对于控股公司具有参考价值，除此以外并无其他的正当用途。鉴于合并报表仅仅迎合了控股公司的私利而不具有公益性，且控股公司完全可以凭一己之力获得加强控制力所需的信息。因此，会计立法没有必要给予额外的救济，关于合并报表的会计立法是不必要的。在我国，国资委代表国家履行出资人职责，它要求中央企业报送合并报表，主要是因为合并报表有助于对国有资产保值增值进行监管。合并报表仅供监管使用，对外不具有证明力，实务中常常用于宣传。而财政部和证监会关于合并报表的规定却把合并报表当作具有公益性和公信力的报表，要求上市公司公布合并报表，这种做法欠妥，容易使社会公众误以为合并报表具有公益性和公信力。

其实，合并报表最早出现于美国时，是以金融分析的姿态面世的。史学家考证，推动合并报表的是金融资本家而不是会计师。1901 年美国钢铁公司成立，合并报表被用作金融巨头在证券行业造势的重要工具，老摩根和加里

（E. H. Gary）要求美国钢铁公司主计长菲尔伯特（W. J. Filbert）编制合并报表，以供他们在发行大型托拉斯的股票时使用。合并报表的问世是与掺水股票紧密联系在一起的，难怪有人认为"合并报表的目的是掩盖事实而非提供信息"。如此操作，使得美国钢铁公司的股票掺水程度惊人。"美国钢铁公司成立时，账面资本总计为 14.04 亿美元，其中优先股 5.1 亿美元，普通股 5.08 亿美元。但是联邦公司事务局后来的调查证明，该公司组建时全部资产的实际价值（包括矿产）总共只有 6.82 亿美元，50% 以上的账面资本没有任何实际上的有形财产作担保。"[1]在人们津津乐道的美国钢铁公司（第一个超过 10 亿美元的超级托拉斯）背后，合并报表的作用是显而易见的。

合并报表的金融分析本质和纯粹私利导向注定了它只能博得股东（stockholders）的好感而无法获得更广泛的利害关系人（stakeholders）的认可。由于它在本质上是金融分析报表而非会计报表，因此，所有关于合并报表的编报规则虽然貌似会计规则，但实质上只是东施效颦。对于这种缺乏法律事实的报表，在理论上，不可能制定出具有法律证明力的编报规则。市面上所流行的合并报表编报规则，只不过是美国证券市场上流行规则的翻版。

第五节　1994—1996 年发布 30 项具体会计准则的征求意见稿

一、1993 年：财政部成立"会计准则咨询专家组"

13 个行业会计制度虽然都宣称是根据《企业会计准则》制定的，但在思路和要求上与原先的统一会计制度并无二致。基本会计准则的发布只是起到了解放思想的作用，会计实务"依然故我"。[2]

1　胡国成：《公司的崛起与美国经济的发展（1850—1930）》，《美国研究》1993 年第 3 期；[美] 罗恩·切诺：《摩根全传（上）》，金立群校译，重庆出版社，2010，第 74 页。

2　刘峰：《会计准则变迁》，中国财政经济出版社，2000，第 198 页。

1993 年下半年，财政部会计司成立了会计准则核心小组，又设立了四个起草小组，着手起草具体会计准则，计划从 1993 年开始，用 3 年左右的时间完成 30 至 40 项具体准则的研究制定工作。[1]

1993 年 10 月 25 日，财政部成立"会计准则咨询专家组"，专家组由 10 位专家组成，他们分别是（以姓氏笔画为序）：杨纪琬、张德明、余秉坚、汪建熙、金莲淑、娄尔行、莫启欧、阎达五、黄菊波、葛家澍。[2]

二、1994 年：财政部召开第二次会计准则国际研讨会

1994 年 12 月 12—15 日，财政部在上海召开第二次会计准则国际研讨会。会议议题是探讨国际会计界最新课题并讨论如何建立中国会计准则体系。参加这次研讨会的国内外代表和来宾共计 100 余人，其中来自美国、英国、法国、加拿大等国家和中国香港地区的代表 17 人。国际会计准则委员会主席也专程来我国参加了这次研讨会。

 专栏 4-5

朱镕基同志给会计准则国际研讨会的贺信

张佑才同志：

　　欣悉会计准则国际研讨会近日在上海召开，我谨表示热烈的祝贺。

　　中国政府历来重视会计工作和会计信息。建立全国统一的、科学的、符合国际惯例的财会制度是对企业科学管理和建立现代企业制度的基础。为了实现建立社会主义市场经济体制的改革目标，我们必须借鉴世界各国发展市场经济的成功经验，包括借鉴会计方面的经验。"执柯伐柯，其则

---

1 陈毓圭：《中国会计准则的起步与发展》，《财务与会计》2008 年第 21 期；刘玉廷：《中国会计改革开放三十年回顾与展望（上）——我的经历、体会与认识》，《会计研究》2008 年第 12 期。

2 《财政部成立会计准则咨询专家组》，《会计研究》1993 年第 6 期。

不远"。我希望出席这次研讨会的中外专家加强沟通，互相切磋，为制定中国会计准则畅所欲言，使会计准则国际研讨会获得圆满成功！

朱镕基

1994 年 12 月 10 日

国际会计准则委员会主席白鸟荣一（Eiichi Shiratori）和秘书长戴维·凯恩介绍说，国际会计准则委员会当前的工作计划是制定金融工具、每股收益、无形资产、财务报表列报、农业等 5 项会计准则，修订所得税和分部报告等两项准则。

白鸟荣一在问答环节坦承："要理解某些国际会计准则是非常困难的，对我来说也是如此，比如所得税问题、金融工具问题，非常复杂。……很多人认为我们国际会计准则委员会的服务不够周到，要求增加力量和投入。我想说明的是，国际会计准则委员会并不富裕，每年预算只有 100 多万美元，付不起太多人员的工资。一些发展中国家有抱怨，但这只有依靠各方的捐赠才能得以改善。我希望今后能成立一个会计准则咨询组，增加技术人员，满足各方的要求。"[1]

与会者注意到了以下值得关注的问题：（1）国际会计准则在发达国家的推广遇到了一定的阻碍，其采用者仅限于发展中国家。[2]（2）围绕长期资产减值存在激烈争论，资产减值会计容易受管理层意图的操纵，不如采用披露的方式来处理。（3）美国证券市场上的公认会计原则的制定"是在具有不同权力层次和不同利益范围的多种多样的组织机构参与下完成的。……存在根本性缺陷，国际会计准则中也有类似情况"。[3]

---

1 财政部会计司、财政部国际合作司编《完善与发展——会计准则国际研讨会（上海·1994）》，中国财政经济出版社，1995，第 514—515 页。

2 同上书，第 516 页。

3 同上书，第 263 页。

加拿大代表介绍了加拿大特许会计师协会（CICA）与国际会计准则委员会合作制定金融工具会计准则的情况。1988 年 5 月，经济合作与发展组织（OECD）召开了一次历时两天的关于金融工具的专题讨论会，认为会计准则已经跟不上金融创新的步伐。巴塞尔委员会也希望能够推行金融工具会计规则，从而对银行业的金融创新实施监管。于是，加拿大特许会计师协会自告奋勇，向国际会计准则委员会发出了合作邀请，后者于同年 6 月成立了一个项目指导委员会，人手由前者提供。这对于双方来说都是重要的一步，因为这都是双方第一次与其他单位共同进行会计准则项目的合作。[1] 该代表特地提到了围绕金融资产转移准则所存在的巨大争议："我们最初对新准则的建议是对大量的此类交易不作为销售处理。这引起加拿大和世界上许多其他地方的惊恐，因为即使是在重大风险和报酬仍保留在转出方的情况下，证券性交易作为销售处理已成为一个很普遍的做法。这种处理方法的改变被广泛认为是不可接受的，部分理由是它会对证券业的持续发展产生一个很大的障碍，因为对于数量正在增长的实体来说，它可以有效地实现低成本筹资。"[2] 该代表还提到了金融工具确认与计量方面所存在的巨大争议："我们采纳了依据管理层的意图来确定金融工具的计量基础的办法。这种办法使得我们遭受了大量的批评，人们认为这种办法给管理层提供了太大的操纵空间。……看起来很可能我们会继续允许历史成本计量和公允价值计量混合使用，但我们会尝试提供各种计量基础的适用情形的指南。"显然，这种一味迎合金融机构的立场而制定出来的金融工具会计规则，必然是一个缺乏合理逻辑的大杂烩。[3] 事实证明，1998 年 12 月公布的《国际会计准则第 39 号：金融工具：确认和计量》正是这么设计出来的。一旦会计准则不再"滞后"于金融创新了，金融危机

---

1 财政部会计司、财政部国际合作司编《完善与发展——会计准则国际研讨会（上海·1994）》，中国财政经济出版社，1995，第 233 页。

2 同上书，第 235 页。

3 同上书，第 237 页。

也就不远了。

　　财政部会计司冯淑萍司长在总结发言中指出，"建立我国社会主义市场经济体制，需要借鉴国际经验，这自然包括在会计方面借鉴国际会计惯例，实现我国会计的国际化，会计改革一个主要目标，就是使我国会计与国际会计接轨"；"会计准则与税法的关系是会计准则实施中必须处理好的一个重要内容，会计准则有其独立性，有其自身的目的和作用，会计准则可以与税法的规定适当分离，但是会计准则的制定与实施应当适当考虑到税收征管的需要"。她指出，关于会计准则的适用范围，一时还很难得出结论，还需要进一步的研究和更广泛地征求意见。会计准则也与其他法规一样，不能朝令夕改，必须保持相对稳定性，这要求会计准则必须有一定的超前性，以超前性保证其稳定性。[1]这反映了中国会计法规制定者所秉持的审慎态度。

三、朱镕基同志提出《整顿会计工作秩序的约法三章》

　　1995 年 1 月 1 日，财政部公布对截至 1993 年 12 月 31 日的全国会计人员基本情况调查统计结果：全国有会计人员 1 200 万人，其中国有单位会计人员 451 万人，县以上集体单位会计人员 99 万人，农村和乡镇企事业单位及其他经济组织会计人员 650 万人。

　　1995 年 10 月 21 日，在财政部于北京召开全国会计工作会议前夕，国务院副总理朱镕基作重要指示，提出《整顿会计工作秩序的约法三章》。

 专栏 4-6

《整顿会计工作秩序的约法三章》

　　一、所有企业、事业单位必须依法建账，并且保证会计工作的秩序和会计信息的质量。凡是企业、事业单位应当建账而不建账，或者建账而

---

1 冯淑萍：《结合中国国情 借鉴国际惯例 建立高质量的会计准则》，《会计研究》1995 年第 2 期。

不符合"两法""两则"规定的，必须追究单位主要负责人的责任，税务部门不得售予税票、发票，工商行政管理部门不得发给营业执照、年检证明，情节严重的可以责令停止营业。

二、认真培训和大力提高会计工作者和注册会计师的政治素质、业务能力和职业道德。要鼓励和支持会计工作人员忠于职守，坚持原则，依法履行职责权限和进行会计监督。凡是单位领导人授意、指使、强令会计人员编造、篡改会计数据，弄虚作假，损害国家和社会利益的，必须严肃追究单位主要负责人的法律责任。会计人员和注册会计师如果对违法违纪活动知情不报或者通同作弊的，也要依法追究责任，并且取消注册会计师等资格。

三、财政部门要负责从法规、制度、培训、监管等方面加强全国的会计工作，其他主管部门都要加强对基层单位的会计监督。

要广泛开展一次全国范围的整顿会计工作秩序的活动。整顿的重点：财政部门是转移预算内资金，逃避国家的预算监督；税务部门是假造票据、发票，偷税、逃税、骗税；银行和金融机构是搞"两本账"，进行账外高利吸储、放贷，冲击国家信贷规模；工商企业是造假账隐瞒虚盈实亏、资产流失，乱摊成本，搞小金库，挪用资金铺摊子、炒买炒卖。对整顿中查出的问题要严肃处理，严明法纪。

凡是法律规定应当进行社会审计的业务，必须进行审计。对企业年度会计报表，尤其是国有企业的年度会计报表，要逐步实行注册会计师审计制度。财政部门要对注册会计师的审计报告进行抽查，对抽查结果要严明奖惩。

资料来源：《国务院副总理朱镕基提出整顿会计工作秩序的约法三章》，《财务与会计》1995年第11期。

10 月 24—27 日，财政部在北京召开新中国成立以来第四次全国会计工作会议。会议讨论了《会计改革与发展纲要》《关于推动会计理论研究　促进会计改革与发展的意见》《关于深化企业会计核算制度改革、实施会计准则的意见》《预算会计核算制度改革要点》《关于依法加强会计信息质量管理的意见》等文件。

四、财政部印发《会计改革与发展纲要》

1995 年 12 月 15 日，财政部印发的《会计改革与发展纲要》（财会字〔1995〕71 号）提出，要按照社会主义市场经济对企业会计核算的要求，由财政部统一组织制定适合中国国情、与国际会计惯例接轨、具有法规约束力的企业会计准则。"九五"前期基本完成包括基本准则和具体准则在内的企业会计准则体系的建设工作，并采取分批分步到位的办法实施。企业会计准则要与相关法律相衔接，使之成为企业财务会计工作的基本规范。为了与企业改革的进程相适应，保证会计工作的正常秩序，对企业会计准则的实施采取分批分步到位的办法。

当年底，财政部完成了 30 项具体准则的制定工作，"但由于当时的客观环境和现实条件，特别是对具体准则的认识还不尽一致，因此没有立即发布"[1]。

1996 年 1 月 2 日，财政部发布的《关于深化企业会计核算制度改革、实施会计准则的意见》（财会字〔1996〕1 号）指出，会计准则体系包括基本准则、具体准则两个层次，1992 年底发布的《企业会计准则》发挥着基本准则的职能，具体准则将按计划在 1996 年初制定完成；在《企业会计准则》的基础上，进一步实施具体准则，是我国企业会计核算制度改革的方向。该意见

---

1 陈毓圭：《中国会计准则的起步与发展》，《财务与会计》2008 年第 21 期。

提出：实施会计准则应当坚持先立后破的原则，处理好会计准则与经济改革和发展的关系、中国国情与国际会计惯例的关系；对具体准则的实施拟采取分批分步的办法，即根据企业机制转换情况、自我约束能力以及对会计信息的需求情况，先在条件成熟的企业施行，随着市场经济的发展以及企业经营机制的转换，逐步扩大具体准则的施行范围。

1 月 4 日，财政部印发《关于推动会计理论研究　促进会计改革与发展的意见》，对今后 5 年内会计理论研究的目标、内容、方法提出了具体要求。该意见提出：我国现阶段会计理论研究的目标是在总结我国会计工作丰富经验和已有理论研究成果的基础上，基本形成适应社会主义市场经济要求、具有中国特色的会计理论方法体系。要重点研究会计与社会发展和经济环境的关系问题、中国会计准则及其理论框架问题、企业会计"转轨变型"问题、预算会计问题、强化会计监督问题、会计人才与会计教育问题、会计史与国外会计问题、会计发展新领域问题等。在开展会计理论研究中，要充分发挥各级会计学会的作用，调动广大会计理论工作者和会计实务工作者的积极性和创造性，解放思想，实事求是，不唯书、不唯上，贯彻百花齐放、百家争鸣的方针。

五、30 份会计准则征求意见稿的出台

1994—1996 年，财政部先后发布 6 批共 30 份会计准则征求意见稿（见表 4-2），实务界的反馈意见较少。"财政部会计准则委员会保存的第一、二批具体准则征求意见稿的反馈意见档案表明，主要的反馈意见来自高等院校和部委、财政厅局组织的座谈会，没有见到直接来自上市公司的反馈意见；征求意见稿公布后，也没有见到很多的批评。这表明，大部分上市公司并不真正关注会计准则所可能产生的影响。"[1]财政部部长助理冯淑萍在一次大会上感

---

1 葛家澍、刘峰：《会计理论——关于财务会计概念结构的研究》，中国财政经济出版社，2003，第 285—286 页。

叹："我们每次针对会计准则在全社会征求意见的结果都令人失望，给我们反馈意见的人寥寥无几。我们最近发布的征求意见稿，反馈回来的意见只有 4 份，这与我国 1 200 万的会计人员队伍是极不相称的。"[1]

表 4-2　　　　　　　　　　　　30 份具体会计准则征求意见稿一览

批次	发布年月	征求意见稿中的准则名称
第一批	1994 年 2 月	应付项目
第二批	1994 年 7 月	应收款项、存货、投资、借款费用资本化、资产负债表、损益表
第三批	1995 年 4 月	固定资产、无形资产、所有者权益、长期工程合同、研究和开发、现金流量表、银行基本业务
第四批	1995 年 7 月	递延资产、收入、外币折算、所得税、合并会计报表、会计政策和会计估计的变更、资产负债表日后发生的事项
第五批	1995 年 9 月	职工福利、捐赠和政府援助、或有事项和承诺、关联方关系及其交易的披露、清算
第六批	1996 年 1 月	租赁、期货、企业合并、非货币性交易

有研究者提出，财政部之所以在具体会计准则成文后并不急于发布，据杨纪琬先生在一场学术讲座中的观点，主要原因如下："（1）新颁布的具体会计准则若涉及会计确认，会影响企业会计利润，影响国家税收；若上市公司的当期利润因此而大幅度降低，国家宏观调控部门也担心会影响股市的稳定，从而会影响国家利用证券市场搞活国有大中型企业的大政。……（2）对一些业务存在着重大认识上的差异，同时由于法规不健全，会计上无法处理。如对于资产评估，中国证监会和国资局的处理意见就不相同。（3）目前 13 种行业会计制度和外商投资企业会计制度并存，存在着复杂的协调问题。（4）某

1　冯淑萍：《关于中国会计国际协调问题的思考——在中国会计学会第六次全国会员代表大会暨理论研讨会上的发言》，《会计研究》2002 年第 11 期。

些会计准则太超前。如我国的社会保障体系尚未建立，关于职工福利、养老金等的会计准则就无法确定。（5）受财务制度和税务制度的制约。"[1]

在 1996 年 7 月于上海召开的中国会计教授会第二届年会上，美国学者们坦率而真诚地提醒中国学者避免过度推崇美国经验。这给与会者留下了深刻的印象。美国学者在大会发言中告诫中国同行：美国其实也是个"一国多制"的国家，比如联邦的法律与州的法律就可以不同，州与州之间的法律也允许不同。许多中国同行讲的与国际惯例接轨其实主要是与美国惯例接轨，而美国的做法只适合美国的情况，是为美国利益服务的。中国会计在与国际惯例接轨中应注意到这个情况，不可盲目对接，要注意从本国的国情出发维护本国的利益"。但这些美国学者坦诚的意见未能引起学界的足够重视。[2]

第六节 1997—2001 年陆续发布 16 项具体会计准则

1997—2001 年，财政部共发布 16 项具体会计准则，部分准则在短短几年内就经历了修订，如表 4-3 所示。时任中国证监会首席会计师张为国在具体准则的发布过程中发挥了推动作用。[3]

会计准则制定者指出："我国（具体）企业会计准则的出台不是模仿国外，不是无病呻吟，而是因为所有权与经营权的分离和投资主体的多元化给会计核算提出了新的要求。"[4]此外，证券市场监管机构的失当监管理念也是催生具体会计准则的重要因素。

---

1 李树华：《审计独立性的提高与审计市场的背离》，上海三联书店，2000，第 145—146 页。

2《会计学者的国际性聚会——中国会计教授会一九九六年年会侧记》，《财会通讯》1996 年第 10 期。

3 刘峰：《会计准则变迁》，中国财政经济出版社，2000，第 106 页。

4 财政部全国会计人员继续教育教材编审委员会：《企业会计准则及股份有限公司会计制度讲解（1998）》，中国财政经济出版社，1999，第 16 页。

表 4-3　　　　　　1997—2001 年具体会计准则的发布及修订情况

年度·准则项数	发布日期	法律法规或准则、制度名称	实施日期	修订日期
1997 年·1 项	1997-05-22	《企业会计准则——关联方关系及其交易的披露》	1997-01-01	
—	**1998-01-27**	**《股份有限公司会计制度——会计科目和会计报表》**	**1998-01-01**	
1998 年·7 项	1998-02-24	《企业会计准则——投资》	1999-01-01	2001-01-18
	1998-03-20	《企业会计准则——现金流量表》	1998-01-01	2001-01-18
	1998-05-12	《企业会计准则——资产负债表日后事项》	1998-01-01	
	1998-06-12	《企业会计准则——债务重组》	1999-01-01	2001-01-18
	1998-06-20	《企业会计准则——收入》	1999-01-01	
	1998-06-25	《企业会计准则——建造合同》	1999-01-01	
	1998-06-25	《企业会计准则——会计政策、会计估计变更和会计差错更正》	1999-01-01	2001-01-18
1999 年·1 项	1999-06-28	《企业会计准则——非货币性交易》	2000-01-01	2001-01-18
—	**1999-10-31**	**《会计法》（1999 年修订）**	**2000-01-01**	
2000 年·1 项	2000-04-27	《企业会计准则——或有事项》	2000-07-01	
—	**2000-06-21**	**《企业财务会计报告条例》**	**2001-01-01**	
—	**2000-12-29**	**《企业会计制度》**	**2001-01-01**	
2001 年·6 项	2001-01-18	《企业会计准则——无形资产》	2001-01-01	
		《企业会计准则——借款费用》	2001-01-01	
		《企业会计准则——租赁》	2001-01-01	
	2001-11-02	《企业会计准则——中期财务报告》	2002-01-01	
	2001-11-21	《企业会计准则——固定资产》	2002-01-01	
		《企业会计准则——存货》	2002-01-01	
	2001-04-11	**周小川发表题为《关于会计准则国际化问题》的演讲**		
—	**2001-11-27**	**《金融企业会计制度》**	**2002-01-01**	

注：表中以粗体字标示法律、行政法规、会计制度和重大时事新闻。

一、1997 年：第一项具体会计准则的出台

1996 年 1 月 24 日公布的《中国证券监督管理委员会关于 1996 年上市公司配股工作的通知》规定，上市公司向股东配股，必须满足"公司在最近三年内净资产税后利润率每年都在 10% 以上，属于能源、原材料、基础设施类的公司可以略低，但不低于 9%"的要求。作为对比，1993 年 12 月 17 日出台的《中国证券监督管理委员会关于上市公司送配股的暂行规定》所规定的对应的要求是"公司连续两年盈利"。面对这一"新规"，上市公司纷纷使用资产重组、债务重组、关联交易等手法确保其配股资格。

1997 年，上市公司"琼民源"虚假财务报告案发。监管部门展开调查，该公司在 1997 年 2 月 28 日晚被通知停牌。该公司董事长利用关联企业操纵利润和股价，捏造了巨额的"其他业务收入"和"营业外收入"，涉嫌提供虚假财务报告等犯罪行为。

 专栏 4-7

"琼民源"事件

1997 年 3 月 4 日，深圳证券交易所对 1996 年年报涉嫌违规的"琼民源 A"实行停牌。"琼民源"事件是中国证券市场自建立以来最严重的一起欺诈案件。

1997 年 1 月 22 日，"琼民源"在深圳证券交易所上市公司中率先公布了其 1996 年年度报告。年报及随后的补充公告称，"琼民源"1996 年度每股收益 0.867 元。年报公布前后，"琼民源"股票接连拔高，全年涨幅高达 1 059%，被视为深圳市场的"领头羊"。然而，年报公布不久，传媒和投资者开始质疑年报的真实性，这引起了管理层的重视，1997 年 3 月 3 日，"琼民源"召开股东大会，后未再复牌。3 月 5 日，中国证监会及有关方面着手调查"琼民源"案件。

1998 年 4 月 27 日，中国证监会公布调查结果，同时作出处罚决定，决定指出："琼民源" 1996 年年度报告严重失实，共虚构利润 5.4 亿元，虚增资本公积金 6.57 亿元。经查实，"琼民源"的控股股东民源海南公司与深圳有色金属财务公司联手，在年报公布之前大量买入"琼民源"股票，在 1997 年 3 月前大量抛出，以此获取暴利。这一行为严重违反了《禁止证券欺诈行为暂行办法》和《股票发行与交易管理暂行条例》有关规定，误导了广大投资者，在社会上造成了极其恶劣的影响。决定对"琼民源"处以警告。"琼民源"原董事长等人因涉嫌犯罪移交司法机关处理；证监会建议有关部门撤销为"琼民源"进行审计的海南中华会计师事务所，并吊销主要负责人的注册会计师证书；对琼民源海南公司及深圳有色财务公司处以警告、没收非法所得，并罚款；建议"琼民源"的控股股东民源海南公司的主管部门组成清算整顿小组，负责处理"琼民源"的日常工作，待条件成熟后向深圳证券交易所申请复牌。1998 年 11 月 12 日，北京市第一中级人民法院对"琼民源"一案作出一审判决，"琼民源"公司原董事长和公司聘用会计分别被判刑。

资料来源：马庆泉、吴清主编《中国证券史（第一卷）》，中国金融出版社，2009，第 424 页。

在中国证监会的推动下，财政部于 5 月 22 日发布了《企业会计准则——关联方关系及其交易的披露》，第一项具体会计准则就此出台。会计准则制定者也说："当时针对上市公司中关联交易出现的问题，像救火一样，第一个发布关联方交易准则。如果从排列顺序上来说，无论如何关联方关系及其交易的披露准则也排不到第一位。"[1]

---

[1] 财政部全国会计人员继续教育教材编审委员会：《企业会计准则及股份有限公司会计制度讲解（1998）》，中国财政经济出版社，1999，第 24 页。

专栏 4-8

"琼民源"事件与《企业会计准则——关联方关系及其交易的披露》的出台

"琼民源"事件，正是利用关联交易进行巨额财务造假的例子。琼民源是一家设立于海南的上市公司，它在很大程度上是利用了虚假"并购业务"编造业绩，使得股价从 1996 年 4 月到 1997 年 1 月，飙升了 16 倍。1997 年初，虚假并购被披露出来，虚构利润达 5.4 亿元，其主要作假手法是，在未取得土地使用权的情况下，通过与关联公司等签订的未经合法程序的合作建房、权益转让等无效合同编造收益。

"琼民源"事件的爆出，在证券市场引起很大震动。如何防范通过关联交易实施造假的行为，成为会计规范和监管必须予以解决的紧迫问题，实施《企业会计准则——关联方关系及其交易的披露》成为刻不容缓的事情。

1997 年 5 月，《企业会计准则——关联方关系及其交易的披露》成为财政部发布的第一项具体准则。

资料来源：陈毓圭：《中国会计准则的起步与跨越（代序）》，载陈毓圭：《中国会计准则国际协调》，中国财政经济出版社，2009，代序第 10 页。

中国证监会推动财政部发布具体会计准则这一动态，一方面说明证券监管当局比较重视会计信息对证券行情的信号作用，另一方面也说明证券监管存在过度执着于会计指标的缺陷，其负面影响强化了会计信息与股价信息之间的关联。实际上，证券监管当局在开展投资者教育时需要告诉投资者这一事实：影响股价的因素有许多，会计信息只不过是其中之一。会计信息只是过往的历史信息，每股收益（EPS）与股价之间在理论上没有因果关系，市盈率具有很强的误导性。证券监管的要义是强调证券市场上的信息的真实性，但证券监管机构至今仍然没有奠定这一关乎证券市场发展大计的基石。

在我国起草具体会计准则的过程中，国际会计准则委员会加大了与我国会计界的接触程度。1997 年 7 月 8—12 日，私立机构国际会计准则委员会（IASC）在北京召开理事会会议，其 16 个正式成员和 4 个观察员的代表共 70 多人参加了会议。来自美国、英国、澳大利亚、加拿大等国的公共会计师行业代表团成员和技术顾问和来自中国、欧共体、（美国私立机构）财务会计准则委员会、国际证券业联合会的观察员代表及国际会计准则委员会工作人员等 70 多人参加了会议。财政部会计司提供的会议综述介绍，"我国在今年 5 月加入国际会计师联合会（IFAC）和 IASC 后，被 IASC 授予观察员身份，这次也派代表参加了会议"。该综述提及，"IASC 是一个独立的非官方国际会计组织"。"IASC 理事会由不超过 13 个国家（或国家联合体）、4 个对财务报表关注的组织组成。现任理事会成员包括：澳大利亚、墨西哥、加拿大、荷兰、法国、北欧公共会计师联盟（包括丹麦、芬兰、爱尔兰、挪威和瑞典）、德国、南非和赞比亚、印度和斯里兰卡、日本、英国、马来西亚、美国、国际财务主管协会国际联合会、财务分析师协会国际协调委员会、瑞士实业持股公司联合会。IASC 还邀请观察员参加每次的理事会会议，目前有观察员身份的有三个组织和一个国家，三个组织分别是：欧盟委员会（EC）、国际证监会组织（IOSCO）和（美国）财务会计准则委员会（FASB），一个国家就是中国。观察员在会上有发言权，没有投票权"。IASC 主席迈克尔·夏普在开幕式致辞中说："IASC 邀请中国作为理事会观察员，是一个历史先例，中国是唯一一个有此身份的国家。"该综述提及，"会上，中国观察员代表，财政部会计司冯淑萍司长作了一般性发言。她说，中国加入两个国际会计组织，是中国政府和会计界同这两个组织经过多年谈判的结果，尽管这一进程时间拖得久了些，我们仍感到很高兴。……自 1993 年起，我们着手建立中国会计准则体系，并得到了世界银行的支持。……今年 5 月，第一项具体会计准则'关联方关系及其交易的披露'已经发布并在上市公司施行，今后将视需要陆续发布其他准则。新制定的会计准则，很大程度上是与国际会计准则相协调的。我们的原则是，在充分考虑中国国情的前提下，尽可能与国际会计准则取得一致。这是因为：（1）IASC 是国际会计协调的重要组织，其成果凝聚了世界各国多年的智慧和经验，因而对我们有很好的借鉴作用；（2）IASC 和 IOSCO 的协议，即制定核心准则，并计划自 1998 年起在国际资本市场通行，使得国际会计准则的作用更加举足轻重。中国也有境外上市公司，我们的会计准则与国际会计准则协调一致，有利于中国公司海外上市，减少不必要的障碍"[1]。

7 月 23 日，《人民日报》刊登文章《会计资料虚假亟待有效整治》，呼吁有关部门加大对会计秩序的整治力度，切实认真贯彻执行《中华人民共和国会计法》。

1998 年，财政部先后发布 7 项具体准则，分别是《企业会计准则——投资》《企业会计准则——现金流量表》《企业会计准则——资产负债表日后事项》《企业会计准则——债务重组》《企业会计准则——收入》《企业会计准则——建造合同》《企业会计准则——会计政策、会计估计变更和会计差错更正》。

1998 年 3 月 6 日，财政部部长刘仲藜在第九届全国人大第一次会议上提出，"要尽快制定并择机出台上市公司具体会计准则，规范上市公司的税收政策和会计核算，进一步完善股份制企业会计制度。修订金融业、保险业和证券公司会计制度，加强金融财务会计监督，防范金融风险"[2]。

1998 年 5 月，中国正式加入国际会计准则委员会和国际会计师联合会。

二、1998 年：财政部会计准则委员会的成立

1998 年 10 月，"会计准则咨询专家组"改组为财政部会计准则委员会

---

1 沈小南：《国际会计准则委员会（IASC）理事会综述》，《财务与会计》1997 年第 9 期。

2 财政部部长刘仲藜 1998 年 3 月 6 日在第九届全国人民代表大会第一次会议上所作的报告《关于 1997 年中央和地方预算执行情况及 1998 年中央和地方预算草案的报告》。

（China Accounting Standards Committee，CASC），委员有七人：张佑才（会计准则委员会主席，财政部副部长）、杨纪琬、冯淑萍（会计准则委员会秘书长，会计司司长）、葛家澍、张为国、汤云为、朱祺珩，分别来自政府财政部门、证券监管机构、会计师事务所、高校和科研机构等单位。有趣的是，财政部会计准则委员会的委员人数与负责制定美国证券市场上的公认会计原则的私立机构——财务会计准则委员会相同。据中国证监会前首席会计师、主席助理汪建熙回忆，"实际上，在第一届会计准则委员会存续期间，财政部会计司连一次咨询也没进行过。我感觉它就是一个摆设，没有做成任何事"[1]。

 专栏 4-9

"救火"——具体准则的出台背景

1992 年以后，我国着手草拟制定具体会计准则。我们用申请到的世界银行贷款，请来外国咨询专家，并组织国内咨询专家作咨询顾问，财政部成立了会计准则组。通过大家的共同努力，1996 年完成了 30 份具体会计准则征求意见稿，印发各地征求意见。按照原来的设想，计划于 1997 年 1 月 1 日执行这些准则，但是实践证明这些想法是不现实的。因为当时没有人感到这些准则有什么必要。我们曾经请了一些大型企业的总会计师开研讨会，讨论这些会计准则，他们认为，谈会计准则是讲时髦，现实中没有什么必要性。同样，在财政部门内部不少人认为"两则""两制"都超前了，更谈不上制定具体会计准则了。会计是一门社会科学，它要紧紧围绕社会经济中存在的问题来解决。会计标准不起导航作用，事情没发生就告诉你如何做，会计起不到这个作用。会计规则应该是救火队，出了问题着火了，要熄火灭火，这时才找会计，需要会计来规范。但随着市场经济迅

---

1 上海国家会计学院会计口述历史项目工作组主编《会计口述历史（第二辑）》，立信会计出版社，2020，第 380 页。

猛发展，市场经济国家出现的利益集团之间的矛盾在我国也已出现，"着火"不可避免。如 1997 年 5 月，一家上市公司停牌，这是我国第一例涉及上市公司的纠纷，股民反响很大。经我们查证，这家公司所有做假的地方，如假收入、假投资，都是在其关联方做的。这时，我们感到需要会计"救火"了。于是，"关联方准则"很快被批准实施。这使我们认识到，我们要转变思维方式，根据需要颁发会计准则，需要什么颁发什么，不要再一味讲求理想化、科学化、规范化、系统化，讲究准则出台后如何漂亮，那是不现实的。过去我们说西方会计准则不成体系，不像我们国家会计科目、报表、说明整齐漂亮，一套一套的。国际会计准则也是东一锤子西一榔头，让人摸不着头脑。现在看来，这是有规律的，是经济活动的需要所决定的。

资料来源：《适应市场经济要求 制定会计准则 完善会计制度——财政部会计司司长冯淑萍同志在"新准则"、"新制度"培训班开幕式上的讲话》，载财政部全国会计人员继续教育教材编审委员会：《企业会计准则及股份有限公司会计制度讲解（1998）》，中国财政经济出版社，1999，第 17—18 页。

之后，财政部于 1999 年发布《企业会计准则——非货币性交易》，2000年发布《企业会计准则——或有事项》，2001 年发布《企业会计准则——无形资产》《企业会计准则——借款费用》《企业会计准则——租赁》等 3 项会计准则，修订了 5 项会计准则。

第七节 1998 年发布《股份有限公司会计制度——会计科目和会计报表》

1997 年东南亚金融危机之后，会计法规制定者愈发推崇谨慎性原则，试图通过资产减值会计"挤干企业资产的水分""提高资产质量"。

1998 年 1 月 27 日，财政部发布《股份有限公司会计制度——会计科目和会计报表》(简称《股份有限公司会计制度》)，自当年 1 月 1 日起施行。该制度对 1992 年发布行业会计制度以来的 30 多个补充规定进行了系统整理，同时也对一些问题做出了新的规定。主要的变化可概括如下。

一、谨慎性原则的深化

境外上市公司以及在境内发行外资股的公司，应当按要求对以下四类资产计提减值准备：短期投资（借记"投资收益"，贷记"短期投资跌价准备"科目）；存货（借记"存货跌价损失"，贷记"存货跌价准备"科目)、应收账款（借记"管理费用"，贷记"坏账准备"科目)、长期投资（借记"投资收益"科目，贷记"坏账准备"科目)。其中，坏账准备的提取方法、提取比例等由公司自行确定，提取方法一经确定，不能随意变更。如果长期投资由于市价持续下跌或被投资单位经营状况恶化等原因导致其可收回金额低于账面价值，并且这种降低的价值在可预计的未来期间内不可能恢复，应将可收回金额低于长期投资账面价值的差额作为长期投资减值准备。存货跌价损失是指存货可变现净值低于成本的差额。其他上市公司应当对应收账款计提坏账准备，也可按上述规定提取资产减值准备。[1]

二、投资核算规则的变化

《股份有限公司会计制度》改变了此前行业会计制度规定的短期投资和长期投资期末按投资成本或确定的资产价值计价的规则。该文件规定，短期投资期末按照成本与市价孰低计价；长期投资期末按扣除长期投资减值准备后

---

1 也就是说，《股份有限公司会计制度》做出了关于 B 股、H 股和境外上市公司计提"四项准备"的义务性规范（强制性规范），做出了 A 股公司计提坏账准备的义务性规范和计提"四项准备"的授权性规范（任意性规范）。

的价值计价。关于权益法的适用条件，该文件规定，"公司对其他单位的投资占该单位有表决权资本总额 20% 或 20% 以上，或虽投资不足 20% 但有重大影响，应采用权益法核算"。

三、合并报表的合并范围的变化

《股份有限公司会计制度》规定，除遵循《合并会计报表暂行规定》外，公司在编制合并会计报表时，应当将合营企业合并在内，并按照比例合并方法对合营企业的资产、负债、收入、费用、利润等予以合并。

四、收入的确认规则的变化

《股份有限公司会计制度》改变了按结算方式确认收入的做法，该制度规定，"商品销售，公司已将商品所有权上的重要风险和报酬转移给买方，公司不再对该商品实施继续管理权和实际控制权，相关的收入已经收到或取得了收款的证据，并且与销售该商品有关的成本能够可靠地计量时，确认营业收入的实现"，"提供劳务（不包括长期合同），按照完工百分比法确认相关的劳务收入"，"提供他人使用本企业的无形资产等而应收的使用费收入，应按有关合同、协议规定的收费时间和方法计算确认营业收入的实现"。

五、无形资产的摊销

1992 年发布的《企业会计准则》只是笼统地规定"各种无形资产应当在收益期内分期平均摊销"。行业会计制度也仅仅规定"各种无形资产应分期平均摊销"，摊销时，借记"管理费用"科目，贷记"无形资产"科目。作为对比，《股份有限公司会计制度》规定了便于实务操作的摊销规则："无形资产摊销期限，合同规定了受益年限的，按不超过受益年限的期限摊销；合同没有规定受益年限而法律规定了有效年限的，按不超过法律规定的有效年限摊销；经营期短于有效年限的，按不超过经营期的年限摊销；合同没有规定受益年限，且法律也没有规定有效年限的，按不超过 10 年的期限摊销。"公司摊销无形资产时，借记"管理费用"科目，贷记"无形资产"科目。

六、对会计报表体系的调整

以《工业企业会计制度》为例，原制度规定的报表有：资产负债表、损益表（附表包括利润分配表、主营业务收支明细表）、财务状况变动表。

《股份有限公司会计制度》规定的报表有：资产负债表（附表包括股东权益增减变动表、应交增值税明细表）、利润表（附表包括利润分配表、分部营业利润和资产表）、现金流量表。

此外值得注意的是，《股份有限公司会计制度》对研究开发支出规定的是费用化的规则。该制度附件中还收录了关于建筑安装业务、房地产开发业务和期货业务的会计处理规定。

七、"会计职业判断"理念的悄然兴起

会计法规制定者与理论研究者把会计规则的弹性化提炼为"会计职业判断"。准则制定者提出，"比如，坏账准备按什么标准提取，费用按什么标准列支，许多会计问题的处理，要求会计人员进行职业判断。这样做，并不是说会计制度没有以前那么严了，企业可以自行其是了，而事实恰恰相反，要求更高了。要求会计人员做出职业判断，是为了更真实、更客观地反映企业实际情况，这是广大会计工作者应具备的品德和职业道德"[1]。此论有待商榷。会计法规本身不应绑架人们的道德观念。会计工作的使命是记录法律事实，而法律事实就是事实，用不着会计人员再去做什么"职业判断"。实践中，但

---

[1] 财政部全国会计人员继续教育教材编审委员会:《企业会计准则及股份有限公司会计制度讲解（1998）》，中国财政经济出版社，1999，第 8 页。

凡涉及"职业判断"之处，究竟是管理层在"判断"，还是会计人员在"判断"？这是不言自明的道理。

会计法规制定者指出，推出具体会计准则和《股份有限公司会计制度》的意义可以从以下三个方面来看：进一步发挥市场机制在资源配置汇总的重要作用，需要发布实施新准则和新制度，保证提供更加可靠的会计信息；市场经济和证券市场进一步深化，保护投资者和债权人的利益，要求发布实施新准则和新制度，进一步提高会计信息质量；进一步扩大对外开放和吸引外资，要求进一步推进中国会计制度改革，搞好中国会计准则与国际会计准则的协调。"我们也要看到，中国企业到境外上市也是付出了代价的。……由于我国会计准则和会计制度以及会计职业标准与国际会计审计惯例之间还存在一定差距，我国到境外上市的公司以及境内上市发行外资股的企业不得不分别按国际国内两套标准编制两套会计报表，且不得不高价聘请境外会计公司出具审计报告，既增加了筹资成本和发行程序，也损害了上市公司的形象。"[1]但从另一个方面来看，境外上市公司融资成本之降低，与境内公司管理成本之上升，孰轻孰重？

第八节　1999 年的《中国会计百科全书》

《中国会计学会"八五"时期科研规划纲要》提出组织编写一本高质量的大型工具书，以全面反映当今会计理论与会计实务的新水平。1994 年7 月，中国会计学会第四届第二次常务理事会认为：中国会计改革的方向已经基本定位，编写全新会计工具书的条件已逐步具备，决定立即组织编写，并定名为《中国会计百科全书》（以下简称《全书》）。要求《全书》应

---

1 财政部全国会计人员继续教育教材编审委员会：《企业会计准则及股份有限公司会计制度讲解（1998）》，中国财政经济出版社，1999，第 3—6 页。

体现 20 世纪国内外会计科研和实务的丰硕成果，成为一部不失为跨世纪水平的巨著。1997 年 1 月 16 日，《中国会计百科全书》编辑部组织在京的部分顾问和部分编委召开座谈会，讨论全书编写进度和交付出版等问题。会议强调必须保证书稿质量，书稿内容必须按照有关具体会计准则进行修改。《中国会计百科全书》是一部会计理论与实务的高质量工具书，既要搜集会计学领域已有的理论和实务研究成果，也应包含对会计改革与发展中一些重大理论与实务问题的探索。根据中国会计学会第四届第二次常务理事会确定的"启用一代新人，老一代专家给予协助"的原则，由一批会计学博士担任《全书》编委并请这些博士的导师担任《全书》顾问。1999 年 3 月，中国会计学会组织编写，财政部副部长、中国会计学会会长张佑才任名誉主编，余秉坚任主编的《中国会计百科全书》由辽宁人民出版社出版。该书共有 14 个学科分部，包括：一"总论"、二"初级会计"、三"中级会计"、四"高级会计"、五"管理会计"、六"成本会计"、七"政府及非营利组织会计"、八"企业财务管理"、九"会计学特殊领域"、十"公共会计"、十一"电算化会计和审计"、十二"会计研究和会计教育"、十三"会计法规和会计组织"、十四"会计史"。

第九节　1999 年《中华人民共和国会计法》的修订

1993 年 12 月 29 日，第八届全国人大常委会第五次会议通过《关于修改〈中华人民共和国会计法〉的决定》。"这次修改属于'微调'，修改幅度并不大"。主要是将《中华人民共和国会计法》（以下简称《会计法》）的立法宗旨从"发挥会计工作在维护国家财政制度和财务制度、保护社会主义公共财产、加强经济管理、提高经济效益中的作用"，修改为"发挥会计工作在维护社会主义市场经济秩序、加强经济管理、提高经济效益中的作用"，从而"突出了会计工作在发展社会主义市场经济中的地位和作用，意味着会计工作的基本定位由国家利益观开始转向公共利益观"。《会计法》的适用范围也由原来的"国营企业事业单位、国家机关、社会团体、军队"，扩大到"国家机关、社会团体、企业、事业单位、个体工商户和其他组织"。此外，《会计法》对会计电算化问题作出了规定。[1]

但是，会计法修正后不久，就暴露出"难以适应形势的变化和国家加强宏观经济调控的要求"的问题，"一些地方和企业会计工作秩序混乱、管理失控，做假账等问题十分突出"。"为此，财政部和国务院法制办从1998年5月起，按照国务院的要求，共同研究修改会计法的思路和重点解决的问题，认真总结了会计法施行以来，特别是1992年改革会计制度、实施《企业会计准则》和《企业财务通则》以来的经验，研究、参考了国外规范会计行为的立法经验和通行做法，并广泛征求了中央有关部门和一些地方、企业事业单位、高等院校及科研机构的意见。此外，还专门聘请世界上知名会计师行提供咨询意见，听取香港特别行政区知名专家的修改建议。在此基础上，形成了《中华人民共和国会计法（修订草案）》。"

1999年5月25日，国务院第十八次常务会议讨论通过该修订草案。[2]

9月22日，中共十五届四中全会通过的《中共中央关于国有企业改革和发展若干重大问题的决定》提出："重点搞好成本管理、资金管理、质量管理。建立健全全国统一的会计制度。要及时编制资产负债表、损益表和现金流量表，真实反映企业经营状况。"

10月31日，第九届全人大常委会第十二次会议通过修订的《会计法》。修订后的《会计法》，在结构、内容以及监管机制等方面都更加完善。一是突

---

1 高一斌：《我国〈会计法〉的制定与发展》，《会计研究》2005年第8期。

2 财政部部长项怀诚1999年6月22日在第九届全国人民代表大会常务委员会第十次会议上所作的《关于〈中华人民共和国会计法（修订草案）〉的说明》。

出了规范会计行为、保证会计信息质量的立法宗旨。二是突出了单位负责人对本单位会计工作和会计资料真实性、完整性的责任。三是进一步完善了会计记账规则，对做假账的主要环节和手段作出了禁止性规定，进一步规范和约束了会计行为。四是强化了单位内部监督、社会监督和国家监督三位一体的会计监督制度，在强调内部约束和内部控制的同时，发挥会计中介机构的社会监督作用，加大政府部门对会计工作的监督力度。五是增加了会计从业资格管理制度方面的内容，以引导和督促会计人员依法做好会计工作。六是加大了对会计违法行为的惩治力度。[1]

这次修订的背景是，"假账泛滥，会计信息严重失真，会计造假丑闻时有发生"。1998 年 5 月 21 日，《国务院办公厅关于印发国务院立法工作若干意见和 1998 年立法工作安排的通知》要求，"为了防止和惩罚各种做假账的行为，维护经济秩序，借鉴国外经验，明确规定会计记账基本规则，修订会计法"。"从当时的社会呼声和国务院的立法计划来看，第二次修订《会计法》是与打击造假账、提高会计信息质量和会计行业社会公信力紧密联系在一起的。"[2]值得一提的是，《会计法》第四十四条第一款规定，隐匿或者故意销毁依法应当保存的会计凭证、会计账簿、财务会计报告，构成犯罪的，依法追究刑事责任。1999 年 12 月 25 日，第九届全国人大常委会第十三次会议通过的《中华人民共和国刑法修正案》补充增加了"隐匿、故意销毁会计凭证、会计账簿、财务会计报告罪"的规定：隐匿或者故意销毁依法应当保存的会计凭证、会计账簿、财务会计报告，情节严重的，处五年以下有期徒刑或者拘役，并处或者单处二万元以上二十万元以下罚金。单位犯前款罪的，对单位判处罚金，并对其直接负责的主管人员和其他直接责任人员，依照前款的规定处罚。

1　冯淑萍：《加强会计法制建设的重要措施——学习〈会计法〉的几点体会》，《会计研究》1999 年第 11 期。

2　高一斌：《我国〈会计法〉的制定与发展》，《会计研究》2005 年第 8 期；高一斌：《会计改革的回顾与展望》，《经济研究参考》2008 年第 50 期。

耐人寻味的是，修订后的《会计法》格外强调，会计核算要贯彻稳健性原则。该法第十九条规定，"单位提供的担保、未决诉讼等或有事项，应当按照国家统一的会计制度的规定，在财务会计报告中予以说明"。至此，1992 年的《企业会计准则》所规定的谨慎性原则（准则第十八条规定，"会计核算应当遵循谨慎性原则的要求，合理核算可能发生的损失和费用"）正式浸入法律条文。全国人大常委会法律工作委员会在会计法释义中指出："至于如何将或有事项在财务会计报告中加以说明，本条未作具体规定，而是要求按照国家统一会计制度的规定进行说明，这就要求财政部制定具体的规定。"[1] 会计法规制定者指出："（1999 年）新修订的《会计法》第二十六条特别规定，公司、企业的会计核算要贯彻稳健原则。主要是针对现阶段一些公司、企业存在虚列、多列资产、负债、所有者权益，虚列或隐瞒收入，随意调整利润的计算和分配方法，编造虚假利润或者隐瞒利润等行为而作出的。……我国近年来已经发布实施的具体会计准则、股份有限公司会计制度及有关规定，已在致力于贯彻上述会计原则，以促使公司、企业在市场竞争中防止虚假繁荣和'泡沫'现象。"[2]

 专栏 4-10

1999 年《会计法》的修订背景

《中华人民共和国会计法》是六届全国人大常委会第九次会议于 1985 年 1 月 21 日通过的。1993 年 12 月 29 日，八届全国人大常委会第五次会议通过决定，对《会计法》作了部分修改。这部法律的制定和施行，对规范和加强会计工作，促进会计工作更好地为经济建设服务，起到了积极作用。但是，随着改革的深化、开放的扩大和社会主义市场经济的发展，《会计法》已经难以适应形势的变化和国家加强宏观经济调控的要求。一些地

---

1 卞耀武主编《中华人民共和国会计法释义》，法律出版社，2000，第 85—86 页。
2 刘玉廷：《新修订的〈会计法〉所实现的若干重要突破》，《会计研究》2000 年第 1 期。

方和企业会计工作秩序混乱、管理失控、做假账等问题十分突出。因此，按照社会主义市场经济的要求，迫切需要对《会计法》进行修改、完善。

为此，财政部和国务院法制办从 1998 年 5 月起，按照国务院的要求，共同研究修改《会计法》的思路和重点解决的问题，认真总结了《会计法》施行以来，特别是 1992 年改革会计制度、实施《企业会计准则》和《企业财务通则》以来的经验，研究、参考了国外规范会计行为的立法经验和通行做法，并广泛征求了中央有关部门和一些地方、企业事业单位、高等院校及科研机构的意见。此外，还专门聘请世界上知名会计师行提供咨询意见，听取香港特别行政区知名专家的修改建议。在此基础上，形成了《中华人民共和国会计法（修订草案）》，对《会计法》作了全面修改、补充、完善了会计核算和会计记账的基本制度和规则，强化了单位负责人对本单位会计工作和会计资料真实性、完整性负责的责任制，增加了会计人员的资格管理，强化了对会计活动的制约和监督，加大了对违法行为的处罚力度。修订草案已经 1999 年 5 月 25 日国务院第十八次常务会议讨论通过。

资料来源：财政部部长项怀诚 1999 年 6 月 22 日在第九届全国人民代表大会常务委员会第十次会议上所作的《关于〈中华人民共和国会计法（修订草案）〉的说明》。

1999 年修订的《会计法》第五十条第二款给出了"国家统一的会计制度"的定义："国家统一的会计制度，是指国务院财政部门根据本法制定的关于会计核算、会计监督、会计机构和会计人员以及会计工作管理的制度。"显然，其所称的会计制度是广义的。会计准则是其中所包含的会计核算制度的一种表现形式。

该法提出了很多富有真知灼见的管制措施。法律草案起草人员正确地指出，确保会计资料真实、完整，是对会计工作的基本要求，但原《会计法》对此规定得过于原则和笼统，操作性不够强。因此，根据各方面的意见，修订后的《会计法》第九条规定，各单位必须根据实际发生的经济业务事项进行会计核算，填制会计凭证，登记会计账簿，编制财务会计报告。任何单位不得以虚假的经济业务事项或者资料进行会计核算。第十四条规定，会计机构、会计人员必须按照国家统一的会计制度的规定对原始凭证进行审核，对不真实、不合法的原始凭证有权不予接受，并向单位负责人报告；对记载不准确、不完整的原始凭证予以退回，并要求按照国家统一的会计制度的规定更正、补充。原始凭证记载的各项内容均不得涂改；原始凭证有错误的，应当由出具单位重开或者更正，更正处应当加盖出具单位印章。原始凭证金额有错误的，应当由出具单位重开，不得在原始凭证上更正。记账凭证应当根据经过审核的原始凭证及有关资料编制。鉴于原《会计法》没有明确规定记账规则，而规定记账规则的"两则"（《企业会计准则》《企业财务通则》）又没有规定相应的法律责任，形成会计法管不了记账，记账规则又缺乏法律约束力的"两张皮"，各方面对此反应较大。因此，修订后的《会计法》增加了一些记账基本规则。例如，修订后的《会计法》第十五条规定，会计账簿登记，必须以经过审核的会计凭证为依据，并符合有关法律、行政法规和国家统一的会计制度的规定。会计账簿包括总账、明细账、日记账和其他辅助性账簿。会计账簿应当按照连续编号的页码顺序登记。会计账簿记录发生错误或者隔页、缺号、跳行的，应当按照国家统一的会计制度规定的方法更正，并由会计人员和会计机构负责人（会计主管人员）在更正处盖章。此外，修订后的《会计法》针对企业会计的特点，借鉴国际上规范公司、企业会计行为的一般做法，增加"企业会计核算的特别规定"一章。修订后的《会计法》第二十六条规定："公司、企业进行会计核算不得有下列行为：（一）随意改变资产、负债、所有者权益的确认标准或者计量方法，虚列、多列、不列或者少列资产、负债、所有者权益；（二）虚列或者隐瞒收入，推迟或者提前确认收入；（三）随意改变费用、成本的确认标准或者计量方法，虚列、多列、不列或者少列费用、成本；（四）随意调整利润的计算、分配方法，编造虚假利润或者隐瞒利润；（五）违反国家统一的会计制度规定的其他行为。"

1999 年的《会计法》第九条是检验会计规则合法性的试金石。如果用这一条来考量域外的会计规则，立法机关就可以从容自信地拒绝很多似是而非的会计规则。

 专栏 4-11

会计法规制定者回顾 1949—1999 年的会计改革

50 年来，广大会计工作者始终坚持改革创新精神，为探索适合中国国情的会计发展道路做出了不懈努力，较大的改革和探索发生过三次。三次会计改革，对促进我国会计事业的发展，推动中国会计逐步走上适合我国国情的道路，起到了重要作用。

第一次会计改革发生在 1957 年前后。当时，借鉴苏联经验建立起来的高度集中的计划经济模式，在实践中逐步暴露出中央与地方、地方与地方、部门与部门之间在经济上的许多矛盾，这一问题引起了中央的注意，并做出探索适合中国国情的社会主义道路的一系列决定。在这一背景下，针对当时一些会计制度存在的生搬硬套苏联经验、过于烦琐、不便理解以及管理权限过于集中等问题，会计工作进行了以"放权、简化"为主要内容的改革。但由于经济工作上"左"的错误和"大跃进"的影响，加上指导的失误，放权、简化逐步演化成放任、废除，最终发展成一些单位搞"无账会计"的谬误做法，从而使新中国第一次会计改革遭受了严重挫折，使建国初期建立起来的会计制度和工作秩序被严重破坏。

第二次会计改革是在 1965 年前后。1961 年 1 月，中央提出了"调整、巩固、充实、提高"的方针，随着"八字"方针的贯彻实施，我国社会主义建设重新出现了欣欣向荣的景象，经济体制改革的探索重新提上议事日程，会计改革问题也被重新提出。1964年财政部和各地区、各部门对会计报表做了一些精简，同时深入基层单位调查研究并拟定会计改革方案。1965年4月和8月，财政部分别提出了《企业会计工作改革纲要（试行草案）》《预算会计改革要点》，对会计改革问题进行了部署，改革的要点是"反对烦琐哲学，提倡通俗易懂"，强调"算要有用，管要合理"。从主导方面来说，这次改革吸取了1958年"彻底放权""大力简化"错误方针的教训，强调有破有立，先立后破，自上而下，有领导、有步骤地进行改革；改革虽以会计制度为重点，但基层单位的会计改革并未仅停留在制度改革上，许多单位的财务工作在贯彻群众路线、依靠群众当家理财上下功夫，把50年代创造的班组核算、民主理财等加以恢复和发展。由于"文化大革命"的开始，这次会计改革起步不久就被迫停止。随之而来的是长达10年之久的"文化大革命"，不仅中止了新中国会计史上的第二次会计改革，也使我国会计工作在很长一个时期陷于瘫痪。

第三次会计改革发生在党的十一届三中全会以后。随着中央提出的"调整、改革、整顿、提高"方针的贯彻，经济体制改革逐步展开。在这一形势下，1980年10月，财政部召开的全国会计工作会议，提出了会计改革问题。在总结会计制度的适应性改革和基层单位会计改革取得初步成效的基础上，为了全面深化会计改革，1984年10月，财政部在全国会计工作座谈会上提出了《关于会计业务改革的设想（讨论稿）》，之后，又于1987年、1988年分别提出了《关于深化会计改革的几点意见（讨论稿）》《会计改革纲要（试行）》等文件，对会计改革的一些重大问题提出了指导性意见。1992年，邓小平同志南方谈话和党的十四大提出建立社会主义市场经济体制的改革目标后，对我国会计事业的改革与发展提出了新的更高要求。原来服务于计划经济体制的会计体系已不能适应新形势的要求，必须按照市场经济规则，借鉴国际惯例，建立新的会计体系。这一改革是根本性的、全方位的，在会计管理体制、会计制度、会计人员、注册会计师以及基层单位会计工作等方面都进行了改革开放，取得了重要进展。特别是 1992 年及以后发布的一系列会计准则，标志着我国会计工作由计划经济模式向社会主义市场经济模式的转轨，是探索我国会计发展道路所迈出的非常重要的一步。

资料来源：张佑才：《会计改革与发展的光辉历程》,《会计研究》1999 年第 10 期。

1999 年 11 月 26 日，中共中央在中南海怀仁堂举办 1999 年第二次法制讲座，内容是依法保障和促进国有企业改革与发展。江泽民主持讲座并作重要讲话，他指出，所有企业都要严格执行国家的法律规定，及时、准确编制资产负债表、损益表和现金流量表，真实反映企业经营状况。要加强企业内部规章制度建设，对重大经营决策、合同管理、担保审核、对外投资、经济纠纷处理等，都要建立健全相应的规章制度。

第十节　16 项具体会计准则所引入的争议性会计规则

前已述及，失当的证券监管规则催生了失当的会计规则。一系列会计规则得以以"国际先进经验"为名浸入我国会计法规体系。

一、投资的会计规则更趋复杂 [1]

1998 年发布的《企业会计准则——投资》对 1992 年的《企业会计准则》所规定的投资会计规则进行了局部修改（见表 4-4）。该准则出台的背景是，

1　本小节的引文来自《〈企业会计准则——投资〉讲解》，参见：中华人民共和国财政部制定：《企业会计准则 2003》，经济科学出版社，2004，第 318—330 页。

1998 年 "年初的上市公司资产重组、企业重组在投资方面出了很多问题，原来的股份有限公司会计制度不能包含这方面的业务，这给资本市场和投资的发展带来了许多问题"。因此，财政部会计司制定了投资准则予以规范。投资准则规定，投资分为短期投资和长期投资，长期投资分为长期债权投资（又可分为债券投资和其他债权投资）和长期股权投资。[1] 投资在取得时应以投资成本计价。

表 4-4 《企业会计准则——投资》所规定的会计规则

投资的分类			会计规则
短期投资			短期投资的现金股利或利息，应于实际收到时，冲减投资的账面价值，但收到的、已记入应收项目的现金股利或利息除外。 短期投资在期末时应以成本与市价孰低计价，并将市价低于成本的金额确认为当期投资损失。已确认跌价损失的短期投资的价值又得以恢复，应在原已确认的投资损失的金额内转回。
长期投资	长期债权投资	债券投资	债券投资溢价或折价，在债券购入后至到期前的期间内于确认相关债券利息收入时摊销。摊销方法可以采用直线法，也可以采用实际利率法。债券投资应按期计算应收利息。计算的债券投资利息收入，经调整债券投资溢价或折价摊销额后的金额，确认为当期投资收益。 债券投资期末一般按摊余价值（或称摊余成本）计价。
		其他债权投资	其他债权投资按期计算的应收利息，确认为当期投资收益。
	长期股权投资		长期股权投资应根据不同情况，分别采用成本法或权益法核算。投资企业对被投资单位具有控制、共同控制或重大影响的，长期股权投资应采用权益法核算。

该准则规定，企业应对长期投资的账面价值定期地逐项进行检查。如果由于市价持续下跌或被投资单位经营状况变化等原因导致其可收回金额低于

---

1 "长期股权投资" 这一词汇是我国会计准则制定者在 20 世纪 90 年代借鉴美国证券市场上的公认会计原则的时候，所设计的一个缺乏合理论证的词汇，主要就是为了引入股权投资的权益法，即国际准则所称的对联营企业和合营企业投资的会计处理方法。"长期股权投资" 这个名不符实的词汇一直沿用至今。

投资的账面价值，应将可收回金额低于长期投资账面价值的差额，首先冲抵该项投资的资本公积准备项目，不足冲抵的差额部分确认为当期投资损失。已确认损失的长期投资的价值又得以恢复，应在原已确认的投资损失的数额内转回。

《企业会计准则——投资》的上述规则相当令人费解，准则起草者给出了自己的理由，择要摘录如下。

1. 关于"为何要求短期投资按照'成本与市价孰低'进行期末计量"

《企业会计准则——投资》要求短期投资采用成本与市价孰低计价，而不是采用成本计价或者采用市价计价。"理由是：第一，在我国，证券市场尚不成熟，短期投资用市价计价不一定能够反映企业短期投资期末时的真正价值；第二，我国资产普遍存在高估现象，采用成本与市价孰低计价，可以避免短期投资高估；第三，采用成本与市价孰低计价比较稳健。在起草本准则时，也有些专家提出可以采用市价法计价，他们认为，从事证券经营业务的企业，由于其从事大量的证券经营，以市价计价可以更恰当地反映证券公司期末时的证券价值。但考虑到本准则未包括证券经营业务，对一般企业的短期投资以采用成本与市价孰低计价为宜。"

准则制定者认为，"成本与市价孰低计价的优点在于：第一，符合谨慎性原则。采用成本与市价孰低计价，当期市价低于成本的差额确认为损失，计入当期损益，与谨慎性原则相符，在损益计量方面较为稳健；第二，在期末资产负债表上短期投资以扣除跌价准备后的账面价值反映，不会高估资产，可使资产计量较为客观、明确。但成本与市价孰低计价也存在其缺点，表现为：会计理论上的不一致，即对于市价低于成本的部分，确认为损失，而对于市价高于成本的部分，则不确认收益。这种处理方法在会计理论上存在着不一致性"。这也就是说，准则制定者明明知道"成本与市价孰低法"在理论上难以自圆其说，也非要在谨慎性原则的掩护下强力推行。

2. 关于"收到短期投资的现金股利或利息时为何冲减投资的账面价值"

准则制定者给出的理由是："第一，企业本年度购入的短期投资所获得的现金股利或利息，通常是由被投资单位上年度及以前年度实现的损益分配的，是属于投资前被投资单位所产生的损益的分配，应作为投资成本的收回，冲减投资成本；第二，短期投资持有期间较短，通常在一年内即需变现，只有处置短期投资时发生的损益，才是该项投资所真正产生的损益；第三，在短期投资采用成本与市价孰低计价时，短期投资持有期间内获得的现金股利或利息冲减短期投资成本，在市价低于成本的情况下，计算成本与市价孰低时，按短期投资新的账面余额（即冲减后的账面余额）作为新的成本进行比较，相应计提跌价准备也小，这与短期投资持有期间的现金股利和利息确认收益对损益的影响结果是一致的；第四，通常情况下，投资持有期间所获得的现金股利或利息需要确认投资前和投资后，只有投资后所获得的部分才能确认为投资收益，需要计算投资前和投资后所获得的部分，计算过程较为烦琐。"

3. 关于"权益法的适用条件"

此前，"原行业会计制度规定，当投资企业拥有被投资单位 50% 以上股权时采用权益法核算，即意味着当投资企业拥有被投资单位 50% 以下股权时采用成本法核算；外商投资企业会计制度规定，投资企业拥有被投资单位 25% 及以上股权时采用权益法核算；股份有限公司会计制度规定，当投资企业拥有被投资单位 20% 或 20% 以上股权，或虽不足 20% 但有重大影响，应采用权益法核算"。

《企业会计准则——投资》规定，当投资方直接拥有被投资单位 20% 或以上的表决权资本，或者虽然直接拥有被投资单位 20% 以下的表决权资本但对被投资单位具有重大影响的，应当采用权益法核算。那么，"在具体确定投资持股比例时，为什么以 20% 为界限？因为，通常情况下，20% 的持股比例已经能够对被投资单位实施重大影响，特别是在股东分散的情况下，20% 的持股比例在被投资单位中已占有较大股份"。

4. 关于"引入权益法的意义何在"

为什么投资企业对被投资单位具有控制，或能够实施重大影响的情况下，长期股权投资需要采用权益法核算？准则制定者提出，"因为：第一，股权代表投资企业对被投资单位所有者权益的要求权，当投资企业能够控制被投资单位，或能对被投资单位实施重大影响时，投资企业可能左右或能够影响被投资单位的经营政策、财务政策、利润分配政策等，亦即当投资企业对被投资单位的净资产提出要求权时，通常可以得到实施。从理论上讲，如果对被投资单位可以施加重大影响，则其获得投资的未来收益的不确定性要比不能施加重大影响要小，控制比重大影响对获得投资的未来收益的不确定性则更小。采用权益法核算，能够代表这种权益的实施，并表明投资收益是可实现的。第二，权益法强调投资企业与被投资单位之间的经济关系的实质，其处理方法更符合权责发生制原则。因为，投资企业确认投资收益的时点是在被投资单位实现利润时，而不是实际分配股利时。尽管投资企业没有实际收到股利，但被投资单位的所有者权益确实是增加或减少了，按照这一逻辑，当实际收到现金股利时，应该作为投资的部分变现，冲减投资的账面价值。第三，权益法所反映的投资收益更客观真实，不易操纵利润。在投资企业对被投资单位控制或施加重大影响的情况下，投资企业可以根据本单位利润的实现情况而要求被投资单位多分或少分利润，为投资企业操纵利润提供了条件，而权益法则避免了这种情况的发生"。"从理论上讲，成本法与权益法的主要差异在于，成本法是将投资企业与被投资单位视为两个独立的法人，两个会计主体，投资企业只在收到利润或现金股利时，或对利润或现金股利的要求权实现时，才确认为投资收益。这种方法与收付实现制相近，收益实现符合谨慎性原则；而权益法是将投资企业与被投资单位视为一个经济个体，虽然从法律意义上讲他们是两个法律主体，在损益的确认上采用权责发生制原则。

所以，在被投资单位产生损益时，投资企业应相应确认应享有或应分担的份额，作为投资损益"。

准则制定者提出，"权益法的优点在于：第一，投资账户能够反映投资企业在被投资单位中的权益，反映了投资企业拥有被投资单位所有者权益份额的经济现实；第二，投资收益反映了投资企业经济意义上的投资利润利益，无论被投资单位分配多少利润或现金股利，什么时间分配利润或现金股利，投资企业享有被投资单位净利润的份额或应承担亏损的份额，才是真正实现的投资收益，而不受利润分配政策的影响，体现了实质重于形式的原则。但权益法也有其局限性，表现为：第一，与法律上的企业法人的概念相悖。投资企业与被投资单位虽然从经济意义上看是一个整体，但从法律意义上看，仍然是两个独立的法人实体。被投资单位实现的利润，不可能成为投资企业的利润，被投资单位发生的亏损，也不可能形成投资企业的亏损。投资企业在被投资单位宣告分派利润或现金股利前，是不可能分回利润或现金股利的。第二，在权益法下，投资收益的实现与现金流入的时间不相吻合。即确认投资收益在先，实际获得利润或现金股利在后。第三，会计核算比较复杂"。

作为对比，准则制定者也分析了成本法的优点和局限性。"成本法的优点在于：第一，投资账户能够反映投资的成本；第二，核算简便；第三，能反映企业实际获得的利润或现金股利的情况，而且获得的利润或现金股利与其流入的现金在时间上基本吻合；第四，与法律上企业法人的概念相符，即投资企业与被投资单位是两个法人实体，被投资单位实现的净利润或发生的净亏损，不会自动成为投资企业的利润或亏损，虽然投资企业拥有被投资单位的股份，是被投资单位的股东，但并不能表明被投资单位实现的利润能够分回，只有当被投资单位宣告分派利润或股利时，这种权利才得以体现，投资收益才能实现；第五，成本法所确认的投资收益，与我国税法上确认应纳税所得额时对投资收益的确认时间是一致的，不存在会计核算时间上与税法不一致的问题；第六，成本法的核算比较稳健，即投资账户只反映投资成本，投资收益只反映实际获得的利润或现金股利。但成本法也有其局限性，表现为：第一，成本法下，长期股权投资账户停留在初始或追加投资时的投资成本上，不能反映投资企业在被投资单位中的权益；第二，当投资企业能够控制被投资单位，或对被投资单位施加重大影响的情况下，投资企业能够支配被投资单位的利润分配政策，或对被投资单位的利润分配政策施加重大影响，投资企业可以凭借其控制和影响力，操纵被投资单位的利润或股利的分配，为操纵利润提供了条件，其投资收益不能真正反映应当获得的投资利益"。

从上述优劣比较可知，准则制定者所认识到的优点和局限性，大多是从金融分析的角度，而不是从记录法律事实的角度来分析的。那种分析和比较其实很难分出高下。其实，1999 年修订后的《会计法》第九条是检验会计规则的正确性的试金石，诸君不妨试一试。

二、在引入公允价值会计规则的同时拒绝引入现值计算规则

自 1997 年公布第一项具体会计准则起，准则制定者针对是否应当引入公允价值会计的态度存在反复。1998 年，具体会计准则首次引入公允价值会计。2001 年，修订的具体会计准则取消了公允价值会计。2006 年，企业会计准则体系重新引入公允价值。

（一）公允价值会计规则的引入

1998 年发布的《企业会计准则——投资》《企业会计准则——债务重组》和 1999 年发布的《企业会计准则——非货币性交易》引入了公允价值。三项准则均将"公允价值"定义为"在公平交易中，熟悉情况的交易双方，自愿进行资产交换或债务清偿的金额"。

《企业会计准则——投资》规定，以放弃非现金资产（不含股权，下同）

而取得的长期股权投资，投资成本以所放弃的非现金资产的公允价值确定；如果所取得的股权投资的公允价值更为清楚，也可以取得股权投资的公允价值确定。公允价值超过所放弃的非现金资产账面价值的差额，作为资本公积的准备项目；反之，则确认为当期损失。这是具体会计准则首次引入公允价值会计规则。《企业会计准则——债务重组》规定，"以非现金资产清偿某项债务的，债务人应将重组债务的贴面价值与转让的非现金资产的公允价值之间的差额作为债务重组收益，计入当期损益；转让的非现金资产的公允价值与其账面价值之间的差额作为资产转让损益，计入当期损益"。《企业会计准则——非货币性交易》规定，"不同类非货币性资产交换时如果发生补价，应区别不同情况处理。支付补价的，应以换入资产公允价值作为其入账价值，换入资产公允价值减去补价后，与换出资产账面价值之间的差额计入当期损益"。[1]

（二）引入公允价值会计规则的理由

《〈企业会计准则——投资〉讲解》指出，"按公允价值确定投资成本的理由是：第一，公允价值体现了一定时间上资产或负债的实际价值，以公允价值计量能够真实反映资产能够给企业带来的经济利益或企业在清偿债务时需要转移的价值。在我国会计实务中，已在一定范围内使用这种计量属性，因而具有实践基础。第二，公允价值定义中的'公平交易'是指交易双方在互相了解的、自由的、不受各方之间任何关系影响的基础上商定条款而形成的交易，公平交易为其确定的价值的公允性提供了前提条件。同时，公允价值的公允性体现于交易双方均为维护自身利益所确定的价值，双方所商定的价值通常是从各自的利益出发协商的结果，一般不会轻易接受不利于自身利益的交易条款。另外，公允价值的公允性还体现于交易双方的自愿性，即交易

1《企业会计准则——非货币性交易》及其指南堪称公允价值会计规则的"重灾区"，这两份文件中共提及"公允价值"300多次。

双方自愿接受的价值。第三，与国际会计惯例接轨，目前，公允价值已被越来越多的国家的会计准则采用，国际会计准则也将其作为一个重要的计量属性运用在各项准则中，针对特殊交易或事项采用公允价值计量，是我国会计准则与国际会计惯例接轨的一个具体体现。第四，公允价值可以表现为多种形式，如可实现净值、重置成本、现行市场价格、评估价值等，本准则采用公允价值意义更大。虽然在目前情况下，我国广大会计人员运用公允价值还存在一定的困难，但可采取一定的措施，以防误用"。从以上解释可以看出，公允价值会计规则的引入缺乏合理的理论依据，准则制定者存在对国际会计准则的迷信倾向。

（三）公允价值会计规则的取消

但实践证明，债务重组和非货币性交易这两项准则所推出的公允价值会计规则，很快就被上市公司欢快地用于操纵利润，成为操纵利润的利器。被一些学者赋予美好期许和神秘光环的公允价值会计从理论走向大型社会实验的结果，却是舆论一片哗然。于是，这两项准则（连同投资准则）的2001年修订版取消了公允价值会计规则。例如，《企业会计准则——债务重组》（2001年修订）规定，"以非现金资产清偿某项债务的，债务人应将重组债务的账面价值与转让的非现金资产账面价值和相关税费之和的差额，确认为资本公积或当期损失"。该准则的讲解指出，"原准则较多地运用了公允价值概念，而我国当前的产权、生产要素市场又是不很活跃，相关的公允价值难以取得，从而给一些企业利用准则调节利润留下一定空间……为了防范类似问题继续发生，并及时解决已存在的有关问题，财政部决定对原准则进行修订"。该准则还要求，此前发生的债务重组，其会计处理方法与修订后的准则规定的方法不同的，应予追溯调整。

对此，会计准则制定者指出，"公允价值计量方式在实践中运用十分困难；

同时，公允价值的运用在很大程度上取决于会计人员的主观判断和估计，而其可信度在一定程度上受到质疑，也会给企业留下相当的利润操纵空间。因此，在市场化程度不高的现阶段，我们不应过分强调公允价值的计量作用，而应在有把握的情况下逐步采用。近年来我国对债务重组和非货币性交易会计准则的修订就是很好的例证，减少了少数上市公司粉饰财务报表的可乘之机"[1]。

（四）拒绝采用现值算法的理由

《企业会计准则——债务重组》在判断债权人是否做出让步时没有引入现值算法。该准则的讲解中指出，其之所以拒绝现值算法，主要是出于以下考虑："第一，成本效益原则。现值的确定比较复杂，其中包括诸多不确定性，如折现率、未来现金流量以及风险因素等。债务重组并不是企业的日常经济业务，具体到某个企业，其发生的频率并不高。从简化会计核算的角度看，目前还不宜在债务重组核算中采用现值来判断债权人在债务重组中是否做出了让步。第二，目前会计信息的使用者对会计信息的需求以及会计信息的提供者的能力。理论上讲，作为会计计量的两种属性，现值要比历史成本更能提供有价值的信息。虽然历史成本具有可靠、可验证的优点，但其缺点也是明显的，特别是在所计量的资产和负债持续的期限较长时，不能真实地反映其价值。但是，现值概念的引用，必须具备一定的前提，包括会计信息使用者在做经济决策时是否考虑现值因素，会计信息提供者又是否能按使用者的要求提供这样的信息，等等。目前，我国正处在计划经济向市场经济转轨的过程中，各种市场要素还在发展中，会计信息使用者在做经济决策时尚没有充分考虑货币的时间价值。另外，采用现值给会计核算和审计验证带来诸多困难。基于以上

1　冯淑萍：《关于中国会计国际协调问题的思考——在中国会计学会第六次全国会员代表大会暨理论研讨会上的发言》，《会计研究》2002 年第 11 期。

考虑，本准则乃至其他的一些准则均暂时不采用现值作为计量的属性。"

《企业会计准则——收入》在规范分期收款销售收入的会计处理时，也没有引入国际会计准则所采用的按照现值入账的规则。对此，该准则的讲解给出了拒绝采用现值算法的理由："分期收款销售收入的确认相对复杂些。国外（国际）会计准则一般考虑货币时间价值，将总价款采用推算利率进行贴现，折现值在销售日确认为收入。但损益的确认则往往递延到收账各期。……本准则没有采用国际会计准则建议的方法。本准则认为，分期收款销售情况下，考虑货币的时间价值和收款的风险，是比较合理的。但是，就我国目前的实际情况而言，还不具备普遍使用现值计算的条件。因此，本准则对分期收款销售，采用按合同约定的收款日期分期确认收入的做法。""理论上讲，在收款期较长的情况下，由于对价的公允价值通常比现金或现金等价物的名义金额要小，因而现值能够反映交易的实际收入。比如，当商品销售方在销售完成一年后才能获得货款时，如果在销售当时以与购货方达成的协议金额入账，则不能很好地反映交易的实际收入。本准则没有采用现值来计量收入，主要出于以下两方面的考虑：第一，效益大于成本原则。现值的确定比较复杂，其中包括诸多不确定性，如折现率、未来现金流量以及风险因素等。第二，我国目前会计信息使用者对信息的需求以及会计信息提供者的能力。目前，我国正处在计划经济向市场经济转轨的过程中，各种市场要素还在发展中，会计信息使用者在做经济决策时尚没有充分考虑货币的时间价值。另外，采用现值对会计核算和审计验证都将带来一定困难。"

可以看出，准则制定者充分认识到了现值算法所存在的一系列突出问题，从而做出了拒绝现值算法的正确决定。这是值得肯定的。其实，结合前文针对费雪的利息理论中的现值算法的分析，债权债务的封闭现金流量可以采用现值算法，如此所计算的摊余成本其实就是历史成本的变体，因为对于封闭的现金流量，无论如何计算都不会改变现金流量的总额。但是，对于开放现金流的情形，现值算法所形成的信息都不是对法律事实的刻画，不满足《会计法》（2017 年修正）第九条的规定，因而，针对开放现金流的现值算法不应当进入会计程序。在这个意义上，上述债务重组准则不应采用现值算法，而分期收款销售的收入可以（但不建议）采用现值算法。

但也有研究者不理解准则制定者的良苦用心。有观点提出，在截至 1999 年我国颁布的具体会计准则及其讲解和指南中，有多个提及现值或公允价值。"财政部在这些准则的讲解中谈到现值问题时，特别强调我国暂不采用现值的理由：成本效益原则（现值确定较复杂）、我国会计信息供需双方问题（供方能力较弱，需方要求也较弱）以及会给会计核算和审计验证带来诸多困难"，"然而，人的学习能力是很强的，供需方的现状也是可以改变的。……不使用现值同样给会计核算和审计验证带来诸多困难，因为一项未折现的计量可能使不可比的资产或负债显得可比，或使可比的资产或负债显得不可比。使用现值的目的就是尽可能体现不同现金流量之间的经济差异"。"实际上，现值在发达的西方国家也同样一直是一个难题。目前，解决这一难题已有了大的突破"。"随着市场经济高速发展、会计信息需求不断提高以及计量技术日臻完善，困扰包括现值在内的现行价值或公允价值计量的可靠性和可操作性这两个关键问题将完全可以得到有效解决"。如果以马后炮的"智慧"来看，20 年过去了，现行价值会计的可靠性和可操作性这两个关键问题仍然没有得到有效解决。原因何在？根本原因在于，现行价值根本就不是会计学的范畴。现行价值这个概念跟商誉这个概念有相似之处，它们原本不该在会计程序中出现。如果要把它拉到会计程序里，还要问如何在会计程序中解决它们所带来的问题，这岂不是自寻烦恼？

三、收入的确认条件

1998 年发布的《企业会计准则——收入》沿袭 1992 年发布的《企业会

计准则》中的狭义收入概念，将收入定义为"企业在销售商品、提供劳务及他人使用本企业资产等日常活动中所形成的经济利益的总流入"，不包括为第三方或客户代收的款项。在准则制定者脑海里，广义的收入被称作"收益"（incomes），它包括收入（revenues）和利得（gains），前者是日常经营活动所产生的收益，后者属于不经过经营过程就能取得或不曾期望获得的收益。这相当令人费解。

准则制定者指出，之所以采用"这种收入定义方法，主要出于以下三点考虑：第一，构成收益的收入和利得在形成的原因和会计核算方面有一定的差别。将收入和利得区分开来，有利于建立收入确认和计量原则。第二，分别提供收入和利得的有关信息，将更能满足会计信息使用者决策需求。第三，与国际会计准则尽可能地协调"[1]。

该准则改变了收入确认的条件。此前的行业会计制度规定，企业应在发出商品、提供劳务，同时收讫价款或者取得索取价款的凭据时，确认营业收入实现。该准则改为分别根据销售商品、提供劳务、让他人使用本企业资产等交易特点，规定了相应的收入确认条件。对于为何作此变动，准则制定者给出的解释是，"上市公司在做假账时几乎都在收入上做手脚，证监会给我们的案例大多数是涉及收入方面的。关于收入的确认如何规定，有一个不断认识的过程。'两则''两制'以前是以收到货款作销售，'两则''两制'以后是以发出商品作销售。不管采用什么样的办法，规定得多么具体，总有空子可钻。按照现在准则的规定，它不是告诉你在什么结算方式下如何确认收入，而是告诉你原则，例如风险报酬转移、成本可靠计量、现金流入企业等，尽量避免制度挂一漏万，留下空子，使制度适应性更强，更加严谨"。

1《〈企业会计准则——收入〉讲解》，载中华人民共和国财政部制定：《企业会计准则 2003》，经济科学出版社，2004，第 250—251 页。

四、完工百分比法[1]

《施工企业会计制度》规定，企业的工程价款收入应于其实现时及时入账。具体分为三种情况：（1）实行合同完成后一次结算工程价款办法的工程合同，应于合同完成，施工企业与发包单位进行工程合同价款结算时，确认为收入实现，实现的收入额为承发包双方结算的合同价款总额。（2）实行旬末或月中预支，月终结算，竣工后清算办法的工程合同，应分期确认合同价款收入的实现，即：各月份终了，与发包单位进行已完工程价款结算时，确认为承包合同已完工部分的工程收入实现，本期收入额为月终结算的已完工程价款金额。（3）实行按工程形象进度划分不同阶段、分段结算工程价款办法的工程合同，应按合同规定的形象进度分次确认已完阶段工程收益实现。即：应于完成合同规定的工程形象进度中工程阶段，与发包单位进行工程价款结算时，确认为工程收入的实现。本期实现的收入，为本期已结算的分段工程价款金额。实行其他结算方式的工程合同，其合同收益应按合同规定的结算方式和结算时间，在发包单位结算工程价款时一次或分次确认收入实现。当期实现的收入，为当期结算的已完工程价款或竣工一次结算的全部合同价款。确认收入时，会计处理为借记"应收账款""银行存款"等科目，贷记"工程结算收入"。

《企业会计准则——建造合同》在建造合同收入的核算、开单结算的账务处理以及预计合同亏损的处理等方面做了较大改革。该准则规定，如果建造合同的结果能够可靠地估计，企业应根据完工百分比法在资产负债表日确认合同收入和费用。准则制定者认为，"本准则与现行规定之间的主要区别是收入确认的时点和金额。《施工企业会计制度》是在承包方与发包方进行结算时，

---

1 本小节的引文来自《〈企业会计准则——建造合同〉讲解》，载中华人民共和国财政部制定：《企业会计准则 2003》，经济科学出版社，2004，第 385—386 页。

按结算额确认为合同收入，而本准则则区分不同的情况，进行不同的确认。在完工百分比法下，合同收入是按完工进度确认的，与实际结算的工程价款会有一定的差别。本准则的规定更为符合权责发生制的要求，并遵循了谨慎性原则"。

会计准则制定者感到，会计准则建设"面临来自各方面的压力，尤其是来自资本市场的压力。资本市场的扩展带动了整个国民经济的发展，各行各业出现了许多新的会计问题，比如资产重组、交互持股、资产减值等，纷纷要求尽快加以解决。然而按照我们现有的力量，很难一下子全部解决。近期发布实施的几项具体会计准则，主要是针对我国上市公司会计实务中急需解决的问题所做出的规范。由于各方面的条件尚未成熟，一段时期内，这种'救火式'的会计准则制定方式仍将继续"。会计准则制定者意识到，"救火式"的会计准则制定方式是存在弊端的，"随着资本市场迅速发展，新的经济现象层出不穷，被动地跟在后面跑，不是一个好的准则制定方法。况且这样制定会计准则在逻辑体系上也存有缺陷。但是，目前我国现实环境不允许我们坐下来等待条件成熟后才制定会计准则"；"当前，对于快速发展的社会主义市场经济来说，会计理论研究相对滞后，一系列重大会计理论问题尚未得到很好的解决。实践证明，没有充分的理论准备，没有科学的理论指导，要搞好会计工作和会计管理是不可能的。而实践本身是在不停地发展完善，对于新事物用旧的理论就可能没法解释。因此，让会计准则制定者具备系统而深厚的理论功底，是亟待解决的一大问题。国内已有专家学者就此提出了善意的批评，认为会计管理部门需要加大组织开展理论研究的力度，调动各方面的积极性。这些都是很好的建议。"[1]

1　冯淑萍：《市场经济与会计准则》，《会计研究》1999 年第 1 期。

五、谨慎性原则的扩展与或有事项准则的出台

1999 年第四季度，财政部先后发布的《〈股份有限公司会计制度〉有关会计处理问题补充规定》和《〈股份有限公司会计制度〉有关会计处理问题补充规定问题的解答》要求所有的股份有限公司都按规定计提短期投资跌价准备、坏账准备、存货跌价准备、长期投资减值准备（俗称"四项计提"或"四项准备"）。同时将其他应收款也列入计提坏账准备的范围。

2000 年发布的《企业会计准则——或有事项》更是将谨慎性原则推广到了负债。该准则规定，"如果与或有事项相关的义务同时符合以下条件，企业应将其确认为负债：（1）该义务是企业承担的现时义务；（2）该义务的履行很可能导致经济利益流出企业；（3）该义务的金额能够可靠地计量"。企业应设置"预计负债"科目，并在该科目下按不同性质设置"产品质量保证""未决诉讼""债务担保"等明细科目，进行明细核算。"预计负债"科目余额应在资产负债表负债方单项列报。该准则融合英国、加拿大的会计准则以及美国证券市场上的公认会计原则，设计了一套描述可能性的术语表："基本确定"是指概率大于 95% 但小于 100% 的可能性，"很可能"是指概率大于 50% 但小于或等于 95%，"可能"是指概率大于 5% 但小于或等于 50%，"极小可能"是指概率大于 0 但小于或等于 5%。问题在于，概率又是怎么算出来的呢？

上述规则缺乏理论依据。在理论上，"或有负债应在会计上使用特殊的方法予以处理，而不应视为一般所称的负债"。"其在资产负债表中的陈报方式可以有以下四种：（1）作为底注；（2）用括弧表示于资产负债表中，列在负债和股东产权之间；（3）作为留存收益的分配项目，加用底注说明；（4）用'或有负债'的特殊标题列在资产负债表中的负债和股东权益之间。在这四种方式中，第一种方式一般被认为比较可取，因为它最符合充分揭示的要求。第四种方式则要求将或有负债予以列示，但不包括在资产负债表的总计数

之内"。[1]

究其实质，准则制定者曲解了负债的含义。人们所理解的"债"，在法理上是指因法律规定或合同约定而在特定主体之间产生的权利义务关系，拥有权利的一方为债权人，负有义务的一方为债务人。换言之，"债"必须有明确的债权人。显然，"预计负债"并不成其为"债"，相应的账务处理应当依《会计法》第九条认定为假账。或有事项准则导致资产负债表的右侧增添了缺乏原始凭证的信息，因而，它必定会沦为会计造假的工具。

会计准则制定者指出，"新准则和股份公司会计制度贯彻稳健性原则的基础，就是市场经济条件下，如何保证、促进企业在竞争中处于优势地位，而不是让你为了表面好看做虚假利润，自己骗自己"。[2]此论貌似合理。但是，在没有原始凭证的情况下记录资产减值和预计负债的会计规则，又何尝不是"自己骗自己"呢？

六、无形资产[3]

2001年发布的《企业会计准则——无形资产》主要引入了以下新规则：（1）自行开发并依法申请取得的无形资产，其入账价值应按依法取得时发生的注册费、律师费等费用确定；依法申请取得前发生的研究与开发费用，应于发生时确认为当期费用。（2）企业应定期对无形资产的账面价值进行检查，至少于每年末检查一次。如发现无形资产的账面价值超过可收回金额，则应将超过的部分确认为减值准备。只有表明无形资产发生减值的迹象全部消失或部分消失，企业才能将以前年度已确认的减值损失予以全部或部分转回；

1　潘序伦、王澹如：《基本会计学——西方会计》，立信会计图书用品社，1983，第251—253页。

2　财政部全国会计人员继续教育教材编审委员会：《企业会计准则及股份有限公司会计制度讲解（1998）》，中国财政经济出版社，1999，第29页。

3　本小节的引文来自《〈企业会计准则——无形资产〉讲解》，载中华人民共和国财政部制定：《企业会计准则2003》，经济科学出版社，2004，第566—586页。

转回的金额不得超过已计提的减值准备的账面余额。（3）无形资产的摊销年限的确定方法。准则制定者提出，《股份有限公司会计制度》规定的摊销年限虽然便于实务操作，"但没有完全反映出无形资产摊销的内涵"。该准则规定，"无形资产的成本，应自取得当月起在预计使用年限内分期平均摊销。如果预计使用年限超过了相关合同规定的受益年限或法律规定的有效年限，无形资产的摊销年限按如下原则确定：（1）合同规定了受益年限但法律没有规定有效年限的，摊销年限不应超过受益年限；（2）合同没有规定受益年限但法律规定了有效年限的，摊销年限不应超过有效年限；（3）合同规定了受益年限，法律也规定了有效年限的，摊销年限不应超过受益年限与有效年限两者之中较短者。如果合同没有规定受益年限，法律也没有规定有效年限，摊销年限不应超过10年"。准则制定者指出，"以上可以概括为两点：第一，在合同规定了受益年限或法律规定了有效年限的情况下，无形资产的摊销年限不应超过合同规定的受益年限或法律规定的有效年限两者之中较短者；第二，在合同没有规定受益年限、法律也没有规定有效年限的情况下，无形资产的摊销年限不应超过10年"。

该准则主要存在以下争议。

第一，商誉究竟应否纳入无形资产核算。商誉经由1992年发布的《企业会计准则》引发关注，此番更是被正式定性为"不可辨认无形资产"。《企业会计准则——无形资产》把无形资产定义为"企业为生产商品、提供劳务、出租给他人，或为管理目的而持有的、没有实物形态的非货币性长期资产"。"无形资产可分为可辨认无形资产和不可辨认无形资产。可辨认无形资产包括专利权、非专利技术、商标权、著作权、土地使用权、特许权等；不可辨认无形资产是指商誉"。但从《企业会计准则》给出的资产的定义（"资产是企业拥有或者控制的能以货币计量的经济资源，包括各种财产、债权和其他权利"）来看，商誉并非企业所获取的民事权利，恰恰相反，它是企业投资从账面上来看所出现的"哑巴亏"（即所出甚多、所入甚少，两者之差）。会计和金融领域创设的这个名词至今仍无确切的法理解释。准则制定者指出，"在本准则制定过程中，我们曾就商誉应否纳入无形资产范围进行核算和披露广泛地征求社会各界的意见。从反馈的意见看，绝大多数意见认为商誉应作为无形资产的组成部分进行核算和反映，只有极少数意见持不同观点。赞同将商誉作为无形资产的一部分进行核算的主要理由在于，在我国商誉一直是作为无形资产对待的，实务中也没有出现什么问题；反对者认为，我们应该与国际会计准则协调一致，既然国际会计准则将商誉排除在无形资产核算范围之外，我国无形资产会计准则也应将其排除"。"本准则认为，商誉符合资产的定义，与其他无形资产具有相似的特征，而且长期以来我国会计实务中就是将商誉作为无形资产来进行核算和反映的，因而无须将其与其他无形资产分开来核算；虽然会计实务中商誉主要与企业合并联系在一起（自创商誉不予确认），但这与将商誉作为无形资产的一部分并无矛盾之处，因为将商誉视作无形资产的一部分的同时，可以将其排除出无形资产准则规范的范围。"

第二，商誉应否摊销。商誉作为"哑巴亏"入账以后，便被列示到资产一方。这个"资产"如果真的减值了，按理说企业应该高兴才对，因为"哑巴亏"变小了毕竟是件好事。显然，商誉的减值问题，本身就是一个荒谬的命题。准则制定者是怎么认识的呢？准则制定者认为，"商誉以外的无形资产作用于企业的方式与固定资产是相类似的，因此，要求企业对这些无形资产的取得成本进行摊销是必要的。与其他无形资产不同的是，商誉对企业生产经营的作用并不特别地与某类产品或劳务相关，而且其使用寿命通常难以客观地确定。因此，理论上讲，对其采用不摊销的会计政策有一定的合理性。但是，如果每个会计期末对商誉进行减值测试，则可能因为实务操作中可能存在的随意性，而难以确保相关信息的真实性和相关性。基于以上考虑，本准则要求包括商誉在内的所有无形资产均应在其预计使用年限内进行摊销"。

第三，研发支出应当费用化还是资本化。准则制定者提出，"在本准则制定过程中，对自创并依法取得无形资产的成本如何确定存在较大争议。而问题的关键在如何对待研究与开发的会计处理。有观点认为，应采用国际会计准则的做法，将符合资本化条件的开发费用予以资本化，并作为自行开发无形资产成本的一部分；也有观点认为，应将研究与开发费用全部费用化，因为费用化的做法在股份有限公司已经使用而且没有发现存在较大问题；还有观点认为，一般情况下应采用费用化的做法，但对高新技术企业的研究与开发费用应采用不同的会计政策，允许对开发费用采用部分资本化的会计政策"。"本准则认为，理论上讲，如果开发费用符合资产确认条件，那么对其采用资本化政策是合理的。问题在于，对于某项目而言，要明确地定出研究阶段何时结束或开发阶段何时开始往往是很难的，不易操作。在这种情况下，允许开发费用在符合一定条件下予以资本化，实际上给某些企业利用开发费用资本化会计政策调节损益留下空间。此外，本准则认为，在研究与开发过程中的项目是否一定成功，存在重大不确定性；相应地，其将来能否为企业带来经济利益也存在重大不确定性。为此，本准则规定，研究与开发费用应于发生时计入当期损益。相应地，自行开发依法申请取得的无形资产，其入账价值或其成本应按依法取得时发生的注册费、律师资等费用确定。"

第四，无形资产的可收回金额应如何确定。准则规定，"可收回金额是指以下两项金额中的较大者：（1）无形资产的销售净价，即该无形资产的销售价格减去因出售该无形资产所发生的律师费和其他相关税费后的余额；（2）预期从无形资产的持续使用和使用年限结束时的处置中产生的预计未来现金流量的现值"。这种奇特的逻辑是人们此前闻所未闻的。道理何在？准则制定者提出，"在资产负债表日估计某项资产的可收回金额时，企业可以有两种考虑，一是将该资产进行处置看能够收回多少金额，二是不处置该资产而是在未来会计期间仍然使用看能够获得多少金额。从理性的角度考虑，如果处置该资产能够收回相对多的金额，那么企业应选择处置该资产；反之，则应选择继续持有该资产。因此，企业在资产负债表日估计某资产的可收回金额时，应选择该资产的销售净价（或可变现净值）和使用价值两者之中的较高者"。但上述解释并不能很好地说明问题。"使用价值"纯属主观评价，其本身并不适合作为会计工作的处理对象，不能作为会计信息纳入会计工作流程。"现值"是一个在逻辑上不能自圆其说的失当概念。准则之所以要求记账者计算某项资产的现值，是因为如果记账者连该资产现在值多少钱都搞不清楚，那么记账者又如何搞清楚该资产未来的现金流量是多少呢？仔细端详现值的计算公式不难发现，现值的意思就是"爱怎么算就怎么算"，只要别太离谱就行。

七、借款费用[1]

2001 年发布的《企业会计准则——借款费用》规定，"因专门借款而发生的利息、折价或溢价的摊销和汇兑差额，在符合本准则规定的资本化条件的情况下，应当予以资本化，计入该项资产的成本"；"因安排专门借款而发生的辅助费用，属于在所购建固定资产达到预定可使用状态之前发生的，应当在发生时予以资本化"；"专门借款，指为购建固定资产而专门借入的款项"。其他借款费用应当于发生当期确认为费用。

该准则的理论要点如下。

第一，引入借款费用资本化规则的意义何在。准则制定者对比分析了借款费用资本化和费用化的优点："借款费用费用化观点的支持者认为，将所有借款费用于发生的当期确认为费用，计入当期损益，可以避免相同的资产因筹资方式的不同而出现不同的价值，可以提高会计信息的可比性，简化会计

---

1 本小节的引文来自《〈企业会计准则——借款费用〉讲解》，载中华人民共和国财政部制定：《企业会计准则 2003》，经济科学出版社，2004，第 618—626 页。

工作量，使资产和损益的确认更具稳健性"。"借款费用资本化观点的支持者认为，如果企业在购置或建造一项资产中使用了借款资金，而且要使该资产达到预定可使用状态需要经过较长时间，则发生在该资产支出上的借款费用，应当资本化，构成资产成本的组成部分。因为将所有借款费用都费用化，不符合实际成本原则和收入与费用相配比的原则。首先，为购置或建造符合资本化条件的资产（如厂房、设备等固定资产）而借入的资金所发生的借款费用，与其他计入资产成本的购置或建造费用没有什么区别，应该构成资产购建成本的有机组成部分；其次，从收入与费用相配比的原则来看，这些借款费用将在所购置或建造资产的使用期间为企业带来未来经济利益，应与以后期间的收入相配比，而非与借款费用发生当期的收入相配比，则就会导致企业收益因购置或建造资产而下降的情况，影响收益的合理反映和会计信息使用者的盈利预测；另外，将这些借款费用资本化，还可以提高企业建造或安装资产成本与直接外购资产的成本（外购资产定价中往往考虑了借款费用）之间的可比性"。最终，准则制定者决定引入资本化规则。

　　第二，为何将借款支出资本化的资产限定为固定资产。准则制定者提出，"主要是考虑到，如果要求企业将所有借款费用都费用化，许多企业会难以承受。并且对企业财务结构、损益计量、业绩评价等都会产生较大影响"；"固定资产通常需要经过相当长时间的建造、安装才能达到预定可使用状态"；"这样处理比较稳健，也便于会计监管，如果将借款费用应予资本化的资产范围进一步扩大，与我国一贯坚持的会计原则不相符合"；"与我国《企业会计准则——建造合同》保持一致，《企业会计准则——建造合同》规定，建筑安装、船舶、飞机制造等企业因筹集生产经营所需资金而发生的财务费用，不计入合同成本，而于发生时直接计入当期损益。由于通常情况下，大型船舶、飞机等也是需要经过相当长时间才能达到可使用状态的资产，所以建造合同准则实际上是将这类资产排除在借款费用可予资本化的资产范围之外"；"基于上述理由，本着尽量缩小借款费用资本化资产的范围的考虑，本准则仅将借款费用应予资本化的资产限定为固定资产"。

第三，为何将允许资本化的借款费用的范围仅限于专门借款所发生的借款费用。准则制定者指出，"主要原因是在我国现行的金融体制下，专门借款必须用于固定资产的购建，它与所购建固定资产的直接相关关系容易辨认，这样，将专门借款所发生的借款费用予以资本化是合理、可靠的。如果企业在购建固定资产时，还动用了其他借款，按照本准则的规定，其借款费用不允许资本化，而应计入发生当期的损益，因为在这种情况下，其他借款与所购建固定资产的直接相关关系不容易辨认，为了便于判断，避免在确定借款费用资本化范围上的随意性，本准则将可予资本化的借款费用的范围仅限于专门借款所发生的借款费用"。

八、租赁

2001 年发布的《企业会计准则——租赁》规定，企业应视租赁的经济实质而不是其法律形式对租赁进行分类，以与租赁资产所有权有关的风险和报酬是否转移作为基本标准，将租赁分为融资租赁和经营租赁两类。企业在对租赁进行分类时，应当全面考虑租赁期届满时租赁资产所有权是否转移给承租人、承租人是否有购买租赁资产的选择权、租赁期占租赁资产尚可使用年限的比例等各种因素。满足以下一项或数项标准的租赁，应当认定为融资租赁：（1）在租赁期届满时，租赁资产的所有权转移给承租人。（2）承租人有购买租赁资产的选择权，所订立的购价预计将远低于行使选择权时租赁资产的公允价值，因而在租赁开始日就可以合理确定承租人将会行使这种选择权。（3）租赁期占租赁资产尚可使用年限的大部分（即所占比例"≥75%"）。但是，如果租赁资产在开始租赁前已使用年限超过该资产全新时可使用年限的大部分，则该项标准不适用。（4）就承租人而言，租赁开始日最低租赁付款额的现值几乎相当于租赁开始日租赁资产原账面价值（即所占比例"≥90%"）；就出租人而言，租赁开始日最低租赁收款额的现值几乎相当于租赁开始日租赁资产原账面价值。但是，如果租赁资产在开始租赁前已使用年限超过该资产全新时可使用年限的大部分，则该项标准不适用。（5）租赁资产性质特殊，如果不作较大修整，只有承租人才能使用。

总之，准则规定，如果租赁合同实质上转移了与资产所有权相关的全部风险和报酬，就应按融资租赁的会计规则处理。如果租赁合同实质上没有转移与资产所有权相关的全部风险和报酬，就应按经营租赁的会计规则处理。学术界还专门引入了莫名其妙的"实质重于形式原则"予以牵强附会的解释。实际上，无论是（经营）租赁合同还是融资租赁合同，租赁标的物的所有权均未转移。承租人依据（经营）租赁合同、融资租赁合同所确定的权利，均为债权，而不是所有权。因此，在现行准则下，融资租赁承租人实际上是把自己并不具有处置权的租入资产当作自有资产进行记录了。显然，这可能会误导报表读者误判企业的资产规模、资产负债率。我们认为，理论上应当存在统一租赁合同的会计处理规则的可能性。国内学术界对这一问题重视不足。国际会计准则理事会和美国证券市场上的财务会计准则委员会2009年公布联合讨论文件，拟修订现行的承租人对租赁合同的会计处理规则，但最终不欢而散。

现行准则关于融资租赁的会计规则要求融资租赁承租人把融资租入资产当作自己的资产进行处理，存在明显的缺陷。一方面，融资租赁的承租人要对并不属于自己的资产计提折旧（在融资租赁合同下，物权并未发生转移），各期利润表上记载的成本费用包括融资租入股东资产的折旧和分期确认的融资费用；另一方面，融资租入固定资产按照其公允价值与最低租赁付款额现值的较低者入账。这些处理规则与经营租赁有一定的差异，与税法的规定也有一定的差异。税收是金融合同的设计基础，税法直接影响着金融交易策略和会计处理规则。而我国税法当前对融资租赁的研究才刚刚起步，融资租赁法仍处在论证阶段。可以说，对融资租赁给予一定的法律支持，同时还要保证税收公平，这将是该领域研究中的主导原则。怎样针对融资租赁承租人制定税收待遇条款？融资租赁承租人应当怎样进行会计处理？这些都是值得深入探讨的研究选题。

九、固定资产[1]

2001 年发布的《企业会计准则——固定资产》主要含有以下三个值得关注的理论问题。

第一，是否需要给出固定资产的价值判断标准。该准则所定义的固定资产，"指同时具有以下特征的有形资产：（1）为生产商品、提供劳务、出租或经营管理而持有的；（2）使用年限超过一年；（3）单位价值较高"。该定义中未具体规定固定资产的金额标准。作为对比，《股份有限公司会计制度》所定义的固定资产，"是指使用期限超过一年的房屋、建筑物、机器、机械、运输工具以及其他与生产、经营有关的设备、器具、工具等。不属于生产、经营主要设备的物品，单位价值在 2 000 元以上，并且使用期限超过两年的，也应当作为固定资产"。对于准则为何没有规定金额标准，准则制定者解释如下："在制定固定资产准则的过程中，我们曾广泛地征求过有关方面的意见。从反馈情况看，主要有两种意见：（1）在准则中应明确地给出固定资产的价值判断标准。其理由主要在于：给出具体的固定资产价值判断标准，是我国会计核算制度的一贯做法，有利于实务操作；如果准则不给出具体的价值判断标准，而完全交由企业自己判断，某些企业有可能出于财务状况的目的，将符合固定资产定义及其确认条件的资产作为流动资产进行核算和管理，或将不

---

1 本小节的引文来自《〈企业会计准则——固定资产〉讲解》，载中华人民共和国财政部制定：《企业会计准则 2003》，经济科学出版社，2004，第 796—811 页。

符合固定资产定义及其确认条件的资产作为固定资产进行核算和管理，这样，既不利于企业对实物资产的管理和核算，也影响企业之间会计信息的可比性。（2）在准则中没有必要给出具体的价值判断标准。其理由主要在于：不同行业的企业以及同行业的不同企业，其经营方式、资产规模及其资产管理方式往往存在较大差别，强制要求所有企业执行同样的固定资产价值判断标准（比如，单位价值 2 000 元以上），既不切合实际，也不利于真实地反映企业的固定资产信息；会计准则不规定具体的固定资产价值判断标准，也符合国际会计惯例……本准则最终采纳了以上第二种意见……实务中，企业应根据不同固定资产的性质和消耗方式，结合本企业的经营管理特点，具体确定固定资产的价值判断标准。"

第二，关于判断固定资产减值的迹象。该准则引入了与无形资产相似的资产减值会计规则：如果固定资产在期末存在减值迹象，企业则应计算该固定资产的可收回金额，"如果固定资产的可收回金额低于其账面价值，企业应当按可收回金额低于账面价值的差额计提固定资产减值准备，并计入当期损益"。准则列举了一些可能表明资产已经发生减值的迹象。准则制定者指出，"在具体工作中，固定资产有可能发生减值的情况千差万别，要求本准则给出判断固定资产有可能发生减值的所有迹象，从理论上是可行的，但在实务中，却面临着各种各样的困难。基于此，我们认为，本准则应给出一些判断固定资产发生减值的迹象，具体工作由企业根据这些迹象，在综合考虑各方面因素的基础上作出职业判断"。但是，迹象并不是记账主体的法律事实，因此，不属于原始凭证。与之有关的任何信息都不应纳入会计程序。再加上现值算法纯属游戏，因此，固定资产减值的相关信息的可信度接近零。

第三，关于固定资产减值损失可否转回。准则规定，"如果有迹象表明以前期间据以计提固定资产减值的各种因素发生变化，使得固定资产的可收回金额大于其账面价值，则以前期间已计提的减值损失应当转回，但转回的金额不应超过原已计提的固定资产减值准备"。准则制定者给出的解释是，"我们认为，企业已确认的固定资产减值损失是在某种因素对固定资产产生重大不利影响，进而导致其可收回金额低于账面价值时才发生的。基于谨慎性原则的考虑，企业在生产经营活动过程中，也只有原来导致固定资产发生减值的因素在当期发生有利变化，使得固定资产的可收回金额大于账面价值时，才允许企业转回已确认的固定资产减值损失"。这就意味着，准则实际上默许了没有原始凭证的做账和销账行为。

十、存货

2001 年发布的《企业会计准则——存货》重申了以往会计法规已经采用的后进先出法、成本与市价孰低法，只不过把成本与市价孰低法明确称作"成本与可变现净值孰低法"。总体上看，该准则新意不多。但该准则透露了准则制定者对于谨慎性原则的态度以及其立法理念。准则制定者提出，"我们认为，从理论上讲，无论是成本与可变现净值孰低，或成本与市价孰低，都是谨慎性原则在存货计价方法上的具体运用，也是对历史成本计量属性的修正和某种程度的背离。这是因为，虽然实际成本是存货计价的主要基础，但是当存货因毁损、变质、退废、价格水平的变动或其他原因而使其产生未来经济利益的能力受到影响时，应当将由此带来的损失从存货价值中扣除。因此，在这些情况下，采用这种孰低原则，合理地确认由上述原因产生的损失，符合谨慎性原则的要求，同时也避免了虚计资产。具体到采用上述三种原则中的哪一种，在比较了上述三种关于存货的期末计量原则之后，采用成本与可变现净值孰低的原则，将存货成本减记至可变现净值的做法，也符合资产不应以超过销售或使用它们而与其可实现的金额予以记录的观点。而且，我国《企业会计制度》也规定，企业存货应当在期末按成本与可变现净值孰低计量，对可变现净值低于存货成本的差额，计提存货跌价准备。因此，与国际会计准则及世界上多数国家一致，与《企业会计制度》一致，本准则规定：存货在会计期末应当按照成本与可变现净值孰低计量。"[1]

 专栏4-12

会计准则制定者着力推广财务会计与税务会计的"分离论"

大家在学习过程中，特别是讲到收入准则和有关准则时，非常关注按照准则规定进行账务处理，和现行有关税收规定不一致怎么办。这里可以明确地告诉大家，准则、股份有限公司会计制度和税收规定的基本原则是分离的。税收是由税收征管法规和有关税收法规进行规范的，如何计税要按税务有关规定来操作；如何进行会计处理，要按照准则、股份有限公司会计制度的规定来操作。

在实际工作中，两个体系在一个企业可能会有不一致的地方，出现撞车的情况，从而出现若干的纳税调整问题。所以我们要适应这个情况并且要宣传、贯彻给企业，充其量增加纳税调整项目。经济业务变复杂了，规范的标准也变复杂了，就得按新标准约束。不能因为税收有规定就不执行会计准则的要求，必须按照会计准则的规定去规范上市公司的会计业务。不能因为在实际操作中情况复杂而不执行新发布的准则。

我们学完准则、制度以后，一定要把它落到实处，回去后要贯彻实施，要认识到它在国内和国际上的地位和作用，不要怕复杂，只要有这个业务，就要按准则规定的去操作，不这样操作，国际上就不认账。

在执行新准则的过程中，需要坚持两条原则：税收是代表政府意志，具有法律效力，是被强制执行的，不会随着发布具体会计准则和股份公司会计制度而改变政策。会计代表公正、公允原则，自成体系。当然也存

1《〈企业会计准则——存货〉讲解》，载中华人民共和国财政部制定：《企业会计准则2003》，经济科学出版社，2004，第873—874页。

在和税务部门的协调问题，但并不强求二者靠拢，因为各自遵循各自的标准。二者执行到最后就是纳税调整问题。将来不仅是所得税，包括流转税也存在着纳税调整问题。

资料来源：《认真贯彻新准则和新制度 做好会计人员继续教育工作——财政部会计司副司长刘玉廷同志在"新准则"、"新制度"培训班结束时的讲话》，载财政部全国会计人员继续教育教材编审委员会：《企业会计准则及股份有限公司会计制度讲解（1998）》，中国财政经济出版社，1999，第27—29页。

第五章
2001 年的会计“国际化”与“国家化”之争

第一节　会计法规制定者的“会计协调”理念

2000 年 7 月 31 日，财政部会计司发出《关于对企业会计核算制度改革征求意见的函》（财会函〔2000〕6 号），指出，1993 年 7 月 1 日开始实施的“两则”“两制”，初步实现了我国会计核算模式从传统计划经济模式向社会主义市场经济模式的转换，为促进市场经济的发展起到了基础性的作用；但随着我国经济改革的深入和企业组织形式的变化，分行业、分所有制的会计核算制度模式已越来越不适应要求，迫切需要进一步深化改革。为适应社会主义市场经济要求，在继续制定会计准则的同时，财政部拟对会计核算制度进行改革。

12 月 19—20 日，中国会计学会“中国特色的会计理论与方法体系”专业委员会在北京召开专题研讨会。财政部会计司司长冯淑萍同志在做专题报告时指出，自 1992 年的会计改革起，会计准则和会计核算制度一直在并行运用。对于这种并行运用的方式要不要保留下去，存在不同的看法。“有观点认为，我国是成文法国家，会计核算制度是行政法规的一部分，不是公认会计原则。”“会计核算制度规定应是硬性的，不需要职业判断，不要去搞会计准则；国家制定的会计核算制度应当能够满足国内大部分财会人员、注册会计师对会计规范的需求，并尽可能地符合他们的阅读习惯；不能为了改革开放、引进外资，强求与英美等国家的会计核算体系一致而去制定会计准则；国外投资者到中国来投资，应当了解中国的会计制度，而不是让我国的会计制度与国外的会计准则相一致。持这种观点的人甚至认为，1992 年以来进行的会计核算制度改革，步子迈得太快，实际上是走了一段弯路；此外，在中国目前的环境下，在会计标准中引入会计职业判断，至少在 10 年内是在给企业找麻烦。总之，会计准则不能再搞了，现有会计核算制度中的那些需要职业判断的东西，也应在此次会计核算制度改革中作出修改。"也有观点认为，"会计制度改革到目前阶段，会计科目和会计报表已经不能适应加入 WTO 和会计国际化的发展方向的需要。现在是以会计准则替代会计核算制度的最好时机，虽然会计准则还不系统和完整，但可以先破后立，会计核算制度取消了，会计准则自然就会发挥其作用。他们认为，会计准则是国际上通行的商业语言，我们不能因循守旧，抱着原有的会计核算制度不放，而错过了会计国际化的大好时机。现在国际会计准则委员会正在改组，改组后的国际会计准则委员会主要以美国为主，而美国制定的会计准则是世界上最好的准则，这是世界的潮流。我们已经落后了 50年，应当珍惜时间，别走弯路，直接将我国的会计准则建立在国际惯例这个平台上"。

　　冯淑萍同志指出，"上述对会计核算制度或会计准则是存还是废的讨论，是将会计核算制度和会计准则看成是两套相互独立、互不相容的体系为前提的。我认为，这个前提是不成立的"。会计核算制度和会计准则两者的功用、目的或出发点是一致的。"会计准则并不是唯一的会计标准表现形式，有些国家的会计标准表现为会计准则，还有一些国家的会计标准表现为会计核算制度，如法国、埃及等国家"；"会计标准的比较不同于竞技比赛，没有绝对的优或劣之分"；"在我国现阶段，会计核算制度和会计准则应并存"。关于如何设计会计核算制度框架，冯淑萍同志指出，"总体上讲，将打破行业、所有制的界限，建立真正统一的会计核算制度"。具体讲分三个层次：第一个层次，按照企业性质和规模，分别建立《企业会计制度》(不含金融保险企业)、《金融保险企业会计制度》和《小企业会计制度》所应遵循的一般原则。第二个层次，在第一个层次的基础上，分别建立操作性较强的有关会计科目的设置、具体账务处理和财务会计报告的编制和对外提供办法，形成分别企业、金融保险企业和小企业统一的会计报表格式、会计报表附注披露格式等。第三个层次，在上述两个层次的基础上，对于各行业企业专业性较强的会计核算，将陆续以专业会计核算办法的形式发布。也就是说，专业会计核算办法是《企业会计制度》的组成部分。[1]

时任财政部会计司副司长刘玉廷持相同立场，他指出，"在我国，《企业会计制度》以及《企业会计准则》都是国家统一的会计核算制度，其定位属于行政法规性的规范性文件，而不是公认会计原则。行政法规具有强制性的特点，有关企业必须执行；公认会计原则不具有法规性和强制性，而是作为公众普遍接受和认可的会计原则或惯例。作为具有行政法规性的文件，对于经济业务事项的会计处理，要求明确规定企业应当怎样做，不应当怎样做，不允许企业有更多的选择会计政策的余地；公认会计原则却具有较大的灵活性，实际执行中在很大程度上取决于企业和会计中介机构的职业判断"。"我国的《企业会计制度》与西方国家的公认会计原则是有本质区别的，照搬美国由财务会计准则委员会（FASB）制定并公布的上百项会计准则而取代会计制度，不仅在短时间内难以做到，即使能够做到，将会计准则作为公认会计原则，要求企业按照这些原则进行会计核算，不太符合中国的国情，既背离中国的法律环境，又会导致会计规范的弱化，会计人员将无所适从。如果那

---

1 冯淑萍：《关于建立国家统一会计核算制度的若干问题》，《会计研究》2001 年第 1 期。

样做了，有可能会引起混乱"。会计法规制定者认为，以"制度"形式制定会计规范，"符合中国人的思维方式和习惯，便于理解和实际操作"。"90 年代初期，我国实行了以'两则''两制'为主要内容的会计改革，实现了与国际会计惯例的初步协调。自 1997 年以来，财政部又陆续发布了 13 项具体会计准则，但是，会计制度这种形式一直延续至今，用来直接规范企业的会计核算，在实际工作中具有很强的生命力。近些年的实践表明，会计实务工作者仍然需要'会计制度'这种形式，通过'会计制度'明确规定应当使用哪些会计科目，记入借方还是贷方，期末如何编制会计报表，等等。较为现实、可行的做法是，将那些结合我国国情并借鉴国际会计惯例的改革内容，有机地融入会计科目及使用说明、会计报表格式及编制说明之中。只有这样，才便于企业广大会计人员实际操作，使会计改革的内容落到实处"。"鉴于上述情况，此次会计改革继续沿用了'会计制度'这种形式，这主要是绝大多数会计实务工作者的意见。有一种观点认为，采用'准则'的形式才体现会计改革，'制度'形式具有倒退的迹象；另有一种观点认为，'制度'像是计划经济的，'准则'才与市场经济相适应；也有观点认为，中国应当直接按照美国会计准则的模式进行会计改革；还有一种观点认为，中国最初就不该搞会计准则，而应沿用'会计制度'这种形式，法国几十年来采用'制度'形式不是很好吗？我们认为，会计改革不能追求形式而应当把握实质，关键是在会计要素的确认、计量等深层次问题上采用与市场经济相适应的会计政策，并与国际会计惯例相协调，形式问题并不重要"。[1]

在这次会计改革中，会计法规制定者提出了很多很好的、符合会计原理的正确主张，见专栏 5-1。

---

1 刘玉廷：《〈企业会计制度〉的中国特色及与国际惯例的协调》，《会计研究》2001 年第 3 期。

专栏 5-1

会计法规制定者阐释"会计协调"理念（之一）

　　□关于采用什么样的标准来评判一国会计标准的优劣——是否适应本国经济的发展，企业根据这套标准提供的会计信息是否能够真实而完整地反映其财务状况和经营成果，政府监督部门依据这套标准是否能够达到监督的目的，注册会计师依据这套标准是否能够发挥其对企业经济业务的鉴证作用，这些才是评判一国会计标准优或劣时应考虑的方面。

　　□关于会计核算制度与税法的关系——会计核算制度为税法的实施提供基础性会计资料，是纳税的主要依据。制定会计核算制度时，在不违背会计核算一般原则的前提下，应尽量与税法保持一致，减少纳税调整事项，以便于企业纳税。但是，由于会计核算制度与税法的目的存在不同程度的差异，必然会导致会计核算制度与税法不一致的情况，这也是国际惯例。对于会计核算制度与税法的差异，国际上一般都采用纳税调整的方法进行处理，我国也将采用国际通行的做法，会计核算制度规定的会计要素确认计量标准与税法不一致时，采取纳税调整的方法进行处理。

　　□关于会计核算制度"新"和"旧"的关系——《企业会计制度》保留《股份有限公司会计制度》及其相关补充规定，以及具体会计准则中的合理、有用的内容。对于现行会计核算制度或具体会计准则在实际执行中产生较大问题，或者不适用的部分，予以修正。比如公允价值的使用。这方面涉及债务重组、非货币性交易等准则。再比如，现行制度或准则中的某些规定，不太切合实际，企业难以操作，据此所生成会计信息的有用性不高，因而需要修订。这方面涉及现金流量表等准则。此外，为充分体现《企业财务会计报告条例》对会计要素尤其是资产定义的要求，这次《企业会计制度》将资产减值范围扩充到了固定资产和无形资产。

□关于会计核算制度与国际会计惯例的关系——会计核算制度改革立足于国情是必须坚持的，但并非说明我们可以不考虑国际会计惯例。相反，我们在考虑中国国情的前提下，应积极与国际会计惯例协调。在制定《股份有限公司会计制度》时，我们就是这么做的。在此次会计核算制度改革时，我们更应该这么做。《企业财务会计报告条例》对六大会计要素的界定已经与国际会计惯例取得协调；要求上市公司对应收账款和其他应收款、存货、短期投资和长期投资计提减值准备，这也已经与国际会计惯例取得一致，我们没有理由后退。相反，我们应在总结经验的基础上，在符合我国国情的前提下，更大踏步地与国际会计惯例协调。

资料来源：冯淑萍：《关于建立国家统一会计核算制度的若干问题》，《会计研究》2001 年第 1 期。

第二节　2000 年《企业财务会计报告条例》修改会计要素的定义

1999 年 6 月 4 日，江泽民总书记在于青岛召开的国有企业改革和发展座谈会上指出，要建立和完善全国统一的会计制度，真实编制资产负债表、损益表和现金流量表。同日，李岚清副总理在听取"全国城镇集体企业清产核资工作汇报"时指出："三张表"（资产负债表、损益表、现金流量表）是非常科学的，每一个企业都必须报"三张表"，这是国家的一件大事，建议财政部专门搞一个条例，以国务院的名义下发。6 月 5 日，李岚清副总理在财政部《关于资产负债表和损益表规定的报告》中批示：企业资产负债表、损益表、现金流量表是政府对企业监督的有效手段，但实际上未认真运用起来，有些已流于形式。

7月19日，财政部发布《中华人民共和国财政部会计信息质量抽查公告（第一号）》，公布了110户酿酒企业会计信息质量抽查结果。这是财政部作为会计工作主管部门首次对外公布企业会计信息质量。

2000年6月21日，国务院令第287号颁布《企业财务会计报告条例》。该条例重新定义了六大类会计要素，其给出的定义与国际会计准则的定义基本一致，但与1992年出台的《企业会计准则》存在较大差异，如表5-1所示。会计法规制定者表示，对会计要素定义的重新修订"赋予了会计六大要素以新的内涵，使之更加符合其质量特征"。[1]

表5-1　　　　　　　　　　　　会计要素的定义之转变

会计要素	会计要素定义之比较
资产	《企业会计准则》规定：资产是企业拥有或者控制的能以货币计量的经济资源，包括各种财产、债权和其他权利。资产分为流动资产、长期投资、固定资产、无形资产、递延资产和其他资产。 《企业财务会计报告条例》规定：资产，是指过去的交易、事项形成并由企业拥有或者控制的资源，该资源预期会给企业带来经济利益。在资产负债表上，资产应当按照其流动性分类分项列示，包括流动资产、长期投资、固定资产、无形资产及其他资产。银行、保险公司和非银行金融机构的各项资产有特殊性的，按照其性质分类分项列示。
负债	《企业会计准则》规定：负债是企业所承担的能以货币计量、需以资产或劳务偿付的债务。负债分为流动负债和长期负债。 《企业财务会计报告条例》规定：负债，是指过去的交易、事项形成的现时义务，履行该义务预期会导致经济利益流出企业。在资产负债表上，负债应当按照其流动性分类分项列示，包括流动负债、长期负债等。银行、保险公司和非银行金融机构的各项负债有特殊性的，按照其性质分类分项列示。

1 李勇：《建立适合中国国情的会计核算制度的重大举措》，《财务与会计》2001年第2期。

续表

会计要素	会计要素定义之比较
所有者权益	《企业会计准则》规定：所有者权益是企业投资人对企业净资产的所有权，包括企业投资人对企业的投入资本以及形成的资本公积金、盈余公积金和未分配利润等。 《企业财务会计报告条例》规定：所有者权益，是指所有者在企业资产中享有的经济利益，其金额为资产减去负债后的余额。在资产负债表上，所有者权益应当按照实收资本（或者股本）、资本公积、盈余公积、未分配利润等项目分项列示。
收入	《企业会计准则》规定：收入是企业在销售商品或者提供劳务等经营业务中实现的营业收入，包括基本业务收入和其他业务收入。 《企业财务会计报告条例》规定：收入，是指企业在销售商品、提供劳务及让渡资产使用权等日常活动中所形成的经济利益的总流入，不包括为第三方或者客户代收的款项。
费用	《企业会计准则》规定：费用是企业在生产经营过程中发生的各项耗费。直接为生产商品和提供劳务等发生的直接人工、直接材料、商品进价和其他直接费用，直接计入生产经营成本；企业为生产商品和提供劳务而发生的各项间接费用，应当按一定标准分配计入生产经营成本。企业行政管理部门为组织和管理生产经营活动而发生的管理费用和财务费用，为销售和提供劳务而发生的进货费用、销售费用，应当作为期间费用，直接计入当期损益。 《企业财务会计报告条例》规定：费用，是指企业为销售商品、提供劳务等日常活动所发生的经济利益的流出。在利润表上，费用应当按照其性质分项列示。
利润	《企业会计准则》规定：利润是企业在一定期间的经营成果，包括营业利润、投资净收益和营业外收支净额。营业利润为营业收入减去营业成本、期间费用和各种流转税及附加税费后的余额。投资净收益是企业对外投资收入减去投资损失后的余额。营业外收支净额是指与企业生产经营没有直接关系的各种营业外收入减去营业外支出后的余额。 《企业财务会计报告条例》规定：利润，是指企业在一定会计期间的经营成果。在利润表上，利润应当按照营业利润、利润总额和净利润等利润的构成分类分项列示。

上述变动所涉及的重要理论问题主要如下。

第一，资产的定义为何变动如此之大。《企业财务会计报告条例》将资产定义为"预期会给企业带来经济利益"的"经济资源"，不再强调民事权利。这意味着，资产的定义全面转向金融分析理念，不再与民商法挂钩。为何会发生如此巨大的转变？对此，会计法规制定者的理解是，"'两则''两制'的发布，确立了六大会计要素，树立了资本的概念，使我国的会计核算制度向着'国际通用商业语言'的方向迈进了一大步，实现了会计核算模式的转换。但是，'两则''两制'是建立在社会主义市场经济的初始阶段，所制定的财务会计制度不可否认地带有较多的计划经济的痕迹，市场经济所必然产生的经济事项，在当时还未充分地反映出来，会计要素的确认和计量还没能真正反映会计信息质量特征的基本要求，没能真正体现会计信息可靠性的要求"。1992 年的《企业会计准则》关于资产的定义"没有真实反映资产的质量特征，即一是由过去的交易或事项形成，并由企业拥有或者控制的资源。会计的主要职能是对已经发生的交易或事项的记录和报告，资产是企业的资源，这种资源必须由企业拥有或者控制，在实际工作中，当各项资产上的风险和报酬已经转移到企业，并且能够可靠计量时，才能确认为企业的资产。二是资产预期会给企业带来经济利益，这种经济利益是指流入现金和现金等价物的能力，这是资产所具有的最重要的质量特征。当企业拥有或者控制的资源已经不能为企业带来经济利益时，则该资源不能确认为企业的资产，也不能在资产负债表的资产方予以反映。按照《企业会计准则——基本准则》对资产的定义所制定的企业财务会计制度，没有真正反映资产的质量特征，当企业的某项资产已经发生了损失或者已经发生了减值，按照行业财务会计制度规定，仍然把它确认为资产并列示在资产负债表上，使得企业的资产虚增，利润虚增，导致会计信息缺乏可靠性。这样的例子，对固定资产、长期投资、无形资产也同样存在，这种企业资产不实的情况，会导致会计信息失真"。

第二，负债定义的预期化。《企业财务会计报告条例》将负债定义为预期会导致经济利益流出企业的现时义务。这种基于"预期"的定义同样反映了金融分析思路的影响，与会计原理强调法律事实的原理相悖，因而是不大合理的。其实，该定义甚至无法覆盖当时会计准则所规定的会计规则。例如，预计负债并非现时义务。

第三，所有者权益的定义改为资产减去负债之后的余数。实质内容没有变化。

第四，收入、费用的定义均取其狭义，无法包容营业外收入、存货跌价损失等项目。利润的定义不得不脱离收入和费用另行定义。因此，很难将会计要素概括为六大类。

总之，《企业财务会计报告条例》吸收和借鉴国内外会计界最新研究成果的结果，是导致会计要素的定义全面预期化。会计法规制定者认为，该条例"对资产、负债、所有者权益等会计要素作出了科学界定，为真实反映企业财务状况、经营成果和现金流量，进一步提高会计信息质量奠定了基础"。此后的会计法规所定义的会计要素均与此相似。

第三节 2000 年发布《企业会计制度》

财政部 2000 年 12 月 29 日发布的《企业会计制度》是上述立法理念的具体体现。《企业会计制度》是国家统一的、打破行业和所有制界限、集财务和会计于一体的会计核算制度，是按照会计要素的定义和会计国际化的要求加以完善后制定的，是包括会计要素的确认、计量、记录和报告全过程的会计核算标准。[1] 该制度自 2001 年 1 月 1 日起首先在股份有限公司范围内执行，执

---

1 冯淑萍：《〈企业会计制度讲解〉总说明》，载财政部会计司编《企业会计制度讲解》，中国财政经济出版社，2001，第 1—14 页。

行《企业会计制度》后,《股份有限公司会计制度——会计科目和会计报表》同时废止。该制度的起草者主要有财政部会计司司长冯淑萍、副司长刘玉廷、会计准则委员会副秘书长陈毓圭、财政部会计司制度二处处长应唯以及崔华清、李红霞、狄恺、孙丽华、王鹏、朱海林等同志。

会计法规制定者认为,加入世界贸易组织的工作进程要求我国的会计标准在主要方面与国际惯例协调,这是《企业会计制度》出台的大背景。该制度既保持了会计的中国特色,又实现了与国际会计惯例的充分协调。"《企业会计制度》不是对现有行业会计制度的简单相加,而是以《股份有限公司会计制度》及其补充规定和具体会计准则为基础加以制定的,其结构和内容包括:一般规定、会计科目和会计报表,还附有主要会计事项分录举例和一些必要的会计法规。一般规定部分,对会计要素和重要经济业务事项的确认、计量、报告等,以条款的形式作了较为原则性的规定;会计科目和会计报表部分,规定了经济业务事项应当设置的会计科目及使用说明,会计报表的格式及编制说明;附录部分列举了主要会计事项的具体账务处理方法。"[1]作为对比,"分行业会计制度对会计核算只规定了一般的账务处理原则,而减少了对交易或事项的描述以及相应的记录和报告的内容,使得会计制度不能指导企业进行会计核算,失去了原会计制度所具有的'工具'或'教科书'的作用,影响了企业会计核算的正确性"。"企业会计人员认为,会计制度制定得越详细越好,使企业在会计核算时有据可依,使审计、税务、财政等各方检查有据可依"。该制度具有以下特点:(1)体现统一性原则,不再分行业,今后将针对某些行业特点另行制定补充性的行业会计核算办法;(2)体现可靠性原则。资产减值从"四项准备"(或称"四项计提")增加为"八项准备"(或称"八项计提");(3)体现了会计标准的国际化潮流,所规定的会计核算与国际

---

1 刘玉廷:《〈企业会计制度〉的中国特色及与国际惯例的协调》,《会计研究》2001 年第 3 期。

会计准则基本一致，这为我国加入世界贸易组织，实现会计的国际接轨奠定了基础；（4）以"制度"的形式发布国家统一的会计制度，具有较强的可操作性，体现了中国特色。[1]

 专栏 5-2

《企业会计制度》的中国特色及其与国际会计惯例的充分协调

□《企业会计制度》与《企业会计准则》并存，尽可能回避公允价值，改按账面价值入账，这体现了《企业会计制度》的中国特色。

□通常所称国际会计惯例，"是指国际会计准则以及一些发达国家如美国、英国、日本、法国、德国、加拿大、澳大利亚等的会计规范，有时也经常参照我国香港特别行政区和台湾省的标准"；"在借鉴国际会计惯例的过程中，应当更多地参考法国、德国、日本等大陆法系国家的会计标准，因为这些国家的会计标准与我国比较接近，更便于借鉴。美国和英国则恰恰相反，它们的法体应当归属于海洋法系，其会计管理体制和会计准则与我国差别较大，在借鉴美国和英国为代表的海洋法系国家的会计标准时应当慎重"。

□此次《企业会计制度》改革完全不亚于 1993 年，就其改革的深度而言，远远超过了 1993 年的改革，可以说此次改革实现了与国际会计惯例的充分协调。（1）积极贯彻国际通行的稳健会计政策。《企业会计制度》根据会计稳健原则的要求，对会计要素进行了重新定义，对那些不符合资产的定义、不符合会计要素确认和计量的内容进行了全面的修改，规定企业对不实资产必须提取减值准备，包括坏账准备、存货跌价准备、短

---

1 李勇：《建立适合中国国情的会计核算制度的重大举措》，《财务与会计》2001 年第 2 期。

期投资跌价准备、长期投资减值准备、委托贷款减值准备、固定资产减值准备、在建工程减值准备、无形资产减值准备等。从会计制度规范的角度，努力解决企业的虚盈实亏、短期行为和会计信息失真等问题，促使企业卸掉包袱、轻装上阵。（2）实行国际通行的会计与税收相分离的做法。我们一贯主张企业会计制度应当与税收制度相互分离，因为两者属于两个体系，不能混为一谈。根据会计制度计算的财务成果是会计利润（利润总额），按税收制度计算调整后的利润是计税利润或应纳税所得额。在我国，要使会计制度得以很好地贯彻，并与国际会计惯例协调，必须遵循会计和税收相互分离的原则。如果不实行会计与税收相分离，会计的"稳健"等若干会计原则将无法贯彻。（3）对会计要素的确认、计量、记录和报告全过程做出规定。作为对比，虽然 1993 年进行了财务会计制度改革，但是，当时的行业会计制度并没有完全解决会计的确认、计量问题，仍然只规定会计记录和报告，这种会计制度本质上是"簿记"而不是"会计"。究其原因，主要是长期以来国家实行统收统支，成本开支范围由国家规定，产品由国家统一定价，盈利全部上交国家，亏损由国家弥补。企业完成国家计划是主要的，很少具有财务决策自主权，也就谈不上会计的确认、计量，企业会计的主要任务是记录和报告。（4）专门强调了"实质重于形式"原则，收入的确认不是所有权凭证或实物（如现金）形式上的交付，而是商品所有权上的主要风险和报酬发生转移等实质性条件。

资料来源：刘玉廷：《〈企业会计制度〉的中国特色及与国际惯例的协调》，《会计研究》2001 年第 3 期。

值得注意的是，《企业会计制度》对具体会计准则中产生较大问题的公允价值会计规则进行了修正（主要涉及债务重组准则、非货币性交易准则和投资准则），实际上取消了公允价值会计。关于债务重组，《企业会计制度》规定，债务人与债权人进行债务重组时，以现金清偿债务所支付的现金小于应付债务账面价值的差额，或以非现金资产清偿债务时用于抵债的非现金资产的账面价值小于应付债务的账面价值的差额，或以修改其他债务条件进行债务重组时未来应付金额小于债务重组前应付债务账面价值的差额，一律不确认重组收益而计入资本公积；如果债务人以非现金资产清偿债务，债权人均按应收债权的账面价值等作为受让的非现金资产的入账价值；如果是将债权转为股权的情况下，债权人应按应收债权的账面价值等作为受让股权的入账价值。对于非货币性交易，《企业会计制度》规定，均以换出资产的账面价值加上相关税费作为换入资产的入账价值，也就是说，企业在资产重组、改制上市过程中发生的资产置换，一般情况下均不确认收益。对于以"放弃非现金资产"方式取得的长期股权投资，《企业会计制度》规定，应按放弃的非现金资产的账面价值确认为初始投资成本，也不再以放弃非现金资产的"公允价值"作为长期股权投资的入账价值。对此，时任会计司副司长刘玉廷指出，虽然"'公允价值'是目前国际上最为流行的计量属性，但在我国市场经济尚未健全和规范的情况下，超前地引入'公允价值'，极有可能出现人为操纵利润的情况。因此，《企业会计制度》对有关经济业务事项的处理，尽可能地回避了'公允价值'，而改按账面价值入账"。[1]

《企业会计制度》逐项落实了《企业财务会计报告条例》所规定的会计要素的定义，并相应地规定了会计要素的确认和计量规则。该制度所定义的会计要素如下："资产，是指过去的交易、事项形成并由企业拥有或者控制的资源，该资源预期会给企业带来经济利益"，"企业的资产应按流动性分为流动资产、长期投资、固定资产、无形资产和其他资产"；"负债，是指过去的交易、事项形成的现时义务，履行该义务预期会导致经济利益流出企

---

[1] 刘玉廷：《〈企业会计制度〉的中国特色及与国际惯例的协调》，《会计研究》2001年第3期。

业"，"企业的负债应按其流动性，分为流动负债和长期负债"；"所有者权益，是指所有者在企业资产中享有的经济利益，其金额为资产减去负债后的余额。所有者权益包括实收资本（或者股本）、资本公积、盈余公积和未分配利润等"；"收入，是指企业在销售商品、提供劳务及让渡资产使用权等日常活动中所形成的经济利益的总流入，包括主营业务收入和其他业务收入"，"收入不包括为第三方或者客户代收的款项"；"费用，是指企业为销售商品、提供劳务等日常活动所发生的经济利益的流出"；"利润，是指企业在一定会计期间的经营成果，包括营业利润、利润总额和净利润"；"利润总额，是指营业利润加上投资收益、补贴收入、营业外收入，减去营业外支出后的金额"。

《企业会计制度》发布半个多月后，财政部于 2001 年 1 月 18 日发布了修改后的 5 项具体会计准则，与《企业会计制度》的立场一致，"公允价值会计"规则被悉数删除。作为对比，此前，财政部于 1998 年 6 月发布的《企业会计准则——债务重组》和 1999 年 6 月发布的《企业会计准则——非货币性交易》都引入了公允价值理念，当时的流行观点认为，公允价值会计是财务会计的发展方向，历史成本计量模式将逐步退出会计的历史舞台。[1] 但公允价值会计所引发的问题使得立法机构意识到，公允价值会计的理论基础和操作规则均存在较大的缺陷。应当说，这一转变是立法机构审慎决策的体现。会计法规制定者提出，制定会计准则时不能不考虑其宏观效应，"政府要监控经济的运行，会计是一重要手段"；"我国目前仍缺乏较为规范的公开活跃市场，就使得公允价值的确定变得十分困难。这是我们在制定会计准则时必须考虑的一个重要因素。当然，市场经济中有许多现象是共同的，对于这种情况，为节省准则制定成本，加快

---

1 虽然本书反对推行公允价值会计，主张以公允价值披露取代公允价值会计（见本书第四卷第八章），但本书同样尊重真诚地发表独立观点的学者。为社会提供发人深省的理论主张是社会科学研究者的天职。学术界宜鼓励而不是限制学者提出能够自圆其说的一家之言，这样才能形成百家争鸣的喜人局面，会计法规制定者也才能够有所选择和借鉴。

与国际惯例的协调，我们也可以合理地借鉴国外已有的成果"。[1]

第四节 证券监管机构的会计"国际化"理念

2001 年 12 月 12—13 日，财政部在北京举办会计准则国际研讨会，对正在制定的企业合并、外币折算、分部报告、资产减值等准则进行研讨。财政部部长助理李勇在会上表示，财政部将争取用 3 年左右时间，初步建立起中国的会计准则体系。

2001 年 4 月 11 日，由财政部主办、国家会计学院承办的"政府预算管理与会计改革国际研讨会"在北京举行，财政部部长项怀诚在会议致辞中表示，今后一段时间内财政体制改革的重点是政府预算编制、国库管理制度和预算科目体系等基础性管理制度的改革，改革的重点已经转移到财政支出管理方面。项怀诚指出，改革开放以来，中国财政体制进行了重大改革，前一阶段财政体制改革的重点集中在财政收入管理方面，这一阶段我们计划把改革的重点转移到财政支出管理方面来。政府预算编制、国库管理制度和预算科目体系等基础性管理制度的改革，是今后一段时间内改革的重点。他同时透露，希望借这次预算改革之机，促进社会主义市场经济公共财政体系框架的建立，更好地应用信息技术，不断提高预算管理水平。[2]

时任中国证监会主席的周小川同志比较支持向国际会计准则看齐。他在这次国际研讨会上发表题为《关于会计准则国际化问题》的演讲，其中提出，中国会计制度应更多地参考国际经验，更多地向国际标准靠拢，应该允许有经验的国际会计师事务所对金融类企业进行审计。

---

1 冯淑萍：《市场经济与会计准则》，《会计研究》1999 年第 1 期。
2 刘小明、叶俊东：《中国财政体制的又一次重大改革》，《瞭望新闻周刊》2001 年第 17 期。

专栏 5-3

证券监管者阐释"国际化"理念

据我们观察,这些年,中国在企业会计制度方面进行了一系列改革,改革的胆略很大,进度也非常快,但是终究比较集中在典型的工商企业,覆盖面还不全,特别是涉及金融类企业,当前的会计准则尚不能真实反映它们的财务状况和经营成果。

金融企业改革上市是中国改革的一个大局,因为金融企业在经济体制改革过程中出现了比较多的不良资产,其资本充足率不够,亟须利用资本市场。消化银行的不良资产,实际上是消化改革过程中的一系列代价。中国证监会本着这种看法,觉得推进银行和其他金融类企业改制、上市具有重大的意义。当我们将新的政策精神通知到金融界,并就此开会研讨以后,就有一些银行申请上市。在这个过程中,遇到了相当多的会计准则和披露准则方面的问题。我们采用的办法是提高披露准则。披露准则显得要比会计准则高。同时我们也感到,会计准则如果能尽快地进行下一步改革,能跟上来的话,对这项工作是有利的。

金融企业比一般工商企业复杂,应该对常规贷款以外的风险及风险准备予以反映,目前的会计准则偏低,不能正确反映。比如信用证方面的风险、表外担保业务的风险、抵押品价格方面的风险、银行金融机构相互拆借的风险,以及承兑汇票之类支付工具的风险。这些风险按中国目前的会计制度难以充分反映,对这一方面的风险所计提的准备也很不充分。再下面的一个问题和会计制度有联系,也有区分,那就是贷款的分类问题,或者,更广泛地说,就是对银行资产的分类问题。当前我们的分类采用的是期限法。因为贷款时间都比较长,国际普遍采用的办法是按照风险概率进行分类,即不管贷款是否到期,都要进行评估,都要按其概率分为不同的类别，同时要按照这个损失概率提取准备金。我们现在的制度则不是这样。这既涉及中央银行对贷款分类的要求，又涉及会计制度对各类贷款计提准备金的要求。

在现行会计准则的情况下，我们是如何提高披露标准的呢？国际通行的会计准则对于金融企业都有特别规定，于是，我们就要求金融企业按照国际通行的会计准则进行披露。另外在会计服务上，因为中国的会计师不熟悉金融企业，也不熟悉国际会计通行的准则，因此我们认为，在一段时间内，应该允许有经验的国际会计师事务所对金融企业进行审计。所谓有经验，实际上指的是国际上知名的会计师事务所或者它们在国内的合资所。这样的话，才能把这项工作搞好。尽管这样做对国内的会计师事务所会有一定的冲击，但我们想，不能因小失大，这么大的投资者队伍及国家，都需要把这些金融机构的经营状况看得清清楚楚。

中国将来的会计准则应该既参照成熟市场经济中的会计准则，同时也考虑中国国情和特色。不能说我们强调会计准则要适应中国特色，就把一些需要改革的、实际上已经不适应当前经济环境的东西继续保留下去。因此，我认为应更多地参考国际经验，在这方面更多地向国际标准靠拢，这至少是我们资本市场监管者搞好资本市场的迫切需要。

资料来源：中国证监会主席周小川 2001 年 4 月 11 日在"政府预算管理与会计改革国际研讨会"上的讲话，题目是《关于会计准则国际化问题》，载《中国证券报》2001 年 4 月 13 日第 1 版。

此言一出，会计准则国际化旋即成为财经界的热门话题。财政部会计司随后加快了金融企业会计制度改革的步伐，"贷款呆账准备的提取及呆账核销是金融企业会计改革的核心问题之一"[1]。

财政部和中国证监会通过《会计研究》《中国证券报》等平台展开了理论

---

1 刘玉廷：《关于金融企业会计改革的几个问题》，《会计研究》2001 年第 6 期。

争鸣。会计"国际化"和"国家化"之争在 2001 年如火如荼地展开，会计学界大多支持"国家化"。

这次论争为我国会计立法进程提供了宝贵的理论支持，掌握部门规章制定权的行政领导亲自引领理论争鸣的做法，反映了财政部门和证券监管机构敢于担当、求真务实的态度。

第五节　2001 年发布《金融企业会计制度》

在我国即将正式加入世界贸易组织（WTO）之际，国内舆论普遍担忧我国金融行业如何应对金融业进一步对外开放和防范金融风险的挑战。[1]2001 年 11 月 27 日，财政部发布《金融企业会计制度》，该制度关于贷款损失准备的规定是对周小川同志讲话精神的呼应。

金融企业会计改革的目的是：落实"十五"计划纲要，完善稳健的会计制度，提高金融资产质量，支持有条件的国有独资商业银行改组为国家控股的股份制商业银行，适应我国深化金融企业股份制改革的要求；改革金融企业会计制度，提高会计信息质量，增强会计披露的透明度，防范金融风险；适应 WTO 的要求，实现金融企业会计标准的国际化。

《金融企业会计制度》充分吸纳了《企业财务会计报告条例》《企业会计制度》和企业会计准则的改革经验，着力建设统一的金融企业会计制度，不再区分金融机构的类型，而是按照具体的金融业务设计会计标准，因而可以适用于中华人民共和国境内依法成立的各类金融企业，包括银行（含信用社）、保险公司、证券公司、信托投资公司、期货公司、基金管理公司、租赁公司、

1　2001 年 12 月 11 日，我国正式加入世界贸易组织，成为其第 143 个成员。会计法规制定者认为，加入世界贸易组织将进一步促进和加快我国会计标准的国际化进程和会计改革步伐。

财务公司等。

该制度最大的特点是大刀阔斧地推行谨慎性原则，施行了稳健的会计政策。具体可以概括为以下三个方面。

第一，就资产而言，严格按照《企业财务会计报告条例》规定的资产的定义，推行资产减值会计规则。贷款呆账准备的提取及呆账核销是金融企业会计改革的核心问题之一。该制度规定，金融企业应当定期或者至少于每年年度终了时对各项资产进行检查，根据谨慎性原则，合理地预计各项资产可能发生的损失，对可能发生的各项资产损失计提资产减值准备。金融企业应计提短期投资跌价准备、应收款项坏账准备、贷款损失准备、长期投资减值准备、固定资产减值准备、在建工程减值准备、无形资产减值准备和抵债资产减值准备等八项资产减值准备。该制度还要求按照五级分类计提专项准备："贷款损失准备包括专项准备和特种准备两种。专项准备按照贷款五级分类结果及时、足额计提；具体比例由金融企业根据贷款资产的风险程度和回收的可能性合理确定。特种准备是指金融企业对特定国家发放贷款计提的准备，具体比例由金融企业根据贷款资产的风险程度和回收的可能性合理确定。"

第二，就负债而言，严格按照《企业财务会计报告条例》规定的负债的定义，要求金融企业合理记录预计负债，充分披露或有事项。

第三，就收入而言，严格根据国际会计准则规定的收入确认条件，修改我国金融企业利息收入的确认规则。该制度规定，应计贷款（非应计贷款以外的贷款）和非应计贷款（指贷款本金或利息逾期90天没有收回的贷款）分别核算。当贷款的本金或利息逾期90天时，应单独核算。当应计贷款转为非应计贷款时，应将已入账的利息收入和应收利息予以冲销。从应计贷款转为非应计贷款后，在收到该笔贷款的还款时，首先应冲减本金；本金全部收回后，再收到的还款则确认为当期利息收入。

此外，该制度还明确了会计政策的审批权。该制度规定，在遵循国家统一会计制度规定的前提下，金融企业的会计政策、会计估计和财产损失处理，批准权限属于股东大会、董事会、行长（经理）会议或类似机构，除履行报备手续外，不必再报经政府有关部门批准。[1]

第六节 朱镕基同志为国家会计学院题词

2001 年 4 月 16 日下午，朱镕基总理视察上海国家会计学院，为学院题写了校训"不做假账"。朱镕基指出，"建立国家会计学院是落实江泽民总书记关于培养 30 万注册会计师重要指示的举措。这件事情非常重要"。早在 1993 年底，朱镕基就明确指出："举办注册会计师培训中心很有必要，这是根据江泽民同志关于要发展 30 万注册会计师的指示提出来的。这是千秋万代的事业，是为中国社会主义市场经济奠基，是极为重要的事情之一。"

2001 年 10 月 29 日上午，朱镕基总理视察了北京国家会计学院，欣然为学院题词：诚信为本，操守为重，坚持准则，不做假账（见图 5-1）。

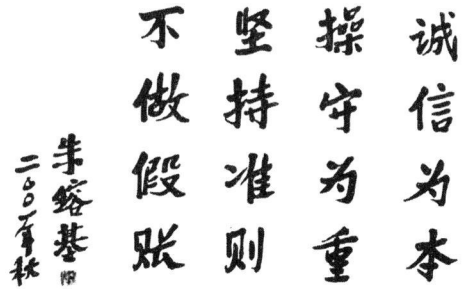

图 5-1 朱镕基为北京国家会计学院题词

---

1 进一步的探讨可参见：财政部会计司：《〈金融企业会计制度〉讲座（一）》，《财务与会计》2002 年第 11 期；财政部会计司：《〈金融企业会计制度〉讲座（二）》，《财务与会计》2002 年第 12 期；夏博辉：《金融企业会计制度 第一讲 金融企业会计制度的总体说明（上）》，《中国金融》2003 年第 2 期；夏博辉：《金融企业会计制度 第二讲 金融企业会计制度的总体说明（下）》，《中国金融》2003 年第 4 期。

朱镕基指出，培养成千上万个职业道德好、业务素质高的会计人才，这是为发展社会主义市场经济奠基，也是现代化建设的根本大计。他说，现在经济生活中的一个突出问题，就是不少会计师事务所和会计人员造假账，出具虚假财务报告。许多贪污受贿、偷税漏税、挪用公款等经济违法犯罪活动，以及大量腐败现象，几乎都与财会人员做假账分不开。这已经成为严重危害市场经济秩序的一个"毒瘤"。从根本上解决这个问题，必须在强化法制、严格管理的同时，加强会计从业人员特别是注册会计师队伍的建设。朱镕基强调，"不做假账"是会计从业人员的基本职业道德和行为准则，所有会计人员必须以诚信为本，操守为重，遵循准则，不做假账，保证会计信息的真实、可靠。他要求，国家会计学院要把诚信教育放在首位，培养出来的人才不仅要有一流的专业知识水平，更要有一流的职业道德水平，绝对不做假账。

 专栏 5-4

著诚去伪　礼之经也

——朱镕基同志 3 次题词"不做假账"

朱镕基同志几乎从不题词，他在任国务院总理期间，却"破例"为新成立的国家会计学院 3 次题词"不做假账"，并明确指示将其作为校训。这既说明了朱镕基同志对国家会计学院的特殊"偏爱"，更充分显示了他对会计工作和会计人员职业操守的重视。目前，"不做假账"已经成了会计业界甚至经济领域的至理名言。

国家会计学院要加快建设进度

大约在 1998 年中期，时任总理的朱镕基曾当面指示我加快国家会计学院的建设。那时，北京国家会计学院已经初步建成，决定在上海建第二所会计学院。第三所建在什么地方尚无定见。当时建设国家会计学院时有一个设想，尽量就近依托一所知名大学，以便可以较快地开展培训工作。

朱镕基同志指定北京国家会计学院依托清华大学。后来的上海国家会计学院依托的是上海财经大学，过了 3 年建起来的厦门国家会计学院则就近依托厦门大学。所以，北京国家会计学院第一任院长梁尤能来自清华大学，上海国家会计学院院长夏大慰来自上海财经大学，厦门国家会计学院的邓力平来自厦门大学。记得 1999 年春天，我到上海为会计学院选址，上海市委、市政府对于此事特别支持，时任上海市财政局局长的刘红薇给了很多方便。2000 年 8 月成立上海国家会计学院董事会，2001 年学院建成，2002 年扩建，现在已成为上海数一数二美丽的校园。3 所学院的培训工作在建设过程中依托有关大学提前展开。这些年累计起来，北京国家会计学院已培训 15.24 万人次，上海国家会计学院已培训 25.20 万人次，厦门国家会计学院已培训 6.67 万人次。

3 次题词"不做假账"

2001 年，朱镕基同志先后 3 次写了"不做假账"的题词。第一次是 4 月 16 日，他视察上海国家会计学院，为学院题写了"不做假账"的校训。第二次是 10 月 29 日，他视察北京国家会计学院时，又一次题了词。朱镕基同志平时在各地视察工作时几乎从不题词，惜墨如金。那次北京国家会计学院备好笔墨，请他题词。朱镕基总理缓缓地走到案前，执笔写下"诚信为本，操作为重，凡我校友，不做假账"16 个字。这个题词意义深远，已经不仅是国家会计学院的校训了，他用题词的方式对全国一千多万名会计人员的职业操守提出了要求。我拿到这张薄薄的宣纸时，感觉沉甸甸的。

过了两天，我突然接到总理办公室主任李伟同志电话，说朱镕基同志觉得那天的题词不太确切。"凡我校友，不做假账"，好像不是会计学院的校友，就可以做假账似的。他已重新写了一张，让我派人持原来的题词去换取新的题词。我与李伟比较熟悉，觉得"有机可乘"，说我先派人去取，老的题词找到后就送来。其实，我心里想，错版题词弥足珍贵，收藏起来有特别的纪念意义。李伟好像也精于此道，早已识破我的私心，细声细气地对我说："你的意思我明白，但旧的不送来，新的不能给你。"就这样，我只好乖乖地送去了原先的题词，拿到了朱镕基同志的第三次题词。新的题词把第三句"凡我校友"改为"坚持准则"，第二天新闻稿中用的是"遵循准则"，我估计是朱镕基同志亲自改的，可能"坚持"不如"遵循"准确。后来我们贯彻落实时用的都是"遵循准则"，但北京国家会计学院校园内花岗岩上镌刻的题词还是"坚持准则"那一版。一个题词一改再改，力求准确，这种认真的精神实在难能可贵。

重在会计队伍的建设

朱镕基同志"不做假账"的题词很经典，切中时弊，在会计界影响深远。同时，2001年10月29日他视察北京国家会计学院时的讲话内容丰富而又深刻，我至今清晰地记得那次讲话的要点：一是要求高起点、高水平地办好国家会计学院。他要求把会计学院办成以注册会计师相关知识为培训内容、面向全国的、培养宏观经济部门、国有大中型企业、金融机构和中介机构的高级人才及高级财会人才的会计后续教育培训基地。二是国家会计学院的任务是要源源不断地向社会输送一批又一批职业道德好、业务素质高的会计人才。他强调会计人员要素质高、讲诚信、有操守，依法办事。他认为这是中国现代化建设的基础，是关系国家的长远利益，是国家的根本大计。他强调，"不做假账"是会计从业人员的基本职业道德和行为准则，他要求所有会计信息都要真实、可靠。三是，当前经济生活中一个突出问题是不少会计师事务所和会计人员造假账，出具虚假财务报告。许多贪污受贿、偷税漏税、挪用公款等经济违法犯罪活动，以及大量腐败现象，几乎都与财会人员做假账分不开。这已经成为严重危害市场经济秩序的一个"毒瘤"。四是，要求所有国有大中型企业、金融机构的财务主管，都必须到国家会计学院接受培训，达到合格的要求才能上岗。此外，朱镕基同志还提倡学院要建设一支高水平的教师队伍，"只有拥有一流的教师，才能办成一流的学校"。强调要舍得花本钱引进国内外最优秀的专家来授课。他提倡会计学院要搞"案例教学""诚信教育"，要把诚信教育放在首位。他语重心长地说，在国家会计学院接受培训并取得合格证书的人，不仅要有一流的专业水平，更要有一流的职业道德水平，绝对不做假账！

那次视察中，朱镕基同志认为北京国家会计学院的校园小了一点，要适当扩大，请陪同视察的北京市市长刘淇同志惠予关心。最近，听说扩建校园的土地问题已获解决，虽然拖的时间长了一些，但毕竟是令人高兴的消息。

不做假账的思索

10年来，不做假账的宣传不能说不够，但效果如何？不敢高估。为进行案例教育，财政部收集编写了多种类型的案例，编成了案例库；为进行诚信教育，财政部也编了书，我当财政部部长时还去国家会计学院专门讲过课。现在看来，编的书，似乎看的人不多；讲的课，听者藐藐。10年的诚信教育不尽如人意，弄虚作假在今天依然蔓延，中介机构的公信力似在下降。为此，我很担忧。我常常在想，朱镕基同志大声疾呼"不做假账"，其实他呼唤的是诚信，是道德，是人的规范和尊严，是礼之经也！著诚去伪是社会的责任，也是一项长期任务，不仅需要几所国家会计学院的不懈努力，更需要全社会的积极推动。

资料来源：项怀诚：《著诚去伪 礼之经也——朱镕基同志3次题词"不做假账"》，《中国财经报》2008年7月18日。

第七节 2001 年证券监管机构的"补充审计"政策

中国证监会在 2000—2001 年间,一边积极倡导引入国际会计准则,一边身体力行地引入境外会计公司实施"补充审计"。

2000 年 11 月 2 日,中国证监会发布《公开发行证券公司信息披露编报规则》第 1 号至第 6 号,针对商业银行、保险公司、证券公司规定了"补充审计"政策。例如,《公开发行证券公司信息披露编报规则第 1 号——商业银行招股说明书内容与格式特别规定》(证监发〔2000〕76 号)规定,商业银行应聘请有商业银行审计经验的、具有执行证券期货相关业务资格的会计师事务所,按中国独立审计准则对其依据中国会计和信息披露准则和制度编制的法定财务报告进行审计。此外,应增加审计内容,聘请获中国证监会和财政部特别许可的国际会计师事务所,按国际通行的审计准则,对其按国际通行的会计和信息披露准则编制的补充财务报告进行审计。增加审计时需关注的内容包括:损失准备的提取及不良资产的处置情况;重大表外项目及其对财务状况和经营成果的影响;不同服务对象、经营项目及经营区域的资产质量、获利能力和经营风险;法定财务报告与补充财务报告之间的主要差异等。招股说明书正文中的财务资料均应摘自法定财务报告。补充财务报告作为招股说明书附录披露,供投资者判断商业银行财务状况和投资风险时参考。此外,针对保险公司、证券公司制定的信息披露编报规则也引入了类似的规定。

冯淑萍 2001 年撰文进一步阐释了会计法规制定者的立场:会计标准国际化是经济全球化和信息技术革命的内在要求,其实质是各国的利益之争;中国应当在会计标准国际化进程中尽可能以较少的成本获取较多的利益,并努力维护自己的利益;如果我们不切实际地、一味地向某个国家的会计标准或者不顾条件地向国际会计标准靠拢,可能会牺牲我们的利益,或者说得不偿失";"我们始终坚持这样一条原则:只要与中国现行的法律法规不相矛盾,中国的经济实务与国际会计准则所针对的经济实务一致或者相近，在实务操作上又可行的，就大胆地借鉴国际会计准则，实现中国会计与国际会计惯例的充分协调。从我国已经发布实施的具体会计准则来看，每项准则都是在国际会计准则的基础之上，基于这一原则而制定的。我们认为，在对待会计标准国际化问题上，我们一直保持了一种积极的、顺势而为的姿态"。[1]

尽管财政部会计司一再强调向国际准则靠拢的立场，并采取了切实的改革步骤履行其大力推进会计准则国际协调的承诺，但中国证监会还是出台了与财政部立场迥异的证券监管法规。

2001年12月30日，中国证监会出台《公开发行证券的公司信息披露规则第16号——A股公司实行补充审计的暂行规定》[2]，要求公司在首次发行股票上市或上市后在证券市场再筹资时，应聘请国际会计师事务所按国际通行的会计审计准则，对公司按国际通行的会计和信息披露准则编制的补充财务报告进行审计（俗称"补充审计"）。此文一出，可谓"一石激起千层浪"。此后，围绕会计与审计规则的"国际化"与"国家化"之争愈加激烈。

时任财政部会计司副司长刘玉廷指出，国际会计准则并不是国际法，只是建议各国宣传、推行，因此，把国际标准和国际惯例借鉴到国内，首先要解决的问题是本土化，即按照国内的实际情况，加以消化吸收；不应当采取全世界绝无仅有的方式，把本国的注册会计师行业置之于"等外公民"的地位。[3]

面对会计界的强烈反弹，中国证监会不得不改弦易辙。2002年2月28日，中国证监会发布《关于2002年A股公司进行补充审计试点有关问题的通知》，

1　冯淑萍：《关于中国会计标准的国际化问题》，《会计研究》2001年第11期。

2　该文件已被《中国证券监督管理委员会关于不再实施特定上市公司特殊审计要求的通知》（2007年3月8日）废止。

3　刘玉廷：《"补充审计"及其引发的思考》，载刘玉廷：《中国会计改革：理论与实践》，民主与建设出版社，2003，第238—246页。

宣布仅对一次发行量超过 3 亿（含 3 亿）股的公司进行补充审计试点，而且不再强制要求聘请国际会计师事务所。试点公司"应聘请一家具备从事证券期货相关业务资格的会计师事务所，按国内会计准则审计，审计后出具的报告作为法定审计报告。同时还应聘请一家具备补充审计资格的会计师事务所，按国际会计准则审计，出具补充审计报告。如国内会计准则与国际会计准则有差异的，应对其差异影响额作出说明，并向社会披露"。这一通知，实质上废除了前述"补充审计"暂行规定。

中国证监会原主席助理、首任首席会计师汪建熙同志认为，"证监会出台双重审计的政策，没有平衡好审计行业的规则与信息披露质量之间的关系"。

 专栏 5-5

汪建熙同志回忆证监会"双重审计"政策的出台背景

在 2000 年、2001 年的时候，证监会和财政部对于在中国尽快引进国际会计准则有不同的看法。这个分歧和后来的双重审计可能有某些关系。当时证监会主席周小川在谋划国有商业银行股份制改革和引进外国战略投资者的问题，希望尽快推动中国采用国际会计准则，特别是引入市价估值的会计方法。财政部部长助理冯淑萍那时分管会计。她认为西方整套的会计准则在当时是不适合中国国情的。她本人并不是在一般概念层面反对，而是认为中国的国情和操作执行能力还不适应，不能操之过急。她与周小川主席观念不一样。

周小川力推国际会计准则，但当时国内会计师事务所没有资质去审按国际会计准则编报的财务报表，所以证监会提出中国国有商业银行股份制改革和到境外上市时财务报表要由国际会计师事务所再审一次。这是提出双重审计的背景。双重审计问题背后，会计审计和资本市场监管之间的界限其实是非常重要的问题。从审计专业来说，双重审计是很难操作的。证监会出台双重审计的政策，没有平衡好审计行业的规则与信息披露质量之间的关系。我作为当时分管会计、审计工作的证监会领导，应承担主要责任。

资料来源：上海国家会计学院会计口述历史项目工作组主编《会计口述历史（第二辑）》，立信会计出版社，2020，第 380—381 页。

中国证监会原首席会计师张为国 2019 年撰文提及，证监会的"补充审计"政策实则出自他的手笔。

 专栏 5-6

证监会的"补充审计"政策的起源

2001 年我国在与美国和欧盟等主要贸易伙伴完成谈判的基础上加入世界贸易组织。作为其经济改革议程中最重要的举措之一，也是为履行加入世界贸易组织的承诺，我国政府开始重组国有独资商业银行、保险公司和证券公司，并将知名国际金融巨头作为重组中国金融机构的战略投资者，然后让重组后的金融机构在国内外证券市场发行股票并上市。为促进这一重大而艰巨的工作，时任证监会主席要求我为此设计一套特殊的披露制度，尤其是通过披露帮助解决金融机构减值准备远低于实际水平的问题，以及相关内控制度缺失的问题。

根据法国的经验，我提出建立双重审计制度的设想。经各相关政府机关会签同意后，证监会发布披露规则，要求金融机构向投资者提供两套财务信息：一套是基于中国会计准则和制度的法定财务信息，由国内会计师事务所根据国内审计准则审计；另一套是基于国际会计准则的补充财务信息，由国际会计师事务所根据国际审计准则审计。披露规则还要求金融机构提供有关其内部控制系统的信息，并由会计师事务所评估其内部控制系统的完整性、适当性和有效性。

美国爆发安然、世通等巨型上市公司财务造假案后，美国国会出台了《萨班斯－奥克斯利法案》，引发一系列会计、审计、披露制度的重大改革。那几年国内也出现不少大的上市公司虚假信息披露案，包括银广夏、蓝田股份、郑百文等。上市公司和审计师都受到了处罚。全社会加强对上市公司及中介机构严厉监管的呼声极高。国务院领导也一再批示。在这样的背景下，证监会和财政部、中国注册会计师协会等通过一再协商，发文将一开始仅针对金融机构改制上市的双重审计制度，运用于所有 A 股上市公司，或至少是其中达到一定规模以上的公司。但由于各方面的负面反映，此制度从未执行。现在回头看，针对金融机构改制上市的双重审计制度是合理有益的。而针对其他上市公司的双重审计制度若实施，可能会有一些积极作用，但总体考虑欠周到，也过于仓促。因此，从未实施也是妥当的。

资料来源：张为国：《我所亲历的我国会计制度改革和会计准则国际趋同过程》，《会计研究》2019 年第 10 期。

第八节　财政部发布行业性的会计核算办法

2002 年，冯淑萍再次撰文阐释会计法规制定者的立法理念，针对实务界和理论界的纷争作出了系统性的回应。

 专栏 5-7

会计法规制定者阐释"会计协调"理念（之二）

□澳大利亚、希腊、俄罗斯等国紧随欧盟之后宣布将采用国际会计准则。国际会计准则委员的许多人都认为俄罗斯和希腊等国的决策有点盲目，因为采用国际准则是一个系统工程。

□从企业监管和业绩评价看，根据我国有关法律法规的规定，对公司进行监管和评价的主要指标是利润而不是未来的现金流量，强调的是过去的会计信息。我国现行会计准则规范的重点也自然会偏向利润表，对利润指标较为重视。而国际财务报告准则规范的重点是资产负债表，按其提供的会计信息侧重于预测企业未来的现金流量。我国现行会计准则侧重于规范利润表与国际会计准则关注资产负债表是两种不同的观念，所遵循的会计原则也不一样。

□从法律制度方面看，我国的法律体系类似于大陆法系，法律条款规定的内容必须予以遵循。这些法律规定必须写进我们的会计准则和制度中，通过企业的会计核算在企业对外提供的财务报告中予以揭示。大家都承认，会计学是一门社会科学，不是纯技术性的，要受方方面面社会因素包括国家法律的制约。

□有同志曾建议我国应该像美国那样，采用大家举手表决的方式通过一个准则。我国并不具备这样做的环境和条件。

□大家都知道，我们的会计目标是多方面的。会计报表的这种多功能、多面负责、力求满足所有监管者需要的现状带来了很多问题，我们在制定会计标准中也很困惑，比如，在会计确认、计量和披露中如何运用会计的重要性原则？因为对一个监管部门不重要的事项或信息对另一监管部门来讲可能是重要的。国际会计准则关于通用财务报表的规定给了我很大的启发。我们的企业是否可以根据会计准则和会计制度编制通用财务报表，再根据某个监管部门的要求编制专项报表（如根据税务部门的监管要求编制纳税申报报表等）；审计是否也划分为对通用会计报表的审计和对专项会计报表的审计；各个监管部门是否也仅对所监管的方面进行评价。如此，可以避免企业为应付不同监管部门不同监管标准的检查而对会计报表项目和数据调来调去、无所适从的情况。

□虽然会计国际化是大势所趋，但更为重要的是，要从我国的实际情况出发，注重解决我国的实际问题。否则，不但问题无法解决，并且可能导致会计信息出现混乱或者失控，从而在很大程度上影响到经济的健康运行，由此带来的改革成本和风险将是巨大的。

□我国适应市场经济发展需要的、系统的会计改革始于1992年，当时财政部发布了我国历史上第一项会计准则。随后先后发布了30多份具体准则征求意见稿，正式发布了16项具体准则和《企业会计制度》《金融企业会计制度》等，这些准则征求意见稿和具体准则、制度，大多数都是以相应的国际财务报告准则为基础制定的，在内容上与国际财务报告准则已经相当接近，有些甚至基本完全相同。什么时候中国的市场经济发展到相当成熟的阶段，什么时候中国的市场环境真正以市场法则运转了，中国会计准则也就自然而然地与国际财务报告准则趋同了。

资料来源：冯淑萍：《关于中国会计国际协调问题的思考——在中国会计学会第六次全国会员代表大会暨理论研讨会上的发言》，《会计研究》2002年第11期；冯淑萍：《关于我国当前环境下的会计国际化问题》，《会计研究》2003年第2期；冯淑萍：《中国对于国际会计协调的基本态度与所面临的问题》，《会计研究》2004年第1期。

2002—2004年，财政部没有发布新的具体会计准则，而是陆续发布了行业性的会计核算办法和关于执行企业会计制度和相关会计准则的问题解答，还发布有《小企业会计制度》（如表5-2所示）。

表5-2　　　　　　　　　2001—2004年出台的会计核算规则

文件名	颁布日期	实施日期
《施工企业会计核算办法》	2003-09-25	2004-01-01
《民航企业会计核算办法》	2003-06-19	2003-01-01
《新闻出版业会计核算办法》	2004-01-14	2004-01-01

续表

文件名	颁布日期	实施日期
《农业企业会计核算办法 —— 生物资产和农产品》	2004-04-22	2005-01-01
《农业企业会计核算办法 —— 社会性收支》	2004-04-22	2005-01-01
《铁路运输企业会计核算办法》	2004-07-01	2005-01-01
《保险中介公司会计核算办法》	2004-09-20	2005-01-01
《投资公司会计核算办法》	2004-10-25	2005-01-01
《关于执行〈企业会计制度〉和相关会计准则有关问题解答》	2002-10-09	同颁布日期
《关于执行〈企业会计制度〉和相关会计准则有关问题解答（二）》	2003-03-17	同颁布日期
《关于执行〈企业会计制度〉和相关会计准则有关问题解答（三）》	2003-08-22	同颁布日期
《关于执行〈企业会计制度〉和相关会计准则有关问题解答（四）》	2004-05-28	同颁布日期
《小企业会计制度》	2004-04-27	2005-01-01

至此，形成了 16 项具体会计准则、3 个会计制度和多个行业性会计核算办法共存的会计立法局面。

会计法规制定者认为，"从我国会计改革的历程中可以看出，用一种制度或者准则规范所有企业的会计核算行为是不全面的。会计制度或者准则只能规范一般的交易事项，对于具有行业特点的交易事项不可能完全通过会计制度或者准则全部予以规范，为此在规范一般交易事项的会计处理的同时应当考虑特殊行业的特殊交易事项，并以特殊的方式予以体现，形成国家统一的会计制度的组成部分，这也是符合国际惯例的。例如，目前我国针对不同行业制定的专业核算办法实践证明是行之有效的。我国与英、美等国家不同，按照我国《会计法》的规定，国家实行统一的会计制度，而国家统一的会计制度中不仅包括财务报告的列报要求还包括具体的会计核算程序和方法。因此以会计制度的形式反映交易事项的确认、计量、记录和编报过程也正体现了法律的要求。"[1]

本书认为，制定行业会计核算办法的做法值得提倡。这是对不同行业所存在的不同的业务模式的真实反映。

第九节 财政部会计准则委员会换届改组

一、冯淑萍同志重申会计国际协调政策

2002 年 3 月 5 日，朱镕基总理在第九届全国人民代表大会第五次会议上做《政府工作报告》，报告提出：加快发展金融、会计、咨询、法律服务等行业；推进企业会计制度与国际会计惯例相衔接；引进商贸、旅游、会计、审计等方面有信誉的境外大型企业和中介组织，促进我国服务业发展；整顿和规范会计师事务所等中介服务组织。

8 月，冯淑萍任主编、刘玉廷和周守华任副主编、约 50 万字的《简明会计词典》由中国财政经济出版社正式出版。1999 年 10 月，中国会计学会和中国财政经济出版社在北京联合召开了《简明会计辞典》第一次编委会会议。会议决定，《简明会计辞典》的编写工作由中国会计学会组织，财政部会计司及有关院校中青年会计专家参加，中国财政经济出版社配合。此后，中国会计学会就该书的定位、编委会组织、工作程序及具体编写事项向各编委会成员发出通知，要求按照规定的时间完成各个阶段的工作。中国会计学会本着出精品的原则，多次召开审稿会议，几易其稿，最终于 2002 年 8 月出版了这部工具书。

10 月 16 日，财政部在北京举办会计准则国际演讲会。来自财政部、中国注册会计师协会、会计准则委员会、会计师事务所、科研院校，以及国际会计准则理事会、日本会计准则委员会、韩国会计准则委员会等方面的代表 300

---

1 冯淑萍、应唯：《我国会计标准建设与国际协调》，《会计研究》2005 年第 1 期。

多人出席演讲会。中国会计准则委员会秘书长、财政部部长助理冯淑萍致辞指出，会计作为国际通用的商业语言，在经济全球化的发展趋势中，也同样面临着国际化问题，推进和实现会计国际协调已是大势所趋。国际会计准则理事会在推进会计国际协调、加强会计国际交流与合作方面，一直进行着不懈的努力，完成了许多卓有成效的工作。借鉴国际惯例，使中国会计与国际会计惯例相协调，是中国会计改革的发展方向和重要目标。近十年来，中国在会计国际协调方面进行了大量卓有成效的工作。今后仍将一如既往地推进会计改革，积极务实地参与国际协调。首先，将继续加快会计准则的建设步伐，在立足中国国情的基础上借鉴国际会计准则的成功经验和最新研究成果。其次，将积极务实地参与会计国际协调活动。演讲会期间，国际会计准则理事会主席戴维·泰迪爵士和副主席托马斯·琼斯先生等分别就国际会计准则理事会的结构、目标、工作计划以及股权支付、企业合并、业绩报告等当前国际会计协调的技术热点问题进行了演讲。

二、第二届财政部会计准则委员会成立

2003年，财政部会计准则委员会进行换届改组。3月28日，第二届财政部会计准则委员会第一次全体会议在北京召开，会议讨论通过了《财政部会计准则委员会工作大纲》和第二届财政部会计准则委员会专业委员会组成人员名单。

改组后的会计准则委员会由财政部副部长楼继伟担任主席，部长助理冯淑萍担任秘书长。委员共20名（后来增补为25人），由财政部聘任，分别来自审计署、国家税务总局、中国银行业监督管理委员会、中国保险监督管理委员会、中国证券监督管理委员会、国务院国有资产监督管理委员会、中国石油天然气集团公司、财政部、中国注册会计师协会、上海证券交易所、厦门大学、中国人民大学、上海财经大学、安永大华会计师事务所、深圳天健

信德会计师事务所等部门和单位。

在改组后的会计准则委员会第一次全体会议上，楼继伟副部长发表讲话，阐释了会计准则委员会改组的意义："温家宝总理在国务院第一次全体会议上提出科学民主决策的要求，财政工作也必须科学、规范、透明、有效。我们在这一原则的指导下，改组了会计准则委员会，作为财政部的专业咨询机构。会计工作有时存在许多截然不同甚至针锋相对的观点和理念，需要进行经常性的协调、综合和决策，处理的是一种利益上的关系。因此特别需要集思广益、民主决策、增强透明度，会计准则委员会将发挥重要作用。"冯淑萍部长助理强调："我们不能把会计准则委员会当作摆设，而是应当充分发挥其应有的作用；对于每一项会计准则制定的重大决策都要由委员会进行论证，征求委员会的意见，然后提供给财政部决策。通过加强会计准则制定机构与委员会的沟通，使会计准则的制定更加民主、科学和透明。我们这届委员会做好了将非常有意义，我们的工作方式与上届有很大差别，通过我们的努力可以搭起政府和民间沟通的桥梁。"会计准则委员会的改组及其工作机制的建立，为进一步完善我国会计准则体系奠定了重要的基础，预示着完善会计准则体系的工作将全面启动。会计法规制定者指出，"根据我国经济发展的实际需要，借鉴国际会计惯例，尚需发布近20项会计准则，如：分部报告、外币折算、财务报告的列报、每股收益、政府补助和政府援助、企业合并、合并会计报表、资产减值、银行基本业务、农业、保险合约、所得税会计、金融工具等。这是一项较为庞大的系统工程，财政部将加倍努力、扎实工作，同时借助会计准则委员会下设的企业会计专业委员会及其咨询专家的力量，为会计准则制定机构提供基础性研究，尽快完善我国的企业会计准则体系"。[1]

财政部作为中国会计准则的制定机构，承担着会计准则的立项、起草、

---

1 刘玉廷:《贯彻科学民主决策要求 完善我国会计准则体系》,《会计研究》2004 年第 3 期。

发布实施和修订等任务，具体工作由会计司负责。财政部会计准则委员会在协助会计准则制定机构建设高质量会计准则体系、推进会计的国际协调等方面发挥咨询作用，主要就会计准则的整体方案、体例结构、立项、起草以及发布实施等相关内容，为会计准则制定机构提供咨询，并对会计准则发布后的实施情况反馈信息。会计准则委员会主席和秘书长均由财政部领导担任，会计准则委员会办公室设在会计司，会计司司长担任准则委员会办公室主任。会计准则委员会下设会计理论专业委员会、企业会计专业委员会、政府及非营利组织会计专业委员会、会计准则委员会办公室以及由 160 名会计专业人员组成的会计准则咨询专家组。

5 月 13 日，财政部印发了《财政部会计准则委员会工作大纲》。7 月 10 日，财政部印发《会计准则制定程序》（财会〔2003〕21 号），该文件把会计准则的制定过程分为立项阶段、起草阶段、公开征求意见阶段和发布阶段，其制定程序与国际会计理事会的应循程序（due process）相仿。该文件规定，财政部会计司"负责会计准则的草拟工作，实行项目起草组负责制。项目起草组原则上以会计司各处为单位组成，吸收相关人员参加"。

三、财政部举办中国会计改革与发展国际研讨会[1]

2003 年 12 月 15—20 日，财政部在云南大理举办中国会计改革与发展国际研讨会。财政部、会计准则委员会、中国注册会计师协会、会计师事务所、科研院校、香港会计师公会，以及国际会计准则理事会、（英国）会计准则理事会、澳大利亚会计准则理事会、国际会计与审计协会、美国财政部等方面的代表近 200 人参加了研讨会。

财政部会计准则委员会秘书长、财政部部长助理冯淑萍到会并讲话。冯

1　本小节资料节选自《中国会计年鉴（2004 年卷）》。

淑萍同志指出，中国会计改革下一阶段将致力于建立和完善与市场经济体制相适应的、与国际惯例接轨的会计模式。中国会计标准体系建设的基本目标是：在立足中国国情和中国会计环境前提下，除了与中国的法律法规存在冲突或者明显不切合中国实际的情况之外，努力促使中国会计标准与国际财务报告准则相协调或者一致。为了实现这一目标，中国会计改革循序渐进，采取了两步走战略：第一步，实现计划经济会计模式向市场经济会计模式的转换，这一步战略目标已经实现；第二步，建立并完善适应中国市场经济发展需要的会计标准体系。在谈到中国对于国际会计协调与趋同的基本态度时，冯淑萍指出，在经济全球化的时代，会计国际化和国际会计趋同是大势所趋。促进各国会计准则之间的协调与趋同，有助于提高财务报表信息的可比性，降低资金成本，促进国际资本的健康流动和国际金融秩序的稳定。这不仅对于世界经济的发展有益，而且对于中国经济的发展及其进一步融入世界经济也很有帮助。因此，中国会计改革的方向只会顺势而为，积极促进中国会计与国际准则的协调和趋同。

第十节　2004 年发布《小企业会计制度》[1]

　　根据 2000 年开始的会计改革的总体设想，在相继制定发布了《企业会计制度》和《金融企业会计制度》以后，财政部于 2002 年开始着手制定《小企业会计制度》，历经两年多时间，于 2004 年 4 月 27 日印发《小企业会计制度》，要求全国范围内的小企业自 2005 年 1 月 1 日起开始实施。

　　《小企业会计制度》是以《企业会计制度》为基础，经过适当简化后形成的。制定《小企业会计制度》遵循的主要原则是：在遵循一般会计原则的前

---

　　1 本小节参考了以下文献：财政部会计司：《〈小企业会计制度〉讲解（一）》，《财务与会计》2005 年第 5 期；应唯、焦晓宁：《〈小企业会计制度〉制定中的有关问题》，《中国注册会计师》2005 年第 7 期。

提下，尽可能通俗易懂、简便易行；在制定相关会计政策过程中充分考虑小企业会计信息使用者需求；对于与大中型企业相同的交易和事项一般采用相同的会计处理原则；继承已被普遍接受的会计改革成果；减少小企业会计人员在执行制度时所需的职业判断；坚持会计与税收适当分离的原则。

会计法规制定者所秉持的以下立法理念值得关注：（1）小企业与其他企业相比，本质的区别在于规模的大小及是否在公开市场上筹资。小企业会计信息的使用者包括作为债权人的银行等金融机构、税收征管部门及小企业的管理者和所有者，还包括为小企业提供原材料的供应商及包括国家宏观经济管理部门在内的其他相关方面。这些会计信息使用者最主要的需求是了解反映小企业财务状况和经营成果的最基本的财务信息。如就税务部门来讲，关心的是小企业的账簿记录是否真实，是否能够按照会计制度的规定进行核算并提供有关的纳税信息；就银行等金融部门来讲，需要的是反映小企业基本的财务状况和经营成果的信息，对于小企业有关长期资产是否提取了减值、提了多少减值并不是特别关心，因为小企业的银行贷款很大部分是以房屋等不动产为抵押取得的。显然，小企业的信息使用者与那些公开筹资的企业，其债权人或投资者关心企业持有的资产状况，并进一步分析企业的未来获利能力等有着明显的不同。（2）《小企业会计制度》不可能完全像原来的《个体工商户会计制度》一样，完全从税收规定出发，成为单纯的为纳税目的服务的计税会计。因此，应从会计原则出发，在既定的会计原则的基础上，充分考虑税法的规定并与税法规定相协调。无法达到协调一致的问题，则实行会计与税收的适当分离。

《小企业会计制度》与《企业会计制度》关于具体核算规定的差异主要体现为以下几个方面。

第一，关于资产减值准备的提取。《小企业会计制度》仅要求对短期投资、存货及应收款项等流动资产计提减值准备，不要求对固定资产、无形资产等长期资产计提减值准备。会计法规制定者给出的解释是，"对于长期资产，在确定可收回金额的过程中要求的职业判断水平较高，缺乏相对客观的标准"。这一观点是对非流动资产减值规则的反证。

第二，关于发出存货成本的确定，该制度要求采用实际成本对存货进行核算。采用计划成本法对存货进行日常管理的小企业，也可以按制度的要求采用计划成本核算。

第三，小企业的长期股权投资若对被投资方具有重大影响，则应采用相对简单的权益法进行核算，只需根据被投资方实现净损益的情况确认应享有的份额并增加或减少投资收益，无须在初始投资时计算股权投资差额，也不需要确认被投资方在未来期间由于净损益以外的其他因素而产生的所有者权益变动。会计法规制定者给出的解释是，"对于小企业来讲，要求其随时跟踪被投资单位所有者权益的变动情况相应对长期股权投资进行调整，不符合成本效益原则"。这一逻辑对大中型企业同样成立。

第四，关于融资租入固定资产入账价值的确定，《小企业会计制度》采用了税法规定的标准，即以合同或协议约定应支付的价款，加上有关的运输费、安装调试费等作为融资租入固定资产的入账价值。不要求按照租赁开始日租赁资产的原账面价值与最低租赁付款之中的较低者入账。

第五，关于专门借款的利息，该制度规定，固定资产自开始建造至达到预定可使用状态期间所发生的专门借款的利息均可作资本化处理，即计入固定资产成本。不必再计算资产支出数，可以资本化的借款费用也不再与资产支出加权平均数挂钩。会计法规制定者给出的解释是，"借款费用的核算在实务当中存在很多的争议，各方面普遍反映这一规定操作起来过于复杂，特别是在购建固定资产的支出发生比较频繁或是相应的借款不止一笔的情况下"。这一立场是对资本化规则的反证。

第六，关于或有事项的核算。"考虑到对或有事项的确认和计量所需要的职业判断能力等因素的影响",《小企业会计制度》不要求在或有事项成为确定事项之前确认有关的损失及预计负债,而是仅仅要求在会计报表附注中披露。

第七,关于所得税的核算,该制度要求小企业按应付税款法核算所得税。会计法规制定者给出的解释是,"结合小企业的具体情况,如果允许其采用纳税影响会计法,可能造成核算中不必要的负担"。所言极是。对大中型企业来说,何尝不是如此。

第八,关于会计报表,会计法规制定者认为,"根据对小企业信息使用者的调查,小企业提供资产负债表和利润表两张基本报表已能满足有关方面的需要。另外,某些小企业出于内部管理的需要,管理层可能要求提供现金流量方面的信息"。因此,《小企业会计制度》要求提供资产负债表和利润表两张基本报表,对于现金流量表,可以根据需要自行决定是否提供。

第六章
企业会计准则体系的建立

2005 年，财政部基于国际趋同的思路，提出完善企业会计准则体系的建设目标。这一目标的提出，与 2004 年我国政治经济生活中的一件大事有密切关系，即市场经济地位的谈判。为了应对欧盟反倾销谈判、谋求欧盟承认市场经济地位，"直面国际市场的竞争，财政部于 2006 年 2 月 15 日一次性大手笔推出了 1 项基本会计准则和 38 项具体会计准则，建立起了企业会计准则体系"。[1]

第一节　欧盟对华提出关于市场经济地位的评估标准

随着全球贸易的发展，尤其是继关贸总协定东京回合和乌拉圭回合谈判之后，发达国家工业产品的关税普遍降低，关税基本上失去了贸易保护的作用。反倾销措施遂成为发达国家普遍采用的贸易保护措施。中国是 20 世纪末国际反倾销的最大受害者。据 WTO 反倾销委员会统计，在 1987—1997 年这 11 年间，全球共有 2 196 例新反倾销案，其中对中国产品的反倾销案共 247 例，占案件总数的 11%，裁定倾销成立的有 158 起。从欧盟对中国反倾销的产品类别看，涉及大宗化工产品、钢铁金属制品、轻工产品、机电产品、纺

---

1 李连军：《会计制度变迁与政府治理结构》，《会计研究》2007 年第 6 期。

织品、电子产品等。中国许多拳头产品在反倾销后，被完全逐出欧盟市场，例如彩电、自行车等。[1]

2001 年加入 WTO 以后，我国企业遭受外国反倾销诉讼和反倾销调查的案件数量呈持续增长趋势。欧盟对我国一些企业提起反垄断调查的新闻频频见诸报端。"反倾销"问题成为会计界的热门话题，"反倾销会计"这个新词语颇为流行。

在 2001 年中国加入 WTO 时，《中华人民共和国加入世界贸易组织议定书》第 15 条规定，"如受调查的生产者能够明确证明，生产该同类产品的产业在制造、生产和销售该产品方面具备市场经济条件，则该 WTO 进口成员在确定价格可比性时，应使用受调查产业的中国价格或成本"；"如受调查的生产者不能明确证明生产该同类产品的产业在制造、生产和销售该产品方面具备市场经济条件，则该 WTO 进口成员可使用不依据与中国国内价格或成本进行严格比较的方法"，此项规定"应在加入之日后 15 年终止"。换言之，我国在 15 年内不自动具有市场经济地位（market economy status，MES），进口国有资格评判我国是否符合完全市场经济地位。"市场经济地位"条款事实上成为某些国家实施贸易保护主义的借口。

WTO《关于实施 1994 年关税与贸易总协定第 6 条的协定》和欧盟反倾销基本法《欧共体理事会关于抵制非欧共体成员国倾销进口的第 384/96 号条例》所认可的产品成本除包括生产成本外，还包括 SG&A（selling，general and administrative expenses）。SG&A 的界定时常引起争议。上述两份文件针对这一问题规定了较为一致的四种确定方法：（1）依照被调查的出口商或生产商的相似产品在正常贸易过程中的生产和销售的实际数据为基础；（2）接受调查的有关原产地国国内市场上的相似产品的生产和销售的其他出

---

1 中国证监会首席会计师办公室：《会计准则国际化简报第 13 期：国内外会计准则差异案例——厦华电子反倾销案》，2001 年 7 月 20 日。

口商或生产商确定的实际数额的加权平均；（3）原产地国国内市场上的有关出口商或生产商在正常贸易过程中的相同种类产品的生产和销售的实际数额；（4）任何其他合理的方法，如果据此所确定的利润数额不超过在原产地国国内市场上销售一般相同种类的产品的其他出口商或生产商通常实现的利润。根据《关于实施1994年关税与贸易总协定第6条的协定》第2条，反倾销中确定成本时的会计要求是"符合出口国的公认会计原则并合理反映被调查产品的生产和销售成本"。而根据欧盟第384/96号条例第2条第5款，被调查的企业所保留的记载须符合有关国家普遍接受的会计学原则，并且表明这些记载合理地反映了与被审议产品的生产和销售有关的成本时，才能根据这些记载来计算成本。至于何谓"有关国家普遍接受"，1998年7月1日生效的欧盟第384/96号条例修正案明确提出了"符合国际会计准则"的要求。该修正案要求，中国企业和俄罗斯企业必须经申请并获得欧盟审查认可后才能获得"市场经济地位"。欧盟与WTO在这一要求上的差异主要是因为欧盟将出口国区分为市场经济国家和非市场经济国家，对非市场经济国家作了一些歧视性的规定。[1]申请市场经济地位的五条标准是：企业按照市场供求关系进行决策，没有明显受到国家干预；企业有一套遵循国际通用会计准则的会计账簿；企业的生产成本和财务状况没有受到过去非市场经济体系的显著影响；企业在法律保护下经营，不受政府干预而成立或关闭；货币汇率的变化由市场决定。[2]

---

[1] 张泽平：《国际反倾销法与我国会计制度》，《国际贸易问题》2002年第8期。

[2] 欧盟委员会的五项标准所提及的会计标准问题是毫无道理的。第一，根本就不存在国际通用的会计准则。国际会计准则和公认会计原则并存的事实是最明显的反证。欧盟显然不能凭会计标准去否定美国的市场经济地位。第二，欧盟自己也没有要求境内企业都采用国际会计准则。2002年欧盟委员会第1606/2002号条例只能做到要求在欧盟境内证券交易所上市的公司遵循国际会计准则编制合并报表。英国、法国、德国有自己的会计规则体系，这些都是对欧盟委员会观点的反证。上述事实证明，是否采用国际通行会计准则与市场经济地位无关。遗憾的是，上述事实没有被用于驳斥欧盟的不合理要求。众所周知，在我国发布与国际准则"实质性趋同"的企业会计准则体系后，欧盟仍然没有认可我国的市场经济地位。

欧盟委员会 2004 年 6 月 28 日对外公布了其对中国市场经济地位初步评估报告的结论，认为：中国在欧盟制定的五个完全市场经济地位的标准中只有一个达标，其他四个方面仍未达标，因此现阶段欧盟仍无法承认中国的市场经济地位。会计界流行的解读是："据悉，在四个未达标的标准中，没有建立一套符合国际会计惯例的会计准则体系名列其中。可见，会计准则的国际趋同直接影响到我国在国际市场上的经济地位。"[1]这种解读对会计立法具有一定的误导性。

第二节 会计法规制定者和上市公司应对"国际协调"的态度

财政部部长助理冯淑萍 2004 年指出，"我国会计准则建设取得了巨大成就，但也面临巨大挑战。据统计，我国企业已成为境外头号反倾销调查对象。截至今年 2 月，累计已遭 600 多次反倾销调查。由于我国至今尚未获得美国、欧盟等承认的'市场经济地位'，根据世界贸易组织规则，反倾销调查发起国的调查当局有权引用替代国的生产成本等数据计算所谓的正常价值，因而对我国企业在国际市场上竞争产生不利影响"。"寻求市场经济地位对我国的会计准则建设具有重大影响，以前我们过多强调我国市场的不完善等等，现在看来这种说法可能有点偏颇。强调中国的特性，这一点是毫无问题的。美国有美国的问题，欧盟有欧盟的问题，中国也有中国的特殊问题。这是各国都会有的。但是，我们不能因此得出结论：由于中国的特殊情况就不能与国际协调了。我们不能把不规范的东西当作一种规律性的东西、客观性的东西加以肯定。"她提出，"我们需要认真审阅一下我们的会计准则。我有两种设想：一种做法是成熟一个发表一个，这样来推动我们准则的制定；另一种做法是整体推出。这两种设想各有利弊，究竟如何处理，如何跟国际积极协调，希

---

1 王乐锦：《我国新会计准则中公允价值的运用：意义与特征》，《会计研究》2006 年第 5 期。

望大家出谋划策"。[1]

会计法规制定者指出，"从我国会计改革的历程中可以看出，用一种制度或者准则规范所有企业的会计核算行为是不全面的。会计制度或者准则只能规范一般的交易事项，对于具有行业特点的交易事项不可能完全通过会计制度或者准则全部予以规范，为此在规范一般交易事项的会计处理的同时应当考虑特殊行业的特殊交易事项，并以特殊的方式予以体现，形成国家统一的会计制度的组成部分，这也是符合国际惯例的。例如，目前我国针对不同行业制定的专业核算办法实践证明是行之有效的"。

同时，会计法规制定者清醒地认识到，"迄今为止，我国尚未宣布何时采纳国际会计准则或要求以国际会计准则编报财务报告，但并不表明我国不关注、不重视、不协调"。"在全球会计国际协调的趋势下，我国在会计标准的建设中应当采取何种态度应对，关系到我国会计标准的建设和发展走向"。"我国加入世界贸易组织后，越来越多的成员国针对我国出口产品提起反倾销诉讼，而某些成员国因不承认我国完全市场经济地位，拒绝接受运用我国会计标准所计算的成本资料，并要求采用国际会计准则或者第三国的生产成本资料作为依据，从而使我国企业在反倾销诉讼中处于不利的地位。……'中航油'事件已给予我们警示，即金融工具如何确认、计量和报告已提到议事日程。另外，国内资本市场的参与者，包括投资者、债权人和监督机构对会计标准的趋同以及信息质量也提出了新的要求。这一切都对我国的会计标准建设提出了挑战，我们已置身于会计的国际协调之中，会计的国际协调不可选择。另一方面，会计的国际协调符合我国的利益，即减少我国公司到境外上市的筹资成本和每年编报财务报告的成本，提升我国公司的会计信息质量以吸引更多的外国投资者，有利于我国资本市场的健康发展"。因此，面对会计

---

1 冯淑萍：《关于当前会计准则建设的几点意见》，《中国注册会计师》2004 年第 8 期。

国际协调的浪潮，我们首先应当澄清在国际协调中存在的盲目定论、急于求成、被动接轨、放弃制定本国标准等认识误区，全盘否定或全盘肯定本国或者国际会计准则都是不可取的。会计国际协调是一个持续、互动的过程，在这一进程中我们不能被动接受，而应当主动协调。

 专栏 6-1

冯淑萍、应唯：我国会计标准建设与国际协调

我们应当澄清在国际协调中存在的以下几个认识误区。一是盲目定论。在会计的国际协调中有两种相反的观点，一种观点认为既然是高质量的会计准则，我们早就该实施国际会计准则；另一观点认为国际会计准则不可能适合我国的情况，我国不可能实行国际会计准则。我们认为这两种截然不同的观点都有失偏颇。二是急于求成。三是被动接轨。从实际情况看，会计标准并无固定轨道可接，即使是国际会计准则也是一个移动的靶子，也在不断地协调、修改过程中。四是，放弃制定本国标准。实践证明，对于不同的领域或者行业、企业实行有差别的会计处理，这种做法在我国是行之有效的。例如，1993 年的会计制度改革将 70 多个行业会计制度统一为 13 个行业的会计制度，但同时保留了《股份制试点企业会计制度》和《外商投资企业会计制度》；20 世纪 90 年代初境内企业到香港上市，也采取了会计标准区别对待的方法；1998 年发布的《股份有限公司会计制度》由股份有限公司执行；部分具体会计准则仅在上市公司或股份制企业范围内实施，而《企业会计制度》首先在股份有限公司实施，并逐渐扩大实施范围。这种渐进式、区别对待的方式解决了我们在会计改革道路上的诸多矛盾问题，同时也解决了需求的紧迫性问题。应当集中精力、整合资源，克服浮躁情绪，专心研究和制定我国的会计标准。同时，还要借用社会各界力量，包括学术界、实务界、监管部门、外国会计专家等，开

展多种形式的研究活动，集中各方智慧使制定的会计标准能够真正有用且能为大家所掌握。

在会计国际协调时，我们既不能消极对待或被动接受，也不能盲目跟进；既不能影响改革的进程，也不能只求数量不求质量。对于实践证明国际会计准则的标准是合理的，且能与我国的现实环境相吻合的差异，可以取得与国际会计准则的标准一致。

资料来源：冯淑萍、应唯：《我国会计标准建设与国际协调》，《会计研究》2005 年第 1 期。

会计法规制定者正确地指出，在这一过程中应当"克服浮躁情绪"，"研究和制定会计标准是长期而艰苦的工作，不仅要研究国际会计准则的背景、每一准则的内涵、具体会计处理方法及其发展方向，而且要研究我国的现实状况以及会计标准的适应性等内容，需进行大量的调查研究和仔细分析工作。我们面临的交易事项越来越复杂，面临的交易事项越来越不熟悉，制定会计标准的工作也越来越困难。例如，对衍生金融产品的业务不够熟悉会因此带来对相关会计概念、会计处理方法的不理解。为此应当集中精力、整合资源，克服浮躁情绪，专心研究和制定我国的会计标准"。[1]

冯淑萍同志、应唯同志撰文强调的"会计协调"理念，与如今人们所熟知的"不忘本来、吸收外来、面向未来"理念是一致的。

 专栏 6-2

应唯同志

应唯，1959 年 4 月生于上海，浙江永康人。长期从事中国会计准则制度的研究和制定，曾参与我国自改革开放以来一些重大的会计改革过程，对会计理论和会计实务具有深入的研究。

---

1 冯淑萍、应唯：《我国会计标准建设与国际协调》，《会计研究》2005 年第 1 期。

1983 年毕业于上海财经学院（今上海财经大学）会计学专业，获经济学学士学位，其后获东北财经大学经济学硕士学位。1983 年 8 月至 2002 年 6 月，任财政部会计司制度二处主任科员、副处长、处长，先后参与了 1992 年和 1993 年的企业会计制度改革以及《股份制试点企业会计制度》《股份有限公司会计制度》《企业会计制度》等制度建设；参与企业会计准则的制定，包括投资、资产负债表日后事项、关联方关系及其交易的披露以及会计政策、会计估计和会计差错更正等准则的起草、完善和制定；起草所得税会计处理暂行规定等。2002 年 6 月至 2019 年 5 月，任财政部会计司副司长、巡视员，先后主持修订《企业会计准则第 37 号——金融工具列报》（2014），制定《商品期货套期业务会计处理暂行规定》，修订《企业会计准则第 16 号——政府补助》（2017）、《企业会计准则第 7 号——非货币性资产交换》（2019），主持政府会计准则制度体系的架构设计和准则制度的制定并组织实施。2011 年荣获"杨纪琬会计学奖"优秀会计学术专著奖。

国际会计准则理事会成员在各国的宣传工作也颇为活跃，短短 3 年内国际会计准则理事会主席戴维·泰迪 5 次来到我国。2004 年 11 月，国际会计准则理事会主席及其成员到我国专门了解我国会计标准与国际会计准则的差异及其成因，并积极寻求解决方法。在此期间，会计法规制定者应国际会计准则理事会的提议召开了由境外、境内上市公司参加的座谈会。"座谈会上上市公司积极要求会计标准与国际会计准则进行充分协调，同时也希望国际会计准则理事会在制定会计准则时考虑中国的现实情况。可见，会计国际协调已引起我国企业的高度关注，并以各种方式来表达意见。"[1]

第三节　从"国际协调"转向"国际趋同"[2]

2005 年初，在分析国际国内形势和征求委员意见的基础上，财政部决定加快完善我国会计法规体系。根据我国经济发展进程的要求和国际趋同的新趋势，会计法规制定者提出了完善我国企业会计准则体系的建设目标，即"通过制定 20 余项新会计准则，同时对现行基本准则和 16 项具体准则进行全面修订，在 2005 年底或 2006 年初，建立起与我国经济发展进程相适应并与国际财务报告准则充分协调的、涵盖各类企业各项经济业务、可独立实施的会计准则体系"。根据这一目标，财政部会计司和中国注册会计师协会制定了详细的工作计划，投入了大量人力、精力进行会计、审计准则的研究、起草、征求意见以及修改工作。

我国会计准则的建设工作得到了国际社会的高度关注和重视。中国会计准则征求意见稿形成之后，即翻译成英文征求国际会计准则理事会的意见。国际会计准则理事会 2005 年三次访华，与财政部会计准则委员会展开了非常积极、坦诚、富有成效的会谈。其中，在多次沟通交流的基础上，国际会计准则理事会 2005 年 10 月派出理事及研究总监和中小主体项目总监专程来京，与中国会计准则专业团队就中国会计准则与国际会计准则趋同问题进行为期近半个月的技术会谈。双方对中国会计准则与国际会计准则进行了逐项对比研究，这为中国会计准则建设实现趋同奠定了扎实的技术基础。

会计法规制定者提出了会计国际趋同的四个原则：第一，趋同是进步，

1　冯淑萍、应唯：《我国会计标准建设与国际协调》，《会计研究》2005 年第 1 期。

2　本小节参考了以下文献：王军：《审时度势 把握机遇 完善中国会计准则体系》，《会计研究》2005 年第 10 期；楼继伟：《顺应形势 开拓创新 完善我国会计审计准则体系》，《会计研究》2006 年第 1 期。

是方向。会计国际趋同是会计国际协调的进一步深化,体现了经济全球化的客观要求。任何一个不想游离于全球经济体系之外的国家和组织,都不能无视会计准则国际趋同这一发展规律。第二,趋同不等同于相同。在会计国际趋同过程中,如果忽视各国国情,忽视会计发展状况和环境特点,趋同将可能是空洞的概念或美丽的条文。第三,趋同需要一个过程。会计国际趋同将是一个求同存异、趋同化异的渐进过程。第四,趋同是一种互动。这四项会计国际趋同的基本主张是我国企业会计准则体系建设及其国际趋同的基本理念和指导思想。

 专栏 6-3

会计准则体系的出台过程

2004 年下半年,会计司针对当时的形势进行了全面分析,在研究制定 2005 年工作计划时,提出了建立中国企业会计准则体系并实现国际趋同的建议。财政部党组和分管部领导王军同志果断决策,决定启动这一系统工程。会计司工作团队随即全面投入企业会计准则体系的建设。2005 年 2 月,中国会计学会在厦门国家会计学院召开专题研讨会,虚心听取了葛家澍教授等专家的意见。会计司按照制定准则的应循程序,在会计准则委员会委员和咨询专家的支持下,分期拟定并印发会计准则征求意见稿。在多次征求意见的过程中,始终坚持公开透明的准则征求意见机制,敞开言路、集思广益,充分听取会计准则委员会委员和来自实务界、理论界的咨询专家的意见,对征求意见稿进行修改完善。那段时间,会计司工作团队超负荷运转,通宵加班成了家常便饭。大到政策确定,小到标点符号运用,每个环节都不敢含糊,力求精准。在准则制定过程中,国际会计准则理事会也多次派代表来华,对中国会计准则的国际趋同问题进行反复讨论,其中有一次谈判的时间长达半个月,双方对中国准则征求意见稿与国际准则进行逐项对比研究，工作量非常大，每天晚上加班，没有周末假日，直到国际会计准则理事会技术总监韦恩·奥普顿先生提出，身体状况实在支撑不住时，才休息了一个晚上。各有关方面的共同努力，为中国会计准则实现国际趋同奠定了扎实的技术基础。

经过艰苦而细致的工作，2005 年底，由 1 项基本准则、38 项具体准则组成的企业会计准则体系正式确立，并于 2005 年 11 月与国际会计准则理事会签订了中国准则与国际财务报告准则趋同的联合声明。我至今难以忘记，签订趋同声明的时候，国际会计准则理事会主席长时间握着我的手不松开，那里边饱含的是只能意会的感动，因为我们这个团队，上至部领导，下至每一个普通干部，都为实现这一目标付出了太多努力。

资料来源：刘玉廷：《中国会计改革开放三十年回顾与展望（上）——我的经历、体会与认识》，《会计研究》2008 年第 12 期。

2005 年 11 月 7 日至 8 日，财政部会计准则委员会与国际会计准则理事会会计准则趋同会议在北京举行。财政部副部长、财政部会计准则委员会秘书长王军和国际会计准则理事会主席戴维·泰迪共同签署联合声明，确认中国会计准则与国际财务报告准则实现了实质性趋同（见专栏 6-4）。联合声明签署之后，国际会计准则理事会与财政部建立了持续趋同机制，每年定期会晤并交流人员，积极推动中国会计准则与国际会计准则持续趋同。

 专栏 6-4

2005 年 11 月 8 日财政部会计准则委员会秘书长、 国际会计准则理事会主席联合声明（节选）

双方认为，建立和完善一套全球高质量的会计准则，是适应经济全球化发展趋势的必然要求。会计国际趋同需要一个过程，国际会计准则理事会和各国会计准则制定机构应持续不懈地共同努力。中国认为，趋同是会计准则制定工作的基本目标之一，旨在使企业按照中国会计准则编制的财务报表与按照国际财务报告准则编制的财务报表相同，趋同的具体方式由中国确定。

国际会计准则理事会认为，一些国家在其准则与国际财务报告准则趋同的过程中，为反映其特有环境，补充了国际财务报告准则没有涵盖的规定和应用指南。这是一种实事求是和可取的做法，中国表示赞同。

在过去的一年里，中国发布了《企业会计准则——基本准则》和20项新的具体准则的征求意见稿，近期还将发布2项征求意见稿，同时已开始对现行16项具体准则进行修订，这些准则将形成中国会计准则体系，实现与国际财务报告准则趋同。国际会计准则理事会对中国在趋同方面取得的巨大进展表示欢迎和赞赏。

双方认为，中国会计准则与国际财务报告准则在极少数问题上尚存在差异，包括：资产减值损失的转回、关联方关系及其交易的披露以及部分政府补助的会计处理。双方同意继续推进有关工作，消除上述差异。双方指出，与中国通过近期努力所实现的趋同相比，这些问题是相当少的。

在讨论中，国际会计准则理事会确认了中国特殊情况和环境下的一些会计问题。在这些问题上，中国可以对国际会计准则理事会寻求高质量的国际财务报告准则解决方案提供非常有用的帮助。这些问题包括：关联方交易披露、公允价值计量和同一控制下的主体合并。中国同意协助国际会计准则理事会研究这些问题并向其提供建议。中国在考虑修改现行准则、征求意见稿和制定应用指南时，也将得到国际会计准则理事会一定的帮助。

本次会议取得圆满成功，中国会计准则委员会和国际会计准则理事会达成共识，今后双方将继续举行定期会晤，进一步加强双方的交流和合作，以实现中国会计准则与国际财务报告准则的趋同。

11月29日，我国就审计准则国际趋同问题与国际审计与鉴证准则理事会举行会谈。双方在会谈后签署发表了联合声明，国际审计与鉴证准则理事会对中国在审计准则国际趋同方面所做的努力和取得的重大进展表示高度赞赏，认为这种努力和进展为发展中国家和经济转型国家树立了典范。

2005年底，财政部会计准则委员会完成了20多项会计准则研究课题，企业会计准则和审计准则体系初步建成。

在正式发布企业会计准则体系之前，财政部还选择了60多家企业（主要为全国会计领军人才企业类第一期学员所在单位）进行模拟测试，有针对性地进行修改完善并制定应用指南，有效地提高了企业会计准则体系的可操作性。

 专栏6-5

发布实施会计准则体系的意义

多年来，财政部一直根据经济发展的要求，循序渐进推进会计改革。1992年发布了"两则两制"，实现了我国会计模式由计划经济向市场经济的转换；随后，我们修改完善了股份公司会计制度，制定了16项具体会计准则；自2000年起，又建立起了包括《企业会计制度》《金融企业会计制度》《小企业会计制度》在内的国家统一的会计制度，取消了我国分行业、分所有制的会计制度模式。这些会计改革举措，对于规范企业会计行为、维护市场经济秩序、促进改革开放都发挥了十分积极的作用。

在这种情况下，我们为什么还要制定企业会计准则体系？

这是因为我国市场经济已经发展到一个新的阶段，经济全球化已经进入到一个新的时期，建立企业会计准则体系是时代的要求，发展的必然；是大势所趋，潮流所向。具体而言，主要是基于以下六个方面的需要：企业会计准则体系的发布实施，是促进会计适应经济发展进程的需要，是促进市场经济体制完善的需要，是维护社会公众利益的需要，是加强经济管理的需要，是提高我国对外开放水平的需要，是我国会计国际化的需要。

　　资料来源：王军：《学习好宣传好贯彻好新会计准则　全面提升会计工作在经济社会发展中的服务效能》，《会计研究》2006 年第 8 期。

第四节　2006 年发布企业会计准则体系

　　财政部 2006 年的工作重点之一，是"制定发布新的会计准则和审计准则，形成适应社会主义市场经济发展要求、与国际接轨的会计准则和审计准则体系"。[1]

　　2006 年 2 月 15 日，财政部发布了由 1 项企业会计基本准则和 38 项具体准则组成的企业会计准则体系。[2]具体而言：根据《国务院关于〈企业财务通则〉〈企业会计准则〉的批复》（国函〔1992〕178 号）的规定，对《企业会计准则》（财政部令第 5 号）进行修订，以财政部令第 33 号发布《企业会计准则——基本准则》；以财会〔2006〕3 号发布《企业会计准则第 1 号——存货》等 38 项具体准则。参见图 6-1。

图 6-1　2006 年发布的企业会计准则及其应用指南

　　1　财政部：《关于 2005 年中央和地方预算执行情况与 2006 年中央和地方预算草案的报告》，2006 年 3 月 5 日在第十届全国人民代表大会第四次会议上。

　　2　国际财务报告准则体系由编报财务报表的框架、国际财务报告准则和解释公告三部分构成。我国企业会计准则体系的整体架构与之一致。

企业会计准则体系与国际会计准则实现了"实质性趋同"，在企业会计准则体系发布时，两者只有两处显著差异：一是我国的《企业会计准则第36号——关联方披露》不把同受国家控制的国有企业认定为关联方关系，而国际会计准则则将之认定为关联方关系[1]；二是我国的《企业会计准则第8号——资产减值》禁止转回按照该准则计提的资产减值准备，但国际会计准则允许转回、计入当期损益。

企业会计准则体系与国际财务报告准则不仅整体架构保持一致，而且大多数项目做到了相互对应。我国的《企业会计准则——基本准则》类似于国际财务报告准则的《编制和列报财务报表的框架》，在会计准则中起统驭作用，是具体准则的制定依据，主要规范了财务报告目标、会计基础、会计基本假设、会计信息质量要求、会计要素及其确认与计量原则、财务报告等内容。新发布的具体会计准则改变了传统上会计法规主要采取会计科目和会计报表的形式的做法，改按会计确认、计量和报告作为准则正文，从而实现了国际趋同。同时，在《企业会计准则——应用指南》的附录部分规定了156个会计科目及其主要账务处理。

准则制定者将《国际会计准则第39号：金融工具：确认和计量》分解为金融工具确认和计量、套期保值、金融资产转移三个准则项目，其用意是"将复杂的金融工具业务进行细分，以更好地指导实务"。此外，还将《国际财务报告准则第4号：保险合同》拆分为原保险合同和再保险合同两个准则项目。准则制定者创造性地总结《国际会计准则第27号：合并财务报表和单独财务报表》《国际会计准则第28号：联营中的投资》《国际会计准则第

1　早在2005年，财政部就向国际会计准则理事会提出解决同受国家控制的关联方信息披露以及中国企业改制上市过程中因资产重估引发的会计问题。此后，财政部会计司工作团队与国际会计准则理事会举行了多次会议，向他们提供了大量的案例和事实，反复解释上述问题的情况和影响。经长期呼吁和多次努力，这两个问题直到理事会2009年修订《国际会计准则第24号：关联方披露》和2010年修订《国际财务报告准则第1号：首次采用国际财务报告准则》时才得以解决。参见：刘玉廷《金融危机后国际财务报告准则的重大修改及对我国的影响》，《财务与会计》2011年第12期。

31 号：合营中的权益》中的规则，制定出台了《企业会计准则第 2 号——长期股权投资》及其应用指南，既符合中国会计实务多年来的习惯，又有助于实务工作者更好地理解和掌握准则内容。

企业会计准则中的具体准则与国际会计准则的对应关系如表 6-1 所示。

表6-1　　　　　　　　　　企业会计准则中的具体准则一览表

编号	准则名称	发布日期【修订日期】	对应的国际会计准则
1	存货	2006-02-15	IAS 2 存货
2*	长期股权投资（修订）	2006-02-15【2014-03-13】	IAS 27 合并财务报表和单独财务报表 IAS 28 联营中的投资 IAS 31 合营中的权益
3	投资性房地产	2006-02-15	IAS 40 投资性房地产
4	固定资产	2006-02-15	IAS 16 不动产、厂场和设备 IFRS 5 持有待售的非流动资产和终止经营
5	生物资产	2006-02-15	IAS 41 农业
6	无形资产	2006-02-15	IAS 38 无形资产
7	非货币性资产交换	2006-02-15	IAS 16 不动产、厂场和设备 IAS 38 无形资产 IAS 40 投资性房地产
8	资产减值	2006-02-15	IAS 36 资产减值
9*	职工薪酬（修订）	2006-02-15【2014-01-27】	IAS 19 雇员福利
10	企业年金基金	2006-02-15	IAS 26 退休福利计划的会计处理和报告
11	股份支付	2006-02-15	IFRS 2 股份支付
12	债务重组	2006-02-15	IAS 39 金融工具：确认和计量
13	或有事项	2006-02-15	1AS 37 准备、或有负债和或有资产
14*	收入（修订）	2006-02-15【2017-07-05】	IAS 18 收入
15	建造合同	2006-02-15	IAS 11 建造合同
16*	政府补助（修订）	2006-02-15【2017-05-10】	IAS 20 政府补助的会计处理和政府援助的披露

续表

编号	准则名称	发布日期【修订日期】	对应的国际会计准则
17	借款费用	2006-02-15	IAS 23 借款费用
18	所得税	2006-02-15	IAS 12 所得税
19	外币折算	2006-02-15	IAS 21 汇率变动的影响 IAS 29 恶性通货膨胀经济中的财务报告
20	企业合并	2006-02-15	IFRS 3 企业合并
21*	租赁（修订）	2006-02-15【2018-12-07】	IAS 17 租赁
22*	金融工具确认和计量（修订）	2006-02-15【2017-03-31】	IAS 39 金融工具：确认和计量【IFRS 9 金融工具】
23*	金融资产转移（修订）	2006-02-15【2017-03-31】	
24*	套期保值【套期会计】	2006-02-15【2017-03-31】	
25	原保险合同【保险合同】	2006-02-15【2020-12-19】	IFRS 4 保险合同【IFRS 17 保险合同】
26	再保险合同	2006-02-15	
27	石油天然气开采	2006-02-15	IFRS 6 矿产资源的勘探和评价
28	会计政策、会计估计变更和差错更正	2006-02-15	IAS 8 会计政策、会计估计变更和差错
29	资产负债表日后事项	2006-02-15	IAS 10 资产负债表日后事项
30*	财务报表列报（修订）	2006-02-15【2014-01-26】	IAS 1 财务报表的列报 IFRS 5 持有待售的非流动资产和终止经营
31	现金流量表	2006-02-15	IAS 7 现金流量表
32	中期财务报告	2006-02-15	IAS 34 中期财务报告
33*	合并财务报表（修订）	2006-02-15【2014-02-17】	IAS 27 合并财务报表和单独财务报表
34	每股收益	2006-02-15	IAS 33 每股收益
35	分部报告	2006-02-15	IFRS 8 分部报告
36	关联方披露	2006-02-15	IAS 24 关联方披露

续表

编号	准则名称	发布日期 【修订日期】	对应的国际会计准则
37*	金融工具列报（修订）	2006-02-15 【2014-06-20】 【2017-05-02】	IFRS 7 金融工具：披露 IAS 32 金融工具：列报
38	首次执行企业会计准则	2006-02-15	IFRS 1 首次采用国际财务报告准则
39*	公允价值计量	2014-01-26	IFRS 13 公允价值计量
40*	合营安排	2014-01-27	IFRS 11 合营安排
41*	在其他主体中权益的披露	2014-03-14	IFRS 12 在其他主体中权益的披露
42*	持有待售的非流动资产、处置组和终止经营	2017-04-28	IFRS 5 持有待售的非流动资产和终止经营

* 为 2014 年以来发布的新准则或修订后的准则。

资料来源：财政部会计司编写组：《企业会计准则讲解·2010》，人民出版社，2010，内容有改动。

在 2 月 15 日的会计审计准则体系发布会上，国际会计师联合会主席格雷厄姆·沃德发言说，"中国决定与国际审计准则趋同，向全世界发出了一个清晰的信号，那就是不仅中国的民众，而且中国的会计职业界，都致力于提高透明度、工作质量和执业准则水准。支持这些准则不仅有利于会计职业，而且更重要的是，有利于所有的中国民众和整个中国经济。"言外之意是，会计审计准则就是公共会计师行业（即其所谓"会计职业"）的生意经。[1]

2 月 17 日，国务院总理温家宝在财政部上报的有关报告上做出重要批示，对会计监督工作予以充分肯定，明确指示要"加大会计监督检查力度，综合治理会计信息失真问题"。

从 2006 年 7 月起，财政部通过三所国家会计学院等培训基地，全面开展会计准则培训，主要面向全国上市公司、具有证券期货资格的会计师事务所、各级财政部门、相关监管部门和会计学术界等，受训人数逾万人。

1《中国会计审计准则建设的历史丰碑——中国会计审计准则体系发布会上的发言摘要》，《会计研究》2006 年第 2 期。

之后，财政部会计司即转入会计准则应用指南的制定工作。为使应用指南更具科学性和操作性，财政部于7月和10月先后两次将《企业会计准则——应用指南（征求意见稿）》印发社会各界广泛征求意见，并征求了国际会计准则理事会以及香港会计准则制定机构等方面的意见。

10月30日，财政部发布《企业会计准则——应用指南》。应用指南是企业会计准则体系的重要组成部分，内容包括对32项具体准则的进一步阐释，以及对会计科目和主要账务处理做出的规定。至此，"经过近两年的艰苦努力，建成了由1项基本准则、38项具体准则和应用指南构成的企业会计准则体系，其最显著的特征是立足国情、国际趋同"。[1]

 专栏6-6

企业会计准则体系的含义

企业会计准则体系的含义随着会计规范性文件的变化而不断变化。

2006年10月30日，财政部发布《企业会计准则——应用指南》。至此，会计准则体系是由基本准则、具体准则、企业会计准则应用指南共同组成的。

财政部分别于2007年11月16日发布《企业会计准则解释第1号》，2008年8月7日发布《企业会计准则解释第2号》，2009年6月11日发布《企业会计准则解释第3号》，2010年7月发布《企业会计准则解释第4号》，2012年11月5日发布《企业会计准则解释第5号》，2014年1月17日发布《企业会计准则解释第6号》。在这一过程中，基本准则、具体准则、企业会计准则应用指南、企业会计准则解释共同组成了我国的企业会计准则体系。

自2014年1月26日起，财政部陆续发布了3项新推出的具体准则和

---

1 刘玉廷：《中国企业会计准则体系：架构、趋同与等效》，《会计研究》2007年第3期。

5 项修订的具体准则，这 8 项具体准则采用的是"正文、指南和起草说明"的体例。企业会计准则体系的组成内容遂演变为基本准则、具体准则和企业会计准则解释。

11 月 6 日，国际会计准则委员会基金会（IASC Foundation）宣布，该基金会基金托管委员会任命时任中国证监会首席会计师、国际部主任兼财政部会计准则委员会委员张为国为国际会计准则理事会理事（该理事会共有 14 位理事），任期五年，从 2007 年 7 月 1 日开始。张为国参选国际会计准则理事会理事是由中国财政部和中国会计准则委员会推荐，并得到了中国证监会的大力支持。张为国是国际会计准则理事会中代表亚洲和新兴市场的第二位理事，也是首位来自中国的理事。财政部前部长、中国注册会计师协会会长刘仲藜为国际会计准则委员会基金会的 22 位管理人之一。

专栏 6-7

张为国先生

　　张为国，男，1957 年 1 月生于上海。1982 年获上海财经学院（1985 年更名上海财经大学）经济学学士学位，1985 年获上海财经大学经济学硕士学位，1989 年获上海财经大学经济学博士学位。1986—1987 年间赴澳大利亚新南威尔士大学进修并在德勤会计公司实习。1987 年被评为讲师，1988 年被破格评为副教授，1989 年获霍英东教育基金会"全国高等院校优秀青年教师奖"，1991 年获"上海市高等院校优秀青年教师奖"，任上海财经大学会计学系副主任、主任，1992 年被破格评为教授。1993 年被国务院学位委员会遴选为会计学博士生导师。1995 年获"全国优秀教师"称号。1997 年调任中国证监会首席会计师，后又兼任中国证监会会计部主任、国际部主任，并继续在上海财经大学指导博士生。1999年起任清华大学经济管理学院兼职教授、博士生导师，还兼任财政部会计准则委员会委员、中国注册会计师协会常务理事、中国会计学会常务理事、中国评估协会常务理事。2005年因对我国证券市场发展的突出贡献而获国务院颁发的政府特殊津贴，为证监会系统获此殊荣第一人。2007—2017年出任来自中国的第一位、来自亚洲的第二位国际会计准则理事会理事。此间还兼任中国证监会国际顾问委员会委员。2017年上海财经大学百年校庆时，被评为十大"杰出校友"之一。2017年起，任上海财经大学特聘普华永道会计学教授、清华大学管理实践访问教授。

著有《会计目的与会计改革》《租赁会计》等。

企业会计准则体系自2007年1月1日起在上市公司施行。2007年3月至12月，财政部在全国范围内成功举办了以会计准则为主要内容的会计知识大赛。据报道，全国共有1000多万会计人员通过网上答题参加了此次大赛，会计从业人员参赛率超过70%。

2007年3月8日，中国证监会发布《关于不再实施特定上市公司特殊审计要求的通知》，取消了对金融类上市公司在法定审计之外聘请国际会计师事务所进行审计和对一次发行量超过3亿（含3亿）股以上的公司进行补充审计的规定。

 专栏6-8

关于不再实施特定上市公司特殊审计要求的通知

证监会计字〔2007〕12号

各上市公司、拟上市公司、相关会计师事务所：

2006年，财政部颁布了新的企业会计准则、审计准则体系（以下简称

"新会计、审计准则"），并已于 2007 年 1 月 1 日开始执行。新会计、审计准则同国际会计、审计准则实现了实质性趋同。鉴于我国会计和审计制度的调整，此前实施的金融类上市公司在法定审计之外聘请国际会计师事务所进行审计和对一次发行量超过 3 亿（含 3 亿）股以上的公司进行补充审计的相关规定不再执行。

自本通知发布之日起，《公开发行证券的公司信息披露编报规则第 16 号——A 股公司实行补充审计的暂行规定》（证监发〔2001〕161 号），《关于 A 股公司做好补充审计工作的通知》（证监发〔2001〕162 号），《关于 2002 年 A 股公司进行补充审计试点有关问题的通知》（证监发〔2002〕10 号），《公开发行证券的公司信息披露规范问答第 4 号——金融类公司境内外审计差异及利润分配基准》（证监会计字〔2001〕58 号），《公开发行证券的公司信息披露编报规则第 5 号——证券公司招股说明书内容与格式特别规定》（证监发〔2000〕76 号）第 13 条，《公开发行证券的公司信息披露编报规则第 8 号——证券公司年度报告的内容与格式特别规定》（证监发〔2000〕80 号）第 5 条，《公开发行证券的公司信息披露编报规则第 18 号——商业银行信息披露特别规定》（证监会计字〔2003〕3 号）第 17 条、第 21 条以及《公开发行证券的公司信息披露编报规则第 3 号——保险公司招股说明书内容与格式特别规定》（证监发行字〔2006〕151 号）第 25 条等规定予以废止。

特此通知。

中国证券监督管理委员会

二〇〇七年三月八日

3 月 16 日，第十届全国人民代表大会第五次会议通过《中华人民共和国企业所得税法》。该法第五十二条规定，"除国务院另有规定外，企业之间不得合并缴纳企业所得税"。[1]12月6日，国务院颁布《中华人民共和国企业所得税法实施条例》。企业所得税法及其实施条例不再允许存货跌价准备、固定资产减值准备等资产减值损失在税前扣除。税法对资产减值会计规则的容忍到此结束。[2]

7月7日，财政部、国家税务总局发布《关于执行〈企业会计准则〉有关企业所得税政策问题的通知》（财税〔2007〕80号）。通知要求，"企业以公允价值计量的金融资产、金融负债以及投资性房地产等，持有期间公允价值的变动不计入应纳税所得额，在实际处置或结算时，处置取得的价款扣除其历史成本后的差额应计入处置或结算期间的应纳税所得额"；"企业发生的借款费用，符合会计准则规定的资本化条件的，应当资本化，计入相关资产成本，按税法规定计算的折旧等成本费用可在税前扣除"。该通知自2007年1月1日起执行，以前的政策规定与该通知规定不一致的，按该通知规定执行。

12月18日，中国证监会发布《关于证券公司2007年年度报告工作的通知》（证监机构字〔2007〕320号）。该通知对证券公司的利润分配提出了规范化要求，禁止对浮动盈利进行分配，有效地避免了证券公司陷入过度分配的境地，保护了我国证券公司的利益，因而受到广泛赞誉。

 专栏 6-9

中国证监会《关于证券公司 2007 年年度报告工作的通知》（摘录）

一、证券公司应当按照《企业会计准则》要求稳健进行会计处理，如实反映公司的财务状况和经营成果。

---

1 据此，经国务院批准，财政部、国家税务总局对 2007 年 12 月 31 日前经国务院批准或按国务院规定条件批准实行合并缴纳企业所得税的 106 个企业集团，在 2008 年度继续按原规定执行。从 2009 年 1 月 1 日起，上述企业集团一律停止执行合并缴纳企业所得税政策。

2 一些研究者错误地以为，税法就应当按照会计的思路进行修订，从而确保会计能够反映企业的经济实质。他们没有认识到，税法以税收公平和税收效率为原则，依法治税是税法的根本要求，缺乏法律证据支持的会计根本不可能得到税法的认可。宣扬会计应当与税法分离或者会计与税法彼此独立的观点是证券行业和公共会计师行业提出来的、误导公司会计师和会计立法者的伪科学，经济史和法制史告诉我们，会计法规从来都是由民商法（如公司法）和经济法（如财税法）共同决定的下位法。

（一）依据金融资产的持有意图，合理确定金融资产分类，审慎确定公允价值。

（二）建立健全与金融资产分类、公允价值确定相关的决策机制、业务流程和内控制度。公司董事会和管理层应当按照法律法规和公司章程规定，履行相应的决策程序，对金融资产分类、公允价值确定原则形成董事会决议，并报公司注册地证监局备案。

（三）保持公司会计政策的稳定性，不得随意变更金融资产分类、公允价值确定原则。在年度报告中充分披露金融资产分类、公允价值确定原则；使用公允价值计量的，披露初始成本、期初公允价值及本期增减变动情况；采用估值技术确定公允价值的，披露相关估值假设以及主要参数选取原则。

（四）充分计提各项资产减值准备，充分预计可能发生的损失。对存在不确定性的资产，审慎估计资产可收回金额，充分计提减值准备；对已经形成损失的事项，如实予以确认；对各项应收款项，足额计提坏账准备，禁止变相不计或少计坏账准备。

（五）对未决诉讼、仲裁、对外担保等或有事项以及营销活动可能产生的风险，充分预计损失，符合负债确认条件的确认预计负债。

（六）正确划分会计政策变更与会计估计变更，严格区分会计估计变更与前期差错更正，不得利用会计政策变更、会计估计变更或差错更正操纵净利润、净资产等财务指标。

二、证券公司应当规范利润分配行为，合理分配利润，保持公司发展后劲。

（一）充分考虑证券行业特点和公司未来发展需要，审慎确定利润分配方案。

（二）根据《公司法》的规定，按照税后利润的10%足额提取法定公积金。

（三）根据《金融企业财务规则》的要求，按照税后利润的10%提取一般风险准备金。

（四）根据《证券法》要求，按不低于税后利润的10%提取交易风险准备金，用于弥补证券交易损失。

（五）证券公司可供分配利润中公允价值变动收益部分，不得用于向股东进行现金分配。

（六）就利润分配方案对公司风险控制指标及业务经营带来的影响予以充分评估，进行敏感性分析，确保利润分配方案实施后，公司净资本等风险控制指标不低于《证券公司风险控制指标管理办法》规定的预警标准。敏感性分析报告应当报公司注册地证监局备案。

（七）鼓励证券公司通过增加公积金等方式进行利润分配。

2008年1月，国际会计准则理事会来访并与财政部签署了准则持续趋同机制。5月，国际会计准则理事会专门派出理事和总监来华就中国准则实施情况进行考察，对我国新会计准则的有效实施给予了充分肯定和赞赏。

 专栏 6-10

会计准则体系在法律制度中的地位

以下结合2000年制定、2015年修正的《中华人民共和国立法法》（以下简称《立法法》），介绍会计准则体系在法律制度中的地位。

1. 会计相关法律

会计相关的法律主要是《中华人民共和国会计法》、《中华人民共和国税收征收管理法》、《中华人民共和国公司法》和《中华人民共和国刑法》。

《立法法》第七条规定，全国人民代表大会和全国人民代表大会常务委员会行使国家立法权。全国人民代表大会制定和修改刑事、民事、国家机构的和其他的基本法律。全国人民代表大会常务委员会制定和修改除应当由全国人民代表大会制定的法律以外的其他法律；在全国人民代表大会闭会期间，对全国人民代表大会制定的法律进行部分补充和修改，但是不得同该法律的基本原则相抵触。

2. 会计相关行政法规

会计相关的行政法规主要是《企业财务会计报告条例》和《总会计师条例》。

《立法法》第六十五条规定，国务院根据宪法和法律，制定行政法规。行政法规可以就下列事项作出规定：（1）为执行法律的规定需要制定行政法规的事项；（2）宪法第八十九条规定的国务院行政管理职权的事项。

3. 部门规章

《企业会计准则——基本准则》属于部门规章。

规章包括国务院部门规章和地方政府规章。《立法法》第八十条规定，国务院各部、委员会、中国人民银行、审计署和具有行政管理职能的直属机构，可以根据法律和国务院的行政法规、决定、命令，在本部门的权限范围内，制定规章。部门规章规定的事项应当属于执行法律或者国务院的行政法规、决定、命令的事项。该法第七十五条规定，部门规章应当经部务会议或者委员会会议决定。该法第七十六条规定，部门规章由部门首长签署命令予以公布。

4. 其他规范性文件

《立法法》并未提及其他规范性文件。

当前，规范性文件缺乏公认的定义。广义上，规范性文件泛指《立法法》所指的立法性文件（具体包括：宪法；法律；行政法规；地方性法规、自治条例和单行条例，国务院部门规章和地方政府规章）和此外的由国家机关和其他团体、组织制定的具有约束力的非立法性文件的总和。通常所称规范性文件，乃是取其狭义，指行政机关制定的规范性文件，如国务院主管部门以部门文件形式印发的规范性文件。

会计实务中的会计法规大多属于这种意义上的规范性文件，如企业会计准则体系中的具体准则、企业会计准则解释，以及《小企业会计准则》等，均属于这种规范性文件。

2009 年出台的《最高人民法院关于裁判文书引用法律、法规等规范性法律文件的规定》要求，"民事裁判文书应当引用法律、法律解释或者司法解释。对于应当适用的行政法规、地方性法规或者自治条例和单行条例，可以直接引用"。该文件所称"规范性法律文件"，是指法律及法律解释、行政法规、地方性法规、自治条例或者单行条例、司法解释。显然，规章、其他规范性文件并不属于裁判文书的引用范围。企业会计准则体系的地位有待考量。如何完善会计法规体系、确保账簿记录的证明力，是会计界共同面对的重大课题。

第五节　企业会计准则体系所引入的争议性会计规则

企业会计准则在引入国际财务报告准则中的许多新颖规则时，不可避免地引入了不少颇具争议性的规则。以下简要介绍几个业界广为争议的代表性的问题。

一、资产减值会计再度升级

资产减值会计规则自 1992 年会计改革以来一直备受准则制定者青睐，从

"四项计提"到"八项计提"，谨慎性原则一直热度不减。

1997 年东南亚金融危机之后，会计法规制定者愈发推崇谨慎性原则，试图通过资产减值会计"挤干企业资产的水分"，"提高资产质量"。1998 年 1 月 27 日发布的《股份有限公司会计制度》以及 1999 年第四季度财政部先后颁布的《〈股份有限公司会计制度〉有关会计处理问题补充规定》和《〈股份有限公司会计制度〉有关会计处理问题补充规定问题的解答》要求股份有限公司按规定计提短期投资跌价准备、坏账准备、存货跌价准备、长期投资减值准备（俗称"四项计提"）。[1]

2000 年 12 月 29 日发布的《企业会计制度》"充分体现《企业财务会计报告条例》对会计要素尤其是资产定义的要求，将资产减值范围扩充到固定资产和无形资产"。该制度首次提出了"资产减值"的概念，在"四项计提"的基础上又加上了委托贷款减值准备、固定资产减值准备、在建工程减值准备和无形资产减值准备，从而将资产减值会计推广到八个报表项目（俗称"八项计提"）。[2]该制度还将资产减值明细表规定为资产负债表的第一附表。之后陆续发布的具体会计准则也给出了类似的规定，如《投资》（1998 年制定、2001 年修订）、《存货》（2001 年制定）、《固定资产》（2001 年制定）、《无形资产》（2001 年制定）等四项准则均规定有资产减值会计规则，这些准则适用于股份公司。

2006 年 2 月 15 日财政部发布的与国际会计准则"实质性趋同"的企业会计准则体系进一步把资产减值会计规则的适用范围，扩大到投资性房地产、生物资产和商誉等报表项目。

---

1 《股份有限公司会计制度》要求 A 股公司对应收账款计提坏账准备，要求 B 股、H 股和境外上市公司计提"四项准备"。1999 年的两份文件要求所有的股份公司均应计提"四项准备"，同时，将其他应收款也列入计提坏账准备的范围。

2 《企业会计制度》在第二章"资产"中专设"资产减值"一节，系统地规定了资产减值会计规则。这是《企业会计制度》的一大特色。

许多资产减值会计规则散见于不同的准则（见表6-2）。《企业会计准则第8号——资产减值》并未涵盖所有资产项目，其中的"资产"项目是特指的，仅包括采用成本模式计量的投资性房地产（investment property carried at cost）、对子公司的投资和对联营企业或合营企业的长期股权投资（investments in subsidiaries, associates, and joint ventures）、固定资产、生产性生物资产、油气资产（探明矿区权益、井及相关设施）、无形资产（包括资本化的开发支出）和商誉。除此以外，建造合同、租赁、所得税、石油天然气开采等准则还要求企业分别考虑计算建造合同的减值、未担保余值的减值、递延所得税资产的减值以及油气资产等的减值。

至此，资产负债表上只有少数几个资产项目[1]不进行资产减值会计处理，除此以外的报表项目都要考虑做减值处理。

值得注意的是，资产减值会计的触发条件是"确凿证据""减值迹象""客观证据"，这些都不是企业的法律事实。《企业会计准则第1号——存货》规定，资产负债表日，存货应当按照成本与可变现净值孰低计量，存货成本高于其可变现净值的，应当计提存货跌价准备，计入当期损益；企业确定存货的可变现净值，应当以取得的"确凿证据"为基础，并且考虑持有存货的目的、资产负债表日后事项的影响等因素。《企业会计准则第22号——金融工具确认和计量》规定，企业应当在资产负债表日对以公允价值计量且其变动计入当期损益的金融资产以外的金融资产的账面价值进行检查，有"客观证据"表明该金融资产发生减值的，应当计提减值准备。《企业会计准则第8号——资产减值》规定，企业应当在资产负债表日判断资产是否存在可能发生减值的迹象，资产存在"减值迹象"的，应当估计其可收回金额；如果可收回金额的计量结果表明，资产的可收回金额低于其账面价值，则应当将资

---

1 这几个报表项目是：货币资金、交易性金融资产、可供出售金融资产、采用公允价值模式计量的投资性房地产和采用公允价值模式计量的生物资产。

产的账面价值减记至可收回金额，减记的金额确认为资产减值损失，计入当期损益，同时计提相应的资产减值准备。这说明，资产减值会计是缺乏原始凭证的会计行为。长期资产减值所涉及的现值算法更是给企业管理层操纵报表数据提供了便利。

常见的资产减值会计规则如表6-2所示。

表6-2 常见的资产减值会计规则

准则	资产项目	测试条件	比较基准	可否转回
CAS 1	存货	确凿证据	可变现净值	允许
CAS 8	固定资产	减值迹象	可收回金额	禁止
	无形资产			
	工程物资			
	在建工程			
	油气资产（探明矿区权益、井及相关设施）			
	长期股权投资（对子公司、联营企业、合营企业的投资）			
	投资性房地产（以成本模式计量的）			
	商誉		—	—
CAS 22	各种应收款项	客观证据	未来现金流量现值	允许
	持有至到期投资			
	长期股权投资（重大影响以下且无公允价值的）			—

注：表中"CAS"表示"企业会计准则"。

除表6-2所列示的减值外，《企业会计准则第3号——投资性房地产》还规定有采用公允价值模式计量的投资性房地产的减值处理规则，《企业会计准则第15号——建造合同》规定有预计亏损合同的会计处理规则，《企业会计准则第18号——所得税》规定有递延所得税资产的减值处理规则，《企业会计准则第21号——租赁》针对出租人未担保余值规定了减值处理规则，《企

业会计准则第 27 号——石油天然气开采》规定了未探明石油天然气矿区权益
的减值处理规则。

准则制定者的理念是："多年来，利润表在企业财务报表体系中一直居于
显要地位，利润也成为各方面考核企业管理层业绩，衡量企业盈利能力的重
要指标。但是，利润反映的毕竟只是企业某一期间的经营成果，财务报表体
系的设计如果片面侧重于利润表，容易为一些企业追逐短期利益留下托词和
利润操纵空间，具有很大局限性。企业会计准则体系凸显了资产负债表在报
表体系中的核心地位，要求企业提升资产负债信息质量，及时计提资产减值
准备，如实反映资产未来经济利益，不高估资产价值；要求企业合理确认预
计负债，全面反映现时义务，不低估负债和损失。企业会计准则取消许多不
符合资产或者负债定义的递延（待摊）或预提项目，引入所得税会计的资产
负债表债务法等，均是强化资产负债表信息理念的具体体现。"

二、公允价值被认可为会计计量属性

《企业会计准则——基本准则》将公允价值列作会计计量属性之一："在
公允价值计量下，资产和负债按照在公平交易中，熟悉情况的交易双方自愿
进行资产交换或者债务清偿的金额计量。"这是公允价值这一概念首次进入基
本准则这一部门规章。其所定义的公允价值与 1998—1999 年第一批引入公允
价值的具体会计准则的提法完全相同。[1] 在具体准则中，长期股权投资、投资
性房地产、生物资产、非货币性资产交换、股份支付、债务重组、企业合并
（非同一控制下的）、金融工具确认和计量、套期保值等准则均引入了公允价
值。值得一提的是，企业会计准则要求将融资租赁、衍生金融工具交易、套

---

1 1998 年 2 月 24 日发布的《企业会计准则——投资》、1998 年 6 月 12 日发布的《企业会计准则——
债务重组》和 1999 年 6 月 28 日发布的《企业会计准则——非货币性交易》给出的公允价值的定义是："公
允价值，指在公平交易中，熟悉情况的交易双方，自愿进行资产交换或债务清偿的金额。"

期等资产负债表表外业务（off-balance sheet activities）纳入表内核算，"表外业务"这一金融术语从此被改写。

关于为何大手笔引入公允价值，准则制定者指出，公允价值"尽管没有历史成本那么可靠，但是却能更加公允地反映企业的财务状况和经营成果，从而向投资者提供更加价值相关的信息，大大提升会计信息的有用性，并进一步规范企业会计行为"。同时，准则制定者认识到，在中国这样的新兴市场经济中，很多资产的公允价值信息无从查找[1]，因此，采用公允价值作为计量基础，要有严格的前提条件，"否则会给我国的资本市场带来很大麻烦"，"会计信息的相关性固然重要，但应当以可靠性为前提，如果不加限制地引入公允价值，有可能会出现人为操纵利润现象"。因此，上述投资性房地产、生物资产、非货币性资产交换、债务重组等准则均规定，只有存在活跃市场、公允价值能够获得并可靠计量的情况下，才能采用公允价值计量。准则制定者认为，"有些人认为公允价值的引入将大大增加企业操纵损益的危险，会引发会计信息的混乱。这种担心是不必要的，因为新准则对公允价值的运用设置了诸多限制条件，只要正确地把握就可以准确地应用和有效地监管。"[2]

会计准则关于公允价值的规定看似科学，其实并不合理。公允价值并非会计学的范畴。公允价值既非公允，亦非价值，它是金融分析领域创设的词汇，与会计工作无关。金融资产的价格的形成机制与微观经济学上价格取决于价值并受供求关系影响而上下波动的规律不同。金融资产的价格是由交易各方的预期决定的，至于影响预期的因素有多少，则很难予以穷尽。林林总总的估值模型，很难说哪一个更可靠。金融资产的最新市价并不是全体投资者意思表示一致的结果，而仅仅是一部分投资者（即边际投资者，marginal

---

1 实际上，无论市场经济发展到什么程度，无论什么国家，很多资产的公允价值都是无从查找的。公允价值是一个抽象的概念，它只是一个奇妙的梦。公允价值本身是不存在的。

2 王军：《认真学习贯彻企业会计准则体系 切实维护资本市场稳定持续发展》，《会计研究》2007年第1期；刘玉廷：《中国企业会计准则体系：架构、趋同与等效》，《会计研究》2007年第3期。

investor）预期达到一致所形成的成交价格。以股票为例，一只股票的当期
最新市价并不是全体股东所认可的价格，而仅仅是一部分股东基于各自的预
期进行买卖所形成的价格。就此而论，媒体上常见的说法"市值蒸发若干万
亿"，其隐含的思想是用边际投资者的成交价格乘以全部股本来估算全部股份
的市值，这种说法在理论上缺乏合理依据，在实践中的作用常常只不过是引
发市场恐慌而已。因此，实务界人士对公允价值会计规则怨言颇多。

三、金融工具相关准则存在颇多问题

1. 金融负债和权益工具的区分

2006 年 2 月 15 日发布的《企业会计准则第 37 号——金融工具列报》第
五条规定，"企业发行金融工具，应当按照该金融工具的实质，以及金融资产、
金融负债和权益工具的定义，在初始确认时将该金融工具或其组成部分确认
为金融资产、金融负债或权益工具"。2017 年 5 月 2 日修订发布的《企业会计
准则第 37 号——金融工具列报》第七条规定，"企业应当根据所发行金融工
具的合同条款及其所反映的经济实质而非仅以法律形式，结合金融资产、金
融负债和权益工具的定义，在初始确认时将该金融工具或其组成部分分类为
金融资产、金融负债或权益工具"。该准则在修订前后虽然文字表述有异，但
实际含义相同。足见，准则制定者在翻译时可能未能厘清国际准则原文的含
义。金融工具发行方若承认金融工具的买方为债权人，则该金融工具构成其
金融负债（financial liability）；若承认金融工具的买方为股东，则该金融工具
构成其权益工具（equity instrument）。金融工具发行方不可能在收取买方支付
的钱款后宣称该金融工具为其金融资产（financial assets）。因此，基于法律关
系来分析，准则条文可能有误。

2. 金融资产和金融负债的分类

《企业会计准则第 22 号——金融工具确认和计量》借鉴《国际会计准则

第 39 号：金融工具：确认和计量》，要求企业在初始确认金融资产时，将金融资产划分为下列四类：（1）以公允价值计量且其变动计入当期损益的金融资产（financial asset at fair value through profit or loss），包括交易性金融资产和指定为以公允价值计量且其变动计入当期损益的金融资产；（2）持有至到期投资（held-to-maturity investments）；（3）贷款和应收款项（loans and receivables）；（4）可供出售金融资产（available-for-sale financial assets）。金融负债应当在初始确认时划分为下列两类：（1）以公允价值计量且其变动计入当期损益的金融负债（financial liability at fair value through profit or loss），包括交易性金融负债和指定为以公允价值计量且其变动计入当期损益的金融负债；（2）其他金融负债。具体如图 6-2 所示。

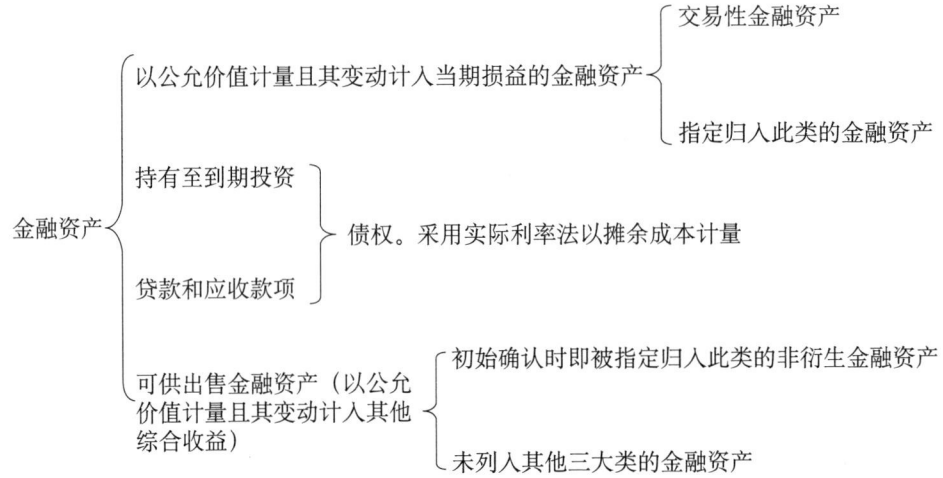

图 6-2　IAS 39 对金融资产的分类

　　上述四类金融资产中，第一类（以公允价值计量且其变动计入当期损益的金融资产）和第四类（可供出售金融资产）均采用公允价值计量，所不同的是，第一类金融资产的公允价值变动计入损益，第四类金融资产的公允价值变动计入其他综合收益。第二类（持有至到期投资）和第三类（贷款和应收款项）采用实际利率法以摊余成本计量（短期债权可以简化处理），在会计期末还要考虑计提坏账准备、贷款损失准备或持有至到期投资减值准备。

3. 股权投资的四种处理规则

目前并不存在统一的股权投资核算规则。由于准则的调整范围存在交叉现象，因此，如果不给出合理的界定，投资方将会有理由选择使用会计准则。在国际会计准则下，针对股权投资实际上并存成本法（cost method）、权益法（equity method）、交易性金融资产、可供出售金融资产等四套会计规则。参见表6-3。

表6-3　　　　　　　　　　　　股权投资的四种会计处理规则

	成本法	权益法	交易性金融资产	可供出售金融资产
入账金额	全部代价	全部代价	不包括手续费佣金	全部代价
适用情形	能够控制被投资单位的情形；对被投资单位无控制、共同控制和重大影响的情形	能够与第三方联合对被投资单位实施共同控制或者对被投资单位具有重大影响	投机性的且公允价值能够可靠取得的股权投资	非投机性的且公允价值能够可靠取得的股权投资
持股比例参考标准	（0，20%）（50%，100%]	[20%，50%]	—	—

针对这一局面，为避免企业管理层自行选择会计规则，国际会计准则索性给出规定：如果所投资的股票已上市交易，就不能采用成本法或权益法。这在理论上更是无法进行合理解释。如何设计统一的股权投资核算规则，是很有研究价值的重要问题。

四、权益法的适用范围再度发生变化

《企业会计准则第2号——长期股权投资》规定，投资企业对被投资单位具有共同控制或重大影响的长期股权投资，应当采用权益法核算。权益法的适用情形演变如表6-4所示。

表 6-4 我国会计法规中权益法的适用情形演变

发文时间	法规名称	适用情形	供参考的表决权比例
1992 年 5 月	《股份制试点企业会计制度》	……	［50%，10%］
1992 年 6 月	《外商投资企业会计制度》	重大影响	［25%，100%］
1998 年 1 月	《股份有限公司会计制度》	重大影响	［20%，100%］
1998 年 2 月	《企业会计准则——投资》	控制、共同控制、重大影响	［20%，100%］
2000 年 12 月	《企业会计准则》	控制、共同控制、重大影响	［20%，100%］
2006 年 2 月	《企业会计准则第 2 号——长期股权投资》	共同控制、重大影响	［20%，50%］

新的权益法的操作规则与之前相比，最大的变化在于，新准则套用企业合并的思路，引入了隐性商誉、负商誉的规则。如果说原准则的权益法是把长期股权投资的账面价值盯到"持股百分比 × 被投资方股东权益的账面价值"，那么新准则的权益法就是把长期股权投资的账面价值盯到"持股百分比 × 被投资方股东权益的公允价值"。权益法本身就广受争议，公允价值思路的引入显然使问题变得更为复杂。

五、无形资产准则的变化

《企业会计准则第 6 号——无形资产》不再包含商誉。

另外，该准则还改变了研发支出全部费用化的做法，对于符合确认条件的开发活动支出允许资本化，作为资产予以确认。该准则规定，企业内部研究开发项目的支出，应当区分研究阶段支出与开发阶段支出。研究阶段的支出，应当于发生时计入当期损益。开发阶段的支出，同时满足下列条件的，才能确认为无形资产：（1）完成该无形资产以使其能够使用或出售在技术上具有可行性；（2）具有完成该无形资产并使用或出售的意图；（3）无形资产产生经济利益的方式，包括能够证明运用该无形资产生产的产品存在市场或无形资产自身存在市场，无形资产将在内部使用的，应当证明其有用性；（4）有足够的技术、财务资源和其他资源支持，以完成该无形资产的开发，并有能力使用或出售该无形资产；（5）归属于该无形资产开发阶段的支出能够可靠地计量。

上述"附条件的资本化"规则存在显著的缺陷。研究阶段与开发阶段的划分缺乏客观的依据。再者，对于开发阶段的支出，如果真的满足了资本化的五项条件，企业究竟是"应当"资本化还是"可以"资本化？依照准则字面意思理解，上述资本化规则乃是授权性规范，即"可以"资本化。显然，该规则存在较大的弹性，准则的规范作用定然会被削弱。

六、实际利率法

实际利率（effective interest rate）是会计准则中的专用术语，特指某个特定的报酬率，使用该报酬率，可以使某项活动的现金流入的现值恰好等于其现金流出的现值。实际利率法（effective interest method）是指以摊余成本乘以实际利率来计算投资收益（对投资方而言）或财务费用（对筹资方而言）的方法。主要用于贷款、长期应收款、债券投资（债权投资）、应付债券、融资租赁等方面的会计处理。该方法计算工作量较大，相当烦琐，可谓徒增烦恼，理论意义和实践价值并不明显。

七、借款费用资本化规则的变化

《企业会计准则第 17 号——借款费用》将允许资本化的资产范围从固定资产推广到存货、投资性房地产、生物资产、无形资产等资产项目，将可予资本化的借款范围从专门借款扩展到一般借款。该准则改变了借款利息资本化金额的计算方法：专门借款的利息费用资本化不再与资产支出挂钩，辅助费用的处理一律不论金额大小，比照专门借款或一般借款处理。

准则规定，符合资本化条件的资产，是指需要经过相当长时间的购建或者生产活动才能达到预定可使用或者可销售状态的固定资产、投资性房地产和存货等资产。企业发生的借款费用，可直接归属于符合资本化条件的资产的购建或者生产的，应当予以资本化，计入相关资产成本；其他借款费用，应当在发生时根据其发生额确认为费用，计入当期损益。专门借款发生的辅助费用，在所购建或者生产的符合资本化条件的资产达到预定可使用或者可销售状态之前发生的，应当在发生时根据其发生额予以资本化，计入符合资本化条件的资产的成本；在所购建或者生产的符合资本化条件的资产达到预定可使用或者可销售状态之后发生的，应当在发生时根据其发生额确认为费用，计入当期损益。一般借款发生的辅助费用，应当在发生时根据其发生额确认为费用，计入当期损益。

八、所得税

《企业会计准则第18号——所得税》把"所得税"与"费用"嫁接在一起，创设了一个新术语"所得税费用"。准则规定，企业利润表所列示的所得税费用由"当期所得税费用"和"递延所得税费用"两部分组成。前者是指企业遵循《中华人民共和国企业所得税法》，填制企业所得税纳税申报表及其附表等相关资料，在规定的时间内进行汇算清缴所确定的应纳税额。后者是指企业在计算出应纳税额之后，根据准则之规定，针对会计准则与税收法规之间的差异对未来期间企业所得税的预期影响而计算的金额。也就是说，该准则虽然冠以"所得税"之名，但与所得税的实际纳税申报毫无关联，它的重点实际上是要求企业在完成纳税申报之后计算"预期所得税费用"（准则称之为"递延所得税费用"）。

至此，一些人所热衷的"分离论"终于成为正统，以往的应付税款法、递延法、债务法全部被禁止使用。

学术界和实务界对递延所得税的理论及规则存有争议。递延所得税的计算既没有必要性，也没有可行性。在资产负债表债务法下，为了计算递延所得税，企业既需要取得按照会计准则记账所形成的账面价值，又需要取得按照税法记账所形成的计税基础数据，然后才能根据两者之间的暂时性差异计算得到没有什么实际用途的递延所得税。显而易见，递延所得税的计算客观上需要保留一套严格按照税法规定进行计算的账簿体系——即传统上依法记账的历史成本会计。缺少传统的历史成本会计，递延所得税的计算规则是无法运转的。因此，计算递延所得税的公司至少需要设置两套账簿。一个口口声声主张与税法分道扬镳的会计规则，到头来还是要依靠税法才能生存下去，这无疑是对"分离论"的莫大讽刺。[1]

九、企业合并

《国际财务报告准则第 3 号：企业合并》仅仅规定了购买法。我国的《企业会计准则第 20 号——企业合并》既规定了购买法（适用于非同一控制下的企业合并），也规定了权益结合法（适用于同一控制下的企业合并）。

准则规定，合并方记录被合并方的资产和负债时，应当按照合并日的原账面价值计量，这就是权益结合法的思路。合并方付出的代价（如付出资产、举借债务、出让股权等）与获得的对价（即净资产账面价值）之间的差额，应当增记或减记资本公积。在减记资本公积的情况下，如果资本公积不够冲减，则应依次冲减盈余公积和未分配利润。在吸收合并的情况下，上述增减记录体现在存续企业的个别会计报表之中。在控股合并的情况下，上述增减记录体现在合并会计报表之中。这套规则可浓缩为一句话："合并方付出的代价与收到的对价一律按照账面价值计算，差额计入股东权益。"

---

1 周华：《递延所得税的合理性辨析》，《经济管理》2011 年第 2 期。

　　购买法的基本设计理念是，购买方应当按照公允价值计量其所付出的代价（准则称之为"企业合并成本"，cost of business combination）与获得的对价（国际准则称之为"净公允价值"，net fair value，我国准则译为"可辨认净资产公允价值"）。对价与代价之差，若为不利差异，则计入"商誉"（goodwill）作挂账处理；若为有利差异，则作为负商誉（negative goodwill）计入营业外收入。上述增减记录，在吸收合并的情况下记入存续企业的个别会计报表，在控股合并的情况下记入合并会计报表。这套规则可浓缩为一句话：购买方付出的代价与收到的对价一律按照公允价值计算，差额即为商誉或者负商誉。

　　关于为何要坚持推行权益结合法，准则制定者指出，"在我国实务中，因特殊的经济环境，有些企业合并实际上属于同一控制下的企业合并，如果不对其加以规定，就会出现会计规范的空白，导致会计实务无章可循。所以中国准则结合实际情况，规定了同一控制下企业合并的会计处理。国际会计准则理事会认为，中国准则在这方面的规定和实践将为国际准则提供有益的参考"[1]。"上市公司应当严格区分同一控制和非同一控制下的企业合并，绝不允许混淆界限、鱼目混珠，更不能以此来粉饰财务状况、操纵经营成果。"[2]

　　企业合并会计规则常常面临质疑。对同一种业务规定两种不同的账务处理规则，这本身在逻辑上就很难自圆其说。另外，国际准则所称的"净公允价值"是一个全新的概念，其计算方法比较特殊，在常规的会计核算中不曾出现过。以至于我国会计准则将之翻译为"可辨认净资产公允价值"。由于会计原理认为净资产是不可辨认的，其计量结果取决于资产和负债的计量，因此，这种翻译过来的概念往往词不达意。文化差异语言隔阂，在所难免。有

---

　　1 刘玉廷：《中国企业会计准则体系：架构、趋同与等效》，《会计研究》2007 年第 3 期。
　　2 王军：《认真学习贯彻企业会计准则体系 切实维护资本市场稳定持续发展》，《会计研究》2007 年第 1 期。

鉴于此,《企业会计准则——应用指南》给出了详细的阐释。准则规定,被购买方的"可辨认净资产公允价值",是"可辨认资产的公允价值"减去"负债及或有负债的公允价值"后的余数额。显然,"净公允价值"的计算是常规会计工作所难以胜任的,必须要借助大量的估值计算才能完成,相关信息必然缺乏充足的证据。

十、合并报表

《企业会计准则第33号——合并财务报表》(2006版及其2014年修订版)没有解决一个实际问题。关于合并范围,照旧缺乏合理的界定规则。关于编制方法,问题比过去更多。自从普华会计公司为美国钢铁公司编制的合并报表引发举世关注以来的100多年里,从来就没有稳定合理的合并报表编报规则。如今,准则甚至要求合并报表中也要反映递延所得税,这更是令实务工作者无所适从。

在理论上,永远也制定不出合理的合并报表编报规则。企业集团并非民事主体,资产、负债、收入、费用、所得税、净利润、税后利润等概念都不适用于企业集团。因此,合并报表并非会计报表,合并报表没有法律证明力。编制合并报表通常属于广告行为或金融分析行为。[1]

十一、套期保值

《企业会计准则第24号——套期保值》基于独特的逻辑,将套期保值分为公允价值套期(fair value hedge)、现金流量套期(cash flow hedge)和境外经营净投资套期(hedge of a net investment in a foreign operation),并分别规定了会计处理规则。这与金融学上按照交易工具和交易策略分类的做法存在

---

1 周华:《高级财务会计》(第4版),中国人民大学出版社,2022,第129—131页。

很大的差异。

公允价值套期的会计规则是比照交易性金融资产的会计规则设计的。现金流量套期的会计规则的设计思路与可供出售金融资产（其他权益工具投资）的设计思路相似，着眼于把金融工具由于公允价值变动所形成的浮动盈亏计入其他综合收益而不是计入利润表。

套期会计规则的出台背景是这样的：公允价值会计在 20 世纪 90 年代推行于金融工具领域之后，从事套期保值交易的企业怨声载道。因为套期保值行为常常需要使用衍生工具，而衍生工具在公允价值会计规则下需要按照公允价值予以计量，其结果往往导致利润表出现大幅波动。这时候，有人提出了两种方案来消除利润表的波动。一种方案是，在按照公允价值会计将套期工具的浮动盈亏（即公允价值变动损益）计入利润表的同时，想办法在利润表中做相反方向记录，同时调整被套期项目。另一种方案是，干脆不把套期工具的浮动盈亏计入利润表，而是改为计入资产负债表中的其他综合收益项目。这两种方法都能够避免利润表的大幅波动。前一种方案就是准则所称的公允价值套期，后者就是准则所称的现金流量套期。

套期会计对传统会计造成了较大的冲击：（1）套期会计规则改变了传统的财务会计要素概念。在传统上，会计是对企业的法律事实的历史记录。而套期会计所处理的确定承诺、很可能发生的预期交易，都是未来的事情。（2）套期会计方法改变了传统会计计量模式。在套期会计出台以前，存货的会计处理规则是成本与市价孰低法，不允许记载存货的升值。但在公允价值套期下，存货可能要按照高于成本的市价计量。（3）套期会计方法是建立在估计的基础上的一套规则。套期有效性的判断事先往往无法合理预计，这是由金融市场的风险特性所决定的。很多情况下只能采用金融工程（financial engineering）的分析思路去判断套期有效性，这导致会计处理往往建立在估计的基础之上。2008 年的金融危机表明，企业在大多数情况下并不知道如何对衍生工具进行估价，这意味着，套期会计的处理结果的可靠性是相当值得怀疑的。有人质疑，如此看来，会计理论还有什么内容是一以贯之的呢？还有人指出，如果没有公允价值会计规则，也就没有必要设计套期会计规则了；如果完全采用公允价值计量，也同样没有必要采用套期会计；因此，套期会计之所以在公允价值会计规则出台之后面世，是因为公允价值会计只适用于极少数报表项目（如衍生工具、交易性金融资产），而大多数报表项目（如存货、固定资产等）仍未采用公允价值会计，这就导致会计计量上的不匹配，所以，套期会计规则实际上是对公允价值会计的"纠正"措施。

套期会计规则的目的是避免套期工具（通常是衍生工具）因公允价值变动所导致的浮动盈亏对利润表造成冲击，也就是说，套期会计规则的目的是尽量避免公允价值会计规则造成利润表的大幅波动，从而降低公允价值会计对利润表的冲击。尤其对于那些从事套期保值交易的企业来说，其目的并不是投机，而是规避价格风险、促进实体经济的业务发展。所以，套期会计实际上是在"纠正"公允价值会计的负面影响。但是，套期会计规则出台后，就出现了利用套期会计规则掩盖金融投机活动的可能。对此，准则为套期会计规则规定了严格的适用条件。其设计思路是，只允许真正从事套期保值交易的企业采用套期会计方法。准则规定，套期保值行为同时满足下列条件的，才能运用准则规定的套期会计方法进行处理：（1）在套期开始时，企业对套期关系（即套期工具和被套期项目之间的关系）有正式指定，并准备了关于套期关系、风险管理目标和套期策略的正式书面文件。该文件至少载明了套期工具、被套期项目、被套期风险的性质以及套期有效性评价方法等内容。套期必须与具体可辨认并被指定的风险有关，且最终影响企业的损益。（2）该套期预期高度有效，且符合企业最初为该套期关系所确定的风险管理策略。（3）对预期交易的现金流量套期，预期交易应当很可能发生，且必须使企业面临最终将影响损益的现金流量变动风险。（4）套期有效性（hedge effectiveness）能够可靠地计量，即被套期风险引起的被套期项目的公允价值或现金流量以及套期工具的公允价值能够可靠地计量。（5）企业应当持续地对套期有效性进行评价，并确保该套期在套期关系被指定的会计期间内高度有效。综观套期会计的上述适用条件，可以发现，企业管理可以方便地以其意图选择适用套期会计规则。

十二、每股收益

《企业会计准则第 34 号——每股收益》要求已经或者将要公开发行普通股（ordinary share，common stock）或潜在普通股（potential ordinary share，potential common stock）的公司在利润表下部单独披露其基本每股收益和稀释每股收益。潜在普通股是指能够据以获得普通股的金融合同（金融术语称作金融工具，financial instrument），在我国目前阶段主要是指可转换公司债券、认股权证、股份期权等。

每股收益源于证券分析行业，该行业主张每股收益数据有助于投资者、债权人等信息使用者评价和比较企业的盈利能力，从而有助于预测企业成长潜力，对经济决策具有辅助作用。但每股收益并非每股税后利润，其正当用途尚不明确。其计算规则仅仅属于证券行业的行规，缺乏合理的理论依据，在实践中饱受争议。

根据一只股票的每股收益乘以参照市盈率从而计算该股票的估计价格的算法，只不过是一种简单的类推分析思路，毫无技术含量可言。这种采用"净利润"数字进行证券估值的金融分析方法是对会计报表价值的严重歪曲，对证券投资者具有较强的误导作用，因而受到了实务界人士广泛的批评。

十三、关于成本补偿制度

准则制定者指出，企业会计准则按照市场化和国际化的要求，进一步完善了成本补偿制度，改进了成本核算项目和方法，比如：新准则规定企业应当全面核算职工薪酬费用，按照受益对象摊入成本；成本中应当考虑预计环境恢复等资产弃置费用；政府补助应当计入收益等，以及将企业担负的社会责任引入到会计系统中，其目的是更加科学、合理、全面地反映成本信息，确保成本补偿，避免釜底抽薪，超前分配。

十四、会计报表的变化

准则要求企业必须编制资产负债表、利润表、现金流量表、所有者权益（股东权益）变动表和附注。

此外，投资性房地产、生物资产、股份支付、原保险合同、再保险合同等准则也颇有新意。

第七章
次贷危机之后企业会计准则体系的持续趋同

第一节　次贷危机期间的会计危机与持续趋同路线图的出台

2008 年 9 月，美国第四大投行、创立于 1850 年的雷曼兄弟申请破产保护。次贷危机到达顶峰。国际财经界强烈谴责公允价值会计具有显著的顺周期效应，助长了金融动荡。中国工商银行行长杨凯生在接受记者采访时指出，"国际会计准则的顺周期效应，使金融机构资产和负债的公允价值并不总是公允的，影响了一些金融机构抗御和化解风险的能力，容易加剧市场主体和社会公众的不理智"[1]。

2008 年 10 月 13 日，国际会计准则理事会匆忙修改金融工具相关的公允价值会计规则，试图遏制国际准则对资本市场的负面影响。[2] 此举令刚刚与之趋同两年有余的中国的企业会计准则体系陷入被动。但中国会计法规制定者很快做出决定，不再跟随国际会计准则的变动。

1　李利明：《工行行长杨凯生：从一个新视角审视次贷危机》，《经济观察报》2008 年 9 月 22 日。

2　即修改《国际会计准则第 39 号：金融工具：确认和计量》《国际财务报告准则第 7 号：金融工具：披露》。国际会计准则第 39 号原本严格限制金融资产的重分类，但美国证券市场上的第 115 号财务报告准则公告允许在特殊情形下进行重分类，国际准则明显处于劣势。这次修改后，企业可以将交易性金融资产、持有至到期投资重新划分为可供出售金融资产，也就是说，市价下跌所导致的公允价值变动损失将计入其他综合收益而不是利润。

2009 年初，葛家澍先生率先撰文对公允价值会计进行反思。[1]文章指出，公允价值建立在三个基础上：公允价值会计不是实际的交易或事项，而是对假想交易（hypothetical transactions）进行计量；作为计量属性，它仅仅是估计价格；它的计量是以（别人的）市场交易价格为基础的，而不是以会计主体所参与的真实交换为基础的。这实际上是承认了估计的、未实现的利得或损失，允许在一个企业的业绩或资本公积中增加一些虚假数字。文章强调，财务会计与财务报表用于记录并报告历史的交易和事项以及它们的影响是基本的和本质的特征与功能，包括公允价值在内的其他计量属性仅仅是补充。文章呼吁，会计决不能变成估计。人们可以批评财务会计及其信息面向过去的局限性，但不能否定历史（已成为事实的，任何人不能更改的）财务信息具有反馈价值和预测价值的作用。但该文观点具有矛盾性，文章主张，"公允价值尚未普遍采用，如果企业所有的资产与负债皆可采用公允价值，则将显示这一计量的优越性：该企业（主体）的财务报表将能反映报告日的价值（市值）。而这是以历史成本为计量基础的财务报表所做不到的。"

2 月 20 日，中国人民大学戴德明教授与笔者于 2008 年 8 月应中宣部全国哲学社会科学规划办公室要求提交的《关于完善我国会计法规体系的对策建议》经过严格评审，被列入国家社会科学基金《成果要报》上报决策层。[2]该文件被批转后，经济监管部门调阅了相关研究成果。该文件现已解密，摘录如下。

---

1 葛家澍:《公允价值计量面临全球金融风暴的考验》,《上海立信会计学院学报》2009 年第 1 期。

2 该文件可见于: 全国哲学社会科学规划办公室:《国家社会科学基金〈成果要报〉汇编（2009 年）》,社会科学文献出版社，2010。

 **专栏 7-1**

《关于完善我国会计法规体系的对策建议》正文

一、尽快调整企业会计准则体系的适用范围

1992 年以来我国的会计改革没有采取与民商法、经济法相互衔接的立法模式，而是采取了"国际趋同"路径，以国际会计准则和美国一般公认会计原则为立法蓝本，最终于 2006 年推出了与国际会计准则"实质性趋同"的企业会计准则体系。但是，国际会计准则并非国际法，美国一般公认会计原则也不是美国联邦范围内普遍适用于所有企业的法律，它们仅仅是证券行业（证券公司、会计师事务所）所主导的上市公司信息披露规则，这些规则大多建立在金融预期和估计的基础之上，理论依据不明、可操作性较差。我国实施企业会计准则实际上是把国外的行业规则不恰当地推广到了所有大中型企业，这不利于公司法、税法、统计法等上位法的有效运行，不利于保证市场法制的稳定性，会带来以下诸多问题：大量缺乏法律证据的信息涌入会计报表，会计报表的法律证明力丧失，企业报送的会计报表往往不被税务机关认可，加大了企业的税收遵从成本和税务机关的监管成本，而且难以使用会计报表对企业进行业绩评价；利润表中的"利润总额"不能用于纳税申报，"净利润"不适合用于利润分配，利润表的作用被严重削弱；宏观经济统计受到较大影响。

无论是从利益导向上还是从制定程序上来看，以国际会计准则和美国一般公认会计原则为会计立法蓝本的企业会计准则都不应当进入我国的民商经济法规体系。国际会计准则反映了证券行业试图统一上市公司信息披露规则的迫切意愿，最终体现的是美国证券行业的利益。它适用于上市公司，而不适合作为国家的会计法规推广到所有企业。因此，必须尽快调整企业会计准则体系的适用范围，将其剔除出国家的法规体系、降格为证

券行业规则（即证券交易所的信息披露规则），使其仅仅适用于公众公司。非公众公司，尤其是各级国有重点骨干企业不宜执行企业会计准则。上市公司除按照国家统一的会计制度的规定提交经济监管所需的会计报告外，还应依照企业会计准则体系提交证券监管专用的会计报告。

二、及时完善企业会计法规体系

1. 加紧另行制定适用于所有企业的会计制度

会计制度实际上是民商法、经济法的实施细则和运行基础，其特征是要求企业依照民商法记录企业的财产权利、债务和股东权益，依照经济法（主要是税法）界定企业的收入、费用和利润。因此依据会计制度编报的账簿及报表在公法和私法层面均具有法律证明力。目前的企业会计准则体系是照搬国际会计准则而来的行业规则，其本身并不能充任会计法规。当前亟须另行制定与我国法律保持一致的国家统一的会计制度，作为适用于所有企业的会计法规。把会计制度融合在法律体系之中，将确保会计制度与财税法、公司法的和谐统一，有利于构建合理的会计制度和稳定的市场法制。遵循上位法的会计制度不仅是会计师、审计师的行业规则，还是法官、检察官、税务官员的司法和执法规则。

2. 在法律体系中确立"依法记账""依法纳税"原则

为了保障公司法、税法、统计法等法律的顺利实施，必须强调会计记录的依法记账原则，禁止缺乏法律证据的会计行为。会计法规遵循税收法规，是会计立法的一项根本原则。利润表的基本功能是为纳税申报和利润分配提供基础数据。会计制度与税收法规应当进一步融合而不是分离，应纠正当前会计法规游离法律体系的倾向，实行由法律原则决定会计原则的体系结构。可考虑在公司法、税法等法律中直接规定会计的基本原则，在会计法中明确会计制度与税法的协作关系。

3.调整会计法规、财税法规的立法权限

长期以来，我国的会计法规和税收法规主要由财政部和国家税务总局牵头制定，立法中对法律之间的衔接问题考虑不足。会计法规作为上位法的实施基础，其变动可谓牵一发而动全身，影响面不容低估。因此，会计法规的制定，必须采用与法律相同的立法机制，不仅要有立法机关、行政机关以及学术界的广泛参与，还要经过实践的广泛验证。应尽快改变单独由财政部牵头制定专业规则的立法模式。法学专家应在会计立法机构中占较大比例。

三、强化政府审计对企业会计的监控

我国的注册会计师制度主要是仿照英美的公共会计师制度建设成型的。最近二十年来，注册会计师审计受到我国各级立法部门的青睐，对企业的审计几乎全部由注册会计师行业进行。2005年修订的《公司法》更是直接规定，公司的年度财务会计报告应依法经会计师事务所审计。与此相对应，政府审计的范围在急剧收缩。事实上，注册会计师审计的社会成本较大，且对规范社会经济秩序作用有限。而政府审计的社会成本较小，且具有很强的约束力。政府审计主导的"审计风暴"所引起的良好社会反响与一些会计师事务所参与会计丑闻所引起的频频曝光形成鲜明对照。为了增强政府对企业会计的直接监控能力，应通过修订《公司法》《审计法》等法律，恢复政府审计对所有企业的审计权，同时强调政府审计对会计师事务所的监督权。

3月26日，中国人民银行行长周小川发表文章指出，"公允价值较之于历史成本加剧了市场的波动。各金融机构因为持有大量抵押类证券，按照公允价值计量出现了大量未实现（unrealized）且未涉及现金流量的损失。这些损失仅具有会计意义，但这种天文数字的'账面损失'却扭曲了投资者的预

期，形成了'价格下跌—资产减记—恐慌性抛售—价格进一步下跌'的恶性循环。"[1]4月11日，中国人民银行纪委书记王洪章也直率地指出，"公允价值计量准则看似馅饼实是陷阱"。这些振聋发聩的独立观点被广泛报道，给人以深刻的启迪。

5月13日，财政部会计准则委员会委员刘玉廷与来访的财务会计准则委员会主席罗伯特·赫兹（Robert Herz）一行在北京举行会谈。"双方认为，中美两国分别是最大的新兴市场和发达市场国家，两国会计准则制定机构应加强合作。为此，双方达成下列共识：1．双方响应G20峰会倡议，共同努力，积极推动建立全球统一的高质量财务报告准则。2．从2010年开始，双方每半年在两国轮流举行一次会议，就会计准则国际趋同和国际财务报告准则的具体议题交换意见。3．中国会计准则委员会每年向美国财务会计准则委员会派出一名交换工作人员。"[2]

同月，葛家澍先生撰文指出，在公允价值会计下，企业的净收益将成为已实现收益与未实现利得和损失的混合物，明显地会歪曲企业的真实业绩，提供既不相关更不可靠的模糊信息。各种难以稽核的估值技术，使得公允价值信息更不可靠。那么，应怎样处理公允价值计量信息？那就是：在财务报表附注（notes）和其他财务报告（other financial reporting）中进行公允价值信息披露。[3]

10月3日，国务院办公厅转发财政部《关于加快发展我国注册会计师行业的若干意见》（以下简称《若干意见》）。国办发〔2009〕56号文件指出，"建立和完善社会主义市场经济体制，促进我国经济社会持续健康发展，需

---

[1] 周小川：《关于改变宏观和微观顺周期性的进一步探讨》，《中国金融》2009年第8期。

[2] 新闻稿原文如此。财务会计准则委员会并非美国联邦政府机构，因此，不宜称之为美国财务会计准则委员会，不宜将之与我国财政部合称为"两国会计准则制定机构"。我国财政部依《会计法》制定国家统一的会计制度，管辖范围涵盖所有企业。财务会计准则委员会以民间机构的身份，依《萨班斯－奥克斯利法案》的授权制定证券市场上的"公认会计原则"并接受美国证监会的监管。

[3] 葛家澍：《关于公允价值会计的研究——面向财务会计的本质特征》，《会计研究》2009年第5期。

要大力发展会计、审计等经济鉴证类中介行业。加快发展我国注册会计师行业，对于提高经济发展质量，维护国家经济信息安全具有重要意义。各地区、各部门要高度重视、加强领导、密切配合、落实责任，根据若干意见提出的要求，创新体制机制，完善政策措施，优化发展环境，加强行业监管，提高自律水平，引导和促进我国注册会计师行业又好又快发展。"《若干意见》要求："认真落实《中华人民共和国公司法》'公司应当在每一会计年度终了时编制财务会计报告，并依法经会计师事务所审计'的规定，确保公司依法接受注册会计师审计。同时，将医院等医疗卫生机构、大中专院校以及基金会等非营利组织的财务报表纳入注册会计师审计范围。在巩固财务会计报告审计、资本验证、涉税鉴证等业务的基础上，积极向企事业单位内部控制、管理咨询、并购重组、资信调查、专项审计、业绩评价、司法鉴定、投资决策、政府购买服务等相关业务领域延伸，推动大型会计师事务所业务转变和升级，加速向高端型、高附加值、国际化业务发展。"

10月29日，中国财政部与世界银行在北京联合举行《中国会计和审计评估报告》发布会，世界银行副行长佩内洛普·布鲁克指出，评估报告充分肯定了中国会计审计准则建设和实施以及相关法律、市场环境建设所取得的成绩，并提出了有针对性的改进建议。她说，中国改进会计审计准则和实务质量的战略已成为良好典范，并可供其他国家仿效。

11月4日，国际会计准则理事会发布新修订的《国际会计准则第24号：关联方披露》，不再简单地把同受政府控制的企业视为关联方，大幅减少了中央企业和地方国有企业的信息披露要求，基本消除了与中国《企业会计准则第36号——关联方披露》的差异。

2009年底，葛家澍先生在《〈21世纪100个会计学难题〉序》(《上海立信会计学院学报》2009年第6期）中提出了值得下功夫研究解决的会计学难题。葛家澍先生指出，关于"会计究竟是什么"这样一个最基本的概念问题，即会计是艺术，还是科学，至今尚未取得共识。会计的本质、特点和边界，公允价值是否能成为一个科学的计量属性，这些基本理论问题都值得深入研究。

2010 年，IASB 通过年度改进项目对《国际财务报告准则第 1 号：首次采用国际财务报告准则》进行了修改，允许首次公开发行股票的公司将改制上市过程中确定的重估价作为"认定成本"入账，并进行追溯调整。此举有效解决了中国企业改制上市过程中因资产重估引发的会计问题。

2010 年 4 月 3 日，财政部发布的《中国企业会计准则与国际财务报告准则持续趋同路线图》指出，"会计准则国际趋同是一个国家经济发展和适应经济全球化的必然选择。中国企业会计准则已于 2005 年实现了与国际财务报告准则的趋同。2008 年国际金融危机爆发后，二十国集团（G20）峰会、金融稳定理事会（FSB）倡议建立全球统一的高质量会计准则，着力提升会计信息透明度，将会计准则的重要性提到了前所未有的高度。国际会计准则理事会（IASB）作为国际财务报告准则的制定机构，采取了系列重要举措提高会计准则质量。在此背景下，中国响应 G20 和 FSB 倡议，在现有基础上发布《中国企业会计准则与国际财务报告准则持续趋同路线图》，旨在实现中国企业会计准则与国际财务报告准则的持续趋同。"

2011 年 6 月 21 日，财政部公布第三届财政部会计准则委员会委员名单。第三届会计准则委员会由 30 位委员组成，委员分别来自财政部、审计署、国家税务总局、国务院国有资产监督管理委员会、中国证券监督管理委员会、中国银行业监督管理委员会、中国保险监督管理委员会、中国注册会计师协会、中国资产评估协会、上海证券交易所、深圳证券交易所、上海财经大学、厦门国家会计学院、中国农业银行、中国石油天然气集团公司、中海油田服务股份有限公司、天健会计师事务所、德勤华永会计师事务所、毕马威华振会计师事务所等部门和单位，其中，财政部副部长王军任会计准则委员会主席，财政部会计司司长杨敏任秘书长。厦门大学葛家澍教授为第三届会计准则委员会顾问。

9月9日，财政部印发的《会计改革与发展"十二五"规划纲要》提出，"十二五"时期，会计改革与发展的总体目标是健全适应社会主义市场经济体制要求的会计体系：一是健全以间接管理为主，推进依法管理，发挥地方、部门、基层单位和会计人员积极性和创造性的会计管理体系。二是不断完善和强化实施与国际财务报告准则、国际审计准则及其他国际标准持续趋同，并与主要市场经济国家和经济体等效的企业会计、审计、内部控制和会计信息化标准体系，构建由企业会计准则体系和小企业会计准则体系组成的我国统一的企业会计标准体系。三是健全与发展现代服务业、国际服务贸易和实施"走出去"战略相适应，大中小会计师事务所协调发展，执业领域不断拓展，能够持续提升行业社会公信力和诚信度的注册会计师行业管理体系。四是健全以会计职业胜任能力框架为指导，能够全面提升会计队伍业务素质、诚信水平和结构优化的会计人才培养、选拔和评价体系。五是建立健全适应社会主义新农村建设要求，有利于促进农村经济健康可持续发展的农村会计管理体系。六是健全既具中国特色又有国际影响，对会计教育和会计实务具有指导作用的会计理论方法体系。该纲要所提出的全面实施企业会计标准体系的构想是：在上市公司和大中型企业范围内，实施企业会计准则；在小型企业范围内，实施小企业会计准则；相应地，废止行业会计制度、企业会计制度等原有企业会计处理规定。

第二节　2011 年发布《小企业会计准则》

2011 年 10 月 18 日，财政部印发《小企业会计准则》，自 2013 年 1 月 1

日起在小企业范围内施行。2004 年 4 月 27 日发布的《小企业会计制度》同时废止。"这标志着由适用于大中型企业的《企业会计准则》和适用于小企业的《小企业会计准则》共同构成的企业会计标准体系基本建成。"

《小企业会计准则》由准则正文和附录"小企业会计准则——会计科目、主要账务处理和财务报表"组成。该准则没有采用公允价值会计、资产减值会计、权益法、递延所得税、预计负债、投资性房地产、交易性金融资产、可供出售金融资产、衍生金融工具、股份支付、商誉等理念及规则，这种立场对提高会计信息质量有积极意义。美中不足的是，其关于外币折算的汇兑损益的规则与企业会计准则体系相同。

一、《小企业会计准则》的特点和制定理念

准则制定者认为，"趋同是方向，是大势所趋，趋同的过程需要与本国国情相适应，需要分层次、分步骤进行。2005 年，我们建成的《企业会计准则》，与《国际财务报告准则》达成了实质性趋同，自 2007 年以来逐步在上市公司、部分非上市金融企业和中央大型国有企业实施，目前已扩大到几乎所有大中型企业。现在，我们制定发布的《小企业会计准则》，是在借鉴了《中小主体国际财务报告准则》简化处理的核心理念的基础上，充分考虑我国小企业规模较小、业务较为简单、会计基础较为薄弱等实际情况'量身定做'而成的。"

《小企业会计准则》作为我国企业会计标准的重要组成部分，具有以下鲜明特点和主要创新：第一，既以国际趋同为努力方向，又立足于我国小企业发展的实际。第二，既保持自身体系完整，又与《企业会计准则》有序衔接。第三，既满足税收征管信息需求，又有助于银行信贷决策。第四，既确保行业上全覆盖，又抓住小企业常见业务。第五，既抓住有利时机推动《小企业会计准则》实施，又区别对待作出积极稳妥的实施安排。留出一年多的时间

来做好准则实施前的各项准备工作；同时，鼓励有条件的小企业提前执行，鼓励微型企业参照执行。

准则制定者正确地指出，"小企业应当提供何种会计信息，关键是看信息使用者的决策需要。大量调研结果表明，我国大多数小企业的所有者同时又是经营者，他们对小企业的财务状况、经营成果和现金流量情况较为清楚，因此，小企业会计信息使用者更为侧重于外部使用者的需求，主要是税务部门和银行的信息需求。税务部门主要利用小企业会计信息做出税收决策，包括是否给予税收优惠政策、采取何种征税方式、应征税额等，他们更多希望减少小企业会计与税法的差异；银行主要利用小企业会计信息做出信贷决策，他们更多希望小企业按照国家统一的会计准则制度提供财务报表。"因此，"为满足这些主要会计信息使用者的需求，《小企业会计准则》最大限度地消除了小企业会计与税法的差异。同时，在信息披露方面，增加了税务部门和贷款银行等信息使用者所关心的信息。"此外，"为便于小企业会计人员能够快速掌握和应用《小企业会计准则》，我们主要对小企业常见业务的会计处理原则予以了规范，而不涉及投资性房地产、衍生金融工具、股份支付等小企业非经常性发生或者基本不可能发生的交易或事项。小企业一旦发生上述交易或事项，可以参照《企业会计准则》的相关规定进行处理。"[1]

二、《小企业会计准则》所定义的会计要素

《小企业会计准则》所定义的会计要素如下：资产，是指小企业过去的交易或者事项形成的、由小企业拥有或者控制的、预期会给小企业带来经济利益的资源，按照其流动性可分为流动资产和非流动资产；负债，是指小企业过去的交易或者事项形成的，预期会导致经济利益流出小企业的现时义务，

---

[1] 李勇：《学习好宣传好贯彻好〈小企业会计准则〉 全面提升会计服务小企业发展的效能》，《财务与会计》2012 年第 1 期。

按其流动性，可分为流动负债和非流动负债；所有者权益，是指小企业资产扣除负债后由所有者享有的剩余权益；收入，是指小企业在日常生产经营活动中形成的、会导致所有者权益增加、与所有者投入资本无关的经济利益的总流入，包括销售商品收入和提供劳务收入；费用，是指小企业在日常生产经营活动中发生的、会导致所有者权益减少、与向所有者分配利润无关的经济利益的总流出；利润，是指小企业在一定会计期间的经营成果，包括营业利润、利润总额和净利润。营业利润，是指营业收入减去营业成本、营业税金及附加、销售费用、管理费用、财务费用，加上投资收益（或减去投资损失）后的金额。利润总额，是指营业利润加上营业外收入，减去营业外支出后的金额。净利润，是指利润总额减去所得税费用后的净额。

结合准则的内容来看，上述定义有两个值得关注的理论要点。

第一，《小企业会计准则》和《企业会计准则——基本准则》相比，两者对资产、负债、所有者权益、收入和费用的定义基本相同，两者的重大差异主要体现在利润的定义上。《小企业会计准则》所定义的利润，没有包含"公允价值变动收益"和"资产减值损失"等预期因素，因此，其利润的计算基本上具备原始凭证的支持。《小企业会计准则》没有定义"利得"和"损失"，而是专门给出了"营业外收入"和"营业外支出"的定义。该准则规定，营业外收入，是指小企业非日常生产经营活动形成的、应当计入当期损益、会导致所有者权益增加、与所有者投入资本无关的经济利益的净流入，包括非流动资产处置净收益、政府补助、捐赠收益、盘盈收益、汇兑收益、出租包装物和商品的租金收入、逾期未退包装物押金收益、确实无法偿付的应付款项、已作坏账损失处理后又收回的应收款项、违约金收益等。营业外支出，是指小企业非日常生产经营活动发生的、应当计入当期损益、会导致所有者权益减少、与向所有者分配利润无关的经济利益的净流出，包括存货的盘亏、毁损、报废损失，非流动资产处置净损失，坏账损失，无法收回的长期债券投资损失，无法收回的长期股权投资损失，自然灾害等不可抗力因素造成的损失，税收滞纳金，罚金，罚款，被没收财物的损失，捐赠支出，赞助支出等。如此算来，小企业的会计要素应该是八个。

第二，《小企业会计准则》所定义的资产、负债虽然与《企业会计准则——基本准则》相同，但准则正文体现"预期"因素的内容非常少，仅仅限于汇兑损益这一个方面。

三、《小企业会计准则》所规定的会计规则概览

如前所述，《小企业会计准则》的设计思路更为先进，它不是企业会计准则的简化版，而是基本符合《会计法》第九条的规定的全新的会计法规。人们欣喜地发现，除了汇兑损益等少数规则以外，基本上找不到理论界所称的"国际会计惯例"的踪迹，会计规则的可操作性得以大幅提升，试举几例说明之。

第一，关于投资的核算规则。该准则把投资分为短期投资和长期投资，后者又分为长期债券投资和长期股权投资。这种分类与1992年的《企业会计准则》的思路相同。《小企业会计准则》要求所有的投资一律按照实际支付的购买价款入账，没有采用将金融资产分为以公允价值计量且其变动计入当期损益的金融资产、持有至到期投资、贷款及应收款项和可供出售金融资产等四类的做法，也没有采用公允价值会计、资产减值会计、实际利率法等会计规则。

第二，关于发出存货的计价方法。《小企业会计准则》要求小企业采用先进先出法、加权平均法或者个别计价法确定发出存货的实际成本，没有引入移动加权平均法。

第三，关于固定资产的预计弃置费用。《小企业会计准则》没有引入相应的内容。

第四，关于无形资产的摊销。《小企业会计准则》没有引入加速摊销的方法。

第五，关于资产减值会计。《小企业会计准则》取消了所有的资产减值会计规则（包括坏账的备抵法、成本与市价孰低法等）。

第六，关于负债。《小企业会计准则》没有引入应付债券等内容。

第七，关于收入确认。《小企业会计准则》要求销售退回一律在发生时冲减当期主营业务收入或其他业务收入，没有引入销售商品收入确认的条件等涉及风险和报酬是否转移的职业判断，也没有提及现金折扣的处理规则。

第八，关于财务报表。《小企业会计准则》规定，小企业的财务报表至少应当包括下列组成部分：资产负债表；利润表；现金流量表；附注。该准则没有引入股东权益变动表。

第三节　2014 年企业会计准则体系的修订

会计准则制定者早在 2006 年就指出，"趋同不是我们的最终目的，我们不仅仅需要有其名，更要有其实。换言之，今后我国还要争取获得准则等效的确认，加大这方面工作力度，要努力使我国企业在上述国家或地区上市时，按照中国企业会计准则编制的财务报表不需再按当地准则进行调整。"[1]

一、会计法规制定者的理性反思

2011 年 11 月，《证券时报》刊登 2011 年 8 月时任财政部会计司司长刘玉廷在中国会计学会常务理事会扩大会议上的讲话。编者按指出，"作者以强烈

---

[1] 王军：《认真学习贯彻企业会计准则体系 切实维护资本市场稳定持续发展》，《会计研究》2007 年第 1 期。

的责任感和敏锐的洞察力，号召各方紧急行动起来，积极参与会计准则国际趋同这一'没有硝烟的战争'，为中国企业走出去和经济社会发展并维护国家利益而努力"。该文正确地指出，国际财务报告准则理事会的"很多宣传都与事实不符"——这种鲜明的立场对于会计界尽早摆脱崇洋媚外的惯性具有重要的积极意义。

刘玉廷在讲话中对国际财务报告准则的修订动态进行了辩证分析，号召会计理论界和实务界、上市公司和有关监管部门应当紧急行动起来，积极参与这项重大的系统工程，结合我国经济和企业的实际，提出有说服力的证据，力争国际准则的重大修改能够充分考虑我国的实际。刘玉廷指出，"从目前情况看，正在进行的国际财务报告准则项目在多大程度上考虑我国实际情况具有很大的不确定性，我国会计准则持续国际趋同面临着严峻挑战。根据我国会计准则国际趋同的实践经验分析判断，推动理事会考虑中国实际情况，消除国际准则与我国准则差异的过程将是异常艰苦和漫长的。"他还批评了国际会计准则理事会推出的公允价值计量准则："简单照搬理事会发布的公允价值计量相关准则，有可能会导致我国企业会计信息质量不可靠，从而影响到企业利益相关方的判断和国家的宏观经济决策。比如，新发布的国际准则根据输入值的可靠性程度将公允价值分为三个级次。从公允价值层级角度分析，即使第一、第二级次的可观察活跃市场交易价格，有时也并不完全等同于公允价值；通过各种估值技术基于不可观察的第三级次输入值产生的公允价值数据，更带有很大的主观随意性，其可靠性程度会大打折扣。"[1]

刘玉廷所陈述的事实值得人们反思。长期以来，会计法规制定者和学术主流被国际会计准则理事会的宣传所蒙蔽，主流刊物也很少刊发少数质疑者的声音。业界纷纷感慨，如果这篇讲话稿在 2006 年以前就能刊行于世，会

1　刘玉廷：《金融危机后国际财务报告准则的重大修改及对我国的影响》，《财务与会计》2011 年第 12 期。

计法规可能就不会是现在的样子。但是，历史没有"如果"。这次讲话之后不久，刘玉廷离任财政部会计司，改任财政部企业司司长。其反思究竟有没有对会计法规的起草者产生影响，尚未可知。从后续发布的准则来看，似乎没有起到应有的作用。

 专栏 7-2

对国际准则必须保持清醒的头脑

本次国际准则发生的重大变化，是从具体准则项目开始的，缺乏总体设计，"头痛医头、脚痛医脚"，导致许多国际准则项目之间内在不一致，影响了国际准则的质量。例如，收入准则、合并报表准则、金融工具终止确认准则都使用了"控制"的概念，但其定义都不一致。许多具体国际准则在计量单元、资产或负债取得成本等方面的规定也都不一致。

近期以来，[国际会计准则]理事会不断给我国施加压力，要求我国直接采用国际准则，甚至完全"一字不差"地采用。国际财务报告准则基金会今年4月份发布的未来战略审议提出，其目标是实现全球直接采用国际准则，并明确指出趋同并非是直接采用的替代。今年6月份在伦敦召开的国际财务报告准则咨询委员会会议上，理事会对国际准则在全球和中国的应用情况做出了不切实际的阐述。本人在会议上以大量事实驳斥了相关发言。理事会在不同场合、通过不同方式宣传全球已有120多个国家采用了国际准则，但实际情况是，各国或地区采用的范围、执行程度和效果参差不齐，理事会没有到这些国家实地考察，很多宣传都与事实不符。众所周知，世界主要经济体，美国、俄罗斯、日本和印度等，都尚未采用国际准则或与之趋同。会后，理事会召开了紧急会议，修正了对中国的不客观评价。

但是今年7月份，理事会新任主席汉斯·霍格沃斯特在北京国家会计学院演讲时说："如果中国会计准则和国际财务报告准则的区别很小的话，为什么我们不合作来消除这最后的一点点差异呢？我建议用阿姆斯特朗在月球上踏出第一步时所说的话：这对于中国来讲，将是一小步，但对于世界来讲，将是一大步。"他甚至直言不讳地说："这只不过是会计而已，又不是要放弃领土、军队或者其他重要的事情。"汉斯的讲话值得我们深思。当今世界，国家之间的竞争主要体现为经济竞争。其中，规则的制定权或话语权是经济竞争的关键。在经济全球化和全球资本市场的背景下，基于会计准则产生的信息涉及国家之间利益和资源分配。美国等西方国家通过发展虚拟经济和掌控国际经济规则制定的话语权，从全球攫取了大量财富。理事会竭尽全力要求中国全面采用国际准则，其深层次的目的是要使我国屈服于欧美等西方国家主导的规则。在这一点上，我们必须保持清醒的头脑。

我国会计法规定："国家实行统一的会计制度。国家统一的会计制度由国务院财政部门根据本法制定并公布。"直接采用国际准则不符合我国会计法的要求，缺乏法律依据。

中国不能直接采用国际准则的根本原因，是国际准则的制定和重大修改没有充分考虑中国等新兴市场经济的实际情况。

从目前情况看，金融危机后理事会已发布和正在进行的准则项目，大多数是理事会与美国共同制定。在这种情况下，对相关国际准则是直接采用还是趋同的选择更要慎重。

资料来源：刘玉廷：《国际财务报告准则的重大修改及对我国的影响》，《证券时报》2011年10月14日；刘玉廷：《金融危机后国际财务报告准则的重大修改及对我国的影响》，《财务与会计》2011年第12期。

国际会计准则理事会这种瞒天过海式的宣传手法甚至瞒过了美国证监会。

美国证监会遵照《2008 年紧急经济稳定法》于 2008 年 12 月向国会提交的报告声称，"世界各地约有 113 个国家或地区（如欧盟、澳大利亚和以色列）要求或允许上市公司按照国际准则编制报告。欧盟、澳大利亚和以色列资本总额为 11 万亿美元，占全球市值的 26%。再加上巴西和加拿大这两个宣布采用国际准则的国家，则资本总额为 13.4 万亿美元，占全球市值的 31%。"[1] 如今，国际财务报告准则基金会依然在其网站上宣称，全球有 100 多个司法局域采用国际财务报告准则。[2] 我国会计教材和许多学术论文的宣传口径一直与其保持高度一致。如何才能确保刘玉廷同志的这种质疑之声有机会唤醒中国会计学术界？这是值得业界同人思考并着力解决的问题。

2012 年 1 月 24 日，国际财务报告准则基金会宣布，中国证监会前首席会计师张为国顺利连任国际会计准则理事会理事。9 月 14 日，财政部发布公告，宣布自 2012 年 1 月 1 日起，欧盟上市公司合并财务报表层面所采用的国际财务报告准则与中国企业会计准则等效。在此之前，欧盟已于同年 4 月 11 日采纳了两项指令法规及一项实施决定，承认中国企业会计准则与欧盟认可的国际财务报告准则最终等效，这一系列文件自 2012 年 1 月 1 日起追溯生效。11 月 5 日，财政部发布《企业会计准则解释第 5 号》。

2014 年 1 月 17 日，财政部发布《企业会计准则解释第 6 号》。

二、企业会计准则体系吸纳 2006 年以来国际准则的最新变化

2014 年上半年，财政部陆续发布了新制定的 3 项具体准则和修订的 5 项具体准则《企业会计准则第 33 号——合并财务报表》（修订）、《企业会计准

---

1 美国证券交易委员会：《市值会计研究——遵照〈2008 年紧急经济稳定法〉第 133 节的报告和建议》，财政部会计准则委员会组织翻译，中国财政经济出版社，2009，第 20 页。

2 参见国际财务报告准则基金会网站（www.ifrs.org）隆重推介的宣传文章：Paul Pacter,"Global Accounting Standards—From Vision to Reality, Assessing the State of IFRS Adoption, Jurisdiction by Jurisdiction," *The CPA Journal*, January 2014。

则第 39 号——公允价值计量》《企业会计准则第 9 号——职工薪酬》(修订)、《企业会计准则第 40 号——合营安排》《企业会计准则第 30 号——财务报表列报》(修订)、《企业会计准则第 2 号——长期股权投资》(修订)、《企业会计准则第 41 号——在其他主体中权益的披露》《企业会计准则第 37 号——金融工具列报》(修订)。这些准则反映了 2006 年以来国际准则的变化，前文所述的刘玉廷所反对的诸多规则悉数被引入我国企业会计准则体系。7 月 23 日，财政部还对《企业会计准则——基本准则》进行了一处修改，将公允价值的定义修改为 "市场参与者在计量日发生的有序交易中，出售资产所能收到或者转移负债所需支付的价格"，从而得以与《企业会计准则第 39 号——公允价值计量》保持一致。

2014 年发布的会计准则采用正文、指南和起草说明相互衔接、一气呵成的体例，改变了原来分别发布指南、解释、讲解的做法。这样有助于逐渐形成由基本准则、具体准则和解释构成的企业会计准则体系，从而为我国企业会计准则的后续发展和完善奠定基础。

国际会计准则理事会在这些准则的修订或制定过程中也表现得一如既往的热心和积极。会计法规制定者指出，"为确保中国会计准则与国际准则的持续趋同，国际会计准则理事会多次通过面对面会议、电话、邮件等方式与财政部进行沟通交流，了解我国相关会计准则修订或制定的进展情况，并数次派出专家来北京进行认真细致的技术交流和讨论。国际会计准则理事会资深技术专家保罗·派克特先生高度肯定了我国本次企业会计准则的修订完善工作，认为新准则的整体质量很高，与国际准则没有本质差异，部分出于中国实际情况作出的规定甚至在未来可作为国际准则修订的重要参考。中国会计准则的持续趋同成果也得到了国际会计准则理事会主席等相关人士的高度赞赏。"[1]

1　余蔚平:《认真贯彻企业会计准则 全面提升会计信息质量》,《会计研究》2014 年第 6 期。

此次修订格外重视信息披露规则。准则制定者给出的解释是，"2008年国际金融危机爆发后，会计信息的透明度问题引起全球的关注，二十国集团和金融稳定理事会等机构认为有关结构化主体和表外主体的风险披露亟待改善。新准则对长期股权投资、企业在其他主体中的权益披露等进行了全面规范，并充实优化了披露内容，要求企业及时充分披露包括资产负债表外业务在内的其他主体权益相关信息，有效揭示相关金融产品风险。新准则还进一步改进了企业财务报表体系，强调各报表和附注对报表使用者同等重要，突破了传统的单一会计报表的概念，同时，资产负债表、利润表等报表以及报表附注的列报内容进一步改进和完善，强化有关风险管理和披露要求，使企业财务报表的内涵与外延进一步延伸。"

上述准则中，具有一定理论意义的有《企业会计准则第9号——职工薪酬》（修订）和《企业会计准则第39号——公允价值计量》。前者针对设定受益计划给出了处理规范，具有一定的前瞻性，但该准则所引入的诸多估值程序操作难度较大。后者给出了有序交易的定义并规定了估值技术的选用规则。

（一）2014年：《企业会计准则第33号——合并财务报表》（修订）

修订后的合并财务报表准则试图以新的"控制"概念来界定合并范围的确定标准。准则规定，合并财务报表的合并范围应当以控制为基础予以确定。控制（control），是指投资方（investor）拥有对被投资方（investee）的权力（power），通过参与被投资方的相关活动（relevant activities）而享有可变回报（variable returns），并且有能力运用对被投资方的权力影响其回报金额。

上述控制概念具有三项基本要素：（1）权力。控制的第一项要素是投资方拥有对被投资方的权力。权力是指赋予投资方主导被投资方相关活动的现时能力（current ability）的现实权利（existing rights）。对控制的判断应当侧重于评价投资方是否具备主导被投资方相关活动的现时能力。只要具备这种现时能力，那么无论投资方是否实施该控制权，均构成对被投资方的权力。如果两个或两个以上的投资方分别享有单方面主导被投资方的某些不同的相关活动的现时权利，那么，能够主导对被投资方的回报产生最重大影响的活动的一方拥有对被投资方的权力。（2）可变回报。控制的第二项要素是投资方通过涉入被投资方而承担或有权获得可变回报。可变回报是指可能随着被投资方业绩而变化的回报，可以仅仅是正回报，仅仅是负回报，或者同时包括正回报和负回报。投资方自被投资方取得的回报可能会随着被投资方业绩而变动的，视为享有可变回报。（3）权力与回报的关联。控制的第三项也就是最后一项要素是，投资方必须要有能力使用权力来影响因涉入被投资方而获得的可变回报。

不难看出，新的"控制"概念仍然难以用于准确界定合并财务报表的合并范围。原因在于，合并报表本身并非针对法律意义上的民事主体而言的，因此，不可能形成科学的合并范围的界定标准。

（二）2014 年：《企业会计准则第 39 号——公允价值计量》

《企业会计准则第 39 号——公允价值计量》规定，有序交易（orderly transaction），是指在计量日前一段时期内相关资产或负债具有惯常市场活动的交易。清算等被迫交易不属于有序交易。企业以公允价值计量相关资产或负债，应当假定出售资产或者转移负债的有序交易在相关资产或负债的主要市场进行。不存在主要市场的，企业应当假定该交易在相关资产或负债的最有利市场进行。主要市场（principal market），是指相关资产或负债交易量最大和交易活跃程度最高的市场。最有利市场（most advantageous market），是指在考虑交易费用和运输费用后，能够以最高金额出售相关资产或者以最低金额转移相关负债的市场。

企业以公允价值计量相关资产或负债，应当采用在当前情况下适用并且有足够可利用数据和其他信息支持的估值技术（valuation techniques），主要包括市场法（market approach）、收益法（income approach）和成本法（cost approach），如图 7-1 所示。准则要求，企业应当使用与其中一种或多种估值技术相一致的方法计量公允价值，使用多种估值技术计量公允价值的，应当考虑各估值结果的合理性，从中选取在当前情况下最能代表公允价值的金额作为公允价值。在估值技术的应用中，应当优先使用相关可观察输入值（relevant observable inputs），只有在相关可观察输入值无法取得或取得不切实可行的情况下，才可以使用不可观察输入值（unobservable inputs）。相关资产或负债存在活跃市场公开报价的，企业应当优先使用该报价确定该资产或负债的公允价值。

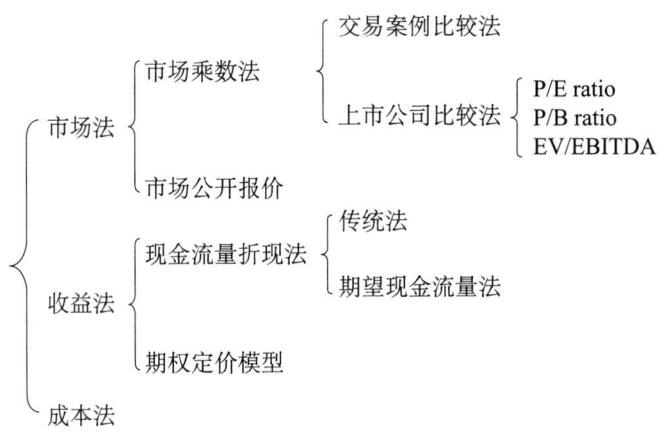

图 7-1 公允价值的估值技术

准则要求企业遵照公允价值层次（fair value hierarchy）进行公允价值计量。

企业应当将公允价值计量所使用的输入值划分为三个层次，并首先使用第一层次输入值（Level 1 inputs），其次使用第二层次输入值（Level 2 inputs），最后使用第三层次输入值（Level 3 inputs）。

1. 第一层次输入值

第一层次输入值是在计量日能够取得的相同资产或负债在活跃市场上未

经调整的报价（unadjusted quoted prices）。活跃市场（active market），是指相关资产或负债的交易量和交易频率足以持续提供定价信息的市场。第一层次输入值为公允价值提供了最可靠的证据（the most reliable evidence）。

在所有情况下，企业只要能够获得相同资产或负债在活跃市场上的报价，就应当将该报价不加调整地应用于该资产或负债的公允价值计量，但下列情况除外：（1）企业持有大量类似但不相同的以公允价值计量的资产或负债，这些资产或负债存在活跃市场报价，但难以获得每项资产或负债在计量日单独的定价信息。在这种情况下，企业可以采用不单纯依赖报价的其他估值模型。（2）活跃市场报价未能代表计量日的公允价值，如因发生影响公允价值计量的重大事件等导致活跃市场的报价未能代表计量日的公允价值。（3）不存在相同或类似资产或负债的可观察市场报价的情形。企业在这些情形下对相同资产或负债在活跃市场上的报价进行调整的，公允价值计量结果应当划分为较低层次。

采用第一层次输入值进行公允价值计量的做法，就是业界惯常所称的盯市会计（mark-to-market accounting）。

2. 第二层次输入值

第二层次输入值是除第一层次输入值（即未经调整的报价）外的相关资产或负债的直接或间接可观察的输入值。

第二层次输入值包括：（1）活跃市场中类似资产或负债的报价；（2）非活跃市场中相同或类似资产或负债的报价；（3）除报价以外的其他可观察输入值，包括在正常报价间隔期间可观察的利率和收益率曲线（yield curves）、隐含波动率（implied volatilities）和信用利差（credit spreads，又作信用价差或信用差价）等；（4）市场验证的输入值（market-corroborated inputs）等。市场验证的输入值，是指通过相关性分析或其他手段获得的主要来源于可观察市场数据或者经过可观察市场数据验证的输入值。

企业在使用第二层次输入值对相关资产或负债进行公允价值计量时，应当根据该资产或负债的特征，对第二层次输入值进行调整。这些特征包括资产状况或所在位置、输入值与类似资产或负债的相关程度、可观察输入值所在市场的交易量和活跃程度等。对于具有合同期限等具体期限的相关资产或负债，第二层次输入值应当在几乎整个期限内是可观察的。

如果在进行公允价值计量时使用了重要的不可观察输入值对第二层次输入值进行了调整，且该调整对公允价值计量整体而言是重要的，那么，企业应当将该公允价值计量结果划分为第三层次。

3. 第三层次输入值

第三层次输入值是相关资产或负债的不可观察输入值。采用第三层次输入值进行公允价值计量的做法，就是业界惯常所称的按估值模型定价（mark-to-model）。

第三层次输入值包括不能直接观察和无法由可观察市场数据验证的利率、股票波动率、企业合并中承担的弃置义务的未来现金流量、企业使用自身数据作出的财务预测等。

企业只有在相关资产或负债不存在市场活动或者市场活动很少导致相关可观察输入值无法取得或取得不切实可行的情况下，才能使用第三层次输入值，即不可观察输入值。不可观察输入值应当反映市场参与者对相关资产或负债定价时所使用的假设，包括有关风险的假设，如特定估值技术的固有风险和估值技术输入值的固有风险等。企业在确定不可观察输入值时，应当使用在当前情况下可合理取得的最佳信息，包括所有可合理取得的市场参与者假设。企业可以使用内部数据作为不可观察输入值，但如果有证据表明其他市场参与者将使用不同于企业内部数据的其他数据，或者这些企业内部数据是企业特定数据、其他市场参与者不具备企业相关特征时，企业应当对其内部数据做出相应调整。

公允价值计量结果所属的层次，由对公允价值计量整体而言具有重要意义的输入值所属的最低层次决定。企业应当在考虑相关资产或负债特征的基础上判断所使用的输入值是否重要。公允价值计量结果所属的层次，取决于估值技术的输入值，而不是估值技术本身。

三、全面推进管理会计体系建设

2014年10月27日,《财政部关于全面推进管理会计体系建设的指导意见》提出了"建立与我国社会主义市场经济体制相适应的管理会计体系"的目标。该指导意见指出，"改革开放以来，特别是市场经济体制建立以来，我国会计工作紧紧围绕服务经济财政工作大局，会计改革与发展取得显著成绩：会计准则、内控规范、会计信息化等会计标准体系基本建成，并得到持续平稳有效实施；会计人才队伍建设取得显著成效；注册会计师行业蓬勃发展；具有中国特色的财务会计理论体系初步形成。"该指导意见要求，"争取3—5年内，在全国培养出一批管理会计人才；力争通过5—10年左右的努力，中国特色的管理会计理论体系基本形成，管理会计指引体系基本建成，管理会计人才队伍显著加强，管理会计信息化水平显著提高，管理会计咨询服务市场显著繁荣，使我国管理会计接近或达到世界先进水平。"

12月1日，财政部发布文件，宣布在会计准则委员会基础上组建会计标准战略委员会，由会计标准战略委员会负责就我国会计标准制定、实施和国际趋同的发展战略向会计准则委员会提供咨询意见。第一届会计标准战略委员会共有委员37人，主席1人、副主席10人均来自政府部门，此外还有委员26人（其中，来自政府部门的委员4人，来自企业界的委员9人，来自会计师事务所的委员6人，来自学术机构的委员5人，来自证券交易所的委员2人）。

第四节 重申全面趋同的目标

2015 年 10 月 13 日至 16 日，国际财务报告准则基金会（简称"IFRS 基金会"）受托人在北京召开会议，其间，IFRS 基金会受托人与财政部的代表举行了双边会议。双方对中国会计准则委员会与国际会计准则理事会于 2005 年 11 月在北京发布的联合声明给予了充分肯定，双方认为该联合声明已经实现了其目标，特别是，中国企业会计准则实现了与国际财务报告准则的实质性趋同，并且中国企业会计准则的实施显著提升了中国企业财务报告的质量及其透明度。11 月 18 日，双方发布《中华人民共和国财政部与国际财务报告准则基金会联合声明》，财政部的代表进一步重申了中国对基金会工作的持续支持，以及为实现二十国集团所认可的全球统一的高质量会计准则这一目标的不懈努力，同时重申中国将通过与国际财务报告准则的全面趋同来实现这一目标的愿景。

2015 年 11 月 4 日，财政部发布《企业会计准则解释第 7 号》。12 月 16 日，财政部发布《企业会计准则解释第 8 号》。至此，企业会计准则体系由 1 项基本准则、41 项具体会计准则、1 套企业会计准则应用指南和 8 项企业会计准则解释组成。表 6-1 列示了现行的具体准则，表 7-1 列示了一般企业的资产负债表，表 7-2 列示了一般企业的利润表。与第三章的表 3-7、表 3-8 相比，会计报表的变化相当之大。

表 7-1　　　　　　　　　　　　　　资产负债表

会企 01 表

编制单位：　　　　　　　　　年　月　日　　　　　　　　　单位：元

资产	期末余额	年初余额	负债和所有者权益（或股东权益）	期末余额	年初余额
流动资产：			流动负债：		
货币资金			短期借款		
以公允价值计量且其变动计入当期损益的金融资产			以公允价值计量且其变动计入当期损益的金融负债		

续表

资产	期末余额	年初余额	负债和所有者权益（或股东权益）	期末余额	年初余额
应收票据			应付票据		
应收账款			应付账款		
预付款项			预收款项		
应收利息			应付职工薪酬		
应收股利			应交税费		
其他应收款			应付利息		
存货			应付股利		
持有待售资产			其他应付款		
一年内到期的非流动资产			持有待售负债		
其他流动资产			一年内到期的非流动负债		
流动资产合计			其他流动负债		
非流动资产：			流动负债合计		
可供出售金融资产			非流动负债：		
持有至到期投资			长期借款		
长期应收款			应付债券		
长期股权投资			长期应付款		
投资性房地产			专项应付款		
固定资产			预计负债		
在建工程			递延所得税负债		
工程物资			其他非流动负债		
固定资产清理			非流动负债合计		
生产性生物资产			负债合计		
油气资产			所有者权益（或股东权益）：		
无形资产			实收资本（或股本）		
开发支出			资本公积		
商誉			减：库存股		
长期待摊费用			盈余公积		

续表

资产	期末余额	年初余额	负债和所有者权益（或股东权益）	期末余额	年初余额
递延所得税资产			未分配利润		
其他非流动资产			所有者权益（或股东权益）合计		
非流动资产合计					
资产总计			负债和所有者权益（或股东权益）总计		

表 7-2　　　　　　　　　　　　　　利润表

会企 02 表

编制单位：　　　　　　　　　年　月　日　　　　　　　　　单位：元

项目	行次	本年金额	上年金额
一、营业收入			
减：营业成本			
营业税金及附加			
销售费用			
管理费用			
财务费用			
资产减值损失			
加：公允价值变动收益（损失以"－"号填列）			
投资收益（损失以"－"号填列）			
其中：对联营企业和合营企业投资的收益			
二、营业利润（亏损以"－"号填列）			
加：营业外收入			
减：营业外支出			
其中：非流动资产的处置损失			
三、利润总额（亏损总额以"－"号填列）			
减：所得税费用			

续表

项目	行次	本年金额	上年金额
四、净利润（净亏损以"－"号填列）			
五、其他综合收益：			
（一）以后会计期间不能重分类进损益的其他综合收益			
其中：重新计量设定受益计划净负债或净资产导致的变动的税后净额			
按照权益法核算的在被投资单位不能重分类进损益的其他综合收益中所享有份额的税后净额			
（二）以后会计期间在满足规定条件时将重分类进损益的其他综合收益			
其中：按照权益法核算的在被投资单位可重分类进损益的其他综合收益中所享有份额的税后净额			
可供出售金融资产的公允价值变动所形成的利得（损失以"－"号填列）的税后净额			
持有至到期投资重分类为可供出售金融资产形成的利得（损失以"－"号填列）的税后净额			
现金流量套期工具产生的利得中属于有效套期的部分（损失以"－"号填列）的税后净额			
外币财务报表折算差额的税后净额			
其他综合收益税后净额合计			
六、综合收益总额			
七、每股收益			
（一）基本每股收益			
（二）稀释每股收益			

2016 年 10 月 8 日，财政部印发《会计改革与发展"十三五"规划纲要》。该纲要提出，要继续保持企业会计准则国际趋同，"立足我国实际情况，适应国际财务报告准则发展，积极稳妥推进我国企业会计准则与国际财务报告准则持续全面趋同。积极参与国际财务报告准则基金会各层面事务和国际财务

报告准则制定工作，不断提高我国在国际财务报告准则制定中的话语权和影响力"。充分利用各种多边、双边交流机制，"协调立场，争取支持，为我国企业会计准则建设和国际趋同创造有利的国际环境。深度参与国际综合报告委员会工作，提高我国对国际综合报告框架等规则制定的影响力，持续研究综合报告在我国的适用性和可行性"。该纲要还提出了修订《会计法》《注册会计师法》及其配套法规、规章等规划目标。

第五节　证券监管机构改变对待现有会计审计规则的态度

一、旷日持久的证券监管"路线之争"

（一）高西庆关于完善强制性信息披露制度的建议

 专栏 7-3

高西庆同志

高西庆，1953年9月出生。本科、硕士毕业于北京对外贸易学院（现对外经济贸易大学）。1986年获美国杜克大学法律博士学位（J.D.），其后在华尔街从事律师工作。1988年回国后在对外经济贸易大学法律系任教，并参与创立中国证券市场设计研究中心。1992年10月至1995年10月，任中国证监会首席律师、发行部主任；1997年1月至1999年7月，任中国银行港澳管理处副主任、中银国际副董事长兼执行总裁；1999年7月至2002年12月，任中国证监会副主席；2003年至2007年9月，任全国社会保障基金理事会副理事长；2007年9月至2014年1月，任中国投资有限责任公司副董事长、总经理（正部级）；2014 年 7 月任清华大学法学院全职教授。

　　高西庆曾提出证监会不应该有发行审批权力，应该放出去。但有人告诉他，不能这样说，不然把证监会的饭碗砸了。这时高西庆终于知道，证监会还有饭碗的问题。证券市场的发展演变，与高西庆理想化的初衷出现了很大错位。

　　1996 年，《证券市场导报》第 10 期刊发时任对外经济贸易大学法学院教授高西庆的文章《证券市场强制性信息披露制度的理论根据》。[1]高西庆此前曾于 1992 年 10 月至 1995 年 10 月，任中国证监会首席律师、发行部主任。

　　该文指出，"总体来说，迄今为止的各种法学、经济学、社会心理学的理论及实证性研究均不能完全准确地说明股票价格的运动。但对我们来说，至少有一点是可以肯定的，即除了对股价多么经常地偏离其基本面价值及纠正此偏离所需要的时间尚存疑问外，无人（不管其赞成还是反对强制性信息披露制度）可以否定公开信息对股票市场的作用"。"以此为出发点，中国的证券立法和证券管理部门应当在强制性信息披露制度及其相关问题，如信息传播的广度、深度、及时性和可比性等问题，以及对蓄意违反信息披露法规的调查和处罚等问题上投入最多的关注和最大的努力，以图使市场日趋成熟，最终将政府从社会成本很高、自身风险极大、吃力不讨好而又烦不胜烦的日常经济决定和具体市场运作中解放出来。"

　　高西庆指出，实质性审查的权力仍然是证券市场管理层握在手中难以割舍的一把"利剑"。"证监会成立四年来，经其手批准发行、上市的公司已有三百六十家之多，至 1997 年上半年将本期额度全部用完预计还将有四十家左右。每年经其批准增资扩股的已上市公司又有几十家。全国三十个省、直辖

1　高西庆：《证券市场强制性信息披露制度的理论根据》，《证券市场导报》1996 年第 10 期。

市、自治区，十四个计划单列市主要领导人以下各部门各级别官员、国务院各部委主管官员、各企业领导、工作人员等浩浩荡荡、络绎不绝，经年累月地出入于证监会等国家行政部门，以求获得其地区、其部门、其企业的公开发行权。……放弃一个具有如此规模和深度的权力，对于任何一个机体，特别是一个从传统的中央集权计划体制下生长出来的机体来说，都恐怕需要经历一场'从灵魂深处爆发的革命'！"

该文认为，"无论证监会在发行审核上集中多少人力、财力资源，也无论那些制定审核政策的人士具有如何优秀的品质及如何善良的用心，一个试图以行政干预（特别是以中央集权为条件的行政干预）的方式达到市场资源的优化配置，以家长式的包办加严惩的方式达到保护投资者利益的机制，已被历史证明是效率低下而且弊端百出的。证监会成立的初衷是主要作为查处市场违法行为的监管机构，而非决定市场运行模式的权力机构。这一初衷的实现，大约无法依靠证监会权力的日益扩大；相反，为了增加执法资源和增强执法意愿，证监会最终将不得不走上逐步放弃实质性审查权的道路。"

（二）吴敬琏先生关于证券监管路线的见解

吴敬琏先生对我国证券市场的发展给予了很大的热忱和较多的关注。他曾经在《吴敬琏：十年纷纭话股市》一书的两万多字的前言中提及，2001年1月14日中央电视台的《经济半小时》，围绕证监会查处庄家操纵股价案，播出了一期名为《评说"庄家"》的专题节目。他在采访中讲道："中国的股市从一开始就很不规范，如果这样发展下去，它就不可能成为投资者的一个良好的投资场所。……股价畸形的高，所以，相当一部分股票没有了投资价值。从深层次看，股市上盛行的违规、违法活动，使投资者得不到回报，变成了一个投机的天堂。有的外国人说，中国的股市很像一个赌场，而且很不规范。赌场里面也有规矩，比如你不能看别人的牌。而我们这里呢，有些人可以看别人的牌，可以作弊，可以搞诈骗。做庄、炒作、操纵股价这种活动可以说是登峰造极。""股市有这个特点，如果光靠炒作，不是靠回报的话，它是一种零和博弈，就是说钞票在不同人的口袋里搬家，并没有创造出新的财富。"[1]

吴敬琏先生的此番言论被概括为"推倒重来论"，引起全国热议。2001年2月，厉以宁、肖灼基、董辅礽、吴晓求、韩志国等5位著名学者举行与记者的恳谈会，"全面反击吴敬琏关于资本市场的种种言论"。经过这般酝酿，"赌场论"变成了中国证券市场挥之不去的标签。

专栏 7-4

吴敬琏先生

吴敬琏，国务院发展研究中心研究员。1930年出生，江苏武进人。1950年入金陵大学经济系，1952年高等院校调整转入上海复旦大学经济系。1984—1992年，连续五次获得中国"孙冶方经济科学奖"。吴敬琏先生始终鲜明地坚持市场取向的改革主张。他和刘国光、董辅礽、赵人伟等经济学家共同工作，在20世纪80年代初期创建了中国的比较制度分析学科。1992年4月，吴敬琏向中共中央提出将社会主义市场经济确立为我国经济改革目标的建议。2005年获首届"中国经济学奖杰出贡献奖"。

2016年4月，吴敬琏先生在深圳演讲后回答热点问题时再度提及"赌场论"，甚至直指证券监管路线是错误的。他指出，"我的教科书《当代中国经济改革》金融那一章里面，引用了高西庆教授说的中国股票市场的根本问题在哪里，高西庆教授当过中国证监会的首席律师、当过副主席，他搞不好，

---

1 吴敬琏:《吴敬琏：十年纷纭话股市》，上海远东出版社，2001，前言。

他不为主流所认同。"吴敬琏先生认为，正确的监管路线就是高西庆教授所说的，就是实行非常严格的信息披露制度。"要准确地、全面地、及时地披露信息，如果做不到这个我就惩罚你，但是在中国不是，不是用这个办法。它选择了一个错误的监管路线，就是审批制，叫作实质性审批，谁能够上市谁推荐，他批一次，上市规模多大他批一次，卖什么价钱他批一次，于是变成了一个寻租场，根本的问题在这里。"

此论发表后不久，经济日报社《证券日报》刊登该报副总编辑董少鹏的文章《为什么说股票市场是我国重要的金融基础设施？》予以回应。董少鹏曾供职于负责设计早期证券监管制度的中国证券市场研究设计中心。该文称，"我国股市发展历史上，曾经出现一些'学术怪论'。这些怪论不顾市场发展的阶段性、渐进性、持续性，热衷搞耸人听闻，比如2001年出现的所谓'赌场论'。近期，这位赌场论的发明者再次发言称，中国股市'选择了一个错误的监管路线，就是审批制'，还称中国股市'变成了一个寻租场'。笔者认为，他的说法是违背整体事实的，极其不负责任的。……把中国股市说成'赌场'、'寻租场'、'错误的监管路线'则是典型的以偏概全，……很不严肃。"

5月，董少鹏在演讲时称，"那位老先生的'赌场论'对中国股市的发展起了15年的破坏作用"。

出现这种针锋相对的争鸣，对于完善证券监管来说，其实是一件好事。道理越辩越明。这种争鸣更有利于社会公众乃至监管当局弄明白问题之所在。

吴敬琏先生和高西庆先生的观点是高度一致的，那就是，证券市场要健康发展，就必须建立以信息真实性为基础的证券监管制度。而会计规则，恰恰是信息真实性的重中之重。曾任美国财政部部长、哈佛大学校长的经济学家劳伦斯·H. 萨默斯（Lawrence H. Summers）曾说，"我认为对于完善资本市场来说，唯一最重要的改革就是改变公认会计原则，寻求国际通用的会计准则。"且不说其观点是否成立，其对会计准则的重要性的认识还是值得称道的。

二、证券监管机构更新其证券监管理念

证券监管机构的证券监管理念在十几年间发生了值得称赞的转变。前已述及，在 2001 年时，中国证监会的基本理念是"更多地参考国际经验"，"更多地向国际标准靠拢"。到了 2017 年，监管层的理念有了相当可观的进步。

2017 年 2 月 26 日（星期日）上午 10 时，国务院新闻办新闻发布厅举行新闻发布会，时任中国证监会主席刘士余介绍协调推进资本市场改革稳定发展等方面情况，并答记者问。

刘士余指出，资本市场要想长久发展，就需要解决资本市场长期稳健发展的机制性问题、资本市场的源头活水问题、服务实体经济的能力问题。他说，"没有稳定的资本市场环境，任何改革都无法推进，已经迈出的改革的步子可能倒回来，这方面我们是栽过大跟头的，犯过大错误，有过深刻的教训"。"我到证监会工作后，花了较长时间来了解资本市场的各种乱象，也感到很震惊。我看到这些乱象，就想找比较简单的、贴切的、大家都能懂的词，来给每一个乱象贴上一个标签，这不是我创造的。……'野蛮人'、'妖精'、'害人精'、'大鳄'，这些人的行为往往是披着合法的外衣，打着制度的擦边球，在资本市场上巧取豪夺，侵蚀着广大中小投资者的合法权益。"

针对路透社记者提出的何时开放"国际板"的问题，中国证监会副主席方星海指出，由于存在会计规则不完全适用、信息披露规则存在差异等技术性障碍，"国际板"的推出还没有一个时间表。

方星海的此番答复，是证券监管机构首次明确公开表示境外会计规则不能完全适用，这体现出了证券监管机构的理论自信，与此前二十多年的立场存在鲜明对比。众所周知，"国际板"这一话题已经被热炒多年，财经报道"言必称希腊"，国际趋同论颇为盛行，证券监管机构常常被舆论裹挟。

这次新闻发布会后，喧嚣一时的国际板话题和国际趋同话题迅速销声匿迹。

专栏 7-5

中国证监会副主席方星海答记者问

□路透社记者提问：

我有两个问题，第一，您认为今年中国被列入 MSCI 全球指数的概率有多少？第二，在去年国务院也曾经说过，会鼓励外资企业在中国的证券市场上市，您觉得在大概什么时间，这一目标会转化为现实？今年是否在外资企业上市方面会有一些进展？

□方星海答复：

谢谢你的问题。A 股纳入 MSCI 指数这个事，我们一直是乐见其成，我们是欢迎的。我们认为，任何一个新兴市场的股票指数，无论是 MSCI 也好，还是其他的指数，假如说没有中国的股票在里面，这个股指是非常不完整的。A 股是否纳入 MSCI 指数，决定权首先在 MSCI，也是 MSCI 的一个商业决策。我们知道，它背后有很多商业利益的考虑，我们愿意和 MSCI 共同讨论这件事。你刚才问的问题是今年能不能纳入，我们无法判断。不管它是不是纳入，中国股票市场，甚至包括我们整个资本市场沿着市场化、法治化、国际化的改革方向是不会改变的，改革开放的节奏也不会因为 MSCI 是否纳入 A 股指数而改变。我们跟 MSCI 讨论这个问题的过程当中，他们也反映了一些诉求。有些诉求跟中国资本市场的改革开放方向是完全一致的，我们会坚决予以推进，当然推进的节奏由中国市场本身的发展所决定。

举一个例子，现行的上市公司停牌制度相对来说还是不够规范。境外的机构投资者会担心，我买了你的股票，如果老停牌，我想走的时候卖不掉怎么办？我觉得这个问题要予以关注，并且应该予以解决。因为国内的机构投资者也有同样的关切，所以相应的改革开放我们都会推进。

　　另外，外资企业能不能在境内上市，你是指注册在国外的外资企业能不能在国内上市，也就是俗称的国际板。这件事情我们在继续予以研究。可能在座的一些记者还记得，我在上海工作的时候，就和证监会有关部门一起研究推进国际板的建设。这里还有一些技术性的障碍。举个例子，比如会计准则，因为境外注册的公司，有的是遵循美国的会计标准，有的是欧盟的标准，还有一些其他的国际会计标准。这些标准到了中国境内要做相应的调整，还不能完全适用。到底怎么改，要考虑改动的成本，在这方面有一系列技术上的工作要做。市场监管规则方面，比如上市公司的信息披露，在境外披露的规则跟在境内不太一样。所以，如果要推出国际板，相关的制度规则要做一些调整。总而言之，这件事情一直在研究，我们没有一个时间表。

　　资料来源：根据中央电视台电视直播整理。另可参见国务院新闻办公室图文直播（http://www.scio.gov.cn/xwfbh/xwbfbh/wqfbh/35861/36298/index.htm）。

三、中国证监会对上市公司和中介机构实施高压监管

（一）上市公司频频暴雷

2015 年以来，欣泰电气、康得新、康美药业等恶性造假事件一再挑战底线，成为热点话题，对证券市场发展、对注册会计师行业造成了极其恶劣的影响。

1. 博元投资重大信息披露违法案

2015 年 3 月 31 日起，上海证券交易所依法对博元投资实施退市风险警示。此前，博元投资因财务造假、信息披露违法而被中国证监会立案调查，并被移交公安机关追究刑事责任。

4 月 30 日，*ST 博元在 2014 年年报中称，"公司董事会、监事会及董事、监事、高级管理人员无法保证年度报告内容的真实、准确、完整，不存在虚假记载、误导性陈述或重大遗漏，并不承担个别和连带的法律责任"。[1] 此类公告被媒体戏称为"不保真"声明。该公司称，"理由是：鉴于公司的现状"。会计师事务所出具了无法表示意见的审计报告。

5 月 25 日，*ST 博元股票被上海证券交易所暂停上市。

12 月 12 日，*ST 博元关于受赠资产的公告称，股东郑伟斌（公司董事长许佳明的高中同学）愿意无偿捐赠 8.59 亿元的资产，"这将改善公司的财务状况（实现净资产为正，净利润为正），使公司摆脱资不抵债的困境，同时提高了公司持续经营能力"。

2016 年 3 月 21 日，上海证券交易所对 *ST 博元作出终止上市决定。5 月 13 日，*ST 博元被上海证券交易所正式摘牌。*ST 博元是中国证监会 2014 年《关于改革完善并严格实施上市公司退市制度的若干意见》实施后，证券市场首家因触及重大信息披露违法情形被终止上市的公司。

*ST 博元的前身是沪市"老八股"之一的浙江凤凰化工股份公司，该公司 1990 年 12 月在上海证券交易所上市，是全国首家股票异地上市公司。该公司先后更名为华源制药、*ST 华药、*ST 源药、ST 方源、S*ST 源药、ST 博元、博元投资、ST 博元，被称作 A 股"不死鸟"。"不死鸟"二十多年的发展历程，折射出了证券市场监管规则的诸多缺陷。

2. 欣泰电气欺诈发行案

深圳证券交易所创业板上市公司丹东欣泰电气股份有限公司 2014 年 1 月上市，2015 年 7 月涉嫌 IPO 申请文件财务数据存在虚假记载，被中国证监会

---

1 作为对比，《证券法》第六十八条的规定是，"上市公司董事、高级管理人员应当对公司定期报告签署书面确认意见"。"上市公司监事会应当对董事会编制的公司定期报告进行审核并提出书面审核意见"。"上市公司董事、监事、高级管理人员应当保证上市公司所披露的信息真实、准确、完整"。

立案调查。

2016 年 5 月，欣泰电气停牌，中国证监会调查认定其 2013 年年报、2014 年半年报、2015 年年报存在虚假记载。欣泰电气通过外部借款、使用自有资金或伪造银行单据的方式虚构应收账款的收回，在年末、半年末等会计期末冲减应收款项（大部分在下一会计期间期初冲回）。6 月，中国证监会对欣泰电气、审计机构新华会计师事务所、保荐机构兴业证券进行立案调查，并暂停受理兴业证券的 20 个保荐项目。随后，中国证监会对该公司欺诈发行作出行政处罚，欣泰电气成为创业板第一个退市公司。8 月，欣泰电气永久退市。

2017 年 5 月，欣泰电气起诉中国证监会，被一审判决驳回诉讼请求。欣泰电气提起上诉。

2018 年 4 月，北京市高级人民法院作出二审判决，驳回诉讼请求，维持一审判决。5 月，欣泰电气因犯欺诈发行股票罪被罚 832 万元，原董事长（实际控制人）、总会计师分别被判 3 年、2 年有期徒刑并处罚金。

3. 獐子岛扇贝"跑路"事件

2014 年 10 月 31 日，獐子岛公布三季报称，发现部分海域的底播虾夷扇贝存货异常，决定对部分存货进行核销处理，对部分存货计提跌价准备，合计调减存货 36.83%，调减第三季度净利润 7.6 亿元。预计公司 2014 年全年亏损。该公司将原因归结为寒潮、冷水团异常。此举引发广泛质疑。

2017 年 10 月 27 日，獐子岛公布三季报称，预计 2017 年归属于上市公司股东的净利润为 0.9 亿~1.1 亿元，同比增长 13.07%~38.20%。但到了 2018 年 1 月 31 日，獐子岛却公告称，发现部分海域的底播虾夷扇贝存货异常，拟对部分海域的底播虾夷扇贝存货作计提跌价准备或核销处理，预计 2017 年全年亏损 5.3 亿~7.2 亿元。会计师事务所对獐子岛 2017 年和 2018 年的财务报告出具了保留意见的审计报告。

2018 年 2 月 5 日，獐子岛公告称，扇贝存货异常的原因是，"降水减少导致扇贝的饵料生物数量下降，养殖规模的大幅扩张更加剧了饵料短缺，再加上海水温度的异常，造成高温期后的扇贝越来越瘦，品质越来越差，长时间处于饥饿状态的扇贝没有得到恢复，最后诱发死亡。"公司年末存货盘点时，会计师事务所进行了监盘。

獐子岛因涉嫌信息披露违法违规被中国证监会立案调查。2019 年 7 月，中国证监会对獐子岛给予警告，并处以 60 万元的顶格罚款。对该公司董事长等人分别处以罚款以及证券市场禁入措施。

4. 慧球科技"1001 项议案"事件

2017 年 1 月，慧球科技在"1001 项议案"信息披露申请未获上海证券交易所批准的情况下，通过网络非正常披露，抛出了《关于公司建立健全员工恋爱审批制度》等 1001 项奇葩议案。中国证监会发言人称，"涉案相关公司及实际控制人、上市公司董事等无视党和政府的权威，打着信息披露的幌子，将宪法确立的基本政治制度、社会公序良俗矮化为董事会决议事项，挑战党和政府的权威，藐视法律规定，践踏社会公德，性质恶劣、情节严重，必须依法严惩。"3 月底，中国证监会对该公司实际控制人的操纵行为依法处罚 34.69 亿元并采取了终身证券市场禁入措施。2019 年 9 月，该公司实际控制人被依法判处有期徒刑 5 年，并处罚金人民币 1 180 万元；违法所得予以追缴。

5. 康美药业 299 亿元货币资金造假案

2018 年底，康美药业涉嫌财务造假，涉案金额巨大，中国证监会立案后集中力量进行查办。

经查，2016—2018 年间，康美药业通过财务不记账、虚假记账，伪造、变造大额定期存单或银行对账单，配合营业收入造假伪造销售回款等方式，虚增货币资金等资产。康美药业 2016 年年报虚增货币资金 225.49 亿元，占公司披露总资产的 41.13% 和净资产的 76.74%；虚增营业收入 89.99 亿元，多计利息收入 1.51 亿元，虚增营业利润 6.56 亿元，占合并利润表当期披露利润总额的 16.44%。2017 年年报虚增货币资金 299.44 亿元，占公司披露总资产的 43.57% 和净资产的 93.18%；虚增营业收入 100.32 亿元，多计利息收入 2.28 亿元，虚增营业利润 12.51 亿元，占合并利润表当期披露利润总额的 25.91%。2018 年半年报虚增货币资金 361.88 亿元，占公司披露总资产的 45.96% 和净资产的 108.24%。2018 年年报虚增营业收入 84.84 亿元，多计利息收入 1.31 亿元，虚增营业利润 20.29 亿元，占合并利润表当期利润总额的 65.52%。

中国证监会称，"康美药业有预谋、有组织，长期、系统实施财务造假行为，恶意欺骗投资者，影响极为恶劣，后果特别严重。"

中国证监会对康美药业责令改正，给予警告，并处以 60 万元的罚款；对康美药业及马兴田等 22 名当事人予以行政处罚，并对 6 名当事人采取证券市场禁入措施。这就是当时的证券法规下中国证监会所能开出的"顶格处罚"。

6. 康得新 119 亿元利润造假案

2019 年 1 月，账面上还有 100 多亿元货币资金的上市公司康得新，却无力按期兑付 15 亿元短期融资券本息，其业绩真实性存疑，遂被中国证监会立案调查。

7 月 5 日，中国证监会公布调查结果，康得新在 2015—2018 连续四年净利润实际为负，但该公司通过虚构销售业务等方式虚增营业收入，并通过虚构采购、生产、研发费用、产品运输费用等方式虚增营业成本、研发费用和销售费用，共虚增利润总额达 119 亿元。该公司存在 100 多亿元不实货币资金。根据深圳证券交易所规定，*ST康得新触发退市条件，于 7 月 8 日停牌。

中国证监会称，康得新所涉及的信息披露违法行为持续时间长、涉案金额巨大、手段极其恶劣、违法情节特别严重。中国证监会对康得新及主要责任人员给予了顶格处罚并采取了终身证券市场禁入措施。对康得新复合材料集团股份有限公司责令改正，给予警告，并处以60万元罚款。

康美药业和康得新所受到的顶格处罚公布后，舆论一片哗然。百亿级别的造假对应的是数十万元的罚款。如果这就是"顶格处罚"的话，那么，这"格"是不是也太低了？[1]

此外，还有伪造审计报告案[2]、上市公司高管公布"不保真"声明等乱象。

（二）中国证监会持续实施高压监管

2017年，中国证监会立案调查数量维持高位，稽查执法高压态势常态化，行政处罚数量进一步增长。2014—2017年，证监会针对中介机构作出行政处罚决定的数量分别为5件、2件、16件、19件。2017年共有817家机构被中国证监会采取过行政监管措施，包括上市公司158家，占比19%；非上市公众公司91家，占比11%；证券公司70家，占比9%；期货公司50家，占比6%；基金管理公司28家，占比3%；私募基金管理人156家，占比19%；会计师事务所22家，律师事务所10家，合计占比4%。

2018年，中国证监会全年作出行政处罚决定310件，同比增长38.39%，罚没款金额106.41亿元，同比增长42.28%，市场禁入50人，同比增长13.64%。其中，中介机构违法类案件处罚13起。国信证券、中原证券、东方花旗等证券公司作为资产并购重组项目财务顾问，在执业过程中，未勤勉

1　60万元的顶格罚款是1998年《证券法》起草时规定的标准，这一尺度在当时是较为适当的。《证券法》第一百九十三条规定，发行人、上市公司或者其他信息披露义务人未按照规定披露信息，或者所披露的信息有虚假记载、误导性陈述或者重大遗漏的，责令改正，给予警告，并处以30万元以上60万元以下的罚款。对直接负责的主管人员和其他直接责任人员给予警告，并处以3万元以上30万元以下的罚款。

2　2018年，江苏证监局发现，新三板公司张家港中讯邮电科技股份有限公司伪造了2016年年报审计报告。

尽责履行核查义务，导致相关财务顾问报告存在虚假记载或重大遗漏，被中国证监会严肃查处；大华、立信、中天运等会计师事务所作为上市公司相关业务审计机构，未勤勉尽责履行审计程序，导致相关审计报告存在虚假记载，被中国证监会依法处罚；万隆评估、中企华评估、中和评估、银信评估作为相关业务评估机构，在评估执业过程中未勤勉尽责，导致评估结果被高估或低估，出具的评估报告存在虚假记载或误导性陈述，被中国证监会依法惩处。

四、现行证券监管制度的局限性

中国证券市场的监管规则主要是借鉴美国证券市场制定的，存在显著的缺陷。

第一，最初的制度设计忽视了这样一个事实：美国的证券行业是一门生意，金融中介是要收手续费和佣金的，那么，金融就是一个"负和游戏"，而不可能是零和游戏。社会主义国家如果引入证券行业，是否应该允许它收取手续费佣金？这是需要掂量的问题。

第二，证券市场是信息驱动的市场，必须赋予监管机构具有足够分量的实权。比如，应具有一定的准司法权，允许监管机构从重从快适用法律，以整饬市场操纵行为。反观现实，上市公司"调戏"证监会的戏码屡屡上演，着实令世人错愕。

第三，证券法律制度必须贯彻信息真实性原则。证券发行人、金融中介必须围绕信息真实性开展工作，而不是以虚幻的金融理论和虚假的信息披露来误导市场。

五、中国证监会关于上市公司商誉的风险提示

根据 2018 年三季报统计，A 股上市公司商誉高达 1.45 万亿元。2018 年

11 月 16 日，中国证监会发布《会计监管风险提示第 8 号——商誉减值》。随后，大幅计提商誉成为上市公司 2018 年年报业绩亏损的一大原因。

上市公司 2018 年年报披露后，主板、创业板、中小板共 3 638 家公司，商誉仍然高达 1.3 万亿元。其中，有 13 家上市公司的商誉金额超过 100 亿元，最高的商誉金额超过 400 亿元。还有 31 家上市公司的净资产小于商誉，这 31 家企业中 ST 公司占 21 家。

商誉是人间并不存在的东西，却是上市公司变魔术的关键道具之一。商誉相关信息是典型的虚假信息披露，在法律上应当彻底予以否定。若要建设公开、公平、公正的证券市场，就必须在证券市场上贯彻信息真实性原则。

第六节　2017 年以来企业会计准则体系和会计报表格式的修订

一、2017 年：《企业会计准则第 22 号——金融工具确认和计量》（修订）

2017 年 3 月 31 日，财政部修订发布《企业会计准则第 22 号——金融工具确认和计量》《企业会计准则第 23 号——金融资产转移》《企业会计准则第 24 号——套期保值（套期会计）》。这些准则是借鉴 IFRS 9 制定的。

自 1973 年布雷顿森林体系瓦解以来，如何应对日新月异的金融创新一直是会计准则制定机构所面临的重点和难点问题。在财务会计准则委员会和国际会计准则理事会于 2002 年签署的《诺沃克协议》（The Norwalk Agreement）中，金融工具会计是双方联合研究的重点议题之一。次贷危机爆发期间，国际财务报告准则受到了国际财经界的广泛谴责，金融工具会计准则首当其冲，公允价值会计和贷款损失准备的计算规则更是焦点问题。2009 年 4 月，国际会计准则理事会承诺分三个阶段（即金融资产和金融负债的分类、摊余成本和金融资产减值以及套期会计）对《国际会计准则第 39 号：金融工具：确认和计量》[1]（简称 IAS 39）进行修订。随后陆续公布了各阶段的征求意见稿。2014 年 7 月，IASB 公布《国际财务报告准则第 9 号：金融工具》[2]（简称 IFRS 9），该准则于 2018 年启用，从而取代了 IAS 39。

（一）金融资产的分类

准则规定，企业应当根据其管理金融资产的业务模式和金融资产的合同现金流量特征，将金融资产划分为以下三类：（1）以摊余成本计量的金融资产（financial asset at amortized cost）；（2）以公允价值计量且其变动计入其他综合收益的金融资产（financial asset at fair value through other comprehensive income）；（3）以公允价值计量且其变动计入当期损益的金融资产（financial asset at fair value through profit or loss）。

新国际准则的金融资产分类甚是玄妙。其逻辑可简单概括如下：如果企业持有金融资产的商业模式（business model）以收取合同所约定的现金流为目的，且合同条款规定了本金和利息等主要现金流的具体交割日期，则应将该金融资产划分为以摊余成本计量的金融资产。如果企业持有金融资产的商业模式以收取合同所约定的现金流并出售该金融资产为目的，且合同条款规定了本金和利息等主要现金流的具体交割日期，则应将该金融资产划分为以公允价值计量且其变动计入其他综合收益的金融资产。除上述两类（即以摊余成本计量的金融资产、以公允价值计量且其变动计入其他综合收益的金融资产）以外的金融资产一律划分为以公允价值计量且其变动计入当期损益的金融资产。会计主体可以在将特定的权益工具投资登记入账时，行使一次公允价值选择权（该选择权一旦行使就不可反悔），以避免确认或计量的不一

---

1 International Accounting Standards Board, International Accounting Standard 39: Financial Instruments: Recognition and Measurement (Revised, June 2003), 2003.

2 International Accounting Standards Board, International Financial Reporting Standard 9: Financial Instruments, 2014.

致性（即"会计不匹配"，accounting mismatch）。上述规则可概括如图 7-2 所示。

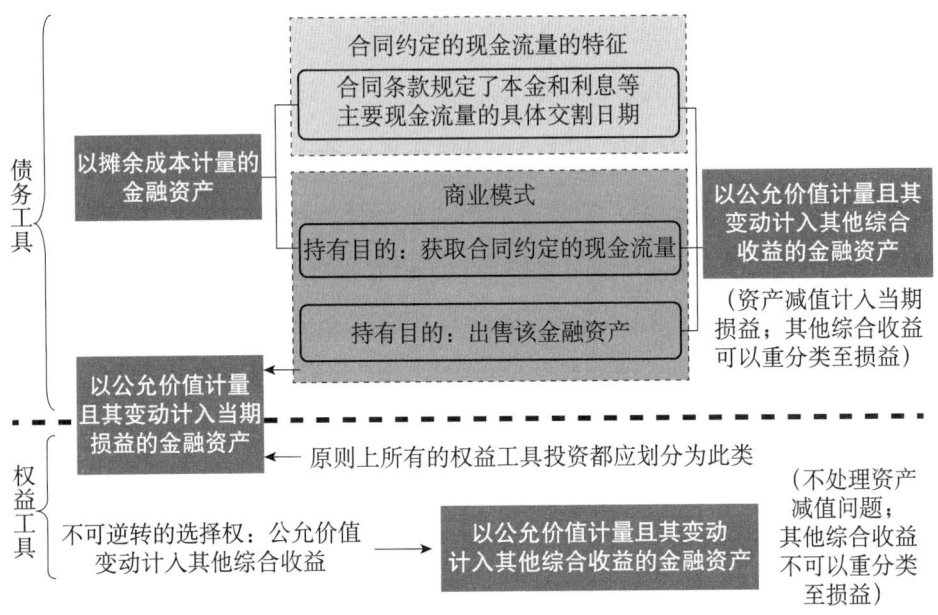

图 7-2 IFRS 9 对金融资产的分类

乍一看，IFRS 9 对金融资产的分类与此前的 IAS 39 存在较大的差异，似乎是此番修订的标志性成果。但实际上，IAS 39 和 IFRS 9 都是把金融资产分为三类，即以公允价值计量且其变动计入当期损益的金融资产、以公允价值计量且其变动计入其他综合收益的金融资产和以摊余成本计量的金融资产。具体而言，企业的债务工具投资可以在这三类之间进行划分；企业的权益工具投资可以划分为以公允价值计量且其变动计入当期损益的金融资产、以公允价值计量且其变动计入其他综合收益的金融资产。那么，IFRS 9 对金融资产的分类处理规则有实质性的变化吗？——没有。表面上看，IFRS 9 引入"商业模式""合同现金流量特征"作为分类标准，似乎解决了 IAS 39 按照管理层意图对金融资产进行分类所存在的主观性过大的问题。但"商业模式""合同现金流量特征"仍然是管理层意图的体现，因此，IFRS 9 对金融资产分类的改变仅仅是辞藻上的变化，换汤不换药，问题的实质（即混合计量模式的逻辑困境）仍然没有得到解决。

（二）贷款减值的预期损失模型

《国际财务报告准则第9号：金融工具》引入了"预期信用损失"概念，从而使得贷款损失准备（loan loss allowance）的计算，摆脱了此前 IAS 39 要求只有在具备"客观证据"（objective evidence）时才能对"已发生损失"计提贷款损失准备的规定。预期信用损失，是指以违约概率为权重所计算的信用损失的加权平均数。换言之，企业只要存在金融资产，就要在报告日（reporting date）估计其预期信用损失，预期信用损失的后续变化也应记载于账簿。如果金融工具的信用风险自其登记入账以来发生显著的增长（significant increases），则应对其整个后续存续期间的预期信用损失（lifetime expected credit losses）计提贷款损失准备；如果金融工具的信用风险自其登记入账后未发生显著的增长，则应对其未来 12 个月的预期信用损失（12-month expected credit losses）计提贷款损失准备。也就是说，对于非不良贷款，要计算未来 12 个月的预期信用损失；对于不良贷款，要计算其后续存续期限内的预期信用损失。[1] 如图 7-3 所示。

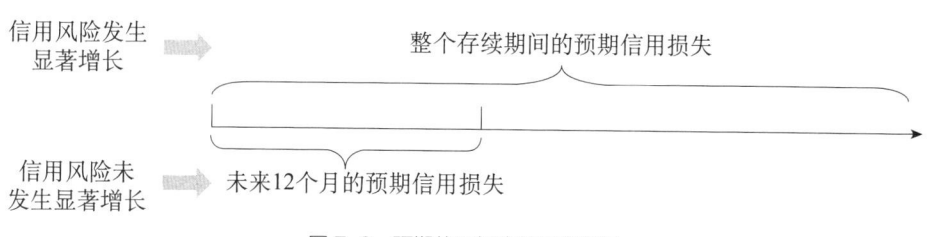

图 7-3 预期信用损失的覆盖期间

预计损失模型的设计理念是，计算实际利率时，预计现金流量的计算需

---

1 依照银行业监管的贷款分类规则，贷款按照信用风险等级划分为正常（pass）、关注（special mention）、次级（substandard）、可疑（doubtful）、损失（loss）五类（即"五级分类"），后三类合称为不良贷款。

要把预期损失考虑在内。如此，如果以后的实际情况果然与最初的预期相同，则只需按先前确定的实际利率确认各期利息收入即可，各期不再记录减值损失，减值准备科目只是一个过渡性的科目（在收回本金时会自然冲销）。如果以后期间企业所预计的预期损失与先前有异，则需按照最新的预期损失，将金融资产的账面价值调整为未来现金流量现值（仍使用最初的实际利率），同时调整当期损益，具体而言：如果最新预计的预期损失比先前预计的预期损失多，则应将因资产减值额的变化而发生的损失（impairment loss）记入"资产减值损失"科目；如果最新预计的预期损失比先前预计的预期损失少，则应将因资产减值额的变化而形成的利得（impairment gain）确认为当期利润。

2009 年 11 月，国际会计准则理事会发布征求意见稿《金融工具：摊余成本和减值》。该文件中的资产减值模型要求银行在初始确认时就把贷款整个存续期间的预期损失纳入实际利率的计算，该实际利率将持续使用至贷款到期之日。在贷款存续期间，银行需要针对预期损失的变化，按照原已计算的实际利率对贷款的摊余成本进行调整，其调整额计入当期（资产减值调整）收益或者（资产减值调整）损失。但反馈意见大多认为其算法过于烦琐。[1] 有鉴于此，国际会计准则理事会在其 2014 年 7 月公布的 IFRS 9 中给出了大为简化的规则，可概括为以下三个阶段。对于新发放的贷款，银行应当对其未来 12 个月的预期信用损失计提贷款损失准备，此为第一阶段。在其后的报告日，若信用风险未发生显著上升，则仍旧沿用上期的做法（即对其未来 12 个月的预期信用损失计提贷款损失准备），仍为第一阶段；若信用风险在本期发生显著上升，则应对其后续存续期限内的预期信用损失计提贷款损失准备，此为第二阶段。后续期间，若信用风险继续发生显著上升，则应对其后续存续期

---

1 我国会计界对该征求意见稿给出的多为负面评价。

限内的预期信用损失计提贷款损失准备，此为第三阶段。在第一阶段和第二阶段，企业应采用实际利率，基于账面总额计算利息收入。在第三阶段，企业应采用实际利率，基于摊余成本计算利息收入。[1]

IFRS 9 规定，在计量预期信用损失时，应当将以下因素考虑在内：以违约概率为权重计算的预期损失的加权平均数；货币的时间价值；所有合理的支持性信息（reasonable and supportable information），包括前瞻性（forward-looking）信息。

二、2017 年：《企业会计准则第 23 号——金融资产转移》（修订）

（一）金融资产转移的含义

会计准则所称的金融资产转移，仅指以下两种情形。

1.转让收取金融资产现金流量的合同权利

有的时候，转出方会把收取金融资产现金流量的合同权利（the contractual rights to receive the cash flows of the financial asset）转移给转入方。例如，票据的背书转让和贴现。在这种情形下，转出方可基于合同条款判断金融资产风险和报酬的转移情况，从而确定是否终止确认该金融资产。

2.过手证券

过手证券（pass-through security；pass through）又称转手证券，常见于资产证券化的情形，是指转出方保留了收取金融资产现金流量的合同权利，但承担了将收取的该现金流量支付给一个或多个最终收款方的合同义务（a contractual obligation to pay the cash flows to one or more recipients），且同时满足下列条件：

---

1 该准则规定了简化处理办法。对于应收账款（trade receivables）和租赁合约中的应收款项（lease receivables）等债权，在报告日，企业可以简单地按照该资产在其后续存续期限内的预期信用损失计提贷款损失准备。

（1）企业只有从该金融资产收到对等的现金流量时，才有义务将其支付给最终收款方（the eventual recipients）。也就是说，转出方如果收到钱就会交付给转入方，如果没收到钱就不必交付，总而言之就是不垫款。

企业提供短期垫付款（short-term advances），但有权全额收回该垫付款并按照市场利率计收利息的，视同满足这一条件。这种情况是指，在有的资产证券化等业务中，如果发生由于被转移金融资产的实际收款日期与向最终收款方付款的日期不同导致的款项缺口，转出方就需要向结构化主体提供现金或其他资产（即提供短期垫付款项）以建立流动性储备。在这种情况下，当且仅当转出方有权全额收回该短期垫付款并按照市场利率就该垫款计收利息，方能视同满足这一条件。如果转出方收回该垫款的权利仅优先于次级资产支持证券持有人但劣后于优先级资产支持证券持有人，或者转出方不计收利息的，则均不满足上述"不垫款"的要求。

（2）该金融资产只能用作履行义务（即向最终收款方支付现金流量）的保证，不得出售或用于抵押。也就是说，转出方不得把金融资产挪作他用。

（3）企业有义务将代表最终收款方收取的所有现金流量及时划转给最终收款方，且无重大延误（material delay），即延误最长不超过三个月。也就是说，转出方一旦收到钱就需要尽快"过手"交付给转入方。[1]企业无权将该现金流量进行再投资，但在收款日和最终收款方要求的划转日之间的短暂结算期内，将所收到的现金流量进行现金或现金等价物（cash or cash equivalents）投资，并且按照合同约定将此类投资的收益支付给最终收款方的，视同满足这一条件。[2]

---

[1] 准则之所以制定这样的条款，是为了遏制证券化业务实践中出现的转入方（通常是信托机构等SPE）通过扣留服务机构"过手"交付的本金和利息，长期将一部分资金用作流动性储备等损害证券化产品持有人的权益的现象。

[2] 准则之所以制定这样的条款，是为了应对证券化业务实践中的"循环结构"即循环证券化（revolving-period securitizations）的问题。在循环结构下，转入方（通常是信托机构等SPE）在收到服务机构"过手"转付的本金和利息后，并未转付给证券化产品的持有人，而是重新用于购买转出方转让的金融资产。

上述三条可以概括为，过手协议对转出方的要求是"不垫款""不挪用""不延误"。

企业在贴现、保理、债券回购等业务中所转让的债权（如应收账款、应收票据、债权投资等），商业银行在资产证券化业务中向特殊目的主体出售的贷款，究竟应当作为资产销售（asset sales）还是作为担保借款（secured borrowings；debt financing）处理？这些问题就是金融资产转移准则要解决的核心问题。所谓"作为资产销售处理"，也就是把金融资产从转出方的资产负债表上注销，用会计准则语言来表述，即金融资产的终止确认（derecognition of financial assets），俗称金融资产"出表"。"出表"意味着该金融资产成了表外业务（off-balance-sheet transaction），这是金融监管部门、证券投资者等会计信息使用者关注的热门话题。所谓"作为担保借款处理"，也就是将转出的债权用于权利质押，转出方应当在收到款项时记录一项负债。

根据现行会计准则的规定，金融资产的转移不一定必然导致终止确认（即"出表"）。

如果企业收取某一金融资产的现金流量的权利已经终止，则应终止确认该金融资产。如在合同到期等情况下，金融资产不能再为企业带来经济利益，因此，应当终止确认该金融资产。

如果企业收取该金融资产的现金流量的权利尚未终止，则应在发生金融资产转移时，评估其保留金融资产所有权上的风险和报酬（the risks and rewards of ownership of the financial asset）的程度，并区分转移了金融资产所有权上几乎所有风险和报酬、保留了金融资产所有权上几乎所有风险和报酬、既没有转移也没有保留金融资产所有权上几乎所有风险和报酬等三种情形分别予以处理（如图 7-4 所示）。

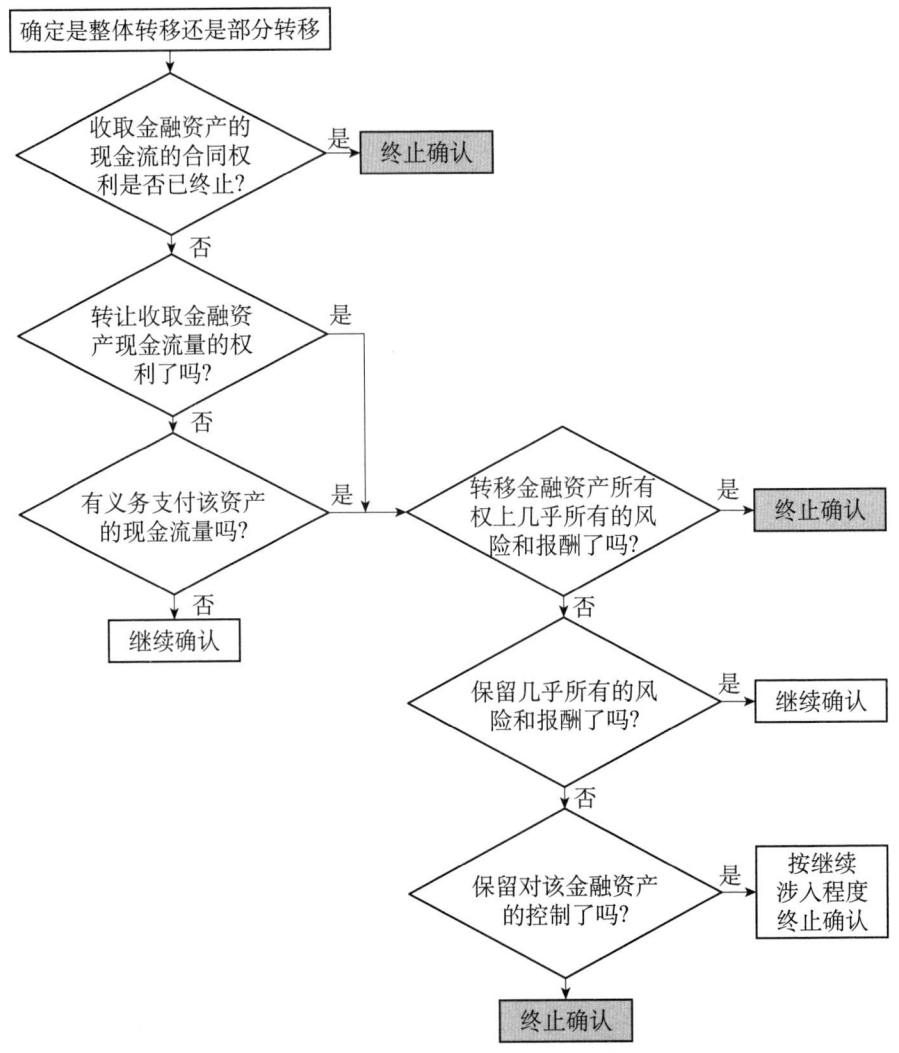

图7-4　金融资产转移的会计规则的逻辑

（二）金融资产转移的会计规则

1. 终止确认

对于满足下列条件的金融资产转移，企业应当终止确认该金融资产：
（1）转移了金融资产所有权上几乎所有风险和报酬（substantially all the risks and rewards of ownership of the financial asset）的；（2）企业既没有转移也没

有保留金融资产所有权上几乎所有的风险和报酬，但放弃了对该金融资产的控制的。

2. 继续确认

企业保留了金融资产所有权上几乎所有的风险和报酬的，不应当终止确认该金融资产。

3. 按继续涉入程度继续确认

企业既没有转移也没有保留金融资产所有权上几乎所有的风险和报酬，但保留了对该金融资产的控制的（准则称之为"继续涉入"，continuing involvement），则应当按照其继续涉入所转移金融资产的程度确认有关金融资产，并相应确认有关负债。

上述会计规则既考虑了"风险和报酬"的因素，又考虑了"控制"的因素，可简要概括如表 7-3 所示。

表 7-3　　　　　　　　　　　现行金融资产转移会计规则一览表

具体情形		会计处理
保留了几乎全部风险和报酬		继续确认资产
既未转移也未保留几乎全部风险和报酬	保留了对该金融资产的控制	按照涉入程度确认资产、负债及保留权益
	放弃了对该金融资产的控制	终止确认资产
转移了几乎全部风险和报酬		

总体上来看，自财务会计准则委员会主导公认会计原则制定权以来，会计规则的立场一直是步步紧跟金融资产转移的业务形式的变化，为资产证券化业务大开绿灯。历次会计规则的变化只不过是顺应业务形式变化所做的小幅调整，没有实质性的变化。

在继续涉入法下，需要判断风险和报酬是否转移，需要判断转出方是否对被转移金融资产保留了控制，需要估计继续涉入被转移金融资产的程度等。

令人拍案称奇的是，IFRS 9 居然炮制出了"既没有转移也没有保留金融资产所有权上几乎所有风险和报酬"的情形。对此，业界同人戏谑道：如果转出方既没有转移也没有保留金融资产所有权上几乎所有风险和报酬，那么，这些风险和报酬都跑哪里去了？

三、2017 年：《企业会计准则第 24 号——套期保值（套期会计）》（修订）

《企业会计准则第 24 号——套期保值（套期会计）》乃是从 IFRS 9 直译而来。IFRS 9 所提及的套期会计仅指一般套期（general hedge）会计规则，不包括宏观套期（macro hedging）会计规则。

套期会计规则出台后，就出现了利用套期会计规则掩盖金融投机活动的可能。对此，准则为套期会计规则规定了严格的适用条件。其设计思路是，只允许真正从事套期保值交易的企业采用套期会计方法。但 IAS 39 所规定的套期有效性（hedge effectiveness）的判断条件过于苛刻，例如，它要求企业在同时满足"预期有效性"（prospective effectiveness）和"实际有效性"（retrospective effectiveness，或称作追溯有效性）这两个条件时才能认定套期高度有效。实际有效的判断标准是，套期工具与被套期项目的价值变动比值应当在 80%~125% 之间，此即所谓 80/125 准则（80/125 standard），乃是美国证监会职员所提出的操作标准，缺乏理论依据。[1]

IFRS 9 使得套期会计的适用条件更加宽松[2]，主要表现在以下三个方面：第一，取消了判断套期有效性的 80/125 准则，改为采用描述性的、弹性化的标准；第二，套期有效性的判断仅仅要求具备预期有效性，不再要求具备追溯有效性；第三，扩大了合格的被套期项目（eligible hedged items）的涵盖范

---

1 之所以出现两个呈倒数关系的百分比，是因为计算时既可能以套期工具的变动为分子、以被套期项目的变动为分母，也可能反之。

2 如前所述，IFRS 9 关于一般套期的规定其实早在 2013 年 11 月就发布了。

围，所有风险敞口（risk exposure）的组成部分都可以被指定为被套期项目。[1]
如此修改以后，企业所关心的、承受价格变动风险的所有事情（包括账上已
经记载的资产和负债，以及账上没有记载的事项），都可以被指定为合格的被
套期项目。

　　与金融学中通常按照金融工具种类对套期保值行为进行分类（即基于远
期的套期保值、基于期货的套期保值、基于期权的套期保值和基于互换的套
期保值等）的做法不同，IAS 39 基于管理层意图，把套期保值会计规则分为
公允价值套期、现金流量套期和境外经营净投资套期。IFRS 9 照单全收，未
予更改。

　　IFRS 9 所给出的一般套期会计规则究竟有没有实质性的改变？没有。它
只是对 IAS 39 之中的烦琐细节进行了局部简化。

　　综上所述，IAS 39 系根据美国证券市场上的公认会计原则改编而来，缺
乏合理逻辑。IFRS 9 完整地继受了 IAS 39 的实质性缺陷，仅仅在辞藻和技术
细节上进行了修改。这次修改历时悠久，但进展甚微。国际会计准则理事会
宣称，其在上述修订过程中共发布 6 份征求意见稿、1 份增补文件和 1 份讨
论稿，收到近千份的反馈意见。这一方面反映了该机构工作人员的勤勉态度，
但另一方面也反映了国际准则缺乏理论内核的窘迫现实。国际会计准则理事
会所做的，只是给一栋危楼刷上了鲜亮的墙漆，如此而已。

四、2017 年：《企业会计准则第 37 号——金融工具列报》（修订）

　　2017 年 5 月 2 日，财政部修订发布《企业会计准则第 37 号——金融工具
列报》。该准则是借鉴《国际会计准则第 32 号：金融工具：列报》（IAS 32：
Financial Instruments: Presentation）和《国际财务报告准则第 7 号：金融工具：

---

1 作为对比，IAS 39 仅仅允许金融性项目的组成部分被指定为被套期项目。

披露》（IFRS 7: Financial Instruments: Disclosures）制定而成的。该准则根据金融工具确认和计量、金融资产转移和套期会计等三项准则的修订，在财务报表列报层面做出了相应调整。取消了"持有至到期投资"项目，改为"债权投资"项目。取消了"可供出售金融资产"项目，改为"其他债权投资""其他权益工具投资"项目。

五、2017 年：《企业会计准则第 42 号——持有待售的非流动资产、处置组和终止经营》

2017 年 4 月 28 日，财政部印发《企业会计准则第 42 号——持有待售的非流动资产、处置组和终止经营》。该准则是借鉴《国际财务报告准则第 5 号：持有待售的非流动资产和终止经营》（IFRS 5: Non-current Assets Held for Sale and Discontinued Operations）制定的。

企业主要通过出售[1]（而非持续使用）一项非流动资产（或处置组）的方式收回其账面价值的，应当将该项非流动资产（或处置组）划分为持有待售（held for sale）类别。[2]

对于在取得日划分为持有待售类别的非流动资产（或处置组），企业应当将其"划分为持有待售类别之前的初始计量金额"和"公允价值减去出售费用后的净额"进行比较，以两者中的较低者作为该资产的初始计量金额。除企业合并中取得的非流动资产（或处置组）外，由于将非流动资产（或处置组）以公允价值减去出售费用后的净额作为初始计量金额而产生的差额，应当计入当期损益。

1《企业会计准则第 42 号——持有待售的非流动资产、处置组和终止经营》所称"出售"，包括具有商业实质的非货币性资产交换。

2 IFRS 5 (Paragraph 6): An entity shall classify a non-current asset (or disposal group) as held for sale if its carrying amount will be recovered principally through a sale transaction rather than through continuing use.

企业初始计量持有待售的非流动资产（或处置组）时，其账面价值高于公允价值减去出售费用后的净额的，应当将账面价值减记至公允价值减去出售费用后的净额，减记的金额确认为资产减值损失，计入当期损益，同时计提持有待售资产减值准备。[1]

对于持有待售的处置组确认的资产减值损失金额，应当先抵减处置组中商誉的账面价值，再根据处置组中适用《企业会计准则第 42 号——持有待售的非流动资产、处置组和终止经营》计量规定的各项非流动资产账面价值所占比重，按比例抵减其账面价值。

持有待售的非流动资产（或处置组中的非流动资产）不应计提折旧或摊销，原则上按照账面价值与公允价值减去处置费用后的净额孰低（the lower of carrying amount and fair value less costs to sell）进行计量。

后续资产负债表日，持有待售的非流动资产的账面价值高于公允价值减去出售费用后的净额的，应当将账面价值减记至公允价值减去出售费用后的净额，减记的金额确认为资产减值损失，计入当期损益，同时计提持有待售资产减值准备。

六、2017 年：《企业会计准则第 16 号——政府补助》（修订）

该准则在保留总额法的基础上引入了净额法。同时，要求企业对与其日常活动相关的政府补助，按照经济业务实质，计入其他收益（值得注意的是，其他收益属于营业利润的组成部分）或冲减相关成本费用；对与其日常活动无关的政府补助，应当计入营业外收入。准则制定者认为，这一会计处理方法的变化有助于更好地反映政府补助的经济业务实质。其理由是：实务中，企业取得的一些政府补助与企业的日常活动密切相关，如成本费用补贴、超

---

1 IFRS 5 (Paragraph 15): An entity shall measure a non-current asset (or disposal group) classified as held for sale at the lower of its carrying amount and fair value less costs to sell.

税负返还、研发活动补助等，有些补助还有国家税法支持且具有持续性的特点，将这些政府补助不加区分地都计入营业外收入，难以真实反映企业的经营情况和营业利润。修订后的政府补助准则以是否与日常活动相关对政府补助进行了区分，与日常活动相关的政府补助影响营业利润，与日常活动无关的政府补助影响营业外收入，就是为了更加真实地反映企业的经营活动及其营业利润。[1]

七、2017 年：《企业会计准则第 14 号——收入》（修订）

2017 年 7 月 5 日，财政部修订发布《企业会计准则第 14 号——收入》，该准则是借鉴《国际财务报告准则第 15 号：客户合同收入》（IFRS 15: Revenue from Contracts with Customers）制定的，适用于企业在销售商品和提供服务过程中与客户订立的合同。

该准则的核心原则是，企业应当根据其向客户销售商品或提供劳务的模式来记录营业收入，营业收入的金额应当是其销售商品或提供劳务所收取（或应收取）的对价。

为贯彻上述核心原则，该准则推出了一套被称作"五步法"的会计处理规则（如图 7-5 所示）。第一步，识别与客户订立的合同，即判断某项合同是否属于《企业会计准则第 14 号——收入》（2017）的调整范围，且满足该准则所规定的 5 项条件。第二步，识别合同中的单项履约义务，并进一步区分为在某一时段内履行的履约义务和在某一时点履行的履约义务。第三步，确定交易价格。第四步，将交易价格分摊至各单项履约义务。第五步，在履行各单项履约义务时确认收入。具体而言：对于在某一时段内履行的履约义务，企业应当在该段时间内按照履约进度确认收入；对于在某一时点履行的履约义务，企业应当在客户取得相关商品控制权时点确认收入。

1《企业会计准则第 16 号——政府补助》应用指南 2018》，中国财政经济出版社，2018，第 38 页。

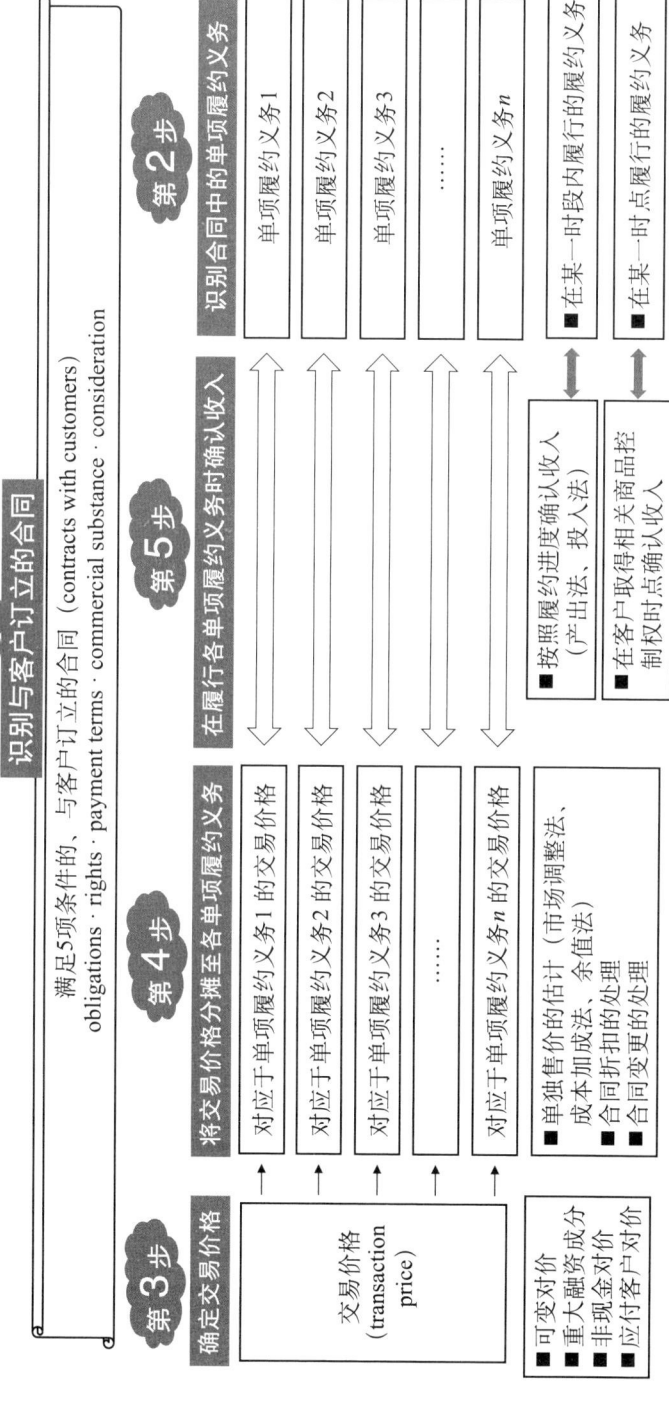

图7-5 收入核算的"五步法"（示意图）

例如，某电信公司以买手机送话费的捆绑销售方式开展促销，客户购买单独售价为 3 000 元的手机即可享有该电信公司赠送的有效期为两年的 600 元话费。对于这样的销售合同，该电信公司确认收入的程序如下。

第一步，识别与客户订立的合同。假定该买卖合同属于《企业会计准则第 14 号——收入》（2017）的调整范围，且满足该准则所规定的合同条件。

第二步，识别合同中的单项履约义务。该合同中的履约义务有两项：一项属于在某一时点履行的履约义务（详见下文），该电信公司应当履行给付义务，即把单独售价为 3 000 元的手机交付给客户；另一项属于在某一时段内履行的履约义务，该电信公司应当在两年内提供合同金额为 600 元的电信服务。

第三步，确定交易价格。该捆绑销售合同的交易价格总额为 3 000 元。

第四步，将交易价格分摊至各单项履约义务。对应于该电信公司所给付的手机这一单项履约义务的交易价格为 2 500 元（3 000 ÷ 3 600 × 3000）；对应于该电信公司在两年内提供合同金额为 600 元的电信服务这一单项履约义务的交易价格为 500 元（3000 ÷ 3 600 × 600）。

第五步，在履行各单项履约义务时确认收入。对于在某一时点履行的履约义务（即手机销售时的给付义务），该电信公司在完成手机给付义务时（即客户取得该手机的控制权时）确认收入 2 500 元。对于在某一时段内履行的履约义务（即此后两年的电信服务），此后两年内，按照履约进度确认电信服务收入（共计 500 元）。

值得强调的是，《企业会计准则第 14 号——收入》（2017）基于法律上的权利和义务概念，重新强调了配比概念，这是会计规则制定进程中的标志性成果之一。其所推行的"五步法"看似烦琐，实际上却具有权责清晰、因果关系明确等优点，因而，这套算法更能满足复杂的合同的会计处理需要，适用于各类为企业带来营业收入的合同（无论业务期限长短、业务内容多寡、业务性质如何），在形式上取得了统一。正如《国际财务报告准则第 15 号：客户合同收入》所称，"五步法"是一个更健全的框架，能够适用于复杂的交易。

当然，对于这样一套包罗万象的"五步法"收入确认模型，人们不能仅仅看到它光鲜照人的一面，也要看到其局限性。一方面，这样复杂的收入确认对于社会经济生活中常见的即时完成的单一业务内容而言，无疑过于复杂了些。如果对于业务内容单一的业务合同，仍然固守"五步法"，那未免太过小题大做了。另一方面，现实中的合同法律关系千变万化，实在难以用一套算法来网罗全部的业务模式。即便是貌似包罗万象的"五步法"收入确认模型，同样力不能逮。实际上，修订后的收入准则仍然不得不给出了长篇的特定交易的会计处理规则。

八、2018 年：《企业会计准则第 21 号——租赁》（修订）

2018 年 12 月 7 日，财政部修订印发《企业会计准则第 21 号——租赁》，该准则是借鉴《国际财务报告准则第 16 号：租赁》（IFRS 16: Leases）制定的。

准则所称"租赁合同"（lease），是指在约定的期间内，出租人（lessor）将资产（underlying asset，又称基础资产）使用权让与承租人（lessee）而获取租金的合同。

为确定一份合同是否让渡了在一定期间内占有并使用已识别资产（identified asset）的权利，企业应当评估客户在使用期间（period of use）内是否有权获得该资产所产生的几乎全部经济利益（substantially all of the economic benefits），并有权主导该资产的使用。

新的租赁合同准则取消了承租人关于融资租赁与经营租赁的分类，要求承租人一律按照融资租赁进行会计处理。在租赁期开始日（commencement date），承租人应当对租赁合同确认使用权资产（right-of-use asset）和租赁负债（lease liability）。但是，采用简化处理方法的短期租赁合同（short-term leases）和低价值资产租赁合同（leases of low-value assets）除外。

（一）承租人的租赁负债的入账处理

租赁负债应当按照租赁期开始日尚未支付的租赁付款额的现值进行初始计量。

在计算租赁付款额的现值时，承租人应当采用租赁内含利率（interest rate implicit in the lease）作为折现率；无法确定租赁内含利率的，应当采用承租人增量借款利率（lessee's incremental borrowing rate）作为折现率。

1. 租赁内含利率

租赁内含利率，是指使出租人的租赁收款额的现值与未担保余值（unguaranteed residual value）的现值之和，等于租赁资产公允价值与出租人的初始直接费用之和的利率，即使得下式成立的折现率 r。

$$\frac{\text{租赁资产}}{\text{公允价值}} + \frac{\text{出租人的}}{\text{初始直接费用}} = \sum_{t=1}^{n} \frac{\text{第 } t \text{ 期的租赁收款额}}{(1+r)^t} + \frac{\text{未担保余值}}{(1+r)^n}$$

租赁收款额，是指出租人因让渡在租赁期内使用租赁资产的权利而应向承租人收取的款项。该金额等同于承租人的租赁付款额，包括以下各项。

（1）承租人需支付的固定付款额及实质固定付款额，存在租赁激励的，扣除租赁激励相关金额；

（2）取决于指数或比率的可变租赁付款额，该款项在初始计量时根据租赁期开始日的指数或比率确定；

（3）购买选择权的行权价格，前提是合理确定承租人将行使该选择权；

（4）承租人行使终止租赁选择权需支付的款项，前提是租赁期反映出承租人将行使终止租赁选择权；

（5）由承租人、与承租人有关的一方以及有经济能力履行担保义务的独立第三方向出租人提供的担保余值（residual value guarantees）。

未担保余值，是指租赁资产余值中，出租人无法保证能够实现或仅由与出租人有关的一方予以担保的部分。

2. 承租人增量借款利率

承租人增量借款利率，是指承租人在类似经济环境下为获得与使用权资产价值接近的资产，在类似期间以类似抵押条件借入资金须支付的利率。

（二）承租人的使用权资产的入账处理

使用权资产应当按照成本进行初始计量。该成本包括以下项目。

（1）租赁负债的初始计量金额。

（2）在租赁期开始日或之前支付的租赁付款额（lease payments）。存在租赁激励（lease incentives）的，扣除已享受的租赁激励相关金额。

租赁激励，是指出租人为达成租赁向承租人提供的优惠，包括出租人向承租人支付的与租赁有关的款项、出租人为承租人偿付或承担的成本等。

（3）承租人发生的初始直接费用（initial direct costs），即承租人为达成租赁所发生的增量成本（incremental costs）。增量成本是指若企业不签署该项租赁合同，则不会发生的成本。

（4）承租人为拆卸及移除租赁资产、复原租赁资产所在场地或将租赁资产恢复至租赁条款约定状态预计将会发生的成本。前述成本属于为生产存货而发生的，适用《企业会计准则第 1 号——存货》。承租人应当按照《企业会计准则第 13 号——或有事项》计算相关的成本。

综上所述，在租赁期开始日，承租人按应计入使用权资产的金额，借记"使用权资产"科目，按租赁期开始日尚未支付的租赁付款额的现值，贷记"租赁负债"科目，按在租赁期开始日（或之前）支付的租赁付款额，以及发生的初始直接费用，贷记"银行存款"等科目。涉及预计弃置费用的，还应做相应的处理（如借记"使用权资产"科目、贷记"预计负债"科目等）。可概括如图 7-6 所示。

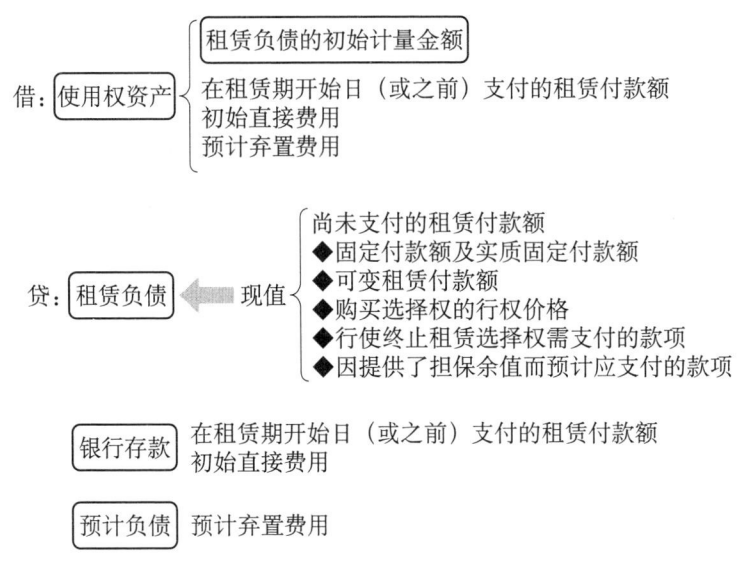

图 7-6　承租人的入账处理

（三）承租人对短期租赁和低价值资产租赁的简化处理

对于短期租赁和低价值资产租赁，承租人可以选择不确认使用权资产和租赁负债。作出该选择的，承租人应当将短期租赁和低价值资产租赁的租赁付款额，在租赁期内各个期间按照直线法或其他系统性方法计入相关资产成本或当期损益。如果其他系统性方法能够更好地反映承租人受益模式的，承租人应采用该系统性方法。短期租赁，是指在租赁期开始日，租赁期不超过12 个月的租赁。包含购买选择权的租赁不属于短期租赁。低价值资产租赁，是指单项租赁资产为新资产时价值较低的租赁。如果租赁资产高度依赖于其他资产或与其他资产高度关联，或者承租人无法从单独使用该资产或将其与易于获得的其他资源一起使用中获利，则不属于低价值资产租赁。如果承租人转租或预期转租租赁资产，则原租赁不属于低价值资产租赁。

（四）出租人对租赁合同的会计处理

出租人应当在租赁开始日将租赁合同分为融资租赁合同或经营租赁合同。

新的租赁合同准则沿用了原准则中出租人的会计处理规则。

九、企业财务报表格式的修订

财政部先后于 2017 年 12 月 25 日和 2018 年 6 月 15 日，发布《关于修订印发一般企业财务报表格式的通知》和《关于修订印发 2018 年度一般企业财务报表格式的通知》。其中，资产负债表如表 7-4 所示，利润表如表 7-5 所示。

表 7-4　　　　　　　　　　　　　资产负债表

会企 01 表

编制单位：　　　　　　　　　　　年　月　日　　　　　　　　　单位：元

资产	期末余额	年初余额	负债和所有者权益（或股东权益）	期末余额	年初余额
流动资产：			流动负债：		
货币资金			短期借款		
交易性金融资产			交易性金融负债		
衍生金融资产			衍生金融负债		
应收票据及应收账款			应付票据及应付账款		
预付款项			预收款项		
其他应收款			合同负债		
存货			应付职工薪酬		
合同资产			应交税费		
持有待售资产			其他应付款		
一年内到期的非流动资产			持有待售负债		
其他流动资产			一年内到期的非流动负债		
流动资产合计			其他流动负债		
非流动资产：			流动负债合计		
债权投资			非流动负债：		
其他债权投资			长期借款		

续表

资产	期末余额	年初余额	负债和所有者权益（或股东权益）	期末余额	年初余额
长期应收款			应付债券		
长期股权投资			其中：优先股		
其他权益工具投资			永续债		
其他非流动金融资产			长期应付款		
投资性房地产			预计负债		
固定资产			递延收益		
在建工程			递延所得税负债		
生产性生物资产			其他非流动负债		
油气资产			非流动负债合计		
无形资产			负债合计		
开发支出			所有者权益（或股东权益）：		
商誉			实收资本（或股本）		
长期待摊费用			其他权益工具		
递延所得税资产			其中：优先股		
其他非流动资产			永续债		
非流动资产合计			资本公积		
			减：库存股		
			其他综合收益		
			盈余公积		
			未分配利润		
			所有者权益（或股东权益）合计		
资产总计			负债和所有者权益（或股东权益）总计		

表 7-5　　　　　　　　　　　　　　　利润表

编制单位：　　　　　　　　　　年　月　　　　　　　　　　　单位：元

项目	本期金额	上期金额
一、营业收入		
减：营业成本		
税金及附加		
销售费用		
管理费用		
研发费用		
财务费用		
其中：利息费用		
利息收入		
资产减值损失		
信用减值损失		
加：其他收益		
投资收益（损失以"—"号填列）		
其中：对联营企业和合营企业的投资收益		
净敞口套期收益（损失以"—"号填列）		
公允价值变动收益（损失以"—"号填列）		
资产处置收益（损失以"—"号填列）		
二、营业利润（亏损以"—"号填列）		
加：营业外收入		
减：营业外支出		
三、利润总额（亏损总额以"—"号填列）		
减：所得税费用		
四、净利润（净亏损以"—"号填列）		
（一）持续经营净利润（净亏损以"—"号填列）		
（二）终止经营净利润（净亏损以"—"号填列）		
五、其他综合收益的税后净额		

续表

项目	本期金额	上期金额
（一）不能重分类进损益的其他综合收益		
1．重新计量设定受益计划变动额		
2．权益法下不能转损益的其他综合收益		
3．其他权益工具投资公允价值变动		
4．企业自身信用风险公允价值变动		
（二）将重分类进损益的其他综合收益		
1．权益法下可转损益的其他综合收益		
2．其他债权投资公允价值变动		
3．金融资产重分类计入其他综合收益的金额		
4．其他债权投资信用减值准备		
5．现金流量套期储备		
6．外币财务报表折算差额		
六、综合收益总额		
七、每股收益：		
（一）基本每股收益		
（二）稀释每股收益		

目前，企业会计准则体系由 1 项《企业会计准则——基本准则》、42 项具体会计准则、1 套企业会计准则应用指南和 16 份企业会计准则解释组成。表 7-6 列示了现行的具体准则。

表 7-6　　　　　　　　　企业会计准则中的具体准则一览表

编号	准则名称	发布日期	修订日期
1	存货	2006-02-15	—
2	长期股权投资	2006-02-15	2014-03-13
3	投资性房地产	2006-02-15	—
4	固定资产	2006-02-15	—
5	生物资产	2006-02-15	—

续表

编号	准则名称	发布日期	修订日期
6	无形资产	2006-02-15	—
7	非货币性资产交换	2006-02-15	—
8	资产减值	2006-02-15	—
9	职工薪酬	2006-02-15	2014-01-27
10	企业年金基金	2006-02-15	—
11	股份支付	2006-02-15	—
12	债务重组	2006-02-15	—
13	或有事项	2006-02-15	—
14	收入	2006-02-15	2017-07-05
15	建造合同	2006-02-15	—
16	政府补助	2006-02-15	2017-05-10
17	借款费用	2006-02-15	—
18	所得税	2006-02-15	—
19	外币折算	2006-02-15	—
20	企业合并	2006-02-15	—
21	租赁	2006-02-15	2018-12-07
22	金融工具确认和计量	2006-02-15	2017-03-31
23	金融资产转移	2006-02-15	2017-03-31
24	套期保值【套期会计】	2006-02-15	2017-03-31
25	原保险合同【保险合同】	2006-02-15	2020-12-19
26	再保险合同	2006-02-15	—
27	石油天然气开采	2006-02-15	—
28	会计政策、会计估计变更和差错更正	2006-02-15	—
29	资产负债表日后事项	2006-02-15	—
30	财务报表列报	2006-02-15	2014-01-26
31	现金流量表	2006-02-15	—
32	中期财务报告	2006-02-15	—

续表

编号	准则名称	发布日期	修订日期
33	合并财务报表	2006-02-15	2014-02-17
34	每股收益	2006-02-15	—
35	分部报告	2006-02-15	—
36	关联方披露	2006-02-15	—
37	金融工具列报	2006-02-15	2014-06-20 2017-05-02
38	首次执行企业会计准则	2006-02-15	—
39	公允价值计量	2014-01-26	—
40	合营安排	2014-01-27	—
41	在其他主体中权益的披露	2014-03-14	—
42	持有待售的非流动资产、处置组和终止经营	2017-04-28	—

第八章
我国企业会计规则的优化路径

第一节　我国企业会计改革历程的简要回顾

新中国成立后，我国企业会计核算制度的建设是以苏联经验为样板的。这种立法理念虽然在 20 世纪 90 年代被贴上了"财政决定财务、财务决定会计"的标签，被认为过于烦琐，但有一点不可否认，那就是会计制度完美地贯彻了上位法的要求，其控制力之强，恐怕是后来的会计准则所难以企及的。

1985 年出台的《中外合资经营企业会计制度》顺应投资主体多元化的需要，确立了国际通行的"资产＝负债＋所有者权益"这一会计平衡公式，在此基础上，建立起了以资产负债表、利润表和财务状况变动表为核心的会计报表体系。这是比较成功的一次改革。其之所以成功，根本原因在于，新的会计平衡公式如实反映了企业法人这一民事主体的法律关系，会计规则坚持了会计基本原则，强调要遵守法律法规，一律禁止盯市调账。例如，《中外合资经营企业会计制度》第九条规定，合营企业的会计核算工作必须遵守中华人民共和国法律、法规的有关规定。第十七条规定，合营企业的各项财产应按实际成本核算，不论市价是否变动，一般不调整账面价值。这种鲜明的立法理念是值得后续立法发扬光大的。得益于这种鲜明的立法理念，该制度引入的争议性会计规则比较少。

遗憾的是，在20世纪90年代初的会计立法中，立法机关受美国证券市场上的公认会计原则的影响过大，学术界对公认会计原则的退化缺乏警惕性。这时，恰逢财务会计准则委员会推广公允价值会计规则进入高潮，学术界的规范研究和实证研究几乎一边倒地倡导"与国际接轨"；世界银行积极插足，以技术援助的名义干预主权国家的立法。里应外合，以讹传讹。上述多重因素的叠加，导致企业会计准则体系的制定，实际上是在世界银行指定的外国会计公司的协助下完成的，本土学术的贡献较少。

财政部1988年启动会计准则建设工作，1991年发布《会计改革纲要（试行）》，1992年2月召开第一次会计准则国际研讨会，随后接连于5月发布《股份制试点企业会计制度》、6月发布《外商投资企业会计制度》、11月发布《企业会计准则》。1993年发布13个行业会计制度。世界银行"财政金融技术援助项目"介入我国会计法规建设以后，德勤会计公司在招标中胜出，负责协助我国制定会计准则。1993年2月5日，财政部与德勤会计公司在北京签订了会计准则咨询项目合同。随后，财政部于1994—1996年发布30份具体会计准则的征求意见稿，1997—2001年陆续正式发布16项具体会计准则。但债务重组和非货币性交易等准则所推出的公允价值会计规则，很快就被上市公司用作操纵利润的利器。舆论一片哗然。于是，2001年修订的多项具体会计准则取消了公允价值会计规则。

财政部会计司在2000年提出了会计制度和会计准则应并存、会计标准在主要方面与国际惯例协调、另行制定专业会计核算办法的主张，并于2000年12月29日发布《企业会计制度》、2002—2004年陆续发布行业性的会计核算办法。财政部部长助理冯淑萍提出：会计学是一门社会科学，不是纯技术性的，要受方方面面社会因素包括国家法律的制约。要从我国的实际情况出发，注重解决我国的实际问题。在考虑中国国情的前提下，应积极与国际会计惯例协调。中国证监会则在2001年4月提出了"会计准则国际化"的主张，并于 2002 年 2 月提出对股改上市的金融机构和一次发行量超过 3 亿（含 3 亿）股的公司进行"补充审计"试点。围绕会计与审计规则的"国际化"与"国家化"的争论相当激烈。2004 年，会计法规制定者指出，"研究和制定会计标准是长期而艰苦的工作，不仅要研究国际会计准则的背景、每一准则的内涵、具体会计处理方法及其发展方向，而且要研究我国的现实状况以及会计标准的适应性等内容，需进行大量的调查研究和仔细分析的工作。……应当集中精力、整合资源，克服浮躁情绪，专心研究和制定我国的会计标准。"

2004 年 6 月 28 日，欧盟委员会对外公布了其对中国市场经济地位初步评估报告的结论，认为：中国在欧盟制定的五个完全市场经济地位的标准中只有一个达标，其他四个方面仍未达标，因此现阶段欧盟仍无法承认中国的市场经济地位。没有建立一套符合国际会计惯例的会计准则体系，就是其所宣称的未达标项目之一。其论调严重缺乏事实依据。美国、法国、德国、意大利等国均未将国际财务报告准则用作国内法规，这并不妨碍它们成为市场经济地位国家。

2005 年初，会计法规制定者提出了完善我国企业会计准则体系的建设目标，即"通过制定 20 余项新会计准则，同时对现行基本准则和 16 项具体准则进行全面修订，在 2005 年底或 2006 年初，建立起与我国经济发展进程相适应并与国际财务报告准则充分协调的、涵盖各类企业各项经济业务、可独立实施的会计准则体系"。中国会计准则征求意见稿形成之后，即翻译成英文征求国际会计准则理事会的意见。国际会计准则理事会 2005 年三次访华，与财政部会计准则委员会展开了会谈。其中，在多次沟通交流的基础上，国际会计准则理事会于 2005 年 10 月派出理事及研究总监专程来京，与中国会计准则专业团队就中国会计准则与国际准则趋同问题进行为期近半个月的技术会谈。双方对中国会计准则与国际准则进行了逐项对比研究。2005 年 11 月 7 日至 8 日，财政部会计准则委员会与国际会计准则理事会会计准则趋同会议在北京举行。双方发表联合声明：今后双方将继续举行定期会晤，进一步加强双方的交流和合作，以实现中国会计准则与国际财务报告准则的趋同。2006 年 2 月 15 日，财政部发布了由 1 项基本准则和 38 项具体准则组成的企业会计准则体系。具体如图 8-1 所示。

我国的企业会计准则体系之所以走上国际趋同之路，主要有四个方面的原因。

第一，会计法规制定者误以为公认会计原则和国际会计准则是世界上最先进的国际会计惯例。1985 年发布的《中外合资经营企业会计制度》是"新中国成立以来第一部借鉴国际会计惯例制定的全新的会计制度"，它是后续会计改革的路标。该制度正确地对美国证券市场上的公认会计原则进行了扬弃。这种扬弃立场后来演变成"国际协调"路径，就形成了完善我国会计法规的最佳路径。但立法机关未能坚持这一正确路径，反而受欧盟、澳大利亚影响，走上了"国际趋同"的路径。立法机关对境外私立机构瞒天过海的宣传手法缺乏防备。1992 年，立法机关甚至把民间团体"国际会计准则委员会"视为官方机构。例如，立法机关在 1992 年的《会计准则国际研讨会综述》中写道，"国际会计准则委员会的官员和专家也都热情表示要与中国会计准则制定机构合作，促进中国会计准则与国际会计准则的协调，并在以后制定和完善国际会计准则时，考虑中国的情况和需要"。[1] 待到 2005 年，会计准则制定的主导者认识到，"APEC 并非一个强制性的，有行政、法律或道德约束力的组织，而是一个协商性的组织。由此我一下子悟到，国际会计准则理事会对我们也没有行政、法律或道德的约束力"[2]。在十几年里，会计主管部门能够实现认识上如此重大的转变，实属不易。但如今这种正确立场仍待普及，"国际惯例""国际会计惯例"仍然充斥于财经报刊。

1　财政部会计事务管理司编《改革与借鉴——会计准则国际研讨会（深圳·1992）》，中国财政经济出版社，1992，第 344 页。
2　王军：《让你的文章更多地被别人引用 让你的学生更多地被社会重用》，《会计研究》2006 年第 5 期。

2019

2018

2017 企业会计准则体系的修订

2016《会计改革与发展“十三五”规划纲要》

2015 重申趋同路线图

2014 企业会计准则体系的修订

2013《中国内部审计准则》

2012

2011 第三届财政部会计准则委员会成立；《会计改革与发展“十二五”规划纲要》；**《小企业会计准则》**；《证券时报》刊登刘玉廷文章

2010《中国企业会计准则与国际财务报告准则持续趋同路线图》；《中华人民共和国国家审计准则》

2009 周小川批评国际准则加剧了市场的波动；国务院办公厅转发财政部《关于加快发展我国注册会计师行业的若干意见》

2008 中国工商银行行长杨凯生指出“国际准则具有顺周期效应”

2007 证监会取消“补充审计”政策

2006 **企业会计准则体系和审计准则体系**发布；《企业会计准则——应用指南》

2005 会计改革从“国际协调”改为“国际趋同”；CASC与IASB签署联合声明

2004 **《小企业会计制度》**；欧盟抛出对中国市场经济地位初步评估报告

2003 第二届财政部会计准则委员会成立

2002 证券监管机构的“补充审计”政策；行业性的会计核算办法

2001 **具体会计准则陆续发布（6项）**；周小川发表演讲《关于会计准则国际化问题》；《金融企业会计制度》

2000 **具体会计准则陆续发布（1项）**；《企业财务会计报告条例》；**《企业会计制度》**

1999 **具体会计准则陆续发布（1项）**；《会计法》修订

1998 会计司提出“会计协调”理念；**《股份有限公司会计制度》**；**具体会计准则陆续发布（7项）**；财政部会计准则委员会成立

1997 **具体会计准则开始发布（1项）**

1996 具体准则征求意见稿陆续发布（4项）；具体准则征求意见稿共计30份发放完毕；《国家审计基本准则》

1995《合并会计报表暂行规定》；具体准则征求意见稿陆续发布（19项）；“两会”联合

1994《企业所得税会计处理的暂行规定》；具体准则征求意见稿陆续发布（7项）；《审计法》

1993 世界银行“财政金融技术援助项目”启动；**分行业的会计制度实施**；财政部与德勤签订合同；《关于增值税会计处理的规定》；《注册会计师法》

1992 财政部召开会计准则国际研讨会；**《股份制试点企业会计制度》**；**《外商投资企业会计制度》**；**《企业会计准则》**

1991“关于进一步实施《会计法》、加强会计工作的请示”；**《会计改革纲要（试行）》**；《企业会计准则第1号——基本准则（草案）》

1990 会计司会计准则课题组形成《中华人民共和国会计准则（草案）提纲》《中华人民共和国会计准则（草案）提纲（讨论稿）》

1989 会计原则与会计基本理论研究组召开“会计原则专题理论讨论会”，会计司会计准则课题组公布《关于拟定我国会计准则的初步设想（讨论稿）》

1988《会计改革纲要〈讨论稿〉》；中国会计学会会计原则与会计基本理论研究组成立；**会计司组建会计准则课题组**；《审计条例》

1987《中国会计学会科研规划（1987—1990）》确定成立七个专题研究组；《国营商业会计制度》规定商品削价准备

1986《中华人民共和国注册会计师条例》

1985 **《中华人民共和国会计法》**；**《中外合资经营企业会计制度》**；《国务院关于审计工作的暂行规定》

1984 **会计司提出《关于会计业务改革的设想（讨论稿）》**

1983《中外合资经营企业会计制度（试行草案）》印发试行；审计署成立

1982《中外合资经营企业会计制度（征求意见稿）》形成；《国营对外承包企业示范会计制度——会计科目和会计报表》出台

1981 **《会计法》起草小组正式成立**

1980 中国会计学会成立；“会计管理”概念的提出；中外合营企业会计讲习班；《国营工业企业会计制度》出台；《关于成立会计顾问处的暂行规定》

1979 财政部恢复会计制度司；会计司起草第一稿《中华人民共和国会计法（供讨论草稿）》

图 8-1　1979 年以来中国企业会计核算制度的演化

第二，学术界一边倒，缺乏必要的学术争鸣。企业会计准则的质量之所以备受争议，缺乏理论争鸣是主要原因之一。自1980年至今，我国主流的会计理论是从美国证券市场上引进的财务会计概念框架。会计管理活动论停留在《会计法》上，很少贯彻到行政法规、部门规章和其他规范性文件中。理论研究者的心愿，是帮助立法机关确保白纸黑字印出来的会计法规充满立法智慧。学术界积累了丰富的本土原创的会计思想。从群众中来，到群众中去，这一工作路线对于会计立法来说，再合适不过了。然而，一个令人扼腕叹息的事实是，以杨纪琬先生、阎达五先生、王世定先生之威望，尚且难以阻止谨慎性原则堂而皇之进入我国会计法规。在20世纪80年代和90年代，《会计研究》中还能够刊登一些反思会计准则的文章。进入21世纪以来，反思性的文章几乎销声匿迹。学术界其实积累有一些本土原创理论文章，只不过有不少文章被主流刊物的匿名审稿人"封杀"了。社会科学的匿名审稿制度使得创新文章难以刊出，其后果就是顶礼膜拜域外"经验"的观点在我国盛行了40多年。例如，流传的说法认为，英美两国的会计准则制定机构的特点是：由民间组建，强调超然、中立。其实那是一种深深的误解。以美国为例，会计准则其实并不属于国家统一的会计制度的范畴，而仅仅是一套证券信息披露规则、金融分析规则。会计准则制定者（财务会计准则委员会）、信用评级机构、证券分析师协会、注册会计师协会已经结成联盟，把自己成功地打造成了私有权威（private authorities）。它们是证券市场游戏规则的制定者。对于这种流行观点，我国会计界亟须祛魅之作来拨乱反正。但僵化的学术期刊匿名审稿制度，使得祛魅之作很难发表出来。据笔者所知，国家社会科学基金后期资助项目似乎是突破当前学术困局的一股清流，推动出版了一大批富含学术观点的会计审计论著。这种做法值得大力推广。

第三，世界银行等境外利益集团积极在我国推广国际会计准则。1992年底，中国人民银行与世界银行签署"财政金融技术援助项目"。在世界银行特派顾问莫德先生的协助下，财政部按照世行项目合同，通过公开招标，选择德勤会计公司作为指导中国具体会计准则制定工作的"军师"。我国会计理论领域"借鉴"外国做法较多，原创理论较少，导致会计立法缺乏理论支撑。实际上，我国目前处于"有证券披露规则、无会计法规"的状态。

第四，中介机构的积极误导。据多个监管机构反馈，很难说会计准则、金融监管规则的弹性化和复杂化不是故意设计出台的。境外证券服务机构（即中介机构）积极游说金融监管机构，诱导金融监管机构出台烦琐无用甚至有害的监管规则，从而将金融监管主导权拱手让与中介机构。这是会计准则（其本质是弹性化的证券信息披露规则）、金融监管规则日益复杂化的根源所在。金融中介本身都是情报机构、特务机构，这一事实尚未在我国财经界普遍传播开来。会计准则、金融监管规则的弹性化和复杂化，可以说是中介机构精心设计的一门危害我国经济安全的生意。以监管的面目出现的注册会计师审计制度、证券市场"看门人"机制以及各种名目的审慎监管口号，本质上都是在为中介机构撬开国有重点机构的数据库、钻开国家经济安全的千里长堤服务。

总体来看，会计改革初期所提出的"国际协调"理念是值得提倡的。企业会计核算制度的建设若能把《中外合资经营企业会计制度》的立法理念与"国际协调"理念结合起来，则必然能够形成高质量的国家统一的会计制度。

第二节　会计法规制定者对待学术争鸣的开明态度

财政部会计司对学术界的争鸣持开明态度。自1992年至今，会计学术逐渐从沉寂走向争鸣，这对顺利推动后续的会计改革是有益的。

一、会计理论研究一度陷入沉寂

1992 年的会计改革使得传统会计理论与方法显得相对"陈旧"。学术界出现了完全否定历史经验的极端化倾向，一些学者在引进西方会计理论时缺乏必要的批判性思维。本土会计理论一时出现真空。1993 年第 5 期《会计研究》刊发杨雄胜先生致杨纪琬先生的一封信，信中表达了他对学术风气的忧虑之情。《会计研究》配发的编者按中说，刊发此信的用意在于"引起大家的关心和争论，并借以稍稍破除近期来会计学术界较为沉寂的气氛"。

 专栏 8-1

杨雄胜先生致杨纪琬先生的一封信

中国的会计理论及研究，必须正确地解释和指导中国的会计实践。这一显而易见的原则，虽为人们常常"引用"，但却在会计研究中不能得以经常"应用"。会计学是一门纯务实的学科，会计理论不能解释或指导会计实践，那这种会计理论是否科学及能否成立，就很值得怀疑。

目前的讨论存在着一些不足。首先，极端化的倾向比较明显，一些同志对传统会计理论采取了简单化的全盘否定的态度，有的甚至认为传统会计理论是极"左"思潮的产物，这种做法实不可取。其次，对如何建立与社会主义市场经济相适应的会计理论，只是简单地照搬西方会计理论，似乎把西方会计理论完全变为我有后就大功告成了。这从根本上背离了会计与其赖于存在发展的社会环境之间的必然联系，结果将使我国会计研究无所作为。按这种做法，我们就没有必要研究什么中国会计了，只要把西方国家的会计准则和会计教科书忠实地翻译过来，不就解决了中国会计的所有问题吗，但这样能行吗？

我国会计研究存在的突出问题之一就是"捧"色较浓。会计研究的主要精力放在论证现行或新出台政策、制度的如何正确、科学上。现在会计研究界动辄大谈什么"误区"，我看这才是会计研究中一个真正的误区。会计理论成了现行制度束缚下的"小脚女人"。无怪乎一些同志私下摇头：中国会计无理论。这可能有两种含义：一是认为中国迄今尚未形成系统、规范、科学的会计理论；二则认为中国会计理论已由会计制度说了算，毫无另行探讨的余地。这种评价或许偏激，但平心而论，多少折射了一些我国会计理论研究的侧面。

我国会计研究的片面性十分明显：只看到会计促进经济发展的一面，对妨碍经济发展的一面不加重视，而且，对会计在经济管理中的地位及作用，人为地拔高，得出了一些不恰当的结论。"两则"施行后，理论界包括一些实务界的官员，几乎不约而同地认为将对企业转换经营机制产生促进作用。但企业会计准则实施之后，大部分企业毫无这方面的感觉。事实胜于雄辩。……我们应该看到，会计不能超越经济发展，但在一定程度上能拖经济发展的后腿。当会计信息不能真实地反映客观过程或根本不能满足使用者的需要时，会计就对经济发展产生妨碍作用。就当前企业会计现状而言，会计的这种妨碍作用（会计信息虚假）已非常突出，值得我们深入研究。

在我国，准则的制定、颁发与理论研究的进程并不相称。对会计的一些基本概念及理论，会计界的争议历来十分激烈，看法相去甚远。"两则"的颁发，可能有助于统一会计界对一些基本会计问题的认识，但这种共识的基础是十分脆弱的。……当务之急，中国会计学会应组织各方人士，研究出一套规范、科学、实用的会计概念体系及理论结构。

我国企业会计准则，明显的是直接借鉴西方会计惯例的产物，而不完

> 全是基于我国会计的长期实践。在实施过程中必定会产生一些"制度目标与执行效果"不甚协调的矛盾。
>
> 　　资料来源：杨雄胜：《会计理论研究问题的讨论——致杨纪琬同志的信》，《会计研究》1993 年第 5 期。

　　杨雄胜同志的观点很快得到史耀斌、王在清二位同志的回应。他们称，正如杨雄胜同志指出的，有组织、有计划地研究我国的会计理论是从 1980 年开始的，"我们认为，当前我国会计研究中突出存在的问题是：许多会计理论工作者对基础理论研究的兴趣不大，热衷于研究、设计各种会计改革的思路和方案，希望引起决策者的重视。其结果是会计基础理论研究相对薄弱。会计改革确实需要有切实可行的操作方案，但由于基础理论研究滞后，许多改革思路和方案缺乏坚实的理论基础的支撑，从而难以达到预期的目的。"[1]

　　上述往来之中，存有诸多共识，其中均提及会计基础理论薄弱的问题。然而，之后数年，基础理论研究仍然跟不上会计准则出台的步伐。

二、学者们对于会计立法蓝本的质疑

　　著名会计学家郭道扬先生在 2010 年发出这样的感慨："近来我常在思考一个问题，近百年来世界上较大的经济危机为什么总是发生于美国？"仅仅在 21 世纪的第一个十年里它就发生了安然事件和次贷危机，"或许是美国会计信息监管体系与会计准则规范远没有人们想象得那么完善并无懈可击？这一切催人思考，引人反思：美国连家门口的事也没有搞好，是否有能力领导会计准则国际趋同的潮流？"郭道扬先生指出，有必要对自 20 世纪 30 年代以来公认会计原则的发展历程进行深度的考察和反思。[2]

---

　　1 史耀斌、王在清：《关于我国会计研究的几个问题——读杨雄胜同志来信有感》，《会计研究》1993年第6期。
　　2 参见郭道扬为《美国会计准则研究：从经济大萧条到全球金融危机》（汪祥耀、邵毅平著，立信会计出版社，2010）一书所作的序。

专栏 8-2

郭道扬先生

郭道扬，会计史学家，中南财经政法大学资深教授。1940 年 11 月出生于湖北谷城，1964 年毕业于湖北大学（中南财经政法大学前身）经济系贸易经济专业并留校任教，被分配到商业会计教研室。自1978 年起专心治史，历经四十载将会计史这个冷板凳坐热，成为研究"中国会计史第一人"。

代表性学术著作主要有《中国会计史稿》（上、下）、《会计发展史纲》《会计史研究》（第 1～3 卷）等。其中，《会计发展史纲》被译成日文在东京出版，于 1988 年获国家教委全国优秀教材奖。《中国会计史稿》于 1995年获国家教委第一届全国高等学校人文社会科学研究优秀成果奖一等奖。

2011 年，郭道扬教授任首席专家的"中国会计通史系列问题研究"获准立项为国家社会科学基金重大项目。2019 年 9 月，历经 40 多年积累而成的皇皇巨著《中国会计通史》初稿形成，全书共约 300 万字。2023 年 6月，《中国会计通史》（全十二册）由中国财政经济出版社正式出版。

应该说，会计改革进程中的质疑之声为数不多。但足以说明，我国学者并没有失去独立思考的能力。还有学者指出，会计立法不宜独尊域外理论，更不宜只根据一家之言来制定。[1]"兼听则明，偏听则暗。"充分的理论争鸣有助于增进会计立法的稳定性和合理性。

（一）关于本土创新的呼唤

有学者早在 1993 年就提出了这样的疑问："我国为什么不能有自己的会

---

1 [美] 艾哈迈德·里亚希 - 贝克奥伊：《会计理论》（第 4 版），钱逢胜等译，上海财经大学出版社，2004，译者序。

计？拥有几千年文明的泱泱大国，为什么事事都要跟着别人转？"[1] 这一问，发人深省。

（二）关于域外理论起点的质疑

有学者直接拷问财务会计的本质、特点及其边界，认为"财务会计的基本职能既不试图提供可能的未来的信息，又不产生非财务信息。财务会计作为一门学科是历史科学；作为一项实务是一个信息系统，它的任务是为企业提供历史的财务信息"。[2] 有学者从质疑域外会计理论的"决策有用观"这一理论起点出发，得出了相似的结论：会计信息不是因为能够提供及时的决策信息而有用，而是因为提供证实预期的信息而有用；财务会计之所以存在，不是因为它能够提供与未来相关的信息，而是因为它能够证明过去。会计信息对决策有用的实现方式是验证市场预期，而不是直接提供估价的变量。[3]

（三）关于域外理论的科学性的质疑

娄尔行先生早在 1984 年就一面推动引进吸收国外会计，一面加强辩证分析，旗帜鲜明地提出了反对伪科学的口号。娄尔行先生写道："对国外会计要慎重。要善于识别真、伪科学。凡是真科学要消化吸收，洋为中用。如管理会计中的量、本、利分析，经过我国实践证明行之有效，当然应当吸收到教材中来。国外已经有的、比较成熟的方法，虽然我们一时用不上，也可择要介绍，以扩展学生眼界，活泼思路。如审计学中的管理审计。如果是伪科学，那就决不迷信，坚决唾弃。如所谓人力资源会计。总之，外来的理论和方法，只要契合我国需要，能够为我所用，就不应忌讳它的来源，而应广采博收，采纳消化，化为我国会计实践，化为我国会计学的一部分"。[4]

1　夏冬林、马贤明：《中国会计改革之路——与杨纪琬教授就当前会计改革问题的谈话记录》，《会计研究》1993 年第 4 期。

2　葛家澍：《财务会计的本质、特点及其边界》，《会计研究》2003 年第 3 期。

3　夏冬林：《财务会计：基于价值还是基于交易》，《会计研究》2006 年第 8 期。

4　娄尔行：《立志改革，开创高等院校会计教学新局面》，《会计研究》1984 年第 1 期。

有学者从会计规则的"非对称"问题入手，质疑域外会计理论体系的逻辑合理性。目前准则和制度制定中之所以未运用对称性原则，一个重要原因是，"国际会计惯例"是以投资者的决策为着眼点的，参考它建立会计规范体系，自然也主要从单一会计主体角度考虑会计规范问题，对宏观管理信息需求的考虑不足也就成为必然。[1]

《中国社会科学》杂志 2013 年第 6 期刊发郭道扬先生的文章《会计制度全球性变革研究》。该文指出，"就美国而言，首先它必须解决好国内的统一会计制度问题，改变对公司经济监管的自由放任政策，这样才有可能对国际会计准则理事会形成良好的影响，否则反倒会通过该理事会，把本国的统一会计制度危机带到全球性统一会计制度的变革中来"；"国际会计准则理事会不切实际地提出建立所谓'全球性会计准则'，既缺少它所依据与存在的根本性前提条件，也缺乏根本法、民商法以及相关经济法与专业法的支持，并且缺乏作为统一会计、审计制度的独立性、权威性"。[2]

三、学者们关于会计法规权威性的反思

我国学者清醒地认识到，虽然我国会计立法自 20 世纪 80 年代以来取得了突破性的进展，但会计法规的实施效果并不总是很理想。早在 1997 年就有学者正确地指出，"处理好会计准则与其他重要经济法规（公司法、税法、证券法、金融法等）的关系非常重要。从国际惯例看，在未颁布会计法的国家中，其会计准则大都以这些法规，尤其是公司法为设置依据。应以上述法规为内在标准，规范会计工作的技术性。"[3] 到了 2006 年，问题不仅没有得到解决，反而更为突出。有学者指出，会计实务中广大会计人员遵循会计制度、会计准

1　赵西卜：《会计对称性理论及其在多层面信息需求中的应用》，《会计研究》2004 年第 9 期。
2　郭道扬：《会计制度全球性变革研究》，《中国社会科学》2013 年第 6 期。
3　阎达五、耿建新：《我国会计准则述评》，《会计研究》1997 年第 1 期。

则所做的会计处理往往得不到税务机关的认可，因而会计实务界本身也对会计准则、会计制度的权威性失去了信心，《会计法》在法学界长期得不到重视，"与其他经济法律制度相对脱节"。[1] 还有学者指出，会计法规的宣传力度还不够大，影响还不够深、不够广，与频频曝光的会计丑闻的影响力相比，简直不可同日而语，"中国现行的企业会计准则很难直接起到规范企业会计行为及其结果的作用，其学术价值远远超过了实际运用价值，建议从提升会计准则的法律效力、提高会计准则的质量、完善会计监管模式三方面入手改进中国会计准则的性质"。[2] 因此，"欲使偏隅一方的会计法律规范体系融入到主流经济法律规范体系中去，增强其稳定性和权威性，重新树立会计的职业形象，就必须建立会计界与法律界，尤其是与人大常委会等立法机构的沟通和联系机制以及会计信任危机的解决机制。'打铁先要自身硬'，会计准则要想得到包括法律界在内的社会各界的广泛认可，发挥其应有的法律效力，首先必须提高自身的质量。公认会计原则边界模糊，导致其法律地位常常存疑"。[3]

上述主张的出发点不同，但得出的结论却是大体一致的，这种"殊途同归"的理论论证在一定程度上起到了交叉验证的效果，表明我国学者在某些基础理论问题上存有共识。

四、学者们关于会计职能的认识

我国学者提出了很多原创性的会计思想和方法。杨纪琬先生和阎达五先生在 1980 年发表的论文中提出，会计不仅仅是管理经济的工具，它本身就具有管理的职能，是人们从事管理的一种活动。这种观点经过逐步丰富，形成

1　刘燕：《从"会计法"到"法律与会计"的嬗变——我国会计法与会计法学三十年发展》，《政治与法律》2010 年第 2 期。

2　房巧玲、刘秀丽：《中国会计学会财务成本分会 2006 年年会暨第 19 次理论研讨会综述》，《会计研究》2006 年第 10 期。

3　朱星文：《论会计准则法律效力的法理分析及其提升的途径》，《会计研究》2006 年第 3 期。

了本土原创的"会计管理活动论"。[1]会计核算和会计监督从此被界定为会计的两大基本职能，这也是1985年发布的《中华人民共和国会计法》的立法理念，该法第2章题为"会计核算"、第3章题为"会计监督"。

娄尔行、张为国在1991年发表的论文中进一步提出：会计作为计量确定可分配收益的手段，是不可替代的，现实生活中，不存在可以取代会计的其他方法；为企业和其他经济单位计量确定每期可分配的收益，是在宏观范围里进行一系列重要的国民收入初次分配与再分配的基础；从理论上讲，在社会主义条件下，个别企业和其他经济单位的收益，汇总起来，可供宏观控制、管理分配工作之用；会计为统计服务，使统计数据更加正确可靠，更加具有说明和指导现实的能力。所以，会计的职能之一是计量可分配的收益，以确保合理分配。这就是"会计三职能论"。两位学者指出，"追加对会计职能的认识，充实了会计管理理论，有利于把会计本质的理解推进一步"。[2]

五、学者们关于建立中国特色社会主义会计理论和方法体系的认识

中国会计学会自创立以来，一直孜孜以求创建中国特色社会主义会计理论和方法体系。《会计研究》2019年第10期刊载《新中国成立70周年"会计事业创新发展"大家谈》，多位学者提出了中肯的建议。

南开大学刘志远教授指出，我国自20世纪80年代初就提出"建立中国特色会计理论体系"。回望七十年，到底形成了什么特色？哪些是值得总结的？这些问题可能并不是特别明晰。中国会计，尤其是新中国成立以来的会计，是宏观和微观相结合的。即使我们实行中国特色社会主义市场经济，会计依然是国家宏观调控的重要方面，并不局限在企业微观层面，这种定位在

1　杨纪琬、阎达五：《开展我国会计理论研究的几点意见——兼论会计学的科学属性》，《会计研究》1980年第1期。

2　娄尔行、张为国：《确保合理分配是会计的一项职能》，《会计研究》1991年第4期。

其他国家比较少见。在每一个年代，我国会计都是适应当时的经济体制和政治体制，都是为体制服务的。同时，每个阶段又有不同的变化，对会计产生了不同的影响，会计在不断变化、适应的过程中，形成了非常丰富的内容。相比别国，中国对会计和经济体制的关系应该有切身体会，值得我们总结和挖掘。

中南财经政法大学王华教授发问，刘峰教授曾提出"寻找会计基本理论"，我们什么时候能建立一个像经济学一样完备的会计基本理论体系？

这些中肯建议和设问令人不禁回想起王世定先生1993年那振聋发聩的告诫："世界上不存在脱离社会制度、经济体制和文化、法律背景的抽象会计，当然也就不存在仅有技术性没有社会性的会计。在会计改革的进程中，只有承认会计的技术性，才能借鉴国际经验为我所用；与此同时还要承认会计的社会性，才不会照搬照抄，才能批判地吸收，才能真正地建立起符合社会主义市场经济和国情的会计理论和方法体系。"[1]

专栏 8-3

王世定先生

王世定，1944年生于北京市，1965年毕业于北京经济学院会计系，大学毕业后至1979年先后在北京手表厂和北京钟表工业公司从事会计工作。1979年成为财政部财政科学研究所招收的首届硕士研究生，师从著名会计学家杨纪琬教授。1982年硕士毕业后，在财政部财政科学研究所从事会计、审计、财务理论研究，任副所长、研究员、博士生导师。提出了"会计不是人的身外

1　王世定：《"管理活动论"的哲学基础》，《会计研究》1993年第4期；王世定：《我的会计观——关于会计理论的探索》，人民出版社，1996，第14页。

之物，而是由人直接参加的、按预定目标管理控制生产过程的一种实践活动"等学术观点，较早开展了社会会计、增值会计等研究，是我国会计电算化的早期发起人之一。著有《我的会计观——关于会计理论的探索》《西方会计实用手册》等。

2022 年 4 月 25 日，习近平总书记在中国人民大学考察时指出，"加快构建中国特色哲学社会科学，归根结底是建构中国自主的知识体系。"这为我国学术界着力建构中国自主的会计审计知识体系指明了方向。中国会计学会的工作导向与这一方向是高度一致的。

我国会计学界涌现出的相关原创观点还有很多，限于篇幅，不再一一赘述。[1]

六、2009 年应唯同志点评学术论文

财政部会计司一些领导对学术界的争鸣持开明态度，一个例子是 2009 年应唯同志参加学术会议并点评论文《财务报表的改进》。2009 年 11 月 7 日，中国会计学会在江西南昌召开七届二次理事会。笔者与戴德明教授、刘俊海教授、叶建明教授合作的论文《财务报表的改进》有幸成为入选此次会议的几篇论文之一。财政部会计司副司长应唯同志在点评这篇论文时提到，通常会计司不针对学术界的观点发表意见，但鉴于该文提出了一些旨在完善会计法规的新思路，与以往的观点有所不同，因此，司里很重视，特地委托她提一些意见和建议，以期进一步完善论文观点，为学术争鸣提供支持。应唯同志的建设性意见令与会者深受鼓舞。笔者和合作者根据应唯同志的建议对论文进行了持续的修改。该文以《国际会计准则的困境与财务报表的改进——

---

1 进一步的探讨可参考以下论著：项怀诚主编《新中国会计 50 年》，中国财政经济出版社，1999；陈信元、金楠：《新中国会计思想史》，上海财经大学出版社，1999。

马克思虚拟资本理论的视角》为题，作为卷首文章刊发于《中国社会科学》2017 年第 3 期。随后，被《新华文摘》2017 年第 11 期转载 1 万字，中国人民大学复印报刊资料《财务与会计导刊（理论版）》2017 年第 7 期全文转载，《高等学校文科学术文摘》2017 年第 3 期转载约 1.1 万字。

 专栏 8-4

中国会计学会 2009 年七届二次理事会简报（第六期·摘录）

11 月 7 日下午，在金融危机下的会计问题的讨论中，在中国人民大学戴德明教授的主持下，代表们对三篇提交的文章进行了交流。

首先发言的是来自中国人民大学的周华博士，在题为《财务报表体系的改进》的报告中，周博士首先提出了财务报表存在的理论框架层面的问题，其一，国际准则存在导向误差，国际会计准则实质上是金融分析规则，因为美国根本就不存在联邦会计法规，GAAP 只是 SEC 推出的信息披露规则，会计准则逐渐转变成为金融分析规则，国际准则只是经济全球化的工具。其二，会计规则难以实现国际趋同，从理论上看，会计规则是由民商法、经济法所决定，从实践上看，欧盟的指令是失败的。其三，国际准则为会计规定了不可能完成的任务，不应把满足投资者的信息需求作为首要目标，不应胁迫会计师去搞"公司估值"。其四，国际会计准则提出了"公允价值""预期经济利益""综合收益""管理层意图"等导向偏差性的概念。基于以上理由，周博士认为"会计管理活动论"是科学的会计理论，当前的财务报表体系存在诸多缺陷。对于如何改进财务报表体系，文章认为历史成本信息和公允价值信息分别具有不可替代的价值导向，在财务报表中科学地同时列报这两类信息，既可以满足宏观层面上国家经济调控的信息需求，也可以满足微观层面上私人证券投资的信息需求。文章对资产负债表和利润表提出了具体的改进建议，把资产负债表区分为"实线表"和"虚线表"，实线表的数据采用根据历史成本会计理念列报的"会计数据"，具有法律证明力，虚线表列示的是"金融分析数据"，即市场价值信息以及市场价值相对于账面价值的变动百分比。利润表也区分为实线表和虚线表，实线表按历史成本列示，隔离全部的金融预期因素，将其在虚线表中集中列报，计算"利润"时不应考虑这些金融预期因素。文章进一步认为改进后的财务报表体系能够妥善处理好宏观需求和微观需求、法律事实和金融预期、法律规定和合同约定、实体经济和金融经济、国内需求和国际趋同五方面的关系，帮助编报者从烦琐的核算中解脱出来，集中精力加强有效管理，有助于报表使用者各取所需，满足其对财务报表的诸多要求，也可妥善解决遵循国内法律和谋求国际趋同的矛盾。最后，周博士认为改进后的财务报表能调动供给面与需求面的积极性，从供给面来看，能极大地简化企业会计师的日常会计处理，有利于注册会计师行业的发展。从需求面来看，信息使用者也能各取所需。历史成本和公允价值信息分别具有不可替代的价值导向，在一套报表中贯彻彻底的公允价值理念和彻底的历史成本理念是可行的，既能满足宏观层面的需求，又能满足微观层面的需求。评论人财政部应唯副司长认为文章总体立意新颖，观点明晰，提出了公允价值和历史成本的平衡。文章体现了四方面的结合：将历史成本和公允价值结合起来；将法律事实和金融预期结合起来；将实体经济和虚拟经济结合起来；将一般信息需求和特殊信息需求结合起来。文中的一些观点与国际上关于财务报表的讨论不谋而合，对财务报表的改进提出了很好的建议。但还有一些值得商榷和进一步研究之处：财务报表的改进应如何平衡一般需求和特殊需求之间的矛盾；如何解决历史成本和公允价值之间的划分与会计准则框架体系之间的关系，如文中财务报表改进与权责发生制和实质重于形式等原则之间的矛盾；如何解决法律事实和经济事项的矛盾；文章逻辑也存在一些矛盾，如报表中的实线内也引入了预期价值，和纯粹的历史成本存在矛盾。应司长还提出了几个问题供大家思考，如会计能做些什么？会计应承担的社会责任是什么？如何真正完成会计的使命？戴德明教授认为，即使所有项目以公允价值列示也不能反映公司真正价值，因为太多的表外因素会影响公司的价值，它们是综合在一起发生作用，同时戴教授还对公允价值的时效性和相关性以及FASB、IASB提出的目标导向会计概念框架提出了深层次的反思。

资料来源：中国会计学会网站（www.asc.net）。

很多同人向笔者反馈，会计立法机关对待学术争鸣的开明态度，让人们看到了繁荣会计学术、完善会计法规的希望。

七、2017年笔者的著作入选杨纪琬会计学奖"优秀会计学术专著奖"

在纪念杨纪琬先生100周年诞辰之际，我国会计学术界的重要奖项——"杨纪琬会计学奖"（第八届）颁奖仪式于2017年11月9日下午在北京隆重举行。财政部部长助理赵鸣骥、中国注册会计师协会会长冯淑萍、财政部会计司司长高一斌、中国会计学会副会长杨敏等出席典礼，并向获奖人员颁发荣誉证书和奖金。此次获奖者共8人，获奖成果包括2部会计学著作，4篇会计学专业博士学位论文以及2篇会计学专业硕士学位论文。

承蒙业界同人抬爱，笔者的著作《法律制度与会计规则——关于会计理论的反思》有幸入选杨纪琬会计学奖"优秀会计学术专著奖"。笔者作为获奖代表发言，表达了对杨纪琬教授的追思，提出希望全体会计人员能够继续发扬杨纪琬先生"业精于勤"的治学态度和优良作风，进一步繁荣会计理论研究和提升实务工作。

众所周知，近些年来，我国会计学术界不乏富有创见的佳作。《法律制度与会计规则——关于会计理论的反思》这样一部反思性的著作能够在众多佳作中脱颖而出，很能反映评审专家们的期许，其中所释放的信号对于繁荣会计学术具有积极意义。该书有幸受到业界同人的认可和支持，于 2020 年荣获"第八届高等学校科学研究优秀成果奖（人文社会科学）"二等奖。

 专栏 8-5

《法律制度与会计规则——关于会计理论的反思》内容简介

本书提出了"根据法律事实记账"（记账必须具备原始凭证的支持）的理论主张。法律事实是指引起民事主体的法律关系产生、变更或消灭的客观事实。根据法律事实记账（记账必须具备原始凭证的支持），是会计的基本原则，是会计保持其行业价值的底线。企业会计应当根据法律事实记账，对财产权利和义务进行分类统计，从而为企业经营管理和国民经济管理提供具有证明力的财产权利和业绩信息。

国际财务报告准则（IFRS）并非国际法，美国证券市场上的公认会计原则（GAAP）也不是美国联邦范围内普遍适用于所有企业的法律，它们仅仅是公共会计师行业牵头设计的、缺乏合理逻辑的金融分析规则。现值、公允价值、资产减值、递延所得税、权益法、合并报表、汇兑损益、租赁会计、资本化等时髦的"会计规则"缺乏理论依据，不符合会计基本原理，不适合作为会计工作的行动指南。这些规则大多建立在金融预期和估计的基础之上，理论依据不明、可操作性较差，其显著特征是包含大量弹性化条款，允许企业管理层在缺乏法律证据的情况下记账，从而导致"合规"造假现象泛滥。IFRS 和 GAAP 反映了证券行业试图统一上市公司信息披露规则的迫切意愿，最终体现的是欧美证券行业的利益。无论是从利益导向上还是从制定程序上来看，IFRS 和 GAAP 都不应当进入我国的会计法规体系。

国家统一的会计制度是民商法、经济法的实施细则和运行基础。为了保障税法、公司法、证券法、统计法等上位法的顺利实施，必须强调根据法律事实记账的基本原则，禁止缺乏法律证据的会计行为。会计法规遵循上位法，是会计立法的一项根本原则。把国家统一的会计制度融合在法律体系之中，将确保会计制度与民商法、经济法的和谐统一，有利于构建合理的会计制度和稳定的市场法制。遵循上位法的会计制度不仅是会计师、审计师的行业规则，还是法官、检察官、税务官员的司法和执法规则。

八、财政部官方刊物《财务与会计》刊登多篇反思性文章

（一）戴德明教授的《妥善应对国际会计准则的复杂化》

财政部中国财政杂志社《财务与会计》2019 年第 6 期，刊登中国人民大学戴德明教授的文章《妥善应对国际会计准则的复杂化》。该文指出，国际会计准则在客观经济环境的变化和主观政治博弈的作用之下日趋复杂化，甚至扭曲化、异化，我们需妥善应对。

文章指出，近 20 年来，在国际会计准则理事会主导的会计准则国际趋同大背景下，财务会计日趋复杂，可理解性显著下降。目前我国会计准则日趋复杂化，甚至扭曲化、非会计化。以"决策有用"目标为旗帜，众多传统会计惯例被推翻，多种多样的金融分析方法取而代之。会计准则的复杂化反映了外界经济环境的剧烈变化，同时也是行业内利益团体政治博弈的后果。公允价值计量将会计记录时点提前至契约履行完毕之前，突破了传统会计理论，实质上源自金融分析。资产减值会计的计量模型越来越复杂，"预期信用损失模型"计算程序之复杂、弹性之大，几乎难以执行。所得税会计的资产负债表债务法要求企业识别每一项资产和负债的账面价值和计税基础，即间接要求企业依照会计准则和税法记录两套账，增加了准则的复杂性和操作难度。

合并财务报表以控制为标准来界定合并范围，但控制定义异常复杂，极难执行，这又使得企业报表合并范围变得随意、可操纵。国际会计准则在引入衍生金融工具会计之后，又不得不引入更加复杂的套期会计方法来弥补前者带来的问题。国际会计准则在制定过程中存在着人为的复杂化。会计准则操作难度大，增加了企业运营成本，造成了资源的浪费；还会间接导致实务上的弹性操作，增加会计信息的操控空间，从而降低会计信息的公信力，这将对整个会计行业产生深远的负面影响。论文提出，从具体准则的修订来看，应以可靠为基本要求重新构建财务报表体系。

（二）黄世忠教授的《会计的十大悖论与改进》

《财务与会计》2019第20期刊登厦门国家会计学院黄世忠教授的文章《会计的十大悖论与改进》。这篇文章提出，"动辄成百上千亿元的财务数据，居然精确到小数点后两位，令外行肃然起敬，给人以会计是一门无比精确的科学的印象。在会计学原理的讲授中，教师们一再对学生谆谆教导：会计是以客观事实为依据的一门学科。本人也曾提出，会计精神的真谛是'用数据说话，靠证据做事'。可惜的是，理论与实际严重脱节。建立在权责发生制基础上的财务会计与客观事实渐行渐远，貌似精确的会计数字背后，充斥着主观的估计和判断，靠真凭实据做事日渐演变成靠模型假设做事。""利润表旨在反映企业的经营业绩，遗憾的是，日益盛行的总括收益观（all-inclusive concept）玷污了利润表的纯洁性，使利润不再代表企业经营业绩。随着准则制定机构日益青睐于总括收益观，当期经营收益观（current operating income concept）不断式微，利润表充斥着越来越多非经常性损益项目。"该文还提出，"越来越多的上市公司选择对业绩进行双重披露，一方面表明会计准则的权威性在不断丧失，说明工业经济时代制定的会计准则到了新经济时代的不适症开始显现，另一方面也证明了遵循会计准则并非天经地义。"

（三）胡少先同志对财会监督的反思

《财务与会计》2020年第8期刊登第十三届全国人大代表、天健会计师事务所董事长胡少先同志的文章《加强财会监督的思考与建议》。文章针对会计准则提出如下建议："准则条文中国化，条文陈述要符合中文表述习惯，避免佶屈聱牙、苦涩难懂，以便财会人员更好地理解、学习、贯彻、运用准则"；"保持会计准则的相对稳定，避免变化太快，徒增学习和普及的成本"；"准则的制定要以我为主，务实灵活，洋为中用，更多地考虑中国国情，从中国经济发展的实际情况出发，提高准则的实操性，保持准则的相对稳定性，为会计核算和财会监督提供专业标准依据"。针对财务造假泛滥的现象，文章提出，"从当前财务造假舞弊的案例中可以发现，企业的控股股东、实际控制人、董事长、总经理等是财务造假舞弊获取经济利益的最大受益者，最具有财务造假舞弊的动机，这些人是企业的'关键少数'，要压实这些人的责任"，"而财务造假舞弊的轻易成功，与企业内部控制制度和内部审计机制不健全、企业财会人员地位较低有很大关系。企业内控制度不健全，监事会、独立董事、审计委员会等机构形同虚设，不能有效发挥监督职能；加之企业财会人员地位低、不受重视、缺少话语权，不能很好地履行法律赋予的职能，难以保证企业的会计工作质量"。这些建议贴合实际，体现了实事求是的精神。

2009年以来，会计学术界对国际会计准则的认识不断深化，这对后续会计改革具有积极意义。

第三节　会计法规制定者的正确理念

一、坚持独立自主原则并重视本土理论创新

杨纪琬先生毕生主张建设中国特色会计理论和法规体系。他在1993年

曾告诫弟子，"中国会计至少现在应当保持一定的独立自主性。我国会计还要为国家政府服务。这在国际上也是有经验的，法国的'会计总方案'为法国制定经济计划发挥了积极作用。如果自己没有独立的研究和创新，要跟别人，你跟都跟不过来。借鉴国际会计惯例是为我国经济改革与经济发展服务的。只是在某种程度上实现了初步的国际化，但不等于国际化，至少在许多会计问题上目前各国间还存在很大分歧。"他强调，不论中国的会计法规是否要保持中国特色，都需要有充分而必要的理由，"会计属于社会科学，但应用性、技术性特别突出。因此，仅仅从概念出发是无法得出科学结论的"。针对1992年正式发布的企业会计准则删除了草案中的"合法性"、增加了"谨慎性"原则这一动态，杨纪琬先生指出，法国会计的三条一般原则之一就是合法性，"我倒建议在修改会计准则或者制定具体应用会计准则时加上'合法性'这一条。我过去有个基本意见，不能把'谨慎性'作为一条普遍适用的原则……这个意见现在基本不变。行业会计制度中没有完全体现那个原则，最能体现谨慎性原则的是成本与市价孰低法，但是'两则'里面没有。商品流通企业制度中允许提'商品削价准备'，而工业企业会计制度却没有。有人建议加进成本与市价孰低法，我认为要慎重。……规定'谨慎性'原则的国家也不一定就完全按照它来处理业务，比如确认未实现的汇兑收益，分期确认长期合同的收入都没有体现谨慎性原则。谨慎性原则是不是国际惯例关系不大，不能认为'谨慎性'原则是一项国际惯例我们就一定要用，也不能因为它不是一项国际惯例我们就一定不能用，关键要看能不能在中国普遍适用"。杨纪琬先生对过分推崇域外理论的学术倾向表示反对，他说，"我看到有一两篇文章，从内容看好像有一种倾向，外国没有的我们有，我们错了，外国有的我们没有，我们也错了，横竖就是我们错了，这很值得思考。"[1]

1　夏冬林、马贤明：《中国会计改革之路——与杨纪琬教授就当前会计改革问题的谈话记录》，《会计研究》1993年第4期。

在企业会计准则体系建成之后，会计法规制定者清醒地认识到，趋同是我国会计改革的一个过程，其目的并不是照搬国外的规则，而是合理借鉴国外规则中的合理成分为国内经济发展所用，最终建立起既满足国内需求又面向国际趋同的会计法规体系。[1]

 专栏 8-6

要了解外国规则的底细：法规制定者论对待域外的新异做法的态度

借鉴国外的会计原则和方法，一定要结合中国国情。

借鉴的正确选择是，首先要把所借鉴的理论、方法的历史发展和现状研究透，然后才能结合国情，从而决定取舍。会计是和各个国家的政治、经济发展状况、法律环境、人文条件等紧密相关的，同样是市场经济，其发展阶段不同，国家的政治、经济、法律、人文等环境不同，其会计理论和方法必然会存在诸多差异。

对国外会计理论、方法的借鉴，一般都是它的最新发展和成果，无疑它是适应现代经济和市场经济发展的最新要求的。如果人们承认现代西方会计理论、方法的发展也具有与其市场经济发育、发展相适应的阶段性，那么，我们在借鉴时，就至少应当研究其每项理论方法经历过怎样的发展过程，它的每一步改进或前进与当时的政治、经济、法律、人文等环境和发展水平是一种怎样的关系，会计理论、方法改进的前后曾有怎样的相互影响，如此等等。只有这样，才算对人们所要借鉴的会计理论、方法有所了解和认识，才能真正结合中国国情，做到它山之石，为我所用。囫囵吞枣，超越现实，缺乏必要的环境和条件，便把国外现代的会计理论、方法搬过来，不仅难以发挥其应有效果，也可能带来某些负面影响，这是我们在制定有关会计规范中借鉴国外会计理论、方法所必须注意的。我们不应

---

1 王军：《立足国情、放眼世界、迎接会计理论研究的美好明天》，《会计研究》2007 年第 6 期。

重复 50 年代初学习苏联会计的老路。

　　资料来源：余秉坚：《五十年会计改革发展的成就与启示》，载项怀诚主编《新中国会计 50 年》，中国财政经济出版社，1999，第 79—81 页。

二、重视宏观层面的信息需求

　　冯淑萍同志认为，世界范围内出现会计准则的历史并不长，"当前世界上，会计准则并不是唯一的会计标准表现形式。有些国家的会计标准表现为会计准则，还有一些国家的会计标准表现为会计核算制度，如法国、埃及等。这同时也说明，并不是市场经济条件下只能采用会计准则，计划经济条件下只能采用会计核算制度"。[1] 她还提出，"会计核算制度为税法的实施提供基础性会计资料，是纳税的主要依据。制定会计核算制度时，在不违背会计核算一般原则的前提下，应尽量与税法保持一致，减少纳税调整事项，以便于企业纳税"，"从世界范围看，会计准则与税法的关系主要有两种类型。一种是会计准则和税法两者合一，即企业会计处理基本上按照税法的规定进行，这一类型的典型是法国。我国以前的统一会计制度和税法之间的关系，就非常接近这一类型。第二种类型是两者分立，即企业会计处理遵循会计准则，纳税时则按税法规定进行调整，这一类型的典型是美国。我们认为，会计准则与税法的适度分离，是较为合适的一种模式"。[2] 应当说，这种既重视企业经营管理又重视国民经济管理的信息需求的做法是符合国情的正确选择。实际上，1992 年发布的《企业会计准则》就是这种理念的体现。该准则第 11 条规定，"会计信息应当符合国家宏观经济管理的要求，满足有关各方了解企业财务状况和经营成果的需要，满足企业加强内部经营管理的需要"。但具体会计准则

　　1　冯淑萍：《关于建立国家统一会计核算制度的若干问题》，《会计研究》2001 年第 1 期。
　　2　冯淑萍：《市场经济与会计准则》，《会计研究》1999 年第 1 期。

的制定比较侧重投资者的信息需求，较少考虑国民经济管理的信息需求。

三、不搞迷信崇拜并慎重选择借鉴样板

杨纪琬先生强调，要"正确处理借鉴外国与总结我们自己经验之间的关系"，"会计准则是外国先搞起来的，他们有几十年的经验，并且形成了一整套东西……我们可以借鉴，拒绝接受外国那些科学的、适合我国国情的好东西的想法是不对的。但是，学习、借鉴不是照搬、照抄。中国的政治、经济体制、管理方式以及生产力的发展程度，毕竟与外国有很大差别，作为经济管理工作的会计工作也与外国不完全一样。因此，把西方的东西'拿来'以后，要加以分析、解剖、研究，借鉴其中的有用的部分，搞出我们自己的一套'会计准则'来，切忌被西方的程式所束缚，而不能自拔"。[1]他旗帜鲜明地主张把"合法性"原则作为一项会计基本原则写入《企业会计准则》，反对推广谨慎性原则。

刘玉廷同志1999年撰文指出，"国际会计准则其实是各国妥协的结果，而且迄今为止，真正按照国际会计准则作为本国会计准则的国家并不多，各国会计准则的差异依然存在，有些国家之间甚至还存在着较大差异，这也从另一个侧面说明，各国会计准则实际上都是由其特定的会计环境所决定的，而且与其特定的外部环境相适应。因此，我们在借鉴国外会计研究成果时，不可忽视其前提条件和适用环境，应合理借鉴，不搞迷信崇拜。"[2]他在2001年主张借鉴大陆法系国家的会计立法经验，"在借鉴国际会计惯例的过程中，应当更多地参考法国、德国等大陆法系国家的会计标准，因为这些国家的会计标准与我国比较接近，更便于借鉴。美国和英国则恰恰相反，它们归属于海

---

1 杨纪琬：《关于会计准则的若干问题——在"会计原则专题理论讨论会"上的讲话》，《会计研究》1989年第2期。

2 刘玉廷：《加强会计理论研究 推动我国会计准则建设》，《会计研究》1999年第5期。

洋法系，其会计管理体制和会计准则与我国差别较大。在借鉴美国和英国为代表的海洋法系国家的会计标准时应当慎重"。[1]前已述及，刘玉廷同志还正确地指出，国际会计准则并不是国际法，只是建议各国宣传、推行，因此，把国际标准和国际惯例借鉴到国内，首先要解决的问题是本土化，即按照国内的实际情况，加以消化吸收。[2]应该说，上述立场与杨纪琬先生、冯淑萍同志的思想是一致的。

财政部前部长金人庆指出，"我国的会计准则要借鉴国外的经验，因为人家搞得早，我们应当向人家学习，但更应从我国实际情况出发，制定的会计标准要实事求是，太严了没办法执行，太宽了容易造成混乱，会计标准的严与宽要适度。"[3]

 专栏 8-7

会计法规制定者支持会计理论创新

要坚定不移地贯彻实施"百花齐放、百家争鸣"的方针，为繁荣和活跃会计理论研究创造良好的氛围。在理论讨论中，贯彻实施"双百"方针是党和政府一贯倡导的唯一正确的方针。不能用"戴帽子""抓辫子"等手段压制不同观点。要倡导不同观点的交锋和辩论，真理越辩越明。在会计学术问题的研究过程中，由于观察问题的角度不同等等，形成不同的流派是正常的，应当鼓励各种不同流派通过研究、论证形成各有特点的理论方法体系。

要解放思想，敢于冲破传统观念的束缚，拓宽会计研究的思路和领域，为会计的改革和发展做好理论准备，提供理论依据。会计理论研究的

1　刘玉廷：《〈企业会计制度〉的中国特色及与国际惯例的协调》，《会计研究》2001 年第 3 期。
2　刘玉廷：《中国会计改革：理论与实践》，民主与建设出版社，2003，第 238—246 页。
3　刘玉廷：《贯彻科学民主决策要求 完善我国会计准则体系》，《会计研究》2004 年第 3 期。

任务，主要不是为现行的会计工作方针、政策作出解释，而应当着重从会计工作中诸多矛盾特别是一些深层次的现实矛盾出发，分析矛盾的现状、原因和发展趋向，分析这些矛盾与政治、经济等其他领域有关事物的关系，对矛盾的性质、转化的依据和前景，促进矛盾转化的环境和措施等，作出合乎逻辑的描述和阐释。欲在会计理论研究上有所突破，有所前进，是必须具有一定勇气的。不仅要解放思想，突破陈旧的理论束缚和某些人为的理论禁区，而且要敢于冲破各种习惯势力、因循守旧行为的阻挠。一种新生的观点或理论，往往在一开始是不够成熟、不够完善的，遭到各方面的评点或批评是难免的，应当倡导善意的评点、帮助，在讨论和争论中求得完善和发展。

会计理论研究必须为实践服务。不着边际地从概念到概念，不能称之为理论研究；只会把国外的某些论述进行演绎，而不能结合中国的会计工作实践进行研究，也不是我们倡导的会计理论研究。正确的态度是，对外国会计理论、方法的研究成果，应当熟悉、了解，根据中国国情有选择地加以借鉴、吸收，真正做到融会贯通，为我所用。

资料来源：余秉坚：《五十年会计改革发展的成就与启示》，载项怀诚主编《新中国会计50年》，中国财政经济出版社，1999，第90—92页。

四、坚持先立后破、不立不破的原则以保持法规的相对稳定性

财政部1965年4月召开的改革企业会计工作座谈会所提出的"算要有用，管要合理"是科学的指导思想。反对烦琐哲学，强调简明、实用、通俗，应当是会计立法的价值追求。这样才能解决账簿报表难用难懂、日常工作重复劳动的问题，才能保证会计法规的合理性和稳定性。

1987年，杨纪琬先生、余秉坚同志提出，为了不使会计工作发生人为

的混乱，规章制度在一段时间内总要具有相对的稳定性，不能朝令夕改。就整体来说，应当坚持"先立后破"的原则，不能搞"先破后立"。[1] 负责起草1985 年的《中外合资企业会计制度》的莫启欧同志 1990 年曾有如下的总结体会："对会计制度的改革要抱积极的态度，但必须坚持先立后破的原则。1958年我国曾一度出现无账会计的混乱局面，虽有其他原因，但与我们没有坚持'先立后破'的原则有关。"[2] 张德明同志提出，会计制度要有相对的稳定性，要避免多变，"会计改革也不能急于求成，不要搞乱，一定要从现有的实际出发，采取循序渐进的办法，认真调查研究，总结已有的经验，提出比较规范统一的处理方法"[3]。

五、科学地认识会计信息对于指导资源配置的价值

陈毓圭同志提出，"要把注册会计师放在一个合适的位置上，不要夸大会计对经济的影响。目前存在的误区之一，就是往往把企业的利润看成是无所不包、无所不能的指标，利用利润作为指标来考核企业家的业绩，甚至上市和退市的判断标准，评价地方政府的政绩等，这种做法是不恰当的。以往，我们把会计信息贬低到了'地上'，认为会计'百无一用'，而现在则走向了另一个极端，把会计信息的价值捧到天上，认为会计信息'无所不能'，这两种态度都是不科学的。实际上利润指标只是一个意见、一种评价而已，把利润看成是可以衡量一切、无所不能的工具，是非常危险的"[4]。这种实事求是的态度对于完善会计监管制度和证券监管制度具有积极的参考价值。

2002 年 9 月，冯淑萍同志在中国会计学会第六次全国会员代表大会上提

1　杨纪琬、余秉坚：《新中国会计工作的回顾（四）》，《会计研究》1987 第 5 期。
2　宋军玲：《献身新中国财会事业三十年——记会计专家莫启欧》，《财务与会计》1990 年第 1 期。
3　张德明：《我国的会计改革必须继续进行》，《财会通讯》1990 年第 2 期。
4　陈毓圭：《原则导向还是规则导向——关于会计准则制定方法的思考》，《中国注册会计师》2005 年第 6 期。

出了合理区分监管报告和通用财务报告，进而有效加强会计监管的思路。她提出，"大家都知道，我们的会计目标是多方面的，既要满足国家宏观调控的需要，又要满足企业内部管理的需要，还要满足相关投资者和债权人决策的需要。这决定了我们的会计报表是多功能的，要满足方方面面的需要，相应地，对会计报表进行审计出具的审计报告也要向多方负责，对会计报表、审计报告的监督检查也是多部门的。目前，我国涉及会计监管工作的部门，除国家财政部门外，还有国家审计部门、证券监管部门、税务部门以及银行保险等部门。这些部门从不同的方面参与会计监督管理，其监管的侧重点又各有不同，致使监管标准不一，对会计报表的评价标准不一。会计报表这种多功能、多面负责、力求满足所有监管者需要的现状带来了很多问题，我们在制定会计标准中也很困惑……国际会计准则关于通用财务报表的规定给了我很大的启发。我们的企业是否可以根据会计准则和会计制度编制通用会计报表，再根据某个监管部门的要求编制专项报表（如根据税务部门的监管要求编制纳税申报报表等）；审计是否也划分为对通用会计报表的审计和对专项会计报表的审计；各个监管部门是否也仅对所监管的方面进行评价。按照这样的设想，不同功能的会计报表和审计报告分别报给不同的监管部门，分别对不同的监管部门负责，可以避免企业为应付不同监管部门不同监管标准的检查而对会计报表项目和数据调来调去、无所适从的情况。另外，这么多的行政部门具有监管职能，谁最后有对违法违规行为的处罚权以及对处罚结果负责？这些都是我们正在思考的问题"[1]。

六、"依法管理会计工作"理念的提出

2010 年 12 月，财政部条法司司长杨敏同志交流到会计司，任会计司党支

---

1 冯淑萍：《关于中国会计国际协调问题的思考——在中国会计学会第六次全国会员代表大会暨理论研讨会上的发言》，《会计研究》2002 年第 11 期。

部书记、司长（会计司原司长刘玉廷同志交流到企业司任司长）。甫一上任，杨敏同志就对会计司全体同志强调了加强依法管理会计工作的必要性。她指出，早在改革开放初期，时任财政部部长王丙乾同志就提出要"加强依法行政依法理财"，尤其近些年在依法治国大环境下，财政部党组更加重视依法行政依法理财工作。时任财政部部长谢旭人同志提出加强科学化精细化管理的要求，首先强调的就是加强财政法制建设。"我交流到会计司来，谢部长和我谈话，其内容绝大部分强调的是要重视法制，我十分理解部领导是想让我把法治理念和方法带到、运用到会计管理工作中去。为什么？因为，会计和法治有着必然的联系"，"依法行政依法理财联系到会计的实际工作，就是依法管理会计工作"，"从事会计管理工作，除了应当掌握与会计业务相关的法律法规外，还应当掌握依法行政有关的行政法律"。[1]

 专栏 8-8

杨敏同志论"依法管理会计工作"

杨敏司长向会计司全体同志简单介绍或解答了与会计管理密切相关的几部法律，阐释了《中华人民共和国立法法》所规定的法律、行政法规、规章的立法规则，并结合会计司工作的实际情况和遇到的实际问题讲解了规范性文件与法律、行政法规、规章的区别。

杨敏同志指出，"会计管理工作是一项专业性、政策性都较强的工作，坚持依法行政、以人为本是我们做好各项会计管理工作的出发点和立脚点"。给会计司的同志们简要介绍依法行政相关内容，与大家共勉，"目的是希望对大家从事会计管理工作有所帮助，更好地提高我们依法管理会计工作的水平，更好地为广大会计人员服务，为我国经济社会发展服务"。

1　财政部会计司网站（http://kjs.mof.gov.cn/zhengwuxinxi/lingdaojianghua/201110/t20111017_600070.html）。

1. 财政规章与财政规范性文件的区别有哪些?

（1）约束范围不同。规章是具有普遍约束力的规定，而规范性文件一般是有限范围（个别企业、单位的具体问题）。

（2）法律效力不同。规章以上的法律文件，人民法院可以用作审判依据。规范性文件则通常不被人民法院用作审判依据。行政复议时，申请人在涉及自身利益时，对规范性文件可以提出合法性审查，而对规章是不能提出复议审查的。

（3）程序上要求不同。虽然都是财政部发文，都需广泛征求意见，但是，规章出台必须经过部务会研究讨论决定，规范性文件则不需要经过部务会，部领导签发即可。

2. 法律、法规、规章、规范性文件不一致怎么办?

（1）上位法优于下位法。宪法具有最高法律效力；法律效力高于行政法规、地方性法规和规章；行政法规的效力高于地方性法规、规章；地方性法规的效力高于本级和下级地方政府规章，上级政府规章高于下级政府规章。

（2）自治条例、单行条例和经济特区法律部分内容的优先适用。自治条例、单行条例依法对法律、行政法规、地方性法规作出变通规定的，在本自治地方适用自治条例和单行条例的规定，经济特区法规根据授权对法律、行政法规、地方性法规作出变通规定的，在本经济特区适用经济特区法规的规定。

（3）同位阶的法律规范具有同等效力，在各自权限范围内实施。也就是部门规章之间具有同等效力，部门规章与地方政府规章之间具有同等效力。

（4）特别规定优于一般规定。同一机关制定的法律规定不一致时，特别规定优于一般规定。

（5）新的规定优于旧的规定。同一机关制定的法律规范对同一规定不一致时，后发布的优于先发布的。

（6）不溯及既往。无论是法律、行政法规、地方性法规，还是规章，不论其效力等级的高低，一般都没有溯及既往的效力，但为了更好地保护公民、法人和其他组织权利和利益而作出的特别规定除外。

资料来源：财政部会计司网站（http://kjs.mof.gov.cn/zhengwuxinxi/lingdaojianghua/201110/t20111017_600070.html）。

杨敏同志正确地指出，规范性文件通常不被人民法院用作审判依据。她还进一步指出，"根据立法权解释规定，以财会便字，司局所发便函文件对制度的解释，从形式上是不具有法律效力的"。在会计实践中，起作用的会计规则大多属于部门规范性文件，这些规范性文件处于法律渊源及层级效力的底端。[1]因此，依照这些规范性文件制作的财务会计报告的证明力常常存在争议。

"依法管理会计工作"理念的提出，为后续会计立法指出了正确的方向。目前，具体准则中存在不少与上位法不一致的规则，在实践中形成了一定的争议，这种现象值得重视。

综上，会计法规制定者注意到会计立法需要本土创新理论的支持，需要考虑国民经济管理的需要，需要审慎选择借鉴样板，需要尽量保持会计法规的稳定性和合理性，从而形成了科学的立法理念。这些科学理念值得在会计立法实践中一以贯之地贯彻执行。

1　当前，规范性文件缺乏公认的定义，泛指立法法所指的立法性文件（具体包括：宪法；法律；行政法规；地方性法规、自治条例和单行条例，国务院部门规章和地方政府规章）和此外的由国家机关和其他团体、组织制定的具有约束力的非立法性文件的总和。通常所称规范性文件，乃是取其狭义，指行政机关制定的规范性文件，如国务院主管部门以部门文件形式印发的规范性文件。会计实务中的法规大多属于这种意义上的规范性文件。

第四节　以历史研究为抓手推动我国会计教育改革

一、"历史研究是一切社会科学的基础"

2016 年 5 月 17 日，习近平总书记在北京主持召开哲学社会科学工作座谈会并发表重要讲话指出，"观察当代中国哲学社会科学，需要有一个宽广的视角，需要放到世界和我国发展大历史中去看"，只有坚持不忘本来、吸收外来、面向未来，坚定文化自信，才能提出体现中国立场、中国智慧、中国价值的理念、主张、方案。"我们的哲学社会科学有没有中国特色，归根到底要看有没有主体性、原创性。跟在别人后面亦步亦趋，不仅难以形成中国特色哲学社会科学，而且解决不了我国的实际问题"，"只有以我国实际为研究起点，提出具有主体性、原创性的理论观点，构建具有自身特质的学科体系、学术体系、话语体系，我国哲学社会科学才能形成自己的特色和优势。"恩格斯曾经说过："即使只是在一个单独的历史事例上发展唯物主义的观点，也是一项要求多年冷静钻研的科学工作，因为很明显，在这里只说空话是无济于事的，只有靠大量的、批判地审查过的、充分地掌握了的历史资料，才能解决这样的任务。"[1]习近平总书记多次强调，"历史研究是一切社会科学的基础"。2015 年 8 月 23 日，习近平总书记在致第二十二届国际历史科学大会的贺信中指出，"人事有代谢，往来成古今。历史研究是一切社会科学的基础，承担着'究天人之际，通古今之变'的使命。世界的今天是从世界的昨天发展而来的。今天世界遇到的很多事情可以在历史上找到影子，历史上发生的很多事情也可以作为今天的镜鉴。重视历史、研究历史、借鉴历史，可以给人类带来很多了解昨天、把握今天、开创明天的智慧。所以说，历史是人类最好的

---

1 中共中央马克思恩格斯列宁斯大林著作编译局：《马克思恩格斯文集》（第 2 卷），人民出版社，2009，第 598 页。

老师。"2019 年 1 月 2 日，习近平总书记致信祝贺中国社会科学院中国历史研究院成立，再次指出，"历史研究是一切社会科学的基础"。这一系列具有指导性、针对性、实践性的判断和论述，为构建中国自主的会计审计知识体系指明了方向。

党的十九大以来，理论逻辑、历史逻辑和实践逻辑"三个逻辑相统一"的马克思主义方法论对会计审计理论研究的重要指导价值，受到了越来越多研究者的重视。2022 年，笔者和戴德明教授、刘俊海教授合作的论文《增强审计监督合理——基于注册会计师行业职能的历史考察》，幸得业界同人抬爱，刊发于《中国社会科学》2022 年第 4 期。这篇历史研究文章表明，历史研究的确是（而且应该是）会计审计理论研究的基础。

我国会计学术和会计立法需要扭转唯英美"经验"马首是瞻的不良倾向，更是要避免受"国际先进会计经验""国际会计惯例"等失当概念的误导。这就需要我国会计教育加强对我国会计发展史以及境外流行会计规则的历史考察，以期明辨其利弊得失，以中国自主的会计知识体系来引导我国企业会计法规朝着与中国法律体系兼容的方向努力。

二、我国会计界在会计史领域形成的学术积累

（一）郭道扬先生的率先垂范

郭道扬先生以毕生精力投身于撰写为中国会计人提精神、长志气的会计史著作，出版了一系列开创性的会计史作品，如《中国会计史稿（上册）》（1982），《中国会计史稿（下册）》（1988），《会计大典·第 2 卷：会计史》（1999），《会计史教程：历史·现时·未来（第 1 卷）》（1999，2004 年改称《会计史研究》），《会计史研究：历史·现时·未来（第 2 卷）》（2004），《会计史研究：历史·现时·未来（第 3 卷）》（2008），等等。其中，《中国会计史稿》

1995 年荣获国家教委第一届全国高等学校人文社会科学研究优秀成果奖一等奖，该书部分内容被译成英文在海外发表。

2011 年，郭道扬先生更是以 71 岁高龄主持国家社会科学基金重大项目"中国会计通史系列问题研究"。2019 年 6 月 11 日，手写完成的 8 卷本、300 多万字的《中国会计通史》成稿。2020 年 11 月 21 日，中国财政经济出版社与郭道扬先生签署《中国会计通史》出版合约。2023 年 6 月,《中国会计通史》（全十二册）正式出版。

前已述及，郭道扬先生在《中国社会科学》2013 年第 6 期发表文章，率先指出，国际会计准则理事会提出建立所谓"全球性会计准则"，是"不切实际"的，既缺少根本性前提条件，也缺乏法律制度的支持，并且缺乏独立性、权威性。这一立论之所以能够形成，与郭道扬先生数十年的历史研究积累的深厚功力是分不开的。"欲知大道，必先为史"。这恰恰是历史研究的指导价值的体现。

（二）张为国教授基于历史事实的教学改革探索

张为国教授 1986—1987 年间被遴选赴澳大利亚新南威尔士大学进修，并在德勤会计公司实习。1987 年进修回国后，他主动提出开设"西方会计思想史"新课。"此课充分掌握、正确评述近代会计发展史上的关键人物、事件和文献，内容丰富，脉络清楚。他敢闯新路，自编自教。课程有深度与广度，对于加深对会计学的理解，颇有助益。在教学方法上，他也大胆创新。课前精选印发英文经典原著，附以学习思考题，要求学员自学。授课采用讲授与讨论相结合方式，生动活泼，引人入胜，一扫理论课枯燥呆板之弊"[1]。他也因此于 1988 年荣获霍英东教育基金会高等院校优秀青年教师奖。

2017 年，从国际会计准则理事会理事任上卸任，回到上海财经大学担任

1　丹青:《张为国》，《财经研究》1995 年第 10 期。

特聘教授后，张为国教授继续运用会计史来夯实青年人才的学术功底。张为国教授将本书初稿部分素材等会计史资料用于全国会计国际化领军人才第二期培训班以及清华大学、上海财经大学博士教育项目，取得了积极成效。

（三）汪祥耀教授的会计史研究成果

浙江财经大学汪祥耀教授师从易庭源、杨时展、郭道扬教授，主持国家社会科学基金项目"中国会计制度与国际接轨问题研究"（项目编号04BJY014），著有《会计准则的发展——透视、比较与展望》《英国会计准则研究与比较》《国际会计准则与财务报告准则：研究与比较》《澳大利亚会计准则及其国际趋同战略研究》《美国会计准则研究：从经济大萧条到全球金融危机》《欧盟会计准则国际趋同战略及等效机制研究》《后危机时代全球会计变革与国际财务报告准则最新发展研究》《香港执业会计师手册》《各国会计审计概览》《最新国际会计准则》等。上述论著具有重要的史料价值和理论价值。

（四）许家林教授的会计史研究成果

中南财经政法大学许家林教授著有《中日会计模式比较研究》《西方会计学名著导读》《会计理论发展通论》等。

（五）中国人民大学出版社的会计史系列译著

中国人民大学出版社已经出版笔者翻译的《会计简史》《审计简史》，此外，《财务报告史》《国际会计准则史》《证券市场沉思录》《会计准则疑难辨析》等即将出版。

（六）立信会计出版社的会计史系列译著

立信会计出版社策划出版的《世界会计史（四卷本）》《会计思想史》《会计理论：兼论公司会计的一些特殊问题》《公司会计准则绪论》等会计经典译著学术价值较高，值得参考。

此外，本书前文所引用的东北财经大学出版社等的会计理论译著也值得参考。

三、加快建立中国特色会计理论方法体系

1990 年，杨纪琬教授撰文提出了建立中国特色会计理论与方法体系的一些抓手。他指出，我国和西方资本主义国家在会计理论与方法上存在差异，有差异就有特色。"我国社会主义的会计理论、方法究竟有些什么特色？几年来，许多同志发表了不少好意见，也有不同的看法，进一步更深入地对这个问题进行讨论，对改革、提高我国的会计理论、会计工作、会计教学具有极其深远的意义，下面简要地列举几条。一是，以马克思哲学、政治经济学的基本原理为理论指导，为公有制基础上的有计划的商品经济服务。二是，以真实的会计核算和严格的会计监督为基本职能。切实做到及时、准确地提供会计信息，严肃认真地执行国家的财政财务等法律、法规、制度，遵守财经纪律。三是，以提高经济效益为中心，力求宏观效益与微观效益的统一，长远效益与近期效益的统一。四是，以民主理财为一项重要手段，发扬社会主义民主管理的好传统。"杨纪琬教授指出，要实现建立有中国特色的会计理论与方法体系这个目标，需要经过一番努力，"首先要做好三件事：一要对四十年来我国的会计理论、会计教学、会计实践进行认真的、实事求是的总结，吸取经验教训。二要对现有会计体系加以改造，有所继承，有所扬弃，有所创新。三要对国外会计理论方法进行分析鉴别，结合我国实际加以借鉴、吸收、消化"。[1]

1992 年，杨纪琬教授再次发表文章指出，我国会计理论研究亟待改进。他指出，"严格地说，我国会计理论研究还相当落后。在思想禁锢时期，会计理论较为苍白，多为亦步亦趋的形势教育、宣传，谈不上更深的研究。在会计制

---

1 杨纪琬：《〈会计法〉的历史使命》，《会计研究》1990 年第 3 期。

度受制于计划制度和财务制度的情况下，不可能形成自己的独立的会计理论。改革开放后，尤其是推行市场经济以后，引进、介绍了西方的会计准则方法，但有些是简单的、不加分析的引进、介绍，而未对其应用环境作足够的研究、分析，也缺乏对西方国家不同模式的比较。理论来源于实践，反过来又指导实践，我国会计理论研究在这两方面都有欠缺。一方面，来源于实践的理论不够，比如，股份制企业在1984年就出现了，但这方面的理论研究没有跟上，因而在当前股份制企业试点规模扩大之后，对会计应当怎么办，仍缺乏指导性理论，另一方面，理论指导实践不够，有相当一部分较为成熟的研究成果未能推广应用，如管理会计中的决策方法及其基本思想。从总体上看，理论研究应有超前性、预见性、解释性、指导性。这正是我们所欠缺的。"[1]

　　1993年，财政部副部长张佑才结合会计改革的现实需要明确提出，"要加强财务会计基础理论的研究"。他指出，"回顾十多年来我国的财务会计改革进程可以发现，在财务会计界不断出现改革方案、思路、对策研究热的同时，改革基础理论研究相当冷，改革热情缺乏坚实的理论支撑。一些从事理论研究的同志也热衷于竞相设计、研究各种独辟蹊径的改革思路、方案、对策，为决策者进言，以期付诸实施，引起震动。实际决策部门也在忙于对改革方案、思路、措施的研究和操作。我不是讲这样做不对，但确实因此使大家都忽视了社会主义市场经济体制下财务会计学基础理论及中国经济运行实践的抽象理论的研究"，"财务会计改革研究理论支点的缺乏，使会计学家、财务专家和决策者无法在一个统一的理论基础上达成共识，彼此不能在共同的改革逻辑上思考和研究各种问题。比如，是制定一个会计准则，或是制定两则，为什么要制定"两则"等，一直没有理论界的系统阐述，更谈不上系统理论的指导和诠释了"，"财务会计改革研究理论支点的缺乏，使我们这些决策者

1　杨纪琬：《股份制与会计改革》，《会计研究》1992年第6期。

和财务会计学家，始终难以把目光向下，深入至改革最基础、最本质的问题上，而是单向度地延伸具体的表象层次，改革的变量、参数越来越多。比如，我们会计改革抓质量会计、抓责任会计、抓厂内银行、抓基础工作、抓电算化，都是单向链条，这次我们抓准则，大家才有抓到关键环节上的感觉"，"因此，我认为，在我们今后的改革进程中，既要干实实在在的事情，又要狠抓一下基础理论研究，以期尽快建立起一整套科学的符合社会主义市场经济体制要求的财会理论体系"。[1]

上述呼吁表明，早在会计改革的起步阶段，会计法规制定者迫切需要中国自主的会计审计知识体系提供理论支持。但这些呼吁长期未能得到响应。学界自 20 世纪 90 年代中期开始流行北美流行的实证会计研究范式，会计学术与会计立法、会计教育和会计实践渐行渐远。2012 年第 2 期《会计研究》刊登杨雄胜先生的文章《中国会计理论研究应有历史使命感》，该文直率地指出，中国会计研究界目前存在较为严重的"自娱自乐"现象，导致理论成果对中国会计实务难以产生应有的指导作用。"中国会计学界在研究的基本指导原则与理念上，确实需要开展一场拨乱反正、正本清源的讨论。"

第五节　完善国家统一的企业会计核算制度

一、冷静对待境外势力提出的国际趋同口号

（一）国际财务报告准则是一门生意

直到 2021 年，会计学术界仍有研究者对国际财务报告准则心存幻想。有观点认为，"国际财务报告准则已经成为公认的全球会计准则"。"自 2002 年

---

1 张佑才：《关于制定和实施"两则"、"两制"的若干问题》，《会计研究》1993 年第 4 期。

欧盟通过法律要求欧洲上市公司自 2005 年 1 月 1 日起强制采用国际财务报告准则以来，至今全球已有 144 个国家或地区要求强制采用国际财务报告准则，22 个国家或者地区允许采用国际财务报告准则或者采取与国际财务报告准则相趋同的策略。"但事实上，2002 年 7 月 19 日欧洲理事会、欧洲议会通过的第 1606/2002 号条例只是要求欧盟境内上市公司采用国际财务报告准则编制合并财务报表。国际会计准则理事会所宣称的"采用"，大多属于证券信息披露的范畴，而不是会计制度的范畴。还有观点认为，"IFRS 作为全球经济和金融体系中重要的治理规则，在 IFRS 基金会的大力推广和 G20 等国际组织支持下，已成为事实上的全球会计准则"。[1]但事实上，IFRS® 只是私立机构的私人文件，并不是治理规则。IFRS 基金会（IFRS Foundation®）和 G20 也不是国际法意义上的国际组织。

国际趋同口号是不是境外势力强迫我国有关部门提出来的呢？不是。恰恰相反，国际趋同口号是在境外势力的诱导下，由我国极个别公务员主动提出来的，做出这个决定的公务员的人数不超过两位数。

国际会计准则理事会本身只是一个私立基金会（现名为国际财务报告准则基金会）下设的一个私立机构，它制定的文件是享有知识产权保护的私人财产。[2]国际财务报告准则基金会提供的信息表明，其主要收入来源包括：国家或地区的捐款收入（2015 年为 1 430 万英镑，占全部收入的 52%），会计师事务所捐款收入（700 万英镑，占 26%），自创收入（包括发行收入、订阅收入和使用费收入，550 万英镑，占 20%）和其他收入（如投资收益和演讲收入）。基金会筹资面临的主要问题包括：一些国家捐款额严重低于按 GDP 占比分摊的额度；一些国家停止向基金会捐款；一些国家使用国际准则但没有

---

1 李宗彦等：《国际财务报告准则全球扩散的制度逻辑：经验证据与中国策略》，《会计研究》2021 年第 9 期。

2 作为对比，法律（无论是国际法还是国内法）不受知识产权法保护。

向基金会捐款；拓展中型会计师事务所捐款进展不理想等。[1]可见，国际财务报告准则本身就是一门生意。制定规则本来就是一门高级生意，更何况这门生意又跟证券行业挂上了钩。国际财务报告准则这门生意的主要受益者是注册会计师行业和证券交易所，会计准则国际趋同口号是欧美若干证券市场合并的产物。国际会计准则理事会这个做生意的私立机构甚至都吸引不到一位有分量的法学家参与。这就清楚地表明，国际财务报告准则试图在法律体系之外，另行创建一套证券市场上的信息披露规则。

正如时任财政部会计司司长刘玉廷同志2011年8月在中国会计学会常务理事会扩大会议上所讲的，国际会计准则理事会在不同场合、通过不同方式宣传全球已有100多个国家采用了国际准则，但实际情况是，各国或地区采用的范围、执行程度和效果参差不齐，国际会计准则理事会没有到这些国家实地考察，很多宣传都与事实不符。[2]众所周知，美国（证券市场）、英国、法国、德国等主要发达国家保留有各自的会计规则体系。国际会计准则理事会在宣传策略上下足了功夫，其用意值得人们深思。

尽管国际财务报告准则自我标榜为"全球会计准则"，在宣传策略上下足了功夫，但实际上，它仅仅是证券信息披露规则，其终极目标无非是形成全球证券交易所统一信息披露规则。全球大型证券交易所之间的客户竞争和合并浪潮是国际会计趋同的真实背景。2006年，纽约证券交易所（NYSE）收购泛欧交易所（Euronext），从而组成全球最大的股票市场、全球首个真正意义上的跨洲证券交易所——纽约泛欧交易所集团（NYSE Euronext）。2008年，纽约泛欧交易所集团收购美国证券交易所，巩固了其证券交易所龙头老大的地位。欧盟境内的证券交易所一律根据第1606/2002号条例采用国际准则；而

---

1 财政部会计准则委员会：《会计准则动态（2016年第3期·总第13期）》2016年3月23日。
2 刘玉廷：《国际财务报告准则的重大修改及对我国的影响》，《证券时报》2011年10月14日；刘玉廷：《金融危机后国际财务报告准则的重大修改及对我国的影响》，《财务与会计》2011年第12期。

美国的证券交易所一直采用公认会计原则作为信息披露规则，直到 2007 年才宣布接受上市公司根据国际准则编制的财务报表。欧美证券交易所的合并凸显了公认会计原则与国际准则并存的矛盾。"全球会计准则"的口号就是在全球证券交易所合并浪潮的大背景下问世的。然而，全球会计准则这个口号能走多远，这个大可质疑。例如，洲际交易所好不容易在 2012 年底获得欧盟委员会金融监管机关批准，无条件许可其收购泛欧交易所，2013 年，洲际交易所收购了纽约泛欧交易所集团，但到了 2014 年，形势又有反复。

（二）国际趋同的主要推动力量

热衷于推动会计准则国际趋同的主要势力有四个。其一是国际会计准则委员会，它是会计国际趋同的始作俑者，其后继者国际会计准则理事会继承了其立场并策动了趋同战略。其二是国际会计师联合会（International Federation of Accountants，IFAC），它是国际准则的操作者和受益者。其三是国际证监会组织，它出于试图统一证券信息披露规则的目的而积极支持国际会计准则趋同。其四是巴塞尔委员会，它出于推行审慎监管和巴塞尔协议的目的而积极支持国际会计准则趋同。此外，1982 年联合国经济与社会理事会第 67 号决议所设立的会计与报告国际准则政府间专家工作组[1]和经济合作与发展组织（OECD）[2]也出于不同目的，对会计趋同起到过推波助澜的作用。

专栏 8-9

"会计国际协调的动力是经济利益"

会计国际协调的动力是经济利益，会计国际化实质上就是各国的利益协调。通过会计的国际协调这一过程，各国间的会计差异逐步消除和减

---

1 该机构全称为 Intergovernmental Working Group of Experts on International Standards of Accounting and Reporting，缩写为 ISAR。其着眼点主要是跨国公司会计报告，主要角色是推介国际会计准则，在环境会计和会计教育评价方面发挥过积极影响。

2 OECD 出于维护麾下跨国公司利益的目的，极力主张资本的国际自由流动。

少，国际资本市场的效率得以提高，有助于改善投资环境，提升国家和地区的形象，降低资金成本。在会计国际化进程中，一些发达国家总希望将本国或本地区的标准作为协调的基准，这样可以不费任何力气而坐收协调之利；但对于其他国家来说，则必须花费大量的协调成本，包括学习、培训成本、支付外国会计师服务费用和咨询费用等，因此朝哪个方向协调也是一个利益问题，而对于这一点，发达国家目前面临着更为紧迫的选择。因为谁在会计国际化进程中占据了主导地位，谁就可以获得更多的利益，利益之争将决定会计国际化的发展方向。

资料来源：冯淑萍：《关于我国当前环境下的会计国际化问题》，《会计研究》2003 年第 2 期。

所谓的国际趋同"成就"，主要体现为三个方面：第一，全球超过半数的资本市场允许公众公司提交按照国际会计准则编制的财务报告。第二，欧盟第 1606/2002 号条例要求在欧盟境内交易所上市的公司自 2005 年起按照经欧盟委员会审核批准的国际会计准则编制合并财务报表，加拿大宣布从 2011 年起在资本市场中使用国际准则。第三，少数国家和地区直接采用国际会计准则作为会计标准，如澳大利亚。美国金融界还通过世界银行和国际货币基金组织大力兜售国际会计准则。[1] 第四，部分国家参照国际准则制定了本国的部分会计规则。我国 2006 年发布的会计准则体系就是在这样的背景下诞生的。

次贷危机以来，国际会计准则理事会紧跟金融稳定这一热点问题，试图与巴塞尔委员会一起掌握银行业监管的话语权，它还积极利用 G20 这个国际经济合作论坛，冒充国际法制定者大做文章。目前，国际会计准则理事会主要利用国际证监会组织、巴塞尔委员会推行其规则，利用 G20 经济合作论坛来做广告。美国证监会对国际趋同口号的冷酷态度，反映了财经界有识之士

---

1 美国是世界银行和国际货币基金组织的最大出资人。这两个金融机构给受援国开出的药方中无一例外都包括彻底的私有化、放松金融管制、开放资本市场和采用国际会计准则。

的应有立场。

（三）继续推行国际趋同路线图的危害

我国若继续推广国际准则会导致实体经济受到损害。

第一，企业会计账簿的法律证明力将会被大大削弱。在国际会计准则中，会计已经沦为一门魔术。财务报表中包含大量的预期因素，缺乏民商法、经济法的支持，这导致会计账簿丧失了法律证明力。

第二，利润表的作用大大下降，公司法、税法、统计法的实施难度加大。国际准则下的会计报表中的"净利润"不再是我国《公司法》第八章所称的"税后利润"，不能代表公司的业绩。如果对缺乏法律依据的预期利润进行分配，则严重地背离公司法的资本保全原则。会计是唯一能够提供企业利润数字的科学，而国际准则违背了会计的功能定位。税收（尤其是企业所得税）和统计工作具有较强的会计信息依赖性，依法治税和宏观经济调控客观上需要有稳定合理的企业会计数据提供支持。"预期利润"以及资产、负债的公允价值因素在统计中如何处理，也是亟须研究的问题。如果不及时剔除会计报表中的预期因素，统计公报中的数据就受制于证券市场行情，那么宏观经济调控的效果可能会受到影响。

第三，对企业业绩的评价变得更加困难。会计是唯一能够提供企业净利润数字的科学。而国际准则下的资产、负债、股东权益、收入、费用和利润等财务会计数据都很难可靠地用于企业业绩评价，资产负债率、净资产报酬率等财务指标已经面目全非。因此，分析和评价财务业绩时就需要剥离所有预期因素，另行计算不包含金融预期的财务指标。

第四，法律的稳定性将会遭到破坏。国际准则在本质上是脱离法律原则、建立在独创的概念框架基础上的一整套证券市场从业机构联合设计的金融分析规则，它并非国际法。国际资本和证券行业迫不及待地想要统一资本市场的信息披露规则，于是倡导国际会计趋同[1]，这或许情有可原；各国证监会也许有理由为了资本的跨国跨地区自由流动而倡导资本市场会计规则的国际趋同。问题在于，它仅仅是服务于金融监管当局和证券投资者的规则，它代表的是急于收购他国优质资源的垄断金融资本的利益。[2]对于实体经济发展而言，该规则的益处较小，反而具有潜在的危害性。

会计法规需要有稳定的价值导向。这一点是理论研究者很容易忽视的。我们对国际准则下的财务报表的价值导向要有个全面的分析。国际会计准则委员会自1973年成立之日起就继受了美国证券市场公认会计原则"决策有用观"的价值导向。而这是唯一的、正确的价值导向吗？公认会计原则的演进历程否定了这一点。公认会计原则自1939年起直至1972年，从未强调过要以投资者的投资决策为服务目标，而是基本上坚持了历史成本会计立场。决策有用观的价值导向是越来越多的非会计专业人士主导准则制定程序的结果，它成为美国证券市场信息披露的指导思想，不过是1973年以来的事情。[3]

面对证券行业（包括公共会计师行业在内）处心积虑构造出来的一整套日益繁杂的、缺乏逻辑的会计准则，人们还能称其为会计规则吗？在会计准则出现以前，公司会计师能够依照法律规定轻松地完成依法记账、依法纳税

---

1 国际会计趋同从来就是倡导资本跨国自由流动的势力所一贯主张的。在法律协作等公共利益层面，不曾有类似的口号，也不可能有这样不恰当的提法。

2 不唯会计准则如此，西方的法律亦然。西方市场经济国家的法律，本质上是为本国国家利益、为大型跨国公司利益和富豪利益服务的，在国际市场上则是为帝国强权服务的。从表面上看，这些法律在条文上是公平的、在程序上是公正的、在理念上是正义的，但在实践中法律却被高薪聘请的大律师们所左右、被带有价值倾向性的新闻媒体所引导。一些西方国家的法学家自己也承认：没有抽象的公平，但有打不起的官司；没有真空中的正义，只有现实中的歧视；没有国际法公理，只有争夺国际资源的强权。这反映了资本主义市场经济国家法制的本质。从250多年以前的历史一直发展到今天的经济全球化阶段，这一本质没有改变。故而，顶礼膜拜西方一时流行的规则，是十分不足取的态度。参见：吴志攀、王利明：《从资本主义市场经济法制发展史中我们借鉴什么》，《党建》2004年第11期。

3 在美国、加拿大、澳大利亚和新西兰这类国家，准则制定在一开始（20世纪30年代和40年代）实际上由执业的公共会计师独占。只有在美国和加拿大，学术界也有少量的参与。后来，随着非会计师的比重越来越大，准则也越来越偏离传统会计。非执业会计师比会计师更倾向于编制对经济决策制定者有用的会计信息，而公司会计师可能更多地受其传统职业教育或训练的影响，笃守历史成本框架。

和依法分配的工作。在会计准则出现以后，会计规则的奇特逻辑导致企业会计师"不会记账"了，与税法分离的会计规则导致纳税申报变得异常复杂，莫可明辨的净利润数字无法可靠地用于利润分配。会计准则就像是催眠术一样，其实施后果之一，就是给数以千万计的辛勤工作的会计师洗脑，让他们臣服于国外的公共会计师行业。

（四）科学评价域外经验

我国的《公司法》《证券法》从未规定、也不可能规定会计应当"为证券买卖和企业估值服务"。个别学术权威对民商法、经济法、会计学基础理论的理解存在严重偏差。

（1）《公司法》并不是"为证券买卖和企业估值服务的"。作为重要的市场主体法，《公司法》的立法宗旨是"为了规范公司的组织和行为，保护公司、股东和债权人的合法权益，维护社会经济秩序，促进社会主义市场经济的发展"。世界上没有哪一个国家的公司法会宣称其立法宗旨是为"证券买卖和企业估值"这一单一的私人利益导向服务。

（2）《证券法》也不是"为证券买卖和企业估值服务的"。《证券法》的立法宗旨是"为了规范证券发行和交易行为，保护投资者的合法权益，维护社会经济秩序和社会公共利益，促进社会主义市场经济的发展"。《证券法》只是要求公司在发行证券时公布财务会计报告，之后要遵循持续信息公开的规定。该法所强调的是保护投资者利益的"三公"原则，而不是"为证券买卖和企业估值服务"。从法理上看，证券法是公司法的特别法，根本不可能出现违背公司法的目标导向。

（3）会计理论应当以法学为理论基础。会计是对权利、义务等法律关系的分类统计，会计学是唯一能够提供企业利润数字的科学。依法纳税和依法分配是所有企业的权利和义务，作为法规的会计规则必然遵从税法和公司法。

目前流行的所谓会计应当"为证券买卖和企业估值服务"的观点的实质，是把金融分析规则强加给会计师，从而达到活跃证券市场、瓦解证券监管的目的。世上模型千千万万，根本没有一个公认的股票估值模型。股票该卖多少钱？它的"公允价值"是多少？在交易达成之前，没有谁能算出来。故而，会计根本就不应当着眼于为"企业估值"服务。

（4）不能把公认会计原则等同于会计法规。公认会计原则是美国证监会要求上市公司采用的信息披露规则。美国没有联邦公司法，公司、会计的立法权限属于各州。例如，要在特拉华州成立一家公司，就必须依照特拉华州公司法注册成立，然后遵循该州的法律依法纳税、依法分配。如果该公司在该州发行了证券，则还需要按照该州的证券法向该州的证监局报送监管资料。如果该公司还跨州发行了证券，则还应向联邦的证券监管机构（SEC）报送监管资料。可见，在美国，公认会计原则不是法律，只是证券监管行业规则，并不是所有的公司都要遵循公认会计原则。而我国借鉴公认会计原则和国际会计准则制定企业会计准则体系，导致大中型企业无论是否上市都要执行弹性化的会计规则（小企业执行《小企业会计准则》）。在我国，企业会计准则体系属于法律体系的组成部分，在法律层级效力上属于财政部颁布的部门规章（基本会计准则）和规范性文件（具体会计准则）。我国会计立法实际上是在把美国证券市场上不合理的信息披露规则当作会计法规进行推广。

综上所述，为了建设适合我国经济建设实践所需的高质量的国家统一的会计制度，我国学术界需要实现从"制造论文"向"创造知识"的跨越，会计法规的制定需要实现从"中国制造"向"中国创造"的跨越。

（五）国际财务报告准则不适合作为立法蓝本

国际财务报告准则并不是国际法，而仅仅是民间机构国际会计准则理事会牵头设计的、推行于一些大型证券交易所的信息披露规则，它的蓝本主要是美国证券市场上的上市公司信息披露规则——公认会计原则（又名"会计准则"）。

自 1792 年纽约证券交易所萌芽之日起，美国证券市场在长达 100 多年的时间里并没有要求上市公司接受注册会计师审计。1926 年纽约证券交易所与普华会计公司达成合作协议后，开始要求上市公司聘请注册会计师进行年度会计报表审计。在罗斯福"新政"期间，这种注册会计师审计制度被写入仓促出台的美国联邦第一部证券法——《1933 年证券法》。该法并没有经过缜密的论证，所规定的注册会计师审计制度缺乏理论依据，其起草班子主要借鉴了 1929 年版的英国公司法，他们只用了一个周末就敲定了证券法的基本规则。注册会计师审计虽然被冠以审计之名，但在本质上并非审计，而只是有偿的会计服务。从民法原理来看，劳务合同的乙方（即会计师事务所）不可能成为审计监督的主体。因此，注册会计师出具否定意见的审计报告的情形为数寥寥，现实中，注册会计师往往只能通过"用脚投票"的方式表达其对甲方（即委托人、上市公司）的严重不满。

1938 年，美国证监会不恰当地将公认会计原则的制定权转授给了美国会计师协会。由此开始，注册会计师行业从自己的行业利益出发，完整地容纳了 20 世纪 20 年代自由放任的美国证券市场上的各种会计操纵手法，设计出了一整套弹性化的会计规则，这套规则就是"公认会计原则"。会计准则中的资产减值、公允价值、权益法、外币折算、递延所得税、合并报表、权益结合法、购买法、借款费用资本化、研发支出资本化、套期保值会计等会计规则允许企业在缺乏原始凭证的情况下窜改账簿数据，"会计造假合规化"现象愈演愈烈。

会计准则实际上是上市公司"合规造假"的工具箱，它在事实上瓦解了罗斯福最初提出的证券市场监管政策。从 2001 年曝光的安然事件到 2008 年爆发的次贷危机，公认会计原则、国际财务报告准则的严重缺陷及其误导性已经成为国际社会的重大关切。但证券行业并不希望政府部门介入证券监管，它们提出了颇具迷惑性的"国际趋同"口号来迷惑发展中国家。这一口号另有隐情。21 世纪以来，欧美大型证券交易所竞相合并，形成了横跨欧洲、美洲的证券交易所集团。2007 年，纽约证券交易所收购泛欧交易所，组建了纽约泛欧交易所集团。2013 年，洲际交易所收购了纽约泛欧交易所集团。这才是会计准则"国际趋同"口号出台的真实背景。

与公认会计原则的性质相同，国际财务报告准则是注册会计师行业为了倚傍证券市场牟利，而开发的一套纵容上市公司操纵财务数据的金融分析规则。国际会计准则理事会以经济全球化、加强金融稳定为宣传要点，大肆宣传有 100 多个国家采用国际财务报告准则。但事实上，迄今为止仅有澳大利亚等少数国家把国际财务报告准则纳入本国的会计法规体系。

二、科学总结我国会计立法的历史经验和国际会计领域的主要教训

（一）应当明确界定会计法规的立法理念

国际财务报告准则宣称，财务会计报告的目标是为证券投资者和商业银行提供决策支持，这就是理论界主流所称的"决策有用观"。这种立场与立法实践不符，缺乏法律依据。金融资产的价格是由金融市场参与者的预期所决定的，会计信息不是也不应该是金融资产价格的决定因素。

会计信息的主要使用者是现有的股东、管理层和政府机关，而不是潜在的证券投资者。为企业经营管理和国民经济管理提供具有法律证明力的财产权利和业绩信息，是会计的法定职能。《公司法》《企业所得税法》《税收征收管理法》等法律都明确规定，企业应当依法设置会计账簿并按照法律规定提供会计信息。

2017 年修正的《会计法》第九条规定，"各单位必须根据实际发生的经济业务事项进行会计核算，填制会计凭证，登记会计账簿，编制财务会计报告"，"任何单位不得以虚假的经济业务事项或者资料进行会计核算"。上述规

定彰显了会计的一项基本原则，即"根据法律事实记账（记账行为必须具备原始凭证的支持）"。根据法律事实记账所形成的会计信息具有公益性和公信力，能够一视同仁地服务于企业的所有利害关系人。相反，缺乏原始凭证的记账行为则属于违法行为。可见，《会计法》第九条是检验会计规则合法性的试金石。如果运用这一条来考察域外的会计规则，立法机关就可以从容自信地拒绝很多似是而非的会计规则。

（二）会计制度是优于会计准则的立法形式

会计制度在本质上是一国民商法、经济法的实施细则，它是民商法、经济法得以顺利实施的必要条件。由于全球法律制度存在重大差异，因此，会计法规作为民商法、经济法的实施细则，决不可能实现国际趋同。试图跨越司法管辖范围制定区域性统一会计法规的努力均以失败告终。欧盟曾经发布过欧盟公司法条例，试图大体上统一各成员国的会计报表，但未取得成效，最终于 2002 年放弃努力。在美国，公司、会计立法权限属于各州，因此，美国联邦政府机关根本不可能制定出联邦统一的会计法规。美国证券市场上的公认会计原则不属于会计制度的范畴，它主要适用于美国证监会管辖的上市公司，其性质是证券信息披露规则。

会计制度是优于会计准则的立法形式，其显著的优点是简洁易用、便于贯彻落实上位法。《会计法》规定，国家实行统一的会计制度，这体现了我国法律制度的先进性。我国拥有统一的、单一的公司法和税法，这为制定国家统一的会计制度提供了宝贵的法律基础。实践证明，我国的会计制度长期遵循上位法，为上位法的贯彻实施发挥了积极作用，历次会计核算制度改革的成功推进都得益于有国家统一的会计制度作为支撑。1992 年，我国在发布《企业会计准则》的同时，还发布了 13 个分行业的会计制度。在陆续推出会计准则的过程中，会计制度一直是会计改革的指南针和坐标。2001 年出台的《企业会计制度》，2002—2004 年出台的行业性的会计核算办法，这些会计制度的质量很高，都受到了实务界和学术界的普遍肯定。会计制度在事实上发挥着贯彻实施国家经济改革方略、支持经济改革的作用。因此，会计改革不但不应当取消会计制度，反而还应当旗帜鲜明地组织力量加快建设国家统一的会计制度。

会计改革应当处理好继承和发展的关系，不应当抛弃行之有效的、受到实务界广泛支持的企业会计制度。相反，对于与我国传统做法有所不同的域外做法，应当保持警惕的态度，决不能轻易引入任何一项不符合会计基本原理的规则。

（三）加紧完善国家统一的会计制度

"两则""两制"顺应了企业资金来源多样化的实际情况，把会计等式从"资金占用＝资金来源"改为"资产＝负债＋所有者权益"，使会计信息得以全面地反映企业的法人财产权等法律关系，这是值得充分肯定的。后续立法如果能够在此基础上深入围绕财产权利、负债等基础理论展开研究，就有望建成基于我国法律原则的会计法规体系。但遗憾的是，会计立法机关这时候没有比照法国、德国等的立法经验制定遵循上位法的国家统一的会计制度，而是继续借鉴美国经验制定了一套偏离上位法的证券信息披露规则（即会计准则）。

三、建立符合我国法律原则的企业会计法规体系

笔者参照法国、德国的成功经验，梳理形成了关于完善国家统一的会计制度的可行路径，如图 8-4 所示。

（一）修订《会计法》并科学合理地界定会计的基本原则

应当坚持现行《会计法》第九条的规定，把"根据法律事实记账（记账行为必须具备原始凭证的支持）"作为会计的首要原则、基本原则，并运用这一原则审查其他会计原则的合法性，把用于推广公允价值会计理念的"相关

性原则"、用于推广资产减值会计理念的"谨慎性原则"等失当的"会计原则"剔除出《会计法》。

本书主张坚持"根据法律事实记账（记账行为必须具备原始凭证的支持）"这一会计的首要原则、基本原则，同时，主张采用"历史成本会计＋市场价格披露"的策略，来应对一切试图用会计报表来提供预测信息、最新市值或估值信息的理论主张。这一策略的核心是，坚持"根据法律事实记账"的基本原则，以"市场价格披露"取代国际会计准则所推崇的公允价值会计、资产减值会计。另外，取消外币折算、权益法等违背"根据法律事实记账"这一基本原则的会计规则。如此，可兼顾公益性与私利性的信息诉求。公允价值、资产减值等信息完全可以在历史成本会计报表之外另行列报，而没有必要修改报表中的历史成本会计数据。

以下以股权投资为例来阐释"根据法律事实记账"基本原则的应用场景。例如，某企业的股权投资成本是100万元，那么，该企业就应该一直按照100万元列报其股权投资。如果按市价算，股票的市值变成900万元了，那也不要调整会计报表上的数字。该企业只能在阴影虚线部分填列900万元的市值，市值相对于其成本价上涨800%，如图8-2所示。

资产负债表
(阴影部分为预期盈亏和高风险项目)　　　　金额单位：万元

资产	金额	市值或估值	变动	负债及股东权益	金额	市值或估值	变动
流动资产：				流动负债：			
货币资金				……			
存货				非流动负债：			
短期债权				……			
……				负债合计			
非流动资产：				股东权益：			
固定资产				股本		—	—
无形资产				资本公积		—	—
长期债权				盈余公积		—	—
实体性股权投资	100	900	800%	未分配利润		—	—
				实体净资产合计			
实体资产总计				负债与实体净资产总计			
金融性股权投资				未分配利润（风险准备）			
资产总计				负债与净资产总计			

注：**阴影**虚线部分所列数据为依照国际会计准则计算的市值或估值，仅供参考，无法律证据支持。

图8-2　资产市价上升情形下的补充披露

如果市价下一年变成 30 万元了，该企业也不应当调整会计报表上的数据，股权投资仍然是 100 万元。市值信息仍然只能在阴影虚线部分列报，是 30 万元，比当初的成本价下跌 70%，如图 8-3 所示。

资产负债表
(阴影部分为预期盈亏和高风险项目)   金额单位：万元

资产	金额	市值或估值	变动	负债及股东权益	金额	市值或估值	变动
流动资产：				流动负债：			
货币资金				……			
存货				非流动负债：			
短期债权				……			
……				负债合计			
非流动资产：				股东权益：			
固定资产				股本			
无形资产				资本公积			
长期债权				盈余公积			
实体性股权投资	100	30	-70%	未分配利润			
				实体净资产合计			
实体资产总计				负债与实体净资产总计			
金融性股权投资				未分配利润（风险准备）			
资产总计				负债与净资产总计			

注：**阴影**虚线部分所列数据为依照国际会计准则计算的市值或估计值，仅供参考，无法律证据支持。

图 8-3　资产市价下降情形下的补充披露

这样，市价的起起落落都不会进入会计报表，利润表当然也就不会随着市价上蹿下跳。这样的会计管理，就达到了"不管风吹浪打，胜似闲庭信步"的境界。这种报表可能会让那些想操纵报表的人很难受，却会为那些老实本分的企业家提供更好的保护，因为公司的账目都是查有实据的。这不正是会计法规应该有的价值追求吗？

（二）在行政法规中明确区分"国家统一的会计制度"和"证券信息披露规则"

修订《企业财务会计报告条例》，在条例中明确区分"国家统一的会计制度"和"证券信息披露规则"，如图 8-4 所示。

所有企业都应遵循国家统一的会计制度编制会计报表。会计报表应当具有法律证明力。

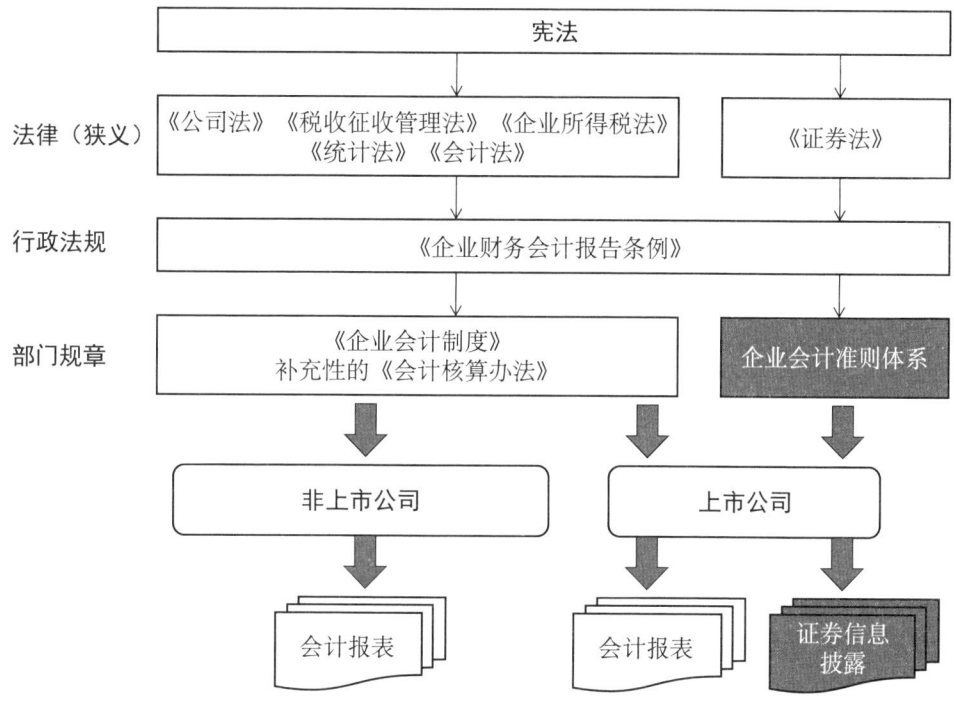

图 8-4　国家统一的会计制度的架构

把现行的企业会计准则体系明确界定为证券信息披露规则，仅仅适用于上市公司的证券信息披露。也就是说，上市公司除了遵循国家统一的会计制度编制会计报表外，还应遵循会计准则进行补充性的证券信息披露。补充性的证券信息披露不具有法律证明力。

（三）逐步提升国家统一的会计制度的层级效力

国家统一的会计制度应当遵照上位法的规定，给出上位法授权制定的会计规则，但是，不应当超越上位法的授权。我国《公司法》《税收征收管理法》《企业所得税法》《统计法》对会计工作提出了明确的要求，国家统一的会计制度应当遵照执行。

作为对比，国际财务报告准则和美国证券市场上的公认会计原则所主张的"决策有用观"（即会计信息应当首先为证券投资者服务）这一理念缺乏法律依据。我国《公司法》以及（作为《公司法》的特别法的）《证券法》从未提出这一不合理要求，从法学理论来看，"决策有用观"也不可能是我国法律的法定要求。因此，应当在条例中否定理论界所推崇的这一失当理念。

（1）国家统一的会计制度应当严格遵循《会计法》规定的"根据法律事实记账（记账行为必须具备原始凭证的支持）"的会计基本原则。可沿用《小企业会计准则》的成功经验，删除资产减值、公允价值、权益法、外币折算、递延所得税等不符合会计基本原则的会计规则。在"根据法律事实记账（记账行为必须具备原始凭证的支持）"这一会计基本原则的指导下，政府会计、企业会计的会计要素有望取得统一。

（2）国家统一的会计制度包括两个组成部分。一是适用于所有行业的《企业会计制度》；二是补充性的《会计核算办法》，《会计核算办法》是针对特殊行业（如银行业金融机构、保险业、证券业、施工企业、石油天然气行业、房地产开发企业等）的会计核算业务做出的补充性规定。二者的条文表述应当尽量避免重复。鉴于会计信息应当是对企业的法律事实的忠实表述，因此，经济业务迥异的会计主体所适用的会计核算规则和会计报表格式，也必然存在显著的差异。例如，保险行业、银行业金融机构与传统工商企业的会计核算规则和会计报表格式既有共性，也有差异。《企业会计制度》及其补充性的《会计核算办法》能够妥善处理上述共性和差异。

（3）国家统一的会计制度的法律层级可暂时维持现状，待施行一段时间后应当升级为行政法规。原因在于，人民法院做出的民事判决是以宪法、法律和行政法规为依据的，部门规章和规范性文件通常不在考虑范围之内。

（四）调整会计准则（证券信息披露规则）的适用范围

我国目前共有一亿多户市场主体，上市公司在其中所占比例极小。没有理由把企业会计准则体系的适用范围推广到所有大中型企业。应当本着实事求是的原则，把目前施行的企业会计准则体系界定为上市公司的证券信息披露规则。也就是说，上市公司除了执行国家统一的会计制度以外，还应当按照企业会计准则体系进行证券信息披露，它们能够承受这种额外的负担。如此调整后，非上市公司不采用企业会计准则体系，从而可以节约大量的社会资源。会计准则（证券信息披露规则）可由财政部和证监会联合制定并发布。

（五）坚持科学的会计立法理念

一方面，要进一步贯彻开门立法的理念。吸收法学专家、企业家、税务机关等会计信息的主要使用者参与会计立法论证。通过财政部招标课题的方式邀请学术界提供会计立法建议稿，同时，开展对会计基础理论和审计基础理论的审查。慎重对待注册会计师行业等既得利益者关于会计立法的政策主张。

另一方面，要继续执行会计准则国际趋同路线图，并加大宣传力度。这有利于化解 G20、国际证监会组织、国际会计准则理事会等所宣扬的全球会计准则概念对我国会计立法所造成的舆论压力，有利于保持国际趋同策略的稳定性、避免陷入朝令夕改的困境，有利于应对学术界和注册会计师行业等业界人士创新求变的理论冲动。如此，可快速实现国际财务报告准则全面趋同。客观地说，财政部先后通过倡导国际协调和国际趋同，已经成功地破解了学术界和注册会计师行业对国际财务报告准则的迷信，验证了国家统一的会计制度的先进性，这是国际趋同战略的重大成就。通过 1992 年以来的实践检验，财政部有理由更加坚定地自主制定国家统一的会计制度，抵制学术界和注册会计师行业等过度迷信"国际先进经验"的立场。在本质上，会计法规是民商法、经济法的实施细则。因此，会计法规的国际趋同是完全不可能的。作为对比，证券信息披露规则（即会计准则）是可以实现国际趋同的。

（六）采用"转大弯"的方式实行渐进的改革

会计改革应当坚持科学的会计立法理念，着力打造科学、合理的会计理论体系和能够经受时间考验和实践检验的企业会计核算制度。

在舆论准备阶段，需要组织立法机关、实务界和学术界对会计理论进行正反两方面的探讨，特别是对会计要素、会计原则等概念框架问题进行辩证分析。在权威学术刊物中刊登一批本土原创的理论文章。号召学术界对西方会计理论和本土学术观点进行细致的梳理。同时，需要对立法机关、会计工作者、学术界、注册会计师行业、监管机关、证券行业等进行问卷调查。应当吸收法学家、企业家、金融分析师、研究者参加基础理论研究。

在理论研究阶段，可以以财政部招标课题的方式组织基础理论研究。确定 10～15 个课题，公开招标，每个课题至少指定两个团队展开竞争性的研究。要求各研究团队提供《企业会计制度》和《会计核算办法》的立法建议稿，在网上接受各界评议，以最大限度地凝聚社会共识。每项研究报告经评审合格后，由财政部、中国会计学会出具采纳证明或优秀成果证书，以调动高校教师的积极性。可以考虑通过网络、微信平台或报刊等形式引领学术界和实务界对基础理论展开争鸣。可以邀请业界人士对理论争鸣进行点评，以期引导各界尽快对基础理论问题达成共识。可以考虑每半年召开一次理论研讨会，邀请素有积累的会计理论研究者对重大基础理论问题进行公开研讨，对已经达成共识的观点进行总结，形成国家统一的会计制度（包括《企业会计制度》和《会计核算办法》）初稿。

在试运行和修改完善阶段，需要选择大型、中小型、微型企业进行模拟运行，根据反馈意见修改和完善国家统一的会计制度。

总之，无论国家统一的会计制度是否与法律法规挂钩，法律法规都在那里，所有企业都必须遵守。依照法律法规的基本原则完善我国的会计法规，是会计改革取得成功的必由之路。企业会计是面向实体经济的发展，以加强有效管理为核心，以依法记账、依法纳税、依法分配为主要内容的管理活动。会计的基本原则是根据法律事实记账，对企业财产权利的变动及其原因进行分类统计，从而为企业经营管理和国民经济管理提供具有法律证明力的财产权利和业绩信息。法律事实是指引起民事主体的法律关系产生、变更或消灭的客观事实。根据法律事实记账，是会计保持其行业价值的底线。合规管理是会计管理的底线要求。这就需要企业管理者掌握税收相关经济法律制度以及公司法、民法典、刑法典等法律知识，恪守合规管理的风险管控底线。会计管理根本地是要为企业打造优质产品和服务提供支持。这就需要我们牢牢树立产品意识、品牌意识，做有思想的管理者，实事求是，求真务实，以知识产权打造一流产品和服务。

后　记

学术因人而生动。二十多年来，许多位会计法规制定者和会计理论家对本书的创作和修改完善给予了持续的热诚鼓励和鼎力支持，多位业界景仰的大家以这样的宽阔胸怀持续勉励笔者："虽然这部书稿针对我们以前制定的一些法规提出了这样那样的不少意见，但我认为说得有道理，所以我支持并愿意帮助完善这部书稿"；"要是起草法规的人听到不一样的声音就不高兴了，那会计法规就很难让全国的企业家、全国的会计师满意"；"不仅不应该阻止不同的声音发表出来，恰恰相反，我们还要努力让这种声音早一点发表出来，多发表出来"；"注册会计师审计制度确实存在基因上的错误，这个问题应该引起业界的大讨论才对"。

财政部会计司及监督评价局、中国会计学会、中国注册会计师协会、中国金融会计学会、中国银行业协会等专业权威机构对我们的原创研究提供了大力支持。2017年，笔者有幸参与注册会计师法的修法研究工作，中国人民大学商学院被遴选为首批注册会计师行业改革与发展工作联系点。2018年至今，笔者很荣幸应邀参加《会计法》《注册会计师法》《公司法》等法律的修法论证。能够将原创的一孔之见贡献给立法事业、贡献给业界同人，是对有志于治学报国的学者们的莫大鼓励。本书的部分学术观点，如"根据法律事实记账""国际会计趋同的不可能性""国际会计准则是缺乏合理逻辑的金融分析规则""取消强制性注册会计师审计制度，建立政府监管机构和单位内部监督机构自愿委托的注册会计师协助机制"等，曾刊发于《中国社会科学》

《中国人民大学学报》《会计研究》《经济研究》《财贸经济》《社会科学》等权威学术刊物，被《新华文摘》《中国社会科学文摘》《高等学校文科学术文摘》和人大复印报刊资料等"四大文摘"转载13篇。谨对杂志社、匿名审稿人、业界同人的热诚鼓励和鼎力支持深表感谢。

郭道扬先生、王世定先生、冯淑萍女士、戴德明先生、周守华先生、陈毓圭先生、应唯女士、周明德先生、张为国先生、朱海林先生、焦晓宁女士、高大平女士、刘国强先生、耿建新先生、黄世忠先生、杨雄胜先生、谭劲松先生、刘峰先生、张新民先生、徐玉德先生、陆建桥先生、朱小平先生、荆新先生、曲晓辉女士、徐泓女士、于富生先生、赵西卜先生、徐经长先生、储一昀先生、汪祥耀先生、叶建明先生、胡玉明先生、付磊先生、张晓军先生、理查德·麦克非先生（Richard Macve）、斯蒂芬·彭曼先生（Stephen Penman）、乔纳森·格洛弗先生（Jonathan Glover）等师长和同人先后在会计理论和会计史方面提供了很多富有启发价值的指导意见，秦荣生先生、张龙平先生、蔡春先生、陈汉文先生、刘明辉先生等师长先后在审计理论方面提供了很多宝贵的完善建议，著名法学家刘俊海先生、叶林先生等在民商法、经济法方面提供了宝贵的理论支持，许建康先生、谢富胜教授等提供了政治经济学方面的理论指导，王化成先生、陆正飞先生、谷克鉴先生、王斌先生、曹伟先生、伊志宏女士、毛基业先生、徐二明先生、孟焰先生、马靖昊先生、龚龙骏先生、郭菁博士、崔学刚教授、支晓强教授、叶康涛教授、毛新述教授、吴溪教授、袁淳教授、陈运森教授和中国人民大学商学院的同事们对"会计学原论"系列著作的创作和修改完善给予了持续的热诚鼓励和鼎力支持，全国各地兄弟院校同人们、读者朋友们对"会计学原论"系列著作、系列译著、系列教材和系列论文提供了热情洋溢的反馈意见，中国人民大学出版社于波副总编辑、原财会分社李文重社长，责任编辑魏文、黄佳、李玲、陈慧庚、陈倩和编辑团队以高度的责任感精心编辑这套著作，在此一并深表谢忱。

在本书 23 年的创作和修改过程中，笔者通过多种渠道与本书选用作品（包括照片、画作）的作者或版权方进行了联系，得到了他们的大力支持，在此表示感谢。但仍有部分作者未能取得联系，恳请入选作品的作者与笔者联系。

这套著作的初创和打磨得到了家人和亲友们的关心和支持。勤劳细心的父亲周文亭先生、母亲陈圣荣女士悉心提供了高水平的后勤保障，爱妻赵云对本书初稿的一些观点提出了中肯的修改建议，自觉学习的小儿岗岗让我能够按照既定进度写下这一行行文字。他们的爱激励着我保持治学报国的理想和激情。

联系方式

电　　话：010-82500772

电子邮箱：zhouhua@ruc.edu.cn

周华

2023 年元旦于中国人民大学明德楼